Peter Bofinger, Julian Reischle, Andrea Schächter

Geldpolitik – Ziele, Institutionen, Strategien und Instrumente

Vorwort

Mit dem vorliegenden Buch haben wir den Versuch unternommen, das Gebiet der Geldpolitik in einer völlig neuen Form zu präsentieren: problemorientiert und international ausgerichtet bei einer gleichzeitig engen Verzahnung von Theorie und Praxis. Auch beim Layout haben wir uns bemüht, durch die Einbeziehung des Zweifarbdrucks und die Verwendung zahlreicher Schaubilder und Übersichten einen internationalen „Textbook"-Charakter zu entwickeln, der es dem Leser leichter machen soll, auch längere Textpassagen ermüdungsfrei zu konsumieren. Solche Innovationen sind in Deutschland leider nicht selbstverständlich. Wir haben daher dem Vahlen Verlag und insbesondere Herrn Sobotka für die Realisierung unserer Ideen zu danken.

Besondere Unterstützung bei der inhaltlichen und konzeptionellen Gestaltung haben wir auch von den Studenten der Universität Würzburg erhalten, die sich bereits über viele Semester hinweg geduldig die Vorstufen dessen angehört haben, was hier in Buchform komprimiert ist. Ihren Fragen, manchmal auch nur ihren fragenden Blicken haben wir es zu verdanken, daß viele Ungereimtheiten früherer Fassungen aus dem Weg geräumt werden konnten.

Viele Hilfen – gerade bezüglich der Bereitstellung von Datenmaterial – haben wir auch von den Notenbanken in Europa, in den Vereinigten Staaten und in Japan erhalten. Alle Bürokratietheoretiker würden ins Grübeln kommen, wenn sie feststellen würden, wie hilfsbereit und kompetent unsere zahlreichen Anfragen immer wieder bearbeitet worden sind. Einer der Autoren hatte zudem die Möglichkeit, durch eine mehrjährige Tätigkeit bei der Deutschen Bundesbank (Landeszentralbank in Baden-Württemberg), engere Einblicke in die Praxis der Geldpolitik zu erlangen.

Im einzelnen möchten wir folgenden Personen danken, obwohl wir uns bewußt sind, daß eine solche Aufzählung immer nur unvollständig sein kann: Herr Dr. Reinhard Pohl hat uns dankenswerter Weise nicht nur auf einige Ungenauigkeiten hingewiesen, sondern uns gleichzeitig mit zahlreiche Verbesserungsvorschlägen versorgt. Die Herren Prof. Dr. Hans-Joachim Jarchow und Lars E. O. Svensson haben uns einige wichtige Anregungen bezüglich des Modells über den Geldangebotsprozeß geliefert, die wir hier implementieren konnten. Herrn Hermann Steigerwald haben wir für das zügige und zuverlässige Lektorieren zu danken. Die Herren Dipl.-Volksw. Christoph Harff und Kai Pfleger haben uns ebenfalls tatkräftig unterstützt, wobei Herr Harff den Beitrag zum Konzept der Preislücke verfaßt hat. Für die umfangreichen Schreibarbeiten und permanenten Änderungen in der ersten Phase der Erstellung des Buches sind wir unserer ehemaligen Sekretärin Frau Inge Kühlbauch für ihre Zuverlässigkeit und Geduld zu Dank verpflichtet. Last but not least haben die Herren Dirk Schächter und Martin Koenen dazu beigetragen, daß das Layout des Buches sowie die Schaubilder und Tabellen die entsprechende Form erhalten haben.

Würzburg, im Herbst 1996

Peter Bofinger
Julian Reischle
Andrea Schächter

Inhaltsübersicht

Inhaltsverzeichnis

I

Einleitung und Übersicht

Jürg Niehans (1980, S. 336) schließt seine bekannte Monographie zur „Geldtheorie" mit einer „Note der Bescheidenheit":

> „Die Wirtschaftswissenschaft darf jedoch nicht der Illusion verfallen, daß die Zentralbankpolitik je zu einer Wissenschaft wird. (...) Wie weit die Geldtheorie auch fortschreiten mag, die Zentralbankpolitik wird wahrscheinlich eine Kunst bleiben."

Trotz dieser Prophezeiung haben wir uns nicht davon abschrecken lassen, eine wissenschaftliche Abhandlung zur Geldpolitik zu verfassen, denn auch die Kunst erfordert stets eine gute Beherrschung technischer Fertigkeiten[1]. Gleichwohl sind wir mit Niehans der Auffassung, daß man die Möglichkeiten einer wissenschaftlichen Durchdringung der Geldpolitik von vornherein nicht überschätzen sollte. In der Tat ist ihr Gegenstand „der sich ewig wandelnde Strom der Wirtschaftsgeschichte, in dem jeder Tag neue Probleme stellen kann, die neue Lösung erfordern" (Niehans 1980, S. 336). Dementsprechend ist dieses Buch von einer grundlegenden Skepsis gegenüber all jenen Ansätzen geprägt, die den Anspruch auf ein wissenschaftlich fundiertes „Fine-tuning" der Geldpolitik erheben.

Bei der Darstellung des Themenbereichs „Geldpolitik" sind zwei unterschiedliche Vorgehensweisen möglich. In den meisten Lehrbüchern findet man heute einen eher deskriptiv gehaltenen Ansatz, der sich an der konkreten institutionellen Gegebenheiten und Erfahrungen eines bestimmten Landes ausrichtet. So werden in den deutschsprachigen Werken üblicherweise die nationalen Finanzmärkte und die gesetzlichen Bestimmungen des Bundesbankgesetzes vorgestellt, die dort vorgesehenen Instrumente beschrieben und schließlich die Konzeption der Bundesbank erörtert. Bei einem solchen Vorgehen stellt sich jedoch das Problem, daß das, was man in einem Lehrbuch als „Geldpolitik" beschreibt, nur eine ganz spezifische Form von Geldpolitik darstellt: beispielsweise die Geldpolitik der Deutschen Bundesbank im Jahr 1996. Ein solches deskriptives Vorgehen weist somit erhebliche Nachteile auf.

- Zum einen ist es damit nur schwer möglich, die Geldpolitik anderer Länder zu verstehen. In Anbetracht der zunehmenden **Europäisierung** und **Globalisierung** der Geld- und Kapitalmärkte ist es jedoch unabdingbar, daß ein Student des Fachs „Geldpolitik" neben den Verhältnissen in seinem Heimatland auch mit den monetären Gegebenheiten auf den wichtigsten finanziellen Zentren der Welt vertraut ist.

- Zum anderen sind auch in jedem einzelnen Land die rechtlichen Bestimmungen, die konkreten geldpolitischen Konzepte und Instrumente in einem ständi-

---

[1] So zum Beispiel Whitehead (1978, S. 338): „The condition for excellence is a thorough training in technique."

gen und sehr raschen **Wandel** begriffen. Auch hierin machen sich vor allem die starke internationale Verflechtung der Geld- und Kapitalmärkte und der Wettbewerb zwischen nationalen Finanzplätzen bemerkbar. Es ist naheliegend, daß eine angemessene Beurteilung solcher Veränderungen nur möglich ist, wenn man über einen analytischen Rahmen verfügt, der über eine reine Deskription des Status quo deutlich hinausgeht.

Aus diesen Gründen soll in diesem Buch ein neuartiger Einstieg in die gesamte Thematik gewählt werden, der durch einen **problemorientierten Ansatz** gekennzeichnet ist. Anstelle der Beschreibung des Ist-Zustandes soll herausgearbeitet werden, wie die Geldpolitik eines Landes idealerweise beschaffen sein sollte, um die ihr vorgegebenen makroökonomischen Ziele mit möglichst geringen Friktionen zu erreichen. Mittels des so erzielten Referenzsystems lassen sich dann die geldpolitischen Ziele, Institutionen, Konzeptionen und Instrumente einzelner Länder systematisch darstellen und beurteilen.

Bei diesem Vorgehen stellt sich zunächst die Schwierigkeit, ein allgemein anerkanntes makroökonomisches Ziel der Geldpolitik zu bestimmen. Nach der Diskussion der letzten zwanzig Jahre ist es heute zumindest in Europa nahezu unstrittig, daß sich die Geldpolitik primär am **Ziel der Geldwertstabilität** orientieren sollte. Dieses Postulat, das noch in den sechziger und siebziger Jahren sehr kontrovers diskutiert wurde, deckt sich sehr weitgehend mit dem von Walter Eucken (1952, S. 256) geforderten „Primat der Währungspolitik" im Rahmen einer marktwirtschaftlichen Ordnung:

> „Alle Bemühungen eine Wettbewerbsordnung zu verwirklichen, sind umsonst, solange eine gewisse Stabilität des Geldwerts nicht gesichert ist. Die Währungspolitik besetzt daher für die Wettbewerbsordnung ein Primat."

Von dieser Festlegung ausgehend ergibt sich dann unmittelbar die gesamte Fragestellung, unter der dieses Buches konzipiert wurde. Es muß darum gehen, eine Geldpolitik zu ermitteln, die geeignet ist, Geldwertstabilität mit möglichst geringen Kosten in bezug auf die anderen makroökonomischen Ziele zu verwirklichen.

Bei der Gesamtgliederung des Buches zeigt sich zunächst eine Aufteilung in

- sechs überwiegend wirtschaftspolitisch ausgerichtete **Kapitel** und
- sechs überwiegend theoretisch angelegte **Module**.

Diese Zweiteilung wurde vorgenommen, um in den Kapiteln I bis VI eine durchgängige Darstellung der relevanten geldpolitischen Zusammenhänge zu erreichen. Da dabei jedoch immer wieder nicht allgemein bekannte geldtheoretische Aspekte aufgegriffen werden, hat es sich als zweckmäßig erwiesen, zentrale theoretische Fragen in einzelnen Modulen zu behandeln. In diesen Teilen wird vorausgesetzt, daß der Leser mit den grundlegenden makroökonomischen Zusammenhängen vertraut ist, die in den gängigen Einführungsbüchern zur Makroökonomie behandelt werden. Außerdem werden die theoretischen Zusammenhänge nur insoweit beschrieben als sie für das Verständnis der wirtschaftspolitischen Fragestellungen von Bedeutung sind.

Im einzelnen ist das Buch wie folgt gegliedert. In Kapitel II werden vor allem die möglichen **Vor- und Nachteile der Inflation** analysiert, um die hier vorgenommene Fixierung auf das Ziel der Preisniveaustabilität auch theoretisch zu fundieren. Dabei geht es insbesondere um die Phillips-Kurve, das Konzept der „Seigniorage“ und die gesamtwirtschaftlichen Kosten von Inflation. In diesem Zusammenhang wird auch das nominelle Sozialprodukt als ein alternatives geldpolitisches Endziel diskutiert.

Doch wie soll eine Geldpolitik konkret beschaffen sein, wenn sie das Ziel der Geldwertstabilität verwirklichen möchte? Dazu wird in Kapitel III zunächst die traditionelle Diskussion über „**Regeln versus Handlungsspielräume**“ in der Geldpolitik aufgegriffen. Zu erörtern ist hier vor allem die Frage,

- ob man den Entscheidungsträgern einer Notenbank einen recht breiten geldpolitischen Handlungsspielraum („**Discretion**“) belassen soll, oder aber
- ob es nicht sinnvoller ist, durch exogene Bindungen (z.B. in der Landesverfassung oder im Notenbankgesetz) eine rein regelgebundene Geldpolitik zu betreiben („**Rules**“), bei der keine nennenswerten Ermessungsspielräume für die Notenbankpolitiker verbleiben.

Diese vor allem in den späten sechziger und frühen siebziger Jahren von den Monetaristen wieder ins Leben gerufene Debatte wurde in den achtziger Jahre durch neuere theoretische Ansätze ergänzt, die auf dem Konzept der „**Zeitinkonsistenz**“ optimaler geldpolitischer Strategien basieren. Es wird bei der Diskussion dieser Ansätze deutlich werden, daß die Notwendigkeit der Regelbindung wesentlich von den Zielpräferenzen der Notenbankleitung bestimmt wird. Die Literatur zur „Principal-Agent-Problematik“ zeigt dabei jedoch, daß es durch geeignete Bestimmungen möglich ist, auf die Entscheidungsprozesse des Agent, in diesem Fall der Notenbankleitung, Einfluß zu nehmen.

Kapitel IV untersucht daher ausführlich, wie durch den **institutionellen Rahmen eines Notenbankgesetzes** dafür Sorge getragen werden kann, daß sich die Mitglieder der Notenbankspitze in ihren Entscheidungen – soweit wie möglich unabhängig von jeder politischen Einflußnahme – primär am Ziel der Geldwertstabilität ausrichten. Es wird dabei im Sinne der Neuen Politischen Ökonomie nicht von der Figur des „wohlmeinenden Diktators“ ausgegangen, sondern von Politikern, die ihre individuelle Nutzenmaximierung in den Vordergrund stellen. Dieser Abschnitt, der der intensiven Diskussion über die optimalen Notenbankverfassung für eine

Europäische Währungsunion erhebliche Inputs verdankt, macht deutlich, daß viele der traditionelle Argumente für eine Regelbindung hinfällig werden, wenn durch die Notenbankverfassung für eine hinreichende wirtschaftliche und politische Unabhängigkeit der Notenbank gesorgt wird. So gesehen spricht also vieles für diskretionäre Handlungsspielräume einer Notenbank.

Für die restlichen Kapitel des Buches sind damit folgende Festlegungen gegeben:

- das Primat des Ziels der Geldwertstabilität,
- eine Notenbankverfassung, die die Unabhängigkeit der Notenbank gegenüber politischer Einflußnahme garantiert,
- ein weitreichender diskretionärer Handlungsspielraum der Notenbankleitung.

Zu klären gilt es nun, wie eine Notenbank unter solchen Voraussetzungen ihrem gesetzlichen Auftrag in optimaler Weise nachkommen kann. Hiermit betritt man das Feld konkurrierender **geldpolitischer Konzeptionen,** die den Entscheidungsträgern in der Notenbank gleichsam die Handlungsanweisung für den täglichen Einsatz der geldpolitischen Instrumente bieten (Kapitel V). In Anbetracht der langen und variablen „Lags" zwischen geldpolitischen Maßnahmen und ihren Wirkungen auf das Preisniveau werden von zahlreichen Notenbanken Formen einer indirekten Steuerung der Inflationsrate über geldpolitische **Zwischenziele** verfolgt. Neben der Geldmengensteuerung ist hier vor allem die Verwendung des Wechselkurses als „nomineller Anker" für die Notenbanken kleinerer Länder von Bedeutung. Daneben wird in den angelsächsischen Ländern seit einigen Jahren das Konzept des „Inflation targeting" praktiziert, bei dem die Inflationsrate direkt durch das Operating targeting des Geldmarktsatzes gesteuert wird. Schließlich wird in Kapitel V auch geprüft, inwieweit sich bestimmte Zinsvariablen (bzw. die Zinsstrukturen) und auch das nominelle BSP als theoretische Grundlage für eine geldpolitische Konzeption eignen.

Der letzte Hauptabschnitt des Buches (Kapitel VI) widmet sich dem **geldpolitischen Instrumentarium**. Im Vordergrund steht hier die Frage, wie der Instrumentenkasten einer Notenbank strukturiert sein muß, um die von ihr präferierte geldpolitische Konzeption über den Geldmarkt auch umzusetzen zu können. Nach einem Vergleich der beiden alternativen **Operating targets**:

- der Geldbasis („Geldbasissteuerung") und
- dem Geldmarktsatz („Zinssteuerung")

wird ein dazu jeweils passendes Minimalinstrumentarium abgeleitet. Mit diesem theoretischen Referenzsystem ist es dann möglich, die geldpolitischen Instrumentarien verschiedener Notenbanken (insbesondere Bank of England, Federal Reserve, Deutsche Bundesbank, Banque de France) systematisch darzustellen.

In den sechs **Theorie-Modulen** werden folgende Zusammenhänge beschrieben:

- Modul A setzt sich mit den Definitionen von „**Geld**“ und mit den „**Geldfunktionen**“ auseinander.
- Modul B beschreibt die wichtigsten Erklärungsansätze zur Theorie der **Geldnachfrage**.
- In Modul C wird der **Geldangebotsprozeß** zunächst auf der Grundlage des einfachen Multiplikatormodells dargestellt. Darüber hinaus wird ein völlig neuer, preistheoretisch angelegter Ansatz zum Geldangebot entwickelt.
- Modul D gibt einen kurzen Überblick über die wichtigsten Theorien zum **Transmissionsprozeß** monetärer Impulse. Auch hier wird mit einem erwartungstheoretischen Ansatz ein neuartiger Erklärungsversuch für die überraschend guten Erfolge vieler Notenbank bei der diskretionären Steuerung der Inflationsrate präsentiert.
- In Modul E findet man eine knappe Beschreibung des Konstrukts des **Geldvermögens** und der grundlegenden saldenmechanischen Beziehungen zwischen den einzelnen monetären Rechnungswerken.
- Modul F erörtert den institutionellen Aufbau von **Festkurssystemen** und die damit verbundenen makroökonomischen Effekte.

Literatur zu Kapitel I:

Eucken, Walter (1952), Grundsätze der Wirtschaftspolitik, 6. Auflage 1990, Tübingen: Mohr Verlag.

Niehans, Jürg (1980), Theorie des Geldes – Synthese der monetären Mikro- und Makroökonomik, Bern: Verlag Paul Haupt.

Whitehead, Alfred North (1978), Process and Reality, corrected ed., Ney York: The Free Press.

II

Geldwertstabilität als Ziel der Geldpolitik

1. Zum Begriff der Geldwertstabilität

1.1 Definition von Geldwertstabilität

In den letzten Jahren sind zahlreiche Zentralbanken dazu übergegangen, ihre Geldpolitik primär am **Ziel der Geldwertstabilität** auszurichten. Mittlerweile ist ein solches Ziel in immer mehr Ländern ausdrücklich in den jeweiligen Zentralbankgesetzen verankert. Eine wichtige Rolle hat dabei die Diskussion über die Schaffung der Europäischen Zentralbank gespielt, bei der von Anfang an nahezu unstrittig war, daß die Geldpolitik dem Ziel der Geldwertstabilität verpflichtet sein sollte.[2] So haben sowohl Frankreich als auch Spanien ihre nationalen Gesetze im Hinblick auf eine eindeutigere Hervorhebung des Zieles der Geldwertstabilität angepaßt. Im Vereinigten Königreich und in Schweden fand demgegenüber eine solche Gesetzesänderung zwar bislang noch nicht statt, aber auch dort gibt es zumindest offizielle Regierungserklärungen, die das Ziel der Geldwertstabilität in den Vordergrund rücken.[3]

Während ältere Notenbankverfassungen, wie z.B. das Gesetz über die Deutsche Bundesbank aus dem Jahr 1957, dieses Ziel mehr indirekt mit der Aufforderung umschreiben, „die Währung zu sichern" (§3 Gesetz über die Deutsche Bundesbank), wird in den neueren Gesetzen explizit das Ziel der **Preisstabilität** genannt.[4] Beispielhaft dafür läßt sich der Vertrag über die Europäische Gemeinschaft anführen, in dem für die zukünftige Europäische Zentralbank in Artikel 105 Abs. 1 folgendes festgelegt wird:

---

2 So stellte der sogenannte Delors-Bericht bereits im Jahr 1989 fest: „Das System (gemeint ist das Europäische Zentralbanksystem; die Verfasser) ist dem Ziel der Preisstabilität verpflichtet." (Tz 32; der Bericht ist abgedruckt in Bofinger 1990, S. 109 - 146).

3 Für einen Überblick über die aktuell geltenden gesetzlichen Bestimmungen bzw. die konkreten Formulierungen der Zentralbankverfassungen der Mitgliedsstaaten der Europäischen Union siehe Tabelle IV.8 im Anhang 3 von Kapitel IV. Die geschilderte Entwicklung hin zu einer stärkeren Betonung der Geldwertstabilität läßt sich nicht nur innerhalb der Europäischen Union beobachten, sondern auch in zahlreichen Ländern Mittel- und Osteuropas, Mittel- und Südamerikas oder des pazifischen Raumes (vgl. die detaillierte Übersicht in Goodhart und Viñals 1995, S. 143). Weniger aktuell, dafür mehr Länder umfassend, ist die Auflistung der gesetzlichen Regelungen bei Cukierman (1992, S. 402f.).

4 Die im Bundesbankgesetz geforderte „Sicherung der Währung" beinhaltet sowohl eine binnen- als auch eine außenwirtschaftliche Komponente. Während unter der binnenwirtschaftlichen Geldwertstabilität fast immer Preisstabilität verstanden wird, ist die außenwirtschaftliche Komponente interpretationsbedürftig. Die Deutsche Bundesbank (1995, S. 24) versteht darunter nicht die Stabilität des nominalen Wechselkurses, sondern die Stabilität „der Kaufkraft des Geldes in fremder Währung". Sofern im Ausland also stärker inflationiert wird, erfordert dies eine Aufwertung der D-Mark, damit der reale Außenwert der D-Mark stabil bleibt.

> „Das vorrangige Ziel des ESZB (Europäisches System der Zentralbanken; die Verf.) ist es, die Preisstabilität zu gewährleisten."

Obwohl die allgemeine Entwicklung also dahin geht, die Geldwertstabilität als oberstes Ziel der Geldpolitik institutionell festzulegen, wurde es in fast allen Ländern bisher unterlassen, eine *gesetzliche* Konkretisierung dieses Zieles vorzunehmen. So sucht man vergeblich nach einer Legaldefinition von „Geldwert-" bzw. „Preisstabilität" oder gar quantitativer Zielvorgaben. Die einzige Ausnahme stellt dabei Neuseeland dar (vgl. Goodhart und Viñals 1995, S. 143).

Der Ausdruck „Preisstabilität" könnte suggerieren, daß darunter die Konstanz aller Preise in einer Volkswirtschaft zu verstehen sei. Da jedoch den relativen Preisen für das Funktionieren einer Marktwirtschaft eine zentrale Funktion als Knappheitsindikator zukommt, ist deren permanente Anpassung an sich ändernde reale Bedingungen unerläßlich. Eine ökonomisch sinnvolle Interpretation von „Preisstabilität" kann deshalb nur bedeuten, daß sich die Preise der verschiedenen Güter, die in einer Volkswirtschaft produziert oder konsumiert werden, **im Durchschnitt** nicht verändern. Faßt man das **Preisniveau** in einer Volkswirtschaft als den gewichteten Durchschnitt der verschiedenen Güterpreise auf, so bedeutet Geldwertstabilität dann zugleich Preis*niveau*stabilität. Ein Anstieg des Preisniveaus signalisiert dabei, daß die „Kaufkraft des Geldes" zurückgeht. Für eine Geldeinheit erhält man im Durchschnitt weniger Güter. Preisniveau und Geldwert entwickeln sich immer genau entgegengesetzt.

1.2 Messung des Preisniveaus

Entscheidend dafür, ob in einer Volkswirtschaft Geldwertstabilität vorliegt, ist somit die Veränderung des Preisniveaus. Auskunft darüber, ob ein Preisniveauanstieg vorliegt, gibt der **Preisindex**. Steigt ein solcher Index über mehrere Perioden hinweg, so bezeichnet man diesen Prozeß als **Inflation** und die Wachstumsrate des Preisindexes als **Inflationsrate**.

Jedes geeignete Maß für die Veränderung des Preisniveaus muß eine Reihe zentraler Voraussetzungen erfüllen.[5] So muß der Preisindex im Vergleich zweier Zeitabschnitte – Betrachtungsperiode und Vergleichs- bzw. Basisperiode – steigen, wenn sich der Preis mindestens eines Gutes im Zeitablauf erhöht, ohne daß sich die Preise der anderen Güter ermäßigen (strikte Monotonie). Das bedeutet auch, daß sich der Preisindex um den Faktor k verändern muß, wenn sich alle Preise im Periodenvergleich um diesen Faktor verändert haben (Proportionalität). Der Preis-

5 In der indextheoretischen Literatur werden eine Vielzahl von Anforderungen an Indexformeln genannt. Einen Überblick über die wichtigsten Anforderungen gewährt z.B. Diewert (1992, S. 364f.). Im folgenden werden nur kurz die intuitiv eingängigsten Anforderungen genannt.

index darf sich demgegenüber nicht verändern, wenn sich die Preise nicht geändert haben (Identität) oder wenn sich lediglich die Währungseinheit ändert, in der die Preise gemessen werden (Invarianz gegenüber der Maßeinheit).

Bei der **Inflationsmessung** muß jedoch nicht nur die konkrete Gestalt der **Indexformel** berücksichtigt werden, sondern auch der Umstand, daß es in einer hochentwickelten Volkswirtschaft eine sehr große Anzahl ganz unterschiedlicher Güter gibt. Da aus Praktikabilitätsgründen nicht alle Güter gleichzeitig berücksichtigt werden können, lassen sich sehr viele verschiedene Preisindizes bilden. Welche konkreten Preise dabei in die Indexbildung einfließen sollen, hängt vom konkreten Untersuchungsgegenstand ab (vgl. Edey 1994, S. 122). Argumentiert man z.B., daß das Ziel allen Wirtschaftens die Befriedigung von Konsumwünschen darstellt, so dürfen lediglich Konsumgüter betrachtet werden. Aber auch hier kann immer nur eine bestimmte Auswahl von Konsumgüterpreisen für die Ermittlung eines solchen Preisindexes herangezogen werden. Ein Index kann nach Güterarten oder nach Personengruppen gebildet werden. So ermittelt in Deutschland das Statistische Bundesamt zahlreiche unterschiedliche Indizes.[6] Damit aussagefähige langfristige Vergleiche der Preisentwicklung vorgenommen werden können, muß zudem nicht nur die Auswahl, sondern auch die **Gewichtung** der ausgewählten Güter konstant bleiben, mit der diese in die Indexbildung eingehen. Als Gewichte werden häufig die in einer Basisperiode konsumierten Gütermengen verwendet, die dann den sogenannten **Warenkorb** konstituieren (**Laspeyres-Index**). Vernachlässigt man personengruppenbezogene Unterscheidungen des Warenkorbes, so erhält man den **Preisindex für die Lebenshaltung**. Dieser Preisindex für die Lebenshaltung wird auch häufig Verbraucherpreisindex genannt, wobei der zugrundeliegende Warenkorb jedoch ein vom Statistischen Bundesamt als repräsentativ angesehenes Abbild der durchschnittlichen Verbrauchsgewohnheiten darstellt. So umfaßt er in Deutschland zur Zeit 743 Güter und wird auf der Basis der Verbrauchsgewohnheiten von 1991 ermittelt (vgl. Kral 1995, S. 34).

Gegen die Verwendung des Preisindexes für die Lebenshaltung als geeigneten Maßstab für die Geldwertstabilität läßt sich aus theoretischer Sicht jedoch einwenden, daß eine ausschließliche Berücksichtigung von Konsumgütern zu kurz greift und daß stattdessen Geldwertstabilität an der **Preisniveaustabilität aller monetären Transaktionen** ansetzen sollte (vgl. Edey 1994, S. 122). Eine solche breitere Abgrenzung hätte den Vorteil, daß nicht nur die Preise der gegenwärtig konsumierbaren Güter berücksichtigt werden, sondern indirekt auch die der zukünftigen Konsumgüter. Dies erfolgt insbesondere durch die Einbeziehung der Preisentwicklung von Wertpapieren (festverzinsliche Wertpapiere und Aktien), von

---

6 Für einen Überblick über alle in Deutschland ermittelten Preisindizes siehe Statistisches Bundesamt (1995, S. 609f.).

Grundstücken bzw. von Immobilien (vgl. Goodhart 1994, S. 1429). Andererseits läßt sich ein solch umfassender „**Preisindex für das Leben**“[7] in der Praxis kaum bilden, da die dafür erforderlichen Daten nicht zur Verfügung stehen (vgl. Edey 1994, S. 122). Problematisch ist dabei insbesondere die zentrale Gewichtung von Gegenwartskonsum und indirekt erfaßtem Zukunftskonsum. Darüber hinaus entwickeln sich insbesondere die Aktienkurse sehr erratisch, so daß es mehr als fraglich ist, ob ihre Entwicklung als Richtschnur für die Geldpolitik dienen sollte (vgl. Goodhart 1994, S. 1429).

Als einen Kompromiß läßt sich der **Preisindex des Bruttoinlandsprodukts** ansehen. Dieser Preisindex wird auch häufig als Deflator des Bruttoinlandsprodukts bezeichnet.[8] Er erfaßt alle Preise der im Inland produzierten Güter, wenn man die Vorleistungen[9] und die Importe abzieht. Da der Preisindex des Bruttoinlandsprodukts nicht nur Konsumgüter einschließt, ist er umfassender als der Preisindex für die Lebenshaltung. Wertpapiere bleiben dabei unberücksichtigt, so daß die oben genannten Probleme nicht auftreten. Ein zentraler Schwachpunkt des Preisindexes des Bruttoinlandsprodukts liegt jedoch darin, daß er die Güterstruktur der laufenden Periode als Wägungsschema verwendet (vgl. Statistisches Bundesamt 1995, S. 664). Er stellt somit dem laufenden Bruttoinlandsprodukt die Wertsumme der in der laufenden Periode produzierten Güter in Preisen der Vorperiode gegenüber (**Paasche-Index**). Als Folge dieser sich permanent ändernden Wägungsschemata ist die Vergleichbarkeit der Veränderungsraten dieses Preisindexes nur bedingt gewährleistet (vgl. Stobbe 1994, S. 180f.).

Insgesamt läßt sich somit feststellen, daß es keine Meßgröße für Preisstabilität gibt, die allen theoretischen Anforderungen gerecht werden kann. In der Praxis ziehen es die meisten Länder deshalb vor, den Preisindex für die Lebenshaltung zur Ermittlung der Inflationsrate zu verwenden (siehe Tabelle II.1). Dabei ist die Entscheidung zwischen den verschiedenen Meßverfahren weniger bedeutend, als es den Anschein hat. So ist insbesondere der numerische Unterschied zwischen der Entwicklung des Preisindexes für die Lebenshaltung und des Preisindexes des Bruttoinlandsprodukts im langfristigen Durchschnitt relativ gering. Nichtsdesto-

---

7 Edey (1994, S. 122) spricht von einem „‚cost-of-live‘ rather than a ‚cost-of-living‘“-Index.

8 Im Rahmen der Volkswirtschaftlichen Gesamtrechnung ist das Bruttoinlandsprodukt als Einkommen der im Inland eingesetzten Produktionsfaktoren (vgl. Stobbe 1994, S. 437) definiert. Es entspricht weitgehend dem auf dem „Inländerkonzept“ basierenden „Bruttosozialprodukt“. Dieses wird über die Verwendungsseite definiert. Man erhält es als „Summe aus privatem und staatlichem Konsum, Bruttoinvestitionen und Saldo aus Export und Import“ (Stobbe 1994, S. 444).

9 Vorleistungen sind Güter, die im heimischen Produktionsprozeß wieder verbraucht werden und nicht dem Endverbrauch zur Verfügung stehen (vgl. Stobbe 1994, S. 451).

weniger können jedoch in einzelnen Jahren zum Teil gravierende Abweichungen auftreten (siehe Tabelle II.1).

Tabelle II.1: Jahresdurchschnittliche Inflationsraten gemessen durch den Preisindex für die Lebenshaltung (CPI) und durch den Preisindex des Bruttoinlandproduktes (BIP-Deflator) für ausgewählte Länder, 1980-1995

Land	Durchschnittlicher CPI (1)	Durchschnittlicher BIP-Deflator (2)	Durchschnittliche Abweichung (3) = (1) - (2)	Durchschnittliche absolute Abweichung (4)	Maximale Abweichung in einem Jahr (5)
Australien	6,5	6,0	0,2	1,1	2,9
Deutschland	3,1	3,2	-0,1	0,8	3,3
Finnland	5,7	5,6	0,1	1,0	2,2
Frankreich	5,5	5,4	0,1	0,6	2,5
Italien	9,0	9,5	-0,5	0,8	1,8
Japan	2,2	1,8	0,4	0,6	2,4
Kanada	5,1	4,2	0,9	1,1	2,7
Neuseeland	8,4	7,9	0,5	1,6	4,1
Österreich	3,6	3,8	-0,2	0,6	2,6
Schweden	7,0	6,7	0,3	1,2	2,7
Schweiz	3,4	3,6	-0,2	0,8	3,0
Vereinigtes Königreich	6,3	6,3	0,0	0,9	3,1
Vereinigte Staaten	4,8	4,3	0,5	0,8	4,3

Quelle: OECD Economic Outlook, Dez. 1996..

1.3 Preisniveauziel versus Inflationsziel

Bei einer quantitativen Umsetzung des Ziels der Geldwertstabilität muß nun zweierlei beachtet werden. Zum einen muß eine konkrete Zielformulierung nicht notwendigerweise am Preisniveau bzw. am Preisindex für die Lebenshaltung ansetzen **Preisniveauziel**, sie kann auch im Bezug auf die Veränderungsrate des Preisindexes, also die Inflationsrate, formuliert werden **Inflationsziel**. Aufgrund der definitorischen Beziehung zwischen einer Niveaugröße und ihrer Veränderungsrate ist der Unterschied zwischen beiden Vorgehensweisen allerdings nicht von Bedeutung. So ist z.B. das Ziel eines konstanten Preisniveaus identisch mit einer Inflationsrate von null Prozent.

Trotz dieses eindeutigen Zusammenhangs wird in der Literatur jedoch häufig eine begriffliche Unterscheidung zwischen der Preisniveaustabilität im Sinne eines konstanten Preisindexes und einer „Nullinflation“ vorgenommen (vgl. Edey 1994, S. 118f. bzw. Goodhart 1994, S. 1428f.). Diese Unterscheidung basiert auf der

Konvention, unter einem Preisniveauziel ein mittel- bis langfristiges Ziel zu verstehen, wohingegen beim Inflationsziel eher eine kurzfristige Realisierungsperiode unterstellt wird (vgl. Edey 1994, S. 118). Ex ante besteht auch dann zwischen den beiden Zielformulierungen kein Unterschied. Dieser kann sich aber ex post ergeben, wenn man z.B. feststellen muß, daß der Preisindex in der Vorperiode entgegen dem eigentlichen Ziel doch angestiegen ist und daß damit eine positive Inflationsrate realisiert wurde. Es leuchtet unmittelbar ein, daß das Ziel einer langfristigen Stabilisierung des Preisniveaus hierfür in der nächsten bzw. in den weiteren Folgeperioden eine entsprechende Korrektur nach unten verlangt. Dies wäre auch erforderlich, wenn ein **mehrjähriges** Inflationsziel mit einer Inflatonsrate von null festgelegt worden ist. Bei einem **kurzfristigen**, z.B. einem jährlichen, Inflationsziel kann demgegenüber die Zielverletzung in der Vorperiode ignoriert werden und für die laufende Periode wieder eine Inflationsrate von null angestrebt werden (siehe Box II.1). Dieser Effekt tritt automatisch dann ein, wenn *jährliche* Inflationsziele bereits vorab für einen längeren Zeitraum (zwei, drei Jahre) festgelegt worden sind (siehe Tabelle II.2), ohne daß eine Korrektur für Zielverfehlungen vorgesehen ist. Entscheidend ist jedoch, daß der unterschiedliche Charakter der beiden Ziele ausschließlich auf der implizit unterstellten unterschiedlich langen Betrachtungsperiode gründet und nichts mit der Wahl zwischen einer Formulierung auf der Basis von Niveauwerten oder von Veränderungsraten zu tun hat.

Box II.1: Unterschied zwischen Preisniveauziel und Inflationsziel

Unterstellt werde ein Land, das für die nächsten drei Jahre Geldwertstabilität anstrebt. In diesem Land kann der Notenbank nun aufgetragen werden, dafür zu sorgen, daß der Preisindex (P) am Ende der drei Jahre genauso hoch ist, wie er zu Beginn dieser Zeit gewesen ist (**Preisniveauziel**). Der Einfachheit halber sei dabei unterstellt, der Preisindex betrage im Ausgangszeitpunkt eins. Ein konstanter Preisindex von eins impliziert aber zugleich, daß seine Veränderungsrate gleich null ist. Deshalb entspricht dem obigen Preisniveauziel exakt ein **mittelfristiges Inflationsziel** für die drei Jahre von null Prozent. In der Praxis wird die Notenbank jedoch häufig auf ein **jährliches Inflationsziel** verpflichtet. Dem Ziel des betrachteten Landes entsprechend, kann die jährliche Zielinflationsrate *für die drei Jahre* ebenfalls auf null Prozent lauten. **Ex ante** besteht zwischen dem jährlichen Inflationsziel und dem mehrjährigen Preisniveauziel kein Unterschied, außer daß die Notenbank beim jährlichen Inflationsziel aufgrund des kürzeren Betrachtungszeitraums temporäre Schwankungen schneller wieder ausgleichen muß. Bezogen auf ein Jahr, ist der Handlungsspielraum der Notenbank beim Inflationsziel also stärker eingeschränkt als beim Preisniveauziel.

Anders sieht es hingegen im Bezug auf den dreijährigen Zeitraum aus. Jetzt ist ein Preisniveauziel restriktiver als ein jährliches Inflationsziel. Muß die Notenbank zum Beispiel im zweiten Jahr einen zwanzigprozentigen Anstieg des Preisindexes hinnehmen, so verlangt das Preisniveauziel eine entsprechende Korrektur im darauffolgenden Jahr, um am Ende dieses Jahres wieder einen Preisindex von eins zu erhalten. Ein *vorab festgelegtes jährliches* **Inflationsziel** läßt hingegen die **Zielverfehlung der Vorperiode unberücksichtigt** und verlangt für das nächste Jahr lediglich eine Inflationsrate von null Prozent. Wird das Ziel erreicht, so verharrt der Preisindex bei 1,2 (siehe Schaubild II.1).

Schaubild II.1: Mehrjähriges Preisniveau- und jährliches Inflationsziel

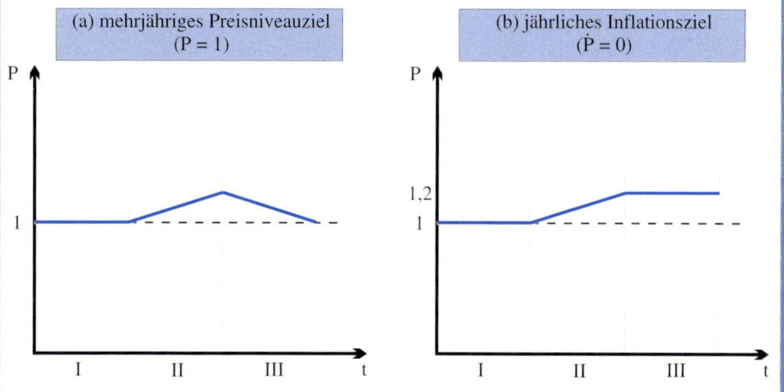

1.4 Festlegung der Zielwerte

Bislang wurde unterstellt, daß das Ziel der Geldwertstabilität tatsächlich die Konstanz des Preisindexes für die Lebenshaltung impliziert. Gegen die Auslegung des Begriffs der „Stabilität" im Sinne eines konstanten Preisindexes läßt sich aber einwenden, daß eine solche **Interpretation** des Zieles der Geldwertstabilität in der geldpolitischen Praxis kaum zu verwirklichen sein wird. So zeigen die Erfahrungen der Vergangenheit, daß selbst Notenbanken mit einem hohen Maß an Unabhängigkeit (siehe Kapitel IV) und einer besonders ausgeprägten Stabilitätspräferenz – wie die Deutsche Bundesbank und die Schweizerische Nationalbank – in den letzten vierzig Jahren einen deutlichen Anstieg des Preisindexes für die Lebenshaltung hinnehmen mußten (siehe Schaubild II.2).

Schaubild II.2: Durchschnittliche jährliche Inflationsraten in wichtigen Industrieländern, 1950 - 1995

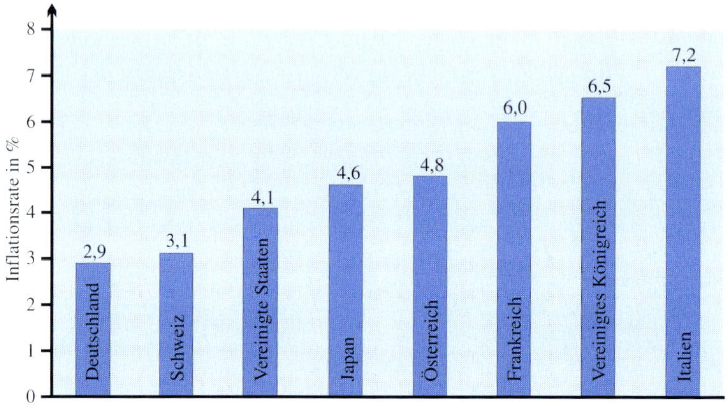

Quellen: Dresdner Bank Statistische Reihen, OECD Economic Outlook.

Neben diesen empirischen Erfahrungen sprechen auch die mit der konkreten Indexberechnung verbundenen Probleme dagegen, einen Zielwert von null für ein Inflationsziel zu wählen. Sowohl die bereits erwähnte Willkür bei der Wahl der zu berücksichtigenden Güter als auch die aus der verwendeten Indexformel resultierenden Ungenauigkeiten führen dazu, daß man statistisch ermittelte Inflationsraten von ein bis zwei Prozent noch als kompatibel mit dem Ziel der Geldwertstabilität ansehen kann. Als Ursache für die statistischen Ungenauigkeiten werden vor allem vier Faktoren genannt:[10]

- **Qualitätsverbesserungen** („quality bias"): Statistiker bemühen sich zwar, Qualitätsverbesserungen von Gütern bei der Preisindexberechnung zu berücksichtigen, bei starken technischen Veränderungen und Neuerungen ist dies aber nur bedingt möglich.
- **Substitutionseffekte** („product substitution bias"): Verbraucher substituieren Güter mit steigenden relativen Preisen durch Güter mit sinkenden relativen

[10] Siehe dazu OECD (1994, S. 34).

Preisen. Da Verbraucherpreisindizes aufgrund der angestrebten Vergleichbarkeit mit festen Wägungsschemata arbeiten müssen (siehe Abschnitt 1.2), können sie diese Effekte im Zeitablauf nicht abbilden und überzeichnen so den tatsächlichen Verlust an Kaufkraft.

- **Einführung neuer Produkte** („new goods bias"): Bei langfristigen Vergleichen stellt sich zudem das kaum lösbare Problem, daß viele der heute gängigen Güter (Videogeräte, Personalcomputer etc.) in den Jahren 1950 bis 1970 überhaupt nicht oder allenfalls zu horrenden Preisen verfügbar waren. Würde man bei einem langfristigen Preisvergleich also den heutigen Warenkorb verwenden, ergäbe sich ein deutlich geringerer Geldwertschwund. So hat die Umstellung des Warenkorbes zum August 1995 in Deutschland zu einer um 0,3 Prozentpunkte niedrigeren Inflationsrate geführt (vgl. Deutsche Bundesbank 1995, S. 61).
- **Sonderangebote** („outlet substitution bias"): Konsumenten sind häufig bestrebt, Güter beim preiswertesten Händler zu erwerben. Diese Möglichkeiten können von der amtlichen Statistik ebenfalls nur unvollständig abgebildet werden.

Alle diese Faktoren führen tendenziell dazu, daß die statistisch ausgewiesenen Inflationsraten die tatsächliche Geldentwertung überzeichnen. Studien aus den Vereinigten Staaten und Kanada schätzen die Effekte solcher Verzerrungen auf 0,2 bis 2 % pro Jahr (vgl. OECD 1994, S. 34f.). In Deutschland hat der wissenschaftliche Beirat beim Bundesministerium für Wirtschaft (1973) eine Inflationsrate von 2 % als noch vereinbar mit dem Ziel der Geldwertstabilität erklärt.[11] Nimmt man diese Rate zum Maßstab, so kommt die Politik der Bundesbank und der Schweizerischen Nationalbank dem Anspruch einer stabilitätsorientierten Geldpolitik schon sehr nahe (siehe Schaubild II.2).

Insgesamt läßt sich deshalb feststellen, daß das heute allgemein vorherrschende Verständnis von Geldwertstabilität deutlich weniger ambitioniert ist, als es der Begriff der „Stabilität" suggeriert. Die geltenden Vorstellungen von Geldwertstabilität spiegeln sich am deutlichsten in den **offiziellen Inflationszielen** wider. Sie können aber auch aus den Absichtserklärungen und dem tatsächlichen Handeln der Regierungen und Notenbanken abgeleitet werden.[12] So erfolgt im Fall der Deut-

---

11 Diese Ansicht teilen auch Fischer (1994, S. 284) und Schlesinger (1996). Dieser schreibt: „Die Zielsetzung der Geldpolitik der Europäischen Zentralbank ist verbal klar beschrieben und ein Übersetzen in eine quantitative Vorstellung der eben geschilderten Art – 1 - 3 %, im Schnitt 2 % – wäre eine gute Vorgabe." (Schlesinger 1996, S. 177)

12 Strenggenommen gilt dies nur für die Länder, die auch tatsächlich Geldwertstabilität anstreben. Von den in Tabelle II.2 aufgeführten Ländern ist aber lediglich die Zentralbank der Schweiz nicht institutionell auf dieses Ziel festgelegt (vgl. Tabelle IV.8 und Cukierman 1992, S. 402f.).

schen Bundesbank und der Schweizerischen Nationalbank die Offenlegung der angestrebten Inflationsrate im Zuge der Ankündigung der jeweiligen Geldmengenziele.[13] Einen Überblick über aktuell gültige Inflationsziele im Sinne von **Interpretationen des Ziels der Geldwertstabilität** liefert Tabelle II.2. Die einzigen bedeutenden Volkswirtschaften, in denen gänzlich auf eine numerische Konkretisierung der angestrebten Inflationsraten verzichtet wird, sind Japan und die Vereinigten Staaten.[14]

Analysiert man die in Tabelle II.2 wiedergegebenen normativen Inflationsvorstellungen, so lassen sich drei Schlußfolgerungen ziehen:

- Kein Land formuliert ein Ziel für das Preisniveau. Es werden ausnahmslos jährliche Inflationsziele angestrebt. Im Falle Kanadas, Neuseelands und des Vereinigten Königreichs sind diese Ziele für mehrere Jahre im voraus festgelegt worden. Dies impliziert, daß für überhöhte Inflationsraten in der Vergangenheit *keine* Korrekturen beim Inflationsziel der Folgejahre vorgenommen werden.
- Bei den Inflationszielen erwägt kein Land die Erreichung von Geldwertstabilität im Sinne einer jährlichen Inflationsrate von null Prozent. Überall gibt man sich mit leicht positiven Preissteigerungsraten zufrieden. Eine Ausnahme sind allenfalls Neuseeland und die Schweiz, wo die „Nullinflation" eine Untergrenze darstellt.
- Die Inflationsziele werden nicht als Punktziel, sondern als Zielkorridor festgelegt.

Um eine vollständige Würdigung dieser drei empirischen Beobachtungen vornehmen zu können, reicht es nicht aus, die Probleme der exakten Quantifizierung von Geldwertstabilität darzustellen, sondern man muß darüber hinaus die Frage diskutieren, ob eine Zentralbank überhaupt das Ziel der Geldwertstabilität verfolgen soll bzw. ob es eine in allgemeingültiger Weise ableitbare optimale Inflationsrate gibt.

Die Schweizerische Nationalbank faßt ihren Auftrag nichtsdestoweniger als Aufforderung zur Sicherung der Preisstabilität auf (vgl. Schweizerische Nationalbank 1992, S. 5).

[13] Für eine Darstellung der Geldmengenpolitik der Deutschen Bundesbank und der Schweizerischen Nationalbank siehe Abschnitt V.3.4 und Abschnitt V.3.5.4.

[14] Allerdings strebt zumindest die Federal Reserve eine Inflationsrate an, die so niedrig ist, daß sie der Öffentlichkeit nicht bewußt wird und deshalb auch nicht systematisch in die Preissetzung einfließt. Für den Vorsitzenden des Federal Reserve Boards Alan Greenspan (1989) liegt Preisstabilität vor, für „price levels sufficiently stable so that expectations of change do not become major factors in key economic decisions."

Tabelle II.2: Jährliche Inflationsziele (in %)[1]

Land	Ziel[2]	Periode	Festgesetzt von
1. Offizielle Inflationsziele			
Finnland	um 2 %	Ziel gilt ab 1995	Zentralbank
Kanada	1 bis 3 %	Zielkorridor bis 1998	Regierung/Zentralbank
Neuseeland	0 bis 2 %	Zielkorridor gilt seit 1993	Regierung/Zentralbank
Schweden	1 bis 3 %	Ziel gilt ab 1995	Zentralbank
Vereinigtes Königreich	2,5 % oder weniger	Bis 1997 wird die untere Hälfte des Zielkorridors angestrebt	Regierung
2. Veröffentlichte Absichtserklärung			
Australien	2 bis 3 %	Durchschnittliche Inflationsrate im Konjunkturzyklus	Zentralbank
Frankreich	maximal 2 %	Mittelfristiges Inflationsziel	Zentralbank
Italien	2 %	Mittelfristiges Inflationsziel bis 1996	Regierung
Spanien	maximal 3 %	Bis Ende 1997	Zentralbank
3. Implizit ableitbare Inflationsziele			
Deutschland	maximal 2 %	Mittelfristige Ausrichtung bei jährlicher Festlegung	Zentralbank
Schweiz	0 bis 1 %	Mittelfristige Ausrichtung bei jährlicher Festlegung	Zentralbank

1) Ausgewählte Industrieländer
2) Die Inflationsziele richten sich nach den folgenden Preisindizes:

Australien: Keine Angaben
Deutschland: Zielsetzung erfolgt nach der Potentialformel der Notenbank; dies bedeutet eine implizite Orientierung am BIP-Deflator. Es wird aber auch die Entwicklung des Verbraucherpreisindexes beobachtet.
Finnland: Verbraucherpreisindex ohne indirekte Steuern, Subventionen und Zinskosten im Wohnungsbau
Frankreich: Es gilt dasselbe wie für Deutschland.
Italien: Preisindex des privaten Verbrauchs
Kanada: Verbraucherpreisindex, aber als operationelles Ziel dient ein Verbraucherpreis index ohne Nahrungsmittelpreis, Energiepreis und temporäre Effekte von indirekten Steuern
Neuseeland: Verbraucherpreisindex ohne indirekte Steuern
Schweden: Verbraucherpreisindex
Schweiz: Es gilt dasselbe wie für Deutschland.
Spanien: Verbraucherpreisindex
Vereinigtes Königreich: Einzelhandelspreisindex ohne Zinszahlung auf Hypotheken

Quellen: OECD (1994, S. 35), Bank für Internationalen Zahlungsausgleich (1995, S.98) und Haldane (1995, S. 251).

2. Vor- und Nachteile einer auf Geldwertstabilität ausgerichteten Geldpolitik

Eine Beurteilung der Frage, ob das Ziel der Geldpolitik und – damit die makroökonomische Aufgabe der Zentralbank – die Wahrung der Geldwertstabilität sein soll, kann man nur dann vornehmen, wenn man die mit einer solchen Politik verbundenen Vor- und Nachteile gegeneinander abwägt. Nachteile in Form gesamtwirtschaftlicher Kosten können möglicherweise dadurch entstehen, daß die Erreichung anderer gesamtwirtschaftlicher Ziele erschwert oder verhindert wird. Zu denken ist hierbei nicht nur an die als „**Phillips-Kurve**" bezeichnete mögliche inverse Beziehung zwischen den Zielen Geldwertstabilität und Vollbeschäftigung (Abschnitt II.2.1) sondern auch an einen möglichen **negativen Zusammenhang mit dem Wachstumsziel** (Abschnitt II.2.2). Ein weiterer Nachteil einer stabilitätsorientierten Geldpolitik kann darin bestehen, daß der Staat die Möglichkeit der Staatsfinanzierung durch die Emission von Geld – die sogenannte „**Seigniorage**" (Abschnitt II.2.3) – verliert und sich stattdessen über Steuern oder Kredite am Kapitalmarkt Einnahmen verschaffen muß.

Die Vorteile einer auf Geldwertstabilität ausgerichteten Geldpolitik liegen vor allem in der Vermeidung der negativen Auswirkungen der Inflation. Die **Kosten der Inflation** (Abschnitt II.2.4) hängen nicht nur davon ab, wie hoch die Inflationsrate ist, sondern auch davon, ob diese vorhersehbar ist oder nicht.

2.1 Geldwertstabilität und Beschäftigung

2.1.1 Ursprüngliche und modifizierte Phillips-Kurve

Die Vorstellung, daß eine niedrige Inflationsrate nur um den Preis relativ höherer Arbeitslosenzahlen zu erreichen sei, beherrschte vor allem in den sechziger und frühen siebziger Jahren die wirtschaftspolitische Diskussion. Sie geht auf eine empirische Analyse des englischen Ökonomen Alban W. Phillips (1958) zurück, der für das Vereinigte Königreich den längerfristigen Zusammenhang zwischen Arbeitslosigkeit und Nominallohnänderungsraten untersucht hatte.[15] Sein Grundgedanke lautete wie folgt:

> „When the demand for labour is high and there are very few unemployed we should expect employers to bid wage rates up quite rapidly, each firm and each industry being continually tempted to offer

[15] Es wäre allerdings falsch, Phillips (1958) als „Entdecker" des Zusammenhangs zwischen Arbeitslosigkeit und Inflation zu bezeichnen, denn Irving Fisher (1926) hat diesen bereits in den zwanziger Jahren untersucht.

a little bit above the prevailing rates to attract the most suitable labour from other firms and industries. On the other hand it appears that workers are reluctant to offer their services at less than the prevailing rates when the demand for labour is low and unemployment is high so that wage rates fall only very slowly. The relation between unemployment and the rate of change of wage rates is therefore likely to be highly non-linear.“ (Phillips 1958, S. 283)

Phillips erwartete also, daß hohe Lohnsteigerungsraten mit geringen Arbeitslosenquoten korrespondieren und umgekehrt. Seine Hypothese läßt sich wie folgt formalisieren:

$$\text{(II.1)} \qquad \Delta \ln W_t = f_1(U_{t-1}) \qquad \text{mit} \qquad \frac{\partial f_1}{\partial U_{t-1}} < 0$$

Die Veränderungsrate des Nominallohns ($\Delta \ln W_t$) zwischen der Betrachtungsperiode t und der Vorperiode t-1 ist somit eine negative Funktion der Arbeitslosenquote der Vorperiode (U_{t-1}).[16]

Tatsächlich gelang es Phillips, eine langfristig stabile negative Beziehung zwischen der Veränderungsrate des Nominallohns und der Arbeitslosenquote nachzuweisen, wobei sich dieser Zusammenhang besonders ausgeprägt in den Phasen von 1861 bis 1913 und von 1948 bis 1957 zeigte (siehe die Schaubilder II.3 und II.4). In der Zeit dazwischen, die durch die beiden Weltkriege gekennzeichnet war, erwies sich die Korrelation als vergleichsweise schwach (vgl. Phillips 1958, S. 293f.). Diese Aussagen und Ergebnisse erfahren kurze Zeit später eine theoretische und empirische Würdigung durch Richard Lipsey (1960), der zu einem geteilten Urteil kam (siehe auch Box II.2):

„Thus, although it might be held with a high degree of confidence that a significant and very interesting relation had been discovered, a very low degree of confidence might be attached at this stage to a particular estimate of the parameters.“ (Lipsey 1960, S. 30)

---

[16] Meistens wird die Wachstumsrate des Nominallohns wie folgt definiert: $\hat{W}_t \equiv (W_t - W_{t-1})/W_{t-1}$. Hier wird jedoch eine alternative Definition gewählt, nach der die Wachstumsrate der Differenz der natürlichen Logarithmen zweier Betrachtungsperioden entspricht: $\hat{W}_t \equiv \Delta \ln W_t = \ln W_t - \ln W_{t-1} = \ln(W_t/W_{t-1})$. (Siehe für ein solches Vorgehen auch McCallum 1989, S. 109f.). Die letzte Definitionsform hat den Vorteil, daß mit ihr leichter gerechnet werden kann und daß sie trotz der Verwendung diskreter Werte der stetigen Definition einer Wachstumsrate ähnlich ist. Der numerische Unterschied zwischen den beiden diskreten Konzepten ist dann gering, wenn die Wachstumsrate nach der ersten Definition relativ gering ist. So beträgt die Abweichung bei einer Wachstumsrate von 15 % ca. einen Prozentpunkt.

Schaubild II.3: Zusammenhang zwischen Arbeitslosigkeit und Nominallohnänderung im Vereinigten Königreich, 1861-1913

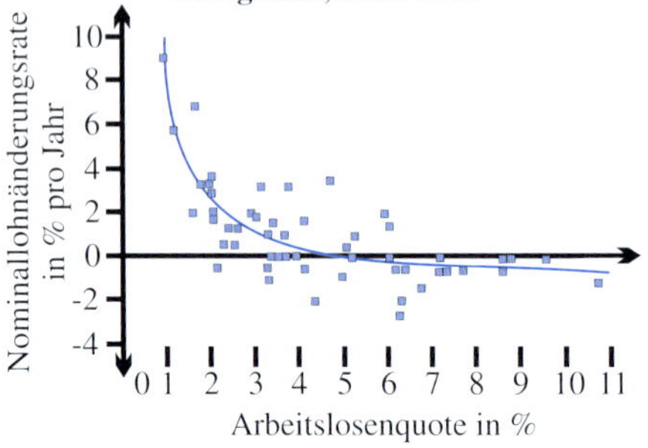

Quelle: Phillips (1958, S. 285).

Schaubild II.4: Zusammenhang zwischen Arbeitslosigkeit und Nominallohnänderung im Vereinigten Königreich, 1948-1957

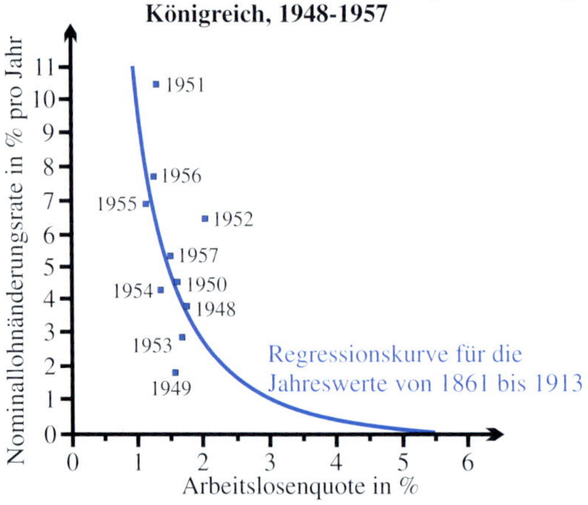

Quelle: Phillips (1958, S.297).

Entgegen der ursprünglichen Formulierung bezeichnet man heute jedoch üblicherweise die Abbildung des Zusammenhangs zwischen Inflationsrate und Arbeitslosenquote als „Phillips-Kurve". Eine solche **modifizierte Phillips-Kurve** wurde erstmals von Samuelson und Solow (1960) in die Diskussion eingeführt. Die Umformulierung der ursprünglichen Phillips-Kurve stellt prinzipiell nichts Revolutionäres dar, denn unter bestimmten Bedingungen bilden Nominallohnänderungsrate und Preisniveauänderungsrate zwei Seiten derselben Medaille ab, worauf auch schon Phillips (1958, S. 283f.) hingewiesen hatte (siehe Box II.2). So läßt es sich sehr einfach zeigen, daß unter den Annahmen einer Vollkostenkalkulation mit festem Gewinnzuschlag („Mark-up pricing") und einer konstanten Produktivitätsentwicklung die Veränderungsrate des Nominallohns der Summe aus Inflationsrate und Produktivitätsfortschritt entspricht.

Legen alle Unternehmen ihre Preise auf der Grundlage einer Vollkostenkalkulation mit festem Gewinnzuschlag fest, so ergibt sich das gesamtwirtschaftliche Preisniveau als

(II.2) $$P_t = (1+g)\frac{N_t}{Y_t}W_t$$

Neben der Höhe des (durchschnittlichen) Gewinnzuschlags (g) haben die gesamtwirtschaftlichen Lohnstückkosten $\left(\frac{N_t W_t}{Y_t}\right)$ damit einen entscheidenden Einfluß auf das gesamtwirtschaftliche Preisniveau. Dabei werden die Lohnstückkosten ihrerseits vom (durchschnittlichen) Lohnsatz W_t und von der (gesamtwirtschaftlichen) Arbeitsproduktivität – im Sinne der Durchschnittsproduktivität (Y_t/N_t) der eingesetzten Menge Arbeit (N_t) – bestimmt. Die Beziehung zwischen Arbeitsproduktivität und Reallohn erhält man dann durch eine geeignete Umformulierung von Gleichung (II.2):

(II.3) $$\frac{1}{(1+g)}\frac{Y_t}{N_t} = \frac{W_t}{P_t}$$

Verändert sich nun die Arbeitsproduktivität, so führt das Preissetzungsverhalten der Unternehmen dazu, daß sich auch der Reallohn mit eben dieser Wachstumsrate ändert[17]:

(II.4) $$\Delta \ln\left(\frac{Y_t}{N_t}\right) = \Delta \ln\left(\frac{W_t}{P_t}\right)$$

---

[17] Zu dieser Beziehung gelangt man auch, wenn man in Anlehnung an die übliche Herleitung der gesamtwirtschaftlichen Arbeitsnachfragefunktion die Entlohnung des Faktors Arbeit nach dem Grenzwertprodukt unterstellt (vgl. z.B. Felderer und Homburg 1991, S. 58f.) und dabei eine Produktionsfunktion mit konstantem Grenzprodukt verwendet (vgl. Sachs und Larrain 1993, S. 454f.). Geht man allerdings von einer gesamtwirtschaftlichen Produktionsfunktion mit abnehmendem Grenzertrag der Faktoren aus, dann ist – anders als im oben betrachteten Fall – unter der Arbeitsproduktivität nicht die Durchschnitts-, sondern die Grenzproduktivität zu verstehen.

Daraus ergibt sich

$$\text{(II.5)} \qquad \Delta \ln \left(\frac{Y_t}{N_t}\right) = \ln \left(\frac{W_t}{P_t}\right) - \ln \left(\frac{W_{t-1}}{P_{t-1}}\right)$$

$$= \ln W_t - \ln P_t - \ln W_{t-1} + \ln P_{t-1}$$

$$\Delta \ln \left(\frac{Y_t}{N_t}\right) = \Delta \ln W_t - \Delta \ln P_t = \Delta \ln W_t - \pi_t \,.$$

Die linke Seite von Gleichung (II.5) mißt die Produktivitätsentwicklung und wird im folgenden mit λ_t bezeichnet. Die rechte Seite entspricht der Veränderungsrate des Reallohns, aufgeschlüsselt in die Differenz aus der Wachstumsrate des Nominallohns und des Preisniveaus, wobei letztere per definitionem der Inflationsrate π_t entspricht.

Ist die Produktivitätsentwicklung konstant ($\lambda_t = \lambda$ = konstant), besteht eine stabile Beziehung zwischen der Wachstumsrate des Nominallohns und der Inflationsrate

$$\text{(II.6)} \qquad \Delta \ln W_t = \lambda + \pi_t \,,$$

die nun in die Funktion der (ursprünglichen) Phillips-Kurve (Gleichung II.1) eingesetzt werden kann.[18] Die modifizierte Phillips-Kurve erhält man somit als

$$\text{(II.7)} \qquad \pi_t = f_1(U_{t-1}) - \lambda \quad .$$

Dabei beeinflußt der Produktivitätsfaktor λ ausschließlich die absolute Höhe der Inflationsrate. Er hat keinen Einfluß auf die Steigungseigenschaft der modifizierten Kurve. Eine dauerhafte Erhöhung der Arbeitsproduktivität würde z.B. zu einer Linksverschiebung der modifizierten Phillipskurve führen.

Schaubild II.5 zeigt den Verlauf der modifizierten Phillips-Kurve, wie sie von Samuelson und Solow (1960, S. 192) für die Vereinigten Staaten ermittelt wurde. Ihr Verlauf impliziert die Wahlmöglichkeit zwischen einer Situation mit Geldwertstabilität und einer 5,5 prozentigen Arbeitslosenquote (Punkt A) und einer Situation, in der eine mit 3 % etwas geringere Arbeitslosenquote mit einer 4,5 prozentigen Inflationsrate einhergeht (Punkt B). Dabei betonten aber bereits Samuelson und Solow (1960, S. 193) ausdrücklich, daß diese Kurve bestenfalls kurzfristig stabil

18 Diese für das mark-up pricing hergeleitete invariante Beziehung zwischen Inflationsrate und Wachstumsrate der Nominallöhne gilt strenggenommen nur für die geschlossene Volkswirtschaft. In einer offenen Volkswirtschaft geht in die Berechnung der Inflationsrate auch die Preisentwicklung ausländischer Güter ein, so daß die Beziehung nicht vollkommen starr ist. Je geringer aber der Anteil der Importgüter an der Gesamtheit der nachgefragten Güter ist, desto leichter kann diese Ungenauigkeit vernachlässigt werden.

sein dürfte, da sie sich aufgrund des technischen Fortschritts oder geänderter Erwartungen jederzeit verschieben könne.[19]

Schaubild II.5: Modifizierte Phillips-Kurve von Samuelson und Solow

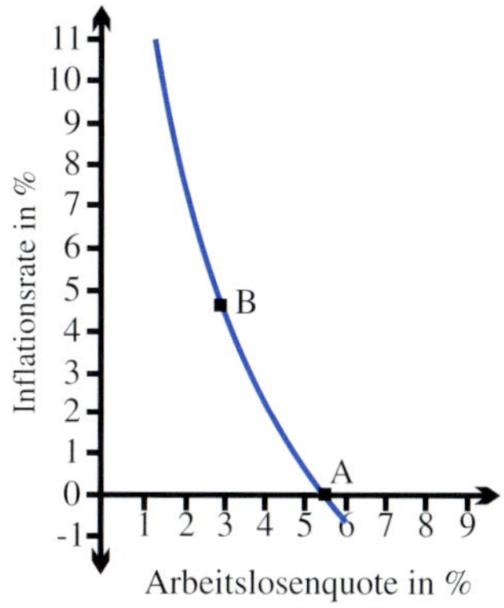

Quelle: Samuelson und Solow (1960, S. 192).

Auch für die Bundesrepublik Deutschland zeigt sich für die Jahre 1959 bis 1970 ein der modifizierten Phillips-Kurve sehr ähnlicher Zusammenhang (siehe Schaubild II.6).

Die zentrale Aussage der Arbeiten von Phillips (1958), Lipsey (1960) und Samuelson und Solow (1960), wonach es einen „**Trade-off**" zwischen Inflation[20] und Arbeitslosigkeit gibt, wurde weltweit von Ökonomen und Wirtschaftspolitikern gleichermaßen begeistert aufgenommen. Sie prägte in entscheidender Weise das theoretische und praktische Verständnis von Wirtschaftspolitik in den sechziger und frühen siebziger Jahren. So wurden Begriffe wie der des „**magischen Vierecks**" kreiert, denen die Vorstellung zugrundelag, daß zwischen den gesamtwirtschaftlichen Zielen Preisniveaustabilität, Vollbeschäftigung, außenwirtschaftliches Gleichgewicht und angemessenes Wirtschaftswachstum Zielkonflikte vorhanden seien, die immer wieder wirtschaftspolitische Eingriffe des Staates (insbesondere

---

19 Die Bedeutung von Erwartungen für den Wirtschaftsprozeß wird zwar von Samuelson und Solow angesprochen, deren konkrete Rolle aber als offene Frage im Raum stehengelassen (vgl. Samuelson und Solow 1960, S. 185).

20 Wie ausführlich dargelegt wurde, beziehen Phillips (1958) und Lipsey (1960) ihre Aussage ausschließlich auf die Nominallohnänderungsrate („Lohninflation").

mit Hilfe der Nachfragesteuerung) notwendig machen.[21] Tatsächlich wurde auch in dieser Zeitspanne weltweit versucht, den Trade-off der Phillips-Kurve wirtschaftspolitisch auszubeuten, in dem man unter bewußter Inkaufnahme von Inflation positive Beschäftigungseffekte zu erzielen versuchte (vgl. OECD 1991, S. 1). Bei alledem wurde jedoch dreierlei übersehen:

Schaubild II.6: Modifizierte Phillips-Kurve für Westdeutschland, 1959-1970

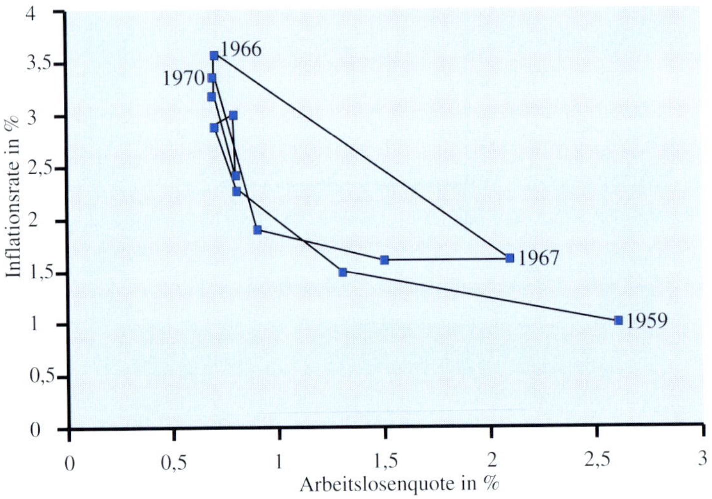

Quelle: Dresdner Bank Statistische Reihen.

- Die von Phillips (1958), Lipsey (1960) und Samuelson und Solow (1960) unterstellte **Kausalität** impliziert eine Determination der Nominallohnentwicklung durch die Beschäftigungssituation. Es bleibt dabei völlig offen, ob auch eine umgekehrte Kausalität für den Fall gegeben ist, daß die Preisentwicklung zu beschäftigungspolitischen Zwecken genutzt wird.

---

21 Für die Bundesrepublik Deutschland siehe dazu z.B. das Gesetz zur Förderung der Stabilität und des Wachstums der Wirtschaft von 1967 und die einschlägigen Kommentare von Möller (1969) und Stern, Münch und Hansmeyer (1972).

- Der von Phillips (1958) und Lipsey (1960) festgestellte inverse Zusammenhang zwischen Nominallohnänderungsrate und Arbeitslosigkeit bestand nur in Phasen mit sehr geringen und zudem vergleichsweise stabilen Inflationsraten; eine solche Situation war Ende der fünfziger und Anfang der sechziger Jahre weltweit gegeben. Für die Arbeitnehmer bestand daher kein allzu großer Unterschied zwischen der Veränderung ihrer Nominal- und ihrer Reallöhne. Dieser Umstand dürfte auch die empirischen Ergebnisse von Phillips (1958) und Lipsey (1960) erklären (siehe Box II.2).
- Der in Perioden mit niedrigen Inflationsraten beobachtete relativ stabile Zusammenhang zwischen Preisentwicklung und Beschäftigungssituation muß nicht immer gelten. So besagt gerade ein nach dem amerikanischen Ökonomen Robert E. Lucas (1976) benanntes Phänomen, daß jeder Versuch einer Regierung, einen empirisch beobachtbaren Trade-off wirtschaftspolitisch auszubeuten, zum Verschwinden eines solchen Trade-off führen kann („**Lucas-Kritik**"). Dieses Phänomen hat insbesondere mit der Erwartungsbildung der Wirtschaftssubjekte zu tun.

Insgesamt wurde deshalb von vielen nicht beachtet, daß die negative Beziehung zur Arbeitslosenrate natürlich nicht für die Nominallohn-, sondern lediglich für die Reallohnentwicklung gelten kann. Zwar haben sowohl Milton Friedman (1966) als auch Edmund Phelps (1967) schon frühzeitig auf diesen Punkt hingewiesen, allerdings wurde ihnen keine allzu große Aufmerksamkeit geschenkt.

Box II.2: Ein kurzer Exkurs zur ursprünglichen Phillips-Kurve

Ziel von Phillips (1958) war es, Erklärungsfaktoren für die Höhe der Nominallöhne zu finden. Dabei betrachtete Phillips (1958, S. 283f.) keineswegs nur das Niveau der Arbeitslosigkeit, wie es die nach ihm benannte (ursprüngliche) Phillips-Kurve suggerieren mag. Er bezog auch die Veränderungsrate der Arbeitslosigkeit und die Preissteigerungsrate in seine Überlegungen ein, kam aber zu dem Schluß, beide Faktoren weitgehend vernachlässigen zu können. Bei der Veränderungsrate der Arbeitslosenquote ging er davon aus, daß diese im Zeitablauf an Erklärungskraft verloren habe und zudem kaum von dem um eine gewisse Zeitspanne verzögerten Niveau der Arbeitslosigkeit zu unterscheiden sei (S. 292f.). Eine explizite Berücksichtigung der Inflationsrate erübrigte sich seiner Ansicht nach aus zwei Gründen: Zum einen ging er implizit davon aus (S. 284), daß die Gewerkschaften eine Politik der „Besitzstandswahrung" betrieben, die dazu führe, daß eine Reduktion der in den Lohnverhandlungen erkämpften Reallohn*steigerungen* durch unvorhergesehene Preissteigerungsraten so lange hingenommen würde, wie diese nicht zu einer absoluten Reallohnsenkung führe („partielle Geldillusion").[22] Zum anderen unterstellte er ein Preissetzungsverhalten der heimischen Unternehmen entsprechend der Vollkostenkalkulation mit festem Gewinnzuschlag (S. 283f.). In einem solchen Fall besteht eine weitgehend invariante Beziehung zwischen der Nominallohnänderungsrate, dem Produktivitätsanstieg und der Inflationsrate (siehe Gleichung II.6), die lediglich durch außenwirtschaftliche Faktoren gestört werden kann. Aufgrund des obigen Gewerkschaftsverhaltens müssen die Preiserhöhungen der ausländischen Güter aber schon sehr hoch sein, damit der gesamte Produktivitätsfortschritt aufgezehrt wird und die Reaktionsschwelle der Arbeitnehmer überschritten wird. Dementsprechend berücksichtigt Phillips den Einfluß stark steigender Importpreise, und behauptet den Zusammenhang zwischen Nominallohnentwicklung und Arbeitslosenquote auch nur für die Jahre, in denen der Preisanstieg nicht hoch genug war, um den Produktivitätsfortschritt aufzuzehren. Besondere Relevanz maß er der Inflationsrate aber nicht zu, da es nur in vergleichsweise wenigen Jahren zu ausreichend hohen Importpreissteigerungen gekommen war (S. 299).

Eine kritische Auseinandersetzung mit der Arbeit von Phillips – insbesondere mit der hier diskutierten Auswahl der Erklärungsvariablen – erfolgte kurze Zeit später durch Lipsey (1960). Im Rahmen detailierter ökonometrischer Überlegungenen fand dieser zum einen keine Bestätigung dafür, daß der Einfluß der *Veränderung* der Arbeitslosenquote über die Zeit hinweg an Einfluß verloren habe (S. 8). Darüber hinaus konnte er auch die von Phillips unterstellte Lohnbildungshypothese einer bloßen Besitzstandwahrung empirisch nicht belegen (S. 9 und S. 31). Selbst für die Vorkriegsjahre mit ihren verhältnismäßig vorhersehbaren Inflationsraten fand er einen – wenn auch relativ geringen – Einfluß der Inflationsrate auf die Nominallohnänderungsrate (S. 10f.). In den Nachkriegsjahren, in denen die Inflationsraten anstiegen und auch volatiler wurden, nahm die Bedeutung der Inflationsrate für die Nominallohnentwicklung deutlich zu (1960, S. 26f.). Insgesamt erstaunt somit die Popularität, die die Arbeit von Phillips erreichen konnte, vor allem was die Verwendung der Nominallöhne anstatt der Reallöhne betrifft. Phillips selbst hat diesen Beitrag nicht zu seinen besten Werken gezählt (vgl. King 1994, S. 5). Die Interpretation des nach ihm benannten Zusammenhangs als Rechtfertigung für eine inflatorische Politik widersprach seiner eigenen Grundüberzeugung, nach der die Hauptaufgabe der Wirtschaftspo-

[22] Für eine modelltheoretische Berücksichtigung der Geldillusion siehe Monissen (1982b, S. 122f.).

litik darin bestünde, „to prevent continually rising prices of consumer goods“ (Phillips 1959 zitiert in Leeson 1994, S. 616).

2.1.2 Um Erwartungen erweiterte Phillips-Kurve

Entsprechend der Friedman-Phelps-Hypothese betrifft die ökonomisch relevante Beziehung zwischen Löhnen und Beschäftigung, anders als in Gleichung (II.1) unterstellt, nicht den Nominal-, sondern den Reallohn. Die Nominallohnänderungsrate muß damit in (II.1) durch die Reallohnänderungsrate ersetzt werden:

$$\text{(II.8)} \qquad \Delta \ln \left(\frac{W_t}{P_t} \right) = f_2(U_{t-1}) \qquad \text{mit} \qquad \frac{\partial f_2}{\partial U_{t-1}} < 0 .$$

Da die Reallohnänderungsrate gemäß (II.5) gleich der Differenz aus Nominallohnänderungsrate und Inflationsrate ist, erhält man:

$$\text{(II.8')} \qquad \Delta \ln W_t - \pi_t = f_2(U_{t-1}) .$$

Allerdings ist die tatsächliche Preisniveauentwicklung zum Zeitpunkt der Tarifvereinbarungen nicht bekannt. Deshalb tritt an die Stelle von π_t die erwartete Inflationsrate (π_t^e). Entsprechend läßt sich (II.8') wie folgt darstellen:

$$\text{(II.9)} \qquad \Delta \ln W_t = f_2(U_{t-1}) + \pi_t^e .$$

Die Entwicklung der Nominallöhne spiegelt jetzt nicht mehr allein die Situation am Arbeitsmarkt, sondern zugleich auch die Inflationserwartungen der Tarifparteien wider. Im Vergleich zu (II.1) wird deutlich, wieso man bei (II.9) von der **um Erwartungen ergänzten (ursprünglichen) Phillips-Kurve** spricht.

Unterstellt man auch jetzt wieder eine konstante Produktivitätsentwicklung, so erhält man unter Berücksichtigung von (II.6) in (II.9) die **um Erwartungen erweiterte modifizierte Phillips-Kurve**:

$$\text{(II.10)} \qquad \pi_t = f_2(U_{t-1}) - \lambda + \pi_t^e .$$

Ebenso wie der Produktivitätsfaktor λ determiniert die erwartete Inflationsrate π_t^e ausschließlich die Lage der um Erwartungen erweiterten modifizierten Phillips-Kurve. Wie Schaubild II.7 verdeutlicht, erhält man für unterschiedliche Inflationserwartungen parallel verschobene negativ geneigte modifizierte Phillips-Kurven, wobei eine steigende Inflationserwartung zu einer weiter rechts liegenden Kurve führt. Der von Phillips (1958) als langfristig unterstellte Zusammenhang gilt nun nur noch für die kurze Frist, da sich positive Beschäftigungseffekte nur erzielen lassen, wenn die tatsächliche Inflationsrate höher ist als die erwartete. Variable Inflationserwartungen (wie auch instabile Produktivitätsentwicklungen) zerstören einen jeden langfristigen inversen Zusammenhang. Unterstellt man extrapolative bzw. adaptive Erwartungen[23] und eine konstante Produktivitätsentwicklung, so ist eine längerfristige Ausbeutung des Trade-off nur zum Preis akzelerierender Inflationsraten möglich.

Auf längere Sicht kann man unterstellen, daß die tatsächliche und die erwartete Inflationsrate übereinstimmen ($\pi = \pi^e$). Damit ergibt sich

(II.11) $$\lambda = f_2(U) .$$

Bildet man daraus die Umkehrfunktion, so zeigt sich, daß die Arbeitslosenquote (U) dann ausschließlich von der realwirtschaftlich determinierten und als konstant angenommenen Produktivitätsentwicklung bestimmt wird.

(II.11') $$U = f_2^{-1}(\lambda)$$

Die **langfristige Phillips-Kurve** verläuft dann als Vertikale. Die dabei auftretende Arbeitslosigkeit hängt überhaupt nicht mehr von nominalen Größen ab und wird deshalb als „**natürliche Arbeitslosigkeit**“ bezeichnet. Diese Bezeichnung geht auf Milton Friedman (1968) zurück. Er versteht darunter die Höhe der Arbeitslosigkeit, die sich im langfristigen allgemeinen Gleichgewicht ergibt, wenn Marktunvollkommenheiten auf dem Arbeits- und auf den Gütermärkten auftreten (vgl. Friedman 1968, S. 8). Eine solche Arbeitslosenquote erfaßt die strukturelle und friktionelle Arbeitslosigkeit. Da sie selbst dann auftritt, wenn sich die Volkswirtschaft im gesamtwirtschaftlichen Gleichgewicht befindet, wird sie auch „Vollbeschäftigungsarbeitslosenrate“ genannt (vgl. Sachs und Larrain 1993, S. 449). Letzteres ist jedoch irreführend, da die natürliche Arbeitslosenquote trotz des langfristigen Gleichgewichtszustandes der Volkswirtschaft immer noch entscheidend von Marktunvollkommenheiten (insbesondere auf dem Arbeitsmarkt) bestimmt wird und keineswegs als gesamtwirtschaftlich optimal oder wirtschaftspolitisch wünschenswert anzusehen ist (vgl. Weiner 1993, S. 54). Zur Ermittlung der natürlichen Arbeitslosenquote wird häufig die **NAIRU** (nonaccelerating inflation rate of unemployment) verwendet. Betrachtet man die um die Erwartungen erweiterte Phillips-Kurve (Gleichung II.10) und nimmt man die Inflationsrate der Vorperiode als Approximationsgröße für die Inflationserwartung, so erhält man die NAIRU als die Arbeitslosenquote, die sich in Zeiten unveränderter Inflationsraten ergibt (vgl. Tootell 1994, S. 43).

---

23 Bei extrapolativen Erwartungen wird im einfachsten Fall die Inflationsrate der Vorperiode auch für die laufende Periode erwartet. Adaptive Erwartungen liegen dann vor, wenn die Wirtschaftssubjekte bei ihrer Erwartungsbildung die Erwartungsfehler der Vorperiode(n) berücksichtigen. Siehe dazu ausführlicher Modul D.

Schaubild II.7: Kurzfristige und langfristige Phillips-Kurve

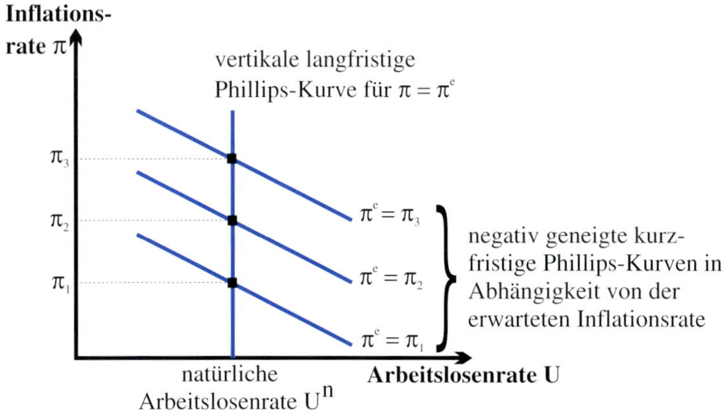

Die insbesondere von Milton Friedman (1968, S. 10) herausgestellte Bedeutung der Inflationserwartungen für die Beschäftigungssituation fand Eingang in die meisten neueren makroökonomischen Theorieansätze. So läßt das von Robert Lucas (1972, 1973), einem Vertreter der **Neuen Klassischen Makroökonomie**, entworfene Modell wirtschaftspolitisch erzeugte Output- und Beschäftigungswirkungen nur dann zu, wenn die Auswirkungen dieser Maßnahmen auf die tatsächliche Inflationsrate von den Privaten nicht korrekt vorhergesehen werden. Eine solche Fehleinschätzung wird mit unvollständigen Informationen seitens der Unternehmen erklärt. Lucas argumentiert, daß die Unternehmen zwar Preissteigerungen des von ihnen produzierten Gutes beobachten können, es ihnen aber unmöglich ist zu unterscheiden, ob diese Folge einer Veränderung der Präferenzen der Konsumenten oder aber bloße Folge eines allgemeinen Preisanstieges sind. Da er zudem unterstellt, daß lediglich Relativpreisänderungen die Produktionsentscheidungen der Unternehmen beeinflussen, haben antizipierte Veränderungen des Preisniveaus keine realwirtschaftlichen Auswirkungen. Anders verhält es sich dagegen bei Fehleinschätzungen bezüglich der allgemeinen Preissteigerungsrate, denn diese führen automatisch zu einer Über- oder Unterschätzung der relativen Änderungen der Nachfrage nach dem selbst produzierten Gut. Damit werden annahmegemäß Anpassungen bei der Produktionsmenge und bei der Beschäftigung ausgelöst. Eine Unterschätzung der Inflationsrate bedeutet eine Überschätzung des relativen Anstiegs der Nachfrage nach dem eigenen Gut und induziert eine höhere Produktions- und Beschäftigungsmenge. Lucas geht somit von einer positiv geneigten einzelwirtschaftlichen Angebotskurve aus, die im Zusammenwirken mit Erwartungsfehlern auch zu einer positiv ansteigenden gesamtwirtschaftlichen Angebotskurve führt, der sogenannten **Lucas-Angebotsfunktion**.[24]

Auch die Lucas-Angebotsfunktion impliziert eine inverse Beziehung zwischen nichtantizipierter Inflation und Arbeitslosigkeit. In Abhängigkeit von der jeweils erwarteten Inflationsrate erhält man damit ebenfalls eine (kurzfristige) negativ geneigte Phillips-Kurve. Unterstellt man, daß langfristig keine Erwartungsfehler vorkommen bzw. bestehen können, so erhält man eine langfristig vertikale Phillips-Kurve (vgl. Monissen 1983, S. 297 - 306).

Allerdings bietet sich das obige Modell von Lucas nur bedingt als theoretische Erklärung für eine kurzfristige negativ geneigte Phillips-Kurve an. Da die Inflationsraten heute in allen Ländern regelmäßig und ohne nennenswerte Verzögerungen veröffentlicht werden, könnten Erwartungsfehler entsprechend schnell korrigiert werden. Das bedeutet aber zugleich, daß die Anpassungsfristen für die Rücknahme irrtümlich getroffener Produktions- und Beschäftigungsentscheidungen sehr kurz sind, so daß das Argument der unvollständigen Information bestenfalls die Begründung für sehr kurzfristige Beschäftigungswirkungen der Inflation liefern kann, die sich empirisch aber kaum bemerkbar machen dürften. Dies widerspricht jedoch empirischen Studien, die belegen, daß Zentralbanken durch eine restriktive Geldpolitik sehr wohl Rezessionen auslösen können. Diese Beobachtungen stimmen auch mit den Überlegungen zu den Transmissionsmechanismen der Geldpolitik überein, nach denen eine Zentralbank durch den Zinskanal kurzfristig rezessive Wirkungen auf Output und Beschäftigung und (mit einiger Verzögerung) auch geringere Inflationsraten realisieren kann.[25]

---

24 Anders als die um die Erwartungen erweiterte Phillips-Kurve verwendet die Lucas-Angebotsfunktion nicht die Abweichung der tatsächlichen (π) von der erwarteten Inflationsrate (π^e) als Erklärung für Outputfluktuationen, sondern die Differenz des tatsächlichen (P) vom erwarteten Preisniveau (P^e). Dabei wird dieser Zusammenhang wie folgt dargestellt: $Y = Y^f + \lambda(p - p^e)$, wobei Y der tatsächliche und Y^f der Vollbeschäftigungsoutput sei. Die Lucas-Angebotsfunktion hat gegenüber der um die Erwartungen erweiterte Phillips-Kurve den Vorteil, daß sie im Rahmen der einfachen komparativ-statischen Makroökonomik leichter verwendet werden kann. Siehe dazu und zum Zusammenhang von Lucas-Angebotskurve und kurzfristiger Phillips-Kurve Monissen (1983).

25 Ein Blick auf die empirischen Daten zeigt, daß in Deutschland deutlich ansteigenden kurzfristigen Realzinsen rezessive Konjunkturphasen folgen (siehe Schaubild V.21). Ähnliche Zusammenhänge lassen sich auch den Schaubildern für Kanada, Neuseeland und das Vereinigte Königreich entnehmen (siehe die Schaubilder V.24 bis V.26). In der Literatur wurden insbesondere die rezessiven Wirkungen einer restriktiven Geldpolitik der amerikanischen Notenbank herausgearbeitet (vgl. z.B. Romer und Romer 1989, S. 144). Besonders prägnant zeigen sich diese im Zuge der Anfang der achtziger Jahre vorgenommen „Volcker-Disinflation", die die Inflationsrate von 13,5 % (1980) auf 3,2 % (1983) reduzierte und mit sehr niedrigen oder sogar negativen

Während der Neuklassische Theorieansatz infolge der speziellen Annahmen über das Zustandekommen der Erwartungsfehler insbesondere eine Erklärung für die langfristige vertikale Phillips-Kurve darstellt, versuchen die **Neokeynesianer** (Fischer 1977 und Taylor 1979, 1980) Begründungsansätze für länger anhaltende Divergenzen von tatsächlicher und natürlicher Arbeitslosenquote zu finden. Anders als bei Lucas (1972, 1973), der die Güterpreise als vollkommen flexibel und stets markträumend annimmt, unterstellen sie in ihren Ansätzen kurzfristige **Preis- bzw. Lohnstarrheiten** (siehe dazu ausführlicher Modul D.4.1). Letztere führen dazu, daß sich bei einer Abweichung der tatsächlichen von der erwarteten (und in den Tarifverhandlungen unterstellten) Inflationsrate positive oder negative Beschäftigungseffekte selbst dann ergeben, wenn die Tarifparteien mit ihrem Vertragsabschluß keine expliziten Beschäftigungsziele verfolgt haben. Ein Anstieg der Beschäftigung resultiert dann daraus, daß es bei einer in den Tarifverträgen zu niedrig angesetzten Inflationskomponente zu einer zeitweiligen Senkung der Reallöhne kommt, die es für die Unternehmen attraktiv macht, eine höhere Arbeitsmenge nachzufragen. Auch Neokeynesianische Ansätze führen somit zu negativ geneigten kurzfristigen Phillips-Kurven, die jeweils für eine bestimmte Inflationserwartung gelten. Da die Laufzeit von Tarifverträgen in der Regel mindestens ein Jahr beträgt, sind die Beschäftigungseffekte dauerhafter als in den Modellen, die auf unvollständigen Informationen der Unternehmen bezüglich der gerade herrschenden Inflationsrate beruhen. Die Beschäftigungsentscheidungen werden erst dann korrigiert, wenn die Tarifparteien mit Hilfe eines neuen Tarifvertrages wieder den ursprünglich intendierten Reallohn herbeiführen. Insgesamt ist damit auch im Rahmen der Neokeynesianischen Theorie die langfristige Phillips-Kurve eine Vertikale.

Die mit Hilfe der Geldpolitik ausgelösten Beschäftigungseffekte sind somit umso kurzlebiger, je schneller die Privaten ihre Erwartungen bzw. ihre Verträge über nominal fixierte Größen anpassen können. Unterstellt man das Vorliegen rationaler Erwartungen[26], dann verneint man die Möglichkeit systematischer Erwartungsfehler vollständig und damit selbst die Existenz eines kurzfristigen Trade-off. Dies ist Kern der **Hypothese der Politik-Ineffektivität** von Sargent und Wallace (1975) und damit eine Begründungsmöglichkeit der Lucas-Kritik. Gegen die

---

realen Wachstumsraten verbunden war. Die konjunkturellen und damit kurzfristigen Auswirkungen der Geldpolitik untersuchen implizit alle Untersuchungen zur Zinsstruktur und zum geldpolitischen Transmissionsprozeß (siehe genauer Abschnitt V.5 und Modul D).

26 Die Theorie rationaler Erwartung geht auf Muth (1961) zurück und besagt, daß die Wirtschaftssubjekte ihre Erwartungen auf der Grundlage aller verfügbaren Informationen bilden. Werden wirtschaftspolitische Maßnahmen diskutiert, so wird häufig unterstellt, daß die Privaten das Modell kennen, anhand dessen der Staat seine Entscheidungen trifft. Siehe dazu ausführlicher Modul D.

strikte Anwendung der Theorie rationaler Erwartungen spricht wiederum die empirische Beobachtung, daß Zentralbanken kurzfristig reale Effekte erzeugen können.

Schaubild II.8: Empirische Phillips-Kurve für Deutschland, 1970-1995 [1)]

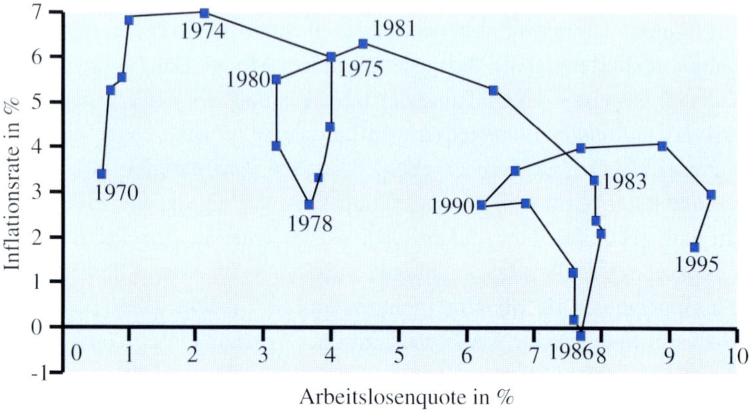

1) Einschließlich 1990 Westdeutschland, danach Gesamtdeutschland.

Quelle: OECD Economic Outlook.

2.1.3 Empirische Befunde

Die theoretischen Erkenntnisse finden ihre Bestätigung in den meisten empirisch beobachtbaren Phillips-Kurven. Betrachtet man z.B. die G7-Länder[27] zuzüglich Österreich und der Schweiz für die Zeit ab 1970, so lassen sich in keinem dieser Länder systematische (d.h. inverse *und* **langfristig** stabile) Beziehungen zwischen der Inflationsrate (Veränderungsrate des Preisindizes für die Lebenshaltung) und der Arbeitslosenquote (in der jeweiligen nationalen Definition) erkennen. **Kurzfristig** stabile inverse Beziehungen scheinen lediglich in Frankreich, Japan, dem Vereinigten Königreich und in den USA zu bestehen. Unter diesen kurzfristigen Phillips-Kurven bildet jedoch die französische einen Sonderfall, da dort in den achtziger Jahren stetig abnehmende Inflationsraten mit einer ansteigenden Arbeitslosenquote einhergehen, so daß es zweifelhaft erscheint, ob diese Bezie-

---

27 Unter dem Begriff der G7 werden die sieben führenden Industrienationen zusammengefaßt. Zu ihnen gehören Deutschland, Frankreich, Italien, Japan, Kanada, die USA und das Vereinigte Königreich.

hung auch in umgekehrter Richtung wirtschaftspolitisch ausbeutbar ist. Die Graphen der übrigen drei Länder liefern zudem einen Beleg für die Hypothese sich parallel verschiebender kurzfristiger Phillips-Kurven. Weitgehend unsystematisch stellt sich hingegen der Zusammenhang für Italien, Kanada und Österreich dar, während die Graphen für Deutschland und die Schweiz als eindrucksvoller Beleg für die Vermutung vertikal verlaufender Phillips-Kurven interpretiert werden können.

In Ergänzung der graphischen Analyse zeigen ökonometrische Untersuchungen von Richter und Diener (1987, S. 349f.) sowie von Weber (1994, S. 91f.), daß kein langfristig stabiler inverser Zusammenhang zwischen Inflation und Arbeitslosigkeit für Deutschland besteht. Darüber hinaus zieht Weber (1994, S. 94) aus seiner Studie die Schlußfolgerung, daß sich die Hypothese einer langfristig vertikalen Phillips-Kurve nicht nur für Deutschland, sondern auch für die übrigen G7-Ländern (mit Ausnahme von Italien) nicht ablehnen läßt. Für die USA kommen neben King und Watson (1992, S. 16) auch Tootell (1994, S. 34f.) und Weiner (1993, S. 56f.) zu diesem Ergebnis. Letztere gelangen zu dieser Schlußfolgerung, indem sie ausgehend von der um die Erwartungen erweiterten (modifizierten) Phillips-Kurve (Gleichung II.10) direkt die natürliche Arbeitslosenquote in Form der NAIRU ermitteln. Während jedoch Weiner (1993, S. 60f.) eine dauerhafte Erhöhung der NAIRU sowohl Anfang der siebziger als auch Ende der achtziger Jahre ausmacht, findet Tootell (1994, S. 39) keine eindeutigen Hinweise dafür, daß die NAIRU Ende der achtziger Jahre angestiegen ist.[28]

Bezogen auf die Stabilität des **kurzfristigen Trade-off** zwischen Inflation und Arbeitslosigkeit kommt Rissman (1993, S. 414) – anders als zahlreiche andere Autoren – für die USA zu der Schlußfolgerung, wonach der kurzfristige Trade-off in den siebziger Jahren zwar stabil geblieben sei, diese Stabilität für die achtziger Jahre jedoch nicht vorhanden ist.[29] Instabilitäten der kurzfristigen Phillips-Kurven ließen sich jetzt nicht mehr ausschließlich mit Veränderungen der natürlichen Arbeitslosenquote erklären. Bezogen auf Schaubild II.7 bedeutet dies, daß man nicht nur Parallelverschiebungen der kurzfristigen Phillips-Kurven erhält, sondern auch Veränderungen der Steigung.

---

28 King et al. (1995) zeigen ebenfalls signifikante Instabilitäten der Phillips-Kurve für den Zeitraum von 1954 bis 1994. Allerdings weisen sie auch darauf hin, daß die Möglichkeit, die NAIRU präzise zu messen, sehr begrenzt ist. So erhalten sie für die NAIRU mit einer 95 prozentigen Sicherheitswahrscheinlichkeit ein Konfidenzintervall von 4,9 % bis 7,6 % (vgl. King et al. 1995, S. 9).

29 Instabilitäten der Phillips-Kurve für die siebziger Jahre beobachten z.B. Sachs (1980), O'Brien (1985) und Conway und Gill (1991). Sie gehen von einer flacher werdenden Phillips-Kurve aus. Aber auch neuere Studien zeigen eine zunehmende Instabilität, die nun auch für das Vereinigte Königreich besteht (vgl. Alogoskoufis und Smith 1991, S. 1258f.).

Schaubild II.9: Empirische Phillips-Kurven für die G7-Länder (ohne Deutschland), Österreich und die Schweiz, 1970 - 1995

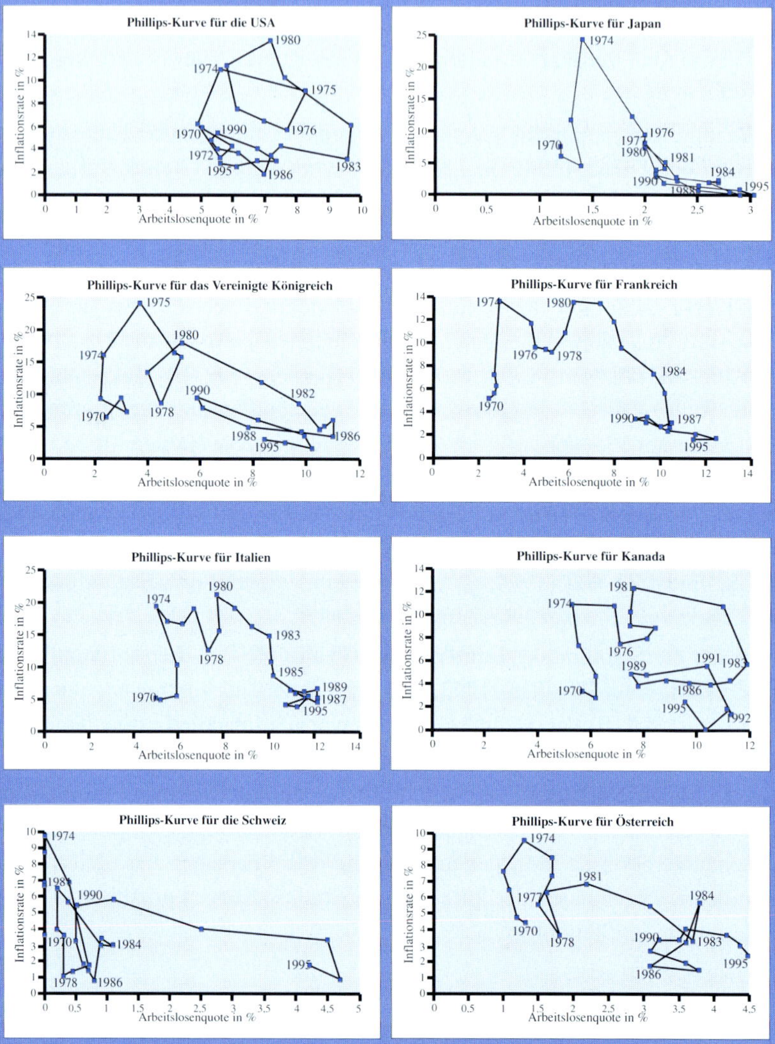

Quelle: OECD Economic Outlook.

Anders als Weiner (1993) und Tootell (1994) versteht Rissman (1993) aber unter Inflation die „Lohninflation", d.h. sie betrachtet die Nominallohnänderungsrate und verwendet deshalb für ihre Untersuchungen die um die Erwartungen erweiterte ursprüngliche Phillips-Kurve (Gleichung II.9). Dieses Vorgehen ist insbesondere dann angebracht, wenn die Annahmen der konstanten Produktivitätsentwicklung oder die des „Mark-up pricing" nicht erfüllt sind.[30] King und Watson (1994) weisen zudem darauf hin, daß die Identifikation eines kurzfristigen Trade-off zwischen Inflation und Arbeitslosigkeit entscheidend von der makroökonomischen Blickrichtung abhängt. So erhalten sie z.B. für keynesianische bzw. neoklassische Interpretationen der dynamischen gesamtwirtschaftlichen Zusammenhänge und entsprechend modellierten Schätzgleichungen vollkommen entgegengesetzte Ergebnisse (vgl. King und Watson 1994, S. 193).

Bei einer **längerfristigen Betrachtungsweise** läßt sich also kein Beleg für die These finden, daß eine am Ziel der Geldwertstabilität ausgerichtete Geldpolitik zu Einbußen beim Beschäftigungsziel führen wird. Beschäftigungseffekte sind durch Zentralbanken bestenfalls kurzfristig erzielbar und umso kurzlebiger, je schneller die Privaten ihre Inflationserwartungen (bzw. ihre Verträge) anpassen. Verfolgt eine Zentralbank eine **konsequente Politik der Geldwertstabilität**, so verzichtet sie allerdings darauf, auf kurzfristige konjunkturelle Schocks zu reagieren. Letzteres setzt jedoch voraus, daß eine Notenbank konjunkturelle Entwicklungen auf solche kurzen Fristen auch in der gewünschten Weise beeinflussen kann. Darüber hinaus läßt das Bestreben, Beschäftigungsvorteile auszunutzen, nachteilige Effekte auf die Inflationserwartungen der Privaten und damit verbundene Langfristwirkungen unberücksichtigt. Auf die besonderen Probleme, die mit einer solchen antizyklischen Geldpolitik verbunden sind, wird in Kapitel III und Modul D ausführlicher eingegangen.

2.2 Geldwertstabilität und gesamtwirtschaftliches Wachstum

Im vorherigen Abschnitt wurde der Zusammenhang zwischen Inflation und Arbeitslosigkeit diskutiert. Es hat sich gezeigt, daß eine höhere Inflationsrate allenfalls kurzfristig mit einer geringeren Arbeitslosenquote einhergeht. Eine Verringerung der Arbeitslosenquote ist ceteris paribus nun gleichbedeutend mit einer Erhöhung der Beschäftigtenzahl, welche ihrerseits kurzfristig eine höhere Pro-

[30] Da die Arbeitsproduktivität im Falle einer Produktionsfunktion mit abnehmenden Grenzerträgen in entscheidender Weise von der Anzahl der Erwerbspersonen abhängt, führen starke Veränderungen der Anzahl der Erwerbstätigen auch zu Veränderungen der Arbeitsproduktivität, was sich auf die Stabilität der modifizierten Phillips-Kurve auswirken wird (vgl. Tichy 1994, S. 494f.). Diese Stabilität wird auch beeinträchtigt, wenn stark schwankende Gewinnmargen auftreten, wie dies für Deutschland festgestellt wurde (vgl. Westphal und Kuhnert 1995, S. 93).

duktion pro Kopf und damit (zusätzliches) reales Wachstum impliziert.[31] In der kurzen Frist stellen somit der Zusammenhang zwischen Inflation und Wachstum und die negativ geneigte Phillips-Kurve zwei Seiten derselben Medaille dar. Diese kurzfristig geltende positive Beziehung zwischen Inflation und Wachstum muß aber nicht notwendigerweise auch langfristig gelten. In der mittleren und langen Frist wird die Wachstumsrate einer Volkswirtschaft insbesondere durch Faktoren wie das Bevölkerungswachstum, die Kapitalbildung und den technischen Fortschritt beeinflußt.

2.2.1 Tobin-Effekt

Um die Auswirkungen der Inflation auf die langfristige Wachstumsrate zu analysieren, bietet es sich grundsätzlich an, die monetäre Sphäre in die reale Wachstumstheorie zu integrieren. Einen solchen Ansatz findet man erstmals bei Tobin (1965), der mit seinem Modell den Ausgangspunkt für die gesamte monetäre Wachstumstheorie schuf.[32] Deshalb wird das Tobin-Modell kurz im Anhang II.1 vorgestellt und diskutiert. Kernstück dieses und aller ihm nachfolgenden monetären Wachstumsmodelle ist dabei eine Substitutionsbeziehung zwischen einer Anlage in Realkapital und der realen Geldhaltung. Tobin (1965) unterstellte dabei eine konstante Sparquote und argumentierte, daß ein Anstieg der Inflationsrate zu höheren Nominalzinsen („**Fisher-Effekt**“[33]) und damit zu einer geringeren realen

---

[31] Dabei wird allerdings unterstellt, daß sich die Anzahl der Erwerbstätigen (Beschäftigte zuzüglich der Arbeitslosen) kurzfristig nicht ändert. Unterstellt man darüber hinaus, daß der Kapitalstock kurzfristig zumindest nicht abnimmt und sich die Produktionstechnik nicht verschlechtert, dann führt die höhere Beschäftigung auch zu einem Anstieg der Produktion. In den meisten Ländern tritt sogar ein technischer Fortschritt auf und erhöht sich der eingesetzte Kapitalstock leicht, so daß die höhere Beschäftigung einen über dieses durchschnittliche Trendwachstum hinausgehenden *zusätzlichen* Produktionsfortschritt auslöst. Die Beziehung zwischen der Arbeitslosenquote und der realen Wachstumsrate wird **Okunsches Gesetz** genannt. In seiner eigentlichen Formulierung besagt dieses „Gesetz“, daß mit jedem Prozentpunkt, den das reale Wachstum über dem Trendwachstum von 2,5 % liegt, die Arbeitslosenquote um 0,4 Prozentpunkte abnimmt. Dieses „Gesetz“ ist jedoch ausschließlich anhand empirischer Beobachtungen formuliert worden, d.h. ihm liegen – ähnlich der Phillips-Kurve – keine unstrittigen theoretischen Erkenntnisse zugrunde (vgl. Dornbusch und Fischer 1992, S. 18f.).

[32] Eine ausführliche Abhandlung über die monetäre Wachstumstheorie liefert Klump (1991). Für einen kurzen Überblick siehe Orphanides und Solow (1990). Grundsätzlich unterstellen alle monetären Wachstumsmodelle, daß Inflation ausschließlich durch eine Geldmengenerhöhung verursacht wird. Deswegen stellt die Integration von Geld in die realen Wachstumsmodelle auch die Grundlage für die Analyse der langfristigen Auswirkungen von Inflation auf das Wachstum dar (vgl. Klump 1991, S. 1).

[33] Fisher (1930, S. 36f.) zeigt, daß sich der Nominalzins als Summe aus Realzins und erwarteter Inflationsrate ergibt. Unterstellt man, daß die Privaten mittelfristig den Anstieg der tatsächlichen Inflationsrate auch in ihren Erwartungen berücksichtigen, so führt dies zu steigenden Nominalzinsen. Siehe dazu ausführlicher Kapitel II.2.3.

Geldhaltung führen würde (siehe dazu ausführlicher Modul B), wobei die Privaten diesen durch eine verstärkte Realkapitalbildung kompensierten, was einen Anstieg des Kapitalstocks und damit auch der gesamtwirtschaftlichen Produktion zur Folge hätte. Es bestünde somit ein positiver Zusammenhang zwischen der Inflationsrate und der Kapitalbildung bzw. dem Produktionsniveau („**Tobin-Effekt**").

Der Tobin-Effekt ist in der Literatur allerdings alles andere als unumstritten. Es zeigt sich, daß seine Herleitung anhand des einfachen Tobin-Modells (siehe Anhang II.1) auf kritikwürdigen Hypothesen basiert und daß man schon bei leichten Modifikationen der Annahmen zu einem entgegengesetzten Ergebnis gelangt. So ist vor allem die von Tobin getroffene Annahme der konstanten Sparquote als Grundlage für die Substitutionsbeziehung zwischen dem Realkapital und der realen Geldhaltung problematisch. Aus dieser Substitutionsbeziehung kann direkt die (kuriose) Schlußfolgerung gezogen werden, daß in einer Volkswirtschaft, in der Geld verwendet wird, stets ein geringerer Kapitalstock und damit ein geringeres Produktionsniveau herrscht als in einer Naturaltauschwirtschaft (siehe Gleichung 11 in Anhang II.1). Damit werden die Vorteile, die einer Geldverwendung im allgemeinen zugeschrieben werden (siehe Modul A) nicht nur geleugnet, sondern sogar in ihr Gegenteil verkehrt; die Gründe für eine Geldhaltung werden im Tobin-Modell nicht hinreichend berücksichtigt (vgl. Levhari und Patinkin 1968, S. 717). Problematisch sind aber auch jene Modelle, die diesen Mangel z.B. durch die Einbeziehung von Geld in eine Nutzenfunktion zu heilen versuchen („**Sidrauski-Modelle**"). Die Modellergebnisse sind hier ebenfalls instabil im Hinblick auf Veränderungen der Annahmen. Insgesamt kommen Orphanides und Solow (1990, S. 257f.) deshalb zu der Schlußfolgerung, daß es noch immer kein befriedigendes Gesamtmodell zur Erklärung des Zusammenhangs von Inflation und realem Wachstum gibt.

2.2.2 Wirtschaftswachstum und makroökonomische Stabilität

Was bleibt, ist der Versuch, gewisse Schlüsse aus dem empirischen Befund zu ziehen. Auch dies ist natürlich nicht ganz ohne Hypothesen möglich. Generell wird vermutet, daß eine **stabile makroökonomische Situation** vorteilhaft für ein anhaltendes Wirtschaftswachstum sei (vgl. Fischer 1993, S. 486f.).[34] Diese allgemeine Vermutung muß nun näher spezifiziert werden. Als zentrale Indikatoren für die makroökonomische Stabilität eines Landes bieten sich generell neben der Inflationsrate und deren Variabilität vor allem fiskalpolitische Größen wie das Haushaltsdefizit an. In Entwicklungsländern kann man auch die Differenz zwischen dem offiziell festgesetzten und dem auf den Schwarzmärkten gebildeten Wechsel-

---

[34] Siehe dazu z.B. Barro (1991, 1995), De Gregorio (1993), Fischer (1993), Gylfason (1991), Grier und Tullock (1989) und Kormendi und Meguire (1985).

kurs als Erklärungsvariable heranziehen. Von diesen Indikatoren läßt sich nun annehmen, daß sie in einem mehr oder weniger engen Verhältnis zur realen Wachstumsrate stehen.[35] Fragt man sich nach einer Gewichtung dieser Faktoren, so spiegelt wohl insbesondere die Inflationsrate die Fähigkeit der Wirtschaftspolitiker wider, den Wirtschaftsprozeß zu steuern. Im Gegensatz zum Tobin-Effekt unterstellt man damit, daß eine niedrige Inflationsrate mit einem hohen realen Wachstum einhergeht (vgl. Fischer 1993, S. 486f.).

Um die Einflußkanäle insbesondere des Niveaus bzw. der Variabilität der Inflationsrate empirisch zu untersuchen, bietet sich die gesamtwirtschaftliche Produktionsfunktion als Ausgangspunkt an. Neben den Faktoreinsatzmengen von Kapital (K_t) und Arbeit (N_t) wird dabei zusätzlich noch eine Variable (T_t) als Maß für die Effizienz des Faktoreinsatzes als Erklärungsvariable für das gesamtwirtschaftliche Sozialprodukt (Y_t) berücksichtigt. Diese soll insbesondere solche Einflüsse erfassen, die von der verwendeten Technologie, der Fähigkeit der Regierung oder den bestehenden institutionellen Regelungen ausgehen:[36]

(II.12) $$Y_t = f\left(K_t, N_t, T_t\right)$$

Ausgedrückt in Veränderungsraten ergibt sich das gesamtwirtschaftliche Wachstum zu

(II.13) $$\frac{dY}{Y} = \alpha_1 \frac{dK}{K} + \alpha_2 \frac{dN}{N} + \alpha_3 \frac{dT}{T}$$

wobei α_i die Elastizität des Wachstums in Bezug auf das Argument i ist. Der letzte Term auf der rechten Seite stellt das sogenannte „Produktivitätsresiduum" dar.[37]

Um mit diesem Residuum operieren zu können, muß man es quantifizieren können. Dazu braucht man eine Vorstellung darüber, welcher Output sich ergeben würde, wenn sich die Effizienz, mit der die Faktoren eingesetzt werden, nicht änderte. Man versucht also, das tatsächliche Wachstum mit den Veränderungen des Kapital- und Arbeitseinsatzes teilweise zu erklären und bezeichnet den nicht erklärbaren Rest als Produktivitätsentwicklung.[38]

---

35 Für eine detaillierte Übersicht der angesprochenen Hypothesen bezüglich des Einflusses diverser makroökonomischer Indikatoren auf die Wachstumsrate siehe Grier und Tullock (1989, S. 261f.).

36 Für dieses Vorgehen siehe Fischer (1993, S. 493f.). Fischer schlüsselt jedoch den Faktor Arbeit in den reinen Arbeitseinsatz und den Faktor „Humankapital" auf. Verwendet man diese Aufschlüsselung nicht, so werden Veränderungen der Qualität des Faktors Arbeit offensichtlich durch den Effizienzfaktor T erfaßt.

37 Häufig wird dieses Residuum auch mit „Produktivitätsentwicklung" bezeichnet (vgl. Griliches 1987, S. 1010).

38 Für die Herleitung des Residuums siehe Griliches (1987, S. 1010f.).

(II.12') $Y_t = f\left(H_t, T_t\right)$ mit $H_t = h\left(K_t, N_t\right)$

Bezüglich der Teilfunktion $h(K_t,N_t)$ wird nun wiederum im einfachsten Falle unterstellt, daß sie linearhomogen sei. Dies bedeutet für den erklärbaren Teil des Wachstums, daß sich dieser als gewichteter Durchschnitt aus den Wachstumsraten des Kapital- und Arbeitseinsatzes ergibt.

(II.14) $$dH = \frac{\partial h}{\partial K}dK + \frac{\partial h}{\partial N}dN$$

(II.15) $$\frac{dH}{H} = \frac{K}{H}\cdot\frac{\partial h}{\partial K}\cdot\frac{dK}{K} + \frac{N}{H}\cdot\frac{\partial h}{\partial N}\cdot\frac{dN}{N}$$

Unterstellt man eine Entlohnung der Faktoren nach dem Grenzprodukt, so erhält man unter Verwendung des Reallohns w, der realen Kapitalkosten ν und des Eulerschen Theorems anstelle von Gleichung (II.15)[39]

(II.16) $$\frac{dH}{H} = \nu\cdot\frac{K}{H}\cdot\frac{dK}{K} + w\cdot\frac{N}{H}\cdot\frac{dN}{N} = c\kappa + \left(1-c\right)\eta\,,$$

wobei κ die Wachstumsrate des Kapitalstocks, η die Wachstumsrate des Faktors Arbeit (diese sei gleich der Bevölkerung) und c den Anteil des Kapitals am gesamten Faktoreinkommen H darstellt. Der Anteil c dient damit als Gewichtungsfaktor für die beiden Wachstumsraten.

Die entscheidende Größe ist damit der Anteil des Kapitals an der gesamten Faktorentlohnung $\left(c = \frac{\nu\cdot K}{H}\right)$. Dieser Anteil wird von Land zu Land divergieren und hängt natürlich vom Entwicklungsstand der Volkswirtschaft ab. Fischer (1993, S. 495) wählt mit einem c von 0,4 einen Wert, der etwas höher liegt als in den meisten industrialisierten Volkswirtschaften.

Das Residuum λ als Maß für die Produktivitätsentwicklung ergibt sich dann als die Differenz aus der tatsächlichen Wachstumsrate $(\hat{Y})$ und dem erklärbaren Teil des Wachstums (Gleichung II.16):

(II.17) $$\lambda = \hat{Y} - \left[c\kappa + \left(1-c\right)\eta\right]$$

Makroökonomische Einflußfaktoren – und damit insbesondere die Höhe und Variabilität der Inflationsrate – können grundsätzlich über alle drei „Produktionsfaktoren" auf die Wachstumsrate einwirken. So kann die Inflation nicht nur das Volumen der Investitionen und damit die Kapitalbildung beeinflussen, sondern auch die Effizienz mit der das Kapital genutzt wird. Während sich

---

39 Aus dem Eulerschen Theorem folgt, daß sich im Falle einer linearhomogenen Produktionsfunktion und der Entlohnung nach dem Grenzprodukt der gesamte Output auf die beiden Produktionsfaktoren aufteilt (vgl. Henderson und Quandt 1985, S. 119f.): $H = \nu\cdot K + w\cdot N$.

monetäre Wachstumsmodelle (siehe Anhang II.1) auf den Akkumulationseffekt der Inflationsrate konzentrieren, bedarf es für den Einfluß der Variabilität eines anderen Erklärungsansatzes. So wird in den schwankenden Inflationsraten ein Indiz für die allgemeine ökonomische Unsicherheit gesehen. Es wird argumentiert, daß variable Inflationsraten die Funktionsfähigkeit des Preissystems beeinträchtigen und deshalb zu einer Reduktion der wirtschaftlichen Aktivität – insbesondere der Investitionstätigkeit – führen (vgl. Abschnitt II.2.4.2 und Grier und Tullock 1989, S. 262) bzw. eine ineffiziente Faktorallokation zur Folge haben (vgl. Fischer 1993, S. 488). Während ersteres geringere Investitionen impliziert, müßte sich letzteres in einer negativen Korrelation zwischen Inflationsvariabilität und Produktivität niederschlagen.[40]

2.2.3 Empirischer Befund

Die empirischen Ergebnisse sprechen eindeutig gegen die These eines positiven Einflusses der Inflationsrate auf das gesamtwirtschaftliche Wachstum (siehe auch Schaubild II.10). Vielmehr ergibt sich häufig sowohl beim Niveau wie auch bei der Variabiliät der Inflation ein signifikant negativer Einfluß. Diese Effekte sind aber entsprechend der betrachteten Zeiträume und Ländergruppen unterschiedlich groß. Betrachtet man z.B. nur die OECD-Länder, so kann der Zusammenhang zwischen der Inflationsrate und der Wachstumsrate insignifikant werden (vgl. Grier und Tullock 1989, S. 265).[41] Dies mag auch daran liegen, daß der Zusammenhang nichtlinear ist. So kommt Bruno (1995, S. 35) zu dem Schluß, daß erst ab jährlichen Inflationsraten von 25 bis 30 % mit bedeutenden Wachstumsverlusten zu rechnen ist. Eine Analyse von Ländern mit relativer Preisniveaustabilität wird daher zu einem anderen Ergebnis führen, als die Betrachtung von Ländern mit hohen Inflationsraten.[42] Aber selbst die Ergebnisse für ähnlich umfassende Querschnittsanalysen divergieren quantitativ. So stellt Barro (1995, S. 170) für eine

---

[40] Berücksichtigt man im Rahmen einer empirisch geschätzten Regressionsgleichung sowohl die Inflationsrate als auch ihre Varianz, so ergibt sich das Problem, daß beide Größen sehr stark miteinander korreliert sind (vgl. Barro 1995, S. 169). Dies macht es fast unmöglich, die Effekte, die von beiden Erklärungsvariablen ausgehen, zu trennen. In umfassenden Regressionsanalysen wird deshalb auf die explizite Berücksichtigung der Variabilität verzichtet (vgl. z.B. Fischer 1993, S. 495f.).

[41] Dabei betrachten Grier und Tullock eine Zeitspanne von 1950 bis 1981. Für den Zeitraum von 1961 bis 1987 und eine Auswahl der OECD Länder (ohne Portugal, Mexico, Türkei und Griechenland) kommt Grimes (1991, S. 636f.) demgegenüber zu einem signifikant negativen Zusammenhang.

[42] Die Hypothese der Nichtlinearität findet sich jedoch nicht so offensichtlich in den empirischen Daten wieder, wie es die Intuition vermuten läßt. So lehnt Barro (1995, S. 171) die Hypothese ab, und Fischer (1993, S. 503) kommt sogar zu dem Schluß, daß der negative Zusammenhang mit steigender Inflationsrate schwächer wird.

Grundgesamtheit von über einhundert Ländern fest, daß ein Anstieg der Inflationsrate um 10 Prozentpunkte einen Rückgang der Wachstumsrate um 0,24 Prozentpunkte bewirkt. Fischer (1993, S. 498) erhält hingegen mit einem Koeffizienten von 0,039 einen fast doppelt so großen Effekt.[43] Von der qualitativen Richtung her sind sich alle Studien aber einig: Es besteht eine negative Beziehung zwischen Inflation und Wachstum.[44] Die mit Inflation verbundenen Outputverluste können beträchtliche Ausmaße annehmen. Unterstellt man z.B. eine um zehn Prozentpunkte dauerhaft höhere Inflationsrate und einen dadurch verursachten Rückgang der jährlichen Wachstumsrate um 0,2 bis 0,4 Prozentpunkte, so wird der Output in dreißig Jahren um 6 % bis 11 % niedriger sein. Für Deutschland mit einem Bruttoinlandsprodukt 1994 von 3320 Mrd. DM (vgl. Sachverständigenrat 1995, Tabelle 3*) wären dies immerhin 199 bis 365 Mrd. DM.[45] Bei solchen Schlußfolgerungen ist aber Vorsicht angebracht. Zum einen ist die möglicherweise existierende Nichtlinearität zu beachten, zum anderen liegt ein Grundproblem von Regressionsanalysen darin, daß sie nichts über Kausalitäten sagen (vgl. Cornwall 1987, S. 839). Denkbar ist z.B. auch, daß Länder mit besonderen realwirtschaftlichen Problemen (hohe Arbeitslosigkeit, geringes reales Wachstum) immer wieder geneigt sind, diese mit Hilfe einer inflationären Geldpolitik lösen zu wollen. Da eine solche Therapie jedoch über längere Sicht unwirksam ist, beobachtet man am Ende neben den ungelösten realwirtschaftlichen Schwierigkeiten auch noch ein gravierendes Inflationsproblem. Diese Kausalität wird aber von Bruno (1995, S. 36) und Barro (1995, S. 173) verneint, da sie Auswirkungen der vergangenen Inflationsraten auf die aktuelle Wachstumsrate feststellen.[46]

---

43 Eben diese Spanne von 0,02 bis 0,04 erhält auch Motley (1993), jeweils in Abhängigkeit von der Anzahl und Auswahl der berücksichtigten Länder. Für die Gruppe der OECD-Staaten mit mehr als einer Million Einwohner (ohne Mexico) erhält er sogar einen Wert von 0,15, was einen Rückgang der Wachstumsrate um 1,5 Prozentpunkte bei einem Anstieg der Inflationsrate um 10 Prozentpunkte bedeuten würde. Dieses wenig plausible Ergebnis begründet Motley (1993, S. 17) mit der geringen Anzahl an Beobachtungen. Ähnlich sind die 0,9 Prozentpunkte von Grimes (1991, S. 641) zu bewerten, die dieser für eine Auswahl von OECD Ländern erhält.

44 Dieses Ergebnis erhalten Barro (1991,1995), Bruno (1995), De Gregorio (1993), Fischer (1993), Grier und Tullock (1989), Grimes (1991), Gylfason (1991), Kormendi und Meguire (1985) und Motley (1993). Demgegenüber weist der von Levine und Renelt (1992) offengelegte negative Zusammenhang keine signifikante Höhe auf. Dies gilt auch für die meisten anderen von ihnen untersuchten möglichen makroökonomischen Erklärungsvariablen (vgl. Levine und Renelt 1992, S. 959f.).

45 Für eine ähnliche Schätzung siehe Barro (1995, S. 175). Dieser berücksichtigt aber zusätzlich dynamische Effekte und gelangt damit zu etwas geringeren Outputkosten.

46 Eine andere Möglichkeit besteht darin, daß die negative Korrelation von Inflation und Wachstum auf eine Reihe negativer Angebotsschocks zurückzuführen ist. Um Fehlinterpretationen zu vermeiden, unterteilt Fischer (1993, S. 505f.) seinen Untersuchungszeitraum deshalb in eine Phase mit dominierenden Nachfrageschocks (1960 bis 1972) und eine mit Angebotsschocks

Häufig wird der Einfluß der Inflationsrate im Zusammenhang mit dem Kapitaleinsatz ermittelt. Aus obiger Produktionsfunktion (Gleichung II.12) wird ersichtlich, daß es dabei nicht nur um die Auswirkungen der Inflation auf die physische Erhöhung des Kapitalstocks – die Nettoinvestitionen – geht („Investitionskanal"), sondern auch um eine veränderte Effizienz des vorhandenen Kapitals („Effizienzkanal"). Für den „**Investitionskanal**" der Inflationsrate erhält Fischer (1993, S. 499) einen durchaus beachtlichen negativen Effekt.[47] Er ermittelt eine Investitionselastizität der Inflationsrate von -0,037 , d.h. ein Anstieg der Inflationsrate um 100 Prozentpunkte reduziert die Wachstumsrate des Kapitalstocks um 3,7 Prozentpunkte. Unterstellt man, daß die (Netto-)Investitionen 20 % des Bruttosozialprodukts ausmachen und daß das Kapital-Output-Verhältnis in der Volkswirtschaft 2,5 beträgt, so wächst der Kapitalstock jährlich um 8 %. Der Anstieg der Inflationsrate führt bei obiger Elastizität somit beinahe zu einer Halbierung der jährlichen Wachstumsrate des Kapitalstocks und impliziert, daß bei einer Inflationsrate von 210 % keine neuen Investitionen mehr vorgenommen werden (vgl. Fischer 1993, S. 499). Demgegenüber ist der „**Produktivitätskanal**" der Inflationsrate bei Fischer (1993) weniger stark ausgeprägt. Immerhin ermittelt er für die negative Beziehung zwischen dem Produktivitätsfortschritt (entsprechend obiger Meßart) und der Inflationsrate noch einen Regressionswert von 0,018 (vgl. Fischer 1993, S. 501). Allerdings erfaßt sein Produktivitätsmaß nicht nur Veränderungen der Kapitalproduktivität, sondern alle Faktoren, die nicht durch die Erhöhung des Arbeits- bzw. Kapitaleinsatzes auf die Wachstumsrate einwirken (siehe Gleichung II.17). Untersucht man deshalb ausschließlich den „Effizienzkanal" des Kapitals, so stellt man fest, daß die Inflationsrate auch einen signifikant negativen Einfluß auf die Effizienz des Kapitaleinsatzes ausübt (vgl. De Gregorio 1993, S. 287f.).[48]

Bei aller Unsicherheit über die genauen quantitativen Auswirkungen der Inflation auf das gesamtwirtschaftliche Wachstum, läßt sich doch festhalten, daß Inflation

(1973 bis 1988). Da aber auch in der ersten Periode eine negative Korrelation besteht, folgert Fischer, daß die negative Beziehung nicht nur Folge negativer Angebotsschocks ist (vgl. Fischer 1993, S. 507).

47 Damit bestätigt Fischer (1993) Ergebnisse, die bereits Kormendi und Meguire (1985) sowie Levine und Renelt (1992) erhalten haben. Während bei Kormendi und Meguire die Wachstumsrate hauptsächlich über den „Investitionskanal" beeinflußt wird (vgl. Kormendi und Meguire 1985, S. 157), stellt sich dieser Effekt bei Levine und Renelt (1992) als nicht sehr robust gegenüber der Wahl der zusätzlich berücksichtigen Regressionsvariablen dar. Dies relativiert die Verwendbarkeit des Ergebnisses (vgl. Levine und Renelt 1992, S. 948f.).

48 Als Maßgröße für diese Effizienzwirkungen der Inflation wählt De Gregorio die Beschäftigungsrate in den verschiedenen Volkswirtschaften. Er unterstellt dabei, daß die Beschäftigungsrate den Arbeitseinsatz für die Erstellung von Gütern widerspiegelt und daß die Wirtschaftssubjekte im Fall hoher Inflation mehr Zeit für den Schutz vor der Inflation als für die Erstellung von Gütern aufwenden (vgl. De Gregorio 1993, S. 293).

entgegen den theoretischen Aussagen des Tobin-Modells keinen positiven, sondern einen empirisch eindeutig nachweisbaren negativen Zusammenhang zur realen Wachstumsrate aufweist.

Schaubild II.10: Zusammenhang zwischen Inflation und realem Wachstum in 110 Ländern, 1960 - 1990

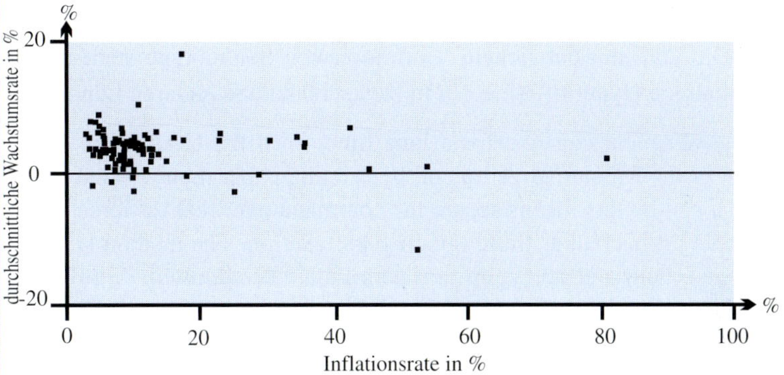

Quelle: McCandless und Weber (1995, S.10).

2.3 Seigniorage und Inflationssteuer

2.3.1 Das Konzept der monetären Seigniorage

Wenn es in der Vergangenheit in vielen Ländern immer wieder zu starken inflatorischen Prozessen gekommen ist, so liegt das vor allem daran, daß überhöhte Staatsausgaben „durch die Notenpresse" finanziert wurden. Der grundlegende Zusammenhang zwischen notenbankfinanzierten Defiziten und der Inflationsentwicklung wird dabei in recht einfacher Weise durch die Quantitätstheorie beschrieben (siehe Modul D). Eine detailliertere Analyse dieser Wirkungsmechanismen findet man in theoretischen Studien zur „**Seigniorage**", die im folgenden ausführlich beschrieben werden sollen. Im Kontext dieses Kapitels ist dabei vor allem von Interesse, welche Auswirkungen sich für die Staatseinnahmen ergeben, wenn eine Notenbank dauerhaft auf das Ziel der Geldwertstabilität verpflichtet wird.

Der Ausdruck „**Seigniorage**" stammt aus der Zeit des Goldstandards, in der jeder Bürger einen Anspruch darauf hatte, Goldbarren in Goldmünzen ausprägen zu lassen. Für diesen Vorgang war eine Gebühr zu entrichten, der sogenannte Schlagschatz. Im Englischen bezeichnet man diesen Sachverhalt als „seigniorage", da der Schlagschatz dem Münzherren (d. h. dem Landesherrn oder „seigneur") zufiel. Seit dem Zweiten Weltkrieg gibt es weltweit nur noch definitive Papierwährungen („fiat money"), d.h. Währungen, die keinerlei Einlösungsversprechen in Gold aufweisen. Unter Seigniorage kann man jetzt die Differenz zwischen dem Nennwert von staatlich emittiertem Geld (Banknoten, Münzen sowie Notenbankguthaben) und ihren vergleichsweise geringen Produktionskosten verstehen.[49] Die politische Bedeutung dieser Einnahmeform wurde erstmals von Keynes (1923) systematisch diskutiert. Die von ihm entwickelte Definition von Seigniorage steht im Kontext mit den damaligen Hyperinflationen[50] in Deutschland und anderen Ländern:

> „A government can live for a long time, even the German government or the Russian government, by printing paper money. That is to say, it can by this means secure the command over real resources, resources just as real as those obtained by taxation. The method is condemned, but its efficacy, up to a point, must be admitted. A government can live by this means when it can live by no other." (Keynes 1923, S. 37)

Die Einnahmen aus Seigniorage fallen heute den nationalen Notenbanken als Emittenten der gesetzlichen Zahlungsmittel zu.[51] Da die Notenbanken durchweg im Staatsbesitz sind, kann der Staat sich damit also durch die Emission von Geld („printing paper money") zusätzliche Einnahmen neben seinen regulären Steuereinnahmen verschaffen. Diese kann er für den Kauf von Gütern und Dienstleistungen oder die Entlohnung seiner Angestellten und Beamten verwenden. Genaugenommen beziehen sich diese Einnahmen aber nicht nur auf das Bargeld, sondern auch auf staatlich emittiertes Giralgeld, das in der Regel von den Geschäftsbanken bei der Notenbank gehalten wird. Die Geschäftsbanken geben als Gegenleistung für diese Notenbankguthaben zwar nicht direkt Güter oder Arbeitsleistungen hin, aber sie treten verzinsliche Forderungsrechte gegen den inländischen Staat, inländische Private oder ausländische Akteure an die Notenbank ab, für die ihnen un-

49 Für diese Definition vgl. z.B. Black (1992, S. 438). Im Gegensatz dazu definiert Neumann (1992, S. 30) die Seigniorage nicht als den Gewinn, sondern als den *Ertrag* aus der Geldproduktion.

50 Der weithin akzeptierten Terminologie von Cagan (1956, S. 25) zufolge, spricht man von einer Hyperinflation, wenn die **monatliche** Inflationsrate höher als 50 % liegt. Das entspricht einer **jährlichen** Inflationsrate von 12875 %.

51 Im Fall der Bundesrepublik erhält der Bund als Emittent der Scheidemünzen auch direkte Einnahmen aus Seigniorage.

verzinsliche Einlagen bei der Zentralbank eingeräumt werden.[52] Das staatlich emittierte Geld – die Summe aus den Notenbankguthaben der Geschäftsbanken und dem Bargeldumlauf – bezeichnet man als **Geldbasis** (B) (siehe dazu ausführlicher Modul C).

Das Zitat von Keynes macht zudem deutlich, daß es bei den Überlegungen zur Seigniorage hauptsächlich von Interesse ist, in welchem Maße der Staat durch sie reale Ressourcen erhält. Deshalb definiert man die Seigniorage als eine **reale Größe**, d. h. man muß die Veränderung der Geldbasis mit dem Preisindex (P) deflationieren. Unterstellt man zusätzlich noch, daß die Produktionskosten des Geldes vernachlässigbar gering sind,[53] dann erhält man die sogenannte **„monetäre Seigniorage“** als[54]

$$\text{(II.18)} \qquad S_t \equiv \frac{B_t - B_{t-1}}{P_{t-1}} = \frac{\Delta B_t}{P_{t-1}}.$$

Erweitert man Gleichung (II.18) um B_{t-1}, so erhält man die Seigniorage als Produkt aus der Wachstumsrate der Geldbasis und der realen Geldbasis

$$\text{(II.18')} \qquad S_t \equiv \frac{B_t - B_{t-1}}{B_{t-1}} \cdot \frac{B_{t-1}}{P_{t-1}}.$$

Um jedoch die Seigniorage als eine mögliche Form der Staatsfinanzierung wirklich beurteilen zu können, muß zum einen geprüft werden, ob (a) durch sie tatsächlich Staatseinnahmen geschaffen werden. Dies wirft die Frage auf, welcher Zusammenhang zwischen der Seigniorage und dem Beitrag zur Defizitfinanzierung des Staates besteht (Abschnitt II.2.3.2). Darüber hinaus gilt es zu diskutieren, ob (b) die Notenbank als monopolistischer Anbieter von Geldbasis jederzeit in der Lage ist, die notwendigen zusätzlichen Einnahmen mit Hilfe der Seigniorage zu erzielen. In Abschnitt II.2.3.3 wird sich dabei zeigen, daß es in aller Regel eine maximale Seigniorage gibt, da eine höhere Wachstumsrate der Geldbasis zugleich

---

52 Einlagen bei der Notenbank müssen nicht notwendigerweise unverzinslich sein. Dies ist aber auch nicht so entscheidend, da es bei der Emission von Notenbankgeld vor allem um die Abnahme der Rückzahlungsversprechen des Staates gegenüber den Privaten bzw. um die Übertragung von Zahlungsverpflichtungen der Privaten und des Auslands an die Notenbank geht.

53 Die Annahme der Produktionskosten von null wird in der Regel dann getroffen, wenn die Seigniorage als Gewinn aus der Geldproduktion verstanden wird. Liegen signifikant positive Produktionskosten vor, so definiert Gleichung (II.18) Seigniorage als den Ertrag aus der Geldproduktion (vgl. Neumann 1992, S. 30).

54 Vgl. z.B. Bailey (1956), Cagan (1956), Friedman (1970, 1971), Fischer (1982), Barro (1982), Dornbusch (1988) Klein und Neumann (1990) und Neumann (1992). In manchen Arbeiten wird von der in (II.18) definierten „monetären Seigniorage“ noch der Realwert der Zinsen abgezogen, die die Notenbank den Geschäftsbanken für deren Zentralbankeinlagen gewährt. Für eine solche Definition von Seigniorage siehe z.B. Gros (1996, S. 432). Im folgenden wird jedoch unterstellt, daß Zentralbankeinlagen generell u nverzinslich sind.

zu einem Rückgang der Geldbasisnachfrage führt (siehe ausführlicher Modul C). Versucht die Notenbank demgegenüber ihre Seigniorage über das Maximum hinaus auszuweiten, so wird dies zu Gefahren für die makroökonomische Stabilität führen. Schließlich muß die Beurteilung der Seigniorage-Finanzierung auch noch berücksichtigen, ob (c) mit der Seigniorage-Finanzierung nicht selbst dann, wenn die Kosten der Produktion der Geldbasis null betragen, Wohlfahrtsverluste verbunden sein können, die höher sind als die alternativer Finanzierungsformen (Abschnitt II.2.3.4).

2.3.2 Fiskalische Seigniorage als der Beitrag zur staatlichen Defizitfinanzierung

Das Konzept der monetären Seigniorage setzt an den Ressourcen an, die den Privaten durch die Neuemission von Geldbasis entzogen werden. Häufig wird dabei implizit unterstellt, daß diese Ressourcen in voller Höhe an den „Staat“[55] transferiert werden und ihm auch tatsächlich **zur Defizitfinanzierung** zur Verfügung stehen.[56] Klein und Neumann (1990) zeigen aber, daß rechtliche, institutionelle und operationale Faktoren zu einer beachtlichen Divergenz zwischen diesem Ressourcenentgang der Privaten und dem Beitrag zur Defizitfinanzierung des Staates – der sogenannten „**fiskalischen Seigniorage**“ – führen können. So ist der Deutschen Bundesbank in der Zeit von 1960 bis 1988 im Durchschnitt jährlich 7,7 Mrd. DM an monetärer Seigniorage zugefallen, von diesen wurden aber nur durchschnittlich 38,5 % an den Bundesfinanzminister überwiesen (vgl. Klein und Neumann 1990, S. 213).

Der Unterschied zwischen fiskalischer und monetärer Seigniorage ergibt sich daraus, daß von den Ressourcen, die die Privaten an die Notenbank übertragen, nur ein Teil als „Notenbankgewinn“ an den Staat übertragen wird. Dies liegt in erster Linie daran, daß der Vermögenszuwachs, den die Notenbank durch den Erwerb von Forderungstiteln gegenüber dem Ausland und den privaten Inländern erzielt, in der Gewinn- und Verlustrechnung nicht als Gewinn verbucht wird, da ihm bilanztechnisch die Zunahme der Geldbasis und damit der „Verbindlichkeiten“ gegenübersteht. Zu einer genaueren Analyse des Verhältnisses von monetärer und fiskalischer Seigniorage ist es zunächst erforderlich, die in Modul C beschriebene Entstehungsgleichung der Geldbasis in etwas modifizierter Form darzustellen (siehe dazu Box II.3):

(II.19) $$\Delta B = e\Delta F + \Delta A_{NB} + \Delta D - \Delta N_{NB}\,.$$

---

55 Unter „Staat“ werden hier lediglich die Fiskalinstanzen verstanden.

56 Siehe z.B. das Zitat von Keynes am Beginn dieses Kapitels oder die Ausführungen von Bailey (1956) oder Friedman (1971).

Veränderungen der Geldbasis ergeben sich also aus Veränderungen

- der Nettoforderungsposition der Notenbank gegenüber dem Ausland (F), die mit dem Wechselkurs e in die heimische Währung umgerechnet wird,
- der verbrieften und unverbrieften Kredite der Notenbank an den Staat (A_{NB}),[57]
- der Kredite der Notenbank an die Geschäftsbanken (D) und
- des Saldos der sonstigen Passiva und Aktiva (N_{NB}).[58]

Box II.3: Der Zusammenhang zwischen Geldbasisentstehung und Bewertungsverlusten

Aus der vereinfachten Bilanz der Notenbank sieht man, daß die Geldbasis (B) ansteigt und damit monetäre Seigniorage entsteht, wenn sich entweder die Nettoforderungsposition der Notenbank gegenüber dem Ausland („Währungsreserven";$NFP_{NB/A}$) oder dem Staat ($NFP_{NB/St}$) erhöht, wenn vermehrt Kredite durch die Notenbank an die inländischen Kreditinstitute ($Kredite_{NB/KI}$) vergeben werden bzw. wenn der Saldo der sonstigen Passiva und Aktiva ($Saldo_{SPA}$) zurückgeht:

(1) $\Delta B = NFP_{NB/A} + NFP_{NB/St} + Kredite_{NB/KI} - \Delta Saldo_{SPA}$.

Dabei ergibt sich der Bestand an Währungsreserven als das Produkt aus Wechselkurs (e) und dem Nettoüberschuß an Fremdwährungsforderungen der Notenbank (F)

(2) $NFP_{NB/A} = e \cdot F$.

Die Veränderung der Nettoforderungsposition gegenüber dem Ausland umfaßt damit eine mengenmäßige ($e\Delta F$) und eine wertmäßige Komponente ($F \Delta e$):

(3) $\Delta NFP_{NB/A} = e \cdot \Delta F + F \cdot \Delta e$.

Die zweite Komponente ($F\Delta e$) wird ein negatives Vorzeichen aufweisen („Bewertungsverlust"; $V = - F\Delta e$), denn die Notenbanken bewerten ihre Währungsreserven aufgrund rechtlicher Bestimmungen in aller Regel nach

---

57 Da die Einlagen des Staates bei der Notenbank unverzinslich sind, wird unterstellt, daß diese null betragen.

58 Die Größe „Saldo der sonstigen Passiva und Aktiva" (N_{NB}) entspricht der Differenz aus den Positionen „sonstige Passiva" und „sonstige Aktiva". Wenn die sonstige Passiva relativ zu der sonstigen Aktiva zunimmt, bekommt man ceteris paribus einen negativen Effekt auf die Geldbasis.

dem strengen Niederstwertprinzip (vgl. Klein und Neumann 1992, S. 355). Während Buchverluste also unmittelbar ausgewiesen werden müssen, dürfen Buchgewinne nicht aktiviert werden. Die buchmäßige Korrektur der Währungsreserven muß dann durch die Vornahme einer entsprechenden Abschreibung oder durch die Bildung einer Rückstellung erfolgen, auch wenn es sich bei den Bewertungsverlusten um nichtrealisierte Verluste handelt. Die dabei entstehenden (außerordentlichen) Aufwendungen reduzieren den ausgewiesenen Jahresüberschuß der Notenbank (Π_{NB}). Wenn verhindert werden soll, daß das Nettovermögen (Eigenkapital) der Notenbank (W_{NB}) langsam durch permanent zu hohe Gewinnabführungen aufgezehrt wird, ist es darüber hinaus noch notwendig, daß die Gewinnausschüttung der Notenbank an den Staat an den reduzierten Jahresüberschuß (Π_{NB}) angepaßt wird (vgl. Klein und Neumann 1992, S. 353). Die aus dem Bewertungsverlust resultierende niedrigere Gewinnabführung der Notenbank impliziert ceteris paribus eine höhere Nettoforderungsposition der Notenbank gegenüber dem Staat ($NFP_{NB/St}$).[59] Dem Bewertungsverlust bei den Währungsreserven ($V = -F\Delta e$) steht dann also eine gleichhohe Erhöhung der Nettoforderungsposition der Notenbank gegenüber dem Staat ($\Delta NFP_{NB/St}$) entgegen, so daß sich die Geldbasis (B) nicht verändert.[60]

Dieses Ergebnis tritt auch dann ein, wenn es bei Bewertungsverlusten zu keiner Änderung des Gewinntransfers an den Staat kommt. Im Kontext der Gleichung (1) bedeutet eine *unveränderte Gewinnabführung*, daß der Bewertungsverlust (V) zu einer gleichhohen Reduktion des Saldos der sonstigen Passiva und Aktiva führt.[61] Die Geldbasis (B) bleibt auch in diesem Fall konstant. Auf die Höhe der Geldbasis wirken sich damit ausschließlich mengenmäßige Veränderungen der Währungsreserven ($e\Delta F$) aus.

---

59 Genauer gesagt, handelt es sich dann um eine geringere Abnahme der Nettoforderungsposition der Notenbank gegenüber dem Staat.

60 Unterstellt man den Extremfall, daß die Notenbank während des Jahres keine Geschäfte mit dem Staat betrieben hat, d.h. daß die Notenbank in der Betrachtungsperiode dem Staat keine neuen Kredite gewährt hat und daß sich die Einlagenhöhe des Staates bei der Notenbank (vor der Gewinnabführung) nicht verändert hat, dann bedeutet die verminderte Gewinnausschüttung im Kontext von Gleichung (1): $\Delta NFP_{NB/St} = -V$.

61 Bestünde dieser Saldo der sonstigen Passiva und Aktiva ausschließlich aus dem Eigenkapital der Notenbank (E_{NB}), so würden sich der Bewertungsverlust (V) und die Veränderung dieses Saldos gegeneinander aufheben ($V = -\Delta EK_{NB} = -\Delta Saldo_{SPA}$).

Der Gewinn einer Notenbank (π_{NB}) hat mit der von ihr geschaffenen Geldbasis kaum direkte Berührungspunkte. Er errechnet sich wie folgt:

(II.20) $$\Pi_{NB} = e \cdot i_F \cdot F + i_A \cdot A_{NB} + i_D \cdot D - V - O + N_\pi .$$

Die Ertragskomponenten umfassen die Zinseinnahmen der Notenbank auf die (Netto-) Auslandsforderungen ($i_F \cdot F$)[62], die Kredite an den Staat ($i_A A_{NB}$) und an die Banken ($i_D D$). Auf der Aufwandsseite sind die Kosten des laufenden Geschäftsbetriebs (O) und die Bewertungsverluste im Fall einer Aufwertung der heimischen Währung (V) aufgeführt. N_π bildet den Saldo aller sonstigen Erträge und Aufwendungen ab.

Für die Fiskalinstanzen bedeutet der Gewinntransfer eine Erweiterung ihrer Budgetrestriktion. Sie lautet jetzt

(II.21) $$G - T + i_A \cdot A_T = \Delta A_T + \Pi_{NB} .$$

Ihr Primärdefizit (Staatsausgaben G abzüglich der Steuereinnahmen T) zuzüglich der Zinszahlungen für alle aufgenommenen Kredite bzw. begebenen Anleihen ($i_A A_T$) muß dem Notenbankgewinn und der Zunahme ihrer Verbindlichkeiten ($\Delta A_T = \Delta A_{NB} + \Delta A_P$) bei der Notenbank ($A_{NB}$) und bei den Privaten ($A_P$) entsprechen. Unterstellt man einen vollständigen Transfer des Notenbankgewinns, dann läßt sich Gleichung (II.20) in Gleichung (II.21) einsetzen. Man erhält dann

(II.22) $$G - T + (i_A \cdot A_P - \Delta A_P) = \Delta A_{NB} + i_D \cdot D + e \cdot i_F \cdot F - O - V + N_\Pi .$$

Die linke Seite von Gleichung (II.22) gibt die Höhe der Staatsausgaben an, die von den Privaten weder durch Steuern noch durch (verbriefte oder unverbriefte) Kredite an die Notenbank finanziert wurde. Die Budgetrestriktion erfordert, daß diese Finanzierungslücke durch den Gewinntransfer der Notenbank und den Notenbankkredit (in direkter Form oder durch den Erwerb von Staatsanleihen) an den Staat gedeckt ist. Die rechte Seite von Gleichung (II.22) bildet also den direkten Beitrag der Notenbank zur Defizitfinanzierung ab. Dieser Zahlungsstrom entspricht dem **Cash-flow** des Staates (Cf), den dieser aus seiner Beziehung zur Notenbank erzielt.

(II.23) $$\begin{aligned} Cf &= \Delta A_{NB} + i_D \cdot D + e \cdot i_F \cdot F - O - V + N_\Pi \\ &= \Pi_{NB} + (\Delta A_{NB} - i_A \cdot A_{NB}) . \end{aligned}$$

[62] Die Zinseinnahmen entsprechen dem Produkt aus nominaler Zinssatz p.a. und Nettoauslandsforderung. Die Nettodarstellung impliziert die Unterstellung, daß die Zinssätze identisch sind, die die Notenbank auf ihre Auslandsguthaben erhält und die, die sie für ihre von Ausländern gehalten Verbindlichkeiten zahlt (z.B. für „Bulis“; siehe Kapitel VI.3).

Nur dann, wenn die direkte Kreditvergabe der Notenbank an den Staat und der Erwerb von Staatspapieren durch die Notenbank verboten ist ($A_{NB} = \Delta A_{NB} = 0$), stimmt der Cash-flow (Cf) mit dem Notenbankgewinn (Π_{NB}) überein.

Vergleicht man den Cash-flow (Cf) mit der Veränderung der Geldbasis (ΔB), dann ergibt sich folgender Unterschied:

(II.24) $$\Delta B - Cf = e \cdot (\Delta F - i_F \cdot F) + (\Delta D - i_D \cdot D) + O + V - N\,.$$

Die Größe N faßt dabei die sonstigen Einflußfaktoren auf die Bilanz (N_{NB}) und die Gewinn- und Verlustrechnung (N_π) zusammen ($N = N_{NB} + N_\pi$).

Den mit dem Preisindex P deflationierten Cash-flow (Cf) nennen Klein und Neumann (1990) „**fiskalische Seigniorage**". Diese gibt damit den realen Beitrag der Notenbank zur staatlichen Defizitfinanzierung an.[63]

(II.25) $$S_G \equiv \frac{Cf}{P}$$

Gleichung (II.24) beschreibt damit also auch die Divergenz zwischen monetärer und fiskalischer Seigniorage, wenn man sie durch den Preisindex P dividiert. Der Unterschied zwischen den beiden Konzepten beruht somit im wesentlichen auf vier Faktoren:

- dem Ankauf von Auslandsforderungen und dem darauf gezahlten Zins
- der Kreditvergabe der Notenbank an inländische Banken und den dafür geforderten Zins
- den Kosten des laufenden Geschäftsbetriebs
- den Bewertungsverlusten der Notenbank aus ihren Währungsreserven.

Die fiskalische und die monetäre Seigniorage sind also weitgehend identisch, wenn die Schaffung von Geldbasis nicht über die Auslandskomponente oder die Refinanzierung der Banken, sondern ausschließlich über direkte Notenbankkredite an den Staat bzw. den Erwerb von Staatspapieren durch die Notenbank erfolgt und wenn die laufenden Kosten des Geschäftsbetriebs relativ niedrig sind. Die Bedingungen für eine vollständige Übereinstimmung der monetären Seigniorage (abzüglich der realen Kosten des Geschäftsbetriebs) und der fiskalischen Seigniorage werden in Box II.4 genannt.

---

63 Der in diesem Kapitel verwendete Begriff des „Defizits" unterstellt, daß die fiskalische Seigniorage ähnlich der „Kreditaufnahme" eine von den „Staatseinnahmen" abzugrenzende Quelle der Staatsfinanzierung sei. In Deutschland erfogt diese Abgrenzung in den offiziellen Rechenwerken aber sehr uneinheitlich. So mindert der von der Notenbank überwiesen Betrag (fiskalische Seigniorage) im Rahmen der VGR das „Defizit" in voller Höhe, während er in der Finanzierungsrechnung nur mit dem dort angesetzten, mittelfristig erwarteten Betrag in die Staatseinnahmen eingeht (vgl. Brümmerhoff 1996, S. 31).

Empirisch zeigt sich, daß der Unterschied zwischen monetärer und fiskalischer Seigniorage ein erhebliches Ausmaß annehmen kann. Nimmt man

$$\text{(II.26)} \qquad S = S_G + \frac{(\Delta D - i_D \cdot D) + e \cdot (\Delta F - i_F \cdot F) + O + V - N}{P}$$

als Ausgangsbasis für die Verteilung der monetären Seigniorage, so zeigen Klein und Neumann (1990, S. 213f.), daß sich 61,5 % der durchschnittlichen 7,7 Mrd. DM jährlicher monetärer Seigniorage der Deutschen Bundesbank

- zu 11 % auf die Kosten der Bundesbank (O),
- zu 24 % auf die Zunahme der Aktiva der Bundesbank (ΔD und ΔF) und
- zu 26,5 % auf Bewertungsverluste (V) aufteilen,

und daß nur 38,5 % auf die fiskalische Seigniorage entfallen.[64]

Weniger stark ist die Diskrepanz zwischen fiskalischer und monetärer Seigniorage im Fall der USA, wo die Geldbasis überwiegend durch den Ankauf von Staatspapieren (siehe VI.4.2) geschaffen wird. Hier weist Neumann (1992, S. 35) immerhin einen für die Jahre 1951 bis 1990 durchschnittlichen Anteil von 75 % aus. Für Frankreich ermitteln Wesche und Weidmann (1995 S. 14f.) für den Zeitraum von 1960 bis 1993 eine durchschnittliche fiskalische Seigniorage in Höhe von 14,3 % der monetären Seigniorage. Der verbleibende Rest wurde zu 90 % für die Erhöhung der Aktiva der Banque de France und nur zu 10 % für die Deckung der laufenden Geschäftskosten aufgewandt. Noch größer sind die Unterschiede zwischen monetärer und fiskalischer Seigniorage in zahlreichen Entwicklungsländern.[65] Dies liegt daran, daß die Fiskalaktivitäten der Notenbank in diesen Ländern nicht nur in der Erzielung von Seigniorage bestehen, sondern auch explizit staatliche Aufgaben umfassen, die für die Notenbank Aufwendungen bedeuten. Zu denken ist dabei: an eine selektive Kreditpolitik zu Vorzugskonditionen, an eine Devisenbereitstellung für Importeure zu meist viel zu niedrig staatlich festgelegten Kursen oder an die Bereitstellung einer Art staatlich subventionierter Einlagensicherung des Bankensystems (vgl. Fry 1993, S. 1).[66]

---

64 Eine neuere Studie von Neumann (1995, Tabelle 6) für Deutschland zeigt, daß der durchschnittliche Anteil der fiskalischen Seigniorage an der monetären in den Jahren 1960 - 1991 mit 28 % noch niedriger lag.

65 Siehe Tabelle 1 bei Fry (1993, S. 11).

66 Darüber hinaus gibt es natürlich auch Maßnahmen, die entweder die Einnahmen der Notenbank über die Seigniorage hinaus erhöhen oder direkt die Finanzlage des Staates verbessern. Dabei ist insbesondere an die zahlreichen Reglementierungen der Finanzmärkte zu denken, wie z.B. die Mindestreserve, die Verpflichtung Staatspapiere zu Zinssätzen unter dem Weltzinsniveau zu halten oder Zinsobergrenzen. Solche Regulierungen können bis zu 40 % der gesamten Staatseinnahmen ausmachen (vgl. Tabelle 2 bei Fry 1993, S. 15).

Box II.4: Der Zusammenhang von monetärer und fiskalischer Seigniorage

Um zu zeigen, von welchen zwei zentralen Faktoren eine mögliche Übereinstimmung der monetären und der fiskalischen Seigniorage abhängt, sollen vorab folgende Punkte zur Vereinfachung unterstellt werden (vgl. Klein und Neumann 1990, S. 212):

- Konstante und weltweit gleiche Wachstumsraten des Realeinkommens ($\hat{Y}$), Inflationsraten (π) und Realzinsen (r), also realwirtschaftlich gleiche Bedingungen im Inland und Ausland.
- Eine Wechselkursbildung entsprechend der Kaufkraftparität, so daß daraus bei gleichen makroökonomischen Bedingungen ein konstanter Wechselkurs resultiert und damit keine Bewertungsverluste auftreten ($V = 0$).
- Eine konstante Einkommensumlaufsgeschwindigkeit der Geldbasis. Aus der Quantitätsgleichung folgt damit: $\mu_B = \hat{Y} + \pi$.
- Keine Kreditvergabe der Notenbank zu subventionierten Zinssätzen. Damit gilt die Fisher-Relation sowohl für die Kredite der Notenbank an die inländischen Kreditinstitute, wie auch für die Forderungen gegenüber dem Ausland ($i_D = i_F = r + \pi$).[67]
- Eine konstante Relation der einzelnen Positionen der Notenbankbilanz zueinander. Dies impliziert, daß die Wachstumsraten der Bilanzpositionen gleich hoch sind und der Wachstumsrate der Geldbasis entsprechen müssen: $\left(\frac{dD}{D} = \frac{dF}{F} = \frac{dB}{B} = \mu = \hat{Y} + \pi\right)$.
- Eine Saldogröße N, deren Wert null beträgt.

Liegen diese Annahmen vor, so ergibt sich Gleichung (II.25) zu:

$$S_G = S - \frac{O}{P} + \left(r - \hat{Y}\right)\frac{D + e \cdot F}{P}. \quad \text{(II.26')}$$

Dies entspricht genau der **Definition von Seigniorage gemäß Drazen** (1985). Nur dann, wenn Offenmarktoperationen, d.h. der Ankauf von Staatspapieren durch die Notenbank, oder die direkte Kreditvergabe der

67 Strenggenommen handelt es sich hierbei um eine vereinfachte Form der Fisher-Relation. Die korrekte Beziehung zwischen dem Nominalzins i, dem Realzins r und der Inflationsrate π lautet: $i = r + \pi + r \cdot \pi$ (siehe dazu ausführlicher Kapitel V.5.2).

Notenbank an den Staat die einzige Quelle der Geldbasisentstehung ist ($D = F = 0$), oder der Realzins der Wachstumsrate des Sozialproduktes entspricht ($r = \hat{Y}$), mißt die monetäre Seigniorage (abzüglich der realen Kosten des Geschäftsbetriebs) den Beitrag der Geldemission an der Defizitfinanzierung korrekt (fiskalische Seigniorage). Die Gleichheit von Realzins und realer Wachstumsrate liegt aber gerade dann vor, wenn die Bedingungen der „Goldenen Regel der Kapitalakkumulation" erfüllt sind, was allerdings in der Realität kaum der Fall sein dürfte.[68] Demgegenüber ist eine ausschließliche Geldbasisentstehung durch Offenmarktgeschäfte bzw. unverbriefte Staatskredite nur bei Notenbanken denkbar, die selber keine Währungsreserven (inklusive Gold) halten, z.B. weil sie keine Wechselkurspolitik verfolgen, und die auf eine direkte (kurzfristige) Kreditvergabe an inländische Geschäftsbanken verzichten, da sie Sicherheit bezüglich der langfristigen Basisrefinanzierung vermitteln möchten.[69] Relevanter als dieser Fall werden jedoch Notenbanken sein, die in Ländern mit Hyperinflation operieren. Dort wird tatsächlich die zusätzliche Geldbasis fast ausschließlich durch unverzinsliche Kredite an den Staat geschaffen. Die anderen Positionen der Notenbank auf der Aktivseite verlieren relativ zu den Krediten an den Staat umso mehr ihre Bedeutung, je länger die Hyperinflation anhält. Eine Vernachlässigung dieser Positionen erscheint dann gerechtfertigt. Allerdings muß man sich zugleich des restriktiven Charakters der obigen Annahmen bewußt sein, die es im Einzelfall nahelegen werden, den Beitrag der Seigniorage zur Defizitfinanzierung über Gleichung (II.26) zu ermitteln (vgl. Wesche und Weidmann 1995, S. 10).

2.3.3 Makroökonomische Stabilität und Seigniorage-Finanzierung

Auch in Anbetracht der Tatsache, daß der für den Staat relevante Beitrag zur Defizitfinanzierung aufgrund der genannten Gründe erheblich niedriger sein kann als die monetäre Seigniorage, steht außer Zweifel, daß die Einnahmenerzielung des

---

68 Sind die Bedingungen der „Goldenen Regel der Kapitalakkumulation" gegeben, so entspricht die reale Wachstumsrate sowohl der Wachstumsrate der Bevölkerung wie auch der des Kapitalstocks („golden age"-Wachstum). Zugleich ist die Wachstumsrate des Kapitalstocks im Falle der Konsummaximierung der Privaten genauso hoch wie die Grenzproduktivität des Kapitals und damit wie der Realzins in der Volkswirtschaft (vgl. Rose 1991, S. 123f.).

69 Hier ist noch am ehesten an die USA zu denken, die zum einen kein Mitglied eines Festkurssystems ist und die zum anderen in der Vergangenheit umfangreiche Offenmarktgeschäfte tätigte. Allerdings besitzt die Fed sowohl Währungsreserven als auch andere Instrumente der Geldbasisbereitstellung (vgl. Kapitel VI.4).

Staates immer wieder eine wichtige Ursache für die Ausweitung der Geldbasis durch die Notenbank darstellen kann.[70]

Um eine solche Politik beurteilen zu können, muß man wissen, welche makroökonomischen Folgen von ihr zu erwarten sind. Zur Vereinfachung der Analyse wird in der Literatur dabei zum einen der Unterschied zwischen fiskalischer und monetärer Seigniorage vollständig vernachlässigt und zum anderen eine Identität von Geldbasis und Geldmenge unterstellt. Letzteres ist aber strenggenommen nur im Fall eines **einstufigen Bankensystems**[71] erlaubt. Die Geldbasis und die Geldmenge entwickeln sich jedoch auch in einem zweistufigen Bankensystem umso gleichgerichteter, je stärker sich eine Regierung über die Seigniorage finanziert. Somit kann man vereinfachend davon ausgehen, daß sich unter den Bedingungen einer Hyperinflation die Bilanzstrukturen so ändern werden, daß der Nettoforderungsposition der Notenbank gegenüber dem Staat im Rahmen der vereinfachten Notenbankbilanz die Geldbasis im Rahmen der konsolidierte Bilanz des Bankensystems die Geldmenge gegenübersteht (siehe Anhang II.2).

Die Definition der Seigniorage lautet dann in ihrer stetigen Formulierung wie folgt:

(II.27) $$S = \frac{dM}{P}.$$

Ergänzt man die rechte Seite der Gleichung (II.27) um $\frac{M}{M}$, so ergibt sich:

(II.28) $$S = \frac{dM}{M} \cdot \frac{M}{P} = \mu \cdot \frac{M}{P}$$

Damit läßt sich die monetäre Seigniorage als das Produkt aus der Wachstumsrate der Geldmenge (μ) und der realen Geldmenge $\left(\frac{M}{P}\right)$ darstellen. Dabei ergibt sich die Wachstumsrate der nominalen Geldmenge (μ) als Summe aus der Veränderungsrate der realen Geldmenge (g) und der Inflationsrate (π), so daß sich schreiben läßt:[72]

---

70 Vgl. z.B. Sargent (1982), Dornbusch und Fischer (1986), Dornbusch (1988), Mankiw (1987).

71 Ein einstufiges Bankensystem ist dadurch gekennzeichnet, daß es anstelle der Zweiteilung in Notenbank und Geschäftsbanken nur eine „Monobank“ gibt, so daß alle Bankeinlagen der Privaten dann Zentralbankguthaben darstellen; die Geldbasis ist mit der Geldmenge identisch.

72 Auch hier wieder eine Anwendung der bekannten Tatsache, daß die sich die Veränderungsrate eines Bruchs (hier: reale Geldmenge) als die Differenz der Änderungsrate des Zählers abzüglich des Nenners ergibt. Gleichung (II.29) erhält man, indem man die Änderungsrate des Zählers (nominale Geldmenge) durch die zwei anderen Raten ersetzt.

(II.29) $$S = g \cdot \frac{M}{P} + \pi \cdot \frac{M}{P}$$

Der erste Term auf der rechten Seite von (II.29) ist die **Wachstumskomponente** (Issing 1995, S. 235 – 237). Da sich in einer wachsenden Wirtschaft mit steigendem Pro-Kopf-Einkommen auch die nachgefragte reale Geldmenge steigt (vgl. Modul B), kann sich die Notenbank in Höhe der realen Geldmengenzunahme laufend reale Ressourcen von den Privaten aneignen. Weitet die Notenbank die nominale Geldmenge über die Menge aus, die von den Privaten infolge des gestiegenen Einkommens zusätzlich nachgefragt wird, so werden sich die Preise und damit das Preisniveau in der Volkswirtschaft so lange erhöhen, bis das Geldangebot der Geldnachfrage entspricht (vgl. Modul C). Es tritt Inflation auf. Dadurch werden die realen Geldbestände der Privaten entwertet. Die Entwertung der realen Geldbestände wird mit **Inflationssteuer** („Inflation tax") bezeichnet und durch den zweiten Term ausgedrückt.[73]

Unterstellt man wiederum ein „golden age-Gleichgewicht" und ein konsummaximierendes Verhalten der Wirtschaftssubjekte, so entspricht die Wachstumsrate der realen Geldmenge (g) gerade dem in diesem steady-state-Zustand geltenden Realzins (r). Unter Verwendung der vereinfachten Fisher-Relation ($i = r + \pi$) erhält man die Seigniorage als:[74]

(II.29') $$S = r \cdot \frac{M}{P} + \pi \cdot \frac{M}{P} = i \cdot \frac{M}{P}$$

Gleichung (II.29') stellt ein alternatives Maß für die Seigniorage dar, welches mit **Opportunitätskosten-Seigniorage** bezeichnet wird.[75] Diese spiegelt nämlich die entgangenen Zinseinkünfte der Privaten wider, auf die diese verzichten müssen, da sie anstelle zinsbringender Anlagen unverzinsliches Geld halten. Der Vorteil einer solchen Definition von Seigniorage liegt darin, daß sie direkt an der Wertschätzung der Privaten für die Haltung von Geld ansetzt. Damit kann die Opportunitätsko-

---

73 Es gilt $d\left(\frac{M}{P}\right) = \frac{dM \cdot P - dP \cdot M}{P^2}$ und damit gibt $d\left(\frac{M}{P}\right)\Big|_{dM=0} = -\frac{dP}{P} \cdot \frac{M}{P}$ die Verringerung (Entwertung) der realen Geldbestände infolge einer Preisniveauerhöhung an.

74 Dies impliziert wiederum, daß die Bedingung der „Goldenen Regel der Kapitalakkumulation" erfüllt sein wird, bei der die Grenzproduktivität des Kapitals (und damit der Realzins) dem Bevölkerungswachstum η entspricht. Da dieses im steady-state-Gleichgewicht – definiert als Konstanz der realen Geldmenge pro Kopf – gleich der Differenz aus Wachstumsrate der nominalen Geldmenge und Inflationsrate ist, bedeutet dies, daß die Wachstumsrate des realen Geldbestandes durch den Realzins ersetzt werden kann.

75 Das Konzept der Opportunitätskosten-Seigniorage findet sich u.a. in den Arbeiten von Bailey (1956), Johnson (1969), Auernheimer (1974), Phelps (1973), Barro (1982) und Gros (1989, 1996).

sten-Seigniorage interpretiert werden, als die gesellschaftliche Ressourceneinsparung, die dadurch entsteht, daß in der Volkswirtschaft eine definitive Papierwährung und keine Goldwährung verwendet wird. Nutznießer dieser Einsparung ist ausschließlich die Notenbank bzw. der Staat, sofern er nicht den Geldhaltern Zinsen bezahlt (vgl. Black 1992, S. 438).

Die Gleichsetzung der beiden Seigniorage-Konzepte ist zwar analytisch reizvoll, in der Realität aber problematisch. So ist vor allem unklar, welcher konkrete Nominalzinssatz in empirischen Studien zu wählen ist.[76] Das Opportunitätskostenkonzept gibt den *Ertrag des Staates* aus der Geldemission nur dann korrekt wieder, wenn man als Nominalzins die Effektivverzinsung staatlicher Wertpapiere wählt. Denn nur dann kann man Gleichung (II.29') interpretieren als die reale Zinsersparnis, die der Staat durch die Ausgabe von Geld anstelle verzinslicher Wertpapiere realisiert (vgl. Gros 1989, S. 2).[77]

Wie anhand von Gleichung (II.27) gezeigt wurde, stellt die Seigniorage Einnahmen des Staates dar. Eine analytisch interessante Frage ist dann, wie der Staat bzw. die Notenbank die Einnahmen maximieren kann. Dazu empfiehlt es sich die Seigniorage – in Analogie zur Theorie der Besteuerung – als das Produkt aus **Steuerbasis** und **Steuersatz** anzusehen, wobei der Steuersatz der Handlungsparameter des Staates ist. Im Fall der Seigniorage stellt die Wachstumsrate der nominalen Geldmenge μ den Steuersatz und die reale Geldmenge $\left(\frac{M}{P}\right)$ die Steuerbasis dar, wie es Gleichung (II.28) zum Ausdruck bringt.

Es läßt sich nun zeigen, daß der Staat die Einnahmen aus Seigniorage nicht beliebig ausweiten kann:

- Eine höhere Wachstumsrate der Geldmenge steigert zwar tendenziell die Seigniorage (= höherer Steuersatz),
- sie vermindert aber die in einer Volkswirtschaft gehaltene reale Geldmenge (geringere Steuerbasis), da es aufgrund des höheren Geldmengenwachstums und des daraus resultierenden Nominalzinsanstieges zu höheren Opportunitätskosten der Geldhaltung kommt.

---

[76] Darüber hinaus ist auch nicht klar, ob die sehr theoretischen Annahmen des „golden age-Wachstums" bzw. der „Goldenen Regel der Kapitalakkumulat ion" gegeben sind.

[77] Die Unterscheidung der beiden Seigniorage-Konzepte wird in der Praxis umso unbedeutender sein, je höher die Inflationsrate relativ zum Realzins ist – sofern die Fisher-Relation erfüllt ist. Empirische Studien zeigen, daß die absoluten Beträge der so ermittelten Einnahmen aus der Seigniorage zwar divergieren, die Rangfolge der verschiedenen Länder in einer umfassenden Länderanalyse vom gewählten Konzept aber weitgehend unabhängig ist (vgl. z.B. De Haan, Zelhorst und Roukens 1993, S. 313).

2.3.3.1 Seigniorage-Maximierung im steady-state

Um die Auswirkungen der beiden gegenläufigen Effekte möglichst einfach darstellen zu können, sei vereinfachend die Modellwelt einer stationären Wirtschaft im steady-state-Gleichgewicht unterstellt. Wie bereits gezeigt wurde, implizieren diese Annahmen die Konstanz der realen Geldmenge und damit die Gleichheit der Wachstumsrate der nominalen Geldmenge und der Inflationsrate in jedem steady-state-Gleichgewicht ($\mu = \pi$). Erhöht sich nun die Wachstumsrate der Geldmenge dauerhaft, so hat dies im Gleichgewicht einen gleich hohen Anstieg der Inflationsrate zur Folge.[78] Unterstellt man eine reale Geldnachfragefunktion, die negativ vom Nominalzins (und positiv vom Realeinkommen) abhängt, dann impliziert dieser Nominalzinsanstieg seinerseits einen Rückgang der realen Geldmenge. Unter den Bedingungen eines steady-state-Zustands korrespondiert also mit jeder Geldmengenwachstumsrate (= Inflationsrate) eine bestimmte reale Geldmenge. Wie dieser Zusammenhang konkret aussieht, hängt von der spezifischen Form der Geldnachfragefunktion ab. In Schaubild II.11 wurde vereinfachend eine lineare reale Geldnachfragefunktion unterstellt, bei der die nachgefragte reale Geldmenge nur von der erwarteten Inflationsrate abhängen soll (Gerade DD). Dabei soll zusätzlich unterstellt werden, daß die tatsächliche Inflationsrate stets perfekt antizipiert wird ($\pi^e = \pi$).

Analytisch läßt sich das Entscheidungsproblem eines Staates, der eine optimale Seigniorage erzielen will, in der gleichen Weise behandeln wie die Situation eines **Monopolisten** auf einem Gütermarkt. Die Geldnachfragefunktion ist dabei als die Preisabsatzfunktion für die Notenbank anzusehen. Da beim Konzept der monetären Seigniorage die Kosten der „Geldproduktion" als vernachlässigbar gering angesehen werden, entspricht die erzielte Seigniorage nicht nur dem Erlös einer Unternehmung, sondern zugleich ihrem Gewinn, so daß die optimale Seigniorage mit der maximalen Seigniorage identisch ist.

Im einzelnen läßt sich dies wie folgt herleiten. Entsprechend Gleichung (II.28) und den oben gemachten Annahmen ($\pi^e = \pi = \mu$) ergibt sich die Seigniorage als Produkt aus Wachstumsrate der nominalen Geldmenge (μ) und der realen Geldmenge (M/P). Die Hyperbel S_0 spiegelt somit alle diejenigen Kombinationen aus Wachstumsrate der nominalen Geldmenge und realer Geldmenge wider, die ein gegebenes Seigniorage-Volumen S_0 ergeben würden. Bei der unterstellten realen Geldnachfragefunktion kann S_0 damit sowohl die Kombination aus einer höheren rea-

[78] Strenggenommen müßte hierbei noch der Tobin-Effekt berücksichtigt werden, der einen Rückgang der Realzinsen infolge der gestiegenen Inflationsrate behauptet. Tobin argumentiert, daß die höhere Inflationsrate eine stärkere Realkapitalbildung verursacht, die ihrerseits zu einer geringeren Grenzproduktivität des Kapitals (die gleich dem Realzins sei) führt (siehe dazu Anhang II.1). Per Saldo wird der Nominalzins aber steigen.

len Geldmenge $(M/P)_A$ mit einer geringeren Wachstumsrate μ_A als auch die Kombination aus einer geringeren Geldmenge $(M/P)_B$ und einer höheren Wachstumsrate μ_B sein. Graphisch ergibt sich dieser inverse Zusammenhang als eine gleichseitige Hyperbel (vgl. Havrylyshyn et al. 1994, S. 362f.).[79]

Schaubild II.11: Maximale Seigniorage bei linearer Geldnachfragefunktion

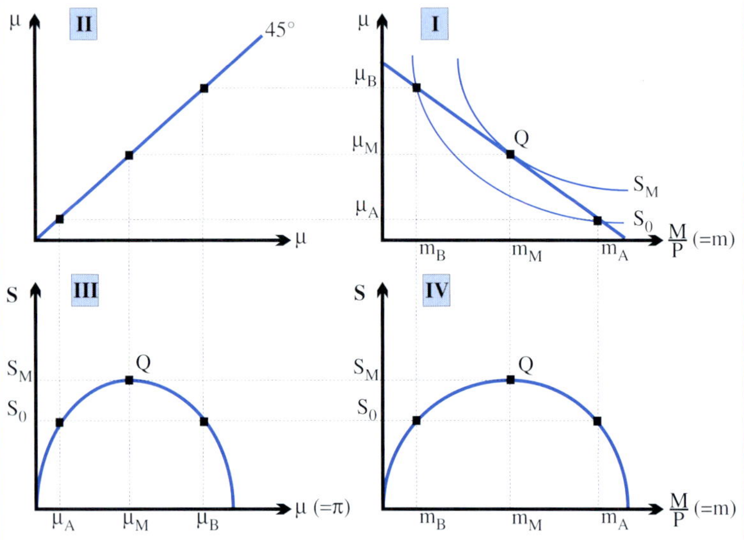

Das Maximum der Seigniorage ergibt sich graphisch als Tangentialpunkt der realen Geldnachfragefunktion DD und der Hyperbel S_M (Diagramm I). Dort wächst die nominale Geldmenge gerade mit einer Rate μ_M, bei der die Inflationselastizität der realen Geldnachfrage gerade gleich eins und damit die Seigniorage als das Produkt aus der Wachstumsrate der nominalen Geldmenge (damit zugleich der Inflationsrate) und der realen Geldnachfrage maximal ist. Die Rate μ_M entspricht

[79] Dabei ist zu beachten, daß die Hyperbel strenggenommen nur für „zulässige" Kombinationen aus Wachstumsrate und realer Geldmenge Sinn macht. Für solche ist sie auch in Schaubild II.11 dargestellt. Welche Kombinationen „zulässig", d.h. erreichbar sind, ergibt sich entsprechend der unterstellten Geldnachfragefunktion. „Zulässig" sind damit Kombinationen unter oder auf der Geldnachfragekurve.

damit der Cournot-Lösung (Q) des zugrundeliegenden Monopolfalls (siehe Diagramm I), bei der der Staat als monopolistischer Anbieter seine Einnahmen dadurch maximiert, daß er den Grenzertrag den Grenzkosten von null gleichsetzt. Jede weitere Erhöhung der Geldmengenwachstumsrate (Inflationsrate) würde nun zu einer geringeren Seigniorage führen, wie Diagramm III zeigt. In jedem steady-state-Zustand ist damit jeder Wachstumsrate genau ein Seigniorage-Betrag zugeordnet. Mit steigender Wachstumsrate erhöht sich zunächst die Seigniorage, da der negative Effekt des Rückgangs der realen Geldmenge geringer ist als die positive Wirkung der erhöhten Wachstumsrate der nominalen Geldmenge. Bei einer linearen Geldnachfrage wird diese Zunahme der Seigniorage aber mit dem Ansteigen der Wachstumsrate immer geringer, bis sie im Maximalpunkt S_M null beträgt. Von da an hat eine steigende Wachstumsrate ($\mu > \mu_M$) so starke Effekte auf die reale Geldnachfrage, daß der Staat real geringere Einnahmen aus der Seigniorage erzielt als bei einer schwächeren Geldmengenausweitung. Entscheidend für die hier beschriebene Entwicklung der Einnahmen aus Seigniorage ist die Annahme, daß ausschließlich steady-state-Zustände betrachtet werden. Dies impliziert nicht nur die perfekte Steuerbarkeit der Inflationsrate, sondern gewährleistet – aufgrund der Annahme konstanter Wachstumsraten – auch, daß die Privaten die tatsächliche Inflationsrate perfekt antizipieren können.[80]

Die Annahme einer linearen realen Geldnachfrage stellt jedoch eine starke Vereinfachung dar. Deshalb wird in der Literatur für die Beantwortung dieser Frage, die vor allem bei hohen Inflationsraten relevant wird, häufig mit einer exponentiellen Geldnachfragefunktion gearbeitet, die eine konstante Semi-Elastizität (α) der realen Geldnachfrage in Bezug auf die Inflationserwartungen (π^e) unterstellt („Geldnachfrage vom Cagan-Typ"):[81]

(II.30) $$\frac{M}{P} = L(\pi^e) = e^{-\alpha\pi^e}$$

---

[80] Die oben getroffene Annahme der stationären Wirtschaft dient lediglich Vereinfachungszwekken. Eine zusätzlich zu berücksichtigende Wachstumskomponente hätte zur Folge, daß die optimale Wachstumsrate der nominalen Geldmenge höher und die optimale Inflationsrate niedriger wären als im Falle der stationären Wirtschaft.

[81] Diese Geldnachfragefunktion wurde erstmals von Phillip Cagan in die Diskussion eingeführt (vgl. Cagan 1956, S. 35). Bailey (1956, S. 98f.) hat jedoch gezeigt, daß dieser Funktionstyp in Zeiten relativer Preisniveaustabilität zu einer Unterschätzung der gehaltenen Geldmenge führt. Zur Theorie der Geldnachfrage und zur Definition von Semi-Elastizität siehe Modul B.

Eine Abstrahierung vom realen Volkseinkommen und vom Realzins läßt sich damit begründen, daß diese realen Größen bei hohen Inflationsraten für die Geldnachfrage keine zentrale Rolle mehr spielen.[82]

Die Einnahmen aus Seigniorage betragen im steady-state-Gleichgewicht ($\pi^e = \pi = \mu$):

$$S = \mu \cdot \frac{M}{P} = \mu \cdot e^{-\alpha\mu} \tag{II.31}$$

Die maximale Seigniorage (S_{max}) erhält man durch Ableiten nach μ und Nullsetzen der Gleichung (II.31):

$$\frac{dS}{dt} = e^{-\alpha\mu} + \left(-\alpha\mu\right)e^{-\alpha\mu} = \left(1 - \alpha\mu\right)e^{-\alpha\mu} = 0 \tag{II.32}$$

Sie ist dann erreicht, wenn die Geldmengenwachstumsrate dem reziproken Wert der Semi-Elastizität der Geldnachfrage entspricht:

$$\mu^* = \frac{1}{\alpha} \tag{II.33}$$

Unter den Bedingungen eines steady-state und einer exponentiellen Geldnachfragefunktion, wie sie hier verwendet wurde, ergibt sich ein ähnlicher Zusammenhang zwischen Geldmengenexpansion (=Inflationsrate) und Seigniorage, wie er bereits in Schaubild II.11 dargestellt wurde, mit dem einzigen Unterschied, daß die Seigniorage nicht null werden kann (siehe Schaubild II.12).[83]

Daß man eine solche **Laffer-Kurve**[84] der Finanzierung aus Seigniorage auch aus empirischen Werten erhält, zeigt Neumann (1992, S. 37f.) für die USA. Entgegen

---

[82] Eine Berücksichtigung des Einkommens führt zu keinen wesentlich anderen Schlußfolgerungen. Bruno und Fischer (1990, S. 354f.) unterstellen dabei vereinfachend eine Einkommenselastizität von eins.

[83] Berücksichtigt man in der realen Geldnachfragefunktion auch das Einkommen und betrachtet man anstelle einer stationären eine wachsende Wirtschaft (mit einem konstanten Bevölkerungswachstum η und einer konstanten realen Wachstumsrate pro Kopf), so bedeutet dies, daß das Maximum der Seigniorage bereits bei einer geringeren Inflationsrate erreicht wird, wobei eine entscheidende Größe die Elastizität der realen Geldnachfrage in Bezug auf das Realeinkommen pro Kopf $\varepsilon\left(\frac{M}{P};\frac{Y}{N}\right)$ ist (vgl. Friedman 1971, S. 848f.): $\pi^* = \frac{1}{\alpha} - \eta - \varepsilon\left(\frac{M}{P};\frac{Y}{N}\right) \cdot \frac{d\left(Y/N\right)/dt}{Y/N}$. Siehe dazu auch Box II.5 in Kapitel II.2.4.

[84] Diese Bezeichnung geht auf den amerikanischen Ökonomen Arthur B. Laffer zurück, der die von der Regierung Reagan Anfang der achtziger Jahre betriebene Steuersenkungspolitik damit rechtfertigte, daß es aufgrund der geringeren Steuersätze zu einem Anstieg der Steuerbemessungsgrundlage kommen würde, so daß insgesamt das Steueraufkommen steige. Er hatte unrecht.

obiger Exponentialfunktion verwendet er eine quadratische Schätzfunktion. Er ermittelt den Maximalwert der monetären Seigniorage bei einer jährlichen Inflationsrate von 7,9 %. Aber nicht nur die monetäre Seigniorage läßt sich so abbilden, auch die fiskalische Seigniorage weist einen ganz ähnlichen Verlauf auf. Hier liegt das Maximum bei einer Inflationsrate von 7,2 % pro Jahr.[85]

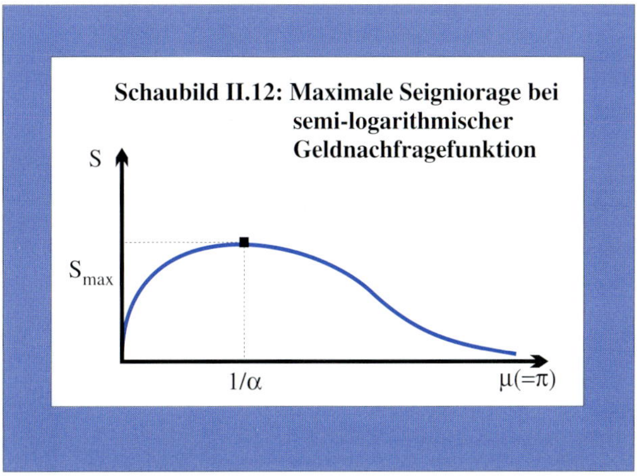

Schaubild II.12: Maximale Seigniorage bei semi-logarithmischer Geldnachfragefunktion

Der Verlauf der Seigniorage legt es nun nahe, daß jeder Staat der Einnahmenmaximierung betreibt, die für ihn optimale Geldmengenexpansionsrate (bzw. Inflationsrate) bestimmt und auch realisiert. Bei Finanzierung durch die Seigniorage würde man dann also eine positive, aber konstante Inflationsrate prognostizieren. Gefahren für die makroökonomische Stabilität bestehen somit nicht. Die in der Realität zu beobachtenden Inflationsraten maximieren jedoch weder die Seigniorage, noch sind sie konstant.

Untersuchungen von Cagan (1956) zeigen, daß in vielen Hyperinflationen die Werte von μ – und damit unter den getroffenen Annahmen zugleich die Werte von π – deutlich über $1/\alpha$ lagen (siehe Tabelle II.3).

Auch konstante Inflationsraten sind bei einer massiven Seigniorage-Finanzierung eher selten zu beobachten. Vielmehr besteht dabei häufig das **Risiko der Hyperinflation** (vgl. Bruno und Fischer 1990, S. 373). Prozesse ständig zunehmender In-

---

85 Easterly et al. (1995) verweisen darauf, daß die oben gewählte einfache funktionale Form starken Einfluß auf die empirische Existenz und die Höhe der optimalen Inflationsrate hat. Berücksichtigt man z.B. anstelle der konstanten eine sich mit ansteigender Inflationsrate erhöhende Semielastizität, so stimmen die empirischen Werte leichter mit der Hypothese überein, daß es bei endlich hohen Inflationsraten ein Maximum gibt (vgl. Easterly et al. 1995, S. 599f.).

flationsraten sind vor allem darauf zurückzuführen, daß in der Realität die hier unterstellten Bedingungen eines steady-state-Gleichgewichts nicht vorliegen.

Tabelle II.3: Inflationsraten für maximale Erträge aus Inflationssteuern 1)

Land	Preisanstieg und Geldmengenausweitung für maximalen Ertrag		Durchschnittlicher tatsächlicher Preisanstieg pro Monat (in %)
	Monatsrate bei kontinuierlicher Betrachtung (in %) 1) $\pi = (d\ln P_t/dt) \cdot 100 = (1/\alpha) \cdot 100$	Monatsrate bei diskreter Betrachtung (in %) 2) $\pi = (e^{1/\alpha} - 1)\ 100$	
Österreich (Jan. 1921 - Aug. 1922)	11,7	12	47
Deutschland (Sep. 1920 - Juli 1923)	18,3	20	322
Griechenland (Jan. 1943 - Aug. 1944)	24,4	28	365
Ungarn (Juli 1922 - Feb. 1924)	11,5	12	46
Ungarn (Juli 1945 - Feb. 1946)	23,6	32	19.800
Polen (Apr. 1922 - Nov. 1923)	43,5	54	81
Rußland (Dez. 1921 - Jan. 1924)	32,7	39	57

1) DieVeränderungsrate der Geldmenge ist per Annahme konstant.
2) Zwischen der stetigen Definition der Inflationsrate und der diskreten Version besteht folgende Beziehung: $\frac{P_t - P_{t-1}}{P_{t-1}} \cdot 100\,\% = (e^{d\ln P_t/dt} - 1) \cdot 100\%$.

Quelle: Cagan (1956, S.81).

2.3.3.2 Makroökonomische Stabilität in einer Welt ohne steady-state

Insbesondere dann, wenn die Inflationsrate bereits recht hoch und volatil ist, sind die Privaten anders als bisher angenommen nicht in der Lage, die tatsächliche Inflationsrate jederzeit perfekt zu antizipieren (siehe Modul D). Die in ihrer Geldnachfrage zugrundegelegte erwartete Inflationsrate kann dann höher oder niedriger sein als die tatsächliche Inflationsrate. Dies hat zwei mögliche Konsequenzen, die beide zu Hyperinflation führen können:

- Zum einen kann es zu einer inhärenten Instabilität der Geldnachfrage kommen.

- Zum anderen geben die Erwartungsfehler dem Staat die Möglichkeit, die Seigniorage über S_{max} hinaus auszuweiten.

Eine inhärente Instabilität der Geldnachfrage kann dann auftreten, wenn ein einmal in Gang gekommener Inflationsanstieg nicht mehr zum Stillstand kommt, da sich der Anstieg der tatsächlichen Inflationsrate und die daraus resultierende Zunahme der erwarteten Inflationsrate gegenseitig aufschaukeln: Steigt die tatsächliche Inflationsrate, so wird dies einen Anstieg der Inflationserwartungen zur Folge haben. Die Privaten werden versuchen, ihre reale Kasse zu reduzieren. Dies führt dazu, daß für die produzierten Güter höhere Preise gezahlt werden, was also wiederum die Inflation beschleunigt. Dies wird wieder Auswirkungen auf die erwartete Inflationsrate haben usw. Ob sich eine stabile Inflationsrate einspielen wird, hängt damit entscheidend von den Stabilitätseigenschaften der Geldnachfrage ab (vgl. Marty und Thornton 1995, S. 28 - 30). Cagan (1956, S. 64 - 73) zeigt, daß der wesentliche Faktor dafür in der Erwartungsbildung der Privaten liegt.

Unterstellt man – Cagan (1956, S. 37) folgend – adaptive Erwartungen, so gilt:

(II.34) $$\frac{d\pi^e}{dt} = \beta\left(\pi - \pi^e\right) \qquad \text{mit} \qquad \beta > 0 .$$

Die Veränderung der Inflationserwartung hängt somit positiv vom Erwartungsfehler ab. Unterstellt man wiederum eine reale Geldnachfrage mit konstanter Semi-Elastizität (Gleichung II.30) und leitet man diese nach der Zeit ab, erhält man:[86]

(II.35) $$\mu - \pi = -\alpha \cdot \frac{d\pi^e}{dt} .$$

Gleichung (II.35) und die logarithmierte Version von (II.30) eingesetzt in (II.34) ergeben

(II.36) $$-\frac{1}{\alpha} \cdot \left(\mu - \pi\right) = \beta \cdot \left[\pi + \frac{1}{\alpha} \cdot \left(\ln M - \ln P\right)\right] \text{ bzw.}$$

(II.36') $$\beta(\ln P - \ln M) = \mu - (1 - \alpha\beta) \cdot \pi$$

Für die Veränderung der Inflationsrate in Abhängigkeit von Preisniveauänderungen

(II.37) $$\frac{\partial \pi}{\partial P} = \frac{-\beta}{\left(1 - \alpha\beta\right)} \cdot \left(\frac{1}{P}\right)$$

[86] Die hier abgeleiteten Ergebnisse für die makroökonomische Stabilität gelten nicht nur bei Verwendung einer Cagan-Geldnachfragefunktion, sondern auch für Funktionen, die das Realeinkommen und den Realzins berücksichtigen.

bedeutet dies, daß die tatsächliche Inflationsrate nur bei einem Nenner größer null konvergiert, d.h. infolge einer einmaligen Störung nicht uferlos ansteigt. Entscheidend für die Stabilität ist somit, daß $\alpha\beta < 1$ gilt.[87] Andernfalls bedeutet der geringste Preisniveauanstieg sofort, daß die Inflationsrate ohne Grenzen ansteigt und entsprechend die Geldhaltung vollständig aufgegeben wird, steady-state-Zustände also nicht stabil sind.

Vordergründig lassen sich die Stabilitätsbetrachtungen als Argument für eine positive Inflationsrate verwenden (vgl. Marty und Thornton 1995, S. 28 - 30). Wird nämlich unterstellt, daß die Zinselastizität der Geldnachfrage (ε_i) in Zeiten relativer Preisniveaustabilität konstant ist, so geht die in Gleichung (II.30) verwendete Semi-Zinselastizität α mit einem höheren Nominalzins und damit mit einer höheren steady-state-Inflationsrate zurück. Eine höhere Inflationsrate trägt somit tendenziell zur Stabilität in der Volkswirtschaft bei. Diese Schlußfolgerung setzt jedoch voraus, daß die Anpassungsgeschwindigkeit β konstant bleibt. Damit ist bei steigenden Inflationsraten jedoch nicht zu rechnen, so daß die höhere Stabilität infolge der höheren Inflationsrate keineswegs gewährleistet sein muß. Je schneller die Privaten ihre Inflationserwartungen anpassen, umso höher wird die Gefahr der Instabilität der Geldnachfrage.

Was die Seigniorage betrifft, so läßt sich Schaubild II.11 entnehmen, daß mit Ausnahme der maximalen Seigniorage alle Volumen bei einer niedrigen und einer hohen Inflationsrate zustande kommen. Bruno und Fischer (1990, S. 356f.) zeigen, daß obige Stabilitätsbedingung zugleich die Bedingung dafür ist, daß ein bestimmtes Einnahmevolumen mit der niedrigeren Inflationsrate erzielt wird, d.h. man sich auf der „richtigen" Seite der Laffer-Kurve bewegt. Anderfalls findet eine Konvergenz zur höheren Inflationsrate statt, oder wenn diese bereits überschritten sein sollte, sogar ein Anstieg der Inflationsrate ins Unendliche.

Doch selbst dann, wenn diese Stabilitätsbedingung erfüllt ist, kann das Einnahmenerzielungsmotiv der Notenbank zu Hyperinflation führen. Dies tritt dann ein, wenn die Notenbank Einnahmen aus der Seigniorage anstrebt, die höher sind als S_{max}, und wenn die Privaten ihre Erwartungen adaptiv bilden. Dieser Fall wird in Schaubild II.13 dargestellt. Kernstück dieser Abbildung ist wiederum Diagramm II, in dem die reale Geldnachfrage der Privaten dargestellt wird. In Diagramm I findet man nun das Kalkül des Staates bzw. der Notenbank. Es beschreibt den in Gleichung (II.28) dargestellten Zusammenhang zwischen Seigniorage und Wachstumsrate der nominalen Geldmenge bei unterschiedlichen Niveaus der rea-

---

87 Eine Konvergenz gegen eine endliche Inflationsrate tritt dann ein, wenn der Preisniveauanstieg (die Inflationsrate) mit steigendem P nur unterproportional zunimmt, also $-\beta/(1-\alpha\beta)$ kleiner null ist. Da $\alpha, \beta > 0$, entspricht dies der Bedingung $\alpha \cdot \beta < 1$.

len Geldmenge, die von den Privaten gehalten wird. Als Ausgangspunkt dient dabei eine Situation, in der der Staat seine Einnahmen aus der Seigniorage bei korrekten Erwartungen der Privaten maximiere. Dazu muß er die nominale Geldmenge mit der Rate μ_M ausweiten, was dazu führt, daß die Privaten entsprechend ihrer realen Geldnachfrage die reale Geldmenge m_M halten.[88] Unterstellt man nun, daß der Staat nicht die Einnahmen S_M, sondern die höheren Einnahmen S_Z anstrebt, so kann er diese erhalten, wenn er die Privaten täuscht und eine **Überraschungsinflation** herbeiführt.[89] Aus Diagramm I ist ersichtlich, daß er bei einer kurzfristig konstanten realen Geldmenge (m_M) somit die Wachstumsrate μ_A realisieren muß. Sobald die Privaten jedoch bemerken, daß sie bezogen auf die nun höhere Inflationsrate ($\pi_A = \mu_A$) eine zu hohe reale Geldmenge halten, werden sie diese entsprechend reduzieren (m_A), so daß die Seigniorage auf S_A fällt (Diagramm II bis IV). Will der Staat gleichwohl seine überhöhte Seigniorage S_Z beibehalten, bleibt ihm dann nur die Möglichkeit, eine noch höhere Geldmengenexpansionsrate als die in der Vorperiode realisierte zu erzeugen (μ_B), um die Privaten abermals zu täuschen. Aber auch dies wird wiederum eine Anpassung der realen Geldhaltung der Privaten zur Folge haben (m_B), was einen bereits sehr viel stärkeren Rückgang der Seigniorage bewirken wird (S_B). Im Ergebnis führt eine solche Politik der fortlaufenden Überraschungsinflation zu astronomisch hohen Inflationsraten, wobei die Landeswährung am Ende überhaupt nicht mehr als Zahlungsmittel verwendet wird; sie wird „repudiert" und durch Fremdwährungen substituiert, sofern der Warenaustausch nicht auf reiner Tauschbasis erfolgt.[90] Die Seigniorage fällt am Ende der Hyperinflation gegen null. Spätestens dann ist der Zeitpunkt für eine umfassende Währungsreform gekommen, um dem Staat wenigstens wieder eine gewisse Einnahme aus Seigniorage zu ermöglichen.[91]

---

88 Im folgenden wird stets unterstellt, daß die Inflationsrate der Wachstumsrate der nominalen Geldmenge entspricht.

89 Eine „Überraschungsinflation" erhält man auch, wenn man alternativ zur adaptiven Erwartungsbildung ein temporäres Ungleichgewicht auf dem Geldmarkt unterstellt (vgl. Kiguel 1989, S. 149f.).

90 Ein solches Verhalten seitens des Staates erscheint irrational und läßt sich nur mit einer extrem hohen Zeitpräferenz der Regierenden erklären (vgl. Cukierman 1992, S. 52).

91 Wie schnell die Seigniorage auf null fällt, hängt von der realen Geldnachfragefunktion ab. In Schaubild II.13 „explodiert" das System bereits nach zwei Täuschungen, d.h. bereits die Geldmengenexpansionsrate, die nach μ_B notwendig wäre, um S_Z zu realisieren, führt dazu, daß die reale Geldhaltung auf null absinkt und damit auch die Seigniorage null beträgt. Anders im Fall der Geldnachfrage vom Cagan-Typ. Hier kann die Seigniorage niemals null werden (vgl. Schaubild II.11).

Schaubild II.13: Erhöhung der Seigniorage durch Überraschungsinflation

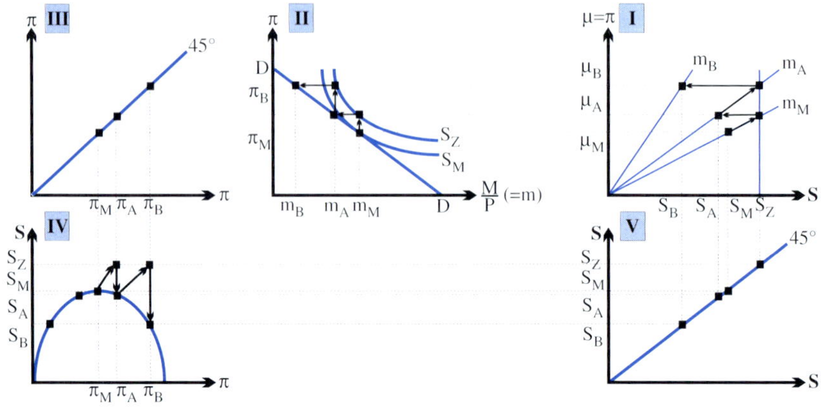

Die logische Struktur ist hier also ähnlich wie im Fall der Phillips-Kurve. In beiden Fällen sind den Politikern gleichsam natürliche Grenzwerte für die mit einer inflationären Politik zu erreichenden realwirtschaftlichen Effekte gesetzt. Die Grenzen bestimmen sich

- durch die **natürliche Arbeitslosenrate** im Fall einer inflationären Beschäftigungspolitik,
- durch die maximale Seigniorage im Fall einer inflationären Staatsfinanzierung.

Der Versuch, diese Grenzen mehr als kurzfristig zu überschreiten, ist nur möglich, wenn die Privaten fortlaufend und in zunehmendem Maße getäuscht werden. Am Ende brechen solche Prozesse zwangsläufig zusammen, und die vorgegebenen Grenzen sind wieder einzuhalten. Allerdings hat eine positive Inflationsrate, wenn sie vollständig antizipiert wird, keinerlei positive Beschäftigungseffekte, während unter diesen Bedingungen gleichwohl positive Einnahmen aus Seigniorage erzielt werden können.

2.3.4 Optimale Seigniorage

Das Zitat von Keynes (1923) am Beginn dieses Kapitels zeigt, daß man die Frage, ob die Finanzierung aus Seigniorage die Gefahren für die makroökonomische Stabilität rechtfertigt, nur beurteilen kann, wenn man die volkswirtschaftlichen Kosten dieser Finanzierungsform (bzw. deren Effizienz) kennt und diese mit denen anderer Finanzierungsarten vergleicht. Dieser Vergleich setzt also grundsätzlich eine umfassende Analyse voraus, die allerdings an dieser Stelle nur angedeutet werden kann.

Ausgangspunkt ist die oben genannte Budgetrestriktion des Staates (Gleichung II.21), bei der nun aber anstelle der Geldbasis (B) mit der Geldmenge (M) gearbeitet wird. Vereinfachend wird jetzt unterstellt, daß monetäre und fiskalische Seigniorage identisch sind. Damit ergibt sich die Budgetrestriktion des Staates zu

(II.38) $$G_t + i_{t-1} \cdot A_{t-1} = T_t + \Delta M_t + \Delta A_t \,.$$

Dies zeigt die bekannte Tatsache, daß der Staat seine Ausgaben nicht nur durch die Erhöhung der Geldmenge, sondern auch durch Steuern und zusätzliche Wertpapieremissionen finanzieren kann.[92] Für ein gegebenes Ausgabenvolumen stehen die Steuerfinanzierung, die Kreditfinanzierung und die Seigniorage-Finanzierung in einem Substitutionsverhältnis zueinander, und es muß gefragt werden, welche Finanzierungsart vorzuziehen bzw. bis zu welcher Höhe eine Seigniorage-Finanzierung anzustreben ist. In der Literatur wird diese Fragestellung im Rahmen der Diskussion über die **optimale Seigniorage** behandelt.[93]

Im Kern geht es dabei also nicht um die Wachstumsrate der nominalen Geldmenge bzw. um die Inflationsrate, die ausschließlich die Seigniorage maximiert, sondern um die Kombination von Steuersätzen (einschließlich der Inflationsrate), bei der die **negativen Wohlfahrtseffekte der Besteuerung** minimiert werden:

> „Both explicit and implicit taxes are distortionary. The distortion of the inflation tax (gemeint ist die Seigniorage; die Verf.) is the diversion of resources or loss of utility associated with the scarcity of money, already mentioned. But there are also distortions in explicit taxes; lump-sum taxes are not available. The problem is to optimize the choice of taxes, given the necessity of government expenditure. This formulation correctly connects the money-supply process to the government budget." (Tobin 1986, S. 11)

---

92 Bei dem betrachteten Wertpapierbestand (A) handelt es sich hier nur um die Staatspapiere, die die Privaten halten. Strenggenommen darf die Komponente A nicht nur verbriefte Kredite der Privaten an den Staat (Wertpapiere) umfassen, sondern muß auch unverbriefte einschließen. Auf eine genauere begriffliche Unterscheidung wird an dieser Stelle aber ve rzichtet.

93 Die Frage nach der Höhe der optimalen Seigniorage bzw. die Vorteilhaftigkeit der Seigniorage relativ zu anderen Steuerformen wurde erstmals von Bailey (1956) aufgeworfen. Danach folgten zahlreiche weitere Arbeiten, von denen insbesondere die von Phelps (1973), Calvo (1978), Kimbrough (1986), Mankiw (1987), Végh (1989), Poterba und Rotemberg (1990) und als neuere Studien die von Goff und Thoma (1993), Calvo und Guidotti (1993) sowie Easterly et al. (1995) zu nennen sind.

Die negativen Wohlfahrtseffekte der Seigniorage-Finanzierung werden in der Literatur stets mit den Wohlfahrtskosten der Inflation gleichgesetzt. Wie im nächsten Kapitel noch genauer gezeigt wird, entstehen Wohlfahrtskosten der Inflation dadurch, daß infolge der positiven Opportunitätskosten der Kassenhaltung eine suboptimale Geldhaltung erfolgt. Diese Wohlfahrtkosten würden es nun nahelegen, vollständig auf diese Finanzierungsart zu verzichten, wenn es die Möglichkeit gäbe, Steuereinnahmen auch ohne negative Wohlfahrtseffekte zu erlangen. Dies ist jedoch lediglich bei der Kopfsteuer der Fall. Nur wenn der Staat die Möglichkeit hat, diese Steuer zur Einnahmenerzielung heranzuziehen („first-best"-Welt), besteht keine stichhaltige Begründung für die Finanzierung durch die Seigniorage.[94]

Teilt man aber die Ansicht von Tobin (1986), daß keine verzerrungsfreie Steuer existiert bzw. politisch durchgesetzt werden kann, so läßt sich die Inflationssteuer in einer solchen „second-best"-Welt als Bestandteil eines optimalen Steuersystems theoretisch begründen **(optimal tax theorem)**.[95] Dabei muß der Staat dafür sorgen, daß die gesellschaftlichen Grenzkosten der Seigniorage-Finanzierung mit denen anderer Finanzierungsarten, insbesondere der Steuerfinanzierung übereinstimmen (vgl. Dornbusch und Fischer 1993, S. 4f.). Unter gesellschaftlichen Grenzkosten ist dabei der Wohlfahrtsverlust zu verstehen, den eine im Wege der Seigniorage- bzw. Steuerfinanzierung zusätzlich vom Staat vereinnahmte Geldeinheit der Gesellschaft (Private *und* Staat) per Saldo verursacht.

Die gesellschaftlichen Grenzkosten der Seigniorage lassen sich partialanalytisch in gleicher Weise bestimmen wie die Wohlfahrtskosten der Besteuerung. Hierbei muß man sich aber bewußt machen, daß dies eine Vereinfachung darstellt; denn das nächste Kapitel zeigt, daß durch die mit der Seigniorage erzeugten Inflation noch andere gesellschaftliche Grenzkosten entstehen können. Von diesen soll an dieser Stelle aber abstrahiert werden. Betrachtet man die Nachfrage eines Gutes (siehe Schaubild II.14), so wird die Fläche unter der Nachfragekurve stets interpretiert als die Summe der Grenznutzen, die die Akteure aus diesem Gut ziehen. Unterstellt man konstante Grenzkosten in Höhe von OE, so ergäbe sich im Falle der vollständigen Konkurrenz der Preis P_0^X. Erhebt der Staat nun eine Stücksteuer in Höhe von t, so steigt der Preis des Gutes um diesen Steuerbetrag auf P_1^X. Zugleich geht die gehandelte Menge von x_0 auf x_1 zurück. Der Staat erzielt Steuereinnahmen in Höhe des Produktes aus Steuersatz und gehandelten Gütereinheiten

[94] Diese Schlußfolgerung zieht Friedman, der in partialanalytischer Weise ausschließlich die Wohlfahrtskosten der Inflation betrachtet (vgl. Friedman 1970, S. 27f.).

[95] Diese second-best-Betrachtung geht auf Phelps (1973) zurück. Dabei wird jedoch unterstellt, daß die Grenzkosten der verschiedenen Finanzierungsarten mit zunehmender Inanspruchnahme ansteigen.

($T = t \cdot x_1$), was der Fläche ABED entspricht. Die Wohlfahrt der Konsumenten („Konsumentenrente") verringert sich von ECF auf ABF, d.h. sie geht um mehr als das Steuervolumen zurück, nämlich zusätzlich um das Dreieck BCD, das häufig als toter Wohlfahrtsverlust der Besteuerung („**deadweight losses**") bezeichnet wird. Man kann dieses Dreieck ermitteln als Integral unter der Nachfragekurve zwischen P_0^X und P_1^X, abzüglich der Steuereinnahmen.[96] Die **gesellschaftlichen Grenzkosten zusätzlicher Steuereinnahmen**, die durch eine Erhöhung des Steuersatzes erzielt werden, ergeben sich dann aus der damit verursachten Veränderung des Wohlfahrtsverlustes, dividiert durch die Veränderung der Steuereinnahmen.

Schaubild II.14: Wohlfahrtsverlust der Besteuerung

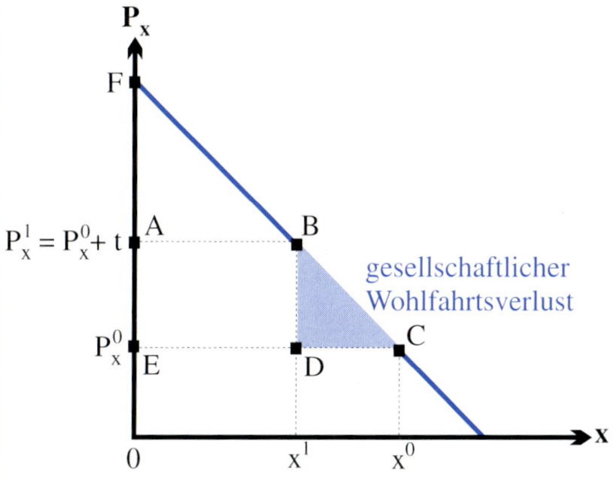

Um nun diese Logik auf die Ermittlung der sozialen Grenzkosten der Seigniorage-Finanzierung übertragen zu können, muß man die Geldnachfragefunktion spezifizieren. Verwendet man dabei eine Geldnachfragefunktion vom Cagan-Typ (vgl. Gleichung II.30), bei der die nachgefragte reale Geldmenge ausschließlich von der Inflationsrate bestimmt wird und die Semi-Elastizität (α) im Bezug auf die Inflationsrate konstant ist, so erhält man als soziale Grenzkosten der Seigniorage-Finanzierung

96 Zu den verschiedenen Ursachen sozialer Kosten der Besteuerung siehe z.B. Slemrod und Yitzahaki (1995).

$$\text{(II.39)} \qquad \frac{dL}{dS} = \frac{\alpha\pi}{1-\alpha\pi},$$

wobei L die Wohlfahrtskosten der Inflation darstellt. Eine genaue Herleitung der Wohlfahrtskosten der Inflation und die Ermittlung der sozialen Grenzkosten der Seigniorage-Finanzierung wird in Abschnitt 2.4 vorgenommen (siehe Box II.5).[97]

Unterstellt man, daß die Alternative zur Seigniorage-Finanzierung die Steuerfinanzierung ist und daß mit ihr soziale Grenzkosten in Höhe von θ einhergehen, so müssen die beiden Finanzierungsarten im Wohlfahrtsmaximum gleichhohe Grenzkosten verursachen:

$$\text{(II.40)} \qquad \frac{\alpha\pi}{1-\alpha\pi} = \theta .$$

Die optimale Inflationsrate erhält man, indem man nach π auflöst:[98]

$$\text{(II.40')} \qquad \pi^* = \frac{\theta}{(1+\theta)\cdot\alpha} .$$

Unterstellt man, daß auch die sozialen Grenzkosten der Steuerfinanzierung mit dem Steuersatz (t) steigen, so wird offenkundig, daß unter den getroffenen Annahmen bei einer Erhöhung des Finanzierungsbedarfes des Staates alle Steuersätze erhöht werden müssen, d.h. also auch die Inflationsrate (vgl. Poterba und Rotemberg 1990, S. 15). Darüber hinaus hängt die optimale Inflationsrate ganz entscheidend von den sozialen Grenzkosten der Steuerfinanzierung ab. Diese werden insbesondere durch die Ineffizienzen im Steuersystem bestimmt. Existieren zum Beispiel große Verzögerungen, bis die Steuerschuld eingetrieben ist, oder besteht eine stark ausgeprägte Schattenwirtschaft, so kommt der Seigniorage nicht nur eine hohe fiskalpolitische Bedeutung zu, sondern sie läßt sich auch aus theoretischer Sicht rechtfertigen (vgl. Dornbusch 1988).[99] Es leuchtet unmittelbar ein, daß pauschalisierende Aussagen über die Höhe der optimalen Inflationsrate nicht mehr getroffen werden können. Je nachdem, welche Steuerarten der Seigniorage entgegengesetzt

---

97 Siehe dazu auch Bailey (1956) und Dornbusch und Fischer (1993, S. 5).

98 Siehe wiederum Dornbusch und Fischer (1993, S. 5).

99 Cukierman et al. (1992) versuchen die Bedeutung dieser Effekte empirisch zu überprüfen. Als Indikatoren wählen sie die sektorale Zusammensetzung des Sozialprodukts, die Höhe desselben, eine Urbanisierungsvariable und unterschiedliche Variablen für die Stabilität des politischen Systems. Alle diese Indikatoren weisen robuste Ergebnisse bezüglich Schätzfehler bzw. Fehlspezifizierungen auf (vgl. Cukierman et al. 1992 S. 551f.).

werden oder welche Ineffizienzen berücksichtigt werden, gelangt man zu unterschiedlichen Schlußfolgerungen.[100]

Tabelle II.4: Seigniorage in der Europäischen Union1)

Zentralbank	1989	1990	1991	1992	1993	1994	1995	1996	1997	1998
Belgien	0,64	0,75	0,72	0,68	0,65	0,60	0,56	0,51	0,46	0,46
Dänemark	0,42	0,46	0,42	0,39	0,36	0,32	0,29	0,25	0,22	0,22
Deutschland	0,68	0,86	0,78	0,71	0,64	0,57	0,51	0,45	0,39	0,39
Griechenland	2,44	2,33	2,09	1,85	1,61	1,37	1,14	0,90	0,67	0,67
Spanien	2,02	1,88	1,66	1,46	1,26	1,07	0,88	0,71	0,54	0,54
Frankreich	0,49	0,55	0,51	0,47	0,44	0,40	0,36	0,32	0,28	0,28
Irland	0,52	0,58	0,56	0,54	0,51	0,47	0,43	0,39	0,34	0,34
Italien	1,25	1,29	1,15	1,01	0,87	0,74	0,61	0,48	0,36	0,36
Luxemburg	0,10	0,11	0,13	0,15	0,16	0,16	0,17	0,17	0,16	0,16
Niederlande	0,64	0,79	0,75	0,70	0,65	0,60	0,55	0,51	0,46	0,46
Potugal	3,42	3,57	3,04	2,54	2,07	1,63	1,22	0,85	0,50	0,50
Vereinigtes Königreich	0,28	0,34	0,34	0,34	0,33	0,32	0,28	0,26	0,23	0,23

1) Seigniorage im Verhältnis zum BIP (1989-1998)

Zugrundeliegende Arbeitshypothesen:

1. Das Wachstumsgleichgewicht (steady-state) wird 1997 erreicht.
2. Das Verhältnis Banknoten/BIP bleibt konstant bei Werten von 1989.
3. Als Ersatzgröße für die Verzinsung der Geldbasis wird der Kapitalmarktzins (in Griechenland kurzfristiger Zinssatz) genommen. Er sinkt 1997 linear auf 5%.
4. Die Mindestreserven der Geschäftsbanken in der EU konvergieren bei einer repräsentativen weit definierten Geldmenge 1997 bei 2%.
5. Die Zinssätze für verzinsliche Reserven konvergieren 1997 bei 0.
6. Das Verhältnis zwischen der repräsentativen weit definierten Geldmenge und dem BIP bleibt auf dem zuletzt bekannten Stand konstant.
7. Die Wechselkurse entsprechen nach dem Beitritt des Vereinigten Königreichs zum EWS für 1990 und die darauffolgenden Jahre dem Ecu-Leitkurs (außer im Fall Griechenlands und Portugals, deren Wechselkurse bis zu ihrem Beitritt zum EWS-Wechselkursmechanismus - in Portugal vermutlich 1994 und in Griechenland vermutlich 1997 - um das Wachstum des nominalen BIP abzüglich 6% abgewertet werden).
8. Die Wachstumsraten des nominalen BIP konvergieren bis 1997 linear bei 5%. Danach bleibt sie konstant.
9. Entgegen den Tatsachen wird angenommen, daß die Änderungen der Mindestreservenverpflichtungen in Spanien von Mai 1990 bereits während des gesamten Jahres 1990 in Kraft waren.

Quelle: Kommision der Europäischen Gemeinschaften (1993, S.95).

100 So schätzt Browning (1987, S. 16), daß die Grenzkosten der Einkommensbesteuerung in den USA im Jahr 1984 je nach konkreter Ermittlung um 7,5 % bis 28,5 % unter denen der Seigniorage-Finanzierung liegen.

In Europa ist die quantitative Bedeutung der Seigniorage von eher sekundärer Bedeutung. Sie beträgt in den meisten EU-Ländern nur rund einen halben Prozentpunkt des Bruttoinlandsprodukts (siehe Tabelle II.4). Ausnahmen sind derzeit lediglich Portugal, Spanien und Griechenland, wo sich die Seigniorage auf rund 2 % des BIP beläuft. Die Prognosewerte für diese Länder zeigen aber, daß es auch dort noch vor der Einführung einer einheitlichen Geldpolitik in Europa zu einer Angleichung mit den übrigen Ländern bei einem Wert von 0,5 % kommen wird.

Im Gegensatz zu den Ländern der EU kommt der Seigniorage in Ländern mit unterentwickelten Steuersystemen ein sehr viel größeres Gewicht zu. Cukierman et al. (1992, S. 538f.) zeigen, daß in den Jahren 1971 bis 1982 Länder wie Bolivien, Ghana, Kenia, Mexiko, Peru, Uganda oder die Zentralafrikanische Republik ihre Staatsausgaben zu durchschnittlich 20 bis 30 % durch Seigniorage gedeckt haben. Auch in den Republiken der ehemaligen Sowjetunion spielte diese Form der Staatsfinanzierung teilweise eine zentrale Rolle. Bei solchen Größenordnungen wird zudem deutlich, daß eine drastische Reduzierung der Inflationsrate in solchen Ländern stets durch eine entsprechende Neugestaltung des Steuersystems vorbereitet werden muß, um dem Staat eine dauerhafte Alternative zur Seigniorage zu bieten.

In Volkswirtschaften mit gut entwickeltem Steuersystem und relativ niedrigen gesamtwirtschaftlichen Grenzkosten der Besteuerung gibt es aus wohlfahrtstheoretischer Sicht somit keinen Grund dafür, daß sich der Staat in nennenswertem Umfang durch die Geldemission finanziert. Aus polit-ökonomischer Sicht ist die Seigniorage-Finanzierung sogar gänzlich abzulehnen, da sich eine Regierung mit ihrer Hilfe Mittel beschafft, die ihr vom Parlament nicht zugestanden worden sind. Das Streben nach immer höheren Einnahmen kann dabei im Extremfall sogar zur Hyperinflation führen. Da bei der Seigniorage jedoch stets das Einnahmenerzielungsmotiv der Fiskalinstanzen im Vordergrund steht, kann die Unabhängigkeit der Notenbank – bei gleichzeitiger Verpflichtung auf das Ziel der Geldwertstabilität – verhindern, daß diese Finanzierungsform in systematischer Weise in Anspruch genommen wird (siehe dazu Kapitel IV).

2.4 Volkswirtschaftliche Kosten der Inflation

In den vorangegangenen Kapiteln wurde argumentiert, daß Inflation weder die mittel- bis langfristige Beschäftigungssitutation einer Volkswirtschaft beeinflußt noch das wirtschaftliche Wachstum fördert. Die Diskussion über die optimale Höhe der Seigniorage bzw. Inflationssteuer hat darüber hinaus zwar gezeigt, daß eine (leicht) positive Inflationsrate durchaus wohlfahrtsmaximierend sein kann, dabei aber neben der latenten Gefahr der Hyperinflation noch soziale Kosten der Seigniorage-Finanzierung entstehen. Diese Wohlfahrtskosten sind allerdings nicht die einzigen volkswirtschaftlichen Kosten, die durch Inflation verursacht werden.

Deshalb ist es notwendig, alle möglichen Kostenarten sorgfältig zu diskutieren. Die durch Inflation auftretenden Kostenarten hängen ganz entscheidend davon ab, inwieweit die optimale **Erfüllung der Geldfunktionen verhindert** wird. Dies wiederum wird davon bestimmt, ob die Inflationsrate korrekt antizipiert wird oder nicht (vgl. Laidler und Parkin 1975, S. 743).[101] Die Höhe der Kosten einer korrekt bzw. inkorrekt antizipierten Inflationsrate lassen sich aber nicht isoliert ermitteln, da sie wesentlich davon bestimmt werden, in welchem Maße sich die Institutionen der Volkswirtschaft auf die Inflation eingestellt haben (vgl. Fischer und Modigliani 1978, S. 810).

2.4.1 Korrekt antizipierte Inflation

Von einer korrekt antizipierten Inflation spricht man dann, wenn alle Wirtschaftssubjekte jederzeit in der Lage sind, die tatsächliche Inflationsrate richtig vorherzusehen. Es läßt sich nun zeigen, daß volkswirtschaftliche Kosten selbst dann auftreten, wenn die Inflationsrate korrekt antizipiert wird und die Institutionen in der Volkswirtschaft so ausgestaltet sind, daß sich die wirtschaftlichen Akteure perfekt an jede beliebige Inflation anpassen können.[102] In einer solchen „fully indexed economy“ (Fischer und Modigliani 1978, S. 811) sind alle auf Geldbeträge lautenden Schuldverträge indexiert, d.h. der Nominalwert der zu leistenden Geldschulden ist an die Entwicklung eines Preisindizes gebunden. Die Wohlfahrtskosten, die sich in einem solchen Referenzszenario einer korrekt antizipierten Inflation in einer perfekt angepaßten Volkswirtschaft ergeben, werden dann noch dadurch erhöht, daß in der Realität die Indexierung nicht alle Bereiche umfaßt (Abschnitt II.2.4.1) und den Privaten Erwartungsfehler bei ihren Inflationsprognosen unterlaufen (Abschnitt II.2.4.2).[103] Im Fall einer korrekt antizipierten Inflation entstehen gesamtwirtschaftliche Kosten dadurch,

---

101 Riese (1986, S. 115) baut das Gegensatzpaar vollkommen und unvollkommen antizipierte Inflation auf. Dies suggeriert jedoch, daß die Höhe der nur unvollkommen antizipierten Inflationsrate stets geringer ist, als die tatsächliche Inflationsrate. Dies stellt jedoch eine unnötige Einschränkung des allgemeineren Falles der inkorrekten Inflationserwartung dar. Ähnlich ungeeignet erscheint deshalb auch die Unterscheidung in antizipierte und nicht-antizipierte Inflationsrate, wie sie Fischer und Modigliani (1978) wählen.

102 Eine perfekte Indexierung sichert damit automatisch die korrekte Antizipation der Inflationsrate. Eine unvollständige Indexierung schließt eine korrekte Antizipation (z.B. mittels rationaler Erwartungen) jedoch nicht aus. Deshalb ist eine Gleichsetzung aus theoretischer Sicht nicht zulässig. Praktisch gesehen mag die Indexierung die einzige Möglichkeit der korrekten Antizipation darstellen (vgl. Riese 1986, S. 119).

103 Vergleiche Fischer und Modigliani 1978, S. 810. Strenggenommen kann man bereits den Fall der korrekt antizipierten Inflationsrate als ein recht theoretisches Referenzszenario betrachten, denn dieser Fall setzt voraus, daß alle Wirtschaftssubjekte identische Inflationserwartungen besitzen. Laidler und Parkin (1975, S. 743) benennen diesen Fall deshalb auch mit

- daß die Privaten eine zu geringe reale Kasse halten („suboptimale Geldhaltung"),
- daß die sich permanent ändernden Preise einer fortlaufenden Anpassung bei der Preisauszeichnung bedürfen („Menu costs") und
- daß vor allem im Steuerrecht häufig mit nominal fixierten Größen gearbeitet wird.

Schaubild II.15: Wohlfahrtsverlust durch Inflation

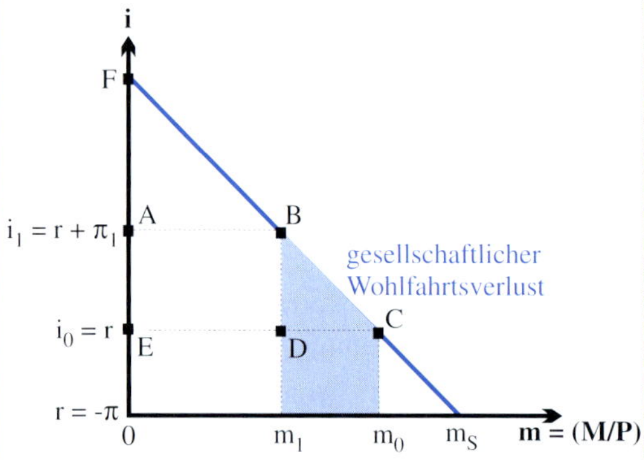

2.4.1.1 Suboptimale Geldhaltung

Die Kosten der suboptimalen Geldhaltung als Folge der Inflation wurden bereits im vorangegangenen Kapitel angesprochen. Als Folge der partialanalytischen Betrachtungsweise wurden sie dort mit „Wohlfahrtskosten der Seigniorage-Finanzierung" bezeichnet, ohne daß sie aber ursächlich mit dieser Form der Staatsfinanzierung zusammenhängen. Entscheidende Ursache für diese Kosten ist vielmehr die Unverzinslichkeit der Geldhaltung, die sich in diesem Referenzszenario lediglich mit den technischen Schwierigkeiten der Zinszahlung begründen läßt (vgl. Fischer und Modigliani 1978, S. 813f.). Ein von allen Wirtschaftssubjekten

---

„Gleichgewicht", ohne danach zu fragen, wie sich die Institutionen auf die antizipierte Inflationsrate eingestellt haben.

antizipierter Anstieg der Inflationsrate bedeutet daher höhere Opportunitätskosten der Geldhaltung in Form höherer Nominalzinsen und führt zu einem Rückgang der von den Privaten gehaltenen realen Geldmenge (vgl. Bailey 1956, S. 95f.).

Graphisch wird der mit einer Zunahme der Inflationsrate verbundene Wohlfahrtsverlust häufig mittels des Konzepts der **Konsumentenrente** abgebildet (vgl. z.B. Bailey 1956, S. 95 oder Fischer 1981, S. 16):

In Schaubild II.15 ist eine fallend verlaufende reale Geldnachfragekurve abgetragen. Im Ausgangspunkt C herrsche Preisniveaustabilität, d.h. die Inflationsrate sei gleich null. Der Nominalzins i_0 ist gleich dem Realzins r.[104] Die nachgefragte reale Geldmenge (m) beträgt m_0. In dieser Situation erzielen die Geldhalter eine Konsumentenrente in Höhe der Fläche CEF. Die Konsumentenrente ergibt sich als Differenz aus

- dem **Wert**[105], den die Geldnachfrager dem Halten einer zusätzlichen Einheit Geld beimessen; dieser kann an der Geldnachfragefunktion abgelesen werden, und
- dem **Preis**, den die Geldnachfrager für das Halten einer Einheit Geld *im Gleichgewicht* bezahlen müssen; dieser wird durch die Opportunitätskosten der Geldhaltung – gemessen am Nominalzins – bestimmt. Je höher eine alternative Anlageform (z.B. Wertpapiere) und je geringer die Geldhaltung verzinst werden, desto höher sind die Opportunitätskosten und desto größer die Wohlfahrtsverluste der Inflation. Im obigen Schaubild II.15 wird unterstellt, daß die Geldhaltung vollkommen unverzinslich ist.

Die Emittenten von Geld erzielen analog zur Konsumentenrente der Privaten eine Produzentenrente in Höhe von $0m_0CE$. Diese berechnet sich als die Differenz aus den Grenzkosten der Geldproduktion und dem erzielten Preis in Höhe des Nominalzinssatzes i_0. Unterstellt man wiederum, daß der Staat alleiniger Emittent von Geld ist und daß die Grenzkosten der Geldproduktion null betragen, so entspricht die Produzentenrente gerade den – anhand des **Opportunitätskostenkonzepts**

---

[104] Im folgenden wird stets mit der vereinfachten Form der Fisher-Relation gearbeitet.

[105] Der Wert, den die Wirtschaftssubjekte einer zusätzlichen Geldeinheit zumessen, entspricht dem Grenznutzen dieser Geldeinheit. Unterstellt man nutzenmaximierendes Verhalten, so wird der Grenznutzen stets dem Preis des Geldes entsprechen. Der Preis des Geldes bestimmt sich aus dem Zinsentgang, den die Wirtschaftssubjekte dafür hinnehmen müssen, daß sie liquides Geld anstelle illiquider aber verzinslicher Anlageformen halten („Opportunitätskosten der Geldhaltung"). Den Wert einer konkreten Geldeinheit erhält man damit als den Preis (Zinsentgang), den das Wirtschaftssubjekt gerade noch hinzunehmen bereit wäre, um genau diese Geldeinheit zusätzlich zu halten („marginale Zahlungsbereitschaft"). Abgebildet werden die Kombinationen von zusätzlicher Geldeinheit und dem dazugehörigen Wert durch die individuelle Geldnachfragefunktion eines Wirtschaftssubjekts.

(siehe Kapitel II.2.3) gemessenen – Einnahmen aus der **Seigniorage**, die sich als Produkt aus dem Nominalzins i_0 und der realen Geldmenge m_0 ergeben.[106]

Durch einen Anstieg der Inflationsrate von null auf π_1 kommt es zu einem Rückgang der realen Geldmenge von m_0 auf m_1. Die Konsumentenrente der Geldhalter beträgt nur noch FAB; sie reduziert sich also um die Fläche ABCE. Gleichzeitig verändert sich auch die Produzentenrente. Anstelle von $0m_0CE$ beträgt die Produzentenrente nun $0m_1BA$. Entsprechend der quantitativen Bedeutung der Geldbasis relativ zur Geldmenge reduziert sich damit auch die Seigniorage des Staates. Als Netto-Wohlfahrtsverlust für die Gesellschaft verbleibt die Fläche BCm_0m_1.[107] Dieser gesellschaftliche Wohlfahrtsverlust geht eindeutig zu Lasten der Geldhalter, deren Konsumentenrente sich verringert hat. Der Nettoeffekt für die Geldproduzenten ist ambivalent. Sie verlieren einerseits durch die geringere reale Geldhaltung Einnahmen aus der Geldemission in Höhe von DCm_0m_1, gewinnen jedoch andererseits durch den höheren Nominalzins Einnahmen im Wert von ABED hinzu. Bezogen auf die Seigniorage drückt sich hierin der bereits oben beschriebene gegenläufige Effekt aus, der zur „Laffer-Kurve" der Seigniorage führt.

Bei der Ermittlung der Wohlfahrtskosten der Inflation anhand eines solchen Rentenkonzepts mit einer unveränderlichen realen Geldnachfragekurve wird aber nicht nur unterstellt, daß die Inflationsrate korrekt antizipiert wird, sondern auch, daß die Inflation keine Effekte auf das Sozialprodukt ausübt und daß mindestens eine alternative Steuerart – z.B. eine Kopfsteuer – existiert, die keine negativen Wohlfahrtseffekte generiert (vgl. Driffill et al. 1990, S. 1015f.). Andernfalls muß dem ermittelten negativen Wohlfahrtseffekt ein positiver Effekt entgegengestellt werden, der darin besteht, daß infolge der Seigniorage-Finanzierung andere verzerrende Steuerarten relativ weniger stark beansprucht werden müssen und die mit ihnen

106 Tritt neben das von der Notenbank emittierte Geld noch Geschäftsbankengeld, so teilt sich die Produzentenrente auf Notenbank und Geschäftsbanken auf (vgl. Lange 1995, S. 1).

107 Berücksichtigt man wiederum den Unterschied zwischen dem staatlich emittierten Geld und dem Geschäftsbankengeld, so werden sich die Seigniorage und die Geldschöpfungsgewinne der Geschäftsbanken mit gleicher Rate ändern, sofern ein konstanter Geldschöpfungsmultiplikator vorliegt. Während die Seigniorage eine Umverteilung von den Privaten zum Staat darstellt, handelt es sich bei den Geldschöpfungsgewinnen der Geschäftsbanken um eine reine Umverteilung innerhalb des privaten Sektors (vgl. Lange 1995, S. 1). Es wird dabei unterstellt, daß Wohlfahrtseffekte für die gesamte Volkswirtschaft in beiden Fällen nicht entstehen. Strenggenommen müssen bei allen Umverteilungen, die infolge der Inflation auftreten, die damit verbundenen sozialen Kosten oder Erträge anhand einer sozialen Wohlfahrtsfunktion ermittelt werden, in die die individuelle Wohlfahrt jedes einzelnen Wirtschaftssubjektes in gewichteter Form eingeht. Eine solche Wohlfahrtsfunktion kann aber nicht zweifelsfrei identifiziert werden, deshalb werden reine Umverteilungen als wohlfahrtskostenneutral behandelt (vgl. Fischer und Modigliani 1978, S. 827)

verbundenen negativen Wohlfahrtseffekte eingespart werden (vgl. Fischer und Modigliani 1978, S. 814).

Die theoretischen Überlegungen zu den Wohlfahrtskosten der Inflation anhand des obigen Rentenkonzeptes implizieren zugleich eine Aussage über das **optimale Niveau der realen Geldbestände** in einer Volkswirtschaft. Wie anhand des Schaubilds II.15 ersichtlich ist, ist das optimale Niveau dann erreicht, wenn die Konsumentenrente maximal ist, also die reale Geldhaltung bis zur **Sättigungsmenge** (m_S) ausgeweitet wird. Dies setzt voraus, daß der Nominalzins gleich null ist. In einer Volkswirtschaft mit positivem Realzins ist dies nur dann gegeben, wenn das Preisniveau kontinuierlich fällt ($-\pi = r$). Die von Milton Friedman (1970, S. 29f.) in dieser Weise abgeleitete „**optimale Geldmenge**" wird also nur erreicht, wenn in einem Land Deflation herrscht. Die Geldhaltung erbringt dann die gleiche Rendite wie das Halten von festverzinslichen Wertpapieren (mit dem Nominalzins von null); es bestehen somit keine Opportunitätskosten der Geldhaltung mehr. Begründen läßt sich diese Schlußfolgerung mit einer konsequenten Anwendung der „Grenzkosten-Preis-Regel" auf die Bereitstellung von Geld. Danach ist eine optimale Allokation eines Gutes immer dann gegeben, wenn dessen Preis gleich den sozialen Grenzkosten ist. Da bei Geld unterstellt werden kann, daß die Herstellung mit vernachlässigbar geringen sozialen Kosten möglich ist, darf es folglich auch für das Halten von Geld nur einen Preis von null geben.[108]

Die Wohlfahrtskosten der Inflation sind damit zugleich ein Bestandteil der Wohlfahrtskosten einer zu geringen Geldhaltung. Was hat man sich nun konkret unter den Wohlfahrtskosten einer zu geringen Geldhaltung vorzustellen? Sie resultieren daraus, daß die Wirtschaftssubjekte in einem Land mit einem positiven Nominalzins unnötig viel Zeit dafür aufwenden müssen, um ihre realen Transaktionen mit einer geringeren Kassenhaltung als m_S zu bewältigen. Die reale Geldhaltung wird durch einen erhöhten Zeiteinsatz für die Durchführung von realen Transaktionen substituiert, der entweder zu Lasten der Freizeit geht oder aber die Zeit reduziert, die für die Produktion von Gütern eingesetzt wird (vgl. McCallum und Goodfriend 1987, S. 776).[109] So werden die Konsumenten entweder versuchen, die Zeit zwi-

---

108 Für eine ausführliche Diskussion siehe Woodford (1990).

109 Beachte wiederum, daß dem in Schaubild II.15 dargestellten Rentenkonzept die vereinfachende Annahme zugrundeliegt, daß das Einkommen konstant bleibt, also der erhöhte Zeitbedarf ausschließlich zu Lasten der Freizeit geht. Die Ausführungen in Kapitel II.2.2 haben jedoch gezeigt, daß dies langfristig nicht zwingend der Fall sein muß. Integriert man den empirisch festgestellten negativen langfristigen Zusammenhang zwischen Inflation und Sozialprodukt, so erhält man eine langfristige reale Geldnachfragekurve, die flacher verläuft als die kurzfristigen – jeweils für eine bestimmte Einkommenshöhe geltenden – Geldnachfragekurven. Ein Anstieg der Inflationsrate auf einen bestimmten Prozentsatz führt damit langfristig immer zu höheren Wohlfahrtskosten der Inflation, denn darin enthalten sind auch die Kosten des geringeren Wirt-

schen der Einkommenserzielung und der Einkommensverwendung möglichst dadurch abzukürzen, daß sie mehr Zeit dafür aufwenden, das Geld schneller zu verausgaben. Oder aber sie werden bestrebt sein, ihre Geldbestände für die Zeit, in der diese nicht benötigt werden, in verzinsliche Anlageformen umzutauschen. Dies erfordert häufigere Bankbesuche. Darüber hinaus werden die Verkäufer von Gütern ihre Lagerbestände reduzieren, um ebenfalls die Umlaufsgeschwindigkeit des Geldes zu erhöhen. Dies alles zusammen führt dazu, daß die Konsumenten mehr Zeit für die Suche und den Einkauf der gewünschten Güter aufwenden müssen („shopping time") bzw. öfter ihre Bank aufsuchen müssen. Häufig spricht man deshalb von den „**Schuhlederkosten der Inflation**", die durch eine geringere Geldhaltung erforderlich werden. Bei sehr hohen Inflationsraten kommt es dazu, daß Wirtschaftssubjekte mehr und mehr dazu übergehen, Transaktionen ohne Geld durchzuführen. Die Wirtschaft fällt in den Zustand des Naturaltausches zurück (vgl. Driffill et al. 1990, S. 1016f.). Alternativ dazu besteht auch die Möglichkeit, daß die Wirtschaftssubjekte das heimische Geld durch eine Fremdwährung substituieren („currency substitution").

Diese Substitutionsbeziehung zwischen dem realen Geldbestand und dem Zeiteinsatz für die Vornahme von Transaktionen wird besonders im Kontext des **Baumol-Tobin-Modells** der realen Geldnachfrage deutlich (siehe Modul B). Die dort unterstellten konstanten Kosten pro Abhebung lassen sich leicht auch als Kosten des Zeiteinsatzes interpretieren. Als zentrales Ergebnis dieses Modells erhält man, daß die optimale durchschnittliche Kassenhaltung der Wirtschaftssubjekte negativ vom Zinssatz i abhängt. Demgegenüber erhöht sich die optimale Anzahl der Abhebungen mit einem steigenden Zinssatz. Dies erfordert mehr Zeit für die Ökonomisierung der Kassenhaltung (vgl. Lucas 1994, S. 9f.; Driffill et al. 1990, S. 1018f.).

Um die Wohlfahrtskosten der suboptimalen Geldhaltung **empirisch** bestimmen zu können, benötigt man eine konkrete Geldnachfragefunktion. Lucas (1994, S. 2f.) verwendet darum eine semi-logarithmische reale Geldnachfragefunktion mit einer konstanten Semi-Zinselastizität (α) und einer Einkommenselastizität von eins.

$$\text{(II.41)} \qquad \frac{M_t}{P_t} = \beta \cdot e^{-\alpha i} \cdot Y_t$$

Er bestimmt nun die Parameter dieser Funktion so, daß sie die empirischen Kombinationen von Nominalzins und realer Geldmenge der Vereinigten Staaten relativ zu anderen Parameterwerten am besten abbilden. Für die USA ergibt sich ein Wert für β von ungefähr 0,27 und für die Semi-Zinselastizität (α) von 7 (vgl. Lucas 1994, S. 3).

---

schaftswachstums. Für eine ausführliche Diskussion dieses Aspekts siehe Driffill et al. (1990, S. 1019f.).

Diese etwas vereinfachende Art der Berücksichtigung des Einkommens führt dazu, daß die Wohlfahrtskosten des positiven Nominalzinses als Prozentsatz des Bruttoinlandsproduktes ausgedrückt werden können. Dabei ergeben sich die Wohlfahrtskosten z.B. eines positiven Nominalzinses in Höhe von i_1 als die Fläche unter der realen Geldnachfragekurve von m_1 bis m_S in Schaubild II.15. Während die Fläche ABm_10 die Einnahmen des Staates aus der Seigniorage darstellen (siehe oben), stellt die Fläche Bm_Sm_1 den toten Wohlfahrtsverlust der – verglichen mit dem Optimalzustand eines Nominalzinses von null – zu geringen Geldhaltung (m_1 anstelle m_S) dar. Für die in Gleichung (II.41) angegebene reale Geldnachfragefunktion bestimmen sich die **Wohlfahrtskosten eines positiven Nominalzinses** C(i) generell wie folgt (siehe Box II.5):[110]

$$\text{(II.42)} \qquad \frac{C(i)}{Y} = \frac{\beta}{\alpha} \cdot \left[1 - (1 + \alpha i) \cdot e^{-\alpha i}\right] \cong \frac{1}{2} \cdot \alpha \cdot \beta \cdot i^2 .$$

Der letzte Ausdruck von Gleichung (II.42) stellt dabei eine einfache und doch recht genaue Approximation des Wohlfahrtsverlustes dar, die eine schnelle Ermittlung der prozentualen Wohlfahrtskosten ermöglicht.[111] In Gleichung (II.42) sind auch die **sozialen Kosten der Inflation** ($\pi > 0$) enthalten. Unterstellt man wiederum die Gültigkeit der (vereinfachten) Fisher-Relation ($i = r + \pi$), dann betragen sie bei einer solchen Geldnachfragefunktion[112]

---

110 Siehe dazu auch Lucas 1994, S. 4.

111 Die Approximation erhält man als Taylor-Entwicklung zweiten Grades des Wohlfahrtsverlustes um den Nominalzins von null herum (vgl. Lucas 1981, S. 43). Eine solche Approximation zweiter Ordnung zeichnet sich dadurch aus, daß der Approximationswert erst ab der dritten Stelle hinter dem Komma vom zu approximierenden Wert abweicht; zur Taylor-Entwicklung siehe z.B. Chiang (1984, S. 256f.).

112 Abbildung II.15 verdeutlicht, daß von den Wohlfahrtskosten der zu geringen Geldhaltung lediglich das Dreieck Cm_0m_S abzuziehen ist, um die Wohlfahrtskosten der Inflation zu erhalten. Dies trägt dem Umstand Rechnung, daß auch ohne Inflation der Nominalzins gleich dem Realzins ist, die Wohlfahrtskosten des positiven Nominalzinses also nicht vollständig der Inflationsrate zugeordnet werden dürfen. In einigen Berechnungen wird in der zugrundegelegten Geldnachfragefunktion der Realzins und das Realeinkommen als Erklärungsvariable vernachlässigt und ausschließlich auf die Inflationsrate abgestellt. So verwendet Bailey (1956) eine Geldnachfrage vom Cagan-Typ und erhält dann für $\beta = 1$ als Wohlfahrtskosten der Inflation analog Gleichung (II.42):

$L(\pi) = \frac{1}{\alpha} \cdot \left[1 - (1 + \alpha\pi) \cdot e^{-\alpha\pi}\right] \cong \frac{1}{2} \cdot \alpha \cdot \pi^2$. Dabei gibt der letzte Teil der Gleichung wiederum eine Taylor-Approximation um den Wert null herum an. Will man auch hier die Wohlfahrtskosten der Inflation als Prozentsatz des Sozialprodukts Y ausdrücken, so müssen die Wohlfahrtskosten der Inflation durch Y dividiert werden. Da aber die reale Geldnachfrage bei einer Inflationsrate von null gerade eins beträgt (für $\beta = 1$), entspricht dann die Umlaufsgeschwindigkeit des Geldes dem Sozialprodukt, so daß in der Approximationsformel anstelle von

(II.43) $$\frac{L(\pi)}{Y} = \frac{\beta}{\alpha} \cdot e^{-\alpha r} \cdot \left[1 - \left(1 + \alpha(r + \pi)\right) \cdot e^{-\alpha\pi} + \alpha r\right] \quad .$$

Auf der Grundlage von Gleichung (II.42) erhält Lucas (1994, S. 4f.) bei einem Zinssatz von 6 Prozentpunkten Wohlfahrtskosten der zu geringen Geldhaltung in Höhe von 0,3 Prozentpunkten des Bruttoinlandsprodukts der USA. Die Wohlfahrtskosten der Inflation, die sich auf 4 % beläuft, betragen dann bei einem unterstellten Realzins (r) von 2 Prozentpunkten entsprechend Gleichung (II.43) ungefähr 0,2 Prozentpunkte.

Box II.5: Wohlfahrtskosten der Inflation und soziale Grenzkosten der Seigniorage-Finanzierung

Verwendet man obige semi-logarithmische reale Geldnachfragefunktion (Gleichung II.41), so ergeben sich im obigen Schaubild II.15 die sozialen Kosten eines positiven Nominalzinses i_1 – bezogen auf das Sozialprodukt Y – als Fläche Bm_1m_S. Diese Fläche erhält man aus der Differenz der Fläche links neben der Geldnachfragekurve zwischen den Zinssätzen null und i_1, abzüglich der Einnahmen des Staates aus der Seigniorage ABm_10:

(1) $$\frac{C(i_1)}{Y} = \int_0^{i_1} \beta e^{-\alpha i} di - i_1 \cdot \beta e^{-\alpha i} = \left[-\frac{\beta}{\alpha} e^{-\alpha i}\right]_0^{i_1} - i_1 \cdot \beta e^{-\alpha i_1} =$$

$$= \frac{\beta}{\alpha} \cdot \left[1 - \left(1 + \alpha\, i_1\right) \cdot e^{-\alpha i_1}\right]$$

Im Kontext von Schaubild II.15 erhält man die Wohlfahrtskosten der Inflationsrate π_1 als Fläche BCm_0m_1. Von den sozialen Kosten eines positiven Nominalzinses muß also die Fläche Cm_Sm_0 abgezogen werden. Bildet sich der Nominalzins aus der Summe des Realzinses r und der Inflationserwartung π^e (Fisher-Relation: $i = r + \pi^e$) und liegt ein steady-state vor, so daß die Inflationserwartung stets der tatsächlichen Inflationsrate π entspricht, dann betragen die Wohlfahrtskosten einer Inflationsrate π_1

(2) $$\frac{L(\pi_1)}{Y} = \int_0^{i_1} \beta e^{-\alpha i} di - i_1 \cdot \beta e^{-\alpha i_1} - \left\{\int_0^{r} \beta e^{-\alpha i} di - r \cdot \beta e^{-\alpha r}\right\} =$$

Y die Umlaufsgeschwindigkeit V im Nenner berücksichtigt werden kann (vgl. dazu Gleichung (1) bei Lucas 1981, S. 43).

$$= \left[-\frac{\beta}{\alpha} e^{-\alpha i}\right]_r^{i_1} - \pi_1 \cdot \beta e^{-\alpha i_1} + r \cdot \left(\beta e^{-\alpha r} - \beta e^{-\alpha i_1}\right) =$$

$$= \frac{\beta}{\alpha} \cdot e^{-\alpha r} \cdot \left[1 - \left(1 + \alpha\left(r + \pi_1\right)\right) \cdot e^{-\alpha \pi_1} + \alpha r\right] .$$

Steigert der Staat die Geldemission – Wachstumsrate der nominalen Geldmenge (μ) steigt – und verursacht er damit im steady-state eine steigende Inflationsrate (π), dann erhöhen sich auch die Wohlfahrtskosten der Inflation bezogen auf das Sozialprodukt (r sei ein konstanter Realzins):

(3)

$$\frac{d\left(L(\pi)/Y\right)}{d\pi} = \frac{\beta}{\alpha}\left[\alpha \cdot e^{-\alpha(r+\pi)} + \alpha^2 \cdot (r+\pi) \cdot e^{-\alpha(r+\pi)} - \alpha \cdot e^{-\alpha(r+\pi)}\right]$$

$$= \alpha \cdot (r + \pi) \cdot \beta e^{-\alpha(r+\pi)} .$$

Die Finanzierung des Staates „durch die Notenpresse" hat aber auch Auswirkungen auf die Einnahmen aus der Seigniorage (S). Bezogen auf das Sozialprodukt betragen diese dann nach dem für eine wachsende Wirtschaft relevanten Opportunitätskostenkonzept:

(4) $$\frac{S(\pi)}{Y} = i \cdot \frac{M}{P} = (r + \pi) \cdot \beta e^{-\alpha(r+\pi)} .$$

Mit einer höheren Inflationsrate verändern sich die Einnahmen aus der Seigniorage wie folgt:

(5) $$\frac{d\left(S(\pi)/Y\right)}{d\pi} = \beta e^{-\alpha(r+\pi)} - \alpha(r + \pi) \cdot \beta e^{-\alpha(r+\pi)}$$

$$= \left(1 - \alpha(r + \pi)\right) \cdot \beta e^{-\alpha(r+\pi)} .$$

Während die Seigniorage bei einer Inflationsrate von $\pi = (1/\alpha) - r$ ihr Maximum erreicht, führt eine steigendene Inflationsrate auf alle Fälle zu steigenden prozentualen Wohlfahrtsverlusten. Ist die Inflationsrate π kleiner als $(1/\alpha) - r$, so erfolgt dieser Anstieg unterproportional, ab $\pi > (1/\alpha) - r$ sogar überproportional.

Mit der Division von Gleichung (3) durch die Gleichung (5) erhält man die Zunahme des prozentualen Wohlfahrtsverlustes der Inflation, den ein zusätzlich vereinnahmter Prozentsatz Seigniorage am Sozialprodukt verursacht; also die sozialen Grenzkosten der Seigniorage-Finanzierung:

$$(6) \qquad \frac{d\left(L(\pi)/Y\right)}{d\left(S(\pi)/Y\right)}=\frac{(r+\pi)\cdot\alpha}{1-(r+\pi)\cdot\alpha}.$$

Um die Veränderung des absoluten Wohlfahrtsverlusts der Inflation in Abhängigkeit einer zusätzlich vereinnahmten Einheit Seigniorage angeben zu können, muß man die Wachstumsrate des Sozialprodukts ($\hat{Y}$) berücksichtigen:

$$(7) \qquad \frac{dL(\pi)}{dS(\pi)}=\frac{(r+\pi)\cdot\alpha+\hat{Y}}{1-(r+\pi)\cdot\alpha+\hat{Y}}$$

Vernachlässigt man den Realzins *und* das Realeinkommen als Erklärungsfaktoren für die Geldnachfrage (Cagan-Geldnachfrage), so kann man den Nominalzins gleich der Inflationsrate ($i = \pi$) setzen und erhält die absoluten Kosten der Inflation (unabhängig vom Einkommen Y) entsprechend Gleichung (1) und die absolute Seigniorage (wiederum unabhängig vom Einkommen Y) entsprechend Gleichung (4). Die Grenzkosten der Seigniorage-Finanzierung betragen dann

$$(8) \qquad \frac{dL}{dS}=\frac{\pi\cdot\alpha}{1-\pi\cdot\alpha}.$$

Dies entspricht Gleichung (II.40), die im vorherigen Abschnitt zur Bestimmung der wohlfahrtsmaximalen Inflationsrate verwendet wurde.

Allerdings zeigt Lucas (1994) auch, daß die Höhe der ermittelten Wohlfahrtsverluste entscheidend von der Wahl der Geldnachfragefunktion abhängt. Verwendet man anstelle der semi-logarithmischen Nachfragefunktion eine Funktion mit einer konstanten Zinselastizität (ζ) und einer Einkommenselastizität von eins

$$(\text{II}.44) \qquad \frac{M_t}{P_t}=\chi\cdot i_t^{-\varsigma}\cdot Y_t,$$

so bildet gerade die Wurzelfunktion ($\zeta = 0{,}5$) die empirischen Werte am besten ab.[113] Darüber hinaus hat die Wurzelfunktion den Vorteil, daß sie mit einem ökonomischen Ansatz (Baumol-Tobin-Modell) zur Erklärung der Geldhaltung kom-

113 Dies gilt nicht nur in Bezug auf andere Funktionen mit konstanter Zinselastizität, sondern auch im Vergleich mit allen Funktionen mit konstanter Semi-Zinselastizität. Der Wert für χ wird ähnlich wie der Wert für β so festgesetzt, daß alle Funktionen des in Gleichung (II.44) dargestellten Typs durch den geometrischen Durchschnitt der betrachteten Datenpaare von realer Geldnachfrage und Nominalzins laufen. Für die USA ergibt sich ein Wert von ungefähr 0,04 (vgl. Lucas 1994, S. 3).

patibel ist. Der Wert von χ beträgt hier ungefähr 0,04. Die Wohlfahrtskosten der zu geringen Geldhaltung ergeben sich jetzt als:[114]

$$\text{(II.45)} \qquad \frac{C(i)}{Y} = \chi \cdot i^{0,5}$$

Auch hierin sind wiederum die Wohlfahrtskosten der Inflation enthalten. Sie lassen sich wie folgt bestimmen:

$$\text{(II.46)} \qquad \frac{L(\pi)}{Y} = \chi \cdot \left[(r + \pi)^{0,5} - r^{0,5} \right]$$

Betrachtet man wiederum einen Zinssatz von 6 %, so erhält man jetzt Wohlfahrtskosten der zu geringen Geldhaltung in Höhe von ungefähr einem Prozent des Bruttoinlandsprodukts. Dies ist das Dreifache der obigen Schätzung (vgl. Lucas 1994, S. 2f.). Bei einem Realzins von r = 2 %, machen die Wohlfahrtskosten der Inflation 0,4 % des Bruttoinlandsprodukts aus; damit entfallen ca. vierzig Prozent der gesamten Wohlfahrtskosten auf sie. Das Ergebnis aus Gleichung (II.43) übersteigen sie lediglich um das Doppelte.

Andere Studien über die Wohlfahrtskosten der Inflation kommen zu quantitativ ähnlichen Ergebnissen. Cooley und Hansen (1991, S. 496f.) ermitteln für die USA, daß bei einer Inflationsrate von 10 % Kosten in Höhe von 0,6 % des Bruttoinlandsprodukts entstehen. Für die Mitgliedsländer der Europäischen Gemeinschaft wurden 1990 ebenfalls für eine Preissteigerungsrate von 10 % Wohlfahrtskosten in Höhe von 0,1 % bis 0,3 % des Bruttoinlandsprodukts der Gemeinschaft geschätzt (vgl. Kommission der Europäischen Gemeinschaften 1990, S. 99). Bei den heute in den meisten Industrieländern vorherrschenden Inflationsraten von rund 2 % bis 4 % sind die Wohlfahrtseffekte jedoch wesentlich geringer. Im Fall der **Hyperinflation** hat Bailey (1956, S. 99) weitaus höhere Inflationseffekte ermittelt: sie liegen hier im Durchschnitt bei 30 % des Bruttoinlandsprodukts.

2.4.1.2 Menu Costs

Neben den Kosten einer suboptimalen Geldhaltung treten auch noch „Menu Costs" auf. Unter diesem Begriff werden alle Kosten einer korrekt antizipierten Inflation zusammengefaßt, die sich daraus ergeben, daß im Inflationsprozeß alle in irgendeiner Weise nominal fixierten Größen fortlaufend geändert werden müssen, wenn realwirtschaftliche Inflationseffekte vermieden werden sollen. Diese Kosten fallen selbst in einer vollständig indexierten Volkswirtschaft an, denn solange Geld als Zahlungsmittel verwendet wird, müssen die realen Preise in nominale umgerechnet werden (vgl. Fischer und Modigliani 1978, S. 815). Der Ausdruck „Menu costs" stammt daher, daß bei Inflation auch die Speisekarten von Restaurants (engl.: me-

114 Siehe Lucas (1994, S. 4).

nu) häufiger neu gedruckt werden müssen. Man erfaßt darunter u. a. die Kosten des Neuerstellens von Preislisten, der Neufestsetzung der Löhne, des Umstellens von Automaten (Münzen) sowie – im Fall sehr hoher Inflationsraten – des Neudrucks von Banknoten. Unterstellt man, daß jede Preisänderung fixe Kosten verursacht, so werden bei geringen Inflationsraten die Preise nicht sehr häufig verändert. Hohe Inflationsraten erhöhen jedoch die Anreize, die Preise rasch zu ändern, so daß sich insgesamt ein positiver Zusammenhang zwischen der Höhe der (antizipierten) Inflationsrate und den Menu costs ergibt (vgl. Caplin 1992, S. 694f.). Im Falle sehr hoher Inflationsraten können die Menu costs sogar erhebliche Bedeutung gewinnen, und es besteht die Tendenz, eine andere Recheneinheit zu wählen oder sogar ganz auf eine Auszeichnung in nominalen – auf die heimische Währung lautenden – Preisen zu verzichten (vgl. Riese 1986, S. 217f.).

Die oben beschriebenen Kosten der suboptimalen Geldhaltung und der Menu costs entstehen auch dann, wenn sich die Wirtschaftssubjekte z.B. durch eine vollständige Indexierung langlaufender Verträge perfekt auf die Inflation eingestellt haben. Im Falle einer unvollständigen Indexierung kommt dann noch eine zusätzliche Kostenart hinzu, deren Ursache in der Verwendung nominaler Werte im Steuerrecht, in Verträgen oder bei den Bewertungsmethoden der Privaten liegt (vgl. Fischer und Modigliani 1978, S. 816f.).

2.4.1.3 Auswirkungen des Steuersystems auf die Kosten der Inflation

Aufgrund der Ausgestaltung der Steuergesetzgebung hat die Inflation selbst dann wesentliche Effekte, wenn sie korrekt antizipiert wird. Meist sind die Steuertarife, Höchstgrenzen und Freibeträge nominal fixiert. Da deren Anpassung an die tatsächliche Preisentwicklung in der Regel nur verzögert stattfindet, ermöglicht die Inflation bei progressiven Steuertarifen eine Zunahme der durchschnittlichen Steuerbelastung, ohne daß dies vom Parlament beschlossen werden muß („kalte Progression").[115] In welchem Maße damit gesamtwirtschaftliche Wohlfahrtswirkungen verbunden sind, hängt wiederum davon ab, ob die Anwendung anderer verzerrender Steuerarten vermieden werden kann.

Doch selbst wenn alle nominal fixierten Größen des Steuerrechts zeitnah an die laufende Inflationsrate angepaßt werden könnten, entstehen allein aus der Tatsache heraus, daß die Steuerbasen nominale Größen darstellen, weitere wichtige Effekte der Inflation auf die Steuereinnahmen des Staates:

- Aufgrund der Verzögerung zwischen dem Veranlagungszeitraum, dem Zeitpunkt der Abgabe der Steuererklärung, der Erstellung des Steuerbescheides und

115 So z.B. in der Bundesrepublik Deutschland. Im Gegensatz dazu gibt es in den USA eine Indexierung der nominalen Steuerbasen. Die Anpassung erfolgt dabei entsprechend der Entwicklung des Preisindexes für die Lebenshaltung (vgl. Koren 1989, S. 55).

dem Zeitpunkt der definitiven Steuerzahlung kann es bei sehr hohen Inflationsraten dazu kommen, daß der Realwert der tatsächlichen Steuerzahlung nur noch sehr gering ausfällt. Bei steigenden Inflationsraten können dann die Steuereinnahmen bezogen auf das Bruttoinlandsprodukt erheblich zurückgehen. Man bezeichnet diesen Zusammenhang als **Olivera-Tanzi-Effekt.**[116] Besonders drastisch sind dessen Wirkungen im Fall Boliviens gewesen. In den Jahren 1980/81 beliefen sich die Staatseinnahmen – bei einer jährlichen Inflationsrate von 25 % – noch auf knapp 10 % des Bruttoinlandsproduktes. Im Jahr 1985 erreichte die Inflationsrate 10.000 %, die Steuereinnahmen betrugen nur noch 1,3 % des Bruttoinlandsproduktes (vgl. Sachs und Larrain 1993, S. 737f.).

Box II.6: Einfluß der Besteuerung von Nominalzinsen auf den Realwert von Sparguthaben

Ein Sparguthaben belaufe sich auf 100 DM. Der Steuersatz des Anlegers sei 50 %.

- In einer Situation mit einer Inflationsrate von null sei der Realzins 3 %; der Nominalzins beträgt dann ebenfalls 3 %. Nach einem Jahr beträgt der Realwert des Sparguthabens (einschließlich der versteuerten Zinsen)

$$100 \text{ DM} + (0{,}03 \cdot 100 \text{ DM}) \cdot 0{,}5 = 101{,}50 \text{ DM}$$

- Bei einer Inflationsrate von 10 % und einem Nominalzins von 13 % beläuft sich der Realwert des Sparguthabens (einschließlich der versteuerten Zinsen) auf:

$$[100 \text{ DM} + (0{,}13 \cdot 100 \text{ DM}) \cdot 0{,}5] \cdot \frac{1}{1{,}10} = 96{,}80 \text{ DM}$$

Durch die Besteuerung der Nominalzinsen erleidet der Anleger bei Inflation also einen realen Vermögensverlust.

- Ein positiver Effekt auf die Steuereinnahmen ergibt sich hingegen daraus, daß die **Sparer** bei Inflation zu hoch belastet werden, da sie auch den Teil der Nominalzinsen voll versteuern müssen, der lediglich zum Ausgleich für die Infla-

116 Tanzi (1977) rechnet diesen Zusammenhang Olivera (1967) an.

tionsrate dient. Im Ergebnis kann es sogar dazu kommen, daß sie real einen Vermögensverlust erleiden (siehe Box II.6). Ähnliches gilt auch für die Bezieher von Kapitaleinkommen, denn auch sie müssen ihre nominalen Kapitaleinkünfte versteuern. Dies wird tendenziell dazu führen, daß entweder weniger Investitionen vorgenommen werden oder daß man erwirtschaftete Kapitalgewinne in geringerem Umfang realisiert oder ausschüttet, um sie der Besteuerung vorzuenthalten.

- Außerdem müssen **Unternehmen** in einer inflationären Volkswirtschaft auch Steuern auf „Scheingewinne" leisten. Diese resultieren daraus, daß Abschreibungen in der Regel nur auf die Anschaffungs- oder Herstellungskosten und nicht auf die Wiederbeschaffungskosten vorgenommen werden dürfen. Die Summe der auf diese Weise nominal fixierten Abschreibungsbeträge spiegelt in einer inflationären Wirtschaft so nur einen Teil des tatsächlichen Werteverzehrs wider; die Gewinne werden zu hoch ausgewiesen, die Steuerschuld ist zu hoch. In Deutschland haben die Unternehmen bei der Bewertung der Lagerbestände jedoch die Möglichkeit, ihre Bewertungsverfahren frei zu wählen. Bei Inflation werden sie deshalb das LIFO-Verfahren (last-in-first-out) dem FIFO-Verfahren (first-in-first-out) vorziehen, denn letzteres führt wiederum zu den oben genannten Scheingewinnen.

- Die belastenden Effekte der Besteuerung werden jedoch dadurch abgemildert, daß die Unternehmen ihre nominalen Zinszahlungen zur Reduktion ihres zu versteuernden Einkommens ansetzen dürfen. Die realen Kosten der Verschuldung reduzieren sich. Im Endeffekt treten damit durch das Steuerrecht Umverteilungen von den Gläubigern zu den Schuldnern auf.

In einer Situation mit hohen Inflationsraten führen die geschilderten Effekte dazu, daß die Kapitalkosten und -erträge erheblich verzerrt werden. Daraus ergeben sich negative Auswirkungen sowohl auf die langfristige Geldvermögensbildung als auch auf die Höhe der Investitionen.

Die Erfahrung zeigt, daß die Privaten selbst bei anhaltender Inflation nicht sofort alle Geldschuldverträge indexieren, sondern weiterhin nominale Werte als Grundlage für Leistungsverpflichtungen verwenden, so daß durch die Verwendung nominal fixierter Größen im privaten Wirtschaftsverkehr zusätzliche Kosten der Inflation entstehen.[117] Im Fall einer korrekt antizipierten Inflationsrate führt dies bei

---

[117] So bedarf z. B. in der Bundesrepublik Deutschland die Indexierung von Geldschulden aufgrund von §3 Währungsgesetz der Zustimmung der Deutschen Bundesbank, die für den Bereich des Geld- und Kapitalverkehrs bisher fast ausnahmslos mit der Begründung verweigert wurde, daß dadurch die Inflation angeheizt würde (vgl. Ströbele 1994, S. 218). Wertsicherungsklauseln die keine strenge Anpassungsautomatik vorsehen, sind jedoch genehmigungsfrei (vgl. Klunzinger 1987, S. 186).

langfristigen Verträgen mit nominal konstanten laufenden Rückzahlungsbeträgen (z.B. Hypothekenkredite im Wohnungsbau) zu einer relativ hohen realen Belastung zu Beginn und zu einem kontinuierlichen Rückgang derselben im Laufe der Vertragsdauer. Es treten somit intertemporale, nicht aber interpersonelle Umverteilungseffekte auf, die bei vollständiger Internalisierung nicht zu Wohlfahrtseffekten führen werden (vgl. Laidler und Parkin 1975, S. 787 und Stützel 1975).

Anders sieht es im Falle der Unternehmensbewertung anhand nominaler Werte aus. Wie oben bereits angesprochen, ist in Zeiten steigender Preise das Prinzip der nominalen Kapitalerhaltung („Mark-gleich-Mark-Prinzip"; vgl. Stützel 1979) nicht hinreichend, um eine Substanzerhaltung zu gewährleisten. Es kommt möglicherweise aufgrund der Scheingewinne zu einer Überschätzung der wirtschaftlichen Leistungsfähigkeit der Unternehmen und damit zu einer falschen Bewertung. Dies kann eine Fehlallokation von Ressourcen auf dem Kapitalmarkt zur Folge haben.

2.4.2 Effekte inkorrekt antizipierter Inflation

In der Realität gibt es weder eine perfekte Indexierung noch eine korrekte Antizipation der gegenwärtigen und zukünftigen Preisentwicklung. Neben den bisher beschriebenen Kosten der Inflation sind daher auch jene allokativen Störungen und Umverteilungswirkungen zu berücksichtigen, die sich daraus ergeben, daß Wirtschaftssubjekte sowohl bei bereits bestehenden als auch bei neu abzuschließenden Verträgen häufig mit falschen Inflationserwartungen operieren.

Prognosen bezüglich der Inflationsrate sind in der Realität stets mit Unsicherheit belastet. Dabei kann vermutet werden, daß die Fehlerwahrscheinlichkeit und damit auch die subjektive Unsicherheit der Prognosen umso größer ist, je variabler die Inflationsrate ist oder in der Vergangenheit gewesen ist (vgl. Fischer 1981, S. 29). Empirisch läßt sich zeigen, daß die Inflationsraten um so variabler sind, je höher ihr durchschnittliches Niveau ist (siehe Schaubild II.16)

Den positiven Zusammenhang von durchschnittlicher Inflationshöhe und **Inflationsvariabilität** kann man zum einen damit erklären, daß sich Regierungen beim Erreichen eines hohen Inflationstempos in der Regel veranlaßt sehen, makroökonomische Stabilisierungsprogramme vorzunehmen. Solche Maßnahmen haben meist auf kurze Sicht eine gewisse inflationsdämpfende Wirkung. Auf längere Sicht sind ihre Erfolgschancen jedoch häufig gering, insbesondere dann, wenn sich an den grundlegenden Inflationsursachen (z. B. mangelnde Kontrolle über die Staatsfinanzen) nichts geändert hat. Nach einiger Zeit wird dann ein neues Stabilisierungsprogramm erforderlich (vgl. Flemming 1976). Eine derartige „stop and go"-Politik konnte man in den achtziger Jahren deutlich in vielen Ländern Lateinamerikas (insbesondere in Brasilien und Bolivien) beobachten.

Schaubild II.16: Inflationshöhe und Inflationsvariabilität, 1960 - 1993

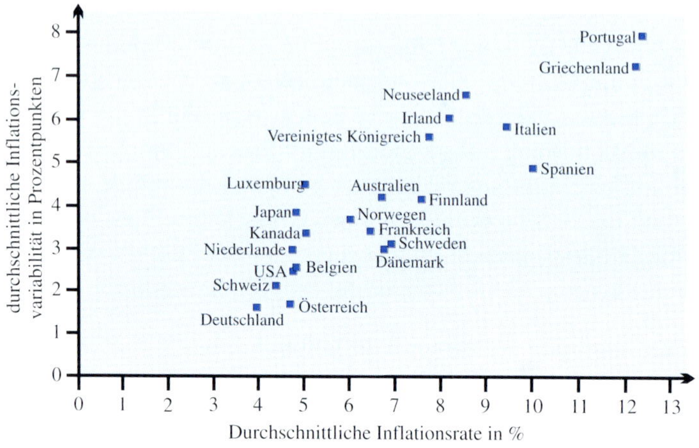

Quelle: OECD (1994, S. 33).

Die positive Korrelation zwischen Inflationshöhe und Inflationsvariabilität läßt sich zum anderen auch mit der in Modul D beschriebenen Erwartungstheorie der Inflation erklären. Bei einer höheren Inflationsrate kommt es dazu, daß die Kosten der Preisrigidität zunehmen. Die Privaten werden ihre nominal zu fixierenden Preise also häufiger anpassen oder sogar zur Indexierung übergehen. Damit reduziert sich der Stabilitätseffekt, der von Preisrigiditäten auf die Inflationsrate ausgeht. Der grundlegende Zusammenhang zwischen Variabilität und Höhe der Inflationsraten ist aber auch – wenngleich auf einem insgesamt niedrigen Niveau – in den OECD-Ländern zu erkennen, wie das Schaubild II.16 verdeutlicht.

Die nachteiligen Effekte einer inkorrekt antizipierten Inflation spielen also vor allem in Ländern mit höheren Inflationsraten eine Rolle: In einem Land wie Deutschland, wo sich die Inflationsrate in den letzten zehn Jahren in einer Bandbreite von -0,1 % bis +4,5 % bewegte, ist die Unsicherheit über die tatsächliche Preisentwicklung demgegenüber vergleichsweise gering.

In einer Marktwirtschaft bestehen die Hauptstörwirkungen einer inkorrekt antizipierten Inflation vor allem darin, daß die zentrale Signalfunktion des Preismechanismus´ beeinträchtigt wird und daß es damit zu einer Fehlallokation der Ressourcen kommt. Dies gilt sowohl bei einer statischen (zeitpunktbezogenen) als auch bei einer dynamischen (zeitraumbezogenen) Betrachtungsweise.

Aus **statischer Sichtweise** stellt sich das Problem, daß die Anbieter bei unvorhersehbar schwankenden Inflationsraten nicht mehr in der Lage sind, zwischen absoluten und relativen Preisänderungen zu unterscheiden. So kann es im Fall einer nicht korrekt antizipierten Inflation dazu kommen, daß ein Anbieter den Umstand, daß er größere Mengen seines Gutes zu dem von ihm nominal festgesetzten Preis verkaufen kann, fälschlicherweise als eine Nachfrageverschiebung zugunsten seines Produktes interpretiert, obwohl die implizit zum Ausdruck kommende höhere Zahlungsbereitschaft der Konsumenten lediglich darauf zurückzuführen ist, daß die Preise aller anderen Güter im Durchschnitt (das allgemeine Preisniveau) gestiegen sind, also keine dauerhafte Präferenzänderung, sondern lediglich eine rasche Anpassung der Nachfrager stattgefunden hat.[118] Aufgrund einer solchen Fehlinterpretation kann es dazu kommen, daß Unternehmen ihre Kapazitäten ausweiten, obwohl sich die reale Nachfrage für ihre Produkte nicht geändert hat. Das höhere Angebot wird dann nur zu einem niedrigeren Relativpreis absetzbar sein. Die zentrale Signalfunktion, die das System relativer Preise in einer Marktwirtschaft wahrnimmt, kann also durch eine falsch antizipierte Inflation gestört werden. So spielen diese Effekte in der Neuen Klassischen Makroökonomie (siehe Abschnitt II.2.1.2) eine zentrale Rolle. In der Realität sind solche Kosten der Inflation jedoch nicht allzu hoch zu veranschlagen, da Unternehmen mit einer relativ kurzen Verzögerung (in Deutschland rund ein Monat) statistische Informationen über die tatsächliche Preisentwicklung erhalten und entsprechend schnell reagieren können.

Sehr viel gravierender sind die Kosten der inkorrekt antizipierten Inflation, wenn man längerfristige Verträge betrachtet. Dies gilt zum einen für den **Arbeitsmarkt**, wo die Tarifverhandlungen in der Regel für ein Jahr im voraus abgeschlossen werden. Zwar wird die dabei festgelegte Höhe der Nominallöhne wesentlich von der erwarteten Inflationsrate bestimmt, weicht aber die tatsächliche von der erwarteten Inflationsrate ab, so besteht im Gegensatz zum Gütermarkt keine Möglichkeit einer raschen Nominallohnanpassung. Fällt die Inflationsrate höher aus als erwartet, müssen die Arbeitnehmer ihre Arbeitsleistung zu einem Reallohn anbieten, der niedriger ist, als sie dies beim Tarifabschluß beabsichtigt hatten. Kurzfristige positive Beschäftigungseffekte können die Folge sein, oder aber es findet alternativ dazu eine Umverteilung von den Lohneinkommens- zu den Gewinneinkommensbe-

118 Man kann dies auch als eine Änderung der absoluten – in Währungseinheiten ausgedrückten – Wertschätzung anstelle einer relativen – in Gütereinheiten ausgedrückt – bezeichnen.

ziehern statt.[119] Eine unerwartet niedrige Inflationsrate wird demgegenüber zu Arbeitslosigkeit führen. Divergenzen zwischen der in Tarifverträgen vereinbarten Inflationsrate und der tatsächlichen Inflationsrate stellen die Grundlage aller neueren Konjunkturtheorien dar (siehe auch Kapitel II.2.2).

Erhebliche allokative Störungen ergeben sich zum anderen für die **Geld- und Kapitalmärkte**. Hier führt die inkorrekt antizipierte Inflation zu einer Verzerrung der intertemporalen Allokation der Ressourcen (**dynamischer Effekt** der Inflation). Erwartungsfehler führen bei nominal fixierten Verträgen zu unvorhersehbaren Verteilungseffekten zwischen Schuldnern und Gläubigern, durch die das Risiko langfristiger Vermögensanlagen und das Eingehen langfristiger Verbindlichkeiten gleichermaßen erhöht wird. Gemäß der (vereinfachten) Fisher-Relation ergibt sich der Nominalzins als Summe aus Realzins und Inflationserwartung. Dabei dient die Einbeziehung der erwarteten Geldentwertungsrate in den zu zahlenden Zinssatz der Realwertsicherung der Forderung. Der Schuldner entschädigt den Gläubiger für den realen Wertverlust, der diesem infolge der Inflation in der Vertragslaufzeit entsteht:[120]

- Fällt die tatsächliche Inflationsrate höher aus als die erwartete, werden die Gläubiger benachteiligt, die Schuldner begünstigt. Dies ist die Kernaussage der sogenannten **Gläubiger-Schuldner-Hypothese**.
- Im Gegensatz dazu findet bei einer tatsächlichen Inflationsrate, die niedriger liegt als die erwartete Inflationsrate, ein unvorhergesehener Vermögenstransfer von den Schuldnern zu den Gläubigern statt.

Es trifft also nicht zu, daß eine inkorrekt antizipierte Inflationsrate – oder gar Preissteigerungen schlechthin – grundsätzlich Gläubiger benachteiligt und Schuldner bevorteilt. Die Gläubiger-Schuldner-Hypothese betrachtet stattdessen nur den Spezialfall von Inflationserwartungen, die geringer als die tatsächliche Inflationsrate sind.[121] Entscheidend für das Vorzeichen der Verteilungseffekte ist also nicht die Höhe der Inflationsrate, sondern allein das Verhältnis von erwarteter zu tatsächlicher Inflationsrate.

---

119 Ob die gesamtwirtschaftliche Lohnquote per Saldo fällt, hängt allerdings insbesondere davon ab, welcher Natur der inflationäre Schock ist. Inflation als Folge eines exogenen Lohnanstiegs mag wohl Umverteilungswirkungen zugunsten der Gewinneinkommensbezieher zur Folge haben, ob sie aber den ursprünglichen Effekt überkompensieren, kann a priori nicht gesagt werden (vgl. Fischer und Modigliani 1978, S. 823).

120 Siehe zur Zinsbildung und -interpretation Kapitel V.5.2 oder Monissen (1982a, S. 117 - 123).

121 „Weil der Inflationsprozeß nicht vollkommen antizipiert wird oder werden kann, bewirkt er eine Redistribution von den Gläubigern zu den Schuldnern." (Riese 1986, S. 116). Eine solche Schlußfolgerung bedarf der Präzision. Dies kann mit Hilfe der empirischen Beobachtung erfolgen, daß der Nominalzins der Inflationsrate hinterherhinkt (vgl. Laidler und Parkin 1975, S. 788).

Schaubild II.17: Inflationsrate und durchschnittliche Laufzeit der neu emittierten inländischen festverzinslichen Wertpapiere in Westdeutschland, 1968 - 1993

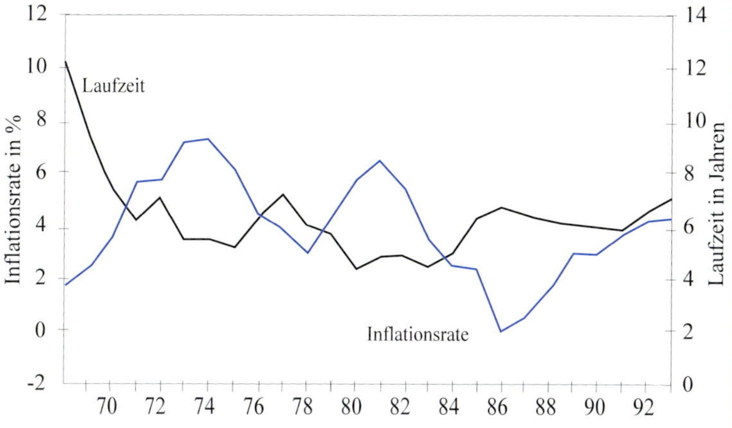

Während die beschriebenen Effekte bei bereits vorgenommenen nominalen Preisfixierungen auftreten, führt die Unsicherheit über die zukünftige Inflationsrate darüber hinaus dazu, daß sich die Laufzeiten neu zu begebender Wertpapiere verkürzen und daß Vermögensanleger bei ihrer Anlageentscheidung Sachwertanlagen bevorzugen („Flucht in die Sachwerte", „asset price inflation"). So kann man in Deutschland mit dem relativ kontinuierlichen Rückgang der Inflationsrate seit Anfang der achtziger Jahre einen Prozeß der Laufzeitverlängerung beobachten (siehe Schaubild II.17).[122] Die intertemporalen Effekte der Inflation werden vor allem von keynesianisch argumentierenden Ökonomen (vgl. z.B. Riese 1986) in den Vordergrund gestellt.

2.4.3 Zusammenfassung

Die von der Inflation ausgehenden realwirtschaftlichen Störungen lassen sich in ihrer Summe nur relativ schwer quantitativ erfassen. Einen gewissen Anhaltspunkt vermittelt die bereits in Kapitel II.2.2 erfolgte Gegenüberstellung von Inflationsraten und realen Wachstumsraten für verschiedene Länder über längere Zeiträume

122 Der hohe Anteil langfristiger Laufzeiten im Jahr 1993 ist mit dem besonders starken Engagement ausländischer Anleger zu erklären.

hinweg. Als gesamtwirtschaftliche Kosten der Inflation läßt sich nämlich die gemessene Abweichung des tatsächlichen realen Inlandsprodukts von einem in einer inflationsfreien Welt erreichbaren potentiellen Produktionsvolumen interpretieren (vgl. Lucas 1981, S. 47).

Obwohl die in Kapitel II.2.2 angeführten Studien in ihren quantitativen Aussagen zum Teil stark voneinander abweichen – je nachdem welche Ländergruppe bzw. welcher Betrachtungszeitraum gerade untersucht wird –, sind sie sich in der qualitativen Bewertung des Zusammenhangs weitgehend einig: Es besteht eine negative Beziehung zwischen Inflation und Wachstum, die sich möglicherweise mit steigender Inflationsrate noch verstärkt.

Daß die realwirtschaftlichen Kosten der Inflation bei **niedrigen Preissteigerungsraten** vergleichsweise gering sind, ist nach den bisherigen Ausführungen nicht überraschend:

- Die Geldhaltung ist zwar niedriger als optimal, gleichzeitig erhält der Staat jedoch Einnahmen aus Seigniorage. Damit kann teilweise auf die Erhebung von Steuern verzichtet werden, die ihrerseits ebenfalls allokationsverzerrend wirken würden.
- Da niedrige Inflationsraten zugleich relativ gut vorhersehbar sind, halten sich auch die Effekte in Grenzen, die sich aus einer nicht korrekt antizipierten Inflation ergeben.

Bei **hohen Inflationsraten** kommen jedoch die so gemessenen realwirtschaftlichen Kosten der Geldentwertung sehr viel deutlicher zum Vorschein. Dieser Befund zeigt sich besonders im Fall vieler Entwicklungsländer. Ein negatives oder sehr niedriges reales Wachstum ist in Ländern wie Argentinien, Brasilien, Uruguay und Mexiko zu beobachten, die in den achtziger Jahren im Gegensatz zu den dynamischen Ländern in Fernost eine teilweise sehr hohe Geldentwertung zu verzeichnen hatten (siehe Schaubild II.18). Ursache für die hohen Kosten sind zum einen die deutliche Veringerung der realen Geldhaltung und die Tendenz zum Tauschhandel oder zur Verwendung fremder Währungen. Zum anderen gehen die realen Steuereinnahmen aufgrund des Olivera-Tanzi-Effektes zurück. Der Staat wird so gezwungen, sich über Seigniorage zusätzliche Einnahmen zu verschaffen. Die Inflationsrate steigt weiter an. Die von Zeit zu Zeit eingeleiteten Stabilisierungsprogramme gehen mit erheblichen Outputkosten einher und machen zudem die Geldentwertung schwer vorhersehbar. Die intertemporale Allokation wird erheblich beeinträchtigt.

3. Das nominelle Sozialprodukt als geldpolitisches Endziel

Aufgrund der in den vorangegangenen Kapiteln dargestellten theoretischen Zusammenhänge, die durch die Erfahrungen vieler Länder gestützt werden, hat sich heute – vor allem in Europa – die Einsicht durchgesetzt, daß Geldwertstabilität eine fundamentale Rahmenbedingung für ein marktwirtschaftliches Wirtschaftssystem darstellt.[123] Wenig strittig ist zudem, daß die Geldpolitik besser als andere Bereiche der Wirtschaftspolitik in der Lage ist, dieses gesamtwirtschaftliche Ziel zu erreichen. Wie in Abschnitt II.1 beschrieben wurde, findet man daher mehr und mehr europäische Notenbanken, die durch ihre Verfassung explizit auf das Ziel der Geldwertstabilität verpflichtet sind.

Schaubild II.18: Wachstumsraten des realen BIP in Hochinflationsländern und in asiatischen Ländern, 1980-1994

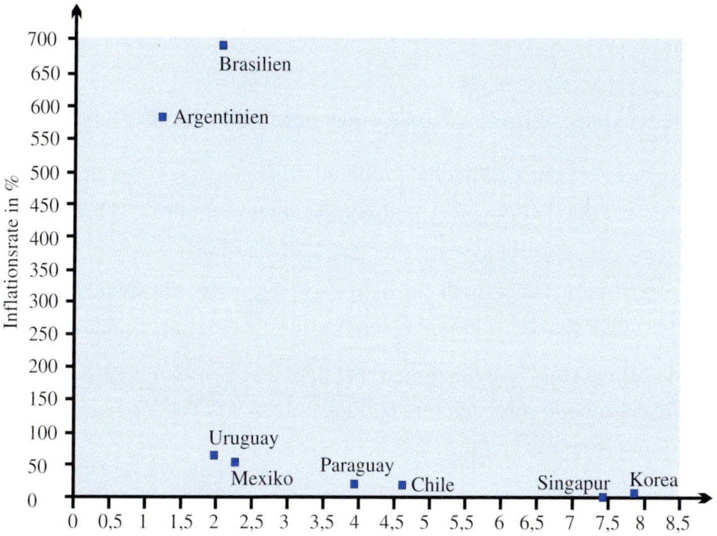

Quelle: OECD Economic Outlook.

[123] Man findet diese Einsicht bereits bei Walter Eucken (1952). Für Eucken stellt das „Primat der Währungsstabilität" ein wichtiges „konstituierendes Element" einer marktwirtschaftlichen Ordnung dar.

Im Gegensatz zu diesem eindimensionalen wirtschaftspolitischen „Assignment" plädieren jedoch zahlreiche, vornehmlich amerikanische Autoren dafür, der Notenbank zugleich die Verantwortung für das realwirtschaftliche Geschehen aufzuerlegen:[124]

> „It is widely agreed that the goals of monetary policy are a low rate of inflation („price stability") *and* a small gap between actual real GDP and potential GDP." (Feldstein und Stock 1994, S. 8; Hervorhebung durch die Verf.)

Verfechter eines so definierten „elastic price target" (Hall 1985) votieren deshalb dafür, mit der Geldpolitik nicht das Preisniveau, sondern das nominelle Bruttosozialprodukt (BSP) zu steuern.[125] Zu den Hauptvertretern dieses Ansatzes zählen Meade (1978), von Weizsäcker (1978), Tobin (1980, 1983), Hall (1983), Taylor (1985) und McCallum (1984, 1987). In der angloamerikanischen Literatur wird dieses Aggregat häufig als *das* Endziel der Geldpolitik angesehen:

> „But it seems fair to say that the consensus today favors nominal income as the most suitable objective of monetary policy." (Hall und Mankiw 1994, S. 74)

3.1 Mögliche Ausgestaltungsformen eines nominellen BSP-Ziels

Ähnlich, wie das Ziel der Geldwertstabilität als Inflationsziel oder als Preisniveauziel umgesetzt werden kann, ergibt sich bei der Steuerung des nominellen BSP die Möglichkeit,

- ein „**Growth-rate targeting**" zu betreiben, bei dem die Wachstumsrate des nominellen BSP in jeder Periode einen bestimmten Betrag annehmen soll;
- ein „**Level targeting**" vorzunehmen, bei dem das nominelle BSP über mehrere Jahre hinweg einem vorgezeichneten Pfad folgen soll (vgl. Taylor 1985, S. 72 - 78; Hall und Mankiw 1994, S. 77).

---

[124] Auch in den europäischen Ländern wird die Geldpolitik häufig verpflichtet, die allgemeine Wirtschaftspolitik der Regierung zu unterstützen. Allerdings wird diese Verpflichtung dadurch eingeschränkt, daß dabei das Hauptziel der Geldwertstabilität nicht gefährdet werden darf. Zu den notenbankrechtlichen Regelungen innerhalb der Europäischen Union siehe Anhang IV.2 von Kapitel IV.

[125] Der deutschsprachigen Literatur folgend (vgl. von Weizsäcker 1978, Wagner 1988 und 1992) wird im folgenden vom „nominellen BSP" gesprochen, obwohl bislang stets das *nominale Bruttoinlandsprodukt* (BIP) betrachtet wurde. Während zwischen den Begriffen „nominell" und „nominal" kein wirklicher Sinnunterschied besteht, existiert zwischen dem BSP und BIP einer Volkswirtschaft eine geringfügige quantitative Divergenz. Für die hier angestellten Überlegungen wird diese aber vernachlässigt.

Darüber hinaus gibt es eine dritte Form, die dadurch gekennzeichnet ist, daß die Zentralbank bei Zielverfehlungen bei der Geldwertstabilität bzw. bei der Vollbeschäftigung unterschiedlich reagieren soll. Während die angestrebte Wachstumsrate des nominellen BSP bei Outputabweichungen in der Vorperiode um diesen Betrag korrigiert werden soll, hat eine zu hohe Inflationsrate der Vorperiode keine Auswirkungen auf die angestrebte Wachstumsrate des nominellen BSP. Hall und Mankiw (1994, S. 77) nennen diese Form „**Hybrid targeting**".

Das nominelle BSP entspricht dem Produkt aus Preisniveau (P) und realem Output (Y). Im einfachsten Fall wird dabei ein konstantes Preisniveau (P_0) eines Ausgangszeitpunktes t_0 und ein konstanter Vollbeschäftigungs-Output (Y^f) angestrebt. In diesem Fall ergibt sich das **Niveauziel** (Level target, $\overline{K}$) dann wie folgt:[126]

(II.47) $\overline{K} = P_0 \cdot Y^f$.

Denkbar ist jedoch auch, daß das nominelle BSP ausgehend von einem Optimalzustand entlang eines vorgebenen Zeitpfades (e^{kt}) wachsen soll. Hier ergibt sich das Level target als:

(II.48) $K(t) = P_0 \cdot Y^f \cdot e^{k \cdot t}$

Beim Growth-rate targeting wird dagegen ein Zielwert für die gewünschte Wachstumsrate des nominellen BSP abgeleitet. Entsprechend der Definition des nominellen BSP setzt sich ein solches **Wachstumsziel** (k) für das nominelle BSP aus einem Inflationsziel π^* und einem Zielwert für die reale Wachstumsrate $\hat{Y}^*$ zusammen. Unterstellt man auch hier, daß stets Vollbeschäftigung angestrebt wird, so bedeutet dies für den Zielwert des realen Wachstums, daß dieser dem Trendwachstum bzw. dem Produktivitätsfortschritt λ entsprechen muß.[127]

(II.49) $k = \pi^* + \hat{Y}^* = \pi^* + \lambda$

Ein Unterschied zwischen einem Level targeting und dem Growth-rate targeting ergibt sich auch hier nur dann, wenn man davon ausgeht,

- daß das Level targeting für einen mehrjährigen Zeitraum vorgenommen wird, während

126 In der Praxis wird P_0 dem Preisniveau entsprechen, das sich in dem Zeitpunkt einstellt, in dem der Vollbeschäftigungsoutput und der tatsächliche Output gleich hoch sind, die Differenz (output gap) also null ist. Man benötigt somit ein Referenzjahr, an dem man sein Ziel ausrichtet. Für die USA könnte dies das dritte Quartal 1987 sein, denn da betrug laut Gordon die Outputlücke null (vgl. Gordon 1990, S. 4).

127 Den Zusammenhang zwischen Beschäftigung und Produktion bildet die Produktionsfunktion ab. In dynamischer Betrachtung wird dies mit „Okun's Law" bezeichnet und bedeutet, daß die Arbeitslosenquote steigt (sinkt), wenn die tatsächliche Wachstumsrate der Produktion geringer (höher) ist, als das Trendwachstum.

- daß das Level targeting für einen mehrjährigen Zeitraum vorgenommen wird, während
- beim Growth-rate targeting nur jährliche Zielfestlegungen erfolgen.

Somit haben beim Growth-rate targeting Zielverfehlungen in der Vorperiode keine Auswirkungen für die folgende(n) Periode(n), wohingegen ein solcher „Base-drift" beim Level targeting nicht möglich ist (vgl. Hall und Mankiw, 1994, S. 83f.). Ein Growth-rate target ist somit weniger ambitioniert.

3.2 Nominelles BSP-Ziel und gesamtwirtschaftliche Schocks

Die Ratio eines nominellen BSP-Ziels soll nun anhand verschiedener Schocks näher erläutert werden. Problematisch für ein nominelles BSP-Ziel sind dabei jene gesamtwirtschaftlichen Störungen, die zu einem Zielkonflikt führen, der mit dem Instrument der Geldpolitik alleine nicht gelöst werden kann (vgl. Schlesinger 1988, S. 6). Dies soll anhand der Variante des Level targeting näher erläutert werden, bei der das nominelle Sozialprodukt stets einen konstanten Wert $(\overline{K})$ annehmen soll.

Im Rahmen der gesamtwirtschaftlichen Angebots- und Nachfrageanalyse kann man die nominelle BSP-Regel daher als eine Hyperbel im AD/AS-Diagramm abbilden (vgl. Bradley und Jansen 1989, S. 33).[128] Kommt es infolge zurückgehender Investitionen (IS-Kurve verschiebt sich von IS_0 nach IS_1) zu einem negativen Nachfrageschock, dann bedeutet dies graphisch eine Verschiebung der gesamtwirtschaftlichen Nachfragekurve nach unten (von AD_0 nach AD_1), wenn man zunächst eine abwartende Zentralbank unterstellt. Infolge des Preisniveaurückgangs von P_0 auf P_1 erhöht sich die reale Geldmenge, und die LM-Kurve verlagert sich (von LM_0 nach LM_1). In der IS/LM-Graphik stellt sich ebenso die Kombination B aus Sozialprodukt und Zins ein, wie auch in der AD/AS-Graphik die Kombination P_0 und Y_0 (siehe Schaubild II.19).

Im Fall der nominellen BSP-Regel muß dann die Notenbank die gesamtwirtschaftliche Nachfragekurve durch eine expansive Geldpolitik wieder soweit nach oben

[128] Die graphische Darstellungsform der Auswirkungen von Schocks im Fall der nominellen BSP-Steuerung geht zurück auf Bean (1983). Später findet man sie z.T. in etwas anderer Form auch bei Taylor (1985), West (1986), Bradley und Jansen (1989), Hilton und Moorthy (1990) sowie Ketterer und Vollmer (1988). Das nominelle BSP-Ziel $(\overline{K} = P \cdot Y)$ läßt sich als gleichseitige Hyperbel darstellen $(P = \overline{K}/Y)$. Nur dieser iso-elastische Funktionstyp, der in jedem Punkt eine Elastizität vom Wert minus eins aufweist, ist mit einem konstanten nominellen BSP kompatibel Die Elastizität läßt sich einfach berechnen als: $\varepsilon_{P,Y} = \frac{dP \cdot Y}{dY \cdot P} = \frac{-\overline{K}}{Y^2} \cdot \frac{Y}{\overline{K}/Y} = -1$

verschieben, bis sie die Angebotskurve wieder in deren Schnittpunkt mit der nominellen BSP-Hyperbel (Punkt A) schneidet (von AD_1 nach AD_2). Dies erfordert somit eine Ausweitung der Geldmenge von M_0 auf M_1 (Verschiebung der LM-Kurve von LM_1 nach LM_2), wobei sich dadurch wieder der Vollbeschäftigungsoutput Y^f und das Preisniveau P_0 des Ausgangszeitpunkts einstellen. Dies bedeutet, daß im Falle von Nachfrageschocks die nominelle BSP-Steuerung nicht zu Zielkonflikten zwischen dem Output- bzw. Beschäftigungsziel und dem Ziel der Preisniveaustabilität führt. Im Gegenteil, die Geldpolitik führt eine vollständige Kompensation des Nachfrageschocks herbei.

Schaubild II.19: Nachfrageschock und nominelle BSP-Steuerung

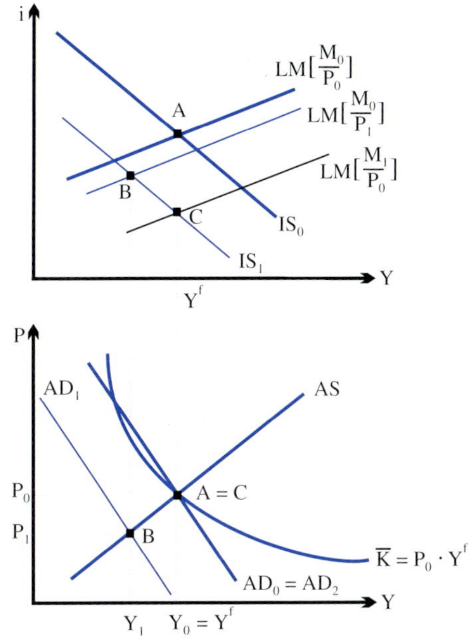

Anders sieht es hingegen bei Angebotsschocks aus (siehe Schaubild II.20). Unterstellt man jetzt einen negativen Angebotsschock (Linksverschiebung der AS-Kurve nach AS_1), so wird sich nun zunächst das Preisniveau auf P_1 erhöhen und der Output auf Y_1 reduzieren. Beide Endziele sind somit negativ betroffen. Die Geldpolitik kann nun die Zielverfehlung bei einem Endziel nur zu Lasten einer noch größeren Zielabweichung bei dem anderen Ziel beseitigen. Eine **expansive** Geldpolitik ($M = M_r$) kann zwar wiederum den Vollbeschäftigungsoutput Y^f herstellen, verursacht aber mit P_r ein noch höheres Preisniveau (Schnittpunkt B in Graphik I). Im Gegensatz dazu ist eine **restriktive** Geldpolitik notwendig, um Preisniveaustabilität zu garantieren ($P = P_p = P_0$). Die **Preisniveausteuerung** führt aber dazu, daß der Output noch weiter sinkt ($Y = Y_p$), das Ziel der Vollbeschäftigung noch stärker verfehlt wird (Schnittpunkt C in Graphik I). Die **nominelle BSP-Steuerung** (Graphik II in Schaubild II.19) stellt dabei einen Kompromiß zwischen diesen beiden Extremen dar, indem sie die negativen Konsequenzen des Schocks gleichgewichtet auf die beiden Endziele aufteilt. Sie sorgt dafür, daß das Preisniveau genau um den Prozentsatz steigt, um den der Output fällt (vgl. Kahn 1988, S. 26).[129] Bei der in Schaubild II.19 dargestellten Lage von aggregierter Nachfrage- und Angebotskurve führt die nominelle BSP-Steuerung dazu (Schnittpunkt D in Graphik II), daß die Notenbank eine leicht restriktive Geldpolitik betreiben muß ($M = M_b$). Dies hat zur Folge, daß das Preisniveau – im Vergleich zu einer „untätigen" Notenbank ($M = M_0$) – weniger stark steigt ($P = P_b$), dafür aber der Output eine zusätzliche Reduktion erfährt ($Y = Y_b$).[130]

3.3 Kritische Würdigung nomineller BSP-Ziele

In Zeiten **gesamtwirtschaftlicher Stabilität** liefert damit auch die nominelle BSP-Steuerung der Geldpolitik einen **nominalen Anker**, von dem sie sich langfristig nicht wegbewegen kann (vgl. Kahn 1988, S. 18). Selbst wenn die konkrete Aufteilung des nominellen BSP-Ziels in ein Preisniveauziel und ein reales Outputziel nicht vorgegeben wird, ist eine beliebige Aufspaltung durch die Geldpolitik nicht möglich. Eine Notenbank wird also daran gehindert, ihren diskretionären Spielraum zur Ausbeutung eines möglichen kurzfristigen Phillips-Kurven Trade-off auszunutzen, weil sie einen höheren realen Output nur mit Hilfe eines höheren Preisniveaus erreichen könnte. Dies ginge aber mit einer Abweichung vom ange-

129 Ein stabiles nominelles BSP bedeutet $\overline{K} = P \cdot Y$ und in Wachstumsraten ausgedrückt: $0 = Y \cdot (dP/dt) + P \cdot (dY/dt) = (dP/dt)/P + (dY/dt)/Y$, mit der Folge, daß $\pi = -\hat{Y}$ (vgl. Taylor 1985, S. 75).

130 Es stellt sich dann eine Lösung in Punkt E ein. Allerdings muß betont werden, daß sich diese geldpolitische Implikation der nominellen BSP-Steuerung keineswegs immer einstellen muß. Führt der Angebotsschock dazu, daß sich ein Schnittpunkt von (neuer) Angebotskurve und unveränderter Nachfragekurve links von der BSP-Hyperbel einstellt, dann ist eine expansive Geldpolitik erforderlich, was zu einer stärkeren Zielverletzung bei der Geldwertstabilität und einer weniger starken bei der Vollbeschäftigung führt.

strebten nominellen BSP-Ziel einher. Somit kann auch die nominelle BSP-Regel die Geldpolitik wirksam an einen stabilitätsorientierten Pfad binden. Berücksichtigt man jedoch auch das **Auftreten von Schocks**, so ist die Bindung an einen stabilitätsorientierten Pfad deutlich geringer als bei einer Preisniveau-Regel, da die Notenbank in rezessiven Phasen nun sehr viel mehr in der Pflicht steht, eine expansive Geldpolitik zu betreiben. Zwar führt die nominelle BSP-Steuerung im Fall von Nachfrageschocks zu einer **automatischen** Kompensation der konjunkturellen Schwankungen, im Fall von Angebotsschocks wird die Abschwächung stochastischer Störungen aber unweigerlich mit einem Preisniveauanstieg bezahlt. Der Versuch der Notenbank, das nominelle BSP jederzeit exakt zu steuern, impliziert jedoch zweierlei:

Schaubild II.20: Angebotsschock, Preisniveau- und nominelle BSP-Steuerung

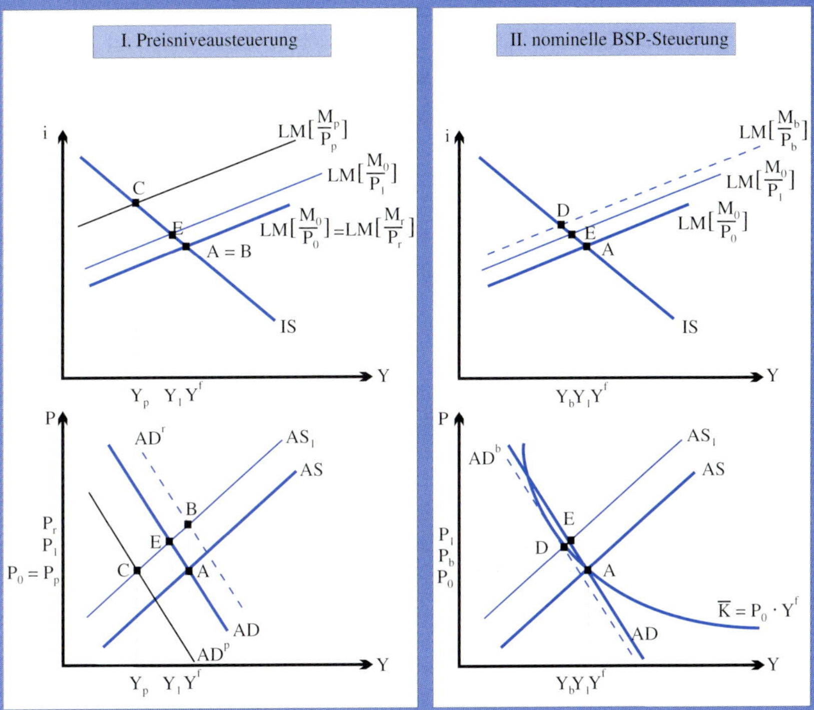

- Die Notenbank hat im Fall einer nominellen BSP-Steuerung eine **antizyklische Konjunktursteuerung** zu betreiben. Damit muß sie über hinreichend genaue

Prognosewerte für das nominelle Sozialprodukt verfügen (vgl. Gordon 1985, S. 73; Taylor 1985, S. 79f.). Die Funktionsfähigkeit der nominellen BSP-Steuerung hängt dann, im wesentlichen von der **Güte der Prognosen** zur nominellen BSP-Entwicklung und der Umlaufsgeschwindigkeit des Geldes ab. Anders als die Preisniveauentwicklung, die im allgemeinen durch Verträge weitgehend im voraus festgelegt ist (siehe Modul D), müssen jetzt auch mögliche Schwankungen des realen Sozialprodukts frühzeitig erkannt und berücksichtigt werden. Die Beobachtung, wonach in empirischen Studien die Prognosen des nominellen BSP im allgemeinen nicht sehr zutreffend sind, läßt sich damit erklären, daß weder mögliche exogene Störungen mit Sicherheit vorhergesehen werden noch der komplexe **Transmissionsprozeß** monetärer Impulse ausreichend genau bekannt ist. Selbst bei perfekter Identifikation aller Schwankungen wäre eine Notenbank aufgrund dieser Unkenntnis über den gesamten Transmissionsmechanismus nicht in der Lage, das nominelle BSP perfekt zu steuern. Lange und insbesondere variable **Wirkungsverzögerungen**[131] (Lags) tragen dazu bei, daß geldpolitische Maßnahmen möglicherweise zu schwache oder zu starke Effekte oder auch zum falschen Zeitpunkt Wirkungen entfalten. Somit besteht die Gefahr, daß eine Notenbank durch ihre Politik der nominellen BSP-Steuerung selbst zu zyklischen Schwankungen beiträgt, anstatt sie auszugleichen.[132]

- Bei einer Orientierung am nominellen BSP als Endziel der Geldpolitik wird der Notenbank neben der Verantwortung für die Geldpolitik auch die Verantwortung für mögliche Fehler in der Lohn- und Fiskalpolitik zugeschrieben.[133] Zwischen der Notenbank und den anderen Politikbereichen besteht kein klares wirtschaftspolitisches „**Assignment**". Anders als bei einem Preisniveau-Ziel

131 Die steuerungstechnischen Probleme der Geldpolitik werden vor allem in Kapitel III.4.1 behandelt.

132 Während bei der Preisniveausteuerung normalerweise der erwartungstheoretische Transmissionsprozeß auch beim Auftreten kleinerer Schocks für eine relativ konstante und damit vorhersagbare Preisniveauentwicklung sorgt, läßt sich das nominelle Sozialprodukt nur durch den zinstheoretischen Transmissionsprozeß beeinflussen. Letzterer ist aber sehr viel komplexer und damit mit einem weitaus höheren Risiko der Prozyklik behaftet, als es bei der Preisniveausteuerung der Fall ist. Insgesamt suggeriert die nominelle BSP-Steuerung, daß die Notenbank ein solches Aggregat auch tatsächlich hinreichend genau steuern könnte, was in der Realität letztlich aber nicht der Fall ist. Zu den verschiedenen Transmissionsmechanismen siehe genauer Modul D.

133 In diesem Sinn äußert sich z.B. Schlesinger (1988, S. 6): „Eine direkte Orientierung und Ausrichtung der Geldpolitik an diesen Endzielen der Wirtschaftspolitik (gemeint sind die Ziele der Preisniveaustabilität und der Vollbeschäftigung; die Verfasser) würde die Verantwortlichkeiten in der Wirtschaftspolitik nicht nur verwischen, sondern die Notenbank mit Aufgaben belasten, die sie gar nicht erfüllen kann."

muß die Notenbank beim nominellen BSP-Ziel für konjunkturelle oder auch strukturelle Nachfrage- und Beschäftigungseinbrüche eintreten, die möglicherweise von anderen Politikbereichen (Fiskalpolitik, Lohnpolitik) verursacht worden sind. So könnte der oben beschriebene Angebotsschock (Schaubild II.19) durch Lohnerhöhungen verursacht worden sein. In diesem Falle hätte also die Geldpolitik für die Fehler in der Tarifpolitik teilweise aufzukommen. Die Tarifpartner würden damit aus ihrer beschäftigungspolitischen Verantwortung entlassen. Auf die Gefahren einer möglichen **„Vollbeschäftigungsgarantie“** seitens der Zentralbank hat der Sachverständigenrat bereits frühzeitig hingewiesen (vgl. Sachverständigenrat, 1974, S. 146f.).

Mit dem unklaren Assignment der nominellen BSP-Steuerung geht auch der Verlust einer eindeutigen **Rechenschaftspflicht** („accountability“) der Notenbank einher. Man gibt ihr die Möglichkeit, sich hinter der Vielzahl von Einflußfaktoren auf die beiden Endziele zu verschanzen, die nicht in ihrem Wirkungsbereich liegen. Eine wirksame Kontrolle der Notenbank ist daher nur bei der eindimensionalen Zielvorgabe der Preisniveausteuerung möglich.[134] Darüber hinaus reduziert ein Preisniveauziel die Anfälligkeit der Notenbank auf politischen Druck. Da Regierungen im allgemeinen eine höhere Beschäftigungspräferenz aufweisen als Notenbanken, haben sie ein Interesse daran, das nominelle BSP-Ziel über dem „Gleichgewichtsmix“ (Punkt A in Schaubild II.18) festzulegen. Im Fall von Angebotsschocks können sie dann auf die Notenbank Druck ausüben, den kurzfristigen Phillips-Kurven Trade-off zugunsten der Beschäftigung auszunutzen. Wenn die Geldpolitik tatsächlich am Endziel des nominellen BSP ausgerichtet wird, ist es daher besonders wichtig, daß die Notenbank über eine hinreichende Unabhängigkeit verfügt, so daß sie die konkreten Zielwerte selbst bestimmen kann.[135]

4. Zusammenfassung der bisherigen Ergebnisse

In den bisherigen Kapiteln wurde nicht nur eine Konkretisierung des Begriffs der Geldwertstabilität vorgenommen, sondern es wurde auch im einzelnen diskutiert, worin die möglichen Vor- und Nachteile einer auf Geldwertstabilität ausgerichteten Geldpolitik zu suchen sind. Ausgehend von der Beobachtung, daß aufgrund statistischer Meßprobleme Inflationsraten bis 2 % p.a. als noch mit dem Ziel der Geldwertstabilität vereinbar angesehen werden können, wurden mögliche Rechtfertigungsgründe für eine darüber hinaus gehende Inflation erörtert. Überlegungen zur **Phillips-Kurve** haben dabei gezeigt, daß die Zentralbank zwar kurzfristig die

---

134 Welche Ausgestaltungen einer solchen Kontrolle der Notenbank denkbar sind und wie diese zu beurteilen sind, wird in Kapitel IV.4.2.4 umfassend diskutiert.

135 Siehe hierzu ausführlich Kapitel IV.

Möglichkeit besitzt, infolge von Lohn- und Preisrigiditäten mit einer Überraschungsinflation das Beschäftigungsniveau zu erhöhen. Langfristige Beschäftigungseffekte können auf diese Weise aber nicht erzielt werden, da die Privaten ihre Inflationserwartungen nach oben anpassen werden. Bei einer konstanten Inflationsrate wird sich – unabhängig von ihrer Höhe – langfristig stets die natürliche Arbeitslosenrate einstellen. Der Versuch, den kurzfristigen Trade-off zwischen Inflation und Arbeitslosigkeit auszubeuten, führt zu akzelerierenden Inflationsraten.

Auch das Argument, daß Inflation gut für das **gesamtwirtschaftliche Wachstum** einer Volkswirtschaft sei, läßt sich zumindest empirisch nicht belegen. Fast alle empirischen Untersuchungen weisen eine eindeutig negative Beziehung zwischen Inflation und Wachstum nach. Zwar sind theoretisch Substitutionseffekte zwischen der Vermögensanlage in realer Kasse und in Realkapital denkbar, die bei Inflation eine relative Erhöhung des Realkapitals vermuten lassen (Tobin-Effekt). Alle Modelle, in denen Geld Auswirkungen auf das reale Wachstum ausübt, gehen jedoch von sehr fragwürdigen Annahmen aus, so daß ihre Ergebnisse nur mit großer Vorsicht zu genießen sind.

Zumindest aus theoretischer Sicht ließe sich eine positive Inflationsrate damit rechtfertigen, daß über die **Seigniorage** ein dauerhafter Beitrag zur Staatsfinanzierung geleistet werden kann. In entwickelten Volkswirtschaften stellt jedoch die Seigniorage nur eine mögliche Form der Einnahmenerzielung dar. Ihre allokativen Kosten müssen denen anderer Finanzierungsformen – insbesondere der Steuerfinanzierung – gegenübergestellt werden. So sind in entwickelten Volkswirtschaften die sozialen (Grenz-)Kosten der Steuerfinanzierung als nicht sehr hoch anzusetzen, so daß Seigniorage relativ dazu eine teure Finanzierungsform darstellt. Die mit der Seigniorage einhergehenden **Kosten der Inflation** liegen nicht nur in den negativen Wachstumseffekten begründet, sondern auch in einer zu geringen Kassenhaltung, in den sogenannten Menu costs und in der Tatsache, daß die Signalfunktion des Preissystems beeinträchtigt wird. In Ländern mit ineffizienten Steuersystemen, für die die Seigniorage oft die bedeutendste Einnahmenquelle darstellt, muß jedoch beachtet werden, daß hier die Inflation zwar langfristig reale Einnahmen aus der Seigniorage gewährleistet, diese allerdings nicht beliebig gesteigert werden können. Ähnlich wie im Fall der Phillips-Kurve ist auch der Seigniorage eine gleichsam natürliche Grenze gesetzt, die nur um den Preis akzelerierender Inflationsraten und der Gefahr der Hyperinflation ausgeweitet werden kann.

Insbesondere in der amerikanischen Literatur wird vorgeschlagen, die Geldpolitik nicht einseitig auf das Ziel der Geldwertstabilität festzulegen, sondern sie darüber hinaus auch auf die Erreichung eines Outputziels zu verpflichten. Ebenso wie eine Ausrichtung der Geldpolitik am Preisniveauziel führt eine solche **nominelle BSP-Steuerung** dazu, daß Nachfrageschocks automatisch ausgeglichen werden, ohne daß sich das Preisniveau ändert. Im Fall von Angebotsschocks kommt es aber zu

Steuerung dazu, daß Nachfrageschocks automatisch ausgeglichen werden, ohne daß sich das Preisniveau ändert. Im Fall von Angebotsschocks kommt es aber zu einer Divergenz zwischen den beiden Endzielalternativen. Während bei der Preisniveausteuerung ausschließlich der Effekt auf das Preisniveau kompensiert werden soll, verlangt die nominelle BSP-Steuerung auch eine Berücksichtigung der Auswirkungen auf das reale Sozialprodukt. Stärker noch als die Preisniveausteuerung ist die nominelle BSP-Steuerung aber mit Problemen bei der konkreten Zielfestlegung behaftet. So läßt sich das nominelle BSP noch schwerer prognostizieren als das zukünftige Preisniveau. Mangelnde Kenntnisse über den Transmissionsmechanismus geldpolitischer Impulse lassen gerade bei der nominellen BSP-Steuerung die Gefahr entstehen, daß die Geldpolitik anstatt einer Schockkompensation eine Schockverstärkung herbeiführt. Die mit der nominellen BSP-Steuerung verbundene unklare Zuweisung der Verantwortlichkeiten auf die anderen wirtschaftspolitischen Entscheidungsträger (Fiskalpolitik, Tarifparteien) lassen sie darüber hinaus auch dann unattraktiv erscheinen, wenn die angesprochenen Steuerungsprobleme nicht vorliegen würden. Alles in allem läßt sich damit folgern, daß das Ziel der Geldpolitik ausschließlich die Erreichung der Preisniveaustabilität sein sollte.

Anhang II.1: Ein einfaches monetäres Wachstumsmodell

Die Anfänge der monetären Wachstumstheorie liegen in den Arbeiten von Tobin (1965) und Stein (1966) begründet. Während Tobin (1965) ein neoklassisches Wachstumsmodell verwendete, entschied sich Stein (1966) für ein keynesianisches. Die größere Popularität erlangte das Modell von Tobin, weshalb es an dieser Stelle kurz präsentiert und diskutiert werden soll.

Grundlage aller Wachstumsmodelle ist eine gesamtwirtschaftliche Produktionsfunktion. Zumeist wird dabei unterstellt, daß diese Funktion linearhomogen in den Produktionsfaktoren Arbeit (N) und Kapital (K) ist.

(1) $$Y = f(N,K) \text{ mit } \frac{\partial f}{\partial N} > 0; \ \frac{\partial f}{\partial K} > 0; \ \frac{\partial^2 f}{\partial N^2} < 0; \ \frac{\partial^2 f}{\partial K^2} < 0$$

Dies bedeutet zugleich, daß das reale Pro-Kopf-Einkommen in einer Volkswirtschaft (y) als Funktion der Kapitalintensität (k) dargestellt werden kann:[136]

(2) $$y = \frac{Y}{N} = f\left(\frac{N}{N}, \frac{K}{N}\right) = f(1,k) = f(k) \text{ mit } \frac{df}{dk} > 0; \ \frac{d^2 f}{dk^2} < 0$$

---

[136] Es wird dabei eine Erwerbsquote von eins unterstellt, d.h. die Bevölkerungsgröße entspricht dem Arbeitskräfteeinsatz (vgl. Klump 1991, S. 9). Kleine Buchstaben symbolisieren hier Pro-Kopf Werte.

Monetäre Wachstumsmodelle unterscheiden sich nun von den realen dadurch, daß sie als relevanten Vermögensbegriff nicht das gesamtwirtschaftliche Reinvermögen ansehen, sondern das Realvermögen des **privaten Sektors**. Dies bedeutet, daß nicht nur das Realkapital, sondern auch die reale Geldhaltung berücksichtigt wird.[137] Aus der Definitionsgleichung des Realvermögens Pro-Kopf des privaten Sektors (a) als Summe aus realer Geldhaltung pro Kopf (m) und Realkapital pro Kopf (k)

$$(3) \qquad a = k + m$$

läßt sich leicht ersehen, daß für ein gegebenes Realvermögen (a) eine Substitutionsbeziehungen zwischen der realen Geldhaltung (m) und dem Realkapital (k) besteht.[138] Zu Portfolioänderungen kommt es dann, wenn sich die Opportunitätskosten der Geldhaltung verändern. So bewirkt eine Erhöhung der Nominalzinsen eine Verringerung der nachgefragten realen Kasse und damit eine Erhöhung der Realkapitalbildung. Dies bedeutet aufgrund der obigen Produktionsfunktion zugleich ein höheres Pro-Kopf-Einkommen. Durch eine höhere Inflationsrate und einen dadurch verursachten Zinsanstieg (Fisher-Effekt) kann langfristig ein höheres Produktionsvolumen erreicht werden. Allerdings ist das Realvermögen des privaten Sektors keine exogene, sondern eine endogene Größe. So hängt die Realvermögensbildung ganz entscheidend von der Sparneigung innerhalb der Volkswirtschaft ab. Damit kommt es insbesondere darauf an, wie sich diese infolge der höheren Inflationsrate entwickelt. Sinkt z.B. das Realvermögen um den gleichen Betrag wie die reale Geldhaltung, so bleibt der Realkapitalbestand unverändert und der oben beschriebene Effekt auf die Kapitalintensität und die Produktion tritt nicht ein (vgl. Orphanides und Solow 1990, S. 228f.).

Tobin (1965) unterstellt eine konstante Sparquote (s). Dies bedeutet, daß in Analogie zur Pro-Kopf Betrachtung in Gleichung (3) ein konstanter Teil des verfügbaren Einkommens zur gesamtwirtschaftlichen Realvermögensbildung in Form von zusätzlichem Realkapital (dK) bzw. realer Geldhaltung $\left(d\left(\frac{M}{P}\right)\right)$ verwendet wird. Wie die konkrete Aufteilung aussehen wird, hängt insbesondere von den Präferen-

---

[137] Diese Betrachtungsweise stellt die Funktion des Geldes als Wertspeicher in den Vordergrund (vgl. Orphanides und Solow 1990, S. 228). Für die verschiedenen Vermögensbegriffe siehe Modul E oder aber Monissen (1982a, S. 148 - 152).

[138] Die Betrachtung des privaten Sektors als ganzes impliziert, daß der hier verwendete Geldbegriff dem der Geldbasis entspricht. Denn diese stellt eine Forderung gegenüber der Notenbank dar. Traditionelle Geldmengenabgrenzungen können hier nicht verwendet werden, da sich bei ihnen Forderungen und Verbindlichkeit innerhalb des privaten Sektors gegeneinander aufheben. Zu einer kritischen Betrachtung der Verwendung dieser Gelddefinition siehe das Kapitel (II.2.3) und Anhang II.2.

zen der Wirtschaftssubjekte für die Haltung von realer Kasse ab, also von der Geldnachfrage. Für die Realvermögensbildung insgesamt gilt:[139]

$$(4) \qquad s\cdot\left(Y+\left(\frac{dM}{P}\right)-\left(\frac{dP}{P}\frac{M}{P}\right)\right)=dK+d\left(\frac{M}{P}\right)$$

Das verfügbare Einkommen wird von drei Komponenten bestimmt. Das Einkommen aus der laufenden Produktion (Y) erhöht sich um die realen Einnahmen des Staates, die dieser aus der Emission von Geld erzielt $\left(\frac{dM}{P}\right)$ und die er per Annahme an die Privaten zurücktransferiert. Abzuziehen ist jedoch der Kapitalverlust, den die Privaten dadurch erleiden, daß die Inflation deren reale Geldbestände entwertet $\left(\frac{dP}{P}\frac{M}{P}\right)$.[140] Die Berücksichtigung des letzten Terms spiegelt den Versuch der Privaten wider, in Zeiten unveränderter Inflationsraten ihren realen Kassenbestand zu erhalten.[141] Die zwei letzten Komponenten ergeben zusammen aber gerade die Veränderung der realen Geldbestände, so daß unter Verwendung von Veränderungsraten folgender Zusammenhang gilt:[142]

$$(5) \qquad s\cdot\left(Y+(\mu-\pi)\cdot\frac{M}{P}\right)=dK+(\mu-\pi)\cdot\frac{M}{P}$$

Die Ersparnis der Privaten teilt sich nun auf die Kapitalbildung und auf die Erhöhung der realen Geldbestände auf. Betrachtet man wiederum Pro-Kopf-Bestände, so erhält man die Veränderung der Kapitalintensität $(\dot{k})$ als Funktion der Sparquote (s), des Pro-Kopf-Einkommens (y), der Wachstumsrate der nominellen Geldbestände (μ), der Inflationsrate (π), dem realen Pro-Kopf-Geldbestand (m), der Rate des Bevölkerungswachstums (η) und der Kapitalintensität (k) selbst:[143]

---

139 Die Änderungen beziehen sich stets auf Veränderungen in der Zeit. Damit gilt z.B. $dM \equiv dM/dt$.

140 Die realen Einnahmen des Staates aus der Emission von Geld werden Seigniorage genannt. Ebenso wie die Inflationssteuer, die die Entwertung der realen Geldbestände widerspiegelt, wird in Kapitel II.2.3 ausführlich diskutiert.

141 Diese Hypothese ist Folge der unterstellten Geldnachfragefunktion. Eine Spezifizierung derselben erfolgt weiter unten.

142 Die Veränderung der realen Geldmenge erhält man, indem man diese nach der Zeit ableitet. Dabei verändert sich sowohl die nominelle Geldmenge M mit der Rate μ als auch das Preisniveau P mit der Rate π in der Zeit:

$$d\left(\frac{M}{P}\right)=\frac{dM\cdot P-dP\cdot M}{P^2}=\frac{dM}{P}-\frac{dP}{P}\cdot\frac{M}{P}=\frac{dM}{M}\cdot\frac{M}{P}-\frac{dP}{P}\cdot\frac{M}{P}=(\mu-\pi)\cdot\frac{M}{P}$$

143 Auch hier gilt der bereits in der vorherigen Fußnote erwähnte Umstand, daß sich die Wachstumsrate eines Quotienten aus der Differenz der Veränderungsrate des Zählers abzüglich der des

(6) $\dot{k} = s \cdot y - (1-s)(\mu - \pi)m - \eta \cdot k$

Da (monetäre wie auch reale) Wachstumsmodelle naturgemäß die Dimension „Zeit" berücksichtigen, führen sie leicht zu sehr komplexen Strukturen. Deshalb ist es für zahlreiche Fragen hilfreich, sich auf die Betrachtung sogenannter steady-state-Gleichgewichte zu beschränken. Steady-state-Gleichgewichte sind dadurch gekennzeichnet, daß sich alle Variablen mit einer konstanten Wachstumsrate ändern. Diese unterstellte Statik in den Veränderungsraten erlaubt nun einen relativ einfachen Umgang mit sich ändernden Größen (vgl. McCallum 1989, S. 109f.).

Betrachtet man ausschließlich steady-state-Gleichgewichte, so läßt sich die Gleichung (6) weiter vereinfachen. Es zeigt sich, daß sich innerhalb eines solchen Gleichgewichts in dem von Tobin verwendeten neoklassischen Wachstumsmodell weder die Kapitalintensität noch die reale Geldmenge pro Kopf ändern.

Ein langfristiges steady-state-Gleichgewicht impliziert zudem ein Gleichgewicht auf dem Geldmarkt. D.h. die reale Geldmenge pro Kopf muß auch der Pro-Kopf-Geldnachfrage entsprechen. Andernfalls liegt ein Ungleichgewicht vor, was Anpassungsprozesse auslösen wird. Es genügt somit eine Betrachtung der realen Pro-Kopf-Geldnachfrage:

(7) $$\frac{M^D}{P \cdot N} = m^D(y,i) = m^D(y, r+\pi) \quad \text{mit} \quad \frac{\partial m^D}{\partial y} > 0 \; ; \; \frac{\partial m^D}{\partial i} < 0$$

Da innerhalb eines steady-state-Gleichgewichts die Inflationsrate per Annahme konstant bleibt, kann eine permanente Änderung der realen Pro-Kopf-Geldnachfrage nur eintreten, wenn sich das reale Pro-Kopf-Einkommen oder der Realzins verändert. Beides ist jedoch nicht der Fall, denn das reale Pro-Kopf-Einkommen und der Realzins bleiben konstant, wenn die Bevölkerung mit der konstanten Rate η wächst. Ein steady-state-Gleichgewicht wird sich bei oben zugrundegelegter linearhomogener Produktionsfunktion nämlich nur dann einstellen, wenn das Bevölkerungswachstum ein Kapitalstockwachstum mit gleicher Rate induziert (vgl. Rose 1991, S. 80 f.).[144] Dies bedeutet eine konstante Kapitalintensität,

---

Nenners ergibt. Die Veränderungsrate der Kapitalintensität (K/N) ergibt sich somit zu $\frac{dk}{k} = \frac{dK}{K} - \frac{dN}{N}$. Ist die Wachstumsrate der Bevölkerung η positiv, so wächst die Kapitalintensität nicht so stark wie der Kapitalstock. Die absolute Veränderung der Kapitalintensität erhält man als $\dot{k} = \frac{dk}{dt} = \frac{dK/dt}{N} - \eta \cdot k$.

144 Dies ist Ergebnis der unterstellten Deutung des Begriffs „Gleichgewicht". In den statischen Makromodellen ist ein Gleichgewicht stets durch den stabilen Vollbeschäftigungsoutput gekennzeichnet. Ein Wachstumsgleichgewicht erfordert in analoger Weise somit sowohl die Konstanz der Wachstumsrate des Sozialproduktes als auch gleichzeitige Vollbeschäftigung. Dies ist aber nur dann gewährleistet, wenn bei einer linearhomogenen Produktionsfunktion und einem

die ihrererseits nicht nur zu einem konstanten Pro-Kopf-Einkommen führt, sondern auch zu einem konstanten Grenzprodukt des Kapitals, von dem angenommen wird, daß es dem Realzins entspricht.[145] Damit ist die nachgefragte reale Kasse pro Kopf (m^D) konstant, und die tatsächliche reale Geldmenge pro Kopf (m) ändert sich ebenfalls nicht mehr. Im steady-state-Gleichgewicht gilt also:

(8) $$\frac{dm}{m} = \frac{dM}{M} - \frac{dP}{P} - \frac{dN}{N} = \mu - \pi - \eta = 0$$

Nutzt man also den Umstand, daß im steady-state sowohl $\mu - \pi = \eta$ als auch $\dot{k} = 0$ gilt, so erhält man für y = f(k) aus Gleichung (6)

(9) $$0 = s \cdot f(k) - (1 - s)\eta \cdot m - \eta \cdot k$$

Sollen die Auswirkungen einer Änderung der Inflationsrate auf die Kapitalintensität analysiert werden, so muß man sich wiederum des steady-state-Gleichgewichts auf dem Geldmarkt bedienen und anstelle des realen Geldbestandes pro Kopf die reale Geldnachfrage pro Kopf verwenden. Führt man die Argumente der obigen Geldnachfragefunktion auf die Kapitalintensität und die Inflationsrate zurück:

(10) $$\frac{M^D}{P \cdot N} = m^D(y,i) = m^D\big(f(k), f'(k) + \pi\big) = m^D(k,\pi)$$

$$\text{mit} \quad \frac{dm^D}{dk} > 0; \frac{dm^D}{d\pi} < 0$$

so erhält man für den steady-state-Zusammenhang von Kapitalintensität und Inflationsrate:

(9') $$0 = sf(k) - (1 - s)\eta m^D(k,\pi) - \eta \cdot k\,.$$

Eine höhere Inflationsrate hat im Tobin-Modell eine höhere Kapitalintensität und damit einen höheren Output zur Folge: Die höhere Inflationsrate führt zu einem

konstanten Bevölkerungswachstum auch der Kapitalstock mit einer konstanten Rate wächst, denn es gilt allgemein: $\frac{dY}{Y} = \alpha\frac{dN}{N} + \beta\frac{dK}{K}$, wobei die Produktionselastizitäten der Faktoren Arbeit und Kapital (α,β) konstant sind. Da weiterhin folgender Zusammenhang im Gleichgewicht gelten muß: $\frac{dK}{K} = \frac{I}{K} = \frac{S}{K} = s \cdot \frac{Y}{K}$, verlangt eine konstante Wachstumsrate des Kapitalstocks eine konstante Kapitalproduktivität. Diese erhält man nur, wenn der Kapitalbestand und der Output mit derselben Rate wachsen. Linearhomogenität ($\alpha + \beta = 1$) impliziert also darüber hinaus, daß für ein steady-state-bzw. golden age-Gleichgewicht diese Raten mit der als exogen unterstellten Wachstumsrate der Bevölkerung übe reinstimmen müssen (vgl. Rose 1991, S. 80f.).

145 Das Grenzprodukt des Kapitals zeigt, um wieviele Einheiten der Output (Y) steigt, wenn der Kapitaleinsatz (K) um eine Einheit zunimmt, unter der Voraussetzung, daß der Arbeitseinsatz konstant bleibt. Man erhält es aber auch als Ableitung des Pro-Kopf-Einkommens nach der Kapitalintensität.

gestiegenen Nominalzins und damit zu höheren Opportunitätskosten der Kassenhaltung. Das in Gleichung (9') dargestellte steady-state-Gleichgewicht ist gestört, da die Privaten weniger reale Kasse halten wollen. Damit sich wieder ein neues Gleichgewicht einspielt, muß der Kapitalbestand steigen. Dies wird eine höhere Kapitalintensität zur Folge haben.[146] Diese gestiegene Kapitalintensität führt jedoch zu einer geringeren Grenzproduktivität des Kapitals. Dies ist gleichbedeutend mit einer Reduktion des Realzinses und führt zu einer teilweisen Kompensation des Anstiegs des Nominalzinses (vgl. Klump 1991, S. 16). Der positive Zusammenhang zwischen Inflationsrate und Kapitalintensität und die damit verbundene Erhöhung der Produktion wird **Tobin-Effekt** genannt.[147]

Die entscheidende Aussage des Tobin-Modells ist somit die Möglichkeit, mit Hilfe einer höheren Inflationsrate einen (einmaligen) positiven Wachstumseffekt des Pro-Kopf-Einkommens zu erzeugen. Da aber auch im Tobin-Modell in jedem steady-state-Zustand die Kapitalintensität konstant bleibt, erfordert ein dauerhaftes Wachstum eine akzelerierende Inflationsrate.

Es zeigt sich allerdings, daß dieses Modellergebnis nicht sehr robust ist. Leichte Modelländerungen führen zu gänzlich anderen Aussagen. Dies gilt z.B. für die als konstant unterstellte Sparquote (s). Unterstellt man stattdessen, daß die Sparquote eine Funktion der realen Erträge des Kapitals (r) bzw. der realen Geldhaltung (m) ist, so ist der Effekt keineswegs mehr positiv. Einen negativen Effekt erhält man, wenn man unterstellt, daß die Sparquote nicht konstant oder nur vom Vermögen abhängig ist, sondern negativ mit der Inflationsrate korreliert (vgl. Orphanides und Solow 1990, S. 232).

Daneben sprechen aber auch grundsätzliche theoretische Überlegungen gegen die Plausibilität des Tobin-Modells. Die unterstellte Substitutionsbeziehung zwischen der realen Geldhaltung und dem Realkapitalbestand in einer Volkswirtschaft und der daraus abgeleitete Tobin-Effekt impliziert, daß die Kapitalintensität dann am höchsten ist, wenn die Inflationsrate so hoch ist, daß die reale Geldnachfrage null ist. Für Gleichung (9') erhält man dann:

---

146 Die Notwendigkeit einer höheren Kapitalintensität ergibt sich allerdings nicht zwangsläufig. Nur dann, wenn das Produkt aus dem Grenzprodukt des Kapitals und der Sparquote kleiner ist als die Wachstumsrate der Bevölkerung, erfordert eine höhere Inflationsrate im steady-state-Gleichgewicht eine höhere Kapitalintensität (vgl. Klump 1991, S. 15). Unterstellt man aber ein konsummaximierendes Verhalten der Wirtschaftssubjekte, so ist im Gleichgewicht das Grenzprodukt des Kapitals gleich der Wachstumsrate des Kapitalstocks und diese gleich der Änderungsrate der Bevölkerung („Goldene Regel der Kapitalakkumulation"). Die obige Voraussetzung ist dann erfüllt (vgl. Rose 1991, S. 123f.).

147 Der negative Zusammenhang zwischen Inflation und Realzins geht auf Mundell (1963) zurück. Häufig wird gerade in diesem Effekt die Ursache für das Portfolioungleichgewicht gesehen, was die Autoren dann dazu veranlaßt, im Bezug auf die Beziehung von Inflation und Kapitalintensität vom **Mundell-Tobin-Effekt** zu sprechen (vgl. z.B. Grier und Tullock 1989, S. 262).

(11) $0 = s \cdot f(k) - \eta \cdot k\,.$

Dies ist aber gerade die Optimalitätsbedingung im zugrundegelegten (realen) Wachstumsmodell von Solow (1956). Dies impliziert, daß immer dann, wenn die Wirtschaftssubjekte Geld verwenden, nur eine geringere Wachstumsrate erzielt werden kann, als in einer Welt ohne Geld. Positive Auswirkungen des Geldes auf den Produktionsprozeß – ,insbesondere in der Form von Transaktionskostenersparnissen – werden nicht nur nicht beachtet, sondern offensichtlich in ihr Gegenteil verkehrt (vgl. Klump 1993, S. 23f.).

Mittlerweile existieren zwar Modelle, die an diesen Problemen des Tobin-Modells ansetzen, insgesamt kommen Orphanides und Solow (1990, S. 257f.) aber zu der Schlußfolgerung, daß es noch immer kein befriedigendes Gesamtmodell zur Erklärung des Zusammenhangs von Inflation und Wachstum gibt.

Anhang II.2: Der Zusammenhang von Geldbasis und Geldmenge in Hyperinflationen: Das Beispiel der deutschen Hyperinflation von 1922/23

Im folgenden werden grundsätzliche Überlegungen zum Zusammenhang zwischen Geldbasis und Geldmenge während einer Hyperinflation angestellt. Dabei wird versucht, diese Aussagen mit den Erfahrungen der deutschen Hyperinflation von 1922/23 zu belegen. Diese setzte im August 1922 mit einer monatlichen Inflationsrate von 64,6 % ein. Der Prozeß erreichte seinen Höhepunkt im Oktober 1923 mit einer Geldentwertung von 32.400 % pro Monat (vgl. Cagan 1956, Tabelle 1, S. 26). Erst die Stabilitätsbemühungen vom November 1923 – sie mündeten in eine Währungsreform, mit der die „Papiermark" zunächst durch die Rentenmark und am 11. Oktober 1924 durch die Reichsmark ersetzt wurde – bewirkten einen wirkungsvollen Bruch der Inflationsdynamik (vgl. Webb 1989, S. 69f.).

Modul C zeigt, daß sich **Geldbasis** und **Geldmenge** grundsätzlich anhand der vereinfachten Bilanz der Notenbank bzw. der konsolidierten Bilanz des Bankensystems ermitteln lassen. Darüber hinaus zeigt die konsolidierte Bilanz des Geschäftsbankensektors die Höhe des sogenannten **Geschäftsbankengeldes** an. In Zeiten relativer Geldwertstabilität werden diese Bilanzen folgendes Aussehen haben:

Hyperinflationen zeichnen sich stets durch eine immens steigende Verschuldung des Staates bei der Notenbank aus. Dies gilt auch und insbesondere für Deutschland in den Jahren 1922/23 (vgl. Haller 1976, Tabelle 3, S. 154). Als direkte Folge dieser ungeheuren Kreditausweitung büßten alle anderen Positionen der Aktivseite der Notenbankbilanz ihre relative Bedeutung ein. Es tritt aber nicht nur ein Aktivtausch ein, sondern eine Bilanzverlängerung. Denn in dem Moment, in dem der Staat Zahlungen an die Privaten vornimmt oder den Gegenwert der Kredite auf seine Konten im Geschäftsbankensektor verlagert, wird es auf der Passivseite der Notenbankbilanz zu einem deutlichen Anstieg der Geldbasis kommen. In Deutschland hat dies zu einer erheblichen Umschichtung zugunsten des Bargeldes geführt hat, was darauf zurückzuführen ist, daß damals der bargeldlose Zahlungsverkehr in Deutschland wenig ausgeprägt war (vgl. Holtfrerich 1980, S. 48/49 und 59). Die Geldmenge steigt ebenfalls stark an, denn jede Zahlung des Staates an die Privaten führt entweder direkt oder indirekt zu einem gestiegenen Bargeldumlauf oder zu einer Erhöhung der Einlagen der Privaten bei den Geschäftsbanken. Ähnlich wie im Falle der Geldbasis läßt sich dabei beobachten, daß in Deutschland der Anstieg des Bargeldes weitaus höher war als der Anstieg der Einlagen bei den Geschäftsbanken (vgl. Holtfrerich 1980, S. 59). Während sich der Einlagenbestand zu Beginn der Hyperinflation im August 1922 noch auf das 1,25 fache des Bargeldumlaufs belief, betrug diese Quote kurz nach der Stabilisierung im November 1923 nur noch 0,5, was wiederum mit den Zahlungsgewohnheiten erklärbar ist (vgl. Webb 1989, S. 13f.).

Tabelle II.5: Vereinfachte Notenbankbilanz, konsolidierte Bilanz des Geschäftsbankensektors und konsolidierte Bilanz des Bankensystems

Vereinfachte Notenbankbilanz

Aktiva	Passiva
Nettoforderungsposition der Notenbank gegenüber dem Ausland Kredite der Notenbank • an den Staat • an inländische Geschäftsbanken	Geldbasis • Bargeldumlauf • Guthaben inländischer Geschäftsbanken Einlagen des Staates bei der Notenbank Saldo sonstiger Aktiva und Passiva der Notenbank

Kons. Bilanz des Geschäftsbankensektors

Aktiva	Passiva
Nettoforderungsposition der Geschäftsbanken gegenüber dem Ausland Kassenbestände der Geschäftsbanken Guthaben der Geschäftsbanken bei der Notenbank Kredite der Geschäftsbanken • an private Nichtbanken • an den Staat	Einlagen bei inländischen Geschäftsbanken • Sichteinlagen • Termineinlagen • Spareinlagen Geldkapital Saldo sonstiger Aktiva und Passiva der Geschäftsbanken

Konsolidierte Bilanz des Bankensystems

Aktiva	Passiva
Nettoforderungsposition des Bankensystems gegenüber dem Ausland Kredite des Bankensystems • an private Nichtbanken • an den Staat	Geldmenge • Bargeldumlauf (ohne Kassenbestände der Geschäftsbanken) • Einlagen bei inländischen Geschäftsbanken Einlagen des Staates bei der Notenbank Geldkapital Saldo sonstiger Aktiva und Passiva des Bankensystems

Ein direkter Effekt der Inflation besteht außerdem darin, daß es zu einer Veränderung in der Fristigkeitsstruktur der Verbindlichkeiten der Geschäftsbanken kommen wird. Im Verlauf der Inflation wird eine eindeutige Verschiebung zugunsten von Einlagen mit ganz kurzen Laufzeiten stattfinden, d.h. das Geldkapital aber auch Spareinlagen und u. U. auch Termineinlagen werden in Sichteinlagen umgewandelt. Diese Tendenz läßt sich auch in Deutschland beobachten (vgl. Holtfrerich 1980, S. 56).

Entscheidend dafür, in welchem quantitativen Verhältnis die Geldmenge und die Geldbasis zueinander stehen, ist die Höhe der Kreditvergabe der Kreditinstitute an die Privaten. In Zeiten der (relativen) Preisniveaustabilität bestimmt gerade diese Komponente weitgehend die Höhe der Geldmenge. Klar ist, daß während einer Hyperinflation, in der die Privaten ihr Geld allenfalls nur sehr kurzfristig anlegen, auch die Kredite nur kurzfristig herausgelegt werden, wollen die Banken einen Verstoß gegen den Liquiditätsgrundsatz („Goldene Bankregel") und damit die Gefahr der Zahlungsunfähigkeit vermeiden. Daß so auch in Deutschland 1922/23 verfahren wurde, läßt sich anhand der stark abnehmenden Marktanteile der Banken ersehen, die primär das langfristige Geschäft betrieben (vgl. Holtfrerich 1980, Fußnote 36, S. 65).

Die Möglichkeit, zusätzliche kurzfristige Kredite zu schaffen, ist in Zeiten einer stark steigenden Geldbasis entsprechend der traditionellen Multiplikatortheorie immer gegeben. Aus preistheoretischer Sicht hängt das tatsächliche Ausmaß der Kreditschöpfung aber sowohl vom Verhalten der Kreditnachfrager (Privaten) wie auch dem der Kreditanbieter (Geschäftsbanken) ab. Hypothesen über dieses Verhalten werden in der Regel im Rahmen der Überlegungen zur realen Kreditnachfrage bzw. zum realen Kreditangebot getroffen (vgl. dazu genauer Modul C). So wird unterstellt, daß das Kreditangebot positiv vom Kreditzinssatz abhängt und (normalerweise) maßgeblich von der Notenbank durch eine gezielte Steuerung der Refinanzierungskosten beeinflußt (Modul C) wird, wobei niedrigere Refinanzierungskosten dabei zu einem höheren Kreditangebot führen. Analog läßt sich für die Kreditnachfrage argumentieren. Je höher der zu zahlende Nominalzins ist, desto geringer wird die reale Kreditnachfrage sein. Für die nominale Kreditnachfrage bedeutet dies, daß ein erhöhter Zinssatz bei steigenden Preisen lediglich zu einem unterproportionalen Anstieg der nominellen Kreditnachfrage führt.

Unterstellt man nun die Gültigkeit der Fisher-Gleichung (vollständige Berücksichtigung der Inflationsrate im Nominalzins) auch für die Phase einer Hyperinflation mit akzelerierenden Inflationsraten, dann wird das reale Kreditvolumen ständig zurückgehen, da die Geschäftsbanken aufgrund der zurückgehenden realen Kreditnachfrage trotz steigender Geldbasis nur in einem geringeren Verhältnis (Multiplikator) zusätzliche nominelle Kredite schöpfen können. Der Anteil des nominellen Kreditbestandes der Geschäftsbanken an ihrer Bilanzsumme wird permanent abnehmen und der Anteil der liquiden Mitteln (Kassenbestände, Forderungen gegenüber der Notenbank) entsprechend zunehmen. Für die konsolidierte Bilanz des Geschäftsbankensektors in der Hyperinflation hat dies im Extremfall zur Folge, daß die liquiden Mittel den Einlagen entsprechen. Dies bedeutet aber, daß die Geldmenge gleich der Geldbasis ist, wobei letztere vollständig mit der Nettoforderungsposition der Notenbank gegenüber dem Staat (Kredite abzüglich Einlagen) übereinstimmt:

Tabelle II.6: Zusammenhang zwischen Geldbasis und Geldmenge in Hyperinflationen

Vereinfachte Notenbankbilanz bei fortschreitender Hyperinflation		konsolidierte Bilanz des Bankensystems bei fortschreitender Hyperinflation	
Aktiva	**Passiva**	**Aktiva**	**Passiva**
Nettoforderungsposition der Notenbank gegenüber dem Staat	Geldbasis • Bargeldumlauf • Guthaben inländischer Geschäftsbanken	Nettoforderungsposition der Notenbank gegenüber dem Staat	Geldmenge • Bargeldumlauf (ohne Kassenbestände der Geschäftsbanken) • Einlagen bei inländischen Geschäftsbanken

Eine der zentralen Bedingungen für die Ableitung dieser bilanzmäßigen Identität war in der deutschen Hyperinflation jedoch nicht gegeben. So galt zu keinem Zeitpunkt die Fisher-Relation, denn sowohl der Refinanzierungszinssatz der Geschäftsbanken bei der Notenbank als auch der Tagesgeldsatz lagen weit unter der jährlichen Inflationsrate. Diskontsatzänderungen fanden nur in ganz geringfügigem Maße statt. Von August 1922 bis Oktober 1923 stieg der Diskontsatz lediglich von 6 % auf 30 % an. Bis zum Juli 1923 überstieg der Tagesgeldzins den Diskontsatz fast nie (Ausnahme Februar 1923) und entkoppelte sich erst im Juli 1923 mit 92 % von diesem (vgl. Holtfrerich 1980, Tabelle 23, S. 70). Eine solche Entwicklung ist nicht nur Folge einer bewußten Zinspolitik der Notenbank, sondern auch direkte Konsequenz der Überschwemmung des Geldmarktes mit Zentralbankgeld, ausgelöst durch die immens hohe Notenbankfinanzierung des Staates. Solche Zinsen bewirken nun, daß der oben beschriebene Rückgang der reale Kreditnachfrage nicht einsetzt. Die nominelle Nachfrage nach Krediten nimmt mit steigender Inflation zu, denn die Schuld entwertet sich in immer kürzerer Zeit. Es ist somit aus einzelwirtschaftlicher Sicht rational, sich so stark wie möglich zu verschulden (vgl. Prion 1924, zitiert in Holtfrerich 1980, S. 68).

Auch für die Geschäftsbanken ist die Auslegung kurzfristiger Kredite dann immer ein sicheres und gewinnversprechendes Geschäft, wenn sie mit einem permanenten Zufluß unverzinslicher Einlagen rechnen können (vgl. Bailey 1956, S. 103). In

Deutschland schien dies aber infolge der bereitwilligen Kreditgewährung an den Staat seitens der Notenbank gesichert zu sein, denn selbst die Reichsbank sah in dieser Kreditgewährung die „Erfüllung von Staatsnotwendigkeiten" (Holtfrerich 1980, S. 168). Die zusätzliche Gewährung von Refinanzierungskrediten an die Geschäftsbanken aber auch an Private Nichtbanken diente lediglich der Gleichstellung der privaten und staatlichen Kreditnehmer (vgl. Holtfrerich 1980, S. 72). Jedoch erfolgte die Refinanzierung nicht unbeschränkt, sondern die Reichsbank machte insbesondere im Frühjahr 1923 eine stärkere Kreditrationierungen seitens der Geschäftsbanken zur Vorbedingung für weitere Refinanzierungskredite (vgl. Holtfrerich 1980, S. 66).

In Hyperinflationen bewirkt nun zwar jeder zusätzliche nominelle Kredit kurzfristig auch zusätzliche nominelle Einlagen im Bankensystem, gleichzeitig steigt aber auch der Bargeldabfluß, da das Vertrauen zum Finanzsystem abnimmt. Neben dieser Verringerung des Multiplikators kommt es bei stark steigenden Inflationsraten noch zu einer Abnahme der realen Geldhaltung, da sich die Geldbestände immer schneller entwerten. Während für die gewünschte Höhe der Kredite der Nominalzins relevant ist, richtet sich die gewünschte Höhe der realen Geldhaltung, also der realen Einlagen wie auch des realen Bargeldbestands, an der erwarteten Inflationsrate aus (vgl. Cagan 1956, S. 31 – 35). Je höher die Rate der Geldentwertung aber bereits ist, desto mehr sind die Wirtschaftssubjekte bestrebt, ihre realen Geldbestände abzubauen; es kommt zu einer zusätzlichen Erhöhung der Preise.[148] Neben dem von Cagan (1956, S. 30) dargestellten drastischen Rückgang des realen Geldbestandes reduziert sich damit auch der reale Kreditbestand. Wie sich der Anteil der nominellen Kredite an der Bilanzsumme in einer solchen Situation aber verändert, ist a priori unklar. Diese Relation hängt entscheidend vom Zusammenhang zwischen der Wachstumsrate der Geldbasis und der Wachstumsrate der nominellen Einlagen ab. Entspricht z.B. die Inflationsrate der Wachstumsrate der Geldbasis und kommt es zu dem oben beschriebenen Rückgang der realen Einlagen infolge der Inflation, so impliziert dies einen Rückgang der Kredite relativ zu den Einlagen und den Guthaben der Geschäftsbanken bei der Notenbank. Daß genau dieser Fall während der Hyperinflationsphase in Deutschland eingetreten ist, kann man aus der sich verbessernden Liquiditätslage der Geschäftsbanken ab Mitte 1922 schließen (vgl. Holtfrerich 1980, S. 69). Im Zuge der fortschreitenden Hyperinflation wird also die aufgrund der niedrig fixierten Zinsen unbegrenzt erscheinende Kreditschöpfungsmöglichkeit durch die Passivseite der Geschäftsbankenbilanz restringiert, da den Geschäftsbanken der notwendige Einlagenzufluß fehlt. Die niedrigere

[148] Das Nichterfülltsein der Fisher-Relation bewirkt somit eine Entkopplung der realen Kreditnachfrage von der realen Geldnachfrage. Die Analyse des Modul C kann also nicht ohneweiteres auf den Fall der Hyperinflation übertragen werden.

reale Geldhaltung insgesamt und vor allem der sich erhöhende Bargeldabfluß bewirken auch dann, daß die Kredite der Geschäftsbanken gegenüber ihren liquiden Mitteln an Bedeutung verlieren.

III

Die Diskussion über „Regeln versus Entscheidungsspielräume“ („Rules versus Discretion“) in der Geldpolitik

1. Überblick

In den folgenden Kapiteln wird unterstellt, daß die Geldpolitik primär auf das Ziel der Geldwertstabilität ausgerichtet sein soll. Zu klären ist nun, welche institutionellen Rahmenbedingungen, welche geldpolitischen Konzeptionen und welche Instrumente erforderlich sind, um dieses Ziel zu erreichen. In diesem Kapitel wird die noch sehr allgemeine Frage geprüft,

- ob die Geldpolitik von Notenbankern mit relativ großen Entscheidungsspielräumen durchgeführt werden soll („Discretion"), oder
- ob es nicht besser ist, in der Notenbankverfassung stringente Verfahrensvorschriften („**Rules**") zu fixieren, durch die die Entscheidungsträger in der Zentralbank zu bloßen „Halbautomaten" (Issing 1993, S. 7) degradiert werden.

Die Diskussion über „Regeln versus Entscheidungsspielräume" („Rules versus Discretion") hat in der Geldtheorie schon eine recht lange Tradition. Ihre Ursprünge lassen sich bis zu der am Anfang des 19. Jahrhunderts geführten Debatte zwischen Anhängern der „Banking"-Schule und der „Currency"-Schule zurückverfolgen. Die Vertreter des **„Currency"-Schule** forderten eine enge Bindung der Emission von Papiergeld an die Goldvorräte der Notenbank. Die Anhänger der **„Banking" Schule** waren demgegenüber der Auffassung, daß es auch ohne eine solche Regel zu einer stabilitätsgerechten Ausweitung der Papiergeldmenge kommen würde (siehe dazu den Anhang III.1 zu diesem Kapitel).

Im folgenden wird zunächst der in Literatur oft diffus gebrauchte Begriff der „**Regel**" genauer definiert. Auf eine Darstellung der traditionellen Diskussion zu dieser Thematik folgt dann eine kritische Beschreibung der in den achtziger Jahren entwickelten Ansätze zur Zeitinkonsistenz optimaler geldpolitischer Strategien, die zu einer neuen Sichtweise der Debatte über „Regeln versus Entscheidungsspielräume" geführt haben.

2. Klassifikationsmuster für geldpolitische Regeln

In der Literatur wird meist keine klare Definition des Begriffs der „Regel" vorgenommen, obwohl man darunter sehr unterschiedliche institutionelle Arrangements verstehen kann. Im einzelnen lassen sich folgende Unterscheidungen vornehmen:

- Es kann nach der **Bezugsgröße** unterschieden werden, für die die Regel formuliert wird. Bei dem mehrstufig angelegten Transmissionsprozeß der Geldpolitik kann es sich dabei um eine Endzielgröße, eine Zwischenzielgröße oder um eine Steuerungsvariable der Notenbank (Operating target) handeln. Denkbar sind auch Regeln, die sich auf konkrete Komponenten der Notenbankbilanz beziehen und damit implizit auch den geldpolitischen Instrumenteneinsatz vorgeben.

- Es kann auch nach der **rechtlichen Verbindlichkeit** einer Regel unterschieden werden. Im allgemeinen wird in der Diskussion über „Rules versus Discretion“ an „Regeln“ gedacht, die einer Zentralbank durch rechtliche Bestimmungen (meist das Notenbankgesetz) von außen vorgegeben werden. Die Ratio einer solchen „**exogenen Bindung**“ der Geldpolitik wird in diesem Kapitel ausführlich erörtert. Häufig spricht man aber auch dann von einer geldpolitischen „Regel“, wenn sich eine Notenbank im Rahmen ihres diskretionären Entscheidungsspielraums dafür entscheidet, ihre Maßnahmen an einer bestimmten – längerfristig angelegten – **Konzeption** auszurichten. Im Gegensatz zu einer exogenen Bindung soll dafür der Ausdruck der „**Selbstbindung**“ verwendet werden. Die spezifischen Probleme unterschiedlicher geldpolitischer Konzeptionen werden in Kapitel V beschrieben.

- Darüber hinaus divergieren Regeln in ihrer **Struktur**. „**Starre Regeln**“ geben der Notenbank einen konstanten Zielwert für die Steuergröße vor, beispielsweise eine konstante Zuwachsrate für die Geldmenge $\left(\hat{M} = k\right)$. „**Flexible Regeln**“ machen den konkreten Zielwert davon abhängig wie sich andere makroökonomische Variable entwickeln. Beispiele hierfür sind eine Geldmengenregel, bei der der Zielwert in Abhängigkeit von der Arbeitslosenrate bestimmt wird $\left(\hat{M} = k + \alpha(U_t - U^n)\right)$, oder die in Gleichung (III.36) dargestellte flexible Regel.

3. Steuerungsgrößen für geldpolitische Regeln

Die Steuerungsgröße, auf die sich eine geldpolitische Regel bezieht, kann im Prinzip an jeder Stelle des Transmissionsprozesses angesiedelt sein. Es kann sich dabei also um ein Endziel handeln, ein Zwischenziel, ein Operating target oder auch um einzelne Positionen in der Notenbankbilanz. Es ist offensichtlich, daß die Stringenz der Regel zunimmt, je näher sie an den konkreten Handlungsparametern der Notenbank anknüpft.

Die allgemeinste Form einer geldpolitischen Regel stellen solche Regeln dar, die sich auf ein makroökonomisches **Endziel** beziehen. Konkret ist hier vor allem an eine in der Notenbankverfassung fixierte Verpflichtung der Geldpolitik auf das **Ziel der Geldwertstabilität** zu denken. Möglich wäre aber auch eine Regel, die der Notenbank das Ziel einer Stabilisierung des **nominellen BSP** vorgibt. Die Vor- und Nachteile dieser beiden „Regeln“ wurden bereits in Kapitel II diskutiert. In Anbetracht der relativ komplexen und variablen Wirkungszusammenhänge zwischen konkreten geldpolitischen Maßnahmen und den makroökonomischen Endzielen ist die Notenbankleitung bei Regeln dieser Art jedoch noch relativ frei in ihren laufenden geldpolitischen Entscheidungen. Die Bindungswirkung ist also recht gering. Zudem ist es bei endzielbezogenen Regeln nur schwer möglich, die Manager für ein Nicht-Erreichen des Zielwertes zu sanktionieren (siehe dazu aber Kapitel IV.4.2.4).

In der Literatur über „Rules versus Discretion" wird bei „Rules" im allgemeinen nicht an endzielbezogene Regeln gedacht, da es den Autoren meist darum geht, die Entscheidungsspielräume der Notenbankspitze möglichst weitgehend einzuschränken. Aus diesem Grund sollen Regeln dieser Art im folgenden nicht weiter erörtert werden, wobei allerdings bei den meisten Ausführungen in diesem Buch unterstellt wird, daß eine Notenbank durch das Notenbankgesetz verpflichtet ist, das Ziel der Geldwertstabilität zu verfolgen.

Eine sehr viele engere Bindung der Notenbank ergibt sich durch Regeln, die sich auf geldpolitische **Zwischenzielgrößen** beziehen. Ein besonders prominentes Beispiel hierfür ist die sogenannte k-Prozent-Regel, die von Milton Friedman propagiert wurde. Sie sieht eine konstante jährliche Wachstumsrate der **Geldmenge** vor:

> „Mein eigenes Rezept besteht immer noch darin, daß die Währungsbehörde (...) sich öffentlich für eine Politik entscheidet, die auf die Verwirklichung einer konstanten Wachstumsrate einer monetären Gesamtgröße gerichtet ist. Die adäquate Wachstumsrate ebenso wie die adäquate monetäre Gesamtgröße sind weniger ausschlaggebend als die Annahme einer festen und bekannten Rate." (Friedman 1974, S. 329).

In die Klasse dieser Regeln fallen aber auch alle Formen von **Festkurssystemen**, bei denen eine Notenbank durch **gesetzliche Bestimmungen**[149] verpflichtet wird, für die heimische Währung einen festen Wechselkurs gegenüber einer (oder mehreren) ausländischen Währung(en) einzuhalten. Dazu zählen vor allem folgende Systeme:

- Der **Internationale Goldstandard (1876 - 1914)**[150]: Dieses weltweite Festkurssystem basierte auf der gesetzlichen Fixierung des Goldäquivalents der einzelnen Währungen in den nationalen Münzgesetzen. Konkret sahen beispielsweise die Bestimmungen des (deutschen) „Gesetzes über die Ausprägung

149 Relativ schwach ausgeprägt ist der Charakter der **exogenen** Bindung im **Europäischen Währungssystem** (1979). Dieses basiert aus rechtlicher Sicht nicht auf einem völkerrechtlichen Vertrag, der zwischen den beteiligten Staaten geschlossen wird, sondern ausschließlich auf Vereinbarungen zwischen den beteiligten Notenbanken. Siehe dazu EWS-Textsammlung (1985).

150 Siehe dazu Bofinger (1991) und die dort angegebene Literatur.

von Reichsgoldmünzen" aus dem Jahre 1871 vor: „Es wird eine Reichsgoldmünze ausgeprägt, von welcher aus 1 Pfund reinen Goldes 139 Stück ausgebracht werden" (§1). „Der 10. Teil dieser Goldmünze wird Mark genannt und in 100 Pf. eingeteilt." (§2). Nach dem deutschen Münzfuß war der Wert von einem Kilogramm Feingold somit gleich 139·2·10 Mark = 2780 Mark. Die französischen Münzgesetze aus dieser Zeit sahen vor, daß aus einem Kilogramm Münzgold von 900 Tausendteilen Feinheit Münzen im Wert von 3100 Francs ausgeprägt werden sollten. Ein Kilogramm Feingold entsprach somit einem Wert von 3100 Francs 1000/900 = 3444 Francs. Aus diesen nationalen Bestimmungen ergab sich also implizit ein fester Wechselkurs zwischen den beteiligten Währungen. Im Fall der Relation zwischen Franc und Mark belief sich diese auf 100 Francs = 81 Mark.

- Das weltweite **Festkurssystem von Bretton Woods (1946 - 1973)**[151]: Die Währungsparitäten der Teilnehmerländer gegenüber dem Dollar wurden hier durch einen völkerrechtlichen Vertrag festgeschrieben. Paritätsänderungen waren von den nationalen Behörden nur in engem Rahmen möglich, größere Anpassungen bedurften der Zustimmung des Internationalen Währungsfonds (Artikel IV, Abschnitt 5 des Abkommens über den Internationalen Währungsfonds).
- „**Currency Boards**": Hierbei handelt es sich um Systeme, die ebenfalls einen festen Wechselkurs zwischen der Landeswährung und einer „Ankerwährung" vorschreiben.[152] Zur Verstärkung der Glaubwürdigkeit der Festkursbindung wird in einem Currency Board zugleich auch eine volle Deckung der Geldbasis durch Währungsreserven gefordert. Die zwischenzielbezogene Regel wird also noch um eine Regel bezüglich der konkreten geldpolitischen Instrumente ergänzt.

Eine dritte Klasse von Regeln bezieht sich auf die geldpolitischen **Operating targets,** d.h. also auf die Geldbasis und den Geldmarktsatz. Hierfür lassen sich keinerlei historischen Beispiele finden, was vor allem darauf zurückzuführen sein dürfte, daß es nur sehr schwer möglich ist, eine stabile und einfache Regel für diese Variablen zu formulieren. In der Literaur gibt es hierzu jedoch die Vorschläge von McCallum (1987 und 1989), die eine Regel für die Steuerung der Geldbasis vorsehen (siehe Kapitel V.6).

[151] Die Bestimmungen dieses Währungssystems werden in Modul F ausführlich beschrieben.

[152] Siehe dazu das in Box III.1 wiedergegebene „Law of the Republic of Estonia on security for Estonian Kroon". Während Artikel 2 vorschreibt, daß die Notenbank nicht berechtigt ist, die Krone abzuwerten, ist in Artikel 3 des litauischen „Law on the credibility of the Litas" explizit die Möglichkeit einer Abwertung vorgesehen.

Zu den geldpolitischen Regeln – im Sinne von Maßnahmen, die den Entscheidungsspielraum einer Notenbank einschränken – sind schließlich auch alle exogenen Vorgaben für einzelne Positionen der Notenbankbilanz zu rechnen, durch die die Verwendung bestimmter **Instrumente** eingeschränkt oder untersagt wird:

- Mittlerweile sehr weitverbreitet sind Bestimmungen, durch die Notenbanken daran gehindert werden, **Kredite an inländische öffentliche Haushalte** zu vergeben. In den Ländern der EU ist dies in der Form eines „Überziehungsverbots" im EG-Vertrag (Artikel 104) fixiert.[153]
- Noch sehr viel stringenter sind Systeme, die einer Notenbank jede Form der **Kreditgewährung an inländische Kreditnehmer** untersagen und sie damit am Einsatz aller traditionellen geldpolitischen Instrumente (Rediskont- und Lombardkredit, Wertpapierpensionsgeschäfte und echte Offenmarktgeschäfte; siehe Kapitel VI) hindern. Dazu zählen Currency Boards und Goldwährungssysteme, die eine hundertprozentige Deckung der Geldbasis durch Währungsreserven bzw. Goldbestände vorschreiben. Veränderungen der Geldbasis sind daher nur dann möglich, wenn Überschüsse in der Devisenbilanz der Notenbank eines Landes auftreten. Das Geldangebot wird also vollständig an die Entwicklung der Zahlungsbilanz gekoppelt. In jüngerer Zeit haben **Currency Boards**, die ursprünglich als ein währungspolitisches Arrangement für die britischen Kolonien konzipert worden waren (Walters und Hanke 1992, S. 558 - 561), wieder stärkere Verbreitung gefunden (siehe auch Box III.1).

Box III.1: Currency Boards

Das Currency Board ist ein währungspolitisches Arrangement, das im vorigen Jahrhundert für die britischen Kolonien eingeführt worden ist, mittlerweile aber auch von zahlreichen anderen Ländern eingeführt wurde (siehe Tabelle III.1). Es handelt sich dabei um eine Institution, die eigene Banknoten emittiert und für diese eine hundertprozentige Deckung durch Währungsreserven vornimmt. Es wird dabei zugleich ein fester Wechselkurs zwischen der Landeswährung und einer ausländischen Währung (im Fall der britischen Kolonien: Pfund Sterling) gesetzlich fixiert. Die vollständige

[153] Art 104 Abs. 1 des EG-Vertrages lautete wie folgt: „Überziehungs- oder andere Kreditfazilitäten bei der EZB oder den Zentralbanken der Mitgliedstaaten (...) für Organe oder Einrichtungen der Gemeinschaft, Zentralregierungen, regionale oder lokale Gebietskörperschaften oder andere öffentlich-rechtliche Gebietskörperschaften oder andere öffentlich-rechtliche Körperschaften, sonstige Einrichtungen des öffentlichen Rechts oder öffentliche Unternehmen der Mitgliedstaaten sind ebenso verboten wie der unmittelbare Erwerb von Schuldtiteln von diesen durch die EZB oder die nationalen Zentralbanken."

Deckung der Banknoten durch Auslandsaktiva impliziert zugleich, daß jede Form einer Kreditgewährung an inländische Kreditnehmer untersagt ist. Beispielhaft für die Regelungen eines Currency Boards ist am Ende dieser Box das „Law of the Republic of Estonia on Security for Estonian Kroon“ wiedergegeben, wobei Buch et al. (1995, S. 77 - 81) darauf hinweisen, daß die estnische Variante in einigen Punkten von einem idealtypischen Currency Board abweicht.

Tabelle III.1: Bestehende Currency Boards, Juli 1995

Land / Territorium	Jahr der Einrichtung	Bevölkerungszahl (Juli 1994)	Ankerwährung
Argentinien	1991	33.912.994	US Dollar
Bermuda	1915	61.158	US Dollar
Brunei	1967	284.653	Singapur Dollar
Kaiman Inseln	1972	31.790	US Dollar
Estland	1992	1.616.882	Deutsche Mark
Falkland Inseln	1899	2.261	Pfund Sterling
Faröer Inseln	1940	48.427	Dänische Krone
Gibraltar	1927	31.684	Pfund Sterling
Hong Kong	1983	5.548.754	US Dollar
Litauen	1994	3.848.389	US Dollar

Quelle: Williamson (1995, S. 7).

Die Vorteile eines Currency Boards – verglichen mit einer Benutzung von Sterling Noten – waren für die britischen Kolonien zum einen rein technischer Natur. Für den Umlauf nicht mehr geeignete Banknoten mußten nicht nach London geschickt werden, sondern konnten selber ersetzt werden. Zum anderen ergaben sich daraus auch ökonomische Vorteile. So konnten die Währungsreserven in verzinslicher Form gehalten werden, so daß die Seigniorage in der Kolonie und nicht in England anfiel. Im Fall des Verlusts von Banknoten bleiben der Kolonie zudem ihre Sterling-Forderungen erhalten. Aus heutiger Sicht sind Currency Boards insbesondere unter dem Aspekt der **Glaubwürdigkeit** der Geldpolitik interessant. Die Festkursbindung wird nicht nur dadurch besonders glaubhaft gemacht, daß der Wechselkurs gesetzlich fixiert ist, sondern auch dadurch, daß der Notenbank nahezu jeder diskretionäre Entscheidungsspielraum entzogen wird. In den Transformationsländern Osteuropas und der GUS, in denen die Trennungslinie zwischen dem staatlichen und dem privaten Sektor noch immer nur schwer zu ziehen ist, haben Currency Boards zudem den Vorteil, daß sie eine Umgehung von Kreditbeschränkungen für den öffentlichen Sektor verhindern. Auf der anderen Seite besteht bei der extremen Stringenz dieses Systems das Problem, daß damit die Anpassungsfähigkeit des heimischen Bankensystems überfordert werden kann. Hierauf verweisen auch Walters und Hanke (1992, S. 561), die diesen Punkt im Fall der britischen Kolonien als weniger problematisch ansehen, da die dort tätigen Banken meist Töchter oder Filialen von britschen Banken waren. Im Fall eines größeren Liquiditätsproblems bestand für sie die Möglichkeit, die „Lender of last resort"-Funktion der Bank of England in Anspruch zu nehmen (siehe hierzu den Anhang zu Kapitel IV). Der Geldangebotsprozeß in einem Currency Board wird allein durch die Veränderung der Netto-Auslandsaktiva der Notenbank bestimmt. Tabelle E.2 in Modul E zeigt, daß diese Größe ihrerseits von der Leistungsbilanz und dem Kapitalverkehr von Banken und Nichtbanken determiniert wird.

Law of the Republic of Estonia on Security for Estonian Kroon

Clause 1 Security for Estonian kroon

Estonian kroon (cash in circulation, currency in current accounts and in accounts of a fixed date) is issued fully secured by the gold and convertible foreign exchange reserve of Eesti Pank.

Clause 2 Rate of Estonian kroon

The official rate of Estonian kroon will be deternined by Eesti Pank with respect to German mark. Eesti Pank has no right to devalue Estonian kroon. The limit of technical fluctuation of Estonian kroon is 3 %.

Clause 3 Exchangeability of Estonian kroon

Eesti Pank guarantees on the territory of the Republic of Estonia the free exchange of Estonian kroon to convertible foreign currencies for current needs of customers, according to the official rate of Eesti Pank.

Clause 4 Changing the amount of currency in circulation

Eesti Pank has the right to change the amount of Estonian kroons in circulation only according to a change of its gold and foreign exchange reserve.

Clause 5 Informing on the security of Estonian kroon

Eesti Pank, at least once a month, makes public information about the amount of its gold and convertible foreign exchange reserve as well as the amount of Estonian kroon in circulation.

Clause 6 Becoming effective of the law

The present law will become effective on the day Estonian kroon is issued.

A. Rüütel
Chairman
Supreme Council
Republic of Estonia
In Tallinn, on May 20, 1992

4. Die traditionelle Debatte über „Rules versus Discretion“

Bei der Vielfalt der möglichen Ausgestaltungsformen einer geldpolitischen Regel stellen sich zwei zentrale Fragen:

- Wieso ist es überhaupt erforderlich, den Entscheidungsspielraum von Notenbanken in der Form gesetzlicher Bestimmungen („exogene Bindung“) einzuschränken?
- Läßt sich eine geldpolitische Regel in einem Gesetz so definieren, daß es tatsächlich zu einem besseren gesamtwirtschaftlichen Ergebnis kommt als bei einer weitgehend diskretionären Geldpolitik?

Die traditionelle Argumentation für eine geldpolitische Regelbindung findet man in besonders prägnanter Weise bei Walter Eucken (1952, S. 257). Er spricht sich für eine Einschränkung des Entscheidungsspielraums einer Notenbank aus,

> „(...) weil die Erfahrung zeigt, daß eine Währungsverfassung, die den Leitern der Geldpolitik freie Hand läßt, diesen mehr zutraut, als ihnen im allgemeinen zugetraut werden kann. Unkenntnis, Schwäche gegen Interessengruppen und der öffentlichen Meinung, falsche Theorien, all das beeinflußt diese Leiter sehr zum Schaden der ihnen anvertrauten Aufgabe. Gerade in der heutigen Zeit besteht eine große Gefahr, daß eine nicht anatomisch konstruierte Währungsverfassung zur Inflation mißbraucht wird.“[154]

Hinter dieser Aussage stehen zwei wichtige Annahmen, die konstitutiv für die traditionelle Begründung der Notwendigkeit einer geldpolitischen Regel sind (vgl. Blinder 1987, S. 400):

---

154 Konkret schwebte Eucken (1952, S 263f.) das Konzept einer „Waren-Reserve-Währung“ vor als einem „rationalen Automatismus, also einer Form, in deren Rahmen eine sinnvolle Regulierung der Geldmenge nach gewissen festgelegten Spielregeln stattfindet.“ Ein solches Arrangement entspricht im Grunde dem Modell des Goldstandards. Anstelle der Fixierung an einen einzelnen Rohstoff tritt hier jedoch ein ganzes Bündel von Rohstoffen.

- Die Notenbankleitung ist nicht **fähig**, ihren diskretionären Handlungsspielraum so zu nutzen, daß das angestrebte gesamtwirtschaftliche Ziel auch in zufriedenstellender Weise erreicht wird.[155]
- Selbst wenn eine Notenbank die Wirtschaft perfekt steuern könnte, muß man grundsätzlich damit rechnen, daß sie bei ihren Entscheidungen nicht die gesamtwirtschaftliche Wohlfahrt im Auge hat. Man darf also nicht einfach unterstellen, daß es sich bei Notenbankern um „wohlmeinende Diktatoren" handelt (siehe dazu auch Kapitel IV.4.2.4). Vielmehr muß man davon ausgehen, daß geldpolitische Entscheidungen von den Einflüssen jener Interessengruppen geprägt werden, die besser als andere in der Lage sind, sich im politischen Prozeß durchzusetzen. Dies ist die **polit-ökonomische Begründung** der Regelbindung.

4.1 Steuerbarkeit gesamtwirtschaftlicher Aggregate

Ob Notenbanken überhaupt in der Lage sind, wirtschaftspolitische Prozesse zielgerecht zu steuern, ist in der Vergangenheit intensiv diskutiert worden. Besonderes Gewicht wird dabei der Studie zur Währungsgeschichte der Vereinigten Staaten in der Zeit von 1867 bis 1960 beigemessen, die von Milton Friedman und Anna Schwartz (1963) durchgeführt wurde. Im Mittelpunkt ihrer Untersuchung stand die Frage, ob es der Geldpolitik möglich sei, eine **antizyklische Konjunktursteuerung** im Sinne eines keynesianischen „demand management" durchzuführen. Die Autoren kommen dabei zu dem Ergebnis, daß die Steuerungsmöglichkeiten vor allem durch die „langen und variablen Wirkungsverzögerungen" (Lags) der Geldpolitik beeinträchtigt würden.

- Bei einer **restriktiven** Geldpolitik belaufe sich der Lag auf durchschnittlich zwölf Monate, mit einer Schwankungsbreite von sechs bis 29 Monaten.
- Bei einer **expansiven** Geldpolitik betrage die durchschnittliche Wirkungsverzögerung 18 Monate; die Schwankungsbreite reiche von vier bis 22 Monaten.

Für die Bundesrepublik fehlt es an entsprechend umfassend aufgebauten Untersuchungen. Die durchschnittliche Wirkungsverzögerung der Geldpolitik scheint je-

---

155 Siehe dazu Friedman (1974, S. 328): „Es zeigt sich, daß wir nicht im geringsten genau voraussagen können, welche Wirkung eine bestimmte geldpolitische Maßnahme auf das Preisniveau haben wird und, was ebenso wichtig ist, wann dieser Effekt eintreten wird. Der Versuch, das Preisniveau direkt zu beeinflussen, macht daher – wegen falscher Stops und Starts – die Geldpolitik selbst wahrscheinlich zu einer Quelle ökonomischer Störungen."

doch auch hier sehr hoch zu sein. So haben Schlesinger und Jahnke (1987) für eine expansive Geldpolitik einen Lag von neun bis elf Quartalen errechnet.[156]

Schaubild III.1: Wirkungsverzögerungen in der Geldpolitik

[156] Dieses Ergebnis wird auch von der Deutschen Bundesbank gestützt (vgl. Deutsche Bundesbank 1992, S. 22f.).

Aufgrund der variablen Länge solcher Wirkungsverzögerungen, die in Schaubild III.1 noch ausführlicher dargestellt werden, besteht somit die Gefahr, daß geldpolitische Maßnahmen, die antizyklisch konzipiert waren, im Ergebnis **prozyklisch** wirken. So kann es beispielsweise dazu kommen, daß eine in der Rezession eingeleitete geldpolitische Konjunkturbelebung ihre Wirkungen erst dann entfaltet, wenn die Wirtschaft sich bereits wieder in der Aufschwungsphase befindet. Eine diskretionäre Geldpolitik kann so zu einer eigenständigen Ursache makroökonomischer Instablität werden.

Mit ihrer Studie bestätigen Friedman und Schwartz (1963) somit Euckens (1952) Vorstellungen. Dieser lehnte jede Form einer antizyklischen Wirtschaftspolitik ab, weil die Konjunkturverläufe so unterschiedlich ausfielen, daß sie sich einer gezielten Steuerung von vornherein entziehen:

> „Jede Konjunkturbewegung, also jede Veränderung des wirtschaftlichen Alltags ist individuell; sie ist eine einzigartige, historische Epoche, die von allen anderen in wichtigen Zügen abweicht und nie wiederkommt. (...) Es gibt keinen Normalzyklus der Konjunktur. Daraus ergibt sich, daß 'dynamische Theorien' oder 'Konjunkturtheorien', die allgemein gültige Aussagen über angeblich wiederkehrende Verschiebungen des konkreten wirtschaftlichen Alltags versuchen, scheitern müssen." (Eucken 1952, S. 182).

Aus theoretischer Sicht lassen sich Euckens Vorstellungen recht gut mit den Darstellungen zum **geldpolitischen Transmissionsprozeß** in Modul D vereinbaren. Es wird dort deutlich, daß das theoretische Wissen über solche Wirkungsmechanismen nach wie vor sehr beschränkt ist. Dies gilt vor allem für den Zusammenhang zwischen geldpolitischen Maßnahmen und der Entwicklung realwirtschaftlicher Größen wie dem realen Bruttosozialprodukt. Die wichtigste theoretische Grundlage hierfür ist das **Zinsstruktur-Modell**, daß sich – wegen seiner Komplexität, seines komparativ-statischen Vorgehens und der damit verbundenen Vernachlässigung von Erwartungen – allenfalls für sehr grobe wirtschaftspolitische Handlungsanweisungen eignet, nicht jedoch für ein antizyklisches „Fine-tuning" der Konjunkturentwicklung.

Beim Urteil über eine diskretionäre geldpolitische Steuerung muß man jedoch stark danach differenzieren, welches Endziel von einer Notenbank verfolgt wird. Die von Friedman und Schwartz (1963) aufgezeigten Probleme treten in dieser Schärfe nur dann auf, wenn sich die Notenbankmanager darum bemühen, eine **realwirtschaftliche Größe** wie das reale Bruttosozialprodukt zu steuern, wobei in Kapitel II.3 gezeigt wurde, daß das nominelle BSP in diesem Zusamenhang nicht anders zu bewerten ist als das reale BSP. Obwohl Friedman und Schwartz (1963) auch sehr skeptisch bezüglich der Möglichkeiten einer Steuerung des **Preisniveaus** sind, zeigt die Erfahrung, daß es den Notenbanken technisch durchaus möglich ist, hierbei über längere Zeit hinweg relativ gute Ergebnisse zu erzielen (siehe dazu die Tabelle D.1 in Modul D). Entscheidend ist dabei allerdings, daß die Geldpolitik nicht von der Fiskalpolitik behindert wird. Ein besonders beeindruckendes Beispiel für eine erfolgreiche diskretionäre Steuerung ist die Geldpolitik der amerikanischen Notenbank in den Phase von 1952 bis 1967, die durch eine durchschnittliche Inflationsrate von 1,6 % bei einer Standardabweichung von 1,0 Prozentpunkten gekennzeichnet war. Erstaunlicherweise zieht Friedman (1974) gerade diese Periode als Beleg für die Schwächen eines diskretionären Vorgehens heran. Hier zeigt sich das in den sechziger Jahren weitverbreitete Phänomen, daß Ökonomen immer übertrieben hohe Ansprüche an die wirtschaftspolitische Steuerung stellten, weil sich in der makroökonomischen Gesamtentwicklung über viele Jahre hinweg keine nennenswerten Probleme zeigten.

Die Zweifel an den Steuerungsmöglichkeiten einer Notenbank – als Teil der traditionellen Begründung für eine Regelbindung – gelten offensichtlich nur für Formen einer antizyklisch ausgerichteten Geldpolitik, bei der eine Stabilisierung realwirtschaftlicher Größen angestrebt wird. Sie stützt daher auch das in Kapitel II.3 entwickelte, negative Urteil über das **nominelle Bruttosozialprodukt** als Endziel der Geldpolitik. Als sehr viel weniger problematisch erweist sich demgegenüber die diskretionäre **Steuerung des Preisniveaus**. Aufgrund der – in Modul D dargestellten – erwartungstheoretischen Transmissionszusammenhänge sind hier die Fehlermöglichkeiten der Notenbankleitung sehr viel geringer als bei einer Steuerung des nominellen Bruttosozialprodukts.

4.2 Geldpolitik als ein Principal-Agent-Problem

Doch selbst wenn es den Notenbankmanagern möglich ist, das Ziel der Geldwertstabilität auf mittlere und längere Sicht zu erreichen, kann nicht a priori vorausgesetzt werden, daß sie sich auch in dieser Weise verhalten. So könnte man beispielsweise daran denken, daß die Notenbankleitung kurz vor dem Ende einer Legislaturperiode einen stark expansiven Kurs einschlägt, um über eine kurzfristige Konjunkturbelebung die Wiederwahlchancen der amtierenden Regierung zu verbessern. Dies würde zwangsläufig zu erhöhten Inflationserwartungen führen und so das Ziel der Geldwertstabilität gefährden. Auch Eucken (1952) weist in dem oben genannten Zitat auf die mögliche Einflußnahme von Interessengruppen auf die Geldpolitik hin.

Eine stringente Regelbindung der Geldpolitik hat unter solchen Verhältnissen den Vorteil, daß die Notenbankleitung von vornherein nicht mehr in der Lage ist, auf äußere Pressionen zu reagieren. Zu fragen ist jedoch, ob es dazu wirklich erforderlich ist, den geldpolitischen Entscheidungsträgern alle wesentlichen Kompetenzen zu entziehen, zumal bei der Regelbindung die Gefahr besteht, daß sich die gewählte Regel bei Schocks als nicht ausreichend flexibel erweist (siehe ausführlicher Abschnitt III.5.3.2).

Von ihrer logischen Struktur lassen sich diese Zusammenhänge als ein typisches **Principal-Agent-Problem**[157] ansehen:

- Der **Principal** ist die gesamte Gesellschaft, die bezüglich der Geldpolitik vor allem an einer niedrigen Inflationsrate interessiert ist.
- Der **Agent** ist die Notenbankleitung, die von der Gesellschaft – durch das Notenbankgesetz – die Aufgabe übertragen bekommt, das Ziel der Geldwertstabilität zu erreichen. Aufgrund ihres unmittelbaren Kontakts mit den Banken und den Finanzmärkten verfügt die Notenbank über Informationsvorteile („asymmetrische Informationen"), die ihr die Möglichkeiten geben, zumindest in Grenzen auch ein anderes als das ihr auferlegte Ziel zu verfolgen.

Aus der betriebswirtschaftlichen Literatur zu dieser Thematik ergibt sich nun, daß es bei Vorliegen einer solchen Problemstruktur keinesfalls erforderlich ist, dem Agent jegliche Entscheidungskompetenz zu entziehen und ihn statt dessen durch starre Regeln zu binden. Auf der Ebene eines einzelnen Unternehmens wäre es von vornherein ein ziemlich hoffnungsloses Unterfangen, verbindliche Regeln für alle wesentlichen unternehmerischen Entscheidungen zu formulieren. Worauf es ankommt, ist vielmehr, daß vertragliche Arrangements gefunden werden, die für den Agent die **Anreizstrukturen** so setzen, daß er seine diskretionären Handlungsspielräume soweit wie möglich im Interesse des Principals einsetzt. Können solche Mechanismen gefunden werden, erweisen sie sich starren Regeln bei weitem überlegen, da der Agent bei unvorhergesehenen Schocks dann jederzeit flexibel reagieren kann. Im Verhältnis zwischen der Gesellschaft und der Notenbank kann eine solche Anreizstruktur sowohl durch die **Notenbankverfassung** geschaffen werden als auch durch „Performance contracts" für die Notenbankmanager. Diese Aspekte werden ausführlich in Kapitel IV behandelt.

4.3 Anforderungen an geldpolitische Regeln

Wenn man die Probleme einer Notenbank mit großen Ermessensspielräumen diskutiert, muß man zugleich auch die Schwierigkeiten ins Auge fassen, die bei einer rein regelgebundenen Geldpolitik auftreten könnten. Diese resultieren vor allem daraus, daß es nur schwer möglich ist, ex ante eine adäquate geldpolitische Regel zu formulieren. Dies wird vor allem deutlich, wenn man sich einmal vor Augen hält, welche Anforderungen Henry Simons – ein amerikanischer Ökonom, der be-

---

[157] Eine Übersicht über die „Prinzipal-Agent"-Problematik aus betriebswirtschaftlicher Sicht gibt Wenger und Terberger (1988). Eine Anwendung auf geldpolitische Fragestellungen findet man bei Kirchgässner (1996).

reits in den dreißiger Jahren für eine geldpolitische Regelbindung eintrat – an eine solche Regel stellt:

> „In a free-enterprise system we obviously need highly definitive and stable rules of the game, especially as to money. The monetary rules must be compatible with the reasonably smooth working of the system. Once established, however, they should work mechanically, with the chips falling where they may. To put our present problem as a paradox – we need to design and establish with the greatest intelligence a monetary system good enough so that, hereafter, we may hold it unrationally – on faith – as religion, if you please.“ (Simons 1936, S. 13f.)

Und:

> „To assure adequate moral pressure of public opinion against legislative (and administrative) tinkering, the monetary rules must be definite, simple (at least in principle), and expressive of strong, abiding, pervasive, and reasonable popular sentiments. They should be designed to permit the fullest and most stable employment, to facilitate adjustment to such basic changes (especially in technology) as they are likely to occur, and secondarily, to minimize inequities between debtors and creditors.“ (Simons 1936, S. 29)

Sieht man einmal davon ab, daß die geldpolitische Regel auch noch explizit im Dienste des Vollbeschäftigungsziels stehen soll, lassen sich also vor allem zwei Anforderungen an eine Regel formulieren:

- Die Regel muß **einfach** sein. Da sie in einem Gesetz fixiert werden soll, muß es also möglich sein, daß sie zumindest von den Parlamentariern und – im Fall der Übertretung – von den Richtern verstanden wird.
- Die Regel muß **stabil** sein, d.h. sie muß so beschaffen sein, daß sie über einen längeren Zeitraum hinweg Bestand hat. Häufige Anpassungen würden die Parlamente überfordern, und es könnte auch der Fall eintreten, daß eine erforderliche Novellierung nicht immer rechtzeitig erfolgt.

Auf der Ebene der **Endziele** ist es noch relativ einfach möglich, eine solche Regel zu formulieren. Die in mehr und mehr Notenbankverfassungen zu findende Verpflichtung auf das Ziel der Geldwertstabilität (siehe Kapitel II.1) ist hierfür ein wichtiges Beispiel. Dabei handelt es sich jedoch, wie erwähnt, mehr um einen allgemeinen Rahmen für die Geldpolitik als um eine wirkliche Einschränkung des Handlungsspielraums der Notenbankpolitiker.

Auf der **Zwischenzielebene** sind die Voraussetzungen für eine stabile und einfache Regel nur noch bedingt gegeben. Wie in Kapitel V ausführlich dargestellt wird, eignen sich hier im Prinzip nur zwei Größen als Basis für eine geldpolitische Regel:

- die Geldmenge und
- der Wechselkurs.

Auf die spezifischen Vor- und Nachteile beider Formen der Regelbindung soll an dieser Stelle nicht weiter eingegangen werden. Sie werden ausführlich im Kontext der geldpolitischen **Konzeptionen**, d.h. im Rahmen einer „Selbstbindung“ der Notenbank (Kapitel V.3 und V.4) erörtert. Dies Vorgehen ist vor allem bei der Geldmengenregel naheliegend, da es in der Realität bisher keine **gesetzlich** fixierten Geldmengenregeln gegeben hat. Dies dürfte daran liegen, daß starre Geldmengenregeln in der Praxis wohl nur schwer umzusetzen sind. Selbst eine so überzeugte Verfechterin der Geldmengensteuerung wie die Deutsche Bundesbank räumt ein:

> „Die Suche nach dem ‘richtigen’ geldpolitischen Indikator oder der ‘optimalen’ Zwischenzielgröße wird daher nie zu einem Ergebnis führen, das das Geschäft der Zentralbank auf eine bloße Steuerungs-‘Automatik’ reduziert.“ (Deutsche Bundesbank 1995, S. 80).

Eine im Notenbankgesetz fixierte[158] Geldmengenregel, wie sie Friedman vorschwebte, ist also kaum praktikabel, insbesondere dann, wenn sie **kurzfristig,** d.h. von Monat zu Monat oder innerhalb eines Jahres, eingehalten werden müßte. Nach den Erfahrungen mit der Geldmengensteuerung der Bundesbank und vor allem der anderer Notenbanken wäre es jedoch auch problematisch, in einem Notenbankgesetz ein mehrjähriges Geldmengenziel zu fixieren. Dabei würde sich vor allem das Problem von Finanzinnovationen stellen, die nicht nur die Geldnachfrage verändern, sondern auch eine Neuformulierung der Zielgröße erfordern können (vgl. Bernholz 1986).

Für eine starre Regelbindung, die sich auf den **Wechselkurs** bezieht, gibt es demgegenüber zahlreiche empirische Beispiele. Wie in Kapitel V.4 ausführlich dargestellt wird, findet man immer wieder Notenbanken, die in der Lage waren oder sind, eine solche Regel über viele Jahre hinweg zu verfolgen und dabei zugleich eine niedrige Inflationsrate zu verwirklichen. Auch eine solche Regel ist allerdings nicht unproblematisch; siehe dazu die ausführliche Darstellung der Wechselkurssteuerung im Rahmen unterschiedlicher geldpolitischer Konzeptionen.

Regeln auf der Ebene der **Operating targets** hätten den Vorteil, daß sie von der Notenbank jederzeit vollständig eingehalten werden können. Hier stellt sich jedoch das Problem, daß sich aus theoretischer Sicht keine stabilen längerfristigen Zu-

---

[158] Karl Brunner (1984) schwebte sogar eine in der **Verfassung** fixierte Geldmengenregel vor.

sammenhänge zwischen dem Geldmarktsatz oder der Geldbasis einerseits und dem Endziel der Geldwertstabilität andererseits formulieren lassen. Die von McCallum (1987) entwickelte Geldbasis-Regel (siehe Abschnitt V.6.3) beruht lediglich auf empirischen Beobachtungen für die Vergangenheit. Es fehlt ihr ein strukturelles Modell, mit dem man belegen könnte, daß die Stabilität des so ermittelten Zusammenhangs auch dann bestehenbleibt, wenn er geldpolitisch genutzt wird. („**Lucas-Kritik**“; siehe dazu Kapitel II.2.3).

Regeln, die sich auf einzelne **Positionen der Notenbankbilanz** beziehen, sind unterschiedlich zu bewerten. Unproblematisch ist ein allgemeines Verbot der Notenbankfinanzierung öffentlicher Defizite. In der Regel verfügt dann eine Notenbank mit der Kreditgewährung an den Bankensektor noch über relativ große Entscheidungsspielräume. Sehr einschneidend sind allerdings rechtliche Arrangements wie ein Currency Board oder eine Goldwährung, da sie jeglichen Handlungsspielraum einer Notenbank ausschließen und die Ausweitung der Geldbasis allein von der Entwicklung der Zahlungsbilanz abhängig machen (siehe Box III.1).

4.4 Zusammenfassung der traditionellen Diskussion

Im ganzen gesehen ist die traditionelle Diskussion über „Rules versus Discretion“ sehr stark von der Auseinandersetzung mit **keynesianischen Vorstellungen** geprägt. Der berechtigte Hinweis auf die Probleme, die bei einer antizyklisch angelegten Geldpolitik entstehen, darf dabei aber nicht zu dem Schluß verleiten, daß jede Form einer Geldpolitik mit Entscheidungsspielräumen zu negativen Ergebnissen führen muß. Im Gegenteil: Die Erfahrungen der Nachkriegszeit zeigen deutlich, daß die Entscheidungsträger in den Notenbanken – rein steuerungstechnisch gesehen – auch mit Entscheidungsspielräumen durchaus in der Lage sind, über längere Zeit hinweg niedrige Inflationsraten zu verwirklichen.

Damit kann man auch dem Argument den Boden entziehen, daß die Geldpolitik nur bei einer (exogenen) Regelbindung wirksam vor dem Einfluß von Interessengruppen abgesichert werden kann. Offensichtlich ist es bei einer entsprechend ausgestalteten Notenbankverfassung durchaus möglich, daß sich die geldpolitischen Entscheidungsträger auf die Verwirklichung des Ziels der Geldwertstabilität konzentrieren.

Unterstellt man also, daß **anreizkompatible Notenbankverfassungen** existieren, in denen eine klare Verpflichtung auf das Ziel der Geldwertstabilität vorgenommen wird, so kann die traditionelle Diskussion über „Rules versus Discretion“ keine überzeugenden Argumente mehr für eine (exogene) Regelbindung bieten. Zweckmäßige geldpolitische Regeln (insbesondere Geldmengen- und Wechselkursregeln) werden dann selbst bei einer Geldpolitik mit Entscheidungsspielräumen als zentrale Richtschnur für die laufenden Entscheidungen herangezogen. Beispiele hierfür sind die Geldmengenpolitik der Bundesbank (siehe Kapitel V.3.4) und die „Hartwährungspolitik" der Oesterreichischen Nationalbank (siehe Kapitel V.4). Gegenüber einer „exogenen Bindung" hat eine solche „**Selbstbindung**" den Vorteil, daß flexibel von der Regel abgewichen werden kann, wenn offensichtliche Störungen auftreten, die bei der Formulierung der Regel nicht antizipiert werden konnten.

5. Zeitinkonsistenz als neues Argument für eine Regelbindung

Eine ganz neue Begründung für eine Regelbindung in der Geldpolitik wurde Anfang der achtziger Jahre unter dem Schlagwort der „Zeitinkonsistenz" optimaler geldpolitischer Strategien entwickelt. Sie hat der gesamten geldtheoretischen Diskussion der achtziger Jahre wichtige Impulse verliehen.[159] In der durch Kydland und Prescott (1977) ausgelösten neueren Diskussion um „Regeln versus Enscheidungsspielräume" wird versucht, die Überlegenheit von Regeln auch für Annahmen abzuleiten, die eigentlich gegen eine starre Regelbindung sprechen würden. Es wird unterstellt,

- daß die Notenbank die wirtschaftliche Entwicklung (Preisniveau und reales Sozialprodukt) jederzeit perfekt steuern kann – die Lag-Problematik einer antizyklischen Politik wird damit also ausgeschlossen, und
- daß sich die Notenbankleitung bei ihren Entscheidungen ausschließlich an einer sozialen Wohlfahrtsfunktion ausrichtet – die geldpolitischen Entscheidungsträger werden also als „wohlmeinende Diktatoren" angesehen.[160]

Unter diesen Bedingungen würde bei der traditionellen Diskussion über „Rules versus Discretion" somit jede Rechtfertigung für die Regelbindung entfallen. Wegen der perfekten Steuerbarkeit der Konjunktur würde dies sogar auch dann noch gelten, wenn eine Notenbank nicht nur das Preisniveau, sondern zugleich auch noch das reale Sozialprodukt zu steuern versuchte. Im Rahmen der neueren Diskussion über „Regeln versus Enscheidungsspielräume" gelangt man jedoch zu dem Ergebnis, daß es selbst unter solchen Idealbedingungen für eine diskretionären Geldpolitik ratsam ist, starre Regeln für die geldpolitischen Entscheidungsträger zu formulieren:

> „...even a knowledgeable government intent on serving the public interest may systematically do the wrong thing" (Blinder 1987, S. 401)

---

159 Siehe dazu den Übersichtsartikel von Blackburn und Christensen (1989).

160 Aus diesem Grund wird der Ansatz auch mit „sozialer Wohlfahrtsansatz" bezeichnet (vgl. Cukierman 1986, S. 6).

Dieses im Prinzip überraschende Ergebnis beruht im wesentlichen auf dem Phänomen der **„Zeitinkonsistenz“** optimaler Strategien. Allgemein gesprochen ist eine Strategie dann zeitinkonsistent, wenn sie zwar zu einem Zeitpunkt t_0 optimal ist, zu einem Zeitpunkt t_1 aber nicht mehr. In einer solchen allgemeinen Definition erscheint die Zeitinkonsistenz optimaler Strategien jedoch kein besonders erwähnenswertes Phänomen zu sein, denn es leuchtet unmittelbar ein, daß eine Strategie, die zum Zeitpunkt t_0 optimal ist, zum Zeitpunkt t_1 dann nicht mehr optimal sein muß, wenn sich die Entscheidungsgrundlage der Akteure geändert hat. So liegt der Ursprung der Zeitinkonsistenzdebatte in einer Arbeit von Strotz (1956), der die Auswirkungen von Präferenzänderungen auf die Entscheidung von Nachfragern analysiert. Analog wird es zu einer zeitinkonsistenten Strategiewahl auch dann kommen, wenn neue Informationen auftreten.

Demgegenüber basiert das Phänomen der Zeitinkonsistenz in den neueren Ansätzen zur Diskussion „Rules versus Discretion“ gerade nicht auf diesen Erklärungsmustern, sondern auf einer **spieltheoretischen Problemstruktur** (vgl. Blackburn und Christensen 1989, S. 2f.). Eine solche Modellierung geht auf Kydland und Prescott (1977) zurück, findet sich aber insbesondere auch in den vielbeachteten Arbeiten von Barro und Gordon (1983a und 1983b).

5.1 Ein einfaches Beispiel für Zeitinkonsistenz

Die spieltheoretische Begründung für das Phänomen der Zeitinkonsistenz läßt sich am besten anhand eines einfachen Beispiels aus dem Universitätsalltag erläutern, das von Alan Blinder (1987, S. 407f.) stammt. Er beschreibt dabei das Entscheidungsproblem eines Professors, dessen Ziel darin besteht, die Studenten zu möglichst intensivem Lernen anzuhalten, ohne daß dies mit aufwendigen Klausurenkorrekturen für ihn selbst verbunden ist. Worin liegt nun seine optimale Strategie?

Der Professor wird zunächst – wie üblich – ankündigen, daß er am Ende des Semesters eine Klausur schreiben läßt. Die Studenten werden sich daraufhin (hoffentlich) den erforderlichen Wissensstoff aneignen. Einen Tag vor der Klausur läßt er die Klausur absagen, da das für ihn allein entscheidende Ziel der Wissensvermittlung bereits erreicht ist. Alle Studenten erhalten den Schein ohne Klausur. Der Klausurenaufwand ist gleich null.

Worin besteht hier die Zeitinkonsistenz?

- Zum Zeitpunkt t_0, d. h. bevor die Studenten gelernt haben, ist es für den Professor optimal, die Klausur schreiben zu lassen und das auch anzukündigen.
- Zum Zeitpunkt t_1, d. h. nachdem die Studenten sich den Wissensstoff angeeignet haben, ist es für den Professor optimal, die Klausur abzusagen.

Die Strategie des Klausurenschreibens ist also über die Zeit hinweg nicht optimal; sie ist **zeitinkonsistent**.

Dieses einfache Beispiel verdeutlicht bereits die allgemeinen Voraussetzungen, die gegeben sein müssen, daß zeitinkonsistente Strategien in einem Spiel mit zwei Spielern auftreten können (vgl. Bofinger und Frenkel 1991, S. 172):

- Mindestens einer der beiden Spieler muß völlig frei in der Wahl seiner Strategie sein, während sich der andere Spieler im Zeitablauf vorab an eine Strategie binden muß, so wie sich die Studenten frühzeitig entschließen, den Stoff zu lernen.[161]
- Das Spiel darf nicht zu oft wiederholt werden, sofern überhaupt eine Wiederholung möglich ist. Praktiziert der Professor den Trick mehrmals, muß er damit rechnen, daß die Studenten keine Lernanstrengungen mehr unternehmen, da sie seine anfängliche Ankündigung, die Klausur schreiben zu lassen, nicht mehr als **glaubwürdig** ansehen. Das für den Professor entscheidende Ziel der Wissensvermittlung würde so nicht mehr erreicht werden. Die Glaubwürdigkeit von Ankündigungen ist daher für die Zielerreichung des sich strategisch verhaltenden Spielers (hier des Professors) von zentraler Bedeutung.[162]

Schließlich läßt sich anhand dieses Beispiels auch die **Vorteilhaftigkeit einer Regelbindung** erkennen. Da die Gefahr besteht, daß bei unglaubwürdigen Ankündigungen des Professors tendenziell zu wenig gelernt wird, sieht die Prüfungsordnung der Universitäten vor, daß für den Scheinerwerb im allgemeinen Klausuren erforderlich sind. Diese Form einer Regelbindung entzieht also den Professoren den im Beispiel unterstellten diskretionären Entscheidungsspielraum. Grundsätzlich findet man das Phänomen der Zeitinkonsistenz in vielen Bereichen des Wirtschaftslebens.[163] So wurde im Rahmen des vorliegenden Lehrbuches bereits ein erstes Beispiel für Zeitinkonsistenz dargestellt, als im Kapitel zur Seigniorage die Möglichkeit diskutiert wurde, mittels Überraschungsinflation die Einnahmen kurzfristig über das Maximum hinaus auszuweiten.[164] Darüber hinaus hat das Phäno-

---

161 Gerade in der frühzeitigen Bindung eines der beiden Spieler besteht die enge Verbindung zwischen der Zeitinkonsistenzdebatte und der „**Neuen Institutionenökonomie**", denn dort spielt die Bindung eines Vertragspartners in langfristigen Verträgen ebenfalls eine zentrale Rolle. Sie ergibt sich hier aus der „asset specificity" von Investitionen einer Vertragsseite (vgl. dazu z.B. Williamson 1986).

162 Die Rolle der Glaubwürdigkeit wird am Ende des Kapitels ausführlich diskutiert .

163 Siehe dazu die von Loef und Ziemes (1989) behandelten Anwendungsbeispiele.

164 Tatsächlich befaßt sich die erste Arbeit, die Zeitinkonsistenz nicht auf Präferenz- und Informationsunterschiede zurückführte, mit eben dieser Problemstellung (vgl. Auernheimer 1974, S. 599-602). Die typische spieltheoretische Struktur wird aber erst von Kydland und Prescott

men der Zeitinkonsistenz neben der Geldpolitik vor allem im Feld des Patentschutzes, der Besteuerung und der Staatsverschuldung besondere Beachtung gefunden.

5.2 Das Modell von Barro und Gordon

Um die Vorteilhaftigkeit der Regelbindung selbst unter den Idealbindungen für eine diskretionäre Politik zu belegen, beschreibt das Modell von Barro und Gordon (1983a) ein Spiel, das zwischen der Notenbank und dem privaten Sektor in einer Volkswirtschaft gespielt wird.[165]

Sie unterstellen dabei, daß die **Notenbank** den Wirtschaftsprozeß perfekt steuern kann und sich bei ihren Entscheidungen an einer sozialen Wohlfahrtsfunktion ausrichtet, die auch den Präferenzen der Privaten entspricht (vgl. Barro und Gordon 1983a, S. 590). Die Privaten verfügen in diesem Spiel lediglich über den Handlungsparameter ihrer Inflationserwartungen. Das Element der Zeitinkonsistenz ergibt sich daraus, daß

- die **Privaten** in einer frühen Phase des Spiels Inflationserwartungen bilden und offenlegen müssen, an die sie dann bis an das Ende gebunden sind, während
- die **Notenbank** zu jedem Zeitpunkt eine vollkommene Freiheit („Discretion“) in der Wahl ihrer Strategie besitzt.

Dieser „lock-in“-Effekt bei den Privaten resultiert vor allem daraus, daß sie in der Regel Tarifverträge mit Laufzeiten von einem Jahr oder länger abschließen, wobei die darin vereinbarten Nominallöhne auf der Basis der beim Vertragsabschluß vorherrschenden Inflationserwartungen fixiert werden. Zur Beeinflussung der Inflationserwartungen kündigt die Notenbank zum Zeitpunkt t_0 (vor der Festlegung der Inflationserwartungen) eine Strategie an, die für sie in diesem Moment optimal ist, an deren Einhaltung sie aber nach der Bindung der Privaten (zum Zeitpunkt t_1) nicht verpflichtet ist. Zeitinkonsistenz liegt dann vor, wenn die in t_0 angekündigte (und optimale) Strategie in t_1 nicht mehr optimal ist.

Die zentralen Bestandteile des Modells sind eine **soziale Wohlfahrtsfunktion** als Zielfunktion der Notenbank *und* der Privaten und die **um die Erwartungen erwei-**

(1977) herausgearbeitet, was dazu führt, daß in der Regel der Beginn der neueren Zeitinkonsistenzdebatte auf sie datiert wird (vgl. z.B. Calvo 1978, S. 1411).

[165] Die Darstellung erfolgt anhand einer leicht modifizierten Version des ursprünglichen Modells von Barro und Gordon (1983a). Siehe für die hier gewählte Darstellung z. B. Bofinger und Frenkel (1991, S. 172 - 175). Leichte Modifikationen in der Darstellung existieren allerorten. „Signifikant“ andere Modellierungen der hier dargestellten Problemstellung finden sich hingegen z. B. bei Backus und Driffill (1985) und Cukierman (1986). „Signifikant“ bedeutet in diesem Kontext, daß das Phänomen der Zeitinkonsistenz hier andere (modelltheoretische) Ursachen hat.

terte (modifizierte) Phillips-Kurve als die Nebenbedingung, unter der die Zielfunktion nur maximiert werden kann. Dabei lautet die soziale Wohlfahrtsfunktion wie folgt:

$$\text{(III.1)} \qquad Z = \left[b\left(U - U^*\right)^2 + \pi^2 \right] \qquad \text{mit} \qquad b > 0$$

Die Wohlfahrtsfunktion ist als Kostenfunktion formuliert, wobei soziale Kosten entsprechend Gleichung (III.1) zwei Ursachen haben können:

- Abweichungen der tatsächlichen **Arbeitslosenquote** (U) von einer Zielarbeitslosenquote (U*) verursachen soziale Kosten, unabhängig davon, ob es sich um eine positive oder eine negative Abweichung handelt. Eine zu hohe Arbeitslosenquote führt zu einer zu geringen Produktion und damit zu einem Entgang an sozialer Wohlfahrt. Eine zu geringe Arbeitslosenquote kann nur zum Preis von Erwartungsirrtümern erreicht werden, die die Privaten ebenfalls negativ bewerten.[166] Darüber hinaus werden große Abweichungen stärker gewichtet als kleine. Aus diesen Gründen wird die Abweichung in Gleichung (III.1) quadriert.
- Abweichungen der tatsächlichen **Inflationsrate** von einer Zielinflationsrate π^* (hier mit null unterstellt), wobei wiederum unterstellt wird, daß positive wie negative Abweichungen in gleicher Weise wohlfahrtsschädlich sind. Positive Inflationsraten verursachen die in Kapitel II.2.4 dargestellten Wohlfahrtskosten. Negative Inflationsraten (Deflation) führen ebenfalls zu sozialen Kosten, denn auch hier müssen die Preisauszeichnungen regelmäßig geändert werden (Menu costs) und es treten im Falle einer inkorrekt antizipierten Deflation Verzerrungen der Allokationsprozesse auf. Daneben haben negative Inflationsraten empirisch häufig zur Folge, daß sich der Nominalzins nicht vollständig entsprechend der Fisher-Gleichung anpaßt, so daß der resultierende Realzins zu hoch und die Investitionen zu niedrig sind (vgl. Laidler 1992, S. 607). Diese sozialen Kosten infolge der „Nichtnegativität der Nominalzinsen"[167] werden jedoch in der Form der Abweichung der tatsächlichen von der natürlichen Arbeitslosenquote erfaßt.

Die Wohlfahrt ist somit maximal (und die sozialen Kosten sind minimal), wenn keine der beiden genannten Abweichungen auftritt. Im Idealfall beträgt sie somit null. Abweichungen vom Beschäftigungsziel (U - U*) führen dann zu anderen so-

---

166 Erwartungen sind in der sozialen Wohlfahrtsfunktion nicht enthalten. Sie finden Eingang durch die Nebenbedingung in der Form der um die Erwartungen erweiterten Phillips-Kurve (Gleichung III.2). Eine explizite Berücksichtigung dieser negativen Bewertung von Erwartungsfehlern durch die Privaten findet sich bei Cukierman (1986, S. 6).

167 Tobin (1995, S. 236) nennt dies den „floor of zero on nominal rates".

zialen Kosten als Abweichungen vom Inflationsziel (π - 0), wenn die beiden Ziele unterschiedlich gewichtet werden, der Gewichtungsfaktor b also von eins abweicht. Ein großes b ist somit Ausdruck eines hohen Stellenwertes des Beschäftigungsziels, wohingegen ein kleines b für eine hohe Stabilitätspräferenz der Notenbank und der Privaten steht.

Graphisch läßt sich die soziale Kostenfunktion als eine gesellschaftliche Indifferenzkurvenschar darstellen.[168] Da der Notenbank und den Privaten entsprechend Gleichung (III.1) soziale Kosten genau dann entstehen, wenn die Inflationsrate bzw. die Arbeitslosenquote von ihrem angestrebten Zielwert abweicht, müßten an den Achsen jeweils die Zielabweichungen abgetragen werden. Hier wird jedoch eine Darstellung gewählt, bei der direkt auf Inflation und Arbeitslosigkeit abgestellt wird. Um die beiden Darstellungsformen kompatibel zu machen, muß der Ursprung des Koordinatensystems (π,U) genau in die Kombination der beiden Zielwerte für die Inflationsrate (0) und die Arbeitslosenquote (U*) gelegt werden.[169] Bei obiger Zielfunktion ergeben sich dann gesellschaftliche Indifferenzkurven in Ellipsenform um (0,U*). Da im folgenden jedoch nur die Fälle von Interesse sind, bei denen positive Abweichungen vom Inflationsziel mit positiven Abweichungen von der angestrebten Arbeitslosenquote einhergehen, wird in Schaubild III.2 nur ein Ausschnitt der Indifferenzkurven betrachtet. Hier nehmen die sozialen Kosten nach rechts oben zu. Die konkave Krümmung der Indifferenzkurven in diesem Bereich erklärt sich daraus, daß entsprechend der sozialen Wohlfahrtsfunktion (III.1) die Notenbank und die Privaten eine Reduktion der Arbeitslosigkeit zu Lasten einer höheren Inflationsrate umso stärker präferieren, je höher die Arbeitslosenquote (relativ zur Zielarbeitslosigkeit) ist.[170] Dabei determiniert der Gewichtungsfaktor b die konkrete Gestalt der Indifferenzkurven. Je stärker die Notenbank (und die Privaten) die Abweichung von der angestrebten Arbeitslosenquote gewichten, umso geringer ist die Arbeitslosenquote, die zusammen mit der Inflationsrate einen vorgegebenen Wohlfahrtsverlust ergibt. In der Graphik III.2 ıhrt ein höheres b somit zu näher am Ursprung liegenden Schnittpunkten der Indifferenzkurven mit der Abszissenachse.[171]

---

168 Für eine graphische Darstellung vgl. z.B. De Grauwe (1994, S. 46) oder Jarchow (1993, S. 147).

169 Siehe Figure 1 bei Kydland und Prescott (1977, S. 479). Diese bezeichnen die Kombination der beiden Zielwerte und damit den Ursprung von Schaubild III.2 mit „optimal equilibrium".

170 Zum Verlauf der gesellschaftlichen Indifferenzkurven über Inflation und Arbeitslosigkeit siehe z.B. auch Monissen (1982, S. 120).

171 Der Schnittpunkt der ellipsenförmigen Indifferenzkurve für das Kostenniveau Z_0 mit der Abszissenachse ergibt sich im relevanten Bereich als $U^* + \sqrt{\frac{Z_0}{b}}$. Der Schnittpunkt mit der Ordi-

Schaubild III.2: Gesellschaftliche Indifferenzkurven bei relativ hohem Stellenwert des Beschäftigungsziels und bei relativ hoher Stabilitätspräferenz

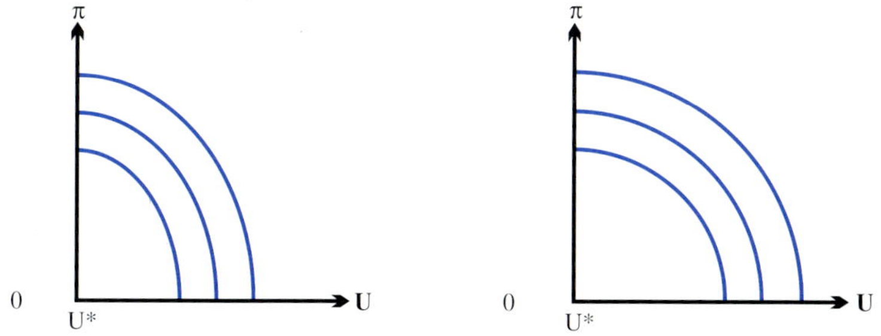

(a) relativ hoher Stellenwert des Beschäftigungsziels (großes b)

(b) relativ hohe Stabilitätspräferenz (kleines b)

Als Nebenbedingung wird die um die Erwartungen erweiterte (modifizierte) Phillips-Kurve unterstellt, nach der die tatsächliche Arbeitslosenquote (U) von der natürlichen (U^n) nur dann abweicht, wenn die Privaten die tatsächliche Inflationsrate (π) nicht korrekt antizipieren ($\pi^e \neq \pi$).[172] Im Rahmen des Modells wird stets eine lineare Spezifikation der Gleichung (II.10) verwendet:

$$\text{(III.2)} \qquad U = U^n - a \cdot \left(\pi - \pi^e\right) \qquad \text{mit } a > 0$$

Die dazugehörige graphische Darstellung liefert Schaubild II.7 in Kapitel II.2.1.

Von entscheidender Bedeutung für das Modell ist die Annahme, daß die von der Notenbank (und den Privaten) in der sozialen Wohlfahrtsfunktion angestrebte Arbeitslosenquote (U^*) niedriger ist als die natürliche (U^n). Im Modell von Barro und Gordon wird somit unterstellt, daß

$$\text{(III.3)} \qquad U^* = k \cdot U^n \qquad \text{mit } 0 < k < 1$$

Dieser Wert des Faktors k wird damit begründet, daß in jeder Volkswirtschaft **allokative Verzerrungen** bestehen, die dazu führen, daß die natürliche Arbeitslo-

natenachse ist unabhängig vom Gewichtungsfaktor b und liegt bei $\sqrt{Z_0}$. Für b gleich eins erhält man kreisförmige Indifferenzkurven.

172 Zu den theoretischen Grundlagen einer solchen Phillips-Kurven-Funktion siehe Kapitel II.2.1.

senquote zu hoch ist und damit als Zielwert nicht in Frage kommt. Barro und Gordon (1983a, S. 593) bezeichnen k deshalb auch als „Effizienzkriterium" für die Volkswirtschaft; denn sobald solche externen Effekte vorliegen, wird k nicht mehr gleich eins sein. So wird zum Beispiel die Erhebung einer Einkommensteuer bzw. die Zahlung von Arbeitslosenunterstützung in aller Regel dazu führen, daß aus der Sicht der einzelnen Arbeitsanbieter Arbeit relativ zu Konsumgütern teurer wird und sie entsprechend vermehrt Freizeit konsumieren werden. Dabei wird unterstellt, daß sie in ihrer Arbeitsangebotsentscheidung nicht das damit verbundene Mehrangebot (im Fall der Einkommensteuer) bzw. das Minderangebot (im Fall der Arbeitslosenunterstützung) an öffentlichen Gütern berücksichtigen. Deshalb fällt das Arbeitsangebot niedriger aus, als ohne entsprechende staatliche Eingriffe in den Arbeitsmarkt (vgl. Barro und Gordon 1983a, S. 593). Eine ähnliche Begründung für die Notwendigkeit, ein ambitioniertes Beschäftigungsziel zu verfolgen, setzt an den verschiedenen Machtpositionen der Tarifparteien an. So argumentiert Canzoneiri (1985), daß die Reallöhne aufgrund der Gewerkschaftsmacht zu hoch sind und als Folge davon die Beschäftigung gegenüber dem von der Notenbank und den Privaten angestrebten Niveau zu niedrig ist.

Eine weitere Annahme, die von Barro und Gordon im Rahmen ihres Modells getroffen wird, ist das Vorliegen **vollständiger Informationen**. Dies impliziert zum einen, daß die Privaten genau wissen, daß die Notenbank eine Zielfunktion verfolgt, die ihrer eigenen gesamtwirtschaftlichen Zielfunktion entspricht. Zum anderen bedeutet die Annahme der vollständigen Information, daß von unvorhersehbaren (realen und monetären) Schocks abgesehen wird. Dies impliziert die perfekte Steuerbarkeit des Preisniveaus durch die Notenbank, ausgedrückt durch die Übereinstimmung der Inflationsrate (π) mit der Wachstumsrate der nominellen Geldmenge (μ) (vgl. Barro und Gordon 1983a, S. 594; Barro und Gordon 1983b, S. 101):[173]

(III.4) $\pi = \mu$

Die perfekte Steuerbarkeit des Preisniveaus wird häufig aus Vereinfachungsgründen unterstellt.[174] Eine wichtige Implikation der Annahme der vollständigen Information und der daraus resultierenden Gleichsetzung von Endziel (π) und Zwischenziel (μ) besteht aber darin, daß es keinen Unterschied zwischen einer end-

---

173 Die unterstellte Identität von Inflationsrate und Wachstumsrate der nominellen Geldmenge hat dazu geführt, daß manche Modellvarianten ausschließlich mit der monetären Wachstumsrate arbeiten (vgl. z.B. Cukierman 1986 und 1992). Zu der grundsätzlichen Problematik, daß ausschließlich die Geldmenge als wirtschaftspolitischer Handlungsparameter im Modell von Barro und Gordon betrachtet wird, siehe Neumann (1995).

174 So bezeichnen Blackburn und Christensen (1989, S. 11) die perfekte Steuerbarkeit der Inflationsrate als „heroic assumption", die aber „for the most part, serves as a useful abstraction."

zielbezogenen Regelbindung und einer zwischenzielbezogenen Regelbindung zu geben scheint. Im Verlaufe der Ausführungen wird es sich jedoch zeigen, daß die verschiedenen Ausformungen der Regelbindung durchaus von Bedeutung dafür sind, welche Schlußfolgerung man aus der neueren Debatte über „Regeln versus Entscheidungsspielräume" ziehen kann.

Setzt man die Gleichungen (III.2) und (III.3) in die soziale Wohlfahrtsfunktion (III.1) ein, erhält man

$$\text{(III.5)} \qquad Z = \left[b \cdot \left((1-k) \cdot U^n - a \cdot \left(\pi - \pi^e \right) \right)^2 + \pi^2 \right].$$

Die optimale Inflationsrate errechnet die Notenbank, indem sie Z nach π ableitet und die Bedingung erster Ordnung gleich null setzt.[175] Die sozialen Kosten sind dann minimal, wenn gilt

$$\text{(III.6)} \qquad \pi^* = \frac{ab(1-k) \cdot U^n}{1 + a^2 b} + \frac{a^2 b}{1 + a^2 b} \cdot \pi^e = \phi\left(\pi^e\right).$$

Aus Gleichung (III.6) ist unmittelbar ersichtlich, daß die Höhe der optimalen Inflationsrate in entscheidender Weise von der erwarteten Inflationsrate bestimmt wird. Erwarten die Privaten eine positive Inflationsrate, so wird die Notenbank in jedem Fall auch eine positive Inflationsrate anstreben. Aber selbst dann, wenn die erwartete Inflationsrate null beträgt, ist die optimale Inflationsrate positiv. Denn als Folge der getroffenen Annahmen – die beiden Parameter a und b und die natürliche Arbeitslosenquote U^n seien positiv und der Faktor k liege zwischen null und eins – ist der erste Term der optimalen Inflationsrate stets größer null. Die Notenbank strebt somit grundsätzlich danach, positive Beschäftigungseffekte mittels einer positiven Inflationsrate zu erzielen.

Entscheidend ist, wie die Inflationserwartungen in diesem Modell gebildet werden. Unterstellt man dabei, daß die Notenbank eine Inflationsrate von null ankündigt und daß dies von den Privaten als glaubhaft angesehen wird ($\pi^e = 0$), beläuft sich die tatsächliche Inflationsrate entsprechend Gleichung (III.6) auf

$$\text{(III.7)} \qquad \pi_{ü} = \frac{ab(1-k) \cdot U^n}{1 + a^2 b}.$$

Wie bereits angedeutet, ist die optimale Inflationsrate jetzt positiv und übersteigt somit den erwarteten Wert von null. Man spricht in diesem Fall von einer „**Überraschungsinflation**". Setzt man den Wert der Überraschungsinflation ($\pi_{ü}$) in die Zielfunktion (III.4) ein, erhält man positive soziale Kosten $Z_{ü}$ in Höhe von

---

175 Die Bedingung zweiter Ordnung für ein Kostenminimum ist erfüllt.

(III.8) $$Z_{ü} = \frac{b}{1 + a^2 b} \cdot \left[(1-k) \cdot U^n\right]^2 .$$

Kennen die Privaten jedoch das Kalkül der Notenbank (Gleichung III.6), wovon bei der getroffenen Annahme der vollständigen Voraussicht auszugehen ist, so werden sie ihre Inflationserwartungen unter Einbeziehung dieser Information bilden ($\pi^e = \pi^*$). Die Ankündigung der Notenbank, eine Inflationsrate von null realisieren zu wollen, ist dann nicht glaubwürdig. Vielmehr werden die Privaten aufgrund ihrer **rationalen Erwartungen** die tatsächlich eintretende Inflationsrate exakt antizipieren. Diese optimale Inflationsrate (π_{rat}) ergibt sich dann als

(III.9) $$\pi_{rat} = ab(1-k) \cdot U^n .$$

Gleichung (III.9) zeigt, daß die optimale Inflationsrate auch im Fall rationaler Erwartungen positiv ist. Es entsteht der sogenannte „Inflation bias“. Verglichen mit dem Fall der Überraschungsinflation (Gleichung III.7) ist sie zudem höher. Dabei gelingt es der Notenbank – aufgrund der korrekten Antizipation der tatsächlichen Inflationsrate durch die Privaten – nicht, die Arbeitslosenquote unter das Niveau der „natürlichen Rate“ zu senken. Im Vergleich zur Überraschungsinflation erhält man somit eine höhere Inflationsrate *und* eine höhere Arbeitslosenquote (nämlich die natürliche). Die sozialen Kosten müssen somit höher sein. Die Apriori-Überlegungen werden durch das formale Ergebnis bestätigt, denn die sozialen Kosten belaufen sich auf

(III.10) $$Z_{rat} = b \cdot \left(1 + a^2 b\right) \cdot \left[(1-k) \cdot U^n\right]^2 .$$

Barro und Gordon (1983a) argumentieren nun, daß sich die sozialen Kosten bei rationalen Erwartungen dadurch reduzieren lassen, daß man die Notenbank auf eine starre Regel verpflichtet, nach der die Inflationsrate (π) – und damit zugleich die Wachstumsrate der nominellen Geldmenge (μ) – dem Zielwert von null entsprechen muß:

(III.11) $$\pi_{rule} = 0 .$$

Die Regel muß dabei so ausgestaltet sein, daß sie verpflichtend und glaubwürdig ist.[176] Mit der Bindung an eine Regel verliert die Notenbank zwar die Möglichkeit,

---

[176] Zur Glaubwürdigkeit von Regeln siehe z.B. Barro und Gordon (1983b). Im Gegensatz zu Barro und Gordon (1983b, S. 107) wird hier unterstellt, daß die Regel so formuliert wird, daß die Notenbank *keine* Möglichkeiten besitzt, die Regel zu brechen. Regelbruch seitens der Notenbank führt dazu, daß $\pi_{ü}$ realisiert wird. Barro und Gordon (1983b, S. 107) bezeichnen deshalb auch die mögliche Kostenreduktion der Überraschungsinflation gegenüber der Regelbindung mit „Versuchung zum Regelbruch“. Regelbruch ist insbesondere dann möglich, wenn man unter „Regelbindung“ auch die Selbstbindung versteht. Dieser Fall wird gesondert in Kapitel V diskutiert.

die Arbeitslosenquote unter die natürliche zu senken, dafür entstehen aber keine sozialen Kosten der Inflation. Insgesamt werden die sozialen Kosten somit niedriger sein als im Fall der rationalen Erwartungen.

$$\text{(III.12)} \quad Z_{rule} = b \cdot \left[(1-k) \cdot U^n \right]^2$$

Vergleicht man die drei Varianten, dann besteht eine eindeutige Hierarchie der Lösungen. Die sozialen Kosten sind im Fall der Überraschungsinflation am geringsten, im Fall rationaler Erwartungen am höchsten. Die Regelbindung stellt eine mittlere Lösung dar:

$$\text{(III.13)} \quad Z_{ü} < Z_{rule} < Z_{rat}$$

Das Modell zeigt somit, daß Regelbindung selbst dann das überlegene institutionelle Arrangement darstellt, wenn für eine diskretionäre Politik im Prinzip optimale Voraussetzungen gegeben sind. Dieses Ergebnis beruht entscheidend darauf, daß man im Rahmen dieses nichtkooperativen Spiels zwischen Notenbank und Privaten davon ausgehen muß, daß sich die wohlfahrtstheoretisch beste Lösung der Überraschungsinflation nicht einstellen wird. Kennen die Privaten das Kalkül der Notenbank (rationale Erwartungen), so wissen sie von vornherein, daß die Geldpolitik in jedem Fall eine positive Inflationsrate anstreben wird – unabhängig davon, ob die von ihnen erwartete Inflationsrate gleich oder größer null ist. Damit ist es für die Privaten immer die dominante Strategie, gerade die (positive) Inflationsrate zu erwarten, die die Notenbank unter Zugrundelegung des Modells – Minimierung der sozialen Kostenfunktion unter der Nebenbedingung der um die Erwartungen erweiterten Phillips-Kurve – auch tatsächlich wählen wird, wenn sie davon ausgehen muß, daß die Privaten diese Rate korrekt antizipiert haben ($\pi^e = \pi = \pi_{rat}$). Rationale Erwartungen führen also dazu, daß im Gleichgewicht die erwartete Inflationsrate auch der tatsächlichen entspricht ($\pi^e = \pi_{rat}$), denn die Privaten antizipieren, daß die dominante Strategie aus der Sicht der Notenbank immer die Realisierung von π_{rat} ist. Deshalb wird dieses Gleichgewicht auch mit **Nash-Lösung**[177] bezeichnet. Jede andere Inflationsrate würde zu höheren sozialen Ko-

177 Ein **Nash-Gleichgewicht** ist in der Spieltheorie dadurch gekennzeichnet, daß *jeder* Spieler genau die Strategie wählt, die ungeachtet der gewählten Strategien der jeweils anderen Spieler optimal ist („dominante" oder „offensichtliche" Strategie; Kreps 1994, S. 362f.). Die Existenz einer Nash-Lösung als Kombination dominanter Strategien („Strategieprofil"; Kreps 1994, S. 362) setzt also voraus, daß jeder Spieler mindestens eine dominante Strategie besitzt. Bei der Bestimmung von Nash-Gleichgewichten wird jedoch unterstellt, daß die Spieler simultan über ihre zu wählende Strategie zu entscheiden haben. Betrachtet man die oben geschilderte Problemstruktur, wonach die Privaten eine frühzeitige Festlegung auf ihre Inflationserwartung treffen müssen (sonst käme der in der Nebenbedingung unterstellt kurzfristige Phillips-Kurven Trade-off nicht zustande), handelt es sich bei obigem Gleichgewicht vielmehr um ein Stackelberg-Gleichgewicht, bei dem die Notenbank ihre Zielfunktion bei gegebener Inflationserwartung der

sten führen; ausschließlich die Rate π_{rat} maximiert die soziale Wohlfahrt (vgl. Blackburn und Christensen 1989, S. 12).

Realisiert die Notenbank trotz der Inflationserwartungen in Höhe von π_{rat} Preisniveaustabilität ($\pi = 0$), so hat diese **Disinflation** hohe soziale Kosten zur Folge.

$$\text{(III.14)} \qquad Z_{dis} = b \cdot \left(1 + a^2 b\right)^2 \cdot \left[(1-k) \cdot U^n\right]^2$$

Obwohl die tatsächliche Inflationsrate dem Optimalwert von null entspricht, bedeutet die im Vergleich zur erwarteten Inflationsrate zu niedrige Geldentwertung, daß die tatsächliche Arbeitslosenquote erheblich über der natürlichen liegt. Die Privaten sind in den Tarifverträgen von einer positiven Inflationsrate ausgegangen, was dazu führt, die Reallöhne bei Geldwertstabilität nun höher sind als die intendierten. Diese relative Verteuerung des Faktors Arbeit wird als Folge der vorgegebenen Laufzeit der Tarifverträge zu Entlassungen führen.

Ein Entscheidungsspielraum der Notenbank führt somit (bestenfalls) zum gesamtwirtschaftlich ungünstigsten Ergebnis (Z_{rat}). Es liegt also die typische Situation eines **Gefangenen-Dilemmas** vor, bei der die individuell optimalen Strategien der Spieler (Notenbank und Private) zu einem für sie schlechten Ergebnis führen (vgl. Cukierman 1986, S. 7). In Schaubild III.3 ergibt sich das Nash-Gleichgewicht (π_{rat}) als Schnittpunkt der Reaktionsfunktion der Privaten ($\pi^e = \pi$) mit der der Notenbank ($\pi = \phi(\pi^e)$).[178] Der linke Teil von Schaubild III.3 berücksichtigt die Möglichkeit der unterschiedlichen Inflationserwartungen der Privaten.

- Erwarten sie eine Inflationsrate von null ($\pi^e = 0$), dann liegt der Schnittpukt der kurzfristigen Phillips-Kurve mit der Abszisse (tatsächliche Inflationsrate π von null) gerade bei der natürlichen Arbeitslosenquote, denn diese stellt sich ein, wenn den Privaten keine Erwartungsfehler unterlaufen und die erwartete gleich der tatsächlichen Inflationsrate ist. Realisieren wird die Notenbank die Überraschungsinflation ($\pi_{ü}$), denn bei ihr tangiert der kurzfristige Phillips-Kurven-Trade off (für $\pi^e = 0$) gerade die am weitesten beim Ursprung liegende gesellschaftliche Indifferenzkurve (Punkt A). Es entstehen soziale Kosten in Höhe von $Z_{ü}$.

- Unterstellt man hingegen das Vorliegen rationaler Erwartungen, so werden die Privaten die positive Rate π_{rat} erwarten, die sich als Schnittpunkt der Reaktionsfunktionen der Notenbank und der Privaten ergibt. Die kurzfristige Phillips-

Privaten maximiert. Da aber rationale Erwartungen unterstellt werden, d.h. die Privaten die für die Notenbank optimale Lösung vorwegnehmen, fallen Stackelberg-Gleichgewicht und Nash-Gleichgewicht zusammen (vgl. Blackburn und Christensen 1989, S. 7).

178 Für die graphische Einbeziehung der Reaktionsfunktionen siehe Cukierman (1992, S. 30).

Kurve liegt nun weiter rechts. Die natürliche Arbeitslosenquote U^n stellt sich wiederum genau dann ein, wenn die tatsächliche gleich der erwarteten Inflationsrate (also π_{rat}) ist. Für die Notenbank ist es nun rational π_{rat} zu realisieren, was bereits durch den Schnittpunkt der Reaktionsfunktionen der Notenbank ($\pi = \phi(\pi^e)$) und der Privaten ($\pi = \pi^e$) ausgedrückt wird. Es wird sich damit die natürliche Arbeitslosenquote einstellen, und es entstehen soziale Kosten in Höhe von Z_{rat}. Auch Z_{rat} erhält man graphisch wiederum als Tangentialpunkt der kurzfristigen Phillips-Kurve (für π_{rat}) mit der am weitesten beim Ursprung liegenden Indifferenzkurve (Punkt B).

- Die Regelbindung ($\pi = 0$) führt dazu, daß die natürliche Arbeitslosenquote inflationsfrei erreicht wird (Punkt C). Die sozialen Kosten Z_{rule} werden durch die Indifferenzkurve bestimmt, die durch den Punkt C (U^n,0) läuft, so daß die sozialen Kosten der Regelbindung (Z_{rule}) zwangsläufig zwischen denen bei Überraschungsinflation ($Z_ü$) und rationalen Erwartungen (Z_{rat}) liegen.[179]

Schaubild III.3: Graphische Darstellung des Modells von Barro und Gordon

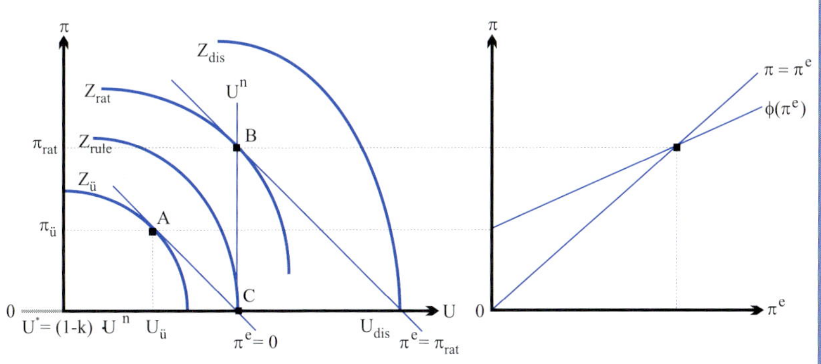

Ist damit also der Beweis erbracht, daß eine geldpolitische Regelbindung *grundsätzlich und unabhängig von der konkreten Ausgestaltung* eine optimale Form der

179 Bilden die Privaten ihre Inflationserwartung rational und realisiert die Notenbank eine Inflationsrate von null, so stellt sich die Arbeitslosenquote U_{dis} ein. Dies impliziert soziale Kosten in Höhe von Z_{dis}, die sich entsprechend der Indifferenzkurve ergeben, die durch diese Kombination von Arbeitslosigkeit und Inflation (U_{dis},0) läuft. Sie sind mit Abstand am höchsten.

Geldverfassung darstellt? Aufgrund der sehr spezifischen Annahmen des Modells von Barro und Gordon ist eine Übertragung der Ergebnisse auf die geldpolitische Praxis nur mit sehr großen Einschränkungen möglich.

5.3 Erweiterungen des Modells von Barro und Gordon

Eine detailliertere Auseinandersetzung mit dem Modell von Barro und Gordon setzt vor allem an drei Problembereichen an:

- Ist es realistisch anzunehmen, daß eine Notenbank ein Beschäftigungsziel verfolgt, das eine geringere Arbeitslosenquote als die natürliche vorsieht? Kann man dabei gleichzeitig unterstellen, daß eine in dieser Weise formulierte **soziale Wohlfahrtsfunktion** auch mit den Präferenzen der Privaten identisch ist? Welche Implikationen hat dies für die Vorteilhaftigkeit der Regelbindung?
- Treten die bei einem einperiodigen Spiel zu erwartenden Ergebnisse auch dann auf, wenn das Spiel **fortlaufend** gespielt wird? Welche Rolle spielt der Zeithorizont der Akteure?
- Ist die Regelbindung auch dann noch überlegen, wenn die Annahme der **vollständigen Information** aufgehoben wird? Muß dann womöglich zwischen einer endzielbezogenen und einer zwischenzielbezogenen Regelbindung unterschieden werden?

5.3.1 Probleme mit der Zielfunktion

Der soziale Wohlfahrtsansatz behauptet das Vorliegen eines Zeitinkonsistenzphänomens geldpolitischer Maßnahmen trotz identischer Zielfunktionen (Präferenzen) der Privaten und der Notenbank (vgl. Calvo 1978, S. 1421).[180] Die Zeitinkonsistenz wird in dem Modell von Barro und Gordon ausschließlich durch die Abweichung der Zielarbeitslosenquote (U^*) von der natürlichen Arbeitslosenquote (U^n) infolge allokativer Verzerrungen auf dem Arbeitsmarkt ausgelöst. Im Rahmen des so formulierten sozialen Wohlfahrtsansatzes kommt dem Faktor k aus Gleichung (III.2) damit eine zentrale Bedeutung zu. Ist k gleich eins, dann gibt es für die Notenbank keine Veranlassung, eine inflationäre Politik zu betreiben, denn positive Beschäftigungseffekte werden überhaupt nicht angestrebt. Die Werte für $\pi_{ü}$ (Gleichung III.7) und π_{rat} (Gleichung III.9) wären dann gleich null und würden mit π_{rule} zusammenfallen (vgl. Barro und Gordon 1983, S. 593).

---

[180] Calvo (1978, S. 1421f.) behauptet dies nicht nur für die Gleichheit der Zielfunktionen, sondern auch für die Länge des Betrachtungszeitraums, auf den im folgenden Abschnitt eingegangen wird: „... we show that time inconsistency is also generally true in a world of identical and infinitely-lived individuals...".

Die **first-best-Lösung** bestünde deshalb grundsätzlich darin, die Ursachen der allokativen Verzerrungen auf dem Arbeitsmarkt zu beseitigen und so die angestrebte höhere Beschäftigung zu erreichen. Gelingt die damit verbundene Reduktion der natürlichen Arbeitslosenquote, so besteht keine Veranlassung mehr, darüber hinausgehende beschäftigungspolitische Effekte durch eine inflationäre Geldpolitik anzustreben. Der Faktor k in der obigen sozialen Wohlfahrtsfunktion wäre gleich eins, die wohlfahrtsmaximale Inflationsrate entsprechend Gleichung (III.6) gleich null und die sozialen Kosten ebenfalls gleich null. Erst wenn eine Bekämpfung der Arbeitslosigkeit an ihren Ursachen nicht oder nicht zu hinreichend niedrigen sozialen Kosten möglich ist, kann man nach der **second-best-Lösung** fragen, die obige soziale Wohlfahrtsfunktion bei gegebener kurzfristiger Phillips-Kurve maximiert. Eine solche second-best-Lösung stellt im Rahmen des Barro-Gordon-Modells die (exogene) Regelbindung der Notenbank dar (vgl. Rogoff 1985, S. 1170).

Bei genauerer Analyse der Begründung der Regelbindung im Rahmen der hier dargestellten Ausformung des sozialen Wohlfahrtsansatz zeigt es sich nun aber gerade, daß die Annahme eines k-Wertes kleiner als eins sehr willkürlich ist. Auf der einen Seite argumentieren Barro und Gordon (1983a, S. 592f.), daß die Privaten bei ihrer mikroökonomischen Arbeitsangebotsentscheidung die positiven externen Effekte vernachlässigen, die mit den steuerfinanzierten öffentlichen Gütern einhergehen. Auf der anderen Seite sollen die Privaten diese Externalitäten jedoch im Rahmen ihrer **sozialen Wohlfahrtsfunktion** berücksichtigen, was sich in ihrem Streben nach einer niedrigeren als der natürlichen Arbeitslosenquote niederschlägt. Zentral ist damit die Annahme, daß die Privaten bei ihrer Arbeitsangebotsentscheidung systematisch relevante Informationen ignorieren, die sie bei der Formulierung ihrer sozialen Wohlfahrtsfunktion jedoch berücksichtigen. Dieser Widerspruch schlägt sich dann darin nieder, daß die Wohlfahrt der Privaten dadurch erhöht werden kann, daß man sie systematisch täuscht. Wie zweifelhaft diese Implikation ist, wird besonders dann deutlich, wenn man unterstellt, daß die Volkswirtschaft nur aus einem **repräsentativen Akteur** besteht (vgl. Blackburn und Christensen 1989, S. 16).[181]

Die Bezeichnung der in Gleichung (III.5) dargestellten Funktion mit „sozialer Wohlfahrtsfunktion" verbietet sich auch schon deshalb, weil im Modell von Barro und Gordon keine hinreichenden Aussagen über die individuellen Nutzenfunktionen und Nebenbedingungen der Privaten gemacht werden. Diese Nutzenfunktionen

---

[181] Dieses Vorgehen ist insbesondere dann zulässig, wenn man so wie Calvo (1978, S. 1421f.) unterstellt, daß es zwar sehr viele, aber nur vollkommen identische Individuen gibt.

müssen aber die Grundlage für die Ableitung einer „sozialen Wohlfahrt“ sein.[182] Insgesamt ist es apriori nicht klar, daß die Privaten tatsächlich eine geringere als die natürliche Arbeitslosenquote anstreben. Unterstellt man z.B., daß die Privaten keine ambitionierten Beschäftigungsziele verfolgen, also der Faktor k einen Wert von eins annimmt, so würde dies für die soziale Wohlfahrtsfunktion implizieren

$$\text{(III.15)} \qquad Z = \left[b \cdot \left(U - U^n \right)^2 + \pi^2 \right].$$

Unter Berücksichtigung von Gleichung (III.2) erhält man dann

$$\text{(III.16)} \qquad Z = \left[ba^2 \cdot \left(\pi - \pi^e \right)^2 + \pi^2 \right].$$

Eine so bestimmte Zielfunktion wird aber unabhängig von der konkreten Höhe der Inflationserwartungen gerade dann optimiert, wenn die tatsächliche Inflationsrate gleich null ist ($\pi = 0$). D.h. auch *ohne Regelbindung* wird die Notenbank von sich aus eine auf Geldwertstabilität ausgerichtete Geldpolitik betreiben.

Wird die Begründung für die zu niedrige Beschäftigung nicht in den Arbeitsmarktverzerrungen, sondern in einem durch die Gewerkschaftsmacht verursachten zu hohen Reallohnniveau gesehen, so kann die Zielfunktion entsprechend Gleichung (III.5) nicht die Präferenzen der Privaten widerspiegeln. Diese drücken sich in der realisierten natürlichen Arbeitslosenquote aus. Verfolgt die Notenbank nichtsdestoweniger eine Wohlfahrtsfunktion, bei der eine Zielarbeitslosenquote kleiner als die natürliche angestrebt wird ($k < 1$), so unterscheidet sich dieser Ansatz nicht mehr von der traditionellen Diskussion, in der die Regelbindung u.a. mit abweichenden Zielfunktionen von Notenbank und Privaten erklärt wird (vgl. Bofinger und Frenkel 1991, S. 174f.). In diesem Fall verfolgt die Notenbank zwar eine **makroökonomische Wohlfahrtsfunktion** (Z^{Nbk}) entsprechend Gleichung (III.5), diese kann aber nicht aus den individuellen Nutzenfunktionen abgeleitet worden sein und darf deshalb nicht mit einer sozialen Wohlfahrtsfunktion (Z) verwechselt werden.[183]

Die Begründung der Regelbindung mittels der Zeitinkonsistenz wird auch dann hinfällig, wenn man die Notenbank auf die gesamtwirtschaftlichen Ziele $U^* = U^n$ und $\pi^* = 0$ verpflichtet. Eine solche der obigen first-best-Lösung äquivalente Lösung des Zeitinkonsistenzproblems erhält man nicht nur für die hier diskutierte

[182] Diese Schlußfolgerung ziehen z. B. Blackburn und Christensen (1989, S. 13). Ihnen schwebt eine soziale Wohlfahrtsfunktion vor, die sich eindeutig aus den individuellen Nutzenfunktionen der Privaten ableiten läßt. Zu den damit verbundenen Problemen siehe Suzumura (1987, S. 418 - 420).

[183] Für die Unterscheidung zwischen makroökonomischer und gesellschaftlicher Wohlfahrtsfunktion siehe Wagner (1992, S. 11).

Version des Modells von Barro und Gordon im Sinne des sozialen Wohlfahrtsansatzes, sondern auch für signifikant andere Formulierungen, in denen ein spezieller k-Faktor nicht-notwendige Bedingung für die Existenz des Phänomens der Zeitinkonsistenz ist.[184] Letzlich kann jede behauptete „Wohlfahrtsverbesserung", die durch eine systematische Täuschung der Privaten (Überraschungsinflation) herbeigeführt wird, nur durch die Orientierung und Messung an einer anderen, als der auf individuellen Nutzenfunktionen basierenden sozialen Wohlfahrtsfunktion zustande kommen (vgl. Blackburn und Christensen 1989, S. 16).[185]

Die Interpretation der Zielfunktion der Notenbank als makroökonomische Wohlfahrtsfunktion ergibt insbesondere dann einen Sinn, wenn man das Barro-Gordon-Modell nicht als einen sozialen Wohlfahrtsansatz interpretiert, sondern als ein Modell politischer Interaktionen, bei der die Notenbank den unterschiedlichen Interessen verschiedener Gruppen ausgesetzt ist. Anders als beim sozialen Wohlfahrtsansatz unterstellt man in einem solchen „**political approach**" (Cukierman 1986, S. 9f.) nicht die Existenz homogener Präferenzen der Privaten, sondern man berücksichtigt explizit die Möglichkeit divergierender Interessen der einzelnen Akteure. Die makroökonomische Wohlfahrtsfunktion (Z^{Nbk}) in Form von Gleichung (III.5) läßt sich dann interpretieren als der von der Notenbank angestrebte politische Kompromiß zwischen den Positionen der sie beeinflussenden Interessengruppen (vgl. Cukierman 1986, S. 10).

Zur Lösung des Problems der Zeitinkonsistenz in der Geldpolitik und damit zur Verringerung der Gefahr der Überraschungsinflation im Rahmen des obigen Barro-Gordon-Modells schlägt Rogoff (1985, S. 1177) vor, einen **konservativen Notenbanker** als Entscheidungsträger einer Zentralbank zu berufen. „Konservative"

184 Zwischen den beiden Lösungen mögen geringe qualitative Unterschiede bestehen. Entscheidend ist, daß beide am Zielwert ansetzen und *nicht* die Handlungsmöglichkeiten der Notenbank einschränken. So verlangt die Beseitigung der allokativen Verzerrungen am Arbeitsmarkt nach institutionellen Änderungen am Arbeitsmarkt, während die alternative Lösung institutionelle Regelungen erfordert, die die Zielfunktion der Notenbank so beeinflussen, daß diese bei vollständig diskretionärem Handlungsspielraum freiwillig auf eine inflationäre Geldpolitik verzichtet. Zu institutionellen Regelu ngen, die ein solches Verhalten bewirken können siehe Kapitel IV.

185 Besonders deutlich wird dies in den Modellen von Backus und Driffill (1985) und Cukierman (1986). Zwar bezeichnet auch Cukierman (1986, S. 6) die Zielfunktion der Notenbank mit „sozialer Wohlfahrtsfunktion", er meint aber „makroökonomische Wohlfahrtsfunktion". Dies wird dadurch deutlich, weil er (1986, S. 7) zusätzlich eine „gesellschaftliche Nutzenfunktion" (public utility function) einführt, die die Aversion der Privaten gegen eine Täuschung erfaßt. Eine Politik der Überraschungsinflation führt zwar zu einem maximalen Ergebnis bezogen auf die Zielfunktion der Notenbank, bedeutet aber zugleich einen Nutzenverlust für die Privaten. Eine Festlegung auf das Ziel der Privaten „keine Täuschung" hätte eine konstante Inflationsrate zur Folge. Unterstellt man in der gesellschaftlichen Nutzenfunktion noch eine Präferenz für Geldwertstabilität, so ergibt sich eine optimale Inflationsrate von null (vgl. Bofinger und Frenkel 1991, S. 175).

Notenbanker zeichnen sich im Zusammenhang mit dem „political approach" durch eine besonders hohe Stabilitätspräferenz aus, d.h. sie gewichten das Beschäftigungsziel in ihrer individuellen Zielfunktion geringer, als dies möglicherweise von der Mehrheit der Privaten getan würde. Auf die formale Struktur des Modells von Barro und Gordon übertragen, läuft dies auf einen kleineren Wert des Gewichtungsfaktors b hinaus. Im folgenden wird deshalb unterstellt, daß die Berufung eines konservativen Notenbankers einen um den Faktor ξ kleineren Wert von b bedeutet, ohne daß aber die Gewichtung des Beschäftigungsziels dadurch negativ wird. Die makroökonomische Zielfunktion des *konservativen* Notenbankers (Z^{kNbk}) erhält man als die um den Faktor ξ modifizierte makroökonomische Wohlfahrtsfunktion (Z^{Nbk}), die in ihrer Form per Annahme identisch ist mit der sozialen Wohlfahrtsfunktion aus Gleichung (III.5):

$$(III.17) \qquad Z^{kNbk} = \left[(b-\xi)\cdot\left((1-k)\cdot U^n - a\cdot(\pi - \pi^e)\right)^2 + \pi^2\right]$$

$$\text{mit} \qquad 0 \leq \xi \leq b\,.$$

Da der konservative Notenbanker das Beschäftigungsziel geringer gewichtet, als dies die Verfolgung der makroökonomischen Wohlfahrtsfunktion implizieren würde, wird dann die resultierende Inflationsrate bei *rationalen Erwartungen* niedriger ausfallen als im Standard-Ansatz $\left(\pi_{rat}^{kNbk} < \pi_{rat}^{Nbk}\right)$.[186] Dies gilt auch für die sozialen Kosten. Sie ergeben sich im Falle eines konservativen Notenbankers $\left(Z_{rat}^{kNbk}\right)$ als Differenz aus den Wohlfahrtskosten bei rationalen Erwartungen $\left(Z_{rat}^{Nbk}\right)$ und einem Term (Z_E), der die Kostenersparnis ausdrückt.

$$(III.18) \qquad Z_{rat}^{kNbk} = Z_{rat}^{Nbk} - Z_E$$

$$= b\cdot\left(1 + a^2 b\right)\cdot\left[(1-k)\cdot U^n\right]^2 - \underbrace{a^2\xi\cdot(2b-\xi)\cdot\left[(1-k)\cdot U^n\right]^2}_{\text{Kostenersparnis } Z_E}$$

[186] Da die Zielfunktion der Notenbankleitung (makroökonomische Wohlfahrtsfunktion) per Annahme der oben unterstellten sozialen Wohlfahrtsfunktion entspricht, und sich die Inflationserwartungen der Privaten anhand der tatsächlich von der Notenbank verwendeten Zielfunktion bilden, entspricht im folgenden die bei rationalen Erwartungen hergeleitete Inflationsrate des political approach-Ansatzes der optimalen Inflationsrate des sozialen Wohlfahrtsansatzes bei rationalen Erwartungen $\left(\pi_{rat}^{Nbk} = \pi_{rat}\right)$. Die Gleichheit der numerischen Ergebnisse bezieht sich aber nicht nur auf die Inflationsrate bei rationalen Erwartungen, sondern gilt unabhängig vom gewählten Regime (Überraschungsinflation, Regelbindung, rationale Erwartungen) und betrifft auch die sozialen Kosten $\left(Z_{ü}^{Nbk} = Z_{ü};\, Z_{rule}^{Nbk} = Z_{rule};\, Z_{rat}^{Nbk} = Z_{rat}\right)$.

Die Kostenersparnis Z_E wird offensichtlich dann maximal, wenn ξ den Wert b annimmt, d.h. der konservative Notenbanker ausschließlich auf Preisniveaustabilität achtet und dem Beschäftigungsziel keine Aufmerksamkeit mehr schenkt. Die sozialen Kosten, die die Gesellschaft durch die Beschäftigung eines solchen **ultrakonservativen Notenbankers** erreichen kann, entsprechen dann genau denen, die man oben im Falle der Regelbindung erhalten hat:

$$\text{(III.19)} \qquad Z^{kNbk}\Big|_{\xi=b} = b \cdot \left[(1-k) \cdot U^n\right]^2 = Z_{rule}$$

Der Kostenunterschied zwischen beiden Strategien kann also durch die Anstellung eines konservativen Notenbanker zwar verringert werden. Bei jeder positiven Gewichtung des Beschäftigungsziels in der Zielfunktion des Notenbankers ($b - \zeta > 0$) ist aber die Lösung mit dem konservativen Notenbanker der Regelbindung unterlegen, so daß sie bestenfalls eine **third-best-Lösung** darstellt (vgl. Rogoff 1985, S. 1170).

5.3.2 Das mehrperiodige Spiel

Die Vernachlässigung der Zeitdimension in der bisherigen Modellbetrachtung suggeriert, daß zwischen einer heute getroffenen Entscheidung und dem für morgen zu erwartenden Ergebnis – den sozialen Kosten – kein Zusammenhang besteht. Wie das Klausurenbeispiel aber bereits verdeutlicht hat, sind die bei einem einperiodigen Spiel auftretenden Ergebnisse nicht mehr ohne weiteres zu erwarten, wenn ein Spiel wiederholt gespielt wird und es sogar – im Extremfall – überhaupt keinen endlichen Zeithorizont besitzt.

Deshalb muß das obige Modell in einen intertemporalen Zusammenhang übersetzt werden. Die Notenbank wird in ihrer makroökonomischen Wohlfahrtsfunktion auch die Auswirkungen auf die zukünftigen Zielwerte berücksichtigen. Die Zielfunktion der Notenbank erhält man somit unter Verwendung von Gleichung (III.1) als

$$\text{(III.20)} \qquad Z = \sum_{t=0}^{\infty} \frac{1}{(1+r)^t} \cdot Z_t = \sum_{t=0}^{\infty} \frac{1}{(1+r)^t} \cdot \left[b \cdot \left(U_t - U^*\right)^2 + \pi_t^2 \right].$$

Die Gesamtkosten (Z) ergeben sich somit als Summe der mit der realen Diskontierungsrate r diskontierten sozialen Kosten der einzelnen Folgeperioden (Z_t). Die Kosten der jeweiligen Einzelperioden werden dabei analog zum einperiodigen Spiel bestimmt (vgl. Barro und Gordon 1983a, S. 594).

Für die um die Erwartungen erweiterte (modifizierte) Phillips-Kurve ergebe sich unter Einbeziehung der Dimension Zeit folgender Zusammenhang, der mit Gleichung (III.2) im Prinzip identisch ist:

(III.21) $U_t = U^n - a \cdot \left(\pi_t - \pi_t^e\right)$

Entscheidend für die Strategiewahl der Notenbank ist jetzt der Barwert aller zukünftig zu erwartenden sozialen Kosten. In der hier dargestellten intertemporalen Problemstruktur sind jedoch die zukünftigen Werte der Variablen unabhängig von den bereits realisierten, so daß auch ein so formuliertes mehrperiodiges Spiel zu einem einperiodigen wird. Die Notenbank wird also in jeder Periode die Zielfunktion nur im Bezug auf die gegenwärtige Inflationsrate maximieren (vgl. Barro und Gordon 1983a, S. 595). Diese vollkommene Irrelevanz der in der Vergangenheit betriebenen Geldpolitik für die zukünftig zu erwartenden Ergebnisse trifft aber nur bei der rationalen Erwartungsbildung zu.

Wiederholte Spiele sind in der Literatur jedoch häufig dadurch gekennzeichnet, daß zwischen der gegenwärtigen Strategie und den Ergebnissen der Vergangenheit Interdependenzen bestehen (vgl. Blackburn und Christensen 1989, S. 6). Ein solches „**Supergame**" (Friedman 1971, S. 1) erhält man im vorliegenden Kontext, wenn man unterstellt, daß die Privaten in ihrer Erwartungsbildung die in der Vergangenheit realisierten Inflationsraten berücksichtigen („Trigger-Mechanismus").[187] Sie können also die Notenbank für eine Überraschungsinflation in der Periode t mit höheren Inflationserwartungen in den Folgeperioden „bestrafen". Für die Notenbank ergibt sich die Möglichkeit, sich durch einen Verzicht auf eine inflationäre Politik bei den Privaten die **Reputation** einer klaren Stabilitätsorientierung zu verschaffen.

Entscheidend ist somit das „Gedächtnis" (Blackburn und Christensen 1989, S. 17) der Privaten im Bezug auf die vergangene Geldpolitik und die damit verbundene Sanktionierung einer inflatorischen Geldpolitik der Notenbank. Barro und Gordon (1983b, S. 108) folgend sei ein einfacher Erwartungsbildungsmechanismus der Privaten unterstellt:[188]

---

[187] Dies macht insbesondere in den Modellen Sinn, bei denen die Privaten ihre Erwartungen unter Unsicherheit bilden müssen, d.h. wenn sie die Zielfunktion der Notenbank nicht kennen. Im folgenden wird jedoch weiterhin mit einem deterministischen Modell gearbeitet, in dem die Privaten vollständige Informationen über das Modell besitzen. Unsicherheitsmodelle werden bei Backus und Driffill (1985), Cukierman (1986) und Blackburn und Christensen (1989) behandelt.

[188] „Trigger" bedeutet Gewehrabzug; gemeint ist also ein Sanktionsmechanismus. Der hier dargestellte Trigger-Mechanismus erweist sich als eine bestimmte Ausprägung der allgemeineren „Tit-For-Tat"-Regel („Wie Du mir, so ich Dir"), die häufig in der nichtkooperativen Spieltheorie verwendet wird. Auf das hier vorliegende Problem übertragen besagt diese Regel, daß die Privaten das Spiel „gutmütig" mit Kooperation $\left(\pi_t^e = 0\right)$ beginnen und anschließend immer genau das Verhalten („den Zug") der Notenbank imitieren sollen (vgl. Axelrod 1991). Daneben existieren aber auch noch eine Vielzahl anderer Strategien, die ähnlich beachtenswert erscheinen (vgl. Blackburn und Christensen 1989, S. 18).

(III.22) $$\pi_t^e \begin{cases} = \pi_{rule} = 0, & \text{wenn } \pi_{t-1} = \pi_{t-1}^e \text{, und} \\ = \pi_{rat} = ab \cdot (1-k) \cdot U^n, & \text{wenn } \pi_{t-1} \neq \pi_{t-1}^e \end{cases}$$

Die Ratio eines so definierten Erwartungsbildungsmechanismus´ läßt sich wie folgt beschreiben: Unterstellt man, die Notenbank kündige am Beginn jeder Periode an, sie wolle eine der Regelbindung entsprechende stabilitätsgerechte Inflationsrate von null ($\pi_t = \pi_{rule} = 0$) herbeiführen, so werden die Privaten die Ankündigung in der laufenden Periode als glaubwürdig ansehen, wenn ihre Erwartungen in der Vorperiode bestätigt wurden $\pi_{t-1}^e = \pi_{t-1}$, d.h. wenn die Notenbank keine Überraschungsinflation betrieben hat. Wurden die Erwartungen in der Vorperiode jedoch enttäuscht, so gehen die Privaten auch für die laufende Periode von einer inflationären Geldpolitik aus. Sie erwarten π_{rat}, es kommt zum Nash-Gleichgewicht (π_{rat}).[189] Die Notenbank hat somit ihre **Glaubwürdigkeit** verloren.

Will die Notenbank ihre Zielfunktion (III.20) optimieren, so erreicht sie dies nun nicht mehr nur dadurch, daß sie die sozialen Kosten der gegenwärtigen Periode minimiert („piecewise optimization")[190], sondern sie muß nun auch die Auswirkungen ihrer Politik auf die Kosten der nachfolgenden Perioden berücksichtigen. Die sich dabei ergebende optimale Inflationsrate (π_{trig}) wird „**Trigger-strategy-Gleichgewicht**" (Rogoff 1987, S. 149) oder „**Reputationsgleichgewicht**" genannt, sofern sie mit der erwarteten Inflationsrate übereinstimmt.[191] Ob die Notenbank eine positive Inflationsrate realisiert oder nicht, hängt davon ab, ob

- die kurzfristig auftretende Kostenersparnis in Form der Reduktion der Arbeitslosenquote gegenüber einer auf Geldwertstabilität ($\pi_t = \pi_{rule} = 0$) ausgerichteten Geldpolitik („**Anreizeffekt**") höher oder niedriger ist als
- der Kostenanstieg in den nachfolgenden Perioden, der sich aus der gestiegenen Inflationserwartung der Privaten ergibt („**Abschreckungseffekt**").[192]

---

[189] Dieses für das einperiodige Spiel resultierende Gleichgewicht bestimmt auch in einem mit obigem Erwartungsbildungsmechanismus ausgestatteten mehrperiodigen Spiel die optimale Inflationsrate der Folgeperiode t+1; denn diese minimiert nicht nur die sozialen Kosten der laufenden Periode, sondern führt auch dazu, daß die Inflationserwartungen der darauffolgenden Periode t+2 den Wert null annehmen, da die Notenbank die Inflationserwartungen der Privaten in t+1 bestätigt hat.

[190] Blackburn und Christensen (1989, S. 17).

[191] Auf die Frage, inwieweit viele unterschiedliche Akteure dieses Gleichgewicht auch erwarten, kann hier nicht eingegangen werden (siehe dazu Rogoff 1987, S. 152).

[192] Für diese Unterscheidung siehe z.B. Fischer (1990, S. 1175f.). Die hier gewählte Darstellung basiert auf Jarchow (1993, S. 149f.).

Zur Bestimmung der beiden Effekte ist der konkrete Trigger-Mechanismus von entscheidender Bedeutung. Zum einen determiniert er die Inflationsrate, die die Zielfunktion der Notenbank optimiert (π_{trig}), zum anderen entscheidet er über die Reaktion der Privaten und damit über die zukünftigen Kosten. Unterstellt man den oben beschriebenen Sanktionsmechanismus der Privaten, so kommt es dazu, daß das Trigger-strategy-Gleichgewicht entweder einer Inflationsrate von null ($\pi_{trig} = 0$) oder gerade der oben hergeleiteten Überraschungsinflation ($\pi_{trig} = \pi_{ü}$) entspricht. Führt die Notenbank in der Periode t anstelle der angekündigten Rate von null eine positive Inflationsrate herbei, so erfolgt entsprechend der in Gleichung (III.22) implizit unterstellten Kurzfristorientierung *lediglich* in der Folgeperiode t+1 eine Sanktionierung der Notenbank. Die Privaten werden π_{rat} erwarten, und die Notenbank wird π_{rat} realisieren (Nash-Gleichgewicht). In der Periode t+2 sind die Inflationserwartungen (π^e) wieder gleich null, da die Notenbank die Inflationserwartungen der Privaten in t+1 bestätigt hat. Das mehrperiodige Spiel wird bei einem solchen Trigger-Mechanismus somit zum **zweiperiodigen Spiel** (vgl. Barro und Gordon 1983b, S. 109), die sozialen Kosten der Folgeperiode t+1 liegen fest und entsprechen den obigen Kosten bei rationalen Erwartungen (Z_{rat}). Entscheidet sich die Notenbank somit dafür, in der Periode t eine von null abweichende Inflationsrate zu realisieren, dann minimiert sie die Kosten der laufenden Periode t – und damit auch die Summe der durch ihre Entscheidung beeinflußten sozialen Kosten, indem sie die Überraschungsinflation wählt ($\pi_{trig} = \pi_{ü}$).

Ob die Notenbank dabei eine positive Inflationsrate ($\pi_{trig} = \pi_{ü}$) anstrebt, ergibt sich aus dem Verhältnis von Anreizeffekt und Abschreckungseffekt. Dabei ergibt sich der Anreizeffekt einer Überraschungsinflation in der **Periode t** als die Differenz der oben ermittelten Kosten bei Geldwertstabilität (Z_{rule}) und bei Überraschungsinflation ($Z_{ü}$):

$$\text{(III.23)} \quad Z_{rule} - Z_{ü} = b \cdot \left[(1-k) \cdot U^n\right]^2 - \frac{b}{1+a^2 b} \cdot \left[(1-k) \cdot U^n\right]^2$$

$$= \frac{a^2 b^2}{1+a^2 b} \cdot \left[(1-k) \cdot U^n\right]^2$$

(Anreizeffekt)

Der Abschreckungseffekt, der die negative Kostenentwicklung in der **Folgeperiode** erfaßt, ergibt sich aus der diskontierten Differenz der Kosten bei rationalen Erwartungen (Z_{rat}) und bei Geldwertstabilität (Z_{rule}):

(III.24)
$$\frac{(Z_{rat}) - (Z_{rule})}{(1+r)} = \frac{b \cdot (1 + a^2 b) \cdot [(1-k) \cdot U^n]^2 - b \cdot [(1-k) \cdot U^n]^2}{(1+r)}$$
$$= \frac{a^2 b^2}{(1+r)} \cdot [(1-k) \cdot U^n]^2$$

(Abschreckungseffekt)

Die Notenbank wird somit in der Periode t eine Politik der Überraschungsinflation betreiben, wenn der Anreizeffekt (III.23) größer ist als der Abschreckungseffekt (III.24):

(III.25)
$$\underbrace{\frac{a^2 b^2}{1 + a^2 b} \cdot [(1-k) \cdot U^n]^2}_{\text{Anreizeffekt}} > \underbrace{\frac{a^2 b^2}{(1+r)} [(1-k) \cdot U^n]^2}_{\text{Abschreckungseffekt}}$$

Überraschungsinflation wird es somit nur geben, wenn die Diskontierungsrate r größer ist als der Term a^2b. Die Wahrscheinlichkeit, daß eine Notenbank mit diskretionärem Handlungsspielraum eine Politik der Überraschungsinflation betreibt, wird somit maßgeblich von den folgenden Faktoren bestimmt:

- Die Bewertung der zukünftigen sozialen Kosten durch die Notenbank darf nicht zu niedrig ausfallen. Ein hoher **Diskontierungsfaktor** (r) führt dazu, daß der Abschreckungseffekt nur mit einem sehr geringen Gewicht in das Kalkül der Notenbank eingeht („Gewichtung des Abschreckungseffekts"). Dies erhöht die Wahrscheinlichkeit einer Überraschungsinflation.

- Die **Präferenz** der Notenbankleitung **für das Beschäftigungsziel** (b) stellt ebenfalls eine entscheidende Bestimmungsgröße dar. Je stärker die Notenbanker das Beschäftigungsziel relativ zum Ziel der Geldwertstabilität gewichten, desto höher ist die Wahrscheinlichkeit, daß es auch im mehrperiodigen Kontext zur Überraschungsinflation kommen wird. Die Anstellung eines konservativen Notenbankers würde also auch hier helfen, die Gefahr der Überraschungsinflation zu verringern.

- Die konkrete **Ausgestaltung des Trigger-Mechanismus** determiniert die „Heftigkeit", mit der die Privaten auf eine einmalige Abweichung von der angekündigten Politik reagieren. Dabei haben die Privaten insbesondere die Möglichkeit, die Notenbank dadurch zu sanktionieren, daß sie ihre Inflationserwartungen nicht schon nach einer Periode wieder auf null setzen. Indem sie π^e nur sehr allmählich reduzieren, können sie die sozialen Kosten, die in der Zukunft auftreten, in die Höhe treiben und eine „Stärkung des Abschreckungseffekts" bewirken. Ein Problem besteht darin, daß theoretisch unendlich viele

Trigger-Mechanismen existieren, die alle gleich plausibel sind, und sich der „richtige" Trigger-Mechanismus empirisch letztlich kaum bestimmen läßt (vgl. Backus und Driffill 1985, S. 532).

Bei einem wiederholten Spiel ist es also nicht mehr zwingend, daß es ohne Regelbindung stets zu einem Reputationsgleichgewicht in Höhe der relativ schlechten Nash-Lösung kommt. Denkbar ist vielmehr, daß die Notenbankleitung von sich aus auf eine inflatorische Politik verzichtet oder selbst für einige Jahre eine niedrigere Inflationsrate anstrebt, als es die Privaten erwarten (**Disinflation**), um damit auf Dauer auch ohne starre Regel eine der Regelbindung entsprechende Erwartungsbildung durch die Privaten zu erzielen.

Der in Gleichung (III.22) dargestellte Trigger- oder Sanktionsmechanismus kann aus verschiedenen Gründen kritisiert werden. Problematisch ist zum einen die ausgesprochene Kurzfristorientierung dieses Ansatzes, die zu dem kurios anmutenden Ergebnis führt, daß eine in der Periode t erwartete und tatsächlich herbeigeführte Inflationsrate (Reputationsgleichgewicht) unabhängig von ihrer Höhe durch eine Inflationserwartung von null in der Periode t+1 belohnt wird. Dies kann dazu führen, daß sich Überraschungsinflation ($\pi_{ü}$) und Nash-Gleichgewicht (π_{rat}) immer wieder abwechseln, ohne daß dies Konsequenzen für den Triggermechanismus hätte. Zum anderen ist die nicht differenzierende Erwartungsbildung zu kritisieren. Die Privaten erwarten die Nash-Lösung (π_{rat}), ganz gleich um welchen Betrag die Notenbank ihre Ankündigung in der Vorperiode verfehlt hat. Dies wird in der Realität kaum der Fall sein. Wünschenswert wäre deshalb ein Mechanismus, bei dem die erwartete Inflationsrate der Folgeperiode eine kontinuierliche Funktion der gegenwärtigen Inflationsrate ist (vgl. Rogoff 1987, S. 153). Diese Kritikpunkte führen letzlich aber nur zu geringfügigen Modifikationen, die die grundsätzliche Problemstruktur des mehrperiodigen Spiels nicht nachhaltig beeinflussen.

Letzteres gilt allerdings umso mehr für die Frage, ob das Spiel einen **endlichen** oder einen **unendlichen Zeithorizont** aufweist. Die Annahme rein vergangenheitsorientierter Trigger-Mechanismen macht nämlich nur dann Sinn, wenn das Spiel *keinen* vorab bekannten endlichen Zeithorizont besitzt. Verfügt die Notenbank hingegen über einen endlichen Zeithorizont, so ist es plausibler zu unterstellen, daß die Privaten eine nach vorne gerichtete Erwartungsbildung besitzen. In diesem Fall kann eine inflatorische Geldpolitik auch im wiederholten Spiel nicht wirkungsvoll verhindert werden (Barro und Gordon 1983, S. 605). Dies läßt sich wie folgt begründen: Gibt es eine den Privaten bekannte letzte Periode, kann die Notenbank in diesem Zeitraum ungestraft eine inflationäre Politik verfolgen. Da die Privaten das antizipieren, werden sie für diese Periode ihre Inflationserwartung entsprechend bilden, und es wird sich die Nash-Lösung einstellen. Die positive Inflationserwartung in der letzten Periode nimmt den Privaten aber die Möglichkeit, die Notenbank für eine inflatorische Politik in der vorletzten Periode zu bestrafen.

Deshalb kann die Notenbank auch schon in diesem Zeitraum inflationieren. Da die Privaten auch dies antizipieren, werden ihre Inflationserwartungen also auch für die vorletzte Periode positiv sein, so daß sich auch jetzt wieder die Nash-Lösung ergeben wird. Verfolgt man diese Argumentationskette bis zur Ausgangsperiode zurück, so ergibt sich die Nash-Lösung bereits für diese Periode („**chain store paradox**“). Rationale Erwartungen führen bei einem endlichen Zeithorizont somit stets dazu, daß sich die relativ schlechte Nash-Lösung in allen Perioden einstellt (vgl. Blackburn und Christensen 1989, S. 18).

5.3.3 Unvollständige Informationen

Bislang wurde immer unterstellt, daß alle Akteure (Notenbank und Private) vollständige Informationen besitzen. Dies impliziert insbesondere,

- daß die Privaten die Zielfunktion der Notenbank exakt kennen und
- daß keine stochastischen Schocks auftreten.

5.3.3.1 Unkenntnis über die Zielfunktion der Notenbank

Genaue Kenntnisse der Privaten über die Zielfunktion der Notenbank sind insbesondere dann nicht zu erwarten, wenn man das obige Modell von Barro und Gordon im Sinne des political approach interpretiert, nach dem die Notenbank eine makroökonomische Wohlfahrtsfunktion verfolgt, die *nicht* einer – wie auch immer aus den individuellen Nutzenfunktionen der Privaten abgeleiteten – sozialen Wohlfahrtsfunktion entspricht. Aber selbst dann, wenn man unterstellt, daß die Notenbank dieselbe Zielfunktion zu maximieren versucht wie die Privaten (sozialer Wohlfahrtsansatz), ist es keineswegs zwingend, daß die Privaten über diesen Umstand auch informiert sind und damit die Zielfunktion der Notenbank kennen.

Im Fall des **einperiodigen Spiels** verhindert die Unkenntnis der Privaten über die Zielfunktion der Notenbank die Bildung rationaler und damit modellendogener Erwartungen. Die Wohlfahrtseffekte hängen nun entscheidend davon ab, welche *konkrete* Inflationsrate die Privaten erwarten werden, so daß anders als im Fall der vollständigen Information keine Aussage bezüglich der Vorteilhaftigkeit des einen oder anderen Regimes (Entscheidungsspielraum oder Regelbindung) getroffen werden kann. Deshalb wird das Problem mangelnder Kenntnisse über die Zielfunktion der Notenbank stets im Rahmen eines **mehrperiodigen Ansatzes** diskutiert.

Backus und Driffill (1985, S. 532) folgend wird dabei unterstellt, daß es (ausschließlich) zwei Arten von Notenbanken gibt, nämlich „starke“ und

„schwache“.[193] **„Starke“ Notenbanken** zeichnen sich dadurch aus, daß sie ausschließlich das Ziel der Preisniveaustabilität ($\pi = 0$) verfolgen, ohne sich um die Beschäftigungssituation zu kümmern. Im Rahmen des oben dargestellten Modells bedeutet dies für den Gewichtungsfaktor des Beschäftigungsziels (b) den Wert von null. **„Schwache“ Notenbanken** zeichnen sich hingegen dadurch aus, daß sie eine makroökonomische Wohlfahrtsfunktion in der Gestalt von Gleichung (III.4) besitzen, also möglicherweise der Verlockung nachgeben, Wohlfahrtsgewinne durch Überraschungsinflation ($\pi = \pi_{ü}$) zu erzielen. Für die Privaten besteht nun das Problem, daß sie nicht wissen, welchem Typ ihre Notenbank zuzuordnen ist. D.h. sie wissen nicht, ob sie für die nächste Periode eine Inflationsrate in Höhe von null oder von π_{rat} erwarten sollen. Für die Wahl ihrer Strategie ist es nun entscheidend, daß die Privaten eine subjektive Wahrscheinlichkeit (p) dafür bilden, daß es sich um „starke“ Notenbanken handelt, denn je höher diese Wahrscheinlichkeit ist, desto eher wird eine Inflationsrate von null erwartet.

Die Wahrscheinlichkeit (p) muß nun im Zeitablauf nicht konstant sein. So kann die Notenbank versuchen, diese Wahrscheinlichkeit dadurch zu erhöhen, daß sie eine stabilitätsorientierte Strategie ($\pi = 0$) ankündigt. Eine solche Ankündigung wird von den Privaten jedoch nicht automatisch als glaubwürdig angesehen, wie die obigen Ausführungen zu den rationalen Erwartungen bereits deutlich gezeigt haben. Die Glaubwürdigkeit und damit der Wahrscheinlichkeitswert (p) hängen vielmehr vor allem von der in der Vergangenheit betriebenen Geldpolitik ab. Die Unkenntnis der Privaten über die Zielfunktion der Notenbank verschafft gerade „schwachen“ Notenbanken die Möglichkeit, sich – wie im mehrperiodigen Spiel unter Sicherheit – eine Reputation dadurch aufzubauen, daß sie sich möglichst lange als „stark“ ausgeben und auf Überraschungsinflation verzichten („Wolf im Schafspelz“), dann aber Überraschungsinflation vornehmen, wenn die Inflationserwartungen null sind. Entscheidend aus Sicht der Privaten ist es deshalb, daß sie der Möglichkeit eines strategischen Verhaltens der „schwachen“ Notenbank im Rahmen ihrer Erwartungsbildung Rechnung tragen. Aus diesem Grund wird in ihre Überlegungen die Wahrscheinlichkeit p_t als eine bedingte Wahrscheinlichkeit einfließen, mit der sie ihre Notenbank dem „starken“ Typ unter der Bedingung zurechnen, daß diese in der Vorperiode *keine* inflationäre Politik betrieben hat. Betreibt die Notenbank eine anhaltende Politik der Geldwertstabilität, so zeichnet sich ein solcher optimaler vergangenheitsorientierter (bayesianischer) Lernprozeß dadurch aus, daß er alle relevanten Informationen der Vergangenheit in der Weise berücksichtigt, daß der Wert der Wahrscheinlichkeit p_t mit fortschreitender Dauer der Geldwertstabilität zunimmt (vgl. Backus und Driffill 1985, S. 533f.). In dem

[193] Zu einer solchen Berücksichtigung von Unsicherheit siehe z.B. auch Cukierman (1986) und Blackburn und Christensen (1989).

Moment aber, in dem die Notenbank auch nur ein einziges Mal eine Überraschungsinflation herbeiführt, ist ihre Reputation für immer zerstört ($p_t = 0$), denn sie hat dann ihre wahre Identität preisgegeben, und die Privaten können mit Sicherheit davon ausgehen, daß sie es mit einer „schwachen" Notenbank zu tun haben. Fortan wird sich das Gleichgewicht bei rationalen Erwartungen einpendeln.

Im Rahmen dieses Modellansatzes spricht alles dafür, die Notenbank an eine (exogene) Regel zu binden. Selbst bei einer „starken" Notenbank erhält man als optimales Szenario gerade die Kombination von erwarteter und tatsächlicher Inflationsrate von null. Im Fall einer „schwachen" Notenbank stellt sich dieses Ergebnis nur ein, wenn die Notenbank von sich aus am Aufbau einer langfristigen Reputation interessiert ist. Worin liegt nun aber die Vorteilhaftigkeit eines solchen „Selbstverzichts" aus der Sicht der schwachen Notenbank? Wie oben dargestellt wurde, kann die Notenbank durch die Verleugnung ihrer beschäftigungspolitischen Absichten und den Aufbau einer Reputation versuchen, die diskontierte Summe der zukünftigen Wohlfahrtsverluste zu verringern. Besitzt sie nur einen endlichen Zeithorizont, so wird sie ihren Entscheidungsspielraum nutzen, um in der letzten Periode mit Sicherheit eine Überraschungsinflation herbeizuführen. In dieser Periode kann sie – ohne eine Sanktionierung durch die Privaten befürchten zu müssen – einen niedrigeren Wohlfahrtsverlust realisieren, was ihr bei einer starren Regelbindung nicht möglich wäre (vgl. Fischer 1990, S. 1178). Aber auch für eine „schwache" Notenbank *ohne* endlichen Zeithorizont kann ein „Selbstverzicht" und der Aufbau einer Reputation von Nutzen sein. Treten stochastische Schocks auf, so erlaubt der diskretionäre Handlungsspielraum eine Reaktion der Notenbank, die im Fall der Regelbindung nicht möglich wäre.

5.3.3.2 Stochastische Schocks

Geht man nun von der Annahme ab, daß die Notenbank und die Privaten vollständige Informationen über die Struktur der Volkswirtschaft besitzen, muß man den Modellansatz um stochastische Schocks ergänzen.[194] Unterstellt man darüber hinaus das Vorliegen **asymmetrisch verteilter Informationen** über Höhe und Eintrittszeitpunkt solcher Störungen, so führt dies dazu, daß der in diesem Abschnitt abgeleitete Befund einer eindeutigen Überlegenheit der Regelbindung verlorengeht. Die asymmetrische Informationsverteilung soll darin bestehen, daß der Notenbank der Entstehungszeitpunkt und die Höhe der makroökonomischen Störung früher bekannt wird als den Privaten. Im Kern geht es dabei also um einen Tradeoff zwischen der **Glaubwürdigkeit** der Notenbank auf der einen Seite und der

---

194 Schocks können sich auf der Angebots- oder Nachfrageseite ergeben. Das hier verwendete Modell ist aber nicht hinreichend genau spezifiziert, um die Schocks getrennt diskutieren zu können.

Flexibilität der Geldpolitik auf der anderen Seite (vgl. Fischer 1977). Während die Glaubwürdigkeit grundsätzlich durch eine exogene Regelbindung gestärkt wird, wird damit jede Reaktionsmöglichkeit bei Schocks ausgeschlossen.

Unterstellt man, daß die Volkswirtschaft von kurzfristigen realwirtschaftlichen Störungen betroffen sein kann, so muß die Phillips-Kurven-Gleichung (III.2) um einen Störterm (ε) ergänzt werden. Dieser Störterm soll einen Erwartungswert von null und eine über die Zeit hinweg konstante Varianz $\left(\sigma_{\varepsilon}^{2}\right)$ besitzen („White-noise"-Prozeß). Die um die Erwartungen erweiterte Phillips-Kurven-Relation lautet dann:

$$\text{(III.27)} \qquad U = U^{n} - a \cdot \left(\pi - \pi^{e}\right) + \varepsilon \qquad \text{mit } a > 0 \text{ und } E\left[\varepsilon\right] = 0$$

Es wird nun angenommen, daß der konkrete Wert dieses Störterms (ε) für die Privaten beim Abschluß der Tarifverträge nicht verfügbar ist. Der Notenbank sei er aber rechtzeitig bekannt, um in der laufenden Periode darauf geldpolitisch reagieren zu können. Die asymmetrisch verteilte Information bietet also die Möglichkeit, durch eine situationsbezogene Politik den *erwarteten* Wohlfahrtsverlust (Z^{e})

$$\text{(III.28)} \qquad Z^{e} = E\left[b \cdot \left((1-k) \cdot U^{n} - a \cdot \left(\pi - \pi^{e}\right) + \varepsilon\right)^{2} + \pi^{2}\right]$$

zu minimieren und dem Beschäftigungseffekt des kurzfristigen Angebotsschocks entgegenzuwirken (vgl. Fischer 1977, S. 194).

- Bei einem **positiven Wert von** ε wird die Notenbank eine höhere als die erwartete Inflationsrate herbeiführen, um die mit dem Schock verbundenen negativen Beschäftigungsimpulse kurzfristig abzumildern.
- Bei einem **negativen Wert von** ε wird die Notenbank eine weniger inflationäre oder sogar eine deflationäre Politik einschlagen, da der Schock dazu führt, daß sich die angestrebte Arbeitslosenquote U^{*} tendenziell auch ohne Eingreifen der Notenbank einstellt.[195]

Unter den gemachten Voraussetzungen wird ein klarer Trade-off zwischen der starren Regelbindung und einer Politik mit Entscheidungsspielräumen deutlich:

---

195 Beachte, daß hier weiterhin davon ausgegangen wird, daß die Notenbank eine Zielfunktion verfolgt, in der die Zielarbeitslosenquote U^{*} geringer als die natürliche Quote U^{n} ist. Unterstellt man hingegen, daß die Notenbank die natürliche Arbeitslosenquote anstrebt (Gleichung III.15), ergibt sich ohnehin keine Notwendigkeit mehr einer (exogenen) Regelbindung. In diesem Fall betragen die Inflationserwartungen auch bei Handlungsspielräumen der Notenbank stets null und die Flexibilität erhält den Charakter eines „free lunch", also eines Vorteils, für den man nichts aufwenden muß.

- Eine starre *endzielbezogene* Regelbindung ($\pi = 0$) verhindert die Gefahr der Überraschungsinflation und trägt somit dazu bei, daß die Inflationserwartungen nicht systematisch von null abweichen ($\pi^e = 0$). Gleichzeitig verhindert sie aber temporäre Zugeständnisse beim Ziel der Preisniveaustabilität als Reaktion auf einen stochastischen Schock.
- Im Fall einer Politik mit Entscheidungsspielräumen muß zwar mit systematisch positiven Inflationserwartungen gerechnet werden ($\pi^e = \pi_{rat}$), dafür besitzt die Notenbank aber die Flexibilität, stochastische Schocks auszugleichen.

Ob nun im Rahmen eines ein- oder eines mehrperiodigen Ansatzes die *starre* Regelbindung oder eine Politik mit Entscheidungsspielräumen optimal ist, hängt zum einen von der Varianz des Störterms, also von der Wahrscheinlichkeit und der Höhe der stochastischen Schocks, und zum anderen von der Ausgestaltung der übrigen Parameter ab, insbesondere der Gewichtung (b) des Beschäftigungsziels (vgl. Persson und Tabellini 1990, S. 25). Die erwarteten „Kosten der Flexibilität", die eine mögliche diskretionäre Geldpolitik infolge der systematisch von null abweichenden Inflationserwartungen insgesamt verursacht („Inflation bias"), dürfen nicht höher sein, als der erwartete Wohlfahrtsgewinn, der durch die Verhinderung der Beschäftigungswirkungen des negativen Angebotsschocks entsteht (vgl. Lohmann 1992, S. 277). Nur dann ist eine diskretionäre, situationsbezogene Politik der starren Regelbindung überlegen.

Unterstellt man, daß sich die Notenbank entsprechend der Reaktionsfunktion

$$\text{(III.29)} \qquad \pi(\varepsilon) = \bar{\kappa} + \kappa \cdot \varepsilon$$

verhält, so impliziert dies, daß man die Inflationsrate in eine schockunabhängige und eine schockabhängige Komponente aufspalten kann.[196] Die Notenbank berücksichtigt mit dem Term $\bar{\kappa}$ den Umstand, daß die Inflationsrate bei einer Geldpolitik mit Entscheidungsspielräumen systematisch höher als null sein wird, da die Inflationserwartungen positiv sein werden. Setzt man die Reaktionsfunktion in die Zielfunktion der Notenbank (Gleichung III.28) ein, so erhält man:

$$\text{(III.30)} \qquad Z^e = E\left[b \cdot \left((1-k) \cdot U^n - a \cdot \left(\left(\bar{\kappa} + \kappa \cdot \varepsilon \right) - \pi^e \right) + \varepsilon \right)^2 + \left(\bar{\kappa} + \kappa \cdot \varepsilon \right)^2 \right] .$$

Berücksichtigt man, daß der Erwartungswert des Schocks gleich null ist, so ergibt sich anstelle von (III.30):

[196] Siehe dazu ausführlicher Persson und Tabellini (1990, S. 22f.).

(III.31)

$$Z = b \cdot \left[(1-k) \cdot U^n \right]^2 - 2ab \cdot (1-k) U^n \left(\overline{\kappa} - \pi^e \right) + b \cdot \sigma_\varepsilon^2 - 2 \cdot a \cdot b \cdot \kappa \cdot \sigma_\varepsilon^2$$

$$+ a^2 b \cdot \left(\overline{\kappa}^2 - 2\overline{\kappa} \cdot \pi^e + \kappa \cdot \sigma_\varepsilon^2 - \pi^{e^2} \right) + \overline{\kappa}^2 + \kappa^2 \cdot \sigma_\varepsilon^2 \ .$$

Um die Höhe der Handlungsparameter der Notenbank κ und $\overline{\kappa}$ bestimmen zu können, muß man den in Gleichung (III.31) ermittelten Wohlfahrtsverlust nach ihnen ableiten. Unterstellt man anschließend rationale Erwartungen der Privaten, wobei diese nur die schockunabhängige Komponente $\overline{\kappa}$ vorhersehen können ($\pi^e = \overline{\kappa}$), so ergibt sich die optimale Inflationsrate $\pi_{disc}(\varepsilon)$ wie folgt:

$$\text{(III.32)} \qquad \pi_{disc}(\varepsilon) = a \cdot b \cdot (1-k) \cdot U^n + \frac{a \cdot b}{\left(1 + a^2 \cdot b\right)} \cdot \varepsilon$$

In Perioden ohne stochastischen Schock wird die Notenbank gerade die Inflationsrate bei rationalen Erwartungen realisieren $\left(\overline{\kappa} = \pi_{rat}\right)$.[197] Treten Schocks auf, so wird sie von dieser Rate in Abhängigkeit des Schocks abweichen $\left(\kappa = \frac{ab}{\left(1 + a^2 b\right)}\right)$.

Der Vorteil der situationsbezogenen Geldpolitik liegt nun darin, daß die Notenbank im Fall negativer Störungen verhindern kann, daß die Arbeitslosenquote U um den vollen Betrag ε steigt. Dies zeigt sich, wenn man die optimale Inflationsrate $\pi_{disc}(\varepsilon)$ (Gleichung III.32) in die um die Erwartungen erweiterte Phillips-Kurven Relation (Gleichung III.27) einsetzt und dabei wiederum unterstellt, daß die Inflationserwartungen gerade der schockunabhängigen Komponente dieser Inflationsrate entsprechen.

$$\text{(III.33)} \qquad U_{disc}(\varepsilon) = U^n + \frac{1}{\left(1 + a^2 b\right)} \cdot \varepsilon$$

Die erwarteten Wohlfahrtskosten einer Geldpolitik, der Entscheidungsspielräume gewährt werden, belaufen sich auf:

---

[197] Daß die schockunabhängige Komponente gerade der Inflationsrate bei rationalen Erwartungen entspricht, ist nicht überraschend. Unterstellt man, daß der Erwartungswert des Schocks null ist und daß die Privaten mit diesem Erwartungswert operieren müssen, weil sie den Schock nicht vorhersehen können, so ändert sich aus ihrer Sicht nichts gegenüber obigem Modell ohne Schocks. Besitzt die Notenbank Entscheidungsspielräume, so werden die Privaten π_{rat} erwarten. Um die hohen Kosten der Disinflation zu vermeiden, wird die Notenbank dann auch π_{rat} realisieren, wenn keine stochastischen Störungen vorliegen.

(III.34) $$Z_{disc}(\varepsilon) = b \cdot \left(1 + a^2 b\right) \cdot \left[(1-k) \cdot U^n\right]^2 + \frac{b}{\left(1 + a^2 b\right)} \cdot \sigma_\varepsilon^2 .$$

Verglichen mit den sozialen Kosten einer regelgebundenen Geldpolitik

(III.35) $$Z_{rule}(\varepsilon) = b \cdot \left[(1-k) \cdot U^n\right]^2 + b \cdot \sigma_\varepsilon^2$$

können diese also höher oder niedriger ausfallen, je nach der Höhe der Beschäftigungspräferenz (b), der beschäftigungspolitischen Ambitionen (k), der Steigung der kurzfristigen Phillips-Kurve (a) und der Varianz des stochastischen Schocks $\left(\sigma_\varepsilon^2\right)$.

Der Preis einer Politik mit diskretionären Handlungsspielräumen liegt also in einer systematisch von null abweichenden Inflationserwartung der Privaten. Eine optimale Lösung wäre in diesem Zusammenhang eine Regel, die so allgemein gefaßt ist, daß sie alle möglichen Umweltzustände von vornherein berücksichtigt und so eine automatische Reaktion auf Schocks ermöglicht, ohne daß es zu systematisch von null abweichenden Inflationserwartungen kommt. Die Ausgestaltung einer solchen **„flexiblen" Regelbindung** (Rogoff 1985, S. 1170) könnte so gestaltet sein, daß von der Zielinflationsrate ($\pi^* = 0$) nur abgewichen werden darf, wenn exogene Schocks vorliegen. Die von der Notenbank anzustrebende Inflationsrate bei der flexiblen Regel (π_{flex}) ist also

(III.36) $$\pi_{flex}(\varepsilon) = \kappa \cdot \varepsilon ,$$

wobei der Reaktionskoeffizient κ in diesem Fall der Notenbank durch die Regel vorgegeben ist (vgl. Persson und Tabellini 1990, S. 20). Dieser läßt sich ganz analog zu oben bestimmen. Geht man dabei davon aus, daß die Regel von den Privaten als glaubhaft angesehen wird, so werden sie gerade eine Inflationsrate in Höhe von null erwarten, denn der Erwartungswert der stochastischen Störung ist null. Setzt man jetzt die flexible Regel (III.36) in die Zielfunktion (III.28) ein, und ersetzt darüber hinaus die erwartete Inflationsrate durch den Wert null, so erhält man den Wohlfahrtsverlust Z als

(III.37) $$Z = b \cdot \left[(1-k) \cdot U^n\right]^2 + (1 + a^2 b) \cdot \kappa^2 \cdot \sigma_\varepsilon^2 + b \cdot \sigma_\varepsilon^2 - 2 \cdot a \cdot b \cdot \kappa \cdot \sigma_\varepsilon^2 ,$$

wenn man wiederum berücksichtigt, daß der Erwartungswert des Schocks ε gleich null ist.

Damit die flexible Regel die sozialen Kosten minimiert, muß man den Parameterwert κ aus der Bedingung erster Ordnung bestimmen. Die optimale Inflationsrate ergibt sich dann wie folgt:

$$\text{(III.38)} \qquad \pi_{\text{flex}}(\varepsilon) = \frac{a \cdot b}{(1+a^2 b)} \cdot \varepsilon \quad .$$

Der theoretische Vorteil der flexiblen Regel gegenüber einer Politik bei Entscheidungsspielräumen liegt darin, daß sie die in Gleichung (III.33) dargestellte Teilkompensation der unerwünschten Beschäftigungswirkungen eines negativen Angebotsschocks realisieren kann, ohne systematisch höhere Inflationserwartungen zu verursachen. In der Realität wird es aber schwierig sein, eine flexible Regel zu finden, die allen möglichen Umweltzuständen in optimaler Weise gerecht wird. Aber selbst dann, wenn es gelingen würde, eine solche optimale Regel zu identifizieren, besteht die Gefahr, daß der von Simons (1936) geforderte Aspekt der Einfachheit verlorengeht. Dies kann nachteilige Folgen für die Glaubwürdigkeit der Regel haben, so daß dann nicht mehr von vornherein davon ausgegangen werden kann, daß die erwartete Inflationsrate null ist. In der Praxis bleibt somit wohl nur die Möglichkeit, zwischen einer relativ einfachen Regel oder der Gewährung von Entscheidungsspielräumen zu wählen.

Eine Lösung dieses Dilemmas liegt im Aufbau einer stabilitätspolitischen Reputation der Notenbank im Rahmen eines mehrperiodigen Spiels. Diese Reputation kann dazu führen, daß die Privaten auch ohne eine starre Regelbindung der Notenbank eine Inflationsrate von null erwarten. Dies gibt der Notenbank dann die Möglichkeit, sich ähnlich der flexiblen Regel zu verhalten, ohne daß diese Regel vorab institutionell festgelegt werden muß. Allerdings muß die Notenbank Zielabweichungen explizit begründen, will sie ihre Reputation nicht verlieren. Je niedriger die Inflationserwartungen der Privaten sind, desto weniger ist es erforderlich, die Notenbank an eine starre Regel zu binden.

Verfügt die Notenbank über keine hinreichende stabilitätspolitische Reputation und entscheidet man sich trotzdem zugunsten der Entscheidungsspielräume der Notenbank, so kann der Wohlfahrtsverlust durch die Anstellung eines **konservativen Notenbankers** reduziert werden (vgl. Persson und Tabellini 1990, S. 26f.). Ein konservativer Notenbanker zeichnet sich dadurch aus, daß er das Beschäftigungsziel niedriger gewichtet, als dies im Rahmen der obigen Zielfunktion (Gleichung III.28) gemacht wird $\left(\tilde{b} < b\right)$.[198] Die optimale Inflationsrate und die daraus resultierende Beschäftigung einer diskretionären Geldpolitik ergeben sich damit in Abhängigkeit vom Gewichtungsfaktor des konservativen Notenbankers $\left(\pi_{\text{disc}}\left(\varepsilon, \tilde{b}\right); U\left(\varepsilon, \tilde{b}\right)\right)$. Den Wohlfahrtsverlust einer solchen Geldpolitik erhält man dadurch, daß man die beiden Werte in die Zielfunktion einsetzt. Die Höhe der er-

[198] Gleichung (III.28) wird dabei als Zielfunktion interpretiert, die die Politiker im Rahmen eines political approach verfolgen.

warteten sozialen Kosten bestimmt sich somit insbesondere durch die beiden verschiedenen Gewichtungen (b und $\tilde{b}$) und durch die Varianz des Schocks $\left(\sigma_\varepsilon^2\right)$.

Sucht man die optimale Gewichtung des Beschäftigungsziels durch die Notenbank $\left(\tilde{b}\right)$, so muß man den Erwartungswert der sozialen Kosten nach diesem Gewichtungsfaktor ableiten. Diese Bedingung erster Ordung gibt an, wie konservativ die Notenbank sein soll, damit die erwarteten sozialen Kosten minimiert werden. Man erhält

(III.39) $$\frac{\partial Z}{\partial \tilde{b}} = a^2 \cdot \tilde{b} \cdot \left(\left(1-k\right)U^n\right)^2 + \frac{a^2 \cdot \sigma_\varepsilon^2}{\left(1+a^2\tilde{b}\right)^3} \cdot \left(\tilde{b}-b\right) = 0 .$$

Für den Fall, daß die Notenbank das Beschäftigungsziel gleich gewichtet, wie dies im Rahmen der obigen Zielfunktion erfolgt $\left(\tilde{b}=b\right)$, ist der zweite Term von Gleichung (III.39) gleich null. Die Veränderung der sozialen Kosten ist positiv, ein Optimum ist also noch nicht erreicht. Beschäftigt man hingegen einen ultrakonservativen Notenbanker $\left(\tilde{b}=0\right)$, so ist der erste Term gleich null, die Veränderung der sozialen Kosten aber negativ. Ein Optimum erhält man damit offensichtlich dann, wenn das Beschäftigungsziel durch die Notenbank geringer bewertet wird, als dies in der sozialen Wohlfahrtsfunktion geschieht (konservativer Notenbanker), die Gewichtung aber nicht gleich null ist $\left(0<\tilde{b}<b\right)$.

Führen Schocks dazu, daß die in Gleichung (III.4) unterstellte perfekte Steuerbarkeit des Preisniveaus durch die Geldmenge beeinträchtigt wird, so muß man zwischen einer **zwischenzielorientierten** und einer **endzielorientierten** Regelbindung unterscheiden, denn sie implizieren unterschiedliche Wohlfahrtsverluste. Unterstellt man das Auftreten eines monetären Schocks

(III.40) $$\pi = \mu + \xi \qquad \text{mit} \qquad E\left[\xi\right] = 0 ,$$

dann weicht die Inflationsrate um den stochastischen Schock ξ von der Wachstumsrate der Geldmenge μ ab.

Während die zwischenzielorientierte Regelbindung eine konstante Geldmengenentwicklung vorschreibt ($\mu = 0$), wird mit einer endzielbezogenen Regel Preisniveaustabilität angestrebt ($\pi = 0$). Unterstellt man wiederum, daß eine asymmetrische Informationsverteilung vorliegt, und daß der Notenbank das Auftreten eines monetären Schocks ξ frühzeitig bekannt wird, so kann sie diesen bei einer endzielorientierten Regelbindung durch eine geeignete Variation der Geldmenge ausgleichen (vgl. Rogoff 1985, S. 1176). Unter den in Abschnitt III.5.2 getroffenen Annahmen führt dies dazu, daß der soziale Wohlfahrtsverlust gerade dem bei Regelbindung (Z_{rule}) entspricht

$$\text{(III.12)} \qquad Z_{rule} = b \cdot \left[(1-k) \cdot U^n\right]^2 .$$

Eine starre Geldmengenregel, bei der die Notenbank nicht auf solche Schocks reagieren kann, führt zu stochastischen Abweichungen der Inflationsrate vom Wert null und damit – entsprechend dem um die Erwartungen erweiterten Phillips-Kurven-Trade off (Gleichung III.2) – zu Schwankungen in der Beschäftigung. Selbst wenn die Schwankungen den Erwartungswert von null besitzen, führen sie zu einem systematisch höheren Wohlfahrtsverlust (Z_{money}):

$$\text{(III.41)} \qquad Z_{money} = b \cdot \left[(1-k) \cdot U^n\right]^2 + \left(1 + a^2 b\right) \cdot \sigma_\xi^2$$

Eine Geldmengenregel ist somit einer Preisniveauregel unterlegen. Diese Schlußfolgerung setzt aber voraus, daß die Notenbank frühzeitig über die monetäre Störung informiert ist. Besitzt jedoch auch sie nur **unvollständige Informationen** über Höhe und Eintrittszeitpunkt stochastischer Störungen, verliert sie gänzlich die Möglichkeit, das Preisniveau perfekt zu steuern. Inwieweit dann aber gesamtwirtschaftliche Instabilitäten Argumente für oder gegen die Regelbindung darstellen, wurde bereits im Rahmen der traditionellen Debatte um „Regeln versus Entscheidungsspielräume“ diskutiert. Auch hier läuft also letztlich die neuere Debatte wiederum auf die bekannte Argumentationsweise der traditionellen Debatte hinaus.

5.4 Wirtschaftspolitische Implikationen

Die neuere Debatte weist gegenüber der traditionellen Diskussion über „Regeln versus Entscheidungsspielräume“ den entscheidenden Vorteil auf, daß sie die wichtigsten Annahmen über die dafür relevanten Wirkungszusammenhänge sehr deutlich herausarbeitet. Gleichwohl ist es mit den in den achtziger Jahren entstandenen Arbeiten aber keinesfalls möglich, eine *neuartige* oder sogar abschließende Argumentation zugunsten einer Regelbindung in der Geldpolitik abzuleiten. Letztlich führen auch sie zu den im Rahmen der **traditionellen Debatte** häufig gezogenen Schlußfolgerungen, wonach die Regelbindung dem diskretionären Handlungsspielraum dann überlegen ist,

- wenn die Notenbank eine andere Zielfunktion als die Privaten verfolgt und
- wenn Steuerungsprobleme vorliegen.

Der Ausgangspunkt des Ansatzes von Barro und Gordon war der Versuch, eine über die traditionelle Diskussion hinausgehende Begründung für eine (exogene) Regelbindung der Geldpolitik abzuleiten. Konstitutiv war dafür insbesondere die Annahme, daß sich Notenbank und Private von derselben Zielfunktion leiten lassen. Eine Konsistenzprüfung der in diesem Modell verwendeten Zielfunktion ließ jedoch erkennen, daß auch hier eine Zieldivergenz zwischen Privaten und Notenbank vorliegt. Dies ist auch intuitiv gut nachzuvollziehen, da es bei völlig identischen Zielvorstellungen nur schwer vorstellbar ist, daß die Notenbank ein für beide Seiten „besseres" Ergebnis ($Z_{ü}$) nur erreicht, indem sie die Privaten täuscht. So gesehen ist der Ansatz von Barro und Gordon also nicht grundsätzlich anders zu bewerten als die traditionelle Diskussion (für die Ergebnisse der Zeitinkonsistenzdebatte siehe Tabelle III.2) .

Tabelle III.2: Die Ergebnisse der Zeitinkonsistenzdebatte im Überblick

	einperiodiges Spiel	**mehr**periodiges Spiel
ohne stochastische Schocks	Dies ist das **Ausgangsmodell** der Zeitkonsistenzdebatte (Abschnitt III.5.2). Die Regelbindung ist der Gewährung von Entscheidungsspielraum eindeutig überlegen ($R \prec D$).	Die Berücksichtigung eines **Trigger-Mechanismus** ist notwendig (Abschnitt III.5.3.2). Geldwertstabilität als Reputationslösung denkbar aber nicht zwingend, so daß letztlich auch hier die Regelbindung überlegen ist ($R \succ D$).
mit stochastischen Schocks	Es besteht ein **Trade-off** zwischen einer regelgebundenen und glaubwürdigen Politik der Geldwertstabilität und einer flexiblen, auf stochastische Schocks reagierenden Geldpolitik, bei permanent positiven Inflationserwartungen. Die Vorteilhaftigkeit der Regelbindung hängt von der Varianz der Störung, der Beschäftigungspräferenzen, dem k-Faktor und der Steigung der kurzfristigen Phillips-Kurve ab ($R \succ D$ oder $R \prec D$).	Hier besteht ebenfalls ein **Trade-off** zwischen einer regelgebundenen und glaubwürdigen Politik der Geldwertstabilität und einer flexiblen, auf stochastische Schocks reagierenden Geldpolitik. Der Reputationsmechanismus bei Gewährung von Entscheidungsspielräumen ermöglicht niedrige Inflationserwartungen und spricht so tendenziell gegen eine Regelbindung ($R \succ D$ oder $R \prec D$).

Eine exogene **endzielbezogene Regel** legt die Notenbank ausschließlich auf das Ziel der Geldwertstabilität fest und steht im Einklang mit den Überlegungen im zweiten Teil dieses Buches. Ein solches Arrangement wirkt sich allerdings dann nachteilig aus, wenn kurzfristige Schocks auftreten, deren Höhe und Eintrittszeitpunkt der Notenbank – im Gegensatz zu den Privaten – rechtzeitig bekannt werden. Eine Preisniveauregel würde dann ein flexibles Gegensteuern der Notenbank zugunsten der Beschäftigung und zu Lasten der Geldwertstabilität verhindern. Hierbei hat man jedoch zu berücksichtigen, daß es einer Notenbank in der Praxis kaum möglich ist, die realwirtschaftliche Entwicklung auf kurze Sicht perfekt zu steuern, wie das in den hier beschriebenen Modellen unterstellt wird. Diese Sicht deckt sich dann wieder mit der Schlußfolgerung der traditionellen Debatte um „Rules versus Discretion“. Über einen gewissen diskretionären Handlungsspielraum verfügt eine Notenbank selbst bei einer institutionell verankerten Verpflichtung auf das Ziel der Geldwertstabilität, wenn die Notenbankverfassung keine Fixierung des Zielwerts vorsieht und wenn anstelle eines Preisniveauziels ein jährliches Inflationsziel gewählt wird.

Die Diskussion der Rolle der stochastischen Schocks hat darüber hinaus deutlich gemacht, daß sich mit dem Modell von Barro und Gordon keine Begründung für eine **geldmengenbezogene Regelbindung** ableiten läßt. Dies ist nicht überraschend, da diese Arbeiten eine jederzeit perfekte Steuerbarkeit des Endziels durch die Notenbank unterstellen. Die Ratio der Geldmengensteuerung beruht jedoch gerade auf der Prämisse, daß die Geldpolitik nicht in der Lage ist, Endziele direkt zu kontrollieren. In der Modellwelt von Barro und Gordon, wo unterstellt wird, daß der Notenbank die Höhe und der Eintrittszeitpunkt der stochastischen Störungen rechtzeitig bekannt wird, verhindert eine Geldmengenregel eine mögliche vollständige Kompensation von monetären Schocks durch die Anpassung der Geldmenge. Treffen die stochastischen Schocks auch die Notenbank überraschend, so ist darin ebenfalls keine Begründung für eine Geldmengenregel zu sehen; denn es ist keineswegs klar, warum gerade die Entscheidung für eine konstante bzw. mit konstanter Rate wachsende Geldmenge optimal sein sollte.

Eine große Schwäche des gesamten Ansatzes besteht darin, daß er weitgehend losgelöst von konkreten institutionellen Gegebenheiten argumentiert. So ist der Wert des für diese Modelle konstitutiven k-Faktors völlig willkürlich gegriffen und es fehlt bis heute an einer empirischen Überprüfung, ob die Zielfunktion von Regierungen und Notenbanken tatsächlich eine Arbeitslosenrate anstreben, die unter der natürlichen Rate liegt.

Bei der zentralen Bedeutung des Inflation bias in diesen Arbeiten ist dann auch zu prüfen, ob die starre Regelbindung tatsächlich die einzige Lösung darstellt. Da die Politik der „Überraschungsinflation“ vor allem bei einem einperiodischen Spiel auftritt, d.h. bei einem kurzfristigen Planungshorizont der geldpolitischen Entscheidungsträger, liegt es nahe, die **Unabhängigkeit der Notenbank** als alternative institutionelle Lösung in Betracht zu ziehen. Wie in Kapitel IV ausführlicher beschrieben wird, führt die Unabhängigkeit dazu, daß bei geldpolitischen Entscheidungen ein längerfristiger Zeithorizont zugrundegelegt wird. Die Geldpolitik wird so nicht als ein einperiodiges, sondern als ein wiederholtes Spiel gespielt. Durch die Unabhängigkeit wird verhindert, daß die Regierung auf die Notenbank Einfluß ausübt, damit diese mit Hilfe der Geldpolitik den kurzfristigen Phillips-Kurven Trade-off zugunsten kurzfristiger Beschäftigungserfolge – unter Inkaufnahme einer langfristig höheren Inflationsrate – auszubeuten. Da mit einer solchen Einflußnahme insbesondere vor Wahlen zu rechnen ist, trägt die Unabhängigkeit der Notenbank dazu bei, politikinduzierte Instabilitäten zu verhindern (vgl. Alesina und Gatti 1995, S. 198 - 200).

Damit unabhängige Notenbanken auch tatsächlich eine auf Geldwertstabilität ausgerichtete Geldpolitik betreiben, kann man entweder besonders konservative Notenbanker mit der Notenbankleitung betrauen und auf ihre subjektive Zielfunktion vertrauen, oder aber man kann versuchen die Notenbankverfassung so auszugestalten, daß den verantwortlichen Notenbankern unabhängig von ihrer subjektiven Zielfunktion ausreichend Anreize gesetzt werden, das Ziel der Geldwertstabilität von sich aus erreichen zu wollen (vgl. Fischer 1995, S. 201). Die Lösung im Rahmen eines solchen **Principal-Agent-Ansatzes** muß dazu führen, daß eine Zielabweichung mit hohen persönlich zu tragenden Kosten für die jeweiligen Notenbanker verbunden ist. Dabei hat die Analyse der wiederholten Spiele gezeigt, daß es sowohl bei der Beschäftigung konservativer Notenbanker als auch beim Principal-Agent-Ansatz nie zu einer letzten Periode für die geldpolitischen Entscheidungsträger kommen darf, da andernfalls die Gefahr einer Überraschungsinflation steigt. Das für die Geldpolitik verantwortliche Entscheidungsgremium muß sich deshalb so konstituieren, daß seine Mitglieder über **überlappende Amtsperioden** verfügen. Dies entspricht einer Arbeit von Kreps und Wilson (1982), in der gezeigt wird, wie es durch die Institution der Unternehmensverfassung möglich wird, daß sich trotz der endlichen Lebenszeit aller Entscheidungsträger ein unendlicher Entscheidungshorizont für das Unternehmen im ganzen ergibt.[199]

Zu den besonderen Stärken der Arbeiten zur Zeitinkonsistenz optimaler geldpolitischer Strategien zählt die Tatsache, daß sie mit dem Konzept der Glaubwürdigkeit eine wichtige Determinante der realwirtschaftlichen Wirkungen der Geldpolitik identifiziert haben.

Obwohl man unter der „**Glaubwürdigkeit der Geldpolitik**" ganz allgemein verstehen könnte, daß geldpolitische Ankündigungen von den Privaten in dem Sinne als glaubhaft angesehen werden, daß darauf ihre Inflationserwartungen basieren, hat sich in der Literatur eine engere Abgrenzung dieses Begriffs durchgesetzt. Man bezeichnet im allgemeinen eine Notenbank als „glaubwürdig", wenn eine von ihr angekündigte Stabilitätspolitik (oder allgemeiner eine auf eine **niedrige** Inflationsrate ausgerichtete Politik) von den Privaten bei ihrer Erwartungsbildung zugrundegelegt wird (vgl. Cukierman 1986, S. 6).

Hat eine Notenbank diese Glaubwürdigkeit verloren, bleiben ihr zwei Handlungsmöglichkeiten: Sie kann die Inflationserwartungen durch eine entsprechend inflationäre Politik alimentieren. Dies ist die Strategie, die insbesondere durch die ein-

---

199 Zur konkreten Ausgestaltung von Notenbankverfassungen siehe genauer Kapitel IV.

periodige Variante des Modells von Barro und Gordon nahegelegt wird. Die Volkswirtschaft verbleibt dann in der ungünstigen Situation, wie sie durch Z_{rat} beschrieben wurde: Trotz hoher Inflationsraten werden durch die Geldpolitik keine positiven Beschäftigungseffekte erreicht. Eine solche „Stagflation“ herrschte weltweit in der ersten Hälfte der achtziger Jahr vor, einer Zeit, in der auch die grundlegenden Arbeiten zur Glaubwürdigkeit der Geldpolitik entwickelt worden sind.

Will eine Notenbank jedoch eine verlorene Glaubwürdigkeit aus eigener Kraft zurückgewinnen, bleibt ihr nichts anderes übrig, als über mehrere Jahre hinweg eine **Politik der Disinflation** hinzunehmen. Sie muß also trotz positiver Inflationserwartungen ($\pi^e > 0$) eine Politik der Geldwertstabilität ($\pi = 0$) verfolgen. Dies bedeutet für die Notenbank, daß sie temporär einen Rückgang des Outputs und der Beschäftigung – also die schlechteste Lösung Z_{dis} – in Kauf nehmen muß, um die Privaten allmählich wieder davon zu überzeugen, daß die Ankündigung einer stabilitätsorientierten Politik auch ernst gemeint ist. Indem sie bereit ist, zeitweise Z_{disi} zu akzeptieren, investiert die Notenbank also gleichsam in ihre Glaubwürdigkeit. Je erfolgreicher und schneller die Notenbank ihre Glaubwürdigkeit wiedererlangt, desto eher kann sie anstelle von Z_{rat} Wohlfahrtswerte in Höhe von Z_{rule} erreichen.

Da die Rückgewinnung der Glaubwürdigkeit in aller Regel nie unmittelbar geschieht, sondern einer mehrjährigen Disinflationspolitik ($\pi < \pi^e$) bedarf, ist zu fragen, ob es nicht auch weniger kostspielige Verfahren gibt, mit denen sich die Glaubwürdigkeit einer Notenbank wieder verbessern läßt. Dies rückt die Bedeutung von „**Commitment technologies**“ in den Vordergrund, d. h. von Methoden, mit deren Hilfe eine Notenbank die Privaten von einer angestrebten Stabilitätspolitik möglichst unmittelbar überzeugen kann.

- Eine besonders drastische Methode stellt die **Währungsreform** dar, bei der eine Regierung die inflationär entwertete Währung völlig aus dem Verkehr zieht, in der Hoffnung, daß für die neue Währung deutlich geringere Inflationserwartungen bestehen. Die deutschen Währungsreformen 1923 und 1948 zeigen, daß dies grundsätzlich möglich ist. Viele gescheiterte Währungsreformen in Lateinamerika, aber auch in der Ukraine und den zentralasiatischen Republiken der GUS machen zugleich deutlich, daß eine Währungsreform allein häufig nicht ausreicht, um starke inflationäre Erwartungen zu brechen.[200]
- Eine ebenfalls sehr weitreichende Maßnahme stellt die **Währungsunion** mit einem Land (oder einer Ländergruppe) dar, das über eine sehr glaubwürdige

[200] Siehe dazu z.B. Bruno (1993).

Notenbank verfügt. So ist es beispielsweise der ehemaligen DDR gelungen, auf diese Weise gleichsam über Nacht anstelle der wenig beliebten „Mark der DDR" die international sehr anerkannte D-Mark einzuführen. Bei einer solchen Strategie stellt sich jedoch das grundsätzliche Problem, daß Länder mit stabilen Währungen (und im allgemeinen auch einer stabilen Fiskalpolitik) meist kaum bereit sein werden, einen gemeinsamen Währungsraum mit Ländern zu bilden, die in Vergangenheit kaum in der Lage waren, ihre binnenwirtschaftliche Entwicklung unter Kontrolle zu halten. Dies erklärt auch, wieso die Teilnahme an einer Europäischen Währungsunion nur jenen Ländern offenstehen soll, die die sogenannten „Konvergenzkriterien" erfüllen.[201]

Weniger spektakuläre Formen einer Commitment technology stellen alle Varianten einer geldpolitischen Selbstbindung von Notenbanken dar. Notenbanken, die über einen diskretionären Handlungsspielraum verfügen, können sich dadurch selbst binden, daß sie die Verfolgung einer bestimmten geldpolitischen Konzeption (insbesondere Geldmengensteuerung oder Wechselkurssteuerung) öffentlich bekanntgeben. Ein solches „**hands-tying**" macht die Geldpolitik für die Privaten **transparenter**. Eine Politik der Überraschungsinflation kann dann schneller identifiziert werden und zu entsprechenden Reaktionen (Anpassung der Verträge mit nominell fixierten Beträgen) der Privaten führen. Der mögliche Vorteil, den eine Notenbank aus einer Überraschungsinflation ziehen kann, wird so verringert, die Sanktionierung durch die Privaten kann früher einsetzen. Im Ergebnis wird eine solche Strategie aus der Sicht der Notenbank weniger attraktiv und damit von den Privaten als weniger wahrscheinlich angesehen. In Kapitel V, das sich mit alternativen Konzeptionen für Notenbanken mit diskretionärem Handlungsspielraum auseinandersetzt, werden diese Aspekte ausführlich erörtert.

---

201 Die Konvergenzkriterien umfassen sowohl Indikatoren für eine stabile Geld- als auch Fiskalpolitik. Insbesondere die geforderte Konvergenz bezüglich der Inflationsraten und Zinsen macht den Beitritt von Ländern mit sehr unglaubwürdigen Notenbanken unmöglich (vgl. Bofinger 1994, S. 448 - 457).

Anhang III.1: Die Diskussion zwischen der „Banking Schule“ und der „Currency Schule“[202]

Die Debatte über „Regeln versus Entscheidungsspielräume“ reicht zurück bis zum Beginn des 19. Jahrhunderts. In dieser Zeit wurde in England eine intensive Diskussion über die Verfassung der Bank of England geführt. Sie wurde ausgelöst durch die im Jahr 1797 vorgenommene Aufhebung der Goldeinlösung für Banknoten der Bank of England – eine Maßnahme, die aufgrund des Krieges mit Frankreich erforderlich geworden war. Die wissenschaftliche Auseinandersetzung drehte sich vor allem um die Erklärung der in dieser Phase auftretenden Inflation und um die ordnungspolitischen Lösungsansätze, mit denen wieder Geldwertstabilität erreicht werden könnte.

Die Vertreter der „Currency Schule“ – insbesondere McCulloch, Loyd (später Lord Overstone), Longfield, George Warde, Norman und Torrens – betrachteten die übermäßige Banknotenemission der Bank of England als die entscheidende Inflationsursache. Sie strebten daher eine Währungsverfassung an, die so beschaffen sein sollte, daß es für das Preisniveau ohne Bedeutung ist, ob nur Goldmünzen als Geld verwendet werden („Goldumlaufswährung“) oder ob daneben auch Banknoten im Umlauf sind. Die Vertreter dieser Denkrichtung gingen dabei davon aus, daß bei einer Goldumlaufswährung Goldabflüsse ins Ausland oder Goldzuflüsse aus dem Ausland stets einen direkten Einfluß auf die inländische Geldmenge ausüben. Im Fall eines Leistungsbilanzdefizits würde es dann zu einem Goldabfluß ins Ausland kommen, die inländische Geldmenge ginge zurück und damit auch das Preisniveau; die Wettbewerbsfähigkeit gegenüber dem Ausland würde wieder verbessert und damit auch die Leistungsbilanzsituation; eine genau entgegengesetzte Entwicklung würde im Fall eines Leistungsbilanzüberschusses auftreten. Dieser selbstregulierende Mechanismus sollte den Anhängern der Currency Schule zufolge nun auch bei einem Währungssystem gewährleistet sein, bei dem sich die Geldmenge aus Goldmünzen und Banknoten zusammensetzt. Zu diesem Zweck hielten sie eine vollständige Golddeckung des Banknotenumlaufs für erforderlich, was auf eine starre Regelbindung der Geldpolitik hinausliefe.

Die Vertreter der „Banking Schule“ (Tooke, Fullarton, John Stuart Mill) hielten eine derartige Regel für überflüssig, da sie davon ausgingen, daß eine Ausweitung des Geldangebots über die Geldnachfrage hinaus grundsätzlich nicht möglich sei, sofern sich die Banken darauf beschränkten, Kredite nur gegen gute Handelswechsel („real bills“) zu vergeben. Auf diese Weise sei eine feste Bindung des Geldumlaufs an das realwirtschaftliche Geschehen gewährleistet, die das Entstehen in-

---

[202] Die folgenden Ausführungen halten sich an Anna Schwartz (1987, S. 182 - 186).

flationärer Prozesse verhindere. Die Anhänger dieser Lehrmeinung übersahen dabei aber zum einen, daß es bei einer Bindung des Geldvolumens an das nominelle Handelsvolumen nicht mehr möglich ist, das Preisniveau zu bestimmen. Die „real-bills"-Doktrin wäre also mit einem Prozeß der Hyperinflation zu vereinbaren, bei dem dann eine nominell laufend zunehmende Kreditnachfrage der Unternehmen (und ein nominell zunehmender Betrag an ausstehenden Wechseln) stets durch eine Ausweitung des Kreditvolumens der Banken (und damit auch der nominellen Geldmenge) befriedigt werden würde. Zum anderen erkannten die Banking-Theoretiker nicht, daß zwischen der Kreditnachfrage und der Produktionstätigkeit der Unternehmen kein starrer Zusammenhang besteht; die Kreditnachfrage wird wesentlich vom Zinsniveau und von der Grenzleistungsfähigkeit des Kapitals bestimmt. Bei niedrigen Zinsen kann die Kreditnachfrage somit erheblich stärker expandieren als das Produktionsvolumen. Anders als von der Banking Schule unterstellt, kann man also nicht davon ausgehen, daß die (nominale) Geldnachfrage eine exogene Obergrenze für das Geldangebot darstellt. Dies bringt auch das sogenannte „law of reflux", einen weiteren Pfeiler dieser Schule, zu Fall. Demzufolge würde eine Überemission von Banknoten allenfalls dazu führen, daß die Privaten damit ihre ausstehenden Kredite tilgen, so daß die Geldmenge letztlich nicht über das gegebene Geldangebot hinausgehen könne. Dabei haben die Banking-Theoretiker wiederum den Einfluß der Zinsen übersehen. Wie in jedem makroökonomischen Lehrbuch dargelegt, hat eine expansive Geldpolitik den Effekt, daß diese kurzfristig das Zinsniveau senkt, wodurch die nachgefragte Geldmenge zunimmt.

Im Fall der Bank von England in der ersten Hälfte des 19. Jahrhunderts hatte das Rückfluß-Prinzip nur insoweit Bedeutung, als das eine expansive Geldpolitik letztlich zu einer Passivierung der englischen Leistungsbilanz führen mußte. Bei einer Goldeinlösungspflicht für englische Banknoten („Konvertibilität") kommt es dann dazu, daß Goldabflüsse ins Ausland ausgelöst würden. Die damit verbundene Reduzierung der Geldmenge in England würde jedoch erst mit einer erheblichen Verzögerung erfolgen, so daß dieser Mechanismus kein zuverlässiger Schutz gegen eine inflatorische Überemission von Banknoten darstellt.

In der politischen Diskussion setzten sich die Vertreter der Currency-Schule schließlich durch. Die im Jahr 1844 verabschiedete „Peel'sche Bankakte" sah vor, daß jede über einen vorgegebenen Betrag hinausgehende Emission von Banknoten der Bank von England zu 100 % durch Goldreserven gedeckt werden müsse.

IV

Die Notenbankverfassung als Grundlage einer stabilitätsorientierten Geldpolitik

1. Überblick

Die neuere Diskussion über „Regeln versus Entscheidungsspielräume" führt zu dem zentralen Ergebnis, daß die Frage der geldpolitischen Regelbindung nicht mehr isoliert von der Notenbankverfassung behandelt werden kann. Während diese institutionellen Aspekte der Geldpolitik in den siebziger und achtziger Jahren kaum eine größere wissenschaftliche Beachtung gefunden haben, werden sie seit einiger Zeit – nicht zuletzt als Folge der Debatte über die Errichtung der Europäischen Zentralbank – sehr intensiv erörtert.

Faßt man das Modell von Barro und Gordon noch einmal kurz zusammen, dann zeigt sich, daß es dort nur dann zur Inflation kommt, wenn die Zielfunktion des geldpolitischen Entscheidungsträgers wie folgt beschaffen ist:

$$\text{(IV.1)} \qquad Z = \left[b\left(U - k \cdot U^{n}\right)^{2} + \pi^{2} \right] \qquad \text{mit} \qquad b > 0 \qquad \text{und} \qquad 0 \leq k \leq 1$$

Entscheidend ist dabei nicht einmal, daß die Geldpolitik neben dem Ziel der Geldwertstabilität auch noch ein Beschäftigungsziel ($U^* = kU^n$) verfolgt, sondern allein die Tatsache, daß der Faktor k einen Wert von kleiner eins aufweist. Konkret bedeutet das also, daß der geldpolitische Entscheidungsträger in diesem Modell stets bestrebt ist, eine Politik der Überraschungsinflation zu betreiben, um **systematische Beschäftigungseffekte** zu erzielen und die Arbeitslosenquote unter die „natürliche Rate" (U^n) zu senken. Das gesamte Problem der Überraschungsinflation – und damit auch das der Zeitinkonsistenz – entfiele, wenn der Faktor k einen Wert von eins annimmt. In diesem Fall könnte die Geldpolitik sogar auf Schocks bei der Beschäftigung reagieren, wobei es zu keinen nachteiligen Effekten auf die Inflationserwartungen kommen würde, sofern der Erwartungswert des Schocks gleich null ist.

Für die Formulierung einer konkreten Notenbankverfassung[203] bedeutet das, daß ihre Bestimmungen so beschaffen sein sollten, daß die geldpolitischen Entscheidungsträger möglichst über keine systematischen Anreize verfügen, eine Politik der Überraschungsinflation zu verfolgen. Eine Grundvoraussetzung hierfür besteht in der ökonomischen und politischen **Unabhängigkeit der Notenbank** von der allgemeinen Wirtschaftspolitik. Damit wird die Wahrscheinlichkeit für den „Inflation bias" (siehe Kapitel III.5.2) erheblich reduziert, weil die Politiker neben der Geldwertstabilität tendenziell immer auch ambitionierte Beschäftigungsziele verfolgen und deshalb – insbesondere vor Wahlterminen – dazu neigen, kurzfristi-

[203] Diese Begriffsbezeichnung bedeutet nicht, daß die Regelungen grundsätzlich Verfassungscharakter besitzen müssen. So kann z.B. in Deutschland das Bundesbankgesetz als ein einfaches Bundesgesetz mit einfacher Mehrheit jederzeit geändert werden (vgl. Bofinger 1993, S. 44).

ge Beschäftigungserfolge zu Lasten eines längerfristigen Inflationsproblems zu erzielen („politischer Konjunkturzyklus“; Nordhaus 1975).

Die Unabhängigkeit der Notenbank muß nicht uneingeschränkt und für alle Zeit bestehen. Aus der Diskussion des Zeitinkonsistenzphänomens ist deutlich geworden, daß mit dem Inflation bias insbesondere dann zu rechnen ist, wenn das Spiel zwischen Notenbank und Privaten nicht sehr oft wiederholt wird. Zur Überraschungsinflation kommt es also vor allem dann, wenn die geldpolitischen Entscheidungsträger über einen **kurzen Zeithorizont** verfügen. Unterstellt man, daß gerade die Politiker diese kurze Zeitperspektive besitzen, so müssen die Bestimmungen zur Unabhängigkeit einer Notenbank so beschaffen sein, daß sie den geldpolitischen Verantwortlichen auf kurze und mittlere Sicht eine wirksame Abschirmung gegen jede politische Einflußnahme ermöglichen. Verfolgt die Notenbank jedoch über längere Zeit eine Politik, die den Präferenzen der Bevölkerung zuwiderläuft, dann muß es für die Politik Möglichkeiten geben, auf die Notenbank korrigierend einzuwirken. Denkbar sind Änderungen der Notenbankverfassung und eine entsprechende Auswahl der Notenbank-Manager durch die Regierung.

Neben der Sicherung der Unabhängigkeit ist es entscheidend, daß sich die unabhängigen Notenbankpolitiker an einer Zielfunktion ausrichten, die zumindest so beschaffen ist, daß der Anreiz zur Überraschungsinflation entfällt. Im Rahmen des Modells von Barro und Gordon würde es genügen, wenn man die Notenbank dazu verpflichtet, die natürliche Arbeitslosenrate als Zielwert für die Beschäftigung anzustreben, d.h. der k-Faktor würde gleich eins gesetzt. In der Praxis wird jedoch meist die restriktivere Lösung gewählt, nach der Notenbanken ausschließlich auf das **Ziel der Geldwertstabilität** verpflichtet werden.[204] Im Zusammenhang damit stellt sich dann die Frage, ob eine solche Zielformulierung bereits ausreichend ist, oder ob es notwendig ist, spezielle Rechenschaftspflichten („accountability“) und Sanktionsmechanismen für den Fall von Zielverfehlungen festzulegen.

Im folgenden wird vor allem am Beispiel des Bundesbankgesetzes und der Statuten der Europäischen Zentralbank dargestellt,

- durch welche konkreten Regelungen einer Notenbankverfassung ein möglichst hohes Maß an ökonomischer und politischer Unabhängigkeit erreicht werden kann und

---

[204] Dies ist darauf zurückzuführen, daß es politisch kaum vorstellbar ist, eine zweidimensionale soziale Wohlfahrtsfunktion in einem Notenbankgesetz zu verankern, da dazu nicht nur der konkrete Wert der Steigung der kurzfristigen Phillips-Kurve (a) bekannt sein müßte, sondern auch die Parameter b und k offengelegt werden müßten. Erstaunlicherweise fehlt es in der Literatur bisher völlig an Arbeiten, die sich um eine empirischen Fundierung dieser Werte bemüht haben.

- inwieweit es zusätzlich konkreter Sanktionsmechanismen bedarf, um zu gewährleisten, daß sich die Notenbankleitung tatsächlich am Ziel der Geldwertstabilität orientiert.

Berücksichtigt wird dabei auch das **neuseeländische Notenbankmodell**, das in der Literatur eine große Beachtung gefunden hat.[205] Es wird gezeigt, daß es sich dabei um ein völlig anderes Konzept als das „Bundesbank-Modell“ handelt, das die Geldpolitik nur unzureichend vor kurzfristiger politischer Einflußnahme abschirmt. Anhand empirischer Untersuchungen wird darüber hinaus gezeigt, daß ein relativ stabiler Zusammenhang zwischen einem hohen Maß an Unabhängigkeit und einer niedrigen Inflationsrate besteht. Schließlich werden in einem ausführlichen Anhang zu diesem Kapitel verschiedene Funktionen einer Notenbank erörtert, die ihr in der Geschichte schon sehr viel früher verliehen worden sind als das makroökonomische Ziel der Geldwertsicherung (siehe Anhang IV.1). Dabei handelt es sich um folgende Aufgaben:

- die (monopolistische) Emission von Banknoten („**Notenbank**“),
- die Wahrung der Stabilität des Finanzsektors einer Volkswirtschaft („**Bank der Banken**“ oder „**Lender of last resort“**),
- die Wahrnehmung spezifischer Finanzdienstleistungen für die öffentliche Hand („**Bank des Staates**“).

2. Unterschiedliche Abgrenzungen von „Unabhängigkeit“

In der gesamten Diskussion um die konkrete Ausgestaltung von Notenbankverfassungen kommt dem Begriff der „Unabhängigkeit“ einer Notenbank eine entscheidende Rolle zu. Es ist daher zunächst erforderlich, hierfür eine genaue Abgrenzung vorzunehmen. In der Literatur werden dazu zwei unterschiedliche Ansätze vorgeschlagen:

- Debelle und Fischer (1995, S. 197) definieren diesen Begriff, indem sie zwischen einer „**Goal independence**“ und einer „**Instrument independence**“ differenzieren. „Goal independence“ besteht dann, wenn die Notenbank ihre Ziele frei wählen kann oder zumindest darüber entscheiden kann, welche konkreten Zielwerte sie für ein vorgegebenes Ziel anstrebt. „Instrument independence“ liegt vor, wenn eine Notenbank „is given control over the levers of monetary policy and allowed to use them.“ (Fischer 1995, S. 202)

---

205 Walsh (1995b, S. 1189) stellt sogar fest: „The similarity between an optimal dismissal rule and the Reserve Bank Act of 1989 suggests that New Zealand may, in fact have achieved an optimal central banking structure.“

- Auf Grilli et al. (1991) geht eine alternative Klassifikation zurück, die zwischen **politischer und ökonomischer Unabhängigkeit** unterscheidet. Diese Autoren verstehen unter politischer Unabhängigkeit die Fähigkeit einer Notenbank, das Ziel der Geldwertstabilität zu verfolgen, ohne dabei durch formelle oder informelle politische Weisungen beeinträchtigt zu werden.[206] Ökonomische Unabhängigkeit besteht dann, wenn eine Notenbank uneingeschränkt über alle geldpolitischen Transaktionen bestimmen kann, durch die es zu Veränderungen bei ihren Operating targets kommt (vgl. Grilli et al. 1991, S. 367).

Während die Terminologie von Grilli et al. (1991) eine gute Strukturierung der relevanten Detailregelungen ermöglicht, kann die Unterscheidung von Debelle und Fischer (1995) leicht zu Mißverständnissen führen. Dies sei anhand des Beispiels der Europäischen Zentralbank verdeutlicht.

Da die EU-Länder sich darüber einig waren, daß das Endziel der Geldpolitik darin bestehen soll, eine niedrige Inflationsrate zu verwirklichen, haben sie mit Art. 105 Abs.1 auch eine entsprechende Festlegung dieses Ziels vorgenommen. Nach der Klassifikation von Debelle und Fischer würde die EZB also über keine Goal independence verfügen. Diese bestünde nur dann, wenn eine entsprechende Passage im EG-Vertrag fehlen würde. Bei dieser Definition wäre also die „Unabhängigkeit" einer Notenbank nicht mehr ohne weiteres im Interesse des Ziels der Geldwertstabilität. Sie wäre vielmehr

- **negativ** zu werten, wenn es sich um Goal independence handelt, da damit der Notenbank ein völliger wirtschaftspolitischer Freiraum eingeräumt würde, um z.B. auch ein anderes Ziel als das der Geldwertstabilität zu verfolgen, und

- **positiv** zu beurteilen, wenn damit die Instrument independence gemeint ist (siehe IV.4.2.3).[207]

---

206 Grilli et al. (1991) identifizieren Unabhängigkeit „with autonomy to pursue the goal of low inflation. Any institutional feature that enhances the central bank capacitiy to pursue this goal will, on our definition, increase central bank independence." (S. 367).

207 So auch Fischer (1995, S. 202): „The most important conclusion of both theoretical and empirical literatures is that a central bank *should* have instrument independence, but *should not* have goal independence." (Hervorhebung im Orginal, die Verf.).

Zu zusätzlichen Mißverständnissen kommt es dadurch, daß **Goal independence** zunehmend auch so interpretiert wird, daß zwar eine gesetzliche Festlegung auf das Endziel der Preisniveaustabilität besteht, es jedoch an einer konkreten Festlegung des Zielwerts durch das Gesetz oder die Regierung fehlt (vgl. z.B. Briault et al. 1996, S. 67).[208] Bei dieser Interpretation würde man der EZB also eine Goal independence attestieren. Damit würde man aber zum einen rechtlichen Bestimmungen wie dem Art. 105 Abs.1 EGV jede Bedeutung absprechen, da die EZB-Verfassung dann nicht anders eingestuft würde als ein Notenbankgesetz, das keinerlei Vorgaben bezüglich des geldpolitischen Endziels vornimmt. Zum anderen käme man zu dem – zumindest aus deutscher Sicht wenig attraktiven – Ergebnis, daß es vorteilhaft wäre, wenn für die EZB konkrete Inflationsziele durch den EG-Ministerrat festgelegt würden, da so die Goal independence der EZB reduziert würde. Im Grunde unterstellte man damit, daß der Freiheitsgrad, der sich dadurch ergibt, daß im Notenbankgesetz keine Konkretisierung des Zielwertes vorgenommen wird, besser bei der Regierung alloziert ist als bei der Notenbank. Dies widerspricht diametral den Grundaussagen des Modells von Barro und Gordon, wonach bei einer politisch gewählten Regierung – anders als bei einer politisch und ökonomisch unabhängigen Notenbank mit entsprechend langem Zeithorizont – stets mit einem Inflation bias zu rechnen ist.

Als wenig trennscharf erweist sich die Kategorie der **Instrument independence**. Dies zeigt sich daran, daß Debelle und Fischer (1995, S. 197) der neuseeländischen Notenbank eine uneingeschränkte Instrument independence zusprechen, obwohl sich an den konkreten Bestimmungen (siehe Abschnitt IV.4.1) zeigen läßt, daß diese Notenbank faktisch nur über eine sehr beschränkte politische *und* ökonomische Unabhängigkeit verfügt.

Zu Strukturierung der folgenden Ausführungen soll daher die von Grilli et al. (1991) vorgenommene Unterscheidung in politische und ökonomische Unabhängigkeit herangezogen werden.

3. Der Ansatz von Rogoff – eine theoretische Grundlage für die Unabhängigkeit?

Als theoretische Grundlage zur Rechtfertigung der Unabhängigkeit von Notenbanken wird heute häufig eine von Rogoff (1985) entwickelte Lösung für das Problem

---

[208] In den Worten von Fischer (1994, S. 392) liest sich dies so: „A central bank whose goals are imprecisely defined has goal independence.“ und „A central bank with a mandate for price stability but no numerical targets has *more* goal independence.“ (Hervorhebung durch die Verf.).

der Zeitinkonsistenz angesehen[209] (Haldane 1995, Fischer 1995). Der bereits unter Kapitel IV.5.3 diskutierte Ansatz sieht vor, das Problem des Inflation bias dadurch zu lösen, daß die Gesellschaft (bzw. die Regierung) einen **konservativen Notenbanker** einstellt. Dieser zeichnet sich dadurch aus, daß er in seiner Zielfunktion dem Ziel der Geldwertstabilität ein höheres Gewicht beimißt als die Bevölkerung. Durch eine solche „Delegation solution" (Haldane 1995, S. 16) kann das Problem der Überraschungsinflation vermindert werden, wenn zwei Voraussetzungen erfüllt sind:

- Die Zielfunktion des Notenbankers ist allgemein bekannt.
- Der Notenbanker ist in seinen Entscheidungen vollkommen unabhängig von der Regierung.

In diesem Fall würde die Unabhängigkeit sogar so weit gehen, daß der Notenbanker die konkreten Zielwerte auf seiner Zielfunktion völlig frei wählen kann; er verfügte also über eine uneingeschränkte Goal independence. Mikroökonomische Sanktionsmöglichkeiten sind in dem Ansatz von Rogoff nicht vorgesehen und auch nicht erforderlich, da unterstellt wird, daß sich der Notenbanker – gleichsam als „wohlmeinender Diktator" – tatsächlich an einer sozialen Wohlfahrtsfunktion ausrichtet (siehe dazu Kapitel IV.4.2.4). Die Privaten haben bei wiederholten Spielen damit die Möglichkeit, den Notenbanker dadurch zu sanktionieren, daß sie systematisch höhere Inflationserwartungen aufbauen.

Trotz der logischen Stringenz dieses Ansatzes hat man sich zu fragen, ob er tatsächlich geeignet ist, eine sinnvolle Begründung der geldpolitischen Unabhängigkeit zu liefern. Das Problem der „Rogoff-Lösung" ist – wie bei allen Modellen dieser Art – darin zu sehen, daß sie im Grunde für ein einperiodiges Spiel konzipiert ist. Die Unabhängigkeit ist dabei notwendig, um den Entscheidungsspielraum des „konservativen Zentralbanker" gegenüber der weniger „konservativen" Regierung zu gewährleisten.

---

[209] So Briault et al. (1996, S. 64): „Such a model comes closest to matching what many people think of as central bank independence: delegation of monetary policy to an inflation-averse authority with instrument independence."

Geht man realistischerweise davon aus, daß geldpolitische Entscheidungen als ein mehrperiodiges Spiel zu modellieren sind, wird die Figur des „konservativen Zentralbanker“ völlig entbehrlich. Entscheidend ist dann nicht eine größere Gewichtung des Ziel des Geldwertstabilität in der Zielfunktion, sondern vielmehr, daß die Zentralbanker über einen **mehrjährigen Zeithorizont** verfügen.[210] Dieser Punkt wird vor allem von Cukierman (1992, S. 351) betont, der den „konservativen“ Notenbanker nicht nur durch eine andere Zielgewichtung, sondern auch durch eine niedrigere Zeitpräferenzrate definiert:

> „Conservatives usually take a longer view.“ (Cukierman 1992, S. 351)

So gesehen erschließt sich die Notwendigkeit einer unabhängigen Geldpolitik erst bei einer **intertemporalen Betrachtungsweise**, für die es nicht notwendigerweise erforderlich ist, daß die Regierung und die Notenbank unterschiedliche Gewichtungen der gesamtwirtschaftlichen Ziele (Inflation und Arbeitslosigkeit) vornehmen. Unabhängigkeit ist also dann nicht primär erforderlich,

- um einen „konservativen“ Zentralbanker (in der Definition von Rogoff) vor einer Einflußnahme durch eine weniger „konservative“ Regierung zu schützen, sondern
- um einen Zentralbanker mit einem längerfristigen Entscheidungshorizont (d.h. einer niedrigeren Zeitpräferenzrate) in die Lage zu versetzen, sich gegenüber einer Regierung mit einem kürzerfristigen Planungszeitraum (d.h. einer höheren Zeitpräferenzrate) durchzusetzen. Der „bewußte Akt der Selbstentmachtung“ (Issing 1993, S. 30) bedeutet dann also nicht, daß die Institution, auf die die Entscheidungskompetenzen übertragen werden, andere Präferenzen für Inflation und Beschäftigung aufweisen als die Bevölkerung, sondern lediglich, daß sie unter einem längerfristigeren Zeithorizont operieren als die Regierung.

Damit ist es durchaus möglich, daß die Notenbank angemessen auf temporäre Output-Schocks reagiert, wenn sie der Auffassung ist, daß eine solche Politik ohne dauerhafte Nachteile für die Geldwertstabilität zu realisieren ist. Die ökonomische Ratio der Unabhängigkeit besteht bei dieser Sichtweise also darin, daß sie den geldpolitischen Entscheidungsträgern die Möglichkeit einräumt, ihre Politik frei von einer **kurzfristigen Erfolgskontrolle** auszuüben. Damit können sie bei ihren Entscheidungen mit einem längerfristigen Zeithorizont operieren, der es ihnen erlaubt, die langen Wirkungsverzögerungen monetärer Impulse noch in vollem Umfang zu berücksichtigen. In den Worten von Fischer (1995, S. 205):

---

[210] Durch versetzte Amtszeiten muß zudem dafür gesorgt werden, daß das Problem einer „letzten Periode“ (siehe Kapitel III.5.3.2) nicht auftritt.

> „The trick is to attain the appropriate balance between the need to be responsive to short-term pressures and the need to ensure that those pressures are exerted in a system that safeguards the long-term interests of the population."

Diese Interpretation einer unabhängigen Notenbank deckt sich dann auch sehr viel eher mit der Empirie als der rein auf die unterschiedliche Gewichtung abstellende Ansatz von Rogoff. In den Worten von Briault et al. (1996, S. 65f.):

> „So the two most important implications of Rogoff's model are that an independent central bank should attenuate inflation biases (lower inflation), and accentuate stabilisation biases (raise output variability). Empirical evidence (...) lends strong support to the first of them: in cross-section, greater (goal and instrument) independence does tend to be associated with lower inflation, both in mean and (to a lesser extent) variance. (...) The second of the model's predictions has fared less well. Most empirical studies have failed to find any significant link between independence and the mean or the variability of output growth or employment."

Die Figur des konservativen Zentralbankers wird außerdem auch dann obsolet, wenn man von der völlig willkürlichen Prämisse eines k-Faktors von kleiner eins abgeht. Dann fällt – wie erwähnt – allerdings das gesamte Gedankengebäude des Ansatzes von Barro und Gordon in sich zusammen.

4. Kennzeichen einer stabilitätsgerechten Notenbankverfassung

4.1 Das Bundesbank-Modell

Mit der Unterzeichnung des Vertrags von Maastricht hat sich in den meisten europäischen Ländern der Typ einer Notenbankverfassung durchgesetzt, der im wesentlichen auf dem Konzept des Gesetzes über die Deutsche Bundesbank beruht. Da dessen wichtigste Bestimmungen auch auf die zukünftige Europäische Zentralbank Anwendung finden werden, soll hierfür im folgenden vom „Bundesbank-Modell" gesprochen werden. Es sind vor allem drei Charakteristika, die diesen Ansatz von alternativen Lösungen unterscheiden:

- Es besteht eine eindeutige Verpflichtung der Geldpolitik auf das Ziel der Geldwertstabilität.[211] Es wird jedoch darauf verzichtet, konkrete Zielwerte zu

[211] In diesem Punkt weicht das Bundesbankgesetz vom Bundesbank-Modell, wie es hier verstanden wird, ab. §3 BBankG verpflichtet die Bundesbank, „die Währung zu sichern", ohne dabei deutlich zu machen, ob damit der Binnen- oder der Außenwert der Währung gemeint ist. Siehe dazu ausführlicher Deutsche Bundesbank (1995, S. 24).

fixieren und den Zeitraum zu bestimmen, über den das Ziel eingehalten werden soll.

- Die Notenbank wird mit einer möglichst weitgehenden politischen und ökonomischen **Unabhängigkeit** ausgestattet, die eine kurzfristige Einflußnahme der Politik auf die geldpolitischen Entscheidungsprozesse verhindern soll.
- Die Rechenschaftspflichten („**accountability**"), denen die Notenbank nachzukommen hat, sind relativ ungenau spezifiziert. Es wird außerdem darauf verzichtet, kurzfristige **Sanktionsmechanismen** zu installieren, mit denen explizite mikroökonomische Anreize für die Notenbankleitung geschaffen würden, das vorgegebene Endziel auch einzuhalten.

Die Besonderheiten dieses Ansatzes werden deutlich, wenn man ihn mit den Bestimmungen des 1990 in Kraft getretenen „Reserve Bank of New Zealand Act" vergleicht.[212]

- Die Notenbankverfassung sieht auch hier das Ziel der Geldwertstabilität vor (§8 RBNZ Act). Die konkreten Zielwerte, die sich auf die jährliche Inflationsrate beziehen, werden jedoch in einem Vertrag zwischen dem Notenbankgouverneur und dem Finanzminister vereinbart (siehe das im Anhang IV.2 wiedergegebene Policy Targets Agreement). Es besteht also keinerlei Goal independence. Das Ziel der Geldwertstabilität kann von der Regierung jederzeit neu definiert werden (§9 Abs.4 RNBZ Act) und für ein Jahr sogar völlig suspendiert werden („override provision").
- Die politische und die ökonomische Unabhängigkeit der Notenbank sind erheblich eingeschränkt. Unter dem Aspekt der politischen Unabhängigkeit ist besonders problematisch, daß der Notenbank-Gouverneur jederzeit seines Postens enthoben werden kann, wenn er nicht mehr bereit ist, die von der Regierung vorgegebene geldpolitische Linie zu verfolgen (§49 Abs.2 RBNZ Act). Für die ökonomische Unabhängigkeit ist nachteilig, daß die Finanzierung der Regierung durch die Notenbank keinerlei festen Beschränkungen unterliegt und daß ein starker Einfluß der Regierung auf die Wechselkurspolitik der Notenbank besteht (siehe dazu genauer Kapitel IV.4.2.4).
- Mikroökonomische Sanktionen sind stark ausgeprägt: Im Fall von Zielverfehlungen, die vom Notenbank-Gouverneur zu vertreten sind, ist es möglich, daß dieser von der Regierung entlassen wird. Dabei besteht der Grundsatz, daß der Notenbankgouverneur für die Zielverfehlungen verantwortlich ist, es sei denn, die Ursache der überhöhten Inflationsrate liegt in einem explizit im Rahmen

---

212 Eine ausführliche Darstellung und Begründung der in Neuseeland getroffenen Regelungen („RBNZ-Modell") findet man in Lloyd (1992).

einer Ausschlußliste vereinbarten Ereignis (siehe dazu genauer Kapitel IV.4.4.2).

Tabelle IV.1: Vergleich Bundesbank-Modell und Reserve Bank of New Zealand-Modell

	Bundesbank-Modell	RBNZ-Modell
Ziel der Geldpolitik	Preisniveaustabilität	Geldwertstabilität; aber wegen "override provision" des Finanzministers Tendenz zu einem nominellen BSP-Ziel
Konkretisierung des Zielwerts	nicht vorgesehen	durch PTA, d.h. als Vertrag zwischen Finanzminister und Notenbankgouverneur
Politische Unabhängigkeit	nahezu perfekt	starker Einfluß des Finanzministers auf den konkreten Zielwert ("override provision"); Möglichkeit den Gouverneur im Konfliktfall jederzeit zu entlassen; endlicher Zeithorizont des geldpolitischen Entscheidungsträgers
Ökonomische Unabhängigkeit	nahezu perfekt; Einfluß des Finanzministers auf Interventionen am Devisenmarkt problematisch	keine Beschränkung für die Notenbankfinanzierung öffentlicher Defizite; starker Einfluß der Regierung auf Interventionen am Devisenmarkt
Mikroökonomische Sanktionen	nicht explizit vorgesehen; Verzicht auf Wiederernennung, wenn diese im Gesetz vorgesehen ist; Änderung des Gesetzes als "ultima ratio"	Entlassung des Gouverneurs bei Zielverfehlung durch Beschluß des Finanzministers

Die Gegenüberstellung des Bundesbank-Modells mit den Bestimmungen in Neuseeland (Tabelle IV.1) zeigt, daß es sich dabei um zwei grundverschiedene Ansätze handelt.

- Die in Deutschland und nunmehr auch in weiten Teilen Europas praktizierte Lösung ist vor allem darauf angelegt, ein möglichst hohes Maß an geldpolitischer **Unabhängigkeit** zu verwirklichen, wobei der „Prinzipal" (d.h. die durch die Regierung vertretene Bevölkerung) davon ausgeht, daß der „Agent" (d.h. die Entscheidungsträger in der Notenbank) keiner spezifischen mikroökonomischen Anreize bedarf, um eine gesamtwirtschaftlich optimale Politik zu betreiben.

- Die Bestimmungen des Reserve Bank of New Zealand Act sind von einer Regierung entwickelt worden, die eine hohe Präferenz für das Ziel der Geldwertstabilität aufweist und sich dabei – als „Prinzipal" – eines „Agenten" in der Form einer weitgehend abhängigen Notenbank bedient. Das Vertrauen auf die Bereitschaft des Agenten, eine den Interessen des Prinzipals entsprechende Politik zu verfolgen, ist begrenzt. Die sehr direkten Möglichkeiten des Finanzministers, die laufende Geldpolitik zu beeinflussen, können sich jedoch als äußerst problematisch erweisen, wenn sich die Präferenzen der Regierung wieder zugunsten einer beschäftigungsorientierten Geldpolitik verändern. In diesem Fall könnten es die neuseeländischen Bestimmungen nicht verhindern, daß die Geldpolitik voll in den Dienst einer kurzfristig angelegten Nachfragebelebung gestellt wird.

In diesen gegensätzlichen Modellen schlägt sich vor allem ein unterschiedliches Demokratieverständnis nieder. In Ländern wie Großbritannien, Kanada und Neuseeland wird ein hohes Maß an „accountability" der Notenbank für erforderlich gehalten, „to provide democratic oversight of a powerful political institution" (Fischer 1995, S. 202). In Kontinentaleuropa und den Vereinigten Staaten wird dagegen auf **kurze Sicht** mehr auf informelle Mechanismen gesetzt, während bei einem massiven Fehlverhalten der Notenbank auf **längere Sicht** die Möglichkeit besteht, die amtierenden Zentralbanker nicht noch einmal zu berufen oder als „ultima ratio" eine Änderung des Notenbankgesetzes vorzunehmen.

4.2 Elemente der institutionellen Unabhängigkeit

Nachdem die grundsätzlichen Aspekte der Unabhängigkeit verdeutlicht worden sind, soll nun dargestellt werden, wie das Ziel der Geldwertstabilität durch die konkreten Regelungen des „Bundesbank-Modells" im einzelnen erreicht werden kann. Dabei wird insbesondere geprüft, ob es sinnvoll sein könnte, die Sanktionen, die im Modell der neuseeländischen Notenbank eine so große Rolle spielen, auch auf die europäische Lösung zu übertragen.

4.2.1 Politische Unabhängigkeit

Um eine Notenbank vor direkter und indirekter politischer Einflußnahme verläßlich abzusichern, bedarf es im Rahmen einer Notenbankverfassung einer ganzen Reihe von Detailregelungen (vgl. Grilli et al. 1991, S. 366 - 368):

- Es muß im Rahmen des Notenbankgesetzes eine ausdrückliche Festlegung der Notenbank auf das Ziel der Geldwertstabilität vorgenommen werden (§3 BBankG, Art. 105 Abs.1 EGV). Sofern die Notenbank aufgefordert wird, die allgemeine Wirtschaftspolitik zu unterstützen, muß das Ziel der Geldwertstabilität eindeutig Vorrang besitzen (§12 BBankG, Art. 105 Abs.1 EGV).

- Es muß explizit erwähnt werden, daß die Notenbankspitze in ihren Entscheidungen **unabhängig von Weisungen** durch die Regierung ist (§12 BBankG, Art. 107 EGV). Dies schließt sowohl eine Zustimmungskompetenz der Regierung als auch ein Stimmrecht eines Regierungsvertreters im Entscheidungsgremium der Notenbank aus (§13 Abs.2 BBankG, Art. 109b Abs.1 EGV).

Tabelle IV.2: Entscheidungsgremien und Ernennungsinstanzen bei dezentral strukturierten Notenbanksystemen

	Deutsche Bundesbank	EZB	Federal Reserve System der Vereinigten Staaten
geldpolitisches Entscheidungsgremium	Zentralbankrat (17 Mitglieder: 8 Direktorium und 9 LZB-Präsidenten)	EZB-Rat (18 Mitglieder: EZB-Board und nationale Notenbankpräsidenten)	Federal Open Market Committee (12 Mitglieder: Board of Governors und 5 Präsidenten Federal Reserve Banks)[1]
zentrale Instanz	Direktorium (8 Mitglieder auf Vorschlag der Bundesregierung bestimmt)	EZB-Board (6 Mitglieder durch Staats- und Regierungschefs der EU-Mitgliedsstaaten einvernehmlich ernannt)	Board of Governors (7 Mitglieder durch die Bundesregierung ernannt)
dezentrale Instanz	9 Landeszentralbanken (Präsidenten auf Vorschlag des Bundesrates bestimmt)	12 nationale Notenbanken (Gouverneure gemäß nationaler Vorschrift ernannt)	12 Federal Reserve Banks (Präsidenten durch regionale Banken und Board of Governors bestimmt)

1) Von den 12 Federal Reserve Banks sind immer nur fünf Präsidenten stimmberechtigt. Der Präsident der Federal Reserve Bank of New York ist stets stimmberechtigt, die Präsidenten der übrigen Federal Reserve Banken wechseln sich ab.

- Um die Mitglieder des Leitungsgremiums vor politischen Pressionen zu schützen, muß ihre **Amtszeit** im Notenbankgesetz fixiert und möglichst lang sein. Notenbanker, die jederzeit von der Regierung entlassen werden können, wären kaum in der Lage, eine unabhängige Geldpolitik zu verfolgen. Je länger die Amtsperioden sind, desto weniger kann die Regierung das Machtmittel der Entlassung oder der Wiederberufung ins Spiel bringen. Notenbankgesetze. die relativ lange Amtsperioden vorsehen, findet man in den Vereinigten Staaten für die Mitglieder des Board of Governors (14 Jahre), in Deutschland für die Mitglieder des Zentralbankrates (8 Jahre; §7 Abs.3 und §8 Abs.4 BBankG) und im Fall der EZB für die Mitglieder des Direktoriums (8 Jahre; Art. 109a Abs.2 EGV) und für die Gouverneure der nationalen Notenbanken (5 Jahre: Art. 14 des Protokolls über die Satzung des Europäischen Systems der Zentralbanken und der Europäischen Zentralbank). Sowohl in den Vereinigten Staaten als auch bei der EZB ist die Möglichkeit einer zweiten Amtsperiode grundsätzlich ausgeschlossen.

- Der (indirekte) Einfluß der Regierung auf die Geldpolitik kann außerdem auch dadurch vermindert werden, daß die Mitglieder des Leitungsgremiums der Notenbank nicht allein von der Regierung bestimmt werden. Eine solche **Diversifikation der Nominierungsinstanzen** ist kennzeichnend für Länder mit einer föderativen Notenbankstruktur (Deutschland, Vereinigte Staaten und EZB, siehe Tabelle IV.2). Wie die neue französische Notenbankverfassung zeigt, kann man diesen Effekt jedoch auch in einem zentralistisch strukturierten Notenbanksystem erzielen. Durch Bestimmungen dieser Art wird auch bei über Jahre hinweg konstanten politischen Mehrheitsverhältnissen verhindert, daß sich das Leitungsgremium einer Notenbank nach einiger Zeit nur noch aus Anhängern der Regierungspartei(en) zusammensetzt. Für Deutschland wird dies sehr anschaulich anhand von Tabelle IV.3 verdeutlicht, die Vaubel (1993, S. 54f.) entnommen ist. Trotz einer CDU/FDP-Mehrheit im Deutschen Bundestag in der Zeit von 1949 - 1965 und seit dem Jahr 1982 bis heute sowie einer SPD/FDP-Mehrheit von 1969 - 1982 blieb die parteipolitische Struktur des Zentralbankrates vergleichsweise ausgewogen, weil die jeweilige Oppositionspartei in den Länderparlamenten stets relativ stark vertreten war.

Auf der Basis der bisher genannten Merkmale politischer Unabhängigkeit von Notenbanken haben Grilli et al. (1991, S. 368) einen Index gebildet, der in Tabelle IV.4 wiedergegeben wird.[213] Dabei ist es hier für die „Unabhängigkeit" vorteilhaft, wenn das Notenbankgesetz eine eindeutige Vorgabe für das Ziel der Geldwertstabilität enthält. Solche Indizes werden benötigt, wenn man empirisch überprüfen will, wie sich die Unabhängigkeit einer Notenbank auf die gesamtwirtschaftliche Entwicklung auswirkt (siehe Abschnitt IV.4.2.3). Dabei muß aber beachtet werden, daß die Angaben in Tabelle IV.4 zum Teil veraltet sind. Wie bereits erwähnt, ist insbesondere die geldpolitische Unabhängigkeit vieler kontinentaleuropäischer Notenbanken in den letzten Jahren erheblich verbessert worden. Für die ökonomi-

---

213 Wie bereits erwähnt verstehen Grilli et al. (1991, S. 367) unter Unabhängigkeit die „autonomy to pursue the goal of low inflation." Von der Intention her ist die politische Unabhängigkeit bei ihnen also dann umso höher, je *geringer* die Kompetenz der Notenbank zur Zielfestlegung (Goal independence) ist, *vorausgesetzt* es handelt sich bei dem vorgegebenen Ziel um eine niedrige Inflationsrate (vgl. Akthar 1995, S. 433). Was aber mit obigem Index faktisch gemessen wird, entspricht weitmehr einer sehr viel allgemeineren Definition von Unabhängigkeit. so werden zum einen keine graduellen Unterschiede in der Zielpräzisierung unterschieden, sondern lediglich danach gefragt, ob das Ziel der Geldwertstabilität überhaupt als Ziel in der Notenbankverfassung erwähnt wird. Zum anderen stehen auch die anderen sieben Kriterien (vgl. Tabelle IV.4) nicht unter dem Vorbehalt einer *niedrigen* Inflationsrate.

sche Unabhängigkeit gilt dies auch für Neuseeland. Über die aktuell geltenden Notenbankgesetze in der Europäischen Union gibt Tabelle IV.9 im Anhang IV.3 Auskunft.

Tabelle IV.3: Zusammensetzung des Zentralbankrats der Deutschen Bundesbank, 1950 - 1990

	Baden (Württ.)	Bayern	Bremen	Hamburg	Hessen	Niedersachsen	Nordrhein-W.	Rheinland-Pfalz	Schleswig-H.	Württemberg-B.	Württ. und Hz.	Berlin	Saarland	Präsident ZBR	Präsident Dir.	stellv. Präs. Dir.	Direktorium I	Direktorium II	Direktorium III	Direktorium IV	Direktorium V	Direktorium VI	Direktorium VII	insgesamt	CDU	SPD	?
31. 05. 50	C	C	S	S	C	?	?	?	S	C'	?	-	-	C	C	N	N	N	N	N	N	-	-	13	6	3	4
31. 05. 51	C	C	S	S	C	S	?	?	S	C'	?	-	-	C	C	N	N	N	N	N	N	-	-	13	6	4	3
30. 04. 52	C	C	S	S	S	S	?	?	S	C'	?	-	-	C	C	N	N	N	N	N	N	-	-	13	5	5	3
53	C'	C	S	S	S	S	C	?	S	-	-	-	-	C	C	N	N	N	N	N	N	N	-	11	5	5	1
54	C'	C	S	S	S	S	C	?	S	-	-	-	-	C	C	N	N	N	N	N	N	N	-	11	5	5	1
55	C'	C	S	S	S	S	C	?	S	-	-	-	-	C	C	N	N	N	N	N	N	N	-	11	5	5	1
56	C'	S	S	S	S	S	S	?	S	-	-	-	-	C	C	N	N	N	N	N	N	N	-	11	3	7	1
57	C'	S	S	S	S	S	S	?	S	-	-	-	-	C	C	N	N	N	N	N	N	N	-	11	3	7	1
01. 04. 58	C'	S	S	S	S	S	S	?	S	-	-	?	-	-	C	C	C	C	?	C	C	?	?	19	6	8	5
59	C'	S	S	S	S	S	S	?	S	-	-	?	-	-	C	C	C	C	?	C	C	?	?	19	6	8	5
31. 12. 59	C'	S	S	S	S	S	S	C'	S	-	-	S	?	-	C	C	C	C	?	C	C	?	?	20	7	9	4
60	C'	S	S	S	S	S	S	C'	C	-	-	S	?	-	C	C	C	C	?	C	C	?	?	20	8	8	4
61	C'	S	S	S	S	S	S	C'	C	-	-	S	C	-	C	C	C	C	?	C	C	?	?	20	9	8	3
62	C'	S	S	S	S	C	S	C'	C	-	-	S	C	-	C	C	C	C	?	C	C	?	?	20	10	7	3
63	C'	S	S	S	S	C	S	C'	C	-	-	S	C	-	C	C	C	C	?	C	C	?	?	20	10	7	3
64	C'	S	S	S	S	S	S	C'	C	-	-	S	C	-	C	C	C	C	?	C	C	C	?	20	10	8	2
65	C'	S	S	S	S	S	S	C'	C	-	-	S	C	-	C	C	C	C	C	C	C	?	-	19	11	8	1
66	C'	S	S	S	S	S	S	C'	C	-	-	S	C	-	C	C	C	C	?	C	C'	C	?	20	10	8	2
67	C'	S	S	S	S	S	S	C'	C	-	-	S	C	-	C	C	C	C	C	C	C'	C	?	20	11	8	1
68	C'	S	S	S	S	S	S	C'	C	-	-	S	C	-	S	C	C	C	C	C	C'	C	?	20	11	8	1
69	C'	S	S	S	S	S	S	C	C	-	-	S	C	-	S	C	C	C	C	C	C'	C	?	20	11	8	1
70	C'	S	S	S	S	S	S	C	C	-	-	S	C	-	C	S	C	C	C	C'	C	?	-	19	10	8	1
71	C'	S	S	S	S	S	S	C	C	-	-	S	C	-	C	S	C	C	C	C'	C	?	-	19	10	8	1
72	C	S	S	S	S	S	S	C	C	-	-	S	C	-	C	S	C	C	C	C'	C	C	-	19	11	8	0
73	C	S	S	S	S	S	S	C	C	-	-	S	C	-	C	S	S'	S	C	C'	C	C	-	19	10	9	0
74	C	S	S	S	S	S	S	C	C	-	-	S	C	-	C	S	S'	S	S	S	C'	C	C	20	10	10	0
75	C	S	S	S	S	S	S	C	C	-	-	S	C	-	C	S	S'	S	C	C'	C	C	-	19	9	10	0
76	C	S	S	S	S	S	S	C	C	-	-	S	C	-	C	S	S'	S	C	S	C'	C	-	19	9	10	0
77	C	S	S	S	S	C	S	C	C	-	-	S	C	-	S	C	S'	S	C	S	C'	C	-	19	10	9	0
78	C	C	S	S	S	C	S	C	C	-	-	S	C	-	S	C	S'	S	S	S	C	?	-	19	9	9	1
79	C	C	S	S	S	C	S	C	C	-	-	S	C	-	S	C	S'	S	S	C	?	-	-	18	8	9	1
80	C	C	S	S	S	C	S	C	C	-	-	S	C	-	C	S	S'	S	S	?	-	-	-	17	7	9	1
81	C	C	S	S	S	C	S	C	C	-	-	S	C	-	C	S	S'	S	S	?	-	-	-	17	7	9	1
82	C	C	S	S	S	C	S	C	C	-	-	S	C	-	C	S	C'	S	S	?	-	-	-	17	8	8	1
83	C	C	S	S	S	C	S	C	C	-	-	S	C	-	C	S	C'	S	S	?	-	-	-	17	8	8	1
84	C	C	S	S	S	C	S	C	C	-	-	S	C	-	C	S	C'	S	S	?	-	-	-	17	8	8	1
85	C	C	S	S	S	C	S	C	C	-	-	S	C	-	C	S	C'	S	S	?	-	-	-	17	8	8	1
86	C	C	S	S	S	C	S	C	C	-	-	S	C	-	C	S	C'	S	S	?	-	-	-	17	8	8	1
87	C	C	S	S	S	C	S	C	C	-	-	S	C	-	C	S	C	S	S	C'	?	-	-	18	9	8	1
88	C	C	S	S	S	C	S	C	C	-	-	S	C	-	C	S	C	S	S	C'	?	-	-	18	9	8	1
89	C	C	S	S	S	C	S	C	S	-	-	S	C	-	C	S	C	S	S	C'	?	-	-	18	9	8	1
90	C	C	S	S	C'	C	S	C	S	-	-	S	C	-	C	S	C	C	C'	C	?	-	-	18	11	6	1

Quelle: Vaubel (1993, S. 54f.)

Über die von Grilli et al. (1991) genannten Kriterien hinaus wird der Grad der politischen Unabhängigkeit auch noch durch die folgenden Faktoren bestimmt:

- Die Unabhängigkeit des Führungsgremiums steigt, wenn für die bereits angesprochene **zeitliche Überlappung der Amtszeiten** der Notenbankmanager gesorgt wird. Damit kann vermieden werden, daß die gesamte Notenbankleitung möglicherweise kurz vor einer Parlamentswahl neu ernannt werden muß. In einer solchen Situation könnten auch formal unabhängige Notenbanker versucht sein, als Gegenleistung für ihre (neuerliche) Bestellung eine für die Wiederwahl der Regierung hilfreiche Überraschungsinflation zu betreiben. Notenbankverfassungen, in denen versetzte Amtszeiten explizit vorgesehen sind, findet man in den Vereinigten Staaten und in Frankreich. In diesem Zusammenhang ist es sehr problematisch, wenn die geldpolitische Entscheidungskompetenz nur bei einzelnen Personen liegt. Bei einer solchen Regelung – die insbesondere im neuseeländischen Notenbankgesetz zu finden ist – ergibt sich das Phänomen eines **endlichen** Zeithorizonts spätestens dann, wenn der Gouverneur das Pensionsalter erreicht.

- Wichtig für die politische Unabhängigkeit der Mitglieder des Leitungsgremiums einer Notenbank ist weiterhin das Verbot, neben der Tätigkeit für die Notenbank andere Funktionen im öffentlichen Dienst, in der Privatwirtschaft oder in politischen Parteien anzunehmen (Artikel 11 der Satzung der EZB). Im Bundesbankgesetz fehlt eine explizite Regelung dieser Art.

- Die politische Unabhängigkeit der geldpolitischen Entscheidungsträger kann auch dadurch erhöht werden, daß die Gehälter für Spitzenfunktionen in einer Zentralbank deutlich höher festgelegt werden als bei vergleichbaren Positionen in anderen Bereichen des öffentlichen Sektors. Die Regierung kann so die Entscheidungen der Notenbankpolitiker nicht dadurch beeinflussen, daß sie ihnen Karrierechancen in der allgemeinen Politik oder Verwaltung in Aussicht stellt. So bleibt für einen Notenbankpolitiker, der sein Einkommen noch weiter steigern möchte, nur noch eine Tätigkeit im privaten Sektor, vor allem im Bankbereich. Hier zahlt es sich besonders aus, wenn ein Zentralbanker als besonders stabilitätsorientiert gilt.

- Ausdruck der politischen Unabhängigkeit der Mitglieder des obersten Entscheidungsgremiums ist das in allen föderativ strukturierten Notenbanksystemen anzutreffende Prinzip des **„one member – one vote“**. Dies hat zur Folge, daß beispielsweise in der EZB der luxemburgische Gouverneur das gleiche Stimmgewicht besitzen wird wie der deutsche Notenbankpräsident. Durch eine solche Regelung wird sehr deutlich zum Ausdruck gebracht, daß jedes Mitglied eines solchen Gremiums nur dem gesetzlichen Auftrag des gemeinschaftlichen Notenbanksystems verpflichtet ist und nicht als ein Interessenvertreter seines Landes anzusehen ist.

Tabelle IV.4: Politische Unabhängigkeit von Notenbanken

Land	Ernennung				Beziehung zur Regierung		Notenbank-verfassung		Index der politischen Unabhängigkeit
	(1)	(2)	(3)	(4)	(5)	(6)	(7)	(8)	(9)
Australien		□					□	□	3
Belgien				□					1
Dänemark		□				□	□		3
Deutschland		□		□	□	□	□	□	6
Frankreich		□		□					2
Griechenland			□					□	2
Irland		□				□	□		3
Italien	□	□	□		□				4
Japan							□		1
Kanada	□	□					□	□	4
Neuseeland									0
Niederlande		□		□	□	□	□	□	6
Österreich						□	□	□	3
Portugal					□				1
Schweiz		□			□	□	□	□	5
Spanien				□	□				2
Vereinigtes Königreich					□				1
Vereinigte Staaten				□	□	□	□	□	5

(1) Der Notenbankgouverneur wird nicht von der Regierung ernannt.
(2) Der Notenbankgouverneur wird für mehr als fünf Jahre Amtszeit ernannt.
(3) Alle Mitglieder des Entscheidungsgremiums der Notenbank (board) werden nicht von der Regierung ernannt.
(4) Die Mitglieder des Entscheidungsgremiums werden für mehr als fünf Jahre Amtszeit ernannt.
(5) Regierungsvertreter haben kein Stimmrecht im Entscheidungsgremium der Notenbank.
(6) Es ist keine Zustimmung der Regierung für geldpolitische Entscheidungen notwendig.
(7) Die Notenbankverfassung enthält auch die Geldwertstabilität als Ziel der Geldpolitik.
(8) Rechtliche Regelung zur Stärkung der Position der Notenbank gegenüber der Regierung im Falle von Konflikten sind vorhanden.
(9) Index der politischen Unabhängigkeit als Summe der Zeichen in den Spalten (1) bis (8).

Quelle: Grilli et al. (1991, S. 368).

- Die politische Unabhängigkeit wird auch dadurch gestärkt, daß die Notenbank eine weitreichende **finanzielle Unabhängigkeit**[214] genießt. Dazu gehört, daß die Höhe der Gehälter der Notenbanker klar vorgegeben ist und daß der Notenbank ausreichend Finanzmittel für die Durchführung ihres Tagesgeschäftes zur Verfügung stehen. Die finanzielle Unabhängigkeit ist dann eingeschränkt, wenn die Regierung der Notenbank das Budget zur Verfügung stellt oder uneingeschränkt über den Notenbankgewinn verfügen kann.

4.2.2 Ökonomische Unabhängigkeit

Gerade der letzte Punkt macht deutlich, daß die Unabhängigkeit einer Zentralbank neben der Abschottung vor direkter und indirekter politischer Einflußnahme auch voraussetzt, daß die Notenbank die von ihr als richtig angesehene Geldpolitik auch tatsächlich betreiben kann, die Geldpolitik also nicht durch Transaktionen gestört wird, die außerhalb der Kontrolle der Notenbankleitung liegen (ökonomische Unabhängigkeit). Hierbei ist vor allem an folgende Punkte zu denken:

- Notenbankkredite an öffentliche Haushalte,
- Interventionen am Devisenmarkt im Rahmen eines Festkurssystems oder eines Managed floating, und an
- administrative Zinsfestlegungen durch die Regierung.

In den beiden ersten Fällen handelt es sich um Transaktionen, die unmittelbar die Geldbasis erhöhen und – sofern sie einen größeren Umfang annehmen – dazu führen können, daß eine Notenbank die Kontrolle über die Geldschöpfung verliert. Gleiches gilt auch für von der Regierung administrativ vorgeschriebene Zinssätze oder Zinsobergrenzen. Auch solche Regulierungen beeinflussen die Fähigkeit einer Notenbank, ihr Operating target zielgerecht zu steuern.

4.2.2.1 Kredite an öffentliche Haushalte

Die erste wesentliche Determinante der ökonomischen Unabhängigkeit ist das Verbot der Notenbankfinanzierung öffentlicher Haushalte. Man kann sich zwar vorstellen, daß es für eine stabilitätsorientierte Geldpolitik schon ausreicht, wenn eine politisch unabhängige Notenbank autonom über die Kreditvergabe an öffentliche Kreditnehmer entscheiden kann (vgl. Swinburne und Castello-Branco 1991, S. 34). Dabei besteht aber immer noch die Gefahr, daß eine Zentralbank politi-

---

[214] Der Begriff der „finanziellen Unabhängigkeit" wurde von Bade und Parkin (1985) in die Diskussion eingeführt. Dieser Unabhängigkeit stellen sie die politische Unabhängigkeit gegenüber, die weitgehend die Kriterien von Grilli et al. (1991) umfaßt. Letztlich hat sich diese Einteilung in der Literatur aber nicht durchgesetzt, so daß dieser Aspekt als Bestandteil der politischen Unabhängigkeit mit aufgeführt wird.

schem Druck nachgibt und so letztlich doch einer inflationären Staatsfinanzierung Vorschub leistet. Ein generelles Verbot notenbankfinanzierter Staatsdefizite läßt eine solche Versuchung gar nicht erst aufkommen.

Vorbildlich in dieser Hinsicht war lange Zeit das Bundesbankgesetz, das mit Ausnahme von quantitativ eng begrenzten „Kassenkrediten"[215] jeden Direktkredit des Staates bei der Notenbank ausschloß. Mit den Maastrichter-Beschlüssen wurde dann für alle Länder der EU ein definitives Verbot jeder Form der direkten Notenbankfinanzierung öffentlicher Defizite beschlossen, das am 1. Januar 1994 in allen Mitgliedsstaaten in Kraft getreten ist. Bestimmungen dieser Art, die auch für die EZB gelten werden (Art. 104 EGV), sind somit ein wichtiger Beitrag zur Glaubwürdigkeit einer Notenbank, insbesondere dann, wenn es sich um ein neugeschaffenes Institut handelt.

Problematisch ist allerdings, daß sich solche Regelungen immer nur auf **direkte Kredite** an öffentliche Haushalte beziehen. Mit dem EG-Vertrag wäre es daher völlig vereinbar, wenn die EZB (oder auch einzelne nationale Notenbanken) im Rahmen der **Offenmarktpolitik** Staatsanleihen von den Geschäftsbanken ankaufen würden. Somit kann also eine Notenbank das Verbot der Defizitfinanzierung leicht umgehen, indem sie ihre Geldmarktsteuerung im wesentlichen auf Outright-Offenmarktgeschäfte (siehe Kapitel VI.2.5.2) aufbaut. Dies muß nicht notwendigerweise nachteilig für das Erreichen des Ziels der Geldwertstabilität sein, solange eine Notenbank autonom über diese Transaktionen entscheiden kann. Gerade für die Glaubwürdigkeit einer neu gegründeten Institution wie der EZB wäre es jedoch von Vorteil, wenn von vornherein geklärt wäre, daß sie auf solche Geschäfte verzichten wird. Wie in Kapitel VI.2 gezeigt wird, ist es aus steuerungstechnischer Sicht ohnehin nicht notwendig, das Instrument der Outright-Offenmarktgeschäfte zu benutzen.

4.2.2.2 Interventionen am Devisenmarkt

Interventionen am Devisenmarkt stellen immer dann eine Beeinträchtigung der Unabhängigkeit dar, wenn die Interventionspunkte nicht durch die Notenbank, sondern durch die Regierung bestimmt werden. In der Regel ist dies immer dann gegeben, wenn es ein **formelles Festkurssystem** – wie beispielsweise das EWS – gibt. Eine solche Wechselkurskompetenz kann zu geldpolitischen Spannungen führen, wenn sich die Regierungen für Paritätswerte entscheiden, die zu massiven Ka-

---

[215] Diese Bestimmung fand sich in §20 Bundesbankgesetz, bis sie durch das Inkrafttreten des EG-Vertrages im Jahr 1994 außer Kraft gesetzt wurde. Kontoüberziehungen des Bundes, der Länder und der anderen öffentlichen Verwaltung sind jetzt nur noch im Verlauf eines Tages möglich. Für solche Geschäfte darf die Bundesbank keine Kosten oder Gebühren berechnen (§20 Abs.1 BBankG).

pitalzuflüssen und damit zu hohen Interventionen führen. In diesem Fall kann die Notenbank zu einer von ihr nicht erwünschten Ausweitung der Geldbasis gezwungen werden. Sie können dann nicht mehr ihrer Verpflichtung nachkommen, Geldwertstabilität zu erreichen.

Die deutschen Erfahrungen mit dem Festkurssystem von Bretton Woods zeigen, daß sich daraus tatsächlich gravierende geldpolitische Störungen ergeben können (vgl. Emminger 1986; Bofinger 1991). Auch im EWS wurde die Bundesbank mehrfach zu erheblichen Interventionsaktivitäten gezwungen[216] (Dezember 1986/Januar 1987, September 1992 und Juli 1993). Allerdings ist es ihr – als dominanter Notenbank dieses Systems (vgl. Bofinger 1991) – stets gelungen, die davon ausgehenden expansiven Impulse auf das Geldangebot vollständig durch entgegengesetzte liquiditätspolitische Maßnahmen zu sterilisieren (vgl. Deutsche Bundesbank 1993).

Unter dem Aspekt der ökonomischen Unabhängigkeit wäre es also von Vorteil, wenn die Notenbanken in solchen Währungssystemen auch über die Kompetenz für die Fixierung von Interventionspunkten verfügten. Bisher ist diese Vorstellung jedoch noch in keiner Notenbankverfassung umgesetzt worden.

Viele Notenbanken haben deshalb eine Präferenz für Währungssysteme, in denen keine vertraglich fixierten Interventionspunkte bestehen („**Managed floating**“). In der Regel liegt es unter solchen Bedingungen allein in der Hand der einzelnen Notenbanken, bei welchen Kursniveaus sie in den Markt eingreifen. Eine wichtige Ausnahme stellt hier das Statut der EZB dar. Art. 109 Abs.1 EGV weist dem Rat der Wirtschafts- und Finanzminister nicht nur die Kompetenz für die Fixierung des Außenwerts der ECU gegenüber Drittwährungen im Rahmen von formellen Festkurssystemen zu, sondern darüber hinaus auch für die Interventionspunkte im Rahmen eines Managed floating:

> „Besteht gegenüber einer oder mehreren Drittlandswährungen kein Wechselkurssystem nach Absatz 1 (d.h. ein formelles Festkurssystem, die Verf.), so kann der Rat mit qualifizierter Mehrheit entweder auf Empfehlung der Kommission und nach Anhörung der EZB oder auf Empfehlung der EZB allgemeine Orientierungen für die Wechselkurspolitik gegenüber diesen Währungen aufstellen. Diese allgemeinen Orientierungen dürfen das vorrangige Ziel des ESZB, die Preisstabilität zu gewährleisten, nicht beeinträchtigen.“ (Art. 109 Abs.2 EGV)

---

[216] Die Bundesbank ist der Auffassung, daß ihr grundsätzlich die Möglichkeit offensteht, jederzeit aus eigener Entscheidung ihre Interventionen im EWS einzustellen, wenn diese mit erheblichen geldpolitischen Gefahren verbunden sind (vgl. Emminger 1986, S. 362). Für ein solches „**opting out**“ fehlt es jedoch an einer eindeutigen rechtlichen Grundlage.

Unter dem Aspekt der ökonomischen Unabhängigkeit stellt diese höchst unklare Bestimmung einen wesentlichen Schwachpunkt in der im übrigen sehr auf Unabhängigkeit bedachten Verfassung der EZB dar. Eine ähnlich problematische Formulierung findet man in §17 RBNZ Act.

4.2.2.3 Vorgaben für die Zinshöhe durch die Regierung

Schaubild IV.1: Zusammenhang von politischer und ökonomischer Unabhängigkeit

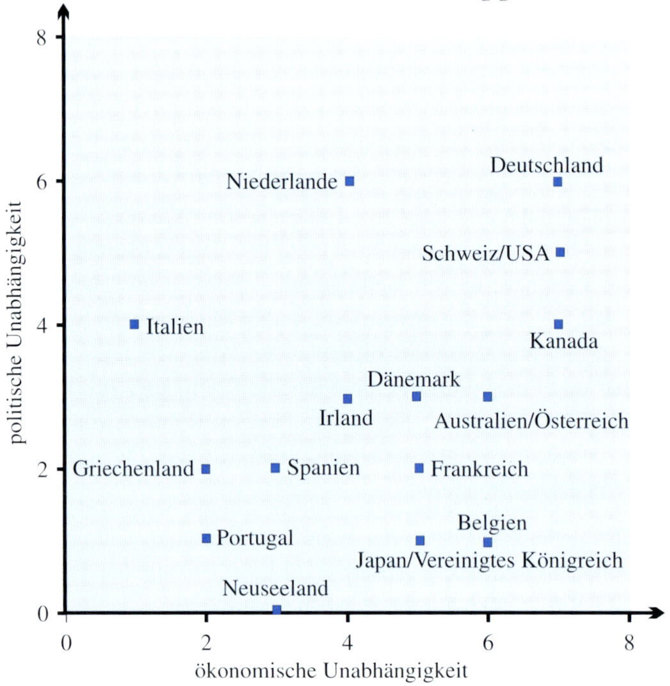

Quelle: Grilli et al. (1991, S. 368 f.).

Die ökonomische Unabhängigkeit der Notenbank könnte schließlich auch dadurch beeinträchtigt werden, daß bestimmte operative Zinssätze durch die Regierung festgelegt werden. Besitzt die Notenbank nicht mehr die Möglichkeit, ihr Operating target durch den Einsatz ihrer Instrumente zu steuern, verliert sie jede Einflußmöglichkeit auf die monetäre, aber auch auf die reale Entwicklung in der Volkswirtschaft. Dies wird insbesondere im Rahmen des zinstheoretischen Transmissionsprozesses (siehe Modul D) deutlich. Eine Notenbank, die in ihrem Bemühen, das Ziel der Geldwertstabilität anzustreben, glaubwürdig sein soll, darf also bei ihrem Instrumenteneinsatz nicht durch Vorgaben der Regierung behindert werden. Grilli et al. (1991, S. 370) argumentieren, daß die Notenbank auch nicht gezwungen sein sollte, illiquiden Geschäftsbanken Zentralbankgeld nur deshalb zur Verfügung zu stellen, weil sie für die Bankenaufsicht zuständig und die Stabilität des Finanzsektors verantwortlich ist. Die ökonomische Unabhängigkeit sei deshalb am größten, wenn die Notenbank überhaupt nicht für die Bankenaufsicht und die damit verbundenen Konsequenzen verantwortlich ist.[217]

Abgesehen von dem Kriterium der Devisenmarktinterventionen haben Grilli et al. (1991, S. 368 - 370) die genannten Merkmale wiederum zu einem Index zusammengefaßt (siehe Tabelle IV.5). Die Vernachlässigung des Kriteriums der Devisenmarktinterventionen läßt sich damit begründen, daß die Regelungen in allen Ländern weitgehend einheitlich sind, d.h. die Festlegungskompetenz für die Interventionspunkte im Rahmen eines formellen Festkurssystems bei der Regierung liegen. Schaubild IV.1 zeigt, daß zwischen der politischen und der ökonomischen Unabhängigkeit keine proportionale Beziehung bestehen muß. In zahlreichen Ländern geht ein hoher Grad an ökonomischer Unabhängigkeit mit einer relativ geringen politischen Unabhängigkeit einher.

Auch für den von Grilli et al. (1991) entwickelten Index der ökonomischen Unabhängigkeit gilt wiederum, daß die in Tabelle IV.5 gemachten Angaben zum Teil veraltet sind. Im Zuge der Vereinheitlichung der europäischen Notenbankgesetze genießen alle EU-Notenbanken eine weitaus größere ökonomische Unabhängigkeit, vor allem weil das Verbot der Notenbankfinanzierung von Staatsdefiziten konsequent umgesetzt wurde (Art. 109e Abs.2 i.V.m. Art 104 Abs.1 EGV).

---

[217] Das Kriterium der Bankenaufsicht spricht den möglichen Konflikt zwischen dem Ziel der Geldwertstabilität und der Lender-of-last-resort-Funktion der Notenbank (siehe Anhang IV.1) an. Damit steht es in einer direkten Beziehung zu der ausdrücklich geforderten Festschreibung des Ziels der Geldwertstabilität, die der politischen Unabhängigkeit zugeordnet wird. Je weniger die Notenbank also für die Bankenaufsicht verantwortlich ist, desto mehr entspricht dies einer Betonung des Ziels der Geldwertstabilität. De Haan et al. (1993, S. 439) bezweifeln jedoch, daß der Konflikt zwischen der Geldwertstabilität und der Wahrung der Stabilität des Finanzsektors dadurch gelöst werden kann, daß man eine andere Institution als die Notenbank mit der Aufgabe der Bankenaufsicht betraut.

Tabelle IV.5: Ökonomische Unabhängigkeit von Notenbanken

Land	Beziehung zur Regierung (1)	(2)	(3)	(4)	(5)	Geldpolitische Instrumente (6)	(7)	Index der ökonomischen Unabhängigkeit (8)
Australien	□	□	□	□	□	□		6
Belgien		□		□	□	□	□□	6
Dänemark		□			□	□	□□	5
Deutschland	□	□	□	□	□	□	□	7
Frankreich				□	□	□	□□	5
Griechenland				□		□		2
Irland		□	□	□		□		4
Italien				□				1
Japan	□		□		□	□	□	5
Kanada	□	□	□	□		□	□□	7
Neuseeland			□	□		□		3
Niederlande			□	□	□	□		4
Österreich			□	□	□	□	□□	6
Portugal				□		□		2
Schweiz		□	□	□	□	□	□□	7
Spanien			□	□			□	3
Vereinigtes Königreich	□	□	□	□		□		5
Vereinigte Staaten	□	□	□	□	□	□	□	7

(1) Es bestehen direkte Kreditfazilitäten, die aber nicht automatisch in Anspruch genommen werden können.
(2) Es bestehen direkte Kreditfazilitäten, die marktgerecht verzinst werden müssen.
(3) Es bestehen direkte Kreditfazilitäten, die nur temporär in Anspruch genommen werden können.
(4) Es bestehen direkte Kreditfazilitäten, die einer Obergrenze unterworfen sind.
(5) Die Notenbank erwirbt keine Wertpapiere direkt vom Staat.
(6) Der Diskontsatz wird von der Notenbank festgesetzt.
(7) Die Notenbank ist überhaupt nicht für die Bankenaufsicht zuständig (□□), bzw. die Notenbank ist nicht alleine für die Bankenaufsicht zuständig (□).
(8) Index der ökonomischen Unabhängigkeit als Summe der Zeichen in den Spalten (1) bis (7).

Quelle: Grilli et al. (1991, S. 369).

4.3 Unabhängigkeit und makroökonomische Entwicklung

4.3.1 Der empirische Befund

Schaubild IV.2: Inflation und Zentralbankunabhängigkeit, 1955-1988

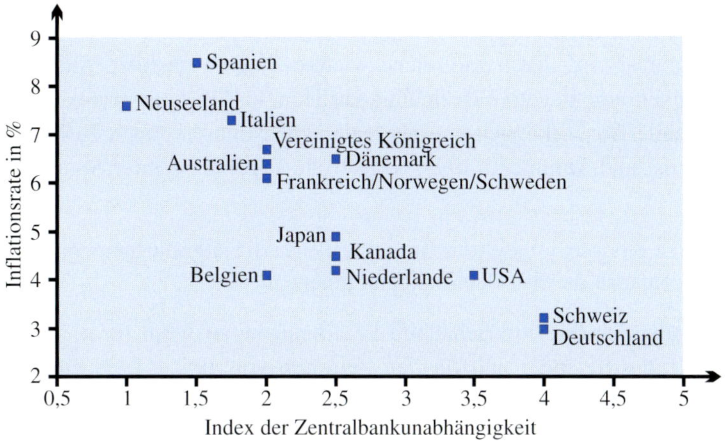

Quelle: Alesina und Summers (1993, S. 160).

Die Indizes von Grilli et al. (1991) sind jedoch auch heute noch von Interesse, wenn man den Einfluß der geldpolitischen Unabhängigkeit auf die gesamtwirtschaftliche Entwicklung empirisch überprüfen will. Grilli et al. (1991, S. 371 - 375) kommen dabei zu dem Ergebnis, daß sowohl die politische als auch die ökonomische Unabhängigkeit negativ mit der Höhe der Inflationsrate korreliert sind. Allerdings bestehen gewisse Unterschiede hinsichtlich des Erklärungsgehaltes. So ist der Index der ökonomischen Unabhängigkeit in der Phase von 1970 bis 1989 durchgängig signifikant auf der Basis einer Irrtumswahrscheinlichkeit von 1 %. Demgegenüber weist der Index der politischen Unabhängigkeit lediglich in den siebziger Jahren eine Signifikanz auf, wobei die Irrtumswahrscheinlichkeit hier 5 % beträgt (Grilli et al. 1991, S. 372).[218] Während die verschiedenen Ausprägun-

---

[218] Der Umstand, daß z.B. sowohl die politisch vollständig abhängige Bank of Japan als auch die bis 1993 politisch weisungsgebundene Banque de France in den achtziger Jahren eine besonders konsequente Stabilitätspolitik verfolgt haben, mag dieses empirische Ergebnis bestätigen.

gen der Unabhängigkeit im Bezug auf die Inflationsrate mehr oder weniger signifikant sind, können Grilli et al. (1991, S. 374) zwischen den Indizes der politischen und ökonomischen Unabhängigkeit und der Wachstumsrate des realen Bruttosozialprodukts keinen signifikanten Zusammenhang erkennen. Deshalb kommen sie abschließend zu der Schlußfolgerung (S. 375):

> „...having an independent central bank is almost like having a free lunch, there are benefits, but no apparent costs in terms of economic performance."

Dieses Ergebnis wird durch zahlreiche weitere Studien gestützt. Stets weist die Unabhängigkeit eine negative Beziehung zur Höhe der Inflationsrate auf, ohne dabei signifikante Auswirkungen auf das reale Wachstum erkennen zu lassen.[219] So fassen Alesina und Summers (1993, S. 159) die Ergebnisse ihrer Studie wie folgt zusammen:

> „Most obviously they (our findings; die Verf.) suggest the economic performance merits of central bank independence."

Graphisch läßt sich dies mit Schaubild IV.2 belegen, aus dem für die wichtigsten westlichen Industrieländer und für den Zeitraum von 1955 - 1988 eine eindeutig negative Beziehung zwischen der durchschnittlichen Inflationsrate und dem von Alesina und Summers (1993, S. 152 - 154) verwendeten Unabhängigkeitsindex[220] hervorgeht. Demgegenüber besteht zwischen der durchschnittlichen realen Wachstumsrate und der Notenbankunabhängigkeit kein systematischer Zusammenhang (siehe Schaubild IV.3).[221]

In der Bewertung der theoretischen Grundlagen und der empirischen Ergebnisse entsteht somit der Eindruck, daß

---

219 Neben der Studie von Grilli et al. (1991) gibt es zahlreiche weitere Arbeiten, die sich mit dem Zusammenhang von Notenbankunabhängigkeit und makroökonomischer Entwicklung auseinandersetzen. Die bekanntesten sind Alesina (1988,1989); Alesina und Summers (1993); Bade und Parkin (1985); Cukierman (1992); Cukierman, Webb und Neyapti (1992); Cukierman, Kalaitzidakis, Summers und Webb (1993); De Haan und Sturm (1992); De Haan et al. (1993); De Long und Summers (1992); Eijffinger und Schaling (1993,1995); Kommission der Europäischen Gemeinschaften (1990) und Parkin (1987).

220 Alesina und Summers (1993) errechnen ihren Index auf der Basis der oben dargestellten Indizes von Grilli et al. (1991) und einem von Bade und Parkin (1985) ermittelten Indexwert für die Notenbankunabhängigkeit. Da bei Bade und Parkin (1985) der Unabhängigkeitsindex maximal den Wert 4 annehmen kann, addieren Alesina und Summers die beiden Indices von Grilli et al. und transformieren diesen Gesamtindex auf eine Skala von 0 bis 4. Anschließend ermitteln sie den arithmetischen Durchschnitt des Indices von Bade und Parkin und des transformierten Indices von Grilli et al. (vgl. Alesina und Summers 1993, S. 154).

221 Siehe Alesina und Summers (1993, S. 154). Dieses Ergebnis erhalten auch Cukierman, Kalaitzidakis, Summers und Webb (1993).

„die Unabhängigkeit der Notenbank nach allen Erfahrungen zwar eine notwendige, aber keineswegs schon eine hinreichende Bedingung für die Sicherung der Geldwertstabilität (ist).“ (Issing 1993, S. 31).

Schaubild IV.3: Reales Wachstum und Zentralbank-unabhängigkeit, 1955 - 1988

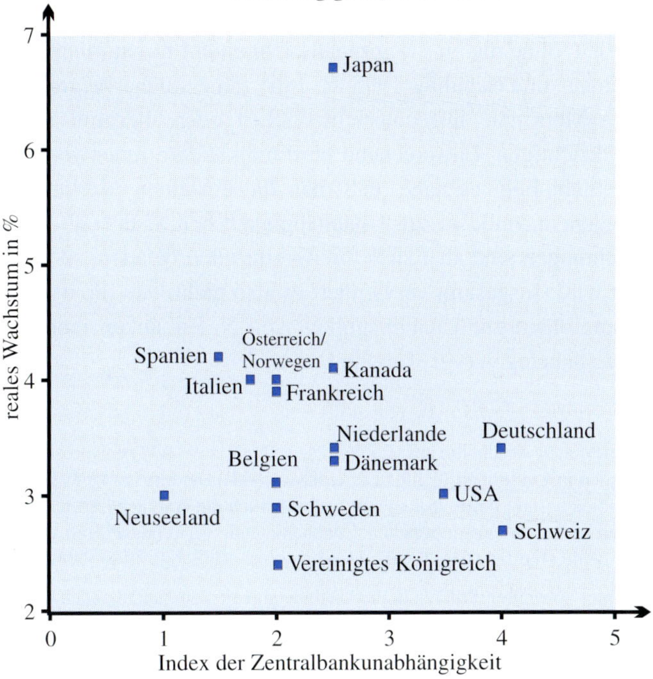

Quelle: Alesina und Summers (1993, S. 160).

4.3.2 Probleme der Meßverfahren

Die Studien zum möglichen Zusammenhang zwischen Unabhängigkeit und Geldwertstabilität basieren in aller Regel auf der Konstruktion von Unabhängigkeitsindizes. Mit Ausnahme von Cukierman (1992, S. 383 - 431) und Cukierman, Webb und Neyapti (1992)[222] wird dabei ausschließlich auf die institutionellen Regelungen zur Stellung der Notenbank abgestellt.[223] Ein solches Vorgehen kann in mehrfacher Hinsicht problematisch sein. So muß bei der Indexkonstruktion stets entschieden werden, anhand welcher Kriterien die „Unabhängigkeit“ einer Notenbank überhaupt gemessen werden soll und ob das jeweilige Kriterium in einem positiven oder negativen Verhältnis zur Unabhängigkeit steht (vgl. Bini-Smaghi 1995, S. 5f.).[224] Zudem müssen die Notenbankverfassungen im Hinblick auf diese Kriterien durchgesehen und die konkreten Bestimmungen entsprechend interpretiert werden. Anschließend muß eine Gewichtung der verschiedenen Aspekte vorgenommen werden, ohne die eine Aggregation zu einem Gesamtindex nicht möglich ist (vgl. Eijffinger und Schaling 1995, S. 186). Eine solche Aggregation kann die verschiedenen Merkmale mit unterschiedlichen oder aber mit identischen Gewichten berücksichtigen. Entsprechend wird man andere Indexwerte erhalten. Aus theoretischer Sicht liegt es nahe, daß man die einzelnen Merkmale danach gewichtet, in welchem Maße sie zur Unabhängigkeit beitragen (vgl. Pollard 1993, S. 29).[225] Gewichtungen sind aber stets mit Werturteilen beladen, so daß auf sie häufig verzichtet wird. Insgesamt verwundert es also nicht, daß die in der Literatur zu findenden Rangfolgen zur Unabhängigkeit von Notenbanken recht unterschiedliche Ergebnisse nahelegen (vgl. Tabelle IV.6).[226]

---

[222] Die hier relevanten Abschnitte aus Cukierman (1992, S. 369 - 431) entsprechen weitgehend den Ausführungen in Cukierman, Webb und Neyapti (1992). Der einzige Unterschied zwischen den beiden Studien besteht darin, daß erstere hauptsächlich einen ungewichteten und letztere einen gewichteten Index der institutionellen Unabhängigkeit verwenden. Zum numerischen Unterschied der beiden Indices siehe Tabelle IV.6.

[223] Viele der hier genannten Probleme, die Unabhängigkeit von Notenbanken korrekt zu erfassen, finden sich bereits in frühen Arbeiten von Caesar (1981 und 1982).

[224] Eine Übersicht über die in den bekanntesten Studien zur Unabhängigkeit berücksichtigten Kriterien gibt Masciandaro und Spinelli (1994, S. 436). Es zeigt sich, daß die beiden Indices von Grilli et al. (1991) die verschiedenen Aspekte weitgehend abdecken, wobei sie aber weder den Budgetierungsprozeß der Notenbank noch die Gehaltsfrage und die Verteilung des Notenbankgewinns berücksichtigen.

[225] Die Gewichtung eines bestimmten Merkmals wird sich danach richten, inwieweit das Fehlen dieses Merkmals eine Handlungseinschränkung für die Notenbank bedeutet.

[226] Die Studien von Cukierman (1992) und Cukierman, Webb und Neyapti (1992) unterscheiden sich ausschließlich in der Gewichtung der verschiedenen Komponenten. Die Datenlage ist exakt die gleiche. Einen noch allgemeineren Überblick über die auf eine einheitliche Skala (0 – 1) normierten Rangfolgen sieben verschiedener Unabhängigkeitsindices liefern Masciandaro und Spinelli (1994, S. 440). Bei der Unterschiedlichkeit der Ergebnisse verwundert es nicht, wenn in empirischen Studien Durchschnitte verschiedener Indices verwendet werden. Prominentestes Beispiel dafür ist die oben bereits angesprochene Untersuchung von Alesina und Summers (1993), die auf die Studien von Bade und Parkin (1985) und Grilli et al. (1991) zurückgreifen. Demgegenüber ermitteln Fratianni und Huang (1992) sogar den Durchschnitt aus neun verschiedenen Indizes!

Darüber hinaus muß die institutionelle Unabhängigkeit nicht immer ein geeigneter Indikator für die **faktische Unabhängigkeit** der Notenbank sein. Notenbankgesetze können unter Umständen leicht geändert werden, so daß die in ihnen festgeschriebene Unabhängigkeit keine besondere Restriktion für die politischen Instanzen darstellt. Die institutionelle Unabhängigkeit steigt deshalb mit dem rechtlichen Status des Notenbankgesetzes. Am wenigsten leicht können Gesetze mit **Verfassungsrang** geändert werden, am leichtesten Gesetze, die nur einer **einfachen Mehrheit** bedürfen. Zwischen den verschiedenen institutionellen Regelungen bestehen also auch Unterschiede in ihrem juristischen Restriktionsgrad. Deshalb wird häufig der Verfassungsrang für das Notenbankgesetz gefordert (vgl. Neumann 1992, S. 20). Eine Divergenz zwischen institutioneller und tatsächlicher Unabhängigkeit besteht aber unter Umständen auch deshalb, weil Gesetze nicht alle Aspekte der Beziehungen zwischen Notenbank und Regierung exakt regeln können, und weil die in ihnen enthaltenen Rechte und Pflichten nicht immer so wahrgenommen werden müssen, wie es die getroffenen Regelungen suggerieren (vgl. Cukierman 1992, S. 369). Dies kann sowohl eine faktisch höhere Unabhängigkeit bedeuten, wenn die Regierung auf die ihr zustehenden Einflußmöglichkeiten freiwillig verzichtet, kann aber auch eine geringere Unabhängigkeit implizieren, wenn das betreffende Land zum Beispiel Mitglied eines formellen Festkurssystems ist. So haben die obigen Ausführungen bereits verdeutlicht, daß die Diskussion über die Unabhängigkeit aus theoretischer Sicht überhaupt nur für Zeitspannen sinnvoll ist, in denen eine Notenbank auch tatsächlich eine eigenständige Geldpolitik betreiben konnte. Es ist daher nur sinnvoll, die vermutete negative Beziehung zwischen Unabhängigkeit und Inflation für die Zeit nach 1973 zu analysieren, d.h. für die Phase nach dem Zusammenbruch des weltweiten Festkurssystems von Bretton Woods (vgl. Pollack 1993, S. 30). Siklos (1994, S. 9f.) zeigt, daß der negative Zusammenhang zwischen Notenbankautonomie und Inflationsrate in Phasen mit flexiblen Wechselkursen sehr viel ausgeprägter ist als in Jahren mit festen Wechselkursen. Dieses Ergebnis findet sich auch in der oben angesprochenen Studie von Grilli et al. (1991, S. 372). Auf die in den Schaubildern IV.2 und IV.3 dargestellten Zusammenhänge zwischen Unabhängigkeit und durchschnittlicher Inflation bzw. realer Wachstumsrate hat die Betrachtung der kürzeren Periode (1973 - 1988) praktisch keine Auswirkungen. Auch dies stützt die These, daß die in den Abbildungen wiedergegebenen langfristigen Zusammenhänge im wesentlichen durch die Phase mit flexiblen Wechselkursen geprägt sind, also die Unabhängigkeit positive Auswirkungen für die Geldwertstabilität erzeugt.[227]

---

[227] Weitere Arbeiten gelangen zu einem ähnlichen Resultat (vgl. De Haan und Sturm 1992, S. 308 - 309 und Schiemann und Alshuth 1994, S. 584 - 587).

Eine faktisch niedrigere als die institutionell festgelegte Unabhängigkeit kann sich auch dadurch ergeben, daß die Notenbankleitung bei Änderungen der politischen Mehrheitsverhältnisse von sich aus ihren Rücktritt anbietet, obwohl sie dazu per Gesetz nicht gezwungen wäre. Cukierman (1992, S. 383 - 386) verwendet daher als Approximation für die tatsächliche Unabhängigkeit der Notenbank die durchschnittliche Anzahl der **Notenbankgouverneurswechsel** pro Jahr. Diese variiert im Zeitraum von 1950 bis 1989 zwischen 0,03 in Island und 0,93 in Argentinien, wo die durchschnittliche Amtszeit nur 13 Monaten betrug. Außerdem beurteilt Cukierman die faktische Unabhängigkeit anhand einer Fragebogenaktion, bei der er Stellungnahmen führender Notenbankvertreter zu den verschiedenen – bereits oben genannten – Aspekten der Notenbankunabhängigkeit ermittelt (S. 386 - 391).

Die empirischen Ergebnisse von Cukierman (1992, S. 421) zeigen, daß die institutionellen Aspekte der Notenbankunabhängigkeit in den **entwickelten Volkswirtschaften** ein hinreichend genaues Maß für die tatsächliche Unabhängigkeit darstellen. So ist in den entwickelten Volkswirtschaften der Einfluß der institutionellen Unabhängigkeit und der mittels Fragebogens ermittelten Unabhängigkeit auf die Inflationsrate relativ ähnlich. Hier bestätigt Cukierman (1992) den bereits oben gezeigten negativen Zusammenhang zwischen Unabhängigkeit und der Höhe der Inflationsrate (S. 430).[228] Anders sieht es bei den **Entwicklungsländern** aus, wo eine erheblich höhere Divergenz zwischen den gesetzlich fixierten Regelungen und der faktischen Unabhängigkeit besteht. Hier ist ein – wenn auch insignifikanter – *positiver* Zusammenhang zwischen der rechtlichen Unabhängigkeit und der Höhe der Inflationsrate zu erkennen. Im Gegensatz zu den entwickelten Volkswirtschaften weist die durchschnittliche Anzahl der Gouverneurswechsel jetzt einen dominanten signifikanten Einfluß auf die Höhe der Inflationsrate aus (S. 419 - 422). Beides spricht dafür, daß im Falle der Entwicklungsländer entweder die Gesetze nicht eingehalten werden oder aber der verwendete Index der institutionellen Unabhängigkeit dem Fehlen wesentlicher Aspekte der Notenbankunabhängigkeit nicht genügend Rechnung trägt (vgl. Fischer 1995, S. 205).

Ein Problem aller Studien zum Zusammenhang zwischen Unabhängigkeit und Inflation besteht darin, daß dabei in der Regel offenbleibt, welche Kausalität zwi-

---

228 Strenggenommen testet Cukierman (1992) allerdings nicht den Einfluß der verschiedenen Erfassungsformen von Unabhängigkeit auf die durchschnittliche Inflationsrate, sondern vielmehr auf die durchschnittliche „Abwertungsrate des realen Geldwertes", die er als den geometrischen Durchschnitt der jährlichen „Abwertungsraten des realen Geldwertes" erhält. Dieser ist wie folgt definiert: $d_t = \frac{\pi_t}{1 + \pi_t}$. Ein solches Vorgehen empfiehlt sich deshalb, da Cukierman sehr viele Länder mit zum Teil extrem hohen Inflationsraten untersucht und die Verwendung von d anstelle von π den Einfluß dieser Länder auf das Gesamtergebnis etwas modifiziert (vgl. Cukierman 1992, S. 418).

schen den beiden Größen besteht. So könnte man eine niedrige Inflationsrate auch als Indikator für die allgemeine Inflationsaversion einer Gesellschaft und damit als Erklärungsvariable für eine höhere Unabhängigkeit der Notenbank verwenden (vgl. Fischer 1995, S. 205). Entscheidend wäre dann letztlich die Höhe der Inflationsaversion, die unabhängig von der konkreten Ausgestaltung der Notenbankgesetze zu einer niedrigen Inflationsrate führt (vgl. Fischer 1994, S. 298). Doch selbst wenn man einräumt, daß die Schaffung einer unabhängigen Notenbank noch nicht zwingend zu Preisniveaustabilität führt, kann das Argument der umgekehrten Kausalität jedoch nicht erklären, warum eine inflationsaverse Gesellschaft eine unabhängige Notenbank errichtet. Dies ist nur plausibel, wenn die Bevölkerung davon überzeugt ist, daß sich eine solche Notenbankverfassung positiv auf das Ziel der Preisniveaustabilität auswirkt. Auch kommt Cukierman (1992, S. 427 - 430) auf der Basis empirischer Untersuchungen zu dem Ergebnis, daß eine umgekehrte Kausalität ausgeschlossen werden kann.

Im ganzen gesehen ändern die verschiedenen Kritikpunkte – zumindest für entwikkelte Volkswirtschaften – nichts an dem zentralen Befund, daß politische und ökonomische Unabhängigkeit zu einer niedrigen Inflationsrate beiträgt.

4.4 Sanktionsmechanismen und „Accountability“

Bei dem hohen Maß an politischer und ökonomischer Unabhängigkeit, über das heute viele Notenbanken verfügen, stellt sich die Frage, ob ein Notenbankgesetz auch über Sanktionsmechanismen verfügen sollte, die im Fall größerer Zielverfehlungen zur Anwendung gebracht werden können. Die Notenbankstatuten fast aller Länder enthalten keine solchen Bestimmungen in expliziter Form. Die einzige Ausnahme ist der schon mehrfach erwähnte Reserve Bank of New Zealand Act

4.4.1 Neue Politische Ökonomie

Die Notwendigkeit von Sanktionsmechanismen wird dabei insbesondere durch Überlegungen zur „**Neuen Politischen Ökonomie**“ (NPÖ) begründet.[229] Diese noch relativ junge Theorierichtung läßt sich vor allem durch ihre Verhaltensannahmen bezüglich der wirtschaftspolitischen Akteure charakterisieren. Anders als die gängige Nationalökonomie unterstellt sie, daß sich Politiker ähnlich einem Prinzipal-Agent-Problem (siehe Kapitel III.4.1.2) nicht in erster Linie an der Maximierung einer – wie auch immer definierten – sozialen Wohlfahrtsfunktion orientieren („wohlmeinender Diktator“), sondern primär an der Steigerung ihres **individuellen Nutzens** interessiert sind. Dieser umschließt insbesondere Faktoren wie persönliche Macht und Prestige, das individuelle Einkommen und nicht-monetäre

---

[229] Siehe dazu vor allem Frey und Kirchgässner (1994).

Einkommensbestandteile (Dienstwagen, Größe der Büroräume, Höhe des Budgets der unterstellten Behörde, etc.).

Tabelle IV.6: Rangfolge der Notenbanken nach ihrer Unabhängigkeit entsprechend unterschiedlicher Indizes

Land	Cukierman[1] (0=größte Abhängigkeit, 1=größte Unabhängigkeit)	Cukierman et al.[2] (0=größte Abhängigkeit, 1=größte Unabhängigkeit)	Grilli et al., politische und ökonomische Unabhängigkeit (0=größte Abhängigkeit, 15=größte Unabhängigkeit)	Bade und Parkin[3] (1=größte Abhängigkeit, 4=größte Unabhängigkeit)
Schweiz	1 (0,68)	2 (0,64)	1 (12)	1 (4)
Deutschland	2 (0,66)	1 (0,69)	2 (13)	1 (4)
Österreich	3 (0,58)	3 (0,61)	6 (9)	NR
USA	4 (0,51)	5 (0,48)	2 (12)	3 (3)
Dänemark	5 (0,47)	4 (0,50)	8 (8)	5 (2)*
Kanada	6 (0,46)	6 (0,46)	4 (11)	5 (2)
Niederlande	7 (0,42)	8 (0,42)	5 (10)	5 (2)
Irland	8 (0,39)	7 (0,44)	9 (7)	NR
Vereinigtes Königreich	9 (0,31)	11 (0,27)	12 (6)	5 (2)
Australien	9 (0,31)	9 (0,36)	6 (9)	15 (1)
Frankreich	11 (0,28)	13 (0,24)	9 (7)	5 (2)
Neuseeland	12 (0,27)	13 (0,24)	16 (3)	15 (1)*
Schweden	12 (0,27)	10 (0,29)	NR	5 (2)
Italien	14 (0,22)	12 (0,25)	14 (5)	5 (2)
Spanien	15 (0,21)	15 (0,23)	14 (5)	5 (2)*
Belgien	16 (0,19)	17 (0,17)	9 (7)	5 (2)
Japan	17 (0,16)	16 (0,18)	12 (6)	3 (3)
Norwegen	18 (0,14)	17 (0,17)	NR	5 (2)*

1) Ungewichteter Index der rechtlichen Unabhängigkeit.
2) Gewichteter Index der rechtlichen Unabhängigkeit.
3) Index von Bade und Parkin; von Alesina um die mit * gekennzeichneten Länder erweitert.

Quellen: Bade und Parkin (1985), Cukierman (1992), Cukierman et al. (1992), Grilli et al. (1991) und Alesina (1988).

Für die Formulierung einer dem Ziel der Geldwertstabilität verpflichteten Notenbankverfassung ist es daher entscheidend, welche Nutzenfunktion man bei den geldpolitischen Entscheidungsträgern unterstellt. Bei einem „wohlmeinenden Diktator" würde es genügen, wenn in der Notenbankverfassung festgelegt würde, daß die Hauptaufgabe der Geldpolitik in der Sicherung eines stabilen Geldwertes liegt.

Wendet man sich nun realistischerweise von der Figur des „wohlmeinenden Diktators“ ab, hat man sich zu fragen, ob es neben einer solchen allgemeinen Zielvorgabe nicht auch **mikroökonomischer „Incentives“ und „Disincentives“** bedarf, um die Mitglieder einer Notenbankleitung auch tatsächlich zu einer entsprechenden Notenbankpolitik zu veranlassen.

4.4.2 Alternative Sanktionsmechanismen

Für eine Diskussion dieser Frage empfiehlt es sich, zwischen drei möglichen Sanktionsmechanismen zu unterscheiden:

- im Notenbankgesetz **explizit festgelegte Anreize oder Strafen** für die Notenbankmanager: Dazu sind vor allem erfolgsabhängige Gehaltszahlungen oder nominell fixierte Budgets zu rechnen. Im Extremfall kann auch die fristlose Entlassung eines Notenbankpolitikers vorgesehen werden. Man kann dabei zusätzlich differenzieren zwischen solchen Strafen, die automatisch verhängt werden und denen, deren Auferlegung einer diskretionären Entscheidung der Regierung bedürfen.
- **indirekte Anreize oder Strafen** für die Notenbankmanager: Diese Sanktionsform beruht vor allem darauf, daß eine erfolgreiche Geldpolitik die öffentliche Reputation der Notenbankmanager erhöht und dabei auch deren Karrierechancen im Bereich der Geschäftsbanken (mit meist deutlich höheren Gehältern) verbessert. In Ländern, in denen eine Vertragsverlängerung für Zentralbankmanager vorgesehen ist, kann diese von der Regierung verweigert werden.
- **Änderungen der Notenbankverfassung**: Als „ultima ratio“ verbleibt einer Regierung stets die Möglichkeit, auch eine unabhängige Notenbank dadurch zu disziplinieren, daß sie die rechtlichen Rahmenbedingungen für die Geldpolitik ändert.

Der Verzicht auf **explizite Sanktionsmechanismen** bedeutet also nicht, daß die Manager einer unabhängigen Notenbank völlig frei von Sanktionen operieren können. Bei einer Politik, die längerfristig den Interessen der Bevölkerung zuwiderläuft, riskieren sie auf jeden Fall einen erheblichen Reputationsverlust, eine Verlängerung ihres Mandats und im Extremfall sogar, daß die Notenbank ihren unabhängigen Status einbüßt. Daß diese **impliziten Mechanismen** recht gut funktionieren, zeigt sich vor allem am Beispiel der Deutschen Bundesbank, die im Inland eine sehr hohe Reputation genießt und der auch von ausländischen Beobachtern ein „enviable record of producing price stability“ (Debelle und Fischer 1995, S. 196) attestiert wird.

Am Beispiel der Bundesbank läßt sich auch ablesen, daß eine unabhängige Notenbank durchaus auch bereit sein kann, im Fall starker **Angebotsschocks** (insbesondere der Ölkrise der Jahre 1980/81) zeitweise vom Ziel einer niedrigen Inflationsrate abzuweichen, um die realwirtschaftlichen Anpassungserfordernisse in Grenzen zu halten. Wie in Kapitel V.3.4 dargestellt wird, war die Bundesbank in den Jahren 1980 und 1981 sogar bereit, einen „unvermeidbaren Preisanstieg" von 3,5 - 4 % bzw. 3,5 % zu finanzieren. Die in der theoretischen Literatur immer wieder geforderte Mischung aus Glaubwürdigkeit und Flexibilität (vgl. Lohmann 1992, S. 280) wird also unter den Bedingungen des Bundesbank-Modells durch die Notenbankmanager ganz von selbst „bereitgestellt". Aufgrund des ihnen eingeräumten langfristigen Entscheidungsspielraums haben es die geldpolitischen Entscheidungsträger bei diesem Ansatz in der Hand, auf transitorische Schocks zu reagieren, wenn sie dabei eine realistische Möglichkeit sehen, relativ rasch wieder auf eine niedrige Inflationsrate zurückzukommen.

Durch die Schaffung **expliziter Sanktionsmechanismen** käme es zu erheblichen Änderungen in der Funktionsweise des Bundesbank-Modells. Dies wird deutlich, wenn man sich einmal im einzelnen vor Augen hält, wie ein solches Verfahren ausgestaltet werden müßte. Erforderlich wäre dazu vor allem, das Ziel der Geldwertstabilität konkret zu fixieren. Bestimmt werden müßten

- ein maßgeblicher Preisindex,
- ein numerischer Zielwert und die noch tolerierbaren Abweichungen,
- der Zeitraum, über den der Zielwert eingehalten werden soll, sowie
- mögliche Ausnahmeregelungen, insbesondere für den Fall von Erhöhungen der indirekten Steuern oder des Auftretens von terms of trade Schocks.

Wichtig ist dabei auch, welche Institution für eine solche Konkretisierung zuständig ist. Denkbar wäre zum einen, daß alle diese Punkte bereits in der Verfassung geregelt werden, und zum anderen, daß die Kompetenz hierfür bei der Regierung liegt.

Würde man einen solchen expliziten Sanktionsmechanismus vollständig in der **Notenbankverfassung** installieren, könnte dies dazu führen, daß die Geldpolitik äußerst inflexibel wird. Damit es tatsächlich zu einer – im Vergleich zu den bereits bestehenden indirekten Mechanismen – zusätzlichen Sanktionierung kommt, müßten die Margen für Abweichungen relativ eng gehalten werden und die Ausnahmetatbestände sehr präzise oder sehr restriktiv umschrieben werden. Dies hätte zum einen den Effekt, daß die im Bundesbank-Modell enthaltene Flexibilität im Fall größerer Schocks verlorenginge. Zum anderen würde damit eine Steuerbarkeit der Inflationsrate auf kurze Sicht unterstellt, die nach dem aktuellen Stande des Wissens über den geldpolitischen Transmissionsprozeß (siehe Modul D) nicht gegeben ist. Gerade wegen des starken kurzfristigen Einflusses der Inflationserwartungen auf die Inflationsrate ist es für eine Notenbank bei massiven Angebotsschocks nur schwer möglich, alle inflationären Impulse im Keim zu ersticken. Dies läßt sich ebenfalls sehr deutlich an den deutschen Erfahrungen mit dem Bundesbank-Modell ablesen: Trotz einer zweifelsfreien Orientierung am Ziel der Geldwertstabilität konnte es die Bundesbank nicht verhindern, daß die Inflationsrate in den Jahren 1980 und 1981 Werte von 5,5 % und 6,3 % annahm. Ein starrer, in der Notenbankverfassung verankerter Sanktionsmechanismus könnte so eine Entlassung der Notenbankmanager erzwingen, obwohl es diesen objektiv unmöglich gewesen ist, das vorgegebene Inflationsziel einzuhalten. Bei dieser Form der Sanktionslösung steht man somit vor einem Trade-off zwischen

- einer kurzfristigen Erfolgskontrolle der Notenbankmanager und
- einer größeren Flexibilität der Geldpolitik bei massiven Angebotsschocks.

Die alternative Lösung besteht darin, diesen Sanktionsmechanismus bei der **Regierung** zu installieren. In Neuseeland geschieht dies formal in der Form des Policy Targets Agreements (PTA, siehe Anhang IV.2), das zwischen dem Notenbankgouverneur und dem Finanzminister abgeschlossen wird. Diese Lösung bietet eine größere Flexibilität, da die Zielwerte nicht ein für allemal in der Verfassung fixiert werden müssen, sondern jederzeit durch den Finanzminister geändert werden können (§9 Abs.4 RBNZ Act). Im Fall massiver Schocks kann sogar das Ziel der Geldwertstabilität für zwölf Monate ganz suspendiert und einem anderen, nicht näher spezifizierten wirtschaftspolitischen Ziel untergeordnet werden. Im Fall dieser „override provision" wie auch bei Änderungen des Zielwertes durch den Finanzminister muß der Notenbankgouverneur innerhalb von 30 Tagen seine Zustimmung erteilen. Ansonsten kann er jederzeit entlassen werden (§49 Abs.2 RBNZ Act). Auch die Entlassung des Notenbankgouverneurs im Fall von Zielverfehlungen erfolgt nicht automatisch, sondern bedarf eines Beschlusses der Regierung oder des Finanzministers (§49 Abs.3 RBNZ Act).

Dieser Ansatz ist nicht unproblematisch. Betrachtet man ihn unter dem Aspekt einer kurzfristigen Erfolgskontrolle der Geldpolitik, dann wird diese erkauft mit einer sehr geringen Unabhängigkeit der Notenbankmanager. Die Freiheitsgrade bei der Konkretisierung des Ziels der Geldwertstabilität werden dabei von der Notenbank (mit einem längerfristigen Zeithorizont) auf die (stärker von einem kurzfristigem Denken geprägte) Regierung übertragen. In der theoretischen Literatur wird der Vorteil eines solchen Sanktionsverfahrens jedoch nicht in erster Linie darin gesehen, daß eine Notenbank damit verläßlich auf einen vorgegebenen Zielwert für die Geldwertstabilität verpflichtet wird. Vielmehr erwartet man sich davon, daß so eine Reaktion der Notenbank auf Schocks erreicht wird, die genau den Präferenzen der Bevölkerung entspricht (Lohmann 1992). Damit könne also eine tendenziell zu inflexible Geldpolitik verhindert werden. Im Vergleich zum „Bundesbank-Modell" ergibt sich hier ein Trade-off zwischen

- einer größeren Flexibilität bei Angebotsschocks und
- einem geringeren Maß an politischer Unabhängigkeit.

Beim Vergleich zwischen dem Bundesbank-Modell und der neuseeländischen Lösung hat man daher vor allem zu berücksichtigen, inwieweit eine Notenbank in der Lage ist, realwirtschaftliche Prozesse auf **kurze Sicht** zu steuern. Schätzt man die Möglichkeiten eines geldpolitischen „Fine-tuning" eher skeptisch ein, wie es vor allem durch die lückenhaften Kenntnisse über den Transmissionsprozeß (Modul D) nahegelegt wird, wären die Kosten des neuseeländischen Modells ausgesprochen hoch. Die vor allem auf kurze Sicht erforderliche Absicherung der Geldpolitik vor politischer Einflußnahme ginge verloren, da nun die Regierung – wie das in Neuseeland der Fall ist – jederzeit in die laufende Geldpolitik eingreifen kann. Dies gilt auch dann, wenn eine Überstimmung der Notenbank nur unter der Bedingung möglich wäre, daß sie öffentlich und nach vorheriger Aussprache im Parlament erfolgt (vgl. Cukierman 1994, S. 1443). In einer konjunkturell ungünstigen Situation wäre der politische Widerstand gegen ein solches Vorgehen wohl nicht allzu hoch. Letztlich wird das Glaubwürdigkeitsproblem nur von der Notenbank auf die Regierung übertragen (vgl. McCallum 1995, S. 210).

Wollte man solche Bestimmungen in das Bundesbank-Modell implementieren, wären die Nachteile erheblich größer als die Vorteile. Wie schon im Zusammenhang mit der Goal independence dargestellt wurde, gingen die jetzt bei der unabhängigen Notenbank angesiedelten Freiheitsgrade auf die Regierung über. Der Zeithorizont der Geldpolitik würde damit erheblich verkürzt, und es käme bei Angebotsschocks auch dann zu einer geldpolitischen Reaktion, wenn die Kosten bei einer längerfristigen Betrachtungsweise höher ausfallen als die Vorteile.

4.4.3 Performance contracts

Trotz der eher skeptischen Beurteilung des neuseeländischen Modells sollen im folgenden die theoretischen Grundlagen und die konkrete Ausgestaltung des neuseeländischen Vertrags zwischen dem Finanzminister und dem Notenbankgouverneur im einzelnen untersucht werden.[230] Es zeigt sich dabei, daß die theoretischen Arbeiten zu dieser Thematik stark von der Struktur des Modells von Barro und Gordon geprägt sind. Im Grunde laufen alle Ansätze darauf hinaus, den durch das Modell willkürlich gesetzten Inflation bias durch eine entsprechende Vertragsgestaltung wieder aus der Welt zu schaffen. Darin zeigt sich noch einmal der entscheidende Unterschied zum Bundesbank-Ansatz, der darauf vertraut, daß die Ent-

---

[230] Dieser Vertrag (PTA) ist im Anhang IV.2 wiedergegeben.

scheidungsträger in einer unabhängigen Notenbank von vornherein keinerlei Anlaß haben, systematisch eine Politik der Überraschungsinflation zu betreiben.

Grundlagen für den **vertragstheoretischen Ansatz** sind eine klare Zielvorgabe und ein weitreichender Handlungsspielraum der Notenbank für die Zielerreichung (ökonomische Unabhängigkeit). Beides zusammen ermöglicht es nun, die Notenbank für Zielverfehlungen direkt verantwortlich zu machen. Treten solche Zielverfehlungen auf, so greifen automatisch die im Notenbankgesetz festgelegten **expliziten Sanktionsmechanismen**. Diese sollen aber nicht nur das systematische Auftreten von Zielverfehlungen verhindern, sondern sie sollen auch so ausgestaltet sein, daß die Notenbank im Fall von (Angebots-)Schocks stets in der Weise reagiert, wie es aus Sicht der Gesellschaft optimal ist. Anders als bei einer starren Preisniveauregel, sind im vertragstheoretischen Ansatz Abweichungen vom Ziel der Geldwertstabilität *im Fall von Schocks* nicht nur möglich, sondern sogar erwünscht.

Im Bezug auf das Zeitinkonsistenzmodell des dritten Kapitels bedeutet dies wiederum, daß mit Hilfe des Vertrages zwischen der Regierung und dem Notenbankgouverneur der systematische Anreiz für eine Überraschungsinflation beseitigt werden muß, ohne die Flexibilität der Geldpolitik einzuschränken. Gesucht wird also eine Lösung, die der flexiblen Regel entspricht, denn auch diese reduziert die Inflationserwartungen auf null, beläßt aber Spielraum, um Angebotsschocks entgegenzuwirken.[231] Die aus Sicht der Gesellschaft optimale Inflationsrate betrug dann in Abhängigkeit der realen Störung:

$$\text{(III.36)} \qquad \pi_{\text{flex}}(\varepsilon) = \frac{a \cdot b}{\left(1 + a^2 \cdot b\right)} \cdot \varepsilon \quad .$$

Wie bereits ausführlich diskutiert wurde, ist es jedoch in der Praxis kaum möglich, eine solche zustandsabhängige Regel zu formulieren. Deshalb fällt die Wahl häufig auf die starre Preisniveauregel, die jedoch das Problem aufweist, daß keine Stabilisierung des Outputs betrieben wird (Stabilisation bias). Verzichtet man deshalb vollständig auf eine Regelbindung, so ist Flexibilität zwar möglich, es tritt dann jedoch der Inflation bias auf, der Diskretionslösungen im Rahmen der Zeitinkonsistenzmodelle generell charakterisiert.[232] Wenn die Notenbank dieselbe makroökonomische Zielfunktion wie die Gesellschaft bzw. die Regierung verfolgt

---

[231] Für die Herleitung dieser und der nachfolgenden Ergebnisse siehe zum Beispiel Walsh (1995a, S. 154 - 158) oder Waller (1995, S. 8f.).

[232] Der Inflation bias ist gerade Ausdruck des Versuchs der Notenbank, systematisch Beschäftigungserfolge mit Hilfe der Geldpolitik zu erzielen. Siehe dazu die kritischen Anmerkungen zu dieser Unterstellung in Abschnitt III.5.3.1.

$$\text{(IV.1)}\qquad Z^{Nbk} = Z = \left[b\left(U - k \cdot U^{n}\right)^{2} + \pi^{2} \right],$$

wird eine Notenbank mit diskretionärem Entscheidungsspielraum die Inflationsrate

$$\text{(III.32)}\qquad \pi_{disc}(\varepsilon) = \underbrace{a \cdot b \cdot (1-k) \cdot U^{n}}_{\text{Inflation bias}} + \frac{a \cdot b}{\left(1 + a^{2} \cdot b\right)} \cdot \varepsilon$$

herbeiführen, sofern die Privaten ihre Erwartungen rational bilden und zufällige reale Schocks auftreten.

Der permanent auftretende Teil der Inflationsrate (Inflation bias) hängt dabei nur von den beschäftigungspolitischen Ambitionen der Notenbank $\left(b \cdot (1-k) \cdot U^{n}\right)$ und von der Steigung der kurzfristigen Phillips-Kurve (a) ab.

Der vertragstheoretische Ansatz basiert nun auf der Erkenntnis, daß sich der Inflation bias durch eine geeignete Formulierung des Vertrags zwischen dem Prinzipal (Regierung) und einem verantwortlichen Agenten (Notenbankführung) beseitigen läßt. Dazu ist es erforderlich, daß im Entscheidungskalkül des Notenbankers dem marginalen Wohlfahrtsgewinn einer Inflationszunahme (Grenzertrag) gleich hohe marginale Wohlfahrtskosten (Grenzkosten) gegenüberstehen.[233] Das Zeitinkonsistenzproblem wäre somit gelöst. Da der Inflation bias zudem von der Höhe möglicher Schocks unabhängig ist, wäre dann nicht nur eine glaubwürdige, sondern auch eine flexible Geldpolitik möglich.

Anreizkompatible Verträge setzen stets am individuellen Nutzen der beteiligten Personen an. Deshalb ist es aus Sicht der Regierung hilfreich, nur einen verantwortlichen Notenbanker zu ernennen. Eine entsprechende Regelung findet man derzeit nur in Neuseeland, wo der Finanzminister – als Vertreter der Regierung – das PTA ausschließlich mit dem Notenbankgouverneur abschließt. Darüber hinaus legt das neuseeländische Notenbankgesetz klar fest, daß allein der Notenbankgouverneur für die Zielerreichung verantwortlich ist (§41 Abs.1 RBNZ Act). Unterstellt man nun, daß in die Nutzenfunktion des verantwortlichen Notenbankgouverneurs V^{Nbk} nicht nur die Beschäftigung und die Inflationsrate in Form obiger Zielfunktion eingeht, sondern auch noch sein Einkommen oder das Budget der von ihm geleiteten Notenbank (T), dann können Grenzkosten der Inflation gerade dadurch geschaffen werden, daß sich diese Zahlung (T) in Abhängigkeit von der Inflationsrate reduziert. Ein Notenbanker, der seinen Nutzen

233 Unter „Grenzertrag der Inflation" wird hier ein Nettoertrag verstanden. Erhöht die Notenbank die Inflationsrate, so nimmt zwar die Beschäftigung kurzfristig zu, gleichzeitig reduziert die gestiegene Inflationsrate aber die Wohlfahrt, so daß die Differenz der beiden Komponenten dem „Grenzertrag der Inflationszunahme" entspricht. Die hier angesprochenen Wohlfahrtskosten sind dementsprechend zusätzlich entstehende Kosten.

$$\text{(IV.2)} \qquad V^{Nbk} = T(\pi) - Z^{Nbk} = T(\pi) - \left[b\left(U - k \cdot U^n\right)^2 + \pi^2 \right].$$

in Abhängigkeit von der realisierten Inflationsrate maximiert, wird dann neben den Auswirkungen auf die gesellschaftliche Wohlfahrt auch die Veränderung der Einkommensströme mit berücksichtigen. Unterstellt man wiederum rationale Erwartungen der Privaten, so wird der Notenbanker folgende Inflationshöhe realisieren:

$$\text{(IV.3)} \qquad \pi_{contr}(\varepsilon) = \frac{1}{2} \cdot \frac{\partial T}{\partial \pi} + a \cdot b \cdot (1-k) \cdot U^n + \frac{a \cdot b}{\left(1 + a^2 b\right)} \varepsilon$$

Diese Lösung hat starke Ähnlichkeit mit der Diskretionslösung. Sie ergänzt diese jedoch um die Veränderung des Zahlungsstroms. Durch eine geeignete Wahl dieses Terms kann die Regierung den Notenbankmanager dazu bringen, auf Überraschungsinflation zu verzichten und im Fall stochastischer (Angebots-)Schocks ausschließlich in der oben beschriebenen optimalen Weise zu reagieren. Setzt man π_{contr} und π_{flex} gleich, so bedeutet dies, daß sich der Zahlungsstrom linear in Höhe des doppelten Inflation bias reduzieren muß:

$$\text{(IV.4)} \qquad \frac{\partial T}{\partial \pi} = -2a \cdot b \cdot (1-k) \cdot U^n .$$

Für die Zahlung an den Notenbanker gilt dann

$$\text{(IV.5)} \qquad T(\pi) = T_0 - \left(2a \cdot b \cdot (1-k) \cdot U^n\right) \cdot \pi .$$

Da die Zahlung eine Funktion der Inflationsrate ist, wird der vertragstheoretische Ansatz auch „**Performance Contract**" – Ansatz genannt.[234] Dabei muß die konstante Einkommenszahlung T_0 mindestens dem Erwartungswert der gesellschaftlichen Wohlfahrt entsprechen, denn andernfalls würde der Notenbanker einen negativen Nutzen erzielen und kaum den angebotenen Vertrag unterzeichnen. Darüber hinaus zeigt sich, daß der „optimale" Linearitätsfaktor wiederum von der Beschäftigungspräferenz des Notenbankers und der Steigung der kurzfristigen Phillips-Kurve abhängt. Wäre der k-Faktor wiederum gleich eins, dann könnte auf eine inflationsabhängige Einkommenskomponente ganz verzichtet werden ($T(\pi) = T_0$).

Ist die Zielinflationsrate nicht null, sondern eine beliebige positive Zahl π^*, so erfordert dies eine Anpassung des Abzugsfaktors um die positive Differenz von tatsächlicher und vorgegebener Inflationsrate.[235]

---

234 Siehe z.B. Waller (1995) oder Walsh (1995).

235 Siehe Walsh (1995a, S. 157). Dieses Ergebnis erhalten auch Persson und Tabellini (1993) und Fratianni et al. (1993).

$$\text{(IV.6)} \qquad T(\pi) = T_0 - \left(2a \cdot b \cdot (1-k) \cdot U^n\right) \cdot \left(\pi - \pi^*\right)$$

In Zeiten ohne Schocks kompensiert ein solcher Vertrag den Anreiz für eine Überraschungsinflation. Treten Schocks auf, so führt die optimale Steuer gerade dazu, daß der Notenbankmanager exakt die von der Gesellschaft präferierte Kombination von Inflation und Beschäftigung herbeiführt. Inflation bias und Stabilisation bias sind bei dieser Lösung gleich null.

Die zentrale Voraussetzung hierfür ist, daß der Notenbanker wirklich einen Nutzen aus dem monetären Zahlungsstrom zieht *und* zugleich seine Entscheidungen von der makroökonomischen Zielfunktion der Regierung abhängig macht (vgl. Walsh 1995a, S. 158 - 160).[236] Unterstellt man demgegenüber eine ausschließlich einkommensabhängige Nutzenfunktion des Notenbankers, dann genügt es nicht, die Steuer nur an der Höhe der Inflationsrate anzusetzen, sondern man muß entsprechend der Zielfunktion der Gesellschaft (Regierung) auch andere wichtige makroökonomische Variable berücksichtigen. Andernfalls würde der Notenbanker nämlich dadurch profitieren, daß er eine **Deflationspolitik** betreibt und so seine Einkommenszahlungen real erhöht. Im Rahmen des hier diskutierten Modells müßte die Einkommenszahlung also nicht nur von der Inflationsrate, sondern auch von der Beschäftigung bzw. der Arbeitslosenquote bestimmt werden. Eine glaubwürdige und zugleich optimal stabilisierende Geldpolitik erhält man dann nur, wenn die Zahlung von der Höhe der sozialen Wohlfahrt abhängig gemacht wird, die Einkommensfunktion also folgendes Aussehen hat:

$$\text{(IV.7)} \qquad T(\pi, U) = T_0 - \left(2a \cdot b \cdot (1-k) \cdot U^n\right) \cdot \left(\pi - \pi^*\right) - b\left(U - U^*\right)^2 - \left(\pi - \pi^*\right)^2$$

Somit führt diese Zahlungsfunktion dazu, daß der Notenbanker letztlich die Nutzenfunktion maximiert, die so beschaffen ist, als ob er die gleichen Präferenzen für Inflation und Beschäftigung wie die Gesellschaft hätte (vgl. Walsh 1995a, S. 158 - 160).

Eine analytisch weniger anspruchsvolle, dafür aber leichter umsetzbare Variante eines Sanktionsmechanismus´ stellt ein **nominell fixiertes Gehalt** des Notenbankgouverneurs dar (vgl. Bofinger 1990, S. 54). Der reale Wert des Einkommens sinkt dann proportional zur Inflationsrate. Eben eine solche Sanktionierung wurde auch

---

236 Strenggenommen ist jedoch nur die Übereinstimmung der Gewichtung des Beschäftigungsziels in den Zielfunktionen des Notenbankers und der Regierung notwendig, da nur diese Komponenten zusammen mit der Steigung der kurzfristigen Phillips-Kurve die optimale (schockabhängige) Inflationsrate π_{flex} determiniert (vgl. z.B. Waller 1995, S. 8 - 10). Ein k-Faktor kleiner eins ist dabei nicht notwendig.

in Neuseeland erwogen, letztlich aber zugunsten einer nominellen Fixierung des Notenbankbudgets verworfen (vgl. Haldane 1995, S. 19). Dies ergibt sich aus der Festlegung des Budgets für fünf Jahre im voraus (§§159 - 161 RBNZ Act).

Ein besonders drastischer Sanktionsmechanismus besteht darin, daß der Notenbankgouverneur fristlos entlassen werden kann, wenn die Inflationsrate den Zielwert verfehlt. Wie bereits erwähnt, findet man eine solche Bestimmung nur in Neuseeland, wo der Notenbankgouverneur vom Finanzminister entlassen werden kann, wenn das Ergebnis im Bezug auf das im PTA vereinbarte Ziel zu schlecht ist (§49 Abs.2 RBNZ Act). Allerdings erfolgt die Entlassung nicht automatisch. Sie muß von der Regierung bzw. dem Finanzminister beschlossen werden (§49 Abs.3 RBNZ Act). Dies ist schon deshalb erforderlich, weil im PTA diverse **Ausnahmeregelungen** festgelegt sind, die den Notenbankgouverneur von der strikten Verpflichtung zur Zieleinhaltung befreien. Im Grundsatz wird durch diese Ausnahmen versucht, den Notenbankgouverneur nur für ein schlechtes Ergebnis zu bestrafen, das er verschuldet und damit zu verantworten hat (vgl. Issing 1993, S. 27). Der neuseeländische Gouverneur muß sich nicht am festgelegten Zielwert messen lassen, wenn

- Veränderungen bei den indirekten Steuern oder den öffentlichen Abgaben eintreten,
- eine Divergenz zwischen dem offiziell verwendeten Verbraucherpreisindex und dem Maß für die „Underlying Inflation" beobachtet wird,
- Naturkatastrophen vorkommen, die Auswirkungen auf Güter- oder Faktorpreise haben,
- starke Terms of Trade-Schwankungen, als Folge geänderter Export- und Importpreise, das inländische Preisniveau beeinflussen.[237]

Diese Ausnahmeregelungen implizieren Berichts- und Rechtfertigungspflichten des Notenbankgouverneurs. Schließlich ermöglicht es erst der Rechenschaftsbericht dem Finanzminister, zwischen glaubhafter Rechtfertigung und einer zu sanktionierenden Zielverletzung zu entscheiden. Der neuseeländische Notenbankgouverneur hat daher regelmäßig – mindestens alle sechs Monate – in Form eines Zwischenberichts („Monetary Policy Statement") über die Durchführung und die Ergebnisse der Geldpolitik zu berichten (§15 RBNZ Act). Darüber hinaus muß er Zielabweichungen dem Finanzminister erläutern.

Zwar entsprechen die genannten „Provisionsklauseln" (Issing 1993, S. 27) im Grundsatz den theoretischen Anforderungen des vertragstheoretischen Ansatzes, wonach bei Schocks von der Zielinflationsrate abgewichen werden soll, ihre

---

[237] Zu den verschiedenen Ausnahmeregelungen siehe Anhang IV.2.

„Optimalität" muß aber bezweifelt werden. Die Regelungen lassen sich in zwei Kategorien einteilen. So erfassen die beiden ersten Punkte statistische Meßprobleme, die mit der Wahl des Verbraucherpreisindizes als Grundlage für die Erfolgskontrolle verbunden sind. Solche Probleme wurden im obigen Modell nicht diskutiert. Die zwei letzten Punkte stellen auf Angebotsschocks ab, für die oben gezeigt wurde, daß sich die optimale Inflationsrate in ihrer Abhängigkeit ändert, wenn die Gesellschaft neben der Geldwertstabilität auch Vollbeschäftigung anstrebt.[238] Bei der praktischen Durchführung dieses Sanktionsmechanismus´ treten jedoch eine Reihe gravierender Probleme auf. So sehen die Ausnahmevorschriften **keine endogene Anpassung** der Zielinflationsrate vor. Es bleibt damit dem Finanzminister überlassen zu entscheiden, ob die erzielte Inflationsrate – trotz möglicher Meßfehler oder Angebotsschocks – zu hoch ist oder nicht. Gleiches gilt auch für Schocks, die die Steuerbarkeit der Inflationsrate durch die Notenbank betreffen.[239] Sofern die Anpassungsvorschrift der Zielinflationsrate nicht *vor* Eintreten der verschiedenen Schocks spezifiziert wurde, besteht für die Regierung ein klarer Anreiz, eine höhere Rate anzusetzen und die Bestrafung des Notenbankgouverneurs zu unterlassen (vgl. Walsh 1995b, S. 1188f.).

Darüber hinaus wird ein optimales Ergebnis nur dann erzielt, wenn der Notenbankgouverneur dieselbe Präferenz für Inflation und Beschäftigung wie der ihn beauftragende Finanzminister hat und zudem die Einkommenszahlungen in seiner Nutzenfunktion berücksichtigt. Ein Notenbankgouverneur, der nicht im Amt bleiben möchte und keine Weiterbeschäftigung in der Wirtschaft anstrebt, wird durch seine mögliche Entlassung und den Reputationsverlust kaum von einer Überraschungsinflation abgeschreckt (vgl. Walsh 1995b, S. 1188). Zudem läßt sich *kein* zustandsunabhängiger Sanktionsmechanismus finden, wenn der Finanzminister und der Notenbanker in ihrer Gewichtung des Beschäftigungsziels voneinander abweichen. In diesem Fall treten auch beim vertragstheoretischen Ansatz dieselben Probleme auf wie bei der flexiblen Regel. Gewichten der Finanzminister und der Notenbanker das Beschäftigungsziel gleich und strebt der Notenbanker eine Arbeitslosenquote an, die der natürlichen Rate entspricht, so ist ein Sanktionsmechanismus ebenfalls nicht notwendig. Entscheidend ist dann nur die Unabhängigkeit der Notenbank.

Letztlich darf man sich also von der scheinbaren theoretischen Stringenz der obigen Ergebnisse nicht blenden lassen. Eine befriedigende Umsetzung des vertragstheoretischen Ansatzes in der geldpolitischen Praxis dürfte kaum möglich sein. So

238 Walsh zeigt, daß sich die optimale Inflationsrate auch in Abhängigkeit der statistischen Meßprobleme ändert, wenn man diese im Modell berücksichtigt (vgl. Walsh 1995a, S. 154f.).

239 Für eine Berücksichtigung von Meßfehlern und Schocks bei der Umlaufsgeschwindigkeit der Geldmenge siehe z.B. Walsh (1995a).

lebt der Ansatz gerade von der automatisch einsetzenden Sanktionierung einer inflationären Geldpolitik. Selbst in Neuseeland findet dies aber nur im Falle des nominell fixierten Notenbankbudgets statt. Die darüber hinaus bestehende Möglichkeit der vorzeitigen Entlassung des Notenbankgouverneurs bedarf dagegen der diskretionären Entscheidung der Regierung bzw. des Finanzministers. Insgesamt wird die Möglichkeit zur Sanktionierung stabilitätspolitischen Fehlverhaltens mit einer sehr geringen politischen *und* ökonomischen Unabhängigkeit der Federal Reserve Bank of New Zealand erkauft. Die ökonomische Unabhängigkeit ist vor allem aus zwei Gründen stark eingeschränkt:

- Die Finanzierung der Regierung durch die Notenbank ist keiner gesetzlichen Beschränkung unterworfen. Das Notenbankgesetz verlangt lediglich, daß diese Finanzierung nicht dem Ziel der Geldwertstabilität entgegenläuft (vgl. §12 RBNZ Act).
- Die Kompetenz für die Währungspolitik obliegt der neuseeländischen Regierung. Sie kann die Währungsparitäten fixieren (§17 RBNZ Act) oder die Notenbank formal dazu auffordern, Interventionen vorzunehmen (§24 RBNZ Act). Nur wenn eine solche Aufforderung nicht vorliegt, kann die Notenbank eine eigenständige Wechselkurspolitik betreiben (vgl. Swinburne und Castello-Branco 1991, S. 40). Führt die angeordnete Wechselkurspolitik dazu, daß das im PTA vorgesehene Ziel vermutlich nicht erreicht werden kann, und hat der Gouverneur den Finanzminister schriftlich über diese Situation informiert, so ist er nicht mehr verpflichtet, dieses Ziel tatsächlich einzuhalten (§19 RBNZ Act). Innerhalb von 30 Tagen muß dann wiederum ein neues PTA gefunden werden.

Betrachtet man die über Neuseeland hinaus bestehenden Notenbankverfassungen, so wird man deshalb feststellen, daß in keiner ausdrückliche Bestrafungsmaßnahmen vorgesehen sind (vgl. Briault et al. 1996, S. 66). Die mit dem höheren diskretionären Handlungsspielraum einhergehende Einschränkung der Unabhängigkeit der Notenbank führt eher zu höheren als zu niedrigeren Inflationserwartungen. Auch in Ländern wie dem Vereinigten Königreich und Kanada, in denen der Notenbank ein Inflationsziel vorgegeben wird (siehe Kapitel V.7), besteht der einzige Sanktionsmechanismus im **Reputationsverlust** der Notenbankführung und damit in höheren Inflationserwartungen (vgl. Fischer 1995, S. 202).

Damit der Sanktionsmechanismus eines Reputationsverlustes korrekt und schnell wirken kann, muß der Notenbank eine Verpflichtung zur Transparenz auferlegt werden. Diese Transparenz hilft den Privaten, sich fortlaufend ein Bild über die tatsächliche Geldpolitik zu machen. Dies ist wiederum die Voraussetzung dafür, eine möglichst präzise Vorhersage der sich einstellenden Inflationsrate machen zu können. Damit stellt die Transparenz die Grundlage dafür dar, daß sich die Notenbank eine stabilitätspolitische Reputation aufbauen kann. Darüber hinaus reduziert sie die Unsicherheit über die Präferenzen der verantwortlichen Notenbankmanager. Unterstellt man, anders als in den obigen Modellen, keine Risikoneutralität, sondern Risikoaversion der Privaten, so kann dies insbesondere in den Lohnverhandlungen zu einer zusätzlichen Berücksichtigung einer Risikoprämie führen. Diese soll die Reallohnsicherung gewährleisten. Sie verringert sich, wenn auch die ihr zugrunde liegende Unsicherheit abnimmt (vgl. Briault et al. 1996, S. 66f.). Transparenz kann im wesentlichen durch zwei Punkte geschaffen werden:

- durch regelmäßig erscheinende Berichte über die wirtschaftliche Lage und die getroffenen geldpolitischen Entscheidungen: Im Rahmen dieser Berichte muß auf alle Größen eingegangen werden, die *die Notenbanker* für relevant halten und die Grundlage für ihre Entscheidungen gewesen sind. Ein Beispiel dafür ist der Inflation Report der Bank of England.

- Veröffentlichung des Protokolls der Notenbanksitzungen: Besteht das Entscheidungsgremium einer Notenbank aus mehreren Personen, so kann eine Offenlegung der Präferenzen der verschiedenen Notenbankmanager auch dadurch erreicht werden, daß die Sitzungen des Gremiums öffentlich gemacht werden. Eine so weitgehende Transparenz ist aber nirgends zu finden, denn sie setzt nicht nur die Notenbank als ganzes, sondern auch den einzelnen Notenbanker zum Teil massiver Kritik aus.

Im Vergleich zur Bundesbank-Lösung ist der einzige Vorteil des vertragstheoretischen Ansatzes darin zu sehen, daß die Regierung gezwungen wird, ihre stabilitätspolitischen Präferenzen offenzulegen. Andererseits führt die mit diesem Ansatz verbundene Sanktionierung von „Fehl"-verhalten der Notenbank durch die Regierung zu einer beträchtlichen Einschränkung der Unabhängigkeit. Es besteht damit zugleich die Möglichkeit einer weitreichenden Einflußnahme der Regierung auf die Geldpolitik, womit die Gefahr politisch induzierter Konjunkturzyklen steigt (vgl. Alesina und Gatti 1995, S. 198 - 200). Dies kann sich negativ auf die Inflationserwartungen auswirken. Verzichtet man auf kurzfristig einsetzende Sanktionsmöglichkeiten, so bestehen auf längere Sicht indirekt wirkende Sanktionsmechanismen, die – wie das Bundesbank-Modell zeigt – dazu beitragen können, daß die Geldpolitik auf mittlere und längere Sicht den Präferenzen der Bevölkerung entspricht.

Anhang IV.1: Notenbankfunktionen und Technologie des Zahlungssystems

In einer sehr systematischen Analyse hat Giannini (1994) dargestellt, wie sich die heute zu beobachtenden Notenbankfunktionen historisch entwickelt haben. Die zentrale Aussage seiner Studie, die den folgenden Ausführungen weitgehend zugrunde liegt, besteht darin, daß stets ein eindeutiger Zusammenhang zwischen der Technologie des Zahlungsverkehrs und den Aufgaben einer Notenbank zu erkennen ist:

- Die zunehmende Bedeutung von (in Gold konvertiblem) **Papiergeld** führte im Laufe des 19. Jahrhunderts in vielen Ländern dazu, daß jeweils nur sehr wenigen (meist privaten) Banken ein **Notenemissionsmonopol** verliehen wurde.
- Die Verbreitung von (in konvertibles Papiergeld einlösbaren) Einlagen hatte in der zweiten Hälfte des 19. Jahrhunderts zur Folge, daß den Notenemissionsbanken nun auch die Aufgabe übertragen wurde, die Stabilität des Finanzsektors zu sichern; man spricht hierbei von der Funktion des „**Lender of last resort**".
- Der Übergang zu definitivem Papiergeld, der meist in den dreißiger Jahren des 20. Jahrhunderts vollzogen wurde, und die weltweite Einführung von flexiblen Wechselkursen im Jahr 1973 führten mit einiger Verzögerung dazu, daß die Sicherung der **Geldwertstabilität** zum dominanten Ziel der (nunmehr voll im Staatseigentum befindlichen) Notenbanken in nahezu allen Ländern wurde.

1. Notenemissionsmonopol

Der Beginn des heutigen Notenbankwesens läßt sich in die erste Hälfte des 19. Jahrhunderts datieren. In dieser Phase wurde erstmals allgemein anerkannt, daß dem Staat eine ordnungspolitische Aufgabe für das Geldwesen zukommt. Modellhaft hierfür war die Peel'sche Bankakte, die in Großbritannien im Jahr 1844 beschlossen wurde. Dieses von Giannini (1994, S. 20) als „Bank-Charter Act Model" (BCAM) bezeichnete Arrangement wird durch folgende Elemente bestimmt:

- Notenemissionsbanken sind private, gewinnmaximierende Banken.
- Die Emissionstätigkeit wird einer strengen, durch Gesetz fixierten Regelbindung unterworfen.
- Ein Nebeneinander mehrerer Emissionsbanken innerhalb eines Landes ist möglich, wobei jedoch in jedem Land eine bestimmte Bank gegenüber allen anderen erheblich privilegiert wird. Aus dieser dominanten Notenbank entwickelt sich dann im Laufe der Zeit die Zentralbank in heutigem Verständnis.

Das BCAM stellt so die in England als Ergebnis der „Banking versus Currency“-Kontroverse (siehe Anhang zu Kapitel III) gefundene Antwort auf die „Finanzinnovation“ der (in Gold konvertiblen) Banknote dar. Es bringt zum Ausdruck, daß man zu dieser Zeit ein reines „laissez faire“, d.h. einen uneingeschränkten Wettbewerb privater Emissionsbanken nicht für ausreichend hielt, um eine jederzeitige Konvertibilität der Banknoten zu sichern:

- Aus **mikroökonomischer Sicht** wurde das Problem gesehen, daß die Privaten nicht in der Lage sind, die Qualität der Banknoten unterschiedlicher Emittenten fortlaufend zu beurteilen. Eine **einzelne Bank** könnte so zumindest zeitweise versucht sein, durch eine aggressive Kreditvergabepolitik eine unangemessen hohe Notenemission zu betreiben, ohne daß dies unmittelbare Konsequenzen im Sinne einer erhöhten Goldeinlösung zur Folge hat.
- Aus **makroökonomischer Sicht** bestand das Risiko, daß die **Banken insgesamt** eine zu expansive Kreditpolitik verfolgen könnten. Eine solche Entwicklung würde erst dann korrigiert werden, wenn es infolge der allgemeinen Preissteigerungen bereits zu einem gesamtwirtschaftlichen Ungleichgewicht in der Form eines Leistungsbilanzdefizits und damit zu einem Goldabfluß ins Ausland gekommen ist.

Diese Befürchtungen wurden in vielen Ländern durch größere Bankenkrisen bestätigt. Wie Giannini (1994, S. 21f.) zeigt, ist zu beobachten, daß das BCAM-Konzept in mehreren Ländern als unmittelbare Reaktion auf Bankenzusammenbrüche gesetzlich fixiert wurde.

2. Die Notenbank als „Bank der Banken“, insbesondere „Lender of last resort“

Aus dem Notenemissionsmonopol ergab sich ganz automatisch, daß die „Notenbank“ eine privilegierte Stellung gegenüber den übrigen Geschäftsbanken eines Landes einnahm. Für die nicht zur Notenemission berechtigten Institute wurde es jetzt notwendig, als Liquiditätsreserve Guthaben bei der Notenbank zu unterhalten. Und bei größeren Liquiditätsengpässen – z.B. aufgrund einer temporär steigenden Bargeldnachfrage der Privaten – konnte es auch erforderlich werden, daß die Notenbank als Lender of last resort kurzfristige Refinanzierungskredite an die übrigen Banken vergibt. Die Funktion der „Bank der Banken“ ist somit in einem engen Zusammenhang mit dem Notenemissionsmonopol zu sehen.

Allerdings hat man sich auch hier zu fragen, ob dazu eine reine Marktlösung ausreicht oder ob es erforderlich ist, daß diese Aufgabe von einer staatlichen Institution wahrgenommen wird. Während man in der ersten Hälfte des 19. Jahrhunderts noch überwiegend der Meinung war, daß hierfür auch eine private Notenbank genügen würde, setzte sich in den folgenden Jahrzehnten allgemein die Vorstellung durch, daß eine adäquate Refinanzierung im Fall größerer Liquiditätskrisen nur von einer staatlichen Zentralbank bereitgestellt würde. Eine privatwirtschaftlich organisierte, nach Gewinn strebende Bank sei nicht willens, in ausreichendem Umfang als Lender of last resort zu fungieren.

Auch hier ist ein deutlicher Einfluß der Zahlungsverkehrstechnologie auf die währungspolitische Ordnung zu erkennen. Die mit dem BCAM verbundenen Beschränkungen der Notenemission hatten zur Folge, daß es im Laufe des 19. Jahrhunderts zu einer starken Zunahme von Bankeinlagen kam. Aufgrund der Verfügungsmöglichkeit mittels Scheck stellten sie zwar ein relativ gutes Substitut zu Banknoten dar, gleichwohl konnten diese in der Regel nur einmal als Zahlungsmittel verwendet werden. Deshalb wurden im 19. Jahrhundert die Schaffung von Depositen durch die Geschäftsbanken auch nicht denselben starren Restriktionen wie die Banknotenemission unterworfen, da es bei Zahlungen mittels Schecks sehr rasch zu einem **Clearing** (siehe Box IV.1) zwischen den betroffenen Banken kommt. Die damit erforderlichen Zahlungen stellen einen wirksamen Schutzmechanismus gegen eine zu expansive Kreditpolitik („Overissue") einer einzelnen Bank dar. Dieser Mechanismus ist im Fall der Banknotenausgabe durch private Emissionsbanken nicht gegeben:

Box IV.1: Clearing durch die Notenbank

Als „Bank der Banken" bietet eine Notenbank den Geschäftsbanken in der Regel auch die Funktion einer Clearingstelle für Bankabrechnungen an. Bei dieser täglich stattfindenden Abrechnung werden alle (bilateralen) Gutschriften und Belastungen der teilnehmenden Banken miteinander verrechnet, so daß am Ende ein Ausgleich in Zentralbankgeld nur für die offenstehenden (multilateralen) Verrechnungssalden erforderlich wird (Tabelle IV.7). Bei einem solchen Clearing kann sich das Problem stellen, daß eine Schuldnerbank nicht in der Lage ist, ihre Verbindlichkeiten zu erfüllen. In der Regel ist eine Clearing-Abrechnung **definitiv**, so daß die Gläubigerbanken die ihnen gutgeschriebenen Zentralbankguthaben unabhängig von der Solvenz der (Netto-)Schuldnerbank behalten können. Die Notenbank hat dann für den Fehlbetrag einzustehen. Bei einer solchen Form der Verrechnung ist es von wesentlicher Bedeutung, daß eine Notenbank fortlaufend über die Bonitätslage der am Clearing beteiligten Banken informiert sein muß. Dies erklärt, wieso die Notenbank in Ländern auch die Funktion der **Bankenaufsicht** übernimmt. In Deutschland ist zwar formal das Bundesaufsichtsamt für das Kreditwesen für diese Aufgabe zuständig, da es jedoch vor Ort über keine eigenen Institutionen verfügt, wird eine materielle Aufsicht über die Geschäftsbanken in Deutschland durch die Landeszentralbanken, d.h. durch die regionalen Niederlassungen der Bundesbank, vorgenommen. Sofern das Clearing **nicht** definitiv ist, muß die gesamte Abrechnung erneut durchgeführt werden, wenn sich einer der Beteiligten am Ende als insolvent erweist.

Tabelle IV.7: Clearing von bilateralen Forderungen und Verbindlichkeiten

Forde-rungen von ...	gegenüber ... Bank A	Bank B	Bank C	**Summe der Forderungen**	**Clearing-saldo** [1)]
Bank A	-	50	200	250	-150
Bank B	300	-	500	800	350
Bank C	100	400	-	500	-200
Summe der Verbindlich-keiten	400	450	700	1.550	0

[1)] Der Clearingsaldo einer Bank ergibt sich aus der Differenz ihrer gesamten Forderungen und Verbindlichkeiten.

- Bei der **Emission von Banknoten** kommt es für eine einzelne Bank erst dann zu einem größeren Verlust von Goldbeständen, wenn die Inhaber der Banknoten an der Zahlungsfähigkeit der Emissionsbank zu zweifeln beginnen und eine Einlösung in Gold verlangen. Die Sanktion der Einlösung kann so erst sehr verzögert eintreten.
- Bei der **„Emission" von Bankeinlagen** ergibt sich für eine einzelne Bank gleichsam ein automatischer und unmittelbarer Abzug von Gold, da die Inhaber der Bankeinlagen darüber häufig mit Schecks verfügen und so (in Gold zu erfüllende) Verbindlichkeiten im „Clearing" mit anderen Banken auftreten.

Problematisch an der „Innovation" der Bankeinlage ist jedoch der Umstand, daß die Banken für diese Einlagen keine vollständige Deckung mehr durch Guthaben bei den Notenemissionsbanken (und damit durch Goldbestände) aufweisen mußten. Gerade darin bestand ja der Anreiz zur Substitution von Banknoten durch Bankeinlagen. Für die Volkswirtschaft insgesamt resultierte daraus eine Situation, die dadurch gekennzeichnet war, daß die Summe der Bankeinlagen und Banknoten deutlich über die Goldbestände der Banken hinausging. Dies war solange unproblematisch, als die Einlagenabzüge der Privaten statistisch voneinander unabhängig waren, so daß von einer einzelnen Bank nur ein „Bodensatz" an Notenbankguthaben oder eigenen Goldbeständen für die Einlagen zu halten war. Diese von Adolph Wagner (1857) formulierte „**Bodensatztheorie**" mußte jedoch versagen, wenn es zu einer allgemeinen Vertrauenskrise in die Solvenz des Bankensystems kommt („**Run-Fall**"), da dann die Wahrscheinlichkeiten des individuellen Abzugs von Einlagen voneinander abhängig sind: Je mehr Einleger bereits ihre Einlagen abgezogen haben, desto mehr Einleger werden eine Auszahlung ihrer Bankguthaben fordern, da sie mit Sicherheit davon ausgehen können, daß die Banken den Forderungen aus ihren Depositen insgesamt nicht vollständig nachkommen können.

In England kam es bereits im Jahr 1847 zu einer solchen Krisensituation. Sie wurde dadurch bewältigt, daß die Bank of England durch die Regierung ermächtigt wurde,[240] trotz abnehmender Goldreserven großzügig Refinanzierungskredite zu vergeben und falls nötig von den in der Peel'schen Bankakte festgelegten Deckungsvorschriften abzuweichen. Sie konnte die gestiegene Nachfrage der übrigen Banken (und der Öffentlichkeit insgesamt) nach Banknoten vollständig decken, so daß es infolge dieser Aktion rasch gelang, die Vertrauenskrise abzuwenden, ohne daß es zu einer Unterschreitung des vorgeschriebenen Deckungsverhältnisses kam.

Es wurde somit im Laufe des 19. Jahrhunderts deutlich, daß der ordnungspolitische Rahmen des BCAM nicht mehr zu vereinbaren war mit einem Bankensystem, das in größerem Umfang ein unreguliertes Depositengeschäft betreibt. Im Fall einer temporär zunehmenden Bargeldhaltung bestand das Risiko der Selbstverstärkung mit dem möglichen Ergebnis weitreichender Bankenzusammenbrüche. Zur Vermeidung des „Run-Falls" mußte

- zumindest die dominante Notenemissionsbank von den starren Bindungsvorschriften des BCAM suspendiert werden können und zugleich

---

[240] Wie Giannini (1994, S. 36) berichtet, handelte es sich dabei um ein Schreiben der Regierung an das Bankenmanagement, wonach diesem Indemnität für den Fall des Gesetzbruchs zugesichert wird.

Tabelle IV.8: Gründung von Notenbanken

Name	Gründungsjahr	Eigentumsverhältnisse	Unmittelbarer Anlaß für die Gründung
Riksbank (Schweden)	1668	staatlich	Staatsfinanzierung und einzige Bank in Schweden
Bank of England	1694	privat, seit1846 verstaatlicht	Staats- und Kriegsfinanzierung
Preußische Staatsbank	1765	staatlich	Staatsfinanzierung
First Bank (USA)	1790	teils staatlich	Staatsfinanzierung und Erstellung einer einheitlichen Papierwährung
Banque de France	1800	privat	Staats- und Kriegsfinanzierung
Banca Nazionale (Italien)	1844	teils staatlich	Staatsfinanzierung
Reichsbank (Deutsches Reich)	1875	privat; Direktorium durch Regierung bestellt	Vereinheitlichung der Notenemission
Bank of Japan	1882	teils staatlich; Direktorium durch Regierung bestellt	Vereinheitlichung der Notenemission und Modernisierung des Finanzsystems
Banca D'Italia	1893	privat	Bankenkrise des Jahres 1893
Schweizer Nationalbank	1905	privat; Direktorium durch Regierung bestellt	Vereinheitlichung der Notenemission
Federal Reserve Bank (USA)	1913	staatlich	Bankenkrise des Jahres 1907

Quellen: Cameron (1967), Capie et al. (1994), Goodhart (1988), Kindleberger (1993), Santoni (1984), Smith (1936) und Timberlake (1978).

- gewährleistet sein, daß diese Notenbank überhaupt ein Interesse daran hatte, dieser gesamtwirtschaftlichen Funktion auch gerecht zu werden.[241]

[241] Diese Zusammenhänge wurden von Badgehot (1867) in seinem Buch „Lombard Street" erstmals systematisch analysiert.

Mit dem wachsenden Bedarf an einem „Lender of last resort“ wurde deutlich, daß die Funktion der „Bank der Banken“ weder von mehreren Notenbanken gleichzeitig, noch von einer einzigen privatwirtschaftlich organisierten Notenbank wahrgenommen werden konnten.

Dies leitete endgültig den Übergang von privaten Notenemissionsbanken zu einer einzigen staatlichen Zentralbank des heutigen Typus ein, da von einer rein privaten Institution nicht mehr erwartet werden konnte, daß sie gesamtwirtschaftlichen Belangen angemessen Rechnung trägt. Eine Zwischenlösung stellte das Modell der deutschen Reichsbank dar, die sich zwar in Privatbesitz befand, bei der jedoch das Direktorium von der Regierung bestellt wurde. Am konsequentesten wurde das „Lender of last resort“-Modell erstmals mit dem amerikanischen Federal Reserve Act des Jahres 1913 verwirklicht. Ähnlich wie das BCAM stellte es den für die Folgezeit weltweit dominanten Typus einer Notenbankverfassung dar. Er läßt sich im wesentlichen dadurch charakterisieren, daß die Notenbank nun nicht mehr als eine Institution in Händen privater Eigentümer angesehen wurde, sondern explizit als eine staatliche Einrichtung mit gesamtwirtschaftlichen Zielen und Aufgaben.[242]

3. Die Notenbank als „Bank des Staates“

Häufig findet man unter dem Katalog der Notenbankfunktionen auch die der „Staatsbank“. Die Geschichte des Notenbankwesens zeigt, daß in der Tat viele der heutigen Notenbanken auf diese Weise ins Leben gerufen worden sind. So stehen sowohl die Gründung der Bank of England im Jahre 1694 (Cameron 1967) wie die der Banque de France im Jahre 1800 (Capie et al. 1994, S. 126 und S. 132) in unmittelbarem Zusammenhang mit den Finanzierungsbedürfnissen des Staates, die sich aus Kriegen ergaben (siehe dazu auch Tabelle IV.8). Allerdings hat diese Staatsbankfunktion wenig mit dem zu tun, was man heute darunter verstehen würde. Die Funktion dieser Banken bestand damals in erster Linie darin, als eine Art private Kapitalsammelstelle für den Staat zu fungieren. Sie ist also von der Seigniorage-Finanzierung, wie sie im Kapitel II.2.3 dargestellt wurde, grundsätzlich zu unterscheiden. Der Staat finanzierte sich damals in der Regel nicht über die Notenpresse, sondern vielmehr durch Kredite, die die Privaten über die „Staatsbank“ an den Staat vergaben, wobei stets eine Rückzahlung in Gold zu erfolgen hatte. Die in den Anfängen der Notenbankgeschichte häufig zu beobachtende Tätigkeit einer einzelnen (meist privaten) Bank für den Staat darf also nicht ohne weiteres mit der Notenbankfinanzierung von Staatsdefiziten verglichen werden, die im 20. Jahrhundert sehr oft zu hohen Inflationsraten geführt hat. Dies wäre im 17. und 18. Jahrhundert nicht möglich gewesen, da das Zahlungsverkehrsinstru-

242 Im Fall des Federal Reserve Acts von 1913 lautete diese: „furnishing an elastic currency“ und „establish[ing] a more effective system of banking“.

ment des uneinlöslichen Papiergeldes nur in Kriegs- und Krisenzeiten verwendet wurde.[243] Die Vorläuferinstitutionen der heutigen Zentralbanken sind also weniger Staatsbanken gewesen als vielmehr privatwirtschaftlich agierende „Banken für den Staat".

Die Geburtsstunde von Zentralbanken im heutigen Verständnis ist somit deutlich später zu veranschlagen als die Gründungszeitpunkte der schwedischen „Riksbank" (1668) oder der Bank of England (1694). Wie in Abschnitt 2.1 dargelegt, kann man den Beginn der Geschichte moderner Zentralbanken wohl auf das Jahr 1844 datieren, in dem die Peel'sche Bankakte verabschiedet wurde.

Eine definitive Absage an jede Funktion einer Staatsbank wurde in Europa mit dem Vertrag über die Europäische Union beschlossen. Artikel 104 Abs.1 EG-Vertrag besagt:

> „Überziehungs- oder andere Kreditfazilitäten bei der EZB oder den Zentralbanken der Mitgliedsstaaten (...) für Organe oder Einrichtungen der Gemeinschaft, Zentralregierungen, regionale oder lokale Gebietskörperschaften oder andere öffentlich-rechtliche Körperschaften, sonstige Einrichtungen des öffentlichen Rechts oder öffentliche Unternehmen der Mitgliedstaaten sind ebenso verboten wie der unmittelbare Erwerb von Schuldtiteln von diesen durch die EZB oder die nationalen Zentralbanken."

Damit ist in Europa seit dem 1. Januar 1994 jede direkte Form der Notenbankfinanzierung öffentlicher Defizite untersagt. Es bleibt dann als Rest einer Staatsbankfunktion die Unterstützung des Staates bei der Emission von Münzen[244] und bei der Kreditaufnahme am Kapitalmarkt („fiscal agent"). Alle Käufe und Verkäufe von Wertpapieren, die eine Notenbank in dieser Funktion vornimmt, werden stets auf Rechnung der öffentlichen Haushalte durchgeführt.[245]

4. Makroökonomische Funktion der Notenbank

Der wirtschaftspolitische Handlungsspielraum der Notenbanken blieb relativ eng begrenzt, solange eine gesetzlich festgelegte Goldeinlösung der Banknoten bestand. In der Phase von 1875 bis 1914 herrschte eine solche Währungsordnung in fast allen bedeutsamen Ländern dieser Zeit („**Internationaler Goldstandard**").[246]

---

[243] In Großbritannien konnten die Noten der Bank of England in der Phase von 1797 bis 1821 nicht in Gold eingelöst werden (vgl. Capie et al. 1994, S. 128).

[244] Dies setzt voraus, daß der Staat über das Ausprägerecht für Münzen verfügt.

[245] Siehe dazu ausführlicher Deutsche Bundesbank (1995, S. 36f.).

[246] Siehe zum Internationalen Goldstandard und zu den anderen Währungssystemen ausführlicher Modul F.

Die Hauptaufgabe der Geldpolitik bestand so vorrangig darin, die gesetzlich vorgeschriebenen Deckungsverhältnisse einzuhalten. Nach dem Ersten Weltkrieg kam es in der Periode von 1925 bis 1931 zu einer Wiederauflage dieses Währungssystems, das jetzt jedoch so konzipiert war, daß keine Goldmünzen mehr im Umlauf waren. Es bestand für die Notenbanken jedoch weiterhin die Verpflichtung zur Goldeinlösung von Banknoten, jetzt allerdings in Goldbarren. Dieses System brach im Laufe der Weltwirtschaftskrise („Große Depression") der Jahre 1929 bis 1933 zusammen. In den Folgejahren bis zum Ende des Zweiten Weltkriegs bestand in den meisten Ländern keine Möglichkeit, eine stabilitätsorientierte Geldpolitik zu betreiben, da die Kriegsfinanzierung in der Regel durch die Notenpresse erfolgte. Mit dem 1944 konzipierten und 1946 in Gang gesetzten Festkurssystem von **Bretton Woods** wurde dann eine internationale Währungsordnung geschaffen, die wiederum den einzelnen Notenbanken relativ wenig Spielraum für eine eigenständige Geldpolitik beließ:

- Die Notenbanken außerhalb der Vereinigten Staaten hatten mit der Dollar-Parität ihrer Währung ein eindeutiges geldpolitisches Zwischenziel (siehe dazu Abschnitt V.3). Da es sich dabei durchweg um „kleine Länder", verglichen mit den Vereinigten Staaten handelte, blieb so kein nennenswerter Handlungsspielraum für eine an binnenwirtschaftlichen Endzielen ausgerichtete Politik.
- Die amerikanische Notenbank wurde in diesem System einer Goldeinlösungsverpflichtung für Dollarguthaben ausländischer Notenbanken unterworfen[247], die der Intention nach ebenfalls auf eine starke Regelbindung hinauslief.[248]

Somit blieb auch im Bretton Woods System eine gewisse Goldverankerung der Währungen erhalten: Alle Nicht-Dollar-Währungen wiesen ein Einlösungsversprechen in den US-Dollar auf. Der US-Dollar wiederum war für ausländische Notenbanken in Gold einlösbar. Dieses System wurde jedoch erstmals im August 1971 erschüttert, als die Vereinigten Staaten ihre Verpflichtung zur Goldeinlösung einseitig zurückzogen. Es brach nach einem Wiederbelebungsversuch im Dezember 1971 („Smithsonian Agreement") im März 1973 zusammen (vgl. Bofinger 1991, S. 311 - 315).

---

[247] Ausführlicher in Bofinger (1991, S. 302f.).

[248] Siehe dazu McKinnon (1984), S. 8:„Foreign governments infrequent conversions of Treasury securities into gold had no direct impact on the American money supply. Yet, visions of a continually dwindling American gold stock kept presidents Eisenhower, Kennedy and even Johnson awake at night. This strengthened the conservative bias in American monetary policy toward stabilizing the domestic price level - and away from a more adventurous policy of targeting unemployment or real output in the mode of the then prevailing academic doctrine of macroeconomic management (...)".

Die Abkehr von der im Bretton Woods-Abkommen vorgesehenen Goldeinlösung für Dollarguthaben, die sich im Besitz von Notenbanken befanden, bedeutete einen epochalen Wandel in der Geld- und Währungsordnung auf nationaler wie auf internationaler Ebene. Dieser Regimewechsel hatte zur Folge, daß das weltweit verwendete Papiergeld nunmehr keinerlei direktes oder indirektes Einlösungsversprechen in ein nicht-monetäres Aktivum aufwies. Alle Währungen waren jetzt nur noch **definitive Papierwährungen**. Diese damals nicht in vollem Umfang anerkannte Innovation des Geldwesens hatte – wie die im 19. Jahrhundert vollzogenen Neuerungen – erhebliche Auswirkungen auf die Funktion der Notenbanken, die sich nun erstmals auch in Friedenszeiten ausschließlich auf binnenwirtschaftliche Ziele konzentrieren konnten. Mit diesem neugewonnenen Handlungsspielraum stellte sich für die Notenbanken außerhalb der Vereinigten Staaten gleichzeitig die Frage, welchem makroökonomischen Endziel sie ihr Augenmerk widmen und an welchem geldpolitischen Zwischenziel sie sich ausrichten sollten, nachdem die US-Dollar-Parität die Funktion eines Stabilitätsankers nicht mehr wahrnehmen konnte.

Auf der einen Seite standen die Notenbanken, die eine konsequente Stabilitätspolitik präferierten. Es ist dabei nicht überraschend, daß sie sich auf die Aussagen des Monetarismus[249] stützten. Mit seiner zentralen Botschaft, daß Geldwertstabilität durch eine an der Geldmenge ausgerichtete Geldpolitik zu erreichen wäre (siehe Abschnitt V.2), bot er eine scheinbar ebenso einfache wie effektive geldpolitische Handlungsanweisung. Allerdings wurde die Grundposition dieser Theorierichtung zunächst nur von wenigen Notenbanken konsequent verfolgt – am ehesten noch von denen in Deutschland und der Schweiz. Die meisten anderen Länder versuchten in den siebziger Jahren vielmehr, mit Hilfe der Geldpolitik eine antizyklische Konjunkturpolitik zu betreiben. Dabei richteten sich die Bemühungen vor allem darauf, die mit der weltweiten Rezession von 1974/75 überraschend entstandene Arbeitslosigkeit durch eine expansive Geldpolitik zu bekämpfen. Wie aber in Abschnitt II.2.2.1 bereits dargestellt wurde, erwies es sich spätestens in den achtziger Jahren, daß die Geldpolitik hierfür wenig geeignet ist. Aufgrund dieser Erkenntnis setzte sich im Ergebnis auch für die Phase des definitiven Papiergeldes wiederum mehr und mehr die Vorstellung durch, daß das Endziel der Geldpolitik die Erreichung von Geldwertstabilität sei.

249 Die Denkrichtung des Monetarismus geht im wesentlichen auf die Arbeiten von Milton Friedman zurück; für einen Überblick siehe z.B. Cagan (1992, S. 719 - 725).

Anhang IV.2: Reserve Bank of New Zealand Policy Targets Agreement

Im folgenden wird der aktuell gültige Vertrag (RBNZ Policy Targets Agreement) zwischen dem neuseeländischen Finanzminister und dem Notenbankgouverneur wortgetreu wiedergegeben:

This agreement replaces that signed under section 9(4) of the Reserve Bank of New Zealand Act 1989 (th Act) between the Minister of Finance (the Minister) and the Governor of the Reserve Bank of New Zealand (the Governor) on 19 December 1990.

It is made under section 9(4) of the Act, and also under section 9(1) of the Act, so that it shall also apply during the Governor's next term of office.

In terms of section 9 of the Act, the Minister and the Governor agree as follows:

1. Price Stability Target

Consistent with section 8 of the Act and with the provisions of this agreement, the Reserve Bank shall formulate and implement monetary policy with the intention of maintaining a stable general level of prices.

2. Measurement of Price Stability

(a) In pursuing the objective of a stable general level of prices, the Bank will monitor prices as measured by a range of price indices. The formal price stability target will be defined in terms of the All Groups Consumers Price Index (CPI), being the measure that is monitored most closely by the public.

(b) For the purposes of this agreement, 12-monthly increases in the CPI of between 0 and 2 percent will be considered consistent with price stability.

3. Deviations from the Targets

(a) There is a range of possible price shocks arising from external sources, certain government policy changes, or a natural crisis which are quite outside the direct influence of monetary policy. The Bank shall generally react to such shifts in relative prices in a manner which prevents general inflationary pressures emerging.

(b) This approach means that the CPI inflation rate can be expected to move outside the 0-2 percent range in response to particular shocks. The principal shocks are considered to be:

- significant changes in the terms of trade arising from an increase or decrease in either import or export prices;

- an increase or decrease in the rate of GST, or a significant change in other indirect tax rates;
- a crisis such as a natural disaster or a major disease-induced fall in livestock numbers which is expected to have a significant impact on the price level;
- a significant price level impact arising from changes to government or local authority levies; and
- a movement in interest rates that causes a significant divergence between the change in the CPI and the change in the CPI excluding the interest costs component.

(c) In the event of such shocks, the Reserve Bank shall be fully accountable for its handling of the price effects, and, in particular, for any movements outside the 0-2 percent band. In each Policy Statement made under section 15 of the Act, the Bank shall detail fully its estimate of the direct price impact of any such shock and the impact on the Bank's achievement of the price stability target. The Bank shall also detail what measures it has taken, or proposes to take, to ensure that the effects of such shocks on the inflation rate are transitory.

4. Renegotiation of Targets

The policy targets are established on the understanding that the monetary policy instruments available to the Bank are adequate to achieve the objective. The Governor shall inform the Minister if he considers that any changes in the availability or effectiveness of these policy instruments impair the conduct of monetary policy. The Minister and the Governor may then set new policy targets.

5. Implementation

(a) The Bank shall implement monetary policy in a sustainable, consistent and transparent manner.

(b) Each Policy Statement released by the Bank under section 15 of the Act shall contain a statement of how the Bank proposes to formulate and implement monetary policy to ensure that price stability is maintained over the succeeding five years.

Ruth Richardson
Minister of Finance

Donald T.Brash
Governor
Reserve Bank of
New Zealand

16 December 1992

Anhang IV.3: Aktuell gültige Notenbankverfassungen in der EU

Tabelle IV.9a: Aktuell gültige Notenbankverfassungen in der Europäischen Union

	BELGISCHE NATIONALBANK	DANMARKS NATIONALBANK	DEUTSCHE BUNDESBANK	BANK VON GRIECHENLAND	BANCO DE ESPAÑA
GESETZLICH VERANKERTES HAUPTZIEL	Keine explizite Nennung; jedoch implizit Sicherung der Währung	Aufrechterhaltung eines sicheren und stabilen Währungssystems	Sicherung der Währung	Kontrolle des Geldumlaufs und der Kreditversorgung	Sicherstellung der Preisstabilität
GESETZLICHE BEFUGNIS FÜR: 1- Wechselkurssystem 2- Vorgabe von Zielen für: - Geldmengenwachstum - Preisentwicklung 3- Änderung der Notenbankzinsen	1 - Regierung 2 - Zentralbank [a] Zentralbank [a] 3 - Zentralbank	1 - Regierung 2 - Zentralbank [a] Zentralbank [a] 3 - Zentralbank	1 - Regierung 2 - Zentralbank Zentralbank [a] 3 - Zentralbank	1 - Regierung 2 - Zentralbank Regierung [a] 3 - Zentralbank	1 - Regierung nach Beratung mit der Zentralbank 2 - Zentralbank [b] Zentralbank 3 - Zentralbank
VERANTWORTLICH FÜR: 1- Durchführung der Geld- und Währungspolitik 2- Ausgabe von Banknoten 3- Dienstleistungen im Zahlungsverkehr 4- Bank der Banken und des Staates 5- Aufsicht über Finanzinstitute 6- Sicherung der Stabilität des Finanzsystems 7- Verwaltung der offiziellen Währungsreserven	1 - Ja 2 - Ja 3 - Ja 4 - Ja 5 - Nein 6 - Ja 7 - Ja	1 - Ja 2 - Ja 3 - Ja 4 - Ja 5 - Nein 6 - Ja 7 - Ja	1 - Ja (auf Ersuchen der Bundesregierung ist ein zweiwöchiger Aufschub von Beschlüssen möglich. Davon wurde bisher kein Gebrauch gemacht.) 2 - Ja 3 - Ja 4 - Ja 5 - Nein 6 - Ja 7 - Ja	1 - Ja 2 - Ja 3 - Ja 4 - Ja 5 - Ja 6 - Ja 7 - Ja	1 - Ja 2 - Ja 3 - Ja 4 - Ja 5 - Ja 6 - Ja 7 - Ja
ORGANE	- Präsident - Direktorium - Regentschaftsrat - Prüfungsrat - Generalrat	- Gouverneursrat - Direktorium - Ausschuß der Direktoren - Königlicher Bankkommissar	- Zentralbankrat - Direktorium - Vorstände der Landeszentralbanken	- Verwaltungsrat - Präsident (- Vizepräsidenten)	- Präsident - Vizepräsident - Leitungsrat - Exekutivrat
ERNENNUNG DES PRÄSIDENTEN Durch:	- Krone auf Vorschlag der Regierung	- Krone auf Vorschlag der Regierung	- Bundespräsident auf Vorschlag der Bundesregierung nach Anhörung des Zentralbankrats	- Präsident der Republik auf Vorschlag der Regierung nach Nominierung durch den Generalrat	- Krone auf Vorschlag des Regierungschefs
Amtszeit:	- 5 Jahre (erneuerbar)	- Keine festgelegte Amtszeit	- Normalerweise 8 Jahre, mind. 2 Jahre (erneuerbar)	- 4 Jahre (erneuerbar)	- 6 Jahre (erneuerbar)
JÜNGSTE UND GEPLANTE ÄNDERUNGEN	Gesetz zur Sicherstellung der Unabhängigkeit der Zentralbank bei geldpolitischen Entscheidungen am 22. März 1993 verabschiedet.	Keine	Keine	Die Bank von Griechenland hat der Regierung Gesetzesänderungen vorgeschlagen, die den Grad ihrer Unabhängigkeit erhöhen und ihre Satzung vollständig mit dem Vertrag über die Europäische Union vereinbar machen sollen.	Gesetz 13/1994 vom 1.Juni 1994 über die Unabhängigkeit der Banco de España übernahm die Bestimmungen des Vertrages über die Europäische Union für Zentralbanken.

(a) Gegenwärtig keine Zielvorgabe. (b) Gegenwärtig keine Zielvorgabe; nur Beobachtung von Bandbreiten/Steigerungsraten.

Tabelle IV.9b: Aktuell gültige Notenbankverfassungen in der Europäischen Union

	BANQUE DE FRANCE	CENTRAL BANK OF IRELAND	BANCA D'ITALIA	INSTITUT MONÉTAIRE LUXEMBOURGEOIS	NEDERLANDSCHE BANK
GESETZLICH VERANKERTES HAUPTZIEL	Sicherstellung der Preisstabilität	Sicherung der Währung	Keine explizite Nennung; jedoch implizit Sicherung der Währung	Unter anderem die Förderung der Währungsstabilität	Geldwertsicherung
GESETZLICHE BEFUGNIS FÜR:					
1- Wechselkurssystem	1 - Regierung	1 - Regierung	1 - Regierung	1 - Regierung	1 - Regierung
2- Vorgabe von Zielen für: - Geldmengenwachstum - Preisentwicklung	2 - Zentralbank Zentralbank	2 - Zentralbank [a] Zentralbank [a]	2 - Zusammen mit Regierung Regierung	2 - Zentralbank [a] Zusammen mit Regierung [a]	2 - Zentralbank [a] Zentralbank [a]
3- Änderung der Notenbankzinsen	3 - Zentralbank	3 - Zentralbank	3 - Zentralbank	3 - Zentralbank [a]	3 - Zentralbank
VERANTWORTLICH FÜR:					
1- Durchführung der Geld- und Währungspolitik	1 - Ja	1 - Ja	1 - Ja	1 - Ja (teilweise)	1 - Ja (Formal steht der Regierung das Recht zu, Weisungen zu erteilen. Davon wurde bisher kein Gebrauch gemacht.)
2- Ausgabe von Banknoten	2 - Ja	2 - Ja	2 - Ja	2 - Ja	2 - Ja
3- Dienstleistungen im Zahlungsverkehr	3 - Ja	3 - Ja	3 - Ja	3 - Ja	3 - Ja
4- Bank der Banken und des Staates	4 - Ja	4 - Ja	4 - Ja	4 - Nein	4 - Ja
5- Aufsicht über Finanzinstitute	5 - Ja, durch Bankkommissiom	5 - Ja	5 - Ja	5 - Ja	5 - Ja
6- Sicherung der Stabilität des Finanzsystems	6 - Ja	6 - Ja	6 - Ja	6 - Ja	6 - Ja
7- Verwaltung der offiziellen Währungsreserven	7 - Ja	7 - Ja	7 - Ja (zusammen mit der italienischen Devisenbehörde)	7 - Ja	7 - Ja
ORGANE	- Geldpolitischer Rat - Allgemeiner Rat	- Direktorium	- Präsident, Generaldirektor, 2 stellvertr. Generaldirektoren (Direktorium) - Ausschuß der Direktoren	- Direktorium - Rat	- Verwaltungsrat - Aufsichtssrat
ERNENNUNG DES PRÄSIDENTEN Durch:	- Ministerrat (Kabinett)	- Präsident auf Vorschlag der Regierung	- Ausschuß der Direktoren mit Zustimmung der Regierung	- Großherzog auf Vorschlag des Ministerrates	- Nominiert auf gemeinsamer Sitzung von Verwaltungs- und Aufsichtsrat; ernannt von der Krone auf Vorschlag des Ministerrats
Amtszeit:	- 6 Jahre (erneuerbar)	- 7 Jahre (erneuerbar)	- Auf Lebenszeit	- 6 Jahre (erneuerbar)	- 7 Jahre (erneuerbar)
JÜNGSTE UND GEPLANTE ÄNDERUNGEN	Die Gesetze vom 4. August und 31. Dezember 1993 über die Satzung der Banque de France übernahmen die Bestimmungen des Vertrages über die Europäische Union für Zentralbanken.	In der kommenden Gesetzgebung sind eine Reihe von kleineren Änderungen enthalten.	Keine	Ein Gesetzentwurf zur Übernahme der nach dem Vertrag über die Europäische Union erforderlichen Änderungen wird im Parlament beraten.	Ein Gesetz vom 9.Dezember 1993 übernahm die Bestimmungen des Vertrages über die Europäische Union für Zentralbanken. Letzte Gesetzesänderungen zur Herstellung der Übereinstimmung mit dem Vertrag werden zur Zeit beraten.

(a) Gegenwärtig keine Zielvorgabe.

Tabelle IV.9c: Aktuell gültige Notenbankverfassungen in der Europäischen Union

	OESTERREICHISCHE NATIONALBANK	BANCO DE PORTUGAL	SUOMEN PANKKI	SVERIGES RIKSBANK	BANK OF ENGLAND
GESETZLICH VERANKERTES HAUPTZIEL	Aufrechterhaltung des inneren und äußeren Werts der österreichischen Währung	Aufrechterhaltung der internen Geldwertstabilität und des Außenwerts der Währung	Aufrechterhaltung eines stabilen und sicheren Währungssystems und Förderung des Geldumlaufs in Finnland	Keine explizite Nennung; jedoch implizit Sicherung der Währung	Keine explizite Nennung; jedoch implizit Sicherung der Währung
GESETZLICHE BEFUGNIS FÜR: 1- Wechselkurssystem	1 - Zentralbank in Zusammenarbeit mit der Regierung	1 - Regierung nach Beratung mit der Zentralbank	1 - Regierung auf Vorschlag der Zentralbank	1 - Zentralbank	1 - Regierung
2- Vorgabe von Zielen für: - Geldmengenwachstum - Preisentwicklung	2 - Zentralbank [a] Zentralbank [a]	2 - Zentralbank [a] Zentralbank [a]	2 - Zentralbank [b] Zentralbank	2 - Zentralbank [a] Zentralbank	2 - Regierung [b] Regierung
3- Änderung der Notenbankzinsen	3 - Zentralbank	3 - Zentralbank	3 - Zentralbank	3 - Zentralbank	3 - Regierung
VERANTWORTLICH FÜR: 1- Durchführung der Geld- und Währungspolitik	1 - Ja	1 - Ja	1 - Ja	1 - Ja	1 - Ja
2- Ausgabe von Banknoten	2 - Ja	2 - Ja	2 - Ja	2 - Ja	2 - Ja
3- Dienstleistungen im Zahlungsverkehr	3 - Ja	3 - Ja	3 - Ja	3 - Ja	3 - Ja
4- Bank der Banken und des Staates	4 - Ja	4 - Ja	4 - Nein	4 - Ja	4 - Ja
5- Aufsicht über Finanzinstitute	5 - Nein	5 - Ja	5 - Nein	5 - Nein	5 - Ja
6- Sicherung der Stabilität des Finanzsystems	6 - Ja	6 - Ja	6 - Ja	6 - Ja	6 - Ja
7- Verwaltung der offiziellen Währungsreserven	7 - Ja	7 - Ja	7 - Ja	7 - Ja	7 - Ja (als Agent der Regierung)
ORGANE	- Generalrat - Direktorium	- Präsident - Direktorium - Rat der Revisoren - Beratender Ausschuß	- Aufsichtsrat des Parlaments - Direktorium	- Verwaltungsrat - Präsident	- Direktorium
ERNENNUNG DES PRÄSIDENTEN Durch:	- Bundespräsident auf Vorschlag der Bundesregierung	- Ministerrat auf Vorschlag des Finanzministers	- Präsident der Republik auf Vorschlag des Aufsichtsrats des Parlaments	- Verwaltungsrat	- Krone auf Vorschlag des Premierministers
Amtszeit:	- 5 Jahre (erneuerbar)	- 5 Jahre (erneuerbar)	- Unbestimmt	- 5 Jahre (erneuerbar)	- 5 Jahre (erneuerbar)
JÜNGSTE UND GEPLANTE ÄNDERUNGEN	Keine	Änderungen zur Verstärkung der Unabhängigkeit der Zentralbank gemäß Artikel 109 e (5) und 108 des Vertrages über die Europäische Union werden beraten.	Gesetzesvorhaben zur Übernahme der Bestimmungen des Vertrages über die Europäische Union werden beraten.	Gesetzesvorhaben zur Übernahme der Bestimmungen des Vertrages über die Europäische Union werden in der gegenwärtigen Gesetzgebungsperiode vorgeschlagen.	Keine. Änderungen sind erforderlich, wenn Großbritannien an der dritten Stufe teilnimmt.

(a) Gegenwärtig keine Zielvorgabe. (b) Gegenwärtig keine Zielvorgabe; nur Beobachtung von Bandbreiten/Steigerungsraten.

Quelle: Europäisches Währungsinstitut (1995, S. 101 - 103).

V

Konzeptionen für eine stabilitätsorientierte Geldpolitik

1. Monetäre Transmissionsprozesse und geldpolitische Konzeption

Im folgenden Kapitel sei unterstellt, daß wir es mit einer Notenbank zu tun haben, die über diskretionäre Handlungsspielräume verfügt. Damit das Notenbank-Management seine Entscheidungsmöglichkeiten zugunsten des Ziels der Geldwertstabilität einsetzt, sei außerdem angenommen, daß die Notenbankverfassung den Anforderungen genügt, die in Kapitel IV aufgestellt worden sind. Die Entscheidungsträger in der Notenbank verfügen also über politische wie ökonomische Unabhängigkeit, wobei sie ausschließlich auf das Ziel einer niedrigen Inflationsrate verpflichtet sind. In der Bevölkerung bestehe eine ausgeprägte Stabilitätspräferenz, die dazu beiträgt, daß sich die Notenbankleitung auch tatsächlich an diesem gesetzlichen Auftrag orientiert.

Diese Annahmen decken sich heute mit den Verhältnissen in vielen Industrieländern. Wie in Kapitel IV dargestellt, findet man entsprechend ausgestaltete Notenbankverfassungen mittlerweile nicht mehr nur in den Vereinigten Staaten, der Schweiz und Deutschland, sondern auch den meisten EU-Ländern – mit der bemerkenswerten Ausnahme des Vereinigten Königreichs, wo eine unabhängige Notenbank noch immer als inkompatibel mit einer demokratischen Ordnung angesehen wird.

Für solche Notenbanken stellt sich nun das zentrale Problem, wie sie ihre Geldpolitik konkret ausgestalten sollen, daß im Endergebnis tatsächlich eine niedrige Inflationsrate erzielt wird. Dabei stellen sich nicht leicht zu lösende Fragen der **Notenbanktechnik,** die im folgenden unter den Aspekten der geldpolitischen Konzeption und des geldpolitischen Instrumentariums ausführlich dargestellt und erörtert werden sollen.

Die geldpolitischen Entscheidungsträger werden laufend mit einer Fülle neuer **makroökonomischer Daten** konfrontiert (z.B. Bruttoinlandsprodukt, Auftragseingänge, Industrieproduktion, Arbeitslosenzahlen, Inflationsrate, Wechselkurs, Veränderung der Währungsreserven, Exporte und Importe, Leistungsbilanz, Geldmenge, Kapitalmarktzinsen).[250] Aufgrund dieser Informationen muß eine Notenbank dann – bei den regelmäßig stattfindenden Sitzungen ihres obersten Entscheidungsgremiums – permanent Entscheidungen darüber fällen, welche Werte sie für diejenigen Größen anstreben soll, die sie als „**Operating targets**" unmittelbar kontrollieren kann (d.h. den Geldmarktzins oder die Geldbasis).

---

[250] Eine gute Zusammenstellung der Daten, die von der Bundesbank für bedeutsam angesehen werden, findet man in den „Statistischen Beiheften" zu den Monatsberichten der Deutschen Bundesbank, Reihe 4 (Saisonbereinigte Wirtschaftszahlen).

Im Idealfall würde eine Notenbank dazu ein umfassendes und zuverlässiges **gesamtwirtschaftliches Modell** heranziehen. Mit Hilfe eines derartigen analytischen Rahmens könnte man dann

- aus der Fülle der verfügbaren Informationen die geldpolitisch relevanten Größen identifizieren,
- den Einfluß von Datenänderungen solcher Parameter auf das Endziel der Geldwertstabilität ermitteln und schließlich
- feststellen, wie das Operating target geändert werden muß, um eventuelle Abweichungen beim Endziel zu vermeiden.

Zwar verfügen in der Realität viele Notenbanken über große ökonometrische Modelle,[251] aber deren Verwendbarkeit ist für die Geldpolitik äußerst begrenzt. Gleichwohl kann eine Notenbank die hier dargestellten Entscheidungen nur dann in konsistenter Weise treffen, wenn sie über ein einigermaßen in sich geschlossenes ökonomisches Weltbild verfügt. Es ist offensichtlich, daß Vorstellungen über den **Transmissionsprozeß monetärer Impulse** (siehe Modul D) dazu die entscheidende theoretische Grundlage bieten. Dabei sind es vor allem die folgenden Theorieansätze, an denen sich eine Notenbank orientieren kann:

- die Quantitätstheorie als ein direkter nachfrageseitiger Transmissionsweg,
- die Zinsstrukturtheorie als ein indirekter nachfrageseitiger Transmissionsweg,
- die Erwartungstheorie der Inflation, bei der die Inflationsrate vor allem von den Inflationserwartungen der Privaten determiniert wird,
- der direkte internationale Preiszusammenhang als ein Transmissionskanal für kleinere offene Volkswirtschaften in Systemen mit festen Wechselkursen.

Zu fragen ist nun, ob und in welcher Weise sich aus diesen theoretischen Modellen praktische Handlungsanweisungen für die Geldpolitik ableiten lassen. Im folgenden soll dafür der Begriff der geldpolitischen Konzeption gewählt werden, wenn es sich dabei um Handlungsanweisungen handelt, die relativ einfach strukturiert sind und zugleich über die Zeit hinweg stabil sind.

So gesehen decken sich die Anforderungen an eine geldpolitische Konzeption mit denen, die in Kapitel III.4.1.3 für eine „geldpolitische Regel" formuliert wurden. Sofern eine Konzeption der Öffentlichkeit gegenüber bekannt gemacht wird, läßt sie sich dann auch als eine „Selbstbindung" der Notenbank interpretieren.

Die Ausrichtung der Geldpolitik an einer geldpolitischen Konzeption bietet einer Notenbank mehrere Vorteile:

---

[251] Für die Bundesbank siehe dazu Deutsche Bundesbank (1994d und 1989).

- Die Manager verfügen damit über eine eindeutige Entscheidungsregel, wie sie die geldpolitischen Instrumente einzusetzen haben. Dies ist im **Innenverhältnis** einer Notenbank deshalb besonders hilfreich, weil so verhindert wird, daß permanent Grundsatzdiskussionen über die geldpolitischen Wirkungszusammenhänge geführt werden müssen. Je größer die Zahl der Mitglieder des Entscheidungsgremiums einer Notenbank, desto wichtiger ist also eine allgemein akzeptierte geldpolitische Konzeption.
- Im **Außenverhältnis** kann eine überzeugende geldpolitische Konzeption dazu beitragen, die **Glaubwürdigkeit** der Geldpolitik zu verbessern. Indem die Notenbank den Privaten bekannt gibt, anhand welcher Kriterien geldpolitische Entscheidungen getroffen werden, wird die Geldpolitik transparenter und berechenbarer. Die Privaten verfügen damit über einen Referenzrahmen, mit dem sie frühzeitig erkennen können, ob die Notenbank weiterhin am Ziel der Geldwertstabilität festhält oder aber auf eine Politik der **Überraschungsinflation** (siehe Kapitel III.3) übergeht. Der entscheidende Beitrag zur Glaubwürdigkeit resultiert dabei aus der Tatsache, daß eine Notenbank überhaupt bereit ist, ihr ökonomisches Weltbild offenzulegen und sich so gleichsam von den Privaten „in die Karten schauen zu lassen". Indem sie dies tut, bindet sich die Notenbank selbst („**Hands-tying**"). Für die Privaten ist eine öffentlich bekanntgemachte Konzeption also ein wichtiges Indiz dafür, daß die Notenbank nicht daran interessiert ist, sie zu täuschen. Die Glaubwürdigkeit der Geldpolitik steigt daher mit ihrer **Transparenz**.

2. Zwischenziele und Indikatoren der Geldpolitik

In einem engen Zusammenhang mit dem Themenkomplex der geldpolitischen Konzeption steht die Diskussion über **Zwischenziele** und **Indikatoren** der Geldpolitik. Beide Begriffe werden in der geldtheoretischen Literatur häufig verwendet, ohne daß man dafür eine einheitliche Abgrenzung finden kann.

2.1 Indikatoren der Geldpolitik

Im Grunde sollen geldpolitische Indikatoren zu Antworten auf zwei Fragen verhelfen, die oben bereits angesprochen worden sind:

- Anhand welcher makroökonomischer Größen soll sich eine Notenbank orientieren, wenn sie ihre laufenden Entscheidungen über den Einsatz der geldpolitischen Instrumente trifft? Issing (1994, S. 4) spricht hier von einem „Frühwarnsystem, das rechtzeitig Inflationsgefahren signalisiert". Indikatoren, die hierfür relevant sind, bezeichnet er als „**Frühindikatoren**". Es wird dabei deutlich, daß die Auswahl der Indikatoren vor allem davon geprägt wird, welche gesamtwirtschaftliche Größe damit prognostiziert werden soll. Ein Frühwarnsystem für die Beschäftigungsentwicklung muß anders konzipiert sein als ein Frühwarnsystem für die Preisentwicklung. In Anbetracht, der in diesem Buch getroffenen Festlegung der Geldpolitik auf das Ziel der Geldwertstabilität soll die Indikatorenauswahl ausschließlich in der von Issing formulierten Ausrichtung vorgenommen werden.

- Welche Anpassung ist bei dem Operating target erforderlich, um bei einer – von den „Frühindikatoren" ausgewiesenen – Störung wieder auf einen stabilitätsgerechten Kurs zu kommen? Dazu bedarf es einer klaren Vorstellung über die gesamtwirtschaftlichen Wirkungen von Änderungen des Operating target. Dementsprechend findet man bei Issing (1994, S. 4) in diesem Zusammenhang den Begriff des „**Wirkungsindikators**".[252] In dieser Weise wurde der Begriff des Indikators vor allem in der älteren Literatur verwendet (Saving 1967). Es handelt sich dabei letztlich um eine Größe, anhand derer abgelesen werden kann, ob von der Geldpolitik expansive oder restriktive Impulse auf die Gesamtwirtschaft ausgehen.

Beides deckt sich weitgehend mit einer Definition des Indikator-Begriffs durch Davis (1990):

- „...the recent technical literature has tended to focus on intermediate 'indicators' (...) not as measures of the stance of policy, but as measures of the present or prospective state of the economy." (Davis 1990, S. 73)
- „In much of the earlier literature (early 1960s), the term was interpreted in the sense of indicators of the stance of monetary policy. That is, as measures that could provide in some sense, an index of monetary 'ease' or 'restraint'." (Davis 1990, S. 72 f.)

Bei dieser Zweiteilung des Indikator-Begriffs ist es offensichtlich, daß die Wirkungsindikatoren in der Regel eine **Teilmenge** der Frühindikatoren darstellen, da die Wirkungsindikatoren auf jeden Fall zu den Größen zu zählen sind, anhand derer – im Sinne eines Frühwarnsystems – abgelesen werden kann, ob inflationäre Gefahren bestehen. So gesehen handelt es sich bei den Wirkungsindikatoren dann um jene Frühindikatoren, die von der Notenbank direkt als Operating target oder zumindest indirekt als Zwischenziel beeinflußt werden können.

[252] Im Gegensatz zu dieser Zweiteilung bei Issing (1994) verwendet die Deutsche Bundesbank (1995 a, S. 69) einen Indikatorbegriff, der sich allein auf den „Wirkungsindikator" bezieht: „Die generellen Anforderungen an Indikator- und Zwischenzielgrößen sind weitgehend unumstritten. Indikatoren müssen verläßliche Rückschlüsse auf die Wirkung geldpolitischer Impulse zulassen."

Welche makroökonomischen Größen als Früh- oder Wirkungsindikatoren der Geldpolitik herangezogen werden, hängt nun wiederum ganz entscheidend von den theoretischen Vorstellungen zum geldpolitischen Transmissionsprozeß ab. In Anlehnung an Modul D läßt sich daher folgende – vereinfachte – Übersicht erstellen:

Tabelle V.1: Transmissionstheorien und geldpolitische Indikatoren für die Preisentwicklung

Transmissionstheorie	Frühindikatoren	Wirkungsindikatoren
Zinsstruktur ("keynesianisch")	alle Determinanten der gesamtwirtschaftlichen Nachfrage, des gesamtwirtschaftlichen Angebots und des Geldangebotsprozesses	Geldmarktzins (Operating target) Geldmenge (Zwischenziel)
Quantitätstheorie ("monetaristisch")	Geldmenge	Geldbasis (Operating target) Geldmenge (Zwischenziel)
direkter internationaler Preiszusammenhang	Wechselkurs	Geldmarktzins (Operating target) Wechselkurs (Zwischenziel)
Erwartungstheorie (in Kombination mit der Zinsstrukturtheorie)	Inflationserwartungen: Zinsstrukturkurven, Lohnabschlüsse	Geldmarktzins (Operating target) Geldmenge (Zwischenziel)

Es zeigt sich bei dieser Zusammenstellung, daß erhebliche Unterschiede zwischen einer monetaristisch und einer keynesianisch ausgerichteten Geldpolitik bestehen. Während keynesianische bzw. zinsstrukturtheoretische Transmissionsvorstellungen zu einer relativ großen Zahl von Frühindikatoren führen, da alle Größen berücksichtigt werden müssen, die den Geldangebotsprozeß, das gesamtwirtschaftliche Angebot und die gesamtwirtschaftliche Nachfrage beeinflussen („Mehrindikatoren-Ansatz"), kommt es beim monetaristischen Ansatz im Prinzip zu einer Reduktion auf die Geldmenge als der entscheidenden Größe für die zu erwartenden Inflationsimpulse. Diese ist dabei gleichzeitig Früh- und Wirkungsindikator. Im Vergleich zum sehr komplexen keynesianischen Transmissionsmodell zeichnet sich der monetaristische Ansatz also durch eine sehr übersichtliche Struktur aus. Dies gilt auch für die Theorie des direkten internationalen Preiszusammenhangs, bei der der Wechselkurs ebenfalls als wichtigster Früh- und Wirkungsindikator fungiert. Bei der Erwartungstheorie sind als Frühindikatoren vor allem jene gesamtwirtschaftlichen Größen von Interesse, mittels derer man die Inflationserwartungen der Marktteilnehmer ablesen kann. Dazu zählen insbesondere die Lohnabschlüsse und die Nominalzinsen von längerfristigen Anleihen. Für die Erwartungstheorie kommt es dabei – anders als bei den drei zuvor genannten Transmissionsvorstellungen – zu einem Auseinanderfallen von Wirkungs- und Frühindikatoren. Wie in Modul D verdeutlicht wurde, muß dieser Ansatz immer im Zusammenhang mit der Zinsstrukturtheorie gesehen werden, wenn es darum geht, die unmittelbaren Wirkungen geldpolitischer Maßnahmen auf gesamtwirtschaftliche Prozesse zu beschreiben.

2.2 Zwischenziele der Geldpolitik

Wie die Bezeichnung „Zwischenziel" verdeutlicht, handelt es sich dabei um Größen, die im geldpolitischen Transmissionsprozeß eine Zwischenstellung einnehmen zwischen den von der Notenbank kontrollierbaren Operating targets und den gesamtwirtschaftlichen Endzielen.

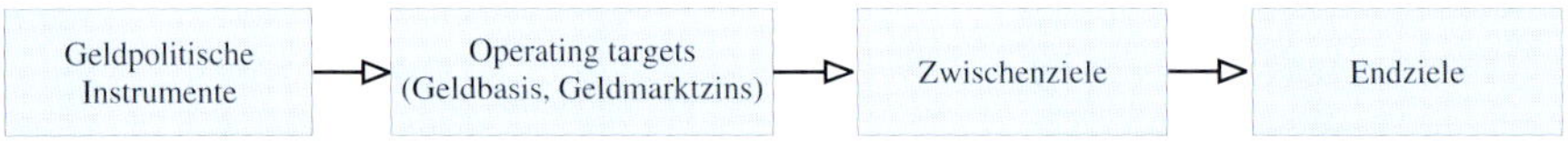

Die Verwendung von geldpolitischen Zwischenzielen wird in der Literatur damit begründet, daß es für eine Notenbank nur schwer möglich sei, das Endziel der Geldwertstabilität direkt zu steuern.

- Der Zusammenhang zwischen dem Operating target und dem Endziel sei äußerst komplex, und die Informationen darüber seien nur unvollkommen (vgl. Neumann 1974).[253]
- Aufgrund von **Wirkungsverzögerungen**, die zwischen Veränderungen des Operating target und den davon ausgelösten Effekten auf das Endziel bestehen, könne eine Notenbank, die sich unmittelbar am Endziel orientiert, erst dann mit ihren Instrumenten reagieren, wenn eine Störung bereits eingetreten ist (vgl. Issing 1993, S. 167). Ein rechtzeitiges Reagieren der Geldpolitik sei so nicht möglich.

Anstelle einer direkten Steuerung des Endziels wird daher eine **indirekte Steuerung** mittels einer Zwischenzielgröße empfohlen. In der Literatur besteht weithin

[253] In den Worten von Issing (1993, S. 167): „Über den Ablauf des Prozesses, in dem sich die geldpolitischen Impulse entfalten, besitzt die Notenbank nur unvollkommene Informationen, die 'Struktur' der Wirtschaft ist lediglich ansatzweise bekannt."

Übereinstimmung darüber, daß eine solche Größe vor allem zwei Eigenschaften aufweisen muß:

- Sie muß durch das **Operating target** gut gesteuert werden können. Es muß also eine stabile Beziehung geben zwischen Veränderungen des Geldmarktsatzes (oder der Geldbasis) und der als Zwischenziel verwendeten Größe.
- Die Zwischenzielgröße muß außerdem in einem engen Zusammenhang mit der angestrebten **Endzielgröße** stehen.

Nur wenn eine makroökonomische Größe **beide** Bedingungen gleichzeitig erfüllt, ist sie als geldpolitische Zwischenzielgröße geeignet. Eine Größe, die in einem Zusammenhang zum Endziel steht, aber von der Notenbank nicht gut gesteuert werden kann, wäre ebenso wenig sinnvoll wie eine Variable, die von der Notenbank perfekt kontrolliert werden kann, aber keinerlei stabile Beziehung zum Endziel aufweist. Wichtig ist für eine Zwischenzielgröße auch, daß sie ohne größere Verzögerung präzise meßbar ist.[254]

Bei dieser Darstellung wird zunächst eine gewisse Inkonsistenz der herkömmlichen Argumentation zur Zwischenziel-Problematik deutlich. Wenn man die Notwendigkeit eines Zwischenziels mit der mangelnden Kenntnis gesamtwirtschaftlicher Zusammenhänge begründet, kann man nicht gleichzeitig für die Verwendung eines Zwischenziels plädieren, von dem man fordert, daß es in verläßlicher Weise durch die Notenbank kontrolliert werden kann und zudem einen engen Zusammenhang zum Endziel aufweisen soll. In diesem Fall bestünde dann auch eine stabile Beziehung zwischen dem Operating target und dem Endziel, die eine direkte Steuerung des Endziels zuließe.

Die Verwendung einer Zwischenzielgröße läßt sich daher nur mit der Existenz von Wirkungsverzögerungen im Transmissionsprozeß rechtfertigen. Wenn beispielsweise die Inflationsrate mit einer Verzögerung von zwei Jahren auf Veränderungen der Geldmenge reagiert, wäre es wenig sinnvoll, den Einsatz des Operating target von der aktuellen Preisentwicklung abhängig zu machen. Vielmehr würde es sich anbieten, die Geldmenge als Zwischenziel zu verwenden.

Im Idealfall besteht die Funktion einer Zwischenzielgröße also darin, daß sie der Notenbank gleichsam einen Kompaß an die Hand gibt, mit dem sie jederzeit genau bestimmen kann, wie sie ihr Operating target einzusetzen hat. Die Existenz einer Zwischenzielgröße ist dann sichtbarer Ausdruck der Tatsache, daß eine Notenbank über eine geldpolitische Konzeption – in der oben vorgenommenen Abgrenzung – verfügt.

---

254 Siehe zu den Anforderungen Saving (1967), der sich als erster umfassend mit der Problematik geldpolitischer Zwischenziele und Indikatoren auseinandersetzte.

Eine Zwischenzielgröße, die den genannten Anforderungen genügt, dient gleichzeitig als wichtigster Früh- und Wirkungsindikator der Geldpolitik:

- Sie fungiert als Frühindikator, da sie einen Vorlauf gegenüber dem Endziel der Geldwertstabilität aufweist.
- Sie kann als Wirkungsindikator verwendet werden, da sie weitgehend von der Geldpolitik gesteuert wird und so die Intentionen der Notenbank widerspiegelt.

Die konkrete Wahl eines Aggregats zur Zwischenzielgröße ist wiederum entscheidend davon abhängig, von welcher Transmissionsvorstellung sich eine Notenbank leiten läßt. Es wird dabei im folgenden deutlich werden, daß nur zwei Größen den hier formulierten Anforderungen eines Zwischenziels gerecht werden können:

- ein **Geldvolumensaggregat** im Sinne der Geldmengen M1, M2 oder M3 (siehe Kapitel V.3), und
- der **Wechselkurs** gegenüber der Währung eines großen Landes mit einer glaubwürdigen Geldpolitik (siehe Kapitel V.4).

Sind in einer Volkswirtschaft die Voraussetzungen für die Verwendung eines solchen Zwischenziels nicht gegeben, muß die Geldpolitik versuchen, das Endziel mit ihren Instrumenten direkt zu steuern. Die Probleme eines solchen Vorgehens werden von der Bundesbank (1995, S. 70) wie folgt beschrieben:

> „Die Nachteile eines solchen Multi-Indikatorenansatzes bestehen in einem sehr hohen Grad an Komplexität, der damit verbundenen mangelnden Transparenz für die Öffentlichkeit und der Gefahr einer gewissen Orientierungslosigkeit der geldpolitischen Entscheidungen."

Diese Aspekte werden in den Abschnitten über die „Zinssteuerung" (Kapitel V.5) und das „Inflation targeting" (Kapitel V.7) ausführlicher diskutiert. Es wird dabei deutlich werden, daß eine zufriedenstellende Steuerung der Inflationsrate auch ohne ein Zwischenziel möglich ist. Es trifft zwar zu, daß eine solche Geldpolitik relativ komplex ist, aufgrund der selbst-stabilisierenden Elemente, die in der Erwartungstheorie der Inflation beschrieben werden, ist jedoch ein geldpolitisches „Finetuning" in der Regel nicht erforderlich.

3. Geldmengensteuerung

In der Nachkriegszeit bot das System von Bretton Woods für die Notenbanken außerhalb der Vereinigten Staaten eine ebenso einfache wie stabile geldpolitische Regel: Jede Notenbank hatte ihre Geldpolitik so auszurichten, daß die vorgegebene Parität zum Dollar – ohne größere Verluste von Währungsreserven - eingehalten werden konnte. Mit dem Zusammenbruch dieses Systems im März 1973 ergab sich somit weltweit die Notwendigkeit einer grundlegenden konzeptionellen Neuorientierung. Vor allem für die Notenbanken größerer Länder erschien dabei die Konzeption der Geldmengensteuerung, die schon in den fünfziger und sechziger Jahren von monetaristisch geprägten Ökonomen entwickelt worden war, als eine attraktive Lösung.

Im Mittelpunkt dieses Kapitels steht dabei die **Geldmengenpolitik der Deutschen Bundesbank**. Dieses Vorgehen bietet sich nicht nur deshalb an, weil diese Konzeption in Deutschland nun schon seit Ende 1974 ununterbrochen praktiziert wird, sondern auch weil die Bundesbank in besonderem Maße bemüht ist, die Ableitung ihrer Geldmengenziele möglichst transparent zu gestalten. Die deutschen Erfahrungen werden dann mit den eher kurzen Perioden der Geldmengensteuerung in anderen großen Ländern (Vereinigte Staaten, Vereinigtes Königreich und Japan) verglichen. Darüber hinaus wird die geldpolitische Konzeption der Schweiz beschrieben, die seit 1980 eine Steuerung der Geldbasis („Notenbankgeldmenge") betreibt.

3.1 Stabilität der Geldnachfrage als Grundvoraussetzung

Die Geldmengensteuerung basiert auf den einfachen theoretischen Zusammenhängen der Quantitätstheorie, wie sie in den Modulen B und D beschrieben wurden. Die entscheidende Voraussetzung dafür, daß man mit der Geldmenge das Preisniveau steuern kann, ist die **Stabilität der Umlaufsgeschwindigkeit** des Geldes. Nur so läßt sich die Quantitätsgleichung aus einer reinen Tautologie in eine volkswirtschaftliche Theorie transformieren:

$$\text{(V.1)} \qquad M\,\overline{V} = P\,Y \qquad \text{bzw.} \qquad \overline{V} = \frac{P\,Y}{M}.$$

Setzt man für M/P eine einfache zins- und einkommensabhängige **Geldnachfragefunktion** (siehe dazu Modul C) ein, dann ergibt sich die Umlaufsgeschwindigkeit als

$$\text{(V.2)} \qquad \overline{V} = \frac{Y}{\frac{M}{P}(i, Y)}.$$

Die Stabilität der Umlaufsgeschwindigkeit ist somit identisch mit der Stabilität der Geldnachfrage, wobei eine **stabile** Umlaufsgeschwindigkeit dann nicht mehr eine **konstante** Umlaufsgeschwindigkeit bedeutet, sondern lediglich einen stabilen Zusammenhang zwischen der Umlaufsgeschwindigkeit und den Parametern der Geldnachfragefunktion. Liegt eine stabile Geldnachfrage vor, sind die Bedingungen dafür erfüllt, daß die Geldmenge als geldpolitische Zwischenzielgröße herangezogen werden kann:

- Es besteht dann ein stabiler Zusammenhang zwischen dem Zins (i) und der Geldmenge. Die Logik einer Zwischenzielgröße erfordert, daß es sich bei i um einen Zinssatz handeln muß, der im engen Zusammenhang zum von der Notenbank steuerbaren Geldmarktsatz steht.
- Außerdem ist eine stabile Beziehung zwischen der Geldmenge und dem Endziel des Preisniveaus gegeben.

Ob in einem bestimmten Land eine Geldmengensteuerung praktiziert werden kann, muß dann anhand **ökonometrischer Tests** zur Geldnachfrage überprüft werden. Dabei ist zum einen von Interesse, ob überhaupt statistisch signifikante Beziehungen zwischen den hier genannten Größen bestehen. Zum anderen ist von Bedeutung, daß die so ermittelten Wirkungszusammenhänge auch über längere Zeiträume hinweg stabil sind – mit anderen Worten, daß also keine „Strukturbrüche" auftreten.

Derartige Tests wurden in den letzten 25 Jahren für eine Vielzahl von Ländern und für die unterschiedlichsten Testzeiträume durchgeführt; in Modul B findet man eine Übersicht über wichtige Studien dieser Art. Bei allen ökonometrischen Tests zur Geldnachfrage stellt sich dabei das grundsätzliche Problem, wie die dafür relevante Geldmenge abgegrenzt werden soll und wie die strukturellen Beziehungen zwischen den einzelnen Variablen beschaffen sind. Im Prinzip müßten diese Aspekte aus der Quantitätstheorie heraus geklärt werden. Wie in Modul D gezeigt, ist diese Theorie unter den heutigen Verhältnissen jedoch zu einer reinen „Black box" geworden, die weder zur Geldmengenabgrenzung[255] noch zur Identifikation von konkreten Wirkungszusammenhängen verwendet werden kann. Die zur Stabilität der Geldnachfrage durchgeführten Tests können also nicht als **Falsifikationsversuche** im Sinne des kritischen Rationalismus verstanden werden, da aus der Quantitätstheorie unter den heutigen Verhältnissen keine empirischen Sätze abgeleitet werden können.

In der ökonometrischen Praxis wird daher ein genau entgegengesetztes Verfahren verwendet. Die zum Test verwendeten Gleichungen werden von vornherein möglichst auf solche Geldmengenabgrenzungen und Wirkungszusammenhänge abgestellt, bei denen eine hohe Stabilität der Geldnachfrage ermittelt werden kann.

Für die Bundesbank kamen aufgrund ökonometrischer Studien von Anfang an nur die Zentralbankgeldmenge[256] und die Geldmenge M3 als Steuergröße in Frage. Für

[255] Siehe dazu Popper (1971, S. 44): „Diese undefinierten Begriffe können wir immer in nichtempirischem Sinn, d.h. wie implizit definierte Begriffe verwenden, wodurch das System tautologisch wird."

[256] Die Zentralbankgeldmenge setzt sich zusammen aus dem Bargeldumlauf und den mit konstanten Reservesätzen (Basis Januar 1974) gewichteten Sichteinlagen (0,166), Termineinlagen mit

beide Aggregate bestanden (bzw. bestehen) stabile Geldnachfragefunktionen und somit stabile Zusammenhänge zum Preisniveau. Beide Größen sind von der Bundesbank auch geldpolitisch kontrollierbar. Weil die Gewichtung der einzelnen Komponenten in der **Zentralbankgeldmenge** „den Geldcharakter dieser Einlagen richtiger erfaßt (..) als bei einer einfachen Addition" (Deutsche Bundesbank, Geschäftsbericht 1975, S. 12), entschied sich die Bundesbank 1974 für dieses Aggregat. Sie wies aber gleichzeitig auf die Gefahr möglicher Verzerrungen durch die hohe Gewichtung des Bargeldumlaufs in der Zentralbankgeldmenge hin. Instabilitäten beim Bargeldumlauf waren im Jahr 1988 dann auch der Grund, einen Wechsel zur **Geldmenge M3**[257] als Zwischenziel zu vollziehen. Die Geldmengenaggregate M1 und M2 kamen dagegen nicht in Betracht, weil bei Zinsänderungen bzw. Zinsänderungserwartungen erhebliche Schwankungen durch Umschichtungen zwischen Spareinlagen und Sicht- bzw. Termineinlagen zu beobachten waren (siehe Schaubild V.1). M3 – als relativ weites Geldmengenaggregat – ist gegen diese Verlagerungsprozesse resistent, da es sowohl Sicht- als auch Termin- und Sparguthaben umfaßt. Zahlreiche empirische Studien zeigen, daß sich an der Stabilität der langfristigen Geldnachfrage für M3 auch nach der deutschen Wiedervereinigung nichts geändert hat.[258]

3.2 Ableitung und Festlegung der Geldmengenziele

Entscheidet sich eine Notenbank für eine Strategie der Geldmengensteuerung, ergibt sich die Notwendigkeit, den konkreten Wert der Zwischenzielgröße fortlaufend zu bestimmen. Folgende Punkte sind bei der Festlegung eines Geldmengenziels zu beachten:

- die Formel für die Ableitung der Zielwerte („Potentialformel")
- der Zeitraum für den das Zwischenziel gelten soll (jährliche vs. mehrjährige Zielvorgaben)
- die Fixierung der Zielwerte als Jahresdurchschnitt oder Jahresverlauf
- die Formulierung als Zielkorridor oder als Punktziel
- die öffentliche Zielankündigung oder interne Zielvorgabe

einer Befristung bis unter vier Jahren (0,124) und Spareinlagen mit gesetzlicher Kündigungsfrist (0,081).

257 M3 ist definiert als Summe aus dem Bargeldumlauf, Sichteinlagen, Termineinlagen mit einer Befristung bis unter vier Jahren und Spareinlagen mit dreimonatiger Kündigungsfrist.

258 Siehe zur Frage der empirischen Stabilität der Geldnachfrage die Abschnitte 6.4 und 6.5 im Modul B.

Schaubild V.1: Entwicklung der Zentralbankgeldmenge und der Geldmengenaggregate M1, M2 und M3

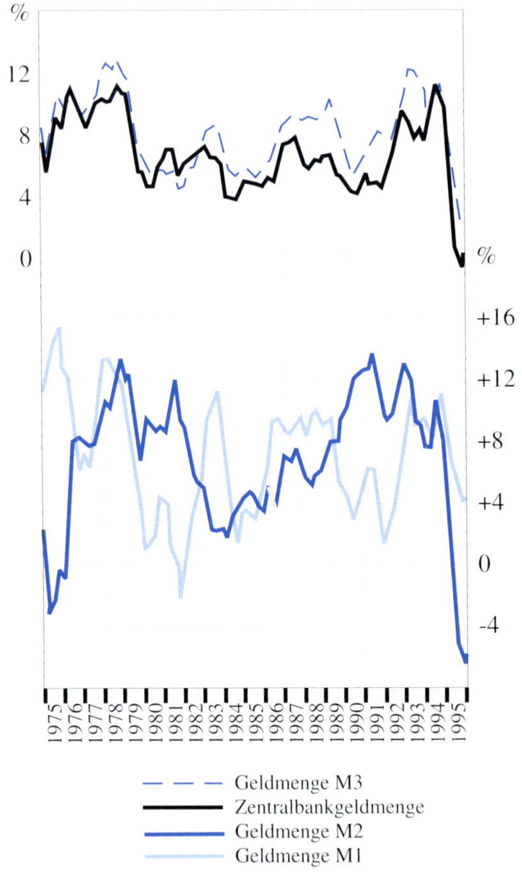

Quelle: Deutsche Bundesbank (1995, S. 77).

Die Vor- und Nachteile der unterschiedlichen Ausgestaltungsmöglichkeiten werden im folgenden diskutiert. Ausführlich wird dabei das Verfahren in Deutschland dargestellt werden, da die Bundesbank stets bemüht ist, ihre Zielableitung transparent zu gestalten.

Grundsätzlich läßt sich die Bundesbank bei der Formulierung der Geldmengenziele von der **monetaristischen Kritik** an einer antizyklischen Geldpolitik leiten. Sie ist bestrebt, kurzfristige Eingriffe in den Wirtschaftsprozeß zu vermeiden und die Geldmenge über die Zeit hinweg möglichst kontinuierlich wachsen zu lassen. Die Ausrichtung dieser Politik ist also mittelfristig und nicht kurzfristig. Von ihrem Anspruch her kann man die Geldmengenpolitik der Bundesbank daher durchaus als den Versuch verstehen, sich auch – ohne exogene Bindung durch eine Friedman-Regel – im Normalfall so zu verhalten, als ob sie an eine Regel gebunden wäre.[259] Im Rahmen der traditionellen Diskussion über „Rules versus Discretion" ist die von der Bundesbank seit 1975 betriebene Politik somit ein wichtiger Beleg dafür, daß eine Notenbank auch ohne exogene Bindung bereit ist, auf Antizyklik zu verzichten, wenn ihr durch die Notenbankverfassung dazu entsprechende Handlungsspielräume gegeben werden.

3.2.1 Zielableitung: Die Potentialformel

Die Ableitung der optimalen Expansionsrate der Geldmenge durch die Bundesbank basiert auf der Quantitätsgleichung des Geldes

(V.3) $$M\,V = P\,Y.$$

Transformiert man die Quantitätsgleichung in Wachstumsraten und löst sie nach der Geldmenge auf, so erhält man

(V.4) $$\hat{M} = \pi + \hat{Y} - \hat{V}.$$

Die Veränderungsrate der Geldmenge entspricht also Summe aus der Veränderungsrate des Preisniveaus (Inflationsrate), der realen Wachstumsrate des Volkseinkommens und der Veränderungsrate der Umlaufsgeschwindigkeit des Geldes. Die Bundesbank verwendet diese Identitätsgleichung in der Weise, daß sie Normwerte für π bzw. Trendwerte für $\hat{Y}$ und $\hat{V}$ ermittelt und damit den Zielwert für die Geldmenge M3 errechnet. In dieser Weise angewendet wird Gleichung (V.5) auch als „**Potentialformel**" bezeichnet.

(V.5) $$\hat{M}3^{Ziel} = \pi^{Norm} + \hat{Y}^{Pot} - \hat{V}^{Trend}$$

Bei der Wahl der Norm- bzw. Trendwerte spielt das Bestreben, einer mittelfristigen Ausrichtung der Geldpolitik eine entscheidende Rolle. Als Wert für die Inflationsrate wird in der Potentialformel eine von der Bundesbank mit dem Ziel der Geldwertstabilität noch kompatible Veränderung des Preisindexes für die Lebenshaltung eingesetzt. Seit 1984 gibt die Bundesbank hier eine **normative Infla-**

---

[259] Siehe ausführlicher zur Frage der „Selbstbindung" Kapitel III.

tionsrate von 2 % vor.[260] Der Unterschied zu einer kurzfristig angelegten Geldpolitik wird dadurch deutlich, daß die Bundesbank eine solche Preisnorm selbst dann vorgibt, wenn alle Prognosen auf eine deutlich höhere Preisentwicklung hindeuten (beispielsweise im Jahr 1993, in dem allgemein eine Inflationsrate von 4 % prognostiziert worden war). In den Anfangsjahren der Geldmengensteuerung hat die Bundesbank die normative Inflationsrate auf der Basis eines **„unvermeidlichen Preisanstiegs"** ermittelt, der zwar höher lag als der jetzt verwendete Normwert von 2 %, aber jeweils unterhalb der tatsächlichen Inflationsrate. Dieses Vorgehen, das dem erwartungstheoretischen Ansatz zur Inflationserklärung entspricht (siehe Modul D), wurde damit begründet, daß die Inflationserwartungen nach den Inflationsphasen der Jahre 1971 bis 1974 und 1980 bis 1983 nur allmählich wieder nach unten korrigiert würden. Ein unmittelbare Rückführung einer Inflationsrate von beispielsweise 7 % im Jahr 1974 auf 2 % wäre mit unvertretbar hohen Einbußen bei Produktion und Beschäftigung verbunden gewesen.

Den Wert für das reale Wachstum ermittelt die Bundesbank aus der **Wachstumsrate des realen Produktionspotentials**. Beim Produktionspotential handelt es sich um ein Meßkonzept, das den gesamtwirtschaftlichen Output bei einer normalen Auslastung der Produktionsfaktoren zu ermitteln versucht. Dafür schätzt die Bundesbank eine CES-Produktionsfunktion (CES = constant elasticity of substitution) in Abhängigkeit der Produktionsfaktoren Arbeit und Kapital sowie einer Größe, die den technischen Fortschritt umfaßt.[261] Die Wachstumsrate des Produktionspotentials ist im Zeitablauf weitgehend mit dem Wachstumstrend des realen Bruttoinlandsprodukts identisch.

Indem sich die Bundesbank also nicht an dem tatsächlich prognostizierten Wert des BIP, sondern am Trendwachstum ausrichtet, sorgt sie für eine mittelfristige Ausrichtung der Geldpolitik, die im Sinne eines „built-in-stabilizers" ganz automatisch für eine **Verstetigung des Wirtschaftsablaufs** sorgt. Dieser Prozeß wird z.B. für das Jahr 1994 ganz deutlich. Obwohl ein Anstieg des realen BIP von nur 0 % bis 1 % prognostiziert wurde, basierte die Bundesbank ihre Zielableitung auf dem Trendwert des Produktionspotential von 2,5 %. In Phasen der **Rezession** wird auf diesem Weg tendenziell eine Überversorgung mit Geld herbeigeführt und vermieden, daß eine Kontraktion des Wirtschaftsprozesses mit einem Rückgang der Geldmenge einhergeht, wie das in extremer Art und Weise in der Phase der „Großen Depression" (1929 - 1933) in den Vereinigten Staaten und in Deutschland

[260] Daß die Bundesbank Preisniveaustabilität als eine Inflationsrate von 2% und nicht von 0% interpretiert, rechtfertigt sie mit der statistischen Unschärfe herkömmlicher Preisindizes (Deutsche Bundesbank 1994, S. 41). Siehe dazu ausführlicher Kapitel II.1.

[261] Zur Bestimmung des Produktionspotentials durch die Bundesbank siehe ausführlicher Deutsche Bundesbank (1995 b, S. 41-56).

zu beobachten war. Die Gefahr wäre dann groß, daß es so zu einer wechselseitigen Verstärkung rezessiver Tendenzen kommt. In einer Situation der **Hochkonjunktur** ist demgegenüber die Wachstumsrate des realen Bruttoinlandsprodukts höher als die des realen Produktionspotentials; die Orientierung der Geldmenge am Potentialwachstum hat hier einen dämpfenden Effekt und trägt so ebenfalls zur Verstetigung bei.

Schaubild V.2: Entwicklung des realen BIP und des Produktionspotentials

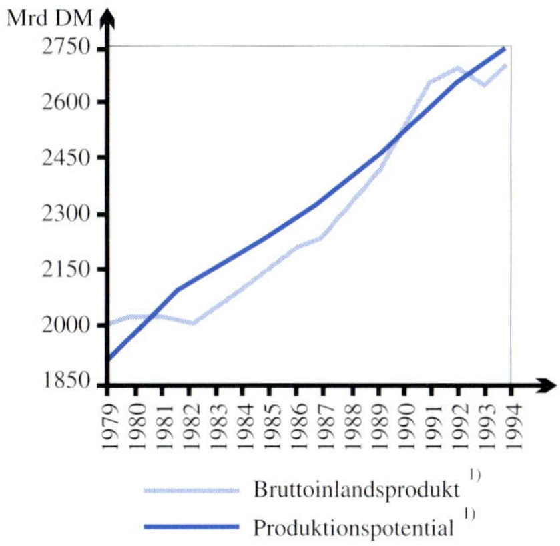

1) Jeweils in Preisen von 1991

Quelle: Deutsche Bundesbank, (August 1995, S. 46).

Für die Veränderung der Umlaufsgeschwindigkeit setzt die Bundesbank einen Wert ein, der sich als langfristiger **Trend der Umlaufsgeschwindigkeit** des Geldes (PY/M3) ergibt.[262] Sie verzichtet darauf, tatsächlich prognostizierte Werte ein-

262 In den ersten Jahren der Geldmengensteuerung hatte die Bundesbank keine Trendwerte, sondern die jeweils prognostizierten Werte der **Umlaufsgeschwindigkeit** des Geldes für das nächste Jahr verwendet. Darüber hinaus enthielt die Potentialformel neben der Wachstumsrate des Produktionspotentials den prognostizierten **Auslastungsgrad** der Volkswirtschaft. Da sich Umlaufsgeschwindigkeit und Auslastungsgrad im Konjunkturverlauf gleichgerichtet entwickeln, ging die Bundesbank davon aus, daß sich beide Werte gerade gegenseitig kompensieren (Deutsche Bundesbank, Geschäftsbericht 1975, S. 11). Damit blieben dann mit der Wachstums-

zusetzen, was der mittelfristigen Ausrichtung entspricht. Für Deutschland ist schon seit langem eine rückläufige Tendenz der Umlaufsgeschwindigkeit festzustellen.[263] Nachdem die Bundesbank über viele Jahre hinweg von einem Rückgang um ½ Prozentpunkt pro Jahr ausgegangen ist, hat sie für 1993 erstmals einen Wert von einem Prozentpunkt dafür eingesetzt, allerdings hat sie den Zuschlag von ½ Prozentpunkt zum Teil der Preisnorm zugerechnet: Er „trägt sowohl dem langfristigen Rückgang der 'Umlaufsgeschwindigkeit des Geldes' als auch dem administrativ bedingten Preisanstieg vor allem in Ostdeutschland Rechnung" (Deutsche Bundesbank 1992, S. 63). Erst seit 1994 wird der Trendwert der Umlaufsgeschwindigkeit dann eindeutig mit - 1% angesetzt, wobei dieses Vorgehen mit der anhaltend höheren Geldhaltung in Ostdeutschland begründet wird (Deutsche Bundesbank 1994 b, S. 22) und der Tatsache, daß das Geldvermögen schneller wächst als das Produktionspotential (vgl. Deutsche Bundesbank 1995 a, S. 86 und Modul B).

Tabelle V.2 faßt die Werte zusammen, die die Bundesbank seit 1975 in die Potentialformel zur Ableitung der Zwischenziele eingesetzt hat.

Box V.1: Die deutsche Währungunion 1990: Bestimmung eines stabilitätsgerechten Umtauschkurses anhand der Potentialformel

Die Potentialformel bildete auch die theoretische Basis für die Umstellung von Guthaben und Krediten, die in „Mark der DDR" lauteten, auf die D-Mark. Da die DDR wie alle sozialistischen Planwirtschaften einen monetären Überhang aufwies, hätte eine 1:1 Umstellung der finanziellen Bestandsgrößen der DDR zu einem inflationären Impuls im wiedervereinigten Deutschland geführt. Dieses Risiko sollte ausgeschaltet werden, indem man eine stabilitätsgerechte Geldmenge für die DDR ($M3^*_{Ost}$) anhand der Po-

rate des Produktionspotentials und der unvermeidlichen Inflationsrate ebenfalls nur noch mittelfristige Variablen in der Zielableitung übrig. Allerdings war die Annahme der Übereinstimmung der Veränderungsraten von Umlaufsgeschwindigkeit und Auslastungsgrad empirisch nicht haltbar, so daß eine solche Handhabung der Potentialformel eher der nominellen BSP-Steuerung als der Geldmengensteuerung gleichgekommen wäre. Die zunächst praktizierte Vorgehensweise erwies sich deshalb – aufgrund der geringen Prognosegenauigkeit der Umlaufsgeschwindigkeit – als wenig praktikabel und wurde aus di esem Grund aufgegeben.

263 Dieses bei der zunehmenden Technisierung des Zahlungsverkehrs eigentlich überraschende Ergebnis wird mit folgenden Faktoren erklärt: zunehmende Schwarzarbeit, bei der Barzahlung erforderlich ist; steigende Bankgebühren, die zu einer höheren Bargeldhaltung führen; die Verwendung der D-Mark als Parallelwährung in Osteuropa und den Staaten der früheren Sowjetunion und das schneller als das Einkommen steigende Geldvermögen. Siehe dazu auch Seitz (1995) und Kapitel 6.5 in Modul B.

tentialformel ableitete. Dargestellt als Anteil an der westdeutschen Geldmenge $M3_{West}$ ergab sie sich wie folgt:

$$\frac{M3^*_{Ost}}{M3_{West}} = \frac{V_{West}}{V_{Ost}} \cdot \frac{P_{Ost}}{P_{West}} \cdot \frac{Y_{Ost}}{Y_{West}} .$$

Die Werte der Trendumlaufsgeschwindigkeit, der Preisnorm sowie des Produktionspotentials und der Geldmenge M3 für die Bundesrepublik waren bekannt und konnten in die obige Gleichung eingesetzt werden. Zur Bestimmung von $M3^*_{Ost}$ mußten dann entsprechende Annahmen bezüglich der restlichen Variablen gemacht werden. Aufgrund der Abschaffung sämtlicher Handelsrestriktionen mit dem Eintritt in die Deutsche Währungs-, Wirtschafts- und Sozialunion zum 01. Juli 1990 wurde die Gültigkeit des „Gesetzes der Unterschiedslosigkeit der Preise" („Law of One Price") unterstellt und für Ostdeutschland ein Preisniveau wie in Westdeutschland zugrundegelegt. Starke Preisdifferenzen im Sektor nicht-handelbarer Güter (insbesondere der Mieten) wurden in Kauf genommen. Die Festlegung der Umlaufsgeschwindigkeit des Geldes im Osten war mit noch größeren Schätzproblemen verbunden. Daher wurde ebenfalls der westdeutsche Wert übernommen, obwohl die Werte der Umlaufsgeschwindigkeit selbst in westlichen Industrieländern stark differieren (vgl. Bofinger 1996 a).

Ausschlaggebend für die Umstellung der Geldmenge war somit die Höhe des Produktionspotentials in der DDR, dessen Schätzung aufgrund der fehlenden Bewertung durch den Markt mit erheblichen Unsicherheiten behaftet war. Die Bundesbank bezifferte es wie die meisten anderen Schätzungen auf etwa 10 % des westdeutschen Produktionspotentials. Aus diesen drei Annahmen und der Kenntnis der westdeutschen Geldmenge M3 in Höhe von rund 1200 Mrd. DM wurde die stabilitätsgerechte ostdeutsche Geldmenge von 120 Mrd. DM berechnet. Bei einem Bestand der Geldmenge M3 in der DDR von etwa 240 Mrd. Mark kam man so auf einen optimalen Umrechnungskurs von 2:1. Diese Empfehlung hing neben den oben beschriebenen Annahmen entscheidend von der relevanten Ausgangsgeldmenge in der DDR ab. Die dortige Geldmenge in der Abgrenzung M3 war im Vergleich zum Geldkapital sehr hoch, weil die Möglichkeiten zur Haltung von Finanzvermögen in der DDR im wesentlichen auf Sicht- und Spareinlagen beschränkt waren.

Aus politischen Überlegungen wurden – in Abhängigkeit vom Alter – Buchguthaben bis zu einem Betrag von 2000, 4000 oder 6000 Mark zum Satz 1:1 umgetauscht. Für alle restlichen Bestandsgrößen galt der Konversionssatz von 2:1. Insgesamt ergab sich für die Summe der konsolidierten Bilanz des Bankensystems der DDR so ein Umtauschkurs von durchschnittlich 1,81:1

(vgl. Deutsche Bundesbank 1990 a, S. 43; 1990 b, S. 17) bzw. 1,6:1, wenn man buchungstechnische Faktoren wie den „Richtungskoeffizienten" nicht mit einbezieht (vgl. Bofinger 1996 a). Ostdeutschland wurde somit anfänglich mit 180 Mrd. DM im Sinne von M3 ausgestattet, was um rund 60 Mrd. DM oder 4,5 % über dem von der Bundesbank als stabilitätsgerechten empfohlenen Bestand lag.

3.2.2 Zeitraum für die Zwischenzielwerte

Die zweite wichtige Frage der Geldmengensteuerung betrifft den Zeitraum, für den die abgeleiteten Zielwerte gelten sollen. Für Friedman steht mit seinem Vorschlag der k-Prozent-Regel für das Geldmengenwachstum die mittel- bzw. langfristige Orientierung eindeutig im Vordergrund. Nur bei einer **langfristig konstanten Wachstumsrate** der Geldmenge kann seiner Meinung nach vermieden werden, daß mit einer „Stop and Go"-Politik – bedingt durch die Lag-Problematik und der Unsicherheit über den Transmissionsmechanismus – zusätzliche Störungen für den Wirtschaftsprozeß geschaffen werden. Nachteilig an dieser langfristigen Einschränkung des diskretionären Spielraums sind die fehlenden Reaktionsmöglichkeiten auf temporäre und insbesondere permanente Schocks. Letztere können zu einer Veränderung des optimalen Zielpfads für das Geldmengenwachstum führen, die dann im Rahmen der Geldpolitik nicht berücksichtigt würden. Als Alternative bietet es sich deshalb an, jährliche Zwischenzielwerte zu verkünden, die aufgrund einer Potentialformel abgeleitet werden. Sie umfassen dann sowohl längerfristige Trendwerte, können aber gleichzeitig auch Trendbrüchen Rechnung tragen, die durch permanente Schocks hervorgerufen werden.

In den Ländern, in denen bisher eine Geldmengenpolitik praktiziert worden ist, haben sich Notenbanken meist für einen einjährigen Zeitraum entschieden. Unter dem Aspekt einer mittelfristigen Ausrichtung der Geldpolitik ist dieses Vorgehen nicht unproblematisch, weil meist so verfahren wird, daß der neue Zielpfad an den Ist-Stand des vorhergehenden Jahres angesetzt wird. Korrekturen für eine zu hohe oder zu niedrige monetäre Expansion in der Vergangenheit unterbleiben also. In der deutschen Geldpolitik sind solche „Base-shifts" sehr häufig vorgenommen worden, wobei es sich mit Ausnahme des Jahres 1995 stets um eine überhöhte Ausgangsbasis handelte. Es ist offensichtlich, daß dies mit dem Ideal eines mittelfristig ausgerichteten Geldmengenkonzepts kaum noch vereinbar ist. Es geht dabei die entscheidende Orientierungsfunktion verloren, die die Notenbank von einem über mehrere Jahre vorgegebenen Geldmengenpfad erhalten könnte. Die Geldpolitik wird also nicht an einem feststehenden Kompaß ausgerichtet, vielmehr wird der Kompaß neu justiert, wenn die Abweichungen von der ursprünglichen Zielrichtung zu groß werden.

Tabelle V.2: Die Ableitung der Geldmengenziele der Deutschen Bundesbank

in %

Jahr	Unvermeidliche Inflationsrate bzw. normative Inflationsrate	Produktions-potential	Umlaufs-geschwindigkeit	Geldmengen-ziel [1)]
1975	5 - 6			8
1976	4 - 5	2 (Auslastungsgrad 2 1/2)	mit einer Steigerung von V ist zu rechnen	8
1977	≤4	3 (Auslastungsgrad 2)	leichte Zunahme von V	8
1978	3	3	-	8
1979	4	etwa in demselben Maße wie bisher	sinkend	6 - 9
1980	3 1/2 - 4	3	weiter sinkend	5 - 8
1981	3 1/2 - 4	2 1/2	steigend (ca.1)	4 - 7
1982	3 1/2	1 1/2 - 2	-	4 - 7
1983	3 1/2	1 1/2 - 2	-	4 - 7
1984	3	2	-	4 - 6
1985	2	gut 2	-	3 - 5
1986	2	2 1/2	-	3 1/2 - 5 1/2
1987	2	2 1/2	-	3 - 6
1988	2	2	-1/2	3 - 6
1989	2	2 - 2 1/2	-1/2	5
1990	2	2 1/2	-1/2	4 - 6
1991	2	2 1/2	-1/2	3 - 5
1992	2	2 3/4	-1/2	3 1/2 - 5 1/2
1993	2	3	-1 [2)]	4 1/2 - 6 1/2
1994	2	2 1/2	-1	4 - 6
1995	2	2 3/4	-1	4 - 6
1996	2	2 1/2	-1	4 - 7

1) 1975 bis 1987 für die Zentralbankgeldmenge und seit 1988 für M3. 1976 bis 1978 wurden Jahresdurchschnittsziele vorgegeben, ansonsten Verlaufsziele.
2) Der Zuschlag von 1/2 Prozentpunkten wird sowohl der Preisnorm als auch dem Trend der Umlaufsgeschwindigkeit zugerechnet.

Quelle: Deutsche Bundesbank, Monats- und Geschäftsberichte.

Aufgrund dieser grundsätzlichen Probleme, wurde vor allem in Deutschland immer wieder die Einführung **mehrjähriger Zwischenziele** propagiert. So plädierte z.B. der Sachverständigenrat zur Begutachtung der gesamtwirtschaftlichen Entwicklung bereits im Jahr 1984 dafür, einen mehrjährigen Zielkorridor für das Geldmengenwachstum anzukündigen.[264] Die Anhänger mehrjähriger Geldmengenziele glauben so zu einer Verstetigung der Inflationserwartungen beitragen zu können (vgl. Neumann 1986, S. 595). Zu Beginn des Jahres 1994 sowie Ende des Jahres 1995 wurde dieses Thema in Deutschland erneut aufgegriffen. Auslöser waren die extrem hohen Geldmengenwachstumsraten in den Anfangsmonaten des Jahres 1994 (vgl. von Hagen 1994) bzw. die unterdurchschnittlich geringe Wachstumsrate der Geldmenge im Verlauf des Jahres 1995 (vgl. Mayer und Fels 1995). Auf der Basis empirischer Studien, die zeigen, daß in Deutschland die langfristige Geldnachfrage zwar weiterhin stabil ist, aber der kurzfristige Zusammenhang zwischen dem Geldmengenwachstum und der Inflationsrate durch andere Einflüsse überlagert wird, fordern von Hagen, Mayer und Fels eine Zielvorgabe für einen zwei- bis dreijährigen Zeithorizont. Eine mittelfristige Ausrichtung der Geldmengensteuerung sei also erforderlich, um die notwendige Flexibilität des Geldmengenwachstums auf kürzere Sicht zu gewährleisten. Im Gegensatz zur Vorstellung Friedmans wird aber nicht gefordert, daß diese Ziele während des gesamten Zeitraums zu jedem Zeitpunkt eingehalten werden müssen. Statt dessen wird nur verlangt, daß die Ziele im mehrperiodigen Durchschnitt bzw. zwischen Anfangs- und Endzeitpunkt (Verlaufsziel) eingehalten werden müssen. Dadurch wird der Geldpolitik zwar kurzfristig größere Flexibilität eingeräumt, möglicherweise jedoch zu Lasten der Transparenz und damit der Glaubwürdigkeit.

Mehrjährige Zielpfade erscheinen auch deshalb einem einjährigen Zielzeitraum überlegen, weil es für Notenbanken grundsätzlich nicht einfach ist, die Geldmenge auf kurze Sicht zu kontrollieren. Im ganzen gesehen besteht in dieser Frage also ein Trade-off zwischen

- den Vorteilen eines auf mittlere Sicht konstanten Geldmengenwachstums und einer größeren Trefferwahrscheinlichkeit bei einem mehrjährigen Ziel und
- der Möglichkeit auf permanente Schocks frühzeitig reagieren zu können, wenn man einjährige Ziele formuliert.

3.2.3 Umsetzung in ein Verlaufsziel

Grundsätzlich steht eine Notenbank vor der Alternative, ihr Geldmengenziel

- als **durchschnittliche Wachstumsrate** der Geldmenge für eine feste Periode – meist ein Jahr – zu formulieren oder

[264] Der Sachverständigenrat präferiert dabei die „bereinigte Zentralbankgeldmenge" als Zwischenzielgröße. Sie ist definiert als Geldbasis bereinigt um Mindestreservesatzänderungen.

- als ein **Verlaufsziel**, d.h. als eine Veränderungsrate, die von einem bestimmten Zeitpunkt eines Jahres gegenüber dem gleichen Zeitpunkt des Vorjahres errechnet wird.

Ein **Durchschnittsziel** – wie es die Bundesbank für die Jahre 1976 bis 1978 verfolgte – hat den Vorteil, daß Zufallsschwankungen am Ende der Periode („Sonderfaktoren"), für das Gesamtergebnis nicht so stark ins Gewicht fallen wie bei einem **Verlaufsziel**. Bezieht sich ein solches Ziel beispielsweise auf den Verlauf von Dezember bis Dezember (wie es die Bundesbank bei ihrem ersten Geldmengenziel praktizierte), kann es zu einer Zielverfehlung wegen einer einmaligen Störung in diesem Monat kommen, selbst wenn sich die Geldmenge das ganz Jahr über zielgerecht entwickelt hat. Mit dem Durchschnittsziel schaltet man dieses Problem aus. Allerdings ist an einem Durchschnittsziel problematisch, daß eine zielgerechte Geldmengenexpansion mit einem stark schwankenden Expansionspfad im Jahresverlauf erreicht werden kann. Im Extremfall könnte eine sehr expansive Geldpolitik in der ersten Hälfte des Jahres durch eine entsprechend restriktive Geldpolitik in der zweiten Jahreshälfte kompensiert werden. Die Öffentlichkeit kann dabei die Einhaltung des Zielwertes immer nach der Jahresmitte kontrollieren. Im ganzen gesehen kann die Geldpolitik also das Jahr über relativ unruhig verlaufen, was für den Wirtschaftsablauf und die Erwartungsbildung der Privaten von Nachteil sein kann.

Bei einem **Verlaufsziel** wird dagegen nicht nur ein konkreter Wert für die Zielperiode vorgegeben, sondern es wird gleichzeitig auch der angestrebte Verlaufspfad festgelegt, der eine kontinuierliche Geldmengenentwicklung vorzeichnet. Somit kann die Öffentlichkeit dann im Gegensatz zum Durchschnittsziel bereits Monat für Monat die Einhaltung des optimalen Zielpfades kontrollieren. Das Verlaufsziel kann dadurch zu mehr Transparenz und Kontrollierbarkeit sowie einer erhöhten Kontinuität der Geldpolitik beitragen. In der *Praxis* ist dieser Aspekt jedoch kaum von Bedeutung. Die Bundesbank, die seit 1979 ein Verlaufsziel vom vierten Quartal des laufenden Jahres bis zum vierten Quartal des folgenden Jahres verfolgt, macht den dazu passenden Zielpfad zwar sehr plastisch, indem sie in den Monatsberichten graphisch das tatsächliche Geldmengenwachstum dem vorgegebenen Zieltrichter gegenüberstellt. Allerdings läßt sie teilweise erhebliche Abweichungen von diesem Zielpfad im Laufe des Jahres zu und hält sie für relativ unproblematisch, solange nur am Ende des Jahres das Verlaufsziel erreicht wird. Im Prinzip scheint ihre Politik somit nur noch darauf ausgerichtet zu sein, die Geldmenge während des vierten Quartals innerhalb des Zielkorridors zu halten.

Wenn ein Verlaufsziel in dieser pragmatischen Weise gehandhabt wird, weist es keinerlei Vorteile mehr gegenüber einem Durchschnittsziel auf. Unter dem Gesichtspunkt der Transparenz und der mittelfristigen Orientierung der Geldpolitik ist ein in dieser Form praktiziertes Verlaufsziel sogar ungünstiger zu beurteilen als ein

Durchschnittsziel. So kann ein Verlaufsziel schon dann erreicht werden, wenn das Geldmengenwachstum nur im vierten Quartal den Zielpfad erreicht, auch wenn die monetäre Entwicklung im Rest des Jahres erheblich über dem Zielkorridor gelegen hat. Bei einem solchen Verlaufsprofil wie es im Jahr 1994 zu beobachten war, geht ein zielkonformes Geldmengenwachstum – gemessen am Verlaufsziel – mit einer sehr starken Ausweitung der Geldbestände im Jahresdurchschnitt einher (siehe dazu Box V.2). Verlaufs- und Durchschnittsziele sind folglich nur dann kompatibel und austauschbar, wenn sich die Geldmenge gleichmäßig auf dem vorgegebenen Zielpfad bewegt.

Die Bundesbank verwendet für die Ableitung der Zwischenziele anhand der Potentialformel ausschließlich Durchschnittswerte für die normative Inflationsrate, das Produktionspotential und den Trend der Umlaufsgeschwindigkeit. Als Summe der in Tabelle V.2 angegebenen Werte ergeben sich folglich angestrebte jahresdurchschnittliche Zuwachsraten der Geldmenge M3. Für das Jahr 1996 beträgt der Wert z.B. 5½ %. Verkündet werden von der Bundesbank aber Verlaufsziele, die folglich auf der Grundlage der Durchschnittsziele errechnet werden müssen. Als Grundlage dafür dient der in Schaubild V.3 dargestellte Zusammenhang, der nur dann gilt, wenn der Verlaufspfad das Jahr über eingehalten wird.

Schaubild V.3: Durchschnitts- und Verlaufsziel

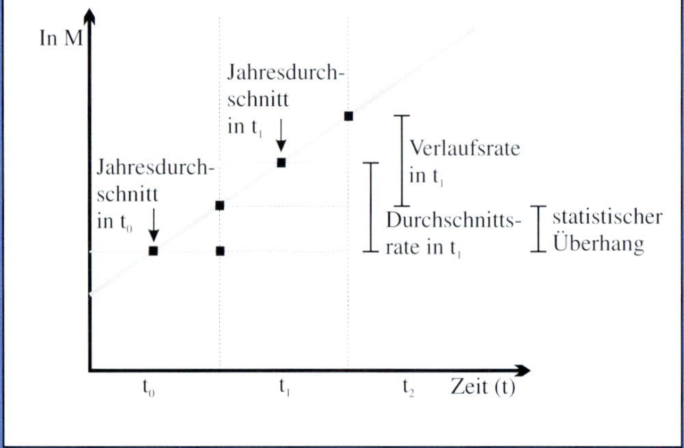

Aus Schaubild V.3 erkennt man, daß sich die Durchschnittsrate (DZ) der Geldmengenentwicklung in der Periode t_1 zusammensetzt, aus dem statistischen Überhang und der Hälfte der Verlaufsrate (VZ). Dabei ist der statistische Überhang der Betrag, um den die Geldmenge zu Beginn der Periode t_1 über dem Durchschnittswert der Vorperiode t_0 liegt. Es ergibt sich also folgende Formel (vgl. Köhler 1978, S. 16; Rohde 1982, S. 79):

(V.6) DZ = 1/2 VZ + Überhang bzw. VZ = 2 (DZ - Überhang).

Für 1993 z.B. kann man aus der Potentialformel einen durchschnittlichen Zielwert von 5½ % ermitteln (DZ = 2% +2½ % + 1 %).[265] Der statistische Überhang wurde auf 3 % geschätzt,[266] so daß sich als mittlere Verlaufsrate ein Wert von 5 % ergab [VZ = 2 (5½ %-3 %)], um den dann ein Korridor von ± 1 Prozentpunkten gelegt wurde (4 %- 6 %). Dabei stellt sich das Problem, daß die Bundesbank bei der Zielfestlegung, die traditionell im Dezember erfolgt, lediglich Informationen über den Oktoberwert von M3 besitzt und folglich den statistischen Überhang schätzen muß. Die Zielvorgabe ist somit zwangsläufig mit einer gewissen Unsicherheit behaftet. Z.B. belief sich der tatsächliche Überhang im vierten Quartal 1992 auf 3,7 %, d.h. er wurde bei einer Prognose von 3 % unterschätzt. Zur Umsetzung des Jahresdurchschnittsziels hätte die mittlere Verlaufsrate statt 4,5 % nur 3,1 % [VZ = 2 (5¼ %-3,7 %)] betragen dürfen. Das Geldmengenziel für 1994 war folglich durch diesen Schätzfehler zu expansiv ausgerichtet.

Problematisch ist des weiteren, daß die Umrechnungsformel nur dann gilt, wenn sich auch die Geldmenge annähernd entlang des Zielpfades entwickelt (siehe Schaubild V.3). Sind die Abweichungen vom Zielpfad nur gering, kann sie immerhin noch als Faustformel verwendet werden. Der Zusammenhang gilt aber nicht mehr, wenn die tatsächliche Geldmengenentwicklung starken Schwankungen unterworfen ist. Im Jahr 1994 konnte man dieses Phänomen besonders ausgeprägt beobachten. In den ersten Monaten lag die monetäre Expansion weit über dem Zielpfad, während sie in der zweiten Jahreshälfte nahezu unverändert blieb, so daß zum Jahresende sogar noch der Zielpfad erreicht werden konnte (siehe Schaubild V.4).

Box V.2: Andere Zielableitung für 1995 aufgrund des „Buckeleffekts“

Aufgrund des ungleichmäßigen Verlaufs der Geldmenge M3 im Jahr 1994 mußte die Bundesbank bei der Zielableitung für das Jahr 1995 einen anderen Weg einschlagen als in den Vorjahren. Durch den extremen „Buckeleffekt“ der Geldmengenentwicklung ergab sich eine durchschnittliche Wachstums-

[265] Siehe für die Zahlenwerte Tabelle V.2.

[266] Die Bundesbank gibt ihren Schätzwert des statistischen Überhangs nicht bekannt. Er läßt sich somit nur indirekt als Restgröße der Gleichung V.6 ermitteln.

rate in 1994 von 9 %, die weit über der Zieldurchschnittsrate von 5½ % lag, die aus den Eckwerten der Potentialformel abgeleitet worden war. Die erreichte Verlaufsrate von 5,7 % fiel dagegen in den angestrebten Zielkorridor von 4 % - 6 %. Offensichtlich war die Kompatibilität von Verlaufs- und Durchschnittsziel für 1994 nicht mehr gegeben. Hätte die Bundesbank trotzdem bei der Zielableitung für 1995 die Umrechnungsformel konsequent angewendet, dann hätte sich ein Verlaufsziel für 1995 von 9½ % [VZ = 2 (5,75 %-1 %)] ergeben. Ursächlich für die starke Abweichung des fiktiven Verlaufsziels 9½ % vom tatsächlichen Durchschnittsziel für 1995 von lediglich 5,75 % (abgeleitet aus den Eckwerten der Potentialformel: $\pi = 2\%$, $\hat{Y} = 2{,}75\%$, $\hat{V} = -1\%$) ist die starke Unterzeichnung des Überhangs, der durch den aufgetretenen Buckeleffekt mit 1 % sehr niedrig angesetzt werden mußte. Die Bundesbank nahm deshalb bei der Umrechnung auf die verletzte Annahme einer stetigen Geldmengenentwicklung Rücksicht, indem sie einen Abschlag vom Durchschnittsziel in Höhe von 2,25 % vornahm. Wie ist die Bundesbank nun aber auf den Abschlag von 2,25 % gekommen? Sie stellte die tatsächliche durchschnittliche Geldmengenentwicklung im Jahr 1994 einer fiktiven Geldmengenentwicklung von 6,75 % gegenüber, die sich ergeben hätte, wenn M3 vom vierten Quartal 1993 bis zum vierten Quartal 1994 mit einer stetigen Rate von 5 % (der mittleren Zielverlaufsrate für 1994) gewachsen wäre (vgl. Deutsche Bundesbank 1994 c, S. 3). Die Differenz zwischen tatsächlicher (9 %) und fiktiver Durchschnittsrate (6,75 %) stellt genau die 2,25 % dar, um die die Ausgangsbasis des Geldmengenziels für 1995 aus rein statistischen Zwängen korrigiert wurde (vgl. Bofinger und Reischle 1995). Aus der Umrechnungsformel inklusive des Abschlag wurde dann für 1995 eine mittlere Verlaufsrate von 5 % ermittelt [VZ = 2 (5,75 % - 1 % - 2,25 %)], um die der Korridor von ±1 % gelegt wurde.

Generell stellt sich die Frage, ob man die Ableitung eines Geldmengenziels in diesem Punkt nicht etwas einfacher gestalten könnte. Hierfür gibt es im Prinzip zwei Optionen. Entweder entscheidet man sich dafür das Geldmengenziel als Durchschnittsziel vorzugeben, denn de facto wird keine unterjährige Einhaltung des Verlaufsziels mehr betrieben, so daß das Transparenzargument bezüglich des Verlaufziels seine Gültigkeit verliert. Oder man stellt bereits die Potentialformel auf Verlaufsgrößen um und umgeht somit den mühsamen Weg der Umrechnungen. Ein solches Vorgehen wäre durchaus möglich, da es sich bei den für die Zielableitung verwendeten Größen allesamt um **Trendwerte** handelt, bei denen die

Veränderungsraten im Jahresdurchschnitt und im Jahresverlauf ohnehin nahezu identisch sind.

Schaubild V.4: Der "Buckeleffekt" in der Geldmengenentwicklung 1994

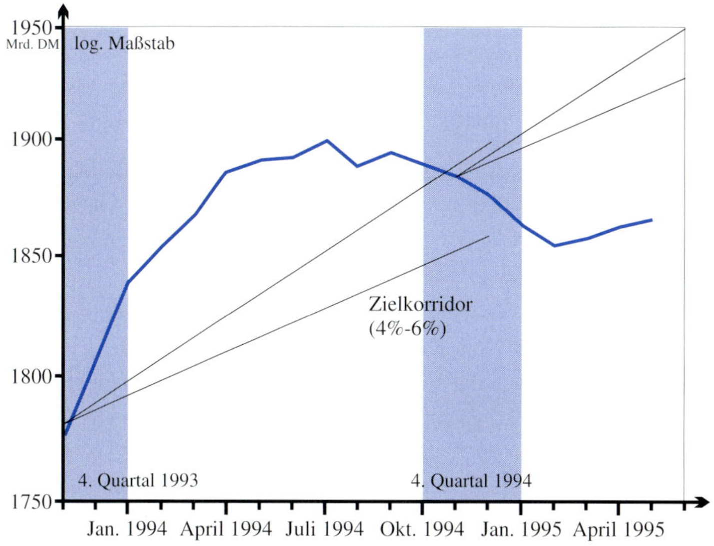

Quelle: Deutsche Bundesbank, Saisonbereinigte Wirtschaftszahlen.

3.2.4 Zielkorridor oder Punktziel

Die mit der Zielableitung verbundenen Schätzunsicherheiten, temporäre Instabilitäten in der Geldnachfrage sowie technische Probleme bei der Steuerung der Geldmenge verlangen von der Notenbank eine gewisse geldpolitische Flexibilität. Wenn sie ihr Zwischenziel in der Form eines Zielkorridors formuliert, kann sie sich auch bei einer Geldmengensteuerung einen gewissen diskretionären Spielraum verschaffen. In der Praxis konnte man bei nahezu allen Notenbanken die Formulierung von Zielkorridoren anstelle von exakten Punktzielen beobachten. Zum Beispiel gibt die Bundesbank seit 1979 ihr Geldmengenziel in der Form eines Zielkorridors an mit einer zulässigen Schwankungsbreite von ± 1 bis ± 1,5 Prozentpunkten.[267] Die Bundesbank begründet ihr Vorgehen wie folgt:

> „Das Bandbreiten-Konzept trägt den Grenzen der technischen Genauigkeit Rechnung, die bei der Verfolgung quantitativer Geldmengenziele erreichbar ist. Eine Bandbreite von ein bis zwei Prozentpunkten scheint bei jährlichen Verlaufszielen im allgemeinen schon deshalb angemessen, um exogene Einflüsse auf die monetäre Entwicklung, kurzfristige Unregelmäßigkeiten im Funktionieren der Finanzmärkte sowie die Schwierigkeiten der statistischen Messung der Geldmenge 'einzufangen'." (Deutsche Bundesbank 1995 a, S. 87)

Dabei stellt sich die grundsätzliche Frage, ob es aus diesen Gründen besser wäre, mehrjährige Ziele zu formulieren, diese aber mit relativ engen Bandbreiten zu versehen. Sonst würde aus Sicht der Privaten die eigentlich angestrebte Transparenz der Geldpolitik erheblich beeinträchtigt.

Eine wichtige Ausnahme von der üblichen Praxis der Zielkorridorformulierung bildet die Schweizerische Nationalbank, die ein Punktziel mit der Begründung vorzieht, daß „psychologisch die Verfehlung eines Zielbandes schlechter ist als die Verfehlung eines Punktziels" (Schildknecht 1983, S. 73, eigene Übersetzung). Allerdings räumt sich damit auch die Schweizerische Nationalbank explizit einen diskretionären Spielraum ein, indem sie von vornherein Zielabweichungen einkalkuliert, und versteht ihr Vorgehen somit nicht streng monetaristisch.

3.3 Die Ratio einer Selbstbindung durch die Vorankündigung von Geldmengenzielen

Für die Durchführung der Geldpolitik könnte es im Prinzip genügen, wenn die Notenbank ein Geldmengenziel nur intern fixiert und sich im Außenverhältnis lediglich darauf verpflichtet, das Preisniveau stabil zu halten. Die Bundesbank hat jedoch wie alle anderen Notenbanken, die mit Geldmengenzielen operiert haben, von Anfang darauf Wert gelegt, ihre Zielvorgabe stets für ein Jahr im voraus öffentlich anzukündigen.

Für die traditionelle geldtheoretische Literatur sind solche **Ankündigungseffekte** nicht einfach zu interpretieren, da sie lediglich die exogene Bindung einer Notenbank durch die Friedman-Regel oder andere Mechanismen vorsieht (siehe Kapitel III.2). Was fehlt ist eine Erklärung dafür, wieso es für eine Notenbank sinnvoll sein kann, sich durch eine solche Zielankündigung selbst zu binden. Die Ratio ei-

[267] De facto vergrößern sich die Bandbreiten der Bundesbank um einen Prozentpunkt dadurch, daß sie bei der Bewertung ihrer Zielerreichung das Geldmengenwachstum auf ganze Werte rundet. Bei einem Zielkorridor von z.B. 4 - 6 % werden Geldmengenwachstumsraten von 3,5 % bis 6,4 % als Erfüllung des Zielwertes interpretiert.

ner Selbstbindung ist demgegenüber vergleichsweise einfach nachzuvollziehen, wenn man auf der Grundlage des Ansatzes von Barro und Gordon argumentiert.[268] Eine Notenbank, die über diskretionäre Handlungsspielräume verfügt, kann dort die (unvorteilhafte) Nash-Lösung nur dann vermeiden, wenn es ihr gelingt, daß die Privaten die Ankündigung, eine stabilitätsorientierte Politik zu verfolgen, auch als glaubwürdig ansehen.

Diese Fragestellung weist – wie schon die Struktur des Phänomens der Zeitinkonsistenz (siehe Kapitel III.3) – eine klare Analogie zur **Neuen Institutionenökonomik** auf.[269] Bei den dort im Mittelpunkt stehenden langfristigen Verträgen geht es insbesondere um die Frage, wie es einem Vertragspartner gelingt, glaubhaft zu machen, daß er die von ihm zugesagten Leistungen auch tatsächlich erfüllen wird. Da die Neue Institutionenökonomie unterstellt, daß langfristige Verträge nie alle Eventualitäten umfassen können und überdies Gerichte wenig effizient sind, ist es hierfür wenig hilfreich, daß man Vertragsleistungen auch einklagen kann. Damit ein langfristiger Vertrag unter solchen Umständen tatsächlich zustandekommt, ist es also wichtig, daß Vertragspartner glaubhafte Verpflichtungen („**Credible commitments**") eingehen können. Wie Kronman (1985) verdeutlicht, gibt es dabei vor allem folgende Instrumente, um die Glaubwürdigkeit von vertraglichen Verpflichtungen zu erhöhen:

- das Übergeben von Gegenständen, die lediglich für den Verpflichteten einen Wert besitzen („**Geiseln**"); im Fall der Nichterfüllung wird der Gegenstand zerstört. Ein Beispiel hierfür ist das Hinterlegen von Schlüsseln;
- das Hinterlegen eines Gegenstandes, der für beide Vertragsseiten einen Wert aufweist („**Pfänder**"); im Fall der Nichterfüllung geht das Pfand in das Eigentum des anderen Vertragspartners über. Beispielhaft hierfür stehen Kautionen im Fall von Mietverträgen;
- die **öffentliche Ankündigung** des Verpflichteten, eine bestimmte Verpflichtung eingegangen zu sein. Hält er die Verpflichtung nicht ein, verliert er in der gesamten Öffentlichkeit die Reputation als ein Vertragspartner, der Verträge einhält. Er wird somit dadurch sanktioniert, daß er in der Zukunft nicht mehr in der Lage ist, langfristige Verträge einzugehen.

Eine stabilitätsorientierte Notenbank kann sich dabei in einer ähnlichen Situation befinden, wie ein Wirtschaftssubjekt, das einen langfristigen Vertrag abschließen möchte. Ihre Absicht, eine Inflationsrate von null zu erreichen, wird von den Privaten nicht von vornherein als glaubwürdig angesehen. Wenn die Nash-Lösung

---

[268] Siehe dazu ausführlich Kapitel III.

[269] Siehe dazu Richter 1994.

vermieden werden soll, ist es für die Notenbank daher entscheidend, ihre Stabilitätsorientierung durch ein Credible commitment zu verdeutlichen.

Ein öffentlich verkündetes Geldmengenziel kann die Glaubwürdigkeit einer Notenbank vor allem dadurch erhöhen, daß es die Transparenz der Geldpolitik verbessert. Die Notenbank gibt den Privaten auf diese Weise bekannt, an welcher geldpolitischen Konzeption sie sich bei ihren laufenden Entscheidungen orientiert. Die Privaten verfügen damit über einen Referenzrahmen, mit dem sie – im Idealfall von Monat zu Monat[270] – jede einzelne Maßnahme der Notenbank (z.B. eine Senkung des Wertpapierpensionsatzes) in Bezug zum Endziel der Geldwertstabilität beurteilen können. Der Übergang zu einer Politik der Überraschungsinflation kann dann von den Privaten rechtzeitig[271] erkannt und durch eine Anpassung der Tarifverträge konterkariert werden. Aus der Sicht der Privaten spricht daher schon die Bereitschaft einer Notenbank, sich auf diese Weise kontrollieren zu lassen, dafür, daß die geldpolitischen Entscheidungsträger keine inflationäre Politik verfolgen werden. Eine Notenbank, die auf eine Politik der Überraschungsinflation aus ist, würde sich demgegenüber kaum zu einem solchen Vorgehen bereitfinden. Entweder kämen ihre Absichten schon bei der Ankündigung der Zielwerte zum Ausdruck oder bald danach in einer zunehmenden Abweichung der Geldmengenexpansion von einem stabilitätsgerechten Zielpfad.[272]

Bei einer öffentlich angekündigten Geldmengenpolitik muß sich eine Notenbank allerdings recht sicher sein, daß sie ihre Geldpolitik auch tatsächlich an der von ihr angekündigten Konzeption ausrichten kann. Stellt sie im Lauf der Zielperiode fest, daß ein anderes Vorgehen zweckmäßiger ist, um das Ziel der Geldwertstabilität zu errechnen, könnte die damit möglicherweise erforderliche Abweichung von dem

---

270 Wie in Abschnitt 3.2.3 dargestellt, gilt dies nur für Geldmengenziele, die als Verlaufsziel formuliert werden, nicht aber für Durchschnittsziele. Allerdings müßte die Notenbank dann auch bestrebt sein, das Verlaufsziel permanent einzuhalten und nicht nur zum Ende der Zielperiode.

271 Die Wirkungsverzögerung zwischen Veränderungen der Geldmenge und Veränderungen des Preisniveaus beträgt in Deutschland rund zwei Jahre.

272 Wenig überzeugend ist demgegenüber eine alternative Begründung der Ratio eines Geldmengenziels, wonach „es nützlich wäre, allen Verantwortlichen durch ein quantifiziertes Geldmengenziel den monetären Rahmen für das nominelle gesamtwirtschaftliche Ausgabenwachstum ausdrücklich vorzugeben" (Deutsche Bundesbank 1995 a, S. 81). Problematisch ist hierbei zunächst, daß es aufgrund der mittelfristigen Festlegung des Geldmengenziels – auf kurze Sicht – keine starre Beziehung zwischen dem tatsächlichen nominellen Ausgabenwachstum ($\pi + \hat{Y}$) und der im Geldmengenziel fixierten Expansion von M3 gibt. Wie die Bundesbank selbst feststellt, unterliegt die Umlaufsgeschwindigkeit konjunkturellen Schwankungen. Darüber hinaus ist es in der Wirtschaftstheorie unstrittig, daß für die Erwartungen der Privaten die Inflationsrate von sehr viel größerer Bedeutung ist als das nominelle gesamtwirtschaftliche Ausgabenwachstum. Entscheidend ist die erwartete Inflationsrate in makroökonomischen Modellen vor allem für die Tarifvereinbarungen am Arbeitsmarkt.

ursprünglich angekündigten Geldmengenpfad von den Privaten fälschlicherweise als eine Politik der Überraschungsinflation interpretiert werden und zu einem Anstieg der erwarteten Inflationsrate führen. Will eine Notenbank diesen Effekt vermeiden, muß sie in der Lage sein, Abweichungen den Privaten gegenüber glaubhaft zu begründen. Man spricht hierbei auch von der Beweislast, die einer Notenbank von einem Geldmengenziel auferlegt wird. Bei nur sporadisch auftretenden und klar identifizierbaren exogenen Schocks ergibt sich gerade daraus der besondere Vorteil einer Selbstbindung gegenüber einer starren, exogen fixierten Geldmengenregel. Vorübergehende Abweichungen vom Zielpfad sind möglich, ohne daß es deshalb zu systematisch höheren Inflationserwartungen der Privaten kommen muß. Ein Beispiel hierfür sind die Zielabweichungen der Bundesbank in den Jahren 1988 und 1992, die in erster Linie durch einen überdurchschnittlichen Anstieg der Bargeldhaltung verursacht wurden: Die für 1989 beschlossene Einführung einer Quellensteuer auf Zinseinkünfte, die nach wenigen Monaten wieder abgeschafft worden war, und die 1993 in Kraft getretene Zinsabschlagsteuer hatten zu einer massiven Kapitalflucht, vor allem nach Luxemburg geführt (vgl. Deutsche Bundesbank 1994 b, S. 45 - 58). Die Anleger mußten dazu inländische Wertpapiere verkaufen, deren Gegenwert temporär in Bargeld halten und dann ins Ausland transferieren. Insgesamt erhöhte sich dadurch zeitweise die Geldnachfrage.

Bei häufigen und systematischen Zielabweichungen geht jedoch der positive Ankündigungseffekt eines Geldmengenziels verloren. Die Privaten stellen im Lauf der Zeit fest, daß die Geldpolitik offensichtlich permanent von anderen Handlungsregeln bestimmt wird als jenen, die sich aus der angekündigten Konzeption ergeben. Die Transparenz der Geldpolitik wird dann durch ein Geldmengenziel nicht mehr erhöht, sondern tendenziell vermindert. Hält eine Notenbank unter solchen Umständen gleichwohl an einem Geldmengenziel fest, führt dies für sich genommen dazu, daß die Glaubwürdigkeit der Notenbank sinkt, da sie nicht willens oder in der Lage ist, die öffentlich verkündeten Absichtserklärungen auch einzuhalten.

3.4 Erfahrungen der Bundesbank mit der Geldmengensteuerung

Würde man die Geldpolitik der Bundesbank alleine anhand der von ihr selbst formulierten Geldmengenziele beurteilen, käme man zu keinem besonders positiven Urteil. Von 1975 bis 1996 hat die Bundesbank 22 Geldmengenziele verkündet. Dabei stehen elf Zielerreichungen zehn teilweise massiven Zielverfehlungen gegenüber (Tabelle V.3).[273] So gesehen besteht also bei einem neu verkündeten

273 Diese Anzahl der Zielerreichungen und Zielabweichungen ergibt sich, wenn man der Bundesbankpraxis folgt und die realisierten Geldmengenwachstumsraten auf ganze Zahlen rundet. Ansonsten erhielte man zusätzlich in den Jahren 1980, 1981 und 1991 Zielverfehlungen, als mit

Geldmengenziel – trotz des teilweise sehr breiten Korridors – eine Wahrscheinlichkeit von nahezu 50 Prozent, daß es nicht eingehalten wird.

Was die Relevanz der Geldmengenziele zusätzlich in Frage stellt, ist die Tatsache, daß die Bundesbank nach Zielüberschreitungen und -unterschreitungen nie eine Korrektur beim Geldmengenziel des folgenden Jahres vorgenommen hat. Vielmehr wurde die nach der Potentialformel abgeleitete Verlaufsrate stets an den Ist-Wert des letzten Quartals des Vorjahres angelegt. Besonders ausgeprägt war dieser „**Base-shift**" beim Geldmengenziel für 1993. Der Ist-Wert des 4. Quartals 1992 lag um 9,4 % über seinem Vorjahresniveau, während die Bundesbank ein Geldmengenziel von 3,5 - 5,5 % für angemessen gehalten hatte.

Dieses Vorgehen ist vor allem deshalb problematisch, weil die Bundesbank dadurch zum Ausdruck bringt, daß sie auch auf längere Sicht nicht in der Lage ist, dem mit den Geldmengenzielen vorgegebenen Pfad zu folgen. Wäre ihre Politik ausschließlich von „mittelfristigen Vorstellungen für das angemessene Geldmengenwachstum" (Deutsche Bundesbank 1995 a, S. 89) geprägt gewesen, hätte sie den neuen Zielkorridor stets am Soll-Wert des Vorjahres fixieren müssen. Zumindest hätte sie jeweils begründen müssen, wieso der Soll-Wert der Vorperiode nicht mehr als Ausgangspunkt für die Festschreibung des Geldmengenpfades verwendet werden konnte. Ein Grund hierfür könnte z.B. darin bestehen, daß in der Vorperiode ein Fehler bei der Zielableitung unterlaufen ist. Das von der Bundesbank praktizierte Vorgehen, den jeweils gegebenen Ist-Wert der Vorperiode als Anknüpfungspunkt für den nach der Potentialformel abgeleiteten Verlaufspfad heranzuziehen, ist mit der von ihr intendierten Mittelfristigkeit also nicht kompatibel. In den Jahren von 1975 bis 1994 kam dabei erschwerend hinzu, daß es sich bei den Zielverfehlungen stets um eine überhöhte Geldmengenexpansion handelte. Die Abweichungen waren in dieser Phase also systematischer Natur.

Im Durchschnitt entstand so in dieser Phase ein positiver „**Geldmengen-Bias**" von 1,17 Prozentpunkten, gemessen als Abweichung der Geldmengenwachstumsrate vom mittleren Zielkorridor. Bei dieser insgesamt wenig vorteilhaften Bilanz der Geldmengensteuerung müßte man im Ergebnis einen nachteiligen Effekt auf die Glaubwürdigkeit der Bundesbank erwarten. Ganz offensichtlich entspricht die den Privaten gegenüber verkündete Konzeption nicht den Handlungsregeln, von denen sich die Bundesbank leiten läßt. Die häufigen Zielverfehlungen legen es nahe, daß es eine „**Meta-Regel**" geben muß, anhand derer die Bundesbank sich dazu entscheidet, ein Geldmengenziel einzuhalten oder aber davon abzuweichen. Diese Regel ist aus den Publikationen der Bundesbank nur andeutungsweise zu erkennen.

4,9 % bzw. 3,5 % die untere Grenze des Korridors unterschritten wurde und als 1991 der Zielkorridor mit 5,2 % überschritten wurde.

Tabelle V.3: Geldmengenziele und ihre Realisierung

in %

Jahr	Ziel: Wachstum der Zentralbankgeldmenge bzw. der Geldmenge M3[1] Im Verlauf des Jahres[2]	Im Jahresdurchschnitt	Konkretisierung im Verlauf des Jahres	Tatsächliche Entwicklung Im Verlauf des Jahres[2]	Im Jahresdurchschnitt	Ziel erreicht?[3]
1975	etwa 8	-	-	10,1	-	nein
1976	-	8	-	-	9,2	nein
1977	-	8	-	-	9,0	nein
1978	-	8	-	-	11,5	nein
1979	6 - 9	-	Untergrenze	6,3	-	ja
1980	5 - 8	-	Untergrenze	4,9	-	ja (nein)[4]
1981	4 - 7	-	untere Hälfte	3,5	-	ja (nein)[4]
1982	4 - 7	-	obere Hälfte	6,0	-	ja
1983	4 - 7	-	obere Hälfte	7,0	-	ja
1984	4 - 6	-	-	4,6	-	ja
1985	3 - 5	-	-	4,5	-	ja
1986	$3^1/_2$ - $5^1/_2$	-	-	7,7	-	nein
1987	3 - 6	-	-	8,1	-	nein
1988	3 - 6	-	-	6,7	-	nein
1989	etwa 5	-	-	4,7	-	ja
1990	4 - 6	-	-	5,6	-	ja
1991	3 - 5[5]	-	-	5,2	-	ja (nein)[4]
1992	$3^1/_2$ - $5^1/_2$	-	-	9,4	-	nein
1993	$4^1/_2$ - $6^1/_2$	-	-	7,4	-	nein
1994	4 - 6	-	-	5,7	-	ja
1995	4 - 6	-	-	2,1		nein

1) Ab 1988: Geldmenge M3. - 2) Jeweils vom 4. Quartal des Vorjahres bis zum 4. Quartal des laufenden Jahres;1975: Dezember 1974 bis Dezember 1975. - 3) Die Zielerreichung bezieht sich auf gerundete Werte (Bundesbankvorgehensweise). - 4) Bezogen auf nicht gerundete Werte. - 5) Gemäß der Adjustierung des Geldmengenziels im Juli 1991.

Quelle: Deutsche Bundesbank (1995a) und eigene Ergänzungen.

„Die Bundesbank hat die jährlichen Geldmengenziele auf kurze Sicht nie als alleinige Richtschnur für liquiditäts- und zinspolitisches Handeln betrachtet, sondern auch die jeweiligen binnen- und außenwirtschaftlichen Rahmenbedingungen berücksichtigt. Dies bedeutet jedoch nicht, daß sie damit auch ihre mittelfristigen Zielvorstellun-

> gen für das angemessene Geldmengenwachstum aufgegeben hat." (Deutsche Bundesbank 1995 a, S. 89)

Betrachtet man die deutsche Geldpolitik der letzten zwanzig Jahre, dann lassen sich zwei wesentliche Determinanten einer solchen Meta-Regel erkennen:

- die Entwicklung der Wechselkurse der D-Mark gegenüber den wichtigsten Währungen der Handelspartner und
- die laufende Inflationsrate.

Schaubild V.5: Abweichungen der Geldmenge vom Zielpfad und Wechselkursentwicklung

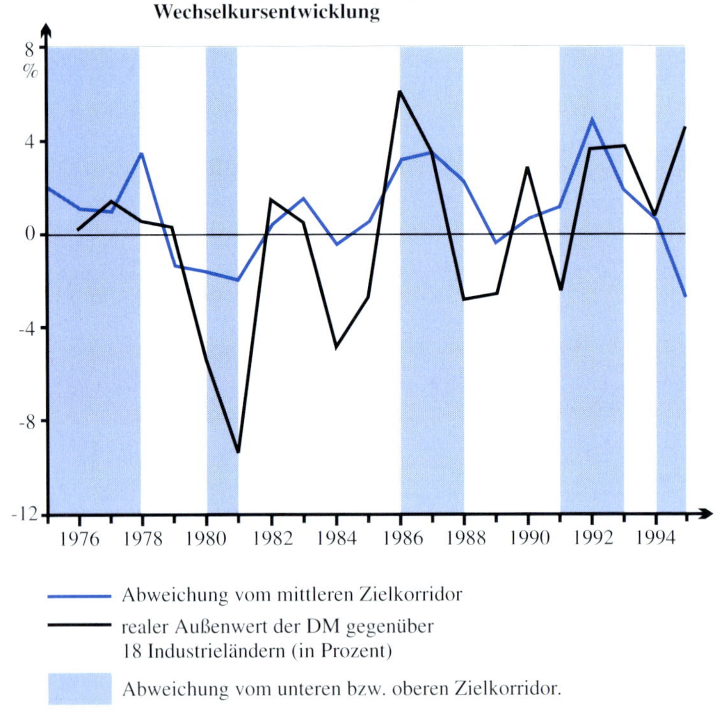

Quelle: Deutsche Bundesbank, Monatsberichte.

Analysiert man die Phasen, in denen das Geldmengenziel nicht erreicht werden konnte, dann zeigt sich, daß Zielüberschreitungen vor allem in Jahren eintraten, in denen die D-Mark unter starkem Aufwertungsdruck (1986 bis 1988, 1991 bis

1993) stand. Eine im Vergleich zum Geldmengenziel sehr geringe monetäre Expansion war in der Phase 1980/81 zu beobachten, in der die D-Mark unter starken Abwertungsdruck geraten war (Schaubild V.5).[274]

Offensichtlich besteht also trotz der grundsätzlich binnenwirtschaftlich angelegten Konzeption eine gewisse **außenwirtschaftliche Ausrichtung** der deutschen Geldpolitik. Eine Überschreitung des Geldmengenziels wird von der Bundesbank als vertretbar angesehen, wenn es durch die Aufwertung der D-Mark – über die geringere Zunahme der Importpreise – zu einer entsprechenden Entlastung beim inländischen Preisanstieg kommt. Mit der Ratio eines Geldmengenkonzepts ist eine solche außenwirtschaftliche Orientierung jedoch nicht ohne weiteres zu vereinbaren. Im Prinzip basiert diese Strategie auf der Vorstellung, daß es allein durch das System flexibler Wechselkurse zu einer hinreichenden außenwirtschaftlichen Absicherung kommt. Die Wechselkurse würden sich dabei entsprechend der Inflationsdifferenzen zwischen In- und Ausland entwickeln (relative Kaufkraftparitätentheorie), was gleichbedeutend ist mit der Konstanz des realen Wechselkurses.[275] Für die Notenbanken gäbe es dann keinen Anlaß, aus stabilitätspolitischen Bestrebungen auf nominale Wechselkursänderungen zu reagieren. Anders als von den Anhängern flexibler Wechselkurse unterstellt, kam es jedoch seit 1973 immer wieder (auch auf mittlere Sicht) zu massiven Abweichungen der Wechselkurse vom Pfad der relativen Kaufkraftparitäten.[276] Bei einer realen Abwertung der D-Mark wird dann Inflation importiert. Im Fall der realen Aufwertung der D-Mark entsteht ein deflationärer Druck auf das inländische Preisniveau, der eine übermäßige Geldmengenausweitung rechtfertigen kann.[277]

Ein wichtiger Einfluß auf die geldpolitischen Entscheidungen des Zentralbankrats scheint auch von der laufenden Preisentwicklung auszugehen. Dies ist vor allem bei den massiven Zinssenkungsschritten in den Jahren 1993 und 1994 zu beobachten, die mit den bis dahin üblichen geldpolitischen Handlungsanweisungen nicht zu begründen waren:

---

274 Mit Hilfe ökonometrischer Tests kommt von Hagen (1989) zu der differenzierteren Aussage, daß die Zielverfehlungen gerade in den Perioden anfielen, in denen die D-Mark gleichzeitig gegenüber dem US-Dollar und den EWS-Währungen eine starke bzw. eine schwache Position einnahm. In die gleiche Richtung gehen auch die Ergebnisse späterer Studien durch Neumann und von Hagen (1993, 1995). Sie zeigen, daß der reale Wechselkurs eine entscheidende Erklärungsvariable für die Abweichung der Geldmengenentwicklung vom mittleren Zielkorridor ist, indem sie feststellen, daß die Bundesbank vom Geldmengenziel abwich, um reale Wechselkursschwankungen zu vermeiden und um die Inflation zu bekämpfen.

275 Siehe dazu insbesondere das vom Sachverständigenrat (1974) entwickelte wirtschaftspolitische „Assignment".

276 Siehe dazu Obstfeld (1995) und Isard (1995).

277 Siehe zu diesem Argument Sievert (1993).

- Die Geldmenge stieg von Anfang 1993 bis Mitte 1994 durchweg stärker an, als es dem vorgegebenen Zielkorridor entsprach.
- Die D-Mark stand unter keinem nennenswertem Aufwertungsdruck.

Die in Box V.3 zusammengestellten Begründungen der Bundesbank für die einzelnen Zinssenkungsschritte zeigen, daß sich der Zentralbank in diesem Zeitraum offensichtlich ganz unmittelbar an der laufenden Preisentwicklung orientiert hat; bemerkenswert ist bei dieser Zitatensammlung, daß immer wieder das Argument einer schwächeren Geldmengenexpansion genannt wird, obwohl die monetäre Entwicklung im gesamten Zeitraum vom Februar 1993 bis Mai 1994 oberhalb des jeweiligen Zielkorridors verlief. So gesehen weist die Politik der Bundesbank durchaus auch Züge des „Inflation targeting" (siehe Kapitel V.7) auf, obwohl die Bundesbank in ihren Stellungnahmen diesem Ansatz eher skeptisch gegenübersteht (Deutsche Bundesbank 1995 a, S. 70).

Box V.3: Offizielle Begründungen für die Leitzinssenkung der Bundesbank in der Phase vom Februar 1993 bis Mai 1994

Datum	Diskontsatz	Lombardsatz	Begründung
05.02.93	8,00 (von 8,25)	9,00 (von 9,50)	• Begleitung einer Modifikation im Einsatz geldpolitischer Instrumente (Abgabe von Liquiditätspapieren und Senkung der Mindestreservesätze ab März 1993) • Senkung des Diskontsatzes: Geldmarktsatz hatte sich zu stark dem Diskontsatz angenähert • Senkung des Lombardsatzes: Verhinderung zu starker Ausschläge der Geldmarktzinsen
19.03.93	7,50	9,00	• gedämpfte Entwicklung der Geldmenge
23.04.93	7,25	8,50	• Erhaltung der stabilen Verhältnisse auf dem Kapital- und Devisenmarkt

02.07.93	6,75	8,25	• leichte Abschwächung der monetären Expansion • Entspannung des Preisklimas • Erhaltung der Glaubwürdigkeit in die Solidität des Kapital- und Finanzmarktes • ruhigere Einschätzung der deutschen Währung am Devisenmarkt nach der drohenden Gefahr der durch Spekulation genährter Abschwächung der D-Mark • Programm der Bundesregierung zur Reduktion des Defizits des Bundeshaushaltes durch Eingriffe auf der Ausgabenseite
30.07.93	6,75	7,75	• Erwartung, die monetäre Expansion 1993 im Zielkorridor halten zu können • tendenzielle Entspannung des Preisklimas • Finanzpolitische Konsolidierungsbeschlüsse der Bundesregierung mit Schwerpunkt Einsparungen auf der Ausgabenseite
10.09.93	6,25	7,25	• geringeres Geldmengenwachstum als nach den Devisenmarktinterventionen Ende Juli befürchtet • allmähliches Nachlassen des Preisanstiegs • Festigung der DM an den Devisenmärkten
22.10.93	5,75	6,75	• Aufhellung der Stabilitätsperspektiven: • Fortsetzung der moderaten Geldmengenentwicklung • deutliche Fortschritte in der Inflationsbekämpfung • Festigung der DM an den Devisenmärkten • Stützung der konjunkturellen Erholung
18.02.94	5,25	6,75	• anhaltender Rückgang der Preissteigerungsrate
15.04.94	5,00	6,50	• verbesserte Perspektiven für einen weiteren Rückgang der Preissteigerungsrate • weitere Abschwächung des Geldmengenwachstums in den nächsten Monaten

11.05.94	4,50	6,00	• verbesserte Stabilitätsperspektiven in Deutschland • Zinssenkung, um auf eine allmähliche Auflösung des Liquiditätsstaus und eine verstärkte Geldkapitalbildung hinzuwirken

Quelle: Deutsche Bundesbank (1992-1994) Auszüge aus Presseartikeln und Monatsberichten.

Schaubild V.6: Inflationsziel und realisierte Inflationsraten in Deutschland

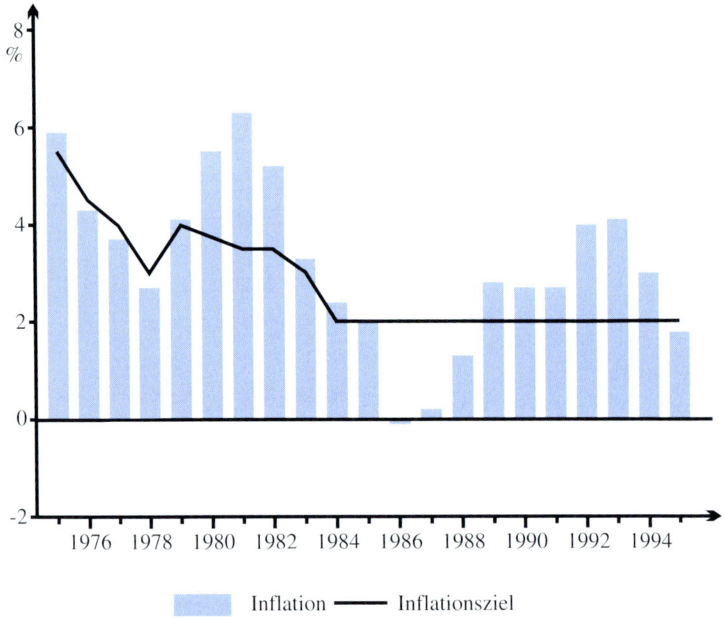

Quelle: Deutsche Bundesbank, Monatsberichte.

Nach den Erfahrungen seit 1975 ist es für die Privaten in Deutschland im allgemeinen nicht möglich, die zinspolitischen Beschlüsse des Zentralbankrates allein anhand des Geldmengenziels und der laufenden monetären Expansion zu beurteilen. Auch eine von Elementen der Wechselkurssteuerung und des Inflation targeting geprägte Meta-Regel ist nur im Grundsatz zu erkennen. Es ist deshalb erstaunlich, daß sich die zahlreichen und teilweise massiven Zielverfehlungen nicht nachteilig auf die – zweifellos hohe – Reputation der Bundesbank ausgewirkt haben.

Damit stellt sich die Frage, womit dann das große Vertrauen der Marktteilnehmer in die Stabilitätsorientierung der Bundesbank erklärt werden kann. Die Antwort läßt sich einfach finden, wenn man als Erfolgsindikator der deutschen Geldpolitik nicht das Zwischenziel der Geldmenge, sondern das **Endziel der Geldwertstabilität** heranzieht (vgl. Schaubild V.6).

Im Durchschnitt lag die Inflationsrate in Deutschland in der Zeit von 1975 bis 1995 bei 3,3%. Der „**Inflations-Bias**" – die durchschnittliche Abweichung vom Inflationsziel, wie es im normativen Preisanstieg in der Potentialformel fixiert wurde – betrug nur 0,4 Prozentpunkte. Berücksichtigt man darüber hinaus, daß die Bundesbank in den Anfangsjahren noch darauf bedacht war, die Inflationsrate graduell zu reduzieren, was im „unvermeidlichen Preisanstieg" zum Ausdruck kommt, dann ist das Ergebnis für die nachfolgenden Jahre noch besser: Von 1985 bis 1995 lag die durchschnittliche Inflationsrate des Preisindexes der privaten Lebenshaltung bei 2,3 %. Obwohl bei einer Preisnorm von 2 % das Ziel der Preisniveaustabilität in den letzten 10 Jahren immer noch um durchschnittlich 0,3 Prozentpunkte verfehlt wurde, ist dies im internationalen Vergleich ein beachtlicher Erfolg.

Wie in der theoretischen Literatur ausführlich dargestellt wird (siehe Kapitel III.5.3.3), hat es die Bundesbank also verstanden, sich dadurch Glaubwürdigkeit zu verschaffen, daß sie über zwei Jahrzehnte hinweg keine Versuche einer Überraschungsinflation unternommen hat. Sie hat dadurch den Privaten gegenüber deutlich zum Ausdruck gebracht, daß sie in ihrer Zielfunktion dem Ziel der Geldwertstabilität ein hohes Gewicht beimißt; der Gewichtungfaktor b (einer sozialen Wohlfahrtsfunktion wie in Gleichung III.1) ist also recht gering. Er ist allerdings nicht gleich null, denn die Bundesbank scheint zumindest auf temporäre Schocks, die sich auf realwirtschaftliche Zielgrößen (reales Sozialprodukt, Beschäftigung) auswirken, Rücksicht zu nehmen, wenn dies ohne anhaltende inflationäre Risiken möglich ist. Die dadurch offenbarte Zielfunktion der Bundesbank dürfte sich aber von der „sozialen Wohlfahrtsfunktion", mit der in den neueren geldtheoretischen Modellen gearbeitet wird, dadurch unterscheiden, daß keine niedrigere Arbeitslosenrate angestrebt wird als die natürliche Rate. Der k-Faktor (aus Gleichung III.3) dürfte bei der Bundesbank gleich eins zu setzen sein.

Es fehlen daher auf absehbare Zeit die Grundvoraussetzungen dafür, daß es bei der deutschen Geldpolitik zum Phänomen der „**Zeitinkonsistenz**" kommen könnte. Der Bedarf einer laufenden Überwachung der Geldpolitik ist deshalb eher gering einzuschätzen. Damit kommt auch den „Commitment technologies", im deutschen Beispiel vor allem der Ankündigung von Geldmengenzielen, eine eher sekundäre Bedeutung zu.

Tabelle V.4: Geldmengenziele in den USA
in %

Zeitraum	Zielvorgaben und tatsächliche Entwicklung					
	M1		M2		M3	
März75-März76	5-7½	5,0	8½-10½	9,6	10-12	12,3
1975.II-1976.II	5-7½	5,2	8½-10½	9,5	10-12	12,0
1975.III-1976.III	5-7½	4,6	7½-10½	9,3	9-12	11,5
1975.IV-1976.IV	4½-7½	5,7	7½-10½	10,9	9-12	12,8
1976.I-1977.I	4½-7	6,3	7½-10	10,9	9-12	12,8
1976.II-1977.II	4½-7	6,6	7½-9½	10,7	9-11	12,4
1976.III-1977.III	4½-6½	7,8	7½-10	11,0	9-11½	12,7
1976.IV-1977.IV	4½-6½	7,9	7-10	9,8	8½-11½	11,7
1977.I-1978.I	4½-6½	7,7	7-9½	8,8	8½-11	10,5
1977.II-1978.II	4-6½	8,2	7-9½	8,6	8½-11	10,0
1977.III-1978.III	4-6½	8,1	6½-9	8,6	8-10½	9,6
1977.IV-1978.IV	4-6½	7,3	6½-9	8,5	7½-10	9,4
1978.I-1979.I	4-6½	5,5	6½-9	7,2	7½-10	8,5
1978.II-1979.II	4-6½	4,4	6½-9	7,3	7½-10	8,4
1978.III-1979.III	2-6	4,8	6½-9	7,8	7½-10	8,4
1978.IV-1979.IV	1½-4½	4,9	5-8	8,0	6-9	7,9
1980	4-6½	7,3	6-9	8,9	6½-9½	9,6
1981	6-8½	5,1	6-9	9,2	6½-9½	12,3
1982	2½-5½	8,6	6-9	9,1	6½-9½	9,9

Quelle: Guba (1988, S. 133, 140).

3.5 Internationale Erfahrungen mit Geldmengenzielen

Die öffentliche Ankündigung von Geldmengenzielen konnte man seit der Mitte der siebziger Jahre in nahezu allen westlichen Industrieländern beobachten. Dies dokumentiert aber in vielen Fällen nur die Tatsache, daß die Notenbank die Geldmenge als einen wichtigen Indikator ansieht, nicht jedoch eine wirkliche konsequent betriebene Steuerung der monetären Expansion. Die bloße Ankündigung eines Zwischenziels für die Geldmenge ist, wie oben beschrieben wurde, keinesfalls konstitutiv für eine solche Konzeption. Der schon in Deutschland zu konstatierende Mangel an Kontinuität und Transparenz ist in der Geldmengenkonzeption anderer Notenbanken noch sehr viel stärker ausgeprägt:

- Die Zwischenzielvariable und die Zielzeiträume wurden häufig geändert, so daß eine mittelfristige Ausrichtung kaum noch zu erkennen ist;
- einige Notenbanken verkündeten gleichzeitig eine Vielzahl von Zwischenzielaggregaten, die nicht immer miteinander kompatibel waren;
- die Ableitung der Zwischenzielwerte wurde häufig ebenso wenig erläutert wie die Ursachen für Zielverfehlungen.

Darüber hinaus hielten einige Notenbanken an der Praxis der Vorankündigung der Geldmengenziele fest, obwohl die dafür erforderliche Grundvoraussetzung – eine stabile Geldnachfrage – nicht mehr gegeben war. Für viele europäische Länder kam hinzu, daß mit der Errichtung des EWS im Jahr 1979 der Wechselkurs de facto zum Zwischenziel ihrer Geldpolitik wurde. Auf eine einigermaßen konsequente und dauerhaft angelegte Geldmengensteuerung kann heute eigentlich neben der Deutschen Bundesbank nur die Schweizerische Nationalbank zurückblicken. Ihr Vorgehen wird im folgenden ebenso analysiert wie die Phasen der Geldpolitik in den USA, dem Vereinigten Königreich und in Japan, die offiziell unter dem Etikett der Geldmengensteuerung standen.

3.5.1 Geldmengenziele in den USA

Im Frühjahr 1975 verkündete die Federal Reserve erstmals angestrebte Wachstumsraten für unterschiedliche Geldmengen- und Kreditaggregate. Zu diesem Schritt wurde sie durch eine Resolution (House Concurrent Resolution 133) verpflichtet, die im März 1975 im amerikanischen Kongreß verabschiedet wurde (vgl. Moore 1990, S. 141). Die Fed selbst war von der Notwendigkeit einer Geldmengensteuerung zunächst nur wenig überzeugt und entzog sich den von einer solchen Konzeption ausgehenden Zwängen durch folgendes Vorgehen:

- Sie formulierte gleichzeitig Zielwerte für mehrere Geldmengenaggregate und für die Kreditexpansion, die nicht unbedingt kompatibel waren. Zudem kam es zu häufigen Wechseln bei den dafür verwendeten Aggregaten.[278] Für jedes der Zwischenziele wurde eine Bandbreite von ± 1 % bis ± 2 % festgelegt (vgl. Guba 1989, S. 128f.).
- Da die Fed verpflichtet war, vierteljährlich vor dem US-Kongreß Rechenschaft über ihren zukünftigen geldpolitischen Kurs abzulegen, entschied sie sich, die Ausgangsbasis ihrer Zielformulierung jedes Quartal neu festzulegen

[278] Insgesamt wurden von 1975 bis 1979 für folgende Variablen zumindest einmal öffentliche Zielwerte angekündigt: M1, M1+, M2, M3, M4, M5, „credit-proxy", „bank-credit proxy" und „commercial bank credit". Siehe hierzu und zu den jeweiligen Abgrenzungen der Variablen Guba (1989) und Modul A.

(„**rollierende Ausgangsbasis**"). Konkret wurde dann z.B. im ersten Quartal 1976 ein Verlaufsziel für M1, M2 sowie M3 bis zum ersten Quartal 1977 angekündigt. Im zweiten Quartal 1976 wiederholte sich dieser Vorgang für ein Verlaufsziel bis zum zweiten Quartal 1977, jedoch basierte das neue Ziel auf den aktuellen Geldmengenwachstumsraten, so daß die Fed nie durch ihre Politik der Vergangenheit restringiert wurde. Stattdessen kam es zu einem ständigen **Base-shift** (vgl. Bernanke und Mishkin 1992, S. 12).

Schaubild V.7: Die Inflationsentwicklung in den USA

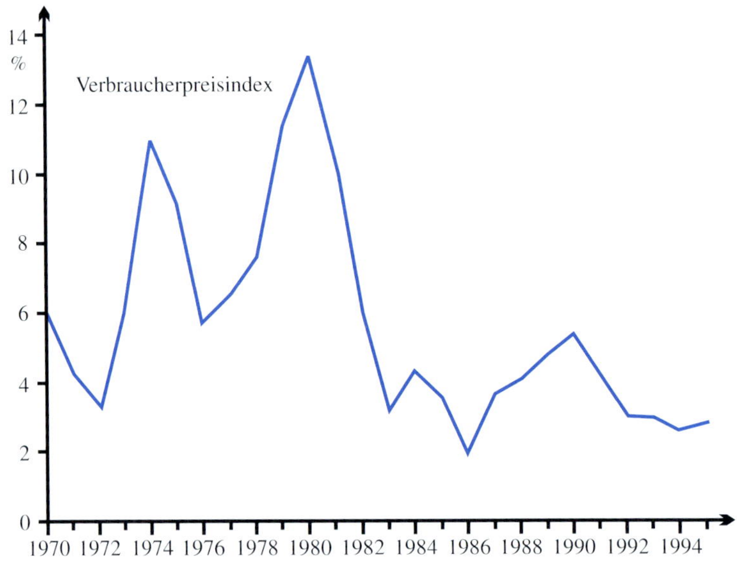

Quelle: OECD Economic Outlook.

Trotz der öffentlichen Zwischenzielankündigung kann man diese Konzeption also kaum als eine Geldmengensteuerung bezeichnen, wie sie in Abschnitt 3.2 diskutiert wurde. Die Fed selbst unterlief die damit möglicherweise zu erreichenden Glaubwürdigkeitseffekte, indem sie die ihr vom Kongreß aufgezwungene Konzeption zunächst heftig kritisierte und an ihrem bisher praktizierten Vorgehen festhielt. Dieses war gekennzeichnet durch eine direkte Steuerung des Preisniveaus durch den Geldmarktsatz (Federal funds rate) (vgl. Bernanke und Mishkin 1992, S. 12).

Daß die Bilanz der Geldmengenziele zwischen 1975 und 1979 (Tabelle V.4) nicht schlechter ausfiel als die der Deutschen Bundesbank, ist allerdings mit Vorsicht zu genießen. Einerseits erhöhen die Vielzahl der Zwischenzielaggregate und die weiten Bandbreiten die Wahrscheinlichkeit, zumindest einige der angestrebten Werte auch zu erfüllen. Andererseits ist als Erfolgsindikator der Geldpolitik letztlich die Höhe der Inflationsrate heranzuziehen. Aus dieser Perspektive fällt das Urteil bezüglich der Geldpolitik der Fed zwischen 1975 und 1979 dann recht ungünstig aus. Schaubild V.7 zeigt, daß die Inflationsrate in dieser Phase überdurchschnittlich hohe Werte aufwies.

Am **06. Oktober 1979** läutete eine Ankündigung des neuen Vorsitzenden des „Board of Governors", Paul Volcker, eine drastische Änderung im Steuerungsverfahren der Fed ein. An die Stelle der Zinssteuerung sollte nun eine konsequente Geldmengensteuerung treten. Auslöser des Kurswechsels waren zum einen die akzelerierenden Inflationsraten, zum anderen die anhaltende Schwäche des US-Dollars, der sich in der Phase vom September 1977 bis zum September 1979 gegenüber der D-Mark um 22,7 % abgewertet hatte. Eine Rolle spielte auch das Inkrafttreten des Humphrey-Hawkins Act (1978), der die Fed zur Aufgabe der „rollierenden" vierteljährlichen Zielvorgaben zwang und stattdessen Jahresziele vorschrieb. Außerdem wurde die Fed verpflichtet, im Fall von Zielabweichungen öffentliche Erklärungen abzugeben.

Die Fed verband diesen konzeptionellen Wechsel mit einer grundlegenden Neuorientierung ihrer Steuerungstechnik am Geldmarkt. Während die amerikanische Notenbank bis zum September 1979 den Tagesgeldmarktsatz gesteuert und dementsprechend Schwankungen in der Geldbasis zugelassen hatte, ging sie im Oktober 1979 zur entgegengesetzten Steuerungstechnik, der Geldbasissteuerung, über. Sie beabsichtigte, die Geldbasis zu kontrollieren und dabei stärkere Fluktuationen des Tagesgeldmarktsatzes hinzunehmen.[279] Konkret steuerte die Fed die **„nonborrowed reserves"** (Zentralbankguthaben der Geschäftsbanken, die nicht über den Diskontkredit geschaffen wurden). Die Zielwerte wurden so bestimmt, daß sie kompatibel waren mit dem angestrebten Geldmengenwachstum. Obwohl weiterhin für M1 bis M3 offizielle Zwischenzielwerte angekündigt wurden, lag das Hauptaugenmerk auf M1. Mit Hilfe geschätzter Werte für die Komponenten des Geldschöpfungsmultiplikators (m_1) und der Höhe der „borrowed reserves" (BR)[280] (Diskontkredite), dem zweiten Bestandteil der Geldbasis, wurden dann zielge-

[279] Siehe zu den beiden Steuerungsverfahren und dem Instrumentarium der Fed ausführlicher Kapitel VI. Zum Zusammenhang zwischen Refinanzierungssatz und Geldbasis siehe ausführlicher Modul C.

[280] Der Anteil der Diskontkredite an der Geldbasis ist in den USA sehr gering und betrug im September 1979 nur 3,3 %.

rechte Werte der „non-borrowed reserves" (NR) abgeleitet (vgl. Meulendyke 1988, S. 14). In Gleichung (V.7) wird diese Vorgehensweise vereinfacht zusammengefaßt.

$$\text{(V.7)} \quad \underbrace{M1^*}_{\substack{\text{angestrebtes Geld-}\\ \text{mengenwachstum}}} = \underbrace{m_1}_{\substack{\text{Geldschöpfungs-}\\ \text{multiplikator}}} \cdot \underbrace{(NR + BR)}_{\text{Geldbasis}}$$

$$NR^* = \frac{M1^*}{m_1} - BR$$

Diese Phase der amerikanischen Geldpolitik, die nur bis September 1982 andauerte, wird wegen des Versuchs der Geldmengensteuerung und insbesondere auch wegen der Steuerung über die Geldbasis als „**monetaristisches Experiment**" bezeichnet.[281] Ziel dieser Politik war es, durch eine striktere Einhaltung der Geldmengenziele und eine graduelle Senkung des Wachstums der Geldmengenaggregate die Glaubwürdigkeit der Geldpolitik wiederherzustellen und die Inflationserwartungen zu senken (vgl. Board of Governors 1979, S. 202). Gemessen an der Einhaltung der Zwischenziele war diese dreijährige Phase allerdings noch weniger erfolgreich als die Vorperiode von 1975 bis 1979, denn die drei Zwischenziele wurden fast durchweg übertroffen (vgl. Tabelle V.4). Die angestrebte Senkung des Geldmengenwachstums fand nicht statt.

Gleichwohl war es der Geldpolitik in dieser Phase möglich, die Inflationsrate deutlich zu reduzieren (vgl. Schaubild V.7). Der Preisauftrieb ging von 13,5 % im Jahr 1980 auf nur noch 3,2 % im Jahr 1983 zurück. Dieses auf den ersten Blick überraschende Ergebnis zeigt, daß in dieser Phase die Zinsstrukturtheorie offensichtlich einen sehr viel besseren Erklärungsgehalt aufweist als die Quantitätstheorie: Als Ergebnis der Geldbasissteuerung kam es in den Jahren 1980/82 zu extrem hohen Geldmarktsätzen von bis zu 19,1 % (Juni 1981) und sehr hohen langfristigen Zinssätzen, die sich in der Spitze auf 15,1 % (Oktober 1981) beliefen. Die Zinsstruktur wies einen besonders ausgeprägten inversen Verlauf auf. Aus der Sichtweise der Zinsstrukturtheorie betrieb die Fed in den Jahren 1979 bis 1982 somit eine sehr straffe Disinflationspolitik. Sie führte auf kurze Frist zu hohen Outputkosten (negative Wachstumsrate des realen BIP von -0,3 % in 1980) und einem Anstieg der Arbeitslosenquote (von 5,8 % im Jahr 1979 auf 7,2 % im Jahr 1980 und auf 9,7 % 1982).

Erklärungsbedürftig ist dabei, wieso das Endziel – Reduzierung der Inflationsrate – trotz der Verfehlung des Zwischenziels der Geldmenge realisiert werden konnte. Die Ursache hierfür ist vor allem in der mangelnden Stabilität der Geldnachfrage

---

[281] Paul A. Volcker (1977, S. 26) sprach von „experiments in practical monetarism." Zu den Forderungen der Monetaristen gehörte auch, daß die Steuerung der Geldmenge über die Geldbasis erfolgt.

zu sehen, die eine zwingende Voraussetzung für einen engen Zusammenhang zwischen Geldmengen- und Preisniveauentwicklung darstellt. Diese Instabilität der Geldnachfrage ist vor allem mit den massiven Strukturveränderungen zu erklären, die Ende der siebziger Jahre auf den amerikanischen Finanzmärkten auftraten (vgl. Ketterer und Kloten 1985, Streit 1986 sowie Bofinger 1987). Diese mit dem Schlagwort der „**Finanzinnovationen**" bezeichneten Prozesse ergaben sich zum einen daraus, daß die in der Vergangenheit besonders stark reglementierten Finanzmärkte zunehmend liberalisiert wurden. Zum anderen beruhten sie darauf, daß es mit den hohen Zinssätzen lukrativ wurde, Umgehungstransaktionen für gesetzlich unzulässige Geschäfte zu entwickeln.[282]

Der Übergang zu einer Geldmengensteuerung in einer Phase mit einer extremen Instabilität der Geldnachfrage scheint paradox. Als Erklärungsansatz werden deshalb **polit-ökonomische Überlegungen** herangezogen: Im Herbst 1979 wollte die Fed die hohen Inflationserwartungen nahezu um jeden Preis brechen. Mit Hilfe der Zwischenziele und dem neuen Steuerungsverfahren umgab sich die Fed mit einem „Schutzschild", das sie vor der Kritik durch Politik und Wirtschaft für die benötigten Zinsanhebungen schützen sollte. Der Strategiewechsel wird deshalb als eine rein taktische Maßnahme interpretiert (Mishkin 1995, S. 509f.; Bernanke und Mishkin 1992, S. 14). Die monetaristisch geprägte Phase der amerikanischen Geldpolitik endete im Oktober 1982 als die Inflationserwartungen eindeutig gesunken waren und gleichzeitig die Instabilität der Geldnachfrage nicht mehr zu übersehen war. Auf der konzeptionellen Ebene wurde wieder eine Steuerung des Preisniveaus über den Zinssatz betrieben. Als Operating target diente wieder – wie vor dem Oktober 1979 – der Tagesgeldmarktsatz.

Insgesamt läßt sich festhalten, daß die amerikanische Geldpolitik in der Phase von 1975 bis 1979 trotz expliziter Geldmengenziele erheblich von einer idealtypischen Konzeption der Geldmengensteuerung abwich. Die Entwicklung der drei Geldmengenaggregate diente in dieser Phase nur als einer von vielen Indikatoren, an denen die Fed ihre Politik ausrichtete und mittels derer sie versuchte, das Endziel mehr oder weniger direkt zu erreichen. Auch während des „monetaristischen Experiments" von 1979 bis 1982 wurde der Geldmengenentwicklung keine Priorität eingeräumt. Per Gesetz ist die Fed zwar auch heute noch verpflichtet, Geldmengenziele zu verkünden, was sie für die Aggregate M2 und M3 vornimmt. Allerdings ist die amerikanische Geldpolitik im Anschluß an das „monetaristische Ex-

[282] Die wohl wichtigsten Regulierungen waren die Zinsobergrenze für Bankeinlagen und das Verbot der Verzinsung von Sichteinlagen (Regulation Q), die bereits seit 1933 in Kraft war. Als Reaktion entstanden seit 1978 verzinsliche Sichteinlagen in Form von „Negotiable Orders of Withdrawal" (NOW) und als ATS-Konten („Automatic Transfer Service"). Die „Regulation Q" wurde anschließend mit dem Deregulierungsgesetz von 1980 im Laufe eines sechsjährigen Prozesses vollkommen abgeschafft (vgl. Streit 1986).

periment" zu einer direkten Steuerung des Preisniveaus über die Strategie des Mehrindikatorenansatzes übergegangen.

3.5.2 Geldmengenziele der Bank of England

Ein weiteres Beispiel für eine wenig konsequente Politik der Geldmengensteuerung liefert die Geldpolitik des Vereinigten Königreiches von 1976 bis 1990. Auch hier ergab sich die Notwendigkeit einer geldpolitischen Neuorientierung durch den Zusammenbruch des Bretton Woods-Systems und die hohen Inflationsraten zu Beginn der siebziger Jahre. Mit internen Geldmengenzielen operierte die Bank of England bereits seit Ende 1973.[283] Zur besseren Kontrolle des Geldmengenwachstums wurde der Wirtschaft gleichzeitig das sogenannte „**Korsett**" (Supplementary Special Deposit Scheme) verpaßt. Es legte Obergrenzen für das Einlagenwachstum bei den Geschäftsbanken fest, deren Überschreiten mit dem Zwang zur zinslosen Haltung von Zentralbankeinlagen bei der Bank of England bestraft wurde (vgl. Roth 1989, S. 143). Diese einschneidende Regulierung auf der Passivseite der Bankenbilanzen übertrug sich bei gewinnmaximierendem Verhalten natürlich auch auf das Aktivgeschäft, d.h. die Kreditvergabe der Geschäftsbanken.

Im Juli 1976 verkündete die Bank of England erstmals einen Zielwert für das Wachstum der Geldmenge M3. Bereits ein Jahr später wechselte sie zum Zwischenzielaggregat **Sterling M3** (£M3) über, das im Gegensatz zu M3 nicht die Einlagen des privaten Sektors in fremden Währungen enthielt. Trotz der starken Reglementierung des Kredit- und Geldmengenwachstums durch das „Korsett" konnten die Geldmengenziele in den ersten Jahren nicht eingehalten werden (vgl. Tabelle V.5).

---

[283] Die ersten Erfahrungen mit quantitativen Zielvorgaben machte die Bank of England sogar schon von 1967 an, als das Vereinigte Königreich aufgrund von Zahlungsbilanzschwierigkeiten kurzfristige Kredite des IWF in Anspruch nehmen mußte (vgl. Argy, Brennan und Stevens 1990, S. 47). Damit verbunden waren Auflagen bezüglich der Expansion der heimischen Kredite des Bankensystems (Domestic Credit Expansion), die im System fester Wechselkurse mit der notwendigen effektiven Kontrolle der Geldmengenexpansion einhergehen sollte (vgl. Minford 1992, S. 421).

Tabelle V.5: Geldmengenziele und tatsächliche Entwicklung im Vereinigten Königreich

in %

Zeitraum	Geldmengen-aggregat	Geldmengenziel	tatsächliche Entwicklung	Abweichung vom Zwischen-zielwert[1]
April 1976-April 1977	M3	9-13[2]	8,0	-3,0
April 1977-April 1978	M3	9-13	15,1	4,1
April 1978-April 1979	M3	8-12[3]	11,4	1,4
Okt. 1978-Okt. 1979	M3	8-12[4]	13,7	3,7
Juni 1979-Okt. 1980	M3	7-11[5]	17,2	8,2
Feb. 1980-April 1981	M3	7-11[6]	19,4	10,4
Feb. 1981-April 1982	M3	6-10	12,8	4,8
Feb. 1982-April 1983	M1	8-12	12,4	2,4
	M3	8-12	11,2	1,2
	PSL2	8-12	11,6	1,6
Feb. 1983-April 1984	M1	7-11	14,0	5,0
	M3	7-11	9,5	0,5
	PSL2	7-11	12,6	3,6
Feb. 1984-April 1985	M0	4-8[7]	5,4	-0,6
	M3	6-10	11,9	3,9
März 1985-April 1986	M0	3-7	3,4	-1,6
	M3	5-9	16,7	9,7
März 1986-März 1987	M0	2-6	4,4	0,4
	M3	11-15	19,0	6,0
März 1987-März 1988	M0	2-6	5,6	1,6
März 1988-März 1989	M0	1-5	6,1	3,1
März 1989-März 1990	M0	1-5	6,3	3,3
März 1990-März 1991	M0	1-5	2,6	-0,4

1) Gemessen als Abweichung vom mittleren Wert des Zielkorridors. - 2) Änderung des Geldmengenziels von 12 % im Juli 1976 auf 9-13 % im Dezember 1976. - 3) Neues Ziel nach sechs Monaten. - 4) Neues Ziel nach acht Monaten - 5) Das ursprüngliche Ziel galt bis April 1980 und wurde dann zunächst bis Oktober 1980 verlängert, bevor im Februar 1980 dann doch eine neue Zielvorgabe erfolgte. - 6) Seit 1980 wurden gleichzeitig drei- oder vierjährige Zielkorridore für M3 vorgegeben, die aber spätestens nach zwei Jahren revidiert wurden. - 7) Seit 1984 wurden gleichzeitig drei- oder vierjährige Zielkorridore für M0 vorgegeben.

Quelle: Bernanke und Mishkin (1992).

In den Folgejahren hielten die Zielverfehlungen an und nahmen an Intensität sogar noch zu. Dies ist damit zu erklären, daß es Ende der siebziger Jahre auch im Vereinigten Königreich zu einer breit angelegten Deregulierung der Finanzmärkte kam. Gleichwohl versuchte die 1979 an die Macht gekommene konservative Regierung im Rahmen ihrer „**Medium-Term Financial Strategy**“[284] an der Geldmengensteuerung festzuhalten. Dabei ergänzte die Bank of England die bisherige Praxis der Zielankündigung durch folgende Maßnahmen (vgl. auch Tabelle V.5).[285]

- Neben den jährlichen Zwischenzielen wurden seit 1980 gleichzeitig auch drei- bis vierjährige Zwischenzielvorgaben gemacht, die aber spätestens nach zwei Jahren revidiert wurden.

Schaubild V.8: Die Inflationsentwicklung im Vereinigten Königreich

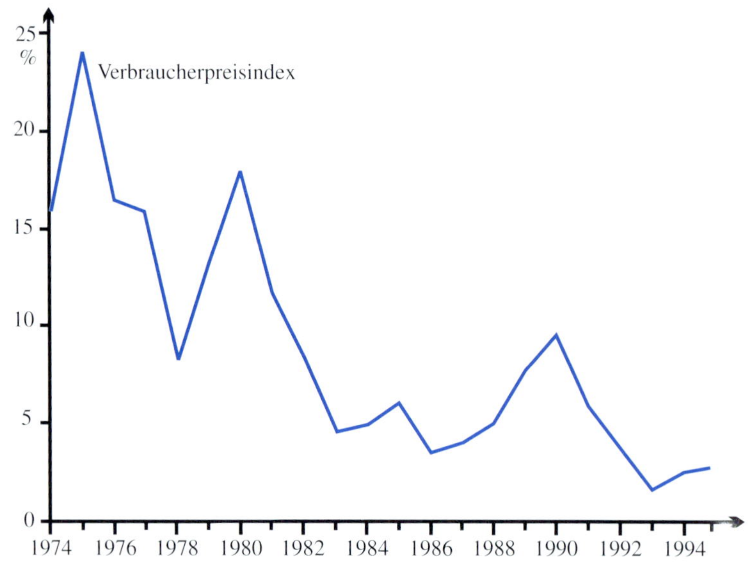

Quelle: OECD Economic Outlook.

---

[284] Die „Medium-Term Financial Strategy“ umfaßte neben der Reduzierung des Wachstums von £M3, die Abschaffung des „Korsetts“, die Aufhebung der Wechselkurskontrollen, die Senkung des Haushaltsdefizites und die Aufgabe der Einkommenspolitik (vgl. Minford 1992, S. 408).

[285] Als Endziel der Bank of England galt bis 1992 die Entwicklung des nominellen BSP und nicht allein die Preisniveauentwicklung. Für die Inflationsrate wurde seit 1982 ein Zielwert unter 5 % angestrebt. Ein niedrigerer Zielwert wurde mit dem Argument abgelehnt, daß dies die wirtschaftliche Entwicklung und den Rückgang der Arbeitslosigkeit gefährde (vgl. Minford 1992, S. 414).

- Von 1982 bis 1984 wurden Zielwerte nicht nur für £M3, sondern auch für M1 und PSL2 (Private Sector Liquidity) angegeben, was den Zielerreichungsgrad aber nicht erhöhte.

Tabelle V.6: "Geldmengenprognosen" und tatsächliche Entwicklung in Japan

in %

Zeitraum	Prognose für M2+CD	tatsächliche Entwicklung
1978.III	etwa 12	12,1
1978.IV	12-13	12,1
1979.I	12-13	12,3
1979.II	12-13	12,3
1979.III	etwa 12	11,7
1979.IV	etwa 11	11,2
1980.I	etwa 10	10,6
1980.II	10-11	10,1
1980.III	etwa 10	8,5
1980.IV	etwa 8	7,8
1981.I	etwa 7	7,6
1981.II	6-7	7,9
1981.III	9-10	9,6
1981.IV	10-11	10,6
1982.I	etwa 11	10,6
1982.II	etwa 10	9,2
1982.III	etwa 9	9,0
1982.IV	etwa 8	8,1
1983.I	7-8	7,6
1983.II	7-8	7,6
1983.III	etwa 7	7,1
1983.IV	etwa 7	7,2
1984.I	7-8	7,9
1984.II	etwa 8	7,6
1984.III	etwa 8	7,8
1984.IV	etwa 8	7,9
1985.I	etwa 8	7,9
1985.II	etwa 8	8,3
1985.III	etwa 8	8,3
1985.IV	8-9	9,0
1986.I	etwa 9	9,0
1986.II	8-9	8,5
1986.III	8-9	8,8
1986.IV	8-9	8,3
1987.I	etwa 8	8,8
1987.II	etwa 9	10,0
1987.III	etwa 10	10,8
1987.IV	11-12	11,8
1988.I	etwa 12	12,1
1988.II	etwa 12	11,3
1988.III	10-11	10,9
1988.IV	10-11	10,6
1989.I	10-11	10,3
1989.II	10-11	9,7
1989.III	9	9,7
1989.IV	9-10	10,0
1990.I	9-10	11,7
1990.II	etwa 11	13,0
1990.III	12-13	12,0
1990.IV	etwa 11	10,0
1991.I	etwa 8	6,0
1991.II	etwa 4	3,7
1991.III	3-4	2,8
1991.IV	2-3	2,2
1992.I	etwa 2	1,7
1992.II	etwa 2	1,2
1992.III	etwa 1	0,0
1992.IV	etwa 0	-0,5
1993.I	etwa 0	-0,2
1993.II	0-1	1,1
1993.III	1-2	1,7
1993.IV	etwa 2	1,6
1994.I	1-2	3,5
1994.II	1-2	1,8
1994.III	1-2	2,9
1994.IV	2-3	2,7
1995.I	3	3,5
1995.II	3-4	3,2
1995.III	3	2,9
1995.IV	2-3	3,1

Quelle: Thießen (1991, S.202); Bank of Japan, Monthly Economic Review und Quarterly Bulletin; OECD Economic Outlook; BIZ Jahresberichte.

- Von 1984 bis 1987 wechselte die Bank of England erneut die Zwischenzielaggregate und verkündete Zielwerte für £M3 und die Geldbasis (M0). Von 1987 an wurde die Geldbasis als alleinige Zielgröße verwendet. Dieses Argument ist jedoch konzeptionell anders zu beurteilen als eine Geldvolumensgröße. Da die Geldbasis als Operating target direkt von der Notenbank gesteuert wird, kann sie nicht die Funktion eines Zwischenziels wahrnehmen.

Die von der Bank of England in diesen Jahren verfolgte Politik weist also kaum noch Ähnlichkeiten zur idealtypischen Konzeption einer Geldmengensteuerung auf, wie sie in Abschnitt III.3 beschrieben wurde. Die häufigen Wechsel der Zielgröße, des Zielzeitraums, der Zielwerte und auch die Verwendung mehrerer Zielaggregate zeigen, daß das geldpolitische Handeln der englischen Notenbank offensichtlich nicht von einem mittelfristig stabilen Zielpfad für die monetäre Expansion bestimmt gewesen ist. Dies wäre in einer Phase mit umfangreichen Finanzinnovationen jedoch auch nicht erstrebenswert gewesen, da zwischen dem Zwischenziel – einer wie auch immer definierten Geldmenge – und dem Endziel der Preisniveaustabilität kein stabiler Zusammenhang mehr gegeben war.

Offiziell wurde die Politik der Geldmengensteuerung erst mit dem kurzen EWS-Intermezzo des Pfund Sterling vom Oktober 1990 bis zum September 1992 und dem anschließenden Übergang zum „Inflation targeting" beendet (siehe dazu Kapitel V.7).[286] Bei dieser unsteten Geldpolitik ist es nicht überraschend, daß die Ergebnisse – gemessen an der durchschnittlichen Inflationsrate – weit ungünstiger ausfielen als in den meisten westlichen Industrieländern: Die Inflationsrate war im Vereinigten Königreich mit durchschnittlich 8,8 % nicht nur relativ hoch, sondern unterlag auch einer starken Variabilität (vgl. Schaubild V. 8).

3.5.3 Projektion der Geldmengenentwicklung durch die Bank of Japan

Der Übergang zu flexiblen Wechselkursen und der erste Ölpreisschock führten in Japan zu extrem hohen Inflationsraten (24,5 % im Jahr 1974). Da diese Entwicklung mit dem zu diesem Zeitpunkt verwendeten geldpolitischen Indikatoren – dem Interbankengeldmarktsatz und dem Anstieg der Kredite – nicht prognostiziert werden konnte, wurde im Juli 1975 ein geldpolitischer Strategiewechsel vollzogen, der Geldmengenaggregaten eine größere Bedeutung für die geldpolitischen Entscheidungen einräumte.[287]

In den Jahren von 1975 bis 1978 verfolgte die Bank of Japan interne Zielvorgaben für M2, bevor sie im Juli 1978 zu öffentlichen Ankündigungen überging. Als mo-

---

286 Trotzdem werden auch heute noch Zielwerte für die Geldbasis verkündet.

287 „In order to achieve price stability and to strive for the appropriate development of the economy, it will be necessary to pay sufficient attention in the future to the movements of M2 in the management of monetary policy." (Bank of Japan 1975, zitiert nach Suzuki 1987, S. 328)

netäres Aggregat wählte sie die Geldmenge **M2+CD**[288], die laut empirischer Studien die Voraussetzungen eines Zwischenziels am besten erfüllte. Die Ankündigungen des Geldmengenwachstums in Japan sind durch zwei Besonderheiten gekennzeichnet. Erstens bezeichnet die Bank of Japan ihre Vorgaben lediglich als „**Prognosen**" und nicht als Zwischenziele im eigentlichen Sinn. Da die Prognosen aber neben den zurückliegenden auch die zukünftig beabsichtigten geldpolitischen Maßnahmen beinhalten, spiegeln sie genau die Geldmenge wider, die die Bank of Japan zuzulassen bereit ist und unterscheiden sich in ihrer Funktion somit nicht von einem Zwischenziel (vgl. Suzuki 1987, S. 331).

Schaubild V.9: Die Inflationsentwicklung in Japan

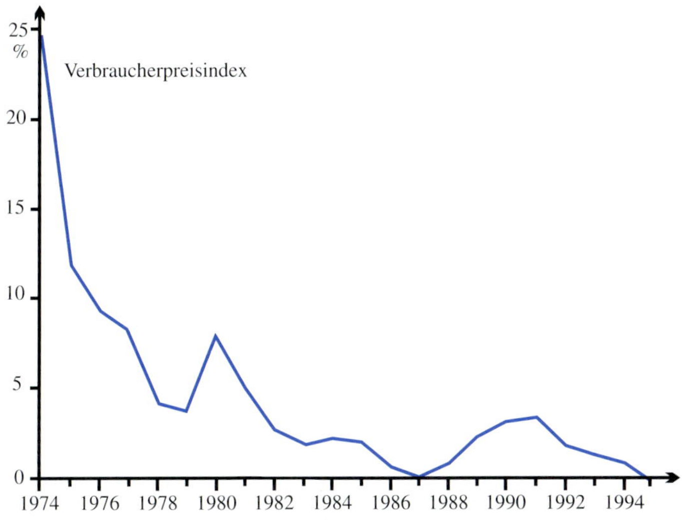

Quelle: OECD Economic Outlook.

Das zweite Besondere ist die Art wie die Prognose formuliert wird: Im ersten Monat eines Quartals gibt die Bank of Japan eine Prognose für die Veränderungsrate von M2+CD im laufenden Quartal gegenüber dem gleichen Zeitraum des Vorjahres bekannt. D.h. zum Zeitpunkt der Geldmengenprojektion sind bereits drei Vier-

288 M2+CD setzt sich zusammen aus dem Bargeldumlauf, Sicht- und Termineinlagen sowie verbrieften Termineinlagen (Certificates of Deposits).

tel der Geldmengenentwicklung eingetreten. Mit dieser speziellen Art der Prognoseformulierung ist automatisch eine hohe Wahrscheinlichkeit zur Erfüllung der Projektionen verbunden (vgl. Argy, Brennan und Stevens 1990, S. 45). Dazu trägt zusätzlich bei, daß die Bank of Japan entweder einen Korridor von ± 0,5 Prozentpunkten vorgibt oder einen Punktwert festlegt, der nur „in etwa" erreicht werden soll (vgl. Tabelle V.6).

Es ist deshalb nicht allzu überraschend, daß die Projektionen der Geldmengenentwicklung tatsächlich nahezu perfekt eingehalten wurden. Da die Projektionen letztlich nur einen konstatierenden Charakter haben, fehlt ihnen die Orientierungsfunktion, die von einem Geldmengenziel ausgeht, das aufgrund längerfristiger Zusammenhänge abgeleitet wird. Auch die japanische Geldpolitik weist somit keine große Affinität zur Konzeption einer mittelfristig angelegten Geldmengensteuerung auf. Gleichwohl ist die Preisentwicklung in Japan durchaus zufriedenstellend (vgl. Schaubild V.9). Im Durchschnitt der Jahre 1975 bis 1995 lag sie mit 3,5 % nur knapp über der Inflationsrate in Deutschland (3,3 %) und in der Schweiz (3,3 %). Im Durchschnitt der letzten 10 Jahre weist Japan sogar weltweit die niedrigste Inflationsrate mit 1,4 % auf (siehe dazu auch Tabelle D.1 in Modul D). Dabei gelang es Japan, den Ende der siebziger und Anfang der achtziger Jahre vollzogenen Disinflationsprozeß mit sehr viel geringeren realen Kosten durchzuführen als andere OECD-Länder. Dies spricht nicht nur für die Glaubwürdigkeit der Geldpolitik, sondern auch für die hohe Anpassungsfähigkeit der japanischen Wirtschaft.

Die Resultate der japanischen Geldpolitik sind um so bemerkenswerter, als es auch in Japan zu massiven Finanzinnovationen gekommen ist. Während Japan zu Beginn der siebziger Jahre noch einen sehr regulierten Finanzmarkt aufwies, wurden in den achtziger Jahren weitreichende Deregulierungen vorgenommen. Im Gegensatz zu den USA verlief dieser Prozeß in Japan jedoch eher langsam, so daß er für die Notenbank relativ gut vorhersehbar war. Für die Umlaufsgeschwindigkeit von M2+CD beobachtet man deshalb seit Jahren einen recht gleichmäßig fallenden Trend.

Allerdings ist auch die japanische Geldnachfrage nicht frei von jeglichen Instabilitäten. So kann man zwei Brüche im Trend der Umlaufsgeschwindigkeit feststellen. Zum einen stieg das Geldmengenwachstum zwischen dem zweiten Quartal 1987 und dem vierten Quartal 1989 auf zweistellige Raten an, ohne daß das nominale Wachstum diesem Trend folgte. Noch extremer ist der Strukturbruch, der im zweiten Quartal 1991 einsetzte: Von zweistelligen Zuwachsraten reduzierte sich das Wachstum von M2+CD auf durchschnittlich nur noch 1,5 %, wobei sogar rückläufige Phasen zu beobachten waren.

Die hohen Zuwachsraten der Geldmenge Ende der achtziger Jahre werden mit den historischen Tiefständen der Zinssätze und einem ungewöhnlich starken Anstieg der Einkommen und Vermögen begründet. Beides erklärt den Anstieg der Geldnachfrage aus einer stabilen funktionalen Beziehung heraus. Gleichzeitig wurde aufgrund der sich fortsetzenden Liberalisierung der Finanzmärkte – insbesondere der Freigabe der Sätze für Termineinlagen – jedoch auch eine Verschiebung der Geldnachfragefunktion nach oben konstatiert (vgl. Yoshida und Rasche 1990; Argy, Brennan und Stevens 1990, S. 46). Auch aus außenwirtschaftlichen Überlegungen – einer starken Aufwertung des Yen (16,7 % vom Juli 1987 bis Februar 1989 gegenüber 18 Industrieländern) – konnte die Bank of Japan erhöhte Geldmengenwachstumsraten zulassen.

Im Jahr 1989 rückte die Problematik des „**asset price bubble**“[289] in den Mittelpunkt der Geldpolitik. Ein überzogener Anstieg der Preise von Immobilien und anderen Sachvermögenswerten sollte gestoppt werden, ohne daß es zu einem Crash am Finanzmarkt kommt (vgl. Bernanke und Mishkin 1992, S. 35). Ein restriktiver Kurs der Geldpolitik wurde bereits im ersten Halbjahr 1989 eingeleitet; die Diskontsatzerhöhungen wurden aber zunächst nicht als eine geldpolitische Kehrtwende aufgefaßt. Erst im Zuge weiterer Zinserhöhungen kam es zu einem starken Rückgang des Aktienindexes und der Immobilienpreise. Mit längerer Verzögerung reagierte darauf auch das Geldmengenwachstum. Die auf niedrigem Niveau verharrenden und zugleich stärker fluktuierenden Geldmengenwachstumsraten sind damit allerdings nicht mehr zu erklären, sondern hängen mit den verstärkten Finanzmarktliberalisierungen zusammen (vgl. Bank of Japan 1992, S. 14f.). Letztendlich ist deshalb auch in Japan der Zusammenhang zwischen M2+CD und der Preisniveauentwicklung nicht mehr eng und stabil genug, um M2+CD als eine sinnvolle Zwischenzielvariable zu verwenden. Die Bank of Japan, die schon immer betont hatte, daß sie nicht nur die Geldmenge sondern auch andere Variablen in ihre Entscheidungen miteinbezieht, berücksichtigt deshalb seit Ende der achtziger Jahre verstärkt eine Vielzahl anderer makroökonomischer Größen wie Kreditvariablen, Zinssätze, verschiedene Preisindizes und die Wechselkurse. Die Geldmenge M2+CD spielt – wie auch andere Geldmengenabgrenzungen (M2 + CD + „postal savings“, M3+CD) – als Indikatorgröße nur noch eine untergeordnete Rolle, obwohl die Bank of Japan weiterhin an der regelmäßigen Bekanntgabe der Projektionen festhält.

> „What is required in the final analysis is a thorough examination of a multiplicity of economic data, such as monetary aggregates, lending figures and other quantitative monetary indicators, information re-

---

[289] Man bezeichnet den extremen Anstieg der Preise für Vermögenswerte als eine Spekulationsblase („bubble“), weil er nicht durch fundamentale Daten gerechtfertigt war. Nachdem der Nikkei-Index Ende 1989 seinen Höchststand erreicht hatte, kam es zum „Platzen“ der Spekulationsblase und einem Rückgang des Nikkei-Index in 30 Monaten um etwa 60 %. Siehe hierzu ausführlicher Hoffmaister und Schinasi (1994).

garding actual corporate finances and profits, and information on trends in the asset markets." (Mieno 1993, S. 11)

3.5.4 Die geldpolitische Konzeption der Schweizerischen Nationalbank

Im Gegensatz zu den kurzen und wenig konsequenten Phasen der Geldmengensteuerung in den USA, im Vereinigten Königreich und Japan zeichnet sich die geldpolitische Konzeption der Schweiz durch ein hohes Maß an Kontinuität aus. Der Startzeitpunkt der schweizerischen Geldmengenpolitik war Ende 1974 und fällt somit zusammen mit dem Beginn der deutschen Geldmengenkonzeption. Kennzeichnend für die monetäre Steuerung, wie sie heute in der Schweiz betrieben wird, sind folgende Elemente:

- Die Schweizerische Nationalbank (SNB) steuert die Inflationsrate direkt über das Operating target der Geldbasis. Ihre öffentlichen Zielvorgaben beziehen sich seit 1980 auf die „**Notenbankgeldmenge**".[290]
- Die Nationalbank verkündet seit Ende 1990 ihre Ziele für einen Zeitraum von fünf Jahren (vgl. Tabelle V.7). Allerdings wurde der erste Fünfjahreszeitraum rückwirkend für die Zeit von Ende 1989 bis Ende 1994 angesetzt. Davor hatte sie Jahresziele verwendet.[291]

So bezieht sich das aktuelle Geldmengenziel auf den Zeitraum von Ende 1994 bis Ende 1999. Es sieht eine jahresdurchschnittliche Zunahme der Notenbankgeldmenge um 1 % vor.

Das geldpolitische Konzept der Nationalbank ist nicht einfach zu beurteilen. Die in Abschnitt III.3 dargelegte Ratio einer Geldmengensteuerung legt es nahe, zunächst ein Geldmengenaggregat als Zwischenziel abzuleiten und dann – von dieser Ori-

---

[290] Gesteuert wurde von der Schweizerischen Notenbank bis 1988 die „**bereinigte Notenbankgeldmenge**", die sich ergibt als Differenz aus den monatlichen Durchschnittswerten der Geldbasis und der Höhe der Refinanzierungskredite am Monatsende. Um letztere wurde die Geldbasis bereinigt, weil die Geschäftsbanken zum Monatsultimo gesetzliche Liquiditätsvorschriften zu erfüllen hatten. Den daraus resultierenden Anstieg der Geldbasisnachfrage in den letzten Tagen des Monats akkommodierte die Nationalbank weitgehend durch Diskont- und Lombardkredite, was aber nicht mit dem mittelfristigen Zielpfad im Einklang war. Seit 1988 kann sie auf diese Bereinigung verzichten, weil neue Liquiditätsvorschriften in Kraft traten, die nicht an einem Stichtag, sondern im Monatsdurchschnitt (vom 20. eines Monats bis zum 19. des Folgemonats) erfüllt sein müssen und deshalb nicht mehr zu extremen Sonderbewegungen zum Monatsende führen. Dazu trägt auch bei, daß sich das Mindestreserve-Soll aus dem Durchschnitt der vorherigen drei Monatsendwerte berechnet und somit für die Erfüllungsperiode vollständig bekannt ist (vgl. Graf 1993, S. 5). Deshalb steuert die Nationalbank seitdem eine Geldbasis, die sie lediglich um saisonale Einflüsse bereinigt („**saisonbereinigte Notenbankgeldmenge**").

[291] Diese mittelfristigen Zielvorgaben werden ergänzt durch vierteljährliche Prognosen über die Entwicklung der Geldbasis, die durchaus von dem als optimal angesehenen Verlaufspfad abweichen können.

entierungsgröße aus – den Einsatz des Operating target zu bestimmen. An dieses Vorgehen hat sich die SNB jedoch nur in den Jahren 1975 bis 1978 gehalten, in denen sie einen Zielwert für die Geldmenge M1 verfolgte, den sie über die Geldbasis zu steuern versuchte. Die mit dem Geldmengenziel konforme Geldbasis wurde mittels Schätzungen für den Geldschöpfungsmultiplikator errechnet (Büttler et al. 1979, S. 327 - 341). Die entscheidenden Voraussetzungen für diesen Ansatz sind ein stabiler Multiplikator und die Kontrollierbarkeit der Geldbasis durch die Notenbank. In den Anfangsjahren ging man davon aus, daß diese Bedingungen erfüllt seien (Rich und Schiltknecht 1980, S. 160). Allerdings waren die Zielabweichungen in dieser Periode recht hoch (vgl. Tabelle V.7).

Von 1980 an wurde auf die Verwendung eines geldpolitischen Zwischenziels verzichtet. Statt dessen sollte die Inflationsrate direkt über die Geldbasis gesteuert werden. Dieses Verfahren wurde eingeführt, da sich die Prognose des Multiplikators zunehmend als problematisch erwies.[292] Damit wurde implizit unterstellt, daß – trotz eines instabilen Zusammenhangs zwischen Operating target und Zwischenziel – eine verläßliche Wirkungsbeziehung zwischen dem Operating target und dem Endziel besteht. Es ist offensichtlich, daß damit ein Steuerungsverfahren gewählt wurde, für das es keine eindeutige theoretische Begründung mehr gibt.[293]

Bei der Instabilität des Multiplikators hätte man im Jahr 1980 – als Alternative zur direkten Geldbasissteuerung – auch daran denken können, die Geldmenge mit Hilfe des Geldmarktsatzes als Operating target zu steuern. Dies wäre insoweit zu rechtfertigen gewesen, als der Zusammenhang zwischen der Geldmenge M1 und dem Preisniveau weiterhin stabil war. Diese Lösung wurde jedoch verworfen, weil es in der Schweiz keinen hinreichend entwickelten Geldmarkt gab, mit dem man den Geldmarktsatz hätte steuern können (vgl. Rich und Schiltknecht 1980, S. 151).

Da aber in der Schweiz statt dessen schon ein breiter Dollarmarkt bestand, konnte eine Steuerung der Geldbasis insbesondere über **Devisenswapgeschäfte** erfolgen. Um die Geschäftsbanken mit Liquidität auszustatten, werden von der Schweizerischen Nationalbank Währungsreserven gegen Schweizer Franken für einen befristeten Zeitraum erworben („Liquiditätsswap"). Wenn die Geldbasis reduziert werden soll, werden Schweizer Franken im Austausch mit Währungsreserven gekauft („Abschöpfungsswap") (vgl. Schweizerische Nationalbank 1992, S. 10).

---

292 Siehe ausführlich zur Rolle von Instabilitäten für die Optimalität von Steuerungsverfahren Modul C.

293 So gesehen weist die Konzeption der SNB eine enge Affinität zur nominellen BSP-Steuerung auf, wie sie von McCallum (1984, 1987, 1988) entwickelt wurde (siehe Kapitel V.6).

Tabelle V.7: Geldmengenziele der Schweizerischen Nationalbank

in %

Zeitraum	Geldmengen-aggregat[1)]	Geldmengen-ziel[2)]	tatsächliche Entwicklung	Abweichung vom Zwischen-ziel
1975	M1	6	4,4	-1,6
1976	M1	6	7,7	1,7
1977	M1	5	5,5	0,5
1978	M1	5	16,2	11,2
1979	-[3)]	-	-	-
1980	M0	4	-0,6	-4,6
1981	M0	4	-0,5	-4,5
1982	M0	3	2,6	-0,4
1983	M0	3	3,6	0,6
1984	M0	3	2,5	-0,5
1985	M0	3	2,2	-0,8
1986	M0	2	2,0	0,0
1987	M0	2	3,0	1,0
1988	M0	3	-3,9	-6,9
1989	M0	2	-4,9	-6,9
1990	M0	1[4)]	-2,5	-0,8[6)] (1990–1994)
1991	M0	1[4)]	1,4	
1992	M0	1[4)]	-1,0	
1993	M0	1[4)]	2,8	
1994	M0	1[4)]	0,6	
1995	M0	1[5)]	1,4	

1) M0 = Geldbasis (Notenbankgeldmenge). In den Jahren 1980 bis 1988 beziehen sich die Zielwerte auf die bereinigte Notenbankgeldmenge (Jahresdurchschnitt der zwölf durchschnittlichen monatlichen Geldbasen minus dem Bestand der Refinanzierungskredite am Monatsende) und ab 1988 auf die saisonbereinigte Notenbankgeldmenge (Notenbankgeldmenge dividiert durch Saisonfaktoren).
2) Für 1975 bis 1988 wurden Durchschnittsziele formuliert und seit 1988 Verlaufsziele zwischen den vierten Quartalen der jeweiligen Jahre.
3) Im Jahr 1979 wurde statt einem Geldmengenziel ein Wechselkursziel verfolgt.
4) Zielformulierung als Durchschnitt über fünf Jahre (Ende 1989 bis Ende 1994).
5) Zielformulierung als Durchschnitt über fünf Jahre (Ende 1994 bis Ende 1999).
6) Das durchschnittliche Wachstum der Geldbasis von Ende 1989 bis Ende 1994 betrug 0.2% und die durchschnittliche Abweichung folglich -0,8%.

Quelle: Bernanke und Mishkin (1992); Schweizerische Nationalbank, Geschäftsberichte.

Die konkrete Festlegung der Geldmengenziele erfolgt wie bei der Bundesbank unter Berücksichtigung einer Preisnorm, des volkswirtschaftlichen Produktionspotentials und des Trends der Umlaufsgeschwindigkeit des Geldes. Die Zwischenzielvorgabe für den Zeitraum von Ende 1994 bis Ende 1999 von durchschnittlich nur 1 % Geldbasiswachstum basiert auf einem zulässigen Anstieg des Verbraucherpreisindexes von jährlich 1 %, einer geschätzten Zunahme des Produktionspotentials von 2 % und einer laufenden Zunahme der Umlaufsgeschwindigkeit der Geldbasis – ausgelöst durch das nur unterdurchschnittliche Wachstum der Bargeldhaltung (vgl. Schweizerische Notenbank Geschäftsbericht 1994, S. 8, 11).

Beurteilt man die Resultate der monetären Steuerung der Schweizerischen Nationalbank, muß man wie bei der Bundesbank einige Einschränkungen bezüglich der Einhaltung der Zielwerte machen. Das Zwischenziel wurde nur 1986 punktgenau eingehalten. Selbst wenn man einen impliziten Zielkorridor von ±1 % unterstellt, kommt man für die Jahre 1975 bis 1989 nur auf eine „Trefferquote" von 50 %. Herausragend ist dabei die Phase von 1982 bis 1987 als jedes Jahr das Zwischenziel realisiert wurde. Das erste mehrjährige Ziel (1990 - 1994) wurde dagegen im Durchschnitt um 0,8 Prozentpunkte verfehlt, wobei es in den einzelnen Jahren zu teilweise erheblichen Abweichungen von der 1 %-Marke kam (siehe Tabelle V.7). Trotz der häufigen Zielverfehlungen genießt auch die Schweizerische Nationalbank eine hohe Glaubwürdigkeit, was in den im internationalen Vergleich niedrigen und sehr stabilen langfristigen Zinsen zum Ausdruck kommt (vgl. Bernanke und Mishkin 1992, S. 29). Diese Stabilität ist besonders bemerkenswert, weil die kurzfristigen Zinsen aufgrund der Geldbasissteuerung relativ starken Schwankungen unterliegen. Die durchschnittliche Inflationsrate der letzten zwanzig Jahre lag mit 3,3 % ebenfalls auf einem im internationalen Vergleich sehr niedrigen Niveau. Dies ist allerdings immer noch eine erhebliche Abweichung vom Endziel der Schweizerischen Nationalbank, die Preisniveaustabilität mit einem jährlichen Anstieg der Konsumentenpreise von 0 bis 1 % gleichsetzt (vgl. Rich 1992, S. 73). Eine weitere Parallele zur Bundesbank ist, daß die Schweizerische Nationalbank ihre hohe Glaubwürdigkeit durch ihren konsequenten stabilitätspolitischen Kurs erlangt hat und bei Zielverfehlungen der Öffentlichkeit Rechenschaft über die Ursachen und ihr geldpolitisches Vorgehen ablegt. Massive Zielverfehlungen waren vor allem in drei Phasen zu beobachten:

Zur bisher größten Abweichung kam es im Jahr 1978, als die Schweizerische Nationalbank ein Geldmengenwachstum für M1 von 16,2 % bei einem Zielwert von 5 % zuließ. Ursache war die extreme Aufwertung des Schweizer Franken (um über 20 % gegenüber der D-Mark im Zeitraum März 1977 bis Juli 1978). Im Jahr 1979 setzte die Notenbank aus diesem Grund das Geldmengenziel zugunsten eines Wechselkurszieles aus (Stabilisierung des Wechselkurses oberhalb von

0,8 SFR/DM; vgl. Rose und Witschi 1992, S. 5). Für die Schweiz als kleine, offene Volkswirtschaft sind reale Wechselkursschwankungen ein noch größeres Problem als für Deutschland, so daß sich die Nationalbank aus außenwirtschaftlichen Überlegungen einen diskretionären Spielraum vorbehält, um kurzfristig vom vorgegebenen Pfad des Geldmengenwachstums abzuweichen.

> „Obschon das Konzept seine Wurzeln im Monetarismus hat, enthält es mit dem Wechselkursvorbehalt eine nichtmonetaristische, diskretionäre Komponente – es wird daher hin und wieder mit dem Schlagwort „**pragmatischer Monetarismus**" gekennzeichnet" (Spörndli 1994, S. 44).

Schaubild V.10: Die Inflatonsentwicklung in der Schweiz

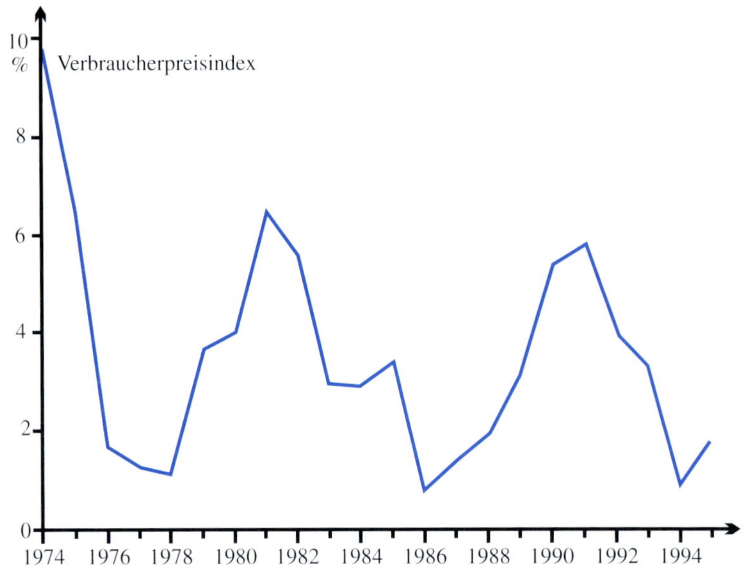

Quelle: OECD Economic Outlook.

Um die übermäßig hohe monetäre Expansion der Jahre 1978 und 1979 zu kompensieren und als Reaktion auf den zweiten Ölpreisschock, ließ die Nationalbank 1980 und 1981 Rückgänge der Geldbasis von jeweils 0,6 % zu, obwohl sie für diese Jahre Geldbasiswachstumsraten von jeweils 4 % angekündigt hatte.

Die starken Zielunterschreitungen in den Jahren 1988 bis 1990 muß man als Folge fehlerhafter Zielableitungen interpretieren. Die Bestimmung des optimalen Geldbasiswachstums wurde in diesen Jahren durch zwei wesentliche Neuerungen erschwert: die **Änderung der Liquiditätsvorschriften**[294] und die Einführung eines elektronischen Systems für den Zahlungsverkehr zwischen den Banken (**Swiss International Clearing SIC**). Beides führte zu einem drastischen Rückgang der Geldbasisnachfrage, der in dieser Höhe nicht vorhergesehen wurde (vgl. Rose und Witschi 1992, S. 5f). Die Schweizerische Notenbank orientierte sich zwar vorübergehend an den Geldmarktsätzen, die deutlich sanken, eine Anpassung des Angebots an Geldbasis erfolgte aber zu spät (vgl. Rich 1991, S. 194), so daß es in den Folgejahren zu erhöhten Inflationsraten (1990: 5,4 %) kam (vgl. Schaubild V.10).[295]

Da auch das erste mittelfristige Geldmengenziel von 1 % über fünf Jahre nicht erreicht wurde, was mit erneuten Verschiebungen in der Geldbasisnachfrage begründet wird (vgl. Schweizerische Nationalbank Geschäftsbericht 1994, S. 10), ist fraglich, inwieweit die Geldmengenziele überhaupt noch einen geeigneten Referenzrahmen für die Erwartungsbildung der Privaten bilden können. Ähnlich wie bei der Geldpolitik der Deutschen Bundesbank scheinen die diskretionären Elemente der Geldpolitik immer mehr die Oberhand zu gewinnen, so daß man kaum noch von einer Geldmengensteuerung sprechen kann. Die eingeschränkte Bedeutung der Geldbasisziele als Handlungsanweisung für die Geldpolitik wird auch von Vertretern der Nationalbank offen eingeräumt:

> „The policy strategy (..) leaves considerable room for central bank discretion. Therefore, the SNB monitors other indicators in addition of the monetary base. (..) it is useful to distinguish between two kinds. The first set of indicators allows the SNB to check the reliability of the monetary base as a leading predictor of movements in real activity and the price level. The money stock M1 constitutes the most important of these indicators. (..) The second set of indicators is used to determine whether and to what extent the SNB should deviate from the steady expansion path for the monetary base. (..) The exchange rate is probably the most important indicator of this kind.“ (Rich 1991, S. 197)

---

294 Die Liquiditätserfordernisse wurden drastisch reduziert sowie ihre Berechnungsmethode und der Erfüllungszeitraum verändert. Siehe dazu ausführlicher obige Fußnote.

295 Die Inflationsprobleme wurden bereits im Jahr 1987 ausgelöst, als das Zwischenziel um einen Prozentpunkt überschritten wurde. Da der Schweizer Franken erneut unter starkem Aufwertungsdruck stand, erschien es zu diesem Zeitpunkt noch nicht opportun, die monetäre Expansion durch Zinsanhebungen zu dämpfen (vgl. Rich 1992, S. 77).

3.6 Weitere Argumente für die Anwendung der Geldmengensteuerung

Wie die bisherigen Erfahrungen mit der Geldmengensteuerung in Deutschland, den USA, dem Vereinigten Königreich, in Japan und in der Schweiz gezeigt haben, sind in allen Ländern mehr oder weniger große Probleme mit dieser Konzeption aufgetreten. Dies hat dazu geführt, daß von den genannten Ländern nur noch Deutschland und die Schweiz an dieser Konzeption festhalten. Dabei stellt sich die Frage, wieso die Bundesbank und die Schweizerische Nationalbank weiterhin Zwischenziele ankündigen, obwohl sie diese mit einer Wahrscheinlichkeit von 50 % nicht erreichen können. Hierauf lassen sich vor allem zwei Antworten geben.

Zum einen besteht heute das Problem, daß das Konzept der Geldmengensteuerung in der Öffentlichkeit mit einer stabilitätsorientierten Geldpolitik gleichgesetzt wird. Wie in den vorangegangen Abschnitten gezeigt wurde, ist es jedoch in der Schweiz und in Deutschland offensichtlich möglich gewesen, akzeptable Inflationsraten zu erzielen, obwohl beide Notenbanken häufig von den angekündigten Geldmengenzielen abgewichen sind. Der Erfolg der Geldpolitik beruht also in diesen Ländern gerade darauf, daß sich die Notenbanken in ihrem Handeln von anderen Regeln oder Konzeptionen leiten ließen als den selbst formulierten Geldmengen- oder Geldbasispfaden. Das hohe Ansehen, das die Geldmengensteuerung in der öffentlichen Meinung genießt, zeigt somit, daß die Funktion einer geldpolitischen Konzeption oft falsch verstanden wird. Eine Geldmengensteuerung kann sich nicht nur darauf beschränken, daß die Notenbank periodisch Zielwerte für ein monetäres Aggregat ankündigt, sie muß vielmehr im konkreten geldpolitischen Handeln ihren Niederschlag finden. Dieses weitverbreitete Mißverständnis über die Ratio einer Geldmengensteuerung könnte nun bei einer Abkehr der Praxis vorangekündigter Geldmengenziele dazu führen, daß dies von den Privaten als ein geldpolitischer Kurswechsel verstanden wird. Für die Notenbank stellt sich damit das Problem, daß sie dann zumindest nach außen hin an einem überholten Konzept festhalten muß, nur um ihre Glaubwürdigkeit nicht zu gefährden. Dabei läuft sie allerdings Gefahr, daß ihre Reputation auch dann beeinträchtigt wird, wenn sie ständig Ziele verkündet, die sie nur in der Hälfte der Fälle auch einhalten kann.

Die Notenbank steht also in einem Konflikt, in dem sie die Kosten und Nutzen dieser „second best"-Lösung abwägen muß. Die Schwierigkeit besteht darin, den richtigen Zeitpunkt für einen Konzeptionswechsel zu finden. In der Sprache einer Kosten-Nutzen-Analyse gilt es den Punkt zu bestimmen, an dem die Kosten aus dem Festhalten an einer „suboptimalen" Geldmengensteuerung, den Nutzen aus einer alternativen geldpolitischen Konzeption übertreffen. In diese Entscheidung gehen folglich auch die Vorteile und Probleme alternativer Lösungskonzepte ein, die in den nächsten Kapiteln ausführlich beschrieben werden. Dies ist genau die Konfliktsituation, in der sich die Deutsche Bundesbank zur Zeit befindet. Trotz der Vielzahl der Zwischenzielverfehlungen und den vermehrten Störungen des kurzfristigen Zusammenhangs zwischen Geldmengenwachstum und Inflationsrate verfügt die Bundesbank aufgrund ihrer stabilitätspolitischen Erfolge über ein „Glaubwürdigkeitspolster". Obwohl der Referenzrahmen der Geldmengensteuerung mit jährlichen Zwischenzielvorgaben zunehmend seine Funktion verliert, hält die Notenbank an ihm fest, weil er in der Öffentlichkeit als Ausdruck einer stabilitätsorientierten Geldpolitik interpretiert wird.

Es sind schließlich auch **polit-ökonomische Aspekte**, die dafür sprechen, daß eine Notenbank an einem Geldmengenkonzept festhält, obwohl die Voraussetzungen für eine konsequente Steuerung der Geldmenge nicht mehr gegeben sind. Diese Zusammenhänge wurden vor allem im Zusammenhang mit der massiven Restriktionspolitik der amerikanischen Notenbank in der Phase von 1979 bis 1981 diskutiert (vgl. Bernanke und Mishkin 1992). Die Geldmengensteuerung dieser Jahre wurde als eine Art „**Schutzschild**" interpretiert, der es der Fed ermöglichte, einen solchen Kurs gegen die anderen politischen Kräfte durchzusetzen. In der Tat verzichtete die Fed dann auch auf die Geldmengenkonzeption, als sie das Ziel der Disinflation eindeutig erreicht hatte.

Ein solcher Mechanismus funktioniert immer dann, wenn die monetäre Expansion deutlich stärker ausfällt als das öffentlich verkündete Geldmengenziel. Die Notenbank kann dann darauf verweisen, daß der Anstieg der kurzfristigen Zinsen letztlich ein von ihr nicht mehr beeinflußbares Marktergebnis[296] darstelle, das unvermeidbar sei, um den stabilitätsgerechten Geldmengenpfad einzuhalten. Kritikern, die auf niedrigere Zinsen drängen kann entgegengehalten werden, daß sie damit eine inflationäre Ausrichtung der Geldpolitik anstrebten. Das Geldmengenkonzept kann daher als ein Instrument verstanden werden, mit dem sich eine Notenbank zusätzliche **Unabhängigkeit** gegenüber politischer Einflußnahme verschaffen kann.

Wenn eine Notenbank diesen Mechanismus dauerhaft nutzen will, muß sie ihre Geldmengenziele grundsätzlich etwas zu niedrig ansetzen. Die Wahrscheinlichkeit ist dann hoch, daß häufig Situationen eintreten, in denen das Geldmengenziel überschritten wird. Während damit ein wirksamer Schutz vor äußeren Einflüssen auf die Geldpolitik geschaffen werden kann, bleibt der Notenbank dabei in der Regel die Möglichkeit, trotz einer überhöhten Geldmengenexpansion die Zinsen zu senken, wenn sie dies aus eigenem Antrieb für opportun hält. Sie muß dann allerdings in der Lage sein, auf das Vorliegen bestimmter „**Sonderfaktoren**" zu verweisen.

Das systematische Überschießen der deutschen Geldmengenziele in den Jahren von 1975 bis 1994 könnte es nahelegen, daß die **Bundesbank** ihre Konzeption tendenziell in dieser Weise einsetzt. Besonders augenfällig war dies in den Jahren

---

[296] Siehe dazu auch die Ausführungen zu den polit-ökonomischen Aspekten des geldpolitischen Instrumentariums (Kapitel VI.7).

nach der deutschen Vereinigung. Trotz eines stark steigenden Bedarfs an „Transaktionskasse“ in Ostdeutschland nahm die Bundesbank keine nennenswerten Modifikationen bei der Ableitung ihrer Geldmengenziele für Gesamtdeutschland vor (vgl. Bofinger 1996 a). Die Schutzschild-Funktion des Geldmengenziels zeigte sich besonders augenfällig im Jahr 1993: Wegen der starken Spannungen, die sich im ersten Halbjahr 1993 im EWS aufbauten, wurde die Bundesbank vom Inland wie vom Ausland gedrängt, ihre Zinssätze zu reduzieren. Sie entzog sich diesem Begehren jedoch mit dem Verweis auf die zu hohe Expansion der Geldmenge. Einen Monat nach dem Zusammenbruch des Systems (Ende Juli 1993) leitete die Bundesbank dann jedoch eine nachhaltige Zinssenkungsrunde ein, obwohl sich die Geldmenge weiterhin deutlich oberhalb des Zielkorridors bewegte.

Die Schutzschild-Funktion eines Geldmengenkonzepts ist grundsätzlich nicht ohne weiteres zu kritisieren, da sie die Unabhängigkeit der Notenbank innerhalb des politischen Raums stärkt und damit auch das Erreichen des Endziels der Geldwertstabilität. Sie ist allerdings auch nicht unproblematisch, weil sie dazu führt,

- daß systematisch zu niedrige Geldmengenziele formuliert werden, was einen deflationären Druck erzeugen kann, oder aber
- daß es zu häufigen Zielabweichungen kommt, die die Transparenz der Geldpolitik und damit – auf längere Sicht – auch ihre Glaubwürdigkeit beeinträchtigen.

4. Der Wechselkurs als geldpolitisches Zwischenziel

4.1 Die Grundidee und die Bedeutung der Ankerwährung

Kleineren offenen Volkswirtschaften bietet sich neben einer Ausrichtung der Geldpolitik an binnenwirtschaftlichen Variablen (Geldmenge, Zinsen) auch die Möglichkeit, den Wechselkurs als geldpolitische Zwischenzielvariable zu verwenden. Durch die feste Parität zu einer als wertstabil anerkannten ausländischen Währung verfügt die Notenbank über einen „nominellen Anker“. Sie kann daran ihre geldpolitischen Entscheidungen orientieren und die Privaten können hierauf ihre Inflationserwartungen aufbauen. Der zentrale Aspekt, daß feste Wechselkurse als eine geldpolitische Konzeption dienen können, wird in der langjährigen und bis heute nicht abgeschlossenen Diskussion über „feste versus flexible Wechselkurse“ häufig übersehen. In den Worten von McCallum (1989, S. 296):

> „If we express the problem in this way, it becomes apparent that it is misleading to pose the policy issue in terms of ‘fixed versus floating exchange rates’. The actual issue is the choice of an appropriate rule for monetary policy.“

In der Tat gab es in der Vergangenheit lange Phasen, in denen sowohl der US-Dollar als auch die D-Mark eine solche Ankerwährungsrolle für andere Länder wahrnahmen. Im Festkurssystem von Bretton **Woods**, das im Dezember 1945 in Kraft trat wurden die Paritäten der Währungen der Mitgliedsländer gegenüber dem Gold oder dem US-Dollar fixiert, der wiederum eine feste Parität von 35 US-Dollar je Feinunze Gold aufwies. Somit ergaben sich gleichzeitig feste Paritäten zwischen allen Teilnehmerländern.[297] Den USA, als der mit Abstand bedeutendsten Volkswirtschaft, die nach dem Zweiten Weltkrieg auch über die größten Gold- und Devisenreserven verfügte, wurde in diesem System, die Rolle des Leitwährungslandes zugeschrieben. Durch einen festen Wechselkurs zum Dollar konnten die Mitgliedsländer bis zum Jahr 1965 von der äußerst geringen amerikanischen Inflationsrate profitieren. Als sich die Inflation in den Vereinigten Staaten im Zuge des Vietnam-Kriegs jedoch mehr und mehr verstärkte, konnte die amerikanische Währung diese Funktion nicht mehr adäquat erfüllen, so daß die stabilitätsorientierten Länder auf andere geldpolitische Zwischenziele überzugehen versuchten. Die dadurch verursachten Konflikte führten dazu, daß das System schließlich im März 1973 nach vielen Krisen zusammenbrach.

In Europa war die D-Mark in den siebziger und achtziger Jahren stets die wertstabilste Währung. Die Politik der Bundesbank wurde daher nicht nur in Deutschland, sondern auch in den Nachbarländern als besonders glaubwürdig angesehen, so daß sich die D-Mark als Ankerwährung für die kleineren Länder in Europa anbot. Im 1979 gegründeten **Europäischen Währungssystem** wuchs der D-Mark deshalb über die Zeit hinweg eine ähnliche Ankerfunktion zu wie dem US-Dollar im Bretton Woods-System.[298] Sehr früh entschied sich die niederländische Notenbank für diese Strategie; seit 1983 ist der Kurs des Gulden gegenüber der D-Mark nicht mehr geändert worden. Von 1987 an verfolgten auch Belgien/Luxemburg,[299]

---

297 Das Bretton Woods-System, trägt seinen Namen nach dem Konferenzort in den USA, wo sich im Juli 1945 45 Nationen auf der „Internationalen Währungs- und Finanzkonferenz der Vereinten und Assoziierten Nationen" auf gemeinsame Leitlinien für eine neue Weltwährungsordnung einigten. Mit der Gründung des Internationalen Währungsfonds (IWF) wurde eine supranationale Organisation geschaffen, die dieses Festkurssystem überwachen sollte (vgl. Deutsche Bundesbank 1992). Siehe ausführlicher zur Funktionsweise des Systems von Bretton Woods Modul F.

298 Gründungsmitglieder des EWS waren Belgien, Dänemark, Deutschland, Frankreich, Irland, Italien, Luxemburg, die Niederlande und das Vereinigte Königreich, wobei sich das Vereinigte Köingreich allerdings erst 1990 am Wechselkursmechanimus des EWS beteiligte. Später kamen noch Spanien (1989), das Vereinigte Königreich (1990), Portugal (1992) und Österreich (1995) hinzu. Italien und das Vereinigte Königreich nehmen seit der ersten EWS-Krise im Herbst 1992 nicht mehr am Europäischen Wechselkursmechanismus teil. Siehe zur Funktionsweise und den Problemen des EWS ausführlicher Modul F, Bofinger (1988) sowie Gros und Thygesen (1992).

299 Belgien und Luxemburg bilden seit 1945 eine Währungsunion. Die Geldpolitik beider Länder wird daher einheitlich betrieben.

Frankreich, Dänemark und Irland (bis Herbst 1992) eine Geldpolitik, bei der ein fester Wechselkurs zur D-Mark als zentrales Zwischenziel fungiert.[300]

In allen Ländern kam es dabei zu einer deutlichen Reduktion der Inflationsrate. Nach der deutschen Wiedervereinigung im Jahr 1990 zeigten sich dann jedoch vermehrt Probleme dieses Konzepts. So mußten diese Länder zunehmend der restriktiveren Zinspolitik der Bundesbank folgen, die jedoch lediglich in Deutschland erforderlich war. Zwischen September 1992 und Juli 1993 kam es darüber hinaus zu erheblichen spekulativen Attacken durch die Devisenmärkte. Somit mußten auch die stabilitätsorientierten Länder des EWS (Frankreich, Belgien/Luxemburg, Irland, Dänemark) ihre Währungen mit Zinssätzen verteidigen, die noch über dem schon hohen deutschen Niveau lagen, obwohl ihre Inflationsraten geringer waren als die deutsche (siehe Schaubild V.11). Aufgrund dieser Schocks wurde Anfang August 1993[301] die enge Bandbreite (± 2,25 %) für die Interventionspunkte im EWS aufgegeben und durch eine Bandbreite von ± 15 % substituiert. Lediglich für den holländischen Gulden wurde eine Bandbreite ± 2,25 % beibehalten. Die Notenbanken der genannten Länder sind jedoch weiterhin bestrebt gewesen, ihre Währung eng an die D-Mark zu binden. Von temporären Schwankungen abgesehen, bewegen sich die Wechselkurse dieser Währungen weiterhin im Rahmen der alten Bandbreite um die seit Januar 1987 unverändert geltenden Paritäten.

Auch in den skandinavischen Ländern und in Österreich wurde in der Vergangenheit die Geldpolitik an dem Zwischenziel des nominellen Wechselkurses ausgerichtet. Im Gegensatz zu den EWS-Mitgliedsländern mußten bzw. müssen diese Länder die Kursstabilisierung **einseitig** herbeiführen, d.h. sie konnten nicht mit automatischen Interventionskrediten im Fall einer Abwertungstendenz ihrer Währung rechnen. Diese einseitige Wechselkursbindung (one sided-peg) ist im Rahmen der Diskussion über „Regeln versus Diskretion" eindeutig von den Wechselkurszielen zu unterscheiden, die durch ein formelles Festkurssystem fixiert werden.

- Im Rahmen eines Festkurssystems wird der Notenbank die Währungsparität durch ein internationales Abkommen vorgegeben. Es handelt sich dabei also um eine **exogene Regelbindung**.
- Bei einer einseitigen Bindung unterwirft sich die Notenbank – im Rahmen ihres diskretionären Entscheidungsspielraums – einem Wechselkursziel, um so im Innen- wie im Außenverhältnis über eine transparente Konzeption zu verfügen. Es handelt sich also um eine **Selbstbindung**.

---

300 Dagegen kam es in den ersten Jahren von 1979 bis 1987 immer wieder zu periodischen Anpassungen der Paritäten („Realignments").

301 Irland wertete das irische Pfund bereits im Februar 1993 ab.

- Das Regelwerk des EWS nimmt dabei eine Zwischenstellung ein, da seine rechtliche Grundlage auf Verträgen zwischen den beteiligten Notenbanken basiert, wobei die Paritäten von den Finanzministern fixiert werden. Mit der Ausweitung der Bandbreiten auf ± 15 %, die Anfang August 1993 beschlossen wurde, ist der Bindungscharakter, der von diesem System auf die nationalen Notenbanken ausgeht, deutlich reduziert worden.

Schaubild V.11: Zinsentwicklung in einigen europäischen Ländern[1)]

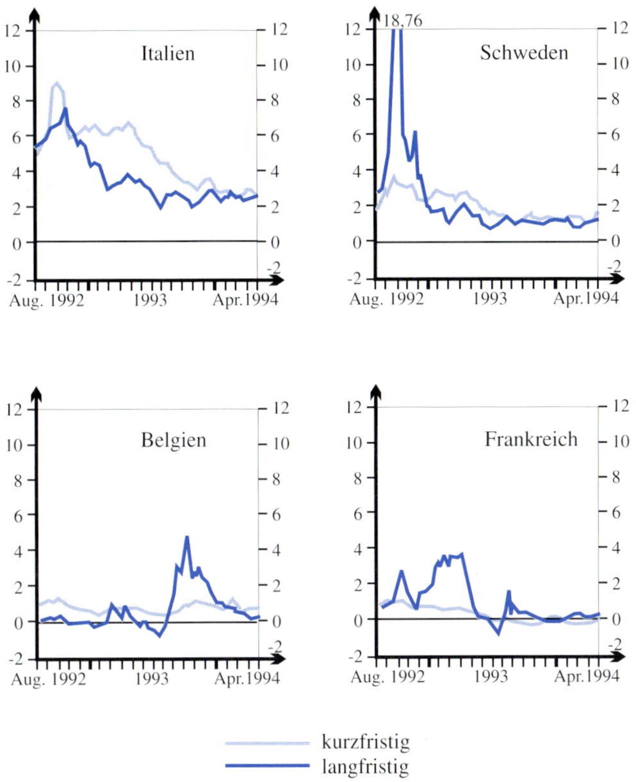

[1)] Als Differenz gegenüber dem entsprechenden deutschen Zinssatz.

Quelle: IMF World Economic Outlook, Mai 1994.

Schweden und **Norwegen** haben sich 1979 gegen die Mitgliedschaft im EWS entschieden und statt dessen eine einseitige Bindung ihrer Wechselkurse zunächst an einen Währungskorb aus den wichtigsten Währungen der Handelspartner gewählt. Allerdings war die Dominanz der europäischen Währungen im Währungskorb, die zum Großteil an die D-Mark gebunden waren, gleichbedeutend mit einer de facto Bindung der schwedischen und norwegischen Geldpolitik an die D-Mark. Diese Ausrichtung wurde durch den Wechsel zum ECU als Zielgröße Anfang der neunziger Jahre, der sich auch Finnland im Jahr 1991 anschloß, fortgesetzt (siehe Tabelle V.8). Die einseitige Wechselkursbindung der drei skandinavischen Notenbanken wurde im Herbst 1992 beendet, weil sie nicht mehr in der Lage waren, die Geldmarktzinsen so hoch zu halten, wie es erforderlich gewesen wäre, um ihre Währungen gegen die massiven spekulativen Attacken zu verteidigen. Das Beispiel der Schwedischen Reichsbank ist dabei besonders prägnant. In der ersten Währungskrise vom September 1992 gelang es ihr noch den Wechselkurs mit Geldmarktsätzen bis zu 500 % für Tagesgeld zu halten. Bei einer erneuten spekulativen Attacke im November sah sie sich dann nur noch zu einer Anhebung der Zinssätze auf 20 % in der Lage. Dies war unzureichend, um die Kapitalabflüsse zu stoppen und führte dann zwangsläufig zu einer Freigabe des Wechselkurses (vgl. Sveriges Riksbank 1992, S. 7f.).

Eine sehr viel erfolgreichere einseitige Bindung als die skandinavischen Länder verfolgt **Österreich**, das bereits seit Beginn der achtziger Jahre seinen Wechselkurs gegenüber der D-Mark praktisch bei einem Schilling-Kurs von 7 Schilling für eine D-Mark fixiert hat (Schaubild V.12). In den Anfangsjahren war man sogar auf eine Aufwertungstendenz gegenüber der D-Mark bedacht, um die benötigte Glaubwürdigkeit für diese geldpolitische Konzeption zu erlangen („**Hartwährungspolitik**").[302] Seit dem 01.Januar 1995 nimmt Österreich darüber hinaus am Europäischen Währungssystem mit Bandbreiten von ± 15 % teil. Die Österreichische Notenbank orientiert ihre Geldpolitik aber weiterhin an einem sehr engen Band gegenüber der D-Mark.

Im ganzen gesehen haben feste Wechselkurse also auch nach dem Zusammenbruch des Bretton Woods-Systems eine wichtige Rolle gespielt, auch wenn die Anzahl der Länder mit Wechselkursbindungen kontinuierlich zurückgegangen ist. Die IWF-Statistiken weisen für 1979 noch einen Anteil der Mitgliedsländer mit Wechselkursbindung von rund 77 % aus, der sich bis 1995 auf 48 % reduziert hat. Während die IWF-Statistiken besonders durch den hohen Anteil der Entwicklungsländer geprägt sind, stand und steht die Wechselkurssteuerung aber – wie oben gezeigt – auch im Mittelpunkt der Geldpolitik einer Vielzahl europäischer Notenbanken. In neuerer Zeit wird der Wechselkurs auch in zahlreichen Transfor-

302 Siehe dazu Hochreiter und Winckler (1994).

mationsländern als geldpolitisches Zwischenziel verwendet. Dort findet entweder eine Fixierung gegenüber einer einzelnen Währung statt (Estland: Bindung an die D-Mark; Litauen: Bindung an den US-Dollar)[303] oder gegenüber einem Währungskorb (Ungarn, Polen, Tschechische Republik, Slowakei). Eine unwiderrufliche Fixierung des Wechselkurses könnte in diesen Ländern allerdings zu massiven Überbewertungen der Währungen führen, da in diesen Volkswirtschaften noch mit erheblichen Anpassungen im realen Sektor und im Finanzsektor gerechnet werden muß. Vermeiden kann man eine solche Entwicklung entweder durch eine Unterbewertung der Währung im Ausgangszeitpunkt oder durch **geregelte Wechselkursanpassungen**. Eine gute Möglichkeit ist dabei ein **„Crawling Peg"** wie er von Polen seit Oktober 1991 erfolgreich praktiziert wird.[304] Die Abwertung des Zloty erfolgt nach einer fest vorgegebenen Rate (zur Zeit von 16 Zloty pro Arbeitstag gegenüber einer Korbwährung aus fünf Währungen), die der Öffentlichkeit bekanntgegeben wird und somit in die Erwartungsbildung einfließen kann. Man kann dieses Vorgehen gleichsam als eine Festkursbindung in der ersten Ableitung ansehen (vgl. Bofinger 1995, S. 11).[305]

Zusammenfassend gibt Tabelle V.8 einen Überblick über alle Wechselkursarrangements in Europa seit März 1979, dem Zeitpunkt des Inkrafttretens des EWS.

In der Zeit nach 1992 ist allerdings ein deutlicher Konzeptionswechsel zu beobachten. Lediglich Österreich und die Niederlande konnten ihren Wechselkurs gegenüber der D-Mark durchgehend im angestrebten Korridor halten (vgl. Tabelle V.9).[306] Alle anderen Arrangements wurden entweder komplett aufgegeben (Bindung der skandinavischen Währungen an den ECU), faktisch flexibilisiert (Ausdehnung der Bandbreiten im EWS auf ± 15 % seit August 1993) oder nicht konsequent angewendet (Realignments im EWS). Außerhalb Europas läßt sich eine konsequente Festkurspolitik nur in Hongkong (in Form eines Currency Board),

---

303 Estland und Litauen haben dabei eine besonders strenge Regelbindung in Form eines „Currency Board" gewählt. Auf diese Form der Währungsverfassung wird in Kapitel III.3.2.1 detaillierter eingegangen.

304 Siehe zum System des Crawling Peg ausführlicher Williamson (1981).

305 Zu einem Überblick der alternativen Regelungen für die Durchführung von Realignments siehe Bofinger 1991, Kapitel V.

306 Einige kleinere europäische Länder haben sich darüber hinaus seit Jahrzehnten erfolgreich an die Währung ihres größeren Nachbarlandes gebunden. Dies sind Liechtenstein (Bindung an den Schweizer Franken seit 1921), Monaco (Bindung an den französischen Franc seit 1865) und San Marino (Bindung an die italienische Lira seit 1897). In diesen drei Ländern läuft keine eigene Währung mehr um (vgl. Obstfeld und Rogoff 1995, S. 20).

Saudi-Arabien und Thailand (Bindung der Währungen an den US-Dollar) beobachten (siehe dazu Tabelle V.9).[307]

Im folgenden soll gezeigt werden, durch welche Mechanismen es bei einer Wechselkursbindung zu einem Stabilitätsimport kommen kann und welche Voraussetzungen für diese Strategie gegeben sein müssen. Es ist naheliegend, daß eine solche Konzeption nur dann praktikabel ist, wenn es überhaupt eine ausländische Währung gibt, die die Funktion einer **Ankerwährung** übernehmen kann. Um hierfür in Frage zu kommen, muß eine Währung mindestens zwei Bedingungen erfüllen.

- Die Notenbank des Ankerwährungslandes muß – aufgrund einer ausgeprägten Stabilitätsorientierung in der Vergangenheit – über ein hohes Maß an **Glaubwürdigkeit** verfügen.
- Ein großer Teil des **Außenhandels** muß mit dem Ankerwährungsland oder in dessen Währung abgewickelt werden oder zumindest mit Ländern, deren Währungen ebenfalls einen festen Kurs zur Ankerwährung aufweisen. Andernfalls ist der Einfluß der ausländischen Preisentwicklung auf die inländische Inflationsrate zu gering.

Sind diese Voraussetzungen gegeben, gestaltet sich die Wechselkurssteuerung analog der Geldmengensteuerung als zweistufiger Prozeß, in dem der Wechselkurs als Zwischenziel einerseits durch das Instrumentarium der Notenbank steuerbar sein muß und andererseits einen engen Zusammenhang zum Endziel aufzuweisen hat.

4.2 Der Zusammenhang zwischen Wechselkurs und Preisniveau

Das Konzept eines Wechselkursziels beruht im Grundsatz darauf, daß die Geldwertstabilität, die im Land der Ankerwährung herrscht, auf jene Länder übertragen wird, die sich an diese Währung anhängen. Dieser Übertragungsprozeß beruht auf zwei Transmissionsprozessen: einem **güterwirtschaftlichen** Übertragungsmechanismus („direkter internationaler Preiszusammenhang") und einem Wirkungszusammenhang, der auf den **Inflationserwartungen** der Privaten beruht und nur indirekt über die realwirtschaftlichen Größen wirkt.[308]

---

[307] Hinzu kommen eine Vielzahl kleinerer Inselstaaten und Ölscheichtümer, die ihre Währungen an den US-Dollar gebunden haben, vierzehn westafrikanische Staaten, die mit Frankreich die CFA-Zone bilden, sowie einige Kleinstaaten, die ihre Währungen an das größere Nachbarland gekoppelt haben (vgl. Obstfeld und Rogoff 1995, S. 19 - 24).

[308] Die Einteilung dieser beiden Transmissionsmechanismen erfolgt analog zu den Transmissionsmechanismen einer geschlossenen Volkswirtschaft, die in Modul D beschrieben werden. Dort wird zwischen nachfrageseitigen Effekten (Quantitätstheorie und Zinsstrukturtheorie) und erwartungstheoretischen Effekten unterschieden.

Tabelle V.8: Wechselkursarrangements in Europa seit 1979

Land	Wechselkursbindung	Bandbreite	Zeitraum
Belgien/Luxemburg	EWS	± 2,25% ± 15%	13.03.1979-01.08.1993 seit 02. August 1993
Dänemark	EWS	± 2,25% ± 15%	13.03.1979-01.08.1993 seit 02. August 1993
Deutschland	EWS	± 2,25% ± 15%	13.03.1979-01.08.1993 seit 02. August 1993
Frankreich	EWS	± 2,25% ± 15%	13.03.1979-01.08.1993 seit 02. August 1993
Irland	EWS	± 2,25% ± 15%	13.03.1979-01.08.1993 seit 02. August 1993
Italien	EWS	± 6% ± 2,25%	13.03.1979-08.01.1990 08.01.1990-17.09.1992
Niederlande	EWS D-Mark	± 2,25% ± 15% ± 2,25%	13.03.1979-01.08.1993 seit 02. August 1993 seit 02. August 1993
Portugal	EWS	± 6% ± 15%	06.04.1992-01.08.1993 seit 02. August 1993
Spanien	EWS	± 6% ± 15%	19.06.1989-01.08.1993 seit 02. August 1993
Vereinigtes Königreich	EWS	± 6%	08.10.1990-17.09.1992
Österreich	D-Mark EWS	± 2% ± 15%	seit September 1979 seit 09. Januar 1995
Schweden	Währungskorb ECU	± 1,5% ± 1,5%	28.08.1977-16.05.1991 17.05.1991-19.11.1992
Norwegen	Währungskorb ECU	± 2,25% ± 2,25%	Dez. 1978-22.10.1990 22.10.1990-10.12.1992
Finnland	ECU	± 3%	07.06.1991-08.09.1992
Ungarn	Währungskorb (50 % US-Dollar, 50 % ECU)		seit November 1991
Polen	US-Dollar Währungskorb (US-Dollar, D-Mark, Pfund Sterling, Französischer Franc, Schweizer Franken) Crawling Peg (tägliche Abwertung gegenüber dem Währungskorb)		01.01.1990-20.05.1991 20.05.1991-14.10.1991 seit 14. Oktober 1991
Tschechoslowakei und anschließend Tschechische Republik (die Währungsunion mit der Slowakei wurde am 04.02.1993 aufgelöst)	Währungskorb (D-Mark, US-Dollar, Österreichischer Schilling, Schweizer Franken, Pfund Sterling) Währungskorb (US-Dollar, D-Mark, Österreichischer Schilling, Schweizer Franken, Französischer Franc) Währungskorb (D-Mark, US-Dollar)		Anfang 1991-Jan.1992 Januar 1992-Mai 1993 seit 03. Mai 1993
Slowakei	Währungskorb (US-Dollar, D-Mark, Österreichischer Schilling, Schweizer Franken, Französischer Franc)		seit 1993
Estland	D-Mark		seit Juni 1992
Litauen	US-Dollar		seit April 1994

Quelle: Geschäftsberichte der Notenbanken; IMF Exchange Arrangements and Exchange Restrictions, Annual Reports.

Tabelle V.9: Länder mit seit mehr als fünf Jahren festen Wechselkursen, (Juli 1990 bis Juni 1995)

Land	Wechselkursbindung	fest (± 2,5 %) seit	fest (± 1 %) seit
Hongkong	US-Dollar	Oktober 1983	Oktober 1983
Luxemburg	Belgischer Franc	1945	1945
Niederlande	D-Mark	März 1983	August 1992
Österreich	D-Mark	September 1979	Januar 1990
Saudi-Arabien	US-Dollar	März 1985	Juni 1986
Thailand	US-Dollar	Januar 1987	März 1994

Quelle: Obstfeld und Rogoff (1995, S. 19).

4.2.1 Der direkte internationale Preiszusammenhang

Der „direkte internationale Preiszusammenhang"[309] basiert auf der internationalen Güterarbitrage. Er besagt, daß es bei festen Wechselkursen und freiem Güterverkehr zu einem engen Verbund der Inlandspreise handelbarer Güter mit denen des Auslands kommt. Man spricht deshalb vom **„Gesetz der Unterschiedslosigkeit der Preise"** („Law of One Price"): Aufgrund des internationalen Wettbewerbs müssen die Preise inländischer und ausländischer handelbarer Güter („Tradables") – umgerechnet in eine Währung – identisch sein.

(V.8) $P_T = e \cdot P_T^*$ P_T = inländischer Preisindex handelbarer Güter

P_T^* = ausländischer Preisindex handelbarer Güter

Aufgrund von Transportkosten, Zöllen und anderen Restriktionen (λ) muß man jedoch mit Abweichungen in den absoluten Preisen der handelbaren Gütern rechnen. Hinzu kommt, daß in- und ausländische Produkte nicht immer perfekte Substitute darstellen. Es gilt also der weniger strenge Zusammenhang:

(V.9) $P_T = \lambda \cdot e \cdot P_T^*$ λ = Transportkosten, Zölle etc.

$\lambda > 0$

Unterstellt man, daß der Faktor λ im Zeitverlauf relativ konstant bleibt, kann man für feste Wechselkurse ($\hat{e} = 0$) davon ausgehen, daß die **Veränderungen** der In- und Auslandpreise der handelbaren Güter einem engen Gleichlauf unterliegen. Hierzu gelangt man, wenn man Gleichung (V.9) nach der Zeit ableitet:

309 In der deutschen Diskussion ist dieser Mechanismus von Stützel (1960) „entdeckt" worden.

(V.10) $\pi_T = \pi_T^*$ mit: $\hat{\lambda} = \hat{e} = 0$

Beim Transmissionsmechanismus des direkten internationalen Preiszusammenhangs ist der Einfluß der ausländischen Preisentwicklung auf die inländische Inflationsrate dabei um so stärker, je höher der Anteil der handelbaren Güter am gesamten Preisindex ausfällt. Der gesamte inländische Preisindex (P) wird als gewichteter Durchschnitt der Preise der handelbaren Güter und der nicht-handelbaren Güter (P_N) berechnet, wobei der Faktor α den Gewichtungsfaktor darstellt (Gleichung V.11). Je größer α ist, desto enger ist der direkte Übertragungsmechanismus.

(V.11) $P = \alpha P_T + (1-\alpha) P_N$ α = Gewichtungsfaktor

P_N = inländischer Preisindex nicht-handelbarer Güter

Diese Voraussetzung ist vor allem in kleineren Ländern wie in Österreich und den Niederlanden erfüllt. Der Offenheitsgrad liegt hier bei 26 % und 39 % (als Anteil des Durchschnitts aus Exporten und Importen am BIP), wobei 39 % bzw. 25 % des gesamten Außenhandelsvolumens auf den Handel mit Deutschland entfallen. Die Intensität dieses Transmissionsprozesses hängt allerdings nicht nur vom Außenhandelsanteil mit dem Ankerwährungsland ab. Eine Übertragung der ausländischen Preissteigerungsrate ergibt sich auch dadurch, daß ein größerer Teil des Außenhandels in der *Währung* des Ankerwährungslandes abgewickelt wird. Beispiele dafür sind Hongkong, Saudi-Arabien und Thailand, die sich erfolgreich an den US-Dollar gebunden haben (vgl. Tabelle V.9), wobei sie ihren Außenhandel überwiegend in dieser Währung abwickeln, auch wenn die Bedeutung des Warenaustauschs mit den USA deutlich geringer ist. Ähnliches gilt auch für Länder wie Estland und Litauen, die immer noch über intensive Handelsbeziehungen mit Rußland und den anderen osteuropäischen Transformationsländern verfügen sowie den skandinavischen Ländern. Da der russische Rubel die Stabilitätsanforderungen einer Ankerwährung offensichtlich nicht erfüllt, wurde für die Wechselkursbindung der estnischen Krone die D-Mark herangezogen; der litauischen Litas ist an den US-Dollar gebunden.

Darüber hinaus kann sich ein Stabilitätsimport auch dadurch ergeben, daß Handelsbeziehungen zu Ländern bestehen, die ihrerseits einen festen Wechselkurs gegenüber dem Ankerwährungsland verfolgen. Dazu muß eine enge außenwirtschaftliche Verflechtung mit einem Drittland gegeben sein, das wiederum einen hohen Anteil seines Außenhandels mit dem Ankerwährungsland durchführt und seinen Wechselkurs gegenüber diesem Land fixiert hat. Das kleine Land kann dann von der „Mittlerrolle" des Drittlandes profitieren und auf diesem Wege indirekt die Stabilität des Ankerwährungslandes importieren.

Als Alternative zur Bindung an eine einzelne Währung besteht auch die Möglichkeit, einen „**Währungskorb**“ als nominellen Anker zu verwenden.[310] Erfolgt dessen Gewichtung dabei anhand der Außenhandelsanteile, dann wird auf diesem Weg der erste Übertragungsmechanismus garantiert. Vorteilhaft ist, daß dadurch Störungen vermieden werden können, die durch starke Schwankungen der Ankerwährung gegenüber Drittwährungen auftreten. Dem stehen allerdings zwei Nachteile gegenüber, die eher für die Bindung an eine einzelne Währung sprechen: Größere bilaterale Schwankungsbreiten mit den Währungen des Währungskorbs bleiben bestehen, und die Transparenz der Geldpolitik wird eingeschränkt (vgl. Wettstein 1994, S. 204f.).

Box V.4: Der Ricardo-Balassa-Effekt

Der oben beschriebene einfache Zusammenhang zwischen den in- und ausländischen Inflationsraten kann gestört werden, wenn es in beiden Ländern zu unterschiedlichen Produktivitätsentwicklungen kommt. Die „erweiterte“ relative Kaufkraftparitätentheorie besagt dann, daß die in- und ausländische Inflationsrate keinem perfekten Gleichlauf mehr unterliegen müssen, sondern auch maßgeblich von den Differenzen der Produktivitätsentwicklung in den Sektoren der handelbaren- und nicht-handelbaren Güter im In- und Ausland abhängen. Dieser Effekt wurde erstmals von Ricardo und später von Balassa (1964) beschrieben. Formal läßt sich dieser Zusammenhang ausgehend vom Gesetz der Unterschiedslosigkeit der Preise für handelbare Güter (Gleichung 1) und der Definition des gesamten inländischen Preisindexes (P), als gewichtetem Durchschnitt der Preise der handelbaren Güter und der nicht-handelbaren Güter (P_N), herleiten.[311]

(1) $$P_T = \lambda \cdot e \cdot P_T^*$$

(2) $$P = \alpha\, P_T + (1-\alpha)\, P_N \qquad \alpha = \text{Gewichtungsfaktor}$$

Der gleichgewichtige Relativpreis zwischen dem Sektor der handelbaren und der nicht-handelbaren Güter wird durch den Faktor β dargestellt.

(3) $$\beta = \frac{P_N}{P_T}$$

---

[310] Siehe hierzu z.B. Branson und Katseli (1982).

[311] Siehe für die folgenden Umformungen auch Willms (1995, S. 112 - 114).

Formt man Gleichung (3) nach P_N um, und setzt das Ergebnis in Gleichung (2) ein, dann erhält man für das gesamte inländische Preisniveau bzw. das inländische Preisniveau der handelbaren Güter:

(4) $$P = \underbrace{[\alpha + (1-\alpha)\beta]}_{\gamma} P_T \quad \text{bzw.} \quad P_T = \frac{P}{\gamma}$$

Analog läßt sich auch das ausländische Preisniveau formulieren als:

(5) $$P^* = \underbrace{[\alpha^* + (1-\alpha^*)\beta^*]}_{\gamma^*} P_T^* \quad \text{bzw.} \quad P_T^* = \frac{P^*}{\gamma^*}.$$

Setzt man die beiden Definitionen der Preisindizes handelbarer Güter im In- und Ausland (4 und 5) in die Kaufkraftparitätengleichung (1) ein, ergibt sich der nominale Wechselkurs als:

(6) $$e = \frac{1}{\lambda} \cdot \frac{P}{P^*} \cdot \frac{\gamma^*}{\gamma},$$

bzw. in Wachstumsraten formuliert als:

(7) $$\hat{e} = (\pi - \pi^*) + (\hat{\gamma}^* - \hat{\gamma}),$$

wobei unterstellt wird, daß der Faktor λ im Zeitverlauf konstant bleibt ($\hat{\lambda} = 0$).

In den Veränderungsraten von $\hat{\gamma}$ und $\hat{\gamma}^*$ steckt der realwirtschaftliche Einfluß auf die Wechselkursentwicklung bzw. auf die Inflationsrate für den Fall, daß der Wechselkurs als Anpassungsmechanismus nicht zur Verfügung steht, weil er von der Notenbank fixiert wird. Konkret hängen sie von den Faktoren α und β ab (Verschiebungen des Gewichts der handelbaren Güter am Warenkorb des jeweiligen Landes; Änderungen des Relativpreises zwischen den beiden Sektoren und Ländern). Veränderungen von $\hat{\gamma}$ und $\hat{\gamma}^*$ können also ausgelöst werden durch Nachfrageverschiebungen, Änderungen der Faktorausstattungen und – was im folgenden analysiert wird – Unterschieden in den Produktivitätsentwicklungen. Um diesen Punkt in die Analyse zu integrieren, wird unterstellt, daß der Faktor Arbeit vollkommen mobil zwischen den Sektoren eines Landes ist, d.h. daß die nominale Entlohnung (W) in beiden Sektoren übereinstimmt. Zwischen den beiden Ländern wandert der Faktor Arbeit nicht. Er wird gemäß seiner Grenzproduktivität (q_T bzw. q_N) entlohnt.

(8a) $$\frac{W}{P_T} = q_T$$ und (8b) $$\frac{W}{P_N} = q_N$$

Löst man Gleichung (8a) nach W auf und setzt sie in (8b) ein, dann erhält man:

$$(9) \qquad P_N = \frac{q_T}{q_N} P_T .$$

Ersetzt man in Gleichung (2) den Preisindex für nicht-handelbare Güter durch den Term aus Gleichung (9), dann ergibt sich nach einigen Umformungen der Preisindex für handelbare Güter als:

$$(10) \qquad P_T = \frac{P}{\alpha + (1-\alpha)\dfrac{q_T}{q_N}} .$$

Entsprechend gilt für das Ausland:

$$(11) \qquad P_T^* = \frac{P^*}{\alpha^* + (1-\alpha^*)\dfrac{q_T^*}{q_N^*}} .$$

Durch Einsetzen von Gleichung (10) und (11) in die Kaufkraftparität (1) erhält man:

$$(12) \qquad e = \frac{P_T}{P_T^*} = \frac{P\left[\alpha^* + (1-\alpha^*)\dfrac{q_T^*}{q_N^*}\right]}{P^*\left[\alpha + (1-\alpha)\dfrac{q_T}{q_N}\right]} .$$

Gleichung (12) läßt sich nun ähnlich wie Gleichung (7) in Wachstumsraten überführen, wobei als Vereinfachungsannahme unterstellt wird, daß der Anteil der handelbaren Güter in beiden Länder gleich hoch und konstant ist ($\alpha = \alpha^* =$ konstant) und die Grenzproduktivitäten der Sektoren eines Landes im Ausgangsgleichgewicht übereinstimmen ($q_T = q_N$ und $q_T^* = q_N^*$). Nimmt man diese Vereinfachungen nicht vor, dann wird der Zusammenhang sehr komplex und ökonomisch kaum noch interpretierbar. Es ergibt sich jetzt:

$$(13) \qquad \hat{e} = (\pi - \pi^*) - (1-\alpha)\left[(\hat{q}_T - \hat{q}_T^*) - (\hat{q}_N - \hat{q}_N^*)\right].$$

Wird der Wechselkurs durch die Geldpolitik fixiert, d.h. seine Veränderungsrate ist gleich null ($\hat{e} = 0$), dann wird die inländische Inflationsrate folgendermaßen determiniert:

$$(14) \qquad \pi = \pi^* + (1-\alpha)\left[(\hat{q}_T - \hat{q}_T^*) - (\hat{q}_N - \hat{q}_N^*)\right].$$

Die Inflationsrate des Inlands wird somit bestimmt von der Inflationsrate im Ankerwährungsland und den Differenzen in den Produktivitätsentwicklungen. So erfährt das Inland z.B. eine höhere Inflationsrate als das Ausland, wenn es einen größeren Produktivitätsfortschritt im Sektor der handelbaren Güter hat. Dies läßt sich am anschaulichsten an einem Zahlenbeispiel verdeutlichen. Dabei wird der Faktor $\alpha = 0{,}5$ unterstellt, sowie die oben getroffenen Annahmen (Grenzproduktivitätsentlohnung, Nominallohnsetzung gemäß der Produktivitätsentwicklung im Sektor der handelbaren Güter, internationale Immobilität des Faktors Arbeit).

	$\hat{q}_T$	$\hat{q}_N$	$\hat{W}$	π_T	π_N	π
Inland	6 %	1 %	6 %	0 %	5 %	2,5 %
Ausland	2 %	1 %	2 %	0 %	1 %	0,5 %

Im Zahlenbeispiel kommt es bei einer Inflationsrate von nur 0,5 % im Ausland ($\pi^* = 0{,}5 \cdot 0\% + 0{,}5 \cdot 1\% = 0{,}5\%$) zu einer Inflationsrate von 2,5 % im Inland ($\pi = 0{,}5\% + 0{,}5 \cdot \left[(6\% - 2\%) - (1\% - 1\%)\right]$). Ursache dafür ist der sehr viel größere Anstieg der Produktivität im Sektor der handelbaren Güter im Inland.

Der Übertragungsmechanismus des direkten internationalen Preiszusammenhangs bewirkt jedoch nicht nur eine Anpassung der Preisentwicklung handelbarer Güter, er sorgt auch dafür, daß sich die Inflationsraten der nicht-handelbaren Güter aneinander angleichen. Dieser Effekt ergibt sich daraus, daß innerhalb eines Landes ein enger Verbund der Löhne besteht, der um so stärker ist, je höher die Mobilität des Faktors Arbeit zwischen den Sektoren eines Landes ist. In kleinen offenen Volkswirtschaften mit festem Wechselkurs wird die Lohnsetzung in der Regel vom Sektor der handelbaren Güter dominiert, wobei die Verteilungsspielräume vor allem durch den direkten internationalen Preiszusammenhang begrenzt werden.

4.2.2 Die Rolle der Erwartungen

Neben dem direkten internationalen Preiszusammenhang kann sich der Stabilitätsimport auch unmittelbar über die Erwartungen der Privaten vollziehen. Dies ist dann der Fall, wenn sich die inländischen Tarifparteien von vornherein an der Lohnentwicklung im Ankerwährungsland orientieren. Ein solches Verhalten ist vor allem zu erwarten, wenn ein Wechselkursziel eine **hohe Glaubwürdigkeit** aufweist. Die Gewerkschaften müßten dann im Fall überhöhter Lohnabschlüsse damit rechnen, daß sich die internationale Wettbewerbsposition verschlechtert, was zu einem Rückgang der Exportnachfrage und wachsenden Marktanteilen ausländischer Anbieter im Inland führen würde. Wenn die Regierung (oder die Notenbank) nicht bereit ist, die Währung abzuwerten, bliebe zur Vermeidung von Arbeitslosigkeit nur noch die – wenig attraktive – Korrekturmöglichkeit in Form einer Nominallohnsenkung (oder eines Minderlohnanstiegs unterhalb des Produktivitätsfortschritts) bei der nächsten Tarifrunde. Wenn die Tarifparteien bestrebt sind, solche Anpassungseffekte zu vermeiden, kann es allein schon über die Erwartungsbildung zu Lohnabschlüssen und damit einer Preisentwicklung im Inland kommen, die der Funktionsweise des direkten internationalen Preiszusammenhangs entspricht.[312]

Diese Erwartungseffekte lassen zugleich erkennen, worin ein möglicher Schwachpunkt einer am nominellen Wechselkurs ausgerichteten Geldpolitik zu sehen ist. Wird das Wechselkursziel von den Tarifpartnern als wenig glaubwürdig angesehen, kommt es relativ schnell zu einer **realen Aufwertung** der heimischen Währung und einem Verlust an internationaler Wettbewerbsfähigkeit. Je größer die Wahrscheinlichkeit ist, daß die Notenbank früher oder später nachgeben und die Situation durch Abwertung korrigieren wird, desto geringer ist die Bereitschaft der Gewerkschaften, Korrekturen am Lohnniveau vorzunehmen. Die außenwirtschaftliche Situation verschlechtert sich, so daß letztlich eine Abwertung als unumgänglich erscheint. Ist dieser Schritt einmal vollzogen, dann ist der Wechselkurs auf absehbare Zeit nicht mehr als geldpolitisches Zwischenziel zu verwenden, da jetzt die Glaubwürdigkeit noch geringer ist als zuvor. Dieses Problem erklärt, wieso Frankreich auch nach dem Aufgeben der engen Bandbreiten von ± 2,25 % weiterhin an einem D-Mark-Franc-Kurs innerhalb der alten Interventionspunkte festgehalten hat.[313] Nur so bleibt es der Banque de France möglich, weiterhin an der D-Mark als Ankerwährung festzuhalten. Eine Abwertung würde bedeuten, daß diese Konzeption für längere Zeit keine Anwendung mehr finden könnte. Frankreich müßte sich dann für eine grundsätzlich andere geldpolitische Zwischenzielgröße entscheiden.

4.2.3 Empirische Ergebnisse

In der Empirie zeigt sich, daß ein Land mittels eines Wechselkursziels tatsächlich eine enge Bindung an die Inflationsrate des Ankerwährungslandes erreichen kann. Dieser Zusammenhang ist besonders eindrucksvoll im Fall des österreichischen Schillings und des holländischen Guldens (Schaubilder V.12 und V.13). Aber auch bei anderen Währungen mit einem seit längerem stabilen D-Mark-Kurs hat sich

[312] Siehe dazu die Ausführungen von Sievert (1993) über das mögliche Verhalten der Tarifpartner in der Europäischen Währungsunion.

[313] Diese Politik wird deshalb als Politik des „Franc fort" bezeichnet. Seit August 1993 kam es nur relativ selten zu einem Ausbrechen aus den engen Bandbreiten.

die Geldentwertung im Zeitverlauf der deutschen Rate angenähert.[314] Insbesondere in Belgien/ Luxemburg, Frankreich und Dänemark bestehen nur noch geringe Divergenzen zur deutschen Inflationsrate.

Schaubild V.12: Inflationsgefälle und Wechselkurs zwischen dem österreichischen Schilling und der D-Mark

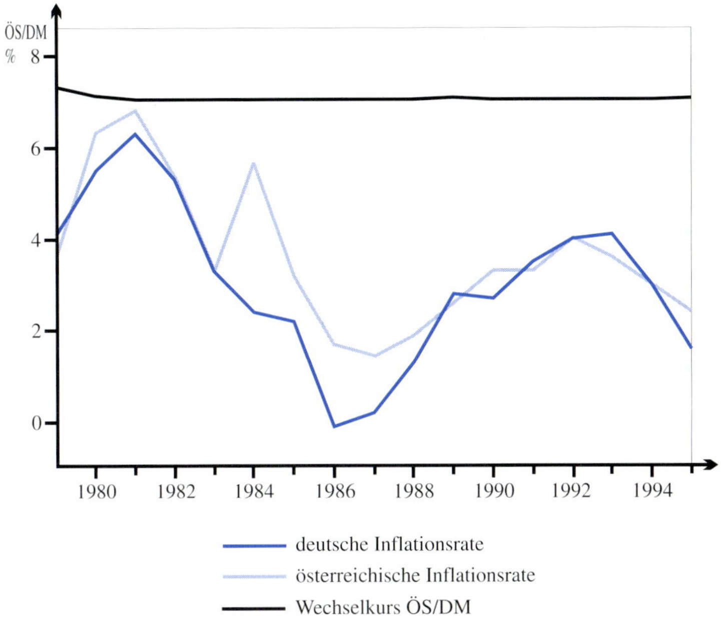

Quelle: OECD Economic Outlook.

4.3 Die Steuerung des Wechselkurses durch den Geldmarktsatz

Die zweite Voraussetzung, die eine Zwischenzielgröße erfüllen muß, ist ihre Steuerbarkeit durch das geldpolitische Instrumentarium einer Notenbank. Im Fall eines nominellen Wechselkursziels wird der hierfür maßgebliche theoretische Zusam-

314 Bei den etwas höheren Werten der deutschen Geldentwertung in den Jahren 1992 und 1993 ist zu berücksichtigen, daß hier Mehrwertsteuererhöhungen eine Rolle gespielt haben, die für den direkten internationalen Preiszusammenhang ohne Bedeutung sind.

menhang durch den **internationalen Zinsverbund** beschrieben (siehe zur Herleitung Box V.5); dieser basiert auf zwei Ausgangsbedingungen: der gesicherten und der ungesicherten Zinsparität. Die **gesicherte Zinsparität** besagt, daß die Zinsdifferenz zwischen zwei Ländern dem Swapsatz zwischen ihren Währungen entsprechen muß (Gleichung V.12),

$$\underbrace{i - i^*}_{\text{Zinsdifferenz}} = \underbrace{\frac{e^T - e}{e}}_{\text{Swapsatz}} \qquad \text{(V.12)}$$

Schaubild V.13: Inflationsgefälle und Wechselkurs zwischen dem holländischen Gulden und der D-Mark

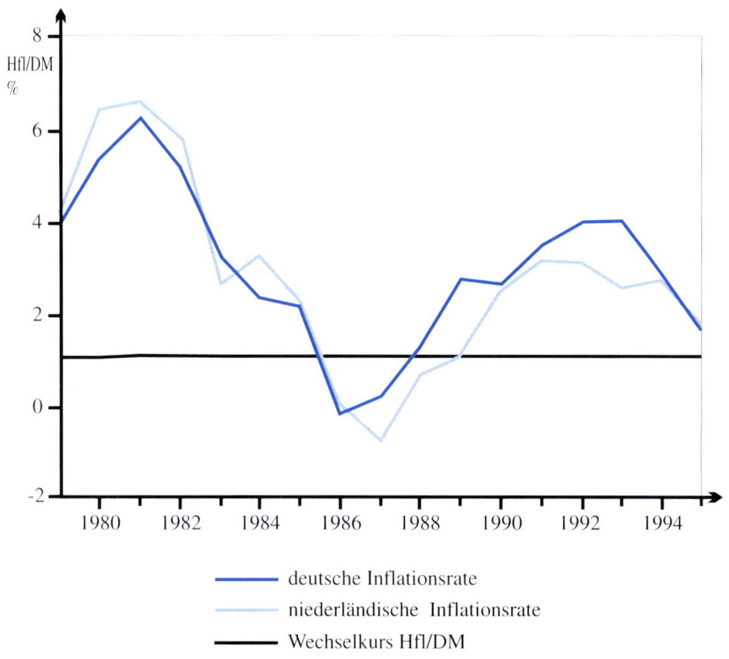

Quelle: OECD Economic Outlook.

wobei i und i* die in- und ausländischen Geldmarktsätze, e den Kassakurs und e^T den Terminkurs darstellen. Die **ungesicherte Zinsparität** besagt, daß eine Zinsdifferenz stets durch entsprechende Wechselkursänderungserwartungen kompensiert werden muß (Gleichung V.13). Anstelle des Terminkurses steht dann der erwartete Kassakurs e^e.

$$\text{(V.13)} \qquad \underbrace{i - i^*}_{\text{Zinsdifferenz}} = \underbrace{\frac{e^e - e}{e}}_{\text{Wechselkursänderungserwartung}}$$

Für ein kleines Land, das ein nominelles Wechselkursziel verfolgt, ergibt sich aus diesem Zusammenhang, daß sein Zinsniveau am Geldmarkt (i) zu einer endogenen Größe wird. Alle anderen Variablen sind für das Inland exogene Größen. Der Zinssatz im Ausland (i*) ist dadurch fixiert, daß es sich beim Ankerwährungsland stets um ein großes Land handelt. Die Exogenität des Kassakurses (e) resultiert daraus, daß er als Zwischenzielgröße fungiert. Und die Erwartungen der Marktteilnehmer (e^e) sind in der Regel nur indirekt durch die Notenbank zu beeinflussen.

Box V.5: Die Zinsparitätentheorie

Sind die internationalen Kapitalmärkte frei von Kapitalverkehrskontrollen und die in- und ausländischen Finanztitel perfekte Substitute, dann kommt es durch die Ausnutzung von Arbitragemöglichkeiten zu einer perfekten Übereinstimmung der entsprechenden Ertragsraten im In- und Ausland. Die Ertragsraten ergeben sich zum einen aus dem direkten Zinsertrag (i für inländische Finanztitel und i* für ausländische Finanztitel) und zum anderen durch Wechselkursänderungen. Jede Abweichung der Ertragsraten wird zu Kapitalbewegungen führen, die auf die Ausnutzung der Gewinnmöglichkeiten ausgerichtet sind und solange anhalten, bis eine erneute Angleichung erfolgt ist. Beispielhaft soll dieser Prozeß für ein Wirtschaftssubjekt aufgezeigt werden, das vor der Alternative steht, den Betrag X im In- oder Ausland verzinslich anzulegen. Im Inland erzielt es für einen vorgegebenen Zeitraum (z.B. ein Jahr) dann den Ertrag $E_I = (1+i)\,X$ in inländischer Währungseinheit.

(1) $E_I = (1+i)\,X$. Ertrag des inländischen Finanztitels

Wird dagegen das Geld im Ausland angelegt, muß zunächst der Betrag X in ausländische Währungseinheiten umgetauscht werden; das ergibt X / e.[315] Damit wird dann insgesamt der ausländische Währungsbetrag von

[315] Der Wechselkurs wird wie bisher als Preisnotierung verwendet.

(1+i*)X / e erzielt, der am Ende der Anlageperiode in inländische Währung zurückgetauscht werden muß. Da zum Zeitpunkt der Anlageentscheidung der Wechselkurs am Ende der Anlageperiode nicht bekannt ist, können über den Wechselkurs lediglich Erwartungen gebildet werden (e^e), die mit in die Entscheidung einfließen. Die Alternative zu diesem Wechselkursrisiko ist der Verkauf des ausländischen Währungsbetrags bereits zu Beginn der Periode per Termin (e^T = Terminkurs). Dann ergibt sich der Ertrag für ausländische Finanztitel (E_A) entweder als

(2a) $E_A^e = (1+i^*)\frac{X}{e}e^e$ Ertrag des ausländischen Finanztitels unter Wechselkursrisiko

oder

(2b) $E_A^T = (1+i^*)\frac{X}{e}e^T$ Ertrag des ausländischen Finanztitels bei Absicherung über ein Termingeschäft

Eine Geldanlage im Inland wird vorgezogen, solange der dortige Ertrag den Ertrag des ausländischen Finanztitels übertrifft. In diesem Fall gilt dann:

(3) $$(1+i)X > (1+i^*)\frac{X}{e}e^e .$$

Führt man einige Umformungen der Gleichung (3) durch, kommt man zu:

$$\frac{1+i}{1+i^*} > \frac{e^e}{e}$$

$$\frac{1+i}{1+i^*} - \frac{1+i^*}{1+i^*} > \frac{e^e}{e} - \frac{e}{e}$$

$$\frac{i-i^*}{1+i^*} > \frac{e^e - e}{e}$$

Der Term (1+i*) wird aus Vereinfachungsgründen meist gleich eins gesetzt; der Approximationsfehler ist dabei allerdings nur für kleine Werte von i* unbedenklich. Damit ergibt sich:

(4) $$i - i^* > \frac{e^e - e}{e}.$$

Gleichung (4) verdeutlicht, daß ein Kapitalzufluß ins Inland anhält, solange die Zinsdifferenz die Abwertungserwartung für die heimische Währung übertrifft. Dadurch kommt es automatisch zu einem internationalen Ausgleich der Ertragsraten. Der Zufluß von Kapital ins Inland sorgt zum einen für ein zusätzliches Kapitalangebot und bewirkt sinkende Inlandszinsen, während umgekehrt eine Verknappung des Kapitalangebots im Ausland zu steigenden Auslandszinsen führt. Darüber hinaus wird die inländische Währung am Devisenmarkt vermehrt nachgefragt und wertet sich auf (d.h. e fällt), so daß sich eine stärkere Abwertungserwartung herausbildet. Über alle drei Mechanismen kommt es zu einem Ausgleich der in- und ausländischen Ertragsraten (Gleichung 5). Während das Kalkül über die Anlageentscheidung prinzipiell von jedem Wirtschaftssubjekt durchgeführt wird, bewirken die großen Marktteilnehmer wie z.B. die Geschäftsbanken den Ausgleich der Ertragsraten. Aufgrund der geringen Transaktionskosten können sie mögliche Arbitragechancen sofort ausnutzen. Dies gilt um so mehr für die Geldmarktsätze, da auf diesem Markt die Teilnahme der Nichtbanken nur eingeschränkt möglich ist.

(5) $$i - i^* = \frac{e^e - e}{e}$$

Gleichung (5) wird in dieser Form als **ungesicherte Zinsparität** bezeichnet. „Ungesichert" deshalb, weil die Geldanlage mit einem Wechselkursrisiko verbunden ist, das ausgeschaltet werden könnte, wenn man bereits bei Abschluß der Geldanlage im Ausland den ausländischen Währungsbetrag auf Termin verkauft. In diesem Fall ergebe sich die sogenannte **gesicherte Zinsparität** (Gleichung 6). Diese Gleichgewichtsbedingung kann in gleicher Weise hergeleitet werden wie Gleichung (4).

(6) $$i - i^* = \frac{e^T - e}{e}$$

Sind in- und ausländische Finanzanlagen dagegen in den Augen der Anleger keine perfekten Substitute, können die Ertragsraten durchaus in Höhe einer Risikoprämie (ρ) voneinander abweichen, so daß für die Zinsparität nur noch gilt:

(7) $$i - i^* = \frac{e^e - e}{e} + \rho .$$

Die Risikoprämie drückt aus, daß die Entscheidungen im Fall der ungesicherten Zinsparität unter Unsicherheit fallen. Auf die Existenz dieser Risikoprämie, die im Zeitverlauf variieren kann, ist es auch zurückzuführen, daß empirisch der Terminkurs kein guter Prädiktor des Kassakurses ist, wie man aus den theoretischen Zusammenhängen vermuten könnte.

Ob ihre Zinspolitik zur Aufrechterhaltung des Wechselkurszieles noch angemessen ist, kann die inländische Notenbank jederzeit anhand der laufenden Kursentwicklung ihrer Währung und des Bestands ihrer Währungsreserven ablesen, auch wenn sie die Erwartungen der Marktteilnehmer über die Wechselkursentwicklung nicht direkt beobachten kann.[316] Gerät die Inlandswährung unter Abwertungsdruck oder nehmen die Währungsreserven ab, besteht ein Bedarf, die Zinssätze zu erhöhen und vice versa. Zu Veränderungen der Devisenreserven kann es insbesondere in der kurzen Frist kommen, falls die Notenbank nicht in der Lage ist, den inländischen Zinssatz rechtzeitig und im richtigen Maße anzupassen. Der Druck auf die Währung – ausgelöst durch Abweichungen von den Arbitragebedingungen – kann dann nur durch **Interventionen** der Notenbank am Devisenmarkt ausgeglichen werden. Die dadurch ausgelösten Veränderungen der Währungsreserven und folglich der Geldbasis führen dann letztendlich ebenfalls den benötigten Zinseffekt herbei. Devisenmarktinterventionen und somit die Höhe der Devisenreserven spielen für eine Notenbank aber nur in der sehr kurzen Frist eine entscheidende Rolle, wenn sie z.B. aus institutionellen Gegebenheiten nicht in der Lage ist, den Zinssatz entsprechend anzupassen. Zu denken wäre hier z.B. an den internationalen Handel von Devisen rund um die Uhr gegenüber dem zeitlich begrenzten Handel mit Zentralbankgeld.

Der Wechselkurs ist so gesehen ein geradezu ideales Zwischenziel. Da er – ebenso wie die Währungsreserven – täglich ermittelt wird, kann die Notenbank ohne jede Zeitverzögerung die adäquaten zinspolitischen Schritte vornehmen. Sie verfügt bei diesem Konzept über eine sehr eindeutige Handlungsanweisung für ihren Instrumenteneinsatz. Ebenso ist es dann auch den Privaten jederzeit möglich, die laufenden geldpolitischen Entscheidungen im Hinblick auf das Zwischenziel und das Endziel der Geldpolitik zu bewerten.

Gleichwohl ist auch dieses Zwischenziel nicht ohne **Probleme**. Sie resultieren vor allem daraus, daß sich die Wechselkursänderungserwartungen der Marktteilnehmer auf kurze und mittlere Sicht nicht notwendigerweise an fundamentalen makroökonomischen Daten (Inflationsrate, Leistungsbilanz, Budgetdefizite) ausrichten.[317] Es kann so beispielsweise dazu kommen, daß für Länder eine Abwertungserwartung besteht, obwohl sie eine bessere makroökonomische Datenlage aufweisen als das Ankerwährungsland. Eine solche Konstellation war im Herbst 1992 und im Sommer 1993 gegeben, als die EWS-Länder mit einer besonders stabilitätsorientierten Makropolitik (Belgien/ Luxemburg, Dänemark, Frankreich) unter starken Abwertungsdruck gegenüber der D-Mark gerieten, obwohl die gesamtwirtschaftlichen Daten in Deutschland vergleichsweise ungünstig waren. Solche mit den Fundamentalfaktoren inkompatiblen Abwertungserwartungen ha-

[316] Es wäre zwar theoretisch denkbar, die Erwartungen der Marktteilnehmer anhand des Swapsatzes bzw. der Zinsdifferenz abzulesen. Es hat sich aber gezeigt, daß die Prognosefähigkeit dieser Größe für den tatsächlichen Kassakurs sehr unzureichend ist (vgl. Taylor 1995).

[317] Siehe dazu ausführlicher Obstfeld (1995).

ben zur Folge, daß das Zinsniveau in den Ländern, die ein Wechselkursziel verfolgen, unangemessen hoch ist (siehe Schaubild V.11). Bei kurzfristigen **spekulativen Attacken** sind derart bedingte Zinserhöhungen noch vertretbar. Wenn die Abwertungsspekulation jedoch über längere Zeit hinweg anhält, führt das Festhalten an einem solchen Zwischenziel zu einem nicht vertretbaren geldpolitischen Restriktionskurs. Hierin ist der entscheidende Grund dafür zu sehen, daß sich Belgien, Dänemark, Frankreich und Luxemburg Anfang August 1993 dazu durchgerungen haben, offiziell auf die enge Bandbreite (von ± 2,25 %) im EWS zu verzichten. De facto haben sie jedoch – von kurzen Schwankungen außerhalb des engen Kursbandes abgesehen – auch weiterhin an den zuvor gültigen DM-Paritäten und der engen Bandbreite festgehalten.

Im ganzen gesehen hat ein nominelles Wechselkursziel also den großen Vorzug, daß sich daraus zeitnahe und eindeutige Informationen über den Einsatz des geldpolitischen Instrumentariums ableiten lassen. Allerdings besteht ein großer Nachteil dieses Vorgehens darin, daß es im Fall spekulativer Attacken, die durch Fundamentaldaten nicht gerechtfertigt sind, einer zu restriktiven Zinspolitik bedarf, um das vorgegebene Zwischenziel einzuhalten.

4.4 Festlegung der Zielwerte

Bei einer am Wechselkurs ausgerichteten Geldpolitik muß der genaue Wert des Zwischenziels im Prinzip nur zum Ausgangszeitpunkt einer solchen Strategie festgelegt werden. In den Folgeperioden sollte der Zielwert grundsätzlich nicht mehr geändert werden. Allerdings ist gerade die Bestimmung des Ausgangswertes für ein Wechselkursziel nicht unproblematisch. Es gibt im wesentlichen drei unterschiedliche Verfahren, um gleichgewichtige Wechselkurse zu ermitteln:

- die Kaufkraftparitätentheorie
- strukturelle Wechselkursmodelle
- das Konzept des „Fundamental equilibrium exchange rate" (FEER).

In der **Kaufkraftparitätentheorie** reflektiert der nominelle Wechselkurs das Verhältnis der Kaufkraft zweier Währungen, die jeweils gemessen werden als der reziproke Wert des nationalen Preisniveaus (1 / P und 1 / P*). Damit ist die Kaufkraftparität nichts anderes als das „Gesetz der Unterschiedslosigkeit der Preise" (siehe dazu Kapitel V.4.2.1), nur daß in diesem Fall der Wechselkurs die zu erklärende Größe darstellt. In einfachster Form läßt sich diese Theorie wie folgt darstellen:

(V.14) $$e = \frac{1/P^*}{1/P} \cdot \frac{1}{\lambda} = \frac{P}{P^*} \cdot \frac{1}{\lambda}$$ absolute Kaufkraftparitätentheorie

(V.15) $\hat{e} = \pi - \pi^*$ mit $\hat{\lambda} = 0$ relative Kaufkraftparitätentheorie

In der relativen Form geht das Konzept der Kaufkraftparitätentheorie auf den schwedischen Ökonomen Gustav Cassel (1918) zurück, obwohl diese Idee bereits schon vor über 300 Jahren in der Ökonomie anzutreffen war.[318] Die **absolute Version** ist in der Praxis wenig hilfreich, da aufgrund von Zöllen und Transportkosten, die im Faktor λ zusammengefaßt werden, stets mit größeren Abweichungen gerechnet werden muß. Mit Hilfe der **relativen Version** läßt sich ein Gleichgewichtskurs wie folgt ableiten: Man ermittelt eine Basisperiode, in der der Wechselkurs ein gleichgewichtiges Niveau aufwies. Aus der Differenz zwischen der inländischen und der ausländischen Inflationsrate im Zeitraum zwischen der Basisperiode und der Gegenwart läßt sich dann die normative Wechselkursbildung gemäß Gleichung (V.15) errechnen. Diese Veränderung wendet man dann auf den Wechselkurs der Basisperiode an und erhält den gleichgewichtigen Wechselkurs für die Gegenwart.

Diese Vorgehensweise ist nicht unproblematisch. Zum einen ist es schwierig, eine **Basisperiode** zu identifizieren, in der eine Gleichgewichtssituation vorherrschte. Zum anderen können die Ergebnisse davon beeinflußt werden, welchen **Preisindex** man für die Berechnung heranzieht. Ein weiterer Nachteil besteht darin, daß die Kaufkraftparitätentheorie von der Annahme ausgeht, daß keine **Produktivitätsschocks** oder andere reale Veränderungen auftreten (vgl. Williamson 1994, S. 188). So hat insbesondere Balassa (1964) gezeigt, daß die Wechselkursentwicklung nicht nur von der Differenz der in- und ausländischen Inflationsraten abhängt, sondern auch von den Differenzen der Produktivitätsentwicklung in den Sektoren der handelbaren und nicht-handelbaren Güter im In- und Ausland („productivity bias"). Diese „produktivitätsbereinigte Kaufkraftparitätentheorie"[319] stellt zwar eine Weiterentwicklung gegenüber der einfachen Version dar, sie kann aber die Veränderungen anderer realer Einflußfaktoren ebenfalls nicht erfassen.

Eine zweite Möglichkeit zur Zielfestlegung ist deshalb die Verwendung eines **strukturellen Modells** zur Wechselkursentwicklung (z.B. ein Portfoliomodell oder ein monetäres Modell zur Wechselkurserklärung). Den Zielwert für den Wechselkurs ermittelt man dann, indem man in das ökonometrisch geschätzte Modell entsprechende Normwerte (Gleichgewichtswerte) der erklärenden Variablen einsetzt (z.B. Geldmenge, reales BSP, Zinssätze oder Budgetdefizit). Das entscheidende Manko ist aber, daß es bis heute kein zufriedenstellendes strukturelles

---

318 Erste Erwähnungen in dieser Richtung findet man bereits in der spanischen Salamanca-Schule des 16. Jahrhunderts und in Schriften von Gerard de Malynes im Jahre 1601 (vgl. Dornbusch 1992, S. 237).

319 Siehe für eine formale Darstellung Box V.4.

Modell zur Wechselkurserklärung gibt, das man den Berechnungen zugrunde legen könnte (vgl. Frenkel und Goldstein 1986, S. 654f.).[320]

Aus diesem Grund hat John Williamson erstmals 1983 eine weitere Methode zur Bestimmung des gleichgewichtigen Wechselkurses entwickelt.[321] Er definiert den „fundamentalen Gleichgewichtskurs des Wechselkurses" („**Fundamental equilibrium exchange rate**" FEER) als den *realen* Wechselkurs, bei dem gleichzeitig ein internes und ein externes Gleichgewicht vorliegt (vgl. Williamson 1983, S. 14). Unter *internem Gleichgewicht* versteht er eine hohe wirtschaftliche Aktivität ohne Inflation. *Externes Gleichgewicht* definiert er als einen Leistungsbilanzsaldo, dem ein „normaler" Kapitalfluß gegenübersteht. Konkret wird der FEER zunächst als realer effektiver Wechselkurs[322] berechnet, indem man in ein makroökonomisches Gesamtmodell die normativen Werte für ein internes und externes Gleichgewicht einsetzt. Aus dem errechneten realen effektiven Wechselkurs muß dann schließlich der Wert für den nominalen Wechselkurs extrahiert werden. Weil die Konkretisierungen des internen und externen Gleichgewichts im Konzept von Williamson eindeutig normativ sind, stellt folglich auch der resultierende FEER eine normative Größe dar. Trotzdem präferiert Williamson dieses Verfahren gegenüber der Kaufkraftparitätentheorie, weil in das Konzept des FEER nicht nur die Inflationsdifferenzen Eingang finden, sondern zusätzlich die Entwicklung anderer realer Fundamentalfaktoren wie die Produktivitätsentwicklung. Darüber hinaus werde das Problem der Basisperiode umgangen.

Allerdings hängt der Vorschlag des FEER neben den normativen Elementen entscheidend von der Güte des zugrundeliegenden ökonometrischen Modells ab. Gerade in Volkswirtschaften wie Transformationsländern, die sich in Umbruchphasen befinden, fehlt diese Grundlage jedoch. Ähnliche Schwierigkeiten bestehen dann zwar auch für die Anwendung der Kaufkraftparitätentheorie; sie kann aber zumindest noch eine gewisse Vorstellung über den gleichgewichtigen Wechselkurs liefern.

Wie zentral die Frage der Festlegung des Zielwertes ist, sieht man daran, welche weitreichenden Konsequenzen ein „falscher" Zielwert haben kann:

- Bei einem **überbewerteten Kurs** der heimischen Währung führt ein nominelles Wechselkursziel dazu, daß es unmittelbar zu einem Verlust an internationaler Wettbewerbsfähigkeit kommt. Eine Korrektur müßte dann durch Preis-

---

320 Siehe dazu ausführlicher die Untersuchungen von Taylor (1995).

321 Siehe dazu ausführlicher John Williamson (1983) „The Exchange Rate System" bzw. die überarbeitete Auflage von 1985. Sein Ansatz ist ähnlich strukturiert wie der bereits in den siebziger Jahren vom IWF entwickelte „underlying balance approach " (IMF 1970).

322 Der **reale effektive Wechselkurs** ergibt sich als gewichteter Durchschnitt der realen bilateralen Wechselkurse. Die Gewichtung erfolgt dabei nach dem jeweiligen Anteil des Außenhandels.

und Kostensenkungen im Inland vollzogen werden. Bei nach unten starren Preisen und Nominallöhnen kann aus einer Überbewertung eine anhaltende rezessive Entwicklung des Inlandes resultieren. Ein besonders markantes Beispiel hierfür ist der Wiedereintritt des Vereinigten Königreichs in das auf Gold basierende weltweite Festkurssystem der Jahre zwischen dem Ersten und dem Zweiten Weltkrieg („Golddevisenstandard"[323]). Aus Prestigegründen entschied sich die Regierung im Jahre 1925 an der offensichtlich überbewerteten Vorkriegsparität des Pfundes festzuhalten. Es kam dadurch zu einer mehrjährigen Schwächephase der britischen Wirtschaft, die 1931 einen Austritt des Pfunds aus dem Golddevisenstandard erforderlich machte.

- Aus diesem Grund haben sich viele Länder dazu entschlossen, ein Wechselkursziel auf einer **unterbewerteten Währung** zu begründen. Besonders prägnante Beispiele hierfür findet man in den Transformationsländern. Das Risiko bei diesem Vorgehen liegt darin, daß die Unterbewertung mit einem direkten inflationären Impuls verbunden ist. Dieser Schock ist zwar im Grundsatz nur transitorisch, da er nur so lange anhält, bis die Inlandspreise ihr Gleichgewichtsniveau gefunden haben. Es besteht jedoch die Gefahr, daß es aufgrund eines solchen Effekts zu steigenden Inflationserwartungen kommt. Sind die Währungsbehörden nicht bereit, die hohen realen Kosten zu tragen, die sich aus steigenden Inflationserwartungen ergeben, kann daraus ein permanent höherer Preisanstieg resultieren.

Die Länder mit einer erfolgreichen Wechselkursbindung ihrer Währungen (Österreich, Niederlande, Frankreich, Belgien/Luxemburg und Dänemark) haben die Ausgangsparitäten durchweg recht pragmatisch fixiert, indem sie die zu einem bestimmten Zeitpunkt vorherrschenden Marktkurse dauerhaft festschrieben.

4.5 Beitrag zur Glaubwürdigkeit

In der theoretischen Literatur der achtziger Jahre ist der besondere Vorteil einer wechselkursorientierten Geldpolitik darin gesehen worden, daß es durch diese Strategie zu einer höheren Glaubwürdigkeit der Geldpolitik kommt. Dabei muß man zwischen zwei unterschiedlichen Argumentationsketten unterscheiden.

Für zahlreiche Autoren ergibt sich dieser Effekt daraus, daß es bei einem festen Wechselkurs zu geringeren Vorteilen aus einer Politik der Überraschungsinflation kommt. Diese Argumentation basiert auf den spieltheoretischen Überlegungen des Modells von Barro und Gordon.[324] Giavazzi und Pagano (1988) zeigen, daß eine

---

[323] Siehe dazu ausführlicher Bloomfield (1959), Bordo und Schwartz (1984) sowie Eichengreen (1992).

[324] Siehe für eine ausführliche Darstellung des Barro-Gordon-Modells Kapitel III.5.2.

inflationäre Politik bei einem festen nominellen Wechselkurs zu einer realen Aufwertung führt. Die mit einer Überraschungsinflation verbundenen Outputeffekte sind damit also geringer als bei flexiblen Wechselkursen, wie sie im Modell von Barro und Gordon implizit unterstellt werden. Damit verschiebt sich für die Notenbank der Trade-off zwischen Inflation und Beschäftigung zugunsten des Stabilitätsziels. Da dies von den Privaten antizipiert wird, sind ihre Inflationserwartungen von vornherein geringer, so daß es nicht notwendigerweise zu einem Nash-Gleichgewicht mit positiver Inflationsrate kommen muß.

Allerdings setzt die Wirksamkeit dieses Glaubwürdigkeitseffekts voraus, daß eine Notenbank ihr Zwischenziel – den Wechselkurs – nicht jederzeit revidieren kann. Wäre sie dazu in der Lage, würde genau der Mechanismus außer Kraft gesetzt, der die Notenbank von einer Überraschungsinflation abhalten soll. Hier zeigt sich, daß man bei dieser Argumentation genau unterscheiden muß, ob es sich bei einem Wechselkursziel um eine exogene Regelbindung oder um eine Selbstbindung handelt. Das Modell von Giavazzi und Pagano gilt nur im Fall der exogenen Regelbindung. Im EWS bedürfen Wechselkursänderungen („Realignments“) der Zustimmung aller Mitgliedsländer. Doch erwies sich dies in der Praxis nie als bindende Restriktion. Außerdem geben auch in diesem Fall die nationalen Regierungen (oder die Notenbanken) die Entscheidung über das Wechselkursregime als solches nicht aus der Hand, wie der Übergang Italiens und des Vereinigten Königreichs zum Floaten im September 1992 dokumentiert. Somit ist die für die Argumentation von Giavazzi und Pagano zentrale Bindungswirkung des Wechselkursziels nur dann gegeben, wenn die Parität durch gesetzliche Bestimmungen oder völkerrechtliche Verträge fixiert ist.

In der neueren Literatur findet man deshalb eine alternative Begründung für den Glaubwürdigkeitseffekt eines Wechselkursziels (Bofinger 1996 b, Edwards 1993, Obstfeld und Rogoff 1995). Danach wird mit einer solchen Konzeption – ähnlich wie beim Geldmengenziel – ein Referenzsystem für die Geldpolitik geschaffen, das von den Privaten fortlaufend und mit geringen Kosten zu überwachen ist. Täglich kann durch einen Blick in die Zeitung festgestellt werden, ob die Notenbank noch in der Lage und willens ist, die von ihr für das Ziel der Geldwertstabilität als erforderlich angesehene Parität zur Ankerwährung auch einzuhalten. Eine Politik der Überraschungsinflation kann so von den Privaten früher entdeckt werden als bei einer Notenbank, die ohne ein solches Zwischenziel operiert oder aber ihr Wechselkursziel geheimhält. Die raschere Reaktionsmöglichkeit der Privaten trägt tendenziell dazu bei, daß sich der Beschäftigungsgewinn, den die Notenbank mit einer Politik der Überraschungsinflation erzielen würde, reduziert. Da die Tarifpartner so frühzeitig durch höhere Inflationserwartungen reagieren können, ist die damit verbundene Veränderung des Trade-off zugunsten des Stabilitätsziels den Privaten bekannt. So kommt es im Endeffekt zu einer Verminderung ihrer Inflationserwartungen. Die Transparenz der Geldpolitik erhöht also die Glaubwürdigkeit der Notenbank.

Hierin dokumentiert sich allerdings auch noch einmal die zentrale Problematik einer Geldpolitik, die sich an einem Wechselkursziel orientiert. In diesem Zusammenhang sind diskretionäre Wechselkursänderungen also immer mit dem Makel behaftet, daß sie die Glaubwürdigkeit der Notenbank aufs Spiel setzen. Verfügt eine Notenbank allerdings bereits über eine hohe Reputation, müßte es im Prinzip möglich sein, Wechselkursanpassungen vorzunehmen, wenn unerwartete exogene Schocks auftreten. Entscheidend ist dabei, daß dies der Öffentlichkeit gegenüber hinreichend begründet werden kann, so daß es nicht zu höheren Inflationserwartungen kommt. Bei der Konzeption der Geldmengensteuerung sind solche diskretionären Abweichungen vom Zielpfad in der Praxis eher die Regel als die Ausnahme. In Europa dürften zur Zeit allerdings nur Österreich und die Niederlande über eine entsprechend hohe Reputation verfügen. Die spekulativen Attacken auf alle anderen EWS-Währungen im September 1992 und im Juli 1993 dokumentieren, daß die Wechselkurse im EWS in der Regel noch nicht als hinreichend glaubwürdig angesehen wurden. Damit erklärt sich auch, wieso in Frankreich auch noch nach dem Aufgeben der engen EWS-Bandbreite von ± 2,25 % (Ende Juli 1993) versucht wird, an einem D-Mark-Franc-Kurs innerhalb der alten Interventionspunkte festzuhalten. Dieses Vorgehen ging zum Teil mit sehr hohen Zinsen in Frankreich einher, die aus binnenwirtschaftlichen Gesichtspunkten nicht angemessen waren. In einer solchen Konfliktsituation steht ein Land folglich vor einem Trade-off zwischen den realwirtschaftlichen Kosten, die sich aus dem überhöhten Zinsniveau ergeben, und den positiven Effekten aus der Glaubwürdigkeit, die aus dem Beibehalten der gegebenen Parität resultieren.

Abschließend kann man festhalten, daß die Wechselkurssteuerung für kleine offene Volkswirtschaften eine relativ einfache Strategie zur Stabilisierung des Preisniveaus und zur Erlangung von Glaubwürdigkeit darstellt. Dabei darf allerdings nicht übersehen werden, daß dafür die Wechselkursanbindung allein nicht ausreicht. Insbesondere müssen die in den Kapiteln II bis IV beschriebenen binnenwirtschaftlichen Voraussetzungen für eine stabilitätsorientierte Geldpolitik erfüllt sein: Orientierung der Notenbank am Ziel der Preisniveaustabilität, Unabhängigkeit der Notenbank und Verzicht auf die Finanzierung von Staatsdefiziten durch die Notenbank.[325]

---

[325] Siehe dazu ausführlicher Svensson (1994).

5. Zinsen und Zinsstruktur: Geeignete geldpolitische Zwischenziele?

5.1 Übersicht

Aus der Theorie des Geldangebots (Modul C) und des Transmissionsprozesses monetärer Impulse (Modul D) wird deutlich, daß von Zinssätzen und Zinsrelationen nachhaltige Effekte auf das gesamtwirtschaftliche Geschehen ausgehen. Damit stellt sich die Frage, ob es auf der Basis dieser theoretischen Zusammenhänge möglich ist, eine geldpolitische Konzeption abzuleiten, bei der eine bestimmte Zinsvariable (oder Zinsstruktur) als Zwischenzielgröße fungiert. In der Literatur ist diese Fragestellung immer wieder diskutiert worden, wobei die Auffassung vorherrscht, daß weder Zinssätze noch Zinsstrukturen den Anforderungen gerecht werden, die an eine Zwischenzielgröße gestellt werden.

Für die Beurteilung der Zwischenzielqualität unterschiedlicher Zinsvariablen soll in gleicher Weise vorgegangen werden wie in den beiden vorhergehenden Abschnitten.

- Es soll zunächst geprüft werden, inwieweit bestimmte Zinssätze durch die Instrumente einer Notenbank kontrolliert werden können.
- Dann soll untersucht werden, wie stabil der Zusammenhang zwischen einzelnen Zinsvariablen und dem Endziel der Geldwertstabilität ist. Hierbei wird vor allem auf das Modell von Poole (1970) zurückgegriffen, das um das Preisniveau erweitert wird.

Da das Urteil über die Zwischenzieleignung von Zinsen wie Zinsstrukturen negativ ausfallen wird, ist schließlich zu prüfen, inwieweit die Zinsstrukturtheorie als Grundlage für eine geldpolitische Konzeption verwendet werden kann. Es wird zu zeigen sein, daß sich die zinsstrukturtheoretischen Zusammenhänge zwar nicht eignen, um quantitative Zwischenzielwerte abzuleiten, daß es damit aber gleichwohl möglich ist, wichtige **qualitative Handlungsanweisungen** für die Geldpolitik zu formulieren.

5.2 Kontrollierbarkeit der Zinsvariablen durch die Notenbank

Wenn eine makroökonomische Größe als Zwischenzielvariable verwendet werden soll, muß sie durch die Instrumente der Notenbank gut kontrollierbar sein. Mit Hilfe dieses Kriteriums lassen sich nun unterschiedliche Zinsvariablen auf ihre Zwischenzieleignung überprüfen:

- die Zinssätze am Geldmarkt,
- der Zinssatz für Bankkredite, wie er in Modul C abgeleitet wurde,
- der Kapitalmarktzins und

- die Zinsstruktur.

Unter dem reinen Aspekt der Kontrollierbarkeit durch die Notenbank könnte man leicht zu dem Ergebnis kommen, daß sich der **Geldmarktsatz** besonders gut als geldpolitische Zwischenzielgröße eignet. Wie in Kapitel VI.2.3 ausführlich dargestellt wird, ist es einer Notenbank – als monopolistischem Anbieter von Zentralbankgeld – grundsätzlich jederzeit möglich, einen bestimmten Geldmarktsatz (z.B. für Tagesgeld oder Monatsgeld) nahezu punktgenau zu steuern. Aus diesem Grund werden Geldmarktsätze häufig auch als Operating targets der Geldpolitik bezeichnet. Doch liegt es gerade an diesem extrem engen Zusammenhang zu den geldpolitischen Maßnahmen einer Notenbank, daß der Geldmarktsatz als Zwischenzielgröße völlig ungeeignet ist. Wie in Abschnitt V.2.2 beschrieben, besteht die entscheidende Funktion einer Zwischenzielgröße darin, daß sie den Managern der Notenbank Handlungsanweisungen gibt für den laufenden Einsatz der geldpolitischen Instrumente. Es ist daher offensichtlich, daß eine von der Notenbank nahezu vollständig determinierte Größe diesem Anspruch nicht gerecht werden kann. Unter den Verhältnissen einer **Zinssteuerung des Geldmarktes**, wie sie heute in fast allen Industrieländern betrieben wird, geht es also nicht darum, ob der Geldmarktsatz eine gute oder eine schlechte Zwischenzielgröße darstellt. Entscheidend ist, daß er dafür schon aus logischen Gründen nicht in Frage kommen kann.[326]

Aufbauend auf der Analyse des Geldangebotsprozesses in Modul C könnte man daran denken, einen **Kreditzinssatz der Banken** als geldpolitische Zwischenzielgröße zu verwenden. In dem dort verwendeten Modellrahmen kann man zeigen, daß eine solche Größe grundsätzlich ebenso gut gesteuert werden kann wie die Geldmenge.[327] Im Rahmen des IS/LM-AS/AD-Modells läßt sich für eine solche Zinsvariable auch ein theoretischer Zusammenhang mit dem Endziel des Preisniveaus herleiten. Da der gesamte Geldangebotsprozeß in der Literatur bisher nur sehr rudimentär behandelt worden ist, fehlt es hierzu jedoch ebenso an einer umfangreicheren theoretischen Fundierung wie auch an einer sorgfältigen empirischen Überprüfung. So müßte insbesondere im einzelnen geklärt werden, welcher konkrete Kreditzinssatz hierfür herangezogen werden soll.[328]

---

[326] Diese Frage wäre auch nicht anders zu beurteilen, wenn eine Notenbank die Geldbasis als Operating target verwendet (**Geldbasissteuerung**). Bei einem solchen Steuerungsverfahren wäre der Geldmarktsatz zwar eine endogene Variable. Die Geldbasissteuerung ist jedoch nur dann ein sinnvolles Verfahren, wenn damit die Geldmenge als Zwischenzielgröße gesteuert werden soll.

[327] Die in Modul D dargestellte „Zinssteuerung" darf damit allerdings nicht verwechselt werden. Sie bezieht sich auf die Steuerungsvariable „Geldmarktsatz" im Rahmen der geldpolitischen Konzeption der Geldmengensteuerung.

[328] Der Monatsbericht der Bundesbank weist Daten für folgende Sollzinsen auf: Kontokorrentkredite, Wechseldiskontkredite, Ratenkredite und Hypothekarkredite auf Wohngrundstücke.

Als weitere mögliche Zwischenzielvariable könnte man an den **Kapitalmarktzins**[329] denken, der definiert ist als die Rendite für längerfristige Wertpapiere. Er wird jedoch in der Literatur durchweg als ein wenig zweckmäßiges Zwischenziel der Geldpolitik angesehen. Dies beruht darauf, daß die Renditen festverzinslicher Wertpapiere nur noch sehr indirekt von der Notenbank kontrolliert werden können – vor allem dann, wenn es sich um Anleihen mit einer langfristigen Laufzeit handelt. Aus theoretischer Sicht wird der Kapitalmarktzins in erster Linie von drei Faktoren bestimmt:[330]

- dem **Realzins**, der die Grenzproduktivität des Kapitals, die Zeitpräferenzrate der Konsumenten sowie die Verschuldungsneigung des Staates widerspiegelt,
- den **Inflationserwartungen** von Schuldnern und Gläubigern, und
- in einer offenen Volkswirtschaft von den **Wechselkursänderungserwartungen** international operierender Anleger.

Aus der **klassisch-neoklassischen Theorie** stammt die Vorstellung, daß sich der Kapitalmarktzins allein entsprechend den **realwirtschaftlichen Gegebenheiten** einer Volkswirtschaft bildet. Seine Funktion besteht darin, ein Gleichgewicht von Investitions- und Sparplänen herbeizuführen. Diese Auffassung wird bereits in den Arbeiten von Smith, Ricardo, Jevons, Mill und von Böhm-Bawerk vertreten. Am Kapitalmarkt treffen somit die Nachfrage nach finanziellen Mitteln in Höhe der geplanten Investitionen und das Angebot an Kapital in Höhe der geplanten Ersparnis aufeinander. Der gleichgewichtige Marktzinssatz ergibt sich dabei aus dem Maximierungsverhalten von Unternehmen und Konsumenten und wird so von der Grenzproduktivität des Kapitals und andererseits von der Zeitpräferenzrate der Konsumenten determiniert.

Diese realwirtschaftliche Determination des Kapitalmarktzinses wurde auch von jenen Ökonomen beibehalten, die wie Wicksell (1898) eine explizite Unterscheidung zwischen „**Geldzins**“ (Marktzins für Kapital; nicht zu verwechseln mit dem oben erwähnten Geldmarktzins) und dem „**natürlichen Zins**“ (als Ertragsrate des Sachkapitals) vornehmen. Wicksell räumt zwar ein, daß es kurzfristig aufgrund monetärer Impulse zu Abweichungen zwischen dem „Geldzins“ und dem „natürlichen Kapitalzins“ kommen kann. Er zeigt jedoch, daß diese nie von Dauer sein können (vgl. Wicksell 1898, S. 117). Kommt es beispielsweise durch das Ver-

---

329 Wie am Geldmarkt existieren auch am Kapitalmarkt ganz unterschiedliche Zinssätze. Diese unterscheiden sich vor allem nach der (Rest-)Laufzeit und der Bonität des Emittenten einer Anleihe.

330 Ein detaillierter Überblick über die Zinstheorie kann an dieser Stelle nicht gegeben werden. Ausführliche Darstellungen zur Theorie des Kapitalmarktzinses findet man z.B. bei Filc (1992), Gebauer (1982), Lutz (1967) und Conard (1959).

halten der Geschäftsbanken zu einer Reduktion des „Geldzinses" unter den „natürlichen Kapitalzins", dann wird dadurch eine zusätzliche Kreditnachfrage stimuliert, die solange anhält, bis der „Geldzins" wieder dem „natürlichen Kapitalzins" entspricht.

Die Bedeutung der Inflationserwartungen für den Kapitalmarktzins wird im sogenannten „**Fisher-Theorem**" beschrieben, das den Zusammenhang zwischen Nominalzins und Realzins verdeutlicht. Es wurde von Irving Fisher (1896) entwickelt und kann wie folgt abgeleitet werden.[331] Zu Beginn eines einjährigen Zeithorizonts kann man mit der Geldsumme M_t die nominale Gütermenge X_tP_t erwerben.

(V.16) $$M_t = X_t P_t$$

Beide Mengen werden nun für den Zeitraum eines Jahres verliehen. Im Gleichgewicht muß nun gewährleistet sein, daß derjenige, der eine bestimmte Gütermenge ausleiht, am Ende genauso gestellt ist wie der Gläubiger eines Geldschuldverhältnisses. Wird für die ausgeliehene Geldmenge M_t der „Geldzins" i gezahlt und für die Gütermenge X_tP_t der „Kapitalzins" r, dann muß am Ende der Periode gelten:

(V.17) $$M_{t+1} = M_t\,(1+i) = X_tP_t\,(1+r).$$

Kommt es nun innerhalb des Jahres zu einem – mit Sicherheit vorhergesehenen – Anstieg der Güterpreise auf P_{t+1} bzw. in Wachstumsraten ausgedrückt zu einem Anstieg um π^e, so ist zum Rückzahlungszeitpunkt eine um $(1+\pi^e)$ höhere Geldmenge notwendig, um die Gütermenge der Ausgangssituation erwerben zu können.

(V.18) $$M_t\,(1+\pi^e) = X_tP_{t+1} \qquad \text{mit} \qquad \pi^e = \frac{P_{t+1} - P_t}{P_t}.$$

Ein Gläubiger, der eine bestimmte Geldsumme verleiht, verlangt somit nicht nur eine Prämie für die intertemporale Verschiebung seines Konsums, sondern auch einen Ausgleich für den Anstieg der Güterpreise. Am Ende des einjährigen Zeitraums muß bei einen Preisanstieg im Gegensatz zu Gleichung (V.17) also gelten

(V.19) $$M_{t+1} = M_t\,(1+i) = X_tP_{t+1}\,(1+r),$$

wobei sich das Preisniveau P_{t+1} ausdrücken läßt als $P_t(1+\pi^e)$. Eingesetzt in Gleichung (V.19) ergibt sich dann:

(V.20) $$M_{t+1} = M_t(1+i) = (1+\pi^e)P_tX_t\,(1+r).$$

Ersetzt man gemäß Gleichung (V.16) P_tX_t durch M_t, dann kann man aus Gleichung (V.20) folgenden Zusammenhang zwischen i und r ableiten:

---

[331] Siehe dazu neben der Primärquelle von Fisher (1896, Kap. III) auch z.B. Monissen (1982, S. 117 - 123), Gebauer (1982, S. 7f.) oder Filc (1992, S. 78 - 80).

(V.20') $M_t(1+i) = M_t(1+\pi^e)\cdot(1+r)$

(V.21) $i = r+\pi^e+\pi^e r.$

Für kleine Werte von π^e und r kann man das Produkt $\pi^e r$ vernachlässigen. Dies führt zu der allgemeineren Version des Fisher-Theorems, das sich als Nominalzinstheorem und als Realzinstheorem darstellen läßt.

(V.22) $i = r+\pi^e$ Nominalzinstheorem

(V.23) $r = i-\pi^e$ Realzinstheorem

Fishers Darstellung läßt sich nun relativ einfach mit der realwirtschaftlichen Sichtweise der Klassiker und Neoklassiker vereinbaren. Unter der Annahme der perfekten Voraussicht schlagen sich inflationäre Tendenzen, die durch Geldmengenänderungen ausgelöst werden, vollständig in Nominalzinssteigerungen nieder; der Realzins bleibt davon unberührt. Er wird weiterhin rein güterwirtschaftlich determiniert. Insofern stimmen der von Fisher verwendete Realzins und der weiter oben beschriebene Kapitalzins überein. Dies erklärt also den in der Realität häufig zu beobachtenden Gleichlauf längerfristiger Zinssätze und der Inflationsrate (siehe Schaubild V.14).[332]

Neben diesen binnenwirtschaftlichen Determinanten werden die Kapitalmarktzinsen heute auch in hohem Maße von den **Wechselkursänderungserwartungen** international operierender Investoren beeinflußt. Dabei werden häufig auch für kurzfristige Engagements Anleihen mit einer längerfristigen Laufzeit erworben. Dies kann für ausländische Anleger vor allem in einer Zinssenkungsphase der heimischen Währung von Interesse sein: Kommt es zu einem weiteren Rückgang der Renditen, erzielt der Investor einen Kursgewinn. Bleiben die Zinsen hoch, besteht eine Aussicht auf einen Aufwertungsgewinn. Wie hoch das Gewicht solcher außenwirtschaftlicher Faktoren sein kann, läßt sich daran ablesen, daß im Jahr 1993 vom gesamten Nettoabsatz der inländischen Rentenwerte in Deutschland 54 % auf ausländische Käufer entfielen.[333]

---

332 In zwei Studien von 1923 und 1926 stellte Gibson einen Zusammenhang zwischen dem Index der Großhandelspreise und der durchschnittlichen effektiven Verzinsung von Konsols (Staatsschuldverschreibungen ohne festen Rückzahlungstermin) fest. Keynes (1930) schrieb ihm später diese Entdeckung zu und gab ihr, die noch heute gängige Bezeichnung, des „**Gibson-Paradoxons**". Die Beobachtung wurde deshalb als „paradox" eingestuft, weil man vermutete, daß steigende Zinsen Ausdruck einer restriktiven Geldpolitik sind, die sich in einem Rückgang der Inflationsrate niederschlagen müßten. Siehe hierzu auch Klump (1993).

333 Die hohe Volatilität dieser außenwirtschaftlichen Determinante des Kapitalmarkts zeigt sich daran, daß ein Jahr später nur noch 7 % der deutschen Rentenwerte von Ausländern erworben wurden.

Schaubild V.14: Langfristiger Zinssatz und Inflation in Deutschland

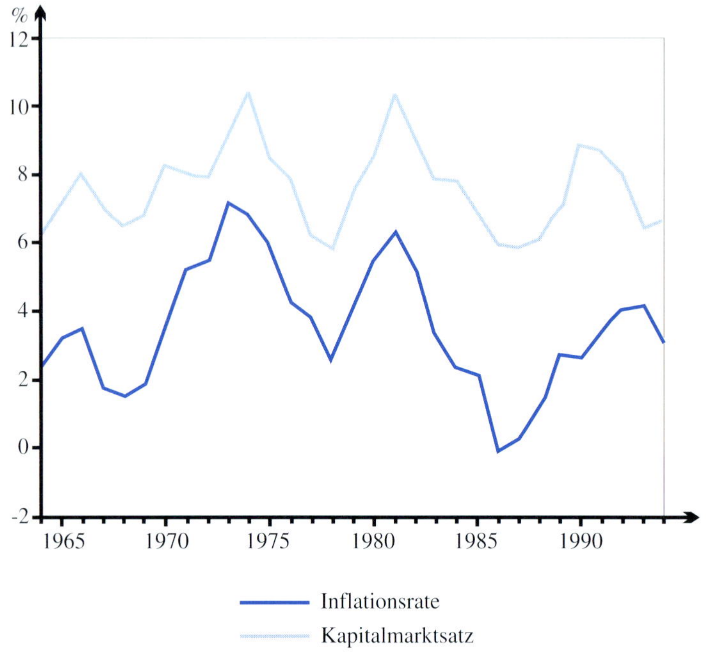

Quelle: IMF International Financial Statistics Yearbook.

Diese kurze Beschreibung der wichtigsten Determinanten des Kapitalmarktzinses zeigt, daß diese Größe nur sehr bedingt von einer Notenbank kontrolliert werden kann. Der Realzins (im Sinne der Grenzleistungsfähigkeit des Kapitals) entzieht sich von vornherein einer jeden geldpolitischen Steuerung. Auf die Erwartungen inländischer und ausländischer Anleger und Kreditnehmer kann die Notenbank zwar zweifellos Einfluß nehmen. Es ist aber in der Literatur bisher noch weitgehend ungeklärt, welche genaueren Zusammenhänge zwischen dem Operating target des Geldmarktsatzes und den Wechselkursänderungs- bzw. Inflationserwartungen der Marktteilnehmer bestehen. Die Theorien zur Zinsstruktur, die die Beziehungen zwischen dem kurzfristigen und dem langfristigen Zinssatz beschreiben (siehe Anhang), zeigen jedenfalls, daß keine eindeutige funktionale Beziehung zwischen dem Geldmarktsatz und dem Kapitalmarktsatz bestehen muß – ein Befund, der auch durch die ganz unterschiedlich ausfallenden empirischen Zinsstrukturen bestätigt wird.

Damit ist es auch relativ einfach, die Zwischenzielqualität der **Zinsstruktur** zu beurteilen. Damit bezeichnet man den Zusammenhang, der zwischen kurz- und langfristigen Zinssätzen besteht. Häufig wird die Zinsstruktur (ZS) formal abgebildet als Differenz zwischen einem langfristigen und einem kurzfristigen Zinssatz:

(V.24) $ZS = i_{lang} - i_{kurz}$

Liegt der langfristige Zinssatz über dem kurzfristigen, spricht man von einer **normalen Zinsstruktur.** Im umgekehrten Fall bezeichnet man die Zinsstruktur als **invers**. Graphisch läßt sich die Zinsstruktur dann als einfache Differenz abbilden. Es ist aber auch möglich **Renditestrukturkurven** (Yield curve) zu erstellen, die für einen bestimmten Zeitpunkt den Zusammenhang zwischen Rendite und einem ganzen Spektrum von Restlaufzeiten widerspiegeln. Die Steigung der Renditestrukturkurve bildet dann die Zinsstruktur (Term structure) ab. Darstellungen der Zinsstruktur über die Zeit hinweg werden in der Form von „Zinsstrukturgebirgen" vorgenommen (vgl. Schaubild V.15).

In der Literatur wird der Verlauf der Zinsstruktur vor allem mit zwei Theorieansätzen erklärt:

- Die **Liquiditätsprämientheorie** wird herangezogen, um den „normalen" Verlauf der Zinsstruktur zu erklären. Danach fordern Anleger für eine längerfristige Anlage eine Prämie, da sie in diesem Fall weniger liquide sind als bei einem kurzfristigen Engagement. Bei einem überraschend auftretenden Liquiditätsbedarf entstehen bei einem Papier mit längerer Laufzeit höhere Kosten der Umwandlung in Bargeld oder Sichteinlagen.
- Die **Erwartungstheorie** basiert auf einer Art Arbitragelogik: Der langfristige Zins wird dabei als ein geometrisches Mittel der erwarteten kurzfristigen Zinssätze erklärt. Damit läßt sich auch eine inverse Zinsstruktur begründen, sofern die Marktteilnehmer für die Zukunft fallende kurzfristige Zinsen erwarten.

Diese und weitere Ansätze werden im Anhang ausführlicher beschrieben. Um die Eignung der Zinsstruktur als geldpolitisches Zwischenziel zu beurteilen, genügt es jedoch schon, die beiden Determinanten der Zinsstruktur in Gleichung V.18 einmal näher zu betrachten. Bei empirischen Untersuchungen wird dabei für den kurzfristigen Zinssatz meist ein Geldmarktsatz verwendet, für den langfristigen Zins die Umlaufsrendite festverzinslicher Wertpapiere, d.h. also ein Kapitalmarktzins. So gesehen setzt sich die Zinsstruktur aus zwei Komponenten zusammen, deren Zwischenzieleignung bereits negativ beurteilt worden ist. Durch das simple Verfahren der Subtraktion ändert sich daran nichts Grundlegendes.

Schaubild V.15: Renditestrukturkurven

(a) Theoretische Verlaufsmöglichkeiten

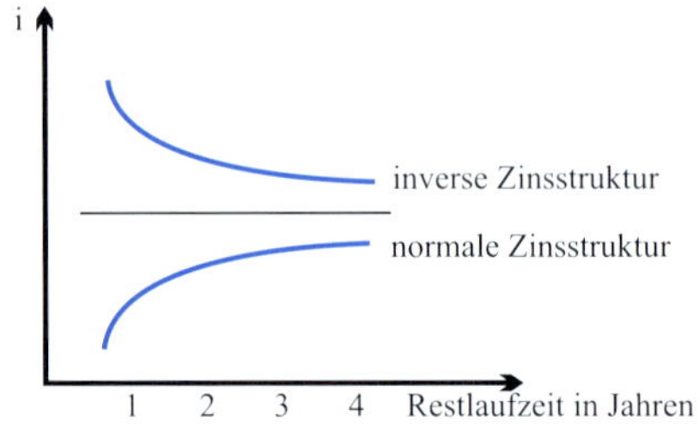

(b) Empirischer Befund in Deutschland für Anleihen der öffentlichen Hand, 1967 bis 1995

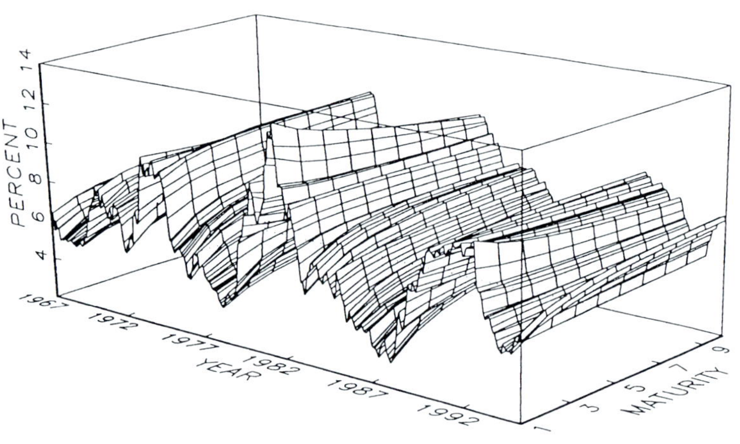

Quelle: Gerlach (1995, S. 6).

Eine Notenbank, die sich an diesen Größen ausrichtet, würde sich also von zwei Faktoren leiten lassen: ihren eigenen Festlegungen bezüglich des Geldmarktsatzes und von den Erwartungen bezüglich der zukünftigen Zins- und Inflationsentwicklung, die im Kapitalmarktzins enthalten sind. Zu dieser Erkenntnis gelangt man auch sehr anschaulich durch eine etwas unkonventionelle Überlegung zur Zinsstruktur. Setzt man in die Definitionsgleichung der Zinsstruktur (Gleichung

V.24), für den langfristigen Zinssatz das Fisher-Theorem (Gleichung V.22) ein, dann erhält man

(V.25) $ZS = i_{lang} - i_{kurz} = r + \pi^e - i_{kurz}$

bzw. umgekehrt formuliert eine „reziproke" Zinsstruktur als Differenz aus kurz- und langfristigem Zinssatz

(V.26) „reziproke" $ZS = i_{kurz} - i_{lang} = i_{kurz} - r - \pi^e$.

Unterstellt man hierbei einen konstanten Realzins, dann handelt es sich bei dieser Zinsstruktur letztlich um nichts anderes als einen mit den langfristigen Inflationserwartungen deflationierten **kurzfristigen Realzins**. Wiederum sieht man, daß diese Größe nicht als Zwischenziel geeignet ist, da sie maßgeblich vom politikdeterminierten Geldmarktzins und den Inflationserwartungen der Privaten bestimmt wird.

Hinzu kommt ein Problem, das bei den Ausführungen zum Poole-Modell weiter unten noch ausführlich analysiert wird. Der Zinsstruktur fehlt die Möglichkeit, der Geldpolitik einen nominalen Anker geben zu können. Eine als optimal angesehene Zinsstruktur von z.B. 3 % ist mit jeder Zinshöhe des Kapital- und Geldmarktsatzes vereinbar, solange nur die Differenz 3 % beträgt. Da auch in den beiden Nominalzinssätzen der Zinsstruktur die Inflationserwartungen enthalten sind, kann es auch bei der Zinsstruktur als Zwischenziel zu einer dynamischen Instabilität kommen.

Aus den gemachten Ausführungen ist es wenig überraschend, daß das Urteil bezüglich der Zins- oder Zinsstruktursteuerung als geldpolitischer Konzeption sowohl in der theoretischen Diskussion als auch bei den Notenbanken selbst auf Ablehnung stößt. Die Bundesbank beispielsweise faßt ihre Haltung gegenüber einer Konzeption der Zins- oder Zinsstruktursteuerung wie folgt zusammen:

> „Auch gegen die Ausrichtung der Geldpolitik an der Zinsstruktur oder am Zinsgefälle zwischen Kapital- und Geldmarkt bestehen erhebliche Vorbehalte. Es gibt keine solide theoretische Fundierung des Zusammenhangs zwischen Zinsstruktur einerseits und Preisentwicklung andererseits. Eine bestimmte Steigung der Zinsstrukturkurve beziehungsweise ein bestimmtes Zinsgefälle ist sowohl mit Preisstabilität als auch mit hohen Inflationsraten vereinbar. Die Zinsstruktur kann deshalb kein Anker für das Preisniveau sein". (Deutsche Bundesbank 1995 a, S. 71)

Zusammenfassend läßt sich feststellen, daß sich vom Aspekt der Kontrollierbarkeit aus gesehen allenfalls eine Kreditzinsvariable der Banken als Zwischenzielgröße eignen könnte. Aber auch hierfür ist die bisherige theoretische und empirische Fundierung noch relativ unbefriedigend.

5.3 Der Zusammenhang zwischen Zinsen und dem Endziel der Geldwertstabilität

Ähnlich große theoretische Probleme stellen sich, wenn man den Versuch unternimmt, den Zusammenhang zwischen einer bestimmten Zinsvariable und dem Endziel der Geldwertstabilität zu überprüfen. Die einzige ausgereiftere Grundlage bietet das IS/LM-AS/AD-Modell, das jedoch weder für Wachstumsraten formuliert ist, noch die Rolle von Inflationserwartungen erfaßt. Trotz dieser Einschränkung soll im folgenden dieser recht einfache Modellrahmen als Grundlage dienen, weil sich hieran wichtige Probleme aufzeigen lassen, die mit einer Zinssteuerung verbunden sind.

Die nachfolgenden Ausführungen basieren auf einer bis heute vielbeachteten Arbeit von William Poole (1970), die in einer Zeit entstand, als die Problematik von Zwischenzielen und Indikatoren in das Zentrum geldtheoretischer Diskussionen rückte.[334] Poole befaßt sich hierin konkret mit der Rolle der Zinssteuerung für die Geldpolitik. Als theoretischer Rahmen seiner Arbeit dient das bekannte IS-LM-Modell mit festen Preisen, anhand dessen er graphisch und algebraisch untersucht, unter welchen Umständen, die Zinssteuerung der Geldmengensteuerung vorzuziehen ist. Wir beschränken uns im folgenden auf die graphische Darstellungsform. Poole geht davon aus, daß die Notenbank entweder die Geldmenge ($M = M^*$) oder das Zinsniveau ($i = i^*$)[335] perfekt steuern kann.[336] Auf diesem Weg versucht die Notenbank den realen **Vollbeschäftigungsoutput** (Y^f) bei Schocks der IS- und der LM-Kurve zu stabilisieren. Die Untersuchung von Poole kann daher nicht ohne weiteres auf eine Geldpolitik angewendet werde, die eine Stabilisierung des **Preisniveaus** anstelle des realen Output anstrebt. Sein Ansatz wird deshalb im folgenden auf ein einfaches aggregiertes Angebots-Nachfrage-Modell mit flexiblen Preisen übertragen und um die Analyse von Angebotsschocks ergänzt.[337]

334 Siehe dazu den Beitrag von Saving (1967), sowie den Tagungsband der Konferenz an der University of California, Los Angeles (1966) zum Thema „Targets and Indicators of Monetary Policy", der 1969 von Brunner herausgegeben wurde.

335 Eine Differenzierung zwischen realen und nominalen Größen findet bei Poole nicht statt und ist wegen der Fixpreisannahme auch überflüssig. Allerdings spielt sie bei der weiter unten durchzuführenden Analyse der Probleme eine entscheidende Rolle.

336 Unter Steuerbarkeit wird im folgenden verstanden, daß die Notenbank einen gewünschten Wert ihrer Steuerungsvariable verwirklichen kann. Aus Vereinfachungsgründen und aufgrund der statischen Formulierung der Modellstruktur wird dabei auf die Konstanz eines – als optimal erachteten – Werts abgezielt. Anders ausgedrückt heißt dies, die Notenbank versucht, die Varianz der anvisierten Variable zu minimieren.

337 Bei Poole werden die Steuerung der Geldmenge und des Zinssatzes nicht nur als Zwischenziele, sondern gleichzeitig auch als optimale Instrumente bezeichnet. Diese irreführende Terminologie kommt durch die Annahme der perfekten Steuerbarkeit beider Variablen durch die Notenbank zustande.

Schaubild V.16: IS-Schocks

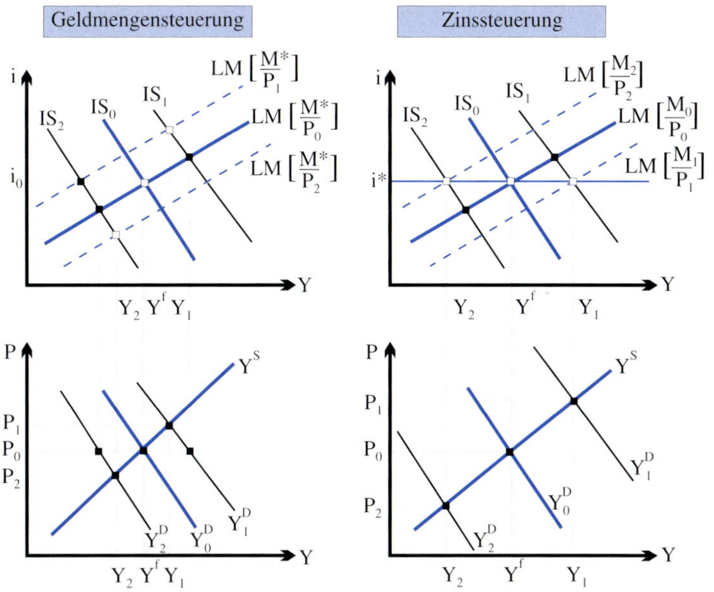

5.3.1 Schwankungen der IS-Kurve

Kommt es zu Schocks, die direkt die Güternachfrage und somit die **IS-Kurve** betreffen (z.B. Änderungen der Investitions- oder Konsumnachfrage bzw. – im Fall der offenen Volkswirtschaft – des Außenbeitrags), dann sind die Schwankungen des realen Outputs und des Preisniveaus im Fall der Geldmengensteuerung geringer als im Fall der Zinssteuerung (Schaubild V.16).

Schwankt die IS-Kurve z.B. zwischen IS_1 und IS_2, kommt es bei einer konstanten Geldmenge M* **(Geldmengensteuerung)** und variablem Zinssatz beim Ausgangspreisniveau P_0 zu Schwankungen der gesamtwirtschaftlichen Nachfragekurve nach Y_1^D und Y_2^D. Die dadurch entstehenden gesamtwirtschaftlichen Ungleichgewichte führen zu Preisniveauveränderungen, die wiederum Rückwirkungen auf das reale Geldangebot und somit die LM-Kurve haben. So führt der Nachfrageüberhang im Fall der Rechtsverschiebung von IS- und Y_1^D -Kurve zu einem Preisanstieg bis auf P_1. Bei konstanter nominaler Geldmenge (Geldmengensteuerung) kommt es daraufhin zu einem Rückgang des realen Geldangebots (M^*/P_1), so daß sich die LM-Kurve nach links bis zum neuen Gleichgewichtspunkt verschiebt. Mit umgekehrtem Vorzeichen ist diese Entwicklung bei einem restriktiven Nachfrageschock (Y_2^D) zu beobachten. Insgesamt führt die Instabilität der IS-Kurve bei einer Geldmengensteuerung zu realen Outputschwankungen zwischen Y_1 und Y_2 und Preisniveauschwankungen zwischen P_1 und P_2.

Im Rahmen der **Zinssteuerung** wird die Notenbank die Geldmenge jeweils so anpassen, daß die LM-Kurve die IS-Kurve zum angestrebten Zinssatz i* schneidet. Bei Auftreten von IS-Schocks fallen die Schwankungen des Preisniveaus und des realen Outputs dann sogar noch größer aus als bei der Geldmengensteuerung. Dies liegt daran, daß die Anpassung des Zinssatzes zur partiellen Kompensation solcher Nachfragestörungen außer Kraft gesetzt wird. Um ihr Zinsziel einzuhalten, muß die Notenbank im Fall eines expansiven IS-Schocks (IS_1) die nominale Geldmenge (M_1) ausdehnen. Hierdurch wirkt sie zusätzlich expansiv (Verschiebung bis auf Y_1^D) und verstärkt den Druck auf das Preisniveau.[338] Im Fall des restriktiven IS-Schocks (IS_2) wirken die gleichgerichteten geldpolitischen Maßnahmen (M_2) ebenfalls verstärkend, so daß es auch hier zu größeren Abweichungen vom Endziel kommt als im Fall einer konstanten Geldmenge.

Beim Auftreten von IS-Schocks ist also die Geldmengensteuerung eindeutig der Zinssteuerung überlegen. Dies gilt um so mehr, wenn man nicht nur eine positiv geneigte gesamtwirtschaftliche Angebotskurve betrachtet, sondern eine vertikale Angebotskurve, die vor allem bei einer längerfristigen Betrachtungsweise relevant ist. Langfristig können Verträge revidiert werden, und die Privaten erkennen die Geldentwertung, so daß man Rigiditäten der Preise und Geldillusion nicht mehr unterstellen kann. Unter diesen Voraussetzungen würde eine Geldpolitik, die den Zinssatz konstant zu halten versucht, zu einem dynamischen Prozeß führen, der das Preisniveau immer mehr vom Ausgangspreisniveau nach oben treiben würde. Dieser Vorgang der „**dynamischen Instabilität**“, bei dem das Preisniveau nicht länger eindeutig bestimmbar ist, wird beispielhaft in Schaubild V.17 für einen expansiven IS-Schock dokumentiert.

---

[338] Im Prinzip müßte man hier die Vorgänge als einen iterativen Prozeß abbilden. Der Anstieg des Preisniveaus, der durch die Verschiebung der IS-Kurve ausgelöst wird, hat natürlich auch in diesem Fall negative Rückwirkungen auf die LM-Kurve. Allerdings wird die Notenbank den daraus resultierenden weiteren Zinsanstieg nicht zulassen und sofort die nominale Geldmenge zusätzlich erhöhen. Dies wird sich solange fortsetzen, bis sie in das neue Gleichgewicht bei unverändertem Zinssatz gelangt.

Schaubild V.17: IS-Schocks im Fall der Zinssteuerung und einer neoklassischen Angebotskurve

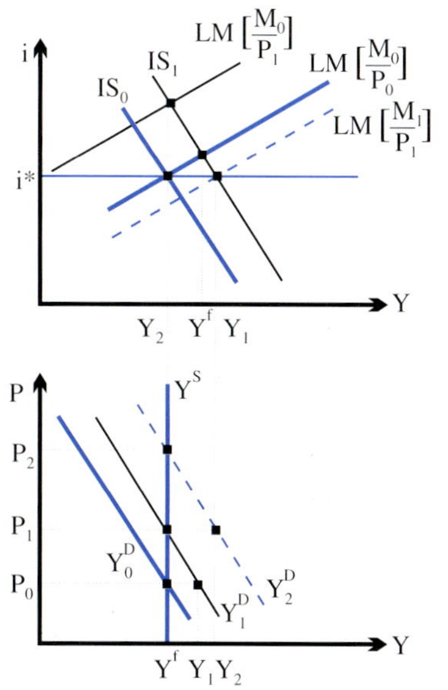

Als ersten Effekt kann man eine Rechtsverschiebung der gesamtwirtschaftlichen Nachfragekurve (von Y_0^D nach Y_1^D) durch den IS-Schock festhalten, was einen Preisniveauanstieg bis auf P_1 zur Folge hat. Dieser Preisanstieg hat Rückwirkungen auf das reale Geldangebot: Die LM-Kurve verschiebt sich im oberen Diagramm nach links, was einen zusätzlichen Zinsanstieg bewirkt. Bei einer **Steuerung der Geldmenge** käme der Prozeß damit zum Stillstand. Im Rahmen der **Zinssteuerung** muß die Notenbank die Geldmenge ausweiten (von M_0 auf M_1), um den Zinssatz auf das Zielniveau zurückzuführen. Dies löst erneut einen expansiven Impuls auf die gesamtwirtschaftliche Nachfrage und das Preisniveau aus; die gesamtwirtschaftliche Nachfragekurve bewegt sich von Y_1^D auf Y_2^D. Die daraus resultierende Preissteigerung auf P_2 führt wiederum zu einem Rückgang des realen Geldangebots und zu einem Anstieg des Zinssatzes (was in der oberen Graphik nicht mehr eingezeichnet ist). Insgesamt käme es zu einer Explosion der Preisniveauentwicklung, weil im neoklassischen Fall die aggregierte Angebotsseite den realen Output und – bei einer gegebenen IS-Kurve – auch das Zinsniveau bestimmt. Der Versuch einer Notenbank hiervon dauerhaft abzuweichen, führt lediglich zu inflationären Impulsen. Anhand dieses Beispiels wird also ganz deutlich, warum einige Autoren davon sprechen, daß es bei einer Zinssteuerung zu einer **Indeterminiertheit des Preisniveaus** kommt bzw. warum der Zinssatz der Geldpolitik gerade keinen nominalen Anker liefern kann.[339]

5.3.2 Schocks der Geldnachfrage

Zu anderen Ergebnissen bezüglich der Vorteilhaftigkeit von Geldmengen- und Zinssteuerung kommt man, wenn man anstelle eines Schocks der IS-Kurve davon ausgeht, daß Störungen bei der Geldnachfrage auftreten. Diese schlagen sich in stochastischen Verschiebungen der LM-Kurve (LM_1 bis LM_2) nieder (Schaubild V.18). Bei einer **Stabilisierung des Zinsniveaus** auf dem Wert i* kommt es dazu, daß die monetären Störungen von vornherein durch eine Anpassung des Geldangebots kompensiert werden. Die Notenbank muß die Geldmenge stets so anpassen, daß die LM-Kurve trotz der Änderung der Geldnachfrage ihre Lage nicht verändert. Damit bleiben auch der reale Output (Y^f) und das Preisniveau (P_0) unverändert. Bei einer Politik der **Geldmengensteuerung** (M*) übertragen sich die Störungen der LM-Kurve dagegen auf den Realteil der Volkswirtschaft. Es kommt zu Schwankungen des Output zwischen Y_1 und Y_2 sowie des Preisniveaus zwischen P_1 und P_2. Bei einer instabilen Geldnachfrage gelangt man deshalb zur gegenteiligen Schlußfolgerung für die Vorteilhaftigkeit der geldpolitischen Konzeption: Die Konzeption der Zinssteuerung ist der Geldmengensteuerung überlegen. Damit wird zugleich die in Kapitel V.3.1 gemachte Aussage bestätigt, daß eine stabile Geldnachfrage eine Grundvoraussetzung für eine Geldmengensteuerung darstellt.

Auch in diesem Fall führt die Ergänzung des Poole-Modells um die gesamtwirtschaftliche Nachfrage- und Angebotsanalyse zu keiner Änderung der Grundaussage: Auch die Veränderungen des Preisniveaus fallen bei der Zinssteuerung geringer aus als bei der Geldmengensteuerung.

---

[339] Hierauf hat bereits Friedman in seiner „Presidential address" von 1968 hingewiesen. Sargent und Wallace (1975) zeigen im Rahmen eines Modells mit rationalen Erwartungen, daß für den Fall der Zinssteuerung das Preisniveau nicht mehr determiniert ist. Die von uns gewählte einfache Darstellung des gesamtwirtschaftlichen Angebots-Nachfragemodells mit einer vertikalen Angebotskurve ist im Prinzip nichts anderes. In Erweiterungen des Modells von Sargent und Wallace läßt sich zwar zeigen, daß das Problem der Indeterminiertheit des Preisniveaus auch bei einer Zinssteuerung gelöst werden kann, aber nur durch die Kombination der Zinssteuerung mit einem konkreten Wert bzw. einer konkreten Wachstumsrate für die Geldmenge: also gerade durch das Schaffen eines nominalen Ankers (Canzoneri et al. 1983; McCallum 1981, 1986; Barro 1989).

Schaubild V.18: Instabile LM-Kurve

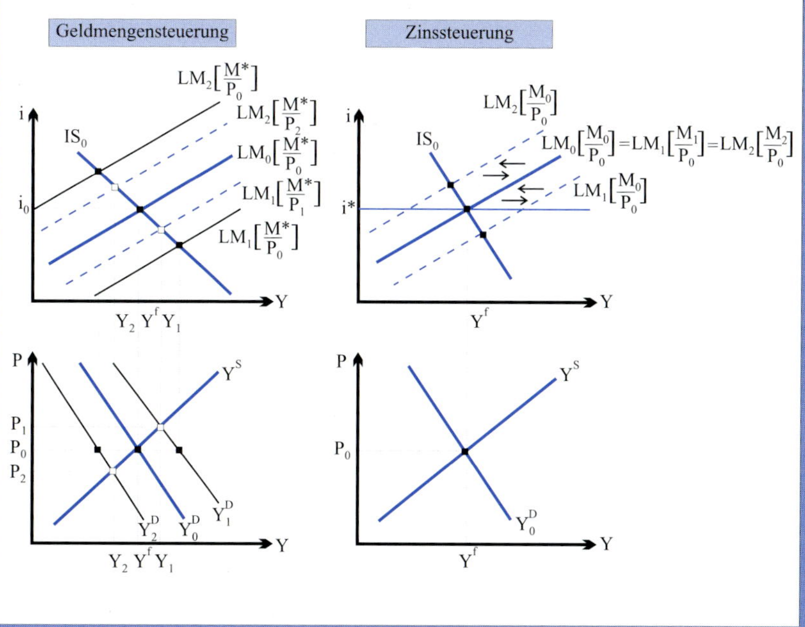

5.3.3 Gesamtwirtschaftliche Angebotsschocks

Zusätzlich zu den Schocks der IS- und LM-Kurve, auf die sich Poole in seinem Artikel von 1970 beschränkt, erlaubt die Darstellung im Flex-Preis-Modell nun auch die Analyse von Schocks auf der Angebotsseite (Schaubild V.19). Denkbar wäre beispielsweise eine Störung in Form eines Anstiegs (Rückgangs) der Nominallöhne, wodurch sich die gesamtwirtschaftliche Angebotskurve nach oben (unten) verschiebt.[340]

Die Schwankungen der Angebotskurve führen zu gesamtwirtschaftlichen Ungleichgewichten, die sich im Rahmen der **Geldmengensteuerung** in Output- *und* Preisniveauschwankungen ausdrücken. Der jeweilige Schnittpunkt von Angebots- und Nachfragekurve bestimmt das Gleichgewichtseinkommen Y (z.B. Y_2). Überträgt man diesen Wert auf das IS/LM-Diagramm erhält man bei einer gegebenen

[340] Andere Einflußfaktoren auf die gesamtwirtschaftliche Angebotskurve können Produktivitätsänderungen, Verteuerung der Inputfaktoren, Zuwanderung von Arbeitskräften oder ein verändertes Erwerbsverhalten sein.

IS-Kurve den neuen Schnittpunkt mit der LM-Kurve. Diese verschiebt sich nach oben, da der Anstieg des Preisniveaus auf P_2 die reale Geldmenge reduziert. Im Fall der **Zinssteuerung** muß die Notenbank den mit Angebotsschocks einhergehenden Zinsänderungen entgegenwirken. Dies geschieht durch Veränderungen des nominalen Geldangebots. Dort wird jetzt das Volkseinkommen auf Y^f stabilisiert. Bei gegebenen Schwankungen der gesamtwirtschaftlichen Angebotskurve ist dies nun möglich, da es durch die Anpassung der Geldmenge nun auch zu Veränderungen der gesamtwirtschaftlichen Nachfragekurve kommt. Im Fall der Angebotsschocks sieht man also, daß es für die Analyse von Poole nicht unbedeutend ist, ob man eine Stabilisierung des realen Output oder des Preisniveaus anstrebt:

Schaubild V.19: Angebotsschocks

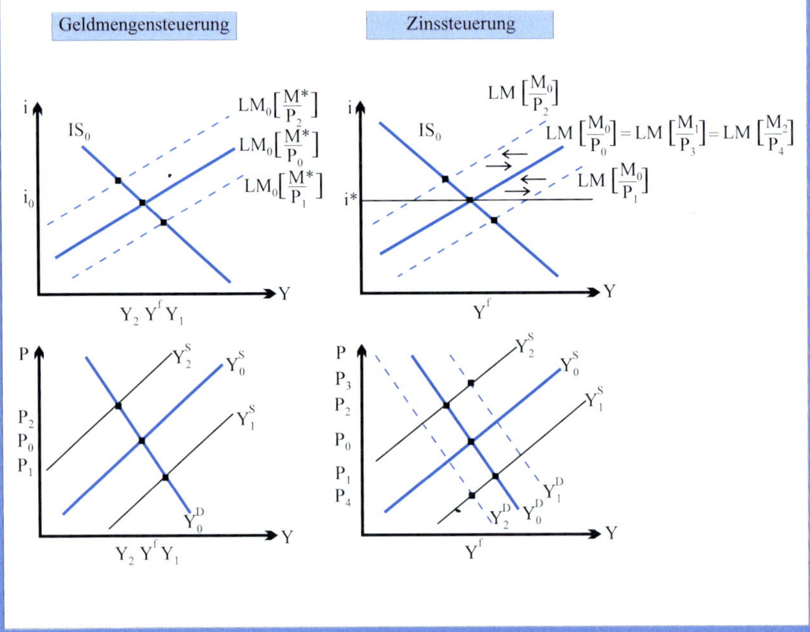

- Zur Stabilisierung des **realen Output** ist die Zinssteuerung der Geldmengensteuerung überlegen.
- Zur Stabilisierung des **Preisniveaus** ist die Geldmengensteuerung der Zinssteuerung überlegen.

Problematisch ist die Zinssteuerung dabei vor allem dann, wenn die Angebotsschocks einen Trend aufweisen, da sich dann das Preisniveau dauerhaft von seinem Ausgangswert fortbewegt.[341]

Als **Ergebnis** bleibt festzuhalten, daß im Rahmen des (modifizierten) Poole-Modells die Zinssteuerung dann die überlegene geldpolitische Konzeption ist, wenn Geldnachfrageschocks dominieren. Umgekehrt ist die Geldmengensteuerung vorzuziehen, wenn direkte güterwirtschaftliche Schocks – entweder auf der Nachfrageseite (IS-Kurve) oder auf der Angebotsseite – überwiegen. Allerdings kann man diese theoretischen Ergebnisse nicht ohne weiteres auf wirtschaftspolitische Fragestellungen übertragen, da die Modellstruktur mit einer Vielzahl von Problemen behaftet ist.

Ein wesentliches Defizit ist die Annahme der perfekten Steuerbarkeit des – bei Poole nicht näher spezifizierten – Zinssatzes durch die Notenbank. Ein grundsätzliches Problem ergibt sich aus der einfachen komparativ-statischen Betrachtungsweise, in der Erwartungseffekte und eine explizite Unterscheidung in nominale und reale Zinssätze nicht vorkommen. Berücksichtigt man diese komplexeren Zusammenhänge, ist fraglich, ob die Zinssteuerung überhaupt noch als geldpolitische Konzeption in Frage kommen kann. Hierbei ist insbesondere darauf zu achten, inwieweit die Steuerung der Zinsen (oder der Zinsstruktur), die in Kapitel V.2 genannten notwendigen Bedingungen einer geldpolitischen Konzeption erfüllen kann: Dafür müßte der Zinssteuerung eine relativ einfache, transparente theoretische Struktur zugrunde liegen, die im Zeitverlauf stabil ist. Will man einen Zinssatz (oder die Zinsstruktur) als Zwischenziel nutzen, müssen diese Variablen der Geldpolitik darüber hinaus einen nominalen Anker geben können.

Wird das Zwischenziel öffentlich angekündigt, soll es den Privaten als Referenzrahmen zur Kontrolle der Geldpolitik dienen und zur Stabilisierung der Erwartungen beitragen. Dieser Effekt kann im Rahmen der Geldmengen- oder Wechselkurssteuerung – wie oben beschrieben – recht gut erreicht werden. Bei einer Zins- oder Zinsstruktursteuerung sind damit dagegen unerwünschte **Ankündigungseffekte** verbunden. Werden zu Beginn einer Periode Änderungen des Zinssatzes angekündigt, dann kann dies wesentliche Auswirkungen auf die Entscheidungen der Marktteilnehmer haben. Bei einer in Aussicht gestellten Zinssenkung werden z.B. Investitionsentscheidungen solange aufgeschoben, bis der Zinszielwert von der Notenbank realisiert wurde. Marktprozesse würden also in hohem Maße verzerrt und verlaufen nach einem „Stop and Go“-Schema, was den Stabilisierungsabsichten der Notenbank gerade entgegenwirken würde. Verzichtet man dagegen auf die

[341] Auch hier gilt, daß es bei einer neoklassischen Angebotsfunktion und Angebotsschocks zu einer dynamischen Instabilität mit einem Verlust über die Kontrolle des Preisniveaus kommt, falls die Notenbank an der Zinssteuerung festhält.

Ankündigung des Zwischenzielwerts, dann können zwar die Verzerrungen vermieden werden, doch fehlt den Privaten jeglicher Referenzrahmen, an dem sie ihre Erwartungen ausrichten können.

5.4 Zinsen und Zinsstruktur als Indikatoren für die Geldpolitik ?

Schaubild V.20: Realer Geldmarktsatz und Zinsstruktur

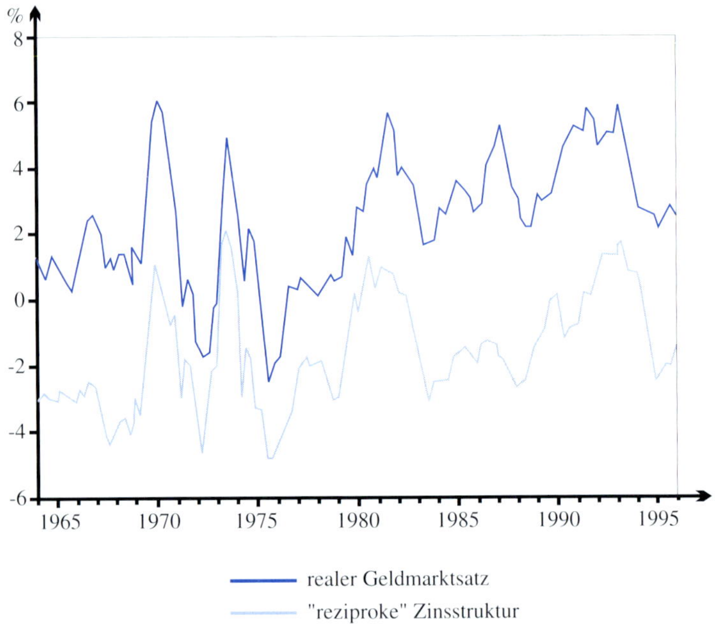

Quelle: Deutsche Bundesbank, Monatsberichte.

Trotz des negativen Urteils bezüglich der Eignung von Zinsen als geldpolitisches Zwischenziel, bleibt zu fragen, ob sie nicht zumindest eine Berechtigung als Indikatoren für die Geldpolitik haben können. In diesem Zusammenhang würden Zinsen dann andere – weniger anspruchsvolle – Anforderungen erfüllen müssen. Wie bereits im einleitenden Abschnitt dieses Kapitels (V.2) ausgeführt, sollen Indikatoren zum einen Auskunft geben über mögliche Inflationsgefahren („Frühindikator“) und zum anderen die laufende Ausrichtung des geldpolitischen Kurses signalisieren („Wirkungsindikator"). Im Unterschied zu einem Zwischenziel ist es dabei nicht erforderlich, daß die Notenbank exakte quantitative Zielwerte definiert. Es muß hierbei auch nicht mehr auf eine einzelne Variable abgestellt werden, vielmehr können mehrere Indikatoren gleichzeitig herangezogen werden. Für die mit einem Indikator angestrebte **Informationsfunktion** sind also weniger hohe Anforderungen bezüglich der Stabilität der Wirkungszusammenhänge erforderlich als bei einer Zwischenzielgröße.

Schaubild V.21: Realer Geldmarktsatz, Inflationsrate und konjunkturelle Abschwungphasen

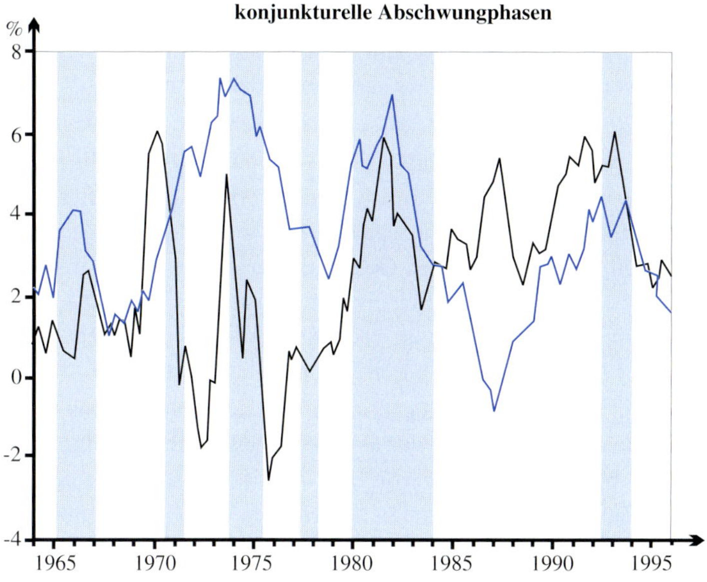

realer Geldmarktsatz

Inflationsrate

Phasen der Konjunkturabschwächung gemessen am Rückgang der trendbereinigten Industrieproduktion

Quelle: Deutsche Bundesbank, saisonbereinigte Wirtschaftszahlen und Monatsberichte.

Mit relativ geringen Problemen verbunden ist die Funktion des **Wirkungsindikators**, weil dafür eine Variable gefunden werden muß, die möglichst nahe am Instrumenteneinsatz der Notenbank liegt. Hierfür bietet sich der **Geldmarktsatz** an, der durch die Notenbank nahezu perfekt steuerbar ist (siehe dazu Kapitel VI.2.3).

Bei variablen Inflationsraten kann die Funktion des Geldmarktsatzes als Wirkungsindikator allerdings stark beeinträchtigt werden. So muß eine Zinserhöhung durch die Notenbank nicht notwendigerweise auch eine restriktive geldpolitische Linie anzeigen, wenn es in der gleichen Zeit zu einem merklichen Anstieg der Inflationsrate gekommen ist. Aus diesem Grund wird in der Literatur (vgl. z.B. Issing 1993, S. 188) häufig auf die Gefahr verwiesen, daß der Zins als Indikator „falsche Signale" gibt. Dieser Problematik läßt sich jedoch relativ einfach Rechnung tragen, wenn man den Geldmarktsatz mit der laufenden Inflationsrate deflationiert. Dieses Vorgehen ist vergleichsweise unproblematisch, da Geldmarktgeschäfte nur kurze Fristen aufweisen. Allerdings muß die Inflationsrate zumindest auf Monatsfrist einigermaßen gut prognostizierbar sein, da die Notenbank erst nach dem Ablauf eines Monats genaue Informationen über die tatsächliche Geldwertentwicklung erhält. Dieses Problem stellt sich nur in Ländern mit einer sehr hohen und damit auch kurzfristig sehr variablen Inflationsrate.

Schaubilder V.20 und V.21 zeigen, daß ein so berechneter **realer Geldmarktsatz** nicht nur eine sehr große Parallelität zur (reziproken) Zinsstruktur (i_{kurz} - i_{lang}) aufweist, sondern zugleich auch relativ gute Vorlaufeigenschaften zu den in Deutschland aufgetretenen Rezessionsphasen hat: Vor jeder Rezession kam es zu einem deutlichen Anstieg des realen Geldmarktsatzes bzw. einer Abflachung und sogar Inversion der Zinsstruktur. Bemerkenswert ist dabei auch, daß die Bundesbank offensichtlich in drei geldpolitischen Restriktionsphasen stets einen Maximalwert des realen Geldmarktzinses von 5 % angesteuert hat.

Eine wichtige Indikatorfunktion könnte auch vom Kapitalmarktzins wahrgenommen werden. Theoretisch sollte er der Geldpolitik als **Frühindikator** dienen können, weil er in besonderem Maße von den Inflationserwartungen der Marktteilnehmer bestimmt wird (siehe Anhang). Änderungen der Umlaufsrendite sind also ein wichtiges Indiz dafür, wie sich die Vorstellungen der Marktteilnehmer über die Geldentwertung in der Zukunft entwickeln.[342] Problematisch ist dabei allerdings der zunehmende Einfluß ausländischer Investoren am inländischen Kapitalmarkt. Für diese Anleger ist – wie erwähnt – die zukünftige Preisentwicklung des Inlands sehr viel weniger von Interesse als die von ihnen erwartete Wechselkursentwicklung. Da es zumindest auf kurze und mittlere Frist zu einem starken Auseinanderlaufen von Wechselkursen und Inflationsratendifferenzen kommen kann,[343] sind diese Auslandseinflüsse als eine eigenständige Determinante der Kapitalmarktzinsen anzusehen. Empirisch kann man feststellen, daß der Kapitalmarktsatz und die

[342] Die Bank of England nutzt sie z.B. in ihrem „Inflation Report" explizit, um Prognosen über die erwartete Inflationsrate zu geben, verweist aber gleichzeitig auf die damit verbundenen Probleme. Deshalb zieht sie zur Inflationsprognose noch eine Vielzahl anderer Ind ikatoren heran.

[343] Siehe für eine empirische Studie z.B. Deutsche Bundesbank (1993, S. 41 - 60).

Inflationsrate in hohem Maße eine parallele Entwicklung aufweisen; der Vorlauf ist äußerst gering (vgl. Schaubild V.19).

In der neueren Literatur ist die Indikatoreigenschaft von Zinsen vor allem unter dem Aspekt des Einflusses der **Zinsstruktur** auf die gesamtwirtschaftliche Entwicklung untersucht worden (vgl. Gerlach 1995, S. 4). Diese Arbeiten wurden vor allem ausgelöst durch die Abkehr der Notenbanken von der Konzeption der Geldmengensteuerung. Die Ausrichtung der meisten Studien zu dieser Fragestellung ist allerdings rein ökonometrischer Natur.[344] Eine recht plausible theoretische Fundierung kann jedoch der in Modul D dargestellte zinsstrukturtheoretische Transmissionsprozeß bieten.

Bei den einzelnen ökonometrischen Studien zeigt sich, daß der Informationsgehalt von Zinsstrukturen recht unterschiedlich zu beurteilen ist. Er ist relativ hoch in den USA, in Deutschland, Japan und im Vereinigten Königreich. In diesen Ländern lassen sich dabei folgende Gemeinsamkeiten feststellen (vgl. Estrella und Mishkin 1995, S. 3).

- Ein Anstieg des Geldmarktsatzes führt zu einer Abflachung der Renditeertragskurve, d.h. er überträgt sich nicht in vollem Maße auf den langfristigen Zinssatz.
- Das Ausmaß der Abflachung hängt entscheidend von der Glaubwürdigkeit dieser geldpolitischen Maßnahme ab.
- Die Zinsstruktur enthält Informationen über die reale Entwicklung mit einem Vorlauf von ein bis zwei Jahren.
- Die Zinsstruktur kann Hinweise geben auf die Inflationsentwicklung mit einem Vorlauf von drei bis fünf Jahren.

So gesehen kann die Zinsstruktur also als geldpolitischer Frühindikator für die reale Entwicklung verwendet werden. Vor allem in Deutschland zeigt sich eine sehr unmittelbare Reaktion der realen Entwicklung auf eine inverse Zinsstruktur bzw. einen Anstieg des realen Geldmarktsatzes. In allen Phasen, in denen eine solche Situation bestand (1970, 1973, 1980/81, 1992) folgte nahezu unmittelbar eine größere Abschwächung des Wirtschaftsgeschehens (Schwächeperiode von 1971 und Rezessionen von 1974/74, 1980/82, 1993). Dieser enge Zusammenhang in geldpolitischen Rezessionsphasen sollte allerdings nicht den Eindruck geben, daß auch eine insgesamt stabile Wirkungsbeziehung zwischen der Zinsstruktur und der Inflationsrate besteht (Wirkungsindikator). Hier war der Zusammenhang weniger

---

[344] Siehe dazu z.B. Gerlach (1995), Hesse und Roth (1992), Estrella und Mishkin (1995), Bank of Japan (1995), Emery und Koenig (1992), Fama (1990), Mishkin (1990, 1991), Jurion und Mishkin (1991).

eng – wie Schaubild V.21 zeigt – und wies selbst dann nur einen recht geringen Vorlauf auf. In Phasen, in denen sich die Inflation beschleunigte, kam es meist gleichzeitig bzw. kurz vorher zu einem Rückgang der Zinsstruktur bzw. einem Anstieg des realen Geldmarktsatzes. Hierin spiegeln sich hauptsächlich die geldpolitischen Maßnahmen der Bundesbank wider und nicht die vorauslaufenden Inflationserwartungen.

> „In dieser Beziehung kommt nicht der Einfluß der Geldpolitik auf die Inflationsrate zum Ausdruck, sondern die durch die wahrgenommenen Inflationsgefahren bestimmten Reaktionen der Geldpolitik. Wenn sich das Preisklima verschlechtert, reagiert die Geldpolitik mit Zinsanhebungen, und als Folge dieser Maßnahme wird die Zinsstrukturkurve flacher. (...) (dies) bedeutet, daß die Geldpolitik zu spät reagiert, entweder weil Inflationsgefahren zu spät wahrgenommen werden oder der Prozeß der Entscheidungsfindung zu schwerfällig ist." (Hesse und Roth 1992, S. 18)

Dieser empirische Zusammenhang, der sich – wie McNees (1989, S. 33) ausführt – auch für die USA feststellen läßt, weist genau die umgekehrte Kausalität auf wie man sie aus der Erwartungstheorie der Zinsstruktur (siehe Anhang) bzw. dem Fisher-Theorem vermuten würde. Aus diesen Theorieansätzen würde man erwarten, daß erhöhte Inflationserwartungen, die der tatsächlichen Inflationsrate vorauslaufen, mit einem Anstieg der Zinsstruktur einhergehen. Ein positiver Zusammenhang zwischen der Zinsstruktur bzw. dementsprechend ein negativer Zusammenhang zwischen dem realen Geldmarktsatz und der Inflationsrate läßt sich in Deutschland allerdings nur für einen Vorlauf von etwa fünf Jahren feststellen (vgl. Hesse und Roth 1992, S. 18).[345] Hieraus Empfehlungen für die Wirtschaftspolitik ableiten zu wollen, ist äußerst problematisch.

Zudem muß man feststellen, daß diese Ergebnisse im Zeitablauf nicht immer stabil sind. Die Signifikanz ist zum Teil starken Änderungen unterworfen (insbesondere in Japan; vgl. Bank of Japan 1995). Deshalb wird eine Orientierung der Geldpolitik allein an der Zinsstruktur von fast allen Autoren abgelehnt. Gleichzeitig wird jedoch empfohlen, den in den Zinsen und der Zinsstruktur enthaltenen Informationsgehalt für die Geldpolitik zu nutzen. Als abschließende Beurteilung der Informationsfunktion der Zinsstruktur sei die Bundesbank zitiert, die diese Einschätzungen bestätigt:

---

[345] Hesse und Roth (1992) untersuchen lediglich den Zusammenhang zwischen Zinsstruktur und Inflationsrate nicht jedoch zwischen realem Geldmarktsatz und Inflationsrate. Die Ergebnisse sind aber übertragbar aufgrund der weitgehenden Parallelität in der Entwicklung der (reziproken) Zinsstruktur und des realen Geldmarktsatzes. Einen ähnlich langen positiven Vorlauf der Zinsstruktur vor der Inflationsrate stellen Estrella und Mishkin (1995) für die USA fest.

„Der Verlauf und die Veränderung der Renditestrukturkurve können dennoch brauchbare Indikatoren für Zins- und Inflationserwartungen sein, die auch Rückschlüsse über die Einschätzung der stabilitätspolitischen Bemühungen der Notenbank durch die Märkte zulassen. Allerdings gilt es dabei stets, die Komplexität der möglichen Einflußfaktoren nicht aus den Augen zu verlieren." (Deutsche Bundesbank 1991, S. 42)

6. Das nominelle BSP als Zwischenziel der Geldpolitik

6.1 Einleitung

In zahlreichen Arbeiten findet man den Vorschlag, die Geldpolitik am nominellen Sozialprodukt auszurichten.[346] Ein Grundproblem vieler Veröffentlichungen zu dieser Thematik besteht dabei darin, daß in der Regel meist nicht klar genug getrennt wird, ob die nominelle BSP-Steuerung auf der Endziel- oder aber der Zwischenzielebene vorgenommen werden soll. Diese Unterscheidung ist von zentraler Bedeutung, da die Vergleichsbasis völlig unterschiedlich ausfällt:

- Auf der **Endzielebene** ist die nominelle BSP-Steuerung als eine Alternative zu einer Preisniveauregel, d.h. zum Ziel der Geldwertstabilität anzusehen. Diese Fragestellung wird in Kapitel II.3 ausführlich diskutiert.
- Auf der **Zwischenzielebene** wird die nominelle BSP-Steuerung in der Regel mit dem Konzept der Geldmengensteuerung verglichen.

Im Rahmen der Diskussion über geldpolitische Konzeptionen – im Sinne von konkreten Handlungsanweisungen für den geldpolitischen Instrumenteneinsatz – ist nur die zweite Fragestellung von Interesse. Es soll daher im folgenden geprüft werden, inwieweit eine Größe, die ein einfaches Produkt aus zwei Endzielen (dem Preisniveau und dem realen Sozialprodukt) darstellt, überhaupt als geldpolitisches Zwischenziel geeignet sein kann. Obwohl die Grundlogik dieser Konzeption von vornherein als sehr problematisch eingestuft werden muß, wird in Abschnitt 6.3 eine Regel von McCallum (1987) vorgestellt, die in der Literatur große Beachtung gefunden hat. In einem sehr differenzierten Verfahren wird aufgezeigt, wie man das nominelle BSP mittels der Geldbasis steuern könnte.

---

346 Siehe als Hauptvertreter dieses Ansatzes Meade (1978), von Weizsäcker (1978), Tobin (1980, 1983), Hall (1983), Bean (1983), Taylor (1985) und McCallum (1984, 1987).

6.2 Geldmenge versus nominelles BSP

Für die Anhänger der nominellen BSP-Steuerung ergibt sich die Zwischenzieleignung dieser Größe unmittelbar aus der Quantitätsgleichung. In Veränderungsraten ausgedrückt lautet diese wie folgt:

$$\text{(V.27)} \qquad \hat{M} + \hat{V} = \pi + \hat{Y} \,.$$

Wenn man nun ein nominelles BSP-Ziel in Wachstumsraten formuliert,[347]

$$\text{(V.28)} \qquad \hat{Y}^n = \pi + \hat{Y} \,.$$

könnte man zu dem Schluß kommen, daß die nominelle BSP-Steuerung im Grunde mit dem Geldmengenkonzept identisch ist. Der Unterschied bestünde lediglich darin, daß bei der nominellen BSP-Steuerung die rechte Seite der Quantitätsgleichung gesteuert wird, während sich die Geldmengensteuerung auf die linke Seite bezieht (vgl. Wagner 1992, S. 144). Zu diesem – auf den ersten Blick überraschenden – Ergebnis gelangt man allerdings nur dann, wenn man unterstellt, daß Schwankungen der Umlaufsgeschwindigkeit bei der Geldmengensteuerung ex ante berücksichtigt werden.

Da auch die Bundesbank in ihrer Potentialformel Veränderungen der Umlaufsgeschwindigkeit Rechnung trägt (siehe Abschnitt V.3.2.1),[348] kann so leicht der Eindruck entstehen, daß es sich bei der deutschen Geldmengenpolitik letztlich um eine verkappte Form einer nominellen BSP-Steuerung handelt.

$$\text{(V.29)} \qquad \underbrace{\hat{M} + \hat{V}}_{\substack{\text{Geldmengensteuerung, die}\\ \text{Änderungen der Umlaufsge-}\\ \text{schwindigkeit berücksichtigt}}} = \underbrace{\pi + \hat{Y}}_{\text{nominelle BSP-Regel}}$$

Diese Gleichsetzung trifft jedoch in keiner Weise zu. Eine sorgfältige Betrachtung der konkreten Determinanten der Quantitätsgleichung in den beiden Konzeptionen läßt vielmehr erkennen,

- daß die Geldmengensteuerung auf eine **mittelfristige Verstetigung** der monetären Expansion hinausläuft, während

---

[347] Zum Unterschied zwischen der Zielformulierung als „growth target" und als „level target" siehe Kapitel II.1 bzw. II.3.

[348] Wagner (1992, S. 144) spricht hier von einer „Umlaufsgeschwindigkeit-angepaßten Geldmengenregel". Ähnlich äußert sich Shigehara (1996, S. 12): „In a sense, the nominal income target can be regarded as a velocity-adjusted monetary target for guiding monetary policy."

- die nominelle BSP-Steuerung zu **antizyklischen Schwankungen** der Geldmengenentwicklung führt.

Vergleicht man die Ableitung eines Geldmengenziels mit der eines nominellen BSP-Ziels, dann läßt sich zunächst eine gewisse Gemeinsamkeit darin erkennen, daß man für beide Strategien konkrete Werte für das reale Sozialprodukt und die Inflationsrate festlegen muß. Dabei ist es naheliegend, daß man für diese Größen jeweils einen Normwert für die Inflationsrate (π^{Norm}) bzw. die Wachstumsrate des realen Produktionspotentials ($\hat{Y}^{Pot}$) einsetzt. So gesehen besteht also durchaus eine Übereinstimmung zwischen dem Geldmengenziel der Bundesbank und einem nominellen BSP-Ziel.

Der entscheidende Unterschied zwischen beiden Konzepten ergibt sich daher aus den Werten für die Umlaufsgeschwindigkeit des Geldes ($\hat{V}$). Während die Bundesbank hier mit dem **langfristigen Trend** ($\hat{V}^{Trend}$) der Umlaufsgeschwindigkeit operiert (siehe Tabelle V.2), erfordert eine nominelle BSP-Regel, daß in der Quantitätsgleichung stets der **aktuell prognostizierte Wert** ($\hat{V}_t$) der Umlaufsgeschwindigkeit verwendet wird.

Der Zielwert für die Geldmenge im Fall der Geldmengenpolitik ($\hat{M}_G$)errechnet sich dann aus der Potentialformel als:

(V.30) $$\hat{M}_G = \pi^{Norm} + \hat{Y}^{Pot} - \hat{V}^{Trend} .$$

Im Fall der nominellen BSP-Steuerung ($\hat{M}_{BSP}$) wird demgegenüber der optimale Wert der Geldmenge aus dem Zielwert für das nominelle BSP anhand der tatsächlichen Umlaufsgeschwindigkeit des Geldes abgeleitet:

(V.31) $$\hat{M}_{BSP} = \pi^{Norm} + \hat{Y}^{Pot} - \hat{V}_t .$$

Differenzen zwischen $\hat{M}_G$ und $\hat{M}_{BSP}$ sind dann allein Resultat der Abweichungen der tatsächlichen Umlaufsgeschwindigkeit von ihrem Trendwert.

(V.32) $$\hat{M}_G - \hat{M}_{BSP} = \hat{V}_t - \hat{V}^{Trend}$$

Solche Abweichungen sind bei einer Geldmengensteuerung in erster Linie konjunkturell bedingt. Setzt man in Gleichung (V.30) die tatsächlich realisierten Werte ein und unterstellt man, daß die Notenbank ihr Geldmengenziel auch einhält, bekommt man:

(V.33) $$\hat{M}_G = \pi_t + \hat{Y}_t - \hat{V}_t .$$

Aus der Differenz aus Gleichung (V.30) und (V.33) ergibt sich:

(V.34) $$\hat{V}^{Trend} - \hat{V}_t = \underbrace{\left(\pi^{Norm} + \hat{Y}^{Pot}\right)}_{\text{impliziter Zielwert für das nominelle BSP}} - \underbrace{\left(\pi_t + \hat{Y}_t\right)}_{\text{tatsächliches nominelles BSP}} .$$

Es zeigt sich also, daß eine Geldmengensteuerung, die sich nur am Trend der Umlaufsgeschwindigkeit ausrichtet, keine fortlaufende Einhaltung des impliziten Zielwerts ($\pi^{Norm} + \hat{Y}^{Pot}$) für das nominelle BSP gewährleisten kann. Damit trifft es also nicht zu, wenn Wagner (1992, S. 145f.) schreibt: „So hat die Deutsche Bundesbank seit Mitte der 1970er Jahre eine Geldmengenpolitik verfolgt, die sich als eine – sehr flexible und diskretionäre – Form der nominellen BSP-Regelpolitik (oder der Umlaufsgeschwindigkeit-angepaßten Geldmengenregel) beschreiben läßt."

Die daraus resultierenden konkreten Auswirkungen für die Geldpolitik lassen sich am einfachsten anhand eines **Zahlenbeispiels** verdeutlichen. Unterstellt wird dabei, daß sowohl die Geldmengensteuerung als auch die nominelle BSP-Steuerung einen Wert des nominellen BSP von 4,5 % anstreben. Dieser Vorgabe liege eine Inflationsrate von 2 % zugrunde, die aus statistischen Gründen als vereinbar mit Preisniveaustabilität gilt, und ein empirisch festgestellter Wert des langfristigen realen Wachstumspfades von 2,5 %. Gleichzeitig wird für die **Geldmengensteuerung** ein Trend der Umlaufsgeschwindigkeit von - 1 % unterstellt, so daß sich hieraus ein Zielwert der Geldmenge von 5,5 % $\left[\hat{M}_G = 2\% + 2{,}5\% - (-1\%)\right]$ ergibt.

Im Fall der **nominellen BSP-Regel** ist das Ergebnis für die Geldmenge nicht mehr ganz so eindeutig ableitbar, da sich die Umlaufsgeschwindigkeit des Geldes in verschiedenen konjunkturellen Phasen unterschiedlich entwickeln kann. In konjunkturellen Boomphasen beobachtet man im allgemeinen einen Anstieg der Umlaufsgeschwindigkeit (bzw. geringeren Rückgang als im Trend), d.h. das reale BSP nimmt stärker zu als die reale Geldnachfrage. Umgekehrt verhält es sich in Rezessionen, in denen die reale Geldnachfrage im allgemeinen stärker zunimmt als das reale Sozialprodukt. Für das Zahlenbeispiel sei unterstellt, daß die Veränderungsrate der Umlaufsgeschwindigkeit im Boom + 1 % beträgt und in der Rezession - 3 %, was einer gleichmäßigen Abweichung vom Trend in Höhe von ± 2 Prozentpunkten entspricht. Aus dem anvisierten nominellen BSP-Ziel von 4,5 % ergeben sich so in den einzelnen Konjunkturphasen drei verschiedene optimale Geldmengenänderungsraten:

- Entwickelt sich das BSP gemäß des **Trend**wachstums, weicht auch die Umlaufsgeschwindigkeit nicht vom ihrem Trendwachstum ab und die optimale

Geldmengenwachstumsrate beträgt wie bei der Geldmengensteuerung 5,5 % $\left[\hat{M}_{BSP}^{Trend} = 2\% + 2{,}5\% - (-1\%)\right]$.

Tabelle V.10: Zahlenbeispiel zur nominellen BSP-Steuerung und Geldmengensteuerung

Geldpolitische Konzeption	Zielwerte aus der Quantitätsgleichung				
	π^{Norm}	$\hat{Y}^{Pot}$	konjunkturelle Phase	$\hat{V}$	Zielwerte für $\hat{M}$
Geldmengen-steuerung	2 %	2,5 %	Trend Boom Rezession	-1 % -1 % -1 %	5,5 % 5,5 % 5,5 %
nominelle BSP-Steuerung	2 %	2,5 %	Trend Boom Rezession	-1 % +1 % -3 %	5,5 % 3,5 % 7,5 %

- Befindet sich die Volkswirtschaft dagegen in einer **Boom**phase, käme es bei konstanter Geldmenge zu einem stärkeren Anstieg des nominellen BSP. Die Umlaufsgeschwindigkeit steigt. Um das nominelle BSP auf dem Zielpfad zu halten, muß die Notenbank also die Geldmenge entsprechend schwächer ausweiten. Konkret sollte die Veränderungsrate der Geldmenge im Zahlenbeispiel nur noch 3,5 % $\left[\hat{M}_{BSP}^{Boom} = 2\% + 2{,}5\% - 1\%\right]$ betragen.

- Im Fall einer **Rezession** mit sinkender Umlaufsgeschwindigkeit sollte die Geldmenge dagegen überproportional stark wachsen, um den Zielwert des nominellen BSP-Wachstums zu realisieren: im Zahlenbeispiel um 7,5 % $\left[\hat{M}_{BSP}^{Rez.} = 2\% + 2{,}5\% - (-3\%)\right]$.

Zusammengefaßt werden die Ergebnisse des Zahlenbeispiels noch einmal in Tabelle V.10.

Während bei der Geldmengensteuerung eine stetige Ausweitung der Geldmenge erreicht wird, kommt es bei der nominellen BSP-Steuerung zu **antizyklischen Schwankungen** des Geldangebots. Aus der Logik dieses Ansatzes würde die Geldpolitik dann so geführt werden, daß alle konjunkturellen Schwankungen auch ganz kurzfristig völlig ausgeglichen werden. Es würde also zu jedem Zeitpunkt gewährleistet sein, daß

(V.35) $\pi_t + \hat{Y}_t = \pi^{Norm} + \hat{Y}^{Pot}$.

Im Fall rezessiver Tendenzen würde dazu die Geldmenge entsprechend stärker ausgeweitet werden, so daß das nominelle BSP weiterhin auf dem Trendpfad gehalten wird. Eine Boomphase würde dadurch verhindert werden, daß die monetäre Expansion entsprechend gedrosselt wird. Es ist offensichtlich, daß ein solches Konzept nur dann funktionieren kann, wenn die Notenbank in der Lage ist, das nominelle BSP perfekt zu steuern. Die Anhänger der nominellen BSP-Steuerung gehen hiervon ausdrücklich aus. In den Worten von Hall und Mankiw (1993, S. 14):

> „Once the Fed is committed to pegging the consensus forecast of nominal income, we see no need to tell it how to go about achieving the peg. The Fed's bond traders should simply buy or sell securities as needed to keep the forecast at the peg. In practice, this would be similar to the way that many central banks today achieve exchange rate pegs. There is a difference in response time, of course. The exchange rate reacts to portfolio changes in a few seconds, whereas the consensus forecast reacts to portfolio changes in a few days or a week. Just as a supertanker needs a more qualified pilot than a small ship, a central bank pegging a nominal income forecast needs a better technician than one pegging an exchange rate. But the peg is still just a technical issue." (Hall und Mankiw 1993, S. 14).

Für den in diesem Abschnitt relevanten Vergleich zwischen einer nominellen BSP-Steuerung und einer Geldmengensteuerung ist die Annahme einer perfekten Steuerbarkeit des nominellen BSP von entscheidender Bedeutung. Wenn eine Notenbank dazu tatsächlich in der Lage wäre, würde es kaum als sinnvoll erscheinen, mit einem geldpolitischen Zwischenziel wie der Geldmenge zu operieren. Dieses Ergebnis ist letztlich nicht überraschend, da sich die Ratio der Geldmengensteuerung gerade daraus ergibt, daß eine solche direkte Steuerung von Endzielen nur sehr unvollkommen zu erreichen ist. Zur Verdeutlichung dieser Logik sollen im folgenden noch einmal graphisch – in Form des IS/LM-AS/AD-Modells – die Auswirkungen von Schocks gegenübergestellt werden, die auftreten, wenn eine Notenbank entweder ihre Geldpolitik in Form einer Geldmengensteuerung oder in Form einer nominellen BSP-Steuerung betreibt. Eine ausführliche graphische Analyse der nominellen BSP-Steuerung erfolgte bereits in Kapitel II.3, wobei dort allerdings die Frage der optimalen *Endziel*variable – Preisniveau versus nominelles BSP – im Vordergrund stand. In den folgenden Ausführungen wird im Gegensatz dazu davon ausgegangen, daß das alleinige Endziel der Geldpolitik die Erreichung von Preisniveaustabilität ist, und es wird danach gefragt, welche *Zwischenziel*strategie hierfür am besten geeignet ist.

Schaubild V.22: Auswirkungen von Güternachfrageschocks im Fall der Geldmengensteuerung und der nominellen BSP-Steuerung

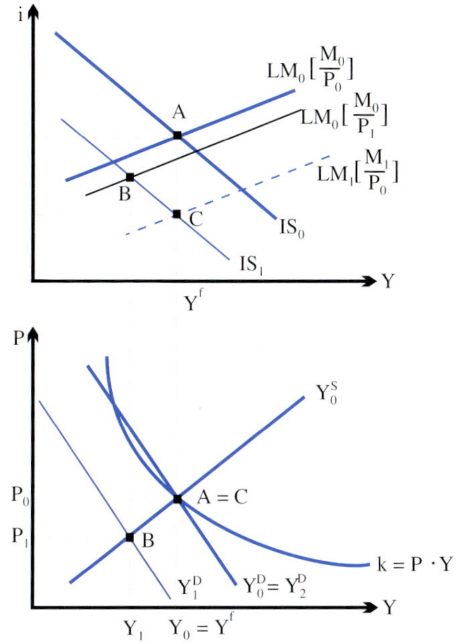

Kommt es zu **Nachfrageschocks** z.B. durch ein verändertes Investitionsverhalten der Unternehmen aufgrund schlechterer Ertragserwartungen, ergibt sich daraus ein Rückgang des realen Sozialprodukts und des Preisniveaus. Beides führt zu einer Linksverschiebung der IS-Kurve (IS_1) und damit auch der gesamtwirtschaftlichen Nachfragekurve (Y_1^D). Die so induzierte Preisreduktion von P_0 auf P_1 hat wiederum Rückwirkungen auf die LM-Kurve, da das reale Geldangebot ansteigt und sich die LM-Kurve nach rechts verlagert (in den Punkt B).

Zu fragen ist nun, welche Rolle die zugrundeliegenden geldpolitischen Konzeptionen für die Auswirkungen des Nachfrageschocks spielen. Für den Fall der Geldmengensteuerung steuert die Notenbank die nominale Geldmenge M_0, und hat dementsprechend keinen Anlaß auf den Nachfrageschock geldpolitisch zu reagieren, da sich lediglich die reale Geldmenge verändert hat. Der neue Punkt B stellt somit das neue Gleichgewicht für die Strategie der Geldmengensteuerung dar. Es kommt zu einer Abweichung vom angestrebten Preisniveauziel verbunden mit einem realen Outputrückgang.

Im Fall einer nominellen BSP-Steuerung wird es die Notenbank dagegen gar nicht erst zur Realisierung des Punktes B kommen lassen, da dies eine Abweichung vom nominellen BSP-Ziel bedeuten würde. Sie wird vielmehr sofort versuchen, der Abweichung von der anvisierten Hyperbel (k = P Y) entgegenzuwirken, indem sie das Geldangebot solange ausdehnt, bis sich die Y^D-Kurve wieder in ihrer Ausgangslage befindet. Diese Möglichkeit der vollständigen Kompensation von Nachfrageschocks wird von den Befürwortern der nominellen BSP-Steuerung als das zentrale Plus gegenüber der Geldmengensteuerung angesehen, bedarf aber – wie bereits oben kritisch angemerkt – der perfekten Steuerbarkeit des nominellen BSP.

Allerdings ergibt sich dieser eindeutige modelltheoretische Vorzug lediglich im Fall von Nachfrageschocks. Im Fall von **Angebotsschocks** bleibt die Vorteilhaftigkeit nur unter ganz bestimmten Bedingungen bestehen. Der Grund hierfür ist, daß Angebotsschocks das Preisniveau und das reale Sozialprodukt jeweils in entgegengesetzter Richtung betreffen. So zieht z.B. ein negativer Angebotsschock einen Preisniveau*anstieg* und gleichzeitig einen Output*rückgang* nach sich.[349] Die Geldpolitik – als eine Form der Nachfragepolitik – kann daraufhin immer nur den Preisniveaueffekt *oder* den Outputeffekt kompensieren. Beides geht dann aber mit einer noch stärkeren – als bereits durch den Schocks ausgelösten – Verletzung des jeweils anderen Ziels einher. Bei einer Geldmengensteuerung nimmt die Notenbank die Angebotsschocks passiv hin, solange diese kurzfristiger Natur sind und nicht die Höhe des Produktionspotentials verändern, wodurch sich eine unerwünschte Abweichung vom Endziel der Preisniveaustabilität ergibt. Bei der nominellen BSP-Steuerung dagegen hält sie zumindest das nominale BSP als Produkt aus Preisniveau und realem Sozialprodukt konstant. Dafür können eine Expansion oder eine Reduktion der Geldmenge notwendig sein. Im zweiten Fall würde die Abweichung vom Preisniveauziel noch weiter verstärkt und die Geldmengensteuerung wäre vorzuziehen. Dieses Ergebnis hängt jedoch von der konkreten Ausgestaltung der gesamtwirtschaftlichen Angebots- und Nachfragekurven ab sowie der konkreten Lage der Ausgangssituation.[350] Der von den Befürwortern proklamierte Vorteil der nominellen BSP-Steuerung als „Shock-absorber" gilt also selbst unter der idealtypischen Voraussetzungen der perfekten Steuerbarkeit des nominellen BSP nicht einmal für jede Art von Schocks.

---

[349] Siehe hierzu ausführlich die Ausführungen und die graphische Darstellung in Kapitel II.3.

[350] Siehe für eine detaillierte modelltheoretische Analyse Asako und Wagner (1992) sowie Wagner (1992).

In Anbetracht der äußerst unvollkommenen Kenntnisse über den **Transmissionsprozeß** monetärer Impulse (siehe Modul D) und der allgemein geteilten Sichtweise, daß dabei „lange und variable Lags" bestehen, ist es jedoch auch kaum nachvollziehbar, wenn Hall und Mankiw (1993, S. 14) das gesamte Steuerungsproblem als „just as a technical issue" ansehen, bei dem „we see no need to tell it (der Fed; die Verf.) how to go about achieving the peg." Bei einer realistischen Einschätzung der geldpolitischen Steuerungsmöglichkeiten würde man dann auch die Zwischenzieleignung des nominellen BSP von vornherein in Frage stellen, weil es nur noch sehr indirekt von der Geldpolitik kontrolliert werden kann.

Aus konzeptioneller Sicht bieten die meisten Anhänger einer nominellen BSP-Steuerung der Notenbank daher keinerlei konkrete Handlungsanweisung, wie sie mit ihren Instrumenten ein gegebenes BSP-Ziel erreichen kann. Indem die Vertreter dieses Ansatzes davon ausgehen, daß die Notenbank jederzeit und ohne jede Verzögerung den angestrebten Zielwert für das nominelle BSP realisieren kann, unterstellen sie implizit, daß dieses Entscheidungsproblem überhaupt nicht existiert.

Im ganzen gesehen handelt es sich daher bei der nominellen BSP-Steuerung nicht um eine geldpolitische Konzeption, wie sie in Anschnitt V.1 definiert wurde, sondern vielmehr um einen rein endzielbezogenen Ansatz, bei dem offenbleibt, wie er von der Notenbank instrumentell auch verwirklicht werden kann. Der Vergleich mit dem Geldmengenkonzept, der aus einer unzureichenden Analyse der Umlaufsgeschwindigkeit in den beiden Konzepten resultiert, ist also von vornherein unzulässig. Es führt somit nichts an der einfachen Tatsache vorbei, daß ein Produkt aus zwei Endzielen kein Zwischenziel wird, sondern stets ein Endziel bleibt (vgl. Schlesinger 1988, S. 6; Issing 1993, S. 179).[351]

Bei dieser Sichtweise ist es dann auch nicht mehr sinnvoll, vermeintliche Vorteile eines nominellen BSP-Ziels gegenüber einem Geldmengenziel im einzelnen zu diskutieren. Nur der Vollständigkeit halber sei darauf verwiesen, daß die Anhänger der nominellen BSP-Steuerung einen besonderen Vorzug darin sehen, daß es sich dabei um eine besonders einfache Konzeption handelt (Tobin 1983, S. 516f.; Taylor 1985, S. 61, von Weizsäcker 1978, S. 49): Das nominelle BSP stelle eine Variable dar, die sehr direkt mit den Interessen der Wirtschaftssubjekte verbunden sei, so daß eine daran ausgerichtete Geldpolitik besser in der Öffentlichkeit nachvollzogen werden könne als das Konzept der Geldmengensteuerung.

---

351 Siehe dazu die diametral entgegengesetzte Sichtweise von Taylor (1985, S. 63): „In this sense nominal GNP is not a *final* target; rather it is an *intermediate* target. Therefore, it should be evaluated as an alternative to other intermediate targets." Ebenso King (1994, S. 11): „Of the alternative intermediate targets that have been suggested, the most serious candidate is a nominal income or GDP target."

6.3 Die Regel von McCallum

Von einigen wenigen Befürwortern der nominellen BSP-Steuerung wurden auch konkrete Strategien für eine mögliche geldpolitische Umsetzung entwickelt.[352] Dabei fand ein Vorschlag von McCallum (1987, 1988, 1989) besonders große Beachtung in der geldtheoretischen Diskussion.[353] Im Kern geht es McCallum darum, die starre Friedman-Regel durch eine Feedback-Regel zu ersetzen, die dem Trendwachstum des nominellen BSP, trendmäßigen Veränderungen der Umlaufsgeschwindigkeit und konjunkturellen Schwankungen des BSP gleichermaßen Rechnung trägt. Obwohl McCallum also in erster Linie an eine Regel im Sinne einer exogenen Bindung der Notenbank denkt, kann man seinen Vorschlag auch unter dem Aspekt überprüfen, ob sich eine solche Handlungsanweisung nicht auch für die Selbstbindung einer Notenbank verwenden läßt, die grundsätzlich über diskretionäre Entscheidungsspielräume verfügt. Es soll dabei zugleich der Versuch unternommen werden, diese Regel mit den hier vorgestellten Zwischenziel-Konzeptionen zu vergleichen.

Im Gegensatz zu den oben beschriebenen nominellen BSP-Regeln formuliert McCallum sein Konzept nicht für ein Geldmengenaggregat des Typs M1, M2 oder M3, sondern für die **Geldbasis** (B), weil diese Variable von der Notenbank direkt zu steuern ist.[354]. Dabei geht auch sein Vorschlag auf die Quantitätsgleichung zurück, die jedoch einigen Modifikationen unterzogen wird. So formuliert McCallum zunächst die Quantitätsgleichung für die Geldbasis ausgedrückt in Wachstumsraten:

(V.36) $$\hat{B}_t = \pi_t + \hat{Y}_t - \hat{V}_t^B$$

[352] Allerdings ging es hier zunächst nur um die Konkretisierung auf der Ebene des nominellen BSP selbst (Wachstumsrate oder Niveaugröße, Zeitraum etc.) (Hall 1983; Gordon 1985; Taylor 1985), ohne daß danach gefragt wurde, wie die gewünschten nominellen BSP-Werte im Rahmen der geldpolitischen Steuerungsmechanismen tatsächlich erreicht werden könnten (vgl. McCallum 1987, S. 13). Feldstein und Stock (1992) dagegen schlagen – aufbauend auf der McCallum-Regel – eine recht ähnliche Strategie vor, die jedoch nicht an der Geldbasis, sondern am Geldmengenaggregat M2 ansetzt.

[353] Siehe z.B. Hall (1990), Loef (1989, 1993), Judd und Motley (1993), Dueker (1993) sowie Croushore und Stark (1995).

[354] Dies ist eines von vier Prinzipien, die nach McCallum für eine geldpolitische Regel erfüllt sein müssen. Die anderen drei lauten wie folgt: Unabhängigkeit der Regel von Neuerungen im Finanzsektor, Ausrichtung der Regel auf ein Endziel, d.h. die Regel darf keinen Selbstzweck erfüllen und Robustheit der Regel in unterschiedlichen Modellrahmen (vgl. McCallum 1987, S. 12f.).

Zwischen der Veränderungsrate der Umlaufsgeschwindigkeit der Geldbasis ($\hat{V}_t^B$) und der Geldmenge ($\hat{V}_t$) besteht folgender Zusammenhang:[355]

$$\text{(V.37)} \quad \hat{V}_t^B = \left(\hat{V}_t + \hat{m}_t\right).$$

McCallum gibt als normativen Wert für die Inflationsrate π_t eine Rate von null vor, für Y_t setzt er eine Zuwachsrate von 3 % p.a. ein, was dem Wachstumstrend der amerikanischen Wirtschaft in den letzten 100 Jahren entspricht – sieht man von den Jahren der Großen Depression und den Kriegsphasen ab (vgl. McCallum 1989, S. 341). Auf Quartalsbasis umgerechnet entspricht der Jahresrate des Zielwertes des nominellen Sozialprodukts in Höhe von 3 % ein Wert von 0,74 %. Eingesetzt in Gleichung (V.37) ergibt sich dann

$$\text{(V.38)} \quad \hat{B}_t = 0{,}0074 - \hat{V}_t^B .$$

Anders als in der oben vorgenommenen Beschreibung von nominellen BSP-Regeln setzt McCallum für die Umlaufsgeschwindigkeit nicht den tatsächlichen Wert ein, sondern den Durchschnitt der Geldbasisumlaufsgeschwindigkeit der jeweils letzten 16 Quartale. Er versucht durch diesen längeren Zeitraum die konjunkturellen Schwankungen der Umlaufsgeschwindigkeit auszugleichen. Die Gleichung für den anzustrebenden Wert der Geldbasis lautet dann:

$$\text{(V.39)} \quad \hat{B}_t = 0{,}0074 - \frac{1}{16}\sum_{i=1}^{16} \hat{V}_{t-i}^B .$$

In dieser Form weist McCallums Vorschlag eine gewisse Affinität zur Geldmengenpolitik der Bundesbank auf, da in beiden Verfahren längerfristige Trendwerte der Umlaufsgeschwindigkeit verwendet werden. Die Bundesbank arbeitet mit einem 10-Jahresdurchschnitt, während eine reine BSP-Regel mit der tatsächlichen Umlaufsgeschwindigkeit operiert. Vom Bundesbankkonzept unterscheidet sich McCallums Ansatz allerdings dadurch, daß er die Zielvorgabe direkt für die Geldbasis formuliert, während das Geldmengenkonzept noch eine instrumentelle Umsetzung durch eine Zins- oder Geldbasissteuerung erfordert.

Während Gleichung (V.39) noch keine explizite antizyklische Komponente enthält, ergänzt McCallum seine Regel um einen Term, der temporären Schwankungen des realen BSP Rechnung trägt. Dieser wird ermittelt als Differenz zwischen dem tatsächlichen Niveau des nominellen Sozialprodukts der Vorperiode (Y_{t-1}^n) und einem mit der Trendwachstumsrate von 3 % ermittelten Normwert (Y_{t-1}^{n*}).

---

[355] Er basiert auf der Quantitätsgleichung für die Geldmenge (V.23), sowie für die Geldbasis (V.31) und der Multiplikatorrelation $m = M/B$ als Zusammenhang zwischen Geldmenge und Geldbasis.

Beide Werte werden in Logarithmen ausgedrückt, so daß die Bestimmungsgleichung der Geldbasis dann wie folgt lautet:

$$\text{(V.40)} \qquad \hat{B}_t = 0{,}0074 - \frac{1}{16}\sum_{i=1}^{16}\hat{V}_{t-i}^{B} + \lambda\left(\ln Y_{t-1}^{n^*} - \ln Y_{t-1}^{n}\right) \qquad \text{mit } \lambda = 0{,}25.$$

Bei dieser Formulierung der Regel muß also die Notenbank die Wachstumsrate der Geldbasis erhöhen, wenn der tatsächliche Wert des nominellen Sozialprodukts in der Vorperiode unter seinem Trendwert liegt und umgekehrt. Der für λ gewählte Wert bestimmt darüber, wie stark die antizyklische Prägung dieser Regel ausfällt. Bei hohen Werten besteht die Gefahr, daß es aufgrund des Phänomens der Instrumenteninstabilität zu einem explosiven Prozeß kommt. Eine Abweichung des nominellen BSP vom Zielpfad könnte dann so starke Geldbasiseffekte nach sich ziehen, daß die Volkswirtschaft über den angestrebten Zielpfad hinaus in die andere Richtung abweicht. Es käme dann zu destabilisierenden Effekten, die der Intention der nominellen BSP-Steuerung entgegenlaufen. McCallum hält für die Vereinigten Staaten für λ einen Wert von 0,25 für angemessen, den er anhand empirischer Untersuchungen ermittelt.

Wiederum besteht ein deutlicher Unterschied zu einer reinen nominellen BSP-Regel, die bei konsequenter Anwendung bereits in der Periode t eine geldpolitische Reaktion erfordert – und nicht erst mit einer Verzögerung von einer Periode. Zudem müßte sich die Geldpolitik bei diesem Ansatz stets um eine vollständige Kompensation eines Rückgangs von Y_t bemühen, während bei der McCallum-Regel eine Obergrenze durch den für λ vorgegebenen Wert festgelegt wird.

Zu fragen ist nun, wie sich eine Volkswirtschaft entwickeln würde, wenn sich die Notenbank an eine solche Regel hält. McCallum versucht dies zu beantworten, indem er für die USA das Wirtschaftsgeschehen in der Phase von 1954 bis 1985 unter der Annahme simuliert, daß sich die Geldpolitik an seiner Strategie ausgerichtet hätte. Dazu schätzt McCallum die Veränderungsrate des nominellen BSP mit einer sehr einfachen Gleichung, bei der die endogene Variable nur durch die Wachstumsrate der Geldbasis und die verzögerte endogene Variable erklärt wird.

$$\text{(V.41)} \qquad \hat{Y}_t^{n} = \underset{(3{,}7)}{0{,}0074} + \underset{(3{,}3)}{0{,}262}\hat{Y}_{t-1}^{n} + \underset{(4{,}1)}{0{,}488}\hat{B}_t + \varepsilon_t$$

Die Zahlen in Klammern geben t-Werte an.

$R^2 = 0{,}23$; SE = 0,01; DW = 2,11.

Die Größe ε_t ist das sogenannte Residuum und stellt die Differenz zwischen den tatsächlichen Werten und den Schätzwerten dar – also den Teil der durch die Gleichung nicht erklärt werden kann. Die Standardabweichung des Residuums (SE = standard error) in Höhe von 0,01 bzw. besser seine Varianz von $0{,}01^2 = 0{,}0001$ zeigt an, daß die Abweichungen der geschätzten von der tatsächlichen Wachstumsrate im Durchschnitt nur 1 % betragen. Das Bestimmtheitsmaß von lediglich $R^2 = 0{,}23$ deutet allerdings daraufhin, daß ein großer Teil von Einflußfaktoren auf die Wachstumsrate des nominalen BSP nicht erfaßt wurde. Lediglich 23 % der Variationen von $\hat{Y}_t^n$ konnten durch Gleichung (V.41) abgebildet werden. Die Durbin-Watson-Statistik von DW = 2,11 zeigt an, daß keine Autokorrelation erster Ordnung vorliegt. Als Grundlage für die Geldbasisregel dient der empirisch festzustellende, relativ große, Einfluß von Geldbasisänderungen auf die Wachstumsrate des nominellen Sozialprodukts. Der Faktor von 0,488 für $\hat{B}_t$ besagt, daß ein Anstieg der Geldbasiswachstumsrate um ein Prozent ohne Zeitverzögerung zu einer Zunahme der Wachstumsrate des nominellen BSP um 0,488 Prozent führt.

Um die Funktionsweise der McCallum-Regel zu testen, werden nun dieser Wirkungszusammenhang und die McCallum-Regel herangezogen, um die Wachstumsraten der Geldbasis und des daraus resultierenden nominellen BSP zu simulieren. Konkret hat man sich das so vorzustellen, daß nun von 1954 an für jedes Quartal zunächst der Wert von $\hat{B}_t$ anhand der McCallum-Regel errechnet wird. Dieser Wert von $\hat{B}_t$ wird dann in die Schätzgleichung für das nominelle BSP (Gleichung V.41) dieser Periode eingesetzt, womit man den simulierten Wert dieser Größe bestimmen kann. Dieser dient dann wiederum als Grundlage für die Ermittlung von $\hat{B}_{t+1}$ in Gleichung (V.40) womit das Verfahren bis in die Gegenwart fortgesetzt werden kann.

Im Ergebnis führt die Anwendung der Regel dazu, daß die Wachstumsrate der Geldbasis, die durchschnittlich 5,5 % p.a. betragen hatte, auf - 1,5 % p.a. reduziert wird. Gegenüber der tatsächlichen Entwicklung sind auch die simulierten Werte der Wachstumsrate des nominellen BSP insgesamt deutlich niedriger; sie belaufen sich – wie mit der Regel angestrebt – auf 3 % p.a. gegenüber einer tatsächlichen durchschnittlichen nominalen Wachstumsrate von 7,8 % p.a. Gleichzeitig sind die jährlichen Schwankungen der simulierten Werte geringer als die der tatsächlichen Werte des nominellen Sozialprodukts (vgl. Loef 1993, S. 110).

Zur Prüfung der Qualität seiner Regel gibt McCallum des weiteren den Kontrollfehler der Gleichung (V.36) in Form des „root-mean-squared error“ (RMSE = Wurzel des mittleren quadratischen Fehlers) an, der die Abweichung der simulierten Werte des nominellen BSP (Y_{sim}^n) vom Zielpfad (Y^{n^*}) angibt. Er wird nach folgender Formel berechnet:

$$\text{(V.42)} \qquad \text{RMSE}\left(\ln Y_{sim}^n, \ln Y^{n^*}\right) = \sqrt{\frac{1}{n}\sum_{t=1}^{n}\left(\ln Y_{sim_t}^n - \ln Y_t^{n^*}\right)^2}\,.$$

Schaubild V.23: Simulationsergebnisse der McCallum-Regel für die USA von 1954 bis 1985

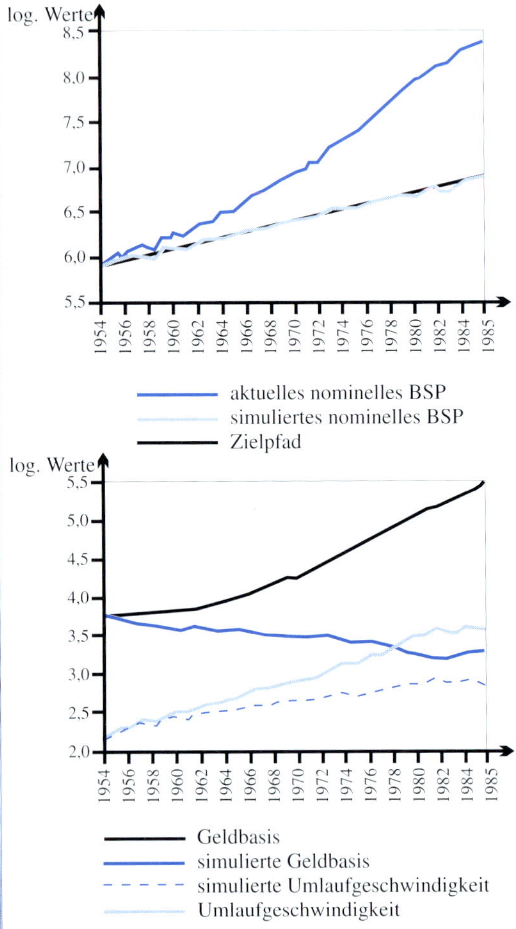

Quelle: McCallum (1987) und Loef (1993).

Bei McCallums Schätzung für Gleichung (V.36) beträgt der RMSE 0,0197, was einem Kontrollfehler von rund 2 Prozent entspricht. Diesen Fehler kann man jedoch nicht gleichzeitig als die durchschnittliche Abweichung der Inflation von null interpretieren. Eine solche Argumentation wäre nur dann ohne weiteres möglich, wenn man unterstellen könnte, daß sich das reale Sozialprodukt auch stets auf dem Zielpfad eines Wachstums von 3 % bewegt hätte. Dafür müßte dann die McCallum-Regel idealerweise in der Lage sein, den realen Output so zu beeinflussen, daß er perfekt dem gewünschten Zielpfad von 3 % Wachstum entspricht. Unterstellt man demgegenüber als anderes Extrem, daß die McCallum-Regel keinen Einfluß auf das reale Wachstum gehabt hätte und berechnet den RMSE auf der Basis der tatsächlichen Werte des nominellen BSP in den USA von 1954 bis 1985, so ergibt sich ein immerhin doppelt so großer Kontrollfehler von 0,048 (vgl. Loef 1993, S. 111). Im Schaubild V.23 werden die tatsächlichen Werte des nominellen BSP-Wachstums, sowie die Entwicklung der Geldbasis und der Geldbasisumlaufsgeschwindigkeit den simulierten Werten, gemäß der McCallum-Regel gegenübergestellt.

Man sieht einerseits zwar die recht gute Anpassung des nominellen BSP an den anvisierten Zielpfad, aber andererseits auch die dafür benötigten extremen Bewegungen der Geldbasis und der **Umlaufsgeschwindigkeit**. Letztere hätte bei einem Rückgang der Geldbasis um jährlich 1,5 % und einem nominalen BSP-Wachstum von 3 % mit einer Rate von 4,5 % wachsen müssen ($\hat{V}_t^B = \pi_t + \hat{Y}_t - \hat{B}_t = 3\% - (-1{,}5\%)$). Dies wäre ein doppelt so starkes Wachstum wie es in der Realität zu beobachten war (2,2 %). Daß dieser Simulationswert wenig plausibel ist, hebt Loef hervor (1993, S. 112f.). Man würde ganz im Gegenteil erwarten, daß die Reduktion der Inflationsrate, die bei der McCallum-Regel eingetreten wären, zu einem Rückgang bzw. zu einem weniger ausgeprägten Anstieg der Umlaufsgeschwindigkeit geführt hätte. Wenn die Inflationsrate zurückgeht, sinken im allgemeinen auch die Nominalzinssätze. Bei einer unterstellten negativen Nominalzinselastizität der Geldbasisnachfrage hätte dies die Geldbasisnachfrage erhöhen müssen. Die Implementierung der McCallum-Regel wäre folglich nur mit erheblichen strukturellen Änderungen im finanziellen Sektor der Vereinigten Staaten möglich gewesen.

Damit unterliegt McCallums Ansatz der sogenannten **Lucas-Kritik**. Diese besagt, daß strukturelle Zusammenhänge, die für ein bestimmtes Politikregime ökonometrisch ermittelt worden sind, nicht einfach auf eine ganz andere wirtschaftspolitische Konzeption übertragen werden dürfen (siehe Kapitel II.2.1). Die Simulation ist daher nur dann adäquat, wenn man unterstellen kann, daß der in Gleichung (V.36) ermittelte strukturelle Zusammenhang auch dann gegolten hätte, wenn anstelle der tatsächlich verfolgten geldpolitischen Linie eine Politik gemäß der McCallum-Regel betrieben worden wäre. Die impliziten Änderungen der Umlaufsgeschwindigkeit deuten darauf hin, daß eine solche Konstanz nicht unterstellt werden kann. McCallum versucht der Lucas-Kritik in gewisser Weise Rechnung zu tragen, indem er die Robustheit seiner vorgeschlagenen Regel für alternative

Modellstrukturen überprüft. In den Arbeiten von 1988 und 1989 führt er zusätzlich zur einfachen Modellgleichung (V.41) auch Simulationen für ein keynesianisches, ein monetaristisches und ein Real Business Cycle-Modell durch. In allen drei Modellstrukturen kann der RMSE sogar noch verkleinert werden.[356] Zu anderen Ergebnissen kommen Croushore und Stark (1995), die ebenfalls in unterschiedlichen Modellrahmen die McCallum-Regel für die USA im Zeitraum von 1963 bis 1993 simulieren. Ein Wert von $\lambda = 0,25$ führt in zwei ihrer drei Modellstrukturen zu Instabilitäten. Dies läßt sich zwar durch eine Anhebung von λ auf 0,8 beheben, allerdings mit der Konsequenz, daß dann Instabilitäten im dritten Modellrahmen auftreten. Sie folgern daraus, daß man die Regel von McCallum für die Geldpolitik noch nicht empfehlen kann, da die Wissenschaft bisher zu wenig Kenntnisse über den wahren Transmissionsprozeß hat.

Zu diesem Resultat gelangt man auch, wenn man versucht, die McCallum-Regel auf andere Länder zu übertragen. Dazu müßte man sie zunächst den konkreten Gegebenheiten der jeweiligen Volkswirtschaften anpassen. Dies schlägt sich einerseits im Zielwert für das nominelle BSP-Wachstum nieder und zum anderen im Faktor λ, der angibt wie stark die temporären Abweichungen des nominellen BSP vom Zielpfad in der Geldpolitik Berücksichtigung finden sollen. Simulationen mit der originären McCallum-Regel (Gleichung V.40) führen für einige europäische Länder zu erheblich schlechteren Resultaten als für die USA.[357] Dies hängt schon damit zusammen, daß der Einfluß der Geldbasis auf das nominale BSP-Wachstum, sehr viel geringer ist. Während der Koeffizientenschätzwert für die USA 0,488 beträgt (Gleichung V.40), wird für Deutschland ein Wert von lediglich rund 0,07 ermittelt. Für Frankreich liegt die Schätzung zwischen rund 0,02 und 0,03 und für Großbritannien und Italien bewegt sie sich zwischen rund 0,05 und 0,1 (vgl. Loef 1993, S. 121 - 124). Der RMSE liegt dann ein Vielfaches über dem Wert für die USA und läßt sich nur nennenswert reduzieren, wenn man den Faktor λ bis auf 2,5 erhöht. Dies bedeutet aber nichts anderes, als daß Abweichungen des nominellen BSP vom Zielpfad durch überproportionale Variationen der Geldbasis ausgeglichen werden müssen. Solange die Notenbank die genaue Struktur der Volkswirtschaft nicht kennt, ist ein hoher Gewichtungsfaktor mit der Gefahr verbunden, daß die Geldpolitik statt zu stabilisieren, explosive konjunkturelle Entwicklungen auslöst. Darüber hinaus weisen die Simulationen für die europäischen Länder

---

[356] Die Robustheit der McCallum-Regel wird auch durch Simulationsstudien von Judd und Motley (1993) sowie Dueker (1993) bestätigt.

[357] Die relativ guten Ergebnisse für Deutschland in einer Studie von Hall (1990) führt Loef (1993, S. 132) auf die Verwendung der Zentralbankgeldmenge (in Abgrenzung der Bundesbank) anstelle der Geldbasis zurück. Das Problem ist jedoch, daß die Bundesbank diese Variable nicht direkt kontrollieren kann

ebenfalls unrealistische Werte für die Umlaufsgeschwindigkeit der Geldbasis auf und unterliegen somit der gleichen Kritik wie für die USA.

7. Das Konzept des Inflation targeting

7.1 Einleitung

In den letzten Jahren hat sich eine Reihe von Ländern explizit für eine geldpolitische Konzeption entschieden, die im allgemein mit dem Begriff des „Inflation targeting" beschrieben wird. Neuseeland begann damit im Jahr 1989, bald darauf folgten Kanada (1991), das Vereinigte Königreich (1992), Schweden (1992), Finnland (1992) und Spanien (1994). In Kanada und Neuseeland waren es vor allem schlechte Erfahrungen mit der Geldmengensteuerung gewesen, die zu einem solchen konzeptionellen Neuanfang geführt hatten. In den europäischen Ländern ergab sich die Entscheidung für eine neue Strategie daraus, daß das bisherige Wechselkurs-Zwischenziel (siehe hierzu ausführlich Kapitel V.4.1) mit dem Zusammenbruch des EWS in den Jahren 1992/93 obsolet geworden war.

Trotz einer Reihe von Publikationen (insbesondere Leiderman und Svensson 1995) steckt die Diskussion über das Inflation targeting noch ziemlich in ihren Anfängen. Es fehlt vor allem an einer klaren Abgrenzung zu anderen Konzeptionen und an einer gut ausgearbeiteten Fundierung der wichtigsten theoretischen Zusammenhänge.

Im folgenden soll unter dem Begriff Inflation targeting eine geldpolitische Konzeption verstanden werden, bei der eine Notenbank das Endziel der Geldwertstabilität ansteuert, **ohne** daß dabei traditionelle Zwischenzielgrößen wie der Wechselkurs oder die Geldmenge verwendet werden. Konzeptionen, bei denen eine niedrige Inflationsrate über eine Geldmengensteuerung oder über einen „Wechselkursanker" realisiert wird, sollen nicht zum Inflation targeting gerechnet werden, da sonst keine klare Unterscheidungen mehr möglich wären.

Nicht erörtert werden soll an dieser Stelle, ob es überhaupt sinnvoll ist, daß die Geldpolitik an einem solchen Endziel ausgerichtet wird. Diese Frage wird in Kapitel II ausführlich diskutiert.

7.2 Inflation targeting zur Festlegung des Endziels der Geldpolitik

Diskutiert man das Inflation targeting auf der Endzielebene, dann empfiehlt es sich, zunächst einmal eine Unterscheidung vorzunehmen, zwischen

- Ländern, die konkrete Zielwerte für die Inflationsrate öffentlich ankündigen („**explizites Inflation targeting**") und

- Ländern, die auf solche Ankündigungen verzichten, wobei sie aber durch ihre tatsächlich verfolgte Geldpolitik deutlich zum Ausdruck bringen, daß sie sich primär am Ziel der Geldwertstabilität orientieren („**implizites Inflation targeting**").

Zur ersten Gruppe zählen die bereits oben genannten Länder, zur zweiten sind vor allem Japan und die Vereinigten Staaten zu rechnen. In Anbetracht der zahlreichen Verfehlungen des Geldmengenziels kann man die Geldpolitik der Deutschen Bundesbank[358] und der Schweizerischen Nationalbank ebenfalls als eine Form des impliziten Inflation targeting ansehen.[359] Die Ratio des expliziten Inflation targeting läßt sich relativ einfach erkennen, wenn man sich einmal vor Augen hält, daß es ausschließlich von Ländern betrieben wird, die in der Vergangenheit vergleichsweise hohe Inflationsraten aufgewiesen hatten.[360] Auf diese Weise kann eine Notenbank den Privaten signalisieren, daß sie nunmehr anstelle des realen oder des nominellen BSP allein die Inflationsrate als Endzielgröße verwenden wird. Mit der Ankündigung eines konkreten Zielwerts bringt sie darüber hinaus zum Ausdruck, daß sie bereit ist, sich an dieser konkreten Meßlatte ex post beurteilen zu lassen.

Das explizite Inflation targeting dient in Ländern mit einer ungünstigen Inflationsentwicklung in der Vergangenheit also vor allem dazu, die **Transparenz** der Geldpolitik zu erhöhen (Briault et al. 1996, S. 67 und Lane et al. 1995, S. 21). Dies ist besonders wichtig, wenn im Notenbankgesetz keine eindeutige Zielfestlegung besteht, und die Geldpolitik nur über eine eingeschränkte politische und ökonomische Unabhängigkeit verfügt. Die höhere Transparenz über das Endziel der Geldpolitik ist wiederum ein wesentlicher Beitrag zu ihrer **Glaubwürdigkeit** (Ammer und Freeman 1995, S. 167). Wie bereits im Zusammenhang mit dem Geldmengenziel dargestellt wurde (siehe Kapitel V.3.3), stellen solche öffentlichen Ankündigungen eine Form des „Hands-tying" dar. Sie können damit als eine „Commitment

---

358 Eine starke Affinität zum expliziten Inflation targeting ergibt sich in Deutschland daraus, daß die Bundesbank in der Potentialformel zur Ableitung der Geldmengenziele eine normative Inflationsrate verwendet, deren Wert sie auch ex ante veröffentlicht; siehe dazu Abschnitt V.3.2.

359 Belgien, Dänemark, Frankreich, Irland, die Niederlande und Österreich wären ebenfalls unter dieser Rubrik aufzuführen. Da sie ihre Geldpolitik am Zwischenziel eines festen Wechselkurses zur D-Mark ausrichten, werden sie hier nicht zur Gruppe der Länder mit einer Politik des Inflation targeting gerechnet.

360 Dies war vor allem in Neuseeland der Fall gewesen, wo „monetary policy has been used with casual abandon to try and spur short-term economic growth directly. The result, through the 1970s and the 1980s, was the worst growth rate and the highest inflation rate of any country in the OECD." So Peter Nicholl, stellvertretender Gouverneur der Reserve Bank von Neuseeland in einer Rede am 11. November 1991 (zitiert nach Bank of Japan 1995, S. 47).

technology" angesehen werden, da spätere Abweichungen von dem angekündigten Ziel zu einem Reputationsverlust der Notenbank führen.[361]

7.3 Inflation targeting und geldpolitische Konzeption

7.3.1 Abkehr von traditionellen Zwischenzielgrößen

Wie bereits erwähnt, besteht das entscheidende Merkmal des Inflation targeting darin, daß die Geldpolitik dabei völlig auf traditionelle Zwischenziele wie die Geldmenge und den Wechselkurs verzichtet. Die Notenbank muß dann mittels anderer Informationen in der Lage sein, ihr Operating target so einzusetzen, daß sie die Zielwerte für die Inflationsrate auch realisieren kann. In den Ländern, die ein explizites Inflation targeting verfolgen, ist diese Grundkonzeption recht deutlich zu erkennen. Bei den Notenbanken, die ein implizites Inflation targeting vornehmen, wird solchen Zwischenzielen teilweise keine größere Bedeutung mehr beigemessen (Vereinigte Staaten und Japan). In Deutschland und der Schweiz wird die Geldmenge bzw. die Geldbasis zumindest offiziell noch als Zwischenziel genannt. Die starken Abweichungen von diesen Zielpfaden (siehe Kapitel V.3.4 und 3.5.3) zeigen jedoch, daß es auch in diesen beiden Ländern eine gegenüber der Geldmengensteuerung dominante geldpolitische Strategie geben muß.

Mit dem Verzicht auf die Orientierungsfunktion, die von einem Geldmengen- oder Wechselkursziel für den Instrumenteneinsatz ausgehen kann, stellt sich unmittelbar die Frage, anhand welcher alternativer Handlungsregel sich eine Notenbank beim Konzept des Inflation targeting ausrichtet. Erstaunlicherweise haben sich die zahlreichen Publikationen, die zu dieser Thematik veröffentlicht wurden, mit diesem zentralen Aspekt bisher allenfalls am Rande beschäftigt.

In Anbetracht der „langen und variablen Lags" im geldpolitischen Transmissionsprozeß ist ein solches Defizit äußerst problematisch. Bei einer direkten Ausrichtung der Instrumente am Endziel besteht so die Gefahr, daß es erst dann zu einem geldpolitischen Gegensteuern kommt, wenn das „Kind schon in den Brunnen gefallen ist". Und unter dem Aspekt der Glaubwürdigkeit stellt sich das Problem, daß damit eine mangelnde Transparenz für die Öffentlichkeit verbunden ist (Deutsche Bundesbank 1995 a, S. 70).

Ein einigermaßen ausformuliertes Konzept für die Umsetzung des Inflation targeting hat bisher vor allem die **Bank of England** entwickelt. Im Mittelpunkt steht dabei ein vierteljährlich publizierter „Inflation Report", in dem die Bank eine fort-

---

[361] In den Worten von Briault et al. (1996, S. 66): „This target, in turn, is intended to impose embarrassment costs on the authorities in the event of the target being breached – so it is a perfomance contract of sorts, with non-pecuniary penalities."

laufende Prognose der Inflationsrate[362] für die nächsten acht bis neun Quartale vornimmt (vgl. Tabelle V.11). Sie unterstellt dabei, daß keine Änderungen der offiziellen kurzfristigen Zinssätze vorgenommen werden, selbst wenn sie diese für erforderlich hält. In den Augen der Bank of England genügt diese Inflationsprognose allen Anforderungen, die an eine **Zwischenzielgröße** zu stellen sind:

Tabelle V.11: Inflation targeting der Bank of England: Status quo-Prognosen und tatsächliche Inflationsraten*

Zeitpunkt der Prognose	Feb. 1993	Mai 1993	Aug. 1993	Nov 1993	Feb. 1994	Mai 1994	Aug 1994	Nov. 1994	Feb. 1995	Mai 1995	Aug 1995	Nov. 1995
Angenommene Zinshöhe (in %)	6,00	6,00	6,00	6,00	5,50	5,25	5,25	5,75	6,75	6,75	6,75	6,75
1992:IV	**3,7**											
1993:I	3,5	**3,4**										
1993:II	3,4	3,4	**2,8**									
1993:III	3,0	3,4	2,9	**3,1**								
1993:IV	3,1	3,2	3,0	3,3	**2,7**							
1994:I	3,4	3,2	3,2	3,6	2,8	**2,7**						
1994:II	3,4	3,5	3,3	3,5	3,0	2,7	**2,4**					
1994:III	3,4	3,6	3,3	3,5	3,1	2,9	2,3	**2,2**				
1994:IV	3,3	3,7	3,3	3,4	3,2	3,0	2,6	2,1	**2,3**			
1995:I			3,5	3,5	3,4	3,1	2,7	1,9	2,9	**2,8**		
1995:II			3,6	3,4	3,3	3,4	3,0	2,0	2,8	2,7	**2,7**	
1995:III					3,2	3,4	3,2	2,3	3,1	3,0	2,9	**2,9**
1995:IV					3,2	3,3	3,2	2,4	3,2	3,1	3,0	3,2
1996:I						3,3	3,4	2,8	2,8	3,4	3,2	3,3
1996:II							3,1	2,4	2,7	3,7	3,5	3,5
1996:III								2,4	2,6	3,7	3,4	3,2
1996:IV									2,5	3,4	3,2	3,0
1997:I										3,0	2,9	2,7
1997:II											2,8	2,7
1997:III											2,8	2,7
1997:IV												2,7

* Inflationsrate gemessen am RPIX-Index zum Vorjahresquartal. Die fettgedruckten Werte in der Tabelle stellen die tatsächlichen Inflationsraten dar.

Quelle: Brittan (1995, S. 12).

[362] Konkret handelt es sich dabei um den RPIX-Index, d.h. um den Einzelhandelspreisindex („Retail price index") bereinigt um Zahlungen für Hypotheken.

> „(...) because it is a forecast conditional on monetary policy instrument settings, is unbiased and is explicitly forward looking, the Bank's inflation projection satisfies all three criteria required of any robust intermediate variable. The Bank's inflation projection – when taken alongside the other intermediate variables which make up the inflationary assessment – influences monetary policies in much the same way as does any other intermediate variable. If expected inflation is thought to lie above target, then the presumption is that the Bank should advise that monetary policy ought to be tightened; and conversely when the projection lies below the target." (Haldane 1995, S. 252)

Die Vorstellungen von Haldane decken sich jedoch nicht mit den üblichen Kriterien, denen eine Zwischenzielgröße zu genügen hat. Wie in Abschnitt V.2.2 dargestellt wird, gehört dazu zum einen eine gute Kontrollierbarkeit mittels der geldpolitischen Instrumente und zum anderen ein stabiler Zusammenhang zum Endziel. Ein Prognosewert für die Inflationsrate kann diesen Anforderungen schon aus rein logischen Gründen nicht gerecht werden. Allenfalls in umgekehrter Richtung ließe sich argumentieren, daß sich eine Zwischenzielgröße als Basis für eine Inflationsprognose eignen sollte. Das konzeptionelle Defizit des Inflation targeting läßt sich auf diese Weise also nicht beheben.

7.3.2 Die Inflationserwartungen als Zwischenzielgröße

Zu fragen bleibt dann, ob es im Konzept des Inflation targeting nicht eine andere Variable gibt, die die Rolle einer Zwischenzielgröße übernehmen könnte. Dazu benötigte man zunächst eine einigermaßen klare Vorstellung über die geldtheoretischen Transmissionsmechanismen, auf denen man eine solche Konzeption begründen könnte. Wie aus der Diskussion in diesem Kapitel deutlich geworden sein dürfte, sind die gängigen Transmissionskanäle der Quantitätstheorie und der Zinsstrukturtheorie hierfür kaum geeignet.[363] Als eine wichtige Alternative bietet sich jedoch der in Modul D entwickelte **erwartungstheoretische Transmissionsprozeß** an. Er zeichnet sich dadurch aus, daß die Inflationserwartungen der Marktteilnehmer als Bindeglied zwischen den Instrumenten der Notenbank und dem Endziel der Geldpolitik fungieren. In vereinfachter Form weist der Transmissionsprozeß dabei folgende Struktur auf:

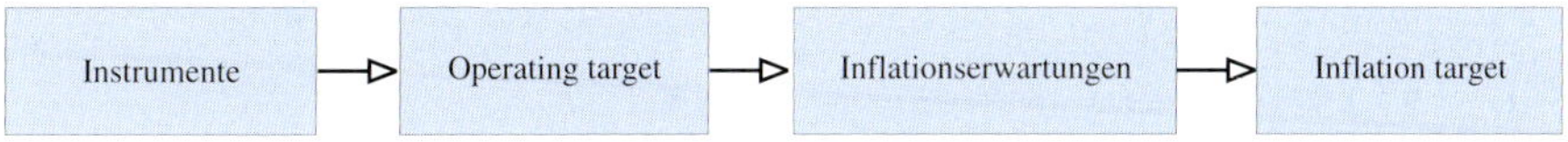

[363] Siehe dazu auch die ausführliche Beschreibung dieser Transmissionskanäle in Modul D.

Es ist daher zu prüfen, ob nicht die **Inflationserwartungen** als Zwischenzielgröße für das Konzept des Inflation targeting herangezogen werden können. Der letzte Satz in dem oben wiedergegebenen Zitat von Haldane zeigt, daß ein solcher Ansatz von der Bank of England zumindest implizit auch verwendet wird. Die Inflationsprognose würde so vor allem anhand der von der Bank ermittelten Inflationserwartungen der Marktteilnehmer abgeleitet werden.

Um als Zwischenziel zu fungieren, müßten die Inflationserwartungen dann sowohl durch die Notenbank gesteuert werden können als auch in einem engen Zusammenhang zum Endziel der Geldwertstabilität stehen. Als relativ unproblematisch erscheint die zweite Bedingung. Wie in Modul D.4.1 ausführlich beschrieben wird, kann man – aufgrund von **Preisrigiditäten** – auf kürzere Sicht davon ausgehen, daß die Inflationsrate wesentlich von den Inflationserwartungen der Vorperioden bestimmt wird, wobei dieser Zusammenhang um so ausgeprägter ist,

- je größer und damit je weniger offen eine Volkswirtschaft ist und
- je geringer die Preisschwankungen der Importprodukte ausfallen, was vor allem dann der Fall ist, wenn die heimische Währung relativ geringe Wechselkursschwankungen gegenüber den Währungen der Haupthandelspartner aufweist.

Sind die beiden zuletzt genannten Voraussetzungen erfüllt, läßt sich aufgrund der in der Binnenwirtschaft vorherrschenden Inflationserwartungen auch eine einigermaßen zuverlässige Inflationsprognose ableiten.

Für eine Zwischenzieleignung der Inflationserwartungen kommt es neben einem stabilen Zusammenhang zum Endziel auch darauf an, daß die Notenbank in der Lage ist, mit ihrer Geldpolitik einen nennenswerten **Einfluß auf die Zwischenzielgröße** auszuüben. Auch diese Fragestellung wird in Modul D ausführlicher erörtert. Es wird dort gezeigt, daß es im Fall eines Reputationsgleichgewichts zu einem sich selbst stabilisierenden Prozeß der Inflationserwartungen auf einem niedrigen Niveau kommt, bei dem der aktive Steuerungsbedarf von Seiten der Notenbank sehr gering ist. Beim Auftreten eines massiven inflatorischen Schocks, der die Inflationserwartungen nach oben treibt, muß die Notenbank ihre realen Geldmarktsätze deutlich erhöhen, um so restriktive realwirtschaftliche Impulse auszulösen.[364] Setzt die Notenbank ihre Instrumente in dieser Weise ein, können die Privaten daran ablesen, daß die Notenbank dem Ziel der Geldwertstabilität – relativ zum Beschäftigungsziel – ein hohes Gewicht in ihrer Zielfunktion beimißt.

---

[364] Die Steuerbarkeit der realen Geldmarktsätze ergibt sich aus der Kontrolle der Notenbank über die kurzfristigen Geldmarktsätze (siehe dazu ausführlich Kapitel VI.2.3) bei auf kurze Sicht rigiden Preisen. Wie von der Theorie der **Zinsstruktur** beschrieben (siehe Modul D), führen hohe reale Geldmarktsätze zu einer rezessiven gesamtwirtschaftlichen Entwicklung.

Die Privaten werden daher ihre Inflationserwartungen nach unten anpassen. Diese Steuerung der Inflationserwartungen geschieht also über folgenden Prozeß:

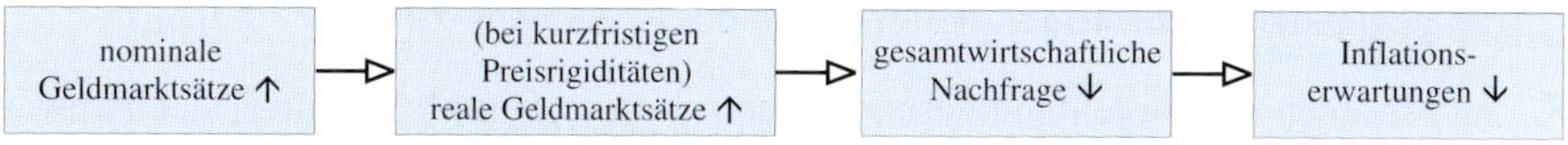

Für die Geldpolitik der Fed wird dieser Mechanismus von Goodfriend (1995, S. 137) anhand des Beispiels vor der Disinflation wie folgt beschrieben:

> „Inflation scares appear to be central to understanding the Fed's management of short-term rates. (...) Sharply rising long rates in the first 9 months of 1981 indicated that the Fed had yet to win credibility for its disinflationary policy, and probably contributed to the Fed maintaining very high real short rates for as long as it did."

Ein solches Vorgehen läßt sich auch in den Ländern erkennen, die eine Politik des expliziten Inflation targeting betreiben. Dabei zeigt sich zunächst für Kanada und Neuseeland, daß sich diese Länder bereits vor der Phase des Inflation targeting um eine Reduzierung der Inflationsrate bemüht hatten: In beiden Fällen erfolgte die geldpolitische Lockerung jedoch offensichtlich zu früh, so daß auf die Disinflation eine erneute Inflationsbeschleunigung einsetzte. Zu diesem Zeitpunkt starteten Kanada und Neuseeland mit dem Konzept des Inflation targeting. Aus den Schaubildern wird deutlich, daß die Realzinsen in Neuseeland mit dem Beginn des neuen Ansatzes im Jahr 1990 wieder deutlich angehoben wurden, in Kanada geschah dasselbe im Verlauf des Jahres 1991. Im Vereinigten Königreich wurde die Disinflation der Jahre 1989/90 ebenfalls durch eine Politik hoher Realzinsen eingeleitet; allerdings lag dies noch deutlich vor dem Startzeitpunkt des Inflation targeting im Herbst 1992. In allen drei Ländern führte diese Hochzinspolitik zu einer Rezession, wobei in Kanada und Neuseeland eine rückläufige Wirtschaftsentwicklung schon durch die restriktive Geldpolitik der Vorjahre angelegt gewesen war. Im ganzen resultierte daraus ein erheblicher Output-Rückgang: er belief sich auf insgesamt 5 % in Neuseeland (1989 - 1991), 2,5 % im Vereinigten Königreich (1991/92) und 2 % in Kanada (1990/91). Die schwache gesamtwirtschaftliche Nachfrage wirkte sich schließlich auch auf die Inflationsraten aus, die dann in allen drei Ländern relativ rasch zurückgeführt werden konnten. Die Notenbanken reagierten darauf mit einer sehr vorsichtigen Absenkung der kurzfristigen Realzinsen, die sie jedoch noch längere Zeit auf dem hohen Niveau von rund 5 % hielten.

Neben dieser Einflußnahme auf die Inflationserwartungen „**by deeds**" (Briault et al. 1996, S. 67) spielen beim expliziten Inflation targeting auch Maßnahmen eine

Rolle, die diesen Effekt „**by words**" zu erreichen versuchen. Dazu zählen vor allem die folgenden Punkte:

- die offizielle Ankündigung der Zielinflationsrate, um den Marktteilnehmern so die gewandelten **Inflationspräferenzen** der Notenbank zu verdeutlichen.
- Änderungen der Notenbankgesetzgebung, um die **Unabhängigkeit** der Notenbank zu erhöhen; während eine solche Reform in Neuseeland in Grenzen möglich war (siehe Kapitel IV.3.2), blieb es in Kanada und im Vereinigten Königreich bei einem starken Einfluß der Regierung auf die geldpolitischen Entscheidungsprozesse.
- eine verbesserte **Transparenz** über die Struktur der geldpolitischen Entscheidungsprozesse. Dies kann vor allem dadurch geschehen, daß die Notenbank Informationen darüber veröffentlicht, welches gesamtwirtschaftliche Modell sie bei ihren Entscheidungen verwendet, so daß die Privaten im Verbund mit dem Inflationsziel die Reaktionsfunktion der Notenbank ableiten können (Briault et al. 1996, S. 67). Die meisten Länder, die ein explizites Inflation targeting verfolgen, publizieren regelmäßig Berichte in der Form eines Inflation Report.
- Bei einer politisch abhängigen Notenbank, wie der Bank of England, kann die Transparenz der Geldpolitik auch dadurch verbessert werden, daß die spezifischen Intentionen von Regierung und Notenbank im einzelnen verdeutlicht werden. So werden im Vereinigten Königreich seit 1992 die Protokolle der monatlichen Treffen des Finanzministers mit dem Notenbankpräsidenten veröffentlicht.

7.4 Erfahrungen mit dem Inflation targeting

Bisher ist es allen Notenbanken, die ein explizites Inflation targeting betreiben, gelungen, die sich selbst gesteckten Ziele auch zu erreichen; im Fall Kanadas und Neuseelands wurden die Zielpfade für die Inflationsraten teilweise sogar erheblich unterschritten. Dabei ist allerdings zu berücksichtigen, daß sich die neunziger Jahre bisher als eine Phase mit einer insgesamt sehr geringen Inflationsdynamik erwiesen haben. Geht man einmal von einem Inflationsziel mit einer Bandbreite zwischen einem und vier Prozent aus, wie es seit November 1992 im Vereinigten Königreich verwendet wird, dann lassen sich zahlreiche OECD-Länder nennen, die in der Lage waren, eine entsprechend geringe Geldentwertung zu realisieren.

Zu fragen ist vor allem, ob sich das Inflation targeting, wie es im Vereinigten Königreich, Kanada und Neuseeland betrieben wird, grundsätzlich von der Geldpolitik anderer OECD-Länder unterscheidet. Für das Vereinigte Königreich ist festzuhalten, daß der Großteil der Disinflation noch unter dem Regime des EWS erreicht werden konnte (Schaubild V.24). Der Stabilisierungserfolg ist dort also nicht dem

Inflation targeting zuzuschreiben, sondern vielmehr dem Wechselkursziel des Pfundes gegenüber den EWS-Währungen. Der Beitrag des Inflation targeting besteht hier vor allem darin, daß die im September 1992 erreichte niedrige Inflationsrate – trotz einer sehr starken Abwertung des Pfundes – bis heute beibehalten werden konnte. In Kanada und Neuseeland (Schaubilder V.25 und V.26) läßt sich feststellen, daß die Notenbanken ihre Geldpolitik wesentlich über Veränderungen der kurzfristigen Realzinsen betreiben, wobei sie sich weitgehend an der aktuellen Inflationsrate orientieren.

Schaubild V.24: Inflation targeting im Vereinigten Königreich*

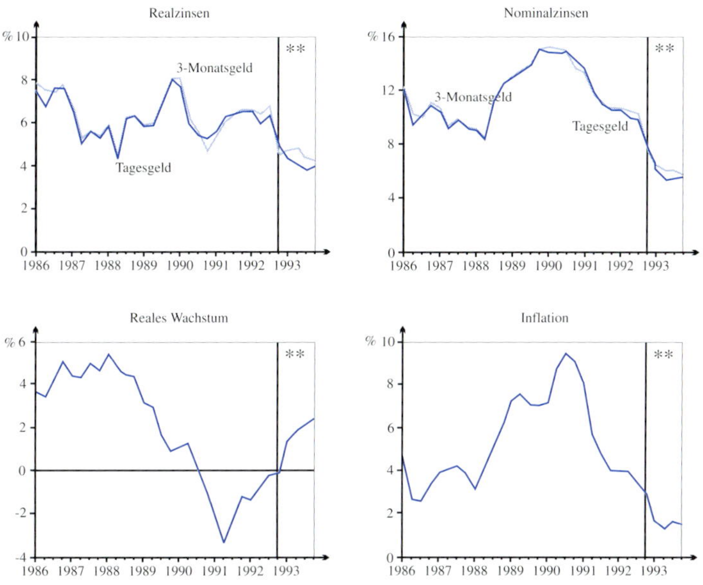

* Die Realzinsen stellen die Differenz aus Nominalzinsen und Inflation dar. Die Wachstumsraten des realen Bruttosozialprodukts und des Verbraucherpreisindexes beziehen sich jeweils auf das Vorjahresquartal. Alle Angaben in Prozent.
** Startzeitpunkt der Politik des Inflation targeting war Oktober 1992.

Quelle: IMF Financial Statistics.

Schaubild V.25: Inflation targeting in Kanada*

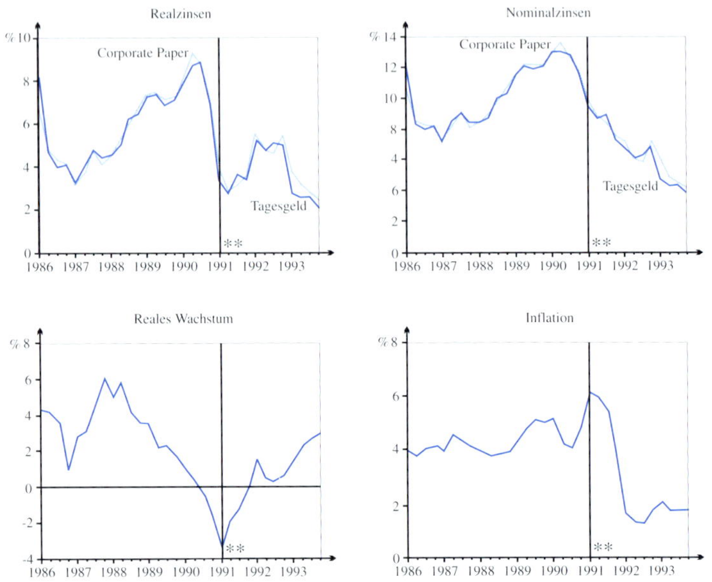

* Die Realzinsen stellen die Differenz aus Nominalzinsen und Inflation dar. Die Wachstumsraten des realen Bruttosozialprodukts und des Verbraucherpreisindexes beziehen sich jeweils auf das Vorjahresquartal. Alle Angaben in Prozent.
** Startzeitpunkt der Politik des Inflation targeting war Februar 1991.

Quelle: IMF Financial Statistics.

In dieser zentralen Frage erscheinen dann auch die Unterschiede zwischen den Ländern mit explizitem und implizitem Inflation targeting als vergleichsweise gering. Wie Schaubild V.21 zeigt, kann man an den kurzfristigen Realzinsen in Deutschland ein ganz ähnliches Reaktionsmuster erkennen. Die Studie von Goodfriend (1995) belegt, daß sich auch die Fed in dieser Weise verhält.

Bei der großen Übereinstimmung in den Verhaltensweisen der genannten Notenbanken stellt sich die Frage, inwieweit es für die Länder mit implizitem Inflation targeting ratsam sein könnte, ihre Glaubwürdigkeit mit zusätzlichen vertrauensbildenden Maßnahmen zu verbessern. In erster Linie könnte man dabei daran denken, das Modell des Inflation Report auch auf Deutschland oder die Vereinigten Staaten zu übertragen. Damit würden die Bundesbank und die Fed vor allem verpflichtet, fortlaufende Inflationsprognosen zu veröffentlichen.

Schaubild V.26: Inflation targeting in Neuseeland*

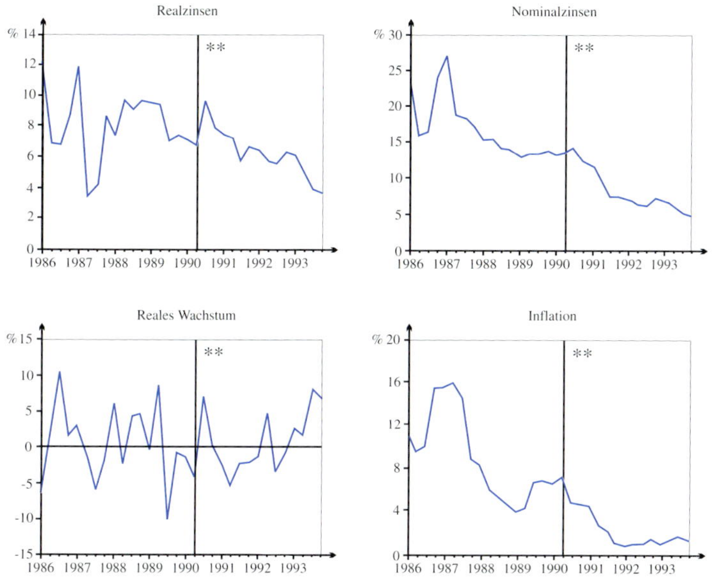

* Die Realzinsen stellen die Differenz aus Nominalzinsen (für Tagesgeld) und Inflation dar. Die Wachstumsraten des realen Bruttosozialprodukts und des Verbraucherpreisindexes beziehen sich jeweils auf das Vorjahresquartal. Alle Angaben in Prozent.

** Startzeitpunkt der Politik des Inflation targeting war März 1990.

Quelle: IMF Financial Statistics.

Die Diskussion über die Zwischenzielqualität dieser Prognosen hat bereits verdeutlicht, daß sich selbst die Initiatoren dieses Konzepts nicht ganz über seine Anwendbarkeit im klaren sind. Das Grundproblem, das sich bei diesem Vorgehen stellt, besteht darin, daß die Notenbanken damit leicht den Eindruck erwecken können, daß sie die Inflationsrate auch auf kürzere Sicht relativ genau steuern können. Die Erfahrungen der Bank of England zeigen dabei, daß sich die Prognosefehler (der Status quo-Prognose) in einer Größenordnung von einem Prozentpunkt bewegen können. Dies ist nicht überraschend, wenn ein Land über eine relativ offene Volkswirtschaft verfügt und dabei nahezu flexible Wechselkurse zum Rest der Welt bestehen. Der zwischen den Inflationserwartungen und der tatsächlichen Inflationsrate bestehende Zusammenhang kann so durch Auf- oder Abwertungen auf kurze Sicht immer wieder erheblich beeinträchtigt werden. Anhaltende Schätzfehler können so dazu führen, daß die Reputation einer Notenbank beeinträchtigt wird. In ihren Inflation reports seit Februar 1996 trägt die Bank of England diesen Problemen Rechnung, indem sie anstelle einer Punktprognose ein Streudiagramm der von ihr erwarteten Inflationsraten veröffentlicht. Bei diesen Unsicherheiten stellt sich also die Frage, ob das was die Bank of England in ihrem Inflation report an Information bereitstellt, tatsächlich einen Beitrag zu einer höheren Transparenz der geldpolitischen Entscheidungsprozesse leistet, zumal dabei völlig offenbleibt, an welchen Handlungsregeln sich die Notenbank konkret ausrichtet, wenn sie höhere Inflationserwartungen diagnostiziert.

Ein grundsätzliches Problem des expliziten Inflation targeting besteht darin, daß eine Notenbank damit den Eindruck erweckt, daß sie jederzeit in der Lage ist, aufkommende Inflationstendenzen bereits im Keim zu ersticken. Bei der komplexen Struktur des zinsstrukturtheoretischen Transmissionsprozesses und dem sehr unmittelbaren Einfluß höherer Inflationserwartungen auf die tatsächliche Inflationsrate ist dies jedoch kaum zu erreichen. In Anbetracht der Schwierigkeiten eines solchen „Fine-tuning" der Geldpolitik erscheint es sinnvoller, mit einem impliziten Inflationsziel zu operieren –ein Verfahren, das die Bundesbank mit ihrer Preisnorm von 2 % beim Geldmengenziel seit langem praktiziert. Damit würde die Geldpolitik von vornherein dem Eindruck entgegentreten, daß sie bei allen Schocks in der Lage ist, rechtzeitig gegenzusteuern. Insgesamt besteht bei der Konzeption des Inflation targeting somit ein Trade-off zwischen:

- der Transparenz bezüglich des Endziels (die vor allem bei Notenbanken mit geringer Glaubwürdigkeit von Bedeutung ist) und
- dem Reputationsverlust, der sich daraus ergeben kann, daß die Notenbank aufgrund exogener Schocks nicht in der Lage ist, ihr kurzfristiges Inflationsziel einzuhalten.

Anhang V.1: Theorie der Zinsstruktur

In der Literatur findet man im wesentlichen drei Theorieansätze

- die Erwartungstheorie,
- die Liquiditätsprämientheorie und
- die Marktsegmentationstheorie,

die den Zusammenhang zwischen kurz- und langfristigen Zinssätzen zu erklären versuchen.[365] Für die Fragestellung, ob sich die Zinsstruktur als Zwischenziel und/oder Indikator der Geldpolitik eignet, bietet aber eigentlich nur die „Erwartungstheorie" einige Ansatzpunkte. Aus diesem Grund wird die Darstellung der beiden Theorieansätze sehr knapp gehalten.

1. Erwartungstheorie

Nach der **Erwartungstheorie,** die auf Irving Fisher (1930) zurückgeht, ist der langfristige Zinssatz der geometrische Durchschnitt aus dem heutigen kurzfristigen und den zukünftig erwarteten kurzfristigen Zinsen.[366] Eine solche Übereinstimmung muß aufgrund einer Art Arbitrageprozeß zustande kommen. Die Anlage eines bestimmten Betrages für einen langfristigen Zeitraum wird dann übereinstimmen mit der sukzessiven Anlage für kürzerfristige Zeiträume, die in der Summe mit dem langen Zeitraum identisch sind.

Formal soll dies an einem Beispiel verdeutlicht werden, in dem ein Wirtschaftssubjekt vor der Wahl steht, den Geldbetrag X für drei Jahre fest anzulegen (lange Frist) oder sich für drei aufeinanderfolgende einjährige Anlagemöglichkeiten (kurze Frist) zu entscheiden. Im ersten Fall ergibt sich der Ertrag als

(1) $$E_{lang} = (1+i_{lang})\,(1+i_{lang})\,(1+i_{lang})\,X = (1+i_{lang})^3\,X.$$

Bei drei einjährigen Anlagen ist zum Entscheidungszeitpunkt t lediglich der Zinssatz der ersten Periode ($i^t_{kurz.}$) bekannt. Für die restlichen zwei Perioden müssen Erwartungen gebildet werden, so daß sich der Ertrag errechnen läßt als

(2) $$E_{kurz} = (1 + i^t_{kurz})(1 + i^{e_{t+1}}_{kurz})(1 + i^{e_{t+2}}_{kurz})X\,.$$

Käme man bei diesen Berechnungen zu dem Resultat, daß die kurzfristige dreimalige Anlage einen größeren Ertrag erbringt, dann würden gewinnmaximierende Wirtschaftssubjekte ihr Portfolio auf diese Anlagemöglichkeit umschichten. Konsequent wäre ein zusätzliches Kapitalangebot (Wertpapiernachfrage) im kurzfristigen Bereich, was dort zu einem Zinsrückgang (Kursanstieg) führt. Gleichzeitig verknappt sich das Kapitalangebot (Wertpapiernachfrage) im langfristigen Bereich, so daß dort ein Anstieg der langfristigen Zinsen (Kursrückgang) die Folge

---

365 Siehe für einen Überblick zu den Zinsstrukturtheorien z.B. Kath (1972) und Campbell (1995).

366 Siehe zu Weiterentwicklungen dieses Ansatzes Lutz (1941) und Hicks (1946).

ist. Beides bewirkt einen Ausgleich der Erträge für kurz- und langfristige Anlageformen.[367] Es muß also gelten:

(3) $$\left(1+i_{lang}\right)^3=\left(1+i_{kurz}^{t}\right)\left(1+i_{kurz}^{e_{t+1}}\right)\left(1+i_{kurz}^{e_{t+2}}\right)$$

bzw.

(4) $$i_{lang}=\sqrt[3]{\left(1+i_{kurz}^{t}\right)\left(1+i_{kurz}^{e_{t+1}}\right)\left(1+i_{kurz}^{e_{t+2}}\right)}-1\,.$$

Resultat der Erwartungstheorie ist also, daß der langfristige Zinssatz sich ergibt als geometrischer Durchschnitt kurzfristiger (erwarteter) Zinssätze. Es ist dabei offensichtlich, daß keine echte Arbitragebeziehung besteht, da die kurzfristigen Zinssätze für die Perioden 2 und 3 Erwartungswerte sind. Es besteht also – ähnlich wie bei der ungesicherten Zinsparität – ein Preisänderungsrisiko.

Zu Änderungen des langfristigen Zinssatzes kann es durch zwei Faktoren kommen: entweder durch Veränderungen des aktuellen kurzfristigen Zinssatzes und/oder durch Veränderungen der Zinserwartungen. Zur Veranschaulichung wird auch für diese Auswirkungen ein Beispiel herangezogen (vgl. Roley und Sellon 1995, S. 78 f.). Für die Ausgangssituation wird unterstellt, daß der kurz- und langfristige Zinssatz übereinstimmen ($i_{lang}=i_{kurz}$). Durch eine restriktive Geldpolitik soll es nun zu einem Anstieg des kurzfristigen Zinssatzes kommen. Daraus lassen sich für die Entwicklung der Zinsstruktur vier verschiedene Szenarien ableiten (siehe auch Schaubild V.22).

I. Der Zinsanstieg wird als permanent angesehen $\left(i_{kurz}^{t}=i_{kurz}^{e,t+1}=i_{kurz}^{e,t+2}\right)$, so daß sich insgesamt der kurz- und langfristige Zinssatz im gleichen Maße erhöhen. Die Zinsstruktur bleibt unverändert.

II. Der Zinsanstieg wird als Auftakt weiterer restriktiver geldpolitischer Maßnahmen interpretiert $\left(i_{kurz}^{t}<i_{kurz}^{e,t+1}<i_{kurz}^{e,t+2}\right)$, so daß der langfristige Zinssatz stärker ansteigt als der heutige kurzfristige Zins. Die Zinsstruktur wird positiv.

III a. Der Zinsanstieg wird als einmalig angesehen und es wird erwartet, daß er in den nächsten Jahren zurückgenommen wird, bis das Ausgangsniveau wieder erreicht ist. Die Zinsstruktur wird negativ.

---

[367] Abweichungen kann es keine geben, da von Transaktionskosten, unterschiedlichen Präferenzen (Risikoüberlegungen) und institutionellen Besonderheiten abstrahiert wird. An den beiden letzten Punkten setzen die „Liquiditätsprämientheorie" und die „Marktsegmentationstheorie" an.

III b. Es wird nicht nur unterstellt, daß eine zukünftige Zinssenkung bis zum Ausgangsniveau erfolgt, sondern eine Zinssenkung darüber hinaus. Die Zinsstruktur wird noch stärker negativ als im vorherigen Fall.

Schaubild V.27: Mögliche Reaktionen auf einen Anstieg des kurzfristigen Zinssatzes

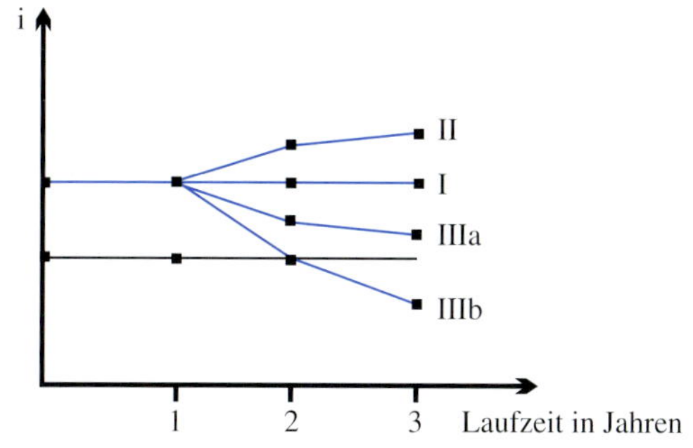

Mit der Erwartungstheorie vereinbar sind sämtliche der vier beschriebenen Reaktionsmöglichkeiten. Ausschlaggebend ist die Erwartungsbildung der Akteure, die im Rahmen der Erwartungstheorie allerdings nicht explizit modelliert wird.[368] Veränderungen der langfristigen Zinssätze hängen somit nicht nur von den zu diesem Zeitpunkt gebildeten Erwartungen ab, sondern auch davon, inwieweit die Wirtschaftssubjekte die jeweiligen geldpolitischen Aktionen korrekt antizipieren. Werden sie durch das Ausmaß oder den Zeitpunkt überrascht, dann ist eine relativ starke Auswirkung auf den langfristigen Zinssatz wahrscheinlich, weil die zukünftigen Erwartungen bezüglich der kurzfristigen Zinssätze angepaßt werden müssen. Umgekehrt wenn die geldpolitische Maßnahme vollständig vorhergesehen wurde, besteht kein Anlaß, die Erwartungen zu verändern. Dann ergibt sich trotz geldpolitischer Aktion der Notenbank keine Veränderung der Zinsstruktur (vgl. Roley und Sellon 1995, S. 81).

---

368 Fisher ging jedoch davon aus, daß alle Akteure die tatsächliche Entwicklung gleichermaßen perfekt vorhersehen können. Heute wird dementsprechend häufig mit rationalen Erwartungen gearbeitet.

2. Liquiditätsprämientheorie

Eine zentrale Annahme der Erwartungstheorie ist die vollkommene Homogenität kurz- und langfristiger Finanzanlagen. Von unterschiedlichen Präferenzen bzw. Risiken wurde abstrahiert. Kern der **Liquiditätsprämientheorie**, die auf Hicks (1946) zurückgeht, ist dagegen, daß Kapitalanleger für den Verzicht auf das Halten von Geld und der damit verbundenen Liquiditätseinbuße mit einer Prämie kompensiert werden wollen. Je länger die Restlaufzeit des Wertpapiers ist, desto geringer ist sein Liquiditätsgrad und desto höher ist zugleich das Risiko, bei Bedarf das Wertpapier mit Kursverlusten verkaufen zu müssen. Umgekehrt sind Kapitalnehmer daran interessiert, möglichst langfristig Kapital aufzunehmen, um ihre Planungsunsicherheit zu minimieren. Konsequenz ist eine Überschußnachfrage an Kapital am langen Ende des Marktes. Diese „konstitutionelle Schwäche" (Hicks 1946, S. 146) resultiert in einer positiven Liquiditätsprämie für langfristige Wertpapiere, die um so größer ist, je länger die Laufzeit ist. Somit ergibt sich aus der „reinen" Liquiditätsprämientheorie immer eine positive Zinsstruktur. Dieses Problem ist Ansatzpunkt einer abgeschwächten Form dieser Theorie, in der unterstellt wird, daß generell unterschiedliche Präferenzen für Wertpapiere mit unterschiedlichen Laufzeiten bestehen können. In Kombination mit der Erwartungstheorie wird dieser auf Modigliani und Sutch (1966) zurückgehende Ansatz als **„preferred habitat theory"** bezeichnet. Der langfristige Zinssatz ergibt sich dann als Summe aus dem Durchschnitt der (erwarteten) kurzfristigen Zinssätze und der Liquiditätsprämie.

3. Marktsegmentationstheorie

Ein eher überholter Erklärungsansatz der Zinsstruktur ist die **Marktsegmentationstheorie** (vgl. Culbertson 1957), die davon ausgeht, daß die Märkte für Wertpapiere mit unterschiedlichen Laufzeiten völlig voneinander separiert sind. Die fehlende Substitutionalität der Wertpapiere führt zu isolierten Zinsbildungen auf den Teilmärkten, die durch Arbitrageprozesse nicht ausgeglichen werden. Die Ursache der Segmentation der Märkte sind institutionelle Faktoren, die in den USA eine wichtige Rolle gespielt haben, bevor es Ende der siebziger Jahre zu einem durchgreifenden Prozeß der Finanzinnovationen gekommen ist, der gerade solche institutionellen Marktschranken zu überwinden trachtete. Für Universalbankensysteme wie in Deutschland sind diese institutionellen Abgrenzungen von vornherein nicht in dem Maße gegeben, so daß dieser Erklärungsansatz für die Zinsstruktur wenig ergiebig ist.

VI

Geldpolitisches Instrumentarium

1. Grundsätzliche Anforderungen

Das geldpolitische Instrumentarium soll eine Notenbank in die Lage versetzen, im Rahmen der von ihr gewählten Konzeption das Endziel der Geldwertstabilität zu verwirklichen. Dabei bedingen die in Kapitel V dargestellten unterschiedlichen Konzeptionen auch jeweils ein spezifisches Instrumentarium. Aus diesem Grund wird in der hier gewählten Gliederung die Frage der geldpolitischen Instrumente erst nach der Diskussion konkurrierender Konzeptionen vorgenommen. Die verschiedenen Instrumente sind somit in erster Linie unter dem Gesichtspunkt zu überprüfen, inwieweit und in welcher Kombination sie zur Umsetzung einer gegebenen geldpolitischen Konzeption erforderlich sind.

Neben dieser allgemeinen Funktion muß der Instrumentenkasten einer Notenbank zugleich auch noch den folgenden Anforderungen gerecht werden:

- Das Bankensystem muß in dauerhafter Form mit der Geldbasis versorgt werden („**Dauer-Refinanzierung**"), die es für den Bargeldumlauf und seine Arbeitsguthaben (Working balances) bzw. für die Erfüllung der Mindestreserve bei der Notenbank benötigt .
- In einer offenen Volkswirtschaft, in der große Notenbanken wie die Bundesbank eine primär binnenwirtschaftlich ausgerichtete Geldpolitik bei gleichzeitiger Teilnahme an einem Festkurssystem (EWS) betreiben, muß das Instrumentarium so beschaffen sein, daß eine interventionsbedingte Ausweitung der Geldbasis möglichst rasch durch entgegengesetzte liquiditätspolitische Maßnahmen wieder kompensiert (sterilisiert) werden kann. Da Devisenmarktinterventionen sehr schnell hohe Volumina erreichen können,[369] sollte eine Notenbank also über ein möglichst hohes „**Sterilisationspotential**" verfügen.
- Eine weitere Aufgabe des geldpolitischen Instrumentariums kann darin bestehen, daß durch seine spezifische Ausgestaltung überhaupt erst eine **Bindung der Banken an die Zentralbank** hergestellt wird. Hierin besteht eine mögliche Ratio des Instruments der Mindestreserve. Diese Funktion könnte vor allem dann in den Vordergrund rücken, wenn es in Zukunft durch weitere Fortschritte in der Automatisierung des Zahlungsverkehrs („Cyber-money") zu einem massiven Rückgang der Bargeldhaltung kommen sollte. Bisher ist eine solche Entwicklung zumindest in Deutschland nicht zu erkennen; im Gegenteil wird seit vielen Jahren mehr und mehr Bargeld je Einheit des nominellen

---

[369] In der EWS-Krise im September 1992 belief sich die durch Interventionen bedingte Ausweitung der deutschen Geldbasis auf fast 93 Mrd. DM; im Juli 1993 waren es 60 Mrd. DM (Deutsche Bundesbank 1994).

Bruttosozialprodukts benötigt.[370] Dies ist vor allem auf die zunehmende Verwendung der D-Mark als Parallelwährung in Osteuropa und den Nachfolgestaaten der früheren Sowjetunion zurückzuführen, ebenso auf die starke Zunahme des Drogenhandels und vielfältige Formen der Schwarzarbeit (Seitz 1995).

Daneben hat das geldpolitische Instrumentarium zugleich einer wichtigen **Nebenbedingung** zu genügen: Es muß so ausgestaltet sein, daß die mit der Umsetzung der Geldpolitik verbundenen **allokativen Verzerrungen** auf den Finanzmärkten möglichst gering gehalten werden. Bei den nahezu vernachlässigbaren Transaktionskosten im Bereich der Geld- und Kapitalmärkte kann man davon ausgehen, daß jeder nicht marktkonforme geldpolitische Eingriff einer Notenbank zu starken Ausweichprozessen auf andere Segmente des nationalen Finanzmarktes[371] oder auf ausländische Märkte führt.

In diesem Zusammenhang ist eine Klassifizierung von Finanzmarktregulierungen hilfreich, die von Jürg Niehans (1983, S. 545ff.) vorgenommen wurde. Er unterscheidet bei solchen Bestimmungen zwischen

- „Policy regulations" und
- „Protective regulations".

„**Policy regulations**" sind dadurch gekennzeichnet, daß sie mit **Externalitäten** für den einzelnen Marktteilnehmer verbunden sind. Das Musterbeispiel hierfür ist das Mindestreserveinstrument, das z.B. von der Bundesbank eingesetzt wird, um im Endeffekt das Ziel der Preisniveaustabilität zu verwirklichen. Von der mit Hilfe dieses Instruments erreichten niedrigen Inflationsrate der D-Mark können aber auch Kreditinstitute profitieren, die dieser Bestimmung nicht unterliegen; so bieten insbesondere Banken in Luxemburg und London die weltweit wegen ihrer Stabilität nachgefragten DM-Einlagen an, ohne jedoch von der Mindestreserve belastet zu werden.

Bei „**Protective regulations**" besteht demgegenüber eine Korrespondenz von privaten Kosten und privaten Erträgen der Regulierung. Als wichtiges Beispiel hierfür ist die **Bankenaufsicht** zu nennen. Strenge bankenaufsichtsrechtliche Bestimmungen können eine Bank zwar unter Umständen daran hindern, besonders profitable (und risikoreiche) Geschäfte einzugehen. Auf der anderen Seite sind solche Vorschriften auch aus der einzelwirtschaftlichen Sicht der Anleger von Vorteil. Sie erhalten zwar tendenziell geringere Einlagezinssätze als bei einer unregulierten Bank, dafür ist jedoch das Ausfallrisiko geringer.

---

[370] Siehe hierzu Schaubild C.1 in Modul C.

[371] Häufig werden diese dann euphemistisch als „Innovationen" bezeichnet (vgl. dazu Bofinger 1987).

Das **Erfordernis der Marktkonformität** hat in den letzten fünfzehn Jahren in Europa wie in den Vereinigten Staaten dazu geführt, daß auf Instrumente, die direkt in den Marktprozeß eingreifen, weitgehend verzichtet wurde. Dabei handelt es sich vor allem um:

- **Zinsobergrenzen** für bestimmte Einlagen oder Kredite: Das bekannteste Beispiel hierfür war die „Regulation Q", die in den Vereinigten Staaten Anfang der achtziger Jahre aufgehoben wurde.[372] In Deutschland wurden alle Zinsbindungen für Kredit- und Einlagenzinsen bereits im Jahr 1967 beseitigt.
- **Quantitative** Begrenzungen für die Geschäftstätigkeit der Banken, insbesondere Obergrenzen für das Kreditvolumen der Banken („Kreditplafonds").
- Auch die Bedeutung des **Mindestreserveinstruments** ist in den letzten Jahren weltweit deutlich reduziert worden.

In den Ländern der EU wurde dieser Prozeß dadurch gefördert, daß es gegen Ende der achtziger Jahre zu einer umfassenden **Kapitalverkehrsliberalisierung** kam. Es ist naheliegend, daß nicht-marktkonforme geldpolitische Instrumente nur dann in effizienter Weise eingesetzt werden können, wenn der nationale Finanzmarkt wirkungsvoll nach außen abgeschottet ist. Andernfalls können Zinsobergrenzen, Kreditplafonds oder Mindestreservebestimmungen von den Privaten dadurch umgangen werden, daß sie ihre Mittel auf dem Euromarkt[373] anlegen bzw. Kredite von ausländischen Banken aufnehmen. Instrumente dieser Art verfehlen dann nicht nur ihre geldpolitische Wirkung, sondern erzeugen zugleich einen erheblichen Wettbewerbsnachteil für das inländische Bankensystem.

Unter dem Aspekt der Marktkonformität sind auch sämtliche Instrumente abzulehnen, bei denen eine Notenbank in eine direkte **Wettbewerbsbeziehung zu den Geschäftsbanken** tritt. So wäre es beispielsweise problematisch, wenn eine Notenbank kurzfristige Geldmarktpapiere auch an Nichtbanken anbieten wollte. Um den Absatz solcher Papiere zu sichern, müßte die Notenbank zumindest ebenso attraktive Konditionen anbieten wie die Geschäftsbanken. Sobald das Volumen solcher Geschäfte eine nennenswerte Größenordnung annimmt, ergibt sich daraus ein unmittelbarer Einfluß auf die kurzfristigen Habenzinsen der Geschäftsbanken, die aus ordnungspolitischer Sicht allein als Ergebnis eines Marktprozesses zustande kommen sollten. Die Bundesbank, die im März 1993 mit der Emission von **Liqui-**

---

[372] Diese Bestimmung schrieb feste Obergrenzen für die Verzinsung von Spar- und Termineinlagen vor. Sichtguthaben durften generell nicht verzinst werden (siehe dazu Bofinger 1987 und Streit 1986).

[373] Die Bezeichnung **Euromarkt** wird immer dann verwendet, wenn eine Bank Auslandseinlagen hereinnimmt oder Auslandskredite vergibt, die nicht auf die Währung des Landes lauten, in dem diese Bank tätig ist.

ditätspapieren („Bulis") zunächst auch die Absicht verfolgt hatte, diese an private Investoren zu veräußern, hat sich dabei relativ schnell dazu durchgerungen, sich auf Banken und ausländische Anleger, insbesondere Notenbanken, zu beschränken.[374]

2. Alternative Verfahren der geldpolitischen Steuerung: Geldbasissteuerung versus Zinssteuerung

2.1 Der Markt für Zentralbankgeld

Dreh- und Angelpunkt der geldpolitischen Steuerung ist der Markt für Zentralbankgeld. Man bezeichnet diesen Markt als „Geldmarkt". Zur Unterscheidung vom „Geldmarkt" in der Makroökonomie soll hierfür im folgenden die Bezeichnung **„Geldmarkt im banktechnischen Sinne"** verwendet werden.

Die Akteure auf diesem Markt sind die Geschäftsbanken und die Zentralbank. Bisweilen treten auch Großunternehmen als Teilnehmer auf dem Geldmarkt auf. Für die einzelnen Banken besteht die Funktion des Geldmarktes darin, daß er ihnen einen Ausgleich von temporären Überschüssen oder Defiziten an **Zentralbankguthaben** ermöglicht. Liegt für eine Bank beispielsweise ihr Bestand an (unverzinslichen) Zentralbankguthaben höher als ihre Mindestreserveverpflichtungen bzw. das optimale Niveau der freiwillig gehaltenen Notenbankguthaben (Working balances), so besteht für sie die Möglichkeit, diese Guthaben einer anderen Bank als verzinsliche „Geldleihe" zur Verfügung zu stellen. Je nach der Fristigkeit einer solchen Geldmarkttransaktion unterscheidet man zwischen Tagesgeld, Monats-, Dreimonats-, Sechsmonats- oder Zwölfmonatsgeld. Neben diesem Liquiditätsausgleich zwischen den Banken, der immer nur eine horizontale Umschichtung eines gegebenen Bestandes an Zentralbankguthaben (Interbankengeldmarkt) bewirkt, besteht die Funktion des Geldmarktes im banktechnischen Sinne vor allem darin, daß er die Versorgung des gesamten Bankensystems mit Zentralbankgeld gewährleistet. Dies geschieht durch Transaktionen zwischen der Notenbank und einzelnen Geschäftsbanken, die im folgenden noch ausführlich beschrieben werden. Gehandelt werden dabei in der Regel Forderungstitel (gegenüber Geschäftsbanken, dem Staat oder privaten inländischen Nichtbanken) gegen Einlagen bei der Zentralbank.

Vom Geldmarkt im banktechnischen Sinne ist der **„makroökonomische Geldmarkt"** zu unterscheiden, wie man ihn in einfachster Form z.B. im IS/LM-Modell findet. Wie aus der Darstellung des Geldangebotsprozesses in Modul C deutlich wird, handelt es sich bei diesen beiden „Märkten für Geld" um zwei grundverschiedene Sachverhalte. Der „makroökonomische Geldmarkt" bezieht sich auf

---

[374] Siehe dazu Kral (1994).

Geldbestände im Sinne der Geldvolumensdefinitionen des Typs M1, M2 oder M3. Akteure sind nur die Geschäftsbanken und die Nichtbanken (vgl. dazu Tabelle VI.1). Obwohl sich für diesen Markt die Bezeichnung „Geldmarkt" eingebürgert hat, wäre es eigentlich sinnvoller, ihn als **Kreditmarkt** zu bezeichnen:

- Wenn die Geschäftsbanken einem Privaten „**Geld anbieten**", bedeutet das in der Regel nichts anderes, als daß sie ihm einen Kredit anbieten, oder aber daß sie bereit sind, einen Forderungstitel anzukaufen, der sich im Besitz des Privaten befindet.
- Wenn die Privaten „**Geld nachfragen**", bedeutet dies folglich, daß sie dafür bei den Geschäftsbanken einen Kredit nachfragen oder ihnen andere Forderungstitel abtreten.

Im Grunde werden auf dem makroökonomischen „Geldmarkt" also Titel, die Forderungen gegenüber Nichtbanken beinhalten, gegen Bankeinlagen gehandelt. So gesehen spiegelt dieser Markt also die Gesamtheit der Geldangebots- und Geldnachfrageprozesse in einer Volkswirtschaft wider. Diese Zusammenhänge werden in Modul C ausführlich dargestellt.

Tabelle VI.1: Der Markt für Zentralbankgeld und der "Geldmarkt" in der makroökonomischen Theorie

genaue Definition	Marktteilnehmer	gehandelte Aktiva
Geldmarkt im banktechnischen Sinne (Markt für Zentralbankgeld)	Notenbank, Geschäftsbanken, teilweise auch Großunternehmen	Sichtguthaben bei der Notenbank **(Geldbasis)** gegen Forderungstitel gegenüber Geschäftsbanken, privaten inländischen Nichtbanken und dem Staat
Geldmarkt im Sinne der makroökonomischen Theorie (Kreditmarkt oder umfassender: Abbildung der Geldangebots- und Geldnachfrageprozesse einer Volkswirtschaft)	Geschäftsbanken, private Nichtbanken	Geldbestände in den Abgrenzungen M1, M2, oder M3 gegen Forderungstitel gegenüber Nichtbanken **(Geldmenge)**

Aus makroökonomischer Sichtweise ist der Geldmarkt im banktechnischen Sinne nur insoweit interessant, als er einen Ausgleich zwischen dem Angebot der Zentralbank an Zentralbankguthaben und der **Nettonachfrage** der Banken nach Zentralbankgeld herbeiführt. Das heißt, die **Bruttotransaktionen,** die zum Liquiditätsausgleich zwischen den einzelnen Kreditinstituten stattfinden, bleiben im folgenden weitgehend unberücksichtigt.

Der Bedarf des Bankensystems an Zentralbankguthaben resultiert aus zwei Faktoren:

- Die Kreditvergabe an Nichtbanken führt nach Maßgabe des **Bargeldhaltungskoeffizienten** (b = Bargeldbestände/Einlagevolumen) dazu, daß die Banken den Nichtbanken Bargeld zur Verfügung stellen müssen. Dieses erhalten die Kreditinstitute, indem sie ihre Zentralbankguthaben bei der Notenbank belasten.

- Für einen Teil der Einlagen, die im Zuge des Kreditschöpfungsprozesses entstehen, sind in Ländern mit **Mindestreserve-Bestimmungen** – nach Maßgabe der herrschenden Mindestreservesätze – (unverzinsliche) Guthaben bei der Notenbank zu unterhalten. Darüber hinaus kann es für die Geschäftsbanken auch ohne solche Vorschriften sinnvoll sein, freiwillig Guthaben bei der Notenbank als Transaktions- oder Vorsichtskasse zu halten. In diesem Fall spricht man von **Working balances**.

Vereinfacht kann man an dieser Stelle davon ausgehen, daß die Nettonachfrage des Bankensystems nach Zentralbankguthaben wesentlich von dem Zinssatz bestimmt wird, zu dem die Geschäftsbanken solche Aktiva von der Notenbank erhalten.[375] In der Regel geschieht dies in der Form von Refinanzierungskrediten, so daß man den Zinssatz für solche Kredite (**Refinanzierungszinssatz**) als die entscheidende Determinante der Nachfrage nach Zentralbankgeld ansehen kann.[376] Wie bereits oben dargestellt wurde, deckt sich dieser Zinssatz meistens weitgehend mit dem Geldmarktsatz für kürzere Fristen.

Da die Zentralbankguthaben letztlich einen „Inputfaktor" für das Kreditgeschäft der Geschäftsbanken darstellen, kann man für die Nachfrage der Geschäftsbanken nach Geldbasis (B^D) unterstellen, daß sie in einem inversen Zusammenhang zum Geldmarktsatz (i_{Rf}) steht:

$$\text{(VI.1)} \quad B^D = f(i_{Rf}) \qquad \text{mit} \qquad \frac{\partial B^D}{\partial i_{Rf}} < 0 .$$

Graphisch läßt sich dieser Zusammenhang wie folgt abbilden:

---

[375] Für eine ausführliche Darstellung siehe Modul C.

[376] Im Vereinigten Königreich und in den Vereinigten Staaten erfolgt die Versorgung der Banken überwiegend durch Offenmarktgeschäfte. Der Zinssatz, zu dem die Banken Zentralbankgeld erhalten, läßt sich dann – im Sinne eines **Schattenpreises** – ableiten aus dem Zinsentgang, den die Banken dadurch erleiden, daß sie **verzinsliche** Papiere an die Notenbank veräußern und dafür **unverzinsliche** Zentralbankguthaben erhalten.

Schaubild VI.1: Der Markt für Zentralbankgeld

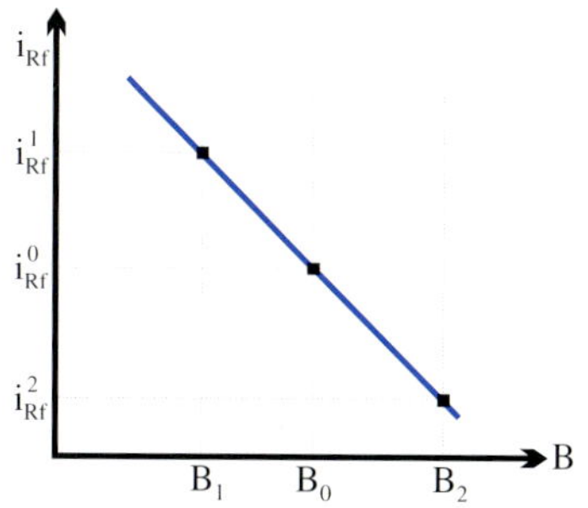

Der einzige Nettoanbieter von Zentralbankgeld ist die Notenbank. Sie befindet sich also in der Position eines **Monopolisten**, der nun jeden beliebigen Punkt auf der Nachfragefunktion, die so gesehen eine **Preis-Absatz-Funktion** darstellt, zum Gleichgewichtspunkt werden lassen kann. Eine Angebotsfunktion für den Geldmarkt im banktechnischen Sinne ist also entbehrlich.

Wie die Graphik verdeutlicht, besteht bei einer gegebenen Nachfrage der Banken nach Zentralbankgeld stets ein festes Verhältnis zwischen Geldbasis und Geldmarktsatz. Die Entscheidung der Notenbank, einen bestimmten Zielwert für den Zinssatz am Geldmarkt zu realisieren, impliziert also unmittelbar einen bestimmten Bestand an Zentralbankgeld. Will die Notenbank beispielsweise den Geldmarktsatz von i_{Rf}^0 auf i_{Rf}^1 erhöhen, muß sie das Angebot an Geldbasis von B_0 auf B_1 reduzieren. Umgekehrt verfügt eine Notenbank, die eine feste Zielvorgabe für das Niveau an Zentralbankgeld verfolgt, über keinen Freiheitsgrad mehr bezüglich des Zinsniveaus am Geldmarkt. So gesehen erscheint es also unerheblich, ob eine Notenbank bei ihrer Geldmarktsteuerung

- einen Zielwert für den Geldmarktsatz („**Zinssteuerung**"), oder aber
- einen Zielwert für den Bestand an Zentralbankgeld („**Geldbasissteuerung**") ansteuert.

Der Unterschied zwischen diesen beiden grundsätzlichen Steuerungsverfahren wird erst deutlich, wenn man realistischerweise davon ausgeht, daß die Nachfrage der Banken nach Zentralbankgeld keine deterministische Größe ist, sondern vielmehr fortlaufend stochastischen Schocks ausgesetzt ist, die auch für die Notenbank nicht prognostizierbar sind:

Schaubild VI.2: Zinssteuerung und Geldbasissteuerung bei instabiler Geldnachfrage

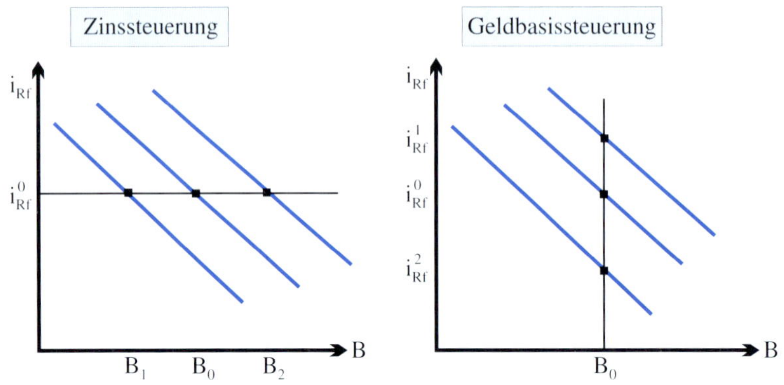

Bei einer **Geldbasissteuerung** (d.h. bei einem festen Zielwert von B_0) kommt es jetzt zu Schwankungen des Geldmarktzinssatzes zwischen i^1_{Rf} und i^2_{Rf}. Bei einer **Zinssteuerung** bleibt das Zinsniveau stets bei i^0_{Rf}, da die Notenbank in diesem Fall die Angebotsmenge so anpaßt (B_1, B_0 oder B_2), daß stets das angestrebte Zinsziel erreicht wird. Aufgrund der Tatsache, daß beide Größen durch die Notenbank sehr gut zu steuern sind, werden sie im folgenden als Operating targets der Geldpolitik bezeichnet.

2.2 Geldpolitische Konzeption und Geldmarktsteuerung

2.2.1 Eindeutige Fälle

Ob sich eine Notenbank für eine Zinssteuerung oder eine Geldbasissteuerung des Geldmarktes entscheidet, hängt wesentlich davon ab, welche spezifische Konzeption sie ihrer Geldpolitik zugrundelegt. Bei einigen der in Kapitel V diskutierten Konzeptionen ist das Ergebnis relativ offensichtlich.

Die **Zinssteuerung** ist immer dann der Geldbasissteuerung überlegen, wenn eine – zumindest zeitweise – Stabilität des Geldmarktsatzes für die Umsetzung einer Konzeption erforderlich ist. Dies ist ganz offensichtlich der Fall, wenn eine Notenbank eine Politik verfolgt, bei der sie das Preisniveau direkt über die Geldmarktzinssätze zu steuern versucht (**Inflation targeting**). Eine Zinssteuerung ist auch dann unumgänglich, wenn der **Wechselkurs** als geldpolitisches Zwischenziel verwendet wird. Aufgrund der internationalen Zinsarbitrage haben kurzfristige Schwankungen der Geldmarktsätze einen unmittelbaren Einfluß auf den Kassakurs. Schocks bei der Nachfrage der Banken nach Zentralbankgeld könnten im Fall einer Geldbasissteuerung so zu Zinsausschlägen und damit zu destabilisierenden Kapitalströmen und störenden Wechselkursschwankungen führen. Somit ist es für eine am Wechselkurs ausgerichtete geldpolitische Konzeption ganz entscheidend, daß eine Notenbank den Geldmarktsatz jederzeit vollständig unter Kontrolle hat.

Umgekehrt ist eine **Geldbasissteuerung** der Zinssteuerung eindeutig überlegen, wenn eine Notenbank das von McCallum vorgeschlagene Konzept einer nominellen BSP-Steuerung übernehmen wollte. Eine Zinssteuerung könnte hier zu unerwünschten Schwankungen der Geldbasis führen.

2.2.2 Geldmenge als Zwischenziel

Weniger eindeutig sind die Verhältnisse gelagert, wenn sich eine Notenbank an der Geldmenge als Zwischenziel ausrichtet. Obwohl monetaristisch ausgerichtete Ökonomen häufig eine Präferenz für eine Geldbasissteuerung aufweisen, läßt sich zeigen, daß ein solches Verfahren der Zinssteuerung nicht grundsätzlich überlegen ist.

Wie von McCallum (1989, S. 55 - 73) und ausführlich in Modul C gezeigt wird, hängt die Vorteilhaftigkeit der beiden Steuerungsverfahren im Rahmen einer Geldmengenkonzeption jetzt entscheidend davon ab, welche Schocks mit welcher Intensität zu erwarten sind:

- Eine **Zinssteuerung des Geldmarktes** ist der Geldbasissteuerung immer dann vorzuziehen, wenn Schocks überwiegend beim Geldschöpfungsmultiplikator auftreten. Diese können entweder durch Schwankungen des Bargeldhaltungskoeffizienten verursacht werden oder – in einem System ohne Mindestreserve – durch Veränderungen der freiwilligen Reservehaltung der Banken. Die Zinssteuerung erlaubt in diesem Fall eine automatische Anpassung der Geldbasis, die die Multiplikatorstörung völlig kompensiert.
- Die **Geldbasissteuerung** ist der Zinssteuerung immer dann überlegen, wenn sich die Störungen des monetären Bereichs entweder auf die Geldnachfrage der Privaten oder aber auf die Kreditvergabe der Banken konzentrieren, während der Multiplikator relativ stabil ist. Bei einer Geldbasissteuerung kommt es jetzt über eine endogene Anpassung des Geldmarktsatzes dazu, daß sich solche Störungen nicht auf die Geldmenge auswirken.

Diese Zusammenhänge, die in Modul C ausführlich erläutert werden, verdeutlichen also, daß eine Notenbank, die eine Konzeption der Geldmengensteuerung verfolgt, sich grundsätzlich mit der Frage auseinanderzusetzen hat, mit welcher Form von Störungen überwiegend zu rechnen ist.

2.2.3 Zusammenfassung

Damit läßt sich also jeder der in Kapitel V diskutierten geldpolitischen Konzeptionen ein adäquates Steuerungsverfahren für den Geldmarkt zuordnen:

Tabelle VI.2: Geldpolitische Konzeption und Geldmarktsteuerung

geldpolitische Konzeption	Geldmarktsteuerung: Operating targeting	Zwischenziel	Endziel
Geldmengenpolitik (große und kleine Länder)	Geldbasis (bei instabiler Geldnachfrage der Privaten oder einem instabilen Kreditangebot der Banken) Geldmarktzins (bei instabilem Multiplikator)	Geldmenge	Preisniveau
Wechselkurspolitik (kleine Länder)	Geldmarktzins	Wechselkurs	Preisniveau
Direkte Preisniveausteuerung (Inflation targeting)	Geldmarktzins	—	Preisniveau
Nominelle BSP-Steuerung	Geldbasis (McCallum-Regel)	—	nominelles BSP

Die hier in sehr schematischer Weise beschriebenen grundsätzlichen Steuerungsverfahren des Geldmarktes verdeutlichen bereits, welche konkreten Anforderungen an das geldpolitische Instrumentarium als Ganzes zu stellen sind, wenn sich eine Notenbank für eine dieser beiden Methoden entscheidet:

- Bei der **Geldbasissteuerung** muß die Notenbank in der Lage sein, die Aktivseite ihrer Bilanz jederzeit so zu kontrollieren, daß sie zu keiner unfreiwilligen Ausweitung der Geldbasis gezwungen werden kann.
- Bei der **Zinssteuerung** muß eine Notenbank über Instrumente verfügen, die für marktbedingte Schwankungen des Geldmarktsatzes jederzeit eine enge Ober- und Untergrenze setzen. Aufgrund der beschriebenen Interdependenzen von

Geldbasis und Geldmarktsatz setzt auch diese Strategie eine gewisse Kontrolle über die Aktivseite der Notenbankbilanz voraus.

In diesem Zusammenhang zeigt sich, daß die traditionelle Einteilung der geldpolitischen Instrumente in **„liquiditätspolitische"** und **„zinspolitische"** Instrumente (Deutsche Bundesbank 1995, S. 98) letztlich wenig sinnvoll ist. Entscheidend ist die allgemeine Ausrichtung der Steuerungskonzeption, wobei die Rolle der einzelnen Instrumente nicht isoliert, sondern nur im Gesamtzusammenhang einer Zinssteuerung oder Geldbasissteuerung gesehen werden kann (siehe dazu VI.2.5).[377]

2.3 Zinssteuerung des Geldmarktes

Bei einer Zinssteuerung des Geldmarktes setzt eine Notenbank ihre Instrumente so ein, daß sie zumindest auf kurze Sicht in der Lage ist, den Geldmarktsatz weitgehend zu kontrollieren. Mit der Ausnahme der Schweiz wird dieses Steuerungsverfahren heute im Prinzip von allen Notenbanken angewendet. Unterschiede bestehen allerdings darin, wie exakt der Geldmarktsatz gesteuert wird, d.h. ob ein **Punktziel** verfolgt wird oder ob Schwankungsbreiten innerhalb eines vorgegebenen **Zinsbandes** zugelassen werden.[378] Auch kann sich die Steuerung primär auf den Tagesgeldsatz beziehen oder aber auf Geldmarktsätze mit längerer Fristigkeit wie z.B. den Monatssatz und den Dreimonatssatz. Erhebliche Divergenzen sind in den einzelnen Ländern bezüglich der konkreten Instrumente gegeben, mit denen der Geldmarktsatz gesteuert wird; dies wird im folgenden ausführlich dargestellt.

Eine Zinssteuerung des Geldmarktes wird oft mißverstanden als eine Politik, bei der eine Notenbank den Geldmarktsatz über längere Fristen konstant hält. Entscheidend ist bei diesem Ansatz jedoch lediglich, daß die Geldpolitik über einen von ihr **vollständig kontrollierbaren Geldmarktsatz** auf das Wirtschaftsgeschehen Einfluß nimmt. Das kann – wie das Beispiel der Bundesbank zeigt (siehe Modul D) – Phasen mit einer ausgesprochenen Konstanz des Geldmarktsatzes ebenso implizieren wie Zeiträume mit raschen und abrupten Zinsänderungen. Bisweilen wird bei einer Zinssteuerung des Geldmarktes auch befürchtet, daß eine Notenbank dann die Kontrolle über das Geldangebot verliere. Hier dürfte sich noch das Denken im traditionellen **Multiplikator-Modell** bemerkbar machen, das in der Tat eine quantitative Begrenzung der Geldbasis erfordert. Die in Modul C dargestellte – preistheoretisch fundierte – Theorie des Geldangebots zeigt jedoch, daß diese Sor-

---

377 Die Unterscheidung in diesen beiden fundamentalen Steuerungsverfahren erlaubt auch eine sehr viel präzisere Beschreibung der Geldmarktsteuerung als der sehr pauschale Verweis auf die „Zinsbedingungen und Spannungsverhältnisse am Geldmarkt" (Deutsche Bundesbank 1995, S. 98).

378 Mit zunehmender Bandbreite des Zinsziels geht eine Zinssteuerung in eine Geldbasissteuerung über.

ge unbegründet ist, da zu jedem Geldmarktsatz stets eine eindeutig determinierte Geldbasis und Geldmenge gegeben ist.

Die spezifische Ausgestaltung der Zinssteuerung des Geldmarkts ist in den einzelnen Ländern jedoch unterschiedlich. Um die grundlegenden Zusammenhänge zu verdeutlichen, soll zunächst gezeigt werden, welche Instrumente für die Steuerung absolut notwendig sind; es soll also eine sogenannte **Minimalkonzeption** vorgestellt werden. Auf dieser Basis lassen sich dann die geldpolitischen „Instrumentenkästen" wichtiger Länder vergleichen und kritisch überprüfen.

Für eine perfekte Steuerung des Geldmarktsatzes sind im Prinzip nur zwei geldpolitische Instrumente erforderlich. Ein Instrument wird benötigt, um eine Obergrenze für den Geldmarktsatz zu bestimmen. Ein zweites Instrument ist erforderlich, um eine Untergrenze festzulegen. Die Ober- und die Untergrenze können einen bestimmten Abstand voneinander aufweisen (**Zinsband**), sie können aber auch zusammenfallen (**Punktsteuerung**).

- Die **Obergrenze** für den Geldmarktsatz wird durch ein Instrument gesetzt, mit dem die Zentralbank den Geschäftsbanken **Zentralbankgeld bereitstellt.** In allgemeiner Form kann man dieses als „**Refinanzierungsfazilität**" bezeichnen.

- Die **Untergrenze** für den Geldmarktsatz wird durch ein Instrument gesetzt, zu dem die Zentralbank den Geschäftsbanken eine kurzfristige **Anlage von überschüssigem Zentralbankgeld** ermöglicht. In allgemeiner Form kann man hierbei von einer „**Absorptionsfazilität**" sprechen.

2.3.1 Refinanzierungsfazilität

Die **Obergrenze** des Zinsbandes für den Geldmarktsatz wird durch den Zinssatz bestimmt, zu dem die Zentralbank den Geschäftsbanken Geldbasis bereitstellt. Für den Bargeldumlauf und ihre Reservehaltung benötigen die Banken stets eine bestimmte Menge an Geldbasis. Wie in Modul C ausführlich dargestellt, wird Geldbasis bereitgestellt, indem die Zentralbank verzinsliche Aktiva (Auslandsforderungen, Forderungen gegenüber inländischen öffentlichen Haushalten, Forderungen gegenüber einem inländischen Kreditinstitut) von einer Geschäftsbank erwirbt. Für die Zinssteuerung des Geldmarktes ist nun entscheidend, daß die Notenbank einen Zinssatz fixiert, zu dem sich die Banken jederzeit bei ihr Geldbasis beschaffen können.

Im einfachsten Fall kann man sich eine Refinanzierungsfazilität so vorstellen, daß die Notenbank jedem Kreditinstitut eine großzügig bemessene Kreditlinie (zu einem vorgegebenen Zinssatz) einräumt, innerhalb derer es sich nach Bedarf refinanzieren kann. Um als Obergrenze eines Zinsbandes zu dienen, muß eine solche

Fazilität, die man auch als **Standing facility**[379] (vgl. hierzu Hesse und Braasch 1994) bezeichnen kann, so ausgestaltet sein, daß sie stets die gesamte Nachfrage des Bankensystems nach Zentralbankgeld zu dem von der Notenbank angestrebten Zinssatz decken kann. Denkbar wäre auch, eine solche Fazilität – nach dem Beispiel des deutschen Lombardkredits (VI.3.2.1) – ohne jede quantitative Begrenzung auszugestalten.

In der Literatur spielt die Frage der **Sicherheiten**, die die Notenbank von den Geschäftsbanken für solche Refinanzierungskredite fordert, eine große Rolle. Manche Autoren sind in der Tradition der **„Banking Schule"** der Auffassung, daß der Notenbankkredit durch realwirtschaftlich begründete Aktiva abgesichert werden müsse.

> „Damit die Geldpolitik ihren Beitrag zum Ziel allen Wirtschaftens, der effizienten Allokation (...) bestmöglich leisten kann und bei möglichen Turbulenzen auf den Finanzmärkten nicht in Orientierungsschwierigkeiten gerät, sollte sie im realwirtschaftlichen Sektor *verankert* (Hervorhebung im Original) werden. Dazu ist es erforderlich, daß sie ein ständiges Finanzierungsfenster offenhält, in das nur verbriefte Forderungen der Geschäftsbanken an ihre Kreditnehmer eingereicht werden können, die in direktem, engem Zusammenhang mit realwirtschaftlichen Transaktionen entstanden sind (z.B. Handelswechsel, kurzfristige verbriefte Betriebsmittelkredite, längerfristige verbriefte Investitionskredite)." (Hesse und Braasch 1994, S. 172).

Die Diskussion der „Banking school" in Anhang IV.1 hat jedoch gezeigt, daß eine solche realwirtschaftliche Fundierung der Refinanzierung weder notwendig noch hinreichend für eine inflationsfreie Geldversorgung ist.

So gesehen könnte man im Rahmen einer Minimalkonzeption sogar daran denken, eine Standing facility in der Form eines völlig **unbesicherten Buchkredits** bei der Notenbank auszugestalten. Um zu verhindern, daß dabei Zentralbankkredite an insolvente Institute vergeben werden, könnte man den Zugang zu dieser Fazilität davon abhängig machen, daß ein Kreditinstitut alle geltenden bankaufsichtsrechtlichen Bestimmungen einhält.

Von Bedeutung für die Funktionsweise einer Zinssteuerung ist darüber hinaus die **Fristigkeit** zu der die Refinanzierungskredite vergeben werden. Möglich wären hier neben einer täglichen Befristung („Girokredite") Laufzeiten von einer Woche,

---

379 In der Literatur wird häufig unterstellt, daß die Refinanzierung über eine Standing facility zu einem subventionierten Satz erfolgt, wie das in Deutschland beim Rediskontkredit der Fall ist. In diesem Buch wird der Begriff der Standing facility jedoch für alle Ausgestaltungsformen einer Refinanzierungsfazilität verwendet.

einem Monat oder sogar mehreren Monaten. Zur Verdeutlichung dieser Zusammenhänge soll zunächst eine Zinssteuerung bei einer Refinanzierungsfazilität **mit täglicher Fälligkeit** untersucht werden. Ähnlich wie bei einem Kontokorrentkredit würden sich Änderungen des Refinanzierungszinssatzes dann unmittelbar auf das gesamte Refinanzierungsvolumen der Geschäftsbanken auswirken. Für die Banken bestünde bei einer solchen Fazilität die Möglichkeit, auftretende Liquiditätsüberschüsse jederzeit in vollem Umfang zur Reduzierung ihrer Notenbankverschuldung einzusetzen. Die Steuerung des Geldmarktzinses wäre bei Verwendung einer solchen Girofazilität äußerst einfach. Der von der Notenbank dafür fixierte Refinanzierungssatz würde automatisch zur **Obergrenze** des Satzes für Tagesgeld im Geldhandel zwischen Banken: Keine Bank wird bereit sein, sich Zentralbankgeld von einer anderen Bank zu beschaffen, wenn dafür ein Tagesgeldsatz gefordert wird, der höher liegt als der Refinanzierungssatz der Notenbank. Aufgrund ihrer täglichen Fälligkeit setzt eine solche Standing facility zugleich auch eine **Untergrenze** für den Geldmarktsatz. Kommt es beispielsweise im Zuge des Ankaufs von Devisen zu einer Ausweitung der Zentralbankguthaben, die von einer Bank nicht benötigt werden, dann kann sie diese direkt dazu verwenden, ihre Refinanzierung bei der Notenbank abzubauen. Sie wird also nicht bereit sein, Zentralbankgeld an andere Banken zu einem Satz zu verleihen, der unter dem Refinanzierungssatz liegt. Hat eine einzelne Bank bereits ihre Refinanzierung bei der Notenbank auf null reduziert, kann sie überschüssiges Zentralbankgeld an andere Banken verleihen, die es dann ihrerseits zum Abbau ihrer Notenbankverschuldung einsetzen.

Solange der Bestand der Refinanzierungskredite im ganzen höher ist als die Interventionsvolumina am Devisenmarkt, fungiert der Zinssatz einer solchen Fazilität also gleichzeitig als **Ober- und Untergrenze** des Geldmarktsatzes. Größere Schwankungen des Satzes für Tagesgeld würden so völlig eliminiert. Geringfügige Fluktuationen könnten allerdings nicht ausgeschlossen werden, da es für eine Bank nur dann lukrativ ist, sich am Geldmarkt zu verschulden, wenn das zu einem Zinssatz möglich ist, der unter dem Refinanzierungssatz der Notenbank liegt. Bei den geringen Transaktionskosten und den relativ großen Beträgen, die am Geldmarkt gehandelt werden, dürften schon sehr geringe Zinsvorteile (z.B. 0,10 Prozentpunkte) ausreichend sein, um solche Geschäfte zwischen Banken lukrativ zu machen.

Sofern sich also eine Notenbank völlig von Interventionen am Devisenmarkt (flexible Wechselkurse) fernhält oder über ein sehr hohes Refinanzierungsvolumen, d.h. also ein hohes **Sterilisationspotential**, verfügt, genügt also ein einziges geldpolitisches Instrument, um eine vollständige und nahezu punktgenaue Kontrolle des Geldmarktsatzes zu verwirklichen.

2.3.2 Absorptionsfazilität

Der Bedarf an einer Absorptionsfazilität resultiert daher vor allem aus Interventionsverpflichtungen im Rahmen eines **Festkurssystems**, bei denen eine Notenbank mit starker Währung verpflichtet wird, fremde Währungen anzukaufen oder Stützungskredite in heimischer Währung an Notenbanken mit schwacher Währung zu vergeben. Will eine Notenbank in dieser Situation weiterhin den Geldmarktsatz unter Kontrolle halten, muß sie in der Lage sein, die mit den Devisenzuflüssen einhergehende Ausweitung der Geldbasis durch entgegengerichtete liquiditätspolitische Maßnahmen zu kompensieren. Man bezeichnet ein solches Vorgehen auch als „**Sterilisation**" und spricht bei Interventionen, deren Effekt auf die Geldbasis in dieser Weise ausgeglichen wird, von „**sterilisierten Interventionen**".

Eine Anlagefazilität zur **Absorption überschüssiger** Zentralbankguthaben wird unter solchen institutionellen Gegebenheiten immer dann benötigt, wenn die Interventionsvolumina am Devisenmarkt so hoch ausfallen, daß die gesamte Refinanzierung des Bankensystems auf null fällt. Eine solche Situation entsteht dann, wenn die Banken die ihnen im Zuge von Devisenankäufen der Notenbank zufließende Liquidität zur Rückführung ihrer Kredite bei der Notenbank verwenden. Ist die Refinanzierung völlig abgebaut, bewirken zusätzliche Devisenankäufe (und die damit verbundene Ausweitung der Geldbasis) einen Angebotsdruck auf den Geldmarkt, der den Geldmarktsatz unter den Refinanzierungssatz treibt. Um in einer solchen Situation die Kontrolle über den Geldmarktsatz nicht zu verlieren, benötigt also eine Notenbank ein Instrument, mit dem sie Liquidität aus dem Geldmarkt nehmen kann.

Die Absorptionsfazilität ist so auszugestalten, daß sie den Banken eine kurzfristige Anlage von Zentralbankguthaben zu einem festen Zinssatz ermöglicht; analog zur Refinanzierungsfazilität wäre auch hier an eine tägliche Fälligkeit zu denken. Die Aktiva, die den Banken dafür angeboten werden, könnten eine **verbriefte Form** („Liquiditätspapiere") aufweisen. Möglich wären auch **unverbriefte Einlagen** bei der Notenbank, die dann jedoch verzinslich sein müßten.[380] Der Zinssatz für die so angelegten Mittel könnte identisch sein mit dem Zinssatz der Refinanzierungsfazilität. Der Geldmarktsatz würde dann ebenfalls punktgenau gesteuert. Denkbar wäre auch, daß der Anlagesatz der Absorptionsfazilität um einen halben oder ganzen Prozentpunkt unter dem Refinanzierungssatz liegt; der Geldmarktsatz könnte so innerhalb eines Bandes schwanken. Aufgrund der täglichen Fälligkeit der Refinanzierungsfazilität und der Absorptionsfazilität würde der Geldmarktsatz dabei stets entweder am oberen (positiver Bestand an Refinanzierungskrediten) oder am unteren Rand der Bandbreite (Bestand der Refinanzierungskredite gleich null) liegen.

---

[380] Diese Ausgestaltungsform einer Absorptionsfazilität findet man nur in Belgien (vgl. Laurens 1994, S. 3).

2.3.3 Fristigkeit der Geldmarktsätze

Im Rahmen der bisher beschriebenen Fazilitäten ergibt sich eine perfekte Steuerung des Satzes für **Tagesgeld** der Notenbank. Bei einem auf diese Weise fixierten Tagesgeldsatz können jedoch die Geldmarktsätze mit längeren Fristigkeiten (Monatsgeld, Dreimonatsgeld) Schwankungen nach oben und unten aufweisen. So wird – gemäß der Erwartungstheorie der Zinsstruktur (siehe Anhang V.1) – beispielsweise der Dreimonatszinssatz über dem Tagesgeldsatz liegen, wenn die Banken überwiegend davon ausgehen, daß eine Notenbank im Rahmen der Zinssteuerung eine restriktivere Linie einschlagen wird. Ähnliches gilt mit umgekehrtem Vorzeichen für eine Phase mit Zinssenkungserwartungen der Banken. Bei einer Steuerungstechnik, die sich auf Tagesgeld konzentriert, ist es für eine Notenbank daher nicht möglich, die Sätze für längere Fristigkeiten perfekt zu steuern.

Als Alternative dazu wäre es möglich, eine Refinanzierung ausschließlich über längere Zeiträume anzubieten (z.B. eine Woche, zwei Wochen oder einen Monat), um so einen direkten Einfluß auf die Geldmarktsätze in diesen Fristenbereichen auszuüben. Wenn den Banken eine solche Refinanzierungsfazilität uneingeschränkt offensteht, kann damit der Geldmarktsatz für die entsprechende Fristigkeit perfekt gesteuert werden. Die längere Laufzeit solcher Kredite hat allerdings den Nebeneffekt, daß die Banken diese Kredite nicht mehr kurzfristig zurückzahlen können. Temporäre Liquiditätsüberschüsse führen dann zu einem Angebotsüberschuß am Markt für Tagesgeld. Ebenso kann es bei einem kurzfristigen Zentralbankgeldbedarf zu einem starken Anstieg des Tagesgeldsatzes kommen, wenn die Banken nicht bereit sind, dafür eine längerfristige Refinanzierung in Anspruch zu nehmen.

Ganz allgemein gilt also, daß die Laufzeit der Refinanzierungskredite darüber bestimmt, welchen konkreten Geldmarktsatz eine Notenbank steuern kann. Bei einer täglichen Fälligkeit solcher Kredite ist der Tagesgeldsatz das Operating target, bei einer monatlichen Laufzeit ist es der Satz für Monatsgeld, usw. Denkbar ist allerdings, daß eine Notenbank versucht, gleichzeitig die Sätze in mehreren Fristbereichen zu steuern. Dieses Vorgehen prägt vor allem die Geldmarktsteuerung der Bundesbank (siehe VI.3).

2.4 Reine Geldbasissteuerung

Verfolgt eine Notenbank eine Steuerung der Geldbasis am Geldmarkt, dann setzt dies voraus, daß sie den Bestand der Zentralbankguthaben der Banken zu jedem Zeitpunkt möglichst genau kontrollieren kann. Sie muß dafür bereit sein, größere Schwankungen des Geldmarktsatzes hinzunehmen.

Das für eine Geldbasissteuerung geeignete Instrumentarium unterscheidet sich daher diametral von dem einer zinspolitischen Steuerungskonzeption. Da die beiden oben beschriebenen Fazilitäten gerade dadurch gekennzeichnet sind, daß sie den Geschäftsbanken temporär einen im Prinzip **unbegrenzten** Zugriff auf Zentralbankgeld bzw. eine **unbegrenzte** Absorption von Zentralbankgeld ermöglichen, wären sie völlig inkompatibel mit einer Geldbasissteuerung. Im Rahmen eines solchen Steuerungsverfahrens würden Standing facilities einen eindeutigen Fremdkörper darstellen.

Als **Minimalkonzeption** für eine Geldbasissteuerung eignen sich vor allem **Offenmarktgeschäfte** mit festverzinslichen Wertpapieren, bei denen die Notenbank den Geschäftsbanken einen bestimmten Betrag an Geldbasis auf dem Wege einer Auktion zur Verfügung stellt. Der Geldmarktzins ergibt sich dann als endogene Variable aus den Bietungen der Geschäftsbanken. Dabei ist es unter dem Aspekt der Steuerung des Operating target von sekundärer Bedeutung, ob es bei den Offenmarktgeschäften

- zu einem definitiven Erwerb der Papiere durch die Notenbank kommt (**Outright-Geschäfte**), oder aber
- zu einem Kauf mit gleichzeitig vereinbartem Rückkauf zu einem späteren Zeitpunkt (**Wertpapierpensionsgeschäfte**).

Aus ökonomischer Sicht sind beide Varianten äquivalent, wenn die Restlaufzeit der bei einem Outright-Geschäft erworbenen Papiere identisch ist mit dem zeitlichen Abstand, der bei einem Wertpapierpensionsgeschäft zwischen dem Zeitpunkt des Ankaufs und dem Zeitpunkt des Rückkaufs besteht. Konkret ist also der definitive Ankauf eines Staatspapiers mit einer Restlaufzeit von einem Monat nicht anders zu werten als ein Wertpapierpensionsgeschäft, das über einen Monat läuft. Dieser Zusammenhang soll anhand eines Beispiels verdeutlicht werden, bei dem unterstellt wird, daß in einer Volkswirtschaft nur eine einzige Geschäftsbank tätig ist:

Die Geschäftsbank verfüge zum Monatsanfang über öffentliche Anleihen in Höhe von 1 Mio. DM. Diese werden am Monatsende fällig. Die Bank benötige für den gesamten Monat zusätzliche Zentralbankguthaben in Höhe von ebenfalls 1 Mio. DM. Sie stehe nun vor der Alternative, sich diese Mittel entweder über ein Wertpapierpensionsgeschäft oder über ein Outright-Geschäft mit der Notenbank zu beschaffen.

- Im Fall des **Outright-Geschäfts** erwirbt die Notenbank das Papier definitiv. Die Zentralbankguthaben der Geschäftsbank erhöhen sich am Monatsanfang um 1 Mio. DM. Am Monatsende muß der Staat das Papier bei der Notenbank zurückzahlen. Er wird dazu neue Papiere bei der Geschäftsbank absetzen. Diese verliert dadurch Zentralbankguthaben in Höhe von 1 Mio. DM. Besteht der erhöhte Liquiditätsbedarf fort, ist die Geschäftsbank somit gezwungen, erneut ein Offenmarktgeschäft vorzunehmen.

- Im Fall des **Wertpapierpensionsgeschäfts** erhält die Geschäftsbank zum Monatsanfang ebenfalls zusätzliches Zentralbankgeld in Höhe von 1 Mio. DM. Am Monatsende erhält sie die Papiere zurück, dafür wird ihr Zentralbankguthaben entsprechend vermindert. Die anfängliche Liquiditätsausweitung wird so wieder kompensiert. Der Staat muß jetzt seine Papiere gegenüber den Geschäftsbanken tilgen. Dies kann im einfachsten Fall dadurch geschehen, daß die Geschäftsbanken die alten Papiere durch neue Papiere gleicher Laufzeit ersetzen („Revolving-Verfahren"). Ein zusätzlicher Effekt auf die Zentralbankbestände der Geschäftsbanken ergibt sich hierbei nicht.

Entscheidend ist somit, daß bei beiden Transaktionen ein Element der „**Selbstliquidation**" mit im Spiel ist. Beim Outright-Geschäft resultiert es daraus, daß der Staat der Notenbank gegenüber eine Tilgung für die fälligen Papiere übernehmen und sich dafür erneut verschulden muß. Beim Wertpapierpensionsgeschäft ergibt es sich durch den schon beim Vertragsabschluß vereinbarten Rückkauf der Papiere durch die Geschäftsbanken.

Für die Ausgestaltung einer Geldbasissteuerung ist dieser Effekt von entscheidender Bedeutung. Zunächst muß sich die Notenbank dafür entscheiden, wie sie ihr Operating target konkret bestimmen möchte: Denkbar wären Zielwerte für eine Woche, einen Monat, ein Quartal oder ein Jahr. Sollte die Geldbasis beispielsweise auf Monatsbasis gesteuert werden, würde es dann naheliegen, für die Offenmarktgeschäfte eine Selbstliquidationsperiode von ebenfalls einem Monat zu fixieren. Die Notenbank könnte dann zum Beginn eines jeden Monats ihr Geldbasisziel neu bestimmen und dann in entsprechendem Umfang Offenmarktgeschäfte mit dieser Fristigkeit anbieten.

Analog zur Zinssteuerung ist also auch hier die Laufzeit, die den Refinanzierungstransaktionen zugrundeliegt, der entscheidende Handlungsparameter der Notenbank. Bei der Geldbasissteuerung entscheidet sie darüber, über welchen Zeitraum das Operating target kontrolliert werden kann, bei der Zinssteuerung ist sie dafür maßgeblich, welcher konkrete Geldmarktsatz gesteuert wird.

Dieser Zusammenhang muß allerdings nicht für das gesamte Refinanzierungsvolumen gelten. So kann eine Notenbank beispielsweise selbst dann noch die Geldbasis auf monatlicher Basis steuern, wenn sie einen größeren Teil der Refinanzierung über länger laufende Outright-Geschäfte vornimmt. Entscheidend ist dabei, daß der jeweils zum Revolvieren anstehende Betrag ausreichend hoch ist, um die Geldbasis an die Zielvorstellungen der Notenbank anzupassen. Denkbar wäre dann auch, daß eine Kompensation durch liquiditätsabsorbierende Offenmarktgeschäfte vorgenommen wird.

Zusätzliche Aspekte müßten berücksichtigt werden, wenn eine Notenbank eine Geldbasissteuerung vornimmt und dabei gleichzeitig an einem **Festkurssystem** wie dem EWS teilnimmt. In diesem Fall könnte sich das Problem ergeben, daß es durch An- und Verkauf von Devisen zu Abweichungen der Geldbasis vom Zielwert kommt. Die dazu notwendige **Sterilisation** würde es erforderlich machen, Offenmarktgeschäfte auch zwischen den regulären Terminen vorzunehmen. Dazu könnte es auch hilfreich sein, wenn eine Notenbank in der Lage ist, über den umlaufenden Bestand an Staatspapieren hinaus zusätzliche Papiere zu mobilisieren, die den Banken als Anlage für überschüssige Liquidität angeboten werden können. Eine solche Manövriermasse würde dann spezifisch zur **Absorption von Liquidität** eingesetzt werden. Wichtig ist hierbei, daß es im Rahmen einer Geldbasissteuerung allein darauf ankommt, daß die Geldbasis stets ihren Zielwert beibehält; der Geldmarktsatz muß daher die ganze Anpassungslast übernehmen.

Tabelle VI.3: Vergleich der Minimalkonzeptionen von Geldbasissteuerung und Zinssteuerung

	Kontrollgröße allgemein (Operating target)	Konkretisierung der Kontrollgröße	Ausgestaltung der Instrumente, um die Konkretisierung zu erreichen
Zinssteuerung	Geldmarktsatz	Fristigkeit des Geldmarktsatzes (z.B. Tagesgeldsatz, Satz für Monatsgeld, Dreimonatsgeld etc.)	Laufzeit der Refinanzierungsfazilität und der Absorptionsfazilität
Geldbasissteuerung	Geldbasis	Zeitraum, während dessen Geldbasis konstant gehalten wird (z.B. ein Tag, eine Woche, ein Monat, drei Monate etc.)	Restlaufzeit der angekauften Papiere (Outright-Geschäft); Laufzeit der Wertpapierpensionsgeschäfte

2.5 Die Bedeutung einzelner geldpolitischer Instrumente in den beiden steuerungstechnischen Grundkonzeptionen

Nach der bisher sehr abstrakt gehaltenen Darstellung steuerungstechnischer Minimalkonzeptionen sollen im folgenden einige wichtige geldpolitische Instrumente noch im einzelnen beschrieben werden. Dabei liegt hier der Schwerpunkt auf den allgemeinen Charakteristika der Instrumente. Ihre konkrete Anwendung wird in den nachfolgenden einzelnen Länderstudien beschrieben.

In den Instrumentenkästen der Notenbanken findet man vor allem die folgenden fünf Instrumente:

- Standing facilities,
- Echte Offenmarktgeschäfte, d.h. Geschäfte, bei denen Wertpapiere **definitiv** gekauft oder verkauft werden (Outright-Geschäfte),
- Wertpapierpensionsgeschäfte, d.h. Offenmarktgeschäfte, bei denen Wertpapiere von der Notenbank angekauft (verkauft) werden, wobei sie diese per Termin wieder an eine Bank verkauft (von einer Bank ankauft),
- Absorptionsfazilitäten,
- Mindestreserve-Vorschriften.

Da Standing facilities und die Absorptionsfazilität bereits ausführlich dargestellt wurden, beschränkt sich die folgende Darstellung auf die drei übrigen Instrumente.

2.5.1 Echte Offenmarktgeschäfte

Bei echten Offenmarktgeschäften erwirbt (veräußert) die Notenbank **definitiv** Wertpapiere von den (an die) Geschäftsbanken. Echte Offenmarktgeschäfte unterscheiden sich diametral von Standing facilities:

- Die Initiative für solche Geschäfte geht stets von der Notenbank aus.
- Der Zinssatz für die Bereitstellung von Geldbasis wird nicht exogen fixiert. Er ergibt sich vielmehr als „**Schattenpreis**": Eine Geschäftsbank, die sich (unverzinsliches) Zentralbankgeld durch den Verkauf eines (verzinslichen) Wertpapiers an die Notenbank verschafft, erleidet dadurch einen Zinsentgang.

Wie bereits erwähnt, bietet sich dieses Instrument vor allem dann an, wenn eine Notenbank eine **Geldbasissteuerung** verfolgt. Würde sie dabei beispielsweise monatliche Zielwerte für die Geldbasis fixieren, würde es sich anbieten, die erforderlichen Offenmarktgeschäfte jeweils zum Monatsbeginn durchzuführen und dabei Papiere mit einer Restlaufzeit von einem Monat zu verwenden.

In der Praxis werden echte Offenmarktgeschäfte jedoch durchweg im Rahmen einer **Zinssteuerung** des Geldmarktes verwendet. Dabei werden sie meist in Kombination mit anderen Instrumenten zum Einsatz gebracht, da eine Zinssteuerung, die ausschließlich in der Form echter Offenmarktgeschäfte vorgenommen wird, mit relativ hohen Transaktionskosten verbunden wäre: Um bei einer instabilen Nachfrage der Geschäftsbanken nach Geldbasis fortlaufend das Einhalten des Zinsziels zu gewährleisten, muß eine Notenbank täglich und teilweise sogar stündlich Wertpapiere am Markt ankaufen oder verkaufen; ein eindrucksvolles Beispiel hierfür ist die Geldmarktsteuerung der Bank of England (siehe Abschnitt VI.5). In den Vereinigten Staaten werden echte Offenmarktgeschäfte vor allem für die **Ba-**

sisrefinanzierung, d.h. zur Bereitstellung eines voraussichtlich erforderlichen Grundbedarfs an Zentralbankgeld, der Banken verwendet. In der Regel werden pro Jahr nur wenige Transaktionen vorgenommen: Im Jahr 1995 kam es zu lediglich vier Outright-Geschäften (vgl. Federal Reserve Bank of New York 1996, S. 20). Kurzfristige Liquiditätsschwankungen werden nahezu ausschließlich mit Wertpapierpensionsgeschäften ausgeglichen. Auch in Japan und Kanada, wo echte Offenmarktgeschäfte ebenfalls eine größere Rolle spielen, werden für die kurzfristige Liquiditätssteuerung andere Instrumente verwendet (vgl. Kasman 1992).

Die Ratio einer **Zinssteuerung mit echten Offenmarktgeschäften** ist für Länder, in denen dieses Instrument nicht verwendet wird, nicht ganz einfach zu verstehen. Die Analogie zu einer Refinanzierung über eine Kreditfazilität soll daher anhand eines Beispiels verdeutlicht werden.

Eine Bank verfüge über ein Portfolio kurzfristiger Staatspapiere, das sich zu gleichen Teilen zusammensetze aus Papieren mit einer Restlaufzeit

(a) von einem Monat,

(b) von zwei Monaten,

(c) von drei Monaten.

Für die Liquiditätsplanung der Bank ist dabei entscheidend, daß sie **ohne** ein Geldmarktgeschäft auf jeden Fall dann einen Zufluß an Zentralbankgeld erhalten wird, wenn diese Papiere fällig werden. Durch den definitiven Verkauf der Papiere an die Notenbank (wie auch an eine andere Geschäftsbank) kann sie nun diesen Liquiditätszufluß entsprechend vorziehen. Dabei wird sie bestrebt sein, daß die Restlaufzeit des veräußerten Papiers sich mit dem Zeitraum deckt, für den sie einen zusätzlichen Liquiditätsbedarf erwartet. Sie wird also einmonatige Papiere veräußern, wenn sie mit einem Liquiditätsbedarf für einen Monat rechnet. Würde sie dazu ein Papier mit einer dreimonatigen Restlaufzeit verwenden, stellte sich das Problem, daß nach Ablauf des Monats eine Wiederanlage erforderlich ist, die zu einem heute nicht vorhersehbaren Zinssatz vorgenommen werden muß. Die Bank würde also ein vermeidbares **Zinsänderungsrisiko** eingehen.

Von seiner ökonomischen Logik her ist ein Offenmarktgeschäft identisch mit folgender Transaktionskette: Die Bank behält das Papier, nimmt aber bei einer anderen Bank einen Geldmarktkredit über die Restlaufzeit des Papiers auf. Dieser Interbankenkredit wird dann mit dem zum gleichen Zeitpunkt fälligen Rückzahlungsbetrag aus dem Staatspapier getilgt. Konkret entspricht also der Verkauf eines Offenmarktpapiers mit einer Restlaufzeit von einem Monat der Aufnahme eines Interbankenkredits von einem Monat. Aus der Arbitragelogik heraus muß dann auch die Rendite dieser kurzfristigen Papiere stets mit dem vergleichbaren Geldmarktsatz übereinstimmen. Aus der Sicht der Bank ergeben sich die Kosten einer Refinanzierung über echte Offenmarktgeschäfte dabei daraus, daß sie einen Zinsentgang erleidet, da sie ein verzinsliches Papier gegen unverzinsliches Zentralbankgeld eintauscht.

Wenn eine Notenbank eine Zinssteuerung mit echten Offenmarktgeschäften betreibt, muß sie sich zunächst darüber im klaren sein, welchen konkreten Geldmarktsatz sie als Operating target steuern möchte. Unterstellt man einmal, es handele sich dabei um den Satz für Dreimonatsgeld, dann bedeutet das, daß die Notenbank durch den An- und Verkauf von Papieren mit einer solchen Restlaufzeit dafür sorgen muß, daß deren Rendite dem von ihr angestrebten Geldmarktsatz entspricht. Die Steuerung des Geldmarktsatzes, der aus der oben beschriebenen Arbitragelogik stets der Rendite solcher Papiere entspricht, geschieht also – anders als in einem System mit Refinanzierungsfazilitäten – nicht über die direkten Refinanzierungskosten, sondern über die Opportunitätskosten einer Beschaffung von Zentralbankgeld.

Tabelle VI.4: Zinssteuerung mit unterschiedlichen Instrumenten

	Echte Offenmarktgeschäfte	**Refinanzierungs-fazilität**	**Wertpapierpensions-geschäfte**
Laufzeit der Refinanzierung	Restlaufzeit des gehandelten Papiers	Laufzeit des Kredits (bzw. Zeitraum, für den der Refinanzierungssatz konstant gehalten wird)	Abstand zwischen Ankaufs- und Rückkaufszeitpunkt
Kosten der Refinanzierung für die Geschäftsbank	Rendite des Papiers	Refinanzierungssatz	Pensionssatz
Kontrolle des Operating target durch die Notenbank	Fristenbereich, dessen Rendite durch diese Geschäfte stabilisiert wird	Fristenbereich, der der Laufzeit der marginalen Refinanzierungsfazilität entspricht	Fristenbereich, der der Laufzeit der Wertpapierpensionsgeschäfte entspricht

Wie bei einer Refinanzierung über eine Kreditfazilität stellt sich auch hier das Problem, daß eine Notenbank nicht gleichzeitig alle Fristenbereiche des Geldmarktes steuern kann. Bei einer Kontrolle des Satzes für Monatsgeld kann sich dabei beispielsweise die Situation ergeben, daß die Banken auf kurze Sicht (z.B. für einen Tag) zusätzliche Liquidität benötigen. Sie werden dazu aber nicht ohne weiteres bereit sein, Papiere mit einer Restlaufzeit für einen Monat zu veräußern. So gesehen kann es also dazu kommen, daß der Liquiditätsausgleich am Markt für Tagesgeld nur eingeschränkt erfolgt und daß der Tagesgeldsatz sehr viel stärkere Schwankungen aufweist als der Satz für Monatsgeld.

Vergleicht man im Kontext der Zinssteuerung echte Offenmarktgeschäfte mit einer Refinanzierung durch eine Kreditfazilität und Wertpapierpensionsgeschäften, läßt sich folgende Gegenüberstellung vornehmen:

Unabhängig davon, ob sie für eine Zins- oder eine Geldbasissteuerung eingesetzt werden, weisen echte Offenmarktgeschäfte zwei wesentliche **Nachteile** gegenüber den **Wertpapierpensionsgeschäften** auf:

- Bei einem definitiven Erwerb oder Verkauf von Wertpapieren durch die Notenbank kommt es stets zu einem **Einfluß auf die Marktkurse** der davon betroffenen Titel. In der Regel ist der Einfluß von Offenmarktgeschäften auf die Kurse von Wertpapieren allerdings recht gering. Dies gilt insbesondere für die Vereinigten Staaten, wo ein sehr hoher Bestand an kurzfristigen Staatspapieren („Treasury bills") im Umlauf ist. Aber auch in Deutschland könnte man grundsätzlich einen größeren Anteil der Zentralbankgeldversorgung auf diese Weise vornehmen, ohne daß es zu negativen Effekten auf den Rentenmarkt kommen würde. Dies läßt sich anhand folgender Größenordnungen für Deutschland verdeutlichen: Bei einer Geldbasis in Höhe von rund 280 Mrd. DM (Ende 1995) und einem jährlichen Geldmengenzuwachs von 5 % müßte – bei einem konstanten Multiplikator – die Zentralbankgeldmenge um rund 14 Mrd. DM pro Jahr ausgeweitet werden. Bei einem jährlichen Gesamterwerb von Wertpapieren in Deutschland in Höhe von 200 bis 300 Mrd. DM würde eine zusätzliche Wertpapiernachfrage der Bundesbank kaum ins Gewicht fallen. Dies gilt jedoch nur dann, wenn keine außergewöhnlichen Störungen auftreten. So mußte die Bundesbank im Zuge der EWS-Krisen von 1992 und 1993 in Wochenfrist Zentralbankgeld in Höhe von bis zu 92 Mrd. DM aus dem Geldmarkt nehmen. Bei einer Zentralbankgeldbereitstellung über echte Offenmarktgeschäfte hätte dies kurzfristig einen erheblichen Angebotsdruck herbeigeführt, der nicht ohne Effekte auf die Marktkurse geblieben wäre. Ein großes Volumen an echten Offenmarktgeschäften ist daher nur für Notenbanken großer Volkswirtschaften akzeptabel, die nicht zu größeren Devisenmarktinterventionen verpflichtet sind.
- Ein gravierender Nachteil von echten Offenmarktgeschäften besteht darin, daß mit diesem Instrument jederzeit das Verbot einer **Notenbankfinanzierung öffentlicher Defizite** unterlaufen werden kann. Diese in vielen Notenbankgesetzen (siehe IV.4.2.2) enthaltene Bestimmung kann lediglich eine **direkte** Kreditgewährung an den Staat verhindern. Es steht einer Notenbank jedoch jederzeit offen, Staatspapiere auf dem Sekundärmarkt von den Geschäftsbanken zu erwerben. Eine der Regierung gefügige Notenbank kann so über echte Offenmarktgeschäfte eine unbeschränkte Staatsfinanzierung vornehmen. Im Interesse

der Unabhängigkeit der Geldpolitik wäre es daher vorteilhaft, wenn eine Notenbank auch von einem **indirekten** Ankauf von Staatspapieren grundsätzlich Abstand nehmen würde.

Da sich Wertpapierpensionsgeschäfte in ihrer Funktionsweise im übrigen kaum von echten Offenmarktgeschäften unterscheiden, spricht somit selbst bei einer Geldbasissteuerung nichts dafür, Zentralbankgeld in der Form eines definitiven Ankaufs von Wertpapieren bereitzustellen. Im Rahmen einer Zinssteuerung sind Refinanzierungsfazilitäten ebenfalls den echten Offenmarktgeschäften überlegen, da sie nicht nur technisch viel einfacher durchzuführen sind, sondern auch keine Nebeneffekte auf Wertpapierkurse ausüben und keine Kreditvergabe an öffentliche Haushalte implizieren.

2.5.2 Wertpapierpensionsgeschäfte

Pensionsgeschäfte sind ganz allgemein Geschäfte, bei denen ein Gegenstand von einer Person an eine andere verkauft wird und die Vertragspartner gleichzeitig den Rückkauf des Gegenstandes zu einem späteren Zeitpunkt vereinbaren. Aus rechtlicher Sicht handelt es sich bei Wertpapierpensionsgeschäften somit ebenfalls um Offenmarktgeschäfte. Von ihrer ökonomischen Bedeutung haben Wertpapierpensionsgeschäfte jedoch weitaus mehr Gemeinsamkeiten mit Refinanzierungsfazilitäten als mit echten Offenmarktgeschäften. Dies ergibt sich vor allem daraus, daß die Notenbank bei Wertpapierpensionsgeschäften nicht als Käufer oder Verkäufer am Rentenmarkt auftritt. Statt dessen hinterlegen die Banken bei der Notenbank einen bestimmten Bestand an Wertpapieren. Aus diesem Depot werden dann bei jedem Geschäft Papiere an die Notenbank übertragen und am Ende wieder auf die Banken zurückübertragen. Im Grunde dienen die Wertpapiere hier nur als **Besicherung** für einen Direktkredit der Notenbank an die Geschäftsbanken.

In Deutschland sind die Wertpapierbestände der Banken mit 490 Mrd. DM (1995) weitaus höher als der durchschnittliche Bestand der Wertpapierpensionsgeschäfte der Bundesbank von rund 120 Mrd. DM, so daß es für die Banken in der Regel keinen Grund gibt, Wertpapiere zu erwerben, um sich an einem Wertpapierpensionsgeschäft beteiligen zu können. In der Regel dürfte es durch diese Transaktionen also zu keiner Beeinflussung der Wertpapierkurse kommen.

Der Unterschied zwischen Wertpapierpensionsgeschäften und einer **Refinanzierungsfazilität** ist so gesehen äußerst gering, insbesondere deshalb, weil für solche Kredite ebenfalls Wertpapiere als Sicherheit hinterlegt werden müssen (Laurens 1994). Eine wichtige Besonderheit der Wertpapierpensionsgeschäfte besteht jedoch in der Ausgestaltung der **Zinskonditionen**:

- Bei einem **Zinstender** stellt die Notenbank Refinanzierungskredite zu einem **variablen Zinssatz** zur Verfügung. Sie versteigert also eine gegebene Menge an Krediten, wobei jene Banken zum Zuge kommen, die die höchsten Zinsgebote abgeben. Die Auktion kann entweder in der Form des **holländischen Verfahrens** durchgeführt werden, bei dem alle Gebote zum (markträumenden) Gleichgewichtszinssatz erfüllt werden, oder aber in der Form des **amerikanischen Verfahrens,** bei dem jeder Bieter den von ihm gebotenen Zinssatz auch bezahlen muß. Beim holländischen Verfahren besteht das Problem, daß kleinere Bieter unrealistisch hohe Bietungssätze („Mondgebote") nennen, um auf jeden Fall bei der Zuteilung berücksichtigt zu werden. Aus der Sicht der Notenbank hat das amerikanische Verfahren den Vorteil, daß sie damit die gesamte Konsumentenrente der Geschäftsbanken abschöpfen kann (perfekte Preisdiskriminierung).

- Bei einem **Mengentender** (auch **Festzinstender** genannt), liegt der Refinanzierungssatz ex ante fest. Sind die Bietungen der Banken höher als die von der Notenbank angestrebte Zuteilungsmenge, kommt es zur Repartierung, d.h. die individuellen Gebote werden nur entsprechend einer bestimmten Quote zugeteilt.

Es ist offensichtlich, daß sich Zinstender sehr gut für eine **Geldbasissteuerung** eignen. Sie erlauben der Notenbank eine punktgenaue Steuerung der Geldbasis, wobei der Geldmarktzins endogen durch die Nachfrage der Geschäftsbanken bestimmt wird. Der zeitliche Abstand zwischen den einzelnen Geschäften muß dabei dem Zeitraum entsprechen, während dessen die Notenbank die Geldbasis konstant halten möchte. Demgegenüber würden sich Mengentender nur schwer mit einer Geldbasissteuerung vereinbaren lassen, da es für eine Notenbank kaum möglich wäre, den Zuteilungssatz ex ante so festzulegen, daß dieser dem Gleichgewichtszinssatz am Geldmarkt entspricht.

Unter den Bedingungen einer **Zinssteuerung** sind die komparativen Vorteile der beiden Instrumente genau entgegengesetzt gelagert. Während der Zinstender bei dieser Strategie zu unerwünschten Zinsausschlägen führen würde, kann man den Mengentender recht gut in einen solchen Ansatz integrieren. Die Laufzeit der Geschäfte muß dabei so bemessen sein, daß sie sich mit der Fristigkeit des Geldmarktsatzes deckt, den die Notenbank kontrollieren möchte. Da bei einem Wertpapierpensionsgeschäft jedoch stets die Initiative von der Notenbank ausgehen muß, erfordert eine Zinssteuerung, die ausschließlich über den Mengentender vorgenommen wird, eine aktivistische Geldmarktsteuerung. Hierin besteht der wesentliche Nachteil des Mengentenders gegenüber einer Refinanzierungsfazilität.

2.5.3 Das Instrument der Mindestreserve

Zu den traditionellen geldpolitischen Instrumenten zählt auch die Mindestreserve. Allerdings ist ihre geldpolitische Bedeutung in den letzten Jahren weltweit zurückgegangen. Unter dem Druck des Wettbewerbs zwischen den großen internationalen Finanzzentren sahen sich alle Notenbanken gezwungen, die Reservebelastung ihrer Banken deutlich zu reduzieren.

Die nationalen Mindestreservebestimmungen, die in der Tabelle VI.5 im einzelnen dargestellt sind, umfassen üblicherweise die folgenden Elemente:[381]

- Vorschriften zur Ermittlung des **Reserve-Soll:** Darin wird zum einen festgelegt, welche Bilanzpositionen der Banken zur Berechnung der Mindestreserve heranzuziehen sind. Denkbar wären sowohl Aktivpositionen, wie z.B. die Kredite der Banken, als auch Passivpositionen, d.h. bestimmte Einlagekategorien. In der Praxis dominiert die **Passivreserve**. Bei der Wahl der zur Reservepflicht herangezogenen Einlagen orientieren sich die Notenbanken in der Regel an den Geldmengendefinitionen M1 bis M3, d.h. es unterliegen meist jene Depositen der Mindestreserve, die auch in den entsprechenden Geldmengenabgrenzungen enthalten sind. Aus der Multiplikation der **reservepflichtigen Verbindlichkeiten** mit dem **Reservesatz** ergibt sich dann das Reserve-Soll.
- Vorschriften zur Ermittlung des **Reserve-Ist:** Wenn das Reserve-Soll ermittelt worden ist, muß festgelegt werden, in welcher Weise eine Bank ihrer Reservepflicht nachzukommen hat. Dabei muß man zum einen bestimmen, in welchem zeitlichen Verhältnis Reserve-Ist und Reserve-Soll stehen. Möglich ist zum einen eine **zeitgleiche Reservehaltung** („contemporaneous reserve requirement“), bei der das Reserve-Ist für den gleichen Zeitraum gehalten werden muß, für den auch das Reserve-Soll ermittelt wurde. Zum anderen kann man aber auch vorsehen, daß das Reserve-Ist **zeitlich versetzt** zum Reserve-Soll gehalten wird („lagged reserve requirement“). In diesem Fall ist den Banken bei ihrer Reservehaltung bereits im voraus bekannt, wie hoch das Reserve-Soll ist. Darüber hinaus muß bei den Bestimmungen zum Reserve-Ist festgelegt werden, in welcher Form die Banken ihrer Reservepflicht nachzukommen haben. Die wichtigsten Alternativen sind hierbei, ob das Reserve-Ist **täglich** erfüllt werden muß oder ob es ausreicht, daß die Reservehaltung im **Durchschnitt** der Reserveperiode, die üblicherweise einen Monat umfaßt, gehalten werden muß.

Die Auswirkungen dieser Einzelbestimmungen auf die Geldmarktsteuerung werden im folgenden anhand konkreter Beispiele ausführlicher dargestellt (siehe VI.3.2.1 und VI.4 - VI.6).

Die **Funktionen** der Mindestreserve sind sehr vielfältig. Als derartige Bestimmungen zu Beginn dieses Jahrhunderts eingeführt wurden, ging es vor allem darum, die

---

[381] Siehe dazu ausführlich Hardy (1993).

Solvenz der Banken zu sichern.[382] Diese Aufgabe wird heute jedoch weltweit von spezifischen **bankaufsichtsrechtlichen Vorschriften** wahrgenommen. Unter geldpolitischen Gesichtspunkten sind daher vor allem die folgenden drei Funktionen des Mindestreserveinstruments von Interesse:

- Schaffung einer Abhängigkeit des Bankensystems von der Notenbank,
- Steuerung der Bankenliquidität,
- Sicherung eines stabilen Geldschöpfungsmultiplikators.

2.5.3.1 Schaffung einer Abhängigkeit des Bankensystems von der Notenbank

Die Mindestreserveverpflichtung bedingt eine wichtige Determinante der Nachfrage der Banken nach Zentralbankgeld. Wie in den Modulen C und D deutlich geworden ist, ist ein **Zentralbankgeldbedarf** der Kreditinstitute eine konstitutive Voraussetzung dafür, daß eine Notenbank überhaupt steuernd in den Wirtschaftsprozeß eingreifen kann. Allerdings bedarf es der Mindestreserve in dieser spezifischen Funktion nur dann, wenn der **Bargeldbedarf** der Wirtschaft erheblich zurückgehen würde. Ein solcher Trend ist derzeit in keinem Land zu erkennen, obwohl es allgemein zu starken Fortschritten in der Technologie des Zahlungsverkehrs gekommen ist (siehe hierzu Seitz 1995). In Deutschland steht gegenwärtig einem Mindestreserve-Soll von rund 40 Mrd. DM ein Bargeldumlauf von rund 250 Mrd. DM gegenüber.

Daneben hat man zu prüfen, ob es nicht auch ohne eine Mindestreserveverpflichtung zu einer **freiwilligen Reservehaltung** („**Working balances**") der Banken bei der Zentralbank kommen könnte. Ob die Banken solche Guthaben halten, hängt wesentlich von der Geldmarktsteuerung der Notenbank ab. Im Vereinigten Königreich, wo die Mindestreserve nicht zur geldpolitischen Steuerung eingesetzt wird, zeigt sich, daß die Working balances gegen null tendieren, wenn die Notenbank den Zinssatz am Geldmarkt stabilisiert. Dieses Resultat läßt sich relativ einfach aus dem **Baumol-Tobin-Modell** (siehe Modul B) ableiten. Dazu muß man unterstellen, daß sich die Nachfrage der Banken nach Zentralbankgeld in erster Linie aus einer Nachfrage nach **Transaktionskasse** ergibt. Ähnlich wie die Privaten im Baumol-Tobin-Modell stehen die Banken dabei vor der Alternative, ob sie zinslose, aber liquide Zentralbankguthaben halten sollen oder aber verzinsliche Forderungen gegenüber anderen Banken oder Nichtbanken, die sie nicht unmittelbar zu Barauszahlungen oder zum Ausgleich von Salden im Clearing verwenden können. Überträgt man die Struktur dieses Modells auf die Nachfrage nach Zentralbankgeld, dann lassen sich folgende Determinanten der Working balances ableiten:

---

[382] Siehe dazu Menkhoff (1995, S. 46). Er weist darauf hin, daß auch das Motiv der Einnahmensicherung für den Staat eine Rolle bei der Einführung der Mindestreserve gespielt hat.

Tabelle VI.5: Die Mindestreserveregelungen in den EU-Mitgliedsstaaten

	DE	GR
1. **Reservesätze**	- Sichteinlagen: 5% - Andere mindestreserve-pflichtige Einlagen: 2%	- Einlagen in inländischer Währung: 9% - Einlagen von Gebiets-ansässigen und Gebietsfremden in ausländischer Währung: bis zu 100%
2. **Länge der Berechnungsperiode**	1 Monat	1 Monat
3. **Länge der Erfüllungsperiode**	1 Monat	1 Monat
4. **Intervall**[(a)]	15 Tage	60 Tage
5. **Möglichkeit der Erfüllung im Periodendurchschnitt**	Ja	Nein
6. **Berücksichtigung der Kassenbestände bei der Erfüllung**	Ja[(c)]	Ja
7. **Möglichkeit der Übertragung von Fehlbeträgen bzw. Überschüssen**	Nein	Ja[(e)]
8. **Verzinsung**	Nein	Ja[(g)]

	NL[(j)]	AT
1. **Reservesätze**	Häufige Änderungen in Abhängigkeit von der Geldmarktsituation	- Sichteinlagen: 9% - Termin-/Spareinlagen: < 1 Jahr: 7% ≥ 1 Jahr: 6% - Wertpapiere: < 2 Jahre:6%
2. **Länge der Berechnungsperiode**	3 Monate[(m)]	1 Monat[(n)]
3. **Länge der Erfüllungsperiode**	Variabel	1 Monat
4. **Intervall**[(a)]	Variabel	15 Tage
5. **Möglichkeit der Erfüllung im Periodendurchschnitt**	Nein	Ja
6. **Berücksichtigung der Kassenbestände bei der Erfüllung**	Nein	Ja
7. **Möglichkeit der Übertragung von Fehlbeträgen bzw. Überschüssen**	Nein	Nein
8. **Verzinsung**	Ja[(p)]	Nein

(a) Zeitraum zwischen dem Ende der Berechnungs- und dem Ende der Erfüllungsperiode.
(b) Die täglichen Einlagen dürfen einen bestimmten Prozentsatz (gegenwärtig 91 %) der monatsdurchschnittlichen Verpflichtung nicht unterschreiten.
(c) Die durchschnittlichen Bestände an Banknoten und Münzen der Kreditinstitute in der Erfüllungsperiode werden bis zur Höhe von 25 % der gesamten Mindestreserveverpflichtungen angerechnet.
(d) Jedes Kreditinstitut ist verpflichtet, eine Monatseinlage bei der Zentralbank am 20. eines jeden Monats zu tätigen. Die Höhe der Einlage entspricht 3 % des Bestandes der mindestreservepflichtigen Verbindlichkeiten am letzten Tag des vorangegangenen Monats abzüglich der Bestände an Banknoten und Münzen an diesem Tag.
(e) Nur Fehlbeträge können übertragen werden.
(f) Bis zu 90 % der Überschüsse können übertragen werden, wenn der Überschuß unter 2 % der Mindestreserveverpflichtungen liegt. Bis zu 75 % des darüberliegenden Überschusses können übertragen werden. Fehlbeträge können nicht übertragen werden.
(g) Die Hälfte der Mindestreserveeinlagen werden mit einem Satz von 12,5 % verzinst.
(h) Mindestreserveeinlagen werden mit einem Satz verzinst, der 80 % der Rendite ausgewählter kurzfristiger inländischer Regierungsanleihen mit einer Restlaufzeit von sechs Monaten bis dreieinhalb Jahren entspricht. Der Zinssatz wird jeweils zum Beginn der Erfüllungsperiode festgesetzt und liegt üblicherweise unter dem Ein-Monats-Geldmarkt-Satz. Bei einer stark positiv geneigten Zinsstrukturkurve kann der Satz jedoch darüber hinaus gehen.

Quelle: Europäisches Währungsinstitut (1995, S.128 f.).

Tabelle VI.5: Fortsetzung

ES	FR	IE	IT
2%	- Sichteinlagen und Sparbucheinlagen: 1% - Andere mindestreserve-pflichtige Einlagen: 0.5%	3%	15%
10 Tage	1 Tag	1 Tag	1 Monat
10 Tage	1 Monat	1 Monat	1 Monat
2 Tage	15 Tage	50 Tage	45 Tage
Ja	Ja	Nein	Ja[b]
Nein	Ja	Ja[d]	Nein
Nein	Ja[f]	Nein	Nein
Nein	Nein	Ja[h]	Ja[i]

PT	FI	UK[k]	BE/DK/LU/SE
2%	- Sicht- und Terminein-lagen: < 1 Monat: 2% - Andere Einlagen: 1.5% - Andere Verbindlich-keiten: 1 %	0.35%[l]	Gegenwärtig keine Mindestreserveverpflichtung
7 Tage	1 Tag	6 Monate[o]	-
7 Tage	1 Monat	6 Monate	-
3 Tage	60 Tage	Ungefähr 6 Monate	-
Ja	Nein	Nein	-
Nein	Nein	Nein	-
Nein	Nein	Nein	-
Nein	Nein	Nein	-

(i) Mindestreserveeinlagen werden mit 5.5 %, Überschußreserven mit 0,5 % verzinst.
(j) Die Angaben in dieser Spalte beziehen sich auf die Geldmarktreserveverpflichtungen
(k) Die Angaben in dieser Spalte beziehen sich auf die "Cash ratio deposits" (unverzinste Einlagen bei der Bank of England)
(l) 0,25 % für mindestreservepflichtige Verbindlichkeiten der nordirischen Geschäftsstellen von Banken, für die Nordirland der geschäftliche Mittelpunkt im Vereinigten Königreich darstellt.
(m) Der Umfang der mindestreservepflichtigen Einlagen entspricht dem Betrag, den die Zentralbank für die Höhe der sogenannten "zulässigen Kreditaufnahme" bei der Zentralbank festlegt. Die zulässige Kreditaufnahme wird für jede Bank als durchschnittliche Kreditaufnahme in einem Zeitraum von drei Monaten vorgegeben. Sie wird auf der Grundlage der durchschnittlichen Verbindlichkeiten am Ende der drei vorherigen Kalendermonate berechnet.
(n) Die Mindestreserveverpflichtungen werden auf der Grundlage des durchschnittlichen Bestandes an mindestreservepflichtigen Verbindlichkeiten berechnet, die am 23. und am letzten Geschäftstag des vergangenen Monats sowie dem 7. und 15. des laufenden Monats gemeldet wurden.
(o) Der Umfang der Einlageverpflichtungen eines Instituts wird zweimal im Jahr (im April und Oktober) berechnet und beträgt 0,35 % des durchschnittlichen Bestandes an mindestreservepflichtigen Verbindlichkeiten, die am Ende der sechs vorangegangenen Kalendermonate gemeldet wurden.
(p) Gewichteter Durchschnitt aus dem Zinssatz für gesicherte Anleihen und dem Satz für Sondervorschüsse.

- die Transaktionskosten der Beschaffung von Zentralbankgeld,
- die Opportunitätskosten des Haltens von Zentralbankgeld,
- die erwarteten Salden zwischen Einzahlungs- und Auszahlungsströmen (im Modell von Baumol und Tobin ergeben sich diese aus dem einmal im Monat anfallenden Einkommen und den laufenden Konsumausgaben).

In diesem Modellrahmen läßt sich relativ einfach zeigen, daß die Working balances gegen null tendieren, da für die Banken die partiefixen **Transaktionskosten** (c) der Beschaffung von Zentralbankgeld äußerst gering sind. Die Bundesbank erhebt keine Gebühren für die Einzahlungen oder Auszahlungen. Auch im Geldhandel unter den Banken gibt es keine nennenswerten Transaktionskosten. Somit ergibt sich für den Zähler der Quadratwurzel-Formel (Gleichung B.24) von Baumol und Tobin ein Wert von null.

Ein positiver Bestand an Working balances ließe sich so allenfalls unter der Annahme ableiten, daß gewisse **Friktionen im Zahlungsverkehr** unter den Banken oder im Zahlungsverkehr zwischen einer Bank und der Notenbank bestehen. So könnte sich beispielsweise für eine Bank die Situation ergeben, daß sie für eine Zahlungsverpflichtung im **Clearing** mit anderen Banken (siehe Anhang IV.1) Zentralbankguthaben benötigt, die sie sich nur mit einer gewissen zeitlichen Verzögerung von der Zentralbank oder auf dem Geldmarkt beschaffen kann. Die Nachfrage nach Working balances hätte dann den Charakter einer „**Vorsichtskasse**“ und würde in erster Linie davon bestimmt, innerhalb welcher Fristen nicht prognostizierbare Zahlungen im Rahmen des Clearing zu leisten sind. In der Praxis sind die Bestimmungen für die Zahlungsverpflichtungen im Clearing jedoch so bemessen, daß sich eine Bank die erforderlichen Zentralbankguthaben jederzeit noch rechtzeitig von der Notenbank oder anderen Banken beschaffen kann. So gesehen läßt sich also auch über die „Vorsichtskasse“ keine nennenswerte Nachfrage nach Working balances ableiten.

2.5.3.2 Steuerung der Bankenliquidität und Ausweitung des Sterilisationspotentials

In den sechziger und siebziger Jahren wurde die Mindestreserve vor allem dazu eingesetzt, die Liquidität des Bankensystems zu steuern: Durch eine Anhebung (Senkung) des Reservesatzes erhöht sich (sinkt) der Zentralbankgeldbedarf der Banken. In diesem Zusammenhang wird die Mindestreserve von der Bundesbank zu den „klassischen liquiditätspolitischen Instrumenten“ (Deutsche Bundesbank 1995, S. 98) gezählt. Diese Funktion kann im Rahmen einer Zinssteuerung des Geldmarktes sinnvoll sein, wenn eine Notenbank

- bei größeren **Liquiditätszuflüssen** nicht in der Lage ist, die Refinanzierung rasch zu reduzieren und/oder über keine ausreichenden Absorptionsfazilitäten verfügt, bzw.
- bei größeren **Liquiditätsabflüssen** die Kredite an das Bankensystem nicht ausreichend rasch erhöhen kann.

Als Instrument zur **Liquiditätsabschöpfung** ist die Mindestreserve in dem Maße entbehrlich geworden, in dem die Notenbanken von dem auf kurze Sicht relativ schwer abbaubaren Rediskontkredit zu den sehr flexiblen Wertpapierpensionsgeschäften übergegangen sind. Ebenso kann diese Funktion der Mindestreserve weitgehend durch eine umfangreiche Absorptionsfazilität substituiert werden.

Auch für die **Liquiditätsanreicherung** des Bankensystems ist die Mindestreserve heute kein ideales Instrument. Im Rahmen einer Zinssteuerung des Geldmarktes wäre es für eine Notenbank nicht ratsam, einfach einen bestimmten Betrag an Geldbasis durch eine Mindestreservesatz-Senkung freizusetzen, um so einen expansiven Impuls auszulösen. Der Zinseffekt einer solchen Maßnahme wäre sehr viel schwerer zu prognostizieren als bei einer Reduzierung von Zinssätzen für eine Refinanzierungsfazilität oder für den Mengentender. In dieser Funktion würde die Mindestreserve nur dann benötigt, wenn die Banken nicht mehr in ausreichendem Maße über die Forderungstitel verfügten, die von der Notenbank für zusätzliches Zentralbankgeld gefordert werden. Eine solche Situation ist jedoch wenig wahrscheinlich.

Eine gewisse Rolle spielt die Mindestreserve im Zusammenhang mit dem **Sterilisationspotential** einer Zentralbank. Vor allem das Beispiel der Bundesbank zeigt, daß sich für eine Notenbank aus einem Festkurssystem kurzfristig immer wieder massive Interventionsverpflichtungen ergeben können. Bei starken Devisen**zuflüssen** besteht dabei die Gefahr, daß der Geldpolitik die Kontrolle über den Geldmarkt entgleitet und daß die Geldmarktsätze von dem angestrebten Zinsziel nach unten abweichen. Für eine Politik der Zinssteuerung ist es daher erforderlich, daß eine Notenbank kurzfristig in der Lage ist, möglichst umfangreiche Devisenzuflüsse zu sterilisieren. Der Umfang eines solchen Sterilisationspotentials hängt von zwei Faktoren ab, dem Volumen der Absorptionsfazilität und dem Bestand an Refinanzierungskrediten, die sehr kurzfristig abgebaut werden können. Im Fall einer Zentralbankgeldschaffung durch echte Offenmarktgeschäfte wird das Sterilisationspotential davon bestimmt, welche Restlaufzeit die Staatspapiere im Portfolio der Notenbank aufweisen. Je höher die Mindestreserveverpflichtungen sind, desto höher ist dann auch das Sterilisationspotential einer Notenbank.

2.5.3.3 Sicherung eines stabilen Geldschöpfungsmultiplikators

Aus heutiger Sicht besteht die wichtigste Funktion der Mindestreserve darin, daß sie zur Stabilität des Geldschöpfungsmultiplikators beiträgt. Wie die Beschreibung des Geldangebotsprozesses in Modul C verdeutlicht, wird dieser Multiplikator vom **Bargeldhaltungskoeffizienten** und vom **Reservesatz** bestimmt. Die Erfahrung zeigt, daß die Bargeldhaltung der Nichtbanken oft sehr starken und unvorhersehbaren Schocks ausgesetzt sein kann, wobei dieser Parameter von der Notenbank kaum beeinflußt werden kann. Wie oben dargestellt wurde, wäre die Reservehaltung der Banken in einem System ohne Mindestreserve äußert gering. Der Geldschöpfungsmultiplikator würde also nahezu vollständig vom Bargeldhaltungskoeffizienten determiniert werden, was ein erhebliches Maß an Instabilität der Beziehung zwischen Geldbasis und Geldvolumen bedeuten würde. Durch die Mindestreserve wird also dafür gesorgt, daß es im Multiplikatorprozeß stets eine stabile Größe gibt.[383]

Diese Funktion der Mindestreserve kann jedoch nicht unabhängig von der **geldpolitischen Steuerungskonzeption** einer Notenbank gesehen werden. Wie in Modul C dargestellt wurde, sind Multiplikatorschocks nur dann als ein Problem anzusehen, wenn eine Notenbank die **Geldbasis** als Operating target verwendet. Ein instabiler Multiplikator bedingt hier eine instabile Geldmenge. Alle Notenbanken, die sich des Instruments der Mindestreserve bedienen (insbesondere: Federal Reserve System, Deutsche Bundesbank) verfolgen jedoch eine **Zinssteuerung** des Geldmarktes. Die Erfahrungen der Bank of England zeigen, daß die Reservehaltung der Banken auch ohne Mindestreservebestimmungen sehr stabil ist und nahe null liegt.

Bei der wichtigsten Funktion der Mindestreserve zeigt sich also eine eindeutige Inkonsistenz. Die Rolle, die vor allem die Bundesbank der Mindestreserve zuschreibt, wird in der von ihr präferierten Steuerungskonzeption überhaupt nicht benötigt. Dies wäre an sich kein größeres Problem, wenn nicht mit der Verwendung der Mindestreserve auch erhebliche allokative Verzerrungen verbunden wären.

2.5.3.4 Kosten der Mindestreserve

Da Mindestreserveguthaben üblicherweise nicht verzinst werden, stellen sie eine Steuer auf alle Kreditketten dar, die über Banken laufen. In Deutschland ist das

---

383 Siehe dazu ausführlicher Bofinger (1996). Die Deutsche Bundesbank (1995, S. 129) spricht in diesem Zusammenhang auch von der Funktion der Mindestreserve als „**Geldschöpfungsbremse**“.

Aufkommen dieser Steuer durch die zahlreichen Reservesatz-Senkungen der Bundesbank erheblich zurückgegangen. Es läßt sich wie folgt berechnen:

- Das Reserve-Ist der deutschen Geschäftsbanken betrug im September 1995 rund 40 Mrd. DM.
- Der Geldmarktzins, zu dem sich die Banken das dafür erforderliche Zentralbankgeld bei der Bundesbank beschaffen mußten, belief sich auf rund 4,2 %.

Tabelle VI.6: Geldpolitische Steuerungskonzeptionen und Instrumente

	Geldbasissteuerung	**Zinssteuerung**
Refinanzierungsfazilitäten	Unlimitierte Fazilitäten: ungeeignet Limitierte Fazilitäten: zur Basisrefinanzierung geeignet; aber allokative Verzerrungen, wenn der Refinanzierungszins unter dem Gleichgewichtszins liegt	Unlimitierte Fazilitäten: gut geeignet Limitierte Fazilitäten: zur Basisrefinanzierung geeignet; aber allokative Verzerrungen, wenn der Refinanzierungszins unter dem Gleichgewichtszins liegt
echte Offenmarktgeschäfte	gut geeignet	als alleiniges Instrument nur bedingt geeignet (hohe Transaktionskosten und Nebeneffekte auf Wertpapierkurse); in begrenztem Umfang zur Basisrefinanzierung geeignet
Wertpapierpensionsgeschäfte	Zinstender: gut geeignet Mengentender: ungeeignet	Zinstender: Ungeeignet Mengentender: als alleiniges Instrument geeignet; aber aktivistisches Verhalten der Notenbank am Geldmarkt erforderlich
Mindestreserve	zur Stabilisierung des Multiplikators gut geeignet	nicht erforderlich
Absorptionsfazilität	geeignet (in limitiertem Umfang und mit variablem Zinssatz bei starken Devisenzuflüssen)	gut geeignet (in unlimitiertem Umfang und mit festem Zinssatz bei starken Devisenzuflüssen)

Daraus ergeben sich „Steuereinnahmen" aus der Mindestreserve in Höhe von 1,7 Mrd. DM pro Jahr. In Hochzinsphasen sind die Werte entsprechend höher. Zu berücksichtigen ist allerdings, daß die Bundesbank den Banken auch keinerlei Kontoführungsgebühren berechnet.

Bei den sehr geringen Transaktionskosten der Finanzmärkte ist es nicht überraschend, daß solche Belastungen zu massiven Ausweichprozessen der Banken in jene Länder führen, in denen keine Mindestreserveverpflichtungen bestehen. Für die deutschen Banken sind das vor allem die Euromärkte in Luxemburg und im Vereinigten Königreich.

Entsprechende Verlagerungsprozesse sind seit 1986 zu beobachten. Im Juli 1995 beliefen sich die kurzfristigen Einlagen der Auslandstöchter und -filialen deutscher Kreditinstitute auf 250 Mrd. DM.[384] Die damit vergleichbaren inländischen Termineinlagen von Unternehmen und Privatpersonen, die in der Geldmenge M3 aufgeführt werden, betrugen zum gleichen Zeitpunkt 430 Mrd. DM. Diese Größenordnung ist vor allem deshalb beachtlich, da die Bundesbank in der Vergangenheit bereits mehrmals die Reservesätze reduziert hatte, um solche Ausweichprozesse zu unterbinden. Mit der **erweiterten Geldmenge M3** trägt die Bundesbank der wachsenden Bedeutung der Euroeinlagen bereits seit längerem Rechnung (siehe Modul A).

Im ganzen gesehen führt die Mindestreserve in Ländern mit freiem Geld- und Kapitalverkehr zu starken Abwanderungsprozessen vor allem im Bereich des Termingelds. Mit zunehmenden Fortschritten in der Kommunikationstechnik ist damit zu rechnen, daß in Zukunft auch die Sichteinlagen von solchen Verlagerungen betroffen werden. Die damit verbundenen Wettbewerbsnachteile für einzelne Bankplätze lassen den Notenbanken auf Dauer nur zwei Alternativen: den völligen Verzicht auf die Mindestreserve oder eine europaweite oder besser weltweite Einführung solcher Bestimmungen. Letzteres erscheint wenig wahrscheinlich, zumal der geldpolitische Nutzen der Mindestreserve äußerst beschränkt ist.

2.5.4 Notwendigkeit einzelner Instrumente in den beiden Steuerungskonzeptionen

Abschließend läßt sich die Notwendigkeit der einzelnen Instrumente in den beiden Steuerungskonzeptionen in Tabelle VI.6 zusammenfassen (siehe S. 415).

Im ganzen gesehen zeigt sich also, daß die Vorteilhaftigkeit einzelner geldpolitischer Instrumente nie isoliert gesehen werden kann. Ob sie in einer bestimmten Situation geeignet und erforderlich sind, hängt allein davon ab, welches geldpolitische Steuerungsverfahren von einer Notenbank verfolgt wird. Eine Übersicht über die geldpolitischen Instrumente, die in den Mitgliedsländern der EU verwendet werden, gibt Tabelle VI.7.

---

384 Daten über die Guthaben von Inländern bei ausländischen Banken sind nicht verfügbar.

Wenig sinnvoll ist in diesem Zusammenhang die immer wieder zu findende Unterteilung von Instrumenten in „**marktkonforme**“ und „**nicht marktkonforme**“ Instrumente.[385] Sieht man einmal von Instrumenten, die den Allokationsprozeß auf den Finanzmärkten eindeutig verzerren (Zinsobergrenzen oder Mindestreserve), ab, dann sind alle übrigen in diesem Abschnitt diskutierten Refinanzierungsinstrumente gleichermaßen mit einem funktionsfähigen Wettbewerb zwischen den Banken vereinbar. Wie die ausführliche Darstellung der Geldmarktsteuerung der Zinssteuerung gezeigt hat, darf man Instrumente nicht deswegen als „nicht marktkonform“ bezeichnen, nur weil damit von der Notenbank ein fester Zinssatz für den Geldmarkt vorgegeben wird. Ohnehin ist der Geldmarkt aufgrund der **Monopolstellung** der Notenbank – als alleinigem Anbieter von Zentralbankgeld – nur sehr bedingt mit einem Wettbewerbsmarkt gleichzusetzen.

3. Die Geldmarktsteuerung der Deutschen Bundesbank

3.1 Operating targets: Satz für Dreimonatsgeld und für Tagesgeld

Um die Geldmarktsteuerung der Bundesbank beurteilen zu können, muß man zunächst ermitteln, welches Operating target der deutschen Geldpolitik zugrundeliegt. Aus den Publikationen der Bundesbank geht auf den ersten Blick nicht ohne weiteres hervor, ob es sich dabei eher um eine Geldbasis- oder um eine Zinssteuerung des Geldmarktes handelt:

> „Das Bundesbankgesetz stellt der Bundesbank zur Erfüllung ihrer Aufgaben einen breiten Fächer zins- und liquiditätspolitischer Instrumente zur Verfügung. Die Notenbank wird damit in die Lage versetzt, die Zinsbedingungen und Spannungsverhältnisse am Geldmarkt im Sinne ihrer geldpolitischen Zielsetzungen in vielfältiger Weise zu beeinflussen.“ (Deutsche Bundesbank 1995, S. 98)

Während der Verweis auf die „Zinsbedingungen“ eher auf eine Zinssteuerung deutet, könnte man bei den „Spannungsverhältnissen am Geldmarkt“[386] eher an eine Form der Geldbasissteuerung denken. Sehr viel klarer wird die Position der Bundesbank durch folgendes Zitat:

---

[385] Siehe dazu beispielsweise Deutsche Bundesbank (1994, S. 67): „Die Bundesbank bevorzugt in der Regel den Zinstender als 'marktkonformes' Instrument, das dem Wettbewerb unter den Banken Raum gibt.“ Ähnlich Laurens (1994, S. 6), der von „market-oriented operations“ spricht.

[386] Dabei stellt sich das grundsätzliche Problem, was man bei einem monopolistischen Markt unter einem „Spannungsverhältnis“ zu verstehen hat. Grundsätzlich legt der Monopolanbieter stets eine Kombination von Menge und Preis auf der Preis-Absatz-Funktion fest, bei der dann keinerlei „Spannungsverhältnisse“ bestehen.

Tabelle VI.7: Geldpolitische Strategien, Instrumente und Verfahren in den EU-Mitgliedsstaaten

	BE	DK	DE	GR	ES	FR
Geldpolitische Strategie[a]	WKZ	WKZ	GMZ (M3)	GMZ (M3)	PZ, WKZ	WKZ, GMZ (M3)
Mindestreserve zu geldpolitischen Zwecken	Nein	Nein	Ja	Ja	Ja	Ja
- Umfang (% des BIP)[b]	...	...	1,3	4,3	1,4	0,1
- Verzinsung	...	...	Nein	Teilweise	Nein	Nein
Dauerhafte Faziliäten[c]						
- Kreditfazilitäten unter bzw. nahe an Marktkonditionen	□	...	⊠	□	...	...
(Zinssatz)	(Unter Marktsatz)		(Unter Marktsatz)	(Unter Marktsatz)		
- Einlagefazilitäten	□	□	...	...	...	...
- Spitzenrefinanzierung	□	...	□	⊠	...	□
Offenmarktgeschäfte						
1. Arten:[c]						
- Outright-Geschäfte[d]	□	■	...	■	...	⊠
- Pensionsgeschäfte in inländischen Wertpapieren	■	■	■	□	■	■
-Devisenswapgeschäfte	⊠	□	□	□	□	...
2. Häufigkeit:[e]	■	□	□	⊠	⊠	⊠
3. Bietungsverfahren:[c]						
-Mengentender	⊠	■	⊠	...	...	...
- Zinstender	■	...	■	□	■	■

Quelle: Nationale Statistiken.

(a) Stand Ende 1994. WKZ = Wechselkursziel; PZ = Preisziel; GMZ = Geldmengenziel. Für Länder mit Geldmengenzielen Geldmengenaggregate in Klammern.

(b) Mindestreserveeinlagen bei der Zentralbank in % des nominalen BIP (Daten für Jahresmitte 1994, außer Portugal: Daten für Ende 1994).

(c) Bedeutung für die Bereitstellung (oder Absorption) von Liquidität für die (oder von den) Märkte(n): □ Gering; ⊠ Mittel; ■ Hoch.

(d) Enthält die Ausgabe von Einlagenzertifikaten durch die Zentralbank in Dänemark, den Niederlanden und Finnland; enthält festverzinsliche Einlagen in Irland und Schweden sowie die Plazierung und Annahme von Einlagen am Interbankenmarkt in Belgien, Griechenland, den Niederlanden und Finnland.

(e) □ Etwa einmal pro Woche; ⊠ Mehrmals pro Woche; ■ Mehrmals am Tag.

Quelle: Europäisches Währungsinstitut (1994, S.126 f.).

Tabelle VI.7: Fortsetzung

IE	IT	NL	AT	PT	FI	SE	UK
WKZ	GMZ (M2)	WKZ	WKZ	WKZ	PZ	PZ	PZ
Ja	Ja	Ja	Ja	Ja	Ja	Nein	Nein
1,3	6,7	3,7	2,8	1,8	1,3	…	…
Nah am Marktsatz	Teilweise	Nah am Marktsatz	Nein	Nein	Nein	…	…
…	□	■	■	…	…	…	…
	(Nah am Marktsatz)	(Nah am Marktsatz)	(Nah am Marktsatz)				
⊠	…	…	…	■	□	□	…
⊠	⊠	…	…	□	⊠	□	⊠
□	⊠	⊠	…	…	■	□	■
■	■	■	□	■	■	■	■
⊠	□	□	□	…	⊠	…	…
■	⊠	⊠	□	⊠	⊠	⊠	■
…	…	■	□	…	⊠	■	⊠
■	■	…	□	■	⊠	□	■

> „Im Rahmen der indirekten Geldmarktsteuerung ist der Tagesgeldsatz für die Bundesbank die zentrale Größe, an der sie ihren zinspolitischen Hebel direkt ansetzt. Als Angebotsmonopolist beherrscht die Bundesbank die Preisbildung am kurzen Ende des Geldmarkts. Demgegenüber entzieht sich der Interbanken-Termingeldmarkt mit zunehmenden Fristen dem direkten Einfluß der Notenbank." (Deutsche Bundesbank 1995, S. 47)

Die Verwendung des Geldmarktsatzes als Operating target der deutschen Geldpolitik läßt sich sehr deutlich an der Entwicklung des Satzes für Tagesgeld und für Dreimonatsgeld ablesen.

- Der Satz für **Tagesgeld** bewegt sich in der Regel innerhalb eines Zinsbandes von einem bis zwei Prozentpunkten. Seine Obergrenze wird durch den Lombardsatz fixiert. Die Untergrenze wird durch den Abgabesatz für Bundes-Liquiditätspapiere bestimmt und durch die besondere Ausgestaltung des deutschen Mindestreservesystems, die im folgenden noch näher erläutert wird (siehe Schaubild VI.3).

- Der Satz für Dreimonatsgeld weist nur sehr geringe Schwankungen im Monatsverlauf auf. Wie Schaubild VI.4 zeigt, belaufen sich diese seit einigen Jahren auf weniger als einen halben Prozentpunkt. Entscheidend hierfür sind der Rediskontsatz (als Untergrenze für den Geldmarktsatz) und der Zuteilungssatz für die Wertpapierpensionsgeschäfte. Diese Zusammenhänge werden im folgenden ebenfalls noch ausführlicher beschrieben.

In der Praxis läßt sich die Geldmarktsteuerung der Bundesbank also eindeutig als eine **Zinssteuerung** klassifizieren, bei der zwei Operating targets gleichzeitig verfolgt werden, wobei dem Satz für Dreimonatsgeld offensichtlich eine dominante Rolle beizumessen ist. Da diese Zusammenhänge in der Literatur bisher nicht näher herausgearbeitet worden sind, ist es hier nicht möglich, die ökonomische Ratio eines solchen Vorgehens im einzelnen zu analysieren. Nachdem somit geklärt ist, welche Operating targets von der Bundesbank kontrolliert werden, ist zu prüfen, wie sie diese mit Hilfe des ihr zur Verfügung stehenden Instrumentariums steuert.

3.2 Das Instrumentarium der Deutschen Bundesbank

Das Nebeneinander eines Zinsbandes, das vornehmlich für die Kontrolle des Tagesgeldsatzes dient, und einer Feinsteuerung des Satzes für Dreimonatsgeld bedingen eine spezifische Kombination der in Abschnitt VI.2.5 dargestellten geldpolitischen Instrumente. Ein besonderes Merkmal der deutschen Steuerungskonzeption ist dabei vor allem die Verwendung der Mindestreserve als ein Instrument zur Stabilisierung des Satzes für Tagesgeld.

Schaubild VI.3: Band des deutschen Tagesgeldsatzes* von Januar 1985 bis Dezember 1995

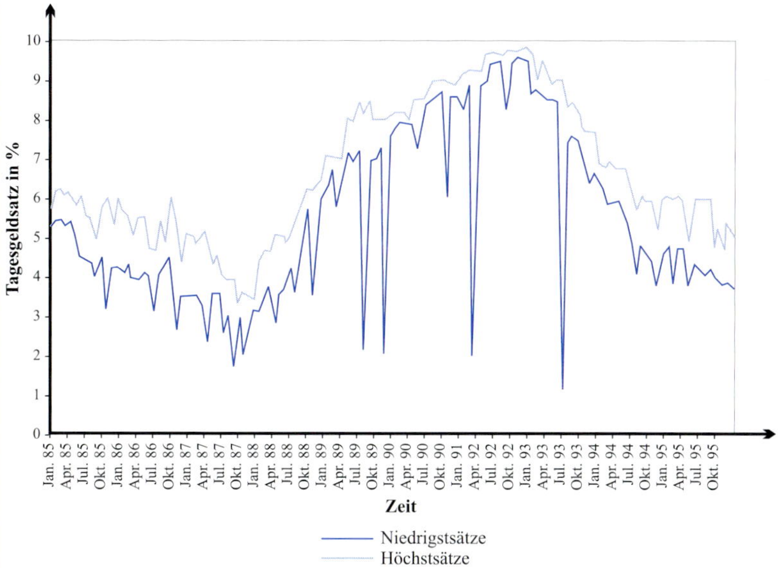

* Höchster und niedrigster Zinssatz in einem Monat.

Quelle: Deutsche Bundesbank, Monatsberichte.

3.2.1 Steuerung des Satzes für Tagesgeld

3.2.1.1 Lombardsatz als Obergrenze

Die Obergrenze des Satzes für Tagesgeld wird durch den Lombardsatz vorgegeben. Bei dieser Kreditfazilität handelt es sich stets um die teuerste Form der Refinanzierung, die im Prinzip ohne jede quantitative Begrenzung vergeben wird.[387] Die Laufzeit beläuft sich auf maximal drei Monate; die Bundesbank legt jedoch Wert darauf, daß der Lombardkredit „kontokorrentmäßig in Anspruch genommen

[387] In geldpolitischen Restriktionsphasen (1973/74 und 1981/82) ist die Bundesbank dazu übergegangen, die Lombardinanspruchnahme quantitativ zu begrenzen. Da dies jedoch mit einer Zinssteuerung nicht kompatibel ist, sah sich die Bundesbank gezwungen, mit dem „**Sonderlombardkredit**" eine zusätzliche Fazilität mit unbegrenzter Inanspruchnahme zu schaffen. Der Sonderlombardsatz lag um bis zu 4,5 Prozentpunkte über dem regulären Lombardsatz.

wird" (Deutsche Bundesbank 1995, S. 105). Lombardkredite können also jederzeit zurückgezahlt werden und sind somit als Fazilitäten mit einer **täglichen Laufzeit** anzusehen.

Schaubild VI.4: Band des deutschen Dreimonatsgeldsatzes* von Januar 1985 bis Dezember 1995

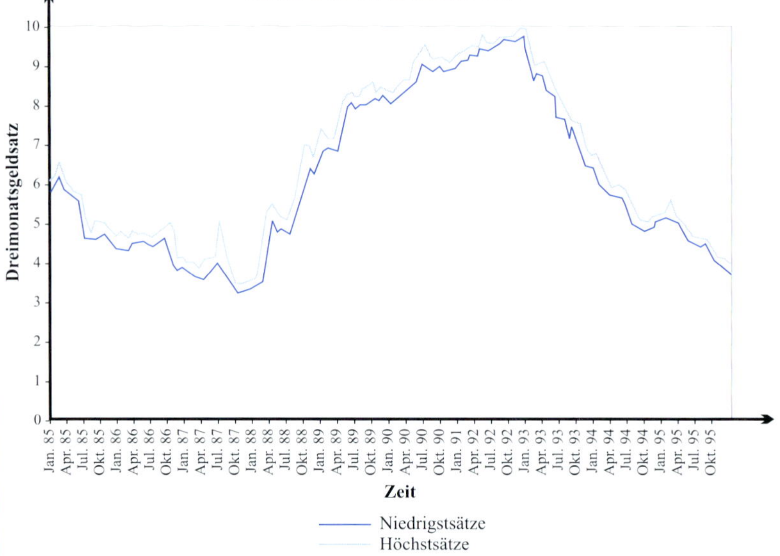

* Höchster und niedrigster Zinssatz in einem Monat.

Quelle: Deutsche Bundesbank, Monatsberichte.

Die Funktion der Zinsobergrenze für den Tagesgeldsatz ergibt sich dadurch, daß keine Bank von einer anderen Bank Tagesgeld leihen wird, wenn dafür ein Zins gefordert wird, der über dem Lombardsatz liegt, zu dem eine unbegrenzte, tägliche Refinanzierung bei der Bundesbank möglich ist. Als Sicherheit für Lombardkredite müssen die Banken der Bundesbank Wertpapiere verpfänden („in den Lombard geben"), die bestimmten Bonitätsanforderungen der Bundesbank zu entsprechen haben.[388] Anders als in der oben beschriebenen Minimalkonzeption legt die Bundesbank jedoch großen Wert darauf, daß diese Form der Refinanzierung von den Banken nur in einem begrenzten Umfang wahrgenommen wird. Eine nähere

---

[388] Nach §19 Abs. 3 Bundesbankgesetz handelt es sich dabei vor allem um bundesbankfähige Wechsel, Schatzwechsel, Schuldverschreibungen und Schuldbuchforderungen von Bund und Ländern.

Erklärung für diesen „**Ausnahmecharakter des Lombardkredits**“ (Deutsche Bundesbank 1995, S. 105) läßt sich in den Publikationen der Bundesbank nicht auffinden.

> „Lombardkredite gewährt die Bundesbank grundsätzlich nur dann, wenn es sich um die Überbrückung eines vorübergehenden Liquiditätsbedarfs eines Kreditinstituts handelt und keine Bedenken hinsichtlich Umfang und Dauer der Kreditaufnahme bestehen.“ (Deutsche Bundesbank 1995, S. 109)

Tabelle VI.8: Refinanzierungsstruktur der Kreditinstitute bei der Deutschen Bundesbank

Anteile an der Gesamtrefinanzierung in Prozent (auf der Basis monatsdurchschnittlicher Beträge)

Jahr	Wechselkredite [1)]	Wertpapierpensionsgeschäfte	Lombard- oder Sonderlombardkredit
1980	83,5	6,0	10,5
1981	86,6	6,9	6,5
1982	79,9	14,8	5,3
1983	83,9	8,0	8,1
1984	76,5	15,9	7,6
1985	64,0	34,7	1,3
1986	66,2	33,2	0,6
1987	66,7	33,0	0,3
1988	51,6	47,7	0,7
1989	39,0	59,9	1,1
1990	42,2	56,3	1,5
1991	37,9	61,1	1,0
1992	34,0	65,4	0,6
1993	27,7	71,8	0,5
1994	29,5	69,7	0,8
1995	33,4	66,3	0,3

* Ohne sehr kurzfristige Ausgleichsoperationen der Bundesbank.
1) Kredite im Rahmen von Rediskont- und Refinanzierungskontingenten sowie von Sonderlinien, wie für AKA-Wechsel und Privatdiskonten.

Quelle: Deutsche Bundesbank (1995 , S. 109) und Ergänzung für 1995 durch die Bundesbank.

Im Rahmen einer Zinssteuerung ist es offensichtlich, daß der Lombardkredit die ihm von der Bundesbank zugedachte Ausnahmestellung nur dann wahrnehmen kann, wenn durch andere Refinanzierungsinstrumente für eine ausreichende Basisrefinanzierung des Bankensystems gesorgt wird. Hierbei handelt es sich neben dem Rediskontkredit vor allem um die Wertpapierpensionsgeschäfte. Letztere wurden Mitte der achtziger Jahre von der Bundesbank gezielt ausgebaut, um die Inanspruchnahme der Lombardkredite in Grenzen zu halten (Deutsche Bundesbank 1995, S. 115).

Im Rahmen der Steuerung des Tagesgeldsatzes ist hierbei auch das Instrument des **Schnelltenders** zu erwähnen. Dabei handelt es sich um Wertpapierpensionsgeschäfte mit Laufzeiten von zwei bis zehn Tagen, die von der Bundesbank sporadisch zur Liquiditätsversorgung zwischen den regulären Zuteilungsterminen der Wertpapierpensionsgeschäfte durchgeführt werden. Ihre Funktion besteht allein darin, bei einem zu knapp bemessenen regulären Wertpapierpensionsgeschäft gleichsam einen „Nachschlag" zu leisten, um eine ansonsten erforderliche Lombardinanspruchnahme zu vermeiden.[389]

Quantitativ hält sich die Bedeutung des Lombardkredits seit längerem in sehr engen Grenzen. Im **Monatsdurchschnitt** geht die Refinanzierung über dieses Instrument nur selten über einen Betrag von zwei Mrd. DM hinaus, was einem Anteil von rund einem Prozent an den gesamten Krediten der Bundesbank an das Geschäftsbankensystem entspricht (Tabelle VI.8). Dabei weist die Lombardinanspruchnahme **innerhalb eines Monats** starke Schwankungen auf, die durch einen relativ gleichförmigen Verlauf gekennzeichnet sind (siehe Schaubilder VI.5 und VI.6). Während in den ersten drei Wochen eines Monats kaum größere Lombardkredite aufgenommen werden, ist im letzten Viertel eines Monats meist eine sehr rege Nachfrage nach dieser Form der Refinanzierung zu beobachten. Ihr Anteil am gesamten Refinanzierungsvolumen liegt dann meist deutlich höher als ein Prozent. Dieses stabile zeitliche Profil der Lombardinanspruchnahme deutet darauf hin, daß die Bundesbank bestrebt ist, die anderen Instrumente der Liquiditätsversorgung zum Monatsende hin relativ knapp zu bemessen. Die Banken werden also in dieser Phase gleichsam „in den Lombard gezwungen". Dies führt zugleich dazu, daß sich dann der Tagesgeldsatz eng am Lombardsatz bewegt. Er liegt

[389] Aus technischer Sicht unterscheidet sich der Schnelltender von regulären Wertpapierpensionsgeschäften durch folgende Merkmale: Es werden nur geldmarktaktive, d.h. also große Banken angesprochen. Die Abwicklung erfolgt taggleich, während beim regulären Verfahren die Zuteilung erst einen Tag nach der Ausschreibung vorgenommen wird.

also zum Ultimo hin systematisch höher als in den ersten drei Wochen eines Monats.[390]

Schaubild VI.5: Anteil der Lombardgeschäfte am gesamten Kreditvolumen der Deutschen Bundesbank 1994

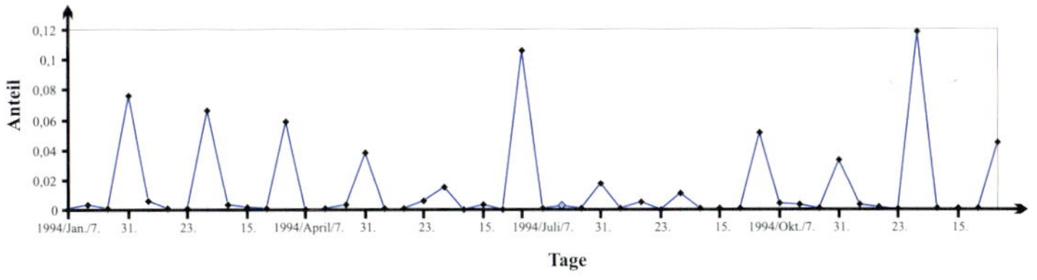

Die Daten beziehen sich auf die jeweiligen Bankwochenstichtage eines Monats.

Quelle: Deutsche Bundesbank, Monatsberichte.

3.2.1.2 Abgabesatz für Bundes-Liquiditätspapiere als unmittelbare Untergrenze

Wie in der oben skizzierten Minimalkonzeption deutlich geworden ist, bedarf es für eine Steuerung des Tagesgeldsatzes immer dann eines **Absorptionsinstruments**, wenn die Banken einen größeren Teil ihrer Refinanzierung durch Instrumente erhalten, die eine Laufzeit von mehr als einem Tage aufweisen. In Deutschland, wo der größte Teil des Zentralbankgelds über Wertpapierpensionsgeschäfte mit einer Laufzeit von zwei Wochen bereitgestellt wird (siehe 3.2.2), wird diese Funktion durch die „Liquiditätspapiere“ (§42 BBankG) wahrgenommen; man bezeichnet diese Papiere oft auch als „Bundes-Liquiditätspapiere“ oder „Bulis“. Dabei handelt es sich um Schatzanweisungen oder unverzinsliche Schatzanweisungen des Bundes, die dieser der Bundesbank „in einer Stückelung und Ausstattung nach deren Wahl als Liquiditätspapiere bis zum Höchstbetrag von 50 Milliarden Deutsche Mark zur Verfügung zu stellen“ hat (§42 Abs. 1 BBankG). Die Bundesbank muß dabei für alle Verbindlichkeiten aus diesen Papieren einstehen. Der aus dem Verkauf der Papiere erzielte Erlös wird dem Bund nicht zur Verfügung gestellt, sondern auf einem Konto bei der Bundesbank verbucht, aus dem lediglich die Einlösung fälliger Papiere vorgenommen werden darf.

---

390 In den Worten der Bundesbank: „An den Monatsenden etwa, an denen Zinsfluktuationen allgemein zutreffend als 'technisch bedingt' interpretiert werden, läßt sie (die Bundesbank; die Verf.) den Tagesgeldsatz in aller Regel auspendeln.“ (Deutsche Bundesbank 1994, S. 70)

Schaubild VI.6: Anteil der Lombardgeschäfte am gesamten Kreditvolumen der Deutschen Bundesbank 1995

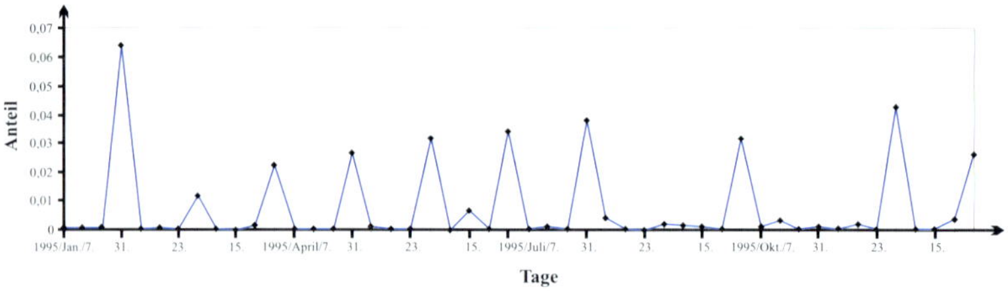

Die Daten beziehen sich auf die jeweiligen Bankwochenstichtage eines Monats.

Quelle: Deutsche Bundesbank, Monatsberichte.

Bisher hat die Bundesbank die Bulis durchweg mit einer Laufzeit von drei Tagen angeboten. Der Zinssatz entspricht dabei in der Regel dem Diskontsatz. Er kann aber auch um bis zu einem halben Prozentpunkt über dem Diskontsatz liegen; in diesem Fall ist das Zinsband für den Tagesgeldsatz enger als die Differenz zwischen Lombard- und Diskontsatz.

Entscheidend ist bei den Bulis, daß es sich dabei nicht um eine Fazilität handelt, die den Geschäftsbanken einen jederzeitigen Zugriff eröffnet, sondern um ein Offenmarktgeschäft, bei dem die Initiative von der Bundesbank ausgehen muß. In der Praxis hat sich gezeigt, daß dieses Instrument nur sporadisch eingesetzt wurde – vor allem in Phasen mit starken Devisenzuflüssen im Rahmen des EWS. Seit August 1994 hat die Bundesbank keinerlei Geschäfte mit Liquiditätspapieren vorgenommen. Dies hat zur Folge, daß der Tagesgeldsatz an einzelnen Tagen gelegentlich einmal unterhalb des Bandes von Lombard- und Diskontsatz zu liegen kommt. Da solche Ausreißer jedoch nur selten zu beobachten sind (siehe Schaubild VI.4), stellt sich die Frage, wie es der Bundesbank möglich ist, den Tagesgeldsatz relativ gut zu steuern, obwohl sie das dafür vorgesehene Absorptionsinstrument kaum einsetzt. Dies führt auf die Rolle der **Mindestreserve**, die im folgenden ausführlicher erläutert wird.

3.2.1.3 Stabilisierung des Tagesgeldsatzes durch die Mindestreserve

Im Rahmen der Zinssteuerung der Bundesbank spielt auch die Mindestreserve eine wichtige Rolle. In den Worten der Bundesbank:

> „Die Zinsentwicklung am deutschen Tagesgeldmarkt zeichnet sich im internationalen Vergleich durch eine ungewöhnliche Stetigkeit aus. Dabei kommt der deutschen Mindestreserveregelung eine entscheidende Rolle zu." (Deutsche Bundesbank 1994, S. 62)

- **Buchverbindlichkeiten** (einschließlich Verbindlichkeiten aus Namensschuldverschreibungen und Orderschuldverschreibungen, die nicht Teil einer Gesamtemission sind) mit einer Befristung von **weniger als vier Jahren**,
- Verbindlichkeiten für **Inhaberschuldverschreibungen** (und Orderschuldverschreibungen, die Teile einer Gesamtemission darstellen) mit einer Befristung von weniger als zwei Jahren.

Tabelle VI.9: Reservesätze der Deutschen Bundesbank (in % der reservepflichtigen Verbindlichkeiten)

Gültig ab:	Reservepflichtige Verbindlichkeiten gegenüber Gebietsansässigen: Sichtverbindlichkeiten, Progressionsstufe[1] 1: bis 10 Mio. DM	2: über 10 bis 100 Mio.DM	3: über 100 Mio.DM	befristete Verbindlichkeiten	Spareinlagen	Reservepflichtige Verbindlichkeiten gegenüber Gebietsfremden: Sichtverbindlichkeiten	Befristete Verbindlichkeiten	Spareinlagen
1. Feb. 1987	6,6	9,9	12,1	4,95	4,15	12,1	4,95	4,15
1. März 1993	6,6	9,9	12,1	2	2	12,1	2	2
1. März 1994[2]		5		2	2	5	2	2
1. Aug. 1995		2		2	1,5	2	2	1,5

1) Für die ersten 10 Mio. DM an reservepflichtigen Verbindlichkeite gilt der Satz der Progressionsstufe 1, für die nächsten 90 Mio. DM der Satz der Progressionsstufe 2 und für die über 100 Mio. hinausgehenden der Satz der Progressionsstufe 3.
2) Ab 1. März 1994 sind die Progressionstufen bei den Sichtverbindlichkeiten gegenüber Gebietsansässigen sowie die noch bestehende Differenzierung der Reservesätze nach Verbindlichkeiten gegenüber Gebietsansässigen und Gebietfremden entfallen.

Quelle: Deutsche Bundesbank (1995), Monatsbericht Oktober.

Verbindlichkeiten, die gegenüber einem anderen inländischen Kreditinstitut bestehen, sind nicht reservepflichtig.

Bei den Reservesätzen wird differenziert nach **Sichtverbindlichkeiten** (Laufzeit oder Kündigungsfrist von weniger als einem Monat), **befristeten Verbindlichkeiten** (Laufzeit von mindestens einem Monat) und **Spareinlagen**. Eine Übersicht über die Mindestreservesätze seit 1987 gibt Tabelle VI.9.

Die in der Vergangenheit zu beobachtenden Differenzierungen der Reservesätze nach Inlands- und Auslandseinlagen sowie nach der Höhe der reservepflichtigen Guthaben eines Kreditinstituts sind weiterhin grundsätzlich möglich, werden von der Bundesbank aber nicht mehr vorgenommen. Das Gleiche gilt für besondere Mindestreservesätze, die zeitweilig auf den **Zuwachs** an reservepflichtigen Auslandsverbindlichkeiten gefordert wurden.

Das für einen Monat zu haltende **Reserve-Soll** wird errechnet, indem der Durchschnitt der reservepflichtigen Verbindlichkeiten mit den Reservesätzen multipliziert wird. Dieser Durchschnitt wird in der Regel nicht für jeden Geschäftstag ermittelt, sondern lediglich für vier sogenannte **Bankwochenstichtage**. Dabei handelt es sich um den 23. und den letzten Tag („Ultimo") des Vormonats und den 7. und 15. Tag des laufenden Monats. Dieses Berechnungsverfahren führt dazu, daß für die Banken nach dem 15. Tag eines Monats genau feststeht, wie hoch ihr Reserve-Soll in diesem Monat ausfällt. Aus der Sicht der Bundesbank hat dies den Vorteil, daß sie in der zweiten Monatshälfte recht genau berechnen kann, wie hoch die Nachfrage der Banken nach Zentralbankgeld ausfallen wird. Bei der Liquiditätsbereitstellung über die Wertpapierpensionsgeschäfte kann sie so das Zuteilungsvolumen gut auf den Liquiditätsbedarf der Banken abstimmen.

Dieses Berechnungsverfahren bedingt allerdings auch, daß die Geldbasisnachfrage der Banken von der Monatsmitte an nahezu zinsunelastisch wird, da sie – neben dem wenig steuerbaren Bargeldbedarf der Nichtbanken – allein von dem dann exogen festliegenden Reserve-Soll bestimmt wird. Eine Notenbank, die eine Politik der Zinssteuerung vornimmt, gerät in dieser Phase somit gleichsam ins „Schlepptau" der Banken (Bockelmann 1978, S. 45). Würde die Bundesbank diese vorgegebene Nachfrage der Banken nach Zentralbankguthaben nicht decken (Geldbasissteuerung), käme es zum Monatsende hin zu massiven Zinssteigerungen am Geldmarkt: die einzelnen Banken würden versuchen, ihren Fehlbedarf an Liquidität über den Geldmarkt zu decken. Diese Zinsbewegung wäre jedoch völlig funktionslos, da die globale Differenz zwischen dem Liquiditätsbedarf des Bankensystems und der Liquiditätsbereitstellung durch die Bundesbank so nicht behoben würde. Am Monatsende wäre es dann einigen Banken nicht möglich, ihr Mindestreserve-Soll zu erfüllen.[391]

Das **Reserve-Ist** wird als kalendertäglicher Durchschnitt aus den im jeweiligen Monat bei der Bundesbank unterhaltenen Guthaben eines Kreditinstituts errechnet. Zentralbankguthaben der Kreditinstitute sind grundsätzlich unverzinslich. In der Regel sind die Banken daher bestrebt, das Reserve-Ist möglichst eng an das Reserve-Soll anzupassen und somit Überschußreserven zu vermeiden. In Deutschland sind die **Überschußreserven** daher durchweg sehr gering; sie belaufen sich meist auf weniger als 1 % des Reserve-Solls. Dies liegt nicht nur am einzelwirtschaftli-

---

391 In diesem Fall wäre auf die Differenz zwischen Reserve-Soll und Reserve-Ist für einen Zeitraum von 30 Tagen ein Sonderzins zu zahlen, der um drei Prozentpunkte über dem Lombardsatz liegt.

chen Gewinnstreben der Banken, sondern auch an der von der Bundesbank praktizierten Zinssteuerung. Die Bundesbank muß dabei grundsätzlich bestrebt sein, den Banken Anlagemöglichkeiten für überschüssiges Zentralbankgeld anzubieten, da es sonst zu einem unerwünschten Absinken des Geldmarktsatzes kommen würde.

Für die von der Bundesbank angestrebte Steuerung des **Geldmarktsatzes** ist die Mindestreserve nun in zweifacher Hinsicht von Bedeutung.

- Da der Bundesbank in der **zweiten Monatshälfte** sehr genau bekannt ist, wie hoch der Zentralbankgeldbedarf des Bankensystems ausfällt, ist es für sie in diesem Zeitraum relativ gut möglich, die Liquiditätsversorgung so vorzunehmen, daß größere Schwankungen des Geldmarktsatzes vermieden werden.
- In der **ersten Monatshälfte** ist vor allem von Bedeutung, daß das Reserve-Ist als Monatsdurchschnitt errechnet wird. Eine in dieser Phase zu hohe Liquiditätsversorgung durch die Bundesbank kann von den Banken dann dazu genutzt werden, ihre Reservepflicht gleichsam im Vorgriff zu erfüllen. Die Banken sind somit grundsätzlich bereit, zeitweise höhere Bestände an Zentralbankguthaben zu unterhalten als das von ihnen erwartete Reserve-Soll. Ein Liquiditätsüberschuß des Bankensystems führt in der ersten Monatshälfte also nicht notwendigerweise dazu, daß es zu einem Druck am Geldmarkt kommt. Für diesen Effekt ist es vorteilhaft, wenn die Banken davon ausgehen können, daß die Refinanzierung in der zweiten Monatshälfte in der Regel zu höheren Zinssätzen als in der ersten Monatshälfte erfolgt. Hierzu trägt die Bundesbank dadurch bei, daß sie – wie erwähnt – zum Monatsende hin ihre Wertpapierpensionsgeschäfte relativ knapp bemißt und so die Banken in den relativ teuren Lombardkredit zwingt. Dieses zeitliche Profil der Refinanzierung begünstigt also eine „frontlastige" Reserveerfüllung im Monatsbedarf: Die Zentralbankguthaben der Banken sind in der ersten Monatshälfte größer als in der zweiten (siehe dazu Box VI.1 über die „Lombardfalle" und die „Diskontfalle").

So gesehen trägt die Mindestreserve also ebenfalls dazu bei, daß die Fluktuationen des Geldmarktsatzes in Grenzen gehalten werden. Allerdings könnte diese Funktion ganz einfach dadurch substituiert werden, daß man den Abstand zwischen Lombardsatz und dem Abgabesatz der Bulis reduziert und dabei zugleich die Frequenz dieser Geschäfte deutlich erhöht.

3.2.2 Steuerung des Satzes für Dreimonatsgeld

Die Schwankungsbreite des Satzes für Dreimonatsgeld ist erstaunlich gering. Hierfür ist zum einen der Rediskontkredit von Bedeutung und zum anderen die spezifische Handhabung des Instruments der Wertpapierpensionsgeschäfte.

3.2.2.1 Rediskontkredit als Untergrenze

Bis Mitte der achtziger Jahre stellte der Rediskontkredit das Herzstück des geldpolitischen Instrumentariums der Bundesbank dar. Bei diesem Instrument kauft die Bundesbank von den Banken Handelswechsel (wie auch Schatzwechsel des Bundes, der Länder und der Sondervermögen des Bundes) zum Diskontsatz an (§19 Abs. 1 BBankG). Diese Papiere müssen folgenden Kriterien gerecht werden:

- Sie müssen innerhalb von drei Monaten fällig werden.
- Drei als zahlungsfähig bekannte Verpflichtete müssen für den Wechsel haften. Dies setzt voraus, daß der Bundesbank eine hinreichende Beurteilung ihrer finanziellen Verhältnisse möglich ist. Dies geschieht in der Form einer laufenden Bilanzanalyse durch die Landeszentralbanken und auch durch direkte Gespräche zwischen den Unternehmensleitungen und Bundesbankvertretern.
- Es muß sich um „gute Handelswechsel" handeln. Darunter versteht die Bundesbank Wechsel, die aufgrund von Warenlieferungen oder von Dienstleistungen zwischen Unternehmen und/oder wirtschaftlich Selbständigen begeben worden sind.

Der Rediskontkredit wird zu einem Satz vergeben, der deutlich unter dem Lombardsatz, aber auch noch unter dem Pensionssatz liegt. Es handelt sich dabei also um die günstigste Refinanzierungsform, die einen eindeutigen Subventionscharakter aufweist. Eine solche Differenzierung der Notenbankzinsen setzt voraus, daß die Inanspruchnahme des Rediskontkredits quantitativ begrenzt wird, da ansonsten die teureren Finanzierungsfazilitäten nicht mehr nachgefragt würden; der Diskontsatz würde so zur Obergrenze für den Geldmarktsatz. Die Bundesbank limitiert die Rediskontkredite durch die Festlegung der sogenannten **Rediskontkontingente**. Der auf diese Weise fixierte Gesamtrahmen wird auf jedes einzelne Institut durch ein weitgehend objektives Berechnungsverfahren in das sogenannte **Normkontingent** umgerechnet.[392] Aufgrund des Subventionselements sind die Banken in der Regel bestrebt, ihre Normkontingente soweit wie möglich auszunutzen.

[392] Siehe dazu ausführlicher Deutsche Bundesbank (1975, S.21 - 28).

Im Rahmen der **Zinssteuerung** der Bundesbank ist die Funktion des Rediskontkredits vor allem darin zu sehen, daß so eine Untergrenze für den Dreimonatssatz geschaffen wird. In den Worten der Bundesbank (1995, S. 47):

> „(...) können die längerfristigen Geldmarktsätze in aller Regel nicht nennenswert unter den Diskontsatz sinken, weil die Banken bei einer solchen Satztendenz nach Maßgabe der Wechselfälligkeiten ihre Rediskontverschuldung bei der Bundesbank abbauen und die dazu benötigten Mittel am Geldmarkt günstiger aufnehmen würden."

Wie in Abschnitt VI.2.3 dargestellt, geht also vom Rediskontkredit wegen seiner in der Regel dreimonatigen Laufzeit ein stabilisierender Effekt auf den Satz für Dreimonatsgeld aus. Die Voraussetzung hierfür ist allerdings, daß täglich ein größerer Betrag an Wechseln im Rediskontgeschäft fällig wird. Bei einem Satz für Dreimonatsgeld, der unter dem Diskontsatz liegt, kommt es dann gleichsam zu einem Arbitrageprozeß, durch den der Geldmarktsatz wieder an den Rediskontsatz herangeführt wird.

3.2.2.2 Wertpapierpensionsgeschäfte als zentrales Steuerungsinstrument

Von Mitte der achtziger Jahre an sind die Wertpapierpensionsgeschäfte zunehmend ins Zentrum der Refinanzierungspolitik der Bundesbank getreten. Wie Tabelle VI.8 verdeutlicht, liegt ihr Anteil an der gesamten Refinanzierung derzeit bei rund 65 %. Die Bundesbank setzt die Wertpapierpensionsgeschäfte sowohl in der Form des **Zinstenders** als auch des **Mengentenders (Festzinstender)** ein.

- Der **Mengentender**, bei dem ein fester Pensionssatz vorgegeben wird, entspricht uneingeschränkt der von der Bundesbank intendierten Zinssteuerung. Entscheidend ist dabei, über welche Laufzeit ein solches Geschäft verfügt. Zunächst offerierte die Bundesbank Wertpapierpensionsgeschäfte mit Laufzeiten von einem und zwei Monaten, womit sich eine relativ unmittelbare Steuerung des Satzes für Dreimonatsgeld ergibt. Von Dezember 1993 an bietet die Bundesbank nur noch Wertpapierpensionsgeschäfte mit einer Laufzeit von zwei Wochen an, wobei diese so gestaffelt sind, daß jede Woche ein Geschäft fällig wird. Diese Laufzeitverkürzung reflektiert das Bestreben der Bundesbank, im Fall größerer Devisenzuflüsse stets über ein möglichst hohes Sterilisationspotential zu verfügen. Sie hat allerdings den nachteiligen Effekt, daß sich der Einfluß auf den Satz für Dreimonatsgeld tendenziell vermindert. Wie Schaubild VI.4 zeigt, hat sich dies in der Praxis jedoch nicht ausgewirkt.

Tabelle VI.10: Wertpapierpensionsgeschäfte der Deutschen Bundesbank

Gutschriftstag	Gebote der Kreditinstitute		Ankäufe der Bundesbank					
					Mengentender	Zinstender		
	Anzahl der Bieter	Betrag in Mio. DM	Anzahl	Betrag in Mio. DM	Festsatz in % p.a.	marginaler Zuteilungssatz in % p.a.	Schwerpunktsatz* in % p.a.	Laufzeit in Tagen
1995 24. Mai	622	126 827	530	60 072	-	4,51	4,52	14
1. Juni	509	128 159	432	64 000	-	4,51	4,51	12
7. Juni	476	109 257	440	59 076	-	4,50	4,51	14
13. Juni	480	130 108	453	64 956	-	4,50	4,51	15
21. Juni	570	124 488	534	56 296	-	4,50	4,51	14
28. Juni	486	119 514	456	58 920	-	4,50	4,51	14
5. Juli	544	137 387	528	66 025	-	4,50	4,51	14
12. Juli	491	114 637	458	57 861	-	4,50	4,51	14
19. Juli	538	134 424	511	64 902	-	4,50	4,51	14
26. Juli	498	119 443	467	56 075	-	4,50	4,51	14
2. Aug.	424	128 903	395	63 096	-	4,50	4,51	14
9. Aug.	393	86 654	356	53 495	-	4,45	4,47 - 4,49	14
16. Aug.	474	111 270	388	63 046	-	4,45	4,45	14
23. Aug.	433	90 228	359	50 533	-	4,39	4,40 - 4,41	14
30. Aug.	422	106 348	313	65 942	-	4,30	4,30 - 4,31	14
6. Sept.	403	96 139	361	49 099	-	4,20	4,20 - 4,22	14
13. Sept.	405	106 259	369	65 816	-	4,15	4,16 - 4,17	14
20. Sept.	459	97 361	412	50 928	-	4,12	4,13	14
27. Sept.	406	107 295	358	67 017	-	4,08	4,08 - 4,09	14
4. Okt.	352	90 399	311	50 476	-	4,05	4,05 - 4,06	14
11. Okt.	420	107 742	359	67 751	-	4,03	4,03 - 4,04	14
18. Okt.	485	122 635	431	51 359	-	4,03	4,04	15
25. Okt.	468	133 666	407	68 697	-	4,03	4,04	14
2. Nov.	338	100 413	279	51 869	-	4,02	4,02 - 4,03	13
8. Nov.	348	113 355	326	67 581	-	4,00	4,01 - 4,02	15
15. Nov.	328	95 171	279	50 862	-	3,98	3,99	14
23. Nov	384	115 748	336	68 966	-	3,97	3,98	13
29. Nov.	364	102 668	224	58 640	-	3,98	3,98	14
6. Dez.	404	119 284	334	72 147	-	3,98	3,99	14
13. Dez.	369	101 033	330	65 992	-	3,98	3,99	15
20. Dez.	692	218 534	692	72 154	3,75	-	-	14
28. Dez.	636	222 933	636	73 599	3,75	-	-	13
							-	14
1996 3. Jan.	522	216 221	522	63 057	3,75	-		
10. Jan.	473	132 345	428	69 501	-	3,73	3,74	14
17. Jan.	406	88 588	389	58 996	-	3,65	3,67 - 3,68	15
24. Jan.	380	99 148	318	69 437	-	3,55	3,55 - 3,56	14
1. Feb.	300	77 000	...	59 000	-	3,40	3,43 - 3,45	13

* Spanne der Sätze, zu denen das Schwergewicht der Zuteilung erfolgte.

Quelle: Deutsche Bundesbank (1996), Monatsbericht Februar.

- Der **Zinstender**, der von der Bundesbank ebenfalls sehr häufig zum Einsatz gebracht wird, ist vom Prinzip her nicht mit einer Zinssteuerung des Geldmarktes zu vereinbaren. Die Bundesbank löst dieses Problem dadurch, daß sie dieses Verfahren in einer stark abgewandelten Form praktiziert. Während eine Notenbank bei einem klassischen Zinstender ex ante die Zuteilungsmenge fixiert und dann über die Auktion den Zuteilungssatz ermittelt, läßt es die Bundesbank stets offen, welchen Betrag an Geldbasis sie bei einem bestimmten Zuteilungstermin anzubieten gedenkt. Sie legt vielmehr das Volumen erst dann fest, wenn ihr alle Bietungen der Geschäftsbanken bekannt sind. Sie verfügt damit gleichsam über eine konkrete Preis-Absatz-Funktion, auf der sie die ihr adäquate Kombination aus Zins und Menge bestimmen kann. Diese Variante des Zinstenders kann somit ohne weiteres als Instrument für eine Steuerung des Geldmarktsatzes eingesetzt werden. Sie unterscheidet sich dabei aus der Sicht der Notenbank nur unwesentlich vom Mengentender.

Mit diesen beiden Gestaltungsformen des Wertpapierpensionsgeschäfts kann die Bundesbank also den Geldmarktsatz für den **Fristenbereich von zwei Wochen** relativ gut steuern, wobei es entscheidend darauf ankommt, daß die Banken den Zuteilungssatz recht genau prognostizieren können. Die einzelne Bank steht dann vor der Alternative, ob sie sich für zwei Wochen am Interbankenmarkt verschulden soll, oder ob sie eine Bietung für ein Wertpapierpensionsgeschäft abgeben soll. Der Satz für die Verschuldung bei einer anderen Bank wird so nicht über den erwarteten Zuteilungssatz zu liegen kommen. Umgekehrt kann er auch nicht nennenswert darunter absinken, da Banken, die für diese Frist über überschüssige Liquidität verfügen, ihre Zentralbankguthaben nicht an eine andere Bank ausleihen, sondern statt dessen ihre Bietung beim Wertpapierpensionsgeschäft entsprechend zurückfahren.

Eine relativ stetige und vorhersehbare Entwicklung der Zuteilungssätze ist daher wesentlich dafür, daß es der Bundesbank mit diesem Verfahren möglich ist, die Sätze am Geldmarkt zu steuern. In der Tat zeigen die Zuteilungssätze beim Mengen- wie beim Zinstender auf kurze Sicht nur sehr geringe Bewegungen, wobei die Veränderungen über lange Phasen hinweg stets dasselbe Vorzeichen aufweisen (siehe Tabelle VI.10).

Dieses „**interest rate smoothing**“ (Goodhart 1996) bietet zudem eine wichtige Erklärung für die gute Steuerbarkeit des Dreimonatssatzes. Bei der zweiwöchigen Laufzeit der Wertpapierpensionsgeschäfte wäre es im Prinzip denkbar, daß die Banken für dreimonatige Geldmarktgeschäfte Zinsen fordern, die deutlich über oder unter dem aktuellen Zuteilungssatz liegen.

- Durch die Vermeidung von **wechselnden Vorzeichen** bei den Veränderungen der Zuteilungssätze wird von vornherein dafür gesorgt, daß die Abweichungen des Satzes für Dreimonatsgeld nur in eine Richtung gehen können. So sind in **Zinssenkungsphasen** nur Dreimonatssätze **unter** dem Wertpapierpensionssatz realistisch, da sich eine Bank kaum für drei Monate Liquidität zu einem Satz beschaffen wird, der über den zu erwartenden Sätzen für die zweiwöchigen Wertpapierpensionsgeschäften liegt. In dieser Situation tritt dann der Rediskontsatz als Untergrenze in Kraft. Bei **Zinssteigerungsphasen** sind dementsprechend Abweichungen des Dreimonatssatzes nur nach **oben** möglich. Hier fehlt allerdings eine dem Rediskont vergleichbare Grenze, da der Lombardkredit nur für den Tagesgeldsatz relevant ist.

- Dieses Defizit wird nun durch das „**interest rate smoothing**" kompensiert. Gemäß der „Erwartungstheorie der Zinsstruktur" (siehe Anhang V.1) ergibt sich der Dreimonatssatz als Durchschnitt der erwarteten Zuteilungssätze für die zweiwöchigen Wertpapierpensionssätze in der kommenden Dreimonatsfrist. Die Entwicklung der Zuteilungssätze zeigt, daß sie – von sehr wenigen Ausnahmen abgesehen – in der Regel kaum um mehr als einen halben Prozentpunkt pro Monat verändert werden. Bei einer Betrachtungsweise für drei Monate kann daher selbst für die Annahme, daß in zwei Monaten jeweils eine Anhebung um einen halben Prozentpunkt erfolgt, der Dreimonatssatz nur um 0,5 Prozentpunkte vom aktuellen Wertpapierpensionssatz nach oben abweichen.[393] Die von der Bundesbank immer wieder propagierte „Politik der Trippelschritte" ist also eine entscheidende Voraussetzung dafür, daß sie den Satz für Dreimonatsgeld so genau steuern kann.[394]

3.2.3 Gesamtbetrachtung

Im ganzen gesehen zeigt sich, daß die Bundesbank über ein in sich gut abgestimmtes Instrumentarium verfügt, um ihre beiden konkreten Operating targets (Tagesgeldsatz und Satz für Dreimonatsgeld) jederzeit so zu steuern, wie sie dies zur Erreichung des Endziels der Geldwertstabilität für erforderlich hält. Verglichen mit dem oben beschriebenen Minimalkonzept einer Zinssteuerung weist der Instrumenteneinsatz der Bundesbank jedoch eine Reihe von Nachteilen auf:

- Das Steuerungskonzept ist insgesamt sehr wenig **transparent**. Die Bundesbank hat bisher weder eindeutig dazu Stellung genommen, daß sie überhaupt eine Zinssteuerung betreibt, noch hat sie der Öffentlichkeit gegenüber erklärt, welchen Geldmarktsatz sie als Operating target verwendet. Verwirrend ist auch,

---

[393] Dabei wird unterstellt, daß die Zinserhöhungen am jeweils ersten Tag des zweiten und dritten Monats stattfinden.

[394] Marvin Goodfriend (1991) hat am Beispiel der Fed erstmals auf diesen Zusammenhang hingewiesen.

daß der Zinstender beim Wertpapierpensionsgeschäft so praktiziert wird, daß es sich dabei letztlich um einen verkappten Mengentender handelt. Schließlich finden sich im Instrumentenkasten der Bundesbank nach wie vor Instrumente, die zu Zeiten entwickelt wurden, als das Wertpapierpensionsgeschäft noch nicht in heutigem Umfang und Stil betrieben wurde und als auch noch kein so hoher Bestand an Bulis vorhanden war. Zu diesen letztlich obsolet gewordenen geldpolitischen Maßnahmen zählen Outright-Offenmarktgeschäfte, Devisenswap- und Devisenpensionsgeschäfte. Ihre Funktion ist im Prinzip nicht sehr viel anders zu bewerten als die der Wertpapierpensionsgeschäfte (beim Einsatz in expansiver Richtung) beziehungsweise der Bundes-Liquiditätspapiere (beim Einsatz in kontraktiver Richtung).[395]

- Mit dem Rediskontkredit und der Mindestreserve kommen Instrumente zum Einsatz, die dem Erfordernis der **Allokationsneutralität** nicht gerecht werden und zudem besonders **personalintensiv** sind. Der Rediskontkredit begünstigt die Refinanzierung über das Instrument des Handelswechsels, ohne daß es dafür eine überzeugende Begründung gibt.[396] Zudem erlaubt die Festlegung der individuellen Kontingente durch die Bundesbank Ermessensspielräume, die zu einer gewissen Benachteiligung einzelner Banken führen können. Die Bonitätsprüfung der Unternehmen, deren Wechsel zum Rediskont eingereicht werden, ist mit hohem Personalaufwand in den Landeszentralbanken verbunden. Die Mindestreserve führt, wie erwähnt, zur Verlagerung von Kreditketten ins Ausland und benachteiligt damit den deutschen Finanzplatz. Auch hier sind personalintensive Prüfungen der Geschäftsbanken durch die Landeszentralbanken erforderlich.

- Der Satz für **Tagesgeld** ist vermeidbaren Schwankungen unterworfen. Sie resultieren daraus, daß die Bundesbank den Banken keine permanente Absorptionsfazilität für Liquiditätsüberschüsse zur Verfügung stellt. Der Versuch, diese Größe statt dessen teilweise über die Mindestreserve zu stabilisieren, bedingt, daß es am Monatsende stets zu einem Anstieg des Tagesgeldsatzes zum Lombardsatz kommt. In Zinssenkungsphasen, in denen die Geldmarktsätze ansonsten in der Nähe des Diskontsatzes liegen, führt dies zu relativ großen Zinsausschlägen innerhalb eines Monats.

---

395 Eine ausführliche Beschreibung findet man in Deutsche Bundesbank (1995, S. 133 - 135).

396 In Deutsche Bundesbank (1993, S. 54) heißt es noch: „Der Refinanzierungsweg über Wechsel entspricht den Strukturgegebenheiten des deutschen Bankensystems.“ In Deutsche Bundesbank (1995) wird dieses Argument nicht mehr erwähnt.

4. Die Geldmarktsteuerung der Federal Reserve

4.1 Operating target: „Federal Funds Rate"

Auch das geldpolitische Steuerungskonzept der amerikanischen Notenbank (Federal Reserve System)[397] ist durch die Verwendung des Geldmarktzinses als Operating target gekennzeichnet. Konkret handelt es sich dabei um die Federal Funds Rate, d.h. den Zinssatz zu dem Zentralbankguthaben („Federal Funds") für einen Tag ausgeliehen werden; diese Größe entspricht somit dem Tagesgeldsatz. Berechnungen von Kasman (1992) zeigen, daß die Schwankungen dieses kurzfristigen Geldmarktsatzes in den Vereinigten Staaten traditionell geringer sind als in anderen großen Ländern; die einzige Ausnahme ist Japan.

Vom „Federal Open Market Committee", dem Gremium, das die Entscheidungen über die laufende Geldpolitik in den Vereinigten Staaten trifft (siehe IV.4.2.1), werden bei jeder Sitzung Vorgaben gemacht für das Geldmengenwachstum („borrowing assumption"), den Diskontsatz, die Bereitstellung von Zentralbankgeld über Diskontkredite („non-borrowed reserves") und das Niveau der Federal Funds Rate (siehe Tabelle VI.12).

Box VI.1: Lombardfalle und Diskontfalle

Mit der hier vorgenommenen Analyse lassen sich zwei Phänomene erklären, die in der Diskussion mit den Schlagwörtern der „Lombardfalle" und der „Diskontfalle" belegt worden sind. Dazu muß man als zusätzliche Variable die Erwartungen der Banken bezüglich der Änderungen der Notenbankzinsen mit ins Spiel bringen. Das im Text beschriebene „frontlastige" Profil des Geldmarktsatzes im Monatsverlauf wird dann überlagert von Erwartungen über mögliche zinspolitische Schritte der Notenbank in expansiver oder restriktiver Richtung.

Lombardfalle bei Zinssteigerungserwartungen

Unterstellt man eine Phase mit ausgeprägten Erwartungen auf eine Zinsanhebung in der zweiten Monatshälfte, dann ist zu erwarten, daß die Banken verstärkt bemüht sein werden, in der ersten Monatshälfte überdurchschnittlich hohe Zentralbankguthaben zu halten; die „Frontlastigkeit" der Mindestreserveerfüllung nimmt zu. Diese zeitliche Struktur der Reserveerfüllung ist in der deutschen Zinssteigerungsphase, die bis September 1992 anhielt, gut nachzuvollziehen (siehe Schaubild VI.7).

[397] Zu den institutionellen Details des amerikanischen Notenbanksystems siehe Board of Governors (1985).

Schaubild VI.7: Reservehaltung in den zweiten Monatshälften und Geldmarktsätze (in %)

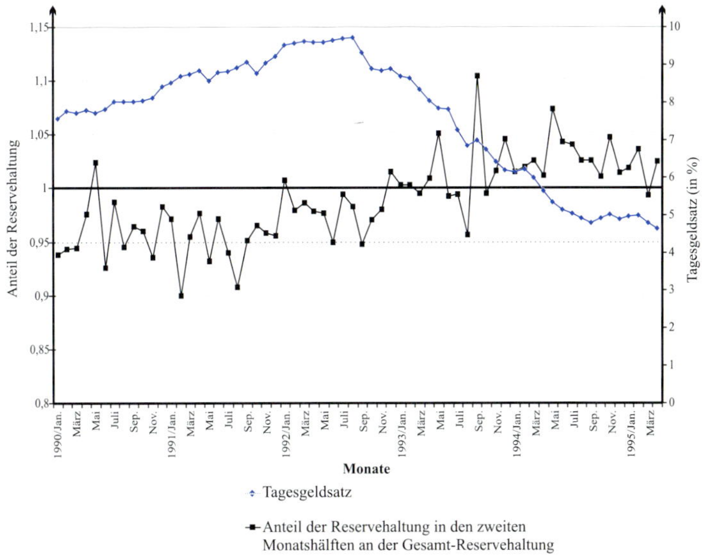

Quelle: Deutsche Bundesbank.

Dabei kommt es darauf an, wie sich die Bundesbank in einer solchen Situation verhält. Wenn sie die erhöhte Nachfrage in der ersten Monatshälfte nicht vollständig durch Wertpapierpensionsgeschäfte deckt, bleibt für das Bankensystem insgesamt immer noch die Möglichkeit einer Lombardfinanzierung bereits in der ersten Monatshälfte. Diese Lösung ist vor allem dann attraktiv, wenn der Wertpapierpensionssatz bereits nahe am Lombardsatz liegt, so daß in der zweiten Monatshälfte nicht nur mit einem höheren Lombardsatz, sondern auch mit einem Wertpapierpensionssatz zu rechnen ist, der über dem aktuell noch geltenden Lombardsatz liegt. Kommen beide Bedingungen zusammen, sieht sich die Bundesbank einer starken Lombardnachfrage in der ersten Monatshälfte gegenüber, der sie sich nicht entziehen kann. Sie gerät in die Lombardfalle:

> „Die Bundesbank gerät dadurch in Zugzwang, denn erhöht sie den Lombardsatz nicht, wird das Pensionsinstrument ineffektiv." (Deutsche Bundesbank 1994, S. 68).

Eine solche Zwangsläufigkeit ist allerdings nicht ohne weiteres nachzuvollziehen. Trifft die Erwartung der Marktteilnehmer zu, daß die Bundesbank ihre Leitzinssätze erhöhen will, dann wird die Lombardfalle durch eine Anhebung des Lombardsatzes schnell von selbst aufgelöst. Möchte die Bundesbank demgegenüber das vorherrschende Zinsband beibehalten, könnte sie sich durch einen neuen Mengentender, der deutlich unter dem Lombardsatz liegt, leicht wieder aus der Lombardfalle hinausbewegen. Dieses Vorgehen stünde jedoch im Widerspruch zum „interest rate smoothing", das die Bundesbank zur Stabilisierung des Satzes für Dreimonatsgeld betreibt. So gesehen ist die Lombardfalle wiederum nur vor dem Hintergrund einer allgemeinen Aversion gegenüber dem Lombardkredit zu verstehen.

Zinssenkungserwartungen: Die Diskontfalle

Ein entgegengesetztes Phänomen ist am Geldmarkt zu beobachten, wenn eine Phase mit Zinssenkungserwartungen vorherrscht, bei der sich der Wertpapierpensionssatz üblicherweise recht nahe an der Untergrenze des Zinsbandes bewegt. Bei den Banken kann sich dann die Erwartung durchsetzen, daß der durchschnittliche Refinanzierungssatz in der zweiten Monatshälfte unter dem der ersten Hälfte liegen wird. Eine solche Prognose ist nicht unproblematisch. Sie erfordert zum einen eine Schätzung aller Refinanzierungssätze in der zweiten Monatshälfte. Zum anderen müssen sich die Banken auch darüber Gedanken machen, wie hoch die Wertpapierpensionsgeschäfte zum Monatsende hin dotiert werden, d.h. wie stark die erforderliche Lombardinanspruchnahme ausfallen wird.

Bei ausgeprägten Zinssenkungserwartungen kann es so für die Banken attraktiv werden, ihr Reserve-Ist überwiegend in der zweiten Monatshälfte zu erfüllen. Sie werden dann vor der Monatsmitte nur geringe Gebote für die Wertpapierpensionsgeschäfte abgeben; im Extremfall kommt es sogar zu einem „Bieterstreik" (Deutsche Bundesbank 1994, S. 67), wie er beispielsweise Anfang 1994 zu beobachten war. Zudem werden die Banken dazu übergehen, auch ihre Rediskontkredite nicht mehr voll auszuschöpfen. Letzteres setzt voraus, daß für die übliche Laufzeit der Wechselkredite (90 Tage) ein Absinken des Wertpapierpensionssatzes unter den aktuellen Diskontsatz erwartet wird. Eine solche Situation wird mit dem Begriff der Diskontfalle umschrieben. Sie ist durch eine ausgeprägte **„Hecklastigkeit"** des Geldmarktes (BHF-Bank 1995) gekennzeichnet.

Schaubild VI.7 läßt deutlich erkennen, daß es in der Zinssenkungsphase, die im Herbst 1992 einsetzte, tatsächlich zu einer deutlichen Abkehr von einer „frontlastigen" zu einer „hecklastigen" Erfüllung der Mindestreserve gekommen ist.

Tabelle VI.11: Overnight Interest Rate Variability

	Deviations from Thirty-Day Centered Moving Average					Deviations from Mean Adjusted for Changes in Policy Stance[1]				
	1988	**1989**	**1990**	**1991**	**Average 1988-91**	**1988**	**1989**	**1990**	**1991**	**Average 1988-91**
United States	12,3	11,9	12,3	21,1	14,4	13,0	11,8	12,8	18,5	14,0
Japan	8,7	8,5	7,1	8,4	8,2	12,5	8,5	7,4	5,8	8,6
Germany	15,7	18,2	13,6	13,4	15,2	15,8	17,4	14,5	14,8	15,6
United Kingdom	50,4	32,9	14,8	25,3	30,9	52,5	39,7	14,2	25,0	32,9
Canada	9,7	13,4	21,3	28,7	18,3	11,0	15,7	21,3	28,8	19,2
Switzerland		33,8	34,8	37,8	35,5					

Note: Overnight interest rates are the effective overnight federal funds rate (in the United States), overnight call rate (Japan), day to day money rate (Germany), London interbank offered rate (the United Kingdom), overnight money market financing rate (Canada), and overnight call rate (Switzerland).

[1] Values are average absolute deviations of overnight rates from a mean that changes with estimated shifts in central bank interest rate operating objectives.

Quelle: Kasman (1992).

Die Dominanz der Zinssteuerung läßt sich dabei daran ablesen, daß für die quantitativ weitaus bedeutenderen Offenmarktgeschäfte keinerlei konkrete Zielvorgaben festgelegt werden.

Auf der **instrumentellen Ebene** ist diese Steuerungskonzeption stark von der Rolle der Offenmarktgeschäfte geprägt, während direkten Kreditfazilitäten (wie dem Diskont- oder Lombardkredit in der Geldmarktsteuerung der Bundesbank) nur eine untergeordnete Bedeutung beigemessen wird. Insbesondere fehlt es an einer Fazilität, mit der eine Obergrenze für den Geldmarktsatz gesetzt werden könnte. Eine wichtige Gemeinsamkeit mit der deutschen Geldpolitik ist darin zu sehen, daß die Mindestreserve als Instrument zur Glättung kurzfristiger Schwankungen des Operating target eingesetzt wird.

4.2 Zinssteuerung mit Offenmarktgeschäften

Wie in Abschnitt 2.5.2 dargelegt wurde, sind Offenmarktgeschäfte kein ideales Instrument für eine Zinssteuerung des Geldmarktes. Anders als Kreditfazilitäten erfordern sie ein permanentes Agieren der Notenbank am Geldmarkt. Dies ist besonders dann der Fall, wenn die Mindestreserveverpflichtungen stark reduziert worden sind – eine Entwicklung, die in den letzten Jahren auch in den Vereinigten Staaten zu beobachten ist.

Tabelle VI.12: Specifications from Directives of the Federal Open Market Commitee and Related Information

Date of Meeting	Anticipated Short-Term Growth of M2 and M3 (Percent)	Discount Rate	Borrowing Assumption for Deriving Nonborrowed Reserve Path (Millions of Dollar)	Associated Federal Funds Rate (Percent)	Effect on Degree of Reserve Pressure	Guidelines for Modifying Reserve Pressure between Meetings
22.12.92	M2 growth of 1.5 percent and M3 about unchanged from November through March	3	50	3	Maintain	Slightly greater or slightly lesser reserve restraint would be acceptable.
2.2. to 3.2.92	Little change from January to March	3	50	3	Maintain	Slightly greater or slightly lesser reserve restraint would be acceptable.
23.3.93	Moderate growth over the second quarter	3	50 75 on 22.4. 100 on 15.3.	3	Maintain	Slightly greater or slightly lesser reserve restraint would be acceptable.
18.5.93	Appreciable growth over the second quarter	3	100 125 on 20.5. 150 on 10.6. 200 on 26.6.	3	Maintain	Slightly greater reserve restraint would be acceptable or slightly lesser reserve restraint might be acceptable.
6.7. to 7.7.93	Modest growth over the third Quarter	3	200 225 on 8.7. 250 on 22.7.	3	Maintain	Slightly greater reserve restraint would be acceptable or slightly lesser reserve restraint might be acceptable.
17.8.93	Modest growth in M2 and little net change in M3 over the balance of the third quarter	3	250	3	Maintain	Slightly greater or slightly lesser reserve restraint might be acceptable.
21.9.93	Modest growth over coming months	3	250 225 om 14.10. 200 on 28.10. 150 on 4.11. 100 on 11.11.	3	Maintain	Slightly greater or slightly lesser reserve restraint might be acceptable.
16.11.93	Modest growth over coming months	3	100 75 on 26.11. 50 on 9.12.	3	Maintain	Slightly greater or slightly lesser reserve restraint might be acceptable.
21.12.93	Moderate growth over coming months	3	50	3	Maintain	Slightly greater or slightly lesser reserve restraint might be acceptable.

Quelle: Federal Reserve Bank of New York (1994, S. 62).

Die Fed ist dementsprechend meist täglich oder sogar mehrmals täglich am Geldmarkt aktiv (vgl. Meulendyke 1992, S. 73), wobei sie ihre Geldmarktsteuerung überwiegend in der Form von Wertpapierpensionsgeschäften vornimmt; die Outright-Geschäfte der Fed finden nur recht selten statt und dienen ausschließlich der Basisrefinanzierung der Banken. Konkret geht sie dabei so vor, daß sie ausgewählte Banken um 11.30 Uhr darüber informiert, daß sie ein bestimmtes Offenmarktgeschäft vornehmen möchte.[398] Die Laufzeit der Wertpapierpensionsgeschäfte kann mehrere Tage bis zu zwei Wochen betragen („fixed term repurchase agreements"), häufig werden aber auch nur eintägige Geschäfte abgeschlossen („overnight system repurchase agreements"). Die Geschäfte mit längerer Laufzeit können auch in der Form abgeschlossen werden, daß sie von den Banken vorzeitig gekündigt werden („withdrawable term system repurchase agreements").[399] Die Banken haben dann einige Minuten Zeit, Gebote abzugeben. Wenn diese der Fed vorliegen, teilt sie die Liquidität in der Weise zu, daß jene Gebote zuerst bedient werden, bei denen die Banken die höchsten Zinssätze für das Wertpapierpensionsgeschäft zu leisten bereit sind. Weder das Volumen der insgesamt zugeteilten Liquidität noch der Mindestsatz, der von der Fed akzeptiert wurde („Stop-out" rate), werden unmittelbar veröffentlicht.

4.3 Abnehmende Bedeutung des Diskontkredits[400]

Der Diskontkredit spielt im amerikanischen System eine vergleichsweise wenig bedeutsame Rolle. Obwohl der Diskontsatz in der Regel unter dem Geldmarktsatz liegt, ist der Anteil der auf diese Weise bereitgestellten Zentralbankguthaben, die als „**borrowed reserves**" bezeichnet werden, in den letzten Jahren verschwindend gering; im Jahr 1995 wurden von der gesamten Geldbasis weniger als 1 % durch Rediskontkredite bereitgestellt. Der Grund für das geringe Interesse an dieser Form der Refinanzierung liegt daran, daß die Federal Reserve die Inanspruchnahme dieser Fazilität nur für Ausnahmefälle zuläßt, wobei die Vergabe des Diskontkredits grundsätzlich einer diskretionären Entscheidung der Fed bedarf. In den letzten Jahren kam hinzu, daß die Refinanzierung einer Bank über den Diskont von den Marktteilnehmern als Zeichen einer unsoliden Finanzsituation angesehen wurde.

In den Vereinigten Staaten gibt es drei Varianten des Diskontkredits. Der „**adjustment credit**" wird für kurzfristige Liquiditätsengpässe eines Instituts vergeben; große Banken sind gehalten, diesen Kredit schon nach einem Tag zurückzubezahlen. Der „**seasonal credit**" ist längerfristiger Natur und wird kleineren Banken zur Verfügung gestellt, bei denen ausgeprägte saisonale Schwankungen der Einlagen oder der Kredite auftreten. Der „**extended credit**" ist für Institute vorgesehen, die in gravierende Solvenzschwierigkeiten geraten sind.

Für die **Zinssteuerung** der Fed kommt dem Diskontkredit heute keine entscheidende Rolle mehr zu. Die Fed setzt den Diskontsatz seit einigen Jahren so ein, das

---

398 Diese Darstellung hält sich weitgehend an Schnadt (1994 a, S. 112)

399 Siehe hierzu Federal Reserve Bank of New York (1996, S. 22).

400 Für eine ausführlichere Darstellung siehe Schnadt (1994 a)

er geringfügig unter der Federal Funds Rate liegt. Aufgrund ihres geringen quantitativen Gewichts kann diese Kreditfazilität jedoch nur sehr bedingt als **Zinsuntergrenze** für die Federal Funds Rate dienen. Durch die restriktive Handhabung des Diskontkredits scheidet der Diskontsatz auch als **Zinsobergrenze** für den Geldmarktsatz aus.

In der Vergangenheit versuchte die Fed mit dem Diskontsatz gleichwohl eine gewisse indirekte Steuerung der Federal Funds Rate zu erreichen. Dies geschah in der Weise, daß den Banken über Offenmarktgeschäfte bewußt weniger Mittel zugeteilt wurden, als diese zur Erfüllung der Mindestreserve benötigten. Aufgrund dieses „**reserve pressure**" sind die Banken dann gezwungen, den von ihnen aus den genannten Gründen als nicht attraktiv empfundenen Diskontkredit aufzunehmen. Die Fed unterstellte dabei einen gewissen Zusammenhang zwischen der auf diese Weise herbeigeführten Diskontinanspruchnahme und dem Abstand (Spread) zwischen dem Diskontsatz und der Federal Funds Rate. Die Ratio dieser „borrowing function" besteht darin, daß die Banken erst bei einem gewissen Spread bereit sind, die nachteiligen Effekte der Diskontverschuldung in Kauf zu nehmen.

Im ganzen gesehen, erscheint diese indirekte Steuerung jedoch wenig zweckmäßig zu sein, zumal die „borrowing function" wenig stabil ist (siehe hierzu Dutkowsky und Foote 1988). Daß die Geldmarktsteuerung über den „reserve pressure" wenig effizient ist, läßt sich vor allem daran ablesen, daß die Fed sehr häufig mit Offenmarktgeschäften in das Geschehen am Geldmarkt eingreift. Warum sich die Fed dann eines solchen Ansatzes bedient, ist möglicherweise auf politökonomische Gründe zurückzuführen:

> „Although this manner of operation is largely the result of historical evolution, its complexity clearly reflects the Fed's ongoing desire to distance itself from the determination of the level of the Fed funds rate, possibly for political reasons." (Schnadt 1994 a, S. 109)

4.4 Mindestreservepolitik

Wie in Deutschland ist auch in den Vereinigten Staaten die Mindestreservebelastung in den letzten fünfzehn Jahren erheblich reduziert worden. Eine Mindestreservepflicht besteht nur noch für Sichtguthaben, für die seit dem 20. Dezember 1994 ein Reservesatz von 10 % erhoben wird.[401]

Das Mindestreserve-Soll wird errechnet als Durchschnitt aus einem Zweiwochen-Zeitraum, der an einem Dienstag beginnt und am zweiten folgenden Montag endet.

---

[401] Für Banken mit Sichtguthaben unter einem Volumen von 54 Mio. $ wird ein Reservesatz von 3 % gefordert.

Das Mindestreserve-Ist ist als Durchschnitt ebenfalls für eine Periode von zwei Wochen zu halten; sie beginnt mit dem ersten Donnerstag, der in die Berechnungsperiode für das Reserve-Soll fällt und endet mit dem zweiten darauffolgenden Mittwoch. Der Abstand zwischen der definitiven Festlegung des Reserve-Solls und dem Ende des Zeitraums, während dessen das Reserve-Ist zu halten ist, beträgt also nur zwei Tage.

Wie in Deutschland und Frankreich müssen die Banken auch in den Vereinigten Staaten ihr Mindestreserve-Soll nur **im Durchschnitt** der Reserveperiode halten. Sie haben damit also die Möglichkeit, kurzfristige Liquiditätsüberschüsse oder -fehlbeträge einfach dadurch auszugleichen, daß sie ihre Zentralbankguthaben entsprechend schwanken lassen. Dieses Verfahren stellt somit einen wichtigen Beitrag zur Stabilisierung der Federal Funds Rate dar. Aus der Sicht der Banken erfordert die weitgehende zeitliche Übereinstimmung der Berechnungsperioden für das Reserve-Soll und das Reserve-Ist („contemporaneous reserve accounting“) eine genauere Geldmarktdisposition als im deutschen System, wo die Erfüllung des Reserve-Ist um zwei Wochen hinter der Berechnungsperiode des Reserve-Soll liegt („lagged reserve accounting“). In den Vereinigten Staaten ist es den Banken dafür jedoch möglich, Überschüsse und Defizite in der Reservehaltung einer Periode in den nächsten Zweiwochen-Turnus zu übertragen, sofern sich dies in einer Größenordnung von nicht mehr als zwei Prozent des Reserve-Solls bewegt.

4.5 Zur Gesamtkonzeption

Das Beispiel der amerikanischen Geldpolitik verdeutlicht, daß eine Politik der Zinssteuerung nahezu ausschließlich ohne direkte Kreditfazilitäten einer Notenbank betrieben werden kann. Dies ist keine sehr effiziente Konzeption, da sie ein sehr aktives Eingreifen der Notenbank am Geldmarkt erfordert. Die Nachfrage der Banken nach Zentralbankguthaben ist grundsätzlich nur schwer zu prognostizieren, insbesondere dann, wenn die Mindestreservesätze bereits deutlich abgebaut worden sind. Durch die Schaffung einer dem deutschen Lombardkredit entsprechenden Fazilität könnte die Fed ihre Zinssteuerung mit sehr viel geringerem Interventionsaufwand erreichen. Umgekehrt zeigt das amerikanische Beispiel, daß eine Diskontfazilität, durch die Zentralbankgeld zu einem subventionierten Zinssatz bereitgestellt wird, allenfalls für Notfälle zu rechtfertigen ist, nicht aber – wie in Deutschland – als ein zentrales Instrument der Dauerrefinanzierung.

5. Die Geldmarktsteuerung der Bank of England

5.1 Operating target: Satz für Monatsgeld und Dreimonatsgeld

Der allgemeine Befund, daß die Verfahren der Geldmarktsteuerung wenig transparent sind, trifft in besonderem Maße auf die Verhältnisse im Vereinigten Königreich zu. Mervyn King (1994, S. 65) faßt die wichtigsten Kritikpunkte am britischen System wie folgt zusammen:[402]

- „The system is complicated;
- the frequency of intervention is greater than needed for purposes of monetary policy;
- signals about monetary policy as conveyed through money market operations are not clear;
- overnight rates are more volatile than elsewhere;
- the range of assets in which the bank deals is unnecessarily limited."

Diese Komplexität ergibt sich zum einen aus den gewachsenen historischen Strukturen des englischen Geldmarkts. Zum anderen beruht sie darauf, daß die Bank of England (BoE) eine Zinssteuerung ausschließlich mit Offenmarktgeschäften vornimmt und dabei zugleich auf das Instrument der Mindestreserve verzichtet.

Gleichwohl läßt sich relativ einfach feststellen, welches Operating target von der BoE gesteuert wird. Berechnungen des ECU Newsletter (1993, S. 17) zeigen, daß die Standardabweichung der kurzfristigen Zinsen relativ hoch für das Tagesgeld („Overnight rate") ausfällt und vergleichsweise gering ist bei den Geldmarktsätzen für einen und für drei Monate. Dies deckt sich mit der Feststellung von Mervyn King (1994, S. 67), der von der „all-important one-month to three-month maturity range – the range affecting banks' base rates" spricht.

5.2 Geldmarktsteuerung ohne Mindestreserve

Das geldpolitische Steuerungskonzept der BoE unterscheidet sich von dem anderer großer Notenbanken dadurch, daß es völlig darauf verzichtet, die Mindestreserve als Instrument der Geldpolitik einzusetzen.[403] Es zeigt sich dabei, daß die Banken

---

[402] King (1994 , S. 65) ist dabei der Auffassung, daß „many, if not all, of this criticisms are based on a misunderstanding of the market for liquidity in the UK."

[403] Um der Notenbank Einnahmen zu verschaffen, sind die Banken verpflichtet, Mindestreserven in Höhe von 0,35 % ihres Durchschnittbestandes an Verbindlichkeiten mit einer Laufzeit von bis zu zwei Jahren zu halten. Das Reserve-Soll wird aus dem Zeitraum der letzten sechs Monate er-

unter solchen Bedingungen nicht bereit sind, ein nennenswertes Volumen an freiwilligen Zentralbankguthaben (Working balances) zu unterhalten. Das Verhältnis dieser Aktiva zu den gesamten Bankverbindlichkeiten beträgt in England nur 0,1 %, während es in Deutschland – auch nach der Reservesatzsenkung vom 1. August 1995 – noch immer bei 1,3 % liegt.

Für eine Zinssteuerung des Geldmarktes ist der Verzicht auf die Mindestreserve nicht unproblematisch, vor allem dann, wenn die Notenbank keine Standing facilities zur Verfügung stellt. Die Geschäftsbanken stehen dann bei ihrer täglichen Liquiditätsdisposition vor der Notwendigkeit, daß sie stets einen positiven Saldo auf ihrem Zentralbankkonto aufweisen müssen, wobei sie zugleich bestrebt sind, solche Guthaben möglichst gering zu halten. Anders als bei Mindestreservesystemen, wie sie in Deutschland oder den USA praktiziert werden, führt das dazu, daß die täglichen Schwankungen in der Liquiditätsposition einer Bank stets durch einen Rückgriff auf den Geldmarkt kompensiert werden müssen. Dies gilt auch für das Bankensystem insgesamt, dem ebenfalls der Liquiditätsausgleich innerhalb der Reservehaltungsperiode versperrt ist.

Da die Geldbasisnachfrage der Banken, die jetzt nur noch vom Bargeldbedarf der Wirtschaft bestimmt wird, auf kurze Sicht sehr starr ist, ergibt sich für die Notenbank daraus die Notwendigkeit, den Banken täglich die erforderlichen Zentralbankguthaben zur Verfügung zu stellen. Andernfalls könnten einzelne Banken in die Situation kommen, daß sie nicht mehr in der Lage sind, ihre täglich fälligen Verbindlichkeiten zu erfüllen. Der Satz für Tagesgeld wäre hier nicht mehr in der Lage, einen Marktausgleich herbeizuführen.

5.3 Die Offenmarktgeschäfte der Bank of England

Die Offenmarktgeschäfte der BoE unterscheiden sich von denen anderer Notenbanken zunächst dadurch, daß zwischen Notenbank und Geschäftsbanken eine Intermediär-Institution eingeschaltet ist, die sogenannten **„Diskonthäuser“** („Discount houses“). Diese Einrichtung ist historisch aus der Tatsache zu erklären, daß die BoE in der Vergangenheit lange als eine private Bank agierte; sie wurde erst 1946 verstaatlicht. Da sie jedoch gleichzeitig Notenbankfunktionen wahrnahm, bestand bei der Refinanzierung der anderen Banken die Gefahr eines Interessenkonflikts. Aus diesem Grund wurden die Diskonthäuser ins Leben gerufen, denen die Funktion übertragen wurde, die von der BoE bereitgestellte Liquidität möglichst marktgerecht auf die Geschäftsbanken zu verteilen. Obwohl der historische Hauptgrund für diese Intermediäre am Geldmarkt heute nicht mehr besteht, wird im Vereinigten Königreich weiterhin an dieser Einrichtung festgehalten.

---

rechnet. Das Reserve-Ist muß im Durchschnitt des darauffolgenden Sechs-Monatszeitraums gehalten werden (vgl. dazu ECU Newsletter 1993, S. 16).

Schaubild VI.8: Die Geldmarktstruktur in England

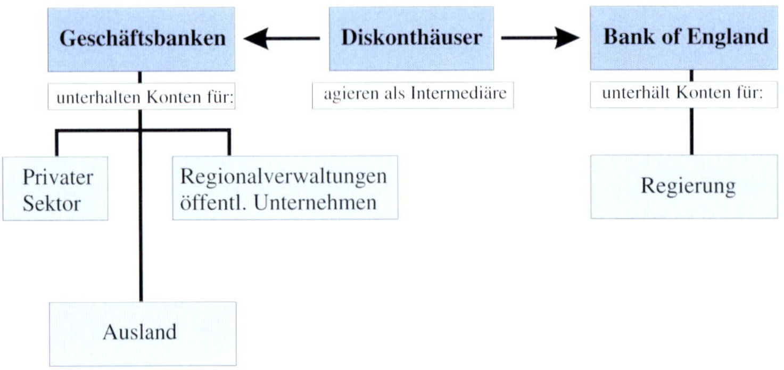

Quelle: Temperton (1991).

Die **Diskonthäuser**[404] kann man sich am besten als eine institutionalisierte Form des Geldmarktes vorstellen. Während beispielsweise in Deutschland die Geschäftsbanken untereinander Zentralbankgeld handeln, um individuelle Liquiditätsüberschüsse und -defizite auszugleichen, wenden sie sich im Vereinigten Königreich in erster Linie an die Diskonthäuser. Die Funktion dieser privaten Institutionen besteht also darin, einen Liquiditätsausgleich zwischen den Geschäftsbanken herzustellen. Eine Bank, die beispielsweise ein Defizit an Zentralbankguthaben aufweist, erhält von einem Diskonthaus Liquidität, indem es diesem ein kurzfristiges Wertpapier verkauft. Dementsprechend schlagen sich dann globale Liquiditätsungleichgewichte des Bankensystems auf der Ebene der Diskonthäuser nieder. So gesehen ist es in diesem System konsequent, wenn sich die BoE in ihrer Geldmarktsteuerung überwiegend an die Diskonthäuser wendet.

Die aktivistische Ausrichtung der englischen Geldmarktsteuerung zeigt sich nicht zuletzt daran, daß die Geschäfte der BoE eine feste Struktur im Tagesverlauf aufweisen:

- Um etwa **9.45 Uhr** gibt die BoE ihre Einschätzung der von den Banken für diesen Tag benötigten Zentralbankguthaben an. Diese wird vor allem davon be-

404 Siehe dazu ausführlich Bank of England (1988) und Temperton (1991).

stimmt, welche Zahlungsvorgänge bei der Regierung anfallen, die ihre Guthaben überwiegend bei der BoE hält. Üblicherweise besteht bei den Banken ex ante ein tägliches Defizit an Zentralbankgeld. Dies liegt daran, daß die Notenbank sehr viele kurzfristige Papiere in ihrem Portfolio hält, bei deren Fälligkeit automatisch Zentralbankgeld vernichtet wird. Um den so geschaffenen Bedarf an Zentralbankgeld zu decken, fordert die BoE deshalb die Diskonthäuser auf, ihr Wechsel (Schatzwechsel der öffentlichen Hand und Bankwechsel, die von den Diskonthäusern bereits angekauft worden sind) zum Ankauf anzubieten und dafür ein Gebot für den von ihnen akzeptierten Diskontsatz, d.h. einen Abschlag auf den Rückzahlungsbetrag, zu nennen. Dabei deckt die BoE das erwartete Defizit an Zentralbankgeld in der Form vier verschiedener Fristigkeitsbänder: 0 bis 14 Tage (Band 1), 15 bis 33 Tage (Band 2), 34 bis 63 Tage (Band 3) und 64 bis 91 Tage (Band 4). Die Diskonthäuser können also Papiere mit Laufzeiten bis zu 91 Tagen einreichen. Die BoE kauft dabei die Papiere an, für die sie den höchsten Diskontsatz innerhalb des jeweiligen Fristenbandes erhalten kann. Für jedes setzt sie einen Mindestzinssatz („**stop rate**") fest, unterhalb dessen keine Papiere mehr angekauft werden. Diese wird nicht veröffentlicht.

- Um **12.00 Uhr** („noon round") und um **14.00 Uhr** („afternoon round") finden weitere Einschätzungen der Liquiditätslage durch die BoE statt und gegebenenfalls werden weitere Bietungsrunden durchgeführt.
- Danach besteht entweder die Möglichkeit, daß die BoE Direktkredite an die Diskonthäuser zu Sätzen vergibt, die denen der Marktsätze um oder nach **14.45 Uhr** entsprechen („late assistance"). Die BoE kann alternativ auch die Diskonthäuser dazu auffordern, sich bei ihr um **14.30 Uhr** zu refinanzieren, wobei der Diskontsatz einseitig von der BoE bestimmt wird. Bei diesem „**2:30 p.m. lending**" kann die BoE Sätze fordern, die deutlich höher liegen, als dies in den Geschäften zuvor der Fall gewesen war. Durch ein solches Vorgehen gibt die BoE ein klares Signal, daß sie eine restriktivere Politik fahren möchte.

Üblicherweise kauft die BoE von den Diskonthäusern Papiere definitiv an (Outright-Geschäfte). Nur bei starken Liquiditätsengpässen, die zu einer drastischen Verminderung des Portfolios der Diskonthäuser führen würden, stellt sie Liquidität auch in der Form von **Wertpapierpensionsgeschäften** bereit.

Die bei einer Zinssteuerung gelegentlich ebenfalls notwendige Absorption von Zentralbankgeld findet im Vereinigten Königreich meist am Nachmittag statt, da erst dann ein Überschuß manifest wird. In diesem Fall bietet die BoE kurzfristige Papiere zum Verkauf an die Diskonthäuser und an Geschäftsbanken an, wobei jene Bieter zum Zuge kommen, die die höchsten Preisgebote abgeben.

Bei dem fortlaufenden Eingreifen der BoE in den Geldmarkt ist es auf den ersten Blick überraschend, daß der Tagesgeldsatz eine im internationalen Vergleich relativ große Volatilität aufweist. Dieser Befund läßt sich jedoch relativ einfach damit erklären, daß die BoE keinerlei Instrumente zur Anwendung bringt, die eine **tägliche Fälligkeit** aufweisen. Ihre Offenmarktgeschäfte bewegen sich in der Regel im Bereich der Bänder 1 und 2, wobei sie jedoch keine Papiere mit einer Laufzeit von weniger als einer Woche ankauft (vgl. Schnadt 1994 a, S. 43).

Schaubild VI.9: Monatshöchst- und -tiefstwerte des Geldmarktsatzes in England*

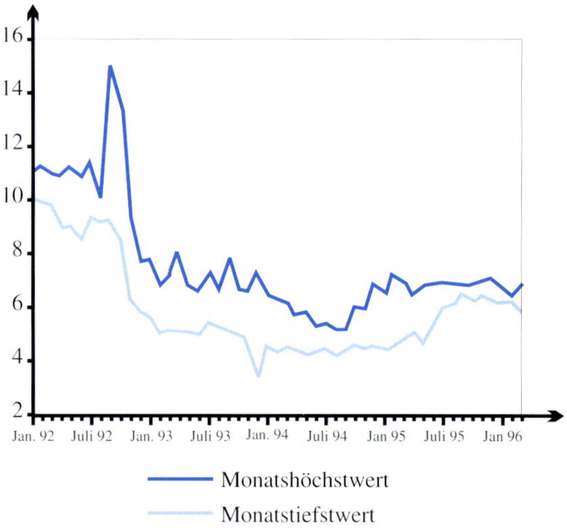

* Ein-Monats-Interbankengeldmarktsatz (Durchschnitt Libid/Libor; 10:30 Uhr)

Quelle: Bank of England.

Für das Geschäftsbankensystem stellt sich damit das Problem, daß es sich für seinen **täglichen** Liquiditätsausgleich stets mit Papieren refinanzieren muß, die eine deutlich größere Restlaufzeit aufweisen. Eine Bank kann damit zwar durch Geldmarktgeschäfte jederzeit eine bestehende Liquiditätslücke decken, sie setzt sich damit aber einem Zinsänderungsrisiko aus. In Anbetracht der Variabilität der englischen Tageszinsen ist dieses nicht gering. Eine Bank wird daher erst von einer bestimmten Abweichung des Tagesgeldsatzes vom Satz für die Band 1- oder Band 2-Geschäfte an bereit sein, ein solches Risiko auf sich zu nehmen. Ebenso stehen bei einem kurzfristigen Liquiditätsüberschuß des Bankensystems keine Anlagemöglichkeit mit täglicher Laufzeit zur Verfügung.

Dabei handelt es sich allerdings eher um ein technisches Problem, von dem keine nachteiligen Auswirkungen auf den Transmissionsprozeß der Geldpolitik ausgehen müssen. Aus der Sicht der BoE ist offenbar allein entscheidend, daß sie die Sätze für Monats- und Dreimonatsgeld gut kontrollieren kann. In den Worten von King (1994, S. 65):

> „But, from a macroeconomic perspective, the real issue is whether the short rate volatility disrupts monetary policy signalling. That is, whether noise at the short end of the yield curve infects points further up that curve – points where expectations of future policy actions are crucial and where savings and investment decisions are made."

Daß sich die Instabilität des Geldmarktsatzes nicht auf die Sätze für Monats- und Dreimonatsgeld auswirkt, ist nicht verwunderlich, da die BoE auf diesen Marktsegmenten permanent mit Offenmarktgeschäften aktiv ist.

5.4 Zur Gesamtkonzeption

Von ihrem Operating target aus gesehen weist die Geldmarktsteuerung der Bank of England eine gewisse Parallele zur deutschen Geldpolitik auf, bei der ebenfalls eine besonders gute Kontrolle über den Satz für Dreimonatsgeld möglich ist. Im übrigen zeigt sich, daß die zu Beginn dieses Abschnitts aufgeführten Kritikpunkte durchaus berechtigt sind. Als besonders problematisch erweist sich schon die Gesamtkonzeption, bei der eine Zinssteuerung ausschließlich über echte Offenmarktgeschäfte vorgenommen wird. Durch das Fehlen von Ausgleichsmechanismen für kurzfristige Liquiditätsungleichgewichte wird zudem die Geldmarktdisposition der Geschäftsbanken erheblich kompliziert. In diesem Punkt wäre die deutsche Lösung vorzuziehen, bei der für den Tagesgeldsatz ein relativ enges Zinsband vorgegeben wird.

6. Die Geldmarktsteuerung der Banque de France

6.1 Operating target: Geldmarktsätze im Bereich von einem Tag bis zu einer Woche

Im Vergleich zu den bisher dargestellten Notenbanken stellt sich für die Banque de France (BdF) das Problem, daß sie ihre Geldpolitik am Zwischenziel eines festen Wechselkurses zur D-Mark ausrichtet (siehe Kapitel V.4). So gesehen verbleibt auf der instrumentellen Ebene sehr wenig Spielraum, da die französischen Geldmarktsätze stets so beschaffen sein müssen, daß sie eine Stabilisierung des Wechselkurses ohne größere Veränderungen der Währungsreserven gewährleisten. Der zentrale Orientierungspunkt sind dabei die Geldmarktsätze in Deutschland. Kennzeichnend für die Geldmarktsteuerung der BdF ist eine relativ kurzfristige Ausrichtung auf den Laufzeitenbereich von einem Tag bis etwa einer Woche. Dies erklärt sich damit, daß die BdF bei spekulativen Attacken jederzeit in der Lage sein muß, den – für die Spekulanten besonders wichtigen[405] – Tagesgeldsatz rasch nach oben anzupassen, um auf diese Weise den Franc-Kurs zu stabilisieren. Die Orientierung an einem Wechselkursziel bringt es daher mit sich, daß die Geldmarktsätze in Frankreich von Monat zu Monat stärkere Ausschläge nach oben und unten aufweisen als in Ländern wie Deutschland und den Vereinigten Staaten, in denen eine eher binnenwirtschaftlich determinierte Ausrichtung des Operating target vorherrscht.

6.2 Abnehmende Bedeutung der Mindestreserve

Eine gewisse Stabilisierung des Satzes für Tagesgeld wird auch in Frankreich durch das Instrument der Mindestreserve erreicht. Wie in Deutschland müssen die dazu erforderlichen Zentralbankguthaben nur im Durchschnitt eines Monats gehalten werden. Dem internationalen Trend folgend hat die BdF die Reservesätze in den letzten Jahren drastisch gesenkt. Für Sichtguthaben belaufen sie sich seit Mai 1992 auf nur noch 1 %, für Einlagen mit einer Laufzeit von unter einem Jahr beträgt der Reservesatz 0,5 %. Dies hatte zur Folge, daß das Reserve-Soll der Banken heute nur noch einen sehr geringen Betrag ausmacht.

Für die einzelnen Banken stellt sich damit das Problem, daß sie Liquiditätsüberschüsse zu Beginn der Reservehaltungsperiode nicht mehr ohne weiteres auf ihrem Zentralbankkonto belassen können, da sie damit rechnen müssen, daß es zum Monatsende hin zu einer Übererfüllung der Reservepflicht kommt. Die Möglichkeit, zeitweise einen debitorischen Saldo gegenüber der Notenbank aufzuweisen, ist in Frankreich – wie auch in den meisten anderen Ländern – nicht gegeben (vgl. Schnadt 1994 a, S. 72). Die Reduzierung der Reservesätze erhöht somit die Anforderungen an die Geldmarktsteuerung der BdF.

---

405 Bei einer spekulativen Attacke auf den Franc verschulden sich die Spekulanten am französischen Tagesgeldmarkt, tauschen dann das Guthaben am Devisenkassamarkt gegen D-Mark und legen den Betrag auf dem deutschen Geldmarkt an.

6.3 Ober- und Untergrenzen des Geldmarktsatzes durch Wertpapierpensionsgeschäfte

Bei der Steuerung der Geldmarktsätze konzentriert sich die BdF sowohl auf den Tagesgeldsatz wie auch auf den Fristenbereich von rund einer Woche, wobei sie hierfür sowohl eine Obergrenze als auch eine Untergrenze setzt.

Die Kontrolle des Geldmarktgeschehens mit **Laufzeiten von fünf bis zehn Tagen** erfolgt durch folgende Instrumente:

- Die **Zinsuntergrenze** wird durch zweimal wöchentlich (am Montag und Donnerstag) stattfindende Wertpapierpensionsgeschäfte gesetzt, die in der Form eines Zinstenders durchgeführt werden („**pensions sur appel d'offres**"). Wie bei den Zinstendern der Bundesbank wird auch hier die Zuteilungsmenge erst dann festgelegt, wenn der BdF die Bietungen der Banken bekannt sind; die Zuteilung wird nach dem „holländischen Verfahren" vorgenommen, d.h. von allen Bietern wird ein einheitlicher Zinssatz („**taux des pensions sur appel d'offres**") gefordert. Die Laufzeit der Geschäfte beträgt sieben Tage.
- Anders als die Bundesbank bringt die BdF ein zusätzliches Pensionsinstrument zur Fixierung einer **Zinsobergrenze** für diesen Fristenbereich zum Einsatz. Bei den „**pensions de 5 à 10 jours**" können die Banken jederzeit von sich aus Wertpapierpensionsgeschäfte mit der BdF vornehmen. Die Laufzeit kann innerhalb des Rahmens von fünf bis zehn Tagen frei bestimmt werden. Da der Zinssatz hierfür von der BdF ex ante festgelegt wird, könnte man dies als eine Form eines Mengentenders interpretieren. Dieser Satz liegt üblicherweise um 75 Basispunkte über dem Zuteilungssatz für die „pensions sur appel d'offres". Solange diese Fazilität den Banken uneingeschränkt offensteht, stellt sie die Zinsobergrenze für diese dar. Der Bedarf an einem solchen Instrument ist vor allem mit der außenwirtschaftlichen Orientierung zu erklären. Sie kann die BdF zeitweilig daran hindern, ein „interest rate smoothing" zu betreiben, wie es z.B. in Deutschland und den USA vorgenommen wird, um Ausschläge bei den Zinsen längerer Fristigkeit zu vermeiden. Bei größeren kurzfristigen Schwankungen der Geldmarktkonditionen wäre es so zwischen den Transaktionsterminen der „pensions sur appel d'offres" möglich, daß die Sätze für diesen Fristenbereich nach oben hin von dem Niveau abweichen, das von der BdF angestrebt wird. In Phasen mit einem starken Abwertungsdruck (5. Januar 1993 bis 3. Februar 1993 und 22. Juli 1993 bis 6. August 1993) ist die BdF teilweise dazu übergegangen, die „pensions de 5 à 10 jours" ganz auszusetzen. Damit wurde ein zusätzlicher Spielraum für temporär höhere Geldmarktsätze geschaffen.

Schaubild VI.10: Monatshöchst- und -tiefstwerte des Geldmarktsatzes in Frankreich*

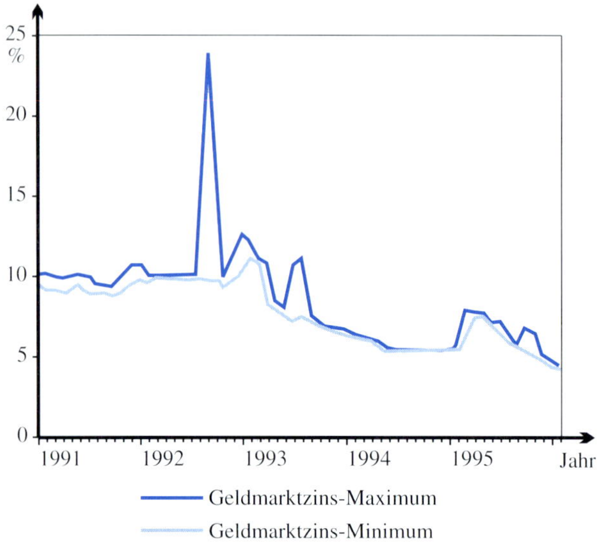

*TMP (Taux moyen pondéré des opérations au jour le jour)

Quelle: Banque de France.

Da bei Ausrichtung dieser Geschäfte noch keine Stabilität des Satzes für **Tagesgeld** („taux moyen pondéré des opérations au jour le jour", TMP)[406] gewährleistet ist, bringt die BdF ein weiteres Instrument zum Einsatz, das sich gezielt auf das kurze Ende des Geldmarkts bezieht. Es handelt sich dabei um Wertpapierpensionsgeschäfte mit einer Laufzeit von 24 Stunden („pensions à 24 heures"), die sowohl in expansiver wie in restriktiver Richtung ausgestaltet werden können. Der Bedarf an solchen Operationen ist vor allem mit der Reduzierung der Mindestreserve-Verpflichungen gestiegen (vgl. Icard 1994, S. 19).

6.4 Gesamtbetrachtung

Im ganzen gesehen ist das geldpolitische Instrumentarium der Banque de France relativ übersichtlich gestaltet, wobei die Gesamtausrichtung eindeutig von der

---

[406] Der Satz für Dreimonatsgeld wird mit TIOP („taux interbancaire offert à Paris") abgekürzt.

Wechselkursorientierung der französischen Geldpolitik bestimmt ist. Die Ähnlichkeit mit dem Instrumentarium der Bundesbank ist relativ ausgeprägt. Es fehlt in Frankreich jedoch völlig an Standing facilities wie dem Rediskont- und dem Lombardkredit. Der Verzicht auf ein dem Lombardkredit entsprechendes Instrument dürfte vor allem damit zusammenhängen, daß die BdF in Phasen mit einem größeren Abwertungsdruck gegenüber der D-Mark in der Lage sein möchte, ihre Sätze rasch nach oben anzupassen, ohne damit schon den Eindruck einer Leitzinsänderung hervorzurufen. Eine Fazilität wie der Rediskontkredit, der sich auf den Fristenbereich von drei Monaten bezieht, wäre mit dem insgesamt sehr kurzfristigen Zeithorizont der französischen Geldmarktsteuerung nur schwer zu vereinbaren.

7. Zur Politischen Ökonomie des geldpolitischen Instrumentariums

Die Darstellung der Geldmarktsteuerung in vier großen Industrieländern zeigt, welch komplexer und unübersichtlicher Verfahren sich die Notenbanken dabei bedienen. Schnadt (1994 b, S. 31) faßt diesen Befund wie folgt zusammen:

> „At present, the operating procedures of all central banks within the Community are typically neither transparent nor simple, and are not well understood in the larger financial community, the financial press and amongst monetary economists."

Wenn man diese Prozeduren mit der hier dargestellten Minimalkonzeption für eine Zinssteuerung vergleicht, stellt sich die Frage, wieso die Notenbanken ein derart intransparentes Vorgehen präferieren. Eine wichtige Erklärung dürfte darin zu sehen sein, daß Zentralbanken sich in diesem Punkt sehr stark von den **historisch gewachsenen Strukturen** bestimmen lassen. In den Worten von Issing (1994, S. 46):

> „(...) the Bundesbank's refinancing policy is still to a fairly large extent a heritage from the period of the Reichsbank. Even details of the provisions regulating discount and lombard credit – such as the maximum maturity – still tally with the original provisions set out in the Reichsbank Act of 1875."

Während dieser Faktor sicherlich eine gewisse Rolle bei der Vorliebe für einzelne Instrumente spielen dürfte, erscheint er jedoch kaum ausreichend, um die im ganzen recht komplexe Struktur der nationalen geldpolitischen Instrumentarien zu erklären. Es bietet sich daher an, diese Frage neben rein ökonomischen Aspekten auch unter der Perspektive der Neuen Politischen Ökonomie zu überprüfen. Aus diesem Blickwinkel sind Notenbanken als Bürokratien zu betrachten, die vor allem daran interessiert sind, ihre Machtposition im politischen Prozeß zu bewahren und gegebenenfalls zu stärken. Dabei kann das geldpolitische Instrumentarium in zweifacher Hinsicht eingesetzt werden:

- durch die Wahl besonders arbeitsintensiver Instrumente und
- durch die Verwendung eines insgesamt sehr intransparenten Steuerungskonzepts.

Indem besonders **arbeitsintensive Instrumente** zum Einsatz gebracht werden, ist es der Notenbankbürokratie möglich, einen hohen Personalbestand aufrechtzuerhalten. Dieser wiederum stärkt die Macht einer Bürokratie gegenüber anderen Behörden und gegenüber den Politikern. Zu den besonders arbeitsintensiven Instrumenten der Geldpolitik zählen der Rediskontkredit und die Mindestreserve, ebenso die im Vereinigten Königreich und in den Vereinigten Staaten praktizierten täglichen Offenmarktgeschäfte.

Indem relativ **intransparente Instrumente** verwendet werden, fällt es den Politikern und der allgemeinen Öffentlichkeit schwer, das Handeln der Notenbank im einzelnen zu beurteilen. Damit kann die Notenbankbürokratie die – auch bei einer unabhängigen Notenbankverfassung stets vorhandene – politische Einflußnahme auf ihre Geldpolitik vermindern. Von besonderem Interesse sind in diesem Zusammenhang alle Instrumente, die den Eindruck hervorrufen, daß Geldmarktsätze nicht von der Notenbank, sondern durch den Markt bestimmt werden. Beispiele hierfür sind die Wertpapierpensionsgeschäfte in der Form des Zinstenders, wie sie von der Bundesbank und der Banque de France vorgenommen werden. Durch die Fixierung der Zuteilungsmenge nach Kenntnis der Bietungen handelt es sich dabei de facto um eine verkappte Form eines Mengentenders. Der fälschliche Eindruck „marktbestimmter" Geldmarktsätze wird auch in den Vereinigten Staaten und im Vereinigten Königreich hervorgerufen, indem die Zinssteuerung mit Hilfe von Offenmarktgeschäften betrieben wird. In den USA kommt es durch das Konzept des „reserve pressure" noch zu zusätzlicher Verwirrung. Wie suggestiv diese Vorgehensweise ist, zeigt sich daran, daß man in der im übrigen exzellenten Analyse von Kasman (1992, S. 20) folgende Aussage finden kann:

> „Although the tolerance for interest rate divergencies from objectives differs across banks, authorities generally allow market forces to determine interest rates and intervene only to limit short-term fluctuations and when changing economic conditions warrant."[407]

Offensichtlich ist es gerade für Autoren im angelsächsischen Bereich nicht einfach nachzuvollziehen, daß die Notenbank als monopolistischer Anbieter für Zentralbankgeld zwangsläufig eine bestimmte Kombination aus Geldmarktsatz und Geld-

---

407 Ebenso Batten et al. (1990, S. 2f.): „While moderating large fluctuations in short-term rates is a common element in the operating procedures of the monetary authorities in the five major industrial countries, these procedures do not attempt to regulate or rigidly control interest rates, but rather to influence what are primarily market determined variables."

basis autonom bestimmen muß. Bei der von allen Zentralbanken heute präferierten Zinssteuerung des Geldmarktes ist dabei für einen „marktbestimmten" Geldmarktsatz kein Raum.

A

Definition von „Geld" und Geldfunktionen

1. Was ist „Geld“ ?

Die Definition von „Geld“ steht traditionell am Anfang einer jeden umfassenden geldtheoretischen Abhandlung. Wenn man die besondere volkswirtschaftliche Bedeutung von „Geld“ beschreiben will, ist es unumgänglich, aus der Fülle finanzieller Aktiva jene zu benennen, die man unter diesen spezifischen Begriff subsummieren möchte. Erstaunlicherweise wird dieser zentrale Aspekt in der Literatur äußerst kontrovers behandelt. In einem Übersichtsartikel faßt Osborne (1992, S. 602) den Stand der Diskussion wie folgt zusammen:

> „If a principal purpose of definition is to bring 'peace at mind' (...) monetary economics has failed us. The definition of its central concept has been unsettled for many decades and is more controversial than ever.“

In der Tat machen es die Finanzmärkte den Geldtheoretikern nicht leicht. Insbesondere in den achtziger Jahren ist es zu einer wahren Fülle von „Finanzinnovationen“ (vgl. Streit 1986; Bofinger 1990) gekommen, welche die in vielen makroökonomischen Lehrbüchern noch zu findende Zweiteilung der relevanten Finanzaktiva in „Money“ und „Bonds“ schon als sehr anachronistisch erscheinen läßt. Wie vielfältig heute die Finanzmärkte der Industrieländer geworden sind, mag eine kurze, keinesfalls umfassende Auflistung der gängigsten Anlageformen verdeutlichen:

> Sparguthaben, Geldmarktfondsanteile, Bankschuldverschreibungen, Depositenzertifikate (Certificates of Deposit), Bundesanleihen, Sichteinlagen, Sparbriefe, Anlagen bei Lebensversicherungen, Guthaben bei Bausparkassen, Banknoten, Industrieobligationen, Termineinlagen, Rentenfondsanteile, Commercial Papers, Bundesobligationen, Guthaben auf den Euromärkten, Floating Rate Notes usw.

Für die Geldtheorie stellt sich somit die schwierige Frage, welche dieser Finanzaktiva, die zudem noch sehr unterschiedliche Laufzeiten und Währungsdenominationen aufweisen können, als „Geld“ anzusehen sind. Etwas vereinfacht kann man die in der Geldtheorie dazu verwendeten Selektionsverfahren folgendermaßen beschreiben:

- Aktiva werden als „Geld“ bezeichnet, wenn sie bestimmte **Geldfunktionen** wahrnehmen.
- Die volkswirtschaftlich relevante Geldmenge wird anhand eines konkreten geldtheoretischen **Transmissionprozesses** abgeleitet.

- Die Abgrenzung von „Geld“ wird mittels eines **ökonometrischen Schätzverfahrens** vorgenommen. Ob ein Aktivum als „Geld“ klassifiziert wird oder nicht, hängt davon ab, inwieweit es einen stabilen Zusammenhang zu gesamtwirtschaftlichen Endzielen aufweist.

2. Definition von „Geld“ durch die Funktionen von „Geld“

In der Literatur wird üblicherweise so vorgegangen, daß die Gelddefinition über die Darstellung der Funktionen von „Geld“ vorgenommen wird. In den Worten von John Hicks (1967, S. 1):

> „Money is what money does. Money is defined by its functions.“

Bei diesem Definitionsversuch besteht jedoch das offensichtliche Problem, daß man für die Abgrenzung von „Geld“ auf die Funktionen von „Geld“ verwiesen wird, wobei es ohne eine Definition von „Geld“ jedoch auch nicht möglich ist, die „Geldfunktionen“ zu bestimmen. Die meisten wissenschaftlichen Darstellungen übergehen diese Schwierigkeit, indem sie bestimmte „Funktionen“ einfach als selbstverständlich voraussetzen, ohne daß sie diese aus einem theoretischen Zusammenhang ableiten. Wegen seiner starken Verbreitung soll dieser Definitionsversuch gleichwohl ausführlicher dargestellt werden. Der Ausgangspunkt ist die **„Triade der Geldfunktionen“.** Sie umfaßt die folgenden drei Funktionen von „Geld“:

- die Funktion des Zahlungsmittels oder des allgemeinen Tauschmittels,
- die Funktion des Wertspeichers und
- die Funktion einer allgemein verwendeten Rechnungseinheit.

2.1 Geld als Zahlungsmittel

Ohne ein allgemein akzeptiertes Zahlungsmittel ist eine Volkswirtschaft auf den **Tauschhandel** verwiesen. Dieser setzt voraus, daß bei jeder Transaktion eine wechselseitige Übereinstimmung der Tauschwünsche („bilateral coincidence of wants“) der beiden Tauschpartner besteht. Ist diese nicht gegeben, werden sehr aufwendige **indirekte Tauschketten** notwendig. Sehr plastisch schildert das ein von Carl Menger (1909, S. 557) zitierter Ausschnitt aus einem Bericht des Afrikareisenden V.L.Cameron:

> „Boote zu erhalten war mein nächster Gedanke. Da die Besitzer von zwei mir zugesicherten Booten abwesend waren, suchte ich ein dem Syde ibn Habib gehöriges von seinem Agenten zu mieten. Sydes Agent wollte aber in Elfenbein bezahlt sein, das ich nicht besaß; aber ich erfuhr, daß Mohamed ben Salib Elfenbein habe und Baumwoll-

> zeug brauche. Da ich aber auch kein Baumwollzeug hatte, so nützte mir dies wenig, bis ich erfuhr, daß Mohamed ibn Gharib Baumwollzeug habe und Draht brauche. Glücklicherweise besaß ich diesen. So gab ich dem Mohamed ibn Gharib die entsprechende Menge Draht, worauf er dem Mohamed ben Salib Baumwollzeug gab, der seinerseits Syde ibn Habibs Agenten das gewünschte Elfenbein gab. Hierauf gestattete mir dieser, das Boot zu nehmen.“

Mit einem allgemein akzeptierten Tauschmittel wird indirekter Tausch möglich, ohne daß derartige Transaktionsketten vorgenommen werden müssen. Definiert man die Tauschmittelfunktion als eine „Geldfunktion“, dann lassen sich Aktiva, die uneingeschränkt als allgemeines Tauschmittel verwendet werden können, als „Geld“ bezeichnen.

In der Vergangenheit war es mit diesem Kriterium relativ einfach, „Geld“ abzugrenzen. Bis weit in das neunzehnte Jahrhundert kam die Zahlungsmitteleigenschaft allein Gold- und Silbermünzen zu sowie Banknoten, die ein Einlösungsversprechen in Gold oder Silber aufwiesen. „Geld“ war also gleichzusetzen mit Bargeld. Mit dem Aufkommen von Bankeinlagen, die in Banknoten eingelöst werden konnten, führte dies zu einem Geldmengenbegriff, wie man ihn heute in der **Geldmenge M1** wiederfindet:

(A.1) **M1** = Bargeld zuzüglich Sichteinlagen inländischer Nichtbanken bei inländischen Kreditinstituten.[408]

Da Sichtguthaben bis Ende der siebziger Jahre weltweit meist unverzinslich waren, konnte man die Zahlungsmitteleigenschaft mit dem Merkmal der **Unverzinslichkeit** eines finanziellen Aktivums gleichsetzen. Diese Koinzidenz prägt auch heute noch die makroökonomischen Lehrbuchdarstellungen zum IS/LM-Modell, in denen sich die spezifischen Eigenschaften von Geld meist aus seiner Unverzinslichkeit ergeben. Durch den in den achtziger Jahren stark verbreiteten Prozeß der Finanzinnovationen gibt es mittlerweile in vielen Ländern nun auch verzinsliche Aktiva mit Zahlungsmitteleigenschaft, so daß diese Gleichsetzung nur noch eingeschränkt zutrifft.

Damit ergibt sich für diese Abgrenzung der volkswirtschaftlich relevanten Geldmenge das Problem, daß man damit zunehmend auch Aktiva erfaßt, die nicht nur für Zahlungsmittelzwecke, sondern als Wertspeicher gehalten werden. Dies ist vor allem dann nachteilig, wenn man von Veränderungen eines solchen Aggregats be-

---

408 Diese Definition ist die Abgrenzung der Deutschen Bundesbank. Sichteinlagen, die eine Bank bei einer anderen Bank unterhält und Sichteinlagen von Ausländern werden also ebenso nicht zur Geldmenge M1 gerechnet, wie die Kassenbestände der Kreditinstitute (vgl. Deutsche Bundesbank 1995, S. 73).

stimmte gesamtwirtschaftliche Effekte erwartet, die nur dann eintreten, wenn die „Geldmenge" *ausschließlich* als Zahlungsmittel gehalten wird (siehe Abschnitt 3). Daher lassen sich für Veränderungen der Geldmenge M1 häufig nicht mehr die gesamtwirtschaftlichen Effekte erkennen, die in der Literatur für „Geld" abgeleitet werden. Dies gilt nicht nur für die Vereinigten Staaten und Großbritannien, wo in den achtziger Jahren alle zuvor noch als gesichert geltenden monetären Zusammenhänge verlorengingen, sondern auch für Deutschland, wo der Prozeß der Finanzinnovation bisher vergleichsweise schwach ausgeprägt gewesen war. In den Worten der Bundesbank:

> „Die enger definierten Geldmengenaggregate M1 und M2 unterliegen in Deutschland ausgeprägten Schwankungen. Hierin spiegeln sich vor allem die zyklischen Bewegungen der kurzfristigen Zinsen und die dadurch bedingten Veränderungen des Zinsgefälles zwischen kurz- und längerfristigen Formen der Geldvermögensbildung wider. (...) Daraus folgt auch, daß eine kontinuierliche Ausweitung der Geldmenge M1 nicht notwendigerweise eine stetige Liquiditätsversorgung der Wirtschaft beziehungsweise ein stabilitätsgerechtes Verhalten der Notenbank anzeigt." (Deutsche Bundesbank 1995, S. 74f.)

2.2 Geld als Wertspeicher

Die Probleme, die sich bei einer relativ engen Abgrenzung des Geldbegriffs ergeben, haben nun zahlreiche Autoren veranlaßt, neben der Zahlungsmitteleigenschaft auch noch die Wertspeicherfunktion als Abgrenzungsmerkmal der volkswirtschaftlich relevanten Geldmenge heranzuziehen. Eine solche Ausweitung erweist sich jedoch als wenig hilfreich:

- Definiert man als „Geld" jene finanziellen Aktiva, die beide Eigenschaften **gleichzeitig** erfüllen, dann endet man wieder bei dem Selektionskriterium der Zahlungsmittelfunktion. Dies liegt daran, daß die Zahlungsmitteleigenschaft sehr viel einschränkender ist als die Wertspeichereigenschaft: Jedes Aktivum, das als Zahlungsmittel verwendet wird, kann auch als Wertspeicher benutzt werden – wenn auch meist nicht als ein optimaler Wertspeicher. Alle Finanzaktiva ohne Zahlungsmitteleigenschaft würden bei dieser Abgrenzung weiterhin unberücksichtigt bleiben.
- Definiert man als „Geld" jene finanziellen Aktiva, die **entweder** die Zahlungsmitteleigenschaft **oder** die Wertspeichereigenschaft aufweisen, führt dies zu einem extrem weiten Geldmengenbegriff, da alle unter Abschnitt 1 aufgeführten Aktiva grundsätzlich als Wertspeicher verwendet werden können.

Eine gewisse Affinität mit dem zuletzt genannten Vorgehen haben die breiten Geldmengendefinitionen des Typs **M2** und **M3**. Für die Verhältnisse der Bundesrepublik Deutschland sind diese wie folgt definiert:

(A.2) **M2** = M1 zuzüglich Termingelder inländischer Nichtbanken unter vier Jahren bei inländischen Kreditinstituten

(A.3) **M3** = M2 zuzüglich Spareinlagen inländischer Nichtbanken mit einer Kündigungsfrist von drei Monaten bei inländischen Kreditinstituten

Sowohl Spareinlagen als auch Termingelder sind nicht unmittelbar als Zahlungsmittel zu verwenden. Ihre Einbeziehung in eine Gelddefinition kann man daher nur unter dem Aspekt ihrer Wertspeichereigenschaft begründen. Dabei stellt sich dann allerdings die Frage, wie die Trennungslinie zwischen diesen Aktiva und allen übrigen Finanzaktiva mit derselben Eigenschaft gezogen wird. Daß es schwierig ist, eine solche Abgrenzung vorzunehmen, wird aus dem Vorgehen der Bundesbank deutlich, die neben der traditionellen Geldmenge M3 auch Daten für eine **„erweiterte Geldmenge M3“** veröffentlicht. Diese wird folgendermaßen abgegrenzt:

(A.4) **M3 erweitert** = M3 zuzüglich Einlagen von inländischen Nichtbanken bei Auslandsfilialen und Auslandstöchtern inländischer Kreditinstitute zuzüglich Inhaberschuldverschreibungen im Umlauf mit Laufzeit bis unter 2 Jahren zuzüglich Anteile an inländischen und ausländischen Geldmarktfonds von inländischen Nichtbanken (abzüglich der Bankeinlagen und kurzfristigen Bankschuldverschreibungen in Händen inländischer Geldmarktfonds).

2.3 Geld als Rechnungseinheit

Die Funktion der **Rechnungseinheit** kann man in drei Teilfunktionen untergliedern:

- die Funktion des **numéraire**: Das Vorhandensein einer allgemein akzeptierten Rechnungseinheit (z.B. D-Mark, US-Dollar) bedeutet eine erhebliche Erleichterung des Wirtschaftsverkehrs. Was Güter und Dienstleistungen kosten, muß nicht in **relativen Preisen** ausgedrückt werden (z.B.: 1 kg Brot für 2 Liter Milch), sondern kann in **absoluten Preisen** dargestellt werden (z.B.: 3,50 DM für 1 kg Brot). Bei n Gütern reduziert sich so die Anzahl der Preise von $n(n-1)/2$ relativen Preisen auf n absolute Preise, was eine erhebliche Einsparung von Informationskosten mit sich bringt.

- die Funktion des **Schuldmaßstabs** („standard of deferred payments“) in Geldschuldverträgen: Bei allen Geldschuldverträgen bedarf es einer intertemporalen Rechnungseinheit, um den zum Rückzahlungszeitpunkt geschuldeten Betrag nominell fixieren zu können. In einem funktionierenden Geldwesen wird diese Funktion von der Landeswährung wahrgenommen, so daß sich die meisten Wirtschaftssubjekte dieser spezifischen Geldfunktion überhaupt nicht bewußt sind. Dies ändert sich in Phasen mit hoher – und daher auch im allgemeinen nicht mehr gut antizipierbarer – Inflation (siehe Kapitel II.2.4.2). Als Schuldmaßstab werden dann entweder stabilere Fremdwährungen verwendet („Dollarisation“) oder es kommt dazu, daß der Rückzahlungsbetrag eines Darlehens an die Veränderung des Preisindex gekoppelt wird („Indexierung“).[409]
- die Funktion des **Bilanzierungsmaßstabs**: Bilanzen sind grundsätzlich in einer bestimmten Währungseinheit aufzustellen, da nur so eine Aggregation der unterschiedlichen Vermögenspositionen möglich ist. Verfügt ein Wirtschaftssubjekt über Aktiva, die auf unterschiedliche Fremdwährungen lauten, hat die Wahl der Währungseinheit, in der die Bilanz aufgestellt wird, auch Einfluß darauf, wie hoch die Vermögensänderung ausgewiesen wird (vgl. Bofinger 1985).

Die Funktion des „Geldes“ als einer allgemein akzeptierten Rechnungseinheit, die diese drei Funktionen wahrnimmt, hilft jedoch bei der Abgrenzung der als „Geld“ einzustufenden Aktiva nicht weiter. Anhand der Funktion der Rechnungseinheit läßt sich im Grunde nur die weiterreichende Frage beantworten, ob beispielsweise eine stark inflationierende Landeswährung noch als „Geld“ fungiert oder ob sie – insbesondere bei der Funktion des Schuldmaßstabs – bereits von den Privaten durch andere Rechnungseinheiten ersetzt worden ist.

3. Gelddefinition durch den geldtheoretischen Transmissionsprozeß

Trotz ihrer weiten Verbreitung ist die Gelddefinition über die Geldfunktionen nicht sehr hilfreich. Als Alternative bietet es sich an, die Abgrenzung von „Geld“ in einem engen Zusammenhang mit dem geldtheoretischen Transmissionsprozeß zu sehen. Dieser erklärt, warum und wie sich Veränderungen bestimmter finanzieller Aktiva auf gesamtwirtschaftliche Endziele (Preisniveau, nominelles oder reales BSP) auswirken. Die Abgrenzung der volkswirtschaftlich relevanten Geldmenge

[409] In Deutschland erfordert jede Form der Indexierung eine Genehmigung durch die Deutsche Bundesbank (§3 Währungsgesetz). Für Geldschuldverträge wird hierzu von der Bundesbank grundsätzlich keine Genehmigung erteilt, da so das Ausbreiten einer „Inflationsmentalität“ von vornherein unterbunden werden soll. Indexierte Geldschuldverträge ohne Genehmigung sind aufgrund von §134 BGB nichtig.

hängt dann also davon ab, für welche der konkurrierenden Transmissionsvorstellungen (siehe Modul D) man sich entscheidet. Eine allgemeingültige Begriffsbestimmung von „Geld" ist so von vornherein nicht möglich. In der von Osborne (1992) beschriebenen Kontroverse über die Gelddefinition schlägt sich dann der in der Geldtheorie stets vorhandende Dissens über den „wahren" Transmissionsmechanismus nieder. Im Rahmen dieses Moduls sollen zwei Transmissionstheorien zur Gelddefinition herangezogen werden:

- die Quantitätstheorie und
- der zinsstrukturtheoretische Transmissionszusammenhang, der insbesondere dem IS/LM-Modell zugrundeliegt.

Wie in Modul D ausführlich beschrieben wird, besteht die zentrale Aussage der **Quantitätstheorie** darin, daß Veränderungen der „Geldmenge" zu Veränderungen des Preisniveaus führen. Es ist offensichtlich, daß die Definition der „Geldmenge" für diese Theorie von besonderer Bedeutung ist. Wenig befriedigend ist dabei das heute weithin gebräuchliche Vorgehen, daß man die relevante „Geldmenge" nicht aus dieser Theorie selbst ableitet, sondern sich mittels ökonometrischer Verfahren ein Aggregat konstruiert, für das der in der Theorie postulierte Zusammenhang gilt (siehe Abschnitt 4). Aus wissenschaftlicher Sicht angemessen ist daher nur ein Vorgehen, bei dem die Abgrenzung von „Geld" aus einer **konkreten Transmissionsvorstellung** bestimmt wird. Wie in Modul D beschrieben wird, beruht der quantitätstheoretische Transmissionsprozeß auf der Hypothese, daß die gesamtwirtschaftliche Nachfrage unmittelbar von Veränderungen der „Geldmenge" bestimmt wird. Als „Geld" im Sinne der Quantitätstheorie sind also vor allem jene Aktiva anzusehen, die möglichst ausschließlich für **Zahlungsmittelzwecke** verwendet werden. Nur dann ist gewährleistet, daß es bei einem Anstieg der „Geldmenge" zu einer höheren gesamtwirtschaftlichen Nachfrage kommt. Wird die „Geldmenge" in größerem Umfang auch für Wertspeicherzwecke gehalten, könnte eine Ausweitung des Geldangebots zu einem „Horten" der Privaten führen, ohne daß davon Nachfrageimpulse ausgingen.

Somit läßt sich die Quantitätstheorie als theoretische Grundlage für die oben genannte Funktion des Zahlungsmittels heranziehen. Allerdings zeigt eine sorgfältigere Betrachtung dieses Transmissionsmechanismus´, daß ein enger Zusammenhang zwischen Geldmengenänderungen und der gesamtwirtschaftlichen Nachfrage nur unter ganz bestimmten Bedingungen gegeben ist (siehe Modul D):

- unter den Verhältnissen eines Goldstandards: Eine Ausweitung der Goldmenge durch neue Goldfunde führt zu einer höheren gesamtwirtschaftlichen Nachfrage, da die Goldbestände in Goldmünzen ausgeprägt und damit unmittelbar als Zahlungsmittel verwendet werden können.

- unter den Verhältnissen einer definitiven Papierwährung bei einer Notenbankfinanzierung öffentlicher Defizite: Wenn ein Staat stark steigende Ausgaben über die „Notenpresse“ finanziert, besteht eine hohe Korrelation zwischen der Ausweitung der **Geldbasis** (Bargeldumlauf und Zentralbankguthaben der Geschäftsbanken) und der gesamtwirtschaftlichen Nachfrage.

Ausgehend von einer quantitätstheoretischen Transmissionsvorstellung, käme man unter den heutigen Gegebenheiten zu dem Ergebnis, daß die volkswirtschaftlich relevante Geldmenge im Sinne der Geldbasis abzugrenzen wäre. Sofern eine Finanzierung von Staatsdefiziten gesetzlich untersagt ist, wird der quantitätstheoretische Transmissionsprozeß zu einer reinen „Black box“, die sich nicht mehr dazu eignet, eine Gelddefinition vorzunehmen.

Wenn man einen **zinsstrukturtheoretischen Transmissionszusammenhang** (siehe Modul D) unterstellt, spielt die „Geldmenge“ von vornherein eine geringere Bedeutung als in der Quantitätstheorie, da es vor allem Veränderungen von Zinsrelationen sind, von denen Impulse auf die gesamtwirtschaftliche Nachfrage ausgehen. Gleichwohl läßt sich auch mit dieser Vorstellung über den Transmissionsprozeß eine relevante Geldmenge identifizieren. Wie in den Modulen C und D beschrieben wird, steht der von der Notenbank kontrollierte „Geldmarkt“ – d.h der Markt für Geldbasis – am Ausgangspunkt dieses Wirkungsmechanismus’. Als relevante „Geldmenge“ könnte man dabei also die Geldbasis ansehen. Da in diesem Modell in der Regel mit einem starren Multiplikator zwischen der Geldbasis und den unverzinslichen Finanzaktiva gearbeitet wird, besteht ein enger Zusammenhang zur Geldmenge M1. Entscheidend ist dabei die Unverzinslichkeit der Finanzaktiva, da die Geldnachfrage im IS/LM-Modell in der Regel für unverzinsliches Geld abgeleitet wird. Anders als beim quantitätstheoretischen Transmissionsprozeß wäre es dabei unproblematisch, wenn Geld auch für Wertspeicherzwecke gehalten wird, da die keynesianische „Spekulationskasse“ (siehe Modul B) diesem Aspekt explizit Rechnung trägt. So gesehen, ließe sich mit dem zinsstrukturtheoretischen Transmissionsmechanismus sowohl die Geldfunktion des Zahlungsmittels als auch die des Wertspeichers als konstitutive Eigenschaft von verzinslichem „Geld“ begründen.

Mit der Ableitung der Geldmengendefinition aus dem Transmssionsprozeß lassen sich jedoch nicht nur die traditionellen Geldfunktionen rechtfertigen, es wird damit auch die bedeutsame Rolle der Geldbasis deutlich. Es wäre sogar denkbar, nur dieses Aggregat als die volkswirtschaftlich relevante Geldmenge anzusehen. Eine solche Geldmengenabgrenzung findet man bei einer Reihe von Autoren.[410] So stellt beispielsweise Tobin (1980, S. 320) zur Geldbasis fest:

> „If there is a quantity that is the monetary anchor of the economy, this is it."

Obwohl eine solche sehr enge Definition von „Geld" auf den ersten Blick eher etwas überraschen mag, deckt sie sich durchaus mit den Anforderungen an den Geldbegriff, wie sie von einer Reihe prominenter Autoren formuliert werden. So findet man beispielsweise bei James Tobin (1980, S. 319) folgendes Zitat:

> „(T)he nominal supply of money is something to which the economy must adapt, not a variable that adapts itself to the economy – unless the policy authorities want it to."

In ähnlicher Weise äußert sich Milton Friedman (1971, S. 2):

> „Suppose that the (...) quantity (of money; die Verf.) that people hold at a particular moment of time happens to exceed the quantity they wish to hold. Individuals will then seek to dispose of (...) their excess money balances (...). However, they cannot as a group succeed. (...) One man can reduce (...) his money balances only by persuading someone else to increase his."

In den Worten von Leland Yeager (1978, S. 6):

> „(...) the total flow of spending adjusts in such a way that the demand for money becomes equal to the exogenous supply."

Für alle drei Autoren ist somit die **Exogenität** des „Geld"-Angebots eine wesentliche Eigenschaft von „Geld". Eine solche Exogenität ist jedoch für die Geldvolumensaggregate des Typs M1, M2 oder M3 nicht gegeben, da es die Privaten jederzeit in der Hand haben, überschüssige Geldbestände zur Rückzahlung von Bankkrediten zu verwenden. Dies ist anders bei der Geldbasis. Wenn eine Notenbank dieses Aggregat als Operating target ihrer Geldmarktsteuerung verwendet (siehe Kapitel VI.2.4), ist es für die Privaten – zumindest auf kurze Sicht – nicht möglich, einen eigenständigen Einfluß auf das Volumen der Geldbasis auszuüben. Die Notenbank kann also das in diesem Sinne definierte „Geld"-Angebot perfekt kontrollieren.

Bei der Ableitung des volkswirtschaftlich relevanten Geldbegriffs aus transmissionstheoretischen Überlegungen kommt man mit der Geldbasis zu einem Aggregat,

---

[410] Siehe dazu die Übersicht bei Osborne (1992), die die folgenden Autoren erwähnt: Fisher, Taussig, Wills und Edwards, Rist. Osborne (1992, S.606) selbst kommt zu dem Befund: „The money of the monetary theory is the monetary base."

das den Vorteil hat, daß es aus der Notenbankbilanz einfach abgegrenzt und quantitativ bestimmt werden kann.

4. Definition von „Geld“ durch ökonometrische Schätzverfahren

Die mit weiten Geldmengenaggregaten verbundenen Abgrenzungsprobleme haben in der geldpolitischen Praxis zunehmend dazu geführt, die Geldmengendefinition primär auf dem Wege der ökonometrischen Eigenschaften konkurrierender Geldmengenaggregate zu lösen. Als „Geld“ werden dann jene Aktiva bezeichnet, deren Summe in einer makroökonomischen Geldnachfragefunktion (siehe Modul B) die besten Schätzergebnisse erzielt. Die vor allem in der Vergangenheit schon fast philosophische Frage nach dem „Wesen des Geldes“ (Schumpeter 1970) reduziert sich so auf ein rein **ökonometrisches Problem**.

Trotz seiner Beliebtheit ist dieses Verfahren keineswegs unproblematisch. Zum einen ist offensichtlich, daß auch so die Trennungslinie zwischen „Geld“ und anderen Aktiva verschwommen bleibt. Je nach dem verwendeten Testverfahren und dem gewählten Schätzzeitraum ist das, was man unter „Geld“ zu verstehen hat, unterschiedlich zu definieren. In der Tat sahen sich viele Notenbanken gerade in den achtziger Jahren gezwungen, die von ihnen als relevant angesehene Geldmenge immer wieder neu zu bestimmen. Aus methodischer Sicht ist ein solches Vorgehen jedoch als besonders problematisch anzusehen, da es aus der Geldtheorie im Grunde eine reine **Tautologie** macht. In den Worten von Osborne (1992, S. 603):

> „Belief in this proposition (die Stabilität der Geldnachfrage; die Verf.) has led some monetarists to *define* money as that (set of liquid assets) which has a stable demand function. This definition is rarely stated in so many words, but it is implicit in some of the best works on money demand (...). Whether implicit or explicit, the definition puts the cart before the horse. We have to define and identify money *before* we can test the stability of its demand. This stability (if it exists) is to be demonstrated empirically, not deemed true axiomatically.“
>
> Und: „The theory says that money does *a,b,c,...*.If we then define money as that which comes closest to doing *a,b,c,...*,we have accepted the theory as true (or true enough for our purpose) and foregone all opportunities to test it.“

Das empirische Testverfahren, das im Sinne des kritischen Rationalismus als Prüfstein einer Hypothese dienen soll, wird also dazu verwendet, die Hypothese von vornherein so zu formulieren, daß sie möglichst verifiziert werden kann. Es geht dabei also nicht mehr um die **Falsifikation**, die von Popper (1971) als Grundvoraussetzung für die Weiterentwicklung einer jeden Wissenschaft angesehen wird, sondern im Grunde nur um das Immunisieren von Hypothesen gegenüber der Wirklichkeit.

5. Divisia-Index

Als Reaktion auf die zunehmende Verwischung der Grenze zwischen Zahlungsmitteln und anderen Finanzaktiva ist in den letzten Jahren eine Geldmengendefinition entwickelt worden, für die der Begriff „**Divisia-Index**“[411] verwendet wird. Dieses Verfahren setzt an dem in Abschnitt 2.1 angesprochenen Problem an, daß sich die Zahlungsmitteleigenschaft heute nicht mehr anhand des Kriteriums der Unverzinslichkeit bestimmen läßt. Im Rahmen dieses Ansatzes wird die Zahlungsmittelfunktion eines Aktivums anhand seiner „**User costs**“ gemessen, d.h. den Kosten, die einem Wirtschaftssubjekt dadurch entstehen, daß es die Liquiditätsdienste eines Aktivums wahrnimmt. Diese Kosten sind definiert als die diskontierte Differenz der Rendite (R) eines Referenzaktivums (in der Regel die Umlaufsrendite festverzinslicher Wertpapiere) und der Eigenverzinsung (i_i) eines Aktivums *i*:

$$\text{(A.5)} \qquad \text{User costs} = \frac{R - i_i}{1 + R}.$$

Mit Hilfe der User costs lassen sich dann die für Liquiditätsdienste insgesamt getätigten Ausgaben ermitteln. Die auf die einzelnen Finanzaktiva entfallenden Anteile an diesen Gesamtausgaben dienen als Gewichtungsfaktoren im Divisia-Index.[412] Logisch konsequent wäre es, dabei so vorzugehen, daß alle Finanzaktiva mit positiven User costs in einen Divisia-Index einbezogen werden. In der Regel werden Divisia-Indizes jedoch so berechnet, daß sie von ihren Komponenten mit den traditionellen Geldmengenabgrenzungen des Typs M1, M2 oder M3 identisch sind. Sie unterscheiden sich von diesen vor allem darin, daß sie die einzelnen Komponenten nicht gleich gewichten, sondern nach Maßgabe ihrer spezifischen User costs. Im Grunde ändert sich also bei der Gelddefinition der Divisia-Indizes nichts an der Tatsache, daß eine völlig willkürliche Trennung gezogen wird zwischen den in der Geldmenge M3 enthaltenen Beständen und allen anderen Finanzaktiva, welche die Wertspeicherfunktion in ähnlicher Weise erfüllen.

Problematisch an den Divisia-Indizes ist darüber hinaus, daß auch für diese Aggregate meist nicht die gesamtwirtschaftlichen Wirkungen zu erkennen sind, die

---

411 Die Bezeichnung geht auf den französischen Statistiker François Divisia (1889 - 1964) zurück. Eine gute Übersicht über die Verwendung von Divisia-Indizes in der Geldtheorie und -politik findet man bei Barnett et al. (1992).

412 Als Indexgröße sind die Niveauwerte des Divisia-Indexes nicht im Sinne einer „Geldmenge“ interpretierbar. Aussagekräftig sind alleine die Veränderungsraten des Indexes.

die Geldtheorie für „Geld" prognostiziert. So ist die Geldnachfrage gemessen an solchen Indizes in der Regel nicht stabiler als bei den Summenaggregaten (traditionelle Abgrenzung von M1, M2 oder M3). Darüber hinaus stellt sich im Fall einer „inversen Zinsstruktur" (d.h. einer Situation, in der langfristige Zinssätze niedriger liegen als die kurzfristigen Zinssätze) das Problem, daß Aktiva mit einer längeren Restlaufzeit – aufgrund ihrer niedrigeren User costs als liquider angesehen werden müßten als Aktiva mit einer kürzeren Restlaufzeit. Grundsätzlich zeigt sich hier die konzeptionelle Schwäche der Divisia-Indizes, wonach Unterschiede im Liquiditätsgrad bestimmter Aktiva im Zeitablauf erheblich variieren würden, weil es zu Zinsschwankungen kommt. Schließlich fehlt es auch an einem eindeutigen theoretischen Kriterium, mit dem das für diese Berechnungen zentrale „Referenzaktivum" ermittelt wird.

6. Zusammenfassung

Im ganzen gesehen kann man also eine sinnvolle Definition von „Geld" – im Sinne einer volkswirtschaftlich relevanten Geldmenge – nur im Zusammenhang mit konkreten geldtheoretischen Transmissionsvorstellungen vornehmen. Man benötigt also ein Modell, um die Eigenschaften zu identifizieren, die dafür maßgeblich sind, daß von Veränderungen eines bestimmten Finanzaktivums gesamtwirtschaftliche Impulse ausgehen. Ohne eine solche theoretische Fundierung bleibt die Abgrenzung von „Geld" durch die „Geldfunktionen" nahezu inhaltsleer. Es kann jedoch gezeigt werden, daß

- die Zahlungsmittelfunktion auf den quantitätstheoretischen Transmissionsmechanismus und
- das heute dominierende Nebeneinander von Wertspeicher- und Zahlungsmittelfunktion auf die keynesianische Geldtheorie zurückgeführt werden kann.

Auch wenn der Divisia-Index eine theoretische Lösung für die mit den Finanzinnovationen aufgeworfenen Probleme zu bieten scheint, dominiert in der praktischen Geldpolitik eine pragmatische Sichtweise, bei der das als „Geld" angesehen wird, was in den ökonometrischen Gleichungen die besten Schätzergebnisse erzielt. Eine geldpolitische Reaktion auf diese Abgrenzungsschwierigkeiten kann man darin sehen, daß sich heute die meisten Notenbanken in ihrer Politik auf Strategien stützen, bei denen die „Geldmenge" keine zentrale Rolle mehr spielt (siehe Kapitel V.3).

B

Die Geldnachfrage in Theorie und Praxis

In der Geldtheorie keynesianischer wie monetaristischer Prägung spielt die Geldnachfragefunktion eine zentrale Rolle. Im allgemeinen wird dabei eine Nachfragefunktion für **unverzinsliches Geld** im Sinne der Geldmengenabgrenzung M1 betrachtet. Im Mittelpunkt der Theorie der Geldnachfrage steht daher die Frage, wieso Wirtschaftssubjekte bereit sind, einen Teil ihres Vermögens in unverzinslicher Form zu halten und dafür die Opportunitätskosten in Kauf zu nehmen, die sich aus den entgangenen Zinserträgen verzinslicher Finanzaktiva ergeben.[413]

1. Der Cambridge-Ansatz

Von den Klassikern wurde das Halten von unverzinslichem Geld einzig und allein aus der Funktion des Geldes als Tausch- und Zahlungsmittel abgeleitet. Diese Hypothese basiert auf der **Quantitätsgleichung des Geldes**, die auch heute noch Dreh- und Angelpunkt der Theorie der Geldnachfrage ist. Sie läßt sich in ihrer ursprünglich von Irving Fisher (1911) formulierten Version wie folgt darstellen:

$$\text{(B.1)} \qquad M \cdot V_T \equiv P \cdot T \qquad \text{bzw.} \quad V_T \equiv \frac{P \cdot T}{M}.$$

M ist die Geldmenge in einer Volkswirtschaft, T ist das Volumen der mit dieser Geldmenge durchgeführten Transaktionen, P ist der Preisindex dieser Transaktionen und V_T ist die Umlaufsgeschwindigkeit der Geldmenge. Somit besagt Gleichung (B.1), daß es zur Realisierung des Volumens nominaler Transaktionen in Höhe von $P \cdot T$ einer entsprechenden Geldmenge bedarf. Wie hoch konkret die benötigte Geldmenge ist, hängt von ihrer „Umschlagshäufigkeit“ also der Umlaufsgeschwindigkeit des Geldes ab. Bei einem Wert von $V_T = 2$ z.B., reicht eine Geldmenge, die nur halb so groß ist, wie das nominale Transaktionsvolumen. Da die Umlaufsgeschwindigkeit jedoch nicht direkt gemessen werden kann, handelt es sich bei Gleichung (B.1) noch nicht um eine Theorie der Geldnachfrage, sondern um eine Definitionsgleichung. In dieser Form wird die Quantitätsgleichung auch als „Equation of exchange“ oder als „**Fisher'sche Verkehrsgleichung**“[414] bezeichnet.

Unterstellt man nun, daß sich die volkswirtschaftlichen Transaktionen proportional zum realen Volkseinkommen (Y) entwickeln, kann man Gleichung (B.1) wie folgt umformulieren:

$$\text{(B.2)} \qquad M \cdot V \equiv P \cdot Y.$$

---

413 Einen breiten Überblick zu unterschiedlichen Theorien der Geldnachfrage und den Möglichkeiten zu deren empirischer Überprüfbarkeit gibt Laidler (1993).

414 Siehe hierzu Irving Fisher (1913, S 25f.).

Bei dieser Version wird V als „Einkommenskreislaufgeschwindigkeit des Geldes" bezeichnet. Um nun von dieser Definitionsgleichung zu einer Theorie der Geldnachfrage zu gelangen, ist es erforderlich, bestimmte Annahmen bezüglich der Umlaufsgeschwindigkeit des Geldes (V) zu treffen. Bei Fisher und in der sogenannten **„Cambridge-Form"**[415] der Quantitätsgleichung wird unterstellt, daß die Umlaufsgeschwindigkeit eine relativ konstante Größe ist, die als „institutionelles Datum" im wesentlichen durch die Zahlungssitten und die Technologie des Zahlungsverkehrs eines Landes bestimmt wird. Die Unterschiede zwischen der Fisher'schen Verkehrsgleichung und der Cambridge-Form sind jedoch die unterschiedlichen Blickwinkel bezüglich der Geldhaltung. Während bei Fisher die Frage im Mittelpunkt steht, wieviel Geld eine Volkswirtschaft benötigt, um ein bestimmtes Volumen an Transaktionen durchführen zu können, fragt die Cambridge-Gleichung danach, wieviel Geld Wirtschaftssubjekte zu halten wünschen.

Aus der Definitionsgleichung (B.2) wird so eine Theorie der Geldnachfrage (M^D),

(B.3) $$M^D = \frac{1}{\overline{V}} P \cdot Y \text{ , bzw.}$$

(B.3') $$M^D = \overline{k} \cdot P \cdot Y$$

wobei das sogenannte „Cambridge-k", den Kehrwert der Umlaufsgeschwindigkeit darstellt. Durch diese Theorie wird also ausgesagt, daß sich die Geldnachfrage proportional zum **nominellen Einkommen** ($P \cdot Y$) entwickelt. Wirtschaftssubjekte fragen unverzinsliches Geld allein deshalb nach, um damit ihre Transaktionen durchzuführen. Der Zins spielt für die Entscheidungen keine Rolle.

Die Cambridge-Version der Geldnachfrage läßt sich auch als eine **Theorie der Inflationserklärung** verwenden. Dazu muß man unterstellen, daß neben der stabilen Umlaufsgeschwindigkeit auch ein starres reales Volkseinkommen ($\overline{Y}$) gegeben ist und daß die Geldnachfrage dem Geldangebot (M^S) entspricht, welches durch die Notenbank gesteuert wird.

(B.4) $$M^D = M^S = M.$$

In diesem Fall ergibt sich eine proportionale Beziehung zwischen der Geldmenge und dem Preisniveau, die in Modul D noch ausführlicher beschrieben wird.

(B.5) $$M = \overline{k} \cdot P \cdot \overline{Y} \qquad \text{bzw.} \qquad \hat{M} = \pi \text{ .}$$

[415] Diese Bezeichnung geht auf die in Cambridge (Großbritannien) lehrenden Ökonomen Alfred Marshall und Arthur C. Pigou (1917) zurück, die diesen Ansatz entwickelt haben.

2. Liquiditätspräferenztheorie von Keynes

Die von Keynes (1936) entwickelte **Liquiditätspräferenztheorie** basiert auf der Überlegung, daß Geld sowohl als Zahlungsmittel als auch als Wertaufbewahrungsmittel Verwendung findet. Damit unterscheidet sie sich von der klassischen Theorie, in der Geld nur zu Transaktionszwecken dient. Keynes ergänzt diese Theorie um zwei Komponenten und begründet, warum Geld nicht nur aus dem **Transaktionsmotiv**, sondern auch aus einem **Vorsichts- und Spekulationsmotiv** nachgefragt wird.

Zukünftig zu leistende Auszahlungen sowie zu erwartende Einzahlungen können nicht immer mit Sicherheit vorhergesehen werden. Deshalb werden Wirtschaftssubjekte aus Vorsichtsüberlegungen heraus Geld halten, um möglichen Überraschungen begegnen zu können. Auf diesem Weg können die Kosten vermieden werden, die sich daraus ergeben, daß kurzfristige Kredite aufgenommen werden müssen.[416] Da mit steigendem Realeinkommen auch die Anzahl und Höhe von Auszahlungen im allgemeinen und somit auch von unvorhergesehenen Auszahlungen zunimmt, wird auch die Geldnachfrage aus dem **Vorsichtsmotiv** mit steigendem Einkommen zunehmen.[417] Es gilt somit:

$$\text{(B.6)} \qquad \frac{M_V^D}{P} = \frac{M_V^D}{P}\left(\overset{(+)}{Y}\right) .$$

Gleichung (B.6) ist als reale Geldnachfrage nach Vorsichtskasse in Abhängigkeit des Realeinkommens formuliert, d.h. die Entscheidung der Wirtschaftssubjekte wird davon bestimmt, was sie mit der gehaltenen Geldmenge tatsächlich (real) erwerben können. Eine Erhöhung des Preisniveaus bewirkt dann eine proportionale Ausweitung der nominalen Geldnachfrage, so daß die reale Geldnachfrage unverändert bleibt.

Neben den Funktionen als Zahlungsmittel und Recheneinheit (siehe Modul A) kann Geld auch zur Wertaufbewahrung dienen. Die Entscheidung, Geld zu halten, hängt aus dieser Perspektive von den erwarteten Erträgen alternativer Anlageformen ab. Keynes spricht hier vom **Spekulationsmotiv** der Geldhaltung. Als Anlagemöglichkeiten für das Finanzvermögen stehen bei Keynes lediglich zwei Optionen zur Verfügung:

---

[416] Das Gewicht der unverzinslichen Geldhaltung aus dem Vorsichtsmotiv dürfte heute jedoch eher von untergeordneter Bedeutung sein, da es mittlerweile zahlreiche Finanzierungsinstrumente gibt, die auch für sehr kurzfristige Anlagen eine Verzinsung anbieten.

[417] Darüber hinaus argumentiert Keynes (1936, S. 196) auch über die Opportunitätskosten der Haltung von Geld: Steigende Zinsen für Alternativanlagen bewirken einen Rückgang der Geldnachfrage aus dem Vorsichtsmotiv. Allerdings hält Keynes diesen Einfluß für vernachlässigbar gering.

- die risikolose und zugleich zinslose Geldhaltung und
- die Haltung festverzinslicher Wertpapiere mit unendlicher Laufzeit, deren Risiko in möglichen Kursschwankungen liegt.

Ferner wird unterstellt, daß jedes Wirtschaftssubjekt individuell verschiedene, subjektiv sichere Erwartungen über die künftige Kursentwicklung der Wertpapiere hat. Deshalb wird das gesamte Finanzvermögen, das keine Transaktions- oder Vorsichtskasse darstellt, entweder vollständig in Form von Geld oder nur in Form von Wertpapieren angelegt. Die Wahl wird genau dann auf das Halten von Wertpapieren fallen, wenn der effektive Zinssatz (Rendite) größer ist als ein möglicher erwarteter Kursverlust. Anders ausgedrückt: es werden so lange Wertpapiere nachgefragt, solange der erwartete Gesamtertrag (G^e) – als Summe aus der Rendite[418] (i) und möglichen Kursgewinnen bzw. -verlusten (g) – positiv ist. Der erwartete Gesamtertrag beläuft sich also auf,

(B.7) $$G^e = i \cdot B + g \cdot B = (i + g)B\ ,$$

wobei g die prozentuale Kursänderungserwartung darstellt, in die der tatsächliche Kurswert (Preis) des Wertpapiers (Bond) (P_B) und der erwartete Kurswert eingehen (P_B^e). Dabei ist der gegenwärtige Kurswert definiert als Quotient aus der festen Nominalverzinsung (i_B) und der effektiven Marktverzinsung (Rendite) (i):

(B.8) $$P_B = \frac{i_B}{i}\ .$$

Hierin spiegelt sich die inverse Beziehung zwischen dem Kurs eines Wertpapiers und seiner Rendite wider. Bei einem festen Nominalzins (i_B) und einem Anstieg des Wertpapierkurses (P_B) kommt es zu einem Rückgang der Rendite (i) und vice versa.

Den erwarteten Kurswert – als zweite Komponente der prozentualen Kursänderungserwartung – kann man ganz ähnlich bestimmen wie in Gleichung (B.8). An die Stelle der tatsächlichen Rendite (i) tritt lediglich die erwartete Rendite (i^e), so daß gilt:

(B.9) $$P_B^e = \frac{i_B}{i^e}\ .$$

Die prozentuale Kursänderungserwartung ist dann folglich:

418 Wenn der Kaufpreis des Wertpapiers seinem Nennwert entspricht, stimmt die Rendite mit der festen Nominalverzinsung überein. Ist der Kaufpreis (Kurs) des Wertpapiers dagegen höher, ist die Rendite geringer als die feste Verzinsung und umgekehrt. Siehe zu diesem inversen Zusammenhang Gleichung (B. 8).

(B.10) $$g = \frac{P_B^e - P_B}{P_B} = \frac{i_B / i^e - i_B / i}{i_B / i}.$$

Hieraus ergibt sich durch Umformungen:

(B.11) $$g = \frac{i}{i^e} - 1.$$

Eingesetzt in Gleichung (B.7) kann man nun den erwarteten Gesamtertrag der Wertpapierhaltung ermitteln als:

(B.12) $$G^e = \left(i + \frac{i}{i^e} - 1 \right) B.$$

Schaubild B.1: Die keynesianische Geldnachfrage aus dem Spekulationsmotiv

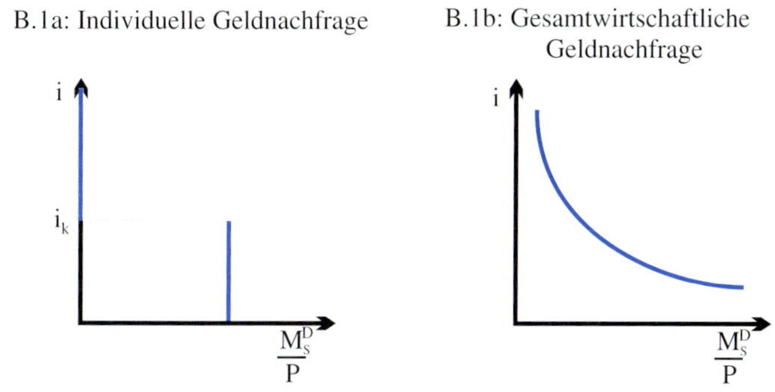

Ist der Gesamtertrag größer als null, wird das für Spekulationszwecke zur Verfügung stehende Finanzvermögen vollständig in Wertpapieren angelegt. Diese Entscheidung ist auf jeden Fall lohnend, da der positive Ertrag annahmegemäß mit „subjektiver Sicherheit" erzielt werden kann. Aus Gleichung (B.12) läßt sich dementsprechend für jedes Wirtschaftssubjekt der „kritische" Zinssatz (i_K) berechnen, für den diese Situation gerade zutrifft. Durch Nullsetzen von Gleichung (B.12) und Umformungen ergibt sich:

(B.13) $$i_K = \frac{i^e}{1 + i^e}.$$

Für die Geldnachfrageentscheidung des Wirtschaftssubjektes sind folglich die individuellen Erwartungen ausschlaggebend. Wenn der Marktzins den kritischen Zins übersteigt, ist der Gesamtertrag positiv und der Anleger wird sich ausschließlich für die Haltung von Wertpapieren entscheiden. Umgekehrt wird er nur Geld halten, wenn der Marktzins unterhalb des kritischen Zinssatzes liegt, weil dann die erwarteten Kursverluste die Rendite übertreffen. Für ein einzelnes Wirtschaftssubjekt läßt sich die Geldnachfrage aus dem **Spekulationsmotiv** dann wie folgt darstellen (Schaubild B.1 a).

Eine stetige, fallende Geldnachfragefunktion ergibt sich bei einer Aggregation der individuellen Funktionen, weil bei Keynes angenommen wird, daß die Wirtschaftssubjekte über unterschiedliche Vorstellungen bezüglich des kritischen Zinssatzes verfügen. Deshalb werden bei sinkendem Marktzins immer mehr Individuen dazu übergehen, ihr Vermögen in Form von Geld zu halten. Es ergibt sich damit ein negativer Zusammenhang zwischen der Geldnachfrage aus dem Spekulationsmotiv und dem Zinssatz, was sich durch Gleichung (B.14) ausdrücken läßt.

$$\text{(B.14)} \qquad \frac{M_S^D}{P} = \frac{M_S^D}{P}\left(\overset{(-)}{i}\right)$$

Auch hier decken sich die Annahmen dieses Ansatzes kaum noch mit den heutigen Gegebenheiten auf den Finanzmärkten. Es trifft zwar noch immer zu, daß Wirtschaftssubjekte ihre Portfolioentscheidungen von Erwartungen über Zinsänderungen abhängig machen. Anders als bei Keynes unterstellt, bietet sich jedoch bei sehr niedrigen langfristigen Zinsen, die das Risiko hoher Kursverluste beim Erwerb langfristiger Anleihen implizieren, die Möglichkeit, *verzinsliche* kurzfristige Anlagen zu erwerben.

Faßt man die drei Motive der keynesianischen Liquiditätspräferenztheorie zusammen, dann ergibt sich als Geldnachfragefunktion:

$$\text{(B.15)} \qquad \frac{M^D}{P} = \frac{M_T^D}{P}\left(\overset{(+)}{Y}\right) + \frac{M_V^D}{P}\left(\overset{(+)}{Y}\right) + \frac{M_S^D}{P}\left(\overset{(-)}{i}\right)$$

$$\text{bzw.} \qquad \frac{M^D}{P} = \frac{M^D}{P}\left(\overset{(+)}{Y}, \overset{(-)}{i}\right)$$

Gegenüber dem traditionellen Cambridge-Ansatz hängt jetzt die Geldnachfrage nicht nur vom Einkommen, sondern auch invers vom Zinssatz ab. Die Umlaufsgeschwindigkeit wird so nicht mehr allein von institutionellen Faktoren, sondern auch vom Zinssatz bestimmt. Sie kann daher im Zeitablauf schwanken, so daß zwischen der Geldmenge und dem nominellen Volkseinkommen kein streng proportionaler Zusammenhang mehr bestehen muß.

3. Das Modell von Baumol und Tobin

Die Grundform der keynesianischen Geldnachfragefunktion (Gleichung B.15) läßt sich aber selbst dann aufrechterhalten, wenn man ganz von der Spekulationskasse absieht. Das **Modell von Baumol und Tobin**[419] zeigt, daß der Zins auch für die Höhe der Transaktionskasse ausschlaggebend ist. Ihr Modell stellt eine Anwendung der betriebswirtschaftlichen Theorie der optimalen Bestellmenge auf die Geldnachfrage dar, weshalb das Modell auch als **Lagerhaltungsansatz** der Geldnachfrage bezeichnet wird.

Im Baumol-Tobin-Modell wird die optimale Geldnachfrage der Haushalte abgeleitet. Dabei wird unterstellt, daß ein repräsentativer Arbeitnehmer über ein gegebenes monatliches Einkommen verfügt, das er innerhalb des Monats voll für Güterkäufe verwendet. Der Arbeitnehmer erhält sein Einkommen – wie es in den USA üblich ist – in der Form eines Schecks am Monatsanfang, mit dem er auf jeden Fall einmal zur Bank gehen muß, um das Geld für seine Transaktionskasse zu erhalten. Alle Güterkäufe müssen mit Geld vorgenommen werden. Sie fallen außerdem gleichmäßig über den Monat verteilt an.

Das Entscheidungsproblem besteht nun darin, daß sich der Arbeitnehmer nicht das gesamte Gehalt sofort in bar ausbezahlen lassen muß, sondern einen Teil auch in der Form verzinslicher Wertpapiere (Bonds) halten kann. Allerdings muß er dann im Laufe des Monats erneut zur Bank, um die Wertpapiere wieder in Geld umzutauschen. Mit diesem Vorgang sind jedoch Umtauschkosten verbunden. Im ganzen geht es also darum, ein Optimum aus dem Trade-off zwischen Zinsertrag und Umtauschkosten zu erzielen. Dieses kann man wie folgt ableiten.

Als Geldnachfrage wird der durchschnittliche Kassenbestand (M) definiert, den ein Haushalt innerhalb des Monats in Abhängigkeit von der Anzahl der Abhebungen (n) hält. Er lautet (siehe dazu Schaubild B.2).[420]

$$\text{(B.16)} \qquad M = \frac{P \cdot Y}{2 \cdot n}.$$

---

[419] Dieser Ansatz wurde unabhängig von William J. Baumol (1952) und James Tobin (1956) entwickelt. Beide kamen zu ähnlichen Schlußfolgerungen. Der etwas einfachere Modellrahmen von Baumol wird im folgenden vorgestellt.

[420] Zu beachten ist, daß die Geldnachfrage für einen repräsentativen Haushalt bzw. in der Aggregationsform für den Haushaltssektor einer Volkswirtschaft abgeleitet wird. Dabei wird implizit unterstellt, daß sich der Unternehmenssektor als der andere Sektor dieser Volkswirtschaft genau spiegelbildlich zum Haushaltssektor verhält. Wenn die Haushalte ihre Geldhaltung reduzieren, erhöht sich simultan die Geldhaltung der Unternehmen. Insgesamt bleibt damit die Geldhaltung der Volkswirtschaft unverändert. Wenn man also in Gleichung (B.16) den durchschnittlichen Kassenbestand mit der Geldnachfrage bzw. der Geldhaltung gleichsetzt, dann bezieht sich diese Annahme lediglich auf den Haushaltssektor, nicht jedoch auf die Volkswirtschaft als Ganzes. Dort wäre die Geldnachfrage definiert als $M = PY / n$.

Daraus ergeben sich die Opportunitätskosten der Kassenhaltung (OK) in Form des Zinsentgangs, wobei i die Zinsrate für einen Monat angibt, als

(B.17) $OK = M \cdot i$.

Die Kosten des Umtauschs von Wertpapieren in Geld (c) fallen bei jedem Umtausch an, sind in diesem Modell aber unabhängig von der Höhe des umgetauschten Betrags. Die gesamten Umtauschkosten (UK) werden also nur von der Anzahl der Abhebungen (n) bestimmt:

(B.18) $UK = n \cdot c$

Die gesamten Kosten der Kassenhaltung pro Monat (GK) ergeben sich als Summe von Opportunitätskosten und Umtauschkosten.

(B.19) $GK = OK + UK = M \cdot i + c \cdot n$

Da aus (B.16) folgt, daß $n = \frac{P \cdot Y}{2 \cdot M}$ ist, kann man Gleichung (B.19) auch darstellen als

(B.20) $$GK = i \cdot M + c \cdot \frac{P \cdot Y}{2 \cdot M}.$$

Die minimalen Kosten der Kassenhaltung errechnet man, indem man Gleichung (B.20) nach M ableitet und das Ergebnis gleich null setzt.

(B.21) $$\frac{dGK}{dM} = i - \frac{c \cdot P \cdot Y}{2\,M^2} = 0$$

Die optimale Geldnachfrage der Haushalte (M*) beträgt dann

(B.22) $$M^* = \sqrt{\frac{c \cdot P \cdot Y}{2\,i}} \quad .$$

Die nominellen Transaktionskosten (c) sind das Produkt aus realen Transaktionskosten (c_R) und dem Preisniveau:

(B.23) $c = c_R \cdot P$.

Setzt man Gleichung (B.23) in (B.22) ein, dann ergibt sich als optimale reale Geldnachfrage

(B.24) $$\left(\frac{M}{P}\right)^* = \sqrt{\frac{c_R \cdot Y}{2\,i}}\,.$$

In logarithmischer Form läßt sich diese Geldnachfragefunktion wie folgt darstellen, wobei die reale Geldmenge mit m bezeichnet wird

Schaubild B.2: Sägezahnkurve

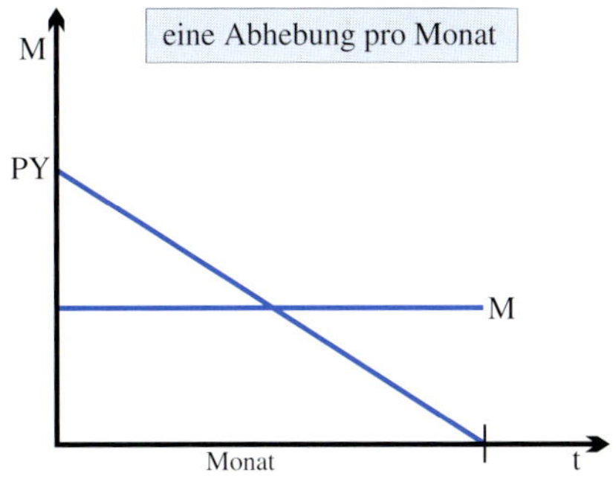

Geldmenge im Monatsdurchschnitt: $M=\frac{PY}{2}$

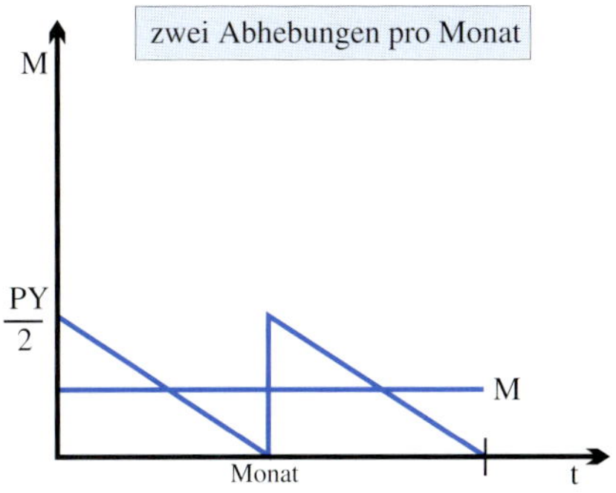

Geldmenge im Monatsdurchschnitt: $M=\frac{PY}{2\cdot 2}$

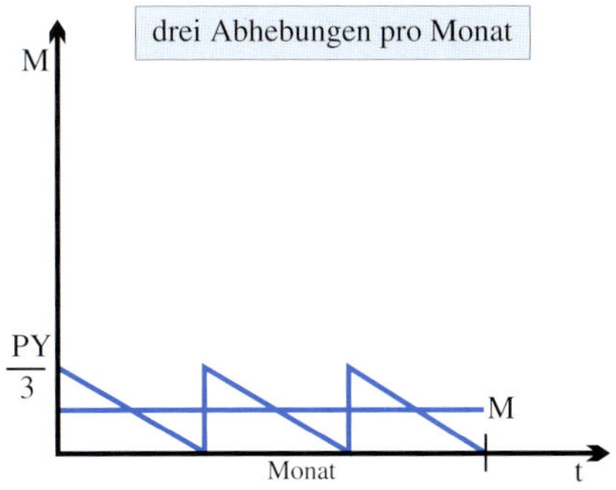

Geldmenge im Monatsdurchschnitt: $M=\frac{PY}{2\cdot 3}$

(B.25) $$\ln m = 0{,}5\ln\left(\frac{c_R}{2}\right) + 0{,}5\ln Y - 0{,}5\ln i\,.$$

Die reale Geldnachfrage (m) wird demzufolge bestimmt durch ein Absolutglied ($c_R / 2$), das reale Volkseinkommen und das Zinsniveau. Sie nimmt zu, wenn es zu einem Anstieg der realen Umtauschkosten oder des Realeinkommens kommt bzw. wenn der Zinssatz sinkt. Die konkreten Koeffizienten der letzten beiden Variablen verdeutlichen unmittelbar die Einkommens- und die Zinselastizität der Geldnachfrage in diesem Modell. Allgemein ist die **Einkommenselastizität des Geldes** definiert als

(B.26) $$\varepsilon_{m,Y} = \frac{dm}{m} : \frac{dY}{Y} = \frac{d\ln m}{d\ln Y} \qquad \text{hier: } \varepsilon_{m,Y} = 0{,}5\,.$$

Für die **Zinselastizität** gilt analog:

(B.27) $$\varepsilon_{m,i} = \frac{dm}{m} : \frac{di}{i} = \frac{d\ln m}{d\ln i} \qquad \text{hier: } \varepsilon_{m,i} = -0{,}5\,.$$

Im Gegensatz zur Quantitätstheorie und der keynesianischen Liquiditätspräferenztheorie ist hier die Geldnachfrage zu Transaktionszwecken zinsabhängig. Ein weiterer wichtiger Unterschied zwischen dem Modell von Baumol und Tobin und der Quantitätstheorie besteht darin, daß eine Einkommenselastizität von 0,5 gleichbedeutend ist mit „**Economies of scale**" in der Kassenhaltung. Ein Anstieg des Realeinkommens um ein Prozent resultiert in einem Anstieg der realen Geldnachfrage nur um ein halbes Prozent. Mit zunehmenden Einkommen findet also eine "Ökonomisierung" der Kassenhaltung statt.

Formuliert man die Cambridge-Form der Geldnachfrage $M^D = \bar{k}\,PY$ als reale Geldnachfragefunktion $\frac{M^D}{P} = \bar{k}Y$ und transformiert sie in logarithmische Werte (Gleichung B.28), dann kann man auch hierfür die Elastizität der realen Geldnachfrage bestimmen.

(B.28) $$\ln m = \ln \bar{k} + \ln Y\,.$$

Die Einkommenselastizität ist in diesem Fall gleich eins, die Zinselastizität gleich null. Eine Verdopplung des realen Einkommens würde nach dem Cambridge-Ansatz eine Verdopplung der Geldmenge erfordern; bei Baumol und Tobin steigt die Geldmenge dagegen nur um den Faktor $\sqrt{2}$.

4. Portfolio-Theorie

Die Zinsabhängigkeit der Geldnachfrage läßt sich also sowohl durch das Spekulationsmotiv als auch durch das Transaktionsmotiv erklären. Problematisch – weil realitätsfern – an der keynesianischen Geldnachfrage aus dem Spekulationsmotiv ist jedoch die Annahme der subjektiv sicheren Erwartungen der Wirtschaftssubjekte. Diese Annahme impliziert, daß die einzelnen Anleger ihr Portfolio nicht diversifizieren, sondern entweder nur Geld oder nur Wertpapiere halten. Die Portfolio-Theorie[421] dagegen untersucht, wie ein Wirtschaftssubjekt sein Vermögen auf alternative Anlageformen aufteilt, wenn es den jeweiligen Erträgen subjektive Wahrscheinlichkeitsverteilungen zuordnet. Da unterstellt wird, daß die Aufteilung des Vermögens von seiner Höhe selbst unabhängig ist (lineare Homogenität), wird im weiteren von einer vorgegebenen Vermögenshöhe ($\overline{W}$) ausgegangen. Um herauszustellen, von welchen Faktoren die Geldnachfrage in einem solchen Optimierungskalkül abhängt, werden die Alternativanlageformen nicht im einzelnen spezifiziert, sondern ganz allgemein auf verzinsliche Wertpapiere (B) reduziert.[422] Das Portfolio eines Wirtschaftssubjektes setzt sich somit aus (unverzinslichem) Geld (M) und Wertpapieren (B) zusammen. Es gilt also folgende Vermögensrestriktion:

(B.29) $$\overline{W} = M + B \, .$$

Der erwartete Gesamtertrag (G^e) aus der Haltung von Wertpapieren bestimmt sich – wie in der Liquiditätspräferenztheorie bereits dargestellt – aus der Rendite (i) und der prozentualen Kursänderungserwartung (g). Das Preisniveau sei konstant.

(B.7) $$G^e = i \cdot B + g \cdot B = (i + g)B \, ,$$

bzw.

(B.12) $$G^e = \left(i + \frac{i}{i^e} - 1 \right) B \, .$$

Im Gegensatz zu Keynes wird der Kursänderungserwartung nun nicht mehr die subjektive Wahrscheinlichkeit von eins („sichere Erwartung") zugeordnet, sondern eine Wahrscheinlichkeitsverteilung – üblicherweise eine Normalverteilung – mit dem Erwartungswert $\overline{g}$ und der Varianz σ_g^2 bzw. der Standardabweichung σ_g.

Je höher die Varianz ist, desto höher ist auch das Risiko der Wertpapierhaltung.

(B.30) $$g \sim N\left(\overline{g}, \sigma_g^2\right)$$

$$E[g] = \overline{g} \qquad\qquad V[g] = \sigma_g^2$$

Der erwartete Gesamtertrag der Wertpapierhaltung beträgt somit:

---

[421] Entwickelt wurde diese Theorie von Harry M. Markowitz (1952, 1959) und James Tobin (1958). Das hier dargestellte Modell wird auch als „**mean-variance approach**" bezeichnet.

[422] Zu Erweiterungsformen dieses Ansatzes siehe z.B. Thompson (1993).

(B.31) $G^e = E[i+g]B$ bzw. $G^e = (i+\bar{g})B$

Für die Entscheidung zur Wertpapiernachfrage ist aber nicht nur der zu erwartende Ertrag von Bedeutung, sondern auch das damit verbundene Risiko. Ordnet man allen Wertpapieren das gleiche Einzelrisiko (σ_g) zu, dann erhält man das Gesamtrisiko (R) der Wertpapierhaltung als:

(B.32) $R = \sigma_g B$.

Löst man Gleichung (B.32) nach B auf

(B.32') $B = \frac{R}{\sigma_g}$

und setzt das Ergebnis in Gleichung (B.31) ein, dann erhält man eine **Transformationskurve** („Möglichkeitskurve"), die alle möglichen Kombinationen von erwartetem Gesamtertrag (G^e) und Risiko (R) bei unterschiedlicher Aufteilung des gesamten Finanzvermögens auf Geld und Wertpapiere beschreibt:

(B.33) $G^e = \frac{i+\bar{g}}{\sigma_g} R$.

Graphisch wird die Transformationskurve in Schaubild B.3 als eine Gerade mit positiver Steigung abgebildet, denn ein höherer erwarteter Gesamtertrag, resultierend aus einem Anstieg der Wertpapierhaltung, erhöht gleichzeitig auch das Gesamtrisiko des Portfolios. G^e_{max} und R_{max} im oberen Teil der Graphik geben den maximalen Ertrag und das maximale Risiko an, wenn das gesamte Vermögen in Wertpapieren gehalten wird. Risiko und Ertrag sind dagegen gleich null, wenn nur Geld gehalten wird.

Ziel eines Wirtschaftssubjektes ist es aber nicht, den erwarteten Ertrag des Portfolios zu maximieren und dafür jedes Risiko auf sich zu nehmen, sondern den Nutzen, den es daraus zieht. Der Nutzen aus der Portfoliostruktur hängt neben dem erwarteten Ertrag entscheidend davon ab, welche Einstellung das Wirtschaftssubjekt gegenüber dem Risiko hat. Somit lautet die Risiko-Nutzen-Funktion:

(B.34) $U = U(G^e, R)$ mit $\frac{\partial U}{\partial G^e} > 0, \quad \frac{\partial U}{\partial R} < 0, \quad \frac{\partial^2 U}{\partial R^2} > 0$

Üblicherweise unterstellt man risiokoaverses Verhalten, d.h. der Grenznutzen des Risikos ist negativ und nimmt mit steigendem Risiko immer weiter ab.

In diesem Fall haben die Indifferenzkurven im G^e-R-Diagramm (Schaubild B.3) eine positive Steigung und verlaufen konvex. Entlang der Indifferenzkurven bleibt der Nutzen unverändert, weil ein zusätzliches Risiko mit einem zusätzlichen Ertrag kompensiert wird (positive Steigung). Der Ertrag muß dabei mit zunehmendem

Risiko überproportional ansteigen (Konvexität). Das optimale Portfolio ergibt sich, wenn der Nutzen (Gleichung B.34) unter der Nebenbedingung der Vermögensrestriktion (Gleichung B.29) maximiert wird. In Schaubild B.3 ist dies im Tangentialpunkt der Indifferenzkurve und der Transformationskurve der Fall.

Schaubild B.3: Das optimale Portfolio bei Risikoaversion

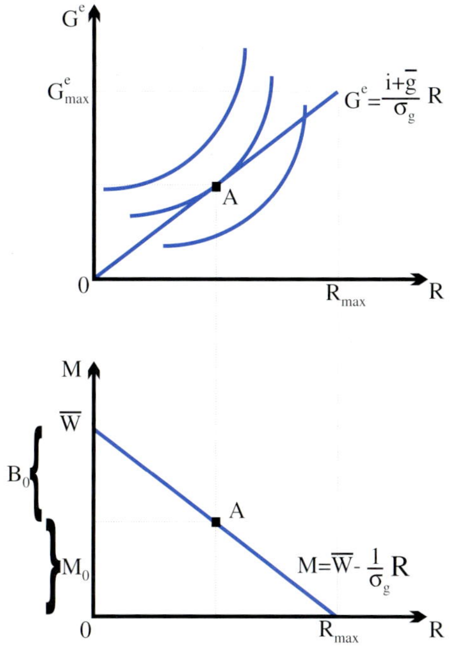

Formal läßt sich das Ergebnis mit Hilfe der folgenden Lagrangefunktion bestimmen, in der λ den Lagrangemultiplikator darstellt:

(B.35) $$L = U(G^e, R) + \lambda\left(G^e - \frac{i+\bar{g}}{\sigma_g} R \right).$$

Bilden der ersten partiellen Ableitungen nach G^e und R, Nullsetzen und Auflösen nach λ ergibt:

(B.36) $$\frac{\partial L}{\partial G^e} = \frac{\partial U}{\partial G^e} + \lambda = 0 \qquad \lambda = -\frac{\partial U}{\partial G^e}$$

(B.37) $$\frac{\partial L}{\partial R} = \frac{\partial U}{\partial R} - \lambda \frac{i+\overline{g}}{\sigma_g} = 0 \qquad \lambda = \frac{\partial U}{\partial R} \cdot \frac{\sigma_g}{i+\overline{g}}.$$

Durch Gleichsetzen und Umformen erhält man dann die Optimalitätsbedingung:

(B.38) $$-\frac{\partial U}{\partial G^e} = \frac{\partial U}{\partial R} \cdot \frac{\sigma_g}{i+\overline{g}} \quad \text{bzw.} \quad \frac{\partial U}{\partial G^e}(i+\overline{g}) = -\frac{\partial U}{\partial R}\sigma_g.$$

Im Optimalpunkt stimmen also die Steigungen der Indifferenzkurve und der Transformationskurve überein. Der Nutzenzuwachs, den man durch das Halten einer zusätzlichen marginalen Einheit Wertpapiere erzielt $\left[(i+\overline{g}) \cdot \left(\partial U / \partial G^e\right)\right]$, entspricht genau dem (negativen) Nutzenrückgang durch das gleichzeitig gestiegene Risiko ($\sigma_g \cdot \partial U / \partial R$).

Um die konkrete Höhe des gehaltenen Wertpapier- und Geldbestands zu ermitteln, muß man die Vermögensrestriktion (Gleichung B.29) heranziehen. Löst man diese Gleichung nach dem Geldbestand M auf und ersetzt die Wertpapierhaltung B durch den Ausdruck aus Gleichung (B.32'), ergibt sich die Geldnachfrage als Funktion des gesamten Finanzvermögens, des individuellen Risikos jedes Wertpapiers und des Gesamtrisikos. Sie ist im unteren Teil des Schaubilds B.3 eingezeichnet ist und lautet:

(B.39) $$M = \overline{W} - \frac{1}{\sigma_g} R.$$

Die konkrete Höhe der Geldnachfrage wird also auf der Ordinate abgelesen. Die Nachfrage nach Wertpapieren ist entsprechend die Restgröße zwischen Gesamtvermögen und Geldbestand. Für ein gegebenes Vermögen $\overline{W}$ bedeutet dies, daß eine vermehrte Wertpapierhaltung, die mit einem entsprechenden Anstieg des Gesamtrisikos verbunden ist, nur zu Lasten der Geldhaltung realisiert werden kann. Im Beispielfall erreicht ein Wirtschaftssubjekt in Punkt A den höchsten Nutzen, wenn es sein Portfolio entsprechend auf M_0-Einheiten Geld und B_0-Einheiten Wertpapiere aufteilt.[423] Offen ist noch die Frage, wie die Geldnachfrage auf Änderungen der exogenen Größen Zins und Vermögen reagiert.[424] Die Frage nach der

423 Die Präferenzen gegenüber Ertrag und Risiko sind entscheidend. Für den Fall eines risikofreudigen ($\partial U / \partial \sigma > 0$) oder risikoneutralen ($\partial U / \partial \sigma = 0$) Wirtschaftssubjektes verlaufen die Indifferenzkurven mit negativer Steigung und konkav bzw. horizontal. Dann gibt es keine Tangentiallösung. Das höchste Nutzenniveau wird erreicht, wenn das gesamte Vermögen in Form von Wertpapieren gehalten wird. Es ergibt sich also eine „Randlösung". Risikofreudige bzw. risikoneutrale Wirtschaftssubjekte diversifizieren ihr Portfolio somit nicht. Ihre Geldhaltung findet nur zu Transaktionszwecken statt.

424 Die folgenden Ausführungen beziehen sich weiterhin auf risikoaverses Verhalten, da in den anderen Fällen die Geldhaltung zu Spekulationszwecken immer gleich null ist.

Abhängigkeit der Geldnachfrage vom Vermögen läßt sich schnell beantworten, da die Aufteilung des Vermögens annahmegemäß von der Höhe des Vermögens selbst unabhängig ist. In diesem Modell sind die Geld- und Wertpapiernachfrage linearhomogen, d.h. sie ändern sich im gleichen Verhältnis als Reaktion auf Veränderungen des Gesamtvermögens.

Schaubild B.4: Das optimale Portfolio bei Zinserhöhung

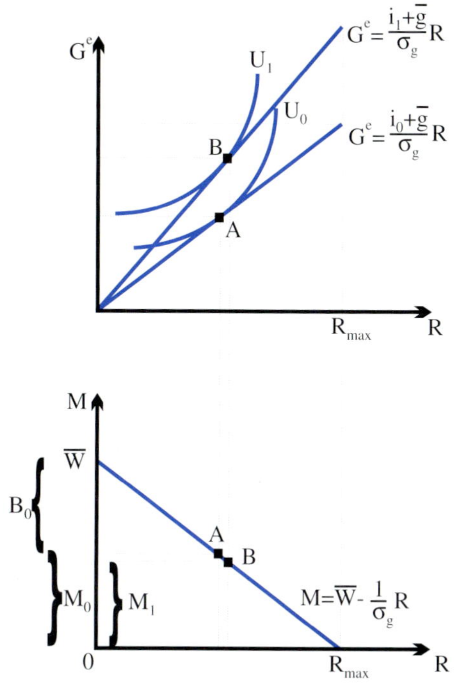

Kommt es zu einem Anstieg des Marktzinses, dann nimmt die Transformationskurve einen steileren Verlauf an (Schaubild B.4).[425] Der neue Optimalpunkt B für die Aufteilung des Portfolios ergibt sich erneut als Tangentialpunkt der nun steileren Transformationskurve und einer höheren Indifferenzkurve U_1. In Schau-

[425] Identische Effekte beobachtet man bei einem Anstieg der prozentualen Kursänderungserwartung (g).

bild B.4 geht der Zinsanstieg mit einem Rückgang der Geldnachfrage einher, wie der untere Teil der Graphik verdeutlicht.

Trägt man die beiden optimalen Werte der Geldhaltung bei unterschiedlichen Zinssätzen in ein Zins-Geldmengen-Diagramm ab (Schaubild B.5) und wiederholt dies für alle denkbaren Zinssätze, erhält man wiederum einen fallenden Verlauf der Geldnachfragekurve. Im Gegensatz zu Keynes ergibt sich mit der Portfolio-Theorie bereits für jedes einzelne Wirtschaftssubjekt ein stetiger negativer Zusammenhang zwischen Zins und nachgefragter Geldmenge.

Schaubild B.5: Individuelle Geldnachfragefunktion

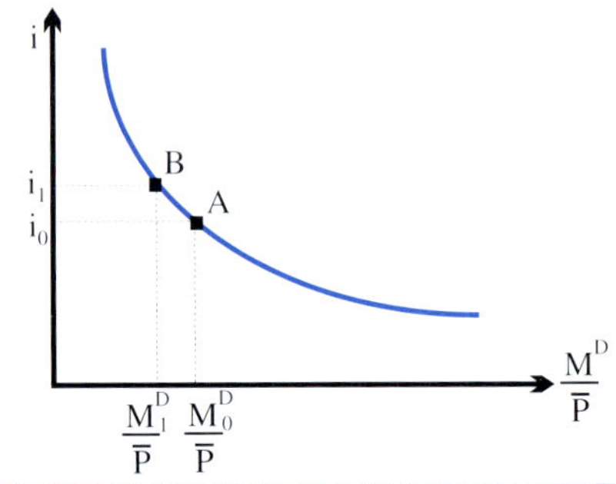

Das Ergebnis aus den Schaubildern B.4 und B.5 folgt allerdings nicht zwangsläufig aus der Portfolio-Theorie, sondern hängt von den Werten des **Substitutions- und Einkommenseffekts** ab. Während der Substitutionseffekt immer negativ ist – bei gleichem Nutzenniveau geht die Geldnachfrage aufgrund des gestiegenen Zinsertrags zurück –, kann der Einkommenseffekt durchaus positiv sein und möglicherweise sogar den Substitutionseffekt überwiegen. Der zusätzliche Zinsertrag aus dem Zinsanstieg könnte aber auch dazu genutzt werden, weniger Wertpapiere zu halten; der ursprüngliche Ertrag kann bei einem niedrigeren Risiko erzielt werden. Die individuelle Geldnachfrage muß folglich nicht unbedingt negativ auf Zinsänderungen reagieren. Welches Vorzeichen die gesamtwirtschaftliche Geldnachfrage als Aggregation aller individuellen Geldnachfragen aufweist, ist damit eine empirische Frage. Allerdings hält die Portfolio-Theorie die negative Zinsabhängigkeit für den plausibleren Fall. Zusammenfassend kann man die Ergebnisse der Portfolio-Theorie für den „Normalfall“ auf folgende Gleichung bringen:

(B.40) $$\frac{M^D}{P} = f\left(\overset{(-)}{i}, \overset{(+)}{W}, \overset{(+)}{R} \right)$$

Eine Unterscheidung zwischen realer und nominaler Geldnachfrage ist aufgrund der Annahme der Konstanz des Preisniveau zwar nicht notwendig, doch verwenden wir wie oben die reale Form. Wie bei der Liquiditätspräferenztheorie stellt sich auch in diesem einfachen Portfolio-Modell das Problem, daß es als Alternative zu unverzinslichem Geld (im Sinne von M1) auch kurzfristige Anlageformen gibt, bei denen der Investor unter äußerst geringem Risiko einen Zinsertrag erzielen kann (z.B. Termingeld). Es besteht somit kaum mehr die Notwendigkeit, aus dem Wertspeichermotiv heraus gehaltene Vermögensbestandteile in unverzinslichem Geld anzulegen.

5. Die Geldnachfrage in der Theorie von Milton Friedman

Milton Friedman baut seine Theorie der Geldnachfrage auf der grundlegenden Annahme auf, daß die Nachfrage nach Geld analytisch nicht anders zu behandeln sei als die Nachfrage nach bestimmten Dienstleistungen:

> „as in the usual theory of consumer choice, the demand for money (...) depends on three major sets of factors: (a) the total wealth to be held in various forms - the analogue of the budget restraint; (b) the price of and return on this form of wealth and alternative forms; (c) the tastes and preferences of wealth owning units.“ (Friedman 1956, S. 4)

Die Geldnachfrage hängt bei Friedman also von den alternativen Anlagemöglichkeiten des Vermögens und den damit zu erzielenden Erträgen sowie der Höhe des Vermögens selbst ab. Er unterscheidet fünf verschiedene Formen der Vermögenshaltung (Friedman 1956, S. 5):

- Geld,
- festverzinsliche Wertpapiere,
- Aktien,
- Sachaktiva und
- Humankapital.

Wertpapiere und Aktien können einen direkten pekuniären Ertrag erbringen in Form von Zinsen und Kursgewinnen. Aus der Haltung von Geld und Sachaktiva erzielen Wirtschaftssubjekte dagegen nur einen indirekten nicht-pekuniären Ertrag, der sich aus der Nutzung dieser Vermögensanteile ergibt. Der nominelle Ertrag von Sachaktiva läßt sich darüber hinaus anhand der Veränderungsrate der Preise dieser Güter messen, was durch die Inflationsrate (π) abgebildet wird. Die Bestimmung des Ertrags aus Humankapital ist allerdings sehr problematisch:

„Since there is only a limited market in human capital, at least in modern non-slave societies, we cannot very well define in market prices the terms of substitution of human capital for other forms of capital and so cannot define at any time the physical unit of capital corresponding to $1.00 of human capital." (Friedman 1956, S. 8)

Die Geldnachfragefunktion bei Friedman (1956, 1992) lautet wie folgt:

$$\text{(B.41)} \qquad \frac{M^D}{P} = L\left(\overset{(-)}{i_B}, \overset{(-)}{i_E}, \overset{(+)}{Y^P}, \overset{(-)}{\pi}, \omega, \upsilon \right).$$

Bei i_B und i_E handelt es sich um die erwarteten nominellen Erträge für festverzinsliche Wertpapiere und Aktien. Die reale Geldnachfrage steht in einem inversen Zusammenhang zu i_B, i_E und π, die die Opportunitätskosten der Geldhaltung symbolisieren. Positiv abhängig ist die reale Geldnachfrage vom Realeinkommen (Y^P), das bei Friedman das permanente Einkommen darstellt. Dieses Konzept findet man in seiner bekannten **permanenten Einkommenshypothese** zur Erklärung des Konsumverhaltens (Friedman 1957). Hier ist Y^P definiert als der Ertrag aus sämtlichen Vermögensformen.[426] Für die Relation von Nicht-Humanvermögen zu Humanvermögen (ω) sowie den Einfluß weiterer Variablen (υ), die die Präferenzen der Wirtschaftssubjekte beeinflussen, gibt Friedman keine partiellen Ableitungen an. Ihre Wirkungsrichtung auf die Geldnachfrage ist somit theoretisch nicht eindeutig bestimmt.

In der Form der Cambridge-Gleichung läßt sich die Geldnachfrage von Friedman dann folgendermaßen darstellen:

$$\text{(B.42)} \qquad M^D = k\left(\overset{(-)}{i_B}, \overset{(-)}{i_E}, \overset{(-)}{1/Y^P}, \overset{(-)}{\pi}, \omega, \upsilon \right) P\,Y^P.$$

Obwohl diese Art der Darstellung darauf schließen lassen könnte, daß Friedman in seiner Theorie der Geldnachfrage sehr viel näher bei Keynes als bei der traditionellen Quantitätsgleichung anzusiedeln ist, laufen seine wirtschaftspolitischen Vorstellungen im Kern wiederum auf die ursprüngliche Quantitätsgleichung hinaus. Friedman unterstellt dabei allerdings nicht mehr eine Konstanz der Umlaufsgeschwindigkeit des Geldes, sondern lediglich die Stabilität der funktionalen Be-

[426] Zunächst macht Friedman die Geldnachfrage vom Vermögen abhängig, das er definiert als das diskontierte permanente Nominaleinkommen Y^P/i, wobei i den Durchschnitt aller Ertragsraten darstellt, die im Vermögen enthalten sind. Somit beinhaltet i auch die Ertragsraten für Humankapital und Sachaktiva, die nicht direkt meßbar sind. Aus diesem Grund und weil i in systematischer Weise mit i_B und i_E variiert, vernachlässigt Friedman i als explizite Variable in seiner restlichen Geldnachfrageanalyse (vgl. Friedman 1956, S. 9).

ziehung, wie sie in Gleichung (B.42) abgebildet ist. Man spricht dann in diesem Zusammenhang auch von der **Neoquantitätstheorie** des Geldes. Die Hypothese der funktionalen Stabilität sieht Friedman in seinen umfangreichen empirischen Studien für die USA ebenso bestätigt wie die untergeordnete Rolle der Zinsen für die Umlaufsgeschwindigkeit, für die er nur relativ niedrige Zinselastizitäten findet (Friedman und Schwartz 1963, Friedman 1969). Dies erlaubt es ihm, seine Theorie der Geldnachfrage gleichzeitig als eine Theorie zur Erklärung des Einflusses der Geldmengenentwicklung auf das nominelle Einkommen zu verwenden.

6. Empirische Geldnachfragefunktionen

6.1 Grundstruktur

In empirischen Tests – wie auch in vielen Lehrbüchern – wird die Geldnachfrage meist auf folgende einfache Grundstruktur reduziert:

(B.43) $$\frac{M}{P} = f(Y, i).$$

Die Geldnachfrage wird dabei von vornherein als eine **reale Geldnachfrage** formuliert. Dies trägt der Tatsache Rechnung, daß Wirtschaftssubjekte mit ihren Geldbeständen ein bestimmtes reales Transaktionsprogramm abwickeln möchten. Eine Erhöhung des Preisniveaus erfordert dann eine proportionale Erhöhung der nominellen Geldmenge. Als Transaktionsvariable wird meistens das **reale BSP** gewählt, da ein Transaktionsvolumen im Sinne Fishers statistisch nicht verfügbar ist. Man geht jedoch von einer engen positiven Korrelation zwischen beiden Größen aus. Die Zinsvariable ist grundsätzlich als **Nominalzins** zu verstehen, da sie die Opportunitätskosten des Haltens von unverzinslichem Geld abbilden soll. In dieser Größe wird daher implizit auch die Inflationsrate erfaßt, da sich der Nominalzins aus Realzins und (erwarteter) Inflationsrate zusammensetzt. Allerdings werden die meisten empirischen Geldnachfragestudien nicht für ein unverzinsliches Geldmengenaggragat durchgeführt – dies ist in vielen Ländern nur noch das Bargeld bzw. z.T. Sichteinlagen –, sondern für ein Geldmengenaggragat, das aus geldpolitischer Sicht für die Notenbank von Interesse ist. Umfaßt dieses Aggregat auch verzinsliche Geldkomponenten wie Termin- und Spareinlagen, dann müssen als Opportunitätskosten die Differenz aus Alternativzins und Eigenverzinsung verwendet werden. Zwischen der **Eigenverzinsung** und der realen Geldnachfrage ist dann ein positiver Zusammenhang zu erwarten.

Die in empirischen Tests verwendeten Geldnachfragefunktionen weisen in ihrer einfachsten Form meist folgende lineare Struktur auf, wobei β_1 und β_2 und die Einkommens- und die Zinselastizität der Geldnachfrage darstellen.

(B.44) $\ln m_t = \beta_0 + \beta_1 \ln Y_t + \beta_2 \ln i_t + \varepsilon_t \qquad \varepsilon_t = \text{Störterm}$

Abweichend von dieser Form wird die Geldnachfragefunktion auch häufig ohne eine logarithmierte Zinsvariable geschätzt.

(B.45) $\ln m_t = \beta_0 + \beta_1 \ln Y_t + \beta_2 i_t + \varepsilon_t \qquad \varepsilon_t = \text{Störterm}$

In diesem Fall stellt der Koeffizient nicht mehr die Zinselastizität, sondern nur noch die sogenannte **Semi-Zinselastizität** dar. Sie zeigt an, um wieviel Prozent sich die reale Geldnachfrage verändert, wenn sich der Zinssatz um eine Einheit, d.h. um einen Prozent*punkt*, also z.B. von 5 % auf 6 % erhöht. Davon zu unterscheiden sind prozentuale Änderungen des Zinses, wie sie in Gleichung (B.44) verwendet werden, z.B. eine Erhöhung des Zinses um ein Prozent, d.h. von 5 % auf 5,05 %.

(B.46) $$\beta_2 = \frac{d\ln m_t}{d\,i_t} = \frac{d\,m_t \,/\, m_t}{d\,i_t} = \text{Semi-Zinselastizität}$$

Beide Spezifikationen unterstellen, daß tatsächliche und optimale Geldhaltung jederzeit übereinstimmen. Wenn man jedoch für die empirische Schätzung keine Jahresdaten, sondern Quartals- oder Monatsdaten verwendet, kann man davon ausgehen, daß es aufgrund von Anpassungskosten zu keiner unmittelbaren Anpassung der tatsächlichen an die gewünschte Geldhaltung kommt. Am einfachsten erfaßt man diese dynamische Anpassungsstruktur mit Hilfe des **„Real partial adjustment“**-Modells. Es kommt zu einer Verzögerung in der Anpassung der tatsächlichen realen Geldmenge an die als optimal erachtete reale Geldmenge (m_t^*), in Höhe der Anpassungsgeschwindigkeit ψ, weil die unmittelbare Reaktion mit Anpassungskosten verbunden ist. Je kleiner der Faktor ψ ist, desto größer sind die Verzögerungen bei der Realisierung der optimalen Geldhaltung. Es gilt also der folgende „reale partielle Anpassungsprozeß“:

(B.47) $$\ln m_t - \ln m_{t-1} = \psi\left(\ln m_t^* - \ln m_{t-1}\right) \qquad \text{mit } 0 \le \psi \le 1 .$$

Unterstellt man, daß die optimale Geldhaltung (m_t^*) durch eine Funktion wie in Gleichung (B.45) spezifiziert ist und setzt dies in Gleichung (B.47) ein, dann erhält man durch einige Umformungen

(B.48) $$\ln m_t = \psi\beta_0 + \psi\,\beta_1 \ln Y_t + \psi\beta_2\, i_t + (1-\psi)\ln m_{t-1} + \psi\varepsilon_t ,$$

bei der im Gegensatz zu Gleichung (B.45) zusätzlich noch die verzögerte reale Geldmenge als erklärende Variable verwendet wird.[427]

---

[427] Siehe hierzu die einflußreiche Studie von Goldfeld (1973, S. 577 - 638), in der diese Spezifikation Anwendung findet, sowie für einen Überblick Goldfeld (1992, S. 620ff.) und Goldfeld und Sichel (1990, S. 325 - 338).

In den siebziger und achtziger Jahren findet man eine Vielzahl von empirischen Studien, die auf diese Spezifikation zurückgreifen.[428] Problematisch ist zum einen, daß zwar eine verzögerte Anpassung an Veränderungen des Realeinkommens und des Nominalzinssatzes zugelassen wird, gleichzeitig aber eine unmittelbare Anpassung an Änderungen des Preisniveaus unterstellt wird (reale Geldnachfrage). Darüber hinaus ist die Nutzung der verzögerten endogenen Variablen (m_{t-1}) mit ökonometrischen Problemen verbunden.[429] In den neueren empirischen Studien wird deshalb fast ausschließlich das Verfahren der **Kointegration** und des **Fehlerkorrekturmodells** angewendet. Dabei schätzt man zunächst eine langfristige Gleichgewichtsbeziehung in Form der Gleichung (B.45). Der Störterm dieser Gleichung, der auch als Gleichgewichtsfehler oder Fehlerkorrekturterm bezeichnet wird, enthält die kurzfristige Dynamik, d.h. die Anpassung an das langfristige Gleichgewicht. Explizit kann man die kurzfristige Dynamik der Geldnachfrage bestimmen, indem man Gleichung (B.45) für die ersten Differenzen plus dem verzögerten Fehlerkorrekturfaktor schätzt.[430]

6.2 Die Geldnachfrage in Abhängigkeit vom Vermögen

Obwohl Friedman ausdrücklich auf das Vermögen als Determinante der Geldnachfrage hingewiesen hat und es auch in der Portfolio-Theorie eine zentrale Rolle spielt (auch wenn sich dieser Ansatz lediglich für die Aufteilung des Vermögens interessiert), blieb es in der Folgezeit meist dabei, daß in empirischen Geldnachfragefunktionen ausschließlich Stromgrößen (insbesondere das reale Volkseinkommen) berücksichtigt wurden. Dieses Vorgehen ist vor allem dann problematisch, wenn Geldnachfragefunktionen nicht nur für enge Geldmengenaggregate des Typs M1, sondern auch für die Geldmengenabgrenzungen M2 und M3 geschätzt werden. Dabei ist von vornherein evident, daß darin enthaltene Aktiva (kurzfristige Sparguthaben und Termineinlagen mit einer Laufzeit von unter vier Jahren) nicht nur für Transaktionszwecke gehalten werden, sondern auch einen wichtigen Bestandteil eines diversifizierten Portfolios darstellen.

Für die Bundesrepublik zeigt sich dabei ein erstaunlich stabiler Zusammenhang zwischen dem Geldvermögen der privaten Haushalte (der Summe aller finanziellen Aktiva) und den Geldmengen M1 und M3 (Schaubild B.6). Dies wird durch die jüngste Studie der Bundesbank zur Geldnachfrage in Deutschland (1995) bestätigt, die im nachfolgenden Abschnitt dargestellt wird.

---

428 Einen guten Überblick hierzu geben Judd und Scadding (1982).

429 Im einzelnen sind die Probleme z.B. bei Laidler (1993, S. 123 - 126) und in den oben genannten Quellen von Goldfeld (1992) sowie Goldfeld und Sichel (1990) aufgeführt.

430 Siehe dazu ausführlicher Dickey, Jansen und Thornton (1991).

Schaubild B.6: Der Anteil von M1 und M3 am Geldvermögen der privaten Haushalte

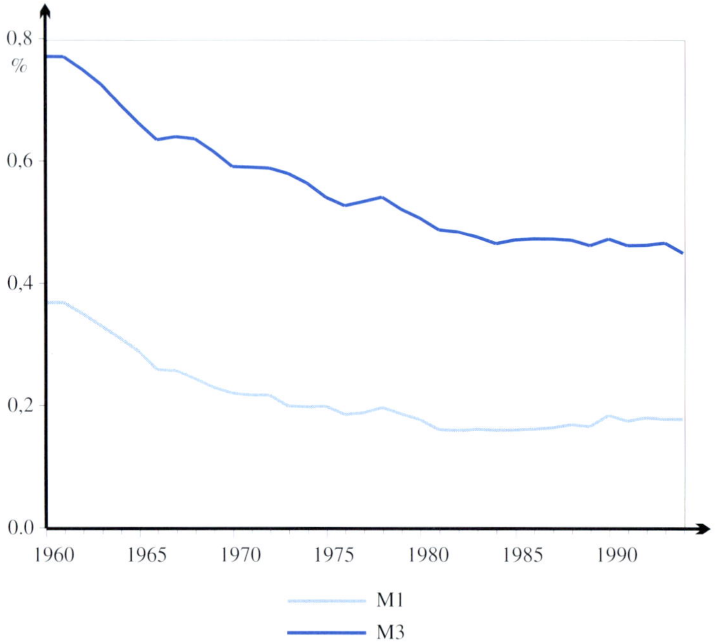

Quelle: Deutsche Bundesbank, Monatsberichte und statistische Sonderveröffentlichung Nr. 4.

In Anbetracht der Tatsache, daß das Geldvermögen seit langem deutlich höhere Zuwachsraten als das nominelle Sozialprodukt aufweist, bietet dieser Ansatz eine wichtige Erklärung dafür, wieso die Einkommenselastizität der Geldnachfrage in Deutschland über eins liegt. Dies ist gleichbedeutend damit, daß sich die Umlaufsgeschwindigkeit von M1 und M3 über die Zeit hinweg rückläufig entwickelt, obwohl ständig erhebliche Verbesserungen in der Technologie des Zahlungsverkehrs stattfinden.

6.3 Ergebnisse für Deutschland

Für Deutschland hat die Bundesbank im Monatsbericht Januar 1985 (S. 14 - 27) eine größere Zusammenstellung unterschiedlicher Schätzungen zur Geldnachfrage vorgenommen. Eigene umfassende empirischen Studien der Bundesbank findet man bei Issing und Tödter (1995) und im Monatsbericht Juli 1995 (S. 31 - 37). Besonders die Zielüberschreitungen in den Jahren 1992 und 1993 und die hohe Volatilität der Geldmengenentwicklung in den letzten Jahren waren Anlaß, die Stabilität der Geldnachfrage zu überprüfen. Die Bundesbank kommt ähnlich wie andere Studien[431] zu dem Ergebnis, daß die langfristige Beziehung zwischen der Geldmenge M3 und dem Preisniveau weiterhin gegeben ist.

Bemerkenswert an der **Studie von Issing und Tödter** ist, daß die Geldnachfrage für M3 in Abhängigkeit einer Zinsdifferenz aus der Umlaufsrendite öffentlicher Anleihen und der gewichteten Eigenverzinsung der M3-Komponenten geschätzt wird. Zwischen Eigenverzinsung und Geldnachfrage erwartet man einen positiven Zusammenhang, der allerdings im Schätzergebnis der negativen Semi-Zinselastizität der gesamten Zinsdifferenz nicht explizit zum Ausdruck kommt. Unterstellt man, daß die Notenbank mit dem Geldmarktsatz einen relativ starken Einfluß auf die Eigenverzinsung der M3-Komponenten ausüben kann, während sich die Umlaufsrendite vor allem aus den Erwartungen der Marktteilnehmer ergibt, enthält dieser Befund weitreichende Implikationen für die praktische Geldpolitik. Anders als bisher in den meisten theoretischen und empirischen Studien unterstellt, würde eine zu starke Expansion der Geldmenge nicht mehr eine Anhebung, sondern eine Senkung der Geldmarktsätze erfordern.

Dieser Zusammenhang zwischen kurzfristigen Zinsen und M3 steht im Einklang mit der ungewöhnlichen Begründung des Zinssenkungsschritts der Bundesbank im Frühjahr 1994 als in einer Phase zu hohen Geldmengenwachstums die Notenbankzinsen reduziert wurden, um „das Interesse an längerfristigen Finanzwerten durch eine Vergrößerung des Zinsabstands zwischen kurz- und langfristigen Anlagen zu steigern und so zur Dämpfung der Geldmengenentwicklung und damit verbundener Inflationsbefürchtungen beizutragen“ (Deutsche Bundesbank 1994, S. 71). Gleichzeitig wies die Bundesbank darauf hin, daß dieser Schritt nur in der speziellen Situation gerechtfertigt war. Konsequenterweise dürfte dann der Einfluß der Eigenverzinsung auf die Geldnachfrage bei Issing und Tödter im Zeitverlauf nicht stabil sein.

In der neuesten empirischen **Geldnachfragestudie der Bundesbank vom Juli 1995** wird dieses Problem umgangen, indem als Opportunitätskosten der Geldhaltung lediglich die Umlaufsrendite inländischer Schuldverschreibungen (i) verwen-

---

431 Siehe z.B. Gerlach (1994), Hansen und Kim (1995) und Krämer und Scheide (1994).

det wird. Im Mittelpunkt dieser Analyse steht die Frage der Stabilität der Geldnachfrage im Zuge der deutschen Wiedervereinigung. Dafür schätzt die Bundesbank zunächst für den Zeitraum 1975 bis 1990 (2. Quartal) eine langfristige und kurzfristige Geldnachfragefunktion mit Hilfe der Kointegrationsgleichung und des Fehlerkorrekturmodells. Der Fehlerkorrekturterm wird in den Gleichungen mit ect (error correction term) abgekürzt. Zur Schätzung der **nominalen Geldnachfrage** nach M3 verwendet sie als Transaktionsvariable das nominale BIP (Y^n) und als Opportunitätskosten die Umlaufsrendite inländischer Schuldverschreibungen (i).

(B.49a) $\ln M3 = -0{,}42 + 1{,}19 \ln Y^n - 0{,}03 i + ect$

$\overline{R}^2 = 0{,}996$ DW = 0,79 Zeitraum: 1975:Q1 - 1990:Q2

(B.49b) $\Delta \ln M3 = \underset{(5{,}31)}{0{,}56}\ \Delta \ln M_{t-1} + \underset{(3{,}60)}{0{,}37}\ \Delta \ln M_{t-4} - \underset{(-2{,}06)}{0{,}03}\ \Delta \ln i_{t-1} - \underset{(-2{,}01)}{0{,}1}\ ect$

$\overline{R}^2 = 0{,}14$ Zeitraum: 1975:Q1 - 1990:Q2

Die Zahlen in den Klammern geben t-Werte an.

Die Einkommenselastizität und die Semi-Zinselastizität weisen die erwarteten positiven bzw. negativen Vorzeichen auf. Die Einkommenselastizität mit einem Wert von über eins ($\varepsilon_{M3,Y^n} = 1{,}19$) dokumentiert den Trend einer fallenden Umlaufsgeschwindigkeit. Der Hypothese, daß dieser Trend durch ein schnelleres Wachstum des Vermögens als des Sozialprodukts verursacht wird, trägt die Bundesbank Rechnung, indem sie Gleichung (B.49) inklusive einer Geldvermögensvariable (W) schätzt (Gleichung B.50).[432] Die Einkommenselastizität liegt dann nur noch bei einem Wert nahe eins.

(B.50a) $\ln M3 = 0{,}07 + 0{,}98 \ln Y^n + 0{,}43 \ln\left(W - Y^n\right) - 0{,}02 i + ect$

$\overline{R}^2 = 0{,}998$ DW = 0,43 Zeitraum: 1975:Q1 - 1990:Q2

(B.50b) $\Delta \ln M3$

$= \underset{(5{,}26)}{0{,}53}\ \Delta \ln M_{t-1} + \underset{(3{,}70)}{0{,}37}\ \Delta \ln M_{t-4} + \underset{(2{,}10)}{0{,}14}\ \ln\left(W - Y^n\right) - \underset{(-3{,}65)}{0{,}1}\ ect$

$\overline{R}^2 = 0{,}22$ Zeitraum: 1975:Q1 - 1990:Q2

Die Zahlen in den Klammern geben t-Werte an.

Zur Überprüfung der Stabilität der Geldnachfrage werden die Funktionen (B.49) und (B.50) für den erweiterten Zeitraum 1975 bis 1995 (1. Quartal) erneut ge-

[432] Als Vermögensvariable wird das Geldvermögen der inländischen Haushalte und der inländischen Unternehmen (ohne Wohnungswirtschaft) verwendet.

schätzt und die Ergebnisse mit dem kürzeren Schätzzeitraum vor der deutschen Wiedervereinigung verglichen. Im folgenden werden nur die Ergebnisse unter Einbeziehung der Vermögensvariable dargestellt.

(B.51a) $$\ln M3 = 0{,}04 + 0{,}99 \ln Y^n + 0{,}44 \ln\left(W - Y^n\right) - 0{,}03 i + ect$$

$$\overline{R}^2 = 0{,}998 \qquad DW = 0{,}56 \qquad \text{Zeitraum: } 1975{:}Q1 - 1995{:}Q1$$

(B.51b) $$\Delta \ln M3 = \underset{(5,53)}{0{,}53}\ \Delta \ln M_{t-1} + \underset{(19,8)}{1{,}29}\ \Delta \ln Y^n - \underset{(-7,05)}{0{,}91}\ \Delta \ln Y_{t-1}$$
$$+ \underset{(14,9)}{1{,}25}\ \ln\left(W - Y^n\right) - \underset{(-5,6)}{0{,}75}\ \ln\left(W - Y^n\right)_{t-1} - \underset{(-4,25)}{0{,}24}\ ect$$

$$\overline{R}^2 = 0{,}84 \qquad \text{Zeitraum: } 1975{:}Q1 - 1995{:}Q1$$

Die Zahlen in den Klammern geben t-Werte an.

Aus dem Vergleich der Koeffizientenschätzungen aus Gleichung (B.50) und (B.51) sowie aus Tests auf Parameterkonstanz in der Kointegrationsbeziehung kann man schließen, daß sich die langfristige Geldnachfragefunktion durch die deutsche Währungsunion nicht verändert hat. Für die kurzfristige Beziehung (B.51b) wird zwar eine Verschlechterung der Prognoseeigenschaften konstatiert, die sich jedoch auf temporäre Sonderfaktoren zurückführen läßt. Aus geldpolitischer Sicht ist auch dieser Befund nicht unproblematisch. Da jetzt keine kurzfristige Zinsvariable mehr aufgeführt ist, bleibt offen, inwieweit die Notenbank diese Geldmenge steuern kann. Es fehlt somit eine entscheidende Voraussetzung dafür, um die Geldmenge M3 als geldpolitische Zwischenzielvariable zu verwenden (siehe Kapitel V.2.2 und V.3.1).

6.4 Internationaler Vergleich

Ähnlich ausführliche Studien wie zur deutschen Geldnachfrage wurden für nahezu alle Volkswirtschaften durchgeführt, in denen das entsprechende Datenmaterial vorhanden war. Interessant ist es dabei, die konkreten Werte der Einkommens- und der Zinselastizitäten (β_1 und β_2) zu vergleichen. Dafür benötigt man Schätzungen, die in allen Ländern auf der gleichen Modellspezifikation und ähnlichen Modellvariablen beruhen. Eine Studie dieser Art für eine sehr einfache Modellspezifikation hat Fair (1987) für 16 OECD-Länder durchgeführt.[433] Seine Ergebnisse sind in

[433] Weitere vergleichende Studien der letzten Jahre, die meist komplexere Modellspezifikationen und aufwendigere ökonometrische Schätzverfahren heranziehen, wurden durchgeführt von Boughton (1991), Boughton und Tavlas (1990, 1991), Chowdhury (1992), Fase und Winder (1993) sowie Fase (1994).

Tabelle B.1 zusammengefaßt.[434] Die aus der Theorie abgeleiteten positiven bzw. negativen Vorzeichen für das Realeinkommen und den Nominalzinssatz werden in allen Ländern bestätigt. In 11 der 16 Länder (inklusive Deutschland wie oben gezeigt) ist die Einkommenselastizität größer als eins, was auf den Einfluß des Vermögens auf die Geldnachfrage hinweist. Von Land zu Land variieren die konkreten Werte allerdings erheblich.

Die Ergebnisse aus Tabelle B.1 geben allerdings keinen Aufschluß über die Stabilität der berechneten Werte. Gerade in den USA haben sich mit Beginn der siebziger und verstärkt in den achtziger Jahren Finanzinnovationen durchgesetzt, die vermuten lassen, daß Geldnachfragefunktionen, die nur das Einkommen und den Zins als Argumente berücksichtigen, instabil werden und die tatsächlichen Zusammenhänge nicht mehr vollständig abbilden. In amerikanischen Studien sprach man deshalb vom „velocity puzzle of the 1980s" (Roberts 1989, S. 21). Diese zunächst konstatierte Instabilität der Geldnachfrage führte auch dazu, daß die Fed das erst 1979 eingeführte Konzept der Geldmengensteuerung bereits 1982 wieder aufgab. Der starke Einfluß der Finanzinnovationen in den USA läßt sich in relativ einfacher aber doch eindrucksvoller Form aus der nachfolgenden Tabelle B.2 ablesen. Dort werden die Varianzen der Abweichungen realer Geldmengenaggregate von einem loglinearen Trend für verschiedene Zeiträume und unterschiedliche Länder dargestellt.

Um dieser Entwicklung Rechnung zu tragen, wurde deshalb versucht, die Einflüsse von Finanzinnovationen bei der Schätzung der amerikanischen Geldnachfragefunktion einzubeziehen. Baba, Hendry und Starr (1992) kamen dann zu dem Ergebnis, daß sich für die Geldnachfrage nach M1 in den USA tatsächlich wieder stabile Relationen ergeben.

6.5 Eine Geldnachfragefunktion für Europa

Im Hinblick auf die Errichtung einer Europäischen Währungsunion ist die zukünftige geldpolitische Konzeption einer Europäischen Zentralbank von zentraler Bedeutung. Um eine Geldmengensteuerung im Sinne der Deutschen Bundesbank durchführen zu können, ist eine stabile Geldnachfragefunktion der Teilnehmerländer der Währungsunion eine notwendige Voraussetzung.

---

434 Die kurzfristigen Elastiziäten bzw. Semi-Elastizitäten ergeben sich direkt als Schätzkoeffizienten einer Gleichung wie sie in der Goldfeld-Spezifikation (B.48) zum Ausdruck kommt. Um die langfristigen (Semi-)Elastizitäten zu berechnen, müssen die jeweiligen Schätzkoeffizienten durch den Anpassungskoeffizienten ψ geteilt werden. Dieser ist in Gleichung (B.42) jedoch nur indirekt enthalten und muß als Eins minus dem Parameterschätzwert der verzögerten endogenen Variable ermittelt werden. Teilt man alle Schätzkoeffizienten durch diesen Wert, erhält man aus der kurzfristigen Goldfeld-Spezifikation wiederum die langfr istigen Werte.

Tabelle B.1: Geldnachfrageelastizitäten

	Realeinkommen *)		Nominaler Zinssatz **)	
	kurzfristig	langfristig	kurzfristig	langfristig
Belgien	0,06	0,41	-0,50	-3,57
Dänemark	0,27	1,67	-0,30	-1,88
Finnland	0,64	1,13	-0,77	-1,57
Frankreich	0,10	0,36	-0,19	-0,70
Deutschland	0,35	1,19	-0,53	-1,83
Griechenland	0,16	1,25	-0,13	-1,00
Großbritannien	0,12	1,70	-0,43	-6,14
Irland	0,07	1,48	-0,45	-9,00
Italien	0,11	1,88	-0,31	-5,17
Japan	0,05	1,76	-0,44	-6,29
Niederlande	0,41	0,71	-0,86	-1,51
Norwegen	0,09	1,74	-0,23	-4,60
Portugal	0,18	0,95	-0,51	-2,68
Schweden	0,49	1,40	NA	NA
Schweiz	0,04	0,36	-0,79	-7,18
USA	0,06	1,18	-0,12	-2,40

*) Fair verwendet das Pro-Kopf-Realeinkommen.
**) Die Werte stellen Semi-Zinselastizitäten dar.

Quelle: Fair (1987, S. 478, Tabelle 2).

Eine erste empirische Studie auf diesem Gebiet führten Kremers und Lane (1990) für die am Europäischen Wechselkursmechanismus beteiligten Länder durch. Mit Hilfe der Kointegrationsanalyse schätzten sie eine aggregierte reale Geldnachfragefunktion für M1 in Abhängigkeit vom Realeinkommen, kurz- und langfristigen Zinsen, der Inflationsrate und dem Wechselkurs des ECU gegenüber dem US-Dollar für den Zeitraum von 1979 bis 1987. Sie unterstellten dabei eine Einkommenselastizität von eins und kamen zu dem Ergebnis, daß bereits beim momentanen Stand der Europäischen Integration eine Europäische Zentralbank eher in der Lage sei, die Geldmenge zu kontrollieren als jede einzelne nationale Notenbank. Dieser empirische Befund spricht folglich für die Vorteilhaftigkeit einer Währungsunion, sofern sich die Europäische Zentralbank an dem Konzept der Geldmengensteuerung ausrichten sollte.

Tabelle B.2: Varianzen der Abweichung realer Geldmengenaggregate von einem loglinearen Trend für fünf Industrieländer

		(1) 1963-91	(2) 1963-72	(3) 1973-81	(4) 1982-91	(4)/(2)	(4)/(3)
USA	M1	0,12	0,02	0,06	0,30	16,3	10,0
	M2	0,11	0,06	0,13	0,15	2,3	1,2
Japan	M1	0,19	0,19	0,17	0,19	1,0	1,1
	M2	0,13	0,14	0,17	0,10	0,7	0,6
Deutschland	M1	0,25	0,08	0,40	0,27	3,2	0,7
	M3	0,16	0,09	0,19	0,19	2,1	1,0
Frankreich	M1	0,20	0,25	0,21	0,12	0,5	0,6
	M2	0,15	0,14	0,19	0,11	0,8	0,6
Vereinigtes Königreich	M1	0,41	0,15	0,54	0,55	3,7	1,0
	M3	0,27	0,05	0,70	0,07	1,3	0,1

Quelle: Boughton (1992, S. 13).

Aufgrund ihrer weitreichenden Konsequenzen blieb diese Studie nicht unumstritten und wurde von Barr (1992) auf Stabilität unter Einbeziehung der Jahre 1988-1990 untersucht. Er findet Anzeichen für Instabilitäten der aggregierten Geldnachfragefunktion seit 1989 und weist auf verschiedene Probleme bei der Modellspezifikation von Kremers und Lane hin. In den letzten Jahren wurden verstärkt Forschungsanstrengungen auf diesem Gebiet unternommen. Die empirische Evidenz der neueren Studien spricht dafür, daß eine aggregierte europäische Geldnachfrage stabil ist. Zu diesem Ergebnis gelangen Wesche (1994) sowie Falk und Funke (1994) für das Geldmengenaggregat M1. Wesche unterstellt in ihrer Studie eine fiktive EWU der drei großen Länder Deutschland, Frankreich und Italien für den Untersuchungszeitraum von 1970 bis 1992; Falk und Funke gehen von einer Währungsunion von sieben Ländern (Belgien, Dänemark, Frankreich, Deutschland, Irland, Italien und den Niederlanden) aus. Die Studien von Monticelli und Strauss-Kahn (1992) sowie Cassard, Lane und Masson (1994) dagegen konzentrieren sich auf weiter abgegrenzte Geldmengenaggregate, finden aber auch hier stabile Funktionen für mögliche Kernwährungsunionsländer.

Auch wenn somit alle Anzeichen dafür sprechen, daß für die EZB die Voraussetzungen für eine Geldmengensteuerung gegeben sind, besteht die Gefahr, daß die heute zu beobachtenden stabilen Relationen zwischen Geldmenge und Preisniveau nach der Einführung einer einheitlichen Währung zumindest vorübergehend zusammenbrechen – ein Problem, auf das die „Lucas-Kritik" verweist. Das Szenario einer Währungsunion, die ein vollkommen neues monetäres Regime darstellt, läßt sich mit den vorhandenen Daten nicht simulieren.

Anhang B.1: Ein formales Modell zur Herleitung der Geldnachfrage

Im Rahmen vier unterschiedlicher Modellansätze – keynesianische Liquiditätspräferenztheorie, Baumol-Tobin-Modell, Portfolio-Theorie und Friedmans Neoquantitätstheorie – kam man zu Geldnachfragefunktionen, in denen die reale Geldnachfrage positiv vom Realeinkommen und negativ vom Zinssatz abhängt. Ohne sich an einer keynesianischen oder monetaristischen Richtung orientieren zu müssen, kann man dieses Ergebnis ganz allgemein aus dem Nutzenmaximierungskalkül jedes Haushalts herleiten, indem man die Nutzenfunktion unter Berücksichtigung der Budgetrestriktion maximiert.[435] Anders als beim Optimierungsverhalten im Rahmen der Portfolio-Theorie gehen in die Nutzenfunktion nicht allein die Merkmale erwarteter Ertrag und Risiko ein, sondern die Stromgrößen Konsum (c_t) und Freizeit (ℓ_t), jeweils in realen Größen. Die Nutzenfunktion ergibt sich als Summe des gegenwärtigen Nutzens und aller zukünftig erwarteten Nutzen. Der Haushalt erzielt einen positiven Grenznutzen aus dem Konsum von Gütern und aus Freizeit ($u_1 > 0$ und $u_2 > 0$), wobei die Nutzenzuwächse aus beiden Variablen abnehmen ($u_{11} < 0$ und $u_{22} < 0$).

(1) $$U = u(c_t, \ell_t) + \beta u(c_{t+1}, \ell_{t+1}) + \beta^2 u(c_{t+2}, \ell_{t+2}) + \ldots$$

$$\frac{\partial u}{\partial c} = u_1 > 0 \qquad \frac{\partial^2 u}{\partial c^2} = u_{11} < 0 \qquad \frac{\partial u}{\partial \ell} = u_2 > 0 \qquad \frac{\partial^2 u}{\partial \ell^2} = u_{22} < 0$$

$$0 < \beta < 1$$

Der Nutzen aus dem Konsum zukünftiger Güter und Freizeit wird auf die gegenwärtige Periode mit Hilfe des Diskontfaktors β abgezinst. Solange β Werte annimmt, die kleiner sind als eins, bedeutet dies, daß der Haushalt eine positive Zeitpräferenzrate hat, d.h. der Nutzen aus gegenwärtigem Konsum und Freizeit wird höher eingeschätzt als der Nutzen aus zukünftigem Konsum und Freizeit. Die Höhe der Geldhaltung und damit die Variable, die eigentlich von Interesse im Rahmen dieser Analyse ist, ist in dieser Nutzenfunktion nicht direkt vorhanden. Sie

---

435 Grundlage der folgenden Darstellungen sind die Ausführungen bei McCallum (1989, S. 35 - 41).

stiftet jedoch indirekt einen Nutzen, indem sie die Höhe der Freizeit beeinflußt, was in Gleichung (2) zum Ausdruck kommt. Die Freizeit (l_t) ist eine Funktion der realen Geldhaltung (m_t) und des Konsums (c_t).

(2) $$l_t = \psi(m_t, c_t)$$

$$\frac{\partial l}{\partial m} = \psi_1 > 0 \quad \frac{\partial^2 l}{\partial m^2} = \psi_{11} < 0 \quad \frac{\partial l}{\partial c} = \psi_2 < 0 \quad \frac{\partial^2 l}{\partial c^2} = \psi_{22} > 0$$

Je höher die Geldhaltung eines Haushalts ist, desto geringer fallen die sogenannten „Schuhleder-Kosten" (siehe dazu Kapitel II.2.4) in Form von Zeit und Aufwand für den Erwerb von Konsumgütern aus. Folglich steht dem Haushalt mehr Freizeit zur Verfügung ($\psi_1 > 0$), was gleichbedeutend ist mit einer Nutzensteigerung, da er jede zusätzliche Freizeit positiv bewertet ($u_2 > 0$). Entsprechend umgekehrt gilt diese Argumentation für die Beziehung zwischen der Höhe der konsumierten Güter und der Höhe der Freizeit. Geht man von einer gegebenen Zeitrestriktion aus, dann bedeutet jedes Mehr an Konsum, daß dem Wirtschaftssubjekt weniger Freizeit zur Verfügung steht ($\psi_2 < 0$).

In seinem Optimierungskalkül ist jeder Haushalt durch seine Budgetrestriktion gebunden. Entsprechend der mehrperiodigen Nutzenfunktion, muß auch eine mehrperiodige Budgetrestriktion gefunden werden. Für die Periode t gilt zunächst:

(3) $$P_t Y_t + (1 + i_{t-1})B_{t-1} + M_{t-1} = P_t c_t + B_t + M_t .$$

Der linke Teil der Gleichung ist die Entstehungsseite, der rechte Teil die Verwendungsseite des Budgets. Entstanden ist das Budget der Periode t aus dem Einkommen der laufenden Periode ($P_t Y_t$), dem Wertpapierbestand aus der Vorperiode (B_{t-1}), dem Zinsertrag aus Wertpapieren, die in der Vorperiode gehalten wurden ($i_{t-1} B_{t-1}$), und dem Bestand an Geld, das bereits aus der Vorperiode stammt (M_{t-1}). Verwendet werden kann das Budget in der laufenden Periode t für den Konsum von Gütern ($P_t c_t$), zum Kauf von Wertpapieren (B_t) oder zur Geldhaltung (M_t).

Zur Form einer intertemporalen Budgetrestriktion gelangt man, indem man die Budgetrestriktion wie oben für die Periode t außerdem für die Periode t+1 bildet (Gleichung 3') und diese dann nach B_t auflöst (Gleichung 3'').

(3') $$P_{t+1} Y_{t+1} + (1 + i_t)B_t + M_t = P_{t+1} c_{t+1} + B_{t+1} + M_{t+1}$$

(3'') $$B_t = \frac{1}{1 + i_t}(P_{t+1} c_{t+1} + B_{t+1} + M_{t+1} - P_{t+1} Y_{t+1} - M_t)$$

Setzt man (3'') in Gleichung (3) ein, dann ergibt sich Gleichung (4),

$$(4) \qquad P_t Y_t + (1+i_{t-1})B_{t-1} + M_{t-1}$$

$$= P_t c_t + \frac{1}{1+i_t}\left(P_{t+1}c_{t+1} + B_{t+1} + M_{t+1} - P_{t+1}Y_{t+1} - M_t\right) + M_t$$

die sich durch weitere Umformungen (Division durch P_t, Zusammenfassen der Terme M_t) in Gleichung (5) transformieren läßt.

$$(5) \qquad Y_t + \frac{\frac{P_{t+1}}{P_t}Y_{t+1}}{1+i_t} + \frac{(1+i_{t-1})B_{t-1}}{P_t} - \frac{\frac{B_{t+1}}{P_t}}{1+i_t} + \frac{M_{t-1}}{P_t}$$

$$= c_t + \frac{\frac{P_{t+1}}{P_t}c_{t+1}}{1+i_t} + \frac{\frac{M_{t+1}}{P_t}}{1+i_t} + \frac{\frac{M_t}{P_t}i_t}{1+i_t}$$

Führt man dieses Vorgehen sukzessive für jede weitere Periode t+2, t+3 etc. durch, dann kommt man zur folgenden intertemporalen Budgetrestriktion (6).

$$(6) \qquad Y_t + \frac{\frac{P_{t+1}}{P_t}Y_{t+1}}{1+i_t} + \frac{\frac{P_{t+2}}{P_t}Y_{t+2}}{(1+i_t)(1+i_{t+1})} + \ldots + \frac{(1+i_{t-1})B_{t-1}}{P_t} + \frac{M_{t-1}}{P_t}$$

$$= c_t + \frac{\frac{P_{t+1}}{P_t}c_{t+1}}{1+i_t} + \frac{\frac{P_{t+2}}{P_t}c_{t+2}}{(1+i_t)(1+i_{t+1})} + \ldots$$

$$+ \frac{i_t\frac{M_t}{P_t}}{1+i_t} + \frac{i_{t+1}\frac{M_{t+1}}{P_t}}{(1+i_t)(1+i_{t+1})} + \frac{i_{t+2}\frac{M_{t+2}}{P_t}}{(1+i_t)(1+i_{t+1})(1+i_{t+2})} + \ldots$$

für: t=1,...,T

Diese intertemporale Funktion zeigt auf der linken Seite der Gleichung alle realen diskontierten Entstehungskomponenten des Budgets und auf der rechten Seite alle realen diskontierten Verwendungsmöglichkeiten. Dabei wird explizit der Zinsverlust durch das Halten von Geld anstelle von Wertpapieren berücksichtigt. Die monetären Terme der rechten Gleichungsseite stellen somit den realen Gegenwartswert des Zinseinkommens dar, auf das man durch die Geldhaltung verzichtet hat (vgl. Barro 1990, S. 97). Ein Haushalt, der sich gemäß des Nutzenmaximierungskalküls verhält, wird seine Geldhaltung und den Konsum von Gütern gerade so wählen, daß seine Nutzenfunktion unter Berücksichtigung seiner Budgetrestriktion ein Optimum (Maximum) erreicht. Formal läßt sich dieses Optimum mit Hilfe der Lagrangefunktion (7) bestimmen.

(7) $$L = u\left[c_t, \psi(m_t, c_t)\right] + \beta\, u\left[c_{t+1}, \psi(m_{t+1}, c_{t+1})\right] + \ldots$$

$$+\lambda\left[\begin{array}{l} Y_t + \dfrac{\frac{P_{t+1}}{P_t} Y_{t+1}}{1+i_t} + \ldots + \dfrac{(1+i_{t-1})B_{t-1}}{P_t} + \dfrac{M_{t-1}}{P_t} \\ -c_t - \dfrac{\frac{P_{t+1}}{P_t} c_{t+1}}{1+i_t} - \ldots - \dfrac{i_t \frac{M_t}{P_t}}{1+i_t} - \dfrac{i_t \frac{M_{t+1}}{P_t}}{(1+i_t)(1+i_{t+1})} - \ldots \end{array}\right]$$

Danach bildet man die partiellen Ableitungen der Lagrangefunktion nach c_t und m_t und setzt sie gleich null.

(8) $$\frac{\partial L}{\partial c_t} = u_1 + u_2\psi_2 - \lambda = 0$$ (8') $$u_1 + u_2\psi_2 = \lambda$$

(9) $$\frac{\partial L}{\partial m_t} = u_2\psi_1 - \lambda \frac{i_t}{1+i_t} = 0$$ (9') $$\frac{1+i_t}{i_t} u_2\psi_1 = \lambda$$

Durch Gleichsetzen von (8') und (9') erhält man die Optimalitätsbedingung (10).

(10) $$u_1 + u_2\psi_2 = \frac{1+i_t}{i_t} u_2\psi_1$$

Eine konkrete Geldnachfragefunktion läßt sich allerdings erst dann ermitteln, wenn man die Nutzenfunktion und die Funktion der Freizeit konkretisiert. Dies wird durch die Gleichungen (11) und (12) getan.

(11) $$u(c_t, l_t) = c_t^{1-\alpha}\, l_t^{\alpha} \qquad 0 < \alpha < 1$$

(12) $$l_t = \psi(m_t, c_t) = m_t^{a}\, c_t^{-a} \qquad 0 < a < 1$$

Wie für den allgemeinen Fall oben beschrieben, muß man nun jeweils die partiellen Ableitungen nach c_t und l_t bilden (Gleichungen 11', 11'', 12' und 12'').

(11') $$\frac{\partial u}{\partial c} = u_1 = (1-\alpha)c_t^{-\alpha}\, l_t^{\alpha} = (1-\alpha)c_t^{-\alpha}(m_t^{a}\, c_t^{-a})^{\alpha}$$

(11'') $$\frac{\partial u}{\partial l_t} = u_2 = \alpha\, c_t^{1-\alpha}\, l_t^{\alpha-1} = \alpha\, c_t^{1-\alpha}\left(m_t^{a}\, c_t^{-a}\right)^{\alpha-1}$$

(12') $$\frac{\partial \psi}{\partial m_t} = \psi_1 = a\, m_t^{a-1}\, c_t^{-a}$$

(12'') $$\frac{\partial \psi}{\partial c_t} = \psi_2 = -a\, m_t^{a}\, c_t^{-a-1}$$

Setzt man diese vier Gleichungen in die allgemein formulierte Optimalitätsbedingung (10) ein, ergibt sich Gleichung (13):

$$(13) \qquad (1-\alpha)c_t^{-\alpha}\left(m_t^a\, c_t^{-a}\right)^{\alpha} + \alpha\, c_t^{1-\alpha}\left(m_t^a\, c_t^{-a}\right)^{\alpha-1}\left(-am_t^a\, c_t^{-a-1}\right)$$

$$= \frac{1+i_t}{i_t}\left[\alpha\, c_t^{1-\alpha}\left(m_t^a\, c_t^{-a}\right)^{\alpha-1} a\, m_t^{a-1} c_t^{-a}\right]$$

Nach einigen Umformungen, bei denen nach m_t aufgelöst wird,

$$(1-\alpha)c_t^{-\alpha(1+a)}\, m_t^{a\alpha} = \frac{1+i_t}{i_t}\alpha\, a\, c_t^{1-\alpha(1+a)}\, m_t^{a\alpha-1} + a\,\alpha\, c_t^{-\alpha(1+a)}\, m_t^{a\alpha}$$

$$(1-\alpha)c_t^{-\alpha(1+a)} = \frac{1+i_t}{i_t}\alpha\, a\, c_t^{1-\alpha(1+a)}\, m_t^{-1} + a\,\alpha\, c_t^{-\alpha(1+a)}$$

$$c_t^{-\alpha(1+a)}(1-\alpha-a\alpha) = \frac{1+i_t}{i_t}\alpha\, a\, c_t^{1-\alpha(1+a)}\, m_t^{-1}$$

$$m_t = \frac{\frac{1+i_t}{i_t}\alpha\, a\, c_t^{1-\alpha(1+a)}}{(1-\alpha-a\alpha)c_t^{-\alpha(1+a)}}$$

ergibt sich die folgende Geldnachfragefunktion:

$$(14) \qquad \frac{M_t}{P_t} = \frac{a\alpha}{1-\alpha-a\alpha}\left(1+\frac{1}{i_t}\right)c_t \,.$$

Die in Gleichung (14) dargestellte Geldnachfragefunktion läßt sich weiter vereinfachen, wenn man $(1+1/i_t)$ durch $1/i_t$ approximiert.[436] Dann ergibt sich Gleichung (15),

$$(15) \qquad \frac{M_t}{P_t} = \frac{\gamma\, c_t}{i_t} \qquad \text{mit} \qquad \gamma = \frac{a\alpha}{1-\alpha-a\alpha}$$

bzw. nach einer Logarithmustransformation Gleichung (16)

$$(16) \qquad \ln M_t - \ln P_t = \ln\gamma + \ln c_t - \ln i_t \,.$$

Wird Gleichung (16) noch allgemeiner dargestellt, dann erhält man die Spezifikation, die man üblicherweise in der Literatur über Geldnachfragefunktionen findet und die als Grundlage für ökonometrische Schätzungen dient. Dabei wird implizit unterstellt, daß man die individuellen Geldnachfragefunktionen aller Haushalte zu einer gesamtwirtschaftlichen Geldnachfragefunktion aggregieren kann. Als Trans-

---

436 Dieser Schritt ist unbedenklich, solange die Werte für i_t relativ klein sind. Je größer i_t ist, desto größer wird der Fehler durch die Approximation.

aktionsvolumen dient nicht mehr der reale Konsum, sondern das reale Einkommen (Y_t).

(17) $$\ln M_t - \ln P_t = \gamma_0 + \gamma_1 \ln Y_t + \gamma_2 \ln i_t$$

Die reale Geldnachfrage ist positiv abhängig vom Realeinkommen $(\gamma_1 > 0)$, und negativ abhängig vom Nominalzinssatz i_t $(\gamma_2 < 0)$, der die Opportunitätskosten der Geldhaltung widerspiegelt. Diese relativ allgemeine Darstellung der Geldnachfragefunktion in logarithmierter Form besitzt den schätztechnischen Vorteil der Linearität und die Möglichkeit, die Einkommens- und Zinselastizität der Geldnachfrage (γ_1, γ_2) direkt zu bestimmen.

C

Der Prozeß des Geldangebots

1. Einleitung

In der Geldpolitik kommt dem Prozeß des Geldangebots eine zentrale Rolle zu. Im Kern geht es dabei darum, wie in einer Volkswirtschaft „Geld" – im Sinne der Geldmengendefinitionen M1, M2 oder M3 – entsteht. Aufgrund des starken Einflusses der „**Geldmenge**" auf die gesamtwirtschaftliche Entwicklung ist es für eine Notenbank von entscheidender Bedeutung, daß sie den Geldangebotsprozeß möglichst umfassend kontrollieren kann.

Eine solche Steuerungsmöglichkeit resultiert aus zwei institutionellen Faktoren, die man heute in allen Industrieländern vorfindet:

- Die Notenbank verfügt über ein Monopol bei der Emission von Banknoten und Münzen **(Notenemissionsmonopol)**. In Deutschland ist das Notenemissionsmonopol in §14 Bundesbankgesetz geregelt. Das Recht zur Emission von Scheidemünzen liegt beim Bund („Münzregal") ist aber im Münzgesetz quantitativ begrenzt. Nachdem die dort vorgesehene Obergrenze schon seit längerem überschritten worden ist, bedarf der Bund bei der Ausprägung von Münzen der Zustimmung der Bundesbank.
- Die Notenbank ist außerdem der einzige Anbieter von **Zentralbankguthaben**. Diese werden in der Regel ausschließlich von Geschäftsbanken gehalten.

Aufgrund ihrer spezifischen Bedeutung für den Geldangebotsprozeß werden die von der Notenbank direkt kontrollierbaren Aktiva auch als **Geldbasis** bezeichnet; man findet dafür aber auch die Bezeichnungen Zentralbankgeld, monetäre Basis, M0 und high powered money.

Etwas vereinfacht könnte man die Geldbasis auch als den „**Inputfaktor**" des Geldschöpfungsprozesses bezeichnen, bei dem als „**Output**" Geld im Sinne der Geldmengenabgrenzungen M1, M2 oder M3 entsteht. Es wird hier bereits deutlich, daß es im Bereich der Geldtheorie und Geldpolitik stets von großer Bedeutung ist, den Begriff „Geld" möglichst genau abzugrenzen. Zur Verdeutlichung wird daher für die Geldmengenabgrenzungen M1, M2 oder M3 im folgenden auch die Bezeichnung „Geldvolumen" oder „Geldmenge" verwendet.

2. Notenbankbilanz und Geldbasis

Wie eine Notenbank den für den Geldschöpfungsprozeß notwendigen „Rohstoff" steuern kann, wird am besten durch einen Blick auf eine typische Notenbankbilanz deutlich:

Tabelle C.1: Vereinfachte Notenbankbilanz am Beispiel der Deutschen Bundesbank[1] in Mrd. DM

Aktiva		Passiva	
• Währungsreserven	120	• Guthaben ausländischer Einleger	16
• Kredite an inländische Geschäftsbanken	189	• Guthaben inländischer Geschäftsbanken[3]	46
• Kredite an inländische öffentliche Haushalte[2]	---	• Guthaben inländischer öffentlicher Haushalte	1
• sonstige Aktiva	20	• Banknotenumlauf	232
		• sonstige Passiva	34
Summe	329		329

1) Daten aus dem Wochenausweis der Deutschen Bundesbank vom 15. Juni 1995.
2) Art. 104 des EG-Vertrages (Überziehungsverbot) verbietet die Gewährung von Krediten der Notenbank an inländische öffentliche Haushalte.
3) Mit dem Beginn der zweiten Stufe der Europäischen Wirtschafts- und Währungsunion (01. Januar 1994) wurde die Einlagenpflicht der öffentlichen Haushalte bei der Bundesbank faktisch aufgehoben. Am 16. Juli 1994 trat das Gesetz in Kraft, mit dem der bisherige §17 BBankG (Einlagen-Politik) aufgehoben wurde.

Vereinfachen läßt sich die Darstellung der Notenbankbilanz noch dadurch, daß man die Forderungen und Verbindlichkeiten der Notenbank gegenüber dem Ausland und dem Staat jeweils zu einer Nettoforderungsposition saldiert ($NFP_{NB/A}$ und $NFP_{NB/St}$) sowie den Saldo sonstiger Passiva und Aktiva ($Saldo_{SPA}^{NB}$) bildet. Zusätzlich kann man die Differenzierung zwischen Banknotenumlauf und Bargeldumlauf aufheben. Für Deutschland muß diese Unterscheidung getroffen werden, da das Münzregal, wie oben beschrieben, beim Bund liegt. Die Bundesbank gibt in ihren Ausweisen der Bilanz entsprechend auf der Passivseite lediglich die Höhe des Banknotenumlaufs an. Zusätzlich weist sie aber immer auch die Höhe des gesamten Bargeldumlaufs aus. Unterstellt man deshalb, daß der Bargeldumlauf mit dem Banknotenumlauf identisch ist, kann man die Notenbankbilanz auch so abbilden, daß auf der Passivseite fast ausschließlich Geldbasis aufgeführt wird (siehe Tabelle C.2).

Tabelle C.2: Vereinfachte Notenbankbilanz

Aktiva	Passiva
• Nettoforderungsposition gegenüber den Ausland ($NFP_{NB/A}$)	• Guthaben inländischer Kreditinstitute (R) } Geldbasis (B)
• Nettoforderungsposition gegenüber inländischen öffentlichen Haushalten ($NFP_{NB/St}$)	• Bargeldumlauf (C) } Geldbasis (B)
• Kredite an inländische Geschäftsbanken ($K_{NB/KI}$)	• Saldo sonstiger Passiva und Aktiva ($Saldo^{NB}_{SPA}$)

Aus dieser Bilanzdarstellung kann man die Geldbasis (B) daher entweder über die **Entstehungsseite** (Aktivseite)

(C.1) $B = NFP_{NB/A} + NFP_{NB/St} + K_{NB/GB} - Saldo^{NB}_{SPA}$

oder über die **Verwendungsseite** (Passivseite) der Notenbankbilanz definieren.

(C.2) $B = C + R.$

Beide Darstellungsformen lassen nun wichtige Aspekte des Geldschöpfungsprozesses erkennen.

2.1 Verwendung der Geldbasis

Anhand der Beschreibung der **Verwendungsseite** lassen sich die beiden zentralen Gründe bestimmen, aus denen in einer Volkswirtschaft überhaupt Geldbasis benötigt wird:

Zum einen wird in jeder Volkswirtschaft **Bargeld** als Transaktionsmedium benötigt. Daran hat sich bisher selbst in jenen Ländern nahezu nichts geändert, in denen der Zahlungsverkehr in erheblichem Umfang auch bargeldlos abgewickelt werden kann. In Deutschland ist es vielmehr dazu gekommen, daß von der Mitte der siebziger Jahre an der Bargeldumlauf deutlich stärker gestiegen ist als das nominelle Sozialprodukt.

Schaubild C.1: Bargeldumlauf und Bruttosozialprodukt

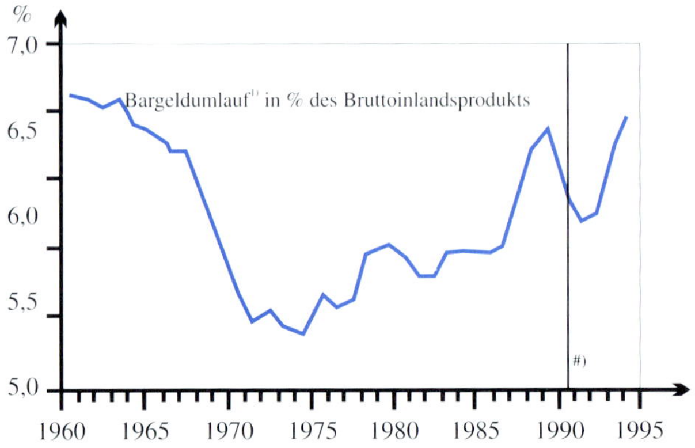

1) Ohne Kassenbestände der Kreditinstitute
#) Ab zweitem Halbjahr 1990 neuer Gebietsstand der Bundesrepublik Deutschland

Quelle: Deutsche Bundesbank (1995, S. 31).

Als Ursache hierfür wird neben der Schwarzarbeit, der Steuerhinterziehung bei Kapitaleinkünften, steigenden Bankgebühren und dem Drogenhandel[437] auch die zunehmende Verwendung der D-Mark als Parallelwährung in Osteuropa und den Staaten der GUS genannt.[438]

Zum anderen werden ausschließlich von Geschäftsbanken **Zentralbankguthaben** gehalten, die in der Regel unverzinslich sind. Die Kreditinstitute sind daher bemüht, solche Guthaben so gering wie möglich zu halten. In vielen Ländern resultiert die Nachfrage nach Zentralbankguthaben in erster Linie aus gesetzlichen **Mindestreserve-Bestimmungen** (siehe Kapitel VI). Darüber hinaus gehaltene Guthaben werden als **Überschußreserven (ÜR)** bezeichnet; gemessen am Reserve-Soll, d.h. an den vorgeschriebenen Reservebeständen (**MR**), liegt ihr Anteil in Deutschland bei rund 1 %. Unter solchen Voraussetzungen kann man Gleichung (C.2) auch darstellen als

(C.2') $B = C + MR + ÜR.$

437 Für die große Bedeutung des Bargelds bei illegalen Transaktionen spricht die Tatsache, daß 500 DM und 1000 DM-Banknoten dem Wert nach 41,3 % des gesamten DM-Banknotenumlaufs ausmachen.

438 Eine ausführliche Studie zu diesem Thema wurde von Seitz (1995) durchgeführt.

In Ländern ohne Mindestreservevorschriften (Schweiz, Vereinigtes Königreich, Belgien, Luxemburg) sind die Zentralbankguthaben der Geschäftsbanken äußerst gering. Im Vereinigten Königreich beträgt der Anteil der Zentralbankguthaben an der Geldmenge M3 („Cash ratio deposits") nur 0,2 %. Man bezeichnet solche freiwillig gehaltenen Zentralbankguthaben als **„Working balances"**. Sie werden von den Banken gehalten, um ihre Zahlungen im „Clearing" mit anderen Kreditinstituten abzuwickeln. Die geringe Nachfrage nach Working balances in Systemen ohne Mindestreserve ist darauf zurückzuführen, daß die Banken – im Rahmen einer Geldmarktsteuerung, die eine Zinsstabilisierung anstrebt – davon ausgehen können, jederzeit in ausreichendem Umfang durch die Notenbank mit Zentralbankgeld versorgt zu werden.

Die Darstellung über die Verwendungsseite zeigt also, daß der Bedarf an Geldbasis vor allem durch die Bargeldhaltung bestimmt wird und in Ländern mit gesetzlichen Mindestreservevorschriften in einem gewissen Umfang auch durch die Mindestreservehaltung. Dieser Bedarf an Geldbasis ist der entscheidende Hebel, mit dem eine Notenbank auf den Geldschöpfungsprozeß Einfluß nehmen kann.

2.2 Entstehung von Geldbasis

Voraussetzung für die Kontrolle der Notenbank über den Geldschöpfungsprozeß ist jedoch, daß sie das Angebot an Geldbasis jederzeit gut kontrollieren kann. Die Darstellung der **Entstehungsseite** der Geldbasis (in Veränderungsgrößen) zeigt, durch welche Kanäle Zentralbankgeld entstehen kann und welchen Einfluß die Notenbank hierauf ausübt.

(C.3) $$\Delta B = \Delta NFP_{NB/A} + \Delta NFP_{NB/St} + \Delta K_{NB/GB} - \Delta\, Saldo_{SPA}$$

Drei Quellen der Entstehung von Geldbasis sind zu unterscheiden: Interventionen am Devisenmarkt, Gewährung von Krediten an den Staat und an inländische Kreditinstitute.

- Die Nettoforderungsposition der Notenbank gegenüber dem Ausland erhöht sich ($\Delta NFP_{NB/A}>0$), wenn die Notenbank von einem inländischen Kreditinstitut Devisen ankauft und ihm dafür den Gegenwert auf seinem Konto bei der Zentralbank gutschreibt. Solche Transaktionen finden in der Regel im Rahmen von **Interventionen am Devisenmarkt** statt, bei denen eine Notenbank zur Stützung einer fremden Währung Devisen[439] aufkauft, die auf diese Währung lauten.
- Eine Notenbank vergibt einen **Kredit an den inländischen Staat**. Dadurch bleibt die Position $NFP_{NB/St}$ zunächst noch unverändert, solange der Staat den

439 Als „Devisen" bezeichnet man Sichtguthaben, die auf fremde Währungen lauten.

Gegenwert des Kredits als Einlage bei der Zentralbank hält. Die Geldbasis erhöht sich erst dann, wenn der Staat dieses Guthaben zu Ausgaben an private Wirtschaftssubjekte verwendet und dabei Zahlungen auf ein Konto bei einer Geschäftsbank leistet. Über diese Komponente kann die Geldbasis auch erhöht werden, wenn die Notenbank – im Rahmen ihrer **Offenmarktpolitik**[440] – Staatsschuldtitel von den Geschäftsbanken erwirbt.

- Eine Notenbank vergibt einen **Kredit an eine inländische Geschäftsbank**. Dies kann im Rahmen von **Kreditfazilitäten** geschehen, die quantitativ begrenzt sein können (**Rediskontkredite**), oder aber ohne Obergrenze vergeben werden (**Lombardkredite**). Die Notenbank kann ihre Kredite an Geschäftsbanken aber auch in der Form von Auktionsverfahren vergeben (**Wertpapierpensionsgeschäfte**).

Nur wenn die Entscheidung über diese Transaktionen weitgehend im Ermessen der Notenbank liegen, kann sie die Geldbasis nach ihren Zielvorstellungen steuern.

- Die Notenbank darf nicht durch Interventionen am Devisenmarkt zu einer übermäßigen Ausweitung der Zentralbankgeldmenge gezwungen werden. Diese Bedingung kann gefährdet sein, wenn eine Notenbank an einem **Wechselkurssystem mit festen Wechselkursen** beteiligt ist.[441] Allerdings kann selbst bei stärkeren Interventionen am Devisenmarkt eine Kontrolle der Geldbasis noch gewährleistet sein, wenn es einer Notenbank gelingt, die durch $\Delta NFP_{NB/A}$ hervorgerufene Ausweitung der Geldbasis durch eine Rückführung ihrer Kredite an die Kreditinstitute ($\Delta K_{NB/GB}$) zu kompensieren. Dieses Vorgehen bezeichnet man als „**Sterilisation**". Ein Beispiel für eine besonders umfassende Sterilisation bietet die EWS-Krise vom September 1992, in der es der Bundesbank gelungen ist, ein Interventionsvolumen von 92 Mrd. DM in kurzer Zeit vollständig zu sterilisieren (Deutsche Bundesbank 1993, S. 19-34.).
- Eine Notenbank darf nicht unbegrenzt zur **Finanzierung von Staatsdefiziten** herangezogen werden. Nahezu alle großen Inflationen sind auf diese Finanzierung durch die „Notenpresse" zurückzuführen. Aus diesem Grund sieht Art. 104 des EG-Vertrags vor, daß in allen EU-Ländern jede direkte Staatsfinanzierung durch Notenbanken untersagt ist.
- Eine Notenbank muß in der Lage sein, ihre **Kreditvergabe an die Geschäftsbanken** zu steuern. Diese Bedingung stellt in den meisten Ländern kein beson-

---

440 Zu den alternativen Instrumenten einer Notenbank siehe Kapitel VI.2.5.

441 Siehe dazu vor allem die Erfahrungen der Deutschen Bundesbank im Festkurssystem von Bretton Woods (Modul F, Emminger 1986) und im Europäischen Währungssystem (Deutsche Bundesbank 1993).

deres Problem dar. In Volkswirtschaften, die sich in der Phase der Systemtransformation befinden, hat es sich in den letzten Jahren jedoch oft als nicht einfach erwiesen, die Notenbankkredite an die Kreditinstitute so zu steuern, wie das zur makroökonomischen Stabilisierung erforderlich gewesen wäre (siehe hierzu Bofinger 1992).

3. Geldbasis und Geldmenge: der mechanistische Multiplikatorprozeß

3.1 Konsolidierte Bilanz des Bankensystems und Geldmenge

Tabelle C.3: Konsolidierte Bilanz des Bankensystems

Aktiva		**Passiva**	
• Nettoforderungsposition des Bankensystems gegenüber dem Ausland	($NFP_{BS/A}$)	• Bargeldumlauf	(C)
		• Sichteinlagen	(D)
		= Geldmenge M1	
• Kredite an inländische öffentliche Haushalte	($K_{BS/ST}$)	• Termineinlagen (Laufzeit weniger als 4 Jahre)	(T)
		= Geldmenge M2	
• Kredite an inländische Unternehmen und Privatpersonen	($K_{BS/Pr}$)	• Spareinlagen (mit dreimonatiger Kündigungsfrist)	(S)
		= Geldmenge M3	
		• Geldkapital	(GK)
		• Saldo sonstiger Passiva und Aktiva	($Saldo^{BS}_{SPA}$)

Während man den „Inputfaktor" der Geldschöpfung also allein in der Notenbankbilanz findet, kann man den „Output" Geldmenge aus der konsolidierten Bilanz des gesamten Bankensystems ablesen. In einem solchen Rechenwerk werden die Bilanz der Notenbank und die Bilanzen aller Geschäftsbanken zu einer einheitlichen Bilanz zusammengefaßt. Dazu werden alle Forderungen und Verbindlichkeiten, die zwischen einzelnen Banken und zwischen Banken und der Notenbank bestehen, herausgerechnet (= konsolidiert). Die konsolidierte Bilanz des Bankensystems weist somit nur noch Forderungen und Verbindlichkeiten gegenüber Nichtbanken aus (siehe Tabelle C.3).

Das Geldmengenaggregat M3 (sowie alle übrigen Geldmengenabgrenzungen) läßt sich einerseits über die **Verwendungsseite** definieren, anhand derer man ablesen kann, zu welchen Zwecken M3 gehalten wird:

(C.4) $M3 = C + D + T + S$

Gleichung (C.4) ist die übliche Formulierung wie man sie z.B. in den Publikationen der Bundesbank oder auch in Modul A vorfindet. Darüber hinaus läßt sich M3 natürlich auch über die **Entstehungsseite** ableiten:

(C.5) $M3 = NFP_{BS/A} + K_{GB/St} + K_{GB/Pr} - GK - Saldo_{SPA}^{BS}$

Diese Form der Darstellung ermöglicht es, die entscheidenden Faktoren für den Geldschöpfungsprozeß zu extrahieren. Im wesentlichen kann „Geld" im Sinne von Geldvolumen durch vier Grundtypen von Transaktionen entstehen, die hier kurz anhand von Beispielen beschrieben werden sollen:

- Ein inländischer Privatmann verkauft eine Auslandsforderung (z.B. einen Auslandsscheck) an eine Bank. Diese schreibt ihm den Gegenwert auf sein Girokonto gut. M3 nimmt zu und die $NFP_{BS/A}$ erhöht sich.

- Eine inländische Gebietskörperschaft nimmt einen Kredit bei einer inländischen Bank auf. Diese schreibt der Gebietskörperschaft den Gegenwert auf ihrem Girokonto gut. Wiederum steigt die Geldmenge M3, gleichzeitig erhöht sich die Position $K_{BS/St}$.

- Ein inländisches Unternehmen nimmt bei seiner Bank einen Kredit auf. Der Gegenwert wird auf dem Girokonto des Unternehmens gutgeschrieben. Es erhöht sich die Geldmenge M3 und die Position $K_{BS/Pr}$.

- Ein inländischer Privatmann löst eine Spareinlage mit einer Kündigungsfrist von mehr als drei Monaten auf, nachdem diese fällig geworden ist. Der Betrag wird seinem Girokonto gutgeschrieben. Es erhöht sich so die Geldmenge M3, die Position GK nimmt ab.

Geld kann also durch sehr unterschiedliche Transaktionen geschaffen werden, wobei es nicht notwendig ist, daß die Geldschöpfung mit einer Kreditschöpfung verbunden ist, wie das erste und letzte Beispiel gezeigt haben. Allerdings stimmen Geld und Kredit um so stärker überein, je weiter die Geldmengenabgrenzung ist (z.B. M3 anstatt M1). Ganz allgemein formuliert könnte man den Prozeß der Geldschöpfung so fassen, daß Geld immer dann entsteht, wenn eine Bank von einer Nichtbank einen „**Forderungstitel**" ankauft:

- gegenüber dem Ausland ($NFP_{BS/A}$),
- gegenüber dem Staat ($K_{BS/St}$),
- gegenüber privaten inländischen Nichtbanken ($K_{BS/P}$) sowie
- Forderungstitel, die gegenüber dieser Bank selbst lauten (GK).

Insgesamt weist der Entstehungsprozeß der Geldmenge eine große Ähnlichkeit zum Entstehungsprozeß der Geldbasis auf. Bei letzterem werden Forderungen von der Notenbank gegenüber Geschäftsbanken erworben, während hier Forderungen gegenüber Nichtbanken erstanden werden.

3.2 Der mechanistische Multiplikatorprozeß

Während bisher die Geldbasis und die Geldmenge lediglich durch Bilanzanalysen abgeleitet wurden, soll im folgenden die geldpolitische Bedeutung beider Variablen im Mittelpunkt stehen. Da die Geldbasis von der Notenbank im Prinzip sehr direkt gesteuert werden kann, ist sie im geldpolitischen Steuerungsverfahren als Operating target anzusehen (siehe hierzu Kapitel VI.2.4). Für die übergeordnete geldpolitische Konzeption ist dann von Interesse, welcher Zusammenhang zwischen der Geldbasis und der möglichen Zwischenzielvariablen Geldmenge besteht. In der Literatur werden diese Aspekte unter dem Begriff des **Geldschöpfungsmultiplikators** abgehandelt.

In seiner einfachsten Form handelt es sich bei diesem Multiplikator um eine Größe, die das Verhältnis zwischen dem Geldvolumen und der Geldbasis beschreibt:

(C.6) $$\text{Multiplikator} = m = \frac{M}{B}.$$

Dieses läßt sich als reine Tautologie aus den Bestimmungsgleichungen der Geldmenge (M) und der Geldbasis (B) wie folgt ableiten. Die Geldmenge setzt sich aus Bargeld (C) und - zunächst nicht näher spezifizierten - Einlagen (E) zusammen:

(C.7) $$M = C + E.$$

Die Relation des Bargeldbestandes zu den Einlagen (C/E) bezeichnet man als den Bargeldhaltungskoeffizienten (b). Gleichung (C.7) wird damit zu

(C.8) $$M = b\,E + E = E\,(b + 1).$$

Die Geldbasis läßt sich, wie bereits in Gleichung (C.2) beschrieben, als Summe des Bargeldbestandes (C) und der Zentralbankguthaben der Kreditinstitute bei der Notenbank (R) darstellen:

(C.2) $$B = C + R.$$

Die Relation der Zentralbankguthaben der Geschäftsbanken zu den Einlagen (R/E) wird dabei durch den Reservesatz (r) abgebildet. Damit ergibt sich

(C.9) $B = b\,E + r\,E = E\,(b + r)$.

Der Multiplikator läßt sich dann durch Division von Gleichung (C.8) durch (C.9) ermitteln als

$$(C.10)\qquad \frac{M}{B} = m = \frac{1+b}{b+r}\ .$$

Geht man realistischerweise davon aus, daß der Reservesatz einen Wert kleiner als eins annimmt, d.h. keine 100%-ige Reservehaltung vorliegt, dann weist der Geldschöpfungsmultiplikator Werte auf, die größer sind als eins.[442]

Box C.1: Ein Zahlenbeispiel für Deutschland

Für Deutschland ergeben sich folgende Werte (Ende Februar 1996), wenn man M im Sinne der Geldmenge M3 definiert; alle Zahlenangaben sind aus den Tabellen II.2 und III.1 der Monatsberichte der Deutschen Bundesbank zu entnehmen.

M3 = 2.003,9 Mrd. DM

E = 1.771,9 Mrd. DM (in M3 enthaltene Einlagenkomponenten)

C = 232,0 Mrd. DM[443]

R = 47,9 Mrd. DM

B = 279,9 Mrd. DM

Daraus lassen sich dann die Werte für b und r ermitteln:

b = C/E= 0,131

r = R/E= 0,027

$$m = \frac{1+0{,}131}{0{,}131+0{,}027} = 7{,}2$$

Der Multiplikator beträgt somit 7,2, wobei dieser Wert entweder über die Multiplikatorformel oder aber durch die Relation M/B errechnet werden kann.

Häufig wird die Multiplikatorformel auch für einen alternativen Bargeldhaltungskoeffizienten (b') abgeleitet, der den Anteil der Bargeldhaltung an der gesamten Geldmenge angibt und deshalb auch als **Bargeldabflußkoeffizient** bezeichnet werden kann.

---

442 Zusätzlich muß die Annahme erfüllt sein, daß es auch einen bargeldlosen Zahlungsverkehr gibt ($E > 0$), so daß nicht die gesamte Geldmenge in Form von Bargeld gehalten wird ($b < \infty$).

443 Der in M3 enthaltene Wert des Bargeldumlaufs beinhaltet im Gegensatz zur Geldbasis nicht die Kassenbestände der Kreditinstitute. Die Differenz von 7,3 Mrd. DM wird im Zahlenbeispiel den Reserven zugerechnet, da man die Kassenbestände der Kreditinstitute wie eine Liquiditätsreserve für Bargeldabzüge der privaten Nichtbanken ansehen kann.

$$b' = \frac{C}{M}$$

Der Multiplikator läßt sich dann errechnen, indem man Gleichung (C.9) entsprechend umformuliert

(C.9') $B = b'\,M + r\,E.$

Da $E = M - C$, gilt:

(C.9'') $B = b'\,M + r\,(M - b'\,M) = M\,[b' + r\,(1 - b')].$

Daraus läßt sich der Multiplikator unmittelbar ableiten als

(C.10') $$\frac{M}{B} = \frac{1}{b' + r(1 - b')}.$$

Auch hier wird deutlich, daß der Geldschöpfungsmultiplikator Werte größer als eins annimmt, da die Bargeld- und Reservehaltung jeweils nur einen Bruchteil an der gesamten Geldmenge bzw. an den Einlagen ausmacht ($b < 1$, $r < 1$).

Da die Multiplikatorrelation aus reinen Definitionsgleichungen abgeleitet worden ist, läßt sich damit noch keine ökonomische Beschreibung des Geldangebotsprozesses vornehmen. Gleichwohl findet man in sehr vielen Lehrbüchern den Versuch, auf diese Weise den tatsächlichen Prozeß des Geldangebots abzubilden. Dazu ist es erforderlich, eine Reihe stark vereinfachender Verhaltensannahmen einzuführen.

- Die Notenbank stellt Zentralbankgeld bereit, ohne daß dabei die Zinssätze, zu denen dies geschieht, eine Rolle spielen.
- Die Kreditinstitute bieten Kredite an, ohne daß das Kreditangebot preistheoretisch abgeleitet wird.
- Die privaten Nichtbanken fragen Kredite nach, ohne daß ihre Kreditnachfrage aus dem Modell heraus erklärt wird.

Konkret würde eine Ausweitung des Geldangebots dann in folgenden Schritten ablaufen.

- Die Notenbank kauft z.B. von den Geschäftsbanken Devisen an, was unmittelbar die Geldbasis erhöht (Gleichung C.3). Die Geschäftsbanken haben jetzt bei gleichem Einlagenvolumen (E) einen höheren Bestand an Zentralbankguthaben (R).
- Die Geschäftsbanken erhöhen ihre Kredite an die Nichtbanken genau in Höhe der zusätzlichen Zentralbankguthaben (R).

- Die Privaten verwenden diese Kredite z.B. zum Kauf von Konsum- oder Investitionsgütern. Dadurch erhöht sich der Bargeldbestand in der Volkswirtschaft nach Maßgabe von b und es kommt gleichzeitig zu höheren Einlagen (E). Die Geschäftsbanken wiederum müssen für die zusätzlichen Einlagen höhere Mindestreserven (bzw. Überschußreserve) in Höhe des Reservesatzes (r) bei der Notenbank hinterlegen. Den Restbestand können sie erneut zur Kreditvergabe an die privaten Nichtbanken nutzen. Dieser Prozeß kommt erst zum Stillstand, wenn die zusätzliche Geldbasis (durch den ursprünglichen Verkauf der Devisen) vollständig für die Bargeldhaltung und eine mit dem Einlagenwachstum erhöhte Reservehaltung der Banken aufgebraucht worden ist. Die maximal mögliche Kreditgewährung an die Privaten ($\Delta K_{GB/Pr}$) läßt sich dabei einfach ermitteln, da in diesen Modellen unterstellt wird, daß die Veränderung der Geldmenge (ΔM) und des Kreditvolumens ($\Delta K_{GB/Pr}$) übereinstimmen ($\Delta M = \Delta K_{GB/Pr}$).

Tabelle C.4: Der mechanistische Geldschöpfungsprozeß
Ausgangspunkt: Notenbank kauft Devisen in Höhe von 1500 DM an

	frei verfügbarer Bestand der Banken an B (=ÜR)	Kreditvergabe (=Δ M)	Δ C (b'=1/3)	Δ E	Δ MR (r=1/4)	ÜR am Ende einer Runde
	(1)	(2)	(3)	(4)	(5)	(6)
1.Runde	1500	1500	500	1000	250	750
2. Runde	750	750	250	500	125	375
3. Runde	375	375	125	250	62,5	187,5
⋮	⋮	⋮	⋮	⋮	⋮	⋮
$n \to \infty$	0	3000	1000	2000	500	0

Wie in den meisten geldtheoretischen Publikationen zu diesem Thema wurde in den obigen Ausführungen unterstellt, daß der Mulitplikatorprozeß über die Vergabe zusätzlicher Kredite der Banken an Nichtbanken erfolgt. Allerdings würde sich der gleiche Prozeß vollziehen, wenn Banken von den Nichtbanken Forderungstitel anderer Art erwerben. Im folgenden wird auf diese Fallunterscheidung jedoch weitgehend verzichtet und es wird zumeist von der Kreditvergabe der Banken im Geldschöpfungsprozeß die Rede sein. Ein Zahlenbeispiel für den mechanistischen Prozeß der multiplen Geldschöpfung findet sich in Tabelle C.4.

Nachdem der gesamte zur Kreditvergabe zur Verfügung stehende Bestand an Überschußreserve in Form von Bargeld und Mindestreserve „versickert" ist ($\Delta C+\Delta MR=1500$), ist eine maximale Kredit- und Geldschöpfung von 3.000 DM erreicht. D.h. der Multiplikator nimmt in diesem Zahlenbeispiel den Wert zwei an, der sich auch mit Hilfe der Gleichung (C.8') direkt hätte berechnen lassen als

$$\frac{M}{B}=\frac{1}{\frac{1}{3}+\frac{1}{4}\left(1-\frac{1}{3}\right)}=2.$$

4. Ein preistheoretisches Geldschöpfungsmodell

Trotz seiner Beliebtheit weist das mechanistische Multiplikatormodell erhebliche Schwächen auf. Besonders unbefriedigend ist es, daß dabei der Geldangebotsprozeß modelliert wird, ohne daß die Zinsen für die Überlassung von Zentralbankgeld und für Bankkredite berücksichtigt werden. Dies ist nur möglich, weil das mechanistische Modell mit den oben genannten extrem vereinfachenden Annahmen bezüglich des Verhaltens der relevanten Akteure arbeitet. Obwohl diese Problematik von Tobin (1963)[444] schon frühzeitig erwähnt wurde, fehlt es in der Literatur bisher an einem Geldangebotsmodell, das allen diesen Aspekten Rechnung trägt. In einigen geldtheoretischen Lehrbüchern findet man zwar erweiterte Ansätze, die jedoch zumeist nur an einem dieser Kritikpunkte ansetzen und weiterhin vom mechanistischen Geldschöpfungsprozeß geprägt sind.[445]

Im folgenden wird der Geldangebotsprozeß mit Hilfe eines preistheoretischen Modells dargestellt, das die Steuerungsmöglichkeiten der Notenbank, die Rolle des

444 Bei Riese (1986, S. 39) findet man folgende Ausführungen, die Tobins Idee, das Kreditangebotsverhalten preistheoretisch auf diese Art und Weise zu fassen, auf den Punkt bringt: „Für Tobin ist die private Geldschöpfung ein Ausfluß des Wettbewerbs zwischen sog. Finanzintermediären, zu denen die Geschäftsbanken gerechnet werden. Dabei wird die allgemeine Preistheorie auf die Bestimmung des Kreditangebots angewendet, indem davon ausgegangen wird, daß Finanzintermediäre nicht nur Erträge aus der Kreditgewährung erzielen, sondern auch die Kosten durch die Beschaffung von Zentralbankgeld haben."

445 Siehe dazu beispielsweise Duwendag et al. (1993), Issing (1995), Jarchow (1990), McCallum (1989) oder Monissen (1982). In allen Arbeiten basieren die vorgestellten Geldangebotsmodelle weitgehend auf den von Brunner und Meltzer (1966, 1973) gemachten Ausführungen zum Geldangebotsprozeß.

Geldschöpfungsmultiplikators und die Entscheidungen der Kreditinstitute und Nichtbanken am Geld- und Kreditmarkt integriert.[446]

4.1 Kredit- und Geldschöpfung

4.1.1 Bilanzanalyse: Notenbankbilanz und konsolidierte Bilanz des Bankensystems

Wie oben bereits ausführlich gezeigt, kann man den „Rohstoff" des Geldschöpfungsprozesses aus der Bilanz der Notenbank bestimmen. Für das im folgenden zu entwickelnde preistheoretische Modell wird die Notenbankbilanz noch weiter vereinfacht als dies bereits in Tabelle C.2 der Fall war.

Tabelle C.5: Eine einfache Notenbankbilanz

Aktiva	Passiva	
Kredite an die Geschäftsbanken ($K_{NB/GB}$)	Bargeld	(C)
	Zentralbankguthaben der Geschäftsbanken	(R)

Auf der Aktivseite stehen lediglich die Refinanzierungskredite der Notenbank an die Geschäftsbanken. Die Passivseite setzt sich zusammen aus dem Bargeldumlauf (C) und den Zentralbankguthaben der Geschäftsbanken (R). Die Geldbasis ist somit definiert als:

(C.11) $B = K_{NB/GB} = C + R.$

Zur Bestimmung der Geldmenge benötigt man – wie ebenfalls oben ausführlich gezeigt – die konsolidierte Bilanz des Bankensystems. Sie wird im folgenden im Vergleich zu Tabelle C.3 ebenfalls stark vereinfacht. Der Saldo sonstiger Passiva und Aktiva, der in dieser einfachen Form u.a. auch die Nettoforderungsposition gegenüber dem Ausland und die Kredite des Bankensystems an den Staat um-

446 Siehe dazu auch Bofinger und Schächter (1995).

schließt, sei gleich null.[447] Bei den Einlagen (E) wird keine Differenzierung (z.B. nach Laufzeit und Höhe der Verzinsung) vorgenommen.

Tabelle C.6: Vereinfachte konsolidierte Bilanz des Bankensystems

Aktiva	Passiva
Kredite der Geschäftsbanken an private Nichtbanken ($K_{GB/Pr}$)	Bargeld (C) Einlagen (E)

In Gleichungsform ausgedrückt, lassen sich die Geldmenge und das Kreditvolumen dann schreiben als:

(C.12) $M = C + E = K_{GB/Pr}$.

Gleichung (C.12) zeigt, daß in diesem einfachen Modell die Geldmenge dem Kreditvolumen entspricht. Die Nachfrage der privaten Nichtbanken nach Bankkrediten ist identisch mit einer Nachfrage nach Bargeld oder Einlagen (= Geldnachfrage), die von den privaten Nichtbanken für Transaktionen verwendet werden. Dementsprechend impliziert jedes Angebot an Bankkrediten ein Angebot an Geld in Form von C oder E. Die hier vorgenommene Vereinfachung, daß die Geldschöpfung mit einer Kreditschöpfung gleichgesetzt wird, führt zu keiner Einschränkung der Allgemeinheit des im folgenden abgeleiteten Geldangebotsmodells. Entscheidend ist, daß Banken Geld schaffen, indem sie Forderungstitel ankaufen. Diese können in verbriefter Form (Anleihen) oder unverbriefter Form (Kredite) bestehen.

Der Markt für Forderungstitel und der „makroökonomische" Markt für Geld sind folglich exakte Spiegelbilder. Dies ist nichts anderes als das **Gesetz von Walras**, das besagt, daß es bei *n* Gütern nur *n-1* unabhängige Märkte gibt. Im 2-Güter-Fall von Geld und Forderungstiteln existiert daher nur *ein* unabhängiger Markt. Anstelle von Forderungstiteln wird im folgenden aus Vereinfachungsgründen – wie bereits in der konsolidierten Bilanz des Bankensystems – von Bankkrediten gesprochen.[448] Wenn die Märkte für Bankkredite und Geld jedoch identisch sind,

---

447 Die explizite Integration der Nettoforderungsposition gegenüber dem Ausland, der Kredite an den Staat und eines Saldos sonstiger Passiva und Aktiva führt nicht zu anderen Ergebnissen. Um die Logik des Geldschöpfungsprozesses möglichst anschaulich zu demonstrieren, werden deshalb diese Vereinfachungen getroffen.

448 Während die Märkte für Forderungstitel und Geld Spiegelbilder darstellen, sind die Märkte für Kredite und Geld Ebenbilder. Dies liegt daran, daß die Anbieter von Forderungstiteln (private Nichtbanken), gleichzeitig auch die Nachfrager von Geld und Kredit sind. Entsprechend sind

dann muß für die Nachfrage- und Angebotsseite jeweils nur eine Verhaltensfunktion abgeleitet werden. Wir beschränken uns auf die **Geldnachfragefunktion**, die mit der Kreditnachfragefunktion übereinstimmt, und auf die **Kreditangebotsfunktion**, die der Geldangebotsfunktion entspricht. Wie im traditionellen Geldschöpfungsmodell unterstellen wir konstante Preise, so daß keine Unterscheidung zwischen realen und nominalen Größen getroffen werden muß.

4.1.2 Die Geldnachfragefunktion

Die Geldnachfrage hängt in unserem Modell positiv vom Einkommen und negativ vom Zinssatz ab, der die Opportunitätskosten der Geldhaltung repräsentiert. Diese Funktion kommt hier dem Kreditmarktsatz (i_K) zu.

(C.13) $$M^D = K^D = K^D\left(\overset{(-)}{i_K}, \overset{(+)}{Y}\right)$$

Beide Verhaltenshypothesen der Geldnachfragefunktion lassen sich aus unterschiedlichen geldtheoretischen Ansätzen ableiten wie der keynesianischen Liquiditätspräferenztheorie, dem Baumol-Tobin-Modell, Friedmans Neoquantitätstheorie oder einem Nutzenmaximierungskalkül wie bei McCallum (1989) (siehe zu den Geldnachfragetheorien ausführlicher Modul B). Um unser Modell auch formal lösen zu können, ist es notwendig, die Geldnachfragefunktion zu konkretisieren. Dies soll durch eine lineare Funktion geschehen, die für die Geldnachfrage und Kreditnachfrage gleichermaßen gilt:

(C.14) $$M^D = K^D = \gamma Y - \alpha i_K, \qquad \text{da } M^D = K^D \geq 0, \text{ gilt } \gamma Y \geq \alpha i_K.$$

4.1.3 Die Kreditangebotsfunktion

Die Kreditangebotsfunktion läßt sich aus einem einfachen preistheoretischen Modell bezüglich des Bankverhaltens ermitteln. Die Funktion der Geschäftsbanken besteht dabei – wie im traditionellen Multiplikator-Modell – darin, daß sie einerseits Kredite (mit einer einheitlichen längerfristigen Laufzeit) vergeben und andererseits die Möglichkeit zur Bildung von Einlagen gewähren. Die Banken nehmen in diesem Modell also eine reine **Fristentransformationsfunktion** wahr.

Konkret kann man die Kreditangebotsfunktion dann aus dem Gewinnmaximierungskalkül der Geschäftsbanken bestimmen. Die Gewinnfunktion (Π) ergibt sich als Differenz aus den Erlösen ($i_K \cdot K_{GB/Pr}$) und den Kosten der Kreditvergabe.

(C.15) $$\Pi = i_K K_{GB/Pr} - i_{Rf} K_{NB/GB} - J$$

---

die Nachfrager von Forderungstiteln (Geschäftsbanken) die Anbieter von Bankkrediten und Geld. Die Interdependenz ist jedoch die gleiche.

Letztere setzen sich aus den zwei Komponenten Refinanzierungskosten zur Beschaffung von Geldbasis($i_{Rf}\, K_{NB/GB}$) und den Kreditausfallkosten (J) zusammen:

(C.16) $J = \beta\ K^2_{GB/Pr}$

Es wird angenommen, daß diese Kredite überproportional mit der Kreditvergabe und der damit verbundenen sinkenden Bonität steigen.[449] Der Faktor β steht dabei für den Risikofaktor des Kreditausfalls (Insolvenzrisiko).

Die Kreditangebotsfunktion läßt sich daraus wie folgt ableiten. Man ermittelt zunächst die von den Geschäftsbanken benötigten Zentralbankkredite in Abhängigkeit von ihrem Kreditvolumen. Dazu benötigt man die Multiplikatorgleichung (C.10), sowie die beiden Identitätsgleichungen aus der Bilanzanalyse für die Geldbasis (C.11) und für die Geldmenge (C.12).

(C.10) $B = \frac{1}{m} M$

(C.11) $B = K_{NB/GB.} = C + R.$

(C.12) $M = C + E = K_{GB/Pr}$

Setzt man Gleichung (C.11) und (C.12) in (C.10) ein, dann ergibt sich:

(C.17) $K_{NB/GB} = \frac{1}{m} K_{GB/Pr}.$

Die Gewinnfunktion (C.15) kann man durch die Kreditausfallkosten (C.16) und die Menge der Refinanzierungskredite (C.17) vervollständigen. Es folgt daraus:

(C.18) $\Pi = i_K K_{GB/Pr} - i_{Rf} \frac{1}{m} K_{GB/Pr} - \beta K^2_{GB/Pr}.$

Das Gewinnmaximum findet man nun durch Bilden der ersten partiellen Ableitung der Gewinnfunktion nach dem Kreditvolumen ($d\Pi/dK_{GB/Pr}$) und Nullsetzen des Ergebnisses.

(C.19) $\frac{d\Pi}{dK_{GB/Pr}} = i_K - i_{Rf} / m - 2\beta\ K_{GB/Pr} = 0$

Löst man (C.19) nach $K_{GB/Pr}$ auf, dann erhält man die Kreditangebotsfunktion, die im folgenden mit K^S bezeichnet wird.

(C.20) $K^S = \frac{i_K - i_{Rf} / m}{2\beta}$

449 Eine ähnliche Ableitung einer Kreditangebotsfunktion unter Berücksichtigung des Gewinnmaximierungsverhaltens der Geschäftsbanken bei einem Liquiditätsrisiko findet man bei Fuhrmann (1986, S. 122ff.).

(C.21) $K^S = K^S\left(\overset{(+)}{i_K}, \overset{(-)}{i_{Rf}}, \overset{(+)}{m}, \overset{(-)}{\beta}\right)$

Die Steigung der Kreditangebotskurve im Zins-Mengen-Diagramm ist positiv und beträgt $di_K/dK^S = 2\,\beta$. Der Refinanzierungssatz und der Geldschöpfungsmultiplikator sind Lageparameter dieser Kurve. Das Angebot an Krediten durch die Geschäftsbanken hängt positiv ab von dem zu erzielenden Preis für Kredite (i_K) und negativ vom Faktorpreis des Inputs Geldbasis (i_{Rf}) sowie vom Risikofaktor (β) für mögliche Kreditausfälle. Darüber hinaus beeinflußt die Höhe des Multiplikators positiv die Menge der angebotenen Kredite. Kommt es zu einem Anstieg des Multiplikators, weil der Bargeldhaltungskoeffizient oder der Mindestreservesatz zurückgegangen sind, dann werden vermehrt Kredite angeboten. Die Existenz des Multiplikators (größer als eins) ist auch dafür verantwortlich, daß selbst dann Kredite von den Geschäftsbanken angeboten werden, wenn der Refinanzierungssatz (i_{Rf}) und der Kreditmarktsatz (i_K) übereinstimmen. Weil für eine Einheit Kredite nur weniger als eine Einheit Geldbasis benötigt wird ($m > 1$), kann die Kreditvergabe trotzdem noch lohnend sein.

Nicht ganz unproblematisch ist dagegen die Frage, inwieweit der Multiplikator *zinsabhängig* ist oder nicht. Wir unterstellen im folgenden – wie in der Standardliteratur üblich –, daß die einzelnen Komponenten Bargeldhaltungskoeffizient (b) und Reservesatz (r) von der Zinsentwicklung unabhängig sind. Für den Reservesatz, der sich aus dem Überschußreservesatz und dem Mindestreservesatz zusammensetzt, läßt sich dies aus zwei Gründen rechtfertigen: die Überschußreserve spielt nur eine sehr untergeordnete Rolle; ihr Anteil an M3 beträgt z.B. in Deutschland nur 0,02%. Der Mindestreservesatz dagegen wird von der Notenbank determiniert. Für den Bargeldhaltungskoeffizienten wird angenommen, daß er nur von den Zahlungsgewohnheiten der Wirtschaftssubjekte determiniert wird (vgl. McCallum 1989, S. 57).[450] Diese Annahme ist insbesondere dann unproblematisch, solange die Einlagen unverzinslich sind. Dann kann man davon ausgehen, daß Bargeld und unverzinsliche Einlagen etwa gleich zinsreagibel sind, so daß der Quotient aus beiden (Bargeldhaltungskoeffizient) in etwa unverändert bleibt, wenn sich der Kreditmarktsatz ändert.

4.1.4 Der „makroökonomische" Markt für Geld und Kredit

Gleichgewicht auf dem Geld- und Kreditmarkt liegt dann also vor, wenn gilt

[450] Die Annahme der Zinsunabhängigkeit des Geldschöpfungsmultiplikators kann lediglich dann problematisch werden, wenn man unterschiedliche Einlageformen mit Eigenverzinsungen in die Geldmengenabgrenzung aufnimmt.

(C.22) $K^D = K^S = K$ bzw. $M^D = M^S = M$.

Graphisch gesprochen, ergibt sich das Gleichgewicht als Schnittpunkt der Kreditangebotskurve (Geldangebot) und der Geldnachfragekurve (Kreditnachfrage) wie in Schaubild C.2 dargestellt. Zu betonen ist noch einmal, daß Geld- und Kreditnachfrage sowie Geld- und Kreditangebot sich entsprechen und somit automatisch beide Märkte abgebildet werden.

Schaubild C.2: Der "makroökonomische" Geld- und Kreditmarkt

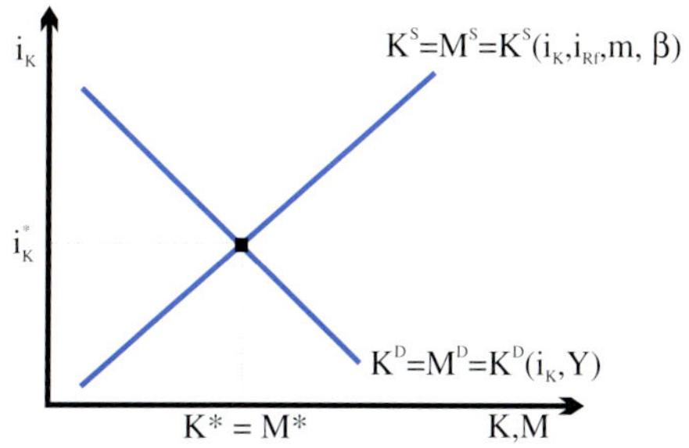

Darüber hinaus ist wichtig, daß auf diesem Markt „Geld" im Sinne einer Geldmenge (Geldvolumen) gehandelt wird. Dies soll durch die Bezeichnung „makroökonomischer" Geldmarkt zum Ausdruck kommen, wodurch er explizit vom Markt für Zentralbankgeld differenziert wird.

4.2 Der Markt für Zentralbankgeld

Am Markt für Zentralbankgeld wird im Gegensatz zum „makroökonomischen" Markt für Geld und Kredit der „Inputfakor" Zentralbankgeld gehandelt, der von den Geschäftsbanken für die Kredit- und Geldschöpfung benötigt wird. Der alleinige Anbieter an Geldbasis ist die Notenbank, die sich somit wie ein Monopolist verhalten kann. Die aggregierte Zentralbankgeldnachfragekurve des Geschäftsbankensektors stellt ihre Preis-Absatz-Kurve dar, auf der sie entweder den Preis (i_{Rf}^0 in Schaubild C.3) oder die Menge (B_0) setzen kann.[451]

[451] Der fallende Verlauf der Nachfragefunktion nach Geldbasis resultiert aus dem Gewinnmaximierungskalkül der Geschäftsbanken. Je niedriger die Kosten zur Beschaffung von Geldbasis sind, desto mehr Kredite können ceteris paribus angeboten werden, zu deren Vergabe aber natürlich

Schaubild C.3: Die Steuerungsoptionen der Notenbank am Markt für Zentralbankgeld

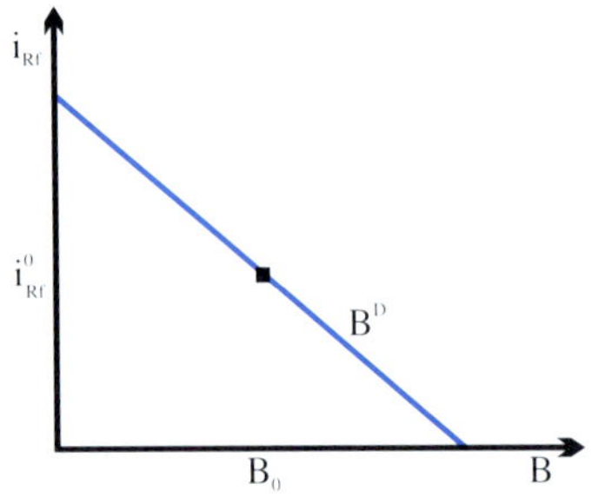

Steuert sie den Zinssatz für Refinanzierungskredite und damit auch den Geldmarktsatz (**Zinssteuerung**),[452] dann entscheiden die Nachfrager gemäß ihrer aggregierten Nachfragefunktion über das Volumen an Refinanzierungskrediten und folglich die Höhe der Geldbasis. Umgekehrt hängt bei einer Steuerung der Menge der angebotenen Refinanzierungskredite (**Geldbasissteuerung**) durch die Notenbank der Zinssatz allein von den Nachfrageentscheidungen der Kreditinstitute ab. Für eine gegebene Zentralbankgeldnachfrage und bei Ausschluß stochastischer Schocks führen beide Steuerungsverfahren zu den gleichen Ergebnissen bezüglich der Menge und des Preises der monetären Basis. Erst wenn man das Auftreten von Schocks explizit modelliert, kommt den beiden gegensätzlichen Steuerungsverfahren im Geldschöpfungsprozeß eine entscheidende Rolle zu.

Wenn in diesem Modell die Kosten für die Bereitstellung von Zentralbankgeld als **Refinanzierungskosten** bezeichnet werden, so wird dabei nicht nur an

- die expliziten Refinanzierungszinsen gedacht, die Banken für die Inanspruchnahme von **Standing facilities** (siehe Kapitel VI.2.5.1) bei der Notenbank zu leisten haben, sondern auch an

---

entsprechend mehr Geldbasis benötigt wird. Weiter unten wird dieser Zusammenhang ausführlicher erläutert und die Nachfragekurve hergeleitet.

452 Durch das Setzen des Refinanzierungssatzes wird automatisch der Geldmarktsatz gesteuert, da Arbitragemöglichkeiten einen Ausgleich beider Sätze bewirken. Mögliche kurzfristige Abweichungen aufgrund rechtlicher und institutioneller Ausgestaltungen wie Mindestreserveregelungen, Laufzeiten von Krediten etc. werden hier vernachlässigt.

- den **Schattenpreis** für Zentralbankgeld, den Geschäftsbanken zu zahlen haben, wenn sie verzinsliche Staatsanleihen oder Auslandsforderungen an die Notenbank verkaufen (im Rahmen von Offenmarktgeschäften oder Devisenmarktinterventionen) und dafür unverzinsliches Zentralbankgeld erhalten.

4.3 Das preistheoretische Modell

Aus den oben durchgeführten separaten Darstellungen des Geld- und Kreditmarktes, des Geldschöpfungsmultiplikators und des Marktes für Zentralbankgeld läßt sich nun ein umfassendes Geldangebotsmodell formulieren, welches das Verhalten der drei am Geldschöpfungsprozeß Beteiligten (Notenbank, Geschäftsbanken und Nichtbanken) explizit zusammenführt. Die Stufen, die dieser Prozeß beinhaltet, werden deutlich, wenn man die bisher verwendeten Schaubilder C.2 und 3 sowie den Multiplikator in einer Graphik integriert.

Schaubild C.4: Der Geldangebotsprozeß

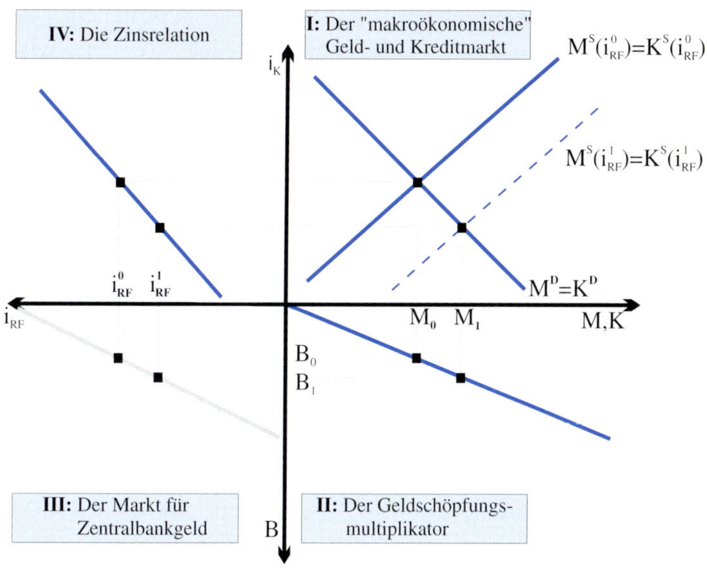

Auf dem „**makroökonomischen**“ **Geld- und Kreditmarkt**, der im ersten Quadranten abgebildet ist, werden die Höhe des Kredit- und Geldvolumens sowie der gleichgewichtige Kreditzinssatz ermittelt. Das Kreditangebot wird hierbei bereits unmittelbar von der Notenbank beeinflußt, da der geltende Refinanzierungssatz ein Kostenfaktor des Kreditangebots der Geschäftsbanken darstellt. Die Kreditangebotskurve in Schaubild 4 gilt also lediglich für einen bestimmten Refinanzierungssatz (hier i_{Rf}^{0}). Für die gleichgewichtige Geld- und Kreditmenge (M_0) benötigen die Kreditinstitute die Menge B_0 an Geldbasis, was man anhand der **Multiplikatorrelation**, die im zweiten Quadranten abgetragen ist, ablesen kann. Die Steigung dieser Kurve muß größer als eins sein. Die Kombination i_{Rf}^{0} und B_0 im dritten Quadranten stellt dann einen Punkt auf der **Zentralbankgeldnachfragefunktion** der Kreditinstitute dar, d.h. bei einem Refinanzierungsatz in Höhe von i_{Rf}^{0} sind die Kreditinstitute maximal bereit, die Geldbasis B_0 nachzufragen.

Um die gesamte Nachfragekurve zu ermitteln, muß analysiert werden, wie die Geschäftsbanken auf Variationen des Refinanzierungssatzes reagieren. Eine Senkung des Satzes für Zentralbankgeld auf i_{Rf}^{1} erlaubt es den Geschäftsbanken, ihr Kreditangebot zu niedrigeren Zinsen auf den Markt zu bringen bzw. zu jedem Zinssatz eine höhere Kreditmenge anzubieten, was gleichbedeutend ist mit einer Rechtsverschiebung der Kreditangebotskurve. Der Refinanzierungssatz wirkt, wie in Gleichung (C.20) dargestellt, als „Shiftparameter“ der Kreditangebotskurve. Aus der gestiegenen gleichgewichtigen Geldmenge (M_1) läßt sich erneut über den Multiplikator die notwendige Geldbasis (B_1) bestimmen, die höher ist, da mehr Kredite vergeben werden. Verbindet man die beiden Punkte im dritten Quadranten, dann erhält man eine fallende Nachfragekurve für Zentralbankgeld, wie sie bereits in Schaubild C.3 unterstellt wurde. Die Notenbank besitzt also zwei alternative Steuerungsverfahren, die gewünschte Geldmenge M* zu erreichen: sie steuert entweder den Refinanzierungssatz (Zinssteuerung) oder die Höhe der Geldbasis (Geldbasissteuerung).

Die Verbindung der beiden Gleichgewichtspunkte ergibt im vierten Quadranten eine positive Relation zwischen dem Refinanzierungs- und Kreditmarktsatz. Jeder gleichgewichtige Zinssatz am Kreditmarkt geht einher mit genau einem korrespondierenden Refinanzierungssatz. Die Zinsrelation ist also ähnlich zu interpretieren wie die Multiplikatorrelation zwischen Geldmenge und Geldbasis im zweiten Quadranten, muß aber nicht notwendigerweise eine Steigung größer als eins aufweisen. Als „Restgröße“ des Systems hängt die Steigung der Zinsrelation vielmehr von den Konditionen am Geld- und Kreditmarkt, dem Geldschöpfungsmultiplikator und dem Markt für Zentralbankgeld ab.

Diese Aussagen lassen sich konkretisieren, indem man das Modell auch formal löst. Das Gleichgewicht auf dem Kreditmarkt (erster Quadrant) läßt sich bestimmen, indem das Kreditangebot und die Kreditnachfrage gleichgesetzt werden:

(C.22) $K^D = K^S = K$, d.h. $$\gamma Y - \alpha i_K = \frac{i_K - i_{Rf} / m}{2\beta}.$$

Wenn man einige Umformungen durchführt, erhält man den gleichgewichtigen Kreditzinssatz als folgende Funktion:

(C.23) $$i_K = \frac{2\beta\gamma Y + i_{Rf} / m}{1 + 2\alpha\beta}.$$

Diese „**Zinsrelation**" zwischen dem Kreditmarktsatz und dem Refinanzierungssatz weist eine positive Steigung auf (α, β, $m > 0$) und ist graphisch im vierten Quadranten (Schaubild C.4) abgebildet. Für konkrete Werte des Multiplikators, des Refinanzierungssatzes, des Einkommens sowie der Elastizitäten läßt sich aus Gleichung (C.23) ein eindeutiger Gleichgewichtszins ermitteln. Die gleichgewichtige Kredit- und Geldmenge ergibt sich, indem man diesen Zinssatz in die Kreditangebotsfunktion (C.20) oder die Geldnachfragefunktion (C.14) einsetzt. Für den allgemeinen Fall (ohne konkrete Zahlenwerte) wird letztere Vorgehensweise demonstriert. Durch Einsetzen von (C.23) in (C.14) erhält man:

(C.24) $$M = \gamma Y - \alpha \frac{2\beta\gamma Y + i_{Rf} / m}{1 + 2\alpha\beta}.$$

Unter Zuhilfenahme des Geldschöpfungsmultiplikators (Gleichung C.10), der graphisch im dritten Quadranten abgebildet ist, läßt sich dann aus Gleichung (C.24) schließlich die Nachfrage der Geschäftsbanken nach Zentralbankgeld (B^D) bestimmen.

(C.25) $$B^D = \frac{1}{m} M = \frac{\gamma Y}{m} - \frac{2\alpha\beta\gamma Y + \alpha i_{Rf} / m}{(1 + 2\alpha\beta)m}$$

Hieraus folgt durch Umformungen:

(C.25') $$B^D = \frac{(1 + 2\alpha\beta)\gamma Y}{(1 + 2\alpha\beta)m} - \frac{2\alpha\beta\gamma Y}{(1 + 2\alpha\beta)m} - \frac{\alpha i_{Rf}}{(1 + 2\alpha\beta)m^2}$$

(C.26) $$B^D = \frac{\gamma Y}{(1 + 2\alpha\beta)m} - \frac{\alpha i_{Rf}}{(1 + 2\alpha\beta)m^2}$$

Die Geldbasisnachfrage der Geschäftsbanken ist somit negativ abhängig von den Kosten der Geldbasis. Die Steigung der Kurve im dritten Quadranten (Schaubild C.4) ist eindeutig negativ, wie bereits aus der graphischen Ableitung deutlich wurde. Konkret beträgt sie:

(C.27) $$\frac{dB^D}{di_{Rf}} = -\frac{\alpha}{(1+2\alpha\beta)m^2} < 0 .$$

Welche konkreten Werte sich für die Menge und den Preis der Geldbasis im Gleichgewicht ergeben, hängt vom Verhalten der Notenbank als monopolistischem Anbieter von Zentralbankgeld ab. Fixiert die Notenbank die Menge an Zentralbankgeld (B^*), wird der Refinanzierungssatz endogen

(C.28) $$B^D = B^S = B^*$$ Geldbasissteuerung

Steuert die Notenbank dagegen den Refinanzierungssatz (i^*_{Rf}), dann ergibt sich die Menge an Geldbasis aus der Zentralbankgeldnachfragefunktion der Geschäftsbanken, die wiederum aus den Bedingungen am „makroökonomischen" Geld- und Kreditmarkt sowie dem Multiplikator resultiert.

(C.29) $$B^S = B^D(i^*_{Rf}) = B^* = \frac{\gamma Y}{(1+2\alpha\beta)m} - \frac{\alpha i^*_{Rf}}{(1+2\alpha\beta)m^2}$$ Zinssteuerung

Festzuhalten bleibt also, daß die Geldmenge das Ergebnis eines interdependenten Prozesses ist, bei dem die Notenbank die Inputkosten (Refinanzierungs- und Mindestreservesatz) oder die Menge des Inputfaktors festlegt und das Verhalten der Geschäftsbanken und Nichtbanken (unter Berücksichtigung des Notenbankverhaltens) die Höhe der Geldmenge und des Kreditmarktsatzes bestimmt. Sämtliche Modellvariablen sind in der folgenden Tabelle noch einmal zusammengefaßt und je nach Steuerungsverfahren der Notenbank in endogene und exogene Größen sortiert.

Tabelle C.7: Modellvariablen

Steuerungsverfahren	endogene Variablen	exogene Variablen
Geldbasissteuerung	$M^S(K^S)$, $M^D(K^D)$, $M(K)$, B^D, i_K, i_{Rf}, m	B^S, B^*, α, β, γ, Y
Zinssteuerung	$M^S(K^S)$, $M^D(K^D)$, $M(K)$, B^D, B^S, B, i_K, m	i^*_{Rf}, α, β, γ, Y

Verändert die Notenbank ihren geldpolitischen Kurs, indem sie den Refinanzierungssatz oder die Geldbasis variiert, kommt es zu Anpassungsprozessen, die im Prinzip schon in der graphischen und formalen Lösung des Modells beschrieben wurden. Bei einer **expansiven Geldpolitik** (Senkung des Refinanzierungssatzes bzw. Erhöhung der Geldbasis) kommt es zu einer Ausweitung des Angebots der Bankkredite. Bei einer gegebenen Kreditnachfrage resultiert daraus eine höhere gleichgewichtige Kredit(Geld)menge zu einem niedrigeren Kreditmarktsatz. Auf diesem Weg kann die Notenbank also eine höhere Geldmenge realisieren.

Darüber hinaus erlaubt dieses Modell auch zwischen kurz- und mittelfristigen Perspektiven zu unterscheiden. Während die Notenbank in der **mittleren Frist** die Geldmenge mit Hilfe ihrer Steuerungsverfahren kontrollieren kann, ist die Geldmenge in der **sehr kurzen Frist** nahezu endogen. Die Anpassung des Kreditportfolios der Geschäftsbanken benötigt Zeit. Das gilt insbesondere für die Einschränkung des Kreditangebots, das nicht „über Nacht" durch Kündigung der laufenden Kredite erfolgen kann. Folglich ist die Reagibilität des Kreditangebots auf Änderungen des Refinanzierungssatzes in der sehr kurzen Frist sehr niedrig. Im Vergleich zur Darstellung in Schaubild C.4 würde eine identische Senkung des Refinanzierungssatzes, dann nur eine sehr viel geringere Rechtsverschiebung der Kreditangebotskurve bewirken. Die Erhöhung der gleichgewichtigen Geldmenge und der benötigten Geldbasis fiele ebenfalls erheblich geringer aus. Dies bewirkt, daß die Zentralbankgeldnachfragekurve in der sehr kurzen Frist nahezu zinsunelastisch wird (sehr steil verläuft). Um bedeutende Änderungen in der Geldmenge herbeizuführen, müßte die Notenbank dann extreme Zinsschwankungen des Refinanzierungssatzes zulassen, was jedoch in der Realität von den meisten Notenbanken vermieden wird.

4.4 Die Auswirkungen von Schocks auf geldpolitische Steuerungsverfahren

Der bisher verwendete Modellrahmen für eine deterministische Welt hat gezeigt, daß die Notenbank in der mittleren Frist in der Lage ist, die Geldmenge zu kontrollieren. Dabei wäre es im Prinzip ohne Bedeutung, ob diese Steuerung in der Form einer Zinssteuerung oder Geldbasissteuerung vorgenommen wird, da in der Nachfragefunktion nach Zentralbankgeld jedem Refinanzierungszins eine eindeutige Menge an Geldbasis entspricht. Ob es vorteilhafter ist, die Geldbasis oder den Geldmarktsatz als Operating target der Geldpolitik zu verwenden, läßt sich daher nur dann ermitteln, wenn man realistischerweise davon ausgeht, daß die beschriebenen Verhaltensfunktionen stochastischen Schocks unterliegen.

Die folgende Analyse zum optimalen Steuerungsverfahren bei Schocks ist zwar inspiriert worden von der bekannten Poole-Analyse (Poole 1970), die in Kapitel V.5.3 ausführlich beschrieben wurde, sie unterscheidet sich davon jedoch in zentralen Punkten. Pooles Zielsetzung war es, die optimale **geldpolitische Konzeption** im Rahmen des IS/LM-Modells zu identifizieren, wenn es zu Schocks auf der Gütermarkt- oder auf der Geldmarktseite kommt. Er unterscheidet dabei zwischen den Alternativen der Zinssteuerung – des Zinssatzes im IS/LM-Modell – und der Steuerung der Geldmenge, die beide von der Notenbank perfekt zu steuern seien.

Deshalb spricht Poole anstelle von alternativen geldpolitischen Konzeptionen von alternativen geldpolitischen Instrumenten. Unsere Modellanalyse setzt eine Stufe tiefer an. Wir gehen davon aus, daß sich eine Notenbank bereits für eine geldpolitische Konzeption entschieden hat, innerhalb derer sie eine bestimmte Geldmenge oder ein bestimmtes Zinsziel verwirklichen will, und nun dafür das optimale **Steuerungsverfahren** sucht. Es gilt deshalb die Frage zu beantworten, ob die Steuerung des Refinanzierungszinses oder die Steuerung der Geldbasis besser geeignet sind, das anvisierte Zwischenziel, trotz des Auftretens unvorhersehbarer Schocks, möglichst präzise zu realisieren. Im nächsten Schritt müßte man dann nach dem dafür notwendigen **Instrumtarium** fragen; hierauf wird in Kapitel VI ausführlich eingegangen.

4.4.1 Geldnachfrageschocks

Schaubild C.5: Geldnachfrageschocks

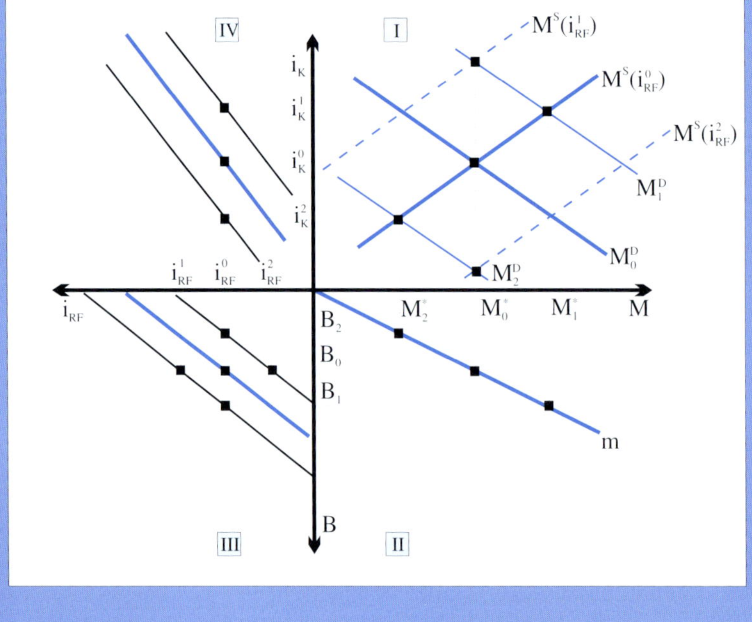

Im Fall von Geldnachfrageschocks treten Verschiebungen der Geldnachfragekurve auf, die in Schaubild C.5 durch den Bereich M_1^D und M_2^D dargestellt sind.[453] Es wird dabei unterstellt, daß es zu Schwankungen der aggregierten Geldnachfrage kommt, die sich in gleicher Weise in den einzelnen Komponenten der Geldnachfrage (Bargeldhaltung und Einlagen) niederschlägt. Der Quotient aus beiden (der Bargeldhaltungskoeffizient) und auch der Geldschöpfungsmultiplikator bleiben folglich unverändert. Diese Schocks bilden also jene Störungen nicht ab, die auf Änderungen der Bargeldhaltung beruhen. Letztere werden unter 4.4.3 „Stochastische Schocks des Geldschöpfungsmultiplikators" ausführlich behandelt.

Die Verschiebungen der Geldnachfragekurve nach M_1^D und M_2^D führen für ein gegebenes Geldangebot zu den neuen gleichgewichtigen Geldmengen M_1^* und M_2^* und den damit korrespondierenden Kreditzinssätzen i_K^1 und i_K^2. Bei gestiegener Geldnachfrage und einem konstanten Multiplikator fragen die Kreditinstitute zum gegebenen Refinanzierungssatz i_{Rf}^0 mehr Geldbasis (B_1) nach. Die Geldbasisnachfragekurve im dritten Quadranten verschiebt sich nach außen und die „Zinskurve" im vierten Quadranten verschiebt sich nach oben. Umgekehrt verringert sich mit gesunkener Geldnachfrage nicht nur die gleichgewichtige Geldmenge, sondern auch die Nachfrage nach Zentralbankgeld geht auf B_2 zurück, so daß sich die Kurve der Geldbasisnachfrage zum Ursprung hin verschiebt sowie die „Zinskurve" nach unten.

Die Auswirkungen einer solchen Störung hängen nun entscheidend von der Steuerungstechnik der Notenbank ab. Betreibt die Notenbank die Politik einer **Zinssteuerung**, d.h. sie kontrolliert die Höhe des Refinanzierungssatzes (hier i_{Rf}^0), dann überträgt sich die Störung der Geldnachfrage in Schwankungen der Geldbasis. Es wird dann jeweils genau die Geldbasis bereitgestellt, die die Geschäftsbanken zur Realisierung der gleichgewichtigen Geldmengen M_1^* und M_2^* benötigen. Die Geldnachfrageschwankungen resultieren also definitiv in Schwankungen der Geldmenge. Wichtig ist auch festzuhalten, daß es trotz der Fixierung von i_{Rf} zu Schwankungen des Kreditzinses i_K kommt.[454]

Bei einer Politik der **Geldbasissteuerung** dagegen steuert die Notenbank einen bestimmten Betrag an Geldbasis (hier B_0). Um diesen Zielwert auch bei Geldnach-

453 Veränderungen der Zins- und Einkommensreagibilität der Geldnachfrage, die sich in Änderungen der Steigung der Geldnachfrage ausdrücken, werden hier aus Vereinfachungsgründen nicht diskutiert. Die Auswirkungen sind prinzipiell die gleichen wie die hier beschriebenen.

454 Dies dokumentiert noch einmal die unterschiedlichen Betrachtungsebenen des Poole-Modells und des hier verwendeten Modells.

frage- und damit verbundenen Geldbasisschwankungen realisieren zu können, muß sich der Refinanzierungssatz entsprechend anpassen. Erhöht sich die Geldbasisnachfrage, dann muß die Notenbank einen Anstieg des Satzes für Zentralbankgeld bis auf i^1_{Rf} zulassen, um für die nun geltende neue Zentralbankgeldnachfragekurve die gewünschte Geldbasis B_0 herbeizuführen. Die Verteuerung der Geldbasis reduziert das Kreditangebot und verschiebt damit die Kreditangebotskurve gerade so nach oben, daß insgesamt die Geldmenge unverändert bleibt. Die Steuerung der Geldbasis durch die Notenbank bei gleichzeitiger Konstanz des Geldschöpfungsmultiplikators bewirkt, daß die Geldmenge nicht variieren kann. Entsprechend spiegelbildlich muß die Notenbank auf eine Reduktion der Geldnachfrage mit expansiven Maßnahmen, d.h. einer Senkung des Refinanzierungssatzes bis auf i^2_{Rf} reagieren, die das Kreditangebot erhöhen wird und ebenfalls für eine Konstanz der Geldmenge sorgt. Geldnachfragestörungen werden also durch die Anpassung des Refinanzierungssatzes gerade kompensiert.

Für den Fall daß die Notenbank eine bestimmte **Geldmenge** anvisiert und Geldnachfrageschocks auftreten, ist die Geldbasissteuerung eindeutig der Zinssteuerung überlegen. Schaut man sich die Konstruktion des Modells etwas genauer an, dann ist dieses Ergebnis nicht überraschend. Solange der Geldschöpfungsmultiplikator stabil ist, resultiert eine unveränderte monetäre Basis immer in einer konstanten Geldmenge. Versucht die Notenbank statt dessen den **Kreditzinssatz** der Banken zu steuern, dann ist die Zinssteuerung der Geldbasissteuerung überlegen. Es treten zwar in beiden Fällen Schwankungen des Kreditzinssatzes auf; sie fallen bei der Geldbasissteuerung jedoch erheblich höher aus.

4.4.2 Kreditangebotsschocks

Eine zweite mögliche Störung kann auf der Kreditangebotsseite auftreten. Auslöser können entweder Kostenschwankungen in der Überprüfung der Kreditwürdigkeit von Kunden sein oder direkte Änderungen des Risikofaktors für Kreditausfälle (β). Beides bewirkt Verschiebungen der Kreditangebotsfunktion wie sie in Schaubild C.6 dargestellt sind.[455] Erneut kommt es bei konstantem Refinanzierungssatz zu Schwankungen der Geldbasisnachfragekurve und der „Zinskurve". Hält die Notenbank an ihrem Refinanzierungssatz (i^0_{Rf}) fest und läßt Veränderungen der Geldbasis zu (**Zinssteuerung**), dann schlägt sich die Instabilität des Kreditangebots in Schwankungen der Kredit(Geld)menge zwischen M^*_1 und M^*_2 nieder. Ebenso ergeben sich Veränderungen des Kreditzinses (i_K).

---

[455] Der Einfluß von β auf die Steigung der Kreditangebotsfunktion wird nicht separat untersucht, sondern lediglich seine Auswirkung als Lageparameter.

Schaubild C.6: Kreditangebotsschocks

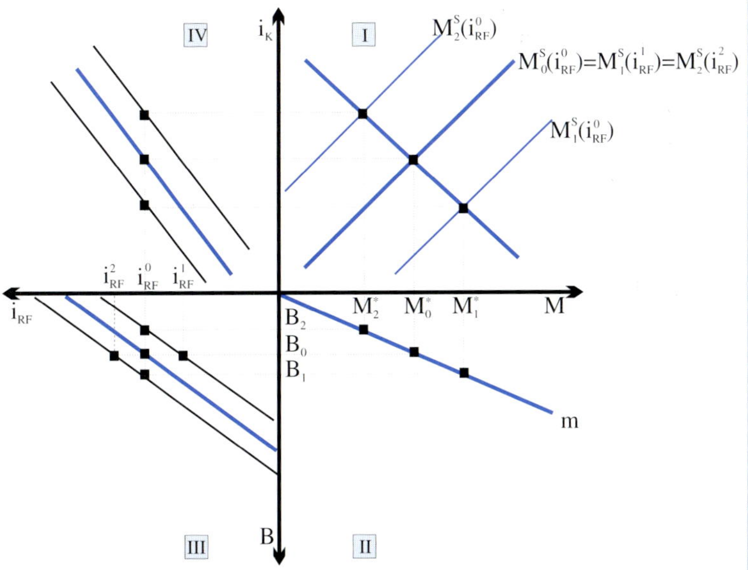

Wie im Fall der Geldnachfrageschocks können die Geldmengenschwankungen kompensiert werden, indem sich die Notenbank für die **Geldbasissteuerung** entscheidet (B_0). Die damit verbundenen Schwankungen des Refinanzierungssatzes (i_{Rf}^1 und i_{Rf}^2) bewirken eine Rückverschiebung der Kreditangebotskurven in ihre Ausgangsposition, so daß das ursprüngliche Niveau der Geldmenge erreicht wird. Mit Hilfe der Geldbasissteuerung kann im Fall von Kreditangebotsschocks nicht nur die Geldmenge stabilisiert werden, sondern gleichzeitig auch der Kreditmarktsatz (i_K). Hierin liegt der einzige Unterschied zum Fall von Geldnachfrageschocks. Dort ist die Geldbasissteuerung zwar auch vorteilhaft bezüglich der Realisierung einer bestimmten Geldmenge, allerdings nur zu dem Preis, daß gleichzeitig sehr starke Schwankungen des Kreditzinses zugelassen werden (siehe Schaubild C.5).

4.4.3 Stochastische Schocks des Geldschöpfungsmultiplikators

Eine dritte Ursache von Schocks können Schwankungen des Geldschöpfungsmultiplikators sein. Diese können sowohl aus Veränderungen des Bargeldhaltungskoeffizienten resultieren als auch aus Schwankungen des Reservesatzes. Sofern gesetzliche Mindestreservebestimmungen bestehen, können Schocks bei der Reservehaltung weitgehend ausgeschlossen werden. In Ländern ohne Mindestreserve hat sich gezeigt, daß die von den Banken freiwillig gehaltenen Zentralbankguthaben meist nahe null liegen und sehr stabil sind (siehe Kapitel VI.2.5.4). Allerdings dürfte dies wesentlich damit zusammenhängen, daß dabei gleichzeitig eine Steuerung des Geldmarktsatzes betrieben wurde, so daß es für Banken keinen Anlaß gab, gleichsam eine Spekulationskasse an Zentralbankgeld zu halten, um damit stärkere kurzfristige Schwankungen der Geldmarktsätze auszunutzen. Variationen des Reservesatzes haben aber die gleichen Auswirkungen wie sie im folgenden für Schocks des Bargeldhaltungskoeffizienten beschrieben werden.

Im folgenden wird davon ausgegangen, daß sich eine Veränderung des Bargeldhaltungskoeffizienten derart vollzieht, daß sich zwar die Relation von Bargeld zu Einlagen verändert, die aggregierte Geldnachfrage als Summe aus beiden Größen aber unverändert bleibt.[456] Sinkt der Bargeldhaltungskoeffizient, dann steigt der Multiplikator auf m_1, was sich in Schaubild C.7 in einem steileren Verlauf der Relation zwischen M und B im zweiten Quadranten ausdrückt. Weil der Anstieg des Multiplikators wie eine Kostenreduzierung für die Geschäftsbanken wirkt, resultiert als weiterer Effekt ein Anstieg des Angebots an Bankkrediten, also eine Rechtsverschiebung der Kreditangebotskurve (M_1^S). Am Kreditmarkt erhöht sich damit die gleichgewichtige Menge an Krediten (M_1^*) bei einem Rückgang des Kreditmarktzinses (i_K^1). Allerdings wird für das vermehrte Kreditvolumen nun nicht unbedingt mehr Geldbasis benötigt, weil ja der Multiplikator gestiegen ist. Zur Schöpfung der ursprünglichen Geldbasis reicht somit eine geringere Geldbasis aus. Für die Geldbasisnachfrage der Geschäftsbanken läßt sich deshalb – im Gegensatz zu den anderen beiden Schocks – kein eindeutiger Effekt mehr ableiten; sie kann zurückgehen, unverändert bleiben oder sogar ansteigen. Als „normale" Reaktion ist jedoch damit zu rechnen, daß die Nachfrage nach Zentralbankgeld auf einen Anstieg des Multiplikators zurückgeht. Dies ist graphisch immer der Fall, solange sich die Kreditangebotskurve nicht über M_2^* hinaus verschiebt. Die Zen-

---

456 Bewirken Änderungen des Bargeldhaltungskoeffizienten gleichzeitig auch Schwankungen der Geldnachfragekurve, dann muß man zwischen den Fällen unterscheiden, bei denen die Multiplikatorschwankung die direkte Geldnachfrageschwankung übertrifft und umgekehrt. Genau dies kann man einfacher analysieren, indem man wie hier vorgeführt die Schwankungen separiert.

tralbankgeldnachfrage dreht sich dann zum gegebenen Refinanzierungssatz nach innen.[457] Welche Bedingung dafür formal gelten muß, wird weiter unten abgeleitet.

Schaubild C.7: Multiplikatorschocks

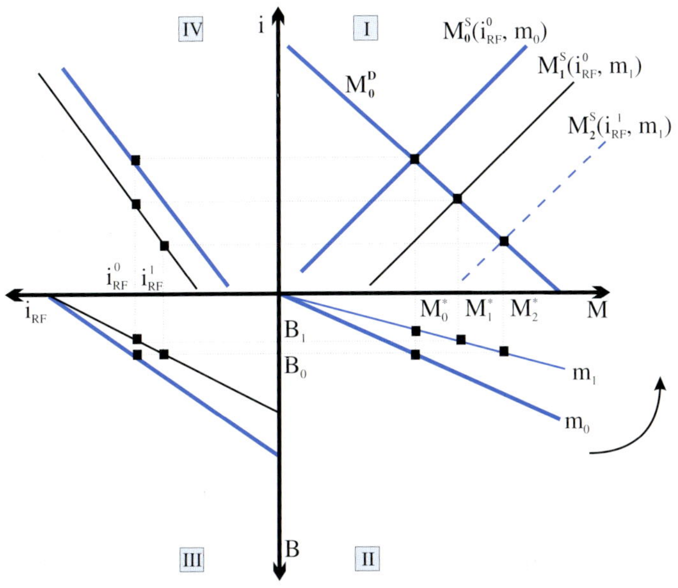

Wiederum hat die Steuerungstechnik der Notenbank auf dem Markt für Zentralbankgeld einen entscheidenden Einfluß darauf, wie dieser Schock verarbeitet wird. Hält die Notenbank den Refinanzierungssatz konstant (**Zinssteuerung**), dann übertragen sich die Multiplikatorschocks in Schwankungen der Geldbasis (B_1) und der gleichgewichtigen Geldmenge (M_1^*), genau in der Höhe wie sie durch die Verschiebung der Kredit(Geld)angebotskurve ausgelöst wurden.

[457] Da die Schwankungen des Multiplikators sich in Drehungen der m-Geraden ausdrücken, kommt es ebenfalls zu Drehungen der Zentralbankgeldnachfrage anstatt zu Parallelverschiebungen wie im Fall der Instabilität der Geldnachfrage.

Zu noch größeren Abweichungen der Geldmenge vom ursprünglichen Wert kommt es, wenn die Notenbank das Verfahren der **Geldbasissteuerung** anwendet. Dann bedarf es zur Stabilisierung der Geldbasis B_0 einer Senkung des Refinanzierungssatzes auf i_{Rf}^1, der das Kreditangebot noch weiter verbilligt und dementsprechend erhöht. Im Gegensatz zum Auftreten von Geldnachfrage- und Kreditangebotsschocks ist beim Auftreten von Multiplikatorschocks im „Normalfall" die Zinssteuerung der Geldbasissteuerung vorzuziehen. Dies gilt im Fall von Multiplikatorschocks auch, falls die Notenbank nicht an der ursprünglichen Geldmenge M_0^* interessiert ist, sondern am ursprünglichen Kreditzins i_K^0.

Abschließend sollen jetzt noch die formalen Bedingungen für die Gültigkeit des „Normalfalls" des Multiplikatorschocks abgeleitet werden. Dafür ist zu zeigen, wie sich die Geldbasisnachfrage als Reaktion auf einen Anstieg des Multiplikators verändert ($dB^D / dm < 0$). Dafür leiten wir die Nachfragefunktion nach Zentralbankgeld (Gleichung C.29) nach dem Multiplikator ab. Man erhält dann:

$$\text{(C.30)} \qquad \frac{dB^D}{dm} = -\frac{\gamma Y}{(1+2\alpha\beta)\,m^2} + \frac{2\alpha\, i_{Rf}}{(1+2\alpha\beta)\,m^3}$$

$$= -\frac{1}{(1+2\alpha\beta)\,m^2}\left(\gamma Y - \frac{2\alpha\, i_{Rf}}{m}\right) < 0$$

$$\text{wenn } \gamma Y - \frac{2\alpha\, i_{Rf}}{m} > 0$$

Diese Bedingung ist immer dann erfüllt, wenn der Klammerausdruck positiv ist. Die Geldnachfragefunktion (Gleichung C.14) setzt für eine positive Geldmenge voraus, daß γY größer ist als αi_K. Der „Normalfall" tritt also immer dann ein, wenn

$$\text{(C.31)} \qquad \alpha\, i_K > \frac{2\alpha\, i_{Rf}}{m} \qquad \text{bzw.} \qquad m\, i_K > 2\, i_{Rf}\,.$$

Gleichung (C.31) ist immer erfüllt, wenn der Kreditmarktsatz über dem Refinanzierungssatz liegt ($i_K > i_{Rf}$) und der Multiplikator einen Wert größer als zwei aufweist ($m > 2$).

4.4.4 Zusammenfassung der Ergebnisse

Unsere Modellanalyse hat gezeigt, daß das optimale Steuerungsverfahren einer Notenbank entscheidend davon abhängt,

- mit welchen Störungen zu rechnen ist, und

- welche Größe am „makroökonomischen" Geldmarkt (Geldmenge oder Kreditzins) gesteuert werden soll.

Tabelle C.8: Übersicht der Ergebnisse

Steuerungsverfahren	**Ursachen der Instabilität**		
	Geldnachfrage	**Kredit(Geld)angebot**	**Multiplikator**
Zinssteuerung (i_{Rf}=konstant)	• M schwankt • i_K konstant	• M schwankt • i_K schwankt	• M schwankt (weniger als bei der Geldbasissteuerung) • i_K=konstant
Geldbasissteuerung (B=konstant)	• M=konstant • i_K schwankt (stärker als bei der Zinssteuerung)	• M=konstant • i_K=konstant	• M schwankt • i_K schwankt
bevorzugtes Steuerungsverfahren beim Zwischenziel			
(a) der Geldmenge	Geldbasissteuerung	Geldbasissteuerung	Zinssteuerung
(b) des Kreditzinses	Zinssteuerung	Geldbasissteuerung	Zinssteuerung

Die Ergebnisse werden in Tabelle C.8 zusammengefaßt. Sie zeigen, daß die Geldbasissteuerung größere Vorteile aufweist, wenn die Geldmenge als Zwischenziel verwendet wird. Die Zinssteuerung am Geldmarkt ist in zwei von drei Fällen überlegen, wenn eine Notenbank die Kreditzinsen der Geschäftsbanken steuern möchte.[458] Die in unserem Modell analysierten Schocks treten dabei nur temporär auf, d.h. sie lassen langfristige Relationen unverändert. Würde man dagegen auch

---

[458] Dieses Ergebnis ist kompatibel mit den Ausführungen von McCallum (1989, S. 60 - 72). Der scheinbare Widerspruch, daß in seinem Modell bei Schwankungen der Geldangebotsfunktion die Zinssteuerung vorzuziehen ist, während in diesem Modell die Geldbasissteuerung empfohlen wird, liegt in der Formulierung von McCallums Geldangebotsfunktion begründet. Sie wird direkt als Funktion des Geldschöpfungsmultiplikators modelliert, in dem die Überschußreserve zinsabhängig ist. Somit entsprechen McCallums Geldangebotsschwankungen unseren Multiplikatorschwankungen. Beide führen zu dem Ergebnis, daß die Zinssteuerung das überlegene geldpolitische Verfahren ist.

langfristig eine instabile Geldnachfrage[459] (instabiler Zusammenhang zwischen Geldmenge und Inflation) beobachten, dann könnte zwar die Geldmenge als Zwischenzielvariable über das „richtige" Steuerungsverfahren realisiert werden, nicht jedoch das eigentliche Endziel der Preisniveaustabilität. Dann wäre auch die geldpolitische Konzeption zu überdenken (siehe dazu ausführlicher Kapitel V.3.1).

Schaubild C.8: Die Herleitung der LM-Kurve im preistheoretischen Geldangebotsmodell

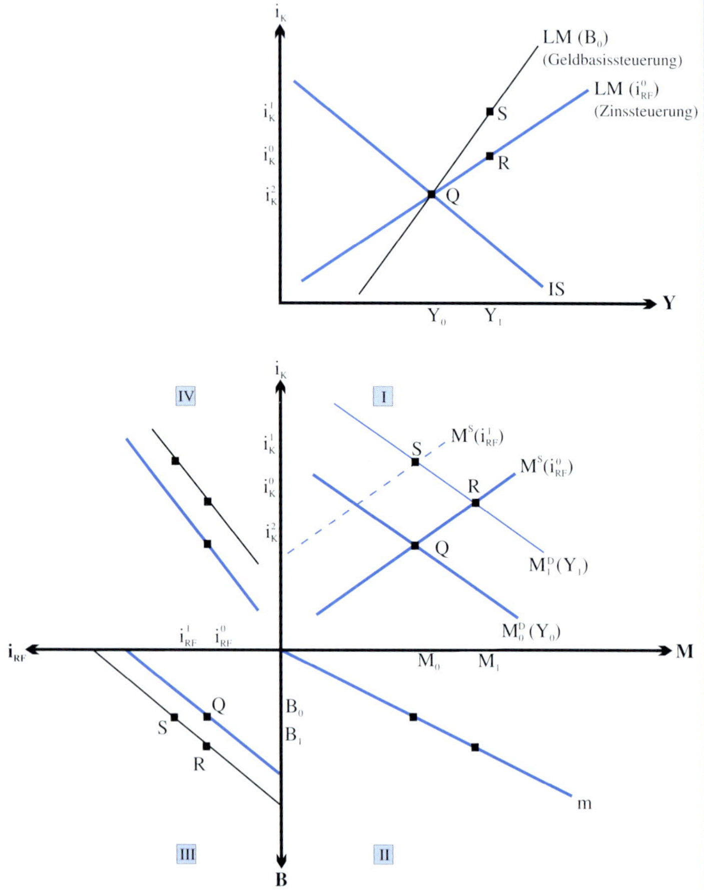

459 In Kapitel 5.2.1 wird ausführlich beschrieben, warum eine stabile Geldnachfrage eine notwendige Bedingung für eine erfolgreiche Geldmengensteuerung ist.

4.5 Die Integration des preistheoretischen Geldschöpfungsmodells in das IS/LM-Modell

Das in diesem Modul entwickelte Geldangebotsmodell läßt sich mit der traditionellen IS/LM-Analyse verbinden. Es stellt keinerlei Widerspruch, sondern eine Ergänzung zu einem Modell dar, in dem bisher das Geldangebot als exogene Größe behandelt wurde. Durch die explizite Modellierung des Geldangebotsprozesses kann es als endogene Variable in die IS/LM-Analyse integriert werden, so daß differenziertere Aussagen bezüglich der Wirkungsmechanismen geldpolitischer Maßnahmen möglich werden. Im folgenden wird die „neue" LM-Kurve graphisch hergeleitet, und es werden die Auswirkungen einer expansiven Geldpolitik im Rahmen der alternativen Steuerungsverfahren Zins- und Geldbasissteuerung beschrieben.

4.5.1 Herleitung der LM-Kurve

Zur Herleitung der LM-Kurve im Kreditzinssatz-Einkommens-Diagramm (Hicks-Diagramm) müssen alternative Gleichgewichte am makroökonomischen Geldmarkt für unterschiedliche Einkommenshöhen bestimmt werden. Als Ausgangspunkt dient das Gleichgewicht Q (Schaubild C.8) zum Kreditsatz i_K^0, das mit einem Einkommen von Y_0 einhergeht.

Erhöht sich das Einkommen auf Y_1, dann verschiebt sich die Geld(Kredit-) nachfragekurve am makroökonomischen Geld(Kredit)markt nach rechts, so daß sich eine gestiegene Geldmenge M_1 bei einem ebenfalls erhöhten Kreditzinssatz i_K^1 einstellt. Bei einer unveränderten Multiplikatorrelation werden die Geschäftsbanken zur Schöpfung dieser Geldmenge zusätzliches Zentralbankgeld nachfragen; die Zentralbankgeldnachfragekurve im Quadranten III verschiebt sich nach außen sowie die Zinsrelation im Quadranten IV nach oben. Welcher Punkt sich am makroökonomischen Geldmarkt als endgültiges Gleichgewicht herausstellt, hängt dann entscheidend vom Steuerungsverfahren der Notenbank ab. Bei einer **Zinssteuerung** (i_{Rf}^0) stellt die Notenbank genau so viel zusätzliche Geldbasis bereit, wie von den Geschäftsbanken nachgefragt wird, um die neue Geldmenge M_1 zu realisieren. Folglich stellt der Punkt R im Quadranten I das neue Gleichgewicht im Fall der Zinssteuerung dar. Den korrespondierenden Punkt auf der LM-Kurve findet man, indem man diese Zins-Einkommens-Kombination (i_K^1, Y_1) im obersten Diagramm einträgt.

Ein anderes Ergebnis erhält man dagegen bei einer **Geldbasissteuerung**. Bei konstanter Geldbasis (B_0) muß sich der Refinanzierungssatz – infolge die gestiegenen Nachfrage nach Zentralbankgeld – bis auf i_{Rf}^1 erhöhen. Dies hat wiederum Rückwirkungen auf das Kreditangebot der Geschäftsbanken, das sich verteuert und somit zurückgeht. Im Punkt S ist der makroökonomische Geldmarkt bei einer unveränderten Geldmenge M_0 geräumt. Der damit einhergehende Anstieg des Kreditmarktsatzes fällt dementsprechend höher aus als im Fall der Zinssteuerung. Der neue Gleichgewichtspunkt auf der LM-Kurve muß für die Geldbasissteuerung deshalb beim Einkommen Y_1 oberhalb des neuen Gleichgewichts für die Zinssteuerung liegen.

Schaubild C.9: Die Auswirkungen einer expansiven Geldpolitik im IS/LM-Modell

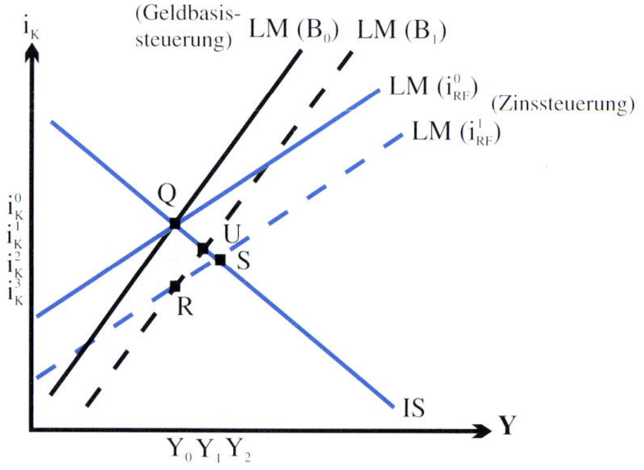

Festzuhalten bleibt, daß sich in beiden Fällen die bekannte LM-Kurve mit positiver Steigung ergibt, die alle Kreditzins-Einkommens-Kombinationen beschreibt, bei denen der makroökonomische Geldmarkt im Gleichgewicht ist. Je nach Steuerungsverfahren fallen die Steigungen allerdings unterschiedlich aus: im Fall der Geldbasissteuerung verläuft die LM-Kurve steiler als im Fall der Zinssteuerung. Der Grund für die unterschiedlichen Steigungen ist, daß die Geldmenge nur noch entlang der LM-Kurve der Geldbasissteuerung konstant bleibt, während sie entlang der LM-Kurve der Zinssteuerung variiert. Im letzteren Fall korreliert die Geldmenge positiv mit dem Kreditmarktsatz. Folglich ist bei einem Einkommensanstieg nur ein geringerer Kreditzinssatzanstieg erforderlich, um den Geldmarkt zurück in ein Gleichgewicht zu bringen (flacherer Verlauf der LM-Kurve), da mit steigendem Kreditsatz sowohl die Geldnachfrage zurückgeht als auch das Geldangebot zunimmt.

4.5.2 Auswirkungen einer expansiven Geldpolitik

Mit Hilfe des modifizierten IS/LM-Modells und des Geldangebotsmodells lassen sich nun auch die Wirkungsmechanismen geldpolitischer Maßnahmen der Notenbank differenzierter darstellen. Dies soll am Beispiel einer expansiven Politik verdeutlicht werden. Auslöser dieser Maßnahme kann entweder eine Ausweitung der Geldbasis (Geldbasissteuerung) oder eine Reduktion des Refinanzierungssatzes (Zinssteuerung) sein. Beide Steuerungsverfahren sind im ersten Schritt identisch, da sich in beiden Fällen der gleiche Punkt bei einem verminderten Refinanzierungssatz und einer gestiegenen Geldbasis auf der Zentralbankgeldnachfragekurve einstellt.

Der gesunkene Refinanzierungssatz bewirkt eine Rechtsverschiebung der Kredit(Geld)angebotsfunktion am „makroökonomischen" Kredit(Geld)markt, so daß sich dort eine höhere gleichgewichtige Geldmenge und zum neuen gesunkenen Kreditmarktsatz einstellen. Auf das IS/LM-Modell übertragen, heißt das, daß sich beide LM-Kurven um den gleichen Betrag zum neuen Kreditmarktsatz i_K^1 nach unten verschieben (von Q nach R). Aufgrund der unterschiedlichen Steigungen fallen die neuen simultanen Gleichgewichte am Geld- und Gütermarkt (Schnittpunkte der LM- und IS-Kurve) jedoch unterschiedlich aus. Der Einkommenseffekt ist im Fall der Zinssteuerung größer als im Fall der Geldbasissteuerung, weil im ersteren die Zinsreduktion und damit die zusätzliche Investitionsnachfrage stärker ausfällt. Im Prinzip erhält man somit das bekannte Ergebnis der IS/LM-Analyse, daß eine expansive Geldpolitik in diesem Modellrahmen einen positiven Einkommens- und einen negativen Zinseffekt auslöst. Lediglich die Stärke und das Zustandekommen des Effekts hängen vom gewählten Steuerungsverfahren der Notenbank ab.

D

Der Transmissionsprozeß monetärer Impulse

1. Einleitung

Der Transmissionsprozeß monetärer Impulse beschreibt, welcher Zusammenhang zwischen den von der Notenbank direkt steuerbaren Operating targets (Geldbasis, Geldmarktsatz) und den gesamtwirtschaftlichen Endzielgrößen (Preisniveau, reales oder nominelles Sozialprodukt) besteht. Es handelt sich dabei um eine ebenso zentrale wie umfassende Fragestellung, die in der Geldtheorie ausführlich behandelt wird. Im Rahmen dieses Moduls kann es daher nur darum gehen, die wichtigsten Transmissionswege aufzuzeigen, wobei die gängigen makroökonomischen Modelle nicht im einzelnen erläutert werden. Der Leser sei hier auf die Standard-Lehrbücher zur Makroökonomie und Geldtheorie verwiesen.

Es wird im folgenden deutlich werden, daß es trotz unzähliger geldtheoretischer Studien vergleichsweise wenige Arbeiten gibt, die sich im einzelnen mit der Struktur des Transmissionsprozesses auseinandersetzen.[460] Hierin schlägt sich der in der Ökonomie heute weitverbreitete **„Black box"-Ansatz** (Mishkin 1995, S. 656) nieder, bei dem sich viele Ökonomen damit begnügen, das Verhältnis von Geldmenge und Endzielen ökonometrisch zu analysieren, ohne nach den zugrundeliegenden ökonomischen Wirkungszusammenhängen zu fragen. So gesehen ist es nicht überraschend, wenn Issing bezüglich des aktuellen Kenntnisstandes zum Transmissionsprozeß zu dem Ergebnis kommt:

> „Der Transmissionsprozeß der Geldpolitik ist trotz intensiver theoretischer und empirischer Forschung weiterhin nur lückenhaft bekannt" (Issing 1995 a, S. 7).

Für eine umfassende Diskussion geldpolitischer Fragen reicht ein solches Black box-Denken jedoch nicht aus. Wie in Kapitel V nachvollzogen werden kann, lassen sich die zentralen konzeptionellen Aspekte der Notenbankpolitik nur dann in sinnvoller Weise erörtern, wenn zumindest die grundlegenden Strukturen des Transmissionsprozesses geklärt sind.

Damit unterscheidet sich der Ausgangspunkt in diesem Modul diametral von der Perspektive, die dem Modell von Barro und Gordon (1983) und vielen anderen neueren theoretischen Arbeiten zugrundeliegt. Bei Barro und Gordon und insbesondere auch den Anhängern einer nominellen BSP-Steuerung (siehe Kapitel II.3 und V.6) wird unterstellt, daß die Notenbank die von ihr gewählten Endziele jederzeit perfekt steuern kann. Problematisiert wird in solchen Studien lediglich, ob das

---

460 In der neueren Zeit ist allerdings ein wachsendes Interesse an dieser Frage zu erkennen. Siehe dazu Mankiw (1994), Federal Reserve Bank of St. Louis No. 3 (1995) und die Herbstausgabe (1995) des Journal of Economic Perspectives.

von der Geldpolitik dann verwirklichte Niveau der Endzielvariablen auch unter gesamtwirtschaftlichen Gesichtspunkten als optimal anzusehen ist.

In den folgenden Ausführungen soll nun umgekehrt unterstellt werden, daß eine Notenbank ein gesamtwirtschaftlich optimales Ziel anstrebt; wie in Kapitel II begründet wird, soll angenommen werden, daß Geldwertstabilität als ein solches Optimalziel anzusehen ist. Es soll jedoch im einzelnen geprüft werden, über welche Transmissionskanäle sie dieses Ziel auch in zufriedenstellender Weise erreichen kann.

In diesem Modul werden dazu drei zentrale Transmissionswege monetärer Impulse ausführlicher dargestellt:

- ein quantitätstheoretisch fundierter, direkt auf die gesamtwirtschaftliche Nachfrage wirkender Transmissionsweg,
- zinstheoretisch fundierte, indirekt auf die gesamtwirtschaftliche Nachfrage wirkende Transmissionswege (IS/LM-Modell, Theorie der relativen Preise),
- erwartungstheoretische Transmissionswege.

Es wird dabei deutlich werden, daß jeder dieser drei Transmissionsmechanismen in der Realität beobachtet werden kann. Welcher Zusammenhang zu einem gegebenen Zeitpunkt dominiert, hängt von den spezifischen institutionellen Rahmenbedingungen und den wirtschaftspolitischen Zielsetzungen der Notenbank ab.

2. Quantitätstheoretischer Transmissionsprozeß

Obwohl die Quantitätstheorie üblicherweise nur als ein Rahmen für den erwähnten Black box-Ansatz verwendet wird, liegt ihr jedoch eine ebenso einfache wie stringente Transmissionsvorstellung zugrunde.[461] Diese läßt sich leicht identifizieren, wenn man sich vor Augen hält, daß die Quantitätstheorie für die Zeit einer Metallwährung entwickelt worden ist.[462] Eine solche Währungsordnung ist dadurch gekennzeichnet, daß Geld nur in der Form von Gold- und Silbermünzen verfügbar ist. Damit entfällt von vornherein die gesamte Problematik des Geldangebotsprozesses in einem zweistufigen Bankensystem, wie er in Modul C beschrieben worden ist. Zu einer Ausweitung der Geldmenge kann es unter diesen Bedingungen

[461] Es trifft also nicht uneingeschränkt zu, wenn Issing (1995, S. 138) feststellt: „Schließlich behauptet die Quantitätstheorie einen Zusammenhang zwischen Geldmenge und Preisniveau, ohne näher zu erklären, über welchen **Prozeß** (Hervorhebung im Original; die Verf.) die Geldmenge das Preisniveau beeinflußt; sie kann diese Erklärung auch gar nicht liefern! “

[462] Als ihr Entdeckungszeitpunkt wird das Jahr 1568 genannt, wo ein derartiger Zusammenhang erstmals von Jean Bodin (1530 - 96) formuliert worden ist. Siehe dazu ausführlicher Schumpeter (1954, S. 311).

nur durch die Förderung von Gold und Silber kommen, das in Münzen ausgeprägt wird.

2.1 Gold- und Silberwährung

Schaubild D.1: Gesamtwirtschaftliche Nachfrage und gesamtwirtschaftliches Angebot im Goldstandard

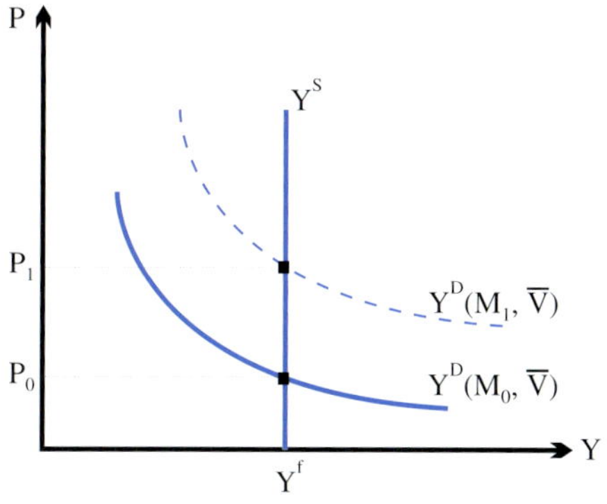

Treten in einem Metallwährungssystem umfangreiche neue Gold- und Silberfunde auf, wie beispielsweise im 16. Jahrhundert durch die Entdeckung Amerikas, dann hat dies einen unmittelbaren Effekt auf die Geldmenge, da Gold und Silber jederzeit gegen eine geringe Gebühr (Schlagschatz oder Seigniorage; siehe Kapitel II.2.3) in Münzen ausgeprägt werden konnten. Da Gold- und Silbermünzen allgemein als Zahlungsmittel akzeptiert werden, können die Inhaber der Münzen damit nun direkt zusätzliche Nachfrage entfalten. Der entscheidende makroökonomische Zusammenhang für einen quantitätstheoretisch fundierten Transmissionsprozeß ist eine funktionale Beziehung des Typs

(D.1) $$P \cdot Y^D = f(M).$$

Die nominelle gesamtwirtschaftliche Nachfrage würde unter dieser Bedingung also allein von der Geldmenge bestimmt. Aufgrund der Quantitätsgleichung (siehe Modul B)

(D.2) $$M \cdot \overline{V} = P \cdot Y$$

läßt sich (D.1) formulieren als

$$\text{(D.3)} \qquad Y^D = \frac{M}{P} \cdot \bar{V} .$$

Im Rahmen des Modells der gesamtwirtschaftlichen Angebots- und Nachfrageanalyse kann man Gleichung (D.3) dann als gesamtwirtschaftliche Nachfragekurve darstellen. Damit der von der Quantitätstheorie behauptete proportionale Zusammenhang zwischen Geldmengenänderungen und Preisniveau gilt, muß diese Nachfragehyperbel mit einer klassischen gesamtwirtschaftlichen Angebotskurve zusammengeführt werden (siehe Schaubild D.1).

Für eine gegebene Geldmenge M_0 existiert also ein Preisniveau P_0, bei dem die gesamtwirtschaftliche Nachfrage dem Vollbeschäftigungsoutput Y^f entspricht. Eine Ausweitung der Geldmenge auf M_1 führt dabei zu einer Verschiebung der Nachfragehyperbel nach oben und damit zu einem Anstieg des Preisniveaus von P_0 auf P_1.

Der Quantitätstheorie liegt also der sehr einfache Transmissionszusammenhang zugrunde, daß eine Zunahme der Geldmenge unmittelbar zu einer Erhöhung der gesamtwirtschaftlichen Nachfrage führt. Es wird dabei deutlich, daß die Quantitätstheorie als Transmissionsmechanismus nur dann eine adäquate Abbildung der Realität bietet, wenn die gesamtwirtschaftliche Nachfrage so stark von Geldmengenänderungen bestimmt wird, daß andere Determinanten wie das reale Einkommen oder das Zinsniveau vernachlässigt werden können. Für Phasen mit großen Goldfunden dürfte dies eine durchaus zutreffende Beschreibung der Realität darstellen.

2.2 Notenbankfinanzierte Staatsausgaben

Dieser direkte nachfrageseitige Transmissionsweg kann auch in einer Welt mit definitiven Papierwährungen gegeben sein. Er tritt unter diesen institutionellen Rahmenbedingungen immer dann ein, wenn es einem Staat möglich ist, seine Ausgaben primär durch Notenbankkredite zu finanzieren. Eine Ausweitung der Geldbasis und damit auch der Geldmenge geht dann unmittelbar einher mit zusätzlichen Staatsausgaben. Auch dieser Zusammenhang ist seit langem bekannt:

> „The issues of a Government paper (gemeint ist Papiergeld; die Verf.), even when not permanent, will raise prices; because Governments usually issue their paper in purchases for consumption." (Mill 1844, S. 589)

Alle großen Inflationen sind auf notenbankfinanzierte Staatsausgaben, insbesondere zur Kriegsfinanzierung, zurückzuführen. Da dabei ein sehr enger Zusammenhang zwischen gesamtwirtschaftlicher Nachfrage und Geldmenge besteht, ist es nicht überraschend, daß man den von der Quantitätstheorie unterstellten Zusammenhang zwischen Geldmengenentwicklung und Inflation auch in der Empirie sehr häufig beobachten kann. Allerdings zeigen Berechnungen von Gerlach (1995), daß die Evidenz für die Quantitätsgleichung nur noch recht gering ist, wenn man Länder mit relativ niedrigen Inflationsraten betrachtet:

> „This paper has shown that cross-sectional regressions of long-run averages of inflation on money and real income growth typically display substantial parameter instability. In particular, the finding of a one-to-one relationship between money growth and inflation is sensitive to the inclusion of data from a few countries with very high inflation rates. While this lack of stability may not be surprising, it has apparently never been demonstrated in the literature before." (Gerlach 1995, S. 19)

2.3 „Helikopter-Geld"

Problematisch wird dieser Transmissionskanal unter den institutionellen Verhältnissen, die heute in den meisten Industrieländern vorherrschen: einer Währungsordnung mit definitiver Papierwährung, bei der zugleich jede Notenbankfinanzierung von Staatsdefiziten gesetzlich ausgeschlossen wird (siehe dazu Kapitel IV). Es ist kennzeichnend für quantitätstheoretisch argumentierende Ökonomen, daß sie sich dann des Kunstgriffs des „Helikopter-Geldes" bedienen müssen, um die Effekte einer expansiven Geldpolitik innerhalb dieses Transmissionsmodells darzustellen:

> „Let us suppose now that one day a helicopter flies over this community and drops an additional $1000 in bills from the sky which is of course hastily collected by the members of this community." (Friedman 1969, S. 4)

Diese auch schon von Hume bemühte Vorstellung, „daß wir alle eines Morgens mit einer doppelten Anzahl Schillings oder Sovereigns in der Tasche aufwachten, während alles andere unverändert bliebe" (Wicksell 1922, S. 182), ist für das Verständnis des Transmissionsprozesses jedoch nicht sehr sinnvoll. Besonders problematisch ist dabei, daß der gesamte Geldangebotsprozeß ausgeblendet wird, was unter den Verhältnissen einer Papierwährung mit Depositengeld nicht mehr vertretbar ist. Schon Wicksell (1922, S. 182) wies darauf hin, daß dabei zur Erklärung der Wirklichkeit nicht eine „Vereinfachung dieser Wirklichkeit" verwendet wird, sondern „ein rein paradoxes Verhältnis, das der Natur der Sache nach nie eintreten kann, noch je eintreten wird (...)."

Die Prämisse des Helikopter-Geldes findet man auch in einer Reihe neuerer theoretischer Ansätze. So wird beispielsweise in „**overlapping generations**"-Modellen unterstellt, daß jedes Individuum bei seiner Geburt einen Transfer von Geld durch den Staat erhält (Blanchard and Fischer 1989, S. 169). Aufgrund der Tatsache, daß dabei vom Geldschöpfungsprozeß völlig abstrahiert wird,[463] sind diese Modelle kaum geeignet, um monetäre Transmissionsprozesse in hochentwickelten Industrieländern zu beschreiben. In den Worten von Meltzer (1995):

> „Overlapping-generations models of money (...) have not proved fruitful. These models have not produced either an accepted foundation for macro theory or a verified theory of aggregate output, prices and interest rates." (Meltzer 1995, S. 101)

So gesehen leidet die Verwendung der Quantitätstheorie unter den heutigen Verhältnissen darunter, daß ihre zentralen Transmissionsvorstellungen nicht mehr mit den tatsächlichen Gegebenheiten auf den Geld- und Finanzmärkten übereinstimmen. Es ist daher nicht überraschend, daß sie nur noch in der Form einer Black box präsentiert werden kann.

3. Zinsstrukturtheoretische Transmissionsprozesse

Da die Geldpolitik heute somit in der Regel keine direkten nachfrageseitigen Effekte auslöst, ist man bei der Beschreibung des Transmissionsprozesses auf andere Übertragungswege angewiesen. Zinsstrukturtheoretisch fundierte Transmissionsprozesse dieser Art bilden das Kernstück sämtlicher makroökonomischer Lehrbuchdarstellungen, die sich im Grunde alle recht ähnlich sind. Entscheidend sind dabei nicht in erster Linie Veränderungen von bestimmten monetären Aggregaten, sondern Veränderungen von **Zinsrelationen** (oder **Zinsstrukturen**).[464] Im Prinzip deckt sich diese Sichtweise mit der Schlußfolgerung des im Jahre 1959 publizierten „Radcliffe Report", der den geldpolitischen Entscheidungsträgern empfahl, „the structure of interest rates rather than some notion of the 'supply of money' as the centre-piece of monetary action" zu betrachten.[465]

Wenn man diesen Transmissionskanal verfolgt, ergibt sich zunächst die Schwierigkeit, daß das Geld nicht mehr einfach vom Himmel fällt, sondern im Rahmen

---

463 Siehe dazu auch Hoover (1995, S. 30f.): „The second reason that these models miss the causal efficacy of interest rates is that there is no mechanism for interest rates to be determined other than through the shadow prices associated with consumption, leisure and saving choices. The financial sectors in these models are simply not rich enough. Partly this is a result of the models assuming representative agents. Robinson Crusoe does not need a financial system."

464 Siehe dazu auch Taylor (1995).

465 Radcliffe Report (1959), Tz. 397. Der Bericht wurde von einer im Jahr 1957 eingesetzten englischen Expertenkommission erstellt und hat in der geldtheoretischen Diskussion der sechziger Jahre eine große Rolle gespielt.

eines zweistufigen Bankensystems geschaffen wird. Es müssen daher stets zwei Schnittstellen betrachtet werden:

- Die Schnittstelle **Notenbank/Geschäftsbanken**: Maßnahmen der Notenbank wirken sich in der Regel unmittelbar nur auf die Geschäftsbanken aus. Diese Zusammenhänge werden in der Theorie des **Geldangebots** ausführlich beschrieben (Modul C).[466] Die entscheidende Zinsrelation ist hier das Verhältnis zwischen Refinanzierungssatz der Notenbank und dem Zinssatz, zu dem die Banken Kredite an die Nichtbanken vergeben.[467] Die hier auftretende Wirkungsverzögerung geldpolitischer Impulse bezeichnet man auch als „intermediate lag".
- Die Schnittstelle **Geschäftsbanken/private Nichtbanken**: diese wird in der Theorie des Geldangebots nur teilweise behandelt. Erklärungsbedürftig ist dabei vor allem, wie sich Veränderungen der Kreditzinsen auf realwirtschaftliche Größen (Investitionen, Konsumausgaben) auswirken. Die relevante Zinsrelation ergibt sich hier aus dem Verhältnis des Kreditzinssatzes der Geschäftsbanken zu der Grenzleistungsfähigkeit des Kapitals – oder in der Terminologie von Wicksell aus dem Verhältnis von „Geldzins" und „natürlichem Zins". Dieser Zusammenhang soll im folgenden ausführlicher beschrieben werden. In diesem Abschnitt des Transmissionsprozesses tritt der sogenannte „outside lag" auf.

3.1 IS/LM-AS/AD-Modell

Die gebräuchlichste Darstellung des Durchwirkens monetärer Impulse auf den realwirtschaftlichen Bereich stellt das IS/LM-Modell dar, das im allgemeinen in der umfassenderen Form des Modells des gesamtwirtschaftlichen Angebots („**A**ggregate **S**upply") und der gesamtwirtschaftlichen Nachfrage („**A**ggregate **D**emand") dargestellt wird. Diese Modelle sind in allen gängigen Einführungslehrbüchern zu finden. In diesem Buch soll daher auf eine detaillierte Beschreibung verzichtet werden.

---

466 In vielen angelsächsischen Lehrbüchern wird häufig unterstellt, daß die Offenmarktgeschäfte der Notenbank auch einen unmittelbaren Einfluß auf die Nichtbanken ausüben, da sie die Kurse und Renditen der Staatsanleihen verändern. Solche Effekte sind jedoch keinesfalls zwangsläufig mit geldpolitischen Maßnahmen verbunden und daher allenfalls als ein unerwünschter Nebeneffekt des spezifischen Instruments der Offenmarktgeschäfte anzusehen. (siehe dazu: Kapitel VI.2.5.2).

467 In der Literatur spricht man hierbei auch häufig vom „liquidity effect" der Geldpolitik (Ohianan und Stockman 1995).

3.1.1 Änderungen zwischen natürlichem Zins und Geldzins

Das zentrale Bindeglied zwischen monetärer und realer Sphäre besteht in zinstheoretischen Transmissionsprozessen im Verhältnis zwischen zwei Größen:

- dem **Kreditzins**, der von den Banken für Kredite an Private gefordert wird; Wicksell (1922) spricht hier vom „**Geldzins**".
- der **Ertragsrate von Sachaktiva**; viele volkswirtschaftliche Lehrbücher sprechen in Anlehnung an Keynes (1936) auch von der „**Grenzleistungsfähigkeit des Kapitals**" („marginal efficiency of capital"); auf Wicksell (1922) geht der Ausdruck „**natürlicher Zins**" zurück; ein betriebswirtschaftliches Synonym ist der Begriff „**interner Zinsfuß**". Die Ertragsrate des Sachkapitals ist auch eine zentrale Determinante von „**Tobins q**", das als Relation aus dem Marktwert des bestehenden Sachkapitals und den Kosten für dessen Neuerstellung errechnet wird: eine höhere Ertragsrate des bestehenden Sachkapitals erhöht dessen Marktwert (gemessen an den Aktienkursen) und damit steigt bei konstanten Wiederbeschaffungskosten auch die q-Relation (siehe Box D.1).

BOX D.1: Tobins q-Relation

Die von James Tobin (1969) entwickelte q-Relation wird auch heute noch als ein wichtiger Erklärungsansatz für den geldtheoretischen Transmissionsprozeß angesehen. Diese Größe wird wie folgt definiert:

$$(1) \qquad q-\text{Relation} = \frac{\text{Marktwert eines Unternehmens}}{\text{Wiederbeschaffungswert des Unternehmens}}$$

Es läßt sich nun relativ einfach zeigen, daß es sich dabei im Grunde nur um eine andere Formulierung der Relation von natürlichem Zins und Geldzins handelt. Dabei muß man unterstellen, daß der Martkwert (MW) des Unternehmens mittels der Ertragswertmethode errechnet wird.

$$(2) \qquad MW = \sum_{t=1}^{n} (e_t - a_t) \frac{1}{(1+i)^t}$$

Man errechnet also die erwarteten Überschüsse der Einzahlungen (e_t) über die Auszahlungen (a_t) und diskontiert sie mit dem Marktzinssatz, der dem Geldzins entspricht. Im Nenner der q-Relation stehen die Wiederbeschaffungskosten. Diese lassen sich nun als Anschaffungsauszahlung (A_0) eines Investitionsprogramms interpretieren, das die Einzahlungsüberschüsse der Gleichung (2) erzielt.

Damit läßt sich nun ein interner Zinsfuß (i_N) errechnen:

(3) $$0 = -A_0 + \sum_{t=1}^{n} (e_t - a_t) \frac{1}{(1+i_N)^t}.$$

Interpretiert man diesen als natürlichen Zins, dann zeigt sich, daß in der q-Relation letztlich die Beziehung von Geldzins und natürlichem Zins abgebildet wird. Für einen unendlichen Zeithorizont und gleichbleibenden Einzahlungsüberschüssen gilt also:

(4) $$q = \frac{MW}{A_0} = \frac{\sum_{t=1}^{n} (e_t - a_t) \frac{1}{(1+i)^t}}{\sum_{t=1}^{n} (e_t - a_t) \frac{1}{(1+i_N)^t}}$$ bzw. für

$$n \to \infty \qquad q = \frac{i_N}{i}.$$

Der Vorteil der von Tobin gewählten Abbildungsform besteht dabei darin, daß die Marktwerte der Unternehmen durch die Aktienkurse empirisch ermittelt werden können.

Im **IS/LM-Modell** wird dieser Zusammenhang für die Ableitung der IS-Kurve verwendet. Bei einer gegebenen Grenzleistungsfähigkeit des Kapitals sind um so mehr Investitionsprojekte rentabel, je niedriger der Kreditzins liegt. Daraus resultiert dann der fallende Verlauf der IS-Kurve: ein steigendes Volkseinkommen geht in diesem Modell mit einer zunehmenden Ersparnis (= Geldvermögensbildung) der privaten Haushalte einher. Damit diese Nachfragelücke durch induzierte Investitionen kompensiert wird, muß der Zinssatz fallen.

Wichtig ist dabei, daß der Kreditzins nicht nur für neue Investitionsentscheidungen von Bedeutung ist (**Stromgrößen-Effekt**), sondern auch unmittelbar auf die Ertragslage eines Unternehmens einwirkt. Dieser **Bestandsgrößen-Effekt**, der von Bernanke und Gertler (1995) hervorgehoben wird,[468] beruht darauf, daß sich Unternehmen – vor allem im angelsächsischen Raum – häufig durch Kredite mit variabler Verzinsung finanzieren. Ein Ansteigen des Zinsniveaus bedeutet dann, daß die Unternehmen mit höheren Zinszahlungen für ihren Schuldenstand konfrontiert werden, wodurch sich ihre Ertragslage unmittelbar verschlechtert. Die Kreditwürdigkeit sinkt dadurch (vgl. Cecchetti 1995, S. 86). Dieser Effekt kann auch noch dadurch verstärkt werden, daß von einer Phase restriktiver Geldpolitik auch die

468 Bernanke und Gertler (1995) sprechen hier vom „balance-sheet channel“. Bernanke et al. (1994) bezeichnen diesen Effekt auch als „financial accelerator“, da er dazu führt, daß relativ geringe Zinsänderungen mit starken Auswirkungen auf Investitionen und die gesamtwirtschaftliche Aktivität verbunden sind.

Absatzmöglichkeiten eines Unternehmens beeinträchtigt werden, vor allem dann, wenn es Produkte herstellt, deren Nachfrage sehr zinselastisch ist; hiermit ist vor allem in der Bauindustrie und der Investitionsgüterindustrie zu rechnen.

3.1.2 „Money view" versus „Lending view"

Schaubild D.2: Vereinfachte Bilanzen

Private Nichtbanken

$Bonds_P^{St}$	$Bonds^P$
$Einlagen_P^B$	
Bargeld	EK
Sachvermögen	

Geschäftsbanken

$Bonds_B^{St}$	$Einlagen_B^{St}$
$Bonds_B^P$	$Einlagen_B^P$
Reserven	
Sachvermögen	EK

Staat

$Einlagen_{St}^B$	$Bonds^{St}$
Sachvermögen	EK

Notenbank

$Bonds_{NB}^{St}$	Reserven
$Bonds_{NB}^P$	Bargeld
Sachvermögen	EK

Konsolidierte Bilanz des Bankensystems

$Bonds_{BS}^{St}$	Bargeld
$Bonds_{BS}^P$	$Einlagen_{BS}^P$
	$Einlagen_{BS}^{St}$
Sachvermögen	EK

Die Bedeutung dieser zinsstrukturtheoretischen Zusammenhänge wird in der Literatur nicht durchweg geteilt. Dem hier vertretenen „Lending view" wird häufig ein sogenannter „Money view" gegenübergestellt, bei dem der Transmissionsprozeß ohne jede kredittheoretische Fundierung modelliert wird (vgl. Kashyap und Stein 1994). Die Grundzüge des Money view können wie folgt beschrieben werden:

- In der Volkswirtschaft existieren nur zwei Anlageformen: Geld (Bankeinlagen) und Wertpapiere (Bonds). Bei den Bonds wird in der Regel nicht näher spezifiziert, von welchen Akteuren sie emittiert werden und wie ihre Angebotsfunktion beschaffen ist. Implizit wird meist von einem exogen festliegenden Bestand an Bonds ausgegangen. Neben Geld und Bonds existieren Mindestreserven als ein weiteres Aktivum, das von den Banken – nach Maßgabe ihrer Einlagen – bei der Zentralbank gehalten werden muß.
- Banken vergeben keine unverbrieften Kredite. Sie legen ihre Mittel wie die Privaten ausschließlich in Bonds an, die sie gegen die Emission von Depositengeld ankaufen.

Die Sichtweise des Money view, den man eigentlich besser als „**Bond view**" bezeichnen würde, ist daher identisch mit der Modellierung der monetären Sphäre im IS/LM-Modell, das sich ebenfalls auf die Aktiva Geld und Bonds beschränkt und keine spezifischen Transformationsfunktionen des Bankensystems zuläßt.

Zum besseren Verständnis der Sichtweise dieses Ansatzes bietet es sich an, die aggregierte Bilanz der einzelnen Sektoren darzustellen.

Die privaten Nichtbanken halten Bonds, die vom Staat emittiert wurden ($\text{Bonds}_{\text{P}}^{\text{St}}$), Einlagen bei den Banken ($\text{Bonds}_{\text{P}}^{\text{B}}$) und Bargeld. Denkbar wäre, daß sie ebenfalls Bonds emittieren (Bonds^{P}). Die Geschäftsbanken verfügen auf der Aktivseite über Staatsanleihen ($\text{Bonds}_{\text{B}}^{\text{St}}$) und Reserven bei der Notenbank; möglich wäre auch, daß sie Bonds halten, die von Privaten emittiert wurden ($\text{Bonds}_{\text{B}}^{\text{P}}$). Die Notenbank hält Bonds des Staates ($\text{Bonds}_{\text{NB}}^{\text{St}}$) und der Privaten ($\text{Bonds}_{\text{NB}}^{\text{P}}$) und weist auf der Passivseite Reserven und den Bargeldumlauf aus. Der Staat hat sich in Bonds (Bonds^{St}) verschuldet und verfügt über Einlagen bei den Geschäftsbanken.

Diese Darstellung des Money view zeigt zunächst, daß es ohne eine Intermediationsfunktion des Bankensystems kein Geld geben kann. Im einfachsten Fall, in dem nur Bonds des Staates existieren, besteht diese Funktion der Banken darin, daß sie (kurzfristige) Einlagen der Privaten in (langfristige) Staatsanleihen transformieren. Es findet also zumindest eine **Fristentransformation** durch das Bankensystem statt. Problematisch ist dabei, daß diese Kreditvergabeentscheidung des Bankensystems in der Regel nicht näher spezifiziert wird.

Die Rolle der Geldpolitik reduziert sich in dieser Modellwelt darauf, daß die Notenbank über Offenmarktgeschäfte die Geldbasis verändert. Wenn sie beispielsweise Bonds verkauft, vermindert sich die Reserve der Geschäftsbanken. Dies schlägt sich nun – gemäß der mechanistischen Logik des einfachen Mulitplikatormodells – in einem Rückgang der Geldmenge nieder. Damit sich die Geldnachfrage an das gesunkene Geldangebot anpaßt, muß es am Ende zu einem Zinsanstieg kommen.

Im ganzen gesehen ist der Money view also durch eine extrem vereinfachte Modellstruktur geprägt:

- Es fehlt eine preistheoretische Fundierung des Geldangebotsprozesses.
- Es wird unterstellt, daß die Banken nur Staatsanleihen in ihrem Portfolio halten.

Der Versuch, auf dieser Basis eine tragfähige Erklärung des Transmissionsprozesses aufzubauen, ist von vornherein äußerst fragwürdig, da Bankkredite an den privaten Sektor in der Regel quantitativ sehr viel bedeutsamer sind als Staatsanleihen. In Deutschland beläuft sich das Volumen der Bankkredite an Unternehmen und Privatpersonen auf 3369 Mrd. DM, während die Kredite an öffentliche Haushalte nur 1060 Mrd. DM betragen (Ende 1995). Aber auch für die Vereinigten Staaten gilt trotz vielfältiger Innovationen:

> „(...) bank lending is if anything more important today than in the early postwar era.“ (Romer und Romer 1993, S. 34)

Man könnte nun daran denken, den Money view um Bonds, die von Privaten emittiert werden, zu ergänzen. In diesem Fall stellte sich jedoch wiederum die Frage, von welchen Determinanten die Bonds-Nachfrage der Geschäftsbanken bestimmt wird.

Alles in allem erscheint der Money view eher als eine Karikatur der Wirklichkeit[469] als eine sinnvolle theoretische Beschreibung des Transmissionsprozesses. Daß sich dieser Ansatz in den Vereinigten Staaten gleichwohl einer sehr großen Beliebtheit erfreut, ist daher nur damit zu erklären, daß die theoretische Durchdringung des Geldangebotsprozesses bisher nach wie vor nur sehr unzureichend gelungen ist.

Im Prinzip basiert aber auch der Money view – als moderne Version des IS/LM-Ansatzes – auf der Relation von natürlichem Zins und Geldzins. Dabei stellt sich jedoch die Frage, wie sich Änderungen des Geldzinses auf die Investitionsneigung auswirken können, wenn es keinerlei Bankkredite an die Privaten gibt.[470] Ein sol-

---

469 Siehe dazu Neumann (1995, S. 140): „(...), I do not see why there is a need to search for evidence in support of the existence of the credit channel (...). Since neither the existence of the credit market nor the existence of differences between financial assets regarding transactions and information costs can be disputed, so cannot the existence of the credit channel. Once this is acknowledged, the effort put in testing for existence or relative importance of this channel is surprising.“

470 Siehe dazu Neumann (1995, S. 139): „ However, taken literally, the model does not contain a banking sector – hence, there are no bank loans (...).“

cher Zusammenhang wäre nur unter der wirklichkeitsfremden Annahme zu konstruieren, daß alle Investitionsprojekte vollständig selbstfinanziert werden, wobei die Privaten dann vor der Entscheidung stünden, ihren Cash-flow entweder im eigenen Unternehmen zu investieren oder damit Staatsanleihen zu erwerben.

Im Kern zeigt sich hier das zentrale Problem der gängigen Lehrbuchdarstellungen, die den Geldangebotsprozeß in sehr verkümmerter Form beschreiben und somit auch nicht in der Lage sind, die Bedeutung der Banken für die Investitionstätigkeit der Unternehmen zu modellieren. Bemerkbar macht sich hier zudem der starke Einfluß angelsächsischer Autoren, deren Darstellungen durch die in diesen Ländern vorherrschenden Finanzierungsstrukturen geprägt sind. Während sich Unternehmen in den Vereinigten Staaten und im Vereinigten Königreich in größerem Umfang durch die Emission von Schuldverschreibungen finanzieren, dominiert in Kontinentaleuropa wie in Japan die Finanzierung in der Form von unverbrieften Bankkrediten an die Unternehmen. Aus theoretischer Sicht dürfte es allerdings von eher untergeordneter Bedeutung sein, ob eine Bank verbriefte Forderungen (Bonds) erwirbt oder (unverbriefte) Kredite vergibt. Die in Modul C beschriebene Kreditvergabefunktion läßt sich somit also auch auf den Erwerb von Industrieobligationen (oder in kurzfristiger Form: „Commercial paper") durch Banken anwenden.

3.1.3 Prozeß der relativen Preise

Die zentrale Relation zwischen dem Zinssatz für Bonds und Bankkredite auf der einen Seite und der Grenzleistungsfähigkeit des Kapitals auf der anderen prägt auch die monetaristische Variante des Transmissionsprozesses, die im allgemeinen mit dem Begriff „**Prozeß der relativen Preise**" bezeichnet wird. Dieser Ansatz soll hier nur kurz dargestellt werden, da auch hier der Geldangebotsprozeß wenig überzeugend modelliert wird:[471]

Eine expansive Geldpolitik führt als Primäreffekt zu einem Anstieg der Preise für festverzinsliche Wertpapiere und damit zu einem Rückgang ihrer Rendite.[472] Bei zunächst unveränderten Ertragsraten von Sachkapital strukturieren die Wirtschaftssubjekte somit ihre Portfolios zugunsten von Sachvermögensaktiva (Aktien, Unternehmensanteile) um. Damit steigen die Marktwerte dieser Vermögensformen und es kommt zu einem Anstieg von Tobin's q, da die Wiederbeschaffungskosten für Sachaktiva unverändert geblieben sind. Es wird so attraktiv, neues Sachvermö-

---

471 Eine ausführliche Beschreibung findet man beispielsweise bei Duwendag et al. (1993, S. 265ff.).

472 Das Modell ist für amerikanische Verhältnisse entwickelt worden. Expansive Geldpolitik bedeutet daher, daß die Notenbank festverzinsliche Wertpapiere ankauft, wobei als Nebeneffekt deren Kurse steigen und die Renditen sinken.

gen durch Investitionen zu bilden.[473] So gesehen unterscheidet sich das IS/LM-Modell vom Prozeß der relativen Preise im Kern vor allem dadurch, daß im ersteren Zinsrelationen im Vordergrund stehen, während bei letzterem über die Veränderungen der relativen Preise (Kurse) der einzelnen Aktiva argumentiert wird.

3.2 Geldpolitik über den Zinskanal

Es steht außer Zweifel, daß dem Zinskanal eine zentrale Rolle bei der Übertragung monetärer Impulse in den realwirtschaftlichen Bereich beizumessen ist. Ein wichtiger empirischer Beleg hierfür sind die zahlreichen Studien, in denen gezeigt wird, daß die Zinsstruktur einen starken Erklärungsgehalt für das realwirtschaftliche Geschehen bietet (siehe z.B. Hesse und Roth 1992 sowie Estrella und Mishkin 1995). Im Rahmen des hier beschriebenen Transmissionsmechanismus' könnte man die beiden Determinanten der Zinsstruktur (siehe dazu auch Kapitel V.5) folgendermaßen interpretieren:

- der **kurzfristige Zinssatz** kann als eine gute Approximation für den Refinanzierungssatz der Notenbank angesehen werden.
- der **langfristige Zinssatz** spiegelt sehr unterschiedliche Einflußfaktoren wider; man kann ihn jedoch zumindest als eine Näherungsgröße für die um Inflationserwartungen ergänzte Grenzleistungsfähigkeit des Kapitals heranziehen.

Während somit kaum in Frage steht, daß es der Notenbank eines großen Landes grundsätzlich möglich ist, durch eine Variation ihrer Refinanzierungssätze expansive und restriktive realwirtschaftliche Effekte auszulösen, läßt sich mit einem zinsstrukturtheoretisch geprägten Transmissionsprozeß nur schwer erklären, wie es einer Notenbank möglich ist, eine dauerhaft niedrige Inflationsrate anzusteuern:

- Die Transmissionswege, die das Geldangebotsmodell in Verbindung mit dem IS/LM-AS/AD-Modell aufzeigt, sind äußerst komplexer Natur, da sie alle relevanten Märkte einer Volkswirtschaft umschließen. Um mittels ihrer Instrumente eine bestimmte Inflationsrate auch exakt erreichen zu können, wäre es so für eine Notenbank erforderlich, das genaue Aussehen aller in diesen Modellen enthaltenen Verhaltensfunktionen zu kennen. Und selbst wenn dies möglich wäre, müßte auch noch mit dem Auftreten nicht prognostizierbarer Schocks gerechnet werden.
- Die in diesen Modellen beschriebenen Zusammenhänge sind durchweg komparativ-statischer Natur.[474] Damit kann die Rolle von inflatorischen Prozessen,

[473] Siehe dazu Neumann (1995, S. 139f.)

[474] Bei McCallum (1989) findet man eine dynamische Darstellung des IS/LM-Modells. Sie operiert jedoch mit der stark vereinfachenden Annahme des „steady-state", d.h. es wird unterstellt, daß

denen vor allem auf den Finanzmärkten eine erhebliche Bedeutung zukommt, nicht angemessen berücksichtigt werden.

So gesehen wäre es äußerst problematisch, wenn sich eine Notenbank dieses in der Tat „lückenhaften" Transmissionsmodells bedienen wollte, um damit von Jahr zu Jahr eine niedrige Inflationsrate zu erreichen. Im Kern dürfte Milton Friedman genau diese Problematik im Auge gehabt haben, wenn er auf die „langen und variablen Lags" der Geldpolitik verwies und daraus schloß, daß jede Form einer diskretionären Geldpolitik zum Scheitern verurteilt sein müsse. Die von Friedman statt dessen vorgeschlagene Politik einer konstanten Wachstumsrate der Geldmenge ist vor diesem Hintergrund jedoch nicht weniger problematisch. Bei größeren Schocks in den verschiedenen funktionalen Beziehungen käme es dann trotz einer „k-Prozent-Regel" zu größeren Schwankungen der Inflationsrate. Auf diesen Punkt wird dann auch von den Kritikern des Monetarismus verwiesen, die eine solche Politikregel für genauso ungeeignet halten, wie die Anweisung an den Steuermann eines Schiffes, bei einem Sturm das Ruder konstant zu halten.[475]

Die Lückenhaftigkeit des zinstheoretischen Transmissionskanals steht in einem erstaunlichen Kontrast zu den tatsächlichen Ergebnissen der Geldpolitik in zahlreichen Ländern. Anders als von Friedman prognostiziert, ist es auch den Notenbanken **großer Länder**[476] über längere Phasen hinweg immer wieder möglich gewesen, relativ niedrige Inflationsraten zu verwirklichen:

- Vereinigte Staaten: Von 1952 bis 1967 ging die amerikanische Inflationsrate nicht über die Marke von 3 % hinaus. Im Durchschnitt betrug sie 1,4 % bei einer Standardabweichung von 0,85 %. Seit 1983 verläuft der Preisanstieg in den Vereinigten Staaten mit einem durchschnittlichen Wert von 3,5 % und einer Standardabweichung von 1,0 % ebenfalls in relativ ruhigen Bahnen (Tabelle D.1). Für die Stabilitätsphase von 1952 bis 1967 ist bemerkenswert, daß die monetaristische Konzeption der Geldmengensteuerung überhaupt noch nicht

---

sich alle Größen über die Zeit hinweg nur mit konstanten Veränderungsraten entwickeln können.

475 Siehe dazu Blinder (1987, S. 402): „One of the traditional arguments for rules is that we really do not understand the inner workings of the economy very well, and so are better off not tampering with the economic machinery. In reality, however, such ignorance severely undercuts the case for instrument-based rules. For if we do not understand how changes in the money supply affect inflation and unemployment, or if the linkages from money to ultimate economic variables are fragile and ephemeral, then it is unlikely that we can design a money supply rule that we would really want to live with. Such a rule would be like stubbornly holding a fixed rudder in a stormy and unpredictable sea. Under such conditions, most ships will do better with even a modestly competent helmsman."

476 Die Geldpolitik in kleinen Ländern ist aus konzeptioneller Sicht weniger problematisch, da sich deren Notenbanken über einen festen Wechselkurs an ein großes Land anhängen können, sofern dieses eine stabilitätsorientierte Politik verfolgt (siehe dazu Kapitel V.4).

bekannt war. In der amerikanischen Geldpolitik seit 1982 kommt der Geldmenge ebenfalls keine entscheidende Rolle als Indikator oder Zwischenziel zu.

Tabelle D.1: Rangliste der Länder mit niedrigen Inflationsraten in der Phase von 1983 bis 1995

		durchschnittliche jährliche Inflationsrate	**Standardabweichung**
1.	Japan	1,5	1,1
2.	Niederlande	2,0	1,3
3.	Deutschland	2,3	1,3
4.	Schweiz	2,9	1,6
5.	Österreich	3,0	1,1
6.	Belgien	3,2	2,0
7.	USA	3,5	1,0
8.	Frankreich	3,8	2,4
Nachrichtlich:	OECD ohne Türkei[1)]	6,6	1,6
	USA (1952-1967)	1,4	0,9

[1)] 1983 bis 1995

Quelle: OECD Economic Outlook.

- Japan: Von 1983 bis 1995 belief sich die durchschnittliche Inflationsrate auf nur 1,5 % mit einer Standardabweichung von 1,1 %. Dieses im internationalen Vergleich (Tabelle D.1) von keinem anderen Land erzielte Ergebnis wurde in einer Phase erreicht, in der die japanischen Finanzmärkte einem sehr tiefgreifenden Deregulierungs- und Innovationsprozeß unterworfen waren. Die dem zinstheoretischen Transmissionsprozeß zugrundeliegenden Beziehungen waren damit besonders ausgeprägten Schocks ausgesetzt.
- Deutschland: Auch Deutschland konnte in der Phase von 1983 bis 1995 eine sehr niedrige und relativ stabile Inflationsrate verwirklichen (2,3 %). Da dieses

Ergebnis trotz häufiger Überschreitungen des Geldmengenziels (siehe Kapitel V.3.4) erreicht wurde, muß es in der deutschen Geldpolitik neben den Geldmengenzielen offensichtlich eine „Meta-Regel" geben, die es der Bundesbank ermöglicht, eine im internationalen Vergleich so erfolgreiche Stabilitätspolitik zu verfolgen.

Dieser empirische Befund legt es nahe, daß es neben dem quantitätstheoretischen und dem gleichermaßen komplexen wie unvollständigen zinstheoretischen Transmissionsweg noch einen weiteren Übertragungsprozeß monetärer Impulse geben muß. Die Tatsache, daß alle großen und unabhängigen Notenbanken, die ernsthaft eine Politik der Geldwertstabilität anstreben, dies in der Regel auch verwirklichen können, spricht dafür, daß der gesuchte Transmissionsprozeß ebenso einfach wie robust strukturiert sein muß.

4. Erwartungstheoretisch fundierte Transmissionsprozesse

Den Ausgangspunkt für einen solchen Transmissionskanal bilden die Inflationserwartungen. Sie werden in der geldtheoretischen Literatur spätestens seit den Veröffentlichungen von Lucas (1976) und von Barro und Gordon (1983) als eine Schlüsselstelle für die Übertragung monetärer Impulse auf gesamtwirtschaftliche Endziele angesehen. Allerdings befassen sich diese Arbeiten fast ausschließlich damit, ob und wie es mittels geldpolitischer Maßnahmen möglich ist, den gesamtwirtschaftlichen Output zu beeinflussen. Die für die Geldpolitik mindestens ebenso bedeutsame Frage, welche Rolle die Inflationserwartungen bei der Steuerung der Inflationsrate spielen, bleibt völlig unberücksichtigt, da die meisten Modelle eine perfekte Inflationssteuerung einfach als gegeben voraussetzen.

Im folgenden soll daher der theoretisch bisher völlig vernachlässigte Einfluß der Inflationserwartungen auf die Inflationsrate ausführlicher untersucht werden. Dabei soll so vorgegangen werden, daß zunächst die Rolle der Inflationserwartungen für die tatsächliche Preisentwicklung beschrieben wird. Danach soll dargestellt werden, wie eine Notenbank konkret auf diese Erwartungen Einfluß nehmen kann.

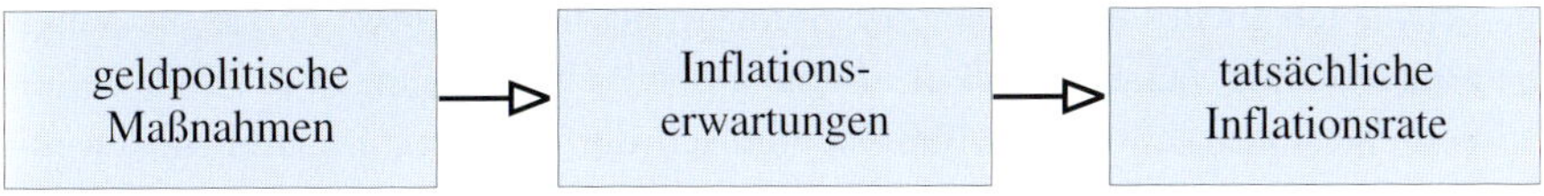

4.1 Inflationserwartungen und tatsächliche Inflationsrate

Auf kürzere Sicht, d.h. innerhalb eines Zeitraums von rund einem Jahr, ist der Einfluß der Inflationserwartungen auf die tatsächliche Inflationsrate relativ offenkundig. Er beruht im Grunde auf dem allgemein bekannten Phänomen temporärer

Preisrigiditäten („**price stickiness**"). Insbesondere aufgrund von Transaktionskosten kommt es – anders als im neoklassischen Modell von Walras – dazu, daß viele Preise in einer Volkswirtschaft nicht fortlaufend an die Marktsituation angepaßt werden.[477] In neu-keynesianischen Ansätzen (Fischer 1977 und Taylor 1979) spielt dieses Phänomen schon seit längerem eine zentrale Rolle. Wie schon erwähnt gilt hier das Augenmerk jedoch allein den Output-Effekten monetärer Impulse, ohne daß dabei der Einfluß solcher Preisstarrheiten und „transtemporalen Preisfixierungen" (Stützel 1979) auf die Inflationsrate beachtet wird.

Effekte dieser Art lassen sich in verschiedenen Teilbereichen der Volkswirtschaft identifizieren:

- Die wichtigste „**transtemporale Preisfixierung**" findet man auf dem Arbeitsmarkt, wo die **Nominallöhne** in der Regel durch Tarifverträge fixiert werden, die Laufzeiten von einem Jahr und teilweise noch darüber aufweisen.[478] Eine häufigere (z.B. monatliche) Lohnanpassung würde nicht nur zu hohen Verhandlungskosten (Aushandeln von Tarifverträgen) führen, sondern auch die Kalkulation und Planung der Unternehmen erheblich erschweren. Wie nicht zuletzt aus dem Konzept der um „Erwartungen erweiterten Phillips-Kurve" (siehe Kapitel II.2.1.2) bekannt ist, sind die Inflationserwartungen neben dem erwarteten Produktivitätsanstieg – die wichtigste Determinante der Nominallöhne. Die Tariflöhne sind wiederum in zweifacher Hinsicht für die tatsächliche Preisentwicklung von Bedeutung: Sie bestimmen auf der Angebotsseite die wichtigste Kostenkomponente und legen auf der Nachfrageseite fest, wie sich die Lohneinkommen, die rund 70 % des gesamten Volkseinkommens ausmachen, entwickeln. Wie sehr die Preisentwicklung in einer relativ geschlossenen Volkswirtschaft wie den Vereinigten Staaten durch die Lohnstückkosten beeinflußt wird, verdeutlicht Schaubild D.3.

- In einem engen Zusammenhang mit der einjährigen Laufzeit von Tarifverträgen steht die Tatsache, daß viele Unternehmen ihre Preise nicht fortlaufend an die Nachfragesituation anpassen. Es handelt sich hier um **Preisstarrheiten**, die sich von transtemporalen Preisfixierungen dadurch unterscheiden, daß sie nicht vertraglich fixiert sind. Aus einer Studie von Blinder (1994) ist für die Vereinigten Staaten bekannt, daß der Median der Preisanpassungen pro Jahr bei einem Wert von 1,3 liegt. Mikroökonomisch dürften diese Preisstarrheiten mit den Kosten des Änderns von Preislisten und Katalogen („Menu costs"; siehe dazu Kapitel II.2.4.1) zusammenhängen, vor allem aber mit der Tatsache, daß

---

477 Siehe dazu ausführlicher Meltzer (1995).

478 In den Vereinigten Staaten findet man häufig Laufzeiten von zwei bis drei Jahren (vgl. Gordon 1990).

es für ein Unternehmen kurzfristig nicht ohne weiteres möglich ist, transitorische und permanente Nachfrageverschiebungen auseinanderzuhalten.[479]

Schaubild D.3: Inflationsrate und Lohnstückkosten in den USA

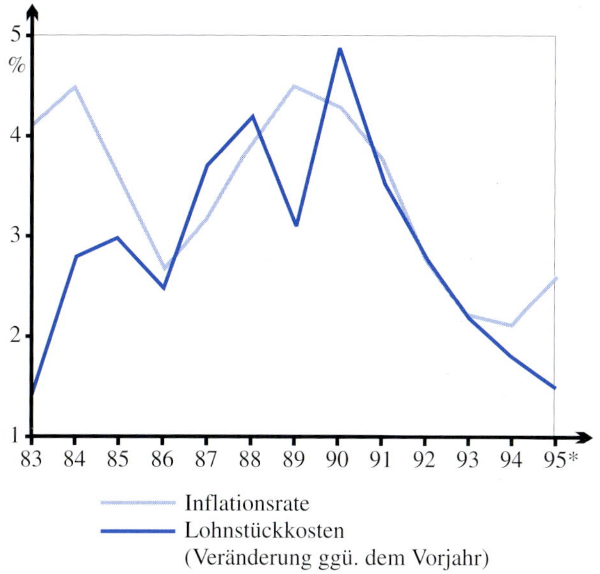

* BIP Deflator: Wert für 1995 einschließlich dem III. Quartal
Lohnstückkosten: Prognose der OECD

Quellen: OECD Economic Outlook und Federal Reserve Bank of St. Louis.

- Ein zweiter Bereich, in dem man besonders stark ausgeprägte transtemporale Preisfixierungen findet, sind traditionell langfristig angelegte vertragliche Beziehungen wie Miet- und Pachtverträge. Aufgrund der Transaktionskosten des Ein- und Ausziehens wäre eine z.B. monatliche Preisanpassung mit erheblichen

479 Meltzer (1995, S. 105): „I do not challenge the existence of menu costs, but the emphasis here is on uncertainty and information costs – the cost of learning about current and prospective market conditions."

Risiken für den Mieter bzw. Pächter verbunden. Dieser Effekt beruht auf den **vertragsspezifischen Investitionen**,[480] die vom Mieter mit dem Einzug vorgenommen werden. Sie ermöglichen es dem Vermieter, sich bei der ersten Mietanpassung „opportunistisch" zu verhalten und dem Mieter erhebliche Mieterhöhungen abzuverlangen. Bei Verträgen dieser Art führen die zu einem Zeitpunkt vorherrschenden Inflationserwartungen zu einer Fixierung der tatsächlichen Preise für mehrere Jahre im voraus. Die quantitative Bedeutung solcher Effekte ist nicht unerheblich. So beträgt in Deutschland (altes Bundesgebiet) der Anteil der Mietausgaben am Preisindex für die Lebenshaltung immerhin 19,2% (Index von 1991).

Aufgrund der hier beschriebenen transtemporalen Preisfixierungen und Preisstarrheiten ist es somit sehr wahrscheinlich, daß die tatsächliche Inflationsrate auf kürzere Sicht (d.h. rund ein Jahr) maßgeblich von der erwarteten Inflationsrate bestimmt wird. Größere Abweichungen sind dabei nur denkbar, wenn massive exogene Störungen auftreten. Denkbar wäre hier an eine starke Ausweitung notenbankfinanzierter Staatsausgaben, an Preis-Schocks wie die Ölkrisen der Jahre 1973/74 und 1980/81 oder an massive Änderungen der nominellen Wechselkurse. Anders als in den vielen Modellen, die auf dem Ansatz von Barro und Gordon (1983) basieren, ist es somit für eine Notenbank **auf kurze Sicht** nur schwer möglich, die Inflationsrate nachhaltig zu erhöhen, wenn die Inflationserwartungen der Privaten bereits gebildet worden sind.

Für Deutschland zeigt sich empirisch eine relativ gute Evidenz für diese Zusammenhänge. Sie lassen sich in einer Schätzgleichung des folgendes Typs abbilden, die man im ökonometrischen Modell der Bundesbank findet (Deutsche Bundesbank 1994, S. 62):

(D.4) $$\ln\pi_t = \alpha_1 \ln\pi_{t-1} + \alpha_2 \ln\pi_{t-2} + \alpha_3 \ln\pi_{t-3} + \beta \ln\Delta w_{t-1} + \gamma \ln\pi_t^M + \delta PL$$

Dabei wird die Inflationsrate der laufenden Periode erklärt durch die Inflationsraten der drei vorhergehenden Quartale. Diese verzögerten endogenen Variablen lassen sich ökonomisch mit den hier beschriebenen Preisstarrheiten gut erklären. Eine weitere Erklärungsvariable sind die Veränderungen der Lohnkosten (Δw_t), die als Vorjahresrate gemessen werden, und der Anstieg des Index der Einfuhrpreise (π_t^M). Schließlich fügt die Bundesbank noch einen Term für die Preislücke (PL) (siehe den Anhang zu diesem Modul) hinzu, der als Durchschnitt der Preislücken in den vier vorhergehenden Quartalen errechnet wird.

[480] Siehe dazu ausführlich die zahlreichen Arbeiten zur Neuen Institutionenökonomik; insbesondere Richter (1994) und Williamson (1986).

Für den Zeitraum vom 1. Quartal 1975 bis zum 3. Quartal 1995 lauten die Schätzergebnisse wie folgt:

Tabelle D.2: Empirische Ergebnisse der Inflationsschätzung in Deutschland durch die Bundesbank

Koeffizient	Schätzwert	Standardfehler	t-Statistik
α_1	0.6348	0.1266	5.0159
α_2	0.0328	0.1404	0.2338
α_3	0.1459	0.1071	1.3617
β	0.0708	0.0359	1.9695
γ	0.0460	0.0219	2.0977
δ	0.0532	0.0240	2.2122

$R^2 = 0.9793$ $\overline{R}^2 = 0.9778$ SEE = 0.0054 DW = 1.9518

Quelle: Deutsche Bundesbank (1994, S. 62).

Es zeigt sich dabei, daß der Einfluß der verzögerten endogenen Variablen bei einem Lag von einem Quartal sehr stark ausfällt. Die Lohnkosten und Inputpreise sind ebenfalls signifikant. Dies gilt auch für die Geldmengeneffekte, die hier über die Preislücke eingehen; ihre quantitative Bedeutung ist allerdings recht gering.

4.2 Einfluß der Geldpolitik auf die Inflationserwartungen

Bei dem sehr direkten und einfach strukturierten Einfluß der Inflationserwartungen auf die tatsächliche Inflationsrate liegt es für eine Notenbank nahe, sich bei Ihrer Geldpolitik auf diesen Transmissionskanal zu stützen. Entscheidend ist dafür, wie die Inflationserwartungen der Privaten gebildet werden. In der Literatur werden drei grundlegende Mechanismen diskutiert: die extrapolative, die adaptive und die rationale Erwartungsbildung.

4.2.1 Extrapolative Erwartungen

Im einfachsten Fall dieser Form der Erwartungsbildung gehen die Wirtschaftssubjekte davon aus, daß die tatsächliche Inflationsrate für die nächste Periode (π_t)

gleich der Inflationsrate in der Vorperiode (π_{t-1}) ist (**statische Inflationserwartungen**). Die erwartete Inflationsrate für die Periode t (π_t^e) ist also:

(D.5) $$\pi_t^e = \pi_{t-1}$$

In komplexerer Form kann die erwartete Inflationsrate auch als ein gewogenes Mittel der Inflationsraten aus der Vergangenheit gebildet werden:

(D.6) $$\pi_t^e = \alpha_1 \pi_{t-1} + \alpha_2 \pi_{t-2} + \ldots + \alpha_n \pi_{t-n} \qquad \text{wobei } 0 < \alpha_i < 1$$

$$\text{und } \sum_{i=1}^{n} \alpha_i = 1 .$$ [481]

4.2.2 Adaptive Erwartungen

Bei adaptiven Erwartungen wird die erwartete Inflationsrate ebenfalls in Abhängigkeit von den Inflationserwartungen in der Vergangenheit gebildet. Die Wirtschaftssubjekte berücksichtigen hier jedoch die Erwartungsfehler, die ihnen in früheren Jahren unterlaufen sind.

(D.7) $$\pi_t^e = \pi_{t-1}^e + \beta\left(\pi_{t-1} - \pi_{t-1}^e\right) \qquad \text{wobei } 0 < \beta < 1 \text{ oder}$$

(D.7') $$\pi_t^e = \beta \pi_{t-1} + (1-\beta)\pi_{t-1}^e$$

Fiel also zum Beispiel in der Periode t-1 die tatsächliche Inflationsrate höher aus als der dafür erwartete Wert, wird bei der Erwartungsbildung für t ein entsprechender Zuschlag auf die Inflationserwartung für t-1 gemacht. Der Faktor β beschreibt dabei die Anpassungsgeschwindigkeit.

Da nun für π_{t-1}^e der gleiche Erwartungsbildungsprozeß gilt wie für π_t^e, läßt sich Gleichung (D.7') auch schreiben als:

(D.8) $$\pi_{t-1}^e = \beta \pi_{t-2} + (1-\beta)\pi_{t-2}^e$$

Setzt man dies in Gleichung (D.7') ein, ergibt sich:

(D.9) $$\pi_t^e = \beta \pi_{t-1} + (1-\beta)\left[\beta \pi_{t-2} + (1-\beta)\pi_{t-2}^e\right]$$

Entsprechend kann dann auch der Wert für alle anderen und alle zurückliegenden Inflationserwartungen substituiert werden, so daß man zu folgender Reihe gelangt:

---

[481] Diese Variante der extrapolativen Erwartungshypothese geht zurück auf Irving Fisher (1930).

(D.10) $\pi_t^e = \beta\pi_{t-1} + \beta(1-\beta)\pi_{t-2} + \beta(1-\beta)^2\pi_{t-3} +$ bzw.

$$\pi_t^e = \beta \sum_{n=0}^{\infty} (1-\beta)^n \pi_{t-n-1}$$

Dabei handelt es sich ebenfalls um einen gewogenen Durchschnitt aus allen Vergangenheitswerten, da die Summe der Gewichtungsfaktoren wiederum den Wert von eins ergibt. Dies beruht nach den Regeln für geometrische Reihen (mit $0 < \beta < 1$) darauf, daß

(D.11) $$\sum_{n=0}^{\infty} (1-\beta)^n = \frac{1}{\beta}.$$

Somit ist die Summe der Gewichtungsfaktoren

(D.12) $$\beta \sum_{n=0}^{\infty} (1-\beta)^n = \beta \cdot \frac{1}{\beta} = 1.$$

Damit entspricht die adaptive Erwartungsbildung im Prinzip der extrapolativen, wie sie in Gleichung (D.6) abgebildet wird, sofern beide Verfahren möglichst weit in die Vergangenheit zurückgehen.

4.2.3 Rationale Erwartungen

Bei der Hypothese der rationalen Erwartungen die auf Arbeiten von Muth (1961) und Lucas (1976) zurückgeht wird davon ausgegangen, daß sich die Wirtschaftssubjekte nicht mehr an den Vergangenheitswerten für eine bestimmte Variable orientieren. Sie bilden ihre Erwartungen vielmehr aufgrund eines ökonomischen Modells unter Zuhilfenahme aller zum Prognosezeitpunkt verfügbaren Informationen (I_{t-1}). Es gilt somit:

(D.13) $$\pi_t^e = E\left[\pi_t | I_{t-1}\right].$$

Dieses auf zukunftsgerichtete Daten basierende Vorgehen läßt sich anhand eines einfachen Beispiels verdeutlichen: Unterstellt sei eine massive Ausweitung der Staatsausgaben in der Periode t, die über die Notenpresse finanziert wird. Die Öffentlichkeit werde zu Beginn der Periode t über diese Maßnahme unterrichtet. Bei konstantem gesamtwirtschaftlichen Angebot erhöht sich im Verlauf der Periode t auch die Inflationsrate. Im Fall einer adaptiven oder extrapolativen Erwartungbildung hat eine solche Maßnahme keinerlei Auswirkungen auf die Inflationserwartungen für die Periode t, da sich die Erwartungen ausschließlich an den Inflationsraten der Vorperioden ausrichten. Werden die Erwartungen jedoch „rational" gebildet, dann werden die Wirtschaftssubjekte zu Beginn der Periode t alle verfügbaren Informationen mit Hilfe eines makroökonomischen Modells verarbeiten. In einfachster Form könnte man die Ankündigung notenbankfinanzierter Ausgabenerhöhungen unter Zuhilfenahme des Modells der Quantitätstheorie verarbeiten. Eine höhere Geldmenge in Periode t würde so auch eine höhere Inflationsrate in diesem Zeitraum implizieren. Die Inflationserwartungen würden also unmittelbar zu Beginn der Periode t nach oben revidiert, d.h. zu einem Zeitpunkt, zu dem an der aktuellen Inflationsrate noch keine Veränderung zu bemerken ist.

Das Grundproblem der Hypothese der rationalen Erwartungen liegt darin, daß es an verläßlichen makroökonomischen Modellen für diese Form der Erwartungsbildung fehlt. In den Abschnitten 2 und 3 ist deutlich geworden, daß es in der Regel weder mit der Quantitätstheorie noch mit zinstheoretischen Transmissionsmodellen möglich ist, relativ eindeutige Wirkungsbeziehungen zwischen monetären Maßnahmen und der Inflationsrate abzuleiten. Anhänger der Quantitätstheorie können sich zwar noch darauf berufen, daß es auf **längere Sicht** recht stabile Zusammenhänge zwischen der Geldmengenexpansion und der Preisniveauentwicklung gibt, doch in der Realität sind für die Inflationserwartungen (insbesondere bei Tarifverträgen) vor allem die kürzerfristigen Beziehungen (ein Jahr) von Bedeutung.

Denkbar wäre allenfalls ein erwartungstheoretischer Zusammenhang vom Typ einer „**Self-fulfilling prophecy**“. Setzt man einmal voraus, daß die Privaten an die Existenz eines engen kurzfristigen Zusammenhangs zwischen Geldmengenwachstum und Inflationsrate glauben, dann würden die Inflationserwartungen tatsächlich ganz nach Maßgabe der Informationen über die Geldmengenentwicklung gebildet. Der – in Abschnitt 4.1 beschriebene – starke Einfluß der Inflationserwartungen auf die tatsächliche Inflation hätte dann zur Folge, daß man ex post in der Tat eine Kausalität von monetärer Expansion und Preisentwicklung beobachten könnte. Die Erfahrungen mit der Politik der Geldmengensteuerung zeigen jedoch, daß der Einfluß der Geldmengenentwicklung auf die Inflationserwartungen der Privaten auf kurze Sicht nahezu vernachlässigbar ist. So ging beispielsweise das starke Überschießen der deutschen Geldmengenziele in der Phase von 1992 bis Mitte 1994 mit einer deutlichen Inflationsberuhigung einher.

Im ganzen gesehen verweist die Hypothese der rationalen Erwartungen auf den zentralen Punkt, daß sich neue Informationen (Schocks) unmittelbar auf die Erwartungsbildung auswirken und dabei auch stärker gewichtet werden können als die vergangenheitsbezogenen Informationen bezüglich der zu prognostizierenden Variable. Überzogen ist jedoch die Vorstellung, daß für die Prognose der Inflationsrate ein optimales makroökonomisches Modell verfügbar ist, mittels dessen dann alle Akteure zu einer übereinstimmenden Inflationserwartung kommen.

4.2.4 „Bounded Rationality“

Die Prognoseprobleme, die mit dem Modell rationaler Erwartungen verbunden sind, führen auf das Konzept der „bounded rationality“ (Simon 1992), das bisher vor allem in mikroökonomischen Analysen eine Rolle gespielt hat. Die Grundidee dieses Ansatzes läßt sich wie folgt beschreiben:

> „The term 'bounded rationality' is used to designate rational choice that takes into account the cognitive limitations of the decision-maker – limitations of both knowledge and computational capacity.“ (Simon 1992, S. 266)

Auf die hier diskutierten Zusammenhänge bezogen bedeutet das, daß sich die Wirtschaftssubjekte der Tatsache bewußt sind, daß eine optimale Inflationsprognose stets auf der Basis eines umfassenden makroökonomischen Modells unter Zuhilfenahme aller verfügbaren Informationen vorgenommen werden müßte. Allerdings berücksichtigen sie dabei auch die Grenzen solcher Modelle:

> „The cognitive limits are not simply limits on specific information. They are almost always also limits on the adequacy of the scientific theories that can be used to predict the relevant phenomena.(...),the accuracy of predictions of the economy by computer models is severely limited by lack of knowledge about fundamental economic mechanisms represented in the models' equations.“ (Simon 1992, S. 267)

In Anbetracht der großen Prognosefehler, die bei allen Modellen dieser Art auftreten, könnte die „bounded rationality“ bei der Inflationsprognose vor allem darin bestehen, daß von den Privaten in Phasen ohne größere Schocks überwiegend eine extrapolative Erwartungsbildung vollzogen wird: die erwartete Inflationsrate ist gleich der Inflationsrate der Vorperiode. Dieses Vorgehen hätte sich in vielen Ländern durchaus bewährt:

> Die „naive Prognose, die für das kommende Jahr die gleiche Inflationsrate unterstellt wie im Vorjahr, (ist) nicht viel schlechter als die Inflationsprognose der Institute.“ (Döpke und Langfeldt 1995, S. 7)[482]

Kommt es jedoch zu größeren exogenen Störungen (Ölkrise, deutsche Wiedervereinigung), ist davon auszugehen, daß solche neuen Informationen von den Privaten – gemäß der Theorie rationaler Erwartungen – unmittelbar berücksichtigt werden. Makroökonomische Prognosen können dabei eine wichtige Rolle spielen, ohne daß sie vollständig in der Erwartungsbildung berücksichtigt werden müssen. Damit ist es in Phasen mit größeren Schocks dann sehr unwahrscheinlich daß sich die Infla-

---

[482] Siehe dazu auch Haldane (1995, S. 253), der die Ergebnisse einer Konferenz wie folgt zusammenfaßt: „More than one representative noted that, in practice, projections do little better than a random walk – a 'no-change' forecast – in predicting inflation over the short run. “

tionserwartungen – entgegen der Theorie extrapolativer oder adaptiver Erwartungen – rasch von den Vergangenheitswerten der Inflation lösen.

So gesehen dürften bei der Erwartungsbildung extrapolative d.h. **vergangenheitsbezogene** Elemente ebenso eine Rolle spielen wie die **zukunftsgerichteten** („rationalen") Informationen bezüglich wesentlicher makroökonomischer Determinanten der Inflationsrate. Extrapolative und rationale Erwartungsbildung schließen sich also nicht gegenseitig aus: ohne größere exogene Störungen dürfte das extrapolative Vorgehen im Vordergrund stehen; bei massiven Schocks dürften rationale Erwartungen dominieren, allerdings nur in der weniger anspruchsvollen Variante einer „bounded rationality".

Diese Grundvorstellung findet man bereits bei Keynes (1936, S. 148):

> „It would be foolish, in forming our expectations, to attach a great weight to matters which are very uncertain. It is reasonable, therefore, to be guided by a considerable degree by the facts about which we feel somewhat confident, even though they may be less decisively relevant to the issue than other facts about which our knowledge is vague and scanty. For this reason the facts of the existing situation enter, in a sense disproportionately, into formation of our long-term expectations; our usual practice being to take the existing situation and to project it into the future, modified only to the extent that we have more or less definite reasons for expecting a change."

4.2.5 Zum Einfluß der Geldpolitik auf die Inflationserwartungen

Eine Notenbank, die über die Erwartungsbildung die Inflationsrate zu steuern versucht, hat nun dieses Nebeneinander von extrapolativen und rationalen Elementen der Erwartungsbildung zu berücksichtigen. Dies soll anhand der Entscheidungssituation einer Notenbank zu Beginn einer jährlichen Planungsperiode verdeutlicht werden. Die Notenbank sei bestrebt, das Ziel der Geldwertstabilität zu verwirklichen. Dabei sind drei Fallunterscheidungen zu treffen:

(a) die Inflationsrate war in der Vergangenheit über viele Jahre hinweg gering; es sind aktuell keine größeren exogenen Schocks zu beobachten; in der neueren Literatur wird eine solche Situation auch mit dem Begriff des „Reputationsgleichgewichts" belegt.

(b) die Inflationsrate war in der Vergangenheit gering; es ist jedoch unmittelbar vor der Planungsperiode ein exogener inflationärer Schock (z.B. Ölkrise) aufgetreten.

(c) die Inflationsrate war in der Vergangenheit hoch, sie soll von der Planungsperiode an deutlich abgesenkt werden; man spricht hier auch von einer Politik der Disinflation.

4.2.5.1 Reputationsgleichgewicht

Im Fall (a) kann damit gerechnet werden, daß die Inflationserwartungen weitgehend extrapolativ gebildet werden. Wenn die Privaten feststellen, daß die Inflationsrate über viele Jahre hinweg recht niedrig war, können sie daraus zum einen schließen, daß die Notenbank der Geldwertstabilität eine hohe Gewichtung in ihrer Zielfunktion beimißt. Zum anderen spricht dies dafür, daß die geldpolitischen Entscheidungsträger auch technisch in der Lage sind, diese Zielsetzung entsprechend umzusetzen. Treten keine wesentlichen neuen Informationen auf, dann entspricht es dem Konzept der „bounded rationality", anstelle komplexer makroökonomischer Prognosen einfach die Inflationsrate der Vergangenheit für die Zukunft fortzuschreiben.

Diese Form der Erwartungsbildung findet man insbesondere in den neueren theoretischen Modellen zur **Zeitinkonsistenz** der Geldpolitik (siehe dazu Blackburn und Christensen 1989). Bei den wirtschaftspolitisch allein relevanten „**wiederholten Spielen**" zwischen Notenbank und privaten Akteuren kann die Notenbank versuchen, durch einen anhaltenden Verzicht auf eine Politik der Überraschungsinflation auf niedrige Inflationserwartungen der Privaten hinzuwirken. Diese Spielsituation läßt sich vereinfacht wie folgt beschreiben:

> „A simple 'tit - for - tat' rule that one might envisage is that each player treats others as he would like to be treated himself and responds to bad behavior on the past of others in a likewise manner. This simple idea (appropriately interpreted) can be incorporated into a repeated monetary policy game by specifying a *trigger mechanism* describing how private sector inflationary expectations are revised (rationally) in response to the actual inflationary strategy played by the policy maker (...). One such trigger mechanism might be the following: Private agents hold down their current inflationary expectations ($\pi_t^e = \pi^*$)[483] if actual inflation has been held down previously ($\pi_{t-1} = \pi^*$) and raise their inflationary expectations ($\pi_t^e > \pi^*$) if actual inflation has been raised ($\pi_{t-1} > \pi^*$)." (Blackburn und Christensen 1989, S. 17).

Unter solchen Bedingungen ist es für eine wirklich am Ziel der Geldwertstabilität orientierte Notenbank relativ einfach, in der laufenden Planungsperiode auch eine niedrige Inflationsrate zu verwirklichen. Da die Inflationserwartungen von vornherein auf den Zielwert der Notenbank ausgerichtet sind, kommt es über die in Abschnitt 4.1 beschriebenen Mechanismen nahezu von selbst dazu, daß das ange-

483 * ist hier die von der Notenbank in ihrer Wohlfahrtsfunktion angestrebte Zielinflationsrate.

strebte Inflationsziel auch eintritt. Die Aufgabe der Notenbank beschränkt sich unter solchen Voraussetzungen darauf, ihre Instrumentvariablen (Geldmarktsatz, Geldbasis) so einzusetzen, daß von diesen keine destabilisierenden Effekte über den Zinskanal ausgehen. Bei einer Zinssteuerung des Geldmarktes, wie sie in fast allen Ländern üblich ist (siehe Kapitel VI.3) werden dann Zinsanpassungen nur selten und in kleinen Schritten vorgenommen. Ein Beispiel hierfür ist in Deutschland die Phase von März 1983 bis April 1989, in der der Diskontsatz innerhalb einer Bandbreite von nur 2,5 % und 4,5 % schwankte, der Lombardsatz bewegte sich zwischen 4,5 % und 6%. Insgesamt wurden in dieser Sechsjahresperiode nur 13 Leitzinsänderungen vorgenommen. In Berichten der Bundesbank wird dieses Vorgehen mit Ausdrücken wie „Geldpolitik der ruhigen Hand", oder „Zinspolitik in Trippelschritten" belegt[484]. In der neueren theoretischen Literatur (Goodhart 1995) hat sich hierfür der Begriff des „interest rate smoothing" eingebürgert.

Ergänzend kann durch eine stabilitätsgerechte Notenbankverfassung (siehe Kapitel IV) und eine transparente geldpolitische Konzeption (siehe Kapitel V) versucht werden, die Erwartungen der Privaten noch zu verfestigen, so daß temporäre Störungen z.B. bei der Geldnachfrage nicht als Anzeichen für den Versuch einer Überraschungsinflation interpretiert werden.

4.2.5.2 Exogene inflationäre Schocks

Ein solches „Reputationsgleichgewicht" wird gestört, wenn größere exogene Schocks wie die deutsche Wiedervereinigung von 1990 oder eine Ölkrise (massive Verteuerung eines wichtigen Inputfaktors) auftreten. In diesem Fall treten die extrapolativen Elemente der Erwartungsbildung in den Hintergrund. Die Inflationserwartungen für die nähere Zukunft werden gemäß dem Modell der rationalen Erwartungen rasch nach oben angepaßt. Damit kommt es aufgrund des starken Einflusses der Inflationserwartungen auf die tatsächliche Preisentwicklung auch zu einem unmittelbaren Anstieg der tatsächlichen Inflationsrate, der durch die Geldpolitik nicht verhindert werden kann.

Dies läßt sich wiederum sehr gut am Beispiel der deutschen Geldpolitik verdeutlichen. Sowohl während der Ölkrise von 1980/81 als auch in der Phase der deutschen Wiedervereinigung mußte die Bundesbank eine temporäre Inflationsbe-

---

[484] So z.B. Issing (1993, S. 2): „Diese Politik wird gelegentlich als eine Politik der „Trippelschritte" bezeichnet. Bei dieser wohl negativ gemeinten Charakterisierung wird zum einen übersehen, daß die Richtung durchweg unverändert nach unten gerichtet und daß die Umsicht im Vorgehen der schwierigen Lage angemessen war. In einem unübersichtlichen, schwierigen Gelände, wie es die nationale und internationale Wirtschaft zur Zeit darstellt, bewegt man sich vernünftigerweise nicht in großen Sprüngen. Wie die Reduktion der Notenbankzinsen seit dem Herbst letzten Jahres zeigt, kann man aber auch mit einer Folge gut berechneter begrenzter Bewegungen eine beachtliche Strecke zurüc klegen."

schleunigung hinnehmen.[485] Die von der Bundesbank in diesen Jahren verkündeten Geldmengenziele erwiesen sich offensichtlich nicht als ausreichend transparent und glaubwürdig, um eine rasche Anpassung der Inflationserwartungen nach oben zu verhindern.

Wenn eine Notenbank bestrebt ist, wieder auf das ursprüngliche Reputationsgleichgewicht zurückzukehren, muß sie bei einer solchen Störung den Privaten gegenüber klar zum Ausdruck bringen, daß sie die erhöhte Inflationsrate nicht für akzeptabel hält. Der Idealfall würde darin bestehen, daß es allein durch eine öffentliche Ankündigung der Zielinflationsrate zu einer Rückbildung der Inflationserwartungen kommt. Die Erfahrung zeigt, daß es in solchen Situationen offensichtlich nur über eine Rezession möglich ist, wieder auf das alte Reputationsgleichgewicht zurückzukommen.

Während die Geldpolitik im Fall des Reputationsgleichgewichts weitgehend über den erwartungstheoretischen Transmissionskanal operieren kann, muß sie sich jetzt in erster Linie auf den zinstheoretischen Übertragungsweg der Geldpolitik stützen. Sie wird also versuchen, die Geldmarktsätze in kurzer Zeit massiv anzuheben. Auch hierfür bietet die Politik der Bundesbank anschauliche Beispiele. So wurde z.B. in Deutschland in der Phase 1979/80 (zweite Ölkrise)

- der Diskontsatz von 3 % (bis 29.März 1979) auf 7,5 % (ab 2. Mai 1980) angehoben,
- der Lombardsatz von 4 % (bis 29.März 1979) auf 9,5 % (ab 2. Mai 1980) erhöht und dann weiter bis auf 12 % (ab 25.Februar 1981 in der Form des Sonderlombardkredits).

Durch solche zinspolitischen Maßnahmen kommt es zu einem konjunkturellen Einbruch, der inflationsdämpfend wirkt und auf diese Weise die Inflationserwartungen wieder zurückführt. Ein ähnlicher Ablauf war in den Jahren 1990 bis 1993 (Schock der Wiedervereinigung) zu beobachten. Dieser auf ebenfalls extrapolativen Mechanismen basierende Transmissionsprozeß läßt sich vereinfacht wie folgt darstellen:

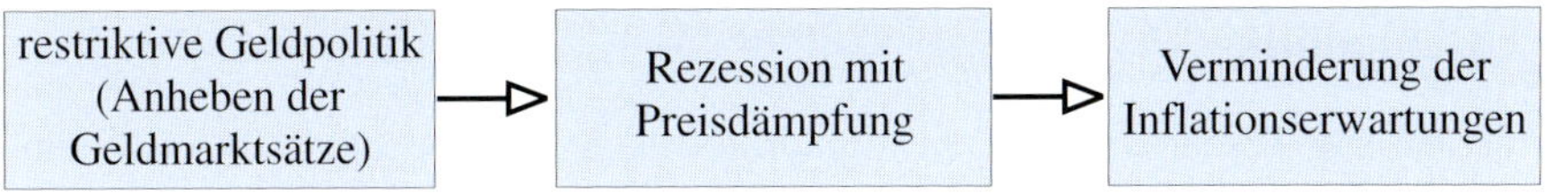

[485] Eine starke Zunahme der deutschen Inflationsrate war auch in der Phase der Ölkrise von 1973/74 zu beobachten. Hier ist der Bundesbank jedoch zugute zu halten, daß sie erst im März 1973 aus dem Festkurssystem von Bretton Woods ausgeschieden war und somit bis zu diesem Zeitpunkt nicht in der Lage gewesen war, eine rein binnenwirtschaftlich ausgerichtete Geldpolitik zu betreiben. Siehe dazu Bofinger (1991).

Wie stark eine solche Stabilisierungsrezession ausfällt, hängt in erster Linie davon ab, wie schnell sich die Inflationserwartungen wieder auf ihr ursprüngliches Niveau zurückbilden.

4.2.5.3 Disinflation

Hat sich in einem Land über mehrere Jahre hinweg eine hohe Inflationsrate festgesetzt, ist es für eine Notenbank vergleichsweise schwierig, wieder auf ein Gleichgewicht mit einer niedrigen Inflationsrate zurückzukommen. Die sich selbstverstärkenden Elemente, die im Fall des Reputationsgleichgewichts die Geldpolitik erleichterten, wirken sich nun in genau entgegengesetzter Richtung aus.[486] Die Notenbank muß also in diesem Fall verstärkt mit Maßnahmen operieren, die die Privaten dazu bringen, anstelle einer extrapolativen Erwartungsbildung (die weiterhin hohe Inflationserwartungen implizieren würde) zu einer rationalen Erwartungsbildung (die die angestrebte Kursänderung der Geldpolitik berücksichtigt) überzugehen.

Während auch hier eine temporäre Stabilisierungsrezession wohl kaum ausgeschlossen werden kann, dürfte es somit vor allem darauf ankommen, die neue geldpolitische Linie sowohl transparent als auch glaubwürdig zu machen. Dazu können vor allem die folgenden **Commitment technologies** beitragen:

- die Schaffung einer stabilitätsgerechten Notenbankverfassung (siehe Kapitel IV),
- exogene Regeln, durch die der diskretionäre Handlungsspielraum der Notenbank eingeschränkt wird; ein Beispiel hierfür ist das institutionelle Arrangement des Currency Board (siehe Kapitel III.2),
- die Wahl einer geldpolitischen Konzeption, die den Privaten die Stabilitätsorientierung der Geldpolitik möglichst transparent darstellt und sie zugleich als glaubwürdig erscheinen läßt (siehe Kapitel V).

5. Transmissionsmechanismen und makroökonomische Aufgaben der Geldpolitik

Aus den hier beschriebenen Transmissionsmechanismen ergeben sich relativ eindeutige Implikationen für die makroökonomische Rollenzuweisung an die Geldpolitik.

Sie zeigen vor allem, daß es für die Geldpolitik kaum möglich ist, die realwirtschaftlichen Prozesse einer Volkswirtschaft im Sinne eines **antizyklischen „Fine-**

---

[486] Die Literatur spricht hier von der „inflation inertia“.

tuning“ zu steuern. Die Transmissionswege des Zinskanals sind viel zu komplex, indirekt und auch theoretisch noch zu wenig erforscht, um darauf ein geldpolitisches „Demand management“ aufbauen zu können. Erschwerend kommt hinzu, daß jeder Versuch einer aktiven Konjunktursteuerung durch die Notenbank auch zu Rückwirkungen auf den erwartungstheoretischen Transmissionsprozeß führt, so daß die stimulierenden Impulse über den Zinskanal jederzeit durch entgegengesetzte Effekte über den Erwartungskanal kompensiert werden können. Diese Mechanismen sind in der neuklassischen Theorie umfassend beschrieben worden (siehe dazu auch das in Kapitel III.5 beschriebene Modell von Barro und Gordon). So gesehen bestätigt sich damit Milton Friedmans kritische Position gegenüber einer diskretionären Geldpolitik.

Dies gilt auch für die neuere Variante der Antizyklik, wie sie von den Anhängern einer **nominellen BSP-Steuerung** propagiert wird. Bei relativ trägen Inflationsraten ist eine solche Regel im Rezessionsfall identisch mit der Forderung nach einem konjunkturpolitischen Demand management durch die Geldpolitik (siehe Kapitel V.6).

Anders als von Milton Friedman unterstellt, ist es jedoch für eine Notenbank im Rahmen einer diskretionären Politik relativ einfach, die **Inflationsrate** über viele Jahre hinweg auf einem geringen Niveau zu halten und sie nach temporären Schocks wieder auf ein solches Niveau zurückzuführen. Dies beruht darauf, daß der Preisanstieg in Phasen eines Reputationsgleichgewichts in erster Linie durch die Inflationserwartungen bestimmt wird. Die Notenbank kann sich in einer solchen Situation dann weitgehend akkommodierend verhalten. Bei Störungen, die die Inflationserwartungen nach oben treiben, verfügt die Geldpolitik mit ihrem zinstheoretischen Transmissionskanal über einen recht grob wirkenden Mechanismus, so daß in der Regel eine Rezession unvermeidbar ist, um wieder auf ein Reputationsgleichgewicht zurückzufinden.

Bei einem Vergleich des Preisniveaus und des nominellen BSP als alternative Ziele der Geldpolitik dürfen diese unterschiedlichen Transmissionsmechanismen also nicht unberücksichtigt bleiben. Während die nominelle BSP-Steuerung völlig auf dem Zinskanal beruht, kann eine Steuerung des Preisniveaus in der Regel über den Erwartungsmechnanismus operieren und ist nur bei starken inflationären Störungen auf den sehr grob wirkenden Zinsmechanismus angewiesen.

Anhang D.1: Das Konzept der „Preislücke" *

1. Einleitung

In einem engen Zusammenhang mit quantitätstheoretischen Vorstellungen steht das theoretische Konzept der **„Preislücke"** (in der angelsächsischen Literatur spricht man auch vom Konzept des „P-star"). Dieser Ansatz wurde Ende der achtziger Jahre von Mitarbeitern des Federal Reserve Board entwickelt, um den Zusammenhang zwischen Geldmenge und Preisniveau so zu modellieren, daß er empirisch überprüft werden kann (Hallman et al. 1989 und 1991).[487]

Auf den ersten Blick zeichnet sich das Konzept durch eine relativ einfache Struktur aus, was dazu geführt hat, daß es von vielen Ökonomen für quantitative Analysen, insbesondere für Inflationsprognosen herangezogen wird. Seine Besonderheit liegt darin, daß es – ausgehend von einer langfristigen quantitätstheoretischen Gleichgewichtsbeziehung – die kurz- und mittelfristigen Anpassungsprozesse beschreibt, die sich bei monetären Schocks ergeben.

2. Das Konzept

Jeder Ökonom, der Anhänger der zentralen Aussage der Quantitätstheorie ist, vermutet implizit, daß sich das aktuelle Preisniveau dem langfristigen Trend nur verzögert annähert. Der Anpassungsprozeß des aktuellen Preisniveaus besitzt also eine andere Dynamik als der des langfristigen Preisniveaus. Einen entsprechenden Zusammenhang formulierte bereits David Hume (1711 - 1776) in seinem 1752 erschienen Essay „Über Geld":

> „Um dieses Phänomen zu erklären, müssen wir also berücksichtigen, daß der hohe Preis für Waren zwar eine notwendige Folge der Zunahme von Gold und Silber ist, jedoch nicht unmittelbar auf diese Zunahme folgt. Vielmehr braucht es einige Zeit, bis das Geld im ganzen Staat zirkuliert und in allen Schichten des Volkes seine Wirkung zeigt. Anfänglich ist keine Veränderung festzustellen, nach und nach steigen die Preise, zunächst einer Ware, dann einer anderen, bis das Ganze schließlich im richtigen Verhältnis zur neuen Menge des Hartgeldes im Königreich steht." (Hume 1752, S. 209f.)

---

* Dieser Beitrag wurde von Christoph Harff verfaßt.

487 Die Autoren waren vom Präsidenten der amerikanischen Notenbank, Alan Greenspan, beauftragt worden, die Indikatoreigenschaft der Geldmenge M2 für langfristige Preistrends zu untersuchen. Greenspan hatte vorgeschlagen, dazu das Modell der „Outputlücke" (OECD 1994) her-

In seiner ursprünglichen Form besteht das Preislückenkonzept[488] aus einer kurzfristigen und einer langfristigen Quantitätsgleichung. In der langfristigen Betrachtungsweise ist das langfristige Preisniveau (P*) abhängig von der tatsächlichen Geldmenge (M), der langfristigen Umlaufsgeschwindigkeit (V*) und dem langfristigen bzw. potentiellen realen Output (Y*). Also gilt:

(1) $$P^* = \frac{M \cdot V^*}{Y^*} \quad .$$

Logarithmiert man Gleichung (1), dann folgt

(1') $$\ln P^* = (\ln M + \ln V^*) - \ln Y^* \quad .$$

Ein Anstieg der Geldmenge wird sich also, wenn Output und Umlaufsgeschwindigkeit ihre mittelfristigen Gleichgewichtswerte erreicht haben, in einem höheren Preisniveau niederschlagen.

> „Die vorhandenen Geldbestände werden auf diese Weise in ein langfristiges Preisniveau übersetzt, das mit dem tatsächlichen Preisniveau verglichen werden kann.“ (Deutsche Bundesbank 1992, S. 24)

Analog zu (1) gilt für die kurzfristige Betrachtungsweise:

(2) $$\ln P = (\ln M + \ln V) - \ln Y \quad .$$

Das kurzfristige Preisniveau wird also von aktuellen Werten der Parameter der Quantitätsgleichung bestimmt. Somit kann es zu Abweichungen zwischen dem langfristigen Preisniveau und dem aktuellen Preisniveau kommen. Bildet man die Differenz aus Gleichung (1') und (2), ergibt sich

(3) $$\left(\ln P - \ln P^*\right) = \left(\ln Y^* - \ln Y\right) + \left(\ln V - \ln V^*\right) \quad .$$

Das Preisverhältnis (lnP - lnP*) in Gleichung (3) bezeichnet die **Preislücke**. Der rechte Term in Gleichung (3) beschreibt die möglichen Ursachen für Abweichungen des aktuellen Preisniveaus vom gleichgewichtigen Wert. So entsteht beispielsweise eine negative Preislücke (lnP < lnP*), wenn eine hohe **Auslastung der Produktionskapazitäten** den realen Output Y über seinen Gleichgewichtswert Y* steigen läßt, oder wenn die aktuelle Umlaufsgeschwindigkeit V unter das Niveau der langfristigen Umlaufsgeschwindigkeit V* sinkt. Beide Situationen können durch eine übermäßige Geldmengenexpansion hervorgerufen werden. Diese kann zu einer erhöhten Auslastung der Produktionskapazitäten führen, wenn die Geldbestände nachfragewirksam werden. Sie kann auch einen **Liquiditätsüberhang** hervorrufen, wenn die zusätzlichen Geldbestände gehortet werden, wodurch V sinkt.

---

anzuziehen. Durch die Ergänzung der Outputlücke um eine „Umlaufsgeschwindigkeitslücke“ kamen die Autoren dann zur „Preislücke“.

488 Präzise formuliert ist das Preislückenkonzept ein Konzept der Preisniveaulücken.

In der langfristigen Quantitätsgleichung bleiben Y* und V* von der Geldmengenexpansion unberührt. Das langfristige Preisniveau P* muß daher voll auf den Anstieg von M reagieren.

Schaubild D.4: Die Preislücke in dynamischer und komparativ - statischer Sichtweise

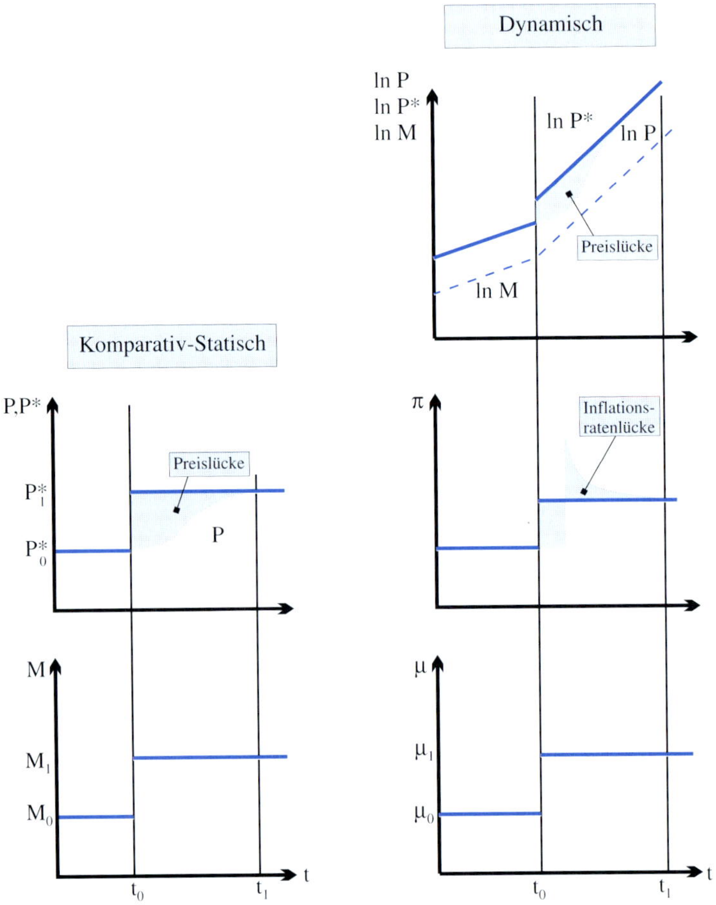

Entscheidend ist nun die Dynamik des **kurzfristigen** Anpassungsprozesses. Dabei wird unterstellt, daß das Preisniveau – aufgrund gegebener Rigiditäten (vgl. dazu Abschnitt D.4.1) – seinen neuen Gleichgewichtswert erst mit einer gewissen zeitlichen Verzögerung erreicht. Dieser Zusammenhang wird in Schaubild D.4 verdeutlicht. Zum Zeitpunkt t_0 findet eine einmalige Ausweitung der Geldmenge von M_0 auf M_1 statt. Das langfristige Preisniveau erhöht sich dadurch von P_0^* auf P_1^*. Das aktuelle Preisniveau bewegt sich demgegenüber allmählich von P_0 auf P_1 (gestrichelte Linie). Der Anpassungsprozeß ist in t_1 abgeschlossen, wenn das aktuelle Preisniveau den neuen Gleichgewichtswert P_1^* erreicht hat. Entscheidend für das Konzept ist nun der Einfluß der Preislücke, die zwischen t_0 und t_1 besteht, auf die Inflationsrate. Bei der hier vorgenommenen **komparativ-statischen Betrachtung** ist eine Aussage über die Inflationsrate nur für die Phase der kurzfristigen Anpassung möglich. Vor der Störung, d.h. bis zum Zeitpunkt t_0, liegt die Inflationsrate bei null. Das gleiche gilt für die Phase nach Abschluß des Anpassungsprozesses, d.h. nach dem Zeitpunkt t_1. Dazwischen kommt es zu einer Periode mit einer positiven Inflationsrate. Konkret bedeutet also das Vorliegen einer Preislücke, daß ein temporärer inflationärer Impuls in der Volkswirtschaft besteht:

> „Die Preislücke signalisiert damit die Inflationsgefahr, die von zu hohen Geldbeständen ausgeht.“ (Deutsche Bundesbank 1992, S. 25)

Denkbar wäre nun auch, das Preislückenkonzept im Rahmen einer **dynamischen Analyse** zu verwenden. Unterstellt man dazu eine „steady-state“-Situation, wären die Gleichgewichtszustände vor und nach der Störung durch konstante Inflationsraten und konstante Wachstumsraten der Geldmenge gekennzeichnet. Eine monetäre Störung würde dann darin bestehen, daß man von einer gegebenen Wachstumsrate der Geldmenge auf einen dauerhaft höheren Wachstumspfad übergeht. Die „Preislücke“ wäre in diesem Fall eine „Inflationsratenlücke“. Der verzögerte Übergang von einer niedrigeren zu einer höheren Inflationsrate würde es in diesem Fall erforderlich machen, daß die **Veränderung der Inflationsrate** zeitweise positive Werte aufweist. Die aktuelle Inflationsrate wird zunächst geringer sein als die neue permanente Inflationsrate, dann zeitweise darüberliegen und sich ihr schließlich annähern.

3. Erste empirische Ergebnisse

Für ihre empirischen Untersuchungen wählen Hallman et al. (1989 und 1991) ein Inflationsakzeleratormodell[489] für die USA aus, bei dem die Veränderung der In-

---

489 Dies geschieht in Anlehnung an McCallum (1980) und Mussa (1981). Ihre Inflationsmodelle beinhalten jedoch auch nicht-verzögerte Erklärungsvariablen. Um ihr Modell geeigneter für

flationsrate ($\Delta\pi$) durch die verzögerte Preislücke ($\ln P_{t-1} - \ln P^*_{t-1}$) und verzögerten Veränderungen der Inflationsrate erklärt wird.

$$(4) \qquad \Delta\pi_t = \alpha(\ln P_{t-1} - \ln P^*_{t-1}) + \sum_{j=1}^{n} \beta_j \Delta\pi_{t-j} + u_t$$

Der Logarithmus von P* wird aus Gleichung (1) ermittelt, wobei als Preisindex der Deflator des amerikanischen Bruttoinlandsproduktes herangezogen wird.[490] M2[491] dient als Geldmengenaggregat und das Produktionspotential wird vom Federal Reserve Board geschätzt. Für V* wird der Durchschnitt der Umlaufsgeschwindigkeit von M2 in der Phase vom ersten Quartal 1955 bis zum ersten Quartal 1988 errechnet und als Konstante eingesetzt.

Die Schätzergebnisse für Gleichung (4) – berechnet nach der Methode der kleinsten Quadrate – lauten (Hallman et al., 1989, S. 10, Tabelle 1):

α = -0,031 (3,9)

β_1 = -0,653 (7,7)

β_2 = -0,441 (4,5)

β_3 = -0,326 (3,4)

β_4 = -0,116 (1,5)

$\overline{R}^2$ = 0,317 ; Standardabweichung = 0,00396; Durbin's h = -0,164

Schätzzeitraum: 1955:1 - 1988:1 (Quartalswerte)

Die Zahlen in Klammern geben die t-Werte an.

Der geschätzte Koeffizient α spiegelt den Einfluß der Preislücke auf die Veränderung der Inflation wider. Obwohl der Schätzwert von -0,031 relativ gering ist, so ist er dennoch signifikant. Die vermuteten Zusammenhänge werden somit empirisch bestätigt. Das negative Vorzeichen für α bedeutet, daß eine positive Preislükke, d.h. ein aktuelles Preisniveau, das oberhalb des langfristigen liegt, einen Disinflationsdruck ausübt. Der Anstieg der Inflationsrate ($\Delta\pi$) geht also zurück. Die β-Koeffizienten zeigen ebenfalls einen negativen Einfluß der um bis zu vier Quartale verzögerten Veränderungen der Inflationsraten auf die aktuellen Veränderungen

---

Prognosen zu machen, enthält das Modell von Hallman et al. nur noch verzögerte Variablen (vgl. Hallman et al. 1991, S. 844).

490 $\pi_t = \Delta(\ln P_t) = \ln P_t - \ln P_{t-1}$ und $\Delta\pi_t = \pi_t - \pi_{t-1}$.

491 M2 beinhaltet Bargeld, Reiseschecks, Sichtguthaben und andere verzinsliche Einlagen, auf die Schecks gezogen werden können, Geldmarktkonten, Spareinlagen, offene und Broker/Dealer-Geldmarktfonds, kleinere Termineinlagen (unter $ 100.000), Wertpapierpensionsgeschäfte mit der Laufzeit eines Geschäftstages und täglich fällige Eurodollareinlagen, gehalten von US-Bürgern bei Auslandsfilialen amerikanischer Banken (vgl. Heller 1988, S. 101).

der Inflationsrate an. Ihr Einfluß ist aber im Vergleich zur Preislücke wesentlich größer.

Trotz seiner Plausibilität, weist der Ansatz von Hallman et al. (1989 und 1991) eine Reihe empirischer wie auch konzeptioneller Probleme auf. Aus konzeptioneller Sicht ist besonders problematisch, daß das Preislückenkonzept herangezogen wird, um Veränderungen der Inflationsrate zu schätzen. Im Rahmen eines komparativ-statischen Ansatzes, wie er von Hallman et al. (1989 und 1991) verwendet wird, läßt sich mit der Preislücke nur die Höhe der Inflationsrate erklären. Um die erste Ableitung der Inflationsrate zu schätzen, wäre es erforderlich gewesen, eine dynamische Analyse anzustellen, bei der die „Preislücke“ durch eine „Inflationslücke“ substituiert werden müßte. Gravierend ist auch die Annahme der konstanten Umlaufsgeschwindigkeit, da V in manchen Jahren erheblich vom berechneten Durchschnittswert abweicht. Selbst wenn die Umlaufsgeschwindigkeit eine geringe Variabilität aufweist, schwankt sie in vielen Ländern nicht um einen Basiswert, sondern weist einen langfristigen Trend auf. Dieser müßte jedoch erst noch modelliert werden.

Das Schätzverfahren stellt einen weiteren Schwachpunkt dar. Im Prinzip müßte zuerst überprüft werden, ob Preise und Geldmenge sowie Preise und Output überhaupt in einem langfristigen stabilen Verhältnis zueinander stehen; eine Schätzung der Preislücke ist erst dann sinnvoll, wenn dies der Fall ist. Ein derartiger langfristiger Zusammenhang wird von Hallman et al. (1989 und 1991) jedoch nicht getestet. Die Schätzergebnisse aus Gleichung (4) weisen zudem nur einen relativ geringen Erklärungsgehalt ($\overline{R}^2 = 0{,}317$) auf. Dies läßt den Schluß zu, daß weitere Faktoren, die die Veränderung der Inflation beeinflussen, in das Modell integriert werden sollten.[492]

4. Neuere Entwicklungen: Der Bundesbank-Ansatz

Ökonomen der Deutschen Bundesbank waren mit die ersten, die die Schwächen des von Hallman et al. (1989 und 1991) gewählten Ansatzes erkannten und ihn deshalb erweiterten.[493] Ausgehend von der oben dargestellten Kritik, benutzte die Bundesbank eine neue Schätzmethode. Mit Hilfe der Kointegrationsanalyse, die Ende der achtziger Jahre von Engle und Granger (1987) entwickelt wurde,[494] tren-

---

[492] Dieses Problem erkannten bereits Hallman et al. in ihrer Studie von 1989 (vgl. Hallman et al. 1989, S. 2).

[493] Erste Ansätze gehen auf ein von Herrmann und Tödter (1990) unveröffentlichtes internes Diskussionspapier zurück. Im Monatsbericht Januar 1992 der Deutschen Bundesbank erschienen erstmals offizielle Untersuchungsergebnisse (vgl. Deutsche Bundesbank 1992; Issing 1992, S. 546f.)

[494] Die Kointegrationsanalyse findet sich allerdings erst im Monatsbericht 1992.

nen sie das Preislückenmodell in einen langfristigen und in einen kurzfristigen Teil. Im langfristigen Teil wird zunächst ein sinkender Trend der Umlaufsgeschwindigkeit für Deutschland integriert und dann die Überprüfung vermuteter langfristiger Zusammenhänge vorgenommen. Die kurzfristige Analyse untersucht die Einflüsse auf die Inflationsdynamik.

Damit der Trend der Umlaufsgeschwindigkeit im Modell berücksichtigt werden kann, fügt die Bundesbank in ihren Ansatz als erstes eine Geldnachfragefunktion ein. Die einkommensabhängige reale Geldnachfrage

(5) $$\ln M_t - \ln P_t = \alpha + \beta \ln Y_t$$

wird in die Quantitätsgleichung (2) integriert. Folglich erhält man

(6) $$\ln V_t = -\alpha + (1-\beta) \ln Y_t \ .$$

Die langfristige Umlaufsgeschwindigkeit ermittelt man, indem der aktuelle reale Output durch das reale Produktionspotential ersetzt wird. Also gilt:

(7) $$\ln V_t^* = -\alpha + (1-\beta) \ln Y_t^* \ .$$

Setzt man Gleichung (7) in (1') ein, dann erhält man

(8) $$\ln P_t^* = \ln M_t - \alpha - \beta \ln Y_t^* \ .$$

Gleichung (8) stellt nun den langfristigen Zusammenhang zwischen dem Preisniveau, der Geldmenge und dem Produktionspotential dar. Weisen diese Variablen einen identischen Trend auf, ist eine ökonometrische Schätzung zulässig.[495]

Für die zu erklärende Variable $\ln P_t^*$ wird das aktuelle Preisniveau $\ln P_t$ eingesetzt. Damit wird Gleichung (8) zu

(9) $$\ln P_t = \ln M_t - \alpha - \beta \ln Y_t^* + \varepsilon_t$$

Der Störterm ε_t entspricht somit der Preislücke. Aus der Differenz von (9) und (8) ergibt sich

(10) $$\varepsilon_t = \ln P_t - \ln P_t^* \ .$$

Im nächsten Schritt wird mit Hilfe der Ergebnisse aus Gleichung (9) der dynamische Teil der Kointegrationsanalyse durchgeführt. Ein sogenanntes Fehlerkorrekturmodell erklärt die tatsächliche Inflationsrate (π_t) anhand der geschätzten Preis-

495 Übliche Schätzverfahren, so auch die Methode der kleinsten Quadrate, gehen davon aus, daß Zeitreihen stationär sind, d.h. sie haben einen konstanten Durchschnitt, konstante Varianzen und Kovarianzen. Viele Zeitreihen verfolgen jedoch einen Trend. Eine Schätzung ist in diesem Fall nur sinnvoll, wenn die verwendeten Zeitreihen ein und denselben Trend verfolgen, denn dann ist gewährleistet, daß der aus dieser Schätzung hervorgehende Störterm stationär ist, also keinen Trend verfolgt (vgl. Maddala 1992, S. 588f.).

lücke ($\ln P_t^* - \ln P_t$) aus Gleichung (9),[496] verzögerten Inflationsraten und dem langfristigen Preisniveau ($\ln P_t^*$). Außerdem werden weitere Kosteneinflüsse (K) berücksichtigt, so zum Beispiel Einfuhrpreise (P_t^m), Lohnkosten oder Kapitalkosten.[497] Der „Fehler“ aus Gleichung (9) soll nun selbst, wenn er denn einen signifikanten Einfluß auf die zu erklärende Variable hat, dafür sorgen, daß sich das kurzfristige Preisniveau dem langfristigen wieder annähert. Gleichung (11) korrigiert also für den Fehler in Gleichung (9). Das Fehlerkorrekturmodell lautet dann:

$$(11) \qquad \pi_t = \alpha(\ln P_t^* - \ln P_t) + \sum_{j=1}^{n} \beta_j \pi_{t-j} + \gamma\Delta \ln K_t + \eta\Delta \ln P_t^* + \mu\Delta \ln P_t^m + u_t \ .$$

Diese Form der Schätzung entspricht nun in konsistenter Weise der komparativ-statischen Form des Preislückenmodells. Als Variablen verwendet die Bundesbank den Deflator der Inlandsnachfrage als repräsentativen Preisindex, eine eigene Schätzung des realen Produktionspotentials und M3 als Geldmengenaggregat.[498] Für die Koeffizienten in Gleichung (11) ermittelte sie – durch die Schätzung mit Hilfe der Methode der kleinsten Quadrate – die folgenden Werte (Deutsche Bundesbank, 1992, S. 29):

α	= 0,06	(2,5)
β_1	= 0,30	(2,9)
β_2	= 0,27	(2,6)
β_3	= 0,18	(1,9)
γ	= 0,08	(3,6)
η	= 0,06	(1,8)
μ	= 0,06	(3,6)

Schätzzeitraum: 1973:1 - 1990:4; $\overline{R}^2 = 0,983$; DW = 1,83.

Die Zahlen in Klammern geben t-Werte an.

Der Koeffizient α gibt den Einfluß der Preislücke auf die Inflationsrate an. Ähnlich wie bei der Studie von Hallman et al. (1989) ist der quantitative Einfluß der

---

496 Die Aussagekraft der Preislücke wird erhöht, indem sie als Durchschnitt der vorangegangenen vier Quartale in die Schätzung einfließt (vgl. Deutsche Bundesbank 1992, S. 29).

497 K ist ein gewogenes Mittel aus den drei Kostenfaktoren. Einfuhrpreise werden zusätzlich als separat erklärende P_t^m eingeführt.

498 Zur Abgrenzung der deutschen Geldmengenaggregate siehe Modul A.

Preislücke (α) gering, aber eindeutig signifikant.[499] Der Ansatz der Bundesbank weist allerdings eine vollständigere Struktur auf, denn der Erklärungsgehalt ist wesentlich höher als bei Hallman et al. (1989). Die Ergebnisse für die anderen Koeffizienten deuten darauf hin, wie entscheidend der Einfluß vorangegangener Inflationsraten trotz Hinzunahme weiterer Kostenfaktoren ist. Höchste Signifikanz liegt dagegen bei den Koeffizienten für Kosteneinflüsse und Einfuhrpreise vor.

5. Anwendungsmöglichkeiten und Grenzen des Preislückenkonzeptes

Als Reaktion auf die Studien von Hallman et al. (1989 und 1991) sind alsbald zahlreiche Studien zum Preislückenkonzept erschienen. Besonders aktiv sind hier die „Think-tanks" der Notenbanken.[500] Mit Hilfe des Prognoseinstruments der Preislücke sollen frühzeitig inflationäre oder deflationäre Tendenzen wahrgenommen und damit ein konkreter geldpolitischer Handlungsbedarf ermittelt werden.[501] Schon bald nutzten auch andere Ökonomen das Konzept der Preislücke, insbesondere um die aktuelle Notenbankpolitik zu beurteilen.[502] Vorzugsweise werden unterschiedliche Inflationsszenarien simuliert, indem verschiedene Geldmengenentwicklungen oder Kostenänderungen in dem Modell analysiert werden. Dieser Technik bedienen sich insbesondere sogenannte Central-Bank-Watcher aus den Analysestäben von Großbanken.[503] Andere Studien betreiben länderübergreifende Analysen, um die verschiedenen Geldpolitiken und die nationalen monetären Zusammenhänge besser vergleichbar zu machen.[504] Mit Hilfe des Preislückenkonzeptes lassen sich auch die langfristigen Zwischenzielqualitäten verschiedener Geldmengenaggregate testen.[505] In Anbetracht der Probleme bei der Definition von „Geld" (siehe Modul A) und den ständigen Portfolioverschiebungen zwischen den einzelnen Geldkomponenten kann man so überprüfen, welches Geldmen-

---

499 Das Vorzeichen von α ist, im Gegensatz zum Vorzeichen bei Hallman et al. (1989), bei der Schätzung der Bundesbank positiv, weil die Preislücke spiegelbildlich definiert wurde (vgl. Gleichungen 4 und 10).

500 Dazu gehören z.B. Hallman et al. (1989 und 1991), Kool und Tatom (1994), Kuttner (1990), Humphrey (1989), Herrmann und Tödter (1990), Deutsche Bundesbank (1992), Tödter und Reimers (1994), Issing und Tödter (1995) und Issing (1992).

501 Christiano (1989, S. 6) stellt jedoch die Prognosefähigkeit der Preislücke in Frage. Schließlich basiere sie auf der Quantitätstheorie, die nur Aussagen über Zeiträume von mehreren Jahrzehnten mache. Prognosen beziehen sich dagegen auf wesentlich kürzere Zeiträume.

502 Z.B. Neumann und Wesche (1994) und Krämer und Scheide (1994).

503 Z.B. Mayer und Fels (1993, 1994 und 1995) sowie Harff und Schmieding (1995).

504 Z.B. Hoeller und Poret (1991), Funke und Hall (1994), Kool und Tatom (1994) und Lanzeni et al. (1995).

505 Z.B. Tödter und Reimers (1994), Herrmann, Reimers und Tödter (1994) und Harff und Schmieding (1995).

genaggregat den stabilsten bzw. engsten Zusammenhang mit dem Preisniveau aufweist.

Fast alle Studien zum Konzept der Preislücke lassen sich in zwei Kategorien einteilen. Die erste Kategorie ist von dem Originalansatz von Hallman et al. (1989 und 1991) beeinflußt. Sie beschränkt sich bei der Darstellung des Inflationsprozesses weiterhin auf das Akzeleratormodell und untersucht meist den amerikanischen Raum.[506] Die andere Kategorie bezieht sich eher auf Europa und wendet den erweiterten Ansatz der Bundesbank (1992) an. Hierin ist das Problem aller empirischen Arbeiten zu sehen: die geringe Vergleichbarkeit. Aber auch innerhalb der einzelnen Kategorien existieren unterschiedliche Ansätze.

Dies bezieht sich nicht nur auf die unterschiedlichen Methoden, sondern auch auf die Wahl der Daten. So verwendet z.B. die Bundesbank (1992) in ihren Studien den Deflator der Inlandsnachfrage als Preisindex; ihr geldpolitisches Endziel ist aber der Index der Verbraucherpreise.[507] Ganz allgemein hat die Auswahl der Daten ganz erheblichen Einfluß auf die Ergebnisse. Eine Sensitivitätsanalyse des Preislückenkonzeptes auf unterschiedliche Preisindizes zeigt entsprechend gravierende Unterschiede.[508]

Ein wesentlicher, aber oftmals in Vergessenheit geratener Schwachpunkt der Preislücke liegt in der fehlenden quantitativen Aussagefähigkeit. Zwar macht sie eindeutige qualitative Aussagen zur Inflationsdynamik und gibt damit die Richtung für die Geldpolitik vor, aber weder eine positive noch eine negative Preislücke geben genauen Aufschluß darüber, in welchen Umfang eine Anpassung des Operating target zu erfolgen hat (vgl. Christiano, 1989, S. 7f.). Schließlich bleibt das Preislückenkonzept hinter den Erwartungen seiner Schöpfer zurück. Entgegen ihrer Aussage, daß die Preislücke die treibende Kraft der Inflation sei (vgl. Hallman et al. 1989, S. 1), ist der tatsächliche Einfluß der Preislücke bei empirischen Untersuchungen zur Inflationsdynamik relativ gering. Wesentlich mehr Informationsgehalt besitzt dagegen die Inflationsrate der Vorperiode.

---

506 Das Problem dieser Akzeleratormodelle liegt in ihrer übertriebenen Dynamik. Bei Simulationen verursacht die zweite Differenz des logarithmierten Preisniveaus ($\Delta\pi$) ein starkes Oszillieren der Inflationsrate, indem das aktuelle Preisniveau das langfristige Preisniveau nach Erreichen sogar noch über- oder unterschießt (vgl. Kuttner 1990, S. 8).

507 Interessanterweise ist es die Bundesbank selbst, die den Deflator der Inlandsnachfrage auch aus konzeptionellen Gründen eigentlich ablehnt. Siehe ausführlicher Deutsche Bundesbank (1968, S. 7f. und 1992, S. 21).

508 Vgl. Kuttner (1990, S. 6f.) und zu Preisindizes im allgemeinen Kap itel II.1.

E

Das Geldvermögen

In der geldtheoretischen Literatur beschränkt sich die Darstellung monetärer Aggregate meist auf Geldvolumensgrößen des Typs M1, M2 oder M3 sowie auf das Konstrukt der Geldbasis. Für geldpolitische wie auch für makroökonomische Zusammenhänge ist daneben auch noch eine Größe von Bedeutung, die als **Geldvermögen** bezeichnet wird. Diese läßt sich am einfachsten durch eine vereinfachte Bilanzdarstellung für ein Unternehmen oder eine Privatperson beschreiben:

Tabelle E.1: Das Geldvermögen eines Wirtschaftssubjektes

Aktiva	Passiva	
Geldforderung (GF)	Geldschulden (GS)	} Geldvermögen
Sachvermögen (SV)	Eigenkapital (=Reinvermögen, RV)	

Auf der Aktivseite wird hier nur zwischen Sachvermögensaktiva (SV) und Geldforderungen (GF) – z.B. Bankguthaben, festverzinsliche Anleihen, Kundenforderungen – unterschieden. Auf der Passivseite stehen Geldschulden (GS) – z.B. Bankkredite, Verbindlichkeiten gegenüber Unternehmen, emittierte Anleihen – und das Eigenkapital (= Reinvermögen; RV). Das Geldvermögen eines Wirtschaftssubjekts *i* ergibt sich bei dieser Darstellung als Saldo aus seinen Geldforderungen (GF_i) und Geldschulden (GS_i):

(E.1) $$GV_i = GF_i - GS_i.$$

Das Eigenkapital (= Reinvermögen; RV_i) setzt sich dann zusammen aus:

(E.2) $$RV_i = GV_i + SV_i.$$

Für eine Volkswirtschaft insgesamt läßt sich das Geldvermögen wie folgt errechnen:

(E.3) $$\Sigma GV_i = \Sigma GF_i - \Sigma GS_i.$$

Handelt es sich um eine „**geschlossene Volkswirtschaft**“, d.h. eine Volkswirtschaft ohne Außenwirtschaftsbeziehungen, gilt

(E.4) $$\Sigma GF_i = \Sigma GS_i,$$

da jeder Geldforderungen eine betragsgleiche Geldschuld gegenübersteht. Das volkswirtschaftliche Geldvermögen ist unter diesen Voraussetzungen also gleich

Null. In einer Volkswirtschaft, die in die Weltwirtschaft integriert ist („**offene Volkswirtschaft**") kann man Gleichung (E.3) darstellen als die Summe aus Geldforderungen und Geldschulden eines einzelnen Inländers gegenüber Inländern ($GF_{i/I}$ und $GS_{i/I}$) und Ausländern ($GF_{i/A}$ und $GS_{i/A}$):

(E.5) $$\Sigma GV_i = \Sigma GF_{i/I} + \Sigma GF_{i/A} - \Sigma GS_{i/I} - \Sigma GS_{i/A}.$$

Aufgrund von Gleichung (E.4) gilt: $\Sigma GF_{i/I} = \Sigma GS_{i/I}$, so daß

(E.5') $$\Sigma GV_i = \Sigma GF_{i/A} - \Sigma GS_{i/A}.$$

Das Geldvermögen einer offenen Volkswirtschaft besteht also aus dem Saldo der Summe ihrer Auslandsforderungen und Auslandsverbindlichkeiten. Wie Tabelle E.2 verdeutlicht, belief sich das Geldvermögen Deutschlands Ende 1994 auf 338 Mrd. DM.

Entscheidend ist nun, durch welche Transaktionen es zu Veränderungen des Geldvermögens kommt. Dazu ist es erforderlich, vier Grundtypen von Transaktionen auseinanderzuhalten:

- Bareinzahlungen und Barauszahlungen: diese verändern den **Bargeldbestand** eines Wirtschaftssubjekts.
- Einzahlungen und Auszahlungen: diese verändern den **Geldbestand** (im Sinne von M1) eines Wirtschaftssubjekts.
- Einnahmen und Ausgaben: diese verändern den **Geldvermögensbestand** eines Wirtschaftssubjekts.
- Erträge und Aufwendungen: diese verändern das **Reinvermögen (= Eigenkapital)** eines Wirtschaftssubjekts.

Bei Einnahmen und Ausgaben handelt es sich also um alle Käufe und Verkäufe von Gütern und Dienstleistungen eines Wirtschaftssubjekts. Solche **Leistungstransaktionen** verändern die Höhe des Geldvermögens. Sieht man von einem reinen Tauschvorgang (Gut gegen Gut) einmal ab, dann geht jede Leistungstransaktion mit einer **Finanztransaktion** einher: Der Kauf eines Gutes wird bar bezahlt (Barauszahlung), durch Überweisung vom Girokonto (Auszahlung) oder durch die Aufnahme eines Kredits. Von der Kombination Leistungstransaktion/Finanztransaktion sind die reinen Finanztransaktionen zu unterscheiden, die bei konstantem Geldvermögen dieses lediglich umschichten. Ein Beispiel hierfür ist die Rückzahlung eines Kredits durch Überweisung vom eigenen Girokonto: Der Zahlungsmittelbestand nimmt ab, gleichzeitig vermindern sich die Geldschulden.

Aus gesamtwirtschaftlicher Sicht kommt es dabei immer dann zu einer Veränderung des Geldvermögens eines Landes, wenn seine Einnahmen gegenüber dem Rest der Welt größer oder kleiner als seine Ausgaben sind. Die damit korrespondierenden Leistungstransaktionen werden in der **Leistungsbilanz** verzeichnet. Ein Überschuß (Defizit) in der Leistungsbilanz bedeutet also einen Überschuß der Einnahmen über die Ausgaben (der Ausgaben über die Einnahmen) und damit eine Erhöhung (Verminderung) des Geldvermögens einer Volkswirtschaft. Es gilt also:

(E.6) $\sum \Delta GV_i$ = Leistungsbilanzsaldo.

Der Leistungsbilanzsaldo ist also mit der Summe der individuellen Veränderungen des Geldvermögens identisch.

Das Konstrukt des Geldvermögens bildet also ein zentrales Bindeglied zwischen individuellen Sparentscheidungen und dem Leistungsbilanzsaldo eines Landes, das häufig nicht genügend beachtet wird. So werden beispielsweise in der Diskussion über den hohen japanischen Leistungsbilanzüberschuß meist nur die Stromgrößen Importe und Exporte betrachtet. Eine Reduzierung des japanischen Überschusses wird dabei in erster Linie von einem Abbau japanischer Importhemmnisse erwartet. Bei der Bestandsbetrachtung würde man demgegenüber einen solchen Überschuß als Ausdruck einer hohen individuellen Sparneigung der japanischen Bevölkerung und des japanischen Staates sehen. Ein außenwirtschaftliches Gleichgewicht würde dann eher von wirtschaftspolitischen Maßnahmen erwartet werden, die die allgemeine Konsumneigung erhöhen, oder von höheren Staatsdefiziten.

Geldbasis, Geldvolumen und Geldvermögen lassen sich nun im Rahmen eines umfassenden Gleichungssystems abbilden, wobei alle Werte als absolute Veränderungen dargestellt sind:

- Die erste Zeile gibt die Notenbankbilanz in Gleichungsform wieder; die $NFP_{NB/St}$ wird hier in ihre Bruttopositionen zerlegt: Kredite der Notenbank an den Staat ($Kredite_{NB/St}$) und Einlagen des Staates bei der Notenbank ($Einlagen_{NB/St}$).
- In der zweiten Zeile werden die Nettoforderungsposition der Geschäftsbanken gegenüber dem Ausland ($\Delta NFP_{GS/A}$) und die Kredite der Geschäftsbanken an öffentliche Haushalte ($Kredite_{GB/St}$) zu den entsprechenden Positionen der Notenbankbilanz addiert, um so zu den Werten der konsolidierten Bilanz zu kommen.
- In der dritten Zeile findet man die Bilanzgleichung für die konsolidierte Bilanz des Bankensystems.
- In der vierten Zeile wird zu $\Delta NFP_{BS/A}$ noch die Veränderung der Nettoforderungsposition aller inländischen Nichtbanken gegenüber dem Ausland ($\Delta NFP_{inlNB/A}$) hinzugerechnet.

Tabelle E.2: Geldvermögen und Verpflichtungen der Sektoren im Jahre 1994

Position	Private Haushalte	Unternehmen zusammen	Unternehmen Produktionsunternehmen[1]	Unternehmen Wohnungswirtschaft	öffentliche Haushalte[2]	Inländische nichtfinanzielle Sektoren insgesamt
Geldvermögen (Stand am Jahresende; Mrd. DM)						
Geldanlage bei Banken	1778,9	727,9	688,8	39,2	303,7	2810,5
Bargeld und Sichteinlagen	384,9	498,5	459,3	39,2	34,2	917,6
Termingelder	463,5	225,1	225,1	-	264,4	953,0
Spareinlagen	930,6	4,3	4,3	-	5,0	939,9
Geldanlage bei Bausparkassen	151,6	2,6	2,6	-	1,0	155,3
Geldanlage bei Versicherungen	907,2	48,7	48,7	-	2,6	958,5
Geldanlage in Geldmarktpapieren	7,8	3,3	33,3	-	0,4	41,5
Geldanlage in Rentenwerten	597,7	97,1	97,1	-	26,2	721,0
Geldanlage in Investmentzertifikaten	324,4	79,3	79,3	-	9,6	413,3
Geldanlage in Aktien	237,7	600,5	600,5	-	46,8	885,0
Auslandsposition der Deutschen Bundesbank	-	-	-	-	-	-
Bankkredite	-	-	-	-	-	-
Kurzfristige Bankkredite	-	-	-	-	-	-
Längerfristige Bankkredite	-	-	-	-	-	-
Darlehen der Bausparkassen	-	-	-	-	-	-
Darlehen der Versicherungen	-	-	-	-	-	-
Sonstige Forderungen	314,7	643,9	643,9	-	1,0	959,5
an das Inland[4]	301,3	13,7	13,7	-	79,2	235,8
an die übrige Welt	13,3	630,2	630,2	-	80,2	723,7
Innersektorale Forderungen	-	-	3,7	-	-	-
Insgesamt	4320,0	2233,3	2197,8	39,2	391,3	6944,6
Verpflichtungen und Aktienumlauf						
Geldanlage bei Banken	-	-	-	-	-	-
Bargeld und Sichteinlagen	-	-	-	-	-	-
Termingelder	-	-	-	-	-	-
Spareinlagen	-	-	-	-	-	-
Geldanlage bei Bausparkassen	-	-	-	-	-	-
Geldanlage bei Versicherungen	-	-	-	-	-	-
Verpflichtungen aus Geldmarktpapieren	-	5,9	5,9	-	21,6	27,5
Verpflichtungen aus Rentenwerten	-	256,4	256,4	-	926,3	1182,6
Verpflichtungen aus Investmentzertifikaten	-	-	-	-	-	-
Umlauf von Aktien	-	844,2	838,4	5,8	-	844,2
Auslandsposition der Deutschen Bundesbank	-	-	-	-	-	-
Bankkredite	339,4	2731,9	1589,9	1142,0	671,3	3742,7
Kurzfristige Bankkredite	77,7	538,6	509,6	29,1	49,7	665,9
Längerfristige Bankkredite	261,8	2193,3	1080,4	1112,9	621,7	3076,8
Darlehen der Bausparkassen	-	165,7	0,0	165,7	3,2	168,9
Darlehen der Versicherungen	19,3	183,6	77,0	106,5	34,5	237,4
Sonstige Forderungen	7,1	589,8	569,4	20,4	60,2	657,0
an das Inland	7,1	187,3	166,9	20,4	6,7	201,0
an die übrige Welt	-	402,5	402,5	-	53,5	456,0
Innersektorale Verpflichtungen	-	-	-	3,7	-	-
Insgesamt	365,8	4777,5	3337,0	1444,1	1717,1	6860,4
Nachrichtlich:						
Nettogeldvermögen[5]	**3954,2**	**-2544,2**	**-1139,2**	**-1405,0**	**-1325,8**	**84,2**

1) Einschl. Treuhandanstalt. 2) Einschl. Sozialversicherungen und Sonderfonds. 3) Kreditinstitute einschl. Bundesbank. 4) Der negative Ausweis der sonstigen Forderungen im Sektor Öffentliche Haushalte beruht in erster Linie auf der Überschuldung der Treuhandanstalt, deren Unterbilanz faktisch eine negative Beteiligung des Bundes an Unternehmen darstellt. 5) Geldvermögen abzüglich Verpflichtungen und Aktienumlauf.

Quelle: Deutsche Bundesbank, Ergebnisse der gesamtwirtschaftlichen Finanzierungsrechnung für Deutschland 1990 bis 1994, statistische Sonderveröffentlichung 4, 1995 (S. 80 f).

Finanzielle Sektoren					Übrige Welt	Sektoren insgesamt	Position
zusammen	Banken[3]	Bauspar- kassen	Versiche- rungen	Investment- fonts			
							Geldvermögen
476,5	-	14,3	432,5	29,7	612,3	3899,3	Geldanlage bei Banken
23,3	-	2,2	10,2	10,9	145,7	1086,6	Bargeld und Sichteinlagen
452,6	-	12,1	421,7	18,8	447,7	1853,3	Termingelder
0,6	-	-	0,6	-	18,9	959,4	Spareinlagen
1,2	1,2	-	-	-	0,9	157,4	Geldanlage bei Bausparkassen
-	-	-	-	-	3,7	962,2	Geldanlage bei Versicherungen
15,8	7,8	-	-	8,0	10,5	67,9	Geldanlage in Geldmarktpapieren
1471,3	983,9	26,2	188,0	273,2	650,9	2843,2	Geldanlage in Rentenwerten
196,8	54,5	4,2	138,2	-	16,0	626,1	Geldanlage in Investmentzertifikaten
448,2	138,0	0,2	197,1	112,9	162,6	1495,8	Geldanlage in Aktien
116,0	116,0	-	-	-	21,9	137,9	Auslandsposition der Deutschen Bundesbank
4467,4	4467,4	-	-	-	-	4467,4	Bankkredite
1028,1	1028,1	-	-	-	-	1028,1	Kurzfristige Bankkredite
3439,3	3439,3	-	-	-	-	3439,3	Längerfristige Bankkredite
171,6	-	171,6	-	-	-	171,6	Darlehen der Bausparkassen
251,4	-	-	251,4	-	-	251,4	Darlehen der Versicherungen
30,9	-	-	-	30,9	456,0	446,5	Sonstige Forderungen
1,6	-	-	-	1,6	456,0	693,4	an das Inland[4]
29,4	-	-	-	29,4	-	753,1	an die übrige Welt
-	-	-	-	-	-	-	Innersektorale Forderungen
7647,3	5768,9	216,5	1207,1	454,7	1934,7	16526,6	Insgesamt
							Verpflichtungen und Aktienumlauf
3899,3	3899,3	-	-	-	-	3899,3	Geldanlage bei Banken
1086,6	1086,6	-	-	-	-	1086,6	Bargeld und Sichteinlagen
1853,3	1853,3	-	-	-	-	1853,3	Termingelder
959,4	959,4	-	-	-	-	959,4	Spareinlagen
157,4	-	157,4	-	-	-	157,4	Geldanlage bei Bausparkassen
962,2	-	-	962,2	-	-	962,2	Geldanlage bei Versicherungen
28,5	28,5	-	-	-	11,8	67,9	Verpflichtungen aus Geldmarktpapieren
1369,6	1366,6	2,9	-	-	291,0	2843,2	Verpflichtungen aus Rentenwerten
486,0	-	-	-	486,0	140,1	626,1	Verpflichtungen aus Investmentzertifikaten
388,5	169,9	3,5	215,1	-	263,1	1495,8	Umlauf von Aktien
21,9	21,9	-	-	-	116,0	137,9	Auslandsposition der Deutschen Bundesbank
41,4	-	34,2	3,2	3,9	683,4	4467,4	Bankkredite
12,7	-	8,1	1,9	2,7	349,4	1028,1	Kurzfristige Bankkredite
28,6	.	26,1	1,3	1,2	333,9	3439,3	Längerfristige Bankkredite
0,8	0,8	-	0,0	-	1,8	171,6	Darlehen der Bausparkassen
1,2	-	1,2	-	-	12,8	251,4	Darlehen der Versicherungen
36,4	22,9	-	13,5	-	753,1	1446,5	Sonstige Forderungen
36,4	22,9	-	13,5	-	753,1	990,5	an das Inland
-	-	-	-	-	-	456,0	an die übrige Welt
-	-	-	-	-	-	-	Innersektorale Verpflichtungen
7393,2	5509,9	199,3	1194,0	490,0	2273,0	16526,6	Insgesamt
							Nachrichtlich:
254,1	**259,0**	**17,2**	**13,1**	**-35,3**	**-338,3**	**-**	**Nettogeldvermögen[5]**

- Damit ergibt sich in der fünften Zeile die Veränderung der Nettoforderungsposition aller Inländer gegenüber dem Ausland ($\Delta\ NFP_{INL/A}$). Diese ist identisch mit der Veränderung des inländischen Geldvermögens und zugleich mit dem Leistungsbilanzsaldo eines Landes.

$$\Delta B = \Delta NFP_{NB/A} + \Delta Kredite_{NB/St} - \Delta Einlagen_{NB/St} + \Delta Kredite_{NB/GB} + \Delta Saldo\ SAP_{NB}$$

$$+ \qquad\qquad +$$

$$\Delta NFP_{GB/A} \qquad \Delta Kredite_{GB/St}$$

$$= \qquad\qquad =$$

$$\Delta M = \Delta NFP_{BS/A} + \Delta Kredite_{BS/St} + \Delta Kredite_{BS/P} - \Delta Geldkapital + \Delta Saldo\ SAP_{BS}$$

$$+$$

$$\Delta NFP_{inlNB/A}$$

$$=$$

$$\Delta GV_{INL} = \Delta NFP_{INL/A}$$

(Leistungs-
bilanzüberschuß)

F

Festkurssysteme

1. Überblick

In diesem Modul wird eine knappe Übersicht über Währungssysteme mit festen Wechselkursen gegeben.[509] In offenen Volkswirtschaften ist der Wechselkurs das Bindeglied zwischen den nationalen Güter- und Finanzmärkten und dem Weltmarkt. Wie diese zentrale Umrechnungsgröße bestimmt wird, hängt davon ab, welchem Währungssystem die Landeswährung angehört. Hierfür bieten sich sehr vielfältige Gestaltungsmöglichkeiten an. Das Spektrum reicht von der Extremlösung eines Systems (frei-)flexibler Wechselkurse bis zum anderen Extrem, dem Arrangement der Währungsunion; dazwischen befinden sich unterschiedliche Varianten von **Festkurssystemen**, ebenso das System des „Managed floating".

Bei der idealtypischen Ordnung **flexibler Wechselkurse** wird von staatlicher Seite überhaupt nicht in die Kursbildung am Devisenmarkt eingegriffen. Dementsprechend kommt es so nie zu einer Veränderung der Währungsreserven einer Notenbank. Im System der **Währungsunion**[510] benutzen mehrere Staaten eine gemeinsame Währung oder sorgen durch unbegrenzte Umtauschverpflichtungen dafür, daß die Wechselkurse zwischen ihren Währungen dauerhaft konstant gehalten werden können (absolut feste Wechselkurse); außerdem wird die Geldpolitik durch ein gemeinsames Notenbanksystem ausgeführt und es bestehen keinerlei Kapitalverkehrsbeschränkungen zwischen allen Teilnehmerländern.

Kennzeichen eines **Festkurssystems** ist die Festlegung von maximalen Schwankungsbreiten für den Wechselkurs durch Notenbankinterventionen am Devisenmarkt. Es unterscheidet sich von einer Währungsunion dadurch, daß ein solches Kursband von Zeit zu Zeit an geänderte gesamtwirtschaftliche Bedingungen angepaßt werden kann. Das weltweit angelegte System von Bretton Woods (1946 - 1973), der Europäische Wechselkursverbund (1972 - 1978) und das Europäische Währungssystem (seit 1979) stellen die wichtigsten Festkurssysteme der Nachkriegszeit dar.

Das in den Währungsbeziehungen zwischen den großen Reservewährungen (US-Dollar, Yen, D-Mark, Pfund Sterling und Schweizer Franken) seit März 1973 praktizierte System des **Managed floating** weist gegenüber dem idealtypischen System flexibler Wechselkurse die Besonderheit auf, daß die Notenbanken immer wieder mit umfangreichen Beträgen am Devisenmarkt intervenieren; im Gegensatz

---

509 Eine umfassende Analyse dieses Themenkomplexes findet man in Bofinger (1991).

510 Üblicherweise wird bei der Definition der Währungsunion auf den Werner-Bericht (1971) verwiesen. Die dort vorgenommene Abgrenzung ist jedoch unvollständig, da sie das Merkmal der gemeinsamen Geldpolitik unerwähnt läßt.
Siehe zu den Perspektiven und Problemen der Europäischen Währungsunion ausführlicher Bofinger et al. (1993) und Wagner (1995).

zu Festkurssystemen fehlt es jedoch an öffentlich verkündeten und für die beteiligten Zentralbanken damit verbindlichen Interventionspunkten.

Von Festkurssystemen, die stets auf internationalen Verträgen beruhen, sind Formen einer **einseitigen Fixierung** von Wechselkursen zu unterscheiden, bei denen sich ein Land aus eigener Initiative dazu entschließt, den Wechselkurs seiner Währung gegenüber einer anderen Währung stabil zu halten; man spricht hierbei auch davon, daß der Wechselkurs als „nomineller Anker" für die Makropolitik eines Landes dient. Beispiele für solche Arrangements sind die „Hartwährungspolitik" Österreichs, das seit den siebziger Jahren einen Kurs von 7 Schilling für eine D-Mark aufrecht erhält, die zeitweise Anbindung der skandinavischen Währungen an die ECU oder der feste Wechselkurs der estnischen Krone zur D-Mark (siehe hierzu ausführlich Kapitel V.4). Kennzeichnend hierfür ist, daß diese Länder die Wechselkursstabilisierung aus eigener Kraft, d.h. mit ihren Währungsreserven durchführen, ohne auf nennenswerte Unterstützung durch die Notenbank der Ankerwährung rechnen zu können.

Grundsätzlich kann man auch den **Internationalen Goldstandard**[511] (ca. 1876 - 1914) und den Goldstandard der Jahre von 1925 - 1931 zur Gruppe der Festkurssysteme rechnen. Bei beiden Systemen bestanden feste Wechselkurse zwischen den Währungen der wichtigsten Länder. Allerdings ergab sich hier die Fixierung der Wechselkurse nicht durch ein internationales Abkommen, sondern durch die feste Bindung aller Währungen an das Gold. Diese basierte auf nationalen Gesetzen.

2. Ausgestaltungsvarianten von Festkurssystemen

Die Möglichkeiten zur institutionellen Ausgestaltung von Festkurssystemen sind außerordentlich vielfältig. Sie betreffen insbesondere:

- die Art der Festlegung von Paritäten und Interventionspunkten (Paritätengitter-, Leitwährungs- oder Währungskorb-Standard),
- die Weite der Bandbreiten zwischen den Interventionspunkten,
- die Verfahren für Paritätsanpassungen,
- die Bereitstellung von wechselseitigen Kreditfazilitäten zur Finanzierung von Interventionen und die Bestimmungen für die Rückzahlung solcher Kredite und
- Formen der wirtschaftspolitischen Koordination und Kooperation, insbesondere auf dem Gebiet der Geldpolitik.

---

511 Siehe hierzu ausführlicher Bloomfield (1959) sowie Bordo und Schwartz (1984).

2.1 Festlegung der Interventionspunkte

Tabelle F.1: Das Paritätengitter des EWS, 14.5.1993 - 1.8.1993[1)]

	100 bfrs/lfrs	100 dkr	100DM	100FF	100 Ir£	100 hfl	100Esc	100 Ptas
Belgien/ Luxemburg	- - -	553,00 540,723 528,70	2.109,50 2.062,55 2.016,55	628,970 614,977 601,295	50,8605 49,7289 48,6230	1.872,15 1.830,54 1.789,85	22,14 20,8512 19,6375	27,6810 26,0696 24,5520
Dänemark	18,913 18,4938 18,0831	- - -	390,16 381,1443 373,00	116,32 113,732 111,20	9,4060 9,16676 8,9922	346,24 338,537 331,02	4,0945 3,85618 3,6317	5,1193 4,82126 4,5407
Deutschland	4,959 4,84837 4,740	26,810 26,2162 25,630	- - -	30,495 29,8164 29,150	2,466 2,41105 2,357	90,770 88,7526 86,780	1,073 1,01094 0,952	1,342 1,26395 1,190
Frankreich	16,6310 16,2608 15,8990	89,925 87,9257 85,970	343,05 335,386 327,92	- - -	8,2703 8,08631 7,9064	304,44 297,661 291,04	3,6001 3,39056 3,1933	4,5011 4,23911 3,9923
Irland	2,05664 2,01090 1,96616	11,1208 10,8734 10,6315	42,4268 41,4757 40,5515	12,6480 12,3666 12,0915	- - -	37,6478 36,8105 35,9919	0,445207 0,419295 0,394892	0,556630 0,524232 0,493722
Niederlande	5,5870 5,46286 5,3415	30,21 29,5389 28,8825	115,235 112,673 110,1675	34,36 33,5953 32,8475	2,7784 2,71662 2,6562	- - -	1,2095 1013906 1,0728	1,51213 1,42413 1,34124
Portugal	509,230 479,590 451,670	2.753,50 2.593,24 2.442,30	10.504,20 9.891,77 9.319,70	3.131,60 2.949,37 2.777,70	253,234 238,495 224,615	9.321,40 8.779,18 8.267,90	- - -	132,750 125,027 117,750
Spanien	407,300 383,589 361,260	2.202,30 2.074,15 1.953,40	8.403,00 7.911,72 7.451,5	2.504,80 2.358,98 2.221,70	202,544 190,755 179,653	7.455,80 7.021,83 6.613,20	84,9260 79,9828 75,3300	- - -

1) Mit Wirkung vom 2. August 1993 sind die Schwankungsbreiten auf +/- 15% erweitert worden. Großbritannien und Italien nehmen seit dem 17.9.1992 nicht mehr am Interventionsmechanismus teil

Quelle: Institut "Finanzen und Steuern" e.V. (1994, S. 18f.).

Konstitutiv für die Funktionsweise eines Festkurssystems ist die Fixierung der Interventionspunkte, bei denen die Notenbanken zur Kursstützung in den Markt einzugreifen haben. Sie ergeben sich aus den **Paritäten**, die von den beteiligten Regierungen für das Umtauschverhältnis ihrer Währungen bestimmt werden. Da die Wechselkurse in der Regel innerhalb eines Kursbandes fixiert werden, muß um die Parität ein **oberer** und **unterer Interventionspunkt** festgelegt werden. Am oberen Interventionspunkt besteht eine unbegrenzte Verpflichtung zum Ankauf der Partnerwährung gegen die Abgabe der eigenen Währung. Am unteren Interventionspunkt ist eine Notenbank verpflichtet, die eigene Währung gegen die Abgabe einer Partnerwährung zu stützen.

Für die Festlegung der Paritäten und damit auch der Interventionspunkte sind unterschiedliche Verfahren denkbar. Im Bretton Woods-System wurden die Paritäten aller Währungen in Einheiten des US-Dollar determiniert, der so als Leitwährung des Systems fungierte. Im Rahmen dieses **Leitwährungs-Standards** waren die Notenbanken außerhalb der Vereinigten Staaten verpflichtet, den Dollar-Wechselkurs ihrer eigenen Währung innerhalb der vorgegebenen Bandbreite von ± 1 % zu halten. Die Notenbank der Vereinigten Staaten war durch diese Form der Paritätenfestlegung automatisch von Devisenmarktinterventionen befreit. Sie verpflichtete sich jedoch gegenüber den übrigen Teilnehmern, alle im Zuge von Interventionen entstehenden Dollarguthaben jederzeit zu einem festen Satz von 35 Dollar je Feinunze Gold in Gold einzutauschen. Während das Regelwerk von Bretton Woods somit eindeutig durch die Leitwährungsrolle des Dollar geprägt war, haben sich die Gründerväter des Europäischen Währungssystems (EWS) – wie auch des Europäischen Wechselkursverbunds – für eine symmetrische Lösung entschieden. Im umfassenderen Regelwerk des EWS werden die Interventionsregeln unter dem Begriff des „Wechselkursmechanismus" bzw. „Exchange Rate Mechanism (ERM)" zusammengefaßt. Die Paritäten werden in diesen beiden Systemen in der Form eines **Paritätengitters** festgelegt. Dabei handelt es sich um eine Matrix, die für jede Teilnehmerwährung einen Paritätswert in Bezug auf alle übrigen Währungen des Systems vorgibt (siehe Tabelle F.1).

Die **formale Symmetrie** eines solchen Paritätengitter-Standards hat zur Folge, daß beim Erreichen eines Interventionspunktes stets zwei Notenbanken gleichzeitig zur Intervention am Devisenmarkt verpflichtet sind. Die Notenbank des Landes mit der schwachen Währung muß am unteren Interventionspunkt aktiv werden, die Notenbank des Landes mit der starken Währung greift am oberen Interventionspunkt in den Devisenmarkt ein. Theoretisch denkbar ist auch eine Fixierung der Paritäten in den Einheiten eines **Währungskorbs**, der sich aus den Teilnehmerwährungen eines Festkurssystems zusammensetzt. Ein solcher Währungskorb-Standard auf der Basis der Europäischen Währungseinheit (ECU) wurde im Jahr 1978 von einigen Ländern für das EWS vorgeschlagen. Wegen der unklaren Verantwortlichkeiten im Fall einer Abwertungsspekulation wurde diese Lösung jedoch nur in der Form des rechtlich unverbindlichen „Abweichungsindikators"[512] in das Abkommen über das EWS übernommen.

---

[512] Siehe dazu ausführlicher Deutsche Bundesbank (1992, S. 300f.)

2.2 Weite der Bandbreiten

Für die Lozierung eines konkreten Festkurssystems auf dem Spektrum zwischen (frei-) flexiblen Wechselkursen und einer Währungsunion ist es von wesentlicher Bedeutung, wie weit die Bandbreite zwischen dem oberen und unteren Interventionspunkt ist. Die offizielle Schwankungsbreite im Bretton Woods-System belief sich auf ± 1 % um die Dollarparität, womit Schwankungen von ± 2 % zwischen den Nicht-Dollar-Währungen möglich waren. In der Praxis entschieden sich die meisten Industrieländer für eine Marge von ±0,75 % um den Dollar. Mit dem Smithsonian Agreement (Dezember 1971) wurde die Schwankungsbreite gegenüber dem Dollar auf ± 2,25 % erweitert, womit für die Wechselbewegungen zwischen den übrigen Währungen ein Spielraum von ± 4,5 % geschaffen wurde. Das im April 1972 in Kraft getretene Festkurssystem des Europäischen Wechselkursverbunds begrenzte daher für die Gruppe der EG-Länder die maximal zulässige Schwankungsbreite zwischen den Mitgliedswährungen auf ± 2,25 % („Schlange im Tunnel"). Das EWS[513] übernahm diese Regelung als „enge" Bandbreite, eröffnete zugleich aber auch die Option einer „erweiterten" Bandbreite von ± 6 %. Letztere wurde zu Beginn des Systems im Jahr 1979 nur von Italien in Anspruch genommen. Als Folge der EWS-Krisen im Herbst 1992 und im Frühsommer 1993 wurden die EWS-Bandbreiten im August 1993 grundsätzlich auf ± 15 % erweitert; lediglich zwischen dem holländischen Gulden und der D-Mark wurde bilateral die Beibehaltung des engen Bandes vereinbart. Damit hat sich das EWS nunmehr deutlich in die Richtung eines Systems flexibler Wechselkurse bewegt.

2.3 Verfahren für Wechselkursanpassungen („Realignments")

Neben der Weite der Bandbreiten bestimmen die Verfahren für Wechselkursanpassungen wesentlich darüber, ob ein konkretes Festkurssystem eher als eine Währungsunion oder als ein System flexibler Wechselkurse anzusehen ist. Das System von **Bretton Woods**, das vor allem als Reaktion auf den weltweiten Abwertungswettlauf („beggar-my-neighbour policy") der dreißiger Jahre entstanden ist, versuchte Wechselkursänderungen möglichst zu vermeiden. Artikel IV, Abschnitt 5 des Abkommens über den Internationalen Währungsfonds (IWF) sah vor, daß Leitkursänderungen nur dann ohne Zustimmung des IWF durchgeführt werden durften, wenn sich ein Land in der Situation eines „**fundamentalen Ungleichgewichts**" befindet und wenn es dadurch nicht zu einer Abweichung des Wechselkurses von der Ausgangsparität um mehr als 10 % kommt. In der Praxis wurden im Bretton Woods-System Realignments nur äußerst selten vorgenommen; für die

---

513 Gründungsmitglieder des EWS waren Belgien, Dänemark, Deutschland, Frankreich, Irland, Italien, Luxemburg, die Niederlande und das Vereinigte Königreich, welches allerdings erst im Oktober 1990 am Wechselkursmechanismus teilnahm.

Paritäten der großen Industrieländer (G7-Länder) ergaben sich im Zeitraum von 1950 bis 1970 insgesamt lediglich sieben Realignments. Im **EWS-Abkommen** fehlen präzise Bestimmungen für die Durchführung von Leitkursänderungen. Man findet dort lediglich die Feststellung, daß Paritätsanpassungen im gegenseitigen Einvernehmen durchgeführt werden sollen. Insgesamt ist das EWS durch eine wesentlich größere Wechselkursflexibilität gekennzeichnet als das Bretton Woods-System: Von März 1979 bis Anfang 1987 kam es zu zwölf mehr oder weniger bedeutsamen Paritätsänderungen. An diese Phase schloß sich ein Zeitraum weitgehender Wechselkursstabilität an, die bis August 1992 anhielt. In der kurzen Periode von September 1992 bis zur Aufweitung der Bandbreiten Anfang August 1993 fanden dann fünf weitere Realignments statt. Außerdem schieden Italien und das Vereinigte Königreich im September 1992 aus dem EWS aus.

2.4 Kreditmechanismen

Eine Notenbank, deren Währung unter Abwertungsdruck steht, kann ihren Interventionsverpflichtungen nur dann gerecht werden, wenn sie über ausreichende Währungsreserven verfügt. Um die Glaubwürdigkeit eines Festkurssystems gegenüber „spekulativen Attacken" durch die Devisenmärkte zu erhöhen, kann es daher sinnvoll sein, daß sich die Teilnehmerländer wechselseitig Kreditlinien zur Finanzierung von Interventionen einräumen. Im **Bretton Woods-System** waren diese vergleichsweise eng bemessen und auf die Quoten eines Landes beim IWF beschränkt. Demgegenüber zeichnet sich das **EWS** durch sehr umfassende Kreditfazilitäten aus. Für Interventionen, die bei Erreichen des unteren Interventionspunktes erforderlich werden, können im Rahmen der „**sehr kurzfristigen Finanzierung**" quantitativ unbegrenzte Kredite in Anspruch genommen werden; sie werden dem Land mit schwacher Währung von der Notenbank des Landes mit starker Währung zur Verfügung gestellt. Die von einer Notenbank mit starker Währung zur Verteidigung einer schwachen Währung (am oberen Interventionspunkt) eingesetzten Mittel werden dabei wie ein vom Schwachwährungsland aufgenommener Interventionskredit behandelt. Alle in Anspruch genommenen Interventionskredite werden in ECU verbucht und zu einem durchschnittlichen Marktzinssatz verzinst. Sie müssen im Prinzip 3 1/2 Monate nach ihrer Entstehung zurückgezahlt werden; dabei sind vorrangig Guthaben in Gläubigerwährung zu verwenden. Eine Verlängerung der Laufzeit dieser Kredite ist im Rahmen vorgegebener Schuldnerquoten möglich.[514] Neben der „sehr kurzfristigen Finanzierung" können die EU-Länder im Fall von Zahlungsbilanzschwierigkeiten auch auf den (bisher kaum genutzten) Kreditmechanismus des „**kurzfristigen Währungsbeistands**" und auf das – mit

[514] Zun den genaueren Bestimmungen siehe Deutsche Bundesbank (1992, S. 312 - 317).

wirtschaftspolitischen Auflagen verbundene – **„einheitliche System des mittelfristigen Beistands“** zurückgreifen.

2.5 Wirtschaftspolitische Koordination und Kooperation

Die durch ein Festkurssystem geschaffene wirtschaftspolitische Interdependenz legt es nahe, daß die Mitgliedsländer über die Interventions- und Kreditbestimmungen hinaus Formen einer engeren wirtschaftspolitischen Kooperation und Koordination vereinbaren. Im Fall des Bretton Woods Systems wurde dazu dem IWF eine zentrale Überwachungsfunktion eingeräumt. Diese umschließt nicht nur die Aufsicht über die Wechselkurspolitik der Mitgliedsländer – mit dem Ziel, Wechselkursmanipulationen zur Erlangung unfairer Wettbewerbsvorteile zu verhindern –, sondern auch die laufende Überprüfung der gesamten Wirtschaftspolitik der Mitgliedsländer. Letztere wird in der Form der sogenannten „Artikel IV-Konsultationen“ grundsätzlich jährlich durchgeführt. Bei der Gründung des EWS konnte auf bereits bestehende Koordinationsgremien im Rahmen der EG zurückgegriffen werden. Für die geldpolitische Koordination spielten der „Währungsausschuß“, der auf Artikel 105 Absatz 2 des EWG-Vertrages beruht, und der im Jahr 1964 gegründete Ausschuß der EG-Notenbankgouverneure („Gouverneursausschuß“) eine zentrale Rolle. Im Zuge der bis zum Ende der neunziger Jahre angestrebten Verwirklichung einer Europäischen Währungsunion wurde der Gouverneursausschuß im Januar 1994 durch das Europäische Währungsinstitut (EWI) substituiert. Dieses fungiert – wie sein Vorgänger – in erster Linie als eine geldpolitische Koordinationsinstanz, ohne daß ihm jedoch eigenständige geldpolitische Kompetenzen zugeordnet werden.[515] Nach den Beschlüssen von Maastricht sollen alle Verantwortlichkeiten im Bereich der Geldpolitik bis zum endgültigen Eintritt in die Währungsunion bei den nationalen Notenbanken verbleiben (Artikel 109 f EGV).

3. Erfahrungen mit Festkurssystemen

Die Erfahrungen mit dem EWS und dem System von Bretton Woods lassen ein vergleichsweise ähnliches Muster erkennen. In beiden Fällen steht außer Zweifel, daß diese Festkurssysteme über viele Jahre hinweg zur Zufriedenheit aller Teilnehmerländer funktioniert haben. Im **Bretton Woods-System**[516] gilt dies für den Zeitraum von seinem Inkrafttreten im Jahr 1946 bis etwa zur Mitte der sechziger Jahre. Die als Leitwährungsland fungierenden Vereinigten Staaten verfolgten in

---

[515] Siehe dazu ausführlicher Bofinger (1993).

[516] Zur Funktionsweise und den Problemen des Bretton Woods-Systems siehe ausführlicher Bordo und Eichengreen (1993).

dieser Phase eine eindeutig auf das Ziel der Geldwertstabilität ausgerichtete Wirtschaftspolitik. Durch einen festen Wechselkurs gegenüber dem Dollar verfügten die anderen Teilnehmerländer somit über einen verläßlichen „nominellen Anker" für ihre nationale Geldpolitik (siehe dazu auch Kapitel V.4.2), der ihnen zugleich weitgehend stabile Wechselkurse mit dem Rest der Welt garantierte. Das Bild änderte sich ab 1967 als der Vietnam-Krieg, zu einer zunehmend inflationären Ausrichtung der amerikanischen Wirtschaftspolitik führte. Die Bindung an den Dollar war von da an mit einem Inflationsimport verbunden, der vor allem für stabilitätsorientierte Länder wie die Bundesrepublik nicht akzeptabel war. Damit wurden häufigere Wechselkursanpassungen erforderlich, durch die die Glaubwürdigkeit der Festkursvereinbarungen ebenso beeinträchtigt wurde wie durch temporäre Floating-Phasen (für die D-Mark: vom 30.9 bis 24.10.1969 und vom 10.5. bis 17.12.1971) und die im Dezember 1971 beschlossene Ausweitung der Bandbreiten. Bei anhaltenden Divergenzen in den wirtschaftspolitischen Zielvorstellungen der Vereinigten Staaten auf der einen und den anderen großen Mitgliedsländern auf der anderen Seite kam es im März 1973 zum Zusammenbruch des Systems.

Auch das **Europäische Währungssystem** funktionierte über lange Jahre hinweg durchaus zufriedenstellend. Dies lag wesentlich daran, daß das System entscheidend von der Politik der Deutschen Bundesbank geprägt wurde, der aufgrund ihrer Stabilitätsorientierung und der spezifischen Regelmechanismen des EWS[517] alsbald die Rolle der **Leitwährungsnotenbank** zugewachsen war. Für die anderen Teilnehmerländer konnte das EWS in den achtziger Jahren daher zunehmend als ein Instrument zur Wiedergewinnung der Geldwertstabilität und der Glaubwürdigkeit ihrer Geldpolitik genutzt werden. Die zu Beginn des EWS (im Jahre 1979) noch erheblichen Unterschiede in den Inflationsraten der EWS-Länder verringerten sich bis Anfang der neunziger Jahre erheblich. Leitkursanpassungen wurden daher immer weniger erforderlich. Dieses insgesamt durchaus positive Bild wandelte sich von 1990 an, als die Geld- und Finanzpolitik im Leitwährungsland Deutschland mehr und mehr mit den wirtschaftlichen Folgen der deutschen Vereinigung zu kämpfen hatte. Die Mechanismen des EWS übertrugen die daraus resultierende Hochzinspolitik der Bundesbank unmittelbar auf Länder, die – wie beispielsweise Frankreich – zu diesem Zeitpunkt keinerlei Stabilitätsprobleme aufwiesen. Die Ausrichtung der Geldpolitik am Zwischenziel eines festen Wechselkurses zur D-Mark erforderte so eine übermäßig restriktive Geldpolitik, bei der die Finanzmärkte davon ausgingen, daß sie nur über begrenzte Zeit durchgehalten werden könnte. Zugleich blieben in dieser Phase aber auch Leitkursanpassungen für jene Währungen aus, die weiterhin unter hohen Inflationsraten litten. Beides zusammen führte zu starken Spannungen, die sich im September 1992 in

[517] Siehe dazu ausführlich Bofinger (1991) sowie Gros und Thygesen (1992).

einer massiven Währungskrise entluden. Die Instabilität des EWS hielt auch nach umfassenden Paritätsänderungen und dem Ausscheiden des britischen Pfundes und der italienischen Lira an, so daß es Anfang August 1993 mit der starken Erweiterung der Bandbreiten de facto zu einem Suspendieren des EWS-Wechselkursmechanismus kam. Gleichwohl sind einige der EWS-Mitgliedsländer (Belgien, Dänemark, Frankreich, Luxemburg und – seit seiner Teilnahme an der EU im Jahr 1995 – auch Österreich) bestrebt, ihre Wechselkurse weiterhin innerhalb des engen Bandes von ± 2,25 % zu halten.

4. Flexible Wechselkurse und Managed floating

Ein System flexibler Wechselkurse ist aus institutioneller Sicht weitaus einfacher konzipiert als ein Festkurssystem. In idealtypischer Form wird die Kursbildung am Devisenmarkt ausschließlich den Marktkräften überlassen. Alle Regelungen, die für die Funktionsweise eines Festkurssystems erforderlich sind, werden dann entbehrlich. Wichtigstes Indiz dafür, daß ein System flexibler Wechselkurse in dieser Reinform praktiziert wird, ist die Konstanz der Devisenreserven der Notenbanken.

In der Praxis wurde auch nach dem Zusammenbruch des Systems von Bretton Woods nicht auf Interventionen am Devisenmarkt verzichtet, ohne daß jedoch die Interventionspunkte der Öffentlichkeit bekanntgegeben wurden (Managed floating). Anders als von vielen Anhängern flexibler Wechselkurse ursprünglich erwartet worden war, ergaben sich nach 1973 starke Schwankungen der Marktkurse, die auf kurze und mittlere Sicht weit über den Wechselkursänderungsbedarf hinausgingen, der von den unterschiedlichen makroökonomischen Gegebenheiten (den sogenannten „Fundamentalfaktoren“) der einzelnen Länder angezeigt wurde.[518] Besonders deutlich war dies beim Dollarkurs, der sich von DM 1,70 im Januar 1980 auf fast DM 3,50 im Februar 1985 aufwertete und dann bereits im Dezember 1987 wieder bei DM 1,60 lag, ohne daß es auch nur annähernd ähnlich dramatische Unterschiede in den makroökonomischen Entwicklungen Deutschlands und der Vereinigten Staaten gegeben hätte. In den Jahren von 1985 bis 1987 war daher auch die Interventionsaktivität der Notenbanken am Dollar-Markt besonders ausgeprägt. Zugleich versuchten die G7-Länder mit internationalen Vereinbarungen (Plaza-Abkommen vom September 1985, Louvre-Abkommen vom Februar 1987) auf die Erwartungsbildung am Devisenmarkt Einfluß zu nehmen.

Die Weltwährungsordnung ist heute eindeutig vom System des Managed floating geprägt. Dies gilt um so mehr, als das mit Bandbreiten von ± 15 % versehene EWS kaum noch von einem System flexibler Wechselkurse unterschieden werden kann. Trotz seiner Schwächen hat das Managed floating den entscheidenden Vorzug, daß

---

[518] Siehe dazu die ausführlichen Analysen von Isard (1995) und Obstfeld (1995).

es zumindest formal jedem Land eine eigenständige Geldpolitik erlaubt. Dies erklärt auch die Beliebtheit dieses Währungssystems gerade in Phasen, in denen die großen Länder unterschiedliche wirtschaftspolitische Zielsetzungen verfolgen.

5. Zur Beurteilung alternativer Währungsordnungen

In der wirtschaftswissenschaftlichen Literatur werden die unterschiedlichen Währungssysteme seit langem sehr kontrovers diskutiert, wobei die Ablehnung von Festkurssystemen eindeutig überwiegt. Die Kritiker solcher Systeme berufen sich vor allem auf das Argument, wonach in einer marktwirtschaftlichen Ordnung staatliche Eingriffe in den Marktprozeß grundsätzlich zu suboptimalen Ergebnissen führten. Da für die Vertreter der herrschenden Meinung unter allokativen Aspekten keine wesentlichen Unterschiede zwischen dem Devisenmarkt und den Märkten für Güter bestehen, seien feste Wechselkurse ebenso abzulehnen wie staatliche Höchst- oder Mindestpreise für Kartoffeln, Wohnungen oder andere Produkte. Für die Anhänger von Festkurssystemen greift diese Analogie zu kurz. Insbesondere ist aus ihrer Sicht keinesfalls gewährleistet, daß die einzelwirtschaftliche Gewinnmaximierung der Teilnehmer am Devisenmarkt auch zu gesamtwirtschaftlich optimalen Resultaten führt. Während dies auf den Gütermärkten uneingeschränkt der Fall ist, seien im Fall des Devisenmarktes erhebliche Zweifel angebracht. Dies belege insbesondere die bereits angesprochene Tatsache, daß sich die flexiblen Wechselkurse in den siebziger und achtziger Jahre ganz anders entwickelt haben, als dies in allen gängigen makroökonomischen Wechselkursmodellen unterstellt wurde. Sie entsprechen daher nicht der diesen Modellen zugrundeliegenden makroökonomischen Optimalitätsvorstellung. Das so konstatierte „Marktversagen" rechtfertigt für die Anhänger fester Kurse staatliche Eingriffe in die Kursbildung am Devisenmarkt.

V

Verzeichnisse

Schaubildverzeichnis

Kapitel II

Kapitel III

Tabellenverzeichnis

Kapitel V

Kapitel VI

Abkürzungsverzeichnis

AD	Aggregate demand
AS	Aggregate supply
ATS	Automatic transfer service
BBankG	Gesetz über die Deutsche Bundesbank
BCAM	Bank-Charter Act Model
BdF	Banque de France
BIP	Bruttoinlandsprodukt
BIZ	Bank für Internationalen Zahlungsausgleich
BoE	Bank of England
BR	Borrowed reserves
BSP	Bruttosozialprodukt
Bulis	Bundes-Liquiditätspapiere
CD	Certificates of deposits
DW	Durbin-Watson-Teststatistik
ECU	European Currency Unit
EG	Europäische Gemeinschaft
EGV	Vertrag über die Europäische Gemeinschaft
ESZB	Europäisches System der Zentralbanken
EU	Europäische Union
EWI	Europäisches Währungsinstitut
EWS	Europäisches Währungssystem
FEER	Fundamental equilibrium exchange rate
G7	Siebenergruppe
GDP	Gross Domestic Product
GUS	Gemeinschaft Unabhängiger Staaten
IWF, IMF	Internationaler Währungsfonds, International Monetary Fund
M1, M2, M3	Geldmengenaggregate im Sinne der Abgrenzungen M1, M2, M3
NAIRU	Nonaccelerating inflation rate of unemployment
NOW	Negotiable orders of withdrawal
NR	Non-borrowed reserves
OECD	Organization for Economic Co-Operation and Development
PSL2	Private sector liquidity
PTA	Policy target agreements
RBNZ	Reserve Bank of New Zealand

RMSE	Root mean squared error
RPIX	Retail price index excluding mortgage interest payments
SE	Standard error
SIC	Swiss International Clearing
SNB	Schweizerische Nationalbank

Symbolverzeichnis

In dieses Verzeichnis werden alle häufig verwendeten Symbole erklärt. Alle anderen – nur sehr spezifisch gebrauchten Symbole – werden an den jeweiligen Stellen im Text definiert. Es ließ sich leider nicht vermeiden, einzelne Symbole mit verschiedenen Bedeutungen zu belegen. So werden z.B. der Geldschöpfungsmultiplikator und die reale Geldmenge mit „m" gekennzeichnet. Hierauf wird jedoch an entsprechender Stelle hingewiesen.

1. Allgemeine Regeln und Zeichen:

Erwartungsgrößen:	Hochgestelltes e (z.B.: π^e = erwartete Inflationsrate)
Angebotsgrößen:	Hochgestelltes S (z.B.: M^S = Geldangebot)
Nachfragegrößen:	Hochgestelltes D (z.B.: M^D = Geldnachfrage)
Gleichgewichtsgrößen/ Zielgrößen:	Hochgestelltes * (z.B.: π^* = Zielinflationsrate)
Ausländische Größen:	Hochgestelltes * (z.B.: i^* = ausländischer Zinssatz)
Wachstumsraten:	Gekennzeichnet durch ^ bzw. bei häufig verwendeten Größen durch griechische Buchstaben (z.B.: $\hat{W}$ = Nominallohnänderungsrate; π = Inflationsrate)
Zeitindex:	Tiefgestelltes t (z.B.: P_t = Preisniveau zum Zeitpunkt t)
Logarithmische Werte:	Gekennzeichnet durch ln
Ableitungen nach der Zeit:	Gekennzeichnet durch •

Falls aus Praktikabilitätsüberlegungen in Einzelfällen von diesen Regeln abgewichen werden sollte, wird darauf an entsprechender Stelle explizit hingewiesen.

2. Griechische Buchstaben:

α, β, ε	Elastizitäten
β	• Insolvenzrisiko • Gewichtungsfaktor
ε	Störterm
η	Bevölkerungswachstumsrate
θ	soziale Grenzkosten
λ	• Produktivitätswachstums • Lagrangemultiplikator • Transportkosten, Zölle etc.
λ_N	Produktivitätswachstum im Sektor der nicht-handelbaren Güter
λ_T	Produktivitätswachstum im Sektor der handelbaren Güter
μ	Wachstumsrate der Geldmenge
π	Inflationsrate
π^*	ausländische Inflationsrate
π^e	erwartete Inflationsrate
π^{Norm}	normative Inflationsrate
π_T	Inflationsrate der handelbaren Güter
Π	Gewinn
ρ	• Zeitpräferenzrate • Risikoprämie
ϖ	Relation Nicht-Humanvermögen zu Humanvermögen
ν	Variablen, die die Präferenzen beeinflussen
σ	Gesamtrisiko der Wertpapierhaltung

3. Großbuchstaben:

AD	aggregierte Nachfrage
AS	aggregiertes Angebot
A_{NB}	Nettoforderungsposition der Notenbank gegenüber dem Staat
A_P	Staatspapiere gehalten von den Privaten
A_T	ausgegebene Staatspapiere
B	• Geldbasis • festverzinsliche Wertpapiere

BR	Borrowed reserves
C	• Bargeldumlauf • Konsum • Wohlfahrtskosten der Seigniorage-Finanzierung
D	• Sichteinlagen • Forderungen der Notenbank gegenüber inländischen Kreditinstituten
DZ	Durchschnittsziel
E	Einlagen
E^e	erwarteter Ertrag
E_I	Ertrag eines inländischen Finanztitels
E_A^e	erwarteter Ertrag eines ausländischen Finanztitels unter Wechselkursrisiko
E_A^T	Ertrag eines ausländischen Finanztitels bei Absicherung über ein Termingeschäft
E_{kurz}	kurzfristiger Ertrag
E_{lang}	langfristiger Ertrag
EK	Eigenkapital
EX	Exporte
F	Nettoforderungsposition der Notenbank gegenüber dem Ausland
G	Staatsausgaben
G^e	erwarteter Gesamtertrag
GF	Geldforderungen
GK	• Geldkapital • Gesamtkosten
GS	Geldschulden
IM	Importe
IT	Inflationssteuer
J	Kreditausfallkosten
K	• Kredite • Kapitalstock
$K_{BS/P}$	Kredite des Bankensystems an den privaten Sektor
K^D	Kreditnachfrage
$K_{GB/P}$	Kredite der Kreditinstitute an den privaten Sektor
$K_{GB/ST}$	Kredite der Kreditinstitute an den Staat
$K_{NB/GB}$	Kredite der Notenbank an Kreditinstitute

K^S	Kreditangebot
L	Freizeit
M	Geldmenge
M0	Geldbasis
M1	Geldmengenaggregat M1
M2	Geldmengenaggregat M2
M3	Geldmengenaggregat M3
M^D	Geldnachfrage
M_S^D	Geldnachfrage aus dem Spekulationsmotiv
M_T^D	Geldnachfrage aus dem Transaktionsmotiv
M_V^D	Geldnachfrage aus dem Vorsichtsmotiv
M^S	Geldangebot
$\hat{M}_{BSP}$	Geldmengenwachstum im Fall der nominellen BSP-Steuerung
$\hat{M}_G$	Geldmengenwachstum im Fall der Geldmengensteuerung
MR	Mindestreserve
N	Beschäftigung
NR	Non-borrowed reserves
$NFP_{BS/A}$	Nettoforderungsposition des Bankensystems gegenüber dem Ausland
$NFP_{NB/A}$	Nettoforderungsposition der Notenbank gegenüber dem Ausland
$NFP_{NB/St}$	Nettoforderungsposition der Notenbank gegenüber dem Staat
$NFP_{P/A}$	Nettoforderungsposition der Privaten gegenüber dem Ausland
N^n	natürliche Beschäftigung
O	Kosten des laufenden Geschäftsbetriebs der Notenbank (Operating costs)
OK	Opportunitätskosten
P	Preisniveau
P*	ausländisches Preisniveau
P_B	Kurs (Preis) des Wertpapiers (Bond)
P_T	Preisindex handelbarer Güter (tradables)
P_N	Preisindex nicht-handelbarer Güter (non-tradables)
R	• Zentralbankguthaben der Kreditinstitute bei der Notenbank (Reserven) • Gesamtrisiko

RV	Reinvermögen
S	• Spareinlagen • (monetäre) Seigniorage • Ersparnis
S_G	fiskalische Seigniorage
$Saldo_{SPA}^{BS}$	Saldo sonstiger Passiva und Aktiva des Bankensystems
$Saldo_{SPA}^{GB}$	Saldo sonstiger Passiva und Aktiva der Geschäftsbanken
$Saldo_{SPA}^{GB}$	Saldo sonstiger Passiva und Aktiva der Notenbank
SV	Sachvermögen
T	• Volumen der Transaktionen • Steuereinnahmen • Termineinlagen • Maß für die Effizienz des Faktoreinsatzes
U	• Arbeitslosenquote • Nutzen
UK	Umtauschkosten
U^n	natürliche Arbeitslosenquote
ÜR	Überschußreserve
V	• Umlaufsgeschwindigkeit des Geldes • Bewertungsverluste bei Währungsreserven
$\hat{V}^B$	Veränderungsrate der Umlaufsgeschwindigkeit der Geldbasis
$\hat{V}^{Trend}$	Trendumlaufsgeschwindigkeit des Geldes
VZ	Verlaufsziel
W	• Nominallohn • Vermögen
X	• Gütermenge • Anlagebetrag für ein Wertpapier
Y	realer gesamtwirtschaftlicher Output, (Volkseinkommen, BSP)
Y^D	aggregierte Nachfrage
Y^f	Vollbeschäftigungsoutput
Y^n	nomineller gesamtwirtschaftlicher Output, (Volkseinkommen, BSP)
Y_{sim}^n	simulierte Werte des nominellen Outputs
Y^p	permanentes Einkommen
$\hat{Y}^{Pot}$	Wachstumsrate des realen Produktionspotentials

Y^S	aggregiertes Angebot
ZS	Zinsstruktur

4. Kleinbuchstaben:

a	Realvermögen pro Kopf
b	Bargeldhaltungskoeffizient (C/E)
b'	Bargeldabflußkoeffizient (C/M)
c	• nominelle Transaktionskosten • Anteil des Kapitals an der gesamten Faktorentlohnung
c_R	reale Transaktionskosten
e	Wechselkurs (Kassakurs) (Preisnotierung)
e^e	erwarteter Wechselkurs
e^R	realer Wechselkurs
e^T	Terminkurs
f	Funktion
g	• Gewinnzuschlag • Änderungsrate der realen Geldmenge • Änderungserwartung für den Kurs festverzinslicher Wertpapiere
i	nominaler Zinssatz
i*	ausländischer nominaler Zinssatz
i_B	Erträge festverzinslicher Wertpapiere
i_D	Erträge von Sachvermögen
i_E	Erträge von Aktien
i_G	Geldmarktsatz
i_K	• Kreditmarktsatz • „kritischer" Zinssatz
i_{kurz}	kurzfristiger Zinssatz
i_{lang}	langfristiger Zinssatz
i_M	Erträge für die Haltung von Geld
i_{Rf}	Refinanzierungssatz

k	• Kassenhaltungskoeffizient • Kapitalintensität (K/N) • Realkapital pro Kopf • Zielwert für das nominelle BSP-Wachstum
m	• Geldschöpfungsmultiplikator • reale Geldmenge
n	Zahl der Abhebungen
q_T	Grenzproduktivität der Arbeit im Sektor der handelbaren Güter
q_N	Grenzproduktivität der Arbeit im Sektor der nicht-handelbaren Güter
r	• Realzins • Reservesatz (R/E) • Rendite
s	Sparquote (S/Y)

Literaturverzeichnis

Literatur zu Kapitel II: Geldwertstabilität als Ziel der Geldpolitik

Alogoskoufis, George S. und Ronald P. Smith (1991), The Phillips Curve, the Persistence of Inflation, and the Lucas Critique, in: American Economic Review, Vol. 81, No. 5, S. 1254 - 1275.

Auernheimer, Leonardo (1974), The Honest Government's Guide to the Revenue from the Creation of Money, in: Journal of Political Economy, Vol. 82, No. 3, S. 598 - 606.

Bailey, Martin J. (1956), The Welfare Cost of Inflationary Finance, in: Journal of Political Economy, Vol. 64, No. 2, S. 93 - 110.

Bank für Internationalen Zahlungsausgleich (1995), 65. Jahresbericht, Basel.

Barro, Robert J. (1982), Measuring the Fed's Revenue from Money Creation, in: Economic Letters, Vol. 10, S. 327 - 332.

Barro, Robert J. (1991), Economic Growth in a Cross Section of Countries, in: Quarterly Journal of Economics, Vol. 106, S. 407 - 433.

Barro, Robert J. (1995), Inflation and Economic Growth, in: Bank of England Quarterly Bulletin, Vol. 35, No. 2, S. 166 - 176.

Black, Stanley W. (1992), Seigniorage, in: Eatwell, John; Milgate, Murray und Peter Newman (Hrsg.), The New Palgrave – A Dictionary of Money and Finance, Vol. 3, London: Macmillan, S. 438 - 439.

Bofinger, Peter (Hrsg.) (1990), Der Weg zur Wirtschafts- und Währungsunion in Europa, Analysen und Dokumente, Wiesbaden: Gabler Verlag.

Bradley, Michael D. und Dennis W. Jansen (1989), Understanding Nominal GNP Targeting, in: Federal Reserve Bank of St. Louis Review, Vol. 71, No. 6, S. 31 - 40.

Browning, Edgar K. (1987), On the Marginal Welfare Costs of Taxation, in: American Economic Review, Vol. 77, No. 1, S. 11 - 23.

Brümmerhoff, Dieter (1996), Finanzwissenschaft, 7. Aufl., München: R. Oldenbourg Verlag.

Bruno, Michael (1995), Verlangsamt Inflation tatsächlich das Wachstum? in: Finanzierung und Entwicklung, 32. Jg., Nr. 3, S. 35 - 38.

Bruno, Michael und Stanley Fischer (1990), Seigniorage, Operating Rules, and the High Inflation Trap, in: Quarterly Journal of Economics, Vol. 105, No. 2, S. 353 - 374.

Cagan, Phillip (1956), The Monetary Dynamics of Hyperinflation, in: Friedman, Milton (Hrsg.), Studies in the Quantity Theory of Money, Chicago: University of Chicago Press, S. 25 - 117.

Calvo, Guillermo A. (1978), Optimal Seigniorage from Money Creation: An Analysis in Terms of the Optimum Balance of Payments Deficit Problem, in: Journal of Monetary Economics, Vol. 4, S. 503 - 517.

Calvo, Guillermo A. und Pablo E. Guidotti (1993), On the Flexibility of Monetary Policy - The Case of the Optimal Inflation Tax, Review of Economic Studies, Vol. 60, No. 3, S. 667 - 687.

Caplin, Andrew (1992), Menu Costs, in: Eatwell, John; Milgate, Murray und Peter Newman (Hrsg.), The New Palgrave – A Dictionary of Money and Finance, Vol. 2, London: Macmillan, S. 694 - 697.

Chiang, Alpha (1984), Fundamental Methods of Mathematical Economics, 3. Aufl., Tokio: McGraw-Hill.

Conway, Roger K. und Gurmukh Gill (1991), Is the Phillips Curve Stable? A Time-Varying Parameter Approach, in: Journal of Policy Modeling, Vol. 13, No. 1, S. 141 - 151.

Cooley, Thomas F. und Gary D. Hansen (1991), The Welfare Costs of Moderate Inflation, in: Journal of Money, Credit, and Banking, Vol. 23, No. 3, S. 483 - 503.

Cornwall, John (1987), Inflation and Growth, in: Eatwell, John; Milgate, Murray und Peter Newman (Hrsg.), The New Palgrave – A Dictionary of Economics, Vol. 2, London: Macmillan, S. 839 - 841.

Cukierman, Alex (1992), Central Bank Strategy, Credibility, and Independence, Cambridge (Mass): MIT Press.

Cukierman, Alex; Edwards, Sebastian und Guido Tabellini (1992), Seigniorage and Political Instability, in: American Economic Review, Vol. 82, No. 3, S. 537 - 555.

De Gregorio, José (1993), Inflation, Taxation, and Long-run Growth, in: Journal of Monetary Economics, Vol. 31, S. 271 - 298.

De Haan, Jakob; Zelhorst, Dick und Onno Roukens (1993), Seigniorage in Developing Countries, in: Applied Financial Economics, Vol. 3, No. 4, S. 307 - 314.

Deutsche Bundesbank (1994), Geschäftsbericht 1994, Frankfurt am Main.

Deutsche Bundesbank (1995), Die Geldpolitik der Deutschen Bundesbank, Frankfurt am Main: Selbstverlag der Deutschen Bundesbank.

Diewert, Erwin (1987), Index Numbers, in: Eatwell, John; Milgate, Murray und Peter Newman (Hrsg.), The New Palgrave – A Dictionary of Economics, Vol. 3, London: Macmillan, S. 767 - 780.

Dornbusch, Rüdiger (1988), The European Monetary System, the Dollar and the Yen, in: Giavazzi, Francesco; Micossi, Stefano und Marcus Miller (Hrsg.), The European Monetary System, Cambridge University Press, London.

Dornbusch, Rüdiger und Stanley Fischer (1986), Stopping Hyperinflation Past and Present, in: Weltwirtschaftliches Archiv, Band 122, S. 1 - 47.

Dornbusch, Rüdiger und Stanley Fischer (1992), Makroökonomik, 5. Aufl., München: Oldenbourg Verlag.

Dornbusch, Rüdiger und Stanley Fischer (1993), Moderate Inflation, in: The World Bank Economic Review, Vol. 7, No. 1, S. 1 - 44.

Drazen, Allan (1985), A General Measure of Inflation Tax Revenues, in: Economic Letters, Vol. 17, S. 327 - 330.

Driffill, John; Mizon, Grayham E. und Alistair Ulph (1990), Costs of Inflation, in: Friedman, Benjamin M. und Frank H. Hahn (Hrsg.), Handbook of Monetary Economics, Vol. II, Amsterdam: North-Holland, S. 1011 - 1066.

Easterly, William; Mauro, Paolo und Klaus Schmidt-Hebel (1995), Money Demand and Seigniorage-Maximizing Inflation, in: Journal of Money, Credit, and Banking, Vol. 27, No. 2, S. 583 - 603.

Edey, Malcolm; Funke, Norbert; Kennedy, Mike und Angel Palem (1995), Monetary Policy at Price Stability: A Review of Some Issues, OECD Economics Department Working Papers No. 158.

Europäisches Währungsinstitut (1995), Jahresbericht 1994, Frankfurt am Main.

EWS-Textsammlung (1985), Ausschuß der Präsidenten der Zentralbanken der Mitgliedstaaten der Europäischen Währungsgemeinschaft, Textsammlung zum Europäischen Währungssystem.

Feldstein, Martin und James H. Stock (1994), The Use of a Monetary Aggregate to Target Nominal GDP, in: Mankiw, N. Gregory (Hrsg.), Monetary Policy, Chicago: Chicago University Press, S. 7 - 62.

Fischer, Stanley (1977), Long-Term Contracts, Rational Expectations, and the Optimal Money Supply Rule, in: Journal of Political Economy, Vol. 85, No. 1, S. 191 - 205.

Fischer, Stanley (1981), Towards an Understanding of the Costs of Inflation: II, in: Carnegie-Rochester Conference Series on Public Policy, Vol. 15, S. 5 - 41.

Fischer, Stanley (1982), Seigniorage and the Case for a National Money, in: Journal of Political Economy, Vol. 90, No. 2, S. 295 - 313.

Fischer, Stanley (1993), The Role of Macroeconomic Factors in Growth, in: Journal of Monetary Economics, Vol. 32, S. 485 - 512.

Fischer, Stanley und Franco Modigliani (1978), Towards an Understanding of the Real Effects and Costs of Inflation, in: Weltwirtschaftliches Archiv, Band 114, S. 810 - 833.

Fisher, Irving (1926), A Statistical Relation Between Unemployment and Price Changes, in: International Labour Review, Vol. 13, No. 6, S. 785-792, wiederabgedruckt in Journal of Political Economy, Vol. 81, No. 2, 1973, S. 496-502.

Fisher, Irving (1930), The Theory of Interest, Reprint 1986, Fairfield (NJ): Augustus M. Kelley.

Flemming, John S. (1976), Inflation, Oxford: Oxford University Press.

Friedman, Milton (1966), Comments, in: Shultz, George und R. Z. Aliber (Hrsg.), Guidelines, Informal Controls and the Market Place, Chicago: University of Chicago Press, S. 55 - 61.

Friedman, Milton (1968), The Role of Monetary Policy, in: American Economic Review, Vol. 58, No. 1, S. 1 - 17.

Friedman, Milton (1970), Die optimale Geldmenge und andere Essays, München: Verlag Moderne Industrie.

Friedman, Milton (1971), Government Revenue from Inflation, in: Journal of Political Economy, Vol. 79, No. 4, S. 846 - 856.

Fry, Maxwell J. (1993), The Fiscal Abuse of Central Banks, IMF Working Paper, No. 93/58, Washington D.C.

Goff, Brian L. und Mark Toma (1993), Optimal Seigniorage, the Gold Standard, and Central Bank Financing, in: Journal of Money, Credit, and Banking, Vol. 25, No. 1, S. 79 - 95.

Goodhart, Charles A. E. und José Viñals (1995), Strategy and Tactics of Monetary Policy: Examples from Europe and the Antipodes, in: Fuhrer, Jeffrey C. (Hrsg.), Goals, Guidelines, and Constraints Facing Monetary Policymakers, Federal Reserve Bank of Boston Conference Volume S. 139 - 187.

Gordon, Robert J. (1990), The Phillips Curve Now and Then, National Bureau of Economic Research Working Paper No. 3393.

Grier, Kevin B. und Gordon Tullock (1989), An Empirical Analysis of Cross-National Economic Growth, 1951 - 80, in: Journal of Monetary Economics, Vol. 24, S. 259 - 276.

Griliches, Zvi (1987), Productivity: Measurement Problems, in: Eatwell, John; Milgate, Murray und Peter Newman (Hrsg.), The New Palgrave – A Dictionary of Economics, Vol. 3, London: Macmillan, S. 1010 - 1013.

Grimes, Arthur (1991), The Effects of Inflation on Growth: Some International Evidence, in: Weltwirtschaftliches Archiv, Band 127, S. 631 - 644.

Gros, Daniel (1989), Seigniorage in the EC: The Implications of the EMS and Financial Market Integration, IMF Working Paper, No. 89/71, Washington D.C..

Gros, Daniel (1996), Seigniorage and EMU: The Fiscal Implications of Price Stability and Financial Market Integration, in: Bofinger, Peter und Karl-Heinz Ketterer (Hrsg.), Neuere Entwicklungen in der Geldtheorie und Geldpolitik, Tübingen: J.C.B.Mohr (Paul Siebeck), S. 431 - 445.

Gylfason, Thorvaldur (1991), Inflation, Growth, and External Debt: A View of the Landscape, in: The World Economy, Vol. 14, No. 3, S. 279 - 298.

Haldane, Andrew (1995), Inflation Targets, in: Bank of England Quarterly Bulletin, Vol. 35, No. 3, S. 250 - 259.

Hall, Robert E. (1985), Monetary Strategy With an Elastic Price Standard, in: Federal Reserve Bank of Kansas City (Hrsg.), Price Stability and Public Policy: A Symposium sponsored by the Federal Reserve Bank of Kansas City, Kansas City.

Hall, Robert E. und N. Gregory Mankiw (1994), Nominal Income Targeting, in: Mankiw, N. Gregory (Hrsg.), Monetary Policy, Chicago: Chicago University Press, S. 71 - 93.

Haller, Heinz (1976), Die Rolle der Staatsfinanzen für den Inflationsprozeß, in: Deutsche Bundesbank (Hrsg.), Währung und Wirtschaft in Deutschland 1876-1975, Frankfurt am Main: Fritz Knapp Verlag, S. 115 - 155.

Havrylyshyn, Oleh; Miller, Marcus und William Perraudin (1994), Ukraine, in: Economic Policy, Vol. 19, S. 353 - 401.

Henderson, James M. und Richard E. Quandt (1983), Mikroökonomische Theorie, 5. Aufl., München: Vahlen Verlag.

Holtfrerich, Carl-Ludwig (1980), Die deutsche Inflation 1914 - 1923, Berlin: Verlag de Gryter.

Issing, Otmar (1995), Geldtheorie, 10. Aufl., München: Vahlen Verlag.

Johnson, Harry G. (1969), A Note on Seigniorage and the Social Saving from Substituting Credit for Commodity Money, in: Mundell, Robert A. und Alexander K. Swoboda (Hrsg.), Monetary Problems of the International Economy, Chicago: University of Chicago Press, S. 323 - 329.

Kahn, George A. (1988), Nominal GNP: An Anchor for Monetary Policy, in: Federal Reserve Bank of Kansas City Economic Review, Vol. 73, No. 9, S. 18 - 35.

Keynes, John Maynard (1923), A Tract on Monetary Reform, The Collected Writings of John Maynard Keynes, Reprint 1971, Vol. IV, London: Macmillan.

Kiguel, Miguel A. (1989), Budget Deficits, Stability, and the Monetary Dynamics of Hyperinflation, in: Journal of Money, Credit, and Banking, Vol. 21, No. 2, S. 148 - 157.

Kimbrough, Kent S. (1986), The Optimum Quantity of Money Rule in the Theory of Public Finance, in: Journal of Monetary Economics, Vol. 18, S. 277 - 284.

King Robert G.; Stock, James H. und Mark W. Watson (1995), Temporal Instability of the Unemployment-Inflation Relationship, in: Economic Perspectives, Federal Reserve Bank of Chicago, Vol. 19, No. 3, S. 2 - 12.

King, Robert G. und Mark W. Watson (1992), Testing Long Run Neutrality, National Bureau of Economic Research Working Paper No. 4156.

King, Robert G. und Mark W. Watson (1994), The Post-war U.S. Phillips Curve: A Revisionist Econometric History, in: Carnegie-Rochester Conference Series on Public Policy, Vol. 41, S. 157 - 219.

Klein, Martin und Manfred J.M. Neumann (1990), Seigniorage: What Is It and Who Gets It?, in: Weltwirtschaftliches Archiv, Band 126, S. 205 - 221.

Klein, Martin und Manfred J.M. Neumann (1992), The Distribution of Seigniorage - Reply, in: Weltwirtschaftliches Archiv, Band 128, S. 352 - 356.

Klump, Rainer (1993), Geld, Währungssystem und optimales Wachstum, Tübingen: J.C.B. Mohr (Paul Siebeck).

Klunzinger, Eugen (1987), Einführung in das Bürgerliche Recht, München: Vahlen Verlag.

Kommission der Europäischen Gemeinschaften (1990), Ein Markt, eine Währung, in: Europäische Wirtschaft, Nr. 44.

Kommission der Europäischen Gemeinschaften (1993), Stabiles Geld – Solide Finanzen, in: Europäische Wirtschaft, Nr. 53.

Koren, Stefan (1989), Steuerreform im internationalen Vergleich, Berlin: Duncker & Humblot.

Kormendi, Roger C. und Philip G. Meguire (1985), Macroeconomic Determinants of Growth, in: Journal of Monetary Economics, Vol. 16, S. 141 - 163.

Kral, Fritz (1995), Börsianer warten gespannt auf neuen Preisindex, in: Handelsblatt vom 13. September 1995, S. 34.

Laidler, David und Michael Parkin (1975), Inflation: A Survey, in: The Economic Journal, Vol. 85, December, S. 741 - 809.

Lange, Carsten (1995), Seigniorage, Berlin: Duncker & Humblot.

Leeson, Robert (1994), A.W.H. Phillips M.B.E. (Military Division), in: Economic Journal, Vol. 104, May, S. 605-618.

Levhari, David und Don Patinkin (1968), The Role of Money in a Simple Growth Model, in: American Economic Review, Vol. 58, No. 4, S. 713 - 753.

Levine, Ross und David Renelt (1992), A Sensitivity Analysis of Cross-Country Growth Regressions, in: American Economic Review, Vol. 82, No. 4, S. 942 - 963.

Lipsey, Richard G. (1960), The Relation between Unemployment and the Rate of Change of Money Wages in the United Kingdom, 1886 - 1957 - A Further Analysis, in: Economica, Vol. 27, No. 105, S. 1 - 37.

Lucas, Robert E. (1972), Expectations and the Neutrality of Money, in: Journal of Economic Theory, Vol. 4, No. 2, S. 103 - 124.

Lucas, Robert E. (1973), Some International Evidence on Output-Inflation Tradeoffs, in: American Economic Review, Vol. 63, No. 3, S. 326 - 334.

Lucas, Robert E. (1981), Discussion of Towards an Understanding of the Costs of Inflation: II, in: Carnegie-Rochester Conference Series on Public Policy, Vol. 15, S. 43 - 52.

Lucas, Robert E. (1994), On the Welfare Cost of Inflation, Centre of Economic Policy Research Publication No. 394.

Mankiw, N. Gregory (1987), The Optimal Collection of Seigniorage, in: Journal of Monetary Economics, Vol. 20, 327 - 341.

McCallum, Bennett T. (1987), The Case for Rules in the Conduct of Monetary Policy: A Concrete Example, in: Weltwirtschaftliches Archiv, Band 123, S. 415 - 429.

McCallum, Bennett T. (1989), Monetary Economics, New York: Macmillan.

McCallum, Bennett T. und Marvin S. Goodfriend (1987), Demand for Money: Theoretical Studies, in: Eatwell, John; Milgate, Murray und Peter Newman (Hrsg.), The New Palgrave – A Dictionary of Economics, Vol. 1, London: Macmillan, S. 775 - 781.

Meade, James (1978), The Meaning of International Balance, in: Economic Journal, Vol. 88, S. 423 - 435.

Möller, Alex (1969), Gesetz zur Förderung der Stabilität und des Wachstums der Wirtschaft und Art. 109 Grundgesetz - Kommentar, 2. Aufl., Hannover: Verlag für Literatur und Zeitgeschehen.

Monissen, Hans G. (1982a), Makroökonomische Theorie, Band 1, Sozialprodukt, Preisniveau und Zinsrate, Stuttgart: Verlag W. Kohlhammer.

Monissen; Hans G. (1982b), Markoökonomische Theorie, Band 2, Geldmenge, Beschäftigung und Inflation, Stuttgart: Verlag W. Kohlhammer.

Monissen, Hans G. (1983), Preisniveau- und Outputbestimmung in einem einfachen gesamtwirtschaftlichen Modell, in: Jahrbuch für Nationalökonomie und Statistik, Band 198, S. 289 - 310.

Motley, Brian (1993), Growth and Inflation: A Cross-Country Study, Working Papers in Applied Economic Theory, Federal Reserve Bank of San Francisco, No. 93-11.

Mundell, Robert (1963), Inflation and Real Interest, in: Journal of Political Economy, Vol. 71, No. 3, S. 280 - 283.

Neumann, Manfred J.M. (1992), Seigniorage in the United States: How Much Does the U.S. Government Make from Money Production?, in: Review of the Federal Reserve Bank of St. Louis, Vol. 74, No. 2, S. 29 - 40.

Neumann, Manfred J.M. (1995), Comparative Study of Seigniorage: Japan and Germany, Sonderforschungsbereich 303, Discussion Paper 304, Rheinische Friedrich-Wilhelms-Universität Bonn.

OECD (1991), Economic Policy-making Since the Mid-1960s, in: OECD Economic Outlook, Vol. 50, S. 1 - 11.

OECD (1994), Inflation Objectives in the Medium to Longer Term, in: OECD Economic Outlook, Vol. 55, S. 31 - 36.

Olivera, Julio (1967), Money, Prices, and Fiscal Lags: A Note on the Dynamics of Inflation, in: Banca Nazionale del Lavoro Quarterly Review, S. 258 - 267.

Orphanides, Athanasios und Robert M. Solow (1990), Money, Inflation, and Growth, in: Friedman, Benjamin M. und Frank H. Hahn (Hrsg.), Handbook of Monetary Economics, Vol. I, Amsterdam: North-Holland, S. 223 - 261.

Phelps, Edmund S. (1967), Phillips Curves, Expectations of Inflation and Optimal Unemployment over Time, in: Economica, Vol. 34, No. 105, S. 254 - 281.

Phelps, Edmund S. (1973), Inflation in the Theory of Public Finance, in: Swedisch Journal of Economics, Vol. 75, S. 867 - 882.

Phillips, Alban W. (1958), The Relation Between Unemployment and the Rate of Change of Money Wage Rates in the United Kingdom, 1861 - 1957, in: Economica, Vol. 25, No. 100, S. 283 - 299.

Poterba, James M. und Julio J. Rotemberg (1990), Inflation and Taxation with Optimizing Governments, in: Journal of Money, Credit, and Banking, Vol. 22, No. 1, S. 1 - 18.

Richter, Rudolf und Frank Diener (1987), Phillips Curves in West-Germany 1975 - 1985: On the Role of the Deutsche Bundesbank as an Expectation Determining Institution, in: Weltwirtschaftliches Archiv, Band 123, S. 346 - 353.

Riese, Hajo (1986), Theorie der Inflation, Tübingen: J.C.B. Mohr (Paul Siebeck).

Rissman, Ellen R. (1993), Wage Growth and Sectoral Shifts - Phillips Curve Redux, in: Journal of Monetary Economics, Vol. 31, S. 395 - 416.

Romer, Christina und David Romer (1989) Does Monetary Policy Matter? A New Test in the Spirit of Friedman and Schwartz, in: NBER Macroeconomics nnual 3, S. 121-170.

Rose, Klaus (1991), Grundlagen der Wachstumstheorie, 6. Aufl., Göttingen: UTB Vandenhoeck.

Sachs, Jeffrey D. und Felipe Larrain (1993), Macroeconomics in the Global Economy, New York: Harvester Wheatsheaf.

Sachverständigenrat zur Begutachtung der gesamtwirtschaftlichen Entwicklung (1974), Vollbeschäftigung für morgen, Jahresgutachten 1974/75, Stuttgart: Verlag W. Kohlhammer.

Sachverständigenrat zur Begutachtung der gesamtwirtschaftlichen Entwicklung (1995), Im Standortwettbewerb, Jahresgutachten 1995/96, Stuttgart: Metzler und Poeschel.

Samuelson, Paul A. und Robert M. Solow (1960), Problem of Achieving and Maintaining a Stable Price Level - Analytical Aspects of Anti-Inflation Policy, in: American Economic Review, Vol. 50, No. 2 (Papers and Proceedings), S. 177 - 194.

Sargent, Thomas (1982), The End of Four Big Inflations, in: Hall, Robert E. (Hrsg.), Inflation: Causes and Effects, Chicago: University of Chicago Press, S. 41 - 97.

Schlesinger, Helmut (1996), Geldwertstabilität – Eine nationale und eine übernationale Aufgabe, in: Bofinger, Peter und Karl-Heinz Ketterer (Hrsg.), Neuere Entwicklungen in der Geldtheorie und Geldpolitik, Tübingen: J.C.B. Mohr (Paul Siebeck).

Schweizerische Nationalbank (1992), Aufgaben, Instrumente, Organisation, Zürich.

Solow, Robert M. (1956), A Contribution to the Theory of Economic Growth, in: Quarterly Journal of Economics, Vol. 70, No. 1, S. 65 - 94.

Statistisches Bundesamt (1995), Statistisches Jahrbuch für die Bundesrepublik Deutschland 1995, Stuttgart: Metzler Poeschel Verlag.

Stein, Jerome L. (1966), Money and Capacity Growth, in: Journal of Political Economy, Vol. 74, No. 5, S. 451 - 465.

Stern, Klaus; Münch, Paul und Karl-Heinrich Hansmeyer (1972), Gesetz zur Förderung der Stabilität und des Wachstums der Wirtschaft - Kommentar, 2. Aufl., Stuttgart: Verlag W. Kohlhammer.

Stobbe, Alfred (1994), Volkswirtschaftliches Rechnungswesen, 8. Aufl., Heidelberg: Springer Verlag.

Ströbele, Wolfgang (1994), Inflation, 3. Aufl., München: Oldenbourg Verlag.

Stützel, Wolfgang (1975), Kreditbeschaffungsmöglichkeiten von Bauherren und Hauseigentümern bei unterschiedlicher Gestaltung des Bau- und Bodenrechts – Ein Beitrag zur Liquiditäts- und Fianzierungstheorie, in: Zeitschrift für Wirtschafts- und Sozialwissenschaften, Jg. 1975, S. 97 - 133.

Stützel, Wolfgang (1979), Das Mark-gleich-Mark-Prinzip und unsere Wirtschaftsordnung, Baden-Baden: Nomos Verlagsgesellschaft.

Tanzi, Vito (1977), Inflation, Lags in Collection and the Real Value of Tax Revenue, International Monetary Fund Staff Papers, Vol. 24, March 1977, S. 154 - 167.

Taylor, John B. (1979), Staggered Wage Stetting in a Macro Modell, in: American Economic Review, Vol. 69, No. 2 (Papers and Proceedings), S. 108 - 113.

Taylor, John B. (1980), Aggregate Daynamics and Staggered Contracts, in: Journal of Political Economy, Vol. 88, No. 1, S. 1 - 23.

Taylor, John B. (1985), What Would Nominal GNP Targetting Do to the Business Cycle? in: Carnegie-Rochester Conference Series on Public Policy, Vol. 22, S. 61 - 84.

Tichy, Gunter (1994), Das Problem der langandauernden hohen Arbeitslosigkeit. Ursachen und Lösungsansätze, in: Wirtschaft und Gesellschaft, 2. Jahrgang, Heft 4, S. 489 - 505.

Tobin, James (1965), Money and Economic Growth, in: Econometrica, Vol. 33, No. 4, S. 671 - 684.

Tobin, James (1983), Monetary Policy: Rules, Targets, and Shocks, in: Journal of Money, Credit, and Banking, Vol. 15, No. 4, S. 506 - 518.

Tobin, James (1986), On the Welfare Macroeconomics of Government Financial Policy, in: Scandinavian Journal of Economics, Vol. 88, No. 1, S. 9 - 24.

Tootell, Geoffrey M. (1994), Restructuring, the NAIRU, and the Phillips Curve, in: New England Economic Review of the Federal Reserve Bank of Boston, September /October 1994, S. 31 - 44.

Végh, Carlos (1989), Government Spending and Inflationary Finance, in: IMF Staff Papers, Vol. 36, No. 3, S. 657 - 677.

Wagner, Helmut (1988), Soll die Bundesbank eine nominelle BSP-Regelpolitik betreiben? in: Kredit und Kapital, 21. Jg., Heft 1, S. 8 - 33.

Wagner, Helmut (1992), Stabilitätspolitik, 2. Aufl., München: R. Oldenbourg Verlag.

Webb, Steven B. (1989), Hyperinflation and Stabilization in Weimar Germany, New York: Oxford University Press.

Weber, Axel A. (1994), Testing Long-run Neutrality: Empirical Evidence for G7-Countries With Special Emphasis on Germany, in: Carnegie-Rochester Conference Series on Public Policy, Vol. 41, S. 67 - 117.

Weiner, Stuart E. (1993), New Estimates of the Natural Rate of Unemployment, in: Economic Review of the Federal Reserve Bank of Kansas City, Vol. 78, S. 53 - 69.

Weizsäcker, Carl C. von (1978), Das Problem der Vollbeschäftigung heute, in: Zeitschrift für Wirtschafts- und Sozialwissenschaft, 98. Jg., S. 33 - 51.

Wesche, Katrin und Jens Weidmann (1995), Central Bank Independence and Seigniorage: The Banque de France, Diskussionspapier B 307, Rheinische Friedrich-Wilhelms-Universität Bonn.

Westphal, Uwe und Stefan Kuhnert (1995), Geldpolitik und Preisentwicklung in der Bundesrepublik Deutschland – Eine disaggregierte Analyse, in: Duwendag, Dieter (Hrsg.) Neuere Entwicklungen in der Geldtheorie und Währungspolitik, Schriften des Vereins für Socialpolitik, N.F. Band 235, Berlin: Duncker & Humblot, S. 71 - 95.

Woodford, Michael (1990), The Optimum Quantity of Money, in: Friedman, Benjamin M. und Frank H. Hahn (Hrsg.), Handbook of Monetary Economics, Vol. II, Amsterdam: North-Holland, S. 1067 - 1152.

Literatur zu Kapitel III: Die Diskussion über „Regeln versus Entscheidungsspielräume" („Rules versus Diskretion") in der Geldpolitik

Alesina, Alberto und Roberta Gatti (1995), Independent Central Banks: Low Inflation at No Costs, in: American Economic Review, Vol. 85, No. 2 (Papers and Proceedings), S. 196 - 200.

Auernheimer, Leornardo (1974), The Honest Government´s Guide to the Revenue from the Creation of Money, in: Journal of Political Economy, Vol. 82, No. 3, S. 598 - 606.

Axelrod, Robert (1991), Die Evolution der Kooperation, 2. Aufl., München: Oldenbourg Verlag.

Backus, David und John Driffill (1985), Inflation and Reputation, in: American Economic Review, Vol. 75, No. 3, S. 530 - 538.

Barro, Rober J. und Gordon, David B. (1983a), A Positive Theory of Monetary Policy in a Natural Rate Model, in: Journal of Political Economy, Vol. 91, No. 4, S. 589 - 610.

Barro, Rober J. und Gordon, David B. (1983b), Rules, Discretion, and Reputation in a Model of Monetary Policy, in: Journal of Monetary Economics, Vol. 17, No. 1, S. 101 - 122.

Bernholz, Peter (1986), The Implementation and Maintenance of a Monetary Constitution, in: Cato Journal, Vol. 6, No. 2, S. 477 - 511.

Blackburn, Keith und Michael Christensen (1989), Monetary Policy and Policy Credibility: Theory and Evidence, in: Journal of Economic Literature, Vol. 27, S. 1 - 45.

Blinder, Alan S. (1987), The Rules-versus-Discretion Debate in the Light of Recent Experience, in: Weltwirtschaftliches Archiv, Vol. 123, S. 399 - 414.

Bofinger, Peter (1991), Festkurssysteme, Baden-Baden: Nomos Verlagsgesellschaft.

Bofinger, Peter (1994), Der Übergangsprozeß zur Europäischen Währungsunion, in: Caesar, Rolf und Hans-Eckart Scharrer (Hrsg.), Maastricht: Königsweg oder Irrweg zur Wirtschafts - und Währungsunion? Bonn: Europa Union Verlag, S. 445 - 467.

Bofinger, Peter und Michael Frenkel (1991), Zeitinkonsistenz und Geldpolitik, in: Wirtschaftswissenschaftliches Studium, 20. Jg., Heft 4, S. 171 - 175.

Brunner, Karl (1984), Monetary Policy and Monetary Order, in: Außenwirtschaft, Vol. 39, No. 3, S. 187 - 206.

Bruno, Michael (1993), Crisis, Stabilization, and Economic Reform – Thearapy by Consensus, Oxford: Clarendon Press.

Buch, Claudia; Koop, Michael J.; Schweickert, Rainer und Hartmut Wolf (1995), Währungsreformen im Vergleich, Tübingen: J.C.B. Mohr (Paul Siebeck).

Calvo, Guillermo A. (1978), On the Time Consistency of Optimal Policy in a Monetary Economy, in: Econometrica, Vol. 46, No. 6, S. 1411 - 1428.

Canzoneiri, Mathew B. (1985), Monetary Policy Games and the Role of Private Information, in: American Economic Review, Vol. 75, No. 5, S. 1056 - 1070.

Cukierman, Alex (1986), Central Bank Behavior and Credibility: Some Recent Theoretical Developments, in: Federal Reserve Bank of St. Louis Review, Vol. 68, No. 5, S. 5 - 17.

Cukierman, Alex (1992) Central Bank Strategy, Credibility, and Independence, Cambridge (Mass): MIT Press.

De Grauwe, Paul (1994), The Economics of Monetary Integration, 2. Aufl., Oxford: Oxford University Press.

Deutsche Bundesbank (1992) Zum Zusammenhang zwischen Geldmengen- und Preisentwicklung in der Bundesrepublik Deutschland, in: Monatsberichte der Deutschen Bundesbank Januar 1992, S. 20 - 29.

Deutsche Bundesbank (1995), Die Geldpolitik der Deutschen Bundesbank, Frankfurt am Main.

Eucken, Walter (1952), Grundsätze der Wirtschaftspolitik, 6. Aufl. 1990, Tübingen: Mohr Verlag.

Fischer, Stanley (1977), Long-Term Contracts, Rational Expectations, and the Optimal Money Supply Rule, in: Journal of Political Economy, Vol. 85, No. 1, S. 191 - 205.

Fischer, Stanley (1990), Rules Versus Discretion in Monetary Policy, in: Friedman, Benjamin M. und Frank H. Hahn (Hrsg.), Handbook of Monetary Economics, Vol. II, Amsterdam: North-Holland, S. 1155 - 1184.

Fischer, Stanley (1995), Central-Bank Independence Revisited, in: American Economic Review, Vol. 85, No. 2 (Papers and Proceedings), S. 201 - 206.

Friedman, James W. (1971), A Non-cooperative Equilibrium for Supergames, in: Review of Economic Studies, Vol. 38, S. 1 - 12.

Friedman, Milton (1974), Die Rolle der Geldpolitik, in: Brunner, Karl; Monissen, Hans G. und Manfred J.M. Neumann (Hrsg.), Geldtheorie, Köln: Kiepenheuer & Witsch, S. 314 - 331.

Friedman, Milton und Anna J. Schwartz (1963), A Monetary History of the United States, 1867 - 1960, Princeton: Princeton University Press.

Issing, Otmar (1993), Ethik der Notenbankpolitik – Moral der Notenbanker? in: Auszüge aus Presseartikeln, Nr. 70, S. 4 - 9.

Jarchow, Hans-Joachim (1993), Diskretionäre Geldpolitik, Zeitinkonsistenz und Politikglaubwürdigkeit, in: WISU, 23. Jg., Heft 2, S. 145 - 151.

Kirchgässner, Gebhard (1996), Geldpolitik und Zentralbankverhalten aus der Sicht der Neuen Politischen Ökonomie, in: Bofinger, Peter und Karl-Heinz Ketterer (Hrsg.), Neuere Entwicklungen in der Geldtheorie und Geldpolitik, Tübingen: J.C.B.Mohr (Paul Siebeck), S. 431 - 445.

Kreps, David M. (1994), Mikroökonomische Theorie, Landsberg/Lech: Verlag Moderne Industrie.

Kydland, Finn E. und Edward C. Prescott (1977), Rules Rather than Discretion: The Inconsistency of Optimal Plans, in: Journal of Political Economy, Vol. 85, No. 3, S. 473 - 491.

Laidler, David (1992), Deflation, in: Eatwell, John; Milgate, Murray und Peter Newman (Hrsg.), The New Palgrave – A Dictionary of Money and Finance, Vol. 1, London: Macmillan, S. 607 - 608.

Loef, Hans-Edi und Georg Ziemes (1989), Zeitinkonsistenz, in: Wirtschaftswissenschaftliches Studium, 18. Jg., Heft 10, S. 446 - 451.

Lohmann, Susanne (1992), Optimal Commitment in Monetary Policy: Credibility versus Flexibility, in: American Economic Review, Vol. 82, No. 1, S. 273 - 286.

McCallum, Bennett T. (1987), The Case for Rules in the Conduct of Monetary Policy: A Concrete Example, in: Weltwirtschaftliches Archiv, Vol. 123, No. 3, S. 415 - 429.

McCallum, Bennett T. (1989), Monetary Economics, New York: Macmillan.

Monissen, Hans G. (1982), Markoökonomische Theorie, Band 2, Geldmenge, Beschäftigung und Inflation, Stuttgart: Verlag W. Kohlhammer.

Neumann, Manfred J.M. (1995), Society, Government, and Central-Bank Independence, Sonderforschungsbereich 303, Diskussionspapier B 338, Rheinische Friedrich-Wilhelms-Universität Bonn.

Persson, Torsten und Guido Tabellini (1990), Macroeconomic Policy, Credibility and Politics, Fundamentals of Pure and Applied Economics, Chur: Harwood Academic Publischers.

Rogoff, Kenneth (1985), The Optimal Degree of Commitment to an Intermediate Monetary Target, in: Quarterly Journal of Economics, Vol. 100, No. 4, S. 1169 - 1189.

Rogoff, Kenneth (1987), Reputational Constraints on Monetary Policy, in: Carnegie-Rochester Conference Series on Public Policy, Vol. 26, S. 141 - 182.

Schlesinger, Helmut und Wolfgang Jahnke (1987), Geldmenge, Preise und Sozialprodukt: Interdependenzzusammenhänge im Lichte ökonometrischer Forschungsergebnisse für die Bundesrepublik Deutschland, in: Jahrbücher für Nationalökonomie und Statistik, Band 203, Heft 5/6, S. 576 - 590.

Simons, Henry (1936), Rules versus Authorities in Monetary Policy, in: Journal of Political Economy, Vol. 44, No. 1, S. 1 - 30.

Strotz, Robert (1956), Myopia and Inconsistency in Dynamic Utility Maximization, in: Review of Economic Studies, Vol. 23, S. 165 - 180.

Suzumura, Kotaro (1987), Social Welfare Function, in: Eatwell, John; Milgate, Murray und Peter Newman (Hrsg.), The New Palgrave – A Dictionary of Economics, Vol. 4, London: Macmillan, S. 418 - 420.

Tobin, James (1995), Panel Discussion, in: Fuhrer, Jeffrey C. (Hrsg.), Goals, Guidelines, and Constraints Facing Monetary Policymakers, Federal Reserve Bank of Boston Conference Volume, S. 232 - 236.

Wagner, Helmut (1992), Stabilitätspolitik, 2. Aufl., München: R. Oldenbourg Verlag.

Walters, Alan A. und Steve Hanke (1992), Currency Boards, in: Eatwell, John; Milgate, Murray und Peter Newman (Hrsg.), The New Palgrave – A Dictionary of Money and Finance, Vol. 1, London: Macmillan, S. 558 - 561.

Wenger, Ekkehard und Eva Terberger (1988), Die Beziehung zwischen Agent und Prinzipal als Baustein einer ökonomischen Theorie der Organisation, in: Wirtschaftswissenschaftliches Studium, 17. Jg., Heft 10, S. 506 - 514.

Williamson, John (1995), What Role for Currency Boards, Institute for International Economics, Washington D.C.

Williamson, Oliver (1986), Economic Organization, Firms, Market and Policy Control, Brighton: Wheatsheaf.

Literatur zu Kapitel IV: Die Notenbankverfassung als Grundlage einer stabilitätsorientierten Geldpolitik

Akthar, M. Akbar (1995), Monetary Policy Goals and Central Bank Independence, in: Banca Nazionale del Lavoro Quarterly Review, Vol. 48, No. 195, S. 423 - 439.

Alesina, Alberto (1988), Macroeconomics and Politics, in: Fischer, Stanley (Hrsg.), NBER Macroeconomics Annual, Cambridge (Mass.): MIT Press, S. 13 - 52.

Alesina, Alberto (1989), Politics and Business Cycles in Industrial Democracies, in: Economic Policy, Vol. 8, April 1989, S. 58 - 98.

Alesina, Alberto und Roberta Gatti (1995), Independent Central Banks: Low Inflation at No Costs, in: American Economic Review, Vol. 85, No. 2 (Papers and Proceedings), S. 196 - 200.

Alesina, Alberto und Lawrence H. Summers (1993), Central Bank Independence and Macroeconomic Performance: Some Comparative Evidence, in: Journal of Money, Credit, and Banking, Vol. 25, No. 2, S. 150 - 162.

Bade, Robert und Michael Parkin (1985), Central Bank Laws and Monetary Policy, Department of Economics, University of Western Ontario, unveröffentlichtes Manuskript.

Bini Smaghi, Lorenzo (1995), How Can the ECB Be Credible? Beitrag für die Konferenz von CEPR und Irving Fischer Gesellschaft „What Monetary Policy for the European Central Bank?" in Königstein am 9/10. Juni 1995.

Bofinger, Peter (1991), Festkurssysteme und geldpolitische Koordination, Baden-Baden: Nomos Verlagsgesellschaft.

Bofinger, Peter (1993), Politische Ökonomie einer Europäischen Zentralbank, in: Bofinger, Peter; Collignon, Stefan und Ernst-Moritz Lipp (Hrsg.), Währungsunion oder Währungschaos? Was kommt nach der D-Mark, Wiesbaden: Gabler Verlag, S. 43 - 57.

Briault, Clive; Haldane, Andrew und Mervyn King (1996), Central Bank Independence and Accountability: Theory and Evidence, in: Bank of England Quarterly Bulletin, Vol. 36, No. 1, S. 63 - 68.

Caesar, Rolf (1981), Der Handlungsspielraum von Notenbanken. Theoretische Analyse und internationaler Vergleich, Baden-Baden: Nomos Verlagsgesellschaft.

Caesar, Rolf (1982), Notenbanken im Spannungsfeld der Politik, in: Wirtschaftsdienst, 62. Jg., Nr. 11, S. 569 - 576.

Cagan, Phillip (1992), Monetarism, in: Eatwell, John; Milgate, Murray und Peter Newman (Hrsg.), The New Palgrave – A Dictionary of Money and Finance, Vol. 2, London: Macmillan, S. 719 - 724.

Cameron, Rondo (Hrsg.), (1967), Banking in the Early Stages of Industrialization, New York: Oxford University Press.

Cukierman, Alex (1992), Central Bank Strategy, Credibility, and Independence, Cambridge (Mass): MIT Press.

Cukierman, Alex (1994), Central Bank Independence and Monetary Control, in: Economic Journal, Vol. 104, November 1994, S. 1437 - 1448.

Cukierman, Alex; Kalaitzidakis, Pantelis; Summers, Lawrence H. und Steven B. Webb (1993), Central Bank Independence, Growth, Investment, and Real Rates, in: Carnegie-Rochester Conference Series on Public Policy, Vol. 39, S.95 - 140.

Cukierman, Alex; Webb, Steven B. und Bilin Neyapti (1992), Measuring the Independence of Central Banks and Its Effect on Policy Outcomes, in: World Bank Economic Review, Vol. 6, No. 3, S. 353 - 398.

Debelle, Guy und Stanley Fischer (1995), How Independent Should a Central Bank Be?, in: Fuhrer, Jeffrey C. (Hrsg.), Goals, Guidelines, and Constraints Facing Monetary Policymakers, Federal Reserve Bank of Boston Conference Volume, S. 195 - 221.

De Haan, Jakob; Knot, Klaas und Jan E. Sturm (1993), On the Reduction of Disinflation Costs: Fixed Exchange Rates or Central Bank Independence?, in: Banca Nazionale del Lavoro Quarterly Review, No. 187, S. 429 - 444.

De Haan, Jakob und Jan E. Sturm (1992), The Case for Central Bank Independence, Banca Nazionale del Lavoro Quarterly Review, No. 182, S. 305 - 327.

De Long, J. Bradford und Lawrence H. Summers (1992), Macroeconomic Policy and Long-Run Growth, in: Federal Reserve Bank of Kansas City Economic Review, Vol. 77, No. 4, S. 5 - 30.

Deutsche Bundesbank (1993), Zum Einfluß von Auslandtransaktionen auf Bankenliquidität, Geldmenge und Bankkredite, in: Monatsberichte der Deutschen Bundesbank, Januar 1993, S. 19 - 34.

Deutsche Bundesbank (1995), Die Geldpolitik der Deutschen Bundesbank, Frankfurt am Main.

Eijffinger, Sylvester und Eric Schaling (1993), Central Bank Independence in Twelve Industrial Countries, in: Banca Nazionale del Lavoro Quarterly Review, No. 184, S. 49 - 90.

Eijffinger, Sylvester und Eric Schaling (1995), Central Bank Independence: Criteria and Indices, in: Francke, Hans-Hermann und Eberhart Ketzel (Hrsg.), Konzepte und Erfahrungen der Geldpolitik, Beihefte zu Kredit und Kapital, Heft 13, Berlin: Duncker & Humblot, S. 185 - 218.

Emminger, Otmar (1986), D-Mark, Dollar, Währungskrisen, Erinnerungen eines ehemaligen Bundesbankpräsidenten, Stuttgart: Deutsche Verlags-Anstalt.

Europäisches Währungsinstitut (1995), Jahresbericht 1994, Frankfurt/Main.

Fischer, Stanley (1994), Modern Central Banking, in: Capie, Forrest; Goodhart, Charles; Fischer, Stanley und Norbert Schnadt (Hrsg.), The Future of Central Banking, Cambridge: Cambridge University Press, S. 262 - 308.

Fischer, Stanley (1995), Central-Bank Independence Revisited, in: American Economic Review, Vol. 85, No. 2 (Papers and Proceedings), S. 201 - 206.

Fratianni, Michele; Hagen, Jürgen von und Christopher Waller (1993), Central Banking as a Political Principal-Agent Problem, Centre for Economic Policy Research Discussion Paper Series, No. 752.

Fratianni, Michele und H. Huang (1992), Central Bank Independence and Optimal Conservativeness, Indiana University of Graduate School Business, Working Papers in Economics, No. 92-032.

Frey, Bruno S. und Gebhard Kirchgässner (1994), Demokratische Wirtschaftspolitik, Theorie und Anwendung, 2. Aufl., München: Vahlen Verlag.

Giannini, Curizio (1994), Confidence Costs and the Institutional Genesis of Central Banks, Banca D'Italia,Temi di discussione, Nr. 226, Mai 1994.

Goodhart, Charles; Capie, Forrest und Norbert Schnadt (1994), The Development of Central Banking, in: Capie, Forrest, Goodhart, Charles; Fischer, Stanley und Norbert Schnadt (Hrsg.), The Future of Central Banking, Cambridge: Cambridge University Press, S. 1 - 231.

Goodhart, Charles (1988), The Evolution of Central Banks, Cambridge (Mass.): MIT Press.

Grilli, Vittorio; Masciandaro, Donato und Guido Tabellini (1991), Political and Monetary Institutions and Public Financial Policies in the Industrial Countries, in: Economic Policy, Vol. 13, October 1991, S. 341 - 392.

Haldane, Andrew G. (1995), Rules, Discretion and the United Kingdom's New Monetary Framework, Bank of England Working Paper Series, No. 40.

Issing, Otmar (1993), Unabhängigkeit der Notenbank und Geldwertstabilität, Akademie der Wissenschaften und der Literatur, Stuttgart: Franz Steiner Verlag.

Kindleberger, Charles P. (1993), A Financial History of Western Europe, 2. Aufl., New York: Oxford University Press.

Kommission der Europäischen Gemeinschaften (1990), Ein Markt, eine Währung, in: Europäische Wirtschaft, Nr. 44.

Lloyd, Michele (1992), The New Zealand Approach to Central Bank Autonomy, in: Reserve Bank Bulletin, Vol. 55, No 3, S. 203 - 220

Lohmann, Susanne (1992), Optimal Commitment in Monetary Policy: Credibility versus Flexibility, in: American Economic Review, Vol. 82, No. 1, S. 273 - 286.

Masciandaro, Donato und Franco Spinelli (1994), Central Banks' Independence: Institutional Determinants, Rankings, and Central Bankers' Views, in: Scottish Journal of Political Economy, Vol. 41, No. 4, S. 434 - 443.

McCallum, Bennett T. (1995), Two Fallacies Concerning Central-Bank Independence, in: American Economic Review, Vol. 85, No. 2 (Papers and Proceedings), S. 207 - 211.

McKinnon, Ronald I. (1984), An International Standard for Monetary Stabilization, in: Institute for International Economics (Hrsg.), Policy Analysis in International Economics No. 8, Washington D.C..

Neumann, Manfred J.M. (1991), Precommitment by Central Bank Independence, in: Open Economies Review, Vol. 2, No. 2, S. 95 - 112.

Neumann, Manfred J.M. (1992), Central Bank Independence in Europe, in: Vosgerau, Hans J. (Hrsg.), European Integration in the World Economy, S. 17 - 25.

Neumann, Manfred J.M. (1996), Problems in Measuring Central-Bank Independence, Sonderforschungsbereich 303, Diskussionspapier B 352, Rheinische Friedrich-Wilhelms-Universität Bonn.

Nordhaus, William D. (1975), The Political Business Cycle, in: Review of Economic Studies, Vol. 42, No. 2, S. 169 - 190.

Parkin, Michael (1987), Domestic Monetary Institutions and Deficits, in: Buchanan, James M.; Rowley, Charles K. und Robert D. Tollison (Hrsg.), Deficits, New York und Oxford: Basil Blackwell.

Persson, Torsten und Guido Tabellini (1993), Designing Institutions for Monetary Stability, in: Carnegie-Rochester Conference Series on Public Policy, Vol. 39, S. 53 - 84.

Pollard, Patricia S. (1993), Central Bank Independence and Economic Performance, in: Federal Reserve Bank of St. Louis Review, Vol. 75, No. 4, S. 21 - 36.

Rogoff, Kenneth (1985), The Optimal Degree of Commitment to an Intermediate Monetary Target, in: Quarterly Journal of Economics, Vol. 100, No. 4, S. 1169 - 1189.

Santoni, Gary J. (1984), A Private Central Bank: Some Olde English Lessons, in: Federal Reserve Bank of St. Louis Review, Vol. 66, No.4, S. 12 - 22.

Schiemann, Jürgen und Stefan Alshuth (1994), Der Grad der Zentralbankautonomie und sein Einfluß im gesamtwirtschaftlichen Prozeß, eine international vergleichende Rangkorrelationsanalyse, in: Außenwirtschaft, 49. Jg., Heft IV, S. 579 - 600.

Siklos, Pierre L. (1994), Varieties of Monetary Reforms, International Monetary Fund Working Paper, No. 94/57.

Smith, Vera C. (1936), The Rationale of Central Banking and the Free Banking Alternative, Reprint 1990, Indianapolis: Liberty Press.

Swinburne, Mark und Marta Castello-Branco (1991), Central Bank Independence: Issues and Experience, International Monetary Fund Working Paper, WP/91/58.

Timberlake, Richard H. (1978), The Origins of Central Banking in the United States, Cambridge (Mass.): Harvard University Press.

Vaubel, Roland (1993), Eine Public-Choice-Analyse der Deutschen Bundesbank und ihre Implikationen für die Europäische Währungsunion, in: Duwendag, Dieter und Jürgen Siebke (Hrsg.), Europa vor dem Eintritt in die Wirtschafts- und Währungsunion, Schriften des Vereins für Socialpolitik, N.F. Band 220, Berlin: Duncker & Humblot, S. 23 - 79.

Wagner, Adolf (1857), Beiträge zur Lehre von den Banken, Leipzig.

Waller, Christopher J. (1995), Performance Contracts for Central Bankers, in: Federal Reserve Bank of St. Louis Review, Vol. 77, No. 5, S. 3 - 14.

Walsh, Carl E. (1995a), Optimal Contracts for Central Bankers, in: American Economic Review, Vol. 85, No. 1, S. 150 - 167.

Walsh, Carl E. (1995b), Is New Zealand's Reserve Act of 1989 an Optimal Central Bank Contract?, in: Journal of Money, Credit, and Banking, Vol. 27, No. 4, S. 1179 - 1191.

Literatur zu Kapitel V: Konzeptionen für eine stabilitätsorientierte Geldpolitik

Ammer, John E. und Richard T. Freeman (1995), Inflation Targeting in the 1990s. The Experiences of New Zealand, Canada and the United Kingdom, in: Journal of Economics and Business, Vol. 47, No. 4, S. 165 - 192.

Argy, Victor E.; Brennan, Anthony und Glenn Stevens (1990), Monetary Targeting. The International Experience, in: The Economic Record. The Economic Society of Australia, Bd. 66, S. 37 - 62.

Asako, Kazumi und Helmut M. Wagner (1992), Nominal Income Targeting Versus Money Supply Targeting, in: Scottish Journal of Political Economy, Vol. 39, No. 2, S. 167 - 187.

Balassa, Bela (1964), The Purchasing Power Doctrine: A Reappraisal, in: Journal of Political Economy, Vol. 72, No. 6, S. 584 - 596.

Bank für Internationalen Zahlungsausgleich, Jahresbericht, diverse Jahrgänge.

Bank of Japan (1992), Recent Developments in Monetary Aggregates – Analysis and Evaluation –, Special Paper No. 221.

Bank of Japan (1994), The Usefulness of Interest Rate Term Spreads as Inflation Indicators, in: Quarterly Bulletin 4, S. 63 - 78.

Bank of Japan, Monthly Economic Review, diverse Ausgaben.

Bank of Japan, Quarterly Bulletin, diverse Ausgaben.

Barro, Robert J. (1989), Interest-rate Targeting, in: Journal of Monetary Economics, Vol. 23, S. 3 - 30.

Bean, Charles (1983), Targeting Nominal Income: An Appraisal, in: Economic Journal, Vol. 93, Cec. 1993, S. 806 - 819.

Bernanke, Ben und Frederic S. Mishkin (1992), Central Bank Behavior and the Strategy of Monetary Policy: Observations from Six Industrialized Countries, NBER Working Paper No. 4082.

Bloomfield, Arthur (1959) Monetary Policy under the Gold Standard 1880 - 1914, Federal Reserve Bank of New York, New York.

Board of Governors of the Federal Reserve System (1979), 66th Annual Report.

Bofinger, Peter (1988), Das Europäische Währungssystem und die geldpolitische Koordination in Europa, in: Kredit und Kapital, Heft 3, S. 317 - 345.

Bofinger, Peter (1991), Festkurssysteme und geldpolitische Koordination, Baden-Baden: Nomos Verlagsgesellschaft.

Bofinger, Peter (1995), Vertiefung und Osterweiterung der Europäischen Union – Optionen für die Währungsordnung einer EU der Zwanzig –, Vortrag anläßlich der 70-Jahr Feier des DIW Berlin am 14. November 1995 in Berlin.

Bofinger, Peter (1996 a), The German Currency Union of 1990 – A Critical Assessment: The Impact on Monetary Policy, erscheint in: Hölscher, Jens und Stephen Frowen (Hrsg.), Macmillan.

Bofinger, Peter (1996 b), The Economics of Orthodox Money-Based Stabilisations (OMBS): The Recent Experience of Kazakhstan, Russia and the Ukraine, erscheint in: European Economic Review.

Bofinger, Peter und Julian Reischle (1995), Das Geldmengenpuzzle könnte einfacher sein, in: Handelsblatt, 24.01.1995, S. 30.

Bordo, Michael und Anna Schwartz (Hrsg.) (1984) A Retrospective on the Classical Gold Standard, 1821 - 1931, Chicago: Chicago University Press.

Branson, William H. und Louika T. Katseli (1982), Currency Baskets and Real Effective Exchange Rates, in: Gersowitz, Mark et al. (Hrsg.) The Theory and Experience of Economic Development, Essays in Honour of Sir W. Arthur Lewis, London.

Briault, Clive; Haldane, Andrew und Mervyn King (1996), Central Bank Independence and Accountability: Theory and Evidence, in: Bank of England Quarterly Bulletin, Vol. 36, No. 1. S. 63 - 68.

Brunner, Karl (1969), (Hrsg.) Targets and Indicators of Monetary Policy, San Francisco: Chandler Publishing Company.

Büttler, H.-J., Gorgerat, J.-F., Schildknecht, H. und Kurt Schildknecht (1979), A Multiplier Model for Controlling the Money Stock, in: Journal of Monetary Economics, Vol. 5, S. 327 - 341.

Campbell, John Y. (1995), Some Lessons from the Yield Curve, in: Journal of Economic Perspectives, Vol. 9, No. 3, S. 129 - 152.

Canzoneri, Matthew B.; Henderson, Dale W. und Kenneth S. Rogoff (1983), The Information Content of the Interest Rate and Optimal Monetary Policy, in: Quarterly Journal of Economics, Vol. 98, S. 545 - 566.

Cassel, Gustav (1918), Abnormal Deviations in International Exchanges, in: Economic Journal, Sept. 1918.

Conard, J.W. (1959), An Introduction to the Theory of Interest, Berkeley.

Croushore, Dean und Tom Stark (1995), Evaluating McCallum's Rule for Monetary Policy, in: Federal Reserve Bank of Philadelphia Business Review, January/ February 1995, S. 3 - 14.

Culbertson, J.M. (1957), The Term Structure of Interest Rates, in: Quarterly Journal of Economics, Vol. 71, No. 4, S. 485 - 517.

Davis, Richard G. (1990), Intermediate Targets and Indicators for Monetary Policy: An Introduction to the Issues, in: Federal Reserve Bank of New York Quarterly Review, Summer 1990, S. 71 - 82.

Deutsche Bundesbank (1989), Die Verwendung des ökonometrischen Modells der Deutschen Bundesbank zu gesamtwirtschaftlichen Vorausschätzungen, in: Monatsbericht Mai 1989, S. 29 - 36.

Deutsche Bundesbank (1990 a), Modalitäten der Währungsumstellung in der Deutschen Demokratischen Republik zum 1. Juli 1990, in: Monatsbericht Juni 1990, S. 42 - 47.

Deutsche Bundesbank (1990 b), Die Währungsunion mit der Deutschen Demokratischen Republik, in: Monatsbericht Juli 1990, S. 14 - 29.

Deutsche Bundesbank (1991), Zinsentwicklung und Zinsstruktur seit Anfang der achtziger Jahre?, in: Monatsbericht Juli 1991, S. 31 - 42.

Deutsche Bundesbank (1992), Internationale Organisationen und Gremien im Bereich von Währung und Wirtschaft, Sonderdruck Nr. 3, 4. Aufl.

Deutsche Bundesbank (1993), Entwicklung und Bestimmungsfaktoren des Außenwerts der D-Mark, in: Monatsbericht November 1993, S. 41 - 60.

Deutsche Bundesbank (1994 a), Das Geldmengenziel für das Jahr 1994, in: Monatsbericht Januar 1994, S. 19 - 23.

Deutsche Bundesbank (1994 b), Aufkommen und ökonomische Auswirkungen des steuerlichen Zinsabschlags, in: Monatsbericht Januar 1994, S. 45 - 58.

Deutsche Bundesbank (1994 c), Protokoll der Pressekonferenz im Anschluß an die Zentralbankratssitzung am 22. Dezember 1994, in: Auszüge aus Presseartikeln, Nr. 94, S. 1 - 7.

Deutsche Bundesbank (1994 d), Macroeconometric Model of the German Economy, Frankfurt am Main.

Deutsche Bundesbank (1995 a), Die Geldpolitik der Bundesbank, Frankfurt am Main.

Deutsche Bundesbank (1995 b), Das Produktionspotential in Deutschland und seine Bestimmungsfaktoren, in: Monatsbericht August 1995, S. 41 - 56.

Deutsche Bundesbank, Auszüge aus Presseartikeln, diverse Ausgaben.

Deutsche Bundesbank, Geschäftsberichte, diverse Jahrgänge.

Deutsche Bundesbank, Monatsberichte, diverse Ausgaben.

Deutsche Bundesbank, Saisonbereinigte Wirtschaftszahlen, Statistisches Beiheft zum Monatsbericht 4, diverse Ausgaben.

Dornbusch, Rudiger (1992), Purchasing Power Parity, in: Eatwell, John; Milgate, Murray und Peter Newman (Hrsg.), The New Palgrave – A Dictionary of Money and Finance, Vol. 3, London: Macmillan, S. 236 - 244.

Dueker, Michael (1993), Can Nominal GDP Targeting Rules Stabilize the Economy?, in: Federal Reserve Bank of St. Louis Review, No. 3, S. 15 - 29.

Edwards, Sebastian (1993), Exchange Rates as Nominal Anchors, in: Weltwirtschaftliches Archiv, Heft 1, S. 1 - 32.

Eichengreen, Barry J. (1992), Golden Fetters. The Gold Standard and the Great Depression, 1919 - 1939, Oxford: Oxford University Press.

Emery, Kennneth M. und Evan F. Koenig (1992), Do Interest Rates Help Predict Inflation?, in: Federal Reserve Bank of Dallas Economic Review, No. 4, S. 1 - 17.

Estrella, Arturo und Frederic S. Mishkin (1995), The Term Structure of Interest Rates and Its Role in Monetary Policy for the European Central Bank, NBER Working Paper, No. 5279.

Fama, Eugene F. (1990), Term-Structure Forecasts of Interest Rates, Inflation and Real Return, in: Journal of Monetary Economics, Vol. 25, S. 59 - 60.

Feldstein, Martin und James H. Stock (1993), The Use of a Monetary Aggregate to Target Nominal GDP, in: N. Gregory Mankiw (Hrsg.), Monetary Policy, Chicago und London: University of Chicago Press, S. 7 - 62.

Filc, Wolfgang (1992), Theorie und Empirie des Kapitalmarktzinses, Stuttgart: Deutscher Sparkassenverlag.

Fisher, Irving (1896), Appreciation and Interest, Publications of the American Economic Association, Vol. 9, No. 4, S. 331 - 442.

Fisher, Irving (1930), The Theory of Interest; Reprint 1986, Fairfield (NJ): Augustus M. Kelley.

Frenkel, Jakob A. und Morris Goldstein (1986), A Guide to Target Zones, in: IMF Staff Papers, Vol. 33, No. 4, S. 633 - 673.

Friedman, Milton (1968), The Role of Monetary Policy, in: American Economic Review, Vol. 58, No. 1, S. 1 - 17.

Gebauer, Wolfgang (1982), Realzins, Inflation und Kapitalzins. Eine Neuinterpretation des Fisher-Theorems, Berlin: Springer-Verlag.

Gerlach, Stefan (1995), The Information Content of the Term Structure: Evidence for Germany, BIS Working Paper No. 29.

Giavazzi, Francesco und Marco Pagano (1988), The Advantages of Tying One's Hands, in: European Economic Review, Vol. 32, No. 5, S. 1055 - 1077.

Gibson, A.H. (1923), The Future Course of High-Class Investment Values, in: Bankers', Insurance Managers', and Agents' Magazine, S. 13 - 34.

Gibson, A.H. (1926), The Road to Economic Recovery, in: Bankers', Insurance Managers', and Agents' Magazine, S. 595 - 612.

Goodfriend, Marvin (1995)Acquiring and Maintaining Credibility for Low Inflation: The US Experience, in: Leiderman, Leonardo und Lars E.O. Svensson, (Hrsg.) Inflation Targets, London: CEPR, S. 122 - 141.

Gordon, Robert J. (1985), The Conduct of Domestic Monetary Policy, in: in: Ando, Albert et al. (Hrsg.), Monetary Policy in Our Times, Cambridge (Mass.): MIT Press, S. 45 - 81.

Graf, Urs (1993), Die neuen Liquiditätsvorschriften und die Durchführung der Geldpolitik in der Schweiz, in: Schweizerische Zeitschrift für Volkswirtschaft und Statistik, Vol. 129, Nr. 1, S. 3 - 22.

Gros, Daniel und Niels Thygesen (1992), European Monetary Integration. From the European Monetary System to European Monetary Union, London: Longman und New York: St. Martin's.

Guba, Jürgen (1989), Der Wandel der amerikanischen Notenbankpolitik, Frankfurt am Main: Peter Lang Verlag.

Hagen von, Jürgen (1989), Monetary Targeting with Exchange Rate Constraints: The Bundesbank in the 1980s, in: Federal Reserve Bank of St. Louis Review, Bd. 71, Nr. 5, S.53 - 69.

Hagen von, Jürgen (1994), Geldmengensteuerung: verbessern statt aufgeben!, in: Wirtschaftsdienst, Heft VI, S. 286 - 288.

Haldane, Andrew (1995), Inflation Targets, in: Bank of England Quarterly Bulletin, No. 3 (August 1995), S. 250 - 259.

Hall, Robert E. (1983), Macroeconomic Policy Under Structural Change, in: Industrial Change und Public Policy, ed. by the Federal Reserve Bank of Kansas City, S. 85 - 111.

Hall, Robert E. und N. Gregory Mankiw (1994), Nominal Income Targeting, in: Mankiw, N. Gregory (Hrsg.), Monetary Policy, Chicago und London: University of Chicago Press, S. 71 - 94.

Hall, Thomas E. (1990), McCallum's Base Growth Rule: Results for the United States, West Germany, Japan and Canada, in: Weltwirtschaftliches Archiv, Bd. 126, Nr. 4, S. 630 - 642.

Hesse, Helmut und Gisela Roth (1992), Die Zinsstruktur als Indikator der Geldpolitik?, in: Kredit und Kapital, Heft 1, S. 1 - 25.

Hicks, John R. (1946), Value and Capital, 2. Aufl., Oxford: Clarendon Press.

Hochreiter, Eduard und Georg Winckler (1994), Die Wechselkurspolitik der Oesterreichischen Nationalbank. Beispiel einer erfolgreichen Wechselkursbindung, in: Dieter Duwendag (Hrsg.) Geld- und Währungspolitik in kleinen, offenen Volkswirtschaften: Österreich, Schweiz, Osteuropa, Schriften des Vereins für Socialpolitik, N.F. Band 230, Berlin: Duncker & Humblot, S. 17 - 41.

Hoffmaister, Alexander W. und Garry S. Schinasi (1994), Asset Prices, Financial Liberalization, and the Process of Inflation in Japan, IMF Working Paper, No. 94/153.

International Monetary Fund (1970), The Role of Exchange Rates in the Adjustment of International Payments: A Report by the Executive Directors, Washington: International Monetary Fund.

International Monetary Fund, Exchange Arrangements and Echange Restrictions, Annual Reports, diverse Jahrgänge.

International Monetary Fund, World Economic Outlook, diverse Jahrgänge.

Isard, Peter (1995), Exchange Rate Economics, Cambridge: Cambridge University Press.

Issing, Otmar (1993), Einführung in die Geldpolitik, 5. Aufl., München: Vahlen Verlag.

Issing, Otmar (1994), Zinsstruktur oder Geldmenge? Die Suche nach dem optimalen Indikator der Geldpolitik, in: Deutsche Bundesbank Auszüge aus Presseartikeln, Nr. 46, S. 3 - 6.

Issing, Otmar (1995), Einführung in die Geldtheorie, 10. Aufl., München: Vahlen Verlag.

Judd, John P. und Brian Motley (1993), Using a Nominal GDP Rule to Guide Discretionary Monetary Policy, in: Federal Reserve Bank of San Francisco Economic Review, No. 3, S. 1 - 11.

Jurion, Phillipe und Frederic S. Mishkin (1991), A Multicountry Comparison of Term-Structure Forecasts at Long Horizons, in: Journal of Financial Economics, Vol. 29, No. 1, S. 58 - 80.

Kath, Dietmar (1972), Die verschiedenen Ansätze der Zinsstrukturtheorie. Versuch einer Systematisierung, in: Kredit und Kapital, Heft 1, S. 28 - 71.

Ketterer, Karl-Heinz und Norbert Kloten (1985) Finanzielle Innovationen, Geldmengenregeln und Struktur des monetären Sektors, in: Milde, Hellmuth und Hans G. Monissen (Hrsg.) Rationale Wirtschaftspolitik in komplexen Gesellschaften. Gérard Gäfgen zum 60. Geburtstag, Stuttgart: Kohlhammer, S. 254 - 265.

Keynes, John Maynard (1930), A Treatise on Money; deutsche Fassung 1955, Vom Gelde, Berlin: Duncker und Humblot.

Köhler, Claus (1978), Probleme der Zentralbankgeldmengensteuerung, in: Ehrlicher, Werner und Alois Oberhauser (Hrsg.) Probleme der Geldmengensteuerung, Berlin: Duncker und Humblot, S. 10 - 37.

Kronman, Anthony T. (1985), Contract Law and the State of Nature, in: The Journal of Law, Economics and Organization, Vol. 1, No. 1, S. 5 - 32.

Lane, Timothy D.; Griffiths, Mark und Alessandro Prati (1995) Können Preisniveauziele der Geldpolitik helfen, Glaubwürdigkeit zu gewinnen?, in: Finanzierung und Entwicklung, Jg. 32, Nr. 4, S. 20 - 23.

Leiderman, Leonardo und Lars E.O. Svensson (Hrsg.) (1995), Inflation Targets, London: CEPR.

Loef, Hans-Edi (1989), The Case for Rules in the Conduct of Monetary Policy: A Critique on a Paper by B.T. McCallum, in: Weltwirtschaftliches Archiv, Bd. 125, S. 168 - 178.

Loef, Hans-Edi (1993), Zwei Geldbasisregeln im Vergleich. Möglichkeiten für eine regelgebundene Geldpolitik in Europa?, in: Duwendag, Dieter und Jürgen Siebke (Hrsg.), Europa vor dem Eintritt in die Wirtschafts- und Währungsunion, Schriften des Vereins für Socialpolitik, N.F. Band 220, Berlin: Duncker & Humblot, S. 97 - 158.

Lucas, Robert E. (1976), Econometric Policy Evaluation: A Critique, in: The Phillips Curve and Labor Markets, Carnegie Rochester Conference Series on Public Policy, Vol. 1, S. 19 - 46.

Lutz, Friedrich A. (1941), The Structure of Interest Rates, in: Quarterly Journal of Economics, Vol. 55, S. 36 - 63.

Lutz, Friedrich A. (1967), Zinstheorie, 2. Aufl., Zürich: Polygraphischer Verlag, Tübingen: J.C.B. Mohr (Paul Siebeck).

Mayer, Thomas und Joachim Fels (1995), Time for a Multi-Year M3 Target, in: Goldman Sachs German Economic Commentary, 3rd Nov. 1995.

McCallum, Bennett T. (1981), Price Level Derterminacy with an Interest Rate Policy Rule and Rational Expectations, in: Journal of Monetary Economics, Vol. 8, S. 319 - 329.

McCallum, Bennett T. (1984), Monetarist Rules in the Light of Recent Experience, in: American Economic Review, Vol. 74, No. 2, S. 388 - 391.

McCallum, Bennett T. (1986), Some Issues Concerning Interest Rate Pegging, Price Level Derterminacy, and the Real Bills Doctrine, in: Journal of Monetary Economics, Vol. 17, S. 135 - 160.

McCallum, Bennett T. (1987), The Case for Rules in the Conduct of Monetary Policy. A Concrete Example, in: Federal Reserve Bank of Richmond, No. 5, S. 10 - 18.

McCallum, Bennett T. (1988), Robust Properties of a Rule for Monetary Policy, in: Carnegie Rochester Conference Series on Public Policy, Vol. 29, S. 173 - 204.

McCallum, Bennett T. (1989), Monetary Economics. Theory and Policy, New York: Macmillan.

McNees, Stephen K. (1989), How Well Do Financial Markets Predict the Inflation Rate, in: Federal Reserve Bank of Boston, New England Economic Review, Sept./Oct 1989, S. 31 - 46.

Meade, James E. (1978), The Meaning of Internal Balance, in: The Economic Journal, Vol. 88, S. 423 - 435.

Meulendyke, Ann-Marie (1988), A Review of Federal Reserve Policy Targets and Operating Guides in Recent Decades, in: Federal Reserve Bank of New York Quarterly Review, Autumn 1988, S. 6 - 17.

Mieno, Yasushi (1993), Current Monetary and Economic Conditions in Japan, Bank of Japan, Special Paper No. 231.

Minford, Patrick (1992), The United Kingdom, in: Fratianni, Michele U. und Dominick Salvatore (Hrsg.) Monetary Policy in Developed Economies. Handbook of Comparative Economic Policies, Vol. 3, Westport (Conn.): Greenwood Press, S. 405 - 431.

Mishkin, Frederic S. (1990), What Does the Term Structure Tell Us About Future Inflation?, in: Journal of Monetary Economics, Vol. 25, S. 77 - 95.

Mishkin, Frederic S. (1991), A Multi-Country Study of the Information in the Shorter Maturity Term Structure about Future Inflation, in: Journal of Money and Finance, Vol. 10, S. 2 - 22.

Mishkin, Frederic S. (1995), The Economics of Money, Banking, and Financial Markets, 4. Aufl., New York: Harper Collins.

Modigliani, Franco und Richard Sutch (1966), Innovations in Interest rate Policy, in: American Economic Review, Papers and Proceedings, S. 178 - 197.

Monissen, Hans G. (1982), Makroökonomische Theorie, Bd. 1 Sozialprodukt, Preisniveau und Zinsrate, Stuttgart: Kohlhammer.

Moore, Carl H. (1990), The Federal Reserve System. A History of the First 75 Years, Jefferson, North Carolina: McFarland.

Neumann, Manfred J.M. (1974), Zwischenziele und Indikatoren der Geldpolitik, in: Brunner, Karl; Monissen, Hans G. und Manfred J.M. Neumann (Hrsg.) Geldtheorie, Köln: Kiepenheuer & Witsch, S. 360 - 377.

Neumann, Manfred J.M. (1986), Preisstabilität durch mehrjährige Geldmengenziele sichern, in: Wirtschaftsdienst, Heft XII, S. 591 - 596.

Neumann, Manfred J.M. und Jürgen von Hagen (1993), Germany, in: Fratianni, Michele U. und Dominick Salvatore (Hrsg.) Monetary Policy in Developed Economies. Handbook of Comparative Economic Policies, Vol. 3, Westport (Conn.): Greenwood Press, S. 299 - 334.

Neumann, Manfred J.M. und Jürgen von Hagen (1995), The Strategy of Monetary Targeting: Can the German Experience Provide a Model for the ECB?, Beitrag zur CEPR-Konferenz „What Monetary Policy for the European Central Bank?“ in Königstein, 9./10. Juni 1995.

Nicholl, Peter (1991), Address to the New Zealand Banking Industry Conference, 11. November 1991, in: Bank of Japan Quarterly Bulletin May 1995, Inflation Targeting in Selected Countries, S. 39 - 52.

Obstfeld, Maurice (1995), International Currency Experience: New Lessons and Lessons Relearned, in: Brooking Papers on Economic Activity, No. 1, S. 119 - 220.

Obstfeld, Maurice und Kenneth Rogoff (1995), The Mirage of Fixed Exchange Rates, NBER Working Paper No. 5191.

OECD (1979), Monetary Targets and Inflation Control.

OECD, Economic Outlook, diverse Ausgaben.

Poole, William (1970), Optimal Choice of Monetary Policy Instruments in a Simple Stochastic Macro Model, in: Quarterly Journal of Economics, Vol. 84, No. 1, S. 197 - 216.

Popper, Karl R. (1971), Logik der Forschung, 6. Aufl., Tübingen: UTB Mohr.

Rich, Georg (1991), The Orientation of Monetary Policy and the Monetary Policy Decision-Making Process in Switzerland, in: Bank for International Settlements (1991) The Orientation of Monetary Policy and the Monetary Policy Decision-Making Process, S. 191 - 200.

Rich, Georg (1992), Die schweizerische Teuerung: Lehren für die Nationalbank, in: Geld, Währung und Konjunktur, Quartalsheft der Schweizerischen Nationalbank, Heft 1, S. 73 - 88.

Rich, Georg und Kurt Schildknecht (1980), Targeting the Monetary Base – The Swiss Approach, in: Bank for International Settlements (1980) The Monetary Base Approach to Monetary Control ,S. 150 - 170.

Richter, Rudolf (1994), Institutionen ökonomisch analysiert, Tübingen: UTB Mohr.

Rohde, Armin (1982), Ist das Geldmengenziel für das Jahr 1982 angemessen?, in: Wirtschaftsdienst, Heft II, S. 78 - 84.

Roley, V. Vance und Gordon H. Sellon (1995), Monetary Policy Actions and Long-Term Interest Rates, in: Federal Reserve Bank of Kansas City Economic Review, No. 4, S. 73 - 89.

Rose, Thomas und Daniel Witschi (1992), The Mechanics of SNB Policy, in: Swiss Bank Cooperation, Prospects 3, S. 5 - 6.

Roth, Gisela (1989), Britische Geldpolitik 1971 - 1986. Analyse und kritische Bewertung, Frankfurt am Main: Peter Lang Verlag.

Sachverständigenrat zur Begutachtung der gesamtwirtschaftlichen Entwicklung, Jahresgutachten, diverse Jahrgänge.

Sargent, Thomas J. und Neil Wallace (1975), „Rational" Expectations, the Optimal Monetary Instrument, and the Optimal Money Supply Rule, in: Journal of Political Economy, Vol. 83, No. 2, S. 241 - 254.

Saving, Thomas R. (1967), Monetary-Policy Targets and Indicators, in: Journal of Political Economy, Vol. 75, No. 4, S. 446 - 456.

Schildknecht, Kurt (1983), Switzerland:The Pursuit of Monetary Objectives, in: Meek, Paul et al. (Hrsg.) Central Bank Views on Monetary Targeting, Federal Reserve Bank of New York, S. 72 - 79.

Schlesinger, Helmut (1988), Das Konzept der Deutschen Bundesbank, in: Wandlungen des geldpolitischen Instrumentariums der Deutschen Bundesbank, Beihefte zu Kredit und Kapital, Heft 10, S. 3 - 20.

Schweizerische Nationalbank (1992), Aufgaben, Instrumente, Organisation, 8. Aufl.

Schweizerische Nationalbank, Geschäftsberichte, diverse Jahrgänge.

Sievert, Olaf (1993), Geld, das man nicht selbstherstellen kann – Ein ordnungspolitisches Plädoyer für die Europäische Währungsunion, in: Bofinger, Peter; Collignon, Stephan und Ernst-Moritz Lipp (Hrsg.) Währungsunion oder Währungschaos? Was kommt nach der D-Mark, Wiesbaden: Gabler, S. 13 - 24.

Shigehara, Kumiharu (1996) The Options Regarding the Concept of a Monetary Policy Strategy, Vortrag vom 16. April 1996 auf dem Symposium der Deutschen Bundesbank in Frankfurt zum Thema: Monetary Policy Strategies in Europe, erscheint in einem Sammelband bei Vahlen.

Spörndli, Erich (1994), Aktuelle Fragen der schweizerischen Geldpolitik, in: Duwendag, Dieter (Hrsg.) Geld- und Währungspolitik in kleinen, offenen Volkswirtschaften:

Österreich, Schweiz, Osteuropa, Schriften des Vereins für Socialpolitik, N.F. Band 230, Berlin: Duncker & Humblot, S. 43 - 54.

Streit, Joachim (1986), Finanzinnovationen, Deregulierung und Geldmengensteuerung in den USA, Kieler Studien Nr. 204, Tübingen: J.C.B Mohr (Paul Siebeck).

Stützel, Wolfgang (1960), Ist die schleichende Inflation durch monetäre Maßnahmen zu beeinflussen?, in: Beiheft zur Konjunkturpolitik, Heft 7, S. 10 ff.

Suzuki, Yoshio (Hrsg.) (1987), The Japanese Financial System, Oxford: Clarendon.

Svensson, Lars E.O. (1994), Fixed Exchange Rates as a Means to Price Stability: What Have We Learned?, in: European Economic Review, Vol. 38, No. 3/4, S. 447 - 468.

Sveriges Riksbank (1992), Annual Report, Stockholm 1993.

Taylor, John B. (1985), What Would Nominal GNP Targetting Do to the Business Cycle?, in: Carnegie-Rochester Conference Series on Public Policy, Vol. 22, S. 61 - 84.

Taylor, Mark P. (1995), The Economics of Exchange Rates, in: Journal of Economic Literature, Vol. 33, No. 1, S. 13 - 47.

Tobin, James (1980) Stabilization Policy Ten Years After, in: Brookings Papers on Economic Activity, No. 1, S. 19-71.

Tobin, James (1983), Monetary Policy: Rules, Targets and Shocks, in: Journal of Money, Credit, and Banking, Vol. 15, No. 4, S. 506 - 518.

Volcker, Paul A. (1977), A Broader Role for Monetary Policy, in: Federal Reserve Bank of New York Qaurterly Review, Vol. 2, S. 26ff.

Wagner, Helmut (1992), Stabilitätspolitik, 2. Aufl., München: Oldenbourg Verlag.

Weizsäcker von, Carl Christian (1978), Das Problem der Vollbeschäftigung heute, in: Zeitschrift für Wirtschafts- und Sozialwissenschaften, Heft 1, S. 33 - 51.

Wettstein, Patrik (1994), Wechselkurspolitik beim Übergang von Plan- zu Marktwirtschaften, Chur/ Zürich: Verlag Rüegger.

Wicksell, Knut (1898), Geldzins und Güterpreise; engl. Reprint 1965, New York: Augustus M. Kelley.

Williamson, John (1981), The Crawling Peg in Historical Perspective, in: Williamson, John (Hrsg.) Exchange Rate Rules, New York, S. 3 - 30.

Williamson, John (1983), The Exchange Rate System, Washington, D.C.: Institute for International Economics, bzw. revised edition 1985.

Williamson, John (1994), Estimates of FEERs, in: Williamson, John (Hrsg.) Estimating Equilibrium Exchange Rates, Washington, D.C.: Institute for International Economics.

Willms, Manfred (1995), Internationale Währungspolitik, 2. Aufl., München: Vahlen Verlag.

Yoshida, Tomoo und Robert H. Rasche (1990), The M2 Demand in Japan: Shifted and Unstable?, in: Bank of Japan, Monetary and Economic Studies, Vol. 8, No. 2, S. 9 - 30.

Literatur zu Kapitel VI: Geldpolitisches Instrumentarium

Bank of England (1988), Bank of England Operations in the Sterling Money Market, Quarterly Bulletin, August 1988, S. 391 - 409.

Batten, Dallas S.; Blackwell, Michael P.; Kim, In-Su; Noceara, Simon E. und Yuzuru Ozeki (1990), The Conduct of Monetary Policy in the Major Industrial Countries. Instruments and Operating Procedures, IMF Occasional Paper No. 70.

BHF-Bank (1995), Hecklastigkeit am Geldmarkt, Diagnose und Therapie, Wirtschaftsdienst Nr. 1780 vom 11.März 1995.

Board of Governors (1985), The Federal Reserve System, Purposes and Functions, Washington D.C.

Bockelmann, Horst (1978), Streitfragen zur Kontrolle der Geldschöpfung durch die Notenbank, in: Ehrlicher, Werner und Alois Oberhauser (Hrsg.), Probleme der Geldmengensteuerung, Schriften des Vereins für Socialpolitik, N.F. Band 99, Berlin: Dunker & Humblot, S. 39 - 48.

Bofinger, Peter (1987), Geldpolitische Regulierungen und Finanzinnovationen, in: Aussenwirtschaft, 42. Jg., Heft II/III, S. 117 - 140.

Bofinger, Peter (1996), Mindestreserve und Feinsteuerung des Geldmarktsatzes, in: Bofinger, Peter und Karl-Heinz Ketterer (Hrsg.), Neuere Entwicklungen in der Geldtheorie und Geldpolitik, Tübingen: J.C.B. Mohr (Paul Siebeck).

Deutsche Bundesbank (1975), Regelungen für die Bemesssung von Rediskontkontingenten, in: Monatsbericht April 1975, S. 21 - 28.

Deutsche Bundesbank (1993), Zum Einfluß von Auslandstransaktionen auf Bankenliquidität, Geldmenge und Bankkredite, in: Monatsbericht Januar 1993, S. 19 - 34.

Deutsche Bundesbank (1994), Geldmarktsteuerung der Deutschen Bundesbank, in: Monatsbericht Mai 1994, S. 61 - 75.

Deutsche Bundesbank (1995), Die Geldpolitik der Bundesbank, Frankfurt a. M.

Dutkowsky, Donald H. und William G. Foote (1988), Forecasting Discount Window Borrowing, in: International Journal of Forecasting, Vol. 4, No. 4, S. 593 - 603.

ECU-Newsletter (1993), The Central Bank's Operating Procedures and the Transmission of Monetary Policy in the United Kingdom, No. 46, December 1993, S.15 - 23.

Federal Reserve Bank of New York (1996) Annual Report 1995, New York.

Goodfriend, Marvin (1991), Interest Rates and the Conduct of Monetary Policy, in: Carnegie-Rochester Series on Public Policy, Vol. 34, S. 7 - 30.

Goodhart, Charles A.E (1996), Why Do the Authorities Smooth Interest Rates?, LSE Financial Markets Group Paper Series, No. 81.

Hardy, Daniel C. (1993), Reserve Requirements and Monetary Management, An Introduction, International Monetary Fund, Working Paper No. 93/35.

Hesse, Helmut und Bernd Braasch (1994), Zum „optimalen" Instrumentarium der Europäischen Zentralbank, in: Gahlen, Bernd et al. (Hrsg.), Europäische Integrationsprobleme aus wirtschaftswissenschaftlicher Sicht, Schriftenreihe des Wirtschaftswissenschaftlichen Seminars Ottobeuren, Bd. 23, Tübingen: J.C.B. Mohr (Paul Siebeck), S. 161 - 183.

Icard, André (1994), Experience Gained with Monetary Policy Instruments in France, in: Monetary Policy Instruments: National Experiences and European Perspectives, Bankhistorisches Archiv, Beiheft 27, Frankfurt am Main: Fritz Knapp Verlag, S. 12 - 21.

Issing, Otmar (1994), Experience Gained with Monetary Policy Instruments in Germany and France, in: Monetary Policy Instruments: National Experiences and European Perspectives, Bankhistorisches Archiv, Beiheft 27, Frankfurt am Main: Fritz Knapp Verlag, S. 42 - 58.

Kasman, Bruce (1992), A Comparison of Monetary Policy Operating Procedures in Six Industrial Countries, in: Federal Reserve Bank of New York, Quarterly Review, Vol. 17, No. 2, S. 5 - 24.

King, Mervyn (1994), Monetary Policy Instruments, The UK Experience, in: Monetary Policy Instruments: National Experiences and European Perspectives, Bankhistorisches Archiv, Beiheft 27, Frankfurt am Main: Fritz Knapp Verlag, S. 59 - 72.

Kral, Fritz (1994), Mit den „Bulis" war kein Staat zu machen, in: Handelsblatt vom 20./21. August 1994.

Laurens, Bernard (1994), Refinance Instruments: Lessons from Their Use in Some Industrial Countries, IMF Working Paper No. 94/51.

McCallum, Bennett T. (1989), Monetary Economics, Theory and Policy, New York: Macmillan.

Menkhoff, Lukas (1995), Geldpolitische Instrumente der Europäischen Zentralbank, Stuttgart: Deutscher Sparkassenverlag.

Meulendyke, Ann-Marie (1992), Monetary Policy and Open Market Operations During 1991, in: Federal Reserve Bank of New York Quarterly Review, Vol. 17, No. 1, S. 72 - 95.

Niehans, Jürg (1983), Financial Innovation, Mulitnational Banking and Monetary Policy, in: Journal of Banking and Finance, Vol. 7, S. 537 - 551.

Schnadt, Norbert (1994 a), The Domestic Money Markets of the UK, France, Germany and the US, London Business School, The City Research Project, Subject Report VII, Paper I.

Schnadt, Norbert (1994 b), European Monetary Union and the Sterling Money Market, London Business School, The City Research Project, Subject Report VII, Paper II.

Seitz, Franz (1995), Der DM-Umlauf im Ausland, Diskussionspapier Nr. 1/95, Volkswirtschaftliche Forschungsgruppe der Deutschen Bundesbank.

Streit, Joachim (1986), Finanzinnovationen, Deregulierung und Geldmengensteuerung in den Vereinigten Staaten, Kieler Studien Nr. 204, Tübingen.

Temperton, Paul (1991), UK Monetary Policy, The Challenge for the 1990s, Houndmills: Macmillan.

Literatur zu Modul A: „Geld" und Geldfunktionen

Barnett, William A.; *Fisher, Douglas und Apostolos Serletis* (1992), Consumer Theory and the Demand for Money, in: Journal of Economic Literature, Vol. 30, December 1992, S. 2086 - 2119.

Bofinger, Peter (1985), Währungswettbewerb, Köln: Carl Heymanns Verlag.

Bofinger, Peter (1990), Finanzinnovationen und internationaler Koordinationsbedarf in der Geldpolitik, in: Filc, Wolfgang und Claus Köhler (Hrsg.), Kooperation, Autonomie und Devisenmarkt, Berlin: Dunker und Humblot, S. 99 - 122.

Deutsche Bundesbank (1995), Die Geldpolitik der Bundesbank, Frankfurt am Main.

Friedman, Milton (1971), A Theoretical Framework for Monetary Analysis, NBER Occasional Paper No. 112, New York: Columbia University Press for NBER.

Hicks, John R. (1967), Critical Essays in Monetary Theory, Oxford: Clarendon Press.

Menger, Carl (1909), Geld, Lexikonartikel, in: Handwörterbuch der Staatswissenschaften, Bd. IV, 3. Aufl., Jena.

Osborne, Dale K. (1992), Defining Money, in: Eatwell, John; Milgate, Murray und Peter Newman (Hrsg.), The New Palgrave – A Dictionary on Money and Finance, New York: Macmillan, S. 602 - 606.

Popper, Karl R. (1971), Logik der Forschung, 6. Aufl., Tübingen: UTB Mohr.

Richter, Rudolf (1990), Geldtheorie, 2. Aufl., Berlin: Springer-Verlag.

Schumpeter, Joseph (1970), Das Wesen des Geldes, Tübingen: J.C.B. Mohr (Paul Siebeck).

Streit, Joachim (1986), Finanzinnovationen, Deregulierung und Geldmengensteuerung in den Vereinigten Staaten, Kieler Studien Nr. 204, Tübingen: J.C.B. Mohr (Paul Siebeck).

Tobin, James (1980), Redefining the Aggregates: Comments on the Exercise, in: Measuring the Money Aggregates, Compendium of Views prepared by the Subcommittee on Domestic Monetary Policy of the House Committee on Banking, Finance and Urban Affairs, 96th Congress, 2nd Session, Washington D.C.: Government Printing Office.

Yeager, Leland B. (1978), What are Banks?, in: Atlantic Economic Journal, Vol. 6, December, S. 1 - 14.

Literatur zu Modul B: Die Theorie der Geldnachfrage

Baba Yoshihisa; Hendry, David F. und Ross M. Starr (1992), The Demand for M1 in the USA, in: Review of Economic Studies, Vol. 59, S. 25 - 61.

Barr, David (1992), The Demand for Money in Europe: A Comment, in: IMF Staff Papers, Sept. 1992, Vol. 39, No. 3, S. 718 - 729.

Baumol, William J. (1952), The Transaction Demand for Cash: An Inventory Theoretic Approach, in: The Quarterly Journal of Economics, Vol. 66, S. 545 - 556.

Boughton, James M. (1992), International Comparisons of Money Demand: A Review Essay, IMF Working Paper 92/7.

Boughton, James M. und George S. Tavlas (1990) Modeling Money Demand in Large Industrial Countries: Buffer Stock and Error Correction Approaches, in: Journal of Policy Modeling, Vol. 12, S. 433 - 461.

Boughton, James M. und George S. Tavlas (1991) What Have We Learned about Estimating the Demand for Money? A Multicountry Evaluation of Some New Approaches, IMF Working Paper, No. 91/16.

Cassard, Michael; Lane, Timothy und Paul R. Masson (1994), ERM Money Supplies and the Transition to EMU, IMF Working Paper, No. 94/1.

Chowdhury, Abdur R. (1992), The Functional Form of the Money Demand Equation: Evidence from Selected OECD Countries, in: Quarterly Review of Economics and Finance, Vol. 32, No. 3, S. 16 - 30.

Deutsche Bundesbank (1985), Zur längerfristigen Entwicklung und Kontrolle des Geldvolumens, in: Monatsbericht Januar 1985, S. 14 - 28.

Deutsche Bundesbank (1994), Geschäftsbericht 1994.

Deutsche Bundesbank (1995), Überprüfung des Geldmengenziels und Neuordnung der Mindestreserve. Anhang: Empirische Untersuchung zur Stabilität der Geldnachfrage in Deutschland, in: Monatsbericht Juli 1995, S. 31 - 37.

Dickey, David A.; Jansen, Dennis W. und Daniel L. Thornton (1991), A Primer on Cointegration with an Application to Money and Income, in: Federal Reserve Bank of St. Louis Review, März/April 1991, No. 2, S. 58 - 78.

Fair, Ray C. (1987), International Evidence of the Demand for Money, in: The Review of Economics and Statistics, Vol. 69, S. 473 - 480.

Falk, Martin und Norbert Funke (1994), The Stability of Narrow Money Demand in Germany and Aggregate Money Demand in the EMS: Impact of German Reunification, Kiel Working Paper No. 645.

Fase, Martin M.G. (1994), In Search for Stability: An Empirical Appraisal of the Demand for Money in the G/ and EC Countries, in: De Economist, Vol. 142, No. 4, S. 421 - 454.

Fase, Martin M.G. und Carlo C.A. Winder (1993), The Demand for Money in the Netherlands and the Other EC Countries, in: De Economist, Vol. 141, No. 4, S. 473 - 496.

Fisher, Irving (1913), The Purchasing Power of Money, 2. Aufl., Reprint 1985, New York: Macmillan.

Friedman, Milton (1956), The Quantity Theory of Money: A Restatement, in: Studies in the Quantity Theory of Money, Chicago: University of Chicago Press.

Friedman, Milton (1957), A Theory of the Consumption Function, Princeton: Princeton University Press.

Friedman, Milton (1969), The Optimum Quantity of Money and other Essays, Chicago: Aldine Publishing Company.

Friedman, Milton (1992), Quantity Theory of Money, in: Eatwell, John; Milgate, Murray und Peter Newman (Hrsg.), The New Palgrave – A Dictionary of Money and Finance, London: Macmillan, London: Macmillan, S. 247 - 264.

Friedman, Milton und Anna J. Schwartz (1963), Monetary History of the United States, 1867 - 1960, Princeton: Princeton University Press.

Gerlach, Stefan (1994), German Unification and the Demand for German M3, BIS Working Paper No. 21.

Goldfeld, Stephen M. (1973), The Demand for Money Revisited, in: Brookings Papers on Economic Activity, No. 3, S. 577 - 638.

Goldfeld, Stephen M. (1992), Demand for Money: Empirical Studies, in: Eatwell, John; Milgate, Murray und Peter Newman (Hrsg.), The New Palgrave – A Dictionary of Money and Finance, London: Macmillan, Vol. 2, S. 618 - 624.

Goldfeld, Stephen M. und Daniel E. Sichel (1990), The Demand for Money, in: Friedman, Benjamin M. und Frank H. Hahn (Hrsg.) Handbook of Monetary Economics, Vol. 1, Amsterdam: North-Holland, S. 299 - 356.

Hansen, Gerd und Jeong-Ryeol Kim (1995), The Stability of German Money Demand: Test of the Cointegration Relation, in: Weltwirtschaftliches Archiv, Vol. 131, Heft 2, S. 286 - 301.

Issing, Otmar and Karl-Heinz Tödter (1995), Geldmenge und Preise im vereinigten Deutschland, in: Duwendag, Dieter (Hrsg.) Neuere Entwicklungen in der Geldtheorie und Währungspolitik, Schriften des Vereins für Socialpolitik, N.F. Band 235, Berlin: Duncker & Humblot, S. 97 - 123.

Judd, John P. und John L. Scadding (1982), The Search for a Stable Money Demand Function: A Survey of the Post-1973 Literature, in: Journal of Economic Literature, Vol. 20, S. 993 - 1023.

Keynes, John M. (1936), The General Theory of Employment, Interest, and Money, London und New York: Macmillan.

Krämer, Jörg W. and Joachim Scheide (1994), Geldpolitik: Zurück zur Potentialorientierung, Kieler Diskussionspapiere Nr. 235.

Kremers, Jeroen J.M. und Tiomthy D. Lane (1990), Economic and Monetary Integration and the Aggregate Demand for Money in the EMS, in: IMF Staff Papers, Vol. 37, No. 4, S. 777 - 805.

Laidler, David (1993), The Demand for Money. Theories, Evidence and Problems, 4. Aufl., New York: Harper Collins College Publishers.

Markowitz, Harry M. (1952), Portfolio Selection, in: The Journal of Finance, Vol. 7, S. 77 - 91.

Markowitz, Harry M. (1959), Portfolio Selection, New York: Yale University Press, 2. Aufl. von 1970.

McCallum, Bennett T. (1989), Monetary Economics. Theory and Policy, New York: Macmillan.

Monticelli, Carlo und Marc-Olivier Strauss-Kahn (1992), Broad Monetary Aggregates and National Money Demand in Europe, in: Economies et Sociétés, Série Economie monétaire, No. 9, S. 147 - 197.

Pigou, Arthur C. (1917), The Value of Money, in: Quarterly Journal of Economics, Vol. 37, S. 38 - 65.

Roberts, W. (1989), Money and the Economy: Puzzles from the 1980's Experience, in: Federal Reserve Bank of Atlanta Economic Review, Sept./Oct. 1989, S. 20 - 35.

Thompson, Neil (1993), Portfolio Theory and the Demand for Money, Basingstoke, Hampshire: Macmillan.

Tobin, James (1956), The Interest Elasticity of Transactions Demand for Cash, in: Review of Economics and Statistics, Vol. 38, S. 241 - 247.

Tobin, James (1958), Liquidity Preference as Behavior Towards Risk, in: Review of Economic Studies, Vol. 25, S. 65 - 86.

Wesche, Katrin (1994), Aggregierte Geldnachfrage in Europa. Eine empirische Untersuchung der Geldmenge M1, Diskussionspapier B 269, Rheinische Friedrich-Wilhelms-Universität Bonn.

Literatur zum Modul C: Der Prozeß des Geldangebots

Bofinger, Peter (1991), Festkurssysteme und geldpolitische Koordination, Baden-Baden: Nomos Verlagsgesellschaft.

Bofinger, Peter (1992), The Experience with Monetary Policy in an Environment with Strong Microeconomic Distortions, in: Economic Systems, Vol. 16, No. 2, S. 247 - 268.

Bofinger, Peter und Andrea Schächter (1995), Alternative Operating Procedures for Monetary Policy – A New Look at the Money Supply Process, CEPR Discussion paper No. 1257.

Brunner, Karl (1973), A Diagrammatic Exposition of the Money Supply Process, in: Schweizerische Zeitschrift für Volkswirtschaft und Statistik, Vol. 109, Nr. 4, S. 481 - 533.

Brunner, Karl und Allan H. Meltzer (1966), A Credit Market Theory of the Money Supply and an Explanation of Two Puzzles in US Monetary Policy, in: Rivista Internazionale di Scienze Economiche e Commerciali, Vol. 13, S. 405 – 432.

Deutsche Bundesbank (1993), Die jüngsten geld- und währungspolitischen Beschlüsse und die Entwicklung im Europäischen Währungssystem, in: Monatsbericht August 1993, S. 19 - 28.

Duwendag, Dieter; Ketterer, Karl-Heinz; Kösters, Wim; Pohl, Rüdiger und Diethart Simmert (1993), Geldtheorie und Geldpolitik, 4. Aufl., Köln: Bund-Verlag.

Emminger, Otmar (1986), D-Mark, Dollar, Währungskrisen, Stuttgart: Deutsche Verlagsanstalt.

Fuhrmann, Wilfried (1986), Geld und Kredit. Prinzipien Monetärer Makroökonomie, München: Oldenbourg Verlag.

Jarchow, Hans-Joachim (1993), Theorie und Politik des Geldes, I. Geldtheorie, 9. Aufl., Göttingen: Vandenhoeck & Ruprecht (UTB).

McCallum, Bennett T. (1989), Monetary Economics. Theory and Policy, New York und London: Macmillan.

Mishkin, Frederic S. (1995), The Economics of Money, Banking, and Financial Markets, 4. Aufl., New York: Harper Collins.

Monissen, Hans G. (1982), Makroökonomische Theorie: Sozialprodukt, Preisniveau und Zinsrate, Bd. 1, Stuttgart: Verlag W. Kohlhammer.

Poole, William (1970), Optimal Choice of Monetary Policy Instruments in a Simple Stochastic Macro Model, in: Quarterly Journal of Economics, Bd. 84, Nr. 1, S. 197 - 216.

Riese, Hajo (1986), Theorie der Inflation, Tübingen: J.C.B. Mohr (Paul Siebeck).

Seitz, Franz (1995), Der DM-Umlauf im Ausland, Diskussionspapier 1/95, Volkswirtschaftliche Forschungsgruppe der Deutschen Bundesbank.

Tobin, James (1963), Commercial Banks as Creators of >Money<, in: Carson, D. (Hrsg.) Banking and Monetary Economics, Homewood, (Ill.), S. 408 - 419.

Literatur zu Modul D: Der Transmissionsprozeß monetärer Impulse

Barro, Robert J. und David B. Gordon (1983), A Positive Theory of Monetary Policy in a Natural Rate Model, in: Journal of Political Economy, Vol. 91, No. 4, S. 589 - 610.

Bernanke, Ben S. und Mark Gertler (1995), Inside the Black Box: The Credit Channel of Monetary Policy Transmission, in: Journal of Economic Perspectives, Vol. 9, No. 4, S. 27 - 48.

Bernanke Ben; Gertler, Mark und Simon Gilchrist (1994), The Financial Accelerator and the Flight to Quality, NBER Working Paper No. 4789, July 1994.

Blackburn, Keith und Michael Christensen (1989), Monetary Policy and Policy Credibility: Theories and Evidence, in: Journal of Economic Literature, Vol. 27, No. 1, S. 1 - 45.

Blanchard, Olivier und Stanley Fischer (1989), Lectures on Macroeconomics, Cambridge (Mass.): MIT Press.

Blinder, Alan (1987), The Rules-versus-Discretion Debate in the Light of Recent Experience, in: Weltwirtschaftliches Archiv, Vol. 123, No. 3, S. 399 - 414.

Blinder, Alan (1994), On Sticky Prices: Academic Theories Meet the Real World, in: Mankiw, Gregory N. (Hrsg.), Monetary Theory, Chicago und London: The University of Chicago Press, S. 117 - 154.

Bofinger, Peter (1991), Festkurssysteme und geldpolitische Koordination, Baden-Baden: Nomos Verlagsgesellschaft.

Cecchetti, Stephen G. (1995), Distinguishing Theories of the Monetary Transmission Mechanism, in: Federal Reserve Bank of St. Louis Review, Vol. 77, No. 3, S. 83 - 97.

Deutsche Bundesbank (1994), Macroeconometric Model of the German Economy, Frankfurt a. M.

Deutsche Bundesbank (1995), Überprüfung des Geldmengenziels und Neuordnung der Mindestreserve. Anhang: Empirische Untersuchung zur Stabilität der Geldnachfrage in Deutschland, in: Monatsbericht Juli 1995, S. 31 - 37.

Döpke, Jörg und Enno Langfeldt (1995), Zur Qualität von Konjunkturprognosen für Westdeutschland 1976 - 1994, Kieler Diskussionspapiere, Nr. 247.

Duwendag, Dieter; Ketterer, Karl-Heinz; Kösters, Wim; Pohl, Rüdiger und Diethard B. Simmert (1993), Geldtheorie und Geldpolitik. Eine problemorientierte Einführung mit einem Kompendium monetärer Fachbegriffe, 4. Aufl., Köln: Bund-Verlag.

Estrella, Arturo und Frederic S. Mishkin (1995), The Term Structure of Interest Rates and its Role in Monetary Policy for the European Central Bank, Beitrag zur CEPR-Konferenz „What Monetary Policy for the European Central Bank?“ in Königstein, 9./10. Juni 1995.

Fischer, Stanley (1977), Long-Term Contracts, Rational Expectations and the Optimal Money Supply Rule, in: Journal of Political Economy, Vol. 85, Feb. 1977, S. 191 - 205.

Fisher, Irving (1930), The Theory of Interest, New York: Macmillan.

Friedman, Milton (1969), The Optimum Quantity of Money and other Essays, Chicago: Aldine Publishing Company.

Gerlach, Stefan (1995), Testing the Quantity Theory Using Long-Run Averaged Cross-Country Data, BIS Working Paper No. 31, Basel 1995.

Goodhart, Charles A.E. (1995), Why Do the Authorities Smooth Interest Rates?, LSE Financial Markets Group Paper Series, No. 81.

Gordon, Robert J. (1990), Macroeconomics, 5. Aufl., Glennview (Ill.): Scott, Foresman

Haldane, Andrew (1995), Inflation targets, in: Bank of England Quarterly Bulletin, Vol. 35, No. 3, August 1995, S. 250 - 259.

Hesse, Helmut und Gisela Roth (1992), Die Zinsstrukur als Indikator der Geldpolitik?, in: Kredit und Kapital, 25. Jg., Heft 1, S. 1 - 25.

Hoover, Kevin D. (1995), Commentary, in: Federal Reserve Bank of St. Louis Review, Vol. 77, No. 3, S. 26 - 32.

Issing, Otmar (1995), Einführung in die Geldtheorie, 10. Aufl., München: Vahlen.

Issing, Otmar (1993), Die Geldpolitik der Deutschen Bundesbank in nationaler und internationaler Verantwortung, Vortrag vom 23. Juni 1993, in: Auszüge aus Presseartikeln Nr. 45, S. 1 - 4.

Issing, Otmar (1995), Derivate und Geldpolitik, Beitrag zur Tagung des Ausschusses für Geldtheorie und Geldpolitik am 24./25. Februar 1995, in: Auszüge aus Presseartikeln Nr. 15, S. 1 - 11.

Kashyap, Anil und Jeremy Stein (1994), Monetary Policy and Bank Lending, in: Mankiw, Gregory N. (Hrsg.), Monetary Policy, Chicago: The University of Chicago Press, S. 221 - 262.

Keynes, John Maynard (1936), The General Theory of Employment, Interest and Money, Reprint von 1973, London und Basingstoke: Macmillan.

Lucas, Robert E. (1976), Econometric Policy Evaluation: A Critique, in: The Phillips Curve and Labor Markets, Carnegie-Rochester Conference on Public Policy, Vol. 1, S. 19 - 46.

Mankiw, N. Gregory (1994), Introduction, in: Mankiw, Gregory N. (Hrsg.), Monetary Policy, Chicago: The University of Chicago Press.

McCallum, Bennett T. (1989), Monetary Economics, Theory and Policy, New York und London: Macmillan.

Meltzer, Allan H. (1995), Information, Sticky Prices and Macroeconomic Foundations, in: Federal Reserve Bank of St. Louis Review, Vol. 77, No. 3, S. 101 - 118.

Mill, John S. (1844), Review of Books by Thomas Tooke and R. Torrens, in: Westminster Review, Vol. 41, June.

Mishkin, Frederic S. (1995), The Economics of Money, Banking and Financial Markets, 4. Aufl., New York: Harper Collins Publishers.

Muth, John (1961), Rational Expectations and the Theory of Price Movements, in: Econometrica, Vol. 29, S. 315 - 335.

Neumann, Manfred J.M. (1995), What Do We Know About How Monetary Policy Affects the Economy, in: Federal Reserve Bank of St. Louis Review, Vol. 77, No. 3, S. 138 - 142.

Ohianan Lee E. und Alan C. Stockman (1995), Theoretical Issues of Liquidity Effects, in: Federal Reserve Bank of St. Louis Review, Vol. 77, No. 3, S. 3 - 25.

Radcliffe Report (1959), Committee on the Working of the Monetary System, London: Commercial Colour Press.

Richter, Rudolf (1994), Institutionen ökonomisch analysiert, Tübingen: UTB Mohr.

Romer, Christina und David Romer (1993), Credit Channel or Credit Actions? An Interpretation of the Postwar Transmission Mechanism, NBER Working Paper No. 4485, October 1993.

Schumpeter, Joseph A. (1954), History of Economic Analysis, London: Allen & Unwin.

Simon, Herbert A. (1992), Bounded Rationality, in: Eatwell, John; Milgate, Murray und Newman, Peter (Hrsg.), The New Palgrave – A Dictionary of Money and Finance, Vol. 1, London: Macmillan, S. 226 - 227

Stützel, Wolfgang (1979), Das Mark-gleich-Mark-Prinzip und unsere Wirtschaftsordnung, Baden-Baden: Nomos Verlagsgesellschaft.

Taylor, John B. (1979), Staggered Wage Setting in a Macro Model, in: American Economic Review, Vol. 69, No. 2, S. 108 - 113.

Taylor, John B. (1995), The Monetary Transmission Mechanism: An Empirical Framework, in: Journal of Economic Perspectives, Vol. 9, No. 4, S. 11 - 26.

Tobin, James (1969), A General Equilibrium Approach to Monetary Theory, in: Journal of Money, Credit and Banking, Vol. 1, No. 1, S. 15 - 29.

Wicksell, Knut (1922), Vorlesungen über Nationalökonomie, Zweiter Band, Jena, Neudruck durch Scientia Verlag, Aalen 1969.

Williamson, Oliver (1986), Economic Organization, Firms, Market and Policy Control, Brighton: Wheatsheaf.

Anhang D.1: Das Konzept der „Preislücke“

Christiano, Lawrence J. (1989), P*: Not the Inflation Forecaster's Holy Grail, in: Quarterly Review, Federal Reserve Bank of Minneapolis, Fall 1989, S. 3 - 18.

Deutsche Bundesbank (1992), Zum Zusammenhang zwischen Geldmengen- und Preisentwicklung in der Bundesrepublik Deutschland, in: Monatsbericht Januar 1992, S. 20 - 29.

Engle, Robert F. und Clive W.J. Granger (1987), Co-integration and Error Correction: Representation, Estimation and Testing, in: Econometrica, Vol. 55, No. 2, S. 251 - 276.

Hallman, Jeffrey J.; Porter, Richard D. und David H. Small (1989), M2 per Unit of Potential GNP as an Anchor for the Price Level, Board of Governors of the Federal Reserve System, Staff Study, No. 157, Washington, D.C.

Hallman, Jeffrey J.; Porter, Richard D. und David H. Small (1991), Is the Price Level Tied to the M2 Monetary Aggregate in the Long Run?, in: The American Economic Review, Vol. 81, No. 4, S. 841 - 858.

Harff, Christoph und Holger Schieding (1995), Inflation: Down and Out for Good?, in: German Monitor, Merrill Lynch Bank AG, Juni.

Heller, Robert H. (1988), Notenbanksystem und Geldpolitik in den USA, in: Zeitschrift für Wirtschaftspolitik, Bd. 37, Heft 2, S. 97 - 120.

Herrmann, Heinz und Karl-Heinz Tödter (1990), Monetary Indicators of Price Trends in the Federal Republic of Germany, Deutsche Bundesbank, unveröffentlichtes Diskussionspapier.

Herrmann, Heinz, Reimers, Hans-Eggert und Karl-Heinz Tödter (1994), Weighted Monetary Aggregates for Germany, Preliminary Discussion Paper.

Hoeller, Peter und Pierre Poret (1991), P-Star as an Indicator of Inflationary Pressure, in: OECD Working Papers, März.

Hume, David (1752), Politische und ökonomische Essays, Teilband 2, Wiederabdruck 1988, Hamburg: Felix Meiner Verlag.

Humphrey, Thomas M. (1989), Precursors of the P-Star Model, in: Economic Review, Federal Reserve Bank of Richmond, Heft 4, Juli/August, S. 3 - 9.

Issing, Otmar (1992), Theoretische und empirische Grundlagen der Geldmengenpolitik der Deutschen Bundesbank, in: Wirtschaftsdienst, Bd. 72, Heft X, S. 537 - 548.

Issing, Otmar und Karl-Heinz Tödter (1994), Geldmenge und Preise im vereinigten Deutschland, Beitrag zur Sitzung des Vereins für Socialpolitik am 25. und 26. Februar in Frankfurt am Main.

Kool, Clemens J.M. und John A. Tatom (1994), The P-Star Model in Five Small Econmies, in: Review, Federal Reserve Bank of St.Louis, May/June, S. 11 - 29.

Krämer, Jörg W. und Joachim Scheide (1994), Geldpolitik: Zurück zur Potentialorientierung, in: Kieler Diskussionsbeiträge, Nr. 235.

Kuttner, Kenneth N. (1990), Inflation and the Growth Rate of Money, in: Economic Perspectives, Federal Reserve Bank of Chicago, January/February, S. 2 - 11.

Lanzeni, Maria L.; Luege, Elisabeth und Margarita P. Llodra (1995), The P* Model: An Application to USA, Germany and Japan, in: Kiel Advanced Studies Working Papers No. 279.

Maddala, G.S. (1992), Introduction to Econometrics, 2. Aufl., New York: Macmillan.

Mayer, Thomas und Joachim Fels (1993), Comments on German Monetary Policy, November.

Mayer, Thomas und Joachim Fels (1994), Comments on German Monetary Policy, November, S. 10 - 17.

Mayer, Thomas und Joachim Fels (1995), The Bundesbank Pragmatic Monetarism, in: German Economic Commentary, Januar.

McCallum, Bennett T. (1980), Rational Expectations and Macroeconomic Stabilization Policy, in: Journal of Money, Credit and Banking, Vol. 12, No. 4, November, S. 716 - 746.

Mussa, Michael (1981), Sticky Prices and Disequilibrium Adjustment in a Rational Expectations Model of the Inflation Process, in: American Economic Review, December, Vol. 71, No. 5, S. 1020 - 1027.

Neumann, Manfred J.M. und Katrin Wesche (1994), Schafft die aktuelle Geldpolitik eine inflationäre Preislücke?, in: Wirtschaftsdienst, Nr. VII, S. 373 - 376.

Niehans, Jürg (1995), Geschichte der Außenwirtschaftstheorie im Überblick, Tübingen: J.C.B. Mohr (Paul Siebeck).

OECD (1994), Estimating Potential Output, Output Gaps and Structural Budget Deficits, in: OECD Economic Outlook, No. 56, December, S. 31 - 37.

Scheide, Joachim (1993), Geldmenge, Einkommen und Preisniveau: Wie stabil ist der Zusamenhang nach der deutschen Wiedervereinigung?, in: Kieler Arbeitspapiere Nr.582.

Tödter, Karl-Heinz und Hans-Eggert Reimers (1994), P-star as a Link between Money and Prices in Germany, in: Weltwirtschaftliches Archiv, Bd. 130, Heft 2, S. 273 - 289.

Literatur zu Modul F: Festkurssysteme

Bloomfield, Arthur (1959) Monetary Policy under the Gold Standard 1880 - 1914, Federal Reserve Bank of New York, New York.

Bofinger, Peter (1991), Festkurssysteme und geldpolitische Koordination, Baden-Baden: Nomos Verlagsgesellschaft.

Bofinger, Peter (1993) Geldpolitische Koordination durch das Europäische Währungsinstitut (EWI), in: Duwendag, Dieter und Jürgen Siebke (Hrsg.) Europa vor dem Eintritt in die Wirtschafts- und Währungsunion, Schriften des Vereins für Socialpolitik, N.F. Band 220, Berlin: Dunker und Humblot, S. 159 - 179.

Bofinger, Peter; Collignon, Stefan und Ernst-Moritz Lipp (1993) (Hrsg.), Währungsunion oder Währungschaos: Was kommt nach der D-Mark, Wiesbaden: Gabler.

Bordo, Michael D. und Barry J. Eichengreen (Hrsg.) (1993) A Retrospective on the Bretton Woods System, Lessons for International Monetary Reform, Chicago: University of Chicago Press.

Bordo, Michael und Anna Schwartz (Hrsg.) (1984) A Retrospective on the Classical Gold Standard, 1821 - 1931, Chicago: Chicago University Press.

Deutsche Bundesbank (1992) Internationale Organisationen und Gremien im Bereich von Währung und Wirtschaft, Sonderdruck Nr. 3, 4. Aufl.

Gros, Daniel und Niels Thygesen (1992), European Monetary Integration. From the European Monetary System to European Monetary Union, London: Longman und New York: St. Martin's.

Institut für „Finanzen und Steuern" e.V. (1994), Europa auf dem Weg zur Währungsunion: Ursachen und Lehren der EWS-Krise, Bonn.

Isard, Peter (1995), Exchange Rate Economics, Cambridge: Cambridge University Press.

Obstfeld, Maurice (1995), International Currency Experience: New Lessons and Lessons Relearned, in: Brooking Papers on Economic Activity, No. 1, S. 119 - 220.

Wagner, Helmut (1995), Europäische Wirtschaftspolitik. Perspektiven einer Europäischen Wirtschafts- und Währungsunion (EWWU), Berlin: Springer-Verlag.

Personenverzeichnis

D

E

F

G

H

I

J

S

T

U

V

W

Y

Z

Stichwortverzeichnis

F

G

H

I

K

L

M

N

O

P

Q

R

S

T

U

V

W

Y

Z